매튜 헨리 주석 마가복음·누가복음

저자 **매튜 헨리** Matthew Henry 1662-1714

성경 주석가. 영국국교회의 복음주의 목사의 아들인 그는 통일령으로 아버지가 성직에서 쫓겨난 직후에 태어났다. 학문을 좋아하는 소년이었으며 1672년에 회심하였다. 옥스퍼드와 케임브리지의 학문성이 차츰 떨어지므로 1680년 런던 이슬링턴 대학에서 신학 교육을 받았다. 그 대학은 신앙을 저버린 시대에 높은 학문을 유지해왔다. 그 대학의 학장은 케임브리지에서 온 토머스 두리틀이었고, 부학장은 옥스퍼드에서 온 토머스 빈센트였다. 그 후에는 그레이 법학원에서 법률을 공부하였다. 그는 국교회 목사가 되려고 생각하였지만, 비국교도가 되기로 결심하였고, 개인적으로 장로교 목사 안수를 받았다. 첫 목회지는 체스터(1687-1712)였으며 그 뒤에 런던의 해크니(1712-1714)로 옮겼다. 청교도들에게서 크게 영향을 받은 그는 성경 해설을 목회의 중심으로 삼았다. 날마다 4시 또는 5시에 일을 시작하였던 그는 시간을 최대한 사용하는 것을 목적으로 삼았다. 1704년에 「성경 주석」을 집필하기 시작하였는데, 그는 사도행전까지 탈고하였으며, 그의 사후 목회 동역자들이 그의 노트와 저서들을 참고하여 신약성경 주석을 완성하였다. 그 주석은 성경에 대한 자세하고 종종 대단히 영적인 해설 양식을 취하였는데, 그 양식은 그 이후의 복음주의적 목회의 형태를 결정하였다. 스펄전은 자신이 매튜 헨리에게 큰 도움을 받았다는 사실을 인정하였다.

역자 **박문재**

역자는 서울대학교 법과대학, 장로회신학대학교 신대원 및 대학원(Th.M.)을 졸업하였다. 역서로 비슬리 머리의 「예수와 하나님 나라」, 존 브라이트의 「이스라엘 역사」, F.F. 브루스의 「바울」, B.S. 차일즈의 「구약신학」, 아이히로트의 「구약성서신학Ⅰ,Ⅱ」, 제임스 D.G. 던의 「바울 신학」 외에 다수 있다.

매튜
헨리
주석
전집

17

매튜 헨리 주석 박문재 옮김

마가복음 누가복음

Matthew Henry

크리스찬
다이제스트

마가복음

서론

우리는 우리 주 예수의 교훈과 이적들에 대한 첫 번째 증인이 제시한 증언을 이미 들었다. 그런데 여기에 우리의 주목을 끄는 또 한 분의 증인이 있다. 둘째 생물이 말하되 와서 보라 하니라(계 6:3). 그러면 좀 더 살펴보기로 하자.

I. 이 증인에 관하여. 그의 이름은 마가다. 마르코스로 표기되는 마가는 로마식 이름으로서 매우 흔한 것이었는데, 우리는 마가가 나면서부터 유대인이었으나, 사울이 이방인들 가운데로 나아가 선교할 때에 로마식 이름인 바울을 사용했던 것과 마찬가지로, 마가도 그런 이유로 유대식 이름인 마르도카이를 버리고 로마식 이름을 사용했을 것이라고 생각할 수 있다(Grotius). 성경에는 바나바의 생질인 마가라는 성을 지닌 요한이 나온다. 바울은 처음에는 마가를 좋아하지 않았으나(행 15:37, 38), 나중에는 마가에게 큰 호의를 갖게 되어서, 교회들에게 마가를 영접하라고 지시하였을 뿐만 아니라(골 4:10), 그가 나의 일에 유익하니라(딤후 4:11)는 칭찬과 함께 자기를 돕도록 그를 데려오라고 사람을 보냈다. 그리고 바울은 마가를 자신의 동역자들 중의 한 사람으로 여겼다(몬 1:24).

성경에는 베드로가 자기의 아들이라고 부른 마가가 나오는데, 이 마가는 베드로를 통해서 개종하였다(벧전 5:13). 이 마가가 앞에서 말한 마가와 동일 인물인지, 만약 아니라면, 이 둘 중 누가 이 복음서의 저자인지는 모두 확실하지 않다. 고대 교부들 사이에서 유포되었던 전승에 의하면, 마가는 베드로의 지도 아래에서 이 복음서를 기록하였고, 이 복음서는 베드로의 권위에 의해서 확인을 받았다고 한다. 히에로니무스(Hieron)는 마가는 형제들에 의해서 로마교회로부터 파송을 받아서 베드로의 제자이자 통역이 되었고 간결한 복음서를 썼다. 테르툴리아누스(Tertullian)는 베드로의 통역이었던 마가는 베드로가 설교한 내용들을 기록하였다고 말하였다(*Adv. Marcion.* lib. 4, cap. 5). 그러나 휘트비(Whitby) 박사는 다음과 같이 아주 잘 지적하였다. 비록 마가가 사도가 아니었다는 것은 사실이지만, 마가와 누가는 칠십 문도에 속하여, 항상 사도들과 함께 다녔고(행 1:22), 사도들과 마찬가지로 위임을 받았으며(눅 10:19과 막

16:18), 사도들이 성령을 받았을 때에 그들도 성령을 받았을 것이 거의 틀림없기(행 1:15; 2:1-4) 때문에, 마가가 마태나 요한과는 달리 열두 사도 중의 한 사람이 아니었다고 해서 이 복음서의 유효성이나 가치가 결코 손상되지 않는데도 불구하고, 우리가 이 복음서를 밑받침하기 위하여 베드로의 권위에 의존하거나, 제롬(Jerome)의 말대로 베드로가 자신의 권위로써 이 복음서를 인정하여 교회로 하여금 읽도록 추천하였다고 말해야 할 이유가 무엇이란 말인가? 제롬은 마가가 이 복음서를 쓴 후에 애굽으로 건너가서 알렉산드리아에 최초로 복음을 전하고 거기에 교회를 세워서 친히 거룩한 삶의 큰 모범이 되었다고 말하였다. 마가는 그의 교훈과 삶을 통해서 그가 세운 교회를 장식하였는데, 그의 모범은 그리스도를 따르는 모든 자들에게 감화를 주었다. .

II. 이 증언에 관하여. 1. 마가복음은 마태복음보다 훨씬 짧은데, 마태복음과는 달리 그리스도의 설교들을 자세히 다루지 않고 주로 그리스도의 이적들에 집중한다. 2. 마가복음은 상당 부분 마태복음에 나오는 내용들을 반복하면서, 거기에 나온 이야기들에 많은 주목할 만한 상황들을 추가하고 있지만, 새로운 내용들은 많이 나오지 않는다. 판결이 주어져야 할 동일한 사실을 입증하도록 많은 증인들이 호출을 받았다면, 그들은 그것을 귀찮게 여길 것이 아니라 꼭 필요한 것으로 여기고, 증언을 통해서 사실이 확증되도록 각자 자신의 말로 거듭거듭 증언을 하여야 한다. 그러므로 우리는 이 복음서를 필요없다고 생각하지 말아야 한다. 왜냐하면, 이 복음서는 예수가 하나님의 아들 그리스도라는 우리의 믿음을 확증해주기 위해서만이 아니라, 우리로 하여금 우리가 앞서의 복음서에서 읽은 말씀들에 대하여 기억을 되살려서 언제라도 그 말씀들을 놓치지 않도록 더욱더 진지하게 주의를 기울이게 하기 위하여 기록되었기 때문이다. 순전한 마음을 지닌 자들조차도 이렇게 기억을 통해서 다시금 말씀의 감화를 받을 필요가 있는 법이다. 이와 같이 중요한 것들은 한 번 더 반복해서 말하고 기록하는 것이 합당하다. 사람은 그러한 것들을 깨닫는 데에는 아주 서툴고, 잊어버리는 데에는 아주 능숙하기 때문이다. 이 복음서가 로마에서 기록되기는 했지만 처음에는 라틴어로 씌어졌다는 전승은 근거가 없다. 이 복음서는 바울의 로마서처럼 당시에 세계적으로 널리 통용되었던 헬라어로 씌어졌다.

제 1 장

개요

마가의 이야기는 마태 또는 누가와는 달리 우리 구주의 탄생이 아니라 요한의 세례로부터 시작해서, 이내 그리스도의 공생애 사역으로 넘어간다. 따라서 이 장에는 다음과 같은 내용들이 나온다. I. 예언(1-3절)과 내력(4-8절)에 의해서 밝혀진 세례 요한의 직분. II. 그리스도의 수세(受洗)와 아들되심에 대한 하늘로부터의 확인(9-11절). III. 그리스도의 시험(12, 13절). IV. 그리스도의 전도(14, 15, 21, 22, 38, 39절). V. 그리스도께서 제자들을 부르심(16-20절). VI. 그리스도의 기도(35절). VII. 그리스도께서 행하신 이적들. 1. 더러운 귀신을 꾸짖으심(23-28절). 2. 열병을 앓던 베드로의 장모를 고치심(29-31절). 3. 그에게 나아온 모든 자를 고치심(32, 34절). 4. 나병환자를 깨끗하게 하심(40-45절).

¹하나님의 아들 예수 그리스도의 복음의 시작이라 ²선지자 이사야의 글에 보라 내가 내 사자를 네 앞에 보내노니 그가 네 길을 준비하리라 ³광야에 외치는 자의 소리가 있어 이르되 너희는 주의 길을 준비하라 그의 오실 길을 곧게 하라 기록된 것과 같이 ⁴세례 요한이 광야에 이르러 죄 사함을 받게 하는 회개의 세례를 전파하니 ⁵온 유대 지방과 예루살렘 사람이 다 나아가 자기 죄를 자복하고 요단 강에서 그에게 세례를 받더라 ⁶요한은 낙타털 옷을 입고 허리에 가죽 띠를 띠고 메뚜기와 석청을 먹더라 ⁷그가 전파하여 이르되 나보다 능력 많으신 이가 내 뒤에 오시나니 나는 굽혀 그의 신발끈을 풀기도 감당하지 못하겠노라 ⁸나는 너희에게 물로 세례를 베풀었거니와 그는 너희에게 성령으로 세례를 베푸시리라.

우리는 여기서 다음과 같은 것들을 살펴볼 수 있다.

I. 신약은 무엇인가? 우리가 그 어떤 인간적인 일들보다 더욱 붙잡아야 하는 하나님의 언약. 우리가 그 어떤 옛 것들보다 더욱 추구해야 하는 새 언약. 신약은 하나님의 아들 예수 그리스도의 복음(1절)이다. 1. 신약은 복음이다. 신약

은 하나님의 말씀으로서, 신실하고 참되다(계 19:9; 21:5; 22:6을 보라). 신약은 선한 말씀이고, 온전히 받아들일 만한 가치가 충분하다. 신약은 우리에게 기쁜 소식을 가져다준다. 2. 신약은 예수 그리스도, 기름 부음 받은 구주, 약속되고 기대된 메시야의 복음이다. 앞서 살펴보았던 마태복음은 예수 그리스도의 세계(世系)로 시작하였는데, 이 족보는 단지 예비적인 서론일 뿐이다. 마가복음은 곧장 본론인 그리스도의 복음으로 들어간다. 그것은 그리스도의 복음으로 불린다. 이것은 그리스도께서 복음의 저자이고 복음이 그리스도에게서 왔기 때문만이 아니라, 그리스도께서 복음의 주제이고 복음은 온전히 그리스도에 관하여 말하기 때문이다. 3. 이 예수는 하나님의 아들이다. 이 진리는 복음이 세워져 있는 토대이고, 복음은 이 진리를 증거하기 위하여 기록되었다. 만약 예수가 하나님의 아들이 아니라면, 우리의 믿음은 헛된 것이 되고 만다.

II. 신약은 구약을 토대로 하고 있고, 신약과 구약은 서로 잘 부합한다. 예수 그리스도의 복음은 시작되었다. 따라서 우리는 선지자의 글에 기록된 대로(2절) 복음이 진행되어 나가는 것을 보게 될 것이다. 복음은 선지자들과 모세가 반드시 되리라고 말한 것밖에(행 26:22) 말하지 않는데, 그것은 구약의 선지자들이 하나님에게서 보내심을 받았다는 것을 믿었던 유대인들이 때가 차서 성취된 예언들을 환영하고 받아들임으로써 그들의 믿음을 확증하지 않을 수 없었기 때문에 유대인들에게 대단히 적절하고 강력한 것이었다. 그러나 그것은 신약과 구약의 빈틈없는 조화는 신구약이 둘 다 동일한 하나님의 말씀을 보여주는 것이기 때문에 구약과 신약에 대한 믿음의 확증을 위하여 우리 모두에게 유익하다.

여기에 나오는 인용문들은 두 개의 예언으로부터 온 것들이다 — 예언서 중에서 가장 긴 이사야서에 나오는 한 예언과 예언서 중에서 가장 마지막인 말라기에 나오는 한 예언(두 예언서의 시간 간격은 삼백 년 이상이다). 이 두 예언은 세례 요한의 사역이 예수 그리스도의 복음의 시작과 관련되어 있다고 동일하게 말한다.

1. 구약에 작별 인사를 고한 말라기는 신약에 환영 인사를 하게 될 세례 요한에 관하여 아주 분명하게 말하였다. 보라 내가 내 사자를 보내리니(말 3:1). 그리스도께서도 이 점을 주목하였고, 이 예언을 세례 요한에게 적용하여, 세례 요한은 그리스도의 길을 예비하도록 보내심을 받은 하나님의 사자(使者)였다고 친

히 말씀하셨다(마 11:10).

2. 모든 선지자들 중에서 가장 복음적이었던 이사야는 그리스도의 복음의 시작을 보여주는 이 예언을 통해서 이사야서의 복음 부분을 시작한다. 외치는 자의 소리여 이르되 너희는 광야에서 여호와의 길을 예비하라(사 40:3). 마태도 이 예언에 주목하여 세례 요한에게 적용하였다(마 3:3). 이 두 예언을 함께 고찰해 보면, 우리는 다음과 같은 것들을 살펴볼 수 있다. (1) 그리스도는 그의 복음 안에서 은혜의 보화와 왕권의 홀(笏)을 가지고 우리 가운데 오셨다. (2) 세상이 부패하였기 때문에, 그리스도께서 오시기 위해서는 정지작업이 필요하였고, 그리스도께서 나아가시는 데에 지장을 주거나 방해되는 것들이 제거되어야 했다. (3) 하나님은 그 아들을 세상에 보내셨을 때에 그의 길을 준비하는 데에 관심을 가지셨듯이, 그 아들을 우리 심령에 보내실 때에도 그의 길을 준비하는 데에 실제적인 관심을 가지신다. 이것은 하나님의 계획이 실패하지 않도록 하기 위한 것이다. 누구든지 죄를 깨닫고 겸손함으로써 하나님의 위로를 받을 준비를 하고 그 은혜를 사모하지 않는다면, 하나님의 위로하시는 은혜를 기대할 수 없다. (4) 굽은 길들이 곧게 될 때(잘못된 판단과 그릇된 애착을 바로잡을 때), 그리스도의 위로가 임할 길이 준비된다. (5) 옛적에 이스라엘 백성이 가나안으로 가고자 했을 때에 광야를 통과하였듯이, 그리스도의 길이 준비되고 그리스도를 따르는 자들의 길이 준비되는 곳은 광야인데, 광야는 곧 이 세상이다. (6) 그리스도의 길을 준비하기 위하여 죄를 깨닫게 하고 두려워하게 하는 사자(使者)들은 하나님께서 보내시고 주장하시는 하나님의 사자들이기 때문에, 우리는 사자들을 바로 그런 자들로 영접하여야 한다. (7) 이와 같은 광대하고 황량한 광야에서 주의 길을 준비하라고 보내심을 받는 자들은 몸을 사리지 말고 큰 소리로 외치며 나팔 소리처럼 목소리를 높여야 한다.

III. 신약의 시작은 무엇이었는가?　복음은 세례 요한에서 시작되었다. 율법과 선지자는 요한의 때까지였고 오직 하나님의 계시만 있었을 뿐이고, 그 후부터는 하나님 나라의 복음이 전파되었다(눅 16:16). 베드로도 요한의 세례로부터(행 1:21) 시작한다. 복음은 그리스도께서 나시자마자 시작된 것이 아니었다. 그리스도께서 지혜와 키가 자라갈 시간이 필요하였기 때문이다. 그리스도께서 공생애 사역에 들어가시기 반년 전에, 세례 요한은 나중에 그리스도께서 전하신 것과 동일한 것을 전파하기 시작하였다. 요한의 세례는 복음의 날의 서광

(dawning)이었다. 그 이유는 다음과 같다.

1. 세례 요한의 생활 방식은 복음 정신의 시작이다. 왜냐하면, 그의 생활방식은 전적인 자기 부인, 육체의 금욕, 세상에 대한 거룩한 경멸, 세상과의 비타협을 보여주는데(6절), 이것이야말로 어떤 영혼에게 있어서나 그리스도의 복음의 시작이라고 부를 수 있기 때문이다. 그는 부드러운 옷이 아니라 낙타 털옷을 입었고, 황금 띠가 아니라 가죽 띠를 띠었으며, 진수성찬이 아니라 메뚜기와 석청을 먹었다. 몸의 소욕에서 해방되고 세상을 초월해서 살면 살수록, 우리는 예수 그리스도를 위해서 더 나은 준비를 하게 된다는 점을 명심하라.

2. 요한의 설교와 세례는 복음의 교훈들과 예식들의 시작이자 그 첫 열매들이었다. (1) 그는 복음이 주는 귀한 특권인 죄 사함을 전파하면서, 사람들에게 죄 사함이 필요하다는 것과 죄 사함이 없이는 멸망을 피할 수 없다는 것과 죄 사함을 받을 수 있다는 것을 전하였다. (2) 그는 죄 사함을 얻게 하려고 회개를 외쳤다. 그는 사람들에게 심령의 새로운 변화와 삶의 혁신이 있어야 한다는 것과 죄를 버리고 하나님께 돌아와야 한다는 것을 전하고, 오직 그러한 조건 아래에서만 그들의 죄가 사함받을 수 있다는 것을 말하였다. 죄 사함을 받게 하는 회개는 바로 사도들이 모든 족속에게 전파하도록 위임받은 사명이었다(눅 24:47). (3) 그는 그리스도를 전하면서, 청중들에게 그리스도께서 속히 나타나실 것을 기대하고, 그리스도에게서 큰 일들을 기대할 것을 말하였다. 그리스도를 전하는 것이 순전한 복음인데, 세례 요한의 전도가 바로 그러한 것이었다(7, 8절). 그는 참된 복음 사역자답게 다음과 같은 것들을 증거한다. [1] 그리스도의 탁월하심. 그리스도는 너무나 고상하시고 크시기 때문에, 세례 요한은 비록 여자가 낳은 자 중에 가장 큰 자들 중의 한 사람이었지만, 자신을 그리스도와 관련해서는 심지어 몸을 굽혀 그의 신발끈을 풀기도 감당하지 못할 정도로 가장 하찮은 일을 할 자격도 없는 자로 여긴다. 이렇게 그는 그리스도께 존귀를 돌리는 데에 열심이었고, 다른 사람들도 그렇게 하도록 이끄는 데에 열심이었다. [2] 그리스도의 능력 많으심. 그리스도는 시간적으로는 내 뒤에 오시지만, 나보다 능력 많으신 이이고, 땅의 어떤 능력자들보다 더 능력이 많으시다. 왜냐하면, 그는 성령으로 세례를 베푸실 수 있기 때문이다. 그는 하나님의 영을 주실 수 있고, 그 영을 통해서 사람들의 영혼을 주장하실 수 있다. [3] 그리스도께서 회개하고 죄 사함을 받은 자들에게 그의 복음 안에서 행하신 큰 약속. 그들은

성령으로 세례를 받고, 그의 은혜로 말미암아 정결케 되며, 그의 위로를 통하여 새 힘을 얻게 될 것이다. 마지막으로, 유대인들이 개종자들을 받아들일 때에 했던 방식대로, 세례 요한은 그의 교훈을 받아들여 세례를 받고자 하는 자들에게 그들이 회개와 삶의 변화(이것들은 필수적으로 요구된 의무들이었다)를 통해서 스스로를 깨끗하게 하였다는 것과 하나님께서 약속하신 축복들이었던 죄 사함과 성결을 통해서 그들을 깨끗하게 하셨다는 것을 나타내는 표(標)로 물세례를 주었다. 이것은 후에 복음적인 예식으로 발전되었는데, 요한의 세례는 그 서막이었다.

3. 요한의 전도가 성공을 거두고 세례를 통해서 제자들을 얻게 되면서, 복음적인 교회가 시작되었다. 그는 광야에서 세례를 베풀었고, 성읍들로 들어가는 것을 사양하였다. 그러나 도시 사람들이나 지방 사람들이나 모두 그에게 나아왔다. 온 유대 지방과 예루살렘 사람이 다 나아가 그에게 세례를 받더라. 그들은 스스로 요한의 제자로 들어갔고, 요한의 치리에 따랐다. 그 표로 그들은 자기 죄를 자복하였다. 요한은 그들을 제자로 받아들였고, 그 표로 그들에게 세례를 베풀었다. 거기에 복음적인 교회의 활기가 있었다. 새벽 이슬 같은 주의 청년들이 주께 나오는도다(시 110:3). 그들 중 많은 수가 후에 그리스도를 따르는 자들이 되었고 그리스도의 복음 전도자들이 되었다. 겨자씨 한 알이 자라서 나무가 된 것이다.

[9]그 때에 예수께서 갈릴리 나사렛으로부터 와서 요단 강에서 요한에게 세례를 받으시고 [10]곧 물에서 올라오실새 하늘이 갈라짐과 성령이 비둘기 같이 자기에게 내려 오심을 보시더니 [11]하늘로부터 소리가 나기를 너는 내 사랑하는 아들이라 내가 너를 기뻐하노라 하시니라 [12]성령이 곧 예수를 광야로 몰아내신지라 [13]광야에서 사십 일을 계시면서 사탄에게 시험을 받으시며 들짐승과 함께 계시니 천사들이 수종들더라.

마가는 마태가 3장과 4장에서 길게 언급한 그리스도의 수세(baptism)와 시험(temptation) 기사를 여기에서 간략하게 요약해 놓는다.

Ⅰ. 그리스도께서 오랫동안 나사렛에서 사람들에게 드러나지 않고 조용히 지내신 후에 처음으로 공적으로 사람들에게 모습을 드러내신 사건인 그리스도

의 수세. 이 세상에는 멸시의 먼지 속에 묻혀서 알려지지 못하였거나 겸비의 베일 속에 싸여서 스스로를 드러내지 않은 숨겨진 보화가 얼마나 많은가! 그러나 그리스도라는 보화가 그런 것처럼, 그런 것들은 조만간에 알려지고 드러나게 된다.

1. 그리스도께서 요한에게 세례를 받으시려고 나아오심으로써 하나님의 뜻을 얼마나 겸손하게 받드셨는지를 보라. 이와 같이 하여 모든 의를 이루는 것이 합당하니라. 그리스도는 죄 있는 육신의 모양을 입으시고, 비록 스스로는 오직 흠 없고 점 없는 분이심에도, 마치 자신이 부정한 자처럼 물로 씻김을 받으셨으니, 이는 우리로 거룩함을 얻고 그와 함께 세례를 받게 하시려고 우리를 위하여 자기를 거룩하게 하신 것이다(요 17:19).

2. 그리스도께서 요한의 세례에 순복하셨을 때에 하나님께서 그리스도를 얼마나 존귀하게 받으셨는지를 보라. 하나님의 명령을 따라서 요한에게 세례를 받아 하나님을 의롭다 하는 자들을 하나님은 영화롭게 하실 것이다(눅 7:29, 30).

(1) 그리스도는 하늘이 열리는 것을 보셨다. 그리스도는 하늘로부터 주(主)로 인정을 받으셨고, 자신의 사명에 대한 상급으로서 그에게 주어질 자기 앞에 놓인 영광과 기쁨을 얼핏 볼 수 있으셨다. 마태는 하늘이 그에게 열렸다고 말하였고, 마가는 예수께서 하늘이 갈라진 것을 보셨다고 말하였다. 하늘이 열려서 사람들을 받은 경우는 많았지만, 그들은 하늘이 열리는 것을 보지는 못하였다. 그리스도는 장차 자신이 겪을 고난만이 아니라 자신이 받게 될 영광도 미리 앞서서 분명하게 보셨다.

(2) 그리스도는 성령이 비둘기 같이 자기에게 내려오심을 보셨다. 성령께서 우리에게 임하시고 역사하심을 느낄 때에 우리는 하늘이 우리에게 열리는 것을 볼 수 있음을 주목하라. 우리 안에서 행하시는 하나님의 선한 역사(役事)는 하나님께서 우리를 향하여 선한 뜻을 가지고 계시고 우리를 그 선한 뜻을 위하여 준비시키고 계시다는 것을 보여주는 가장 확실한 증거이다. 순교자 유스티누스(Justin)는 그리스도께서 세례를 받으셨을 때에 요단 강에 불이 켜졌다고 말하고, 한 옛 전승에서는 큰 빛이 그 주위를 비추었다고 말한다. 성령은 빛과 열기를 동반하기 때문이다.

(3) 그리스도께서 들으신 음성은 앞으로 그리스도께서 감당해야 할 사명을 격려하기 위한 것이었기 때문에, 여기서 너는 내 사랑하는 아들이라는 말씀은

하나님께서 그리스도를 향하여 말씀하신 것으로 표현되어 있다. 하나님은 그리스도로 하여금 다음과 같은 사실들을 알게 하신다. [1] 하나님은 그리스도께서 자신을 낮추서서 낮고 천한 자리에 있을지라도 예전과 조금도 다름없이 사랑하신다는 것. "비록 자신을 비워서 비천한 자가 되었다고 할지라도, 그리스도는 여전히 나의 사랑하는 아들이다." [2] 하나님은 그리스도께서 지금 착수하신 저 영광스럽고 애정어린 사명으로 인하여 더욱더 그를 사랑하신다는 것. 하나님은 당신과 인간 사이의 장벽이 되는 모든 문제들에 대한 중재자로서의 그리스도를 기뻐하신다. 그리고 그리스도 안에서 우리를 기뻐하실 수 있기 때문에 그리스도를 기뻐하시는 것이다.

Ⅱ. 그리스도의 시험. 그리스도에게 임한 성령은 그를 광야로 몰아내셨다(12절). 바울은 자기가 부르심을 받았을 때에 예루살렘으로 가지 아니하고 오직 아라비아로 갔다(갈 1:17)는 것을 그가 자신의 가르침을 사람에게서가 아니라 하나님에게서 받았다는 증거로 제시한다. 세상으로부터 잠시 물러나 있는 것은 하나님과 더욱 자유롭게 교제할 수 있는 좋은 기회가 되기 때문에, 아주 큰 사업을 하도록 부르심을 받은 자들을 포함해서 누구나 종종 그런 기회를 가져야 한다. 마가는 그리스도께서 광야에 계시는 상황을 들짐승과 함께 계셨다고 표현한다. 그리스도께서 들짐승들에게 물어뜯기는 것으로부터 보호를 받고 있다는 것은 아버지 하나님께서 그를 보호하고 계시는 한 실례(實例)였고, 이것은 그리스도로 하여금 아버지 하나님께서 그가 주릴 때에 먹을 것을 공급해 주실 것임을 더욱 확신할 수 있게 해 주었다. 하나님의 특별한 보호하심들은 때를 따라 공급해주실 것임을 보여주는 표징들이다. 또한 들짐승과 함께 지내신 것은 그리스도께서 앞으로 함께 살아가야 할 사람들, 즉 광야의 들짐승보다 더 나을 것이 없고 오히려 훨씬 더 못한 당시 사람들의 비인간성에 대한 암시이기도 하였다. 그 광야에서 다음과 같은 일들이 있었다.

1. 악한 영들은 그리스도를 시험하느라 바빴다. 그리스도는 사탄에게 시험을 받으셨다. 그것은 내부적인 침투가 아니라(그리스도의 내면에는 이 세상의 임금이 그를 결박짓도록 빌미를 제공해 주는 것이 전혀 없었다), 외부적인 유혹이었다. 혼자 있는 것은 흔히 유혹하는 자에게 좋은 기회를 주기 때문에, 혼자보다는 둘이 같이 있는 것이 더 좋다. 그리스도께서 친히 시험을 받으신 것은 시험을 받는 것은 죄가 아니라는 것을 우리에게 가르치시기 위한 것일 뿐만 아니라

우리가 시험을 받을 때에 어디로 가서 도움을 받아야 하는지를 가르쳐 주시기 위함이었다. 그리스도는 시험을 받아 고난을 당하셨은즉 시험 받는 자들을 능히 도우실 수 있느니라.

2. 선한 영들은 그리스도를 돕느라 바빴다. 천사들은 그리스도를 수종들면서, 그리스도께서 필요로 하신 것들을 공급해 주었고, 충성스럽게 그리스도를 받들어 섬겼다. 악한 천사들이 우리를 향하여 악한 계교로 공격해올 때에 선한 천사들이 우리를 수종든다는 것이 얼마나 큰 위로가 되는지를 기억하라. 그러나 우리에게는 천사들보다도 훨씬 더 잘 우리를 도우시는 분이 계시는데, 그분은 바로 우리 심령 속에 내주하시는 성령이시다. 성령을 모신 자들은 하나님께로부터 난 자들이다. 악한 자는 그런 자들을 이기기는커녕 건드리지도 못한다.

[14]요한이 잡힌 후 예수께서 갈릴리에 오셔서 하나님의 복음을 전파하여 [15]이르시되 때가 찼고 하나님의 나라가 가까이 왔으니 회개하고 복음을 믿으라 하시더라 [16]갈릴리 해변으로 지나가시다가 시몬과 그 형제 안드레가 바다에 그물 던지는 것을 보시니 그들은 어부라 [17]예수께서 이르시되 나를 따라오라 내가 너희로 사람을 낚는 어부가 되게 하리라 하시니 [18]곧 그물을 버려 두고 따르니라 [19]조금 더 가시다가 세베대의 아들 야고보와 그 형제 요한을 보시니 그들도 배에 있어 그물을 깁는데 [20]곧 부르시니 그 아버지 세베대를 품꾼들과 함께 배에 버려 두고 예수를 따라가니라 [21]그들이 가버나움에 들어가니라 예수께서 곧 안식일에 회당에 들어가 가르치시매 [22]뭇 사람이 그의 교훈에 놀라니 이는 그가 가르치시는 것이 권위 있는 자와 같고 서기관들과 같지 아니함일러라.

I. 여기에는 그리스도께서 갈릴리에서 복음을 전하신 것을 전체적으로 서술한 기사(記事)가 나온다. 요한은 이 기사에 앞서 그리스도께서 유대에서 복음을 전하신 것에 관한 기사를 두고 있다(요 2-3장). 다른 복음서 기자들은 그것을 생략하고 주로 갈릴리에서 일어난 일을 이야기하고 있는데, 이것은 그리스도께서 유대에서 사역하신 것이 예루살렘에서 거의 알려지지 않았기 때문이었다. 본문을 살펴보기로 하자.

1. 예수께서 갈릴리에서 복음을 전파하시기 시작한 것은 요한이 잡힌 후였다. 요한이 증거하기를 마쳤을 때, 예수께서 증거하시기 시작한 것이다. 그리

스도의 사역자들이 침묵을 지킨다고 해서 그리스도의 복음이 억눌러지는 것이 아님을 명심하라. 만일 어떤 사역자들이 일하지 못하게 되면, 하나님은 그들보다 더 권능 있게 동일한 사역을 감당할 수 있는 또 다른 사역자들을 세우신다.

2. 예수께서는 전하신 것은 하나님의 나라의 복음이었다. 그리스도는 사람들 가운데 하나님 나라를 세우셔서, 사람들로 하여금 하나님 나라에 속하여 구원을 얻게 하기 위하여 오셨다. 그리고 그리스도는 복음 전파와 거기에 수반되는 권능을 통해서 하나님 나라를 세우신다. 아래에서 이 점을 좀 더 살펴보기로 하자.

(1) 그리스도께서 전하신 위대한 진리는 **때가 찼고 하나님의 나라가 가까이 왔다**는 것이었다. 이 말씀은 메시야의 나라가 약속되었고 그 나라가 임할 때가 확정되어 있었던 구약을 토대로 둔 것이었다. 하지만 사람들은 그러한 예언들에 그리 정통하지 못하고, 때의 징조들을 잘 살피지 못해서, 스스로 이것을 이해할 수 없었기 때문에, 그리스도께서 이것을 사람들에게 알리신 것이다. "예정된 때가 지금 가까이 왔다. 영광스럽게도 하나님의 빛, 생명, 사랑이 이제 곧 발견될 것이다. 너희가 이제까지 지내온 때보다 훨씬 더 신령하고 천상적인 새로운 경륜의 때가 이제 곧 시작될 것이다." 하나님은 시간을 지키신다는 것을 명심하라. 때가 찼을 때, 하나님의 나라는 가까이 왔다. 왜냐하면, 예언은 성취를 위해서 정해진 때가 있고, 그 때가 우리가 보기에는 지체되는 것 같아도 정확하게 지켜지기 때문이다.

(2) 이러한 것들로부터 중요한 책무들이 도출된다. 그리스도께서 그들에게 **때를 알게 하신 것**은 그들로 하여금 이스라엘이 무엇을 해야 하는지를 알게 하기 위함이다. 그들은 메시야가 화려한 모습으로 권능 중에 나타나서 유대 민족을 로마의 멍에로부터 자유케 할 뿐만 아니라 이스라엘로 하여금 주변 나라들을 지배하도록 할 것이라는 부푼 기대를 안고 있었기 때문에, 하나님의 나라가 가까이 왔을 때에 전쟁을 준비하고, 장차 있을 승리와 영광, 세상에서의 큰 일들을 준비하여야 할 것이라고 생각하였다. 그러나 그리스도는 하나님 나라가 가까이 왔다는 것을 전하시면서, 그들에게 회개하고 복음을 믿어야 한다고 말씀하신다. 그들은 도덕적인 율법을 깨뜨려서, 유대인이나 이방인이나 다 죄 아래 있기 때문에 **율법 계약**을 통해서는 구원받을 수 없었다. 그러므로 그들은 은혜 계

약을 받아들여서 치유의 법에 순종하여야 하는데, 그것은 바로 하나님께 대한 회개와 우리 주 예수 그리스도께 대한 믿음이다. 그들은 예방의 처방에서 실패하였으므로 치료의 처방을 따라야 한다. 회개를 통해서 우리는 우리의 죄악들에 대하여 슬퍼하고 버려야 하며, 믿음을 통해서 우리는 죄 사함을 받아들여야 한다. 회개를 통해서 우리는 우리가 범죄한 우리의 창조주께 영광을 돌려야 하고, 믿음을 통해서 우리는 우리를 죄에서 구원하기 위하여 오신 우리의 구속주께 영광을 돌려야 한다. 회개와 믿음은 항상 동반되어야 한다. 우리는 그리스도의 의(義)와 은혜에 대한 믿음 없이 생활을 변화시키는 것이 우리를 구원할 수 있다고 생각하거나 우리의 마음과 생활의 변화 없이 그리스도에 대한 믿음이 우리를 구원할 수 있다고 생각해서는 안 된다. 그리스도는 이 두 가지를 함께 묶어놓으셔서, 아무도 이 둘을 분리할 생각을 하지 못하게 하셨다. 이 둘은 서로 상부상조하도록 되어 있다. 회개는 믿음을 일깨우고, 믿음은 회개를 복음적인 것으로 만든다. 그리고 이 두 가지에 모두 신실하다는 것은 하나님의 모든 계명을 양심적으로 부지런히 순종하는 것을 통해서 증명되어야 한다. 그러므로 복음 전파는 회개하고 믿으라는 부르심, 회개의 삶과 믿음의 삶을 살라는 부르심으로 시작되었고, 앞으로도 그렇게 계속될 것이다.

II. 그리스도께서는 한 분의 선생으로 등장하시는데, 여기에 그리스도께서 제자들을 부르신 장면이 나온다(16-20절).

1. 그리스도에게는 제자들이 있다. 학교를 세우신다면, 그는 학자들을 얻으셨을 것이고, 군기(軍旗)를 세우신다면, 군사들을 얻으셨을 것이며, 설교를 하신다면, 청중들을 얻으셨을 것이다. 그리스도께서는 제자들을 확보하기 위하여 효과적인 수단을 취하셨다. 왜냐하면, 아버지께서 내게 주신 자는 다 내게로 올 것이기 때문이다.

2. 그리스도께서 그의 나라를 세우시기 위하여 선택한 도구들은 세상의 미련한 것들과 약한 것들이었다. 그리스도는 저 유명한 산헤드린이나 랍비 학교들에 속해 있던 사람들을 부르신 것이 아니라, 바닷가의 어부들 중에서 택하셨는데, 이것은 심히 큰 능력이 하나님께 있고 우리에게 있지 아니함을 알게 하려 하기 위함이었다.

3. 그리스도께서는 인간의 도움을 필요로 하지 않지만, 그의 나라를 세우시는 데에 인간의 도움을 사용하시는 것을 기뻐하시는데, 이것은 그리스도께서

우리를 무시무시한 방식이 아니라 친숙한 방식으로 대하시고, 그의 나라에서 우리를 귀인들과 통치자들로 삼으시기(렘 31:21) 위함이다.

4. 그리스도께서는 비록 이 세상에 천하다고 할지라도 자신의 일에 부지런하고 서로 사랑하는 자들을 존귀하게 하신다. 따라서 그리스도께서 부르신 자들은 바로 그런 사람들이었다. 그리스도께서는 그들이 고용되어 있었고, 또한 함께 고용되어 있었다는 것을 아셨다. 근면과 협동은 선하고 즐거운 일이고, 그런 곳을 주 예수께서는 축복하시며, 나를 따라오라는 축복까지 내리신다.

5. 사역자들의 일은 영혼들을 낚아서 그리스도에게로 인도하는 것이다. 자연적인 상태 속에 있는 사람들은 잃어버린 자들로서 이 세상의 대양(大洋)에서 끝없이 방황하고, 세상 물결이 흘러가는 대로 떠내려간다. 이런 자들은 무익한 자들이다. 마치 물에 있는 리워야단처럼, 그들은 거기에서 놀고 있고, 흔히 바다의 물고기들처럼 서로를 삼켜버린다. 사역자들이 복음을 전하는 것은 물 속에 그물을 던지는 것이다(마 13:47). 어떤 물고기들은 잡혀서 해변까지 운반되지만, 대부분의 물고기들은 피해서 달아나버린다. 어부들이 큰 수고를 하고 큰 위험에 노출되어 있는 것과 마찬가지로, 사역자들도 그러하다. 그래서 사역자들에게는 지혜가 필요하다. 물고기 한 마리 잡지 못하는 경우가 비일비재하지만, 사역자들은 그 일을 계속하여야 한다.

6. 그리스도께 부르심을 받은 사람들은 모든 것을 버리고 그를 따라야 한다. 그리스도께서는 그들에게 은혜를 주셔서 그렇게 하고자 하는 마음을 갖게 하신다. 우리가 즉시 세상 밖으로 나가야 하는 것은 아니지만, 우리는 세상에 대한 애착을 버려야 하고, 그리스도에 대한 우리의 책무를 수행하는 데에 지장이 되거나 우리의 영혼에 해가 되는 것들을 모두 다 버려야 한다. 마가는 야고보와 요한이 그들의 아버지(마태복음에도 나온다)만이 아니라 동료이자 친구로서 형제처럼 다정하게 지냈을 품꾼들도 버렸다는 것을 지적한다. 그리스도를 따르기 위해서는 친척들만이 아니라 동료들이나 오랫동안 알고 지내던 사람들까지도 다 버리지 않으면 안 된다. 그리고 야고보와 요한이 아버지와 함께 품꾼들도 버려 둔 것은 아버지에 대한 그들의 배려를 암시하는 것일 수 있다. 그들은 아버지를 홀로 남겨 두지 않고, 품꾼들과 함께 남겨 두어 품꾼들로 하여금 아버지를 도울 수 있게 하였다. 그로티우스(Grotius)는 마가의 이러한 지적은 그들의 부르심이 다른 사람들에게도 유익이었다는 것을 보여주기 위한

것이라고 생각하였다. 왜냐하면, 품꾼들이 계속해서 품삯을 받으며 배 안에서 일하는 것은 좋은 일이고, 야고보와 요한은 그들의 손이 아쉬울 때에 거기를 떠났기 때문이다.

Ⅲ. 여기에는 그리스도께서 갈릴리의 성읍들 가운데 하나인 가버나움에서 복음을 전하신 것에 관한 구체적인 기사가 나온다. 세례 요한이 광야에서 전도하기로 택하여 그 일을 잘하였고 성과도 거두었지만, 예수께서도 그렇게 해야 하는 것은 아니었다. 사역자들의 성향과 기회는 서로 많이 다를 수 있다. 그렇지만, 이 두 사람은 각자의 사역을 감당하였고, 그 사역은 둘 다 유익한 것이었다.

1. 그리스도께서는 가버나움에 들어가시자마자 곧 일에 착수하여, 복음을 전할 첫 번째 기회를 잡으셨다. 시간을 허비해서는 안 된다고 생각하면서도, 일에 대해서는 많이 생각하고 막상 그 일을 하는 데에는 시간을 별로 들이지 않는 사람들이 있다.

2. 그리스도께서는 안식일을 경건하게 지키셨다. 하지만 그리스도께서 하신 것은 안식일의 안식과 관련된 모든 세세한 규칙들을 정해 놓은 장로들의 유전(遺傳, tradition)에 얽매인 것이 아니라, 그것보다 훨씬 더 좋은 것, 즉 안식일의 안식을 규정해 놓은 목적인 안식일의 사역을 풍부하게 행하시는 것이었다.

3. 안식일은 경건한 집회를 통해서 거룩하게 지켜져야 한다. 안식일은 거룩한 날로서 거룩한 집회를 통해서 하나님께 영광을 돌리는 날이 되어야 한다. 이것이 선한 옛 방식이었다(행 13:27. 15:21). 안식일에(포이스 삽바신 ― 안식일들에), 즉 안식일이 돌아올 때마다 예수께서는 회당에 들어가셨다.

4. 예수께서는 안식일 날들에 경건한 집회에서 복음을 전하셨고, 예수 안에 있는 진리를 배우고자 하는 자들을 가르치셨다.

5. 그리스도는 평범한 설교자가 아니었다. 그리스도는 서기관들과 같지 않으셨다. 서기관들은 초등학생이 교과서를 읽듯이 모세의 율법을 기계적으로 설명하였을 뿐이고 율법을 잘 알지도 못하였고(바울도 바리새인이었을 때에 율법에 무지하였다) 율법으로 사람들에게 감화를 주지도 못하였다. 서기관들의 설교는 마음으로부터 온 것이 아니었으므로, 권위가 없었다. 그러나 그리스도께서는 권위 있는 자로서, 즉 하나님의 마음을 아는 가운데 그 마음을 밝히 전

하도록 위임받은 자로서 가르치셨다.

6. 그리스도의 교훈 속에는 놀랄 것들이 많이 있다. 그의 교훈을 많이 들으면 들을수록, 더욱더 우리는 그 교훈에 감탄하지 않을 수 없게 될 것이다.

[23]마침 그들의 회당에 더러운 귀신 들린 사람이 있어 소리 질러 이르되 [24]나사렛 예수여 우리가 당신과 무슨 상관이 있나이까 우리를 멸하러 왔나이까 나는 당신이 누구인 줄 아노니 하나님의 거룩한 자니이다 [25]예수께서 꾸짖어 이르시되 잠잠하고 그 사람에게서 나오라 하시니 [26]더러운 귀신이 그 사람에게 경련을 일으키고 큰 소리를 지르며 나오는지라 [27]다 놀라 서로 물어 이르되 이는 어찜이냐 권위 있는 새 교훈이로다 더러운 귀신들에게 명한즉 순종하는도다 하더라 [28]예수의 소문이 곧 온 갈릴리 사방에 퍼지더라.

그리스도께서는 복음을 전하기 시작하자마자 자신의 교훈을 확증하기 위하여 이적들을 행하기 시작하셨다. 이적들은 사탄을 정복하고 병든 영혼들을 치료하고자 하는 그의 교훈의 의도와 성향을 암시하는 그런 것들이었다.

이 절들에서 우리는 다음과 같은 것들을 본다.

I. 그리스도께서는 가버나움 회당에서 귀신 들린 사람에게서 귀신을 쫓아내셨다. 이 사건은 마태복음에는 나오지 않았지만, 나중에 누가복음 4:33에는 나온다. 회당에 더러운 귀신 들린(엔 프뉴마티 아카다르토— 더러운 귀신 안에) 사람이 있어. 귀신은 이 사람을 사로잡고 포로로 삼아서 자기 뜻대로 부리고 있었다. 이렇게, 온 세상이 악한 자 안에 놓여 있다. 어떤 사람들은 몸이 영혼의 지배를 받기 때문에 영혼이 몸 안에 있는 것이 아니라 몸이 영혼 안에 있다고 말하는 것이 더 타당하다고 생각하였다. 사람이 열병에 걸려 있다거나 극도의 흥분상태에 있다고 말하는 것처럼, 여기 이 사람은 더러운 귀신 안에 있었고, 그 귀신에 잡혀 있었다. 여기서 귀신을 더러운 귀신으로 부르고 있는 것에 주목하라. 이것은 귀신이 본성의 모든 순수성을 상실했기 때문이고, 하나님의 거룩한 영과 정반대로 행동하기 때문이며, 사람들의 심령을 유혹하여 타락시키기 때문이다. 이 사람은 회당에 있었다. 그는 가르침을 받거나 치유받기 위해서 온 것이 아니라, 어떤 사람들이 생각하듯이 그리스도와 맞서서 대적하고 사람들로 하여금 그리스도를 믿지 못하게 방해하기 위하여 온 것이었다. 이제

부터 좀 더 자세하게 살펴보자.

1. 더러운 귀신은 그리스도를 보자 악을 썼다. 귀신은 그리스도 앞에서 쫓겨날 것을 두려워하여 극심한 고통 중에 있는 자처럼 소리를 질렀다. 이렇게 귀신들도 믿고 떨며 그리스도를 두려워하지만, 그리스도에 대한 소망이나 경외심은 없다. 24절에는 귀신이 한 말이 나와 있다: 귀신은 그리스도에게 항복하겠다거나 타협하자고 말하는 것이 아니라(그리스도와 동맹을 맺자거나 평화협정을 맺자고 말한 것은 더더욱 아니었다), 자신의 파국을 이미 알고 있는 자처럼 말한다. (1) 귀신은 그리스도를 나사렛 예수라고 부른다. 잘은 모르겠지만, 아마도 예수를 그렇게 부른 것은 이 귀신이 처음일 것이다. 귀신은 사람들로 하여금 예수를 무시하게 만들고(사람들은 나사렛에서 그 어떤 선한 것도 기대하지 않았기 때문에), 사람들의 마음에 예수를 사기꾼으로 여기는 선입견을 불어넣기 위한 목적으로(메시야가 베들레헴에서 나올 것은 누구나 다 알고 있었기 때문에) 그렇게 불렀다. (2) 하지만 점치는 귀신 들린 여자가 사도들에 대하여 지극히 높으신 하나님의 종들이라고 고백했듯이(행 16:16-17), 이 귀신도 예수께서 하나님의 거룩한 자라는 것을 고백하지 않을 수 없었다. 그리스도는 하나님의 거룩한 자라는 생각만을 가지고 있을 뿐이고 그를 믿지 않고 그를 사랑하지도 않는 자들은 이 귀신보다 더 나을 게 없다. (3) 귀신은 자기가 그리스도의 상대가 되지 않는다는 것과 그리스도의 능력에 대항할 수 없다는 것을 사실상 인정하였다. "우리를 내버려두소서 당신이 꾸짖으시면 우리는 망하오니 당신은 우리를 멸하실 수 있나이다." 이것이 저 악한 영들의 가련한 운명인데, 그들은 하나님에 대한 반역을 끈질기게 지속하면서도 그것이 그들의 파멸로 끝장날 것임을 너무도 잘 알고 있는 것이다. (4) 귀신은 예수 그리스도께서 상관하지 말기를 바란다. 왜냐하면, 귀신은 그리스도에 의해서 구원받는 것을 단념하고 있고, 그리스도에 의해서 멸망받는 것을 두려워하고 있기 때문이다. "우리가 당신과 무슨 상관이 있나이까 당신이 우리를 내버려두신다면, 우리도 당신을 내버려두리이다." 귀신이 말하고 있는 내용을 잘 보라. 귀신은 전능하신 분에게 우리로부터 떠나라고 말하고 있다. 귀신은 더러운 영으로서 그리스도가 거룩한 자라는 것을 알기 때문에 그리스도를 미워하고 두려워한다. 육신의 생각은 하나님과 원수가 되는데, 특히 하나님의 거룩하심을 증오한다.

2. 예수 그리스도는 더러운 귀신에게 승리를 거두셨다. 하나님의 아들이 나타

나신 것은 마귀의 일을 멸하려 하심이기 때문에, 그리스도께서는 이 일이 이루어 지는 것을 나타내 보이셨다. 그리스도께서는 마귀의 아첨이나 협박에 아랑곳 하지 않으시고 마귀와의 전쟁에서 물러서지 않으실 것이다. 사탄이 우리를 내 버려두라고 애원하고 탄원하여도 그것은 소용없는 짓이다. 마귀의 세력은 멸 해져야 하고, 저 가엾은 사람은 구원받아야 한다. 그러므로 (1) 예수께서 명하 신다. 예수께서는 권위 있는 자로서 가르치셨듯이, 권위를 가지고 치유하셨다. 예수께서 귀신을 꾸짖으셨다. 예수께서는 귀신을 꾸짖으시고 위협하시며 침묵 을 명하셨다. 잠잠하라(피모데티 — 입에 재갈을 물려라). 그리스도는 더러운 귀신이 아첨하거나 짖어댈 때에 재갈을 물리신다. 그리스도를 인정하는 귀신의 그러한 말들을 그리스도께서는 받아들이기는커녕 경멸하신다. 어떤 귀신들은 그리스도가 하나님의 거룩한 자라고 고백하면서, 그러한 고백의 가면 아래에서 그들의 사악하고 해로운 계교를 이루려고 한다. 그러나 그들의 고백은 범죄할 수 있는 면허를 예수의 이름으로 구하는 것이어서 주 예수에게 갑절이나 가증 스러운 것이기 때문에, 예수께서는 그들을 침묵시키고 부끄러움을 당하게 하 실 것이다. 그러나 이것이 전부가 아니다. 귀신은 잠잠해야 할 뿐만 아니라, 그 사람에게서 나와야 한다. 이것이 바로 귀신이 두려워한 것이었다 — 귀신은 악 행을 저지르는 것을 제지당하는 것을 두려워한다. 그러나 (2) 더러운 귀신은 항복한다. 다른 방도가 없기 때문이다(26절). 귀신은 그 사람을 잡아뜯어서 경련 을 일으키게 하였다. 그 사람은 자기가 갈가리 찢겼다고 생각했을 수 있다. 귀 신은 그리스도를 건드릴 수 없었기 때문에, 그리스도를 향한 울분을 이 가엾은 사람에게 사정 없이 퍼부어 심하게 괴롭힌 것이었다. 그래서 그리스도께서 그 의 은혜로 말미암아 가엾은 영혼들을 사탄의 손아귀에서 구원하여 낼 때, 그 영혼은 심한 요동과 소동을 겪게 된다. 왜냐하면, 저 앙심을 품은 원수는 자기 가 멸할 수 없는 영혼들을 불안하게 하기 때문이다. 귀신은 큰 소리를 질러서 구경꾼들을 놀라게 하여 자기가 무서운 존재임을 과시하면서, 자기가 패배하 긴 했지만 단지 잠시 패배한 것이고 다시 힘을 차려서 실지(失地)를 회복하겠 다는 소망을 버리지 않고 있음을 보여주는 듯하였다.

II. 이 이적은 사람들의 마음에 다음과 같은 인상을 남겨주었다(27-28절).

1. 이 이적은 그것을 본 사람들을 놀라게 하였다. 그들은 다 놀랐다. 그 사람 이 귀신 들렸었다는 것은 부인할 수 없는 명백한 사실이었다 — 그들은 귀신

이 그 사람을 상하게 하고 큰 소리를 질렀던 것을 목격하였었다. 귀신이 그리스도의 권위로 말미암아 강제로 쫓겨나간 것도 명백하였다. 이 일은 그들을 놀라게 하였고, 그들로 하여금 스스로 생각하게 하고 서로 묻게 만들었다. "이 새 교훈은 무엇이냐? 이것이 틀림없이 하나님에게서 나왔다는 것이 이런 식으로 확증되었다. 더러운 귀신들에게조차 명령하실 수 있는 그리스도는 분명히 우리에게도 명령할 권위를 갖고 계시고, 더러운 귀신들은 그리스도의 명령을 거부할 수 없고 오로지 순종할 수밖에 없다." 유대인 퇴마사들(exorcists)은 주문을 외우거나 악령을 불러내어 귀신들을 쫓아내는 척하는데, 이 일은 그러한 것들과는 판이하게 달라서, 예수께서는 더러운 귀신들에게 권위로써 명령하신다. 악독한 영들을 지배하시는 그리스도를 우리의 친구로 삼는 것은 분명히 우리에게 유익이 되는 일이다.

2. 이 이적은 이 소문을 들은 모든 사람들 가운데서 그리스도의 명성을 높여 주었다. 예수의 소문이 곧 온 갈릴리 사방에 퍼지더라. 갈릴리는 가나안 땅의 세 번째 부분이었다. 이 소문은 각 사람의 입을 통해서 곧 퍼져나갔고, 사람들은 이는 어떤 새 교훈이냐?라는 말과 함께 이 소문을 온 나라에 있는 자신의 벗들에게 편지를 써서 알렸다. 이렇게 해서 내려진 결론은 예수는 하나님께로부터 오신 선생이라는 것이었다. 그리스도께서는 비록 유대인들이 기대한 것처럼 외관상으로 화려하고 능력있는 모습으로 나타나지는 않으셨지만, 하나님께로부터 오신 선생으로서 더욱 밝은 빛을 발하셨다. 그리스도는 그의 선구자였던 세례 요한이 옥에 갇힌 지금 이런 식으로 자신의 길을 준비하셨다. 이 이적에 관한 소문은 널리 퍼져나갔다. 왜냐하면, 예수의 명성을 시기하여 그 명성을 깎아내리고자 애썼던 바리새인들이 아직까지는 예수께서 귀신들의 왕과 맹약을 맺고 귀신들을 쫓아낸다는 참람한 말을 제기하지 않았기 때문이다.

[29]회당에서 나와 곧 야고보와 요한과 함께 시몬과 안드레의 집에 들어가시니 [30]시몬의 장모가 열병으로 누워 있는지라 사람들이 곧 그 여자에 대하여 예수께 여짜온대 [31]나아가사 그 손을 잡아 일으키시니 열병이 떠나고 여자가 그들에게 수종드니라 [32]저물어 해 질 때에 모든 병자와 귀신 들린 자를 예수께 데려오니 [33]온 동네가 그 문 앞에 모였더라 [34]예수께서 각종 병이 든 많은 사람을 고치시며 많은 귀신을 내쫓으시되 귀신이 자기를 알므로 그 말하는 것을 허락하지 아니하시니라 [35]새벽

아직도 밝기 전에 예수께서 일어나 나가 한적한 곳으로 가사 거기서 기도하시더니 [36]시몬과 및 그와 함께 있는 자들이 예수의 뒤를 따라가 [37]만나서 이르되 모든 사람이 주를 찾나이다 [38]이르시되 우리가 다른 가까운 마을들로 가자 거기서도 전도하리니 내가 이를 위하여 왔노라 하시고 [39]이에 온 갈릴리에 다니시며 그들의 여러 회당에서 전도하시고 또 귀신들을 내쫓으시더라.

이 절들에는 다음과 같은 내용들이 나와 있다.

I. 여기에는 그리스도께서 열병을 앓고 있던 베드로의 장모를 치유하시면서 행하신 이적에 관한 구체적인 기사가 나온다. 이 사건은 마태복음에 이미 나온 바 있다. 좀 더 자세하게 살펴보기로 하자.

1. 명성이 높아지면 침대에 가만히 누워 있어도 된다고 생각하는 사람들과는 달리, 그리스도께서는 사방에 그의 명성이 퍼지게 한 일을 행하신 후에도, 조용히 앉아 계시지 않았다. 그렇다. 그리스도는 계속해서 선을 행하셨다. 왜냐하면, 선을 행하는 것은 그리스도께서 목적하신 것이었고, 자신의 명성을 위한 것이 아니었기 때문이다. 명성을 얻은 사람들은 그 명성을 유지하기 위하여 분주하고 신경을 많이 써야 한다.

2. 그리스도께서는 하나님의 권위로써 가르치시고 치유하신 회당에서 나와서 그를 수행하던 가난한 어부들과 다정하게 대화를 나누셨고, 그것을 자신의 신분에 비해 비천한 일로 여기지 않으셨다. 그리스도 안에 있었던 것과 동일한 마음, 그 동일한 겸손한 마음을 우리 안에 있게 하자.

3. 그리스도께서는 베드로의 집에 들어가셨다. 베드로는 아마도 그리스도께 가난한 어부로서 할 수 있는 만큼의 대접을 하고자 하여 초대하였던 것 같고, 그리스도께서는 그 초대를 받아들이셨던 것 같다. 사도들은 그리스도를 위하여 모든 것을 버렸다. 그들이 가진 것은 그들이 그리스도에게 나아가는 것을 방해하지 않았기 때문에, 그들은 그들이 가진 것을 그리스도를 위하여 사용할 수 있었다.

4. 그리스도께서는 병들어 있던 베드로의 장모를 고쳐주셨다. 그리스도께서 오실 때마다 그리스도는 선을 행하기 위하여 오시고, 자신을 대접한 것에 대하여 풍성하게 갚아주신다. 그 치유가 얼마나 완전한 것이었는지를 눈여겨 보라. 열병이 떠났을 때, 베드로의 장모는 통상적인 경우와는 달리 연약한 상태

로 머물러 있지 않았다. 베드로의 장모를 고쳐주신 그 동일한 손이 그녀에게 힘을 더하여주어서, 그녀는 그들을 수종들 수 있었다. 그리스도께서 우리의 병을 고쳐주시는 것은 우리로 하여금 온전히 회복된 몸을 가지고 그리스도를 수종들고 그리스도를 위하여 그리스도께 속한 자들을 수종들게 하기 위함이다.

II. 여기에는 그리스도께서 질병들을 치료하시고 귀신들을 쫓아내신 수많은 치유 기사들이 나온다. 때는 저물어 해질 때인 안식일 저녁이었다. 아마도 안식일에 병 고침받는 것을 꺼림칙하게 생각하였던 많은 사람들은 안식일이 지난 저녁 때에 병자들을 그리스도께로 데리고 나왔을 것이지만, 그리스도께서는 그들의 이러한 연약함을 근거로 편견을 가지고 그들을 대하시지 않으셨다. 그리스도께서는 안식일에 병을 고치는 것이 옳다는 것을 입증하셨지만, 안식일 규례를 지키지 않는 것을 꺼림칙하게 여기는 사람들이 안식일이 아닌 때에 오는 것을 환영하셨다. 좀 더 자세하게 살펴보자.

1. 얼마나 많은 환자들이 모여 왔는지를 보라. 마치 거지들이 구걸을 위해서 모여들듯이, 온 동네가 그 문 앞에 모였다. 회당에서 귀신 들린 자를 치유하신 사건이 계기가 되어 이처럼 많은 사람들이 모여온 것이다. 사람들이 그리스도로 말미암아 잘되면, 우리는 정신이 번쩍나서 그리스도를 따르게 된다. 이제 의로운 해가 떠올라서 치유하는 광선을 발하리니, 사람들이 그리스도에게로 모여올 것이다. 회당에서만이 아니라 개인 집에서도 얼마나 많은 사람들이 그리스도에게 모여왔는가를 보라. 그리스도께서 계시는 곳마다 그의 종들과 병자들이 있다. 공예배가 끝난 안식일 저녁에도 우리는 계속해서 예수 그리스도를 모셔야 한다. 바울이 우리에게 말해주듯이, 그리스도께서는 공적으로도 각 가정을 방문해서도 병을 고쳐주셨다.

2. 그리스도가 얼마나 능력 많으신 의원이셨는지를 보라. 그리스도께서는 아무리 많은 수가 모여와도 사람들이 그에게 데려온 모든 병자를 고치셨다. 그리스도께서는 어떤 특정한 질병만을 고쳐주신 것이 아니고, 각종 병이 든 사람들을 고쳐주셨다. 그리스도의 말씀은 만병통치약(판파르마콘)이었기 때문이다. 그리스도께서는 회당에서 행하셨던 바로 그 이적을 밤에 집에서 다시 행하셨다. 예수께서는 많은 귀신을 내쫓으시되 귀신이 자기를 알므로 그 말하는 것을 허락하지 아니하시고 잠잠케 하셨다(또는, 예수께서는 귀신들이 자기를 안다는 것을 말하는 것을 허락하지 않으셨다로 번역할 수도 있다). 그리스도께서는 이전과는

달리 귀신들이 나는 당신이 누구인 줄 아노니(24절)라고 말하는 것을 더 이상 허락하지 않으셨다.

Ⅲ. 그리스도께서는 한적한 곳으로 가셔서 은밀하게 기도하셨다(35절). 그리스도께서는 우리에게 은밀한 기도의 모범을 보여주시기 위하여 한적한 곳으로 가셔서 홀로 기도하셨다. 그리스도는 하나님의 신분으로는 사람들의 기도의 대상이었지만, 사람의 신분으로 기도하셨다. 비록 그리스도께서는 공적인 사역을 통해서 하나님을 영화롭게 하고 있었고 선을 행하고 계셨지만, 시간을 내어서 아버지 하나님과 홀로 있는 기회를 가지셨다. 이렇게 하여, 그는 모든 의를 이루셨다. 좀 더 자세하게 살펴보자.

1. 그리스도께서 기도하신 때. (1) 그리스도께서 기도하신 때는 안식일 다음 날 새벽이었다. 안식일이 지나면 다음 안식일까지 기도를 잠시 쉬어도 된다고 생각해서는 안 된다는 것을 명심하라: 비록 회당에 가지 않는다고 해도, 우리는 한 주간 동안 매일 은혜의 보좌 앞에 나아가야 한다. 특히, 안식일 다음 날 새벽은 안식일의 선한 감화들이 여전히 간직되어 있는 때이다. 이 새벽은 한 주간의 첫째 날의 새벽인데, 나중에 그리스도께서는 이 날 새벽에 부활하셔서 이 날을 거룩하고 특별한 날이 되게 하셨다. (2) 그리스도께서 기도하신 때는 새벽 아직도 밝기 전이었다. 사람들이 침상에서 잠을 자고 있을 때, 그리스도께서는 진정한 다윗의 자손(아들)답게 기도하고 계셨다. 다윗은 새벽에 하나님을 찾았고, 새벽에 기도를 드렸으며, 밤중에 일어나 하나님께 감사하였다. "아침은 뮤즈(시의 신)의 친구이며(Aurora Musis amica), 그레이스(미의 신)의 친구이기도 하다"는 말이 있다. 우리의 심령이 가장 신선하고 활기찰 때인 새벽에 우리는 시간을 내어서 경건의 훈련을 하여야 한다. 우리는 처음이자 최고이신 분에게 처음이자 최고인 시간을 드리는 것이 마땅하다.

2. 그리스도께서 기도하신 장소. 그리스도께서는 동네 밖 또는 좀 떨어진 동산이나 외딴 곳을 찾아 한적한 곳으로 나가셨다. 그리스도께서는 마음이 분산되거나 헛된 영광을 구하고자 하는 유혹에 빠질 위험이 없으셨지만, 너는 기도할 때에 네 골방에 들어가라(마 6:6)는 당신이 친히 세운 규칙에 대한 모범을 우리에게 보여주시기 위하여 한적한 곳으로 가서 기도하셨다. 은밀한 기도는 은밀하게 행해져야 한다. 훌륭한 공익사업이나 선한 사업을 하는 사람들은 종종 홀로 하나님과 함께 하는 시간을 가져서, 한적한 곳으로 물러나, 거기에서 하나님

과 대화하며 하나님과의 교통을 유지하여야 한다.

Ⅳ. 그리스도께서는 다시 돌아오셔서 자신의 공적 사역을 재개하셨다. 제자들은 자기들이 일찍 일어난 줄로 생각했지만, 주께서 그들보다 먼저 일어나신 것을 알고는, 주께서 어디로 가셨는지를 물어서, 예수의 뒤를 따라가 예수께서 계신 한적한 곳으로 가서, 거기에서 기도하고 계신 예수를 만났다(36-37절). 그들은 예수에게 모든 사람들이 그를 찾고 있고, 많은 병자들이 그를 기다리고 있다고 말하였다. 모든 사람이 주를 찾나이다. 제자들은 주님이 벌써부터 대단한 인기를 얻게 된 것을 자랑스러워하며, 다시금 무리들이 모여있는 그 장소로 가시도록 권하였는데, 이것은 그 곳이 그들의 고향이었기 때문이다. 우리는 우리가 알고 있고 관심이 있는 곳들에 대하여 편파적인 생각을 지니기가 쉽다. 그러나 그리스도께서는 "아니다"라고 말씀하셨다: "가버나움이 메시야의 전도와 이적을 독점해서는 안 된다. 우리가 다른 가까운 마을들로 가자. 거기서도 전도하고 이적을 행하리니, 내가 이를 위하여 왔노라. 한 곳에 머물러서는 안 되고, 여기저기 다니며 선한 일을 행하여야 한다." 활 쏘는 자들의 소리로부터 멀리 떨어진 물 긷는 곳에서도 여호와의 공의로우신 일을 전하라(삿 5:11). 그리스도께서는 이를 위하여 왔노라는 목적의식을 뚜렷하게 지니고 계셨고, 주변 사람들의 끈질긴 요구나 설득에 이끌려서 이 목적의식을 저버리는 일이 없었다는 것을 주목하라. 그리스도께서는 이에 온 갈릴리에 다니시며 그들의 여러 회당에서 전도하셨고, 자신의 교훈을 예시하고 확증하기 위하여 귀신들을 내쫓으셨다. 그리스도의 교훈은 사탄의 멸망임을 주목하라.

[40]한 나병환자가 예수께 와서 꿇어 엎드려 간구하여 이르되 원하시면 저를 깨끗하게 하실 수 있나이다 [41]예수께서 불쌍히 여기사 손을 내밀어 그에게 대시며 이르시되 내가 원하노니 깨끗함을 받으라 하시니 [42]곧 나병이 그 사람에게서 떠나가고 깨끗하여진지라 [43]곧 보내시며 엄히 경고하사 [44]이르시되 삼가 아무에게 아무 말도 하지 말고 가서 네 몸을 제사장에게 보이고 네가 깨끗하게 되었으니 모세가 명한 것을 드려 그들에게 입증하라 하셨더라 [45]그러나 그 사람이 나가서 이 일을 많이 전파하여 널리 퍼지게 하니 그러므로 예수께서 다시는 드러나게 동네에 들어가지 못하시고 오직 바깥 한적한 곳에 계셨으나 사방에서 사람들이 그에게로 나아오더라.

　　여기에는 그리스도께서 나병환자를 깨끗하게 하신 이야기가 나오는데, 우리는 마태복음 8:2-4에서 이미 이 이야기를 살펴본 바 있다. 이 이야기는 우리에게 다음과 같은 것들을 가르쳐준다.

　1. 어떻게 그리스도께 나아와야 하는가. 우리는 이 나병환자와 같은 태도로 그리스도에게 나아와야 한다. (1) 아주 겸손하게 나아와야 한다. 이 나병환자는 예수께 와서 꿇어 엎드려 간구하였다(40절). 나병환자가 그리스도를 하나님으로 여겨서 경배한 것이었든, 큰 선지자로 여겨서 조금 덜한 존경심을 나타낸 것이든, 이것은 그리스도로부터 은혜와 긍휼을 받고자 하는 자는 마땅히 그리스도께 존귀와 영광을 드려야 하며 겸손과 경외심을 가지고 그리스도에게 나아가야 한다는 것을 가르쳐준다. (2) 그리스도의 능력에 대한 확고한 믿음을 가지고 나아와야 한다. 저를 깨끗하게 하실 수 있나이다. 그리스도의 외모는 초라했지만, 나병환자에게는 그리스도의 능력에 대한 믿음이 있었는데, 이것은 그리스도께서 하나님으로부터 보내심을 받았다는 것을 나병환자가 믿었다는 것을 의미한다. 나병환자는 당신은 무엇이든지 하실 수 있나이다(요 11:22)라는 일반적인 믿음만이 아니라 당신은 나를 깨끗하게 하실 수 있나이다라는 구체적인 믿음을 가지고 있었다. 우리가 그리스도의 능력을 믿는다면, 우리는 그 믿음을 우리의 구체적인 경우에 적용하여 당신은 나를 위해 이 일을 하실 수 있나이다라고 고백하여야 한다는 것을 명심하라. (3) 그리스도의 뜻에 순복하는 마음을 가지고 나아와야 한다. 주여, 당신이 원하시면. 나병환자는 그리스도께서 일반적으로 고통당하는 자들을 기꺼이 도와주시고자 하신다는 것을 의심한 것이 아니라, 간구하는 자로서의 겸손한 태도로 자신의 특별한 사정을 그리스도께 아뢴 것이다.

　2. 그리스도로부터 무엇을 기대해야 하는가. 우리는 우리의 믿음대로 우리에게 이루어지리라는 것을 기대하여야 한다. 나병환자의 말은 기도의 형태로 되어 있지 않지만, 그리스도께서는 그것을 요청으로 받아들여서 응답하셨다. 그리스도에 대한 애정어린 신앙 고백과 그리스도께 순복하는 태도는 그리스도에게서 긍휼하심을 신속하게 얻어낼 수 있는 가장 효과적인 간구가 된다. (1) 그리스도께서는 나병환자를 불쌍히 여기셨다. 마가복음은 여기에서 그리스도께서 가엾은 영혼들을 불쌍히 여기셔서 구원의 능력을 베푸셨고, 구원의 근거는 오로지 그리스도 자신으로부터 나오는 것이기 때문에 우리 속에는 그리스도

의 은혜를 받을 만한 것이 아무것도 없지만 우리의 비참한 상태가 우리를 그리스도의 긍휼하심의 대상으로 만든다는 것을 보여주기 위하여 이 말씀을 덧붙인다. 그리고 그리스도께서는 우리를 위하여 어떤 일을 해주실 때에 아주 다정하게 해주신다. (2) 예수께서 손을 내밀어 그에게 대셨다. 그리스도께서 그의 능력을 발휘하여 이 나병환자에게 적용하셨다. 그리스도께서 영혼들을 고치실 때에 그들을 만지신다(삼상 10:26). 여왕은 병자를 만지면서, 나는 만지고 하나님께서 고치시지만 그리스도께서는 만지시면서 고치신다고 말했다. (3) 그리스도께서는 내가 원하노니 깨끗함을 받으라고 말씀하셨다. 그리스도의 능력이 말씀에 의하여 나타난 것은 그리스도께서 통상적으로 어떤 방식으로 영적인 치유를 행하셨는지를 보여준다. 그가 그의 말씀을 보내어 고치신다(시 107:20; 요 15:3; 17:17). 불쌍한 나병환자는 그리스도의 뜻에 대하여 만약을 붙인다. 원하시면. 그러나 이러한 의심은 곧 사라지고만다. 내가 원하노니. 그리스도께서는 그의 뜻을 기꺼이 따르고자 하는 자들에게 아주 기꺼이 은혜 주시기를 원하신다. 나병환자는 그리스도의 능력을 확신하였다. 저를 깨끗하게 하실 수 있나이다. 그리고 그리스도께서는 자기 백성의 믿음으로 말미암아 그의 능력이 나타난다는 것을 보여주시고자 하였기 때문에, 권위 있는 자로서 깨끗함을 받으라고 말씀하신다. 그리고 이 말씀과 더불어 능력이 나타났고, 그 순간 병은 완전히 치유되었다. 곧 나병이 떠나갔고, 흔적조차 남지 않았다(42절).

3. 우리는 그리스도에게서 긍휼하심을 받았을 때에 무엇을 해야 하는가. 우리는 주님으로부터 은혜를 받고나면 그의 명령을 따라야 한다. 그리스도께서는 나병환자를 치유하신 후에 그에게 엄히 경고하셨다. 여기에 나오는 엠브리메사메노스(위협을 곁들여 금지하다)라는 단어는 매우 의미심장하다. 나는 이것이 예수께서 이 일을 숨기기 위해 나병환자에게 주신 지시들(44절)을 가리키는 것이 아니라, 요한복음 5:14에서 예수께서 고치신 병자에게 주셨던 더 심한 것이 생기지 않게 다시는 죄를 범하지 말라는 것과 같은 당부였을 것이라고 생각한다. 미리암, 게하시, 웃시야 등의 경우에서 볼 수 있듯이, 통상적으로 나병은 어떤 특별한 죄인들에 대한 형벌이었기 때문이다. 이제 그리스도께서는 나병환자를 고치신 후에, 그에게 경고하면서, 만약 다시 범죄한다면 치명적인 결과를 가져오게 될 것이라고 위협하셨다. 또한 그리스도께서는 다음과 같은 것들을 나병환자에게 지시하셨다. (1) 네 몸을 제사장에게 보여라. 이것은 제사장이

이 나병환자를 살펴본 후에 그리스도가 메시야라는 것을 증언하는 증인이 되게 하기 위한 것이다(마 11:5). (2) 제사장에게 몸을 보이기 전에는 아무에게 아무 말도 하지 말라: 이것은 그리스도의 겸비와 자기 부인의 한 예로서, 그리스도께서는 자신의 영예를 구하지 않았고 외치지 아니하며 목소리를 높이지 아니하였다(사 42:2)는 것을 보여준다. 또한 그것은 자기의 영예를 구하지 말라(잠 25:27)는 모범을 우리에게 보여주신 것이다. 나병환자는 이 일을 퍼트리지 않아야 한다. 왜냐하면, 그렇지 않아도 사람들이 너무 많이 몰려드는데, 이 일이 알려지면 더욱 많은 무리들이 그리스도께 몰려올 것이기 때문이다. 이것은 그리스도께서 자기에게 나아오는 모든 사람에게 선한 일을 행하시기를 꺼리신 것이 아니라, 될 수 있는 대로 소리 없이 선을 행하여 당국자들의 심기를 불편하게 하거나 공공의 평온을 깨뜨리고 싶지 않으신 것이었고, 과시하기 위하여 또는 대중의 박수갈채를 받기 위하여 어떤 일을 행하고 싶지 않으셨던 것이다.

나병환자가 이 일을 많이 전파하여 널리 퍼지게 한 것을 어떻게 생각해야 할지를 나는 모르겠다. 선한 사람들의 선한 인격과 선한 일들은 본인들보다 친구들이 더 야단을 떨며 소문을 낸다. 또한 우리는 겸손한 사람들의 겸손한 부탁을 별로 아랑곳하지 않는다. 나병환자는 그리스도의 지시를 지켜야 했다. 그렇지만, 그가 좋은 의도로 이 일을 전파한 것은 의심의 여지가 없고, 그리스도를 따르는 무리가 늘어나서 예수께서 다시는 드러나게 동네에 들어가지 못하신 것 외에는 다른 나쁜 결과는 없었다. 그리스도께서는 핍박 때문이 아니라(아직은 그런 위험성이 없었다) 길거리에서는 너무 많은 무리를 수용할 수 없어서 바깥 한적한 곳과 산(3:13)과 바닷가(4:1)로 나가실 수밖에 없었다. 이것은 그리스도께서 떠나가셔서 보혜사를 보내시는 것이 우리에게 얼마나 유익인지를 보여준다. 사람의 몸을 입고 오신 그리스도는 한 번에 한 장소에만 계실 수 있다. 그리고 사방에서 그에게로 나아오는 사람들은 그를 가까이 할 수 없었다. 그러나 영으로 오신 그리스도는 그의 백성들이 어디에 있든 그들과 함께 계시고, 사방에 흩어져 있는 그들을 찾아오신다.

제 2 장

개요

이 장에는 다음과 같은 내용들이 나온다. I. 그리스도께서 중풍병자를 고치심(1-12절). II. 그리스도께서 세관에서 마태를 부르시고, 그 때에 세리들 및 죄인들과 함께 식사를 하시며, 자기가 이렇게 행하는 것이 옳다고 말씀하심(13-17절). III. 그리스도께서 그의 제자들이 금식하지 않는 것을 변호하심(18-22절). IV. 제자들이 안식일에 밀 이삭을 자른 것을 옹호하심(23-28절). 이 모든 기사들은 마태복음 9장과 12장에 이미 나온 바 있다.

[1]수 일 후에 예수께서 다시 가버나움에 들어가시니 집에 계시다는 소문이 들린지라 [2]많은 사람이 모여서 문 앞까지도 들어설 자리가 없게 되었는데 예수께서 그들에게 도를 말씀하시더니 [3]사람들이 한 중풍병자를 네 사람에게 메워 가지고 예수께로 올새 [4]무리들 때문에 예수께 데려갈 수 없으므로 그 계신 곳의 지붕을 뜯어 구멍을 내고 중풍병자가 누운 상을 달아 내리니 [5]예수께서 그들의 믿음을 보시고 중풍병자에게 이르시되 작은 자야 네 죄 사함을 받았느니라 하시니 [6]어떤 서기관들이 거기 앉아서 마음에 생각하기를 [7]이 사람이 어찌 이렇게 말하는가 신성 모독이로다 오직 하나님 한 분 외에는 누가 능히 죄를 사하겠느냐 [8]그들이 속으로 이렇게 생각하는 줄을 예수께서 곧 중심에 아시고 이르시되 어찌하여 이것을 마음에 생각하느냐 [9]중풍병자에게 네 죄 사함을 받았느니라 하는 말과 일어나 네 상을 가지고 걸어가라 하는 말 중에서 어느 것이 쉽겠느냐 [10]그러나 인자가 땅에서 죄를 사하는 권세가 있는 줄을 너희로 알게 하려 하노라 하시고 중풍병자에게 말씀하시되 [11]내가 네게 이르노니 일어나 네 상을 가지고 집으로 가라 하시니 [12]그가 일어나 곧 상을 가지고 모든 사람 앞에서 나가거늘 그들이 다 놀라 하나님께 영광을 돌리며 이르되 우리가 이런 일을 도무지 보지 못하였다 하더라.

그리스도께서는 얼마 동안 촌에서 복음을 전하신 후에 이 때쯤이면 그에 대한 소문이 어느 정도 수그러들었고 그를 따르던 무리들도 줄어들었을 것이라는 기대를 가지고 그의 본거지인 가버나움으로 돌아와서 여기에 모습을 드러내신다. 이제 좀 더 살펴보기로 하자.

I. 많은 무리가 그리스도께로 모여들었다. 베드로의 집이었는지, 아니면 그리스도께서 일시적으로 머물고 계셨던 숙소였는지는 모르지만, 그리스도께서 집에 계셨지만, 사람들은 그가 집에 계시다는 소문을 듣고 곧 그에게로 나아왔다. 사람들은 그리스도께서 안식일에 회당에 나오실 것을 확신하였겠지만, 그 때까지 기다리지 않고, 즉시 그에게로 모여들었다. 왕이 있는 곳에는 신하들이 있고, 실로(Shiloh)가 있는 곳에는 사람들이 모여들게 되어 있다. 우리의 영혼을 위한 호기(好期)들을 포착함에 있어서 우리는 시간을 낭비하지 않도록 주의를 기울여야 한다. 사람들이 서로를 권유하여 데려옴으로써(자, 예수를 보러 가자), 예수께서 계신 집은 찾아오는 사람들을 다 수용할 수 없었다. 사람들이 너무 많아서, 문 앞까지도 들어설 자리가 없게 되었다. 비록 그 집은 초라한 곳이었지만, 비둘기들이 제 집을 찾아들 듯이, 사람들이 그리스도께서 계신 집에 구름떼처럼 밀려오는 것을 보는 것은 복된 장관(壯觀)이 아닐 수 없다.

II. 그리스도께서는 그의 집을 찾아온 사람들에게 선한 대접, 즉 그의 집으로서 할 수 있는 최선의 대접, 다른 어떤 집보다 더 나은 대접을 하셨다. 그리스도께서는 그들에게 도를 말씀하셨기(2절) 때문이다. 그들 중 많은 사람은 단지 병 고침을 받기 위해서 왔을 것이고, 단지 호기심에서 그리스도를 보기 위해서 온 사람들도 많았을 것이다. 그러나 그리스도께서는 그들에게 도를 말씀하셨다. 회당 문이 정해진 때에 그리스도에게 열려 있었지만, 그리스도께서는 평일에 집에서 복음을 전하는 것이 결코 잘못된 것이 아니라고 생각하셨다 — 어떤 이들은 이것을 부적절한 장소요 부적절한 때라고 여기겠지만. 모든 물가에 씨를 뿌리는 … 너희는 복이 있느니라(사 32:20).

III. 사람들은 그리스도의 도움을 받기 위하여 불쌍한 불구자를 데려왔다. 그 병자는 중풍병을 앓는 사람이었다. 마태복음 8:6에 나온 중풍병자 같이 몹시 괴로워하지는 않은 듯하지만, 몸을 전혀 움직일 수 없었기 때문에, 마치 관에 누운 것처럼 상에 실려서 네 사람에 의해서 메워져 왔다. 이 중풍병자가 사람들에게 메워져 올 수밖에 없었던 것은 그의 비참함이었고, 인생의 참담한 상태를 보여주는 것이다. 사람들이 중풍병자를 메고 온 것은 그들의 사랑

(charity)이었고, 고통을 당하는 사람들에게 인간으로서 마땅히 베풀어야 할 그런 동정을 보여주는 것이다. 이것은 우리도 언제 그런 불행을 당할지 모르기 때문이다. 이 친절한 친척들이나 이웃들은 그들이 이번 한 번만 이 불쌍한 사람을 그리스도에게로 메고 오면 다시는 그를 메고 다닐 필요가 없을 것이라고 생각하였기 때문에, 힘이 들더라도 중풍병자를 그리스도에게로 데리고 올 수 있었다. 그리고 그들은 다른 방식으로는 그리스도에게로 가까이 갈 수 없었기 때문에, 그 계신 곳의 지붕을 뜯어서(4절) 병자를 달아내렸다. 저택을 소유한 유대인들은 보통 다락방에 기도처나 집회소를 두고 있었지만, 나는 그리스도께서 다락방에서 복음을 전하셨다고 결론을 내릴 필요는 없다고 본다. 만약 다락방이었다면, 무엇 때문에 지혜를 구하는 자들이 그런 것처럼(잠 8:34) 무리들이 문 앞에 서 있었겠는가? 오히려 나는 그리스도께서 말씀을 전하는 데에 사용하셨던 집은 작고 초라한 단층집(그리스도의 현재의 신분에 적당한)으로서 다락방도 없고 일층에서 지붕으로 바로 오를 수 있었을 것이라고 추측한다: 이 불쌍한 중풍병자를 메고 온 사람들은 무리들 때문에 문으로 들어갈 수 없었을 때에 실망하지 않고 이런저런 방법을 동원해서 중풍병자를 지붕 위로 메고 올라가서 기왓장을 벗겨내고 상에 끈을 매어서 그리스도께서 말씀을 전하시고 있던 집 안으로 달아내렸다. 이것은 그리스도께 간구함에 있어서 그들이 보여준 믿음과 열심을 말해준다. 이것은 축복하지 아니하시면 그리스도를 보내드릴 수가 없다는 그런 열심이 그들에게 있었음을 보여준다(창 32:26).

Ⅳ. 그리스도께서는 이 불쌍한 병자에게 상냥하게 말씀하셨다.　예수께서 그들의 믿음을 보셨다. 중풍병자는 심신의 질병으로 인해서 믿음을 행사하는 데에 지장이 있었기 때문에, 그리스도께서는 중풍병자의 믿음이 아니라, 그를 데려온 사람들의 믿음을 보셨던 것 같다. 백부장의 하인의 중풍병을 고치실 때에도, 비록 백부장은 그 하인을 데리고 나오지 않았지만, 그리스도께서는 멀리 있는 자기 하인을 고쳐주실 수 있다고 믿었던 그의 믿음을 주목하시고 그 하인을 고쳐주셨다. 여기에서도 그리스도께서는 많은 난관을 뚫고 친구를 그에게 데려온 그들의 믿음을 칭찬하셨다. 참된 신앙과 강한 믿음은 때로는 이성의 반대들을 극복하는 형태로, 때로는 감정의 반대들을 극복하는 형태로 다양하게 나타난다. 그러나 그 형태가 어떻게 나타나든, 믿음은 예수 그리스도에 의해서 받아들여지고 인정받게 된다. 작은 자야 네 죄 사함을 받았느니라. 작은

자야(원문에는 아들아)라는 이 호칭은 너무나 상냥한 말로서, 중풍병자에 대한 아버지 같은 배려와 관심을 드러내준다. 그리스도께서는 참된 신자들을 자기 아들처럼 여기셔서, 아직 중풍병이 낫기 전이지만, 작은 자야(아들)라고 부르신다. 이처럼 하나님은 우리를 아들처럼 대하신다. 네 죄 사함을 받았느니라는 말씀 속에는 지극히 풍성한 애정이 스며 있다. 1. 죄는 우리의 모든 고통과 질병의 원인이다. 여기에서 그리스도께서 하신 말씀은 중풍병자의 생각을 질병이라는 결과로부터 벗어나서 그 원인인 죄로 향하게 하여서 그 죄를 사함받는 데에 관심을 갖게 만드셨다. 2. 하나님은 죄를 사하신 후에 질병의 독침과 악성(惡性)을 은혜롭게 제거하여 주신다. 그러므로 질병에서의 회복은 죄 사함을 통해서 마련된 하나님의 긍휼이다(사 38:17; 시 103:3). 결과를 제거하려면 원인이 제거되어야 한다. 죄 사함은 모든 질병의 뿌리를 건드림으로써 질병들을 치유하거나 그 속성을 변화시킨다.

V. 서기관들은 그리스도께서 말씀하신 것에 대하여 트집을 잡았고, 그리스도께서는 그들의 트집이 불합리하다는 것을 보여주셨다.   그들은 율법을 해석하는 자들이었고, 피조물이 죄를 사하여 준다고 하는 것은 신성모독이고, 죄 사함은 하나님의 대권이라는 그들의 가르침은 옳은 것이었다(사 43:25). 그러나 그런 선생들이 대개 그러하듯이, 그들의 항의는 잘못된 것으로서, 그리스도에 대한 그들의 무지와 적대감의 결과였다. 오직 하나님 한 분 외에는 누가 능히 죄를 사하겠느냐라는 말은 옳다. 그러나 그리스도께서 자신이 하나님의 능력을 소유하고 계심을 충분히 증명하셨음에도 불구하고 그리스도께서 죄를 사하실 수 없다고 하는 것은 옳지 않다. 그리스도께서는 그들이 속으로 이렇게 생각하는 줄을 … 곧 중심에 아셨다. 이것은 그리스도께서 하나님이심을 증명해주는 것임과 동시에 그에게 죄를 사하는 권세가 있다는 것을 확증해주는 것이었다. 왜냐하면, 그리스도는 사람의 뜻과 마음을 살피는 자(계 2:23)이기 때문이다. 하나님의 대권은 서로 분리될 수 없는 것이기 때문에, 사람의 생각을 아시는 그분이 사람의 죄들을 사해 주실 수 있다. 죄를 사해 주시는 일에는 그리스도의 은혜가 넘쳐난다. 왜냐하면, 그리스도께서는 사람들의 생각을 아시므로, 그 누구보다도 사람들의 죄악성과 죄들을 낱낱이 아시면서도, 기꺼이 그 죄들을 사해 주시고자 하기 때문이다. 지금 그리스도께서는 중풍병자를 고쳐 주시는 능력을 보이심으로써 그에게 죄를 사하는 권세가 있다는 것을 증명하셨다

(9-11절). 만약 그리스도께서 죄를 사해 주시는 일을 못하셨다면 병을 고쳐 주시는 일도 못하셨을 것이다. 인자가 땅에서 죄를 사하는 권세가 있는 줄을 너희로 알게 하려 하노라 하시고 중풍병자에게 말씀하시되 내가 네게 이르노니 일어나 네 상을 가지고 집으로 가라 하셨다. 1. 이 말씀은 그 자체로 적절한 논증이었다. 만약 그리스도께서 질병의 원인이 된 죄를 제거하실 수 없으셨다면, 죄의 결과인 질병을 고쳐주실 수 없으셨을 것이다. 또한 죄는 영혼의 질병이기 때문에, 그리스도께서 질병을 고쳐 주신 것은 죄를 사해 주셨다는 상징이 된다. 죄 사함을 받으면 병 고침도 받는다. 말씀으로 표적을 행하시는 분이 그 표적이 의미하는 일도 행하실 수 있다는 것은 두말 할 필요가 없다. 2. 이러한 논증은 서기관들에게도 합당한 것이었다. 이 육적인 서기관들은 그 어떤 영적인 결과들보다도 병 고침을 받으려면 죄 사함을 받아야 한다는 이 합당한 논증에 납득하였을 것이다. 그러므로 그리스도께서 네 죄 사함을 받았느니라 하는 말과 일어나 네 상을 가지고 걸어가라 하는 말 중에서 어느 것이 쉽겠느냐고 반문하신 것은 지극히 합당한 것이었다. 중풍병 같은 형벌을 고침받은 것은 곧 죄 사함을 받은 것이었다. 병을 능히 고치실 수 있는 분이 죄를 능히 사하실 수 있다는 것은 의심의 여지가 없다(이사야 33:24을 참조하라).

VI. 중풍병자에 대한 치유와 이 일이 사람들에게 준 인상(12절). 중풍병자는 상에서 완전하게 일어났을 뿐만 아니라, 그에게 원기가 완벽하게 회복되었음을 보여주기 위하여, 상을 가지고 모든 사람 앞에서 나갔다. 그러자 그들이 다 놀라 "우리가 이런 일을 도무지 보지 못하였다"고 말하며 하나님께 영광을 돌렸다. 그리스도께서 행하신 일들은 전례가 없다는 것을 주목하라. 그리스도께서 우리의 영혼을 고치시기 위해서 행하시는 일을 볼 때, 우리는 우리가 이런 일을 도무지 보지 못하였다고 고백하지 않을 수 없다.

13예수께서 다시 바닷가에 나가시매 큰 무리가 나왔거늘 예수께서 그들을 가르치시니라 14또 지나가시다가 알패오의 아들 레위가 세관에 앉아 있는 것을 보시고 그에게 이르시되 나를 따르라 하시니 일어나 따르니라 15그의 집에 앉아 잡수실 때에 많은 세리와 죄인들이 예수와 그의 제자들과 함께 앉았으니 이는 그러한 사람들이 많이 있어서 예수를 따름이러라 16바리새인의 서기관들이 예수께서 죄인 및 세리들과 함께 잡수시는 것을 보고 그의 제자들에게 이르되 어찌하여 세리 및 죄인들과

함께 먹는가 [17]예수께서 들으시고 그들에게 이르시되 건강한 자에게는 의사가 쓸데 없고 병든 자에게라야 쓸 데 있느니라 나는 의인을 부르러 온 것이 아니요 죄인을 부르러 왔노라 하시니라.

여기에는 다음과 같은 내용들이 나온다.

I. 그리스도께서 바닷가에서 복음을 전하셨다(13절).   그리스도에게는 많은 청중을 수용할 만큼 큰 집이나 길거리를 찾을 수 없는 것이 두 번째 시험이었는데, 바닷가에는 사람들이 얼마든지 모여들 수 있었다. 이것으로 보아서, 우리 주 예수께서는 목청이 크셨고 큰 소리로 외치실 수 있었고 또한 그렇게 외치셨던 것 같다. 지혜는 광장에서 소리를 높이기 때문이다. 예수께서 가시는 곳에는 비록 그 곳이 바닷가라고 할지라도, 큰 무리가 그에게 나아왔다. 그리스도의 교훈이 신실하게 전파되는 곳이면, 그 곳이 거리의 모퉁이나 광야이거나, 우리는 그 곳으로 따라가지 않으면 안 된다.

II. 그리스도께서 레위를 부르셨다(14절).   마태라고도 불리는 레위는 세리로 가버나움에 있는 세관에 앉아 있었다. 레위가 앉아 있었던 곳은 바닷가였고, 그리스도께서 거기로 가셔서 레위를 만나 제자로 부르셨다. 레위는 여기서 알패오(글로바)의 아들로 지칭되는데, 알패오는 동정녀 마리아의 자매나 친척이었던 저 마리아의 남편이었다. 만약 이것이 사실이라면, 레위는 야고보, 유다, 가나안인 시몬의 형제였을 것인데, 이 네 형제는 모두 사도였다. 마태는 품행이 별로 좋지 않은 방탕한 젊은이였을 것이다. 그렇지 않았다면, 유대인이었던 마태는 결코 세리가 되지는 않았을 것이다. 하지만 그리스도께서는 그에게 나를 따르라고 하셨다. 바리새인이었던 바울은 죄인 중의 괴수였지만 사도로 부르심을 받았다. 하나님께서는 그리스도를 통해서 가장 큰 죄도 사해 주시는 긍휼을 베푸시고, 가장 큰 죄인도 거룩하게 하시는 은혜를 베푸신다. 세리였던 마태는 복음서 기자가 되어서, 성경에 나오는 첫 번째 복음서를 기록하였고, 그리스도의 생애를 가장 자세하게 기록하였다. 회심하기 전의 중한 죄나 허물은 회심 후의 큰 은사와 은혜, 신앙의 발전에 장애가 되지 않는다. 오히려 하나님은 후에 새 사람이 된 그런 자들로부터 더 큰 영광을 받으신다. 그리스도께서 선수(先手)를 쳐서 마태를 부르셨다. 그리스도께서 육신의 병을 고치실 때는 많은 무리가 찾아왔으나, 영적인 병을 고치실 때는 그를 찾는 사람이 별로 없었다. 죄라는 병에 걸려 있는 자들은 고침받고자 하는 마음이 없기 때문에, 죄라는 병은 큰 재앙이고 큰 위협이 된다.

Ⅲ. 그리스도께서 많은 세리들과 죄인들과 다정하게 대화를 나누셨다(15절).

1. 그리스도께서는 레위의 집에 앉아 잡수셨다. 레위는 그리스도를 따르기 위해 모든 것을 버리고 집을 떠나게 되었을 때에 친구들을 위해 송별회를 마련하였고, 여기에 예수와 그의 제자들을 초대하였다: 엘리사의 경우에서 볼 수 있듯이(왕상 19:21), 레위는 그가 모든 것을 버리고 그리스도를 따르게 된 것에 대한 자신의 즐거움과 하나님께 대한 감사를 표현하기 위하여 이러한 송별회를 마련하였다. 레위가 그리스도의 제자가 된 날을 축제의 날로 삼은 것은 합당한 일이었다. 또한 이것은 그리스도께서 자기를 마치 불 속에서 나무토막을 집어내듯이 세관에서 건져내 주신 그 은혜에 대해서 존경과 감사를 표시하는 것이었다.

2. 그리스도께서 레위의 집에서 잡수실 때에 많은 세리들과 죄인들이 함께 앉았는데(그 세관에는 많은 사람들이 속해 있었기 때문에), 이것은 그들이 그를 따랐기 때문이다. 어떤 사람들은 그들이 레위를 따른 것으로 이해한다. 삭개오처럼, 레위는 세리장이었고 부자였기 때문에, 부하 직원들이 레위를 따랐다는 것이다. 하지만 나는 그들이 예수의 소문을 듣고 예수를 따랐다고 본다. 그들은 사정상 모든 것을 버리고 주를 따르지는 않았지만, 호기심에서 그리스도를 보려고 레위가 베푼 잔치에 참석하였다. 그들이 어떤 동기에서 잔치에 왔든지, 그들은 예수와 그의 제자들과 함께 앉았다. 세리들은 여기에서나 다른 곳에서나 죄인들과 같은 등급으로 취급되었다. (1) 세리들은 대개 직무를 수행함에 있어서 일반적으로 부패하여서 백성들을 억압하고 착취하며 뇌물을 받고 거짓으로 고소하는 일이 비일비재하였다(눅 3:13, 14). 세리들이 성실하게 직무를 수행한 경우는 매우 드물었기 때문에, 로마에서 세리 일을 하면서 자신의 명예를 더럽히지 않은 사비누스(Sabinus)라는 사람이 죽자, 사람들은 그의 무덤 앞에 여기에 한 정직한 세리가 잠들다라는 문구가 새겨진 비문을 세워 주었다고 한다. (2) 유대인들은 세리들과 그들의 직무에 대하여 그들 민족의 자유에 대한 모독이자 그들의 종살이에 대한 표징이라고 생각하여 특별한 반감을 지니고 있었기 때문에, 세리들을 혐오하여 세리들과 어울리는 것을 수치스럽게 생각하였다. 그러나 죄인의 모양으로 오신 우리의 복된 주님은 이런 자들과 대화

를 나누시는 것을 기뻐하셨다.

Ⅳ. 서기관들과 바리새인들은 이러한 모습을 보고 분노하였다(16절).

그들은 그리스도께서 복음 전하는 것을 들으러 온 것이 아니었다. 만약 그들에게 그럴 마음이 있었다면, 그들은 그리스도의 설교에 감화를 받았을지도 모른다. 그러나 그들은 그리스도께서 세리와 죄인들과 더불어 앉아서 잡수시는 것을 보려고 나왔고, 그 모습을 보고 분노하였다. 그들은 제자들에게 그들의 주(主)가 거룩한 인품과 고결한 덕을 지닌 인물이라고 생각하지 못하도록 하기 위하여, 어찌하여 세리 및 죄인들과 함께 먹는가라고 제자들에게 반문하였다. 세상에서 가장 지혜롭고 훌륭하신 분의 선한 계획과 의도가 오해를 받고 비난을 받는 것은 새삼스러운 일이 아니다.

Ⅴ. 그리스도께서는 이 일에 대하여 자기가 옳다는 것을 보이셨다(17절).

그리스도께서는 바리새인들이 공격을 해오자 자기가 행한 일을 고수하면서, 훗날 베드로와는 달리(갈 2:12), 물러서지 않았다. 바리새인들은 고상한 사람들 사이에서 자신의 위신을 유지하는 데에 아주 민감해서 선행을 거부하고자 한다. 그리스도께서는 그렇게 하지 않으셨다. 또한 그들은 세리들을 마땅히 증오하여야 한다고 생각하였다. 하지만 그리스도께서는 "그들은 동정을 받아야 하며, 그들은 병들었으므로 의원이 필요하고, 그들은 죄인이기 때문에 구주가 필요하다"고 말씀하셨다. 세리들은 그리스도께서 훌륭한 인품을 가지셨기 때문에 그들을 멀리할 것이라고 생각하였다. 그러나 그리스도께서는 이렇게 말씀하셨다: "나의 임무는 그들을 찾아가는 것이다. 내가 의인을 부르러 온 것이 아니요 죄인을 부르러 왔노라. 만일 세상이 의로웠다면 내가 와서 회개를 외치고 죄 사함을 받으라고 전파할 필요가 없었을 것이다. 나는 죄악된 세상으로 보내심을 받았기 때문에, 나의 일은 세상에 있는 큰 죄인들을 찾아가는 것이다." 이러한 그리스도의 말씀은 이런 식으로 생각해볼 수도 있다: "나는 의인을 부르러 온 것이 아니다. 스스로 의롭다고 생각하는 교만한 바리새인들은 '우리가 어떻게 하여야 돌아가리이까?' (말 3:7) 또는 '우리가 무엇을 회개하리이까?' 라고 묻는다. 그러나 스스로 죄인이라고 생각하는 불쌍한 세리들은 회개하라고 청함을 받거나 권함을 받는 것을 기뻐한다." 구원받을 희망이 있는 자들과 함께 하는 것이 옳은 일이다. 그런데 스스로 지혜롭게 여기는 자가 아니라 미련한 자에게 오히려 희망이 있다(잠 26:12).

[18]요한의 제자들과 바리새인들이 금식하고 있는지라 사람들이 예수께 와서 말하되 요한의 제자들과 바리새인의 제자들은 금식하는데 어찌하여 당신의 제자들은 금식하지 아니하나이까 [19]예수께서 그들에게 이르시되 혼인 집 손님들이 신랑과 함께 있을 때에 금식할 수 있느냐 신랑과 함께 있을 동안에는 금식할 수 없느니라 [20]그러나 신랑을 빼앗길 날이 이르리니 그 날에는 금식할 것이니라 [21]생베 조각을 낡은 옷에 붙이는 자가 없나니 만일 그렇게 하면 기운 새 것이 낡은 그것을 당기어 해어짐이 더하게 되느니라 [22]새 포도주를 낡은 가죽 부대에 넣는 자가 없나니 만일 그렇게 하면 새 포도주가 부대를 터뜨려 포도주와 부대를 버리게 되리라 오직 새 포도주는 새 부대에 넣느니라 하시니라 [23]안식일에 예수께서 밀밭 사이로 지나가실새 그의 제자들이 길을 열며 이삭을 자르니 [24]바리새인들이 예수께 말하되 보시오 저들이 어찌하여 안식일에 하지 못할 일을 하나이까 [25]예수께서 이르시되 다윗이 자기와 및 함께 한 자들이 먹을 것이 없어 시장할 때에 한 일을 읽지 못하였느냐 [26]그가 아비아달 대제사장 때에 하나님의 전에 들어가서 제사장 외에는 먹어서는 안 되는 진설병을 먹고 함께 한 자들에게도 주지 아니하였느냐 [27]또 이르시되 안식일이 사람을 위하여 있는 것이요 사람이 안식일을 위하여 있는 것이 아니니 [28]이러므로 인자는 안식일에도 주인이니라.

앞에서 그리스도께서는 세리들 및 죄인들과 대화를 나눈 일이 옳다는 것을 보여주셨고, 여기에서는 제자들의 행동을 옹호하신다. 그리스도께서는 제자들이 그의 뜻을 따라 한 일을 옳다고 하시고, 그들을 지지하신다.

I. 제자들이 금식하지 않는다고 바리새인들이 비난하자, 그리스도께서는 제자들을 옳다고 옹호하셨다. 왜 바리새인들과 세례 요한의 제자들은 금식하고 있었을까? 그들은 습관적으로 금식을 하였는데, 바리새인들은 이레에 두 번씩 금식하였고(눅 18:12), 요한의 제자들도 역시 그렇게 한 것 같다. 그리고 그리스도와 그의 제자들이 레위의 집에서 음식을 잡수시던 바로 그 날이 그들의 금식일이었던 것으로 보인다: 금식하고 있는지라. 이 점이 그들을 더욱 분노하게 만들었다. 완고한 교수들은 자신의 관행을 표준으로 삼아서, 거기에 온전히 미치지 못하는 다른 모든 것들을 비난하고 정죄하기 쉽다. 바리새인들은 그리스도께서 스스로 변명한 대로 죄인들에게 선한 일을 하기 위해 세리들에게 오셨다고 하더라도 그의 제자들은 금식이나 자기 부인에 관하여 무지하였

기 때문에 식욕을 채우기 위해서 연회에 참석한 것이라고 불쾌한 심기를 드러
내었다. 악의는 언제나 모든 일을 가장 나쁜 시각으로 보는 법이다.

그리스도께서는 제자들이 금식하지 않은 것을 다음과 같은 두 가지 이유를
들어서 옹호하신다.

1. 지금은 제자들에게 편안한 시기이므로 금식하기에 적절한 때가 아니지만,
나중에는 금식할 때가 올 것이다(19-20절). 모든 일에는 때가 있는 법이다. 결
혼 생활에 들어가는 자들은 앞으로 육신의 고난과 염려가 있을 것을 예상해야
하지만, 결혼식을 올리는 동안에 그들은 즐거워하며, 결혼 생활이 그들에게
즐거울 것이라고 생각한다. 삼손이 결혼하여 잔치할 동안에 그 아내가 그 앞에서
운(삿 14:17) 것은 극히 우스꽝스러운 일이다. 그리스도와 그의 제자들은 아주
최근에 결혼을 하였고, 지금도 여전히 결혼식들이 열리고 있다(특히, 여기에
서는 레위의 결혼식). 신랑이 그의 일로 그들을 떠나 먼 나라에 가게 되면, 신
부는 과부처럼 홀로 앉아 금식하기에 적당한 때를 맞이하게 될 것이다.

2. 지금은 제자들이 주님을 따르는 초기였기 때문에, 그들은 훗날에나 가능
한 그런 혹독한 경건 훈련을 감당할 수 없었다. 바리새인들은 오랫동안 그러
한 엄격한 고행에 익숙해 있었고, 세례 요한도 먹지도 않고 마시지도 않는 등
금욕 생활을 했었다. 요한의 제자들은 처음부터 금욕 생활에 단련되어 있었기
때문에, 엄격하고 빈번한 금식을 쉽게 견뎌낼 수 있었지만, 그리스도의 제자
들은 그렇지 못했다. 그들의 주님은 이 땅에 오셔서 먹고 마셨으며, 아직은 모
두 즐거운 시간이었기 때문에, 제자들을 힘든 경건 훈련을 감당하도록 양육하
지 않으셨다. 처음부터 그들에게 빈번한 금식을 시켰다면, 그들은 아마 사기
를 잃고 그리스도의 곁을 떠났을 것이다. 그것은 새 포도주를 낡은 가죽 부대에
넣는다거나 생베 조각을 낡은 옷에 붙이는 것 같은 나쁜 결과를 가져왔을 것이다
(21-22절). 하나님께서는 믿음이 연약한 어린 그리스도인들의 입장을 너그럽
게 이해하고 계심을 기억하라. 그러므로 우리도 마땅히 그래야 한다. 또한 우
리는 그 날의 일 이상의 것을 기대해서는 안 되고, 그 날의 일은 각 사람의 능
력에 따른 것이 되어야 한다. 왜냐하면, 그 날에 능력을 주는 것은 우리에게
달려 있는 것이 아니기 때문이다. 어렸을 때에 어떤 음식을 물리도록 먹어서
그 음식에 대하여 혐오감을 갖게 된 사람들이 꽤 많다. 마찬가지로, 그리스도
인들 중에는 초기에 부담되었던 경건 생활과 헌금의 강요로 말미암아 경건 생

활에 대하여 편견을 갖고 있는 사람들이 많다. 연약한 그리스도인들은 스스로 과중한 짐을 지거나 원래 가볍고 즐겁고 유쾌한 그리스도의 멍에를 부담스러운 것으로 만들지 않도록 주의하여야 한다.

Ⅱ. 그리스도께서는 제자들이 안식일에 밀 이삭을 자른 일을 옳다고 옹호하셨는데, 바리새파 제자들은 감히 그런 일을 할 수 없었을 것이다. 왜냐하면, 그런 일은 장로들의 유전(遺傳)에 분명히 위배되는 일이었기 때문이다. 앞의 경우에서와 마찬가지로 이 경우에서도, 바리새인들은 그리스도파의 훈련이 그들의 훈련만큼 엄격하지 않다고 생각하였다: 경건의 능력을 부인하는 자들이 경건의 모양(형식)에 대해서 세심한 신경을 쓰면서 그들의 형식을 따르지 않는 자들을 비판하는 일은 비일비재하다. 좀 더 자세하게 살펴보자.

1. 안식일 아침에 예배를 드리러 가면서, 그리스도의 제자들이 얼마나 초라한 조반을 먹었는지를 보라(23절). 제자들은 이삭을 잘랐고, 이것이 그들이 가졌던 최고의 것이었다. 그들은 영적인 진미(珍味)를 먹느라 여념이 없어서, 그들에게 꼭 필요한 음식도 잊었다. 그들에게는 그리스도의 말씀이 일용할 양식이었다. 그리스도의 말씀을 사모하는 열심이 그들을 삼키었다. 유대인들은 안식일에 맛있는 음식을 먹는 것을 하나의 종교적인 관습으로 삼았지만, 제자들은 아무것이나 먹는 것으로 만족하였다.

2. 바리새인들은 안식일에 이삭을 자르는 일이 추수하는 것과 동일한 육체적 노동이라고 추정하여 그리스도의 제자들에 대하여 불평하였다(24절). 그들이 어찌하여 안식일에 하지 못할 일을 하나이까? 만약 그리스도의 제자들이 불법한 일을 한 것이라면, 그리스도께서도 거기에 함께 계셨기 때문에, 그에게도 영향이 미쳐서 비난을 받게 될 것이고, 그의 명성에도 누가 될 것이다. 바리새인들은 그리스도께서 잘못을 저질렀다고 생각했을 때에는 그 일을 제자들에게 말했고(16절), 이제 제자들이 잘못을 저질렀다고 생각했을 때에는 그리스도께 고자질함으로써, 그리스도와 제자들을 이간질시켜서 집안 싸움을 붙이고 있다는 것을 주목하라.

3. 그리스도께서 제자들이 행한 일을 어떤 식으로 옹호하였는지를 살펴보자.

(1) 본보기를 통해서. 그리스도께서는 다윗이 먹을 것이 핍절되었을 때에 진설병을 먹었던(25-26절) 좋은 선례를 드셨다. 너희는 읽지 못하였느냐? 우리가

성경에서 읽은 적이 있는 말씀을 기억하기만 한다면, 우리의 잘못들 중 다수가 교정될 것이고, 다른 사람들에 대한 우리의 부당한 비난들도 고쳐질 수 있을 것이다. 성경을 근거로 들어서 호소할 때에 가장 설득력이 있는 법이다. "너희는 하나님의 마음을 아는 자였던 다윗이 시장할 때에 율법에서 제사장들과 그 가족들 이외에는 아무도 먹을 수 없도록 규정해 놓았던 진설병을 거리낌 없이 먹었다는 것을 읽었을 것이다." 도덕적 의무는 의식(儀式)의 준수보다 우선되어야 한다. 그러나 그것은 꼭 필요한 경우에만 허용될 뿐이고, 통상적인 경우에는 적용될 수 없다. 다윗이 진설병을 먹은 일은 대제사장 아비아달 때에 또는 아비아달이 아버지인 아비멜렉의 뒤를 이어서 대제사장이 되기 직전에 아버지의 대리인 또는 보조자로서 대제사장직을 수행하고 있었을 때에 일어났다고 한다. 그리고 대학살을 피하여 에봇을 다윗에게 가져다준 인물도 바로 이 아비아달이었다.

(2) 논증을 통해서. 그리스도께서는 제자들이 이삭을 자른 일을 바리새인들에게 이해시키기 위하여 그들로 하여금 다음과 같은 것들을 생각하게 하셨다.

[1] 안식일은 누구를 위하여 있는 것인가(27절)? 안식일은 사람을 위하여 있는 것이요, 사람이 안식일을 위하여 있는 것이 아니다. 이 말씀은 마태복음에는 나오지 않았다. 안식일은 하나님께서 제정하신 거룩한 제도이다. 그러나 우리는 안식일은 의무와 고역(苦役)이 아니라 특권이자 은택으로 받아들이고 환영해야 한다. 첫째, 하나님은 안식일을 결코 우리에게 부담이 되도록 의도하신 것이 아니기 때문에, 사람이 안식일을 위하여 있는 것이 아니다. 왜냐하면, 사람은 안식일이 제정되기 하루 전에 지음받았기 때문이다. 사람은 하나님을 위해, 그리고 하나님께 영광을 돌리고 하나님을 섬기기 위해 지음받았기 때문에, 하나님을 부인하느니 차라리 죽는 것이 마땅하다. 그러나 사람은 생명을 유지하는 데에 꼭 필요한 것들을 안식일 율법에 묶여서 얻지 못할 정도로 안식일을 위하여 지음받은 것이 아니었다. 둘째, 하나님은 안식일이 우리에게 유익이 되도록 의도하셨기 때문에, 우리는 안식일을 사람에게 유익이 되는 방향으로 개선해 나가야 한다. 하나님은 안식일을 사람을 위하여 만드셨다. 1. 하나님은 우리의 몸을 배려하여 안식일을 제정하심으로써, 우리가 이 세상의 끊임없는 일로 말미암아 너무 지치지 않도록 쉬게 하신 것이다(신 5:14). 네 남종이나 네 여종으로 안식하게 할지니라. 그러므로 우리의 몸의 휴식을 위하여 안식일을 제정하신

하나님께서 비상시에 몸의 유지를 위해서 꼭 필요한 양식을 취하는 것을 안식일 율법이 금지하도록 의도하지 않으셨다는 것은 너무도 자명하다. 안식일 율법은 사람의 멸망이 아니라 덕 세움을 위한 것이라는 그 의도에 모순되지 않도록 해석되어야 한다. 2. 하나님은 우리의 영혼을 더더욱 배려하셨다. 하나님은 안식일을 거룩한 일을 위한 날, 하나님과의 교제의 날, 찬양과 감사의 날이 되도록 하기 위하여 안식의 날로 제정하셨다. 그러므로 우리가 이 거룩한 일에 우리 자신을 온전히 헌신하고 공적으로나 사적으로나 거룩한 일에 모든 시간을 드리기 위해서는 세상의 일을 쉬는 것이 필수적이다. 그러나 이러한 쉬는 시간이 우리에게 허용된 것은 우리의 영혼이 하나님을 섬기는 일에 우리의 몸이 제대로 갖춰져서 보조를 맞출 수 있도록 하기 위한 것이다. 좀 더 자세하게 살펴보자. (1) 우리는 얼마나 선하신 주님을 섬기고 있는가? 주님이 제정하신 모든 제도는 우리의 유익을 위한 것이기 때문에, 우리가 그 제도들을 지혜롭게 지킨다면, 그것은 우리를 위해서 지혜로운 일이다. 안식일을 지킴으로써 유익을 얻는 것은 주님이 아니라 바로 우리이다. (2) 안식일에 행하는 일이 비록 우리 영혼의 유익을 위한 것이라고 할지라도, 우리는 무엇을 목표로 하여야 하는가?. 안식일이 사람을 위해서 있는 것이라면, 우리는 하루가 끝나가는 밤에 나는 이 안식일에 무엇이 더 나아졌는가?라고 스스로 물어보아야 한다. (3) 하나님께서 사람들에게 축복이 되도록 제정하신 종교 행위들을 우리 자신이나 다른 사람들에게 짐이 되지 않도록 하기 위해서 우리는 어떤 주의를 해야 하는지를 생각해보라. 안식일 율법에 불합리하고 가혹한 금령들을 추가하는 일이 없어야 하고, 안식일 명령에 위배되는 부패한 일들에 몰두하는 일이 없어야 한다. 왜냐하면, 그러한 일들은 기쁨으로 행해야 할 경건한 행위들을 고역으로 만들어버릴 것이기 때문이다.

〔2〕 안식일은 누구에 의해서 제정되었는가(28절)? 인자는 안식일에도 주인이니라. 그러므로 주님께서는 안식일 제도의 선한 의도가 사람들이 강제적으로 추가한 금령들로 인해서 좌절되는 것을 보고자 하지 않으실 것이다. 안식일들은 인자의 날들임을 명심하라. 주님은 안식일의 주인이시기 때문에, 주님께 영광을 돌리는 방향으로 안식일이 지켜져야 한다. 주님으로 말미암아 하나님은 세상을 창조하셨기 때문에, 안식일이 처음 제정된 것도 주님으로 말미암은 것이었다. 주님으로 말미암아 하나님은 시내 산에서 율법을 주셨기 때문에, 네 번

째 계명은 주님의 율법이었다. 나중에 안식일이 한 주간의 첫째 날로 옮겨짐으로써 안식일에 약간의 변화가 있었는데, 이것은 주님의 부활을 기념하기 위한 것이었기 때문에, 기독교의 안식일은 주의 날(계 1:10), 주 그리스도의 날로 불리게 되었다. 그러므로 중보자이신 인자, 그리스도는 언제나 안식일의 주인이다. 그리스도께서는 안식일을 범한 자라는 비난을 받으셨을 때에도 주로 이러한 논증을 사용해서 자신의 정당성을 주장하셨다(요 5:16).

제
— 3 —
장

개요

이 장에는 다음과 같은 내용들이 나온다. I. 그리스도께서 안식일에 한쪽 손 마른 사람을 고쳐주시고, 이 일 때문에 그리스도를 대적하는 자들이 연합함(1-6절). II. 많은 사람들이 병 고침을 받기 위해 사방에서 그리스도께 모여오고, 모두 그리스도께 고침을 받음(7-12절). III. 그리스도께서 자기와 함께 있게 하고 복음을 전하게 하시려고 열두 사도를 세우심(13-21절). IV. 귀신의 왕을 힘입어 귀신들을 쫓아내는 것이라고 서기관들이 트집을 잡고 신성모독을 한 것에 대하여 그리스도께 답변하심(22-30절). V. 그리스도께서 제자들을 가장 가깝고 사랑스러운 가족으로 대하심(31-35절).

1예수께서 다시 회당에 들어가시니 한쪽 손 마른 사람이 거기 있는지라 2사람들이 예수를 고발하려 하여 안식일에 그 사람을 고치시는가 주시하고 있거늘 3예수께서 손 마른 사람에게 이르시되 한 가운데에 일어서라 하시고 4그들에게 이르시되 안식일에 선을 행하는 것과 악을 행하는 것, 생명을 구하는 것과 죽이는 것, 어느 것이 옳으냐 하시니 그들이 잠잠하거늘 5그들의 마음이 완악함을 탄식하사 노하심으로 그들을 둘러 보시고 그 사람에게 이르시되 네 손을 내밀라 하시니 내밀매 그 손이 회복되었더라 6바리새인들이 나가서 곧 헤롯당과 함께 어떻게 하여 예수를 죽일까 의논하니라 7예수께서 제자들과 함께 바다로 물러가시니 갈릴리에서 큰 무리가 따르며 8유대와 예루살렘과 이두매와 요단 강 건너편과 또 두로와 시돈 근처에서 많은 무리가 그가 하신 큰 일을 듣고 나아오는지라 9예수께서 무리가 에워싸 미는 것을 피하기 위하여 작은 배를 대기하도록 제자들에게 명하셨으니 10이는 많은 사람을 고치셨으므로 병으로 고생하는 자들이 예수를 만지고자 하여 몰려왔음이더라 11더러운 귀신들도 어느 때든지 예수를 보면 그 앞에 엎드려 부르짖어 이르되 당신은 하나님의 아들이니이다 하니 12예수께서 자기를 나타내지 말라고 많이 경고하시니라.

앞서의 경우에서처럼 여기에도 우리 주 예수께서 먼저는 회당에서, 다음으로는 바닷가에서 바쁘게 일하시는 모습이 나온다. 이것은 주님께서 어느 한 장소에만 국한해서 계시는 것이 아니라, 회당이든 다른 곳이든 주님의 이름으로 사람들이 모이는 곳마다 그들 중에 주님께서 함께 하신다는 것을 가르쳐주는 것이다. 주의 이름을 부르는 모든 곳에서 주님께서는 자기 백성을 만나셔서 그들을 축복하신다. 사람들이 어느 곳에서나 기도하는 것이 주님의 뜻이다. 이제 주님께서 행하신 일들을 살펴보자.

I. 그리스도께서는 다시 회당에 들어가셔서, 거기에서 주어진 기회를 잘 활용하여, 선한 일을 행하시고, 복음을 전하시며, 복음을 확증하기 위해서 또는 안식일에 선을 행하는 것이 옳다는 진리를 확증하기 위해서 이적을 행하셨다. 이 이야기는 마태복음 12:9에 나왔었다.

1. 병자는 딱한 처지에 있었다. 병자는 한쪽 손이 말라 있어서, 생계를 위해서 일할 수가 없었다. 스스로 어찌할 수 없는 사람들은 도움을 받는 것이 마땅하다.

2. 구경꾼들은 병자에게나 의원이신 그리스도께 대단히 불친절하였다. 그들은 불쌍한 이웃을 도우려고 하기는커녕, 그가 고침받는 것을 온갖 방법으로 방해하였다: 그들은 그리스도께서 지금 안식일에 병자를 고친다면 그를 안식을 범한 자로 고소할 생각을 품고 있었다. 만약 그들이 비참한 처지에 있는 불쌍한 사람의 몸을 의사가 통상적인 방법으로 치료하는 것을 반대하였다고 해도, 그것은 대단히 부당한 일이었을 것이다. 하물며, 그들이 그리스도께서 그 어떤 육체적인 노동 없이 말씀 한 마디로 치유하시는 것을 반대한 것은 말할 나위 없이 부당한 일이었다.

3. 그리스도께서는 구경꾼들을 아주 공정하게 대하셨고, 먼저 가급적 그들의 심기를 건드리지 않으려고 하셨다.

(1) 그리스도께서는 그들의 판단이 잘못된 것임을 확신시키고자 애를 쓰셨다. 그리스도께서는 그들이 병자를 직접 봄으로써 그들에게 동정심이 일어나게 하여서 그들로 하여금 병자를 고치는 것을 범죄로 여긴 것을 부끄럽게 하기 위하여 병자에게 일어서라고 명하셨다(3절). 그런 후에, 그리스도께서는 그들의 양심에 호소하셨다. 눈 앞에 서 있는 병자의 모습 자체가 이미 말해주고 있지만, 그리스도께서는 친히 말씀하셨다. 내가 지금 행하려고 하는 것처럼 안

식일에 선을 행하는 것이 옳으냐, 아니면 너희가 지금 행하고자 하는 것처럼 악을 행하는 것이 옳으냐? 생명을 구하는 것과 죽이는 것 중 어느 쪽이 옳으냐? 이것보다 더 공정한 질문이 있을 수 있는가? 그렇지만 그들은 이 질문에 대답하는 것이 그들에게 불리할 것을 알고서는 잠잠하였다. 그들의 불신앙이 얼마나 완고한지를 주목하라: 그들은 진리를 거슬러 무엇이라고 말할 수 없을 때에는 진리에 대하여 아무것도 말하려 하지 않고, 저항할 수 없을 때에는 항복하려고 하지 않는다.

(2) 그들이 빛에 대항하여 반역하자, 그리스도께서는 그들의 완악함을 탄식하셨다(5절). 그리스도께서는 그들의 마음이 완악한 것을 슬퍼하시고 노하심으로 그들을 둘러보셨다. 그리스도께서 주목한 죄는 그들의 마음의 완악함, 그의 이적들이 보여준 증거에 대한 그들의 둔감함, 불신앙을 고집하는 그들의 완고한 태도였다. 우리는 사람들이 잘못 말하는 것을 듣고, 잘못 행하는 것을 보지만, 그리스도께서는 마음속에 있는 쓴 뿌리, 심령의 눈멂과 완악함을 주목하신다. 좀 더 살펴보기로 하자.

[1] 그리스도께서는 그들이 보여준 죄 때문에 노하셨다. 그는 그들을 둘러보셨다. 왜냐하면, 거기에는 아주 많은 사람들이 있었고, 그들은 그리스도를 둘러싸고 있었기 때문이다. 그리고 그리스도께서는 노하심으로 둘러보셨다. 아마도 노하심이 그의 얼굴에 나타났던 것 같다. 그의 분노는 하나님의 분노와 마찬가지로 오로지 우리로부터의 도발에 기인한 것으로서 자신에게는 불안이나 동요가 전혀 없다. 죄인들이 범하는 죄는 예수 그리스도를 대단히 불쾌하게 한다는 것을 명심하라. 화를 내면서도 범죄하지 않는 길은, 그리스도께서 보여주셨듯이, 오직 죄에 대해서 분노하는 것이다. 마음이 완악한 죄인들은 장차 그의 진노의 큰 날이 이르게 될 때에 그리스도께서 노하심으로 둘러보실 것을 생각하고 두려워 떨도록 하라.

[2] 그리스도께서는 죄인들을 불쌍히 여기셨다. 하나님께서 광야에서 그들의 조상들의 마음이 완악함을 인하여 사십 년 동안 슬퍼하셨듯이, 그리스도께서는 그들의 마음이 완악함을 슬퍼하셨다. 죄인들이 파멸을 향하여 치닫거나 죄를 인식하고 치유할 수 있는 방법들을 완강히 거부하는 것을 보는 것은 우리 주 예수께 큰 슬픔이다. 주님께서는 아무도 멸망받기를 원하지 않으시기 때문이다. 이것이 바로 우리 자신이나 다른 사람들의 마음의 완악함이 우리에게 슬

픔이 되는 이유이다.

4. 그리스도께서는 병자에게 큰 자비를 베풀어 주셨다. 그리스도께서는 병자에게 손을 내밀라고 명하셨고, 그 손은 즉시 회복되었다.

(1) 그리스도께서는 이 일을 통해서 우리에게 가르치신 것은 우리가 해야 할 일은 아무리 반대가 거세도 결연하게 밀고 나가야 한다는 것이다. 우리는 안일과 쾌락과 편의를 아무런 생각 없이 받아들이는 자들을 공격하기보다는 도리어 우리가 그런 것들에 빠져 있지는 않은지 종종 스스로를 돌아보아야 한다. 반면에, 우리는 비록 사람들로부터 부당한 공격을 받을지라도 하나님을 섬기며 선을 행하는 것으로 만족하여야 한다. 그리스도께서는 노하심에 있어서 어느 누구보다도 부드러우셨지만, 이 불쌍한 병자를 고쳐 주지 않고 그대로 보내신 것이 아니라, 그를 둘러싼 모든 서기관들과 바리새인들의 공격을 무릅쓰고 그를 고쳐주셨다.

(2) 이렇게 하여, 그리스도께서는 은혜로 말미암아 불쌍한 영혼들에 베푸신 치유의 표본을 우리에게 보여주셨다. 우리의 손은 영적으로 메말랐고, 우리 영혼의 힘은 죄로 말미암아 약해져서 선한 일을 할 수 없게 되었다. 그리스도께서 병을 고쳐주시는 큰 날은 안식일이며, 치유의 장소는 회당이다. 치유의 능력은 바로 그리스도의 능력이다. 복음의 명령은 여기에 기록된 것과 같다. 그리고 그 명령은 합당하고 의롭다. 비록 우리의 손이 메말랐고, 우리가 스스로 손을 내밀 수 없다고 하더라도, 우리는 그러한 시도를 해보아야 하고, 우리가 할 수 있는 한 하나님께 손을 들고 기도하여, 그리스도와 영생을 붙잡아서, 그 손으로 선한 일을 하여야 한다. 만약 우리가 열심을 다한다면, 그리스도의 말씀을 따라 능력이 나타나서, 그리스도께서 치유해 주실 것이다. 비록 우리의 손이 메말랐다고 하더라도, 우리의 손을 내밀지 않는다면, 병 고침을 받지 못하는 것은 우리의 잘못이 된다. 그러나 우리가 그렇게 하여 병 고침을 받는다면, 모든 영광은 그리스도 및 그의 능력과 은혜에 돌려져야 한다.

5. 그리스도의 원수들은 대단히 야비하게 그리스도를 대하였다. 그리스도께서 그런 긍휼을 베푸셨을 때, 그들은 그리스도를 사랑하게 되는 것이 마땅한 것이었고, 그런 이적을 베푸셨을 때, 그리스도에 대한 그들의 믿음이 생기는 것이 마땅한 것이었다. 그러나 교회의 사도들로 자처하였던 바리새인들과 애국자를 자처하였던 헤롯당들은 서로 적수였음에도 불구하고 어떻게 하여 예수를

죽일까 의논하였다. 선을 행하기 위하여 고통을 당하는 자들은 우리 주님과 마찬가지의 고통을 당하는 것이다.

Ⅱ. 그리스도께서는 바다로 물러가셨을 때에도 거기에서 선을 행하셨다. 그리스도의 원수들이 그를 죽일 기회를 찾고 있는 동안에, 그리스도께서는 그곳을 빠져 나오셨다. 이것은 환난을 당할 때에 우리의 안전을 위해서 장소를 옮겨야 한다는 것을 우리에게 가르쳐준다. 좀 더 살펴보자.

1. 그리스도께서 바다로 물러가셨을 때에 큰 무리가 그리스도를 따랐다. 일부 사람들은 그리스도에게 적대감을 품고 그리스도를 그들의 지방에서 내어쫓았지만, 큰 무리들은 그리스도를 소중히 여겨서 어디로 가시든지 그를 따라갔다. 그리스도에 대한 지도자들의 적대감은 그리스도를 향한 그들의 존경심을 식힐 수 없었다. 큰 무리가 전국 사방에서 모여들여 그를 따랐다. 갈릴리 같은 먼 북부 지방에서도, 유대와 예루살렘 같은 먼 남부 지방에서도, 그리고 이두매 지방에서도, 요단 강 건너편 같은 먼 동부 지방에서도, 두로와 시돈 근방 같은 서부 지방에서도 사람들은 그리스도에게 모여 왔다(7-8절).

(1) 무엇이 그들로 하여금 그리스도를 따르게 하였는가? 그것은 그리스도에게 자신을 의탁하는 모든 사람들에게 그가 하신 큰 일들을 들었기 때문이다. 어떤 이들은 큰 일들을 행하신 분을 보기 위해서 왔을 것이고, 어떤 이들은 그리스도께서 그들을 위하여 큰 일들을 해주시기를 바라고 왔을 것이다. 그리스도께서 행하신 큰 일들을 생각하는 것이 우리를 그리스도께 나아가게 만드는 동기가 된다는 것을 주목하라.

(2) 무엇 때문에 그들은 그리스도를 따랐는가(10절)? 병으로 고생하는 자들이 예수를 만지고자 하여 몰려왔음이더라. 여기에서 병의 원어는 징계 또는 징벌을 뜻하는 마스티가스 이다. 따라서 병은 우리의 죄에 대한 고통으로 의도된 것으로서, 우리로 하여금 병으로 인한 고통을 당함으로써 잘못을 뉘우쳐서 다시는 죄를 범하지 않도록 경고하기 위한 것이다. 이러한 징벌 아래에 있는 자들이 예수에게 나아왔다. 이런 징벌은 병을 심부름꾼으로 보내어 우리로 죄를 깨닫고 그리스도를 찾아서 우리의 의원이신 그리스도에게 우리를 의탁하도록 하기 위한 것이다. 그들은 그리스도에게 몰려와서, 그에게 더 가까이 다가와서 먼저 고침을 받고자 하였다. 하몬드 박사(Dr. Hammond)의 말처럼, 그들은 그리스도의 은혜를 간구하는 자들로서 그 앞에 엎드렸다. 그들은 예수께서 그들을

만져 주심에 의해서만이 아니라 그들이 예수를 만짐으로 말미암아 병 고침을 받을 수 있다는 믿음을 가지고, 예수를 만지고자 하였다. 아마도 그들은 그렇게 해서 병 고침을 받은 많은 사례들을 보았을 것이다.

(3) 그리스도께서는 그들을 맞기 위하여 어떤 준비를 하셨는가(9절)? 그리스도께서는 제자들에게 작은 배를 대기하도록 명하셨다. 제자들은 전에 어부들이었기 때문에, 해변의 이곳저곳으로 이동하는 데에 작은 배를 이용하였을 것이고, 그 작은 배는 항상 쓸 수 있도록 대기하고 있었을 것이다. 그리스도께서 이렇게 배를 사용하신 것은 한 곳에서 필요한 일을 마치신 후에, 호기심으로 그를 보고자 하는 무리들이 몰려드는 것을 피하여 그를 필요로 하는 다른 곳으로 쉽게 이동할 수 있었기 때문일 것이다. 지혜로운 사람은 가급적 무리들을 피하는 법이다.

2. 그리스도께서 바닷가로 물러가셔서 얼마나 풍성한 선을 행하셨는가. 그리스도께서 바닷가로 물러가신 것은 게으름을 피우기 위한 것도 아니었고, 그를 귀찮게 따라다니는 무리들을 돌려보내기 위한 것도 아니었으며, 오히려 무리들을 사랑으로 맞이하여, 그들이 찾아온 목적을 이루어 주시기 위한 것이었다. 왜냐하면, 그리스도께서는 그를 부지런히 찾는 자에게 네가 나를 찾아도 허사니라고 말씀하신 적이 없으셨기 때문이다.

(1) 질병들이 효과적으로 치유되었다. 그리스도께서는 많은 사람들을 고치셨다. 각종 질병을 앓고 있는 각색 병자들, 그들의 수가 아무리 많고 다양해도, 그리스도께서는 그들을 고쳐주셨다.

(2) 귀신들이 효과적으로 정복당하였다. 더러운 귀신이 들린 사람들은 예수를 보면 두려워 떨면서, 은혜를 간구하기 위해서가 아니라 진노를 피하기 위해서 그 앞에 엎드렸고, 스스로 공포에 질려서 당신은 하나님의 아들이니이다라고 고백하였다(1절). 아무런 은혜도 받을 수 없는 귀신들이 자주 이러한 고백을 하게 되면, 정작 이 고백으로 은혜를 받아야 할 사람들이 이 귀한 진리를 부정하게 될 수 있다는 것은 슬픈 일이다.

(3) 그리스도께서는 이 큰 일들을 하시면서 스스로 칭송받기를 구하지 않으셨기 때문에, 그로부터 은혜를 받은 자들에게 자기를 나타내지 말라고 엄하게 경고하셨다(12절). 그리스도께서는 마치 신문에 광고하는 것처럼 그들이 일부러 힘들어서 병 고침 받은 것들을 소문으로 퍼뜨리지 않도록 막으시고, 그가 행하

신 일들이 그를 찬양하고 그 일들에 관한 소문이 저절로 퍼져나가서 알려지도록 내버려두라고 하시면서, 병 고침 받은 자들이 스스로 떠벌리고 다님으로써 그들이 대단히 큰 은혜를 받았다는 자부심을 한껏 키우게 될 것을 염려하신 것이다. 이 큰 일들을 본 구경꾼들이 그들이 본 것을 입소문으로 전하는 것이 자연스러운 일이다. 우리가 칭찬받을 만한 일을 하고도 사람들에게 칭찬받고자 하지 않는다면, 그리스도 예수 안에 있던 것과 동일한 마음이 우리 안에 있게 될 것이다.

[13]또 산에 오르사 자기가 원하는 자들을 부르시니 나아온지라 [14]이에 열둘을 세우셨으니 이는 자기와 함께 있게 하시고 또 보내사 전도도 하며 [15]귀신을 내쫓는 권능도 가지게 하려 하심이러라 [16]이 열둘을 세우셨으니 시몬에게는 베드로란 이름을 더하셨고 [17]또 세베대의 아들 야고보와 야고보의 형제 요한이니 이 둘에게는 보아너게 곧 우레의 아들이란 이름을 더하셨으며 [18]또 안드레와 빌립과 바돌로매와 마태와 도마와 알패오의 아들 야고보와 및 다대오와 가나안인 시몬이며 [19]또 가룟 유다니 이는 예수를 판 자더라 [20]집에 들어가시니 무리가 다시 모이므로 식사할 겨를도 없는지라 [21]예수의 친족들이 듣고 그를 붙들러 나오니 이는 그가 미쳤다 함일러라.

이 절들에는 다음과 같은 내용들이 나온다.

Ⅰ. 그리스도께서는 자기와 항상 함께 있어서 자기를 따르며 기회 있는대로 보내어 복음을 전하게 하시려고 열두 사도를 택하셨다. 좀 더 자세하게 살펴보자.

1. 그리스도께서 제자들을 부르시고 세우시기 위하여 스스로 준비를 하셨다: 그리스도께서는 산에 오르셨는데, 그 목적은 기도하시기 위한 것이었다. 그리스도께서는 사역자들이 성령을 받도록 따로 구별하시고 그들을 위하여 진지하게 기도하셨다. 그리스도께서는 직접 성령의 은사들을 주실 수 있는 권세를 가지고 계셨지만, 우리에게 모범을 보여주시기 위해서 그들을 위하여 기도하셨다.

2. 그리스도께서는 제자들을 선택하실 때에 자신의 기뻐하심을 기준으로 삼으셨다. 그리스도께서는 자기가 원하는 자들을 부르셨다. 우리라면 용모와 키를 보고 부르심에 가장 적합하겠다고 생각하였겠지만, 그리스도께서는 자기가 부

르시고자 한 자들을 부르셔서, 그들에게 맡길 일에 적합하게 만드는 것이 합당하다고 여기셨다. 복된 예수께서 그렇게 하신 것은 그것이 당신의 눈에 좋아 보였기 때문이다. 그리스도께서는 자기가 원하는 자들을 부르신다. 그리스도는 자유로운 행위자이시고, 그의 은혜는 그 자신의 것이기 때문이다.

3. 부르심의 효력. 그리스도께서 원하는 자들을 부르셔서 무리들로부터 구별하여 자기 옆에 세우셨고, 그들은 그에게 나아왔다. 그리스도께서는 그에게 주신 자들을 부르신다(요 17:6). 그리고 아버지께서 내게 주시는 자는 다 내게로 올 것이다(요 6:37). 또한 그리스도께서는 부르고자 하시는 자들에게 나아오고자 하는 마음을 주셨다. 그리스도의 백성은 그의 능력의 날에 즐겨 행할 것이다. 아마도 그들은 현세의 화려한 권세 속에서 그리스도와 더불어 통치할 것이라는 기대를 가지고 있었기 때문에, 기꺼이 그리스도께 나아왔을 것이다. 나중에 이 문제에 있어서 진실을 알게 되고, 더 나은 일들에 대한 전망이 그들에게 주어졌을 때, 그들은 주님에게 속았다고 말하지도 않았고, 모든 것을 버리고 그리스도를 따른 것을 후회하지도 않았다.

4. 부르심의 목적과 의도. 그리스도께서 사도들을 세우신 것(아마도 유대인들이 사용하였던 예식인 안수를 통해서)은 항상 자기와 함께 있게 하여 그리스도의 교훈, 생활방식, 인내를 직접 목격한 증인들이 되어서, 그것을 충분히 알고 설명할 수 있게 하며, 특히 그리스도께서 행하신 이적들의 진리를 증거할 수 있도록 하기 위한 것이었다. 다른 사람들을 가르칠 수 있는 자격을 갖출 수 있기 위해서는 그들은 그리스도와 함께 있어서 그리스도에게서 가르침을 받아야 한다. 그리스도께서 그들을 의도하신 대로 적합하게 준비시키는 데에는 시간이 필요하였다. 왜냐하면, 그들은 복음을 전하도록 파송되어야 했기 때문이다. 그들은 파송되기 전에는 복음을 전할 수 없었고, 그리스도와의 오랜 동안의 친밀한 사귐을 갖고 자격을 갖출 때까지는 파송될 수 없었다. 그리스도의 사역자들은 많은 시간 그리스도와 함께 있지 않으면 안 된다는 것을 명심하라.

5. 그리스도께서 이적을 행하라고 사도들에게 주신 권능. 이렇게 하심으로써, 그리스도께서는 이 땅의 그 어떠한 위대한 인물들의 명예보다 뛰어난 매우 큰 명예를 사도들에게 주셨다. 그리스도께서는 병을 고치고 귀신들을 내쫓도록 하시기 위하여 그들을 세우셨다. 이것은 그리스도께서 이 이적들을 행하시기 위하여 가지고 계셨던 권능이 원래적인 권능이었다는 것을 보여준다. 그리

스도께서는 이 권능을 종으로서가 아니라 그의 아버지 집의 아들로서 소유하고 계셨기 때문에, 그 권능을 다른 사람들에게 수여하거나 입혀주실 수 있었다. 법률에서는 스스로 위임받은 자는 타인에게 그 권한을 위임할 수 없다(Deputatus non potest deputare)고 되어 있지만, 우리 주 예수께서는 자기 안에 생명을 소유하고 계셨고 성령으로 한량없이 충만하셨기 때문에, 세상의 약한 것들과 미련한 것들에게 이 권능을 주실 수 있었다.

6. 사도들의 수와 이름들. 그리스도께서는 이스라엘의 열두 지파의 수를 따라서 열둘을 세우셨다. 여기에서 사도들의 이름은 마태복음에서와 동일한 순서로 나오지도 않고, 마태복음에서와는 달리 두 사람씩 짝을 지어 나열되어 있지도 않다. 그러나 마태복음에서와 마찬가지로 여기에서도 베드로가 맨처음에 나오고 가룟 유다가 맨나중에 나온다. 여기에서는 마태가 도마 앞에 나오는데, 아마도 이 순서로 부르심을 받은 것 같다. 그러나 마태가 사용한 명단에는 마태가 도마 뒤에 나온다. 마태는 자기가 먼저 사도로 부르심을 받았다는 것을 내세우지 않은 것이다. 이 사도들의 명단에서 유독 마가만이 주목하고 있는 것은 그리스도께서 야고보와 요한을 보아너게, 곧 우레의 아들들로 부르셨다는 것이다. 아마도 이것은 이 두 사도가 우렁찬 목소리를 지닌 우렛소리를 발하는 전도자들로 유명하였다는 것을 보여주는 것이거나, 다른 형제들보다 하나님에 대한 열심이 특심하였다는 것을 보여주는 것 같다. 나중에 이 두 사도는 땅을 진동시키는 목소리(히 12:26)라 불린 특별히 유명한 복음 사역자들이 되었던 것으로 보인다(Hammond 박사는 이렇게 말하였다). 그렇지만 이 우레의 아들들 중의 한 사람이었던 요한은 그의 서신들에 잘 나타나 있듯이 사랑과 온유로 충만한 자로서, 그리스도의 사랑하시는 제자였다.

7. 사도들이 주님과 함께 물러나서 주님을 바짝 좇아다님. 그들은 집에 들어갔다. 이제 사도들은 배심원들이 되었기 때문에 함께 있어서 증언들에 귀를 기울였다. 그들은 이제 막 구성된 배심원단에게 내려진 지시를 수행하기 위해서 집으로 함께 들어갔다. 그리고 돈가방은 유다에게 맡겨졌고, 이것은 유다를 기쁘고 편안하게 만들어주었다.

II. 그리스도께서 움직이실 때마다 끊임없이 모여든 무리들(20절). 무리가 다시 모여들었는데, 어떤 이들은 이런 목적으로, 어떤 이들은 저런 목적으로 무리들은 시도 때도 없이 그리스도에게 몰려 왔다. 그래서 그리스도와 그의 제자들은 제대로 된 식사를 하기는커녕 한 조각 떡을 먹을 겨를도 없었다. 그렇지만 그리스도께서는 간구하는 자들에게 문을 닫아거신 것이 아니라, 그들을 영접하여 각 사람에게 편안한 대답을 주셨다. 하나님의 일에 마음을 넓힌 사람들은 그 일을 수행하는 데에 따르는 큰 불편을 쉽게 견뎌낼 수 있고, 선을 행하는 기회를 잃기보다는 언제라도 기꺼이 식사를 거르는 쪽을 택하고자 한다. 열심 있는 청중들과 열심 있는 전도자들이 이런 식으로 만나서 서로를 격려하는 것은 행복한 일이다. 지금 하나님 나라의 복음이 전파되어 사람들이 그리로 몰려들고 있다(눅 16:16). 이것은 놓칠 수 없는 최고의 기회였다. 제자들이 이 기회를 놓치지 않기 위하여 식사를 미루는 것은 당연한 일이었다. 쇠가 달구어져 있을 때에 두드려야 하는 법이다.

Ⅲ. 친족들이 예수를 염려함(21절). 가버나움에 있던 친구들은 많은 무리들이 예수를 따르고 이로 인해 예수께서 고통당하고 있다는 말을 듣고서, 그가 미쳤다고 말하고, 그를 붙들어서 집으로 데려가기 위하여 나왔다.

1. 어떤 이들은 이 일을 예수에 대한 존중이 아니라 책망이 담긴 불합리하고 터무니없는 염려로 이해한다. 따라서 우리는 그가 미쳤다는 말을 있는 그대로 받아들여야 한다. 그들은 예수가 넋이 나갔다고 스스로 생각했거나 다른 사람들의 말을 들었기 때문에, 예수를 묶어서 집에 데려온 다음에 어두운 방에 가두어서 제정신이 돌아오게 해야 한다고 생각했던 것 같다. 예수의 친족들 중 다수는 예수를 탐탁지 않게 생각하였기 때문에(요 7:5), 예수의 큰 열심에 대한 일부 사람들의 악평을 귀기울여 듣고서는, 예수가 미쳤다고 결론을 내리고, 이러한 판단 아래에서 예수로 하여금 활동을 하지 못하게 만들고자 하였다. 선지자들은 미친 자들로 불렸다(왕하 9:11).

2. 어떤 이들은 이 일을 호의에서 우러나온 염려로 이해한다. 이들은 엑세스테(개역에서 **미쳤다**로 번역됨)를 이렇게 해석한다: "그는 기진맥진해 있다. 그에게는 식사할 겨를조차 없다. 따라서 그의 힘은 곧 소진되고 말 것이다. 그는 무리들 때문에 질식사할지도 모르고, 끊임없이 말하는 것과 그로부터 나가는 이적들로 인해서 기력이 거의 소진되었을 것이다. 그러므로 그에게 선의의 폭력을 사용해서라도 그에게 잠시 **숨쉴 틈**을 주어야 한다." 그리스도께서는 고난을 당하는 일에서와 마찬가지로 복음을 전하는 일에 있어서도 공격을 받으셨다 — 주여, 스스로를 아끼십시오. 용기와 열심을 가지고 하나님의 일을 계속

하는 자들은 원수들로부터의 근거 없는 적대감과 친구들로부터의 잘못된 애정에서 기인하는 방해들을 만나게 될 것을 예상해야 하고, 이 두 가지에 대하여 방어하여야 한다.

[22]예루살렘에서 내려온 서기관들은 그가 바알세불이 지폈다 하며 또 귀신의 왕을 힘입어 귀신을 쫓아낸다 하니 [23]예수께서 그들을 불러다가 비유로 말씀하시되 사탄이 어찌 사탄을 쫓아낼 수 있느냐 [24]또 만일 나라가 스스로 분쟁하면 그 나라가 설 수 없고 [25]만일 집이 스스로 분쟁하면 그 집이 설 수 없고 [26]만일 사탄이 자기를 거슬러 일어나 분쟁하면 설 수 없고 망하느니라 [27]사람이 먼저 강한 자를 결박하지 않고는 그 강한 자의 집에 들어가 세간을 강탈하지 못하리니 결박한 후에야 그 집을 강탈하리라 [28]내가 진실로 너희에게 이르노니 사람의 모든 죄와 모든 모독하는 일은 사하심을 얻되 [29]누구든지 성령을 모독하는 자는 영원히 사하심을 얻지 못하고 영원한 죄가 되느니라 하시니 [30]이는 그들이 말하기를 더러운 귀신이 들렸다 함이러라.

I. 여기에는 서기관들이 그리스도께서 귀신들을 쫓아내는 것에 대하여 뻔뻔스럽게도 불경스러운 낙인을 찍어서 그리스도에 대한 믿음을 가로막고 무효화하며 그들이 그리스도를 믿지 않는 것에 대한 궁색한 변명으로 삼는 내용이 나온다. 그들은 예루살렘에서 내려온 서기관들이었다(22절). 그들은 그리스도의 가르침이 퍼져나가는 것을 막기 위한 목적으로 먼 길을 온 것으로 보인다. 그들은 그리스도께 해악을 가하기 위하여 그러한 수고를 마다하지 않았다. 가장 점잖고 박식한 서기관들이 있었던 예루살렘에서 주와 그 기름 부음 받은 자를 대적하기 위하여 함께 모여서 모의할 기회를 가졌기 때문에, 그들은 그리스도께 해악을 가할 역량을 충분히 가지고 있었다. 예루살렘에서 온 서기관들이 지닌 명성은 지방 사람들만이 아니라 지방의 서기관들에게도 영향을 끼쳤을 것이다. 그들은 예루살렘에서 온 서기관들이 말하기 전까지는 그리스도의 이적들에 대하여 이와 같은 야비한 주장을 상상도 할 수 없었다. 서기관들은 그리스도께서 귀신들을 쫓아내었다는 것과 이것은 그리스도가 하나님으로부터 보내심을 받았음을 말해준다는 것을 부인할 수 없었다. 그러나 그들은 그가 바알세불이 지폈으며, 바알세불과 동맹을 맺고 있고, 귀신의 왕을 힘입어 귀신을 쫓아낸

다는 교묘한 논리를 만들어내었다. 이러한 주장 속에는 교묘한 책략이 숨어 있다. 사탄이 쫓겨나가는 것이 아니라, 단지 상호간의 합의에 의해서 나간다는 것이다. 그리스도께서 귀신들을 쫓아내는 방식 속에는 이러한 의심의 빌미를 줄 만한 것이 아무것도 없었다. 그리스도께서는 권위를 지닌 자로서 귀신을 쫓아내셨다. 그러나 그리스도를 믿지 않기로 단단히 작정한 사람들에게는 어쩔 수 없는 일이다.

Ⅱ. 그리스도께서 그러한 반론이 부조리함을 보이기 위하여 주신 이치에 맞는 대답.

1. 사탄은 매우 교활해서 자신의 소유를 결코 자발적으로 포기하려 하지 않는다. 사탄이 어찌 사탄을 쫓아낼 수 있느냐. 만일 나라가 스스로 분쟁하면 그 나라가 설 수 없다(23-26절). 그리스도께서는 그들을 납득시키고자 하는 마음에서 그들을 부르셨고, 극히 솔직하고 우호적이며 친근하게 대하셨으며, 친절하시게도 그들의 주장의 부조리함을 조리 있게 얘기해 주심으로써, 모든 입을 막으셨다. 그리스도의 가르침이 마귀의 나라에 대한 전쟁으로서 마귀의 권세를 깨뜨리고 사람들의 영혼 속에 있는 마귀의 세력을 분쇄하는 직접적인 효력을 지니고 있다는 것은 명백하였다. 또한 그리스도께서 사람들의 몸에서 마귀를 쫓아내는 것은 그 가르침을 확증하고 세우기 위한 것이라는 것도 명백하였다. 그러므로 그리스도께서 마귀와 손을 잡고 있다는 것은 상상도 할 수 없는 일이었다. 사탄은 바보가 아니기 때문에 자신의 세력에 직접적으로 맞서서 싸우려 하지 않을 것임은 삼척동자도 아는 일이다.

2. 그리스도께서는 매우 지혜로우셔서, 마귀와 전쟁을 벌이실 때에, 사람들의 몸이든 영혼이든 마귀 세력을 만날 때마다 그 세력을 공격하시고자 하신다(27절). 그리스도의 계획은 그 강한 자의 집에 들어가 그가 세상에서 가지고 있는 세력을 결박하여 그 세간을 강탈하여 그것들로 하여금 그리스도를 섬기게 변화시키는 것임은 명백하다. 그러므로 그리스도께서 이런 식으로 강한 자를 결박하여, 그로 하여금 자기 마음대로 말하거나 머무는 것을 금함으로써, 이 강한 자에 대하여 승리를 거두셨다는 것을 보여주고 있다고 생각하는 것이 자연스럽다.

Ⅲ. 그리스도께서 서기관들이 이와 같은 위험스러운 말을 하는 것에 대하여 주의를 주기 위하여 말씀하신 무시무시한 경고　아무리 그들이 자기들이

한 말에 대해서 단순한 추측이나 그저 한번 생각해 본 것이라고 가볍게 여기더라도, 그러한 말을 계속해서 고집한다면, 그것은 결코 치유될 수 없는 죄, 사함 받을 수 없는 죄가 되어서, 그들에게 치명적인 결과를 가져올 수 있다. 그러한 약한 핑계를 둘러대며 그토록 강력한 범죄를 무효화시키고자 하는 그들로 하여금 그리스도를 모독한 죄를 회개하게 할 수 있는 것이 없기 때문이다. 그리스도께서 값주고 사셨기 때문에 제아무리 큰 죄나 죄인들도 사함받을 수 있다고 복음이 약속하고 있다는 것은 사실이다(28절). 십자가에 달리신 그리스도를 욕하였던 사람들 중 다수(이것은 인자를 모독한 것이었기 때문에 최고로 무거운 죄였다)는 긍휼하심을 얻었고, 그리스도께서는 친히 아버지, 저들을 사하여 주옵소서라고 기도하셨다. 그러나 서기관들이 여기에서 한 말은 성령을 모독하는 죄였다. 왜냐하면, 그리스도께서는 성령을 힘입어서 귀신들을 쫓아내셨음에도 그들은 더러운 귀신을 힘입어 그렇게 하였다고 말하였기 때문이다(30절). 이와 같은 방식으로 그들은 그리스도의 승천 후에 임한 성령의 모든 은사들에 의한 확증을 안중에도 두지 않고 모두 무시할 수 있었다. 그러므로 그들은 영원히 사하심을 얻지 못하고 영원한 정죄를 당하게 되어 있었다. 그들은 그 어떤 구속함도 없고 쉼이나 사함도 없는 저 영원한 형벌의 절박한 위험에 직면해 있었다.

[31]그 때에 예수의 어머니와 동생들이 와서 밖에 서서 사람을 보내어 예수를 부르니 [32]무리가 예수를 둘러 앉았다가 여짜오되 보소서 당신의 어머니와 동생들과 누이들이 밖에서 찾나이다 [33]대답하시되 누가 내 어머니이며 동생들이냐 하시고 [34]둘러 앉은 자들을 보시며 이르시되 내 어머니와 내 동생들을 보라 [35]누구든지 하나님의 뜻대로 행하는 자가 내 형제요 자매요 어머니이니라.

여기에는 다음과 같은 내용이 나온다.

1. 그리스도께서 복음을 전하고 계실 때에 육체를 따라 가족이 되는 사람들이 그리스도께 범한 무례(그들은 그리스도께서 계셔야 할 곳에 계신다는 것을 아주 잘 알고 있었다). 그들은 집 안에 들어가서 그리스도께서 전하는 복음을 듣고자 하는 마음이 없어서 밖에 서 있었을 뿐만 아니라, 마치 그리스도께서 그들의 무례한 말을 듣기 위하여 하시던 일을 그만두고 나와야 한다는 듯이 사람

을 보내어 예수를 불러내고자 하였다(31-32절). 아마도 그들은 그리스도와 씨름하지 않고, 단지 그리스도로 하여금 어쩔 수 없이 일을 중단하고 쉴 수밖에 없도록 하기 위하여 일부러 사람을 보내 그리스도를 불러내려 하였던 것 같다. 그리스도께서는 자신의 힘이 빠져가고 있다는 것을 너무도 잘 알고 있었지만, 자신의 목숨을 돌보는 일보다도 영혼들의 구원을 더 생각하였고, 이 점은 곧 그리스도 자신의 증언 속에서 드러난다. 그러므로 그리스도께서 몸을 아껴야 한다는 구실 아래 그의 일에 간섭하는 것은 쓸데없는 일이었다. 그리고 만약 그들이 실제로 그리스도께서 다른 어떤 일들보다도 구주로서의 자신의 일을 더 생각하고 있다는 것을 알면서도 그의 일에 간섭하고자 한 것이라면, 그것은 더욱 나쁜 짓이다.

2. 이 경우를 빌려서 그리스도께서 자신의 영적인 가족에게 보여주신 관심. 다른 때와 마찬가지로 이번에도 그리스도께서는 어머니에 대한 상대적인 무관심을 보여주셨는데, 이것은 후일에 사람들이 어머니 마리아를 숭배할 것을 미연에 방지하기 위한 의도적이고 계획된 행동인 것으로 보인다. 우리는 그리스도께서 존중하신 것을 존중하여야 한다. 동정녀 마리아, 곧 그리스도의 어머니는 그리스도께서 여기에서 최고의 존중을 돌리신 일반 신자들과 대등하게가 아니라 그 다음 차례로 존중되어야 한다. 그리스도께서는 자기 곁에 둘러앉은 자들을 보시며, 하나님의 뜻을 들을 뿐만 아니라 행한 자들이야말로 내 어머니와 내 동생들이라고 선언하셨다. 이 말씀은 가장 가까운 친족들에게나 보여줄 수 있는 그런 존중과 사랑과 관심의 표현이었다(33-35절). 이것은 우리가 주를 두려워하는 자들을 존귀하게 여겨야 하는 이유, 우리가 성도들의 이러한 존귀에 참여하기 위하여 단지 말씀을 듣는 자가 아니라 행하는 자가 되어야 할 이유이다. 이렇게 그리스도와 가깝게 연합되어 있는 자들과 가까이 지내고, 그리스도와 교제를 하는 자들과 교제를 갖는 것은 참으로 좋은 일이다. 그리고 그리스도의 친족들, 그의 **뼈**와 살인 자들, **왕**의 자녀들을 닮은 모든 자들(삿 8:18-19)을 미워하고 핍박하는 자들에게는 화가 있을 것이다. 왜냐하면, 그리스도께서 그들을 위하여 열심으로 탄원하셔서 그들의 피에 대하여 원수를 갚아주실 것이기 때문이다.

제
— 4 —
장

개요

이 장에는 다음과 같은 내용들이 나온다. I. 씨와 네 종류의 토양에 관한 비유(1-9 절), 비유에 대한 설명(10-20절), 비유의 적용(21-25절). II. 알지 못하는 사이에 점차적으로 자라는 씨에 관한 비유(26-29절). III. 겨자씨 한 알에 관한 비유와 그리스도의 비유들에 관한 일반적인 설명(30-34절). IV. 그리스도께서 바다의 풍랑을 일시에 잔잔케 하신 이적(35-41절).

[1]예수께서 다시 바닷가에서 가르치시니 큰 무리가 모여들거늘 예수께서 바다에 떠 있는 배에 올라 앉으시고 온 무리는 바닷가 육지에 있더라 [2]이에 예수께서 여러 가지를 비유로 가르치시니 그 가르치시는 중에 그들에게 이르시되 [3]들으라 씨를 뿌리는 자가 뿌리러 나가서 [4]뿌릴새 더러는 길 가에 떨어지매 새들이 와서 먹어 버렸고 [5]더러는 흙이 얕은 돌밭에 떨어지매 흙이 깊지 아니하므로 곧 싹이 나오나 [6]해가 돋은 후에 타서 뿌리가 없으므로 말랐고 [7]더러는 가시떨기에 떨어지매 가시가 자라 기운을 막으므로 결실하지 못하였고 [8]더러는 좋은 땅에 떨어지매 자라 무성하여 결실하였으니 삼십 배나 육십 배나 백 배가 되었느니라 하시고 [9]또 이르시되 들을 귀 있는 자는 들으라 하시니라 [10]예수께서 홀로 계실 때에 함께 한 사람들이 열두 제자와 더불어 그 비유들에 대하여 물으니 [11]이르시되 하나님 나라의 비밀을 너희에게는 주었으나 외인에게는 모든 것을 비유로 하나니 [12]이는 그들로 보기는 보아도 알지 못하며 듣기는 들어도 깨닫지 못하게 하여 돌이켜 죄 사함을 얻지 못하게 하려 함이라 하시고 [13]또 이르시되 너희가 이 비유를 알지 못할진대 어떻게 모든 비유를 알겠느냐 [14]뿌리는 자는 말씀을 뿌리는 것이라 [15]말씀이 길 가에 뿌려졌다는 것은 이들을 가리킴이니 곧 말씀을 들었을 때에 사탄이 즉시 와서 그들에게 뿌려진 말씀을 빼앗는 것이요 [16]또 이와 같이 돌밭에 뿌려졌다는 것은 이들을 가리킴이니 곧 말씀을 들을 때에 즉시 기쁨으로 받으나 [17]그 속에 뿌리가 없어 잠깐 견디다가 말씀으로 인하여 환난이나 박해가 일어나는 때에는 곧 넘어지는 자요 [18]또 어떤 이는 가

시떨기에 뿌려진 자녀 이들은 말씀을 듣기는 하되[19]세상의 염려와 재물의 유혹과 기타 욕심이 들어와 말씀을 막아 결실하지 못하게 되는 자요 [20]좋은 땅에 뿌려졌다는 것은 곧 말씀을 듣고 받아 삼십 배나 육십 배나 백 배의 결실을 하는 자니라.

앞 장은 그리스도께서 회당에 들어가시는 것으로 시작되었는데(1절), 이 장은 그리스도께서 다시 바닷가에서 가르치시는 것으로 시작된다. 이렇게 그리스도께서는 가급적 모든 사람이 와서 은혜를 받을 수 있도록 하기 위하여 방법을 바꾸신 것이다. 다른 곳에서 행해지는 설교를 들으려고 하지 않았던 회당에서 상좌들을 차지한 고상하고 점잖은 사람들을 만나기 위해서, 그리스도께서는 항상 바닷가에서 복음을 전하시지 않고, 자주 회당에 가셔서 거기에서 가르치셨다. 그렇지만 회당에 들어갈 수도 없는 가난한 자들과 하층민들을 만나기 위해서, 그리스도께서는 항상 회당에서만 복음을 전하시지 않고, 다시 바닷가에서 가르치기 시작하셨는데, 거기에서 무리들은 아무런 제약 없이 그리스도의 가르침을 받을 수 있었다. 이렇게 우리는 지혜 있는 자나 어리석은 자에게 다 내가 빚진 자이다(롬 1:14).

그리스도께서는 전에도 바닷가에서 복음을 전하신 적이 있지만(2:13), 여기서는 이전에 사용하지 않았던 편리한 방법을 찾아내신 것으로 보이는데, 그것은 그리스도께서는 바다에 떠 있는 배에 올라 앉으시고 온 무리는 바닷가 육지에 서 있는 방법이었다. 디베랴 바다는 내해(內海)여서 밀물과 썰물이 없었기 때문에, 그들은 전혀 방해를 받지 않았다. 내가 생각하기에, 그리스도께서 자신의 교훈을 배 안으로 가져가셔서 거기에서 가르치신 것은 그리스도께서 복음을 이방의 섬들로 보내고, 하나님 나라라는 아주 풍요로운 짐을 유대 나라에서 배에 실어서 열매를 더 많이 맺을 백성에게 보내는 것을 보여주는 전조(前兆)인 것 같다. 이제 좀 더 자세하게 살펴보자.

I. 그리스도께서 무리들에게 사용하신 가르침의 방식(2절).   그리스도께서는 여러 가지를 그들에게 가르치셨는데, 그들의 흥미를 자아내기 위해서 비유들을 사용하셨다. 왜냐하면, 사람들은 그들 자신의 언어로 말해지는 것을 좋아하고, 무심한 청중들은 평범한 일들에서 가져온 잘 알고 있는 비유를 쉽게 받아들여서, 그 비유가 설명하거나 예시하고자 했던 진리를 잊어버리거나 알아듣지 못했다고 해도, 그 비유를 간직하고 반복할 수 있기 때문이다. 그러나 사람들

이 그 비유의 의미를 찾아내려고 애를 쓰지 않는다면, 그 비유는 그들의 귀만을 즐겁게 하는 것이 되고 만다. 그들로 보기는 보아도 알지 못하며(12절). 따라서 비유가 그들의 호기심을 충족시키는 것으로 그친다면, 그것은 그들의 어리석음에 대한 징벌인 것이다. 그것은 빛에 대하여 고의로 눈을 감는 것이기 때문이다. 그리스도께서는 빛을 비유라는 검은 등(燈)에 두셔서, 비유를 자신에게 적용하여 기꺼이 가르침을 따르고자 하는 자들에게는 밝은 빛이 되지만, 단지 비유를 잠깐 가지고 놀고자 하는 자들에게는 비유는 얼핏얼핏 섬광을 발하기는 하지만 전체적으로 어둠이 되고 만다. 하나님께서는 그들은 보려고 하지 않아서 보지 못하게 되고, 엄청난 무관심으로 두리번거릴 뿐 그들의 평화에 속한 일들에 대한 관심을 가지고 그들 앞을 보지 않기 때문에 그들의 눈에서 빛이 감춰져 있다고 말씀하신다.

Ⅱ. 그리스도께서 제자들에게 사용하신 설명의 방식. 그리스도께서 홀로 계실 때에 열두 제자만이 아니라 열두 제자와 더불어서 그리스도와 함께 한 사람들은 그 비유들의 의미를 그리스도께 물을 기회를 가졌다(10절). 그들은 그리스도와 함께 있는 것이 좋다는 것을 알았다. 그리스도를 가까이 하면 할수록 더 좋다. 그리스도와 친밀한 자들인 열두 제자와 함께 있어서 대화를 나누는 것이 좋다. 그리스도께서는 그들에게 그들이 하나님 나라의 비밀을 알게 된 것이 얼마나 특별한 은혜를 받은 것인지를 말씀하셨다(11절). 주님의 비밀이 그들에게 허락된 것이다. 다른 사람들은 단지 듣고 즐겼을 뿐이지만, 그들에게는 가르침이 되어서, 그들은 각각의 비유들을 통해서 점점 더 지식이 늘어갔고, 그리스도께서 이 세상에 하나님 나라를 세워가시는 방식과 방법을 세상의 지혜로운 자들은 깨닫지 못하고 거부하였지만, 그들은 더 잘 이해할 수 있게 되었다. 하늘 나라의 비밀을 알고 있는 자들은 그것이 그들에게 주어졌다는 것을 인정하지 않으면 안 된다는 것을 명심하라. 그들은 빛과 볼 수 있는 눈을 둘 다 예수 그리스도로부터 받은 것이다. 그리스도께서는 부활 후에 성경을 열어주심과 동시에 깨닫는 마음도 열어주셨다(눅 24:27, 45).

좀 더 자세하게 살펴보자.

1. 씨 뿌리는 자의 비유는 이미 마태복음 13:3 이하에 나왔었다. 그리스도께서는 이 비유를 들으라로 시작해서(3절), 들을 귀 있는 자는 들으라로 마치신다(9절). 그리스도의 말씀을 들을 때에는 주목할 것이 요구되고, 그리스도의 말

씀을 전하는 자들은 사람들에게 주목할 것을 명하고 주의력을 불러일으켜야 한다는 것을 명심하라. 우리는 비록 아직은 온전히 또는 올바르게 이해하지 못한다고 하더라도 언젠가는 이해하게 되리라고 생각하고 그 말씀이 무게 있고 깨달을 수 있는 것이라고 믿고서 모든 주의를 기울여야 한다. 우리는 그리스도의 말씀 속에서 처음에 생각했던 것보다 더 많은 것들을 발견하게 될 것이다.

2. 그리스도께서 제자들에게 주진 비유에 대한 설명. 여기에는 그리스도께서 비유를 설명하시기 전에 제자들에게 던지신 질문이 나오는데, 이 질문은 마태복음에는 나오지 않았었다(13절). 너희가 이 비유를 알지 못하느냐? 너희가 이 비유의 의미를 알지 못하느냐? 그럴진대 어떻게 모든 비유를 알겠느냐?

(1) "너희가 너무도 평이한 이 비유를 알지 못한다면, 어떻게 너희가 더 어렵고 모호한 다른 비유들을 알겠느냐? 너희가 사람들에게 뿌려진 말씀이 서로 다르게 결실한다는 것을 너무도 명백하게 말해주는 이토록 쉬운 비유에 당혹해하고 좌절한다면, 어떻게 너희가 유대인들이 버림받고 이방인들이 부르심을 받는 것에 대하여 말해주는 이후의 전대미문의 비유들을 깨달을 수 있겠느냐?" 이것은 우리가 마땅히 알아야 할 대단히 많은 것들이 있다는 것과 그것들을 깨달아 알기 위해서 기도하고 애를 써야 한다는 것을 일깨워준다. 그런데 우리가 복음의 평이한 진리들을 깨닫지 못한다면, 어떻게 우리가 더 어려운 것들을 익힐 수 있겠는가? 인생은 짧고 예술은 길다(vita brevis, ars longa). 만일 네가 보행자와 함께 달려서 피곤하여 주저앉는다면, 어찌 능히 말과 경주하겠느냐(렘 12:5).

(2) "너희가 말씀을 어떻게 들어야 할지를 알아서 너희에게 유익이 있도록 하기 위한 이 비유를 알지 못한다면, 어떻게 너희가 앞으로 계속 듣게 될 말씀들 속에서 유익을 얻겠느냐? 이 비유는 너희가 말씀에 더욱 주의를 기울이고 진심으로 말씀을 받을 때에 그 말씀을 깨달을 수 있다는 것을 가르치는 것이다. 만일 너희가 이 비유를 받지 못한다면, 너희는 나머지 모든 비유 속으로 들어가게 해 줄 열쇠를 어떻게 사용해야 하는지를 알지 못하게 될 것이다." 우리가 말씀으로부터 유익을 얻기 위해서 지켜야 할 규칙들을 깨닫지 못한다면, 어떻게 우리가 그 밖의 다른 규칙들로부터 유익을 얻겠는가? 그리스도께서 이 비유를 설명하시기 전에 하신 것들을 좀 더 살펴보자.

[1] 그리스도께서는 그리스도의 교훈의 의미를 알도록 허락받지 못한 외인들의 처지가 얼마나 서글픈 것인지를 그들에게 보여주신다. 하나님 나라의 비밀이 너희에게는 주어졌으나 외인에게는 주어지지 않았다. 그리스도의 제자로서 누리는 특권들을 원하지만 통상적인 회심에서도 제외된 자들의 비참한 상태를 생각하는 것은 우리가 그리스도의 제자로서 누리는 특권들이 얼마나 소중한지를 깨닫는 데에 도움이 된다는 것을 명심하라. 돌이켜 죄 사함을 얻지 못하게 하려 함이라. 돌이킨 자들만이 죄 사함을 얻게 된다. 사함을 얻지 못한 죄악 중에 놓여 있는 것이 돌이키지 않은 영혼들의 참상이다.

[2] 그리스도께서는 제자들에게 그들이 말씀을 듣고 즉시 깨닫지 못하고 특별한 설명을 필요로 한다는 것이 얼마나 부끄러운 일인지를 보여주신다. 지식이 더해지기를 바라는 자들은 자신의 무지에 대하여 민감하지 않으면 안 된다. 우리가 앞에서 마태복음에서 살펴보았듯이, 이렇게 그리스도께서는 씨 뿌리는 자의 비유에 대한 해석을 제자들에게 주심으로써 그들을 준비시키시는 것이다. 그러면, 좀 더 자세하게 살펴보자.

첫째, 교회라는 큰 밭에 하나님의 말씀이 마구잡이로 뿌려지고 있다. 뿌리는 자는 말씀을 뿌리는 것인데(14절), 어디에서 싹이 날 것인지, 또는 어떤 열매를 맺을 것인지를 알지 못한 채, 모든 물가에 온갖 종류의 토양에 씨를 뿌리는 것이다(사 32:20). 그는 많은 수확을 거두기 위해서 씨를 뿌린다. 그리스도께서는 얼마 동안은 여기저기를 다니시며 가르치시고 복음을 전하심으로써 직접 씨를 뿌리셨다. 이제 그리스도께서는 그의 사역자들을 보내셔서, 그들의 손을 통해서 씨를 뿌리신다. 사역자들은 씨 뿌리는 자들이다. 그들에게는 농사꾼의 솜씨와 분별력이 필요하다(사 28:24-26). 그들은 바람과 구름을 살펴보지 않으면 안 되고(전 11:4, 6), 심는 자에게 씨를 주시는 하나님을 바라보아야 한다(고후 9:10).

둘째, 복음의 말씀을 듣고 읽고 거기에 정통한 자들은 비교적 많지만, 그 말씀을 받아서 열매를 맺는 자들은 적다. 여기에서는 좋은 결실을 맺는 씨는 겨우 사분의 일이라고 말한다. 하나님의 말씀이라는 귀한 씨가 얼마나 많이 잃어버려지게 되고 헛되이 뿌려지는가를 생각하면, 그것은 애석한 일이다. 그러나 잃어버려진 말씀들에 대하여 회계해야 할 날이 온다. 그리스도께서 전하신 말씀이 길가에 떨어진 많은 자들은 나중에 그리스도에게서 떠나도록 명령을 받게 될 것이다. 그러므로 그리스도의 말씀을 듣는 것만으로 구원을 얻을 수 있는 것처럼 생각하여 듣기에 열을 내는 자들은 스스로 속이는 것이요 모래 위에 그들의 소망을 짓는 것이다(약 1:22).

셋째, 말씀을 듣는 순간에는 말씀으로부터 많은 감화를 받지만 말씀에 의해서 지속적인 유익을 얻지 못하는 자들이 많다. 그들에게는 영혼의 감동도 있고, 그들은 자기가 무엇을 들었는지도 안다. 하지만 그것은 단지 아궁이 속에서 가시나무가 타면서 잠깐 환하게 내는 섬광에 불과하다. 성경에는 하나님의 길을 아는 것을 즐거워하였던 외식하는 자들(사 58:2), 세례 요한의 말을 즐겁게 들었던 헤롯(6:20), 요한의 빛에 있기를 즐거워하였던 자들(요 5:35), 에스겔이 한 말을 사랑의 노래로 여겼던 자들(겔 33:32)이 나온다. 그런 자들이 여기에서 말씀을 들을 때에 기쁨으로 받지만 결실하지 못하는 돌 밭으로 표현되어 있다.

넷째, 말씀이 사람들의 마음에 지속적으로 거하여 그 마음을 지배하지 못하는 이유는 사람들의 마음이 말씀을 받을 적절한 상태로 준비되지 못했기 때문이다. 결함은 말씀에 있는 것이 아니라 그들 자신 속에 있다. 어떤 이들은 말씀을 무관심하게 듣고 곧 잊어버리는데, 이러한 자들은 말씀으로부터 아무런 유익도 얻지 못한다. 말씀이 한 쪽 귀로 들어와서 다른 쪽 귀로 나가버리는 것이다. 어떤 이들은 그들의 죄악들이 말씀에 의한 믿음을 삼켜버려서 말씀이 그들에게 끼친 선한 감화들을 상실함으로써 말씀으로부터 지속적인 유익을 얻지 못한다.

다섯째, 공중에 나는 새들이 흙 위에 노출되어 있는 씨를 주워 먹으려고 맴도는 것처럼, 마귀는 무관심하고 나태한 마음으로 말씀을 듣는 자들의 주위를 바쁘게 맴돈다. 마음이 큰 길과 같이 단단하고 겸손하지 못하여, 모든 지나가는 행인들에 의해서 짓밟히도록 씨가 땅 위에 드러나 있을 때, 마귀는 새들과 같이 신속하게 와서, 우리가 모르는 사이에 말씀을 빼앗아가 버린다. 그러므로 이 새들이 희생제물 위에 앉으려고 내려올 때, 아브라함이 그랬듯이, 우리도 새들을 쫓아버려야 한다(창 15:11). 우리는 비록 새들이 우리 머리 위를 맴도는 것을 피할 수는 없지만 새들이 우리 마음속에 둥지를 트는 것을 허용해서는 안 된다.

여섯째, 자신의 신앙 고백을 뒤엎을 정도로 공공연하게 범죄를 저지르지는 않는다고 해도, 돌밭에 떨어진 씨가 그랬던 것처럼, 모르는 사이에 씨가 질식하여 결실을 하지 못하는 사람들이 많다. 이런 사람들은 열매를 맺지 못하는 외식적인 신앙 고백을 되풀이하기 때문에 아무런 결실도 보지 못하고, 겉보기와는 달리 분명히 지옥을 향하여 내려가고 있는 것이다.

일곱째, 말씀으로 인한 감화들이 지속되지 못하고, 고난과 시련의 때가 닥쳐올 때에 사라져 버리는 사람들이 있다 ― 바닷가 모래 위의 발자국들이 핍박의 거센 물결에 의해서 지워져 버리듯이. 죄악이 관영하면, 하나님의 길을 사모하는 많은 사람들의 사랑이 식어진다. 청명한 날들에 자신의 신앙 고백을 지키던 많은 사람들은 폭풍우가 닥쳐오면 신앙을 버리는데, 그들은 마치 오직 즐기기 위해서 바닷에 나갔다가 거센 바람이 일자 다시 육지로 되돌아오는 자들과 같다. 외식하는 자들은 뿌리가 없기 때문에 낭패를 당하는 것이다. 그들은 확고한 삶의 원칙에 의거해서 살아가지 않고, 마음에서 우러나오는 일을 하지 않는데, 이런 것이 없이는 경건도 없다. 왜냐하면, 이런 자는 스스로의 생각 속에서만 그리스도인이기 때문이다.

여덟째, 많은 사람들이 그들이 가진 세상의 부요함으로 인해서 하나님의 말씀으로부터 유익을 얻는 데에 방해를 받는다. 겸손, 자비, 자기부인, 하늘에 속한 마음에 관한 수많은 선한 교훈이 사람들에게 미소지으며 손짓하는 세상에서의 안일에 의해서 질식당하고 소실되어 버린다. 따라서 그렇지 않았으면 좋은 결심을 맺었을 수많은 신앙인들이 파라오의 파리한 암소와 마른 이삭이 되어 버린다.

아홉째, 세상의 염려와 재물의 유혹에 넘어가지 않은 자들도 기타 욕심이 들어와서 자신의 신앙 고백이 주는 유익을 잃게 될 수 있다. 그래서 여기 마가복음에는 이 말이 첨가되어 있다. 기타 욕심이 들어와라는 말은 감각이나 상상력을 즐겁게 해주는 일들에 지나치게 몰두하는 것을 가리킨다(Hammond 박사). 세상에 대해서 별 관심이 없는 사람들도 육체의 방종에 의해서 파멸될 수 있는 것이다.

열째, 결실은 하나님께서 복음을 향유한 자들로부터 기대하시고 요구하시는 바로 그것이다: 씨에 따른 결실, 복음에 합치하는 기질과 인생 행로, 그리스도인의 은혜들이 매일 베풀어지고, 그리스도인의 의무들이 합당하게 수행되는 것. 이것이 결실이고, 이러한 결실은 우리로 말미암아 풍성해질 것이다.

마지막으로, 좋은 결실은 좋은 씨에서만 기대할 수 있다. 좋은 씨가 옥토에 뿌려지고, 심령이 겸손하며 거룩하고 하늘에 속한 마음을 지니고 있다면, 좋은 결실이 있게 될 것이고, 이삭이 많은 곡식을 거두어들였듯이(창 26:12), 종종 백 배나 되는 풍성한 결실이 있게 될 것이다.

21또 그들에게 이르시되 사람이 등불을 가져오는 것은 말 아래에나 평상 아래에 두려 함이냐 등경 위에 두려 함이 아니냐 22드러내려 하지 않고는 숨긴 것이 없고 나타내려 하지 않고는 감추인 것이 없느니라 23들을 귀 있는 자는 들으라 24또 이르시되 너희가 무엇을 듣는가 스스로 삼가라 너희의 헤아리는 그 헤아림으로 너희가 헤아림을 받을 것이며 더 받으리니 25있는 자는 받을 것이요 없는 자는 그 있는 것까지도 빼앗기리라 26또 이르시되 하나님의 나라는 사람이 씨를 땅에 뿌림과 같으니 27그가 밤낮 자고 깨고 하는 중에 씨가 나서 자라되 어떻게 그리 되는지를 알지 못하느니라 28땅이 스스로 열매를 맺되 처음에는 싹이요 다음에는 이삭이요 그 다음에는 이삭에 충실한 곡식이라 29열매가 익으면 곧 낫을 대나니 이는 추수 때가 이르렀음이라 30또 이르시되 우리가 하나님의 나라를 어떻게 비교하며 또 무슨 비유로 나타낼까 31겨자씨 한 알과 같으니 땅에 심길 때에는 땅 위의 모든 씨보다 작은 것이로되 32심긴 후에는 자라서 모든 풀보다 커지며 큰 가지를 내나니 공중의 새들이 그 그늘에 깃들일 만큼 되느니라 33예수께서 이러한 많은 비유로 그들이 알아 들을 수 있는 대로 말씀을 가르치시되 34비유가 아니면 말씀하지 아니하시고 다만 혼자 계실 때에 그 제자들에게 모든 것을 해석하시더라.

우리의 구주께서 비유들과 상징적인 표현들을 통해서 우리에게 가르치고자 하시는 교훈들은 다음과 같은 것들이다:

I. 선한 자들은 그들이 선을 행해야 할 의무들 아래 있다는 것을 생각하지 않으면 안 된다. 즉, 앞에 나온 비유에서처럼, 그들은 결실을 낼(또는 열매를 맺을) 의무가 있다. 하나님께서는 우리가 우리에게 주신 은사들에 대하여 하나님께 감사하고 그 은사들을 잘 활용할 것을 우리에게서 기대하신다. 사람이 등불을 가져오는 것은 말 아래에나 평상 아래에 두려 함이냐? 등경 위에 두려 함이 아니냐?(21절). 그리스도께서 사도들을 세우신 것은 그들 스스로 복음을 받을 뿐만 아니라 다른 사람들의 유익을 위하여 그들에게 복음을 전하게 하기 위함이었다. 모든 그리스도인들은 은사를 받았다면 그 동일한 은사를 사용하여 일하여

야 한다.

1. 은사들과 은혜들은 한 사람을 등불로 만든다. — 빛들의 아버지께서 불을 붙여주신 여호와의 등불(잠 20:27). 등불은 아무리 밝은 것이라고 해도 의로운 해와 비교해 보면 단지 희미한 빛을 발하는 등불일 뿐이다. 등불은 빛을 내지만 가까운 곳만을 잠시 동안만 비출 뿐이고, 쉽게 꺼지며, 점점 기름이 소모되어서 꺼져간다.

2. 많은 사람들이 등불이 되고나서 스스로를 말 아래에나 평상 아래에 둔다: 그들은 스스로 은혜를 나타내지도 않고, 다른 사람들에게 은혜를 베풀지도 않는다. 그들은 많은 자산들을 가지고 있지만, 그 자산을 가지고 선한 일을 하지 않는다. 그들에게는 손발과 감각기관들, 지혜와 학식이 있고, 영적인 은사들이 있지만, 다른 사람들을 위하여 그것들을 사용하지 않는다. 항아리 속에 넣어둔 작은 촛불 같이, 그들은 그들 자신만을 위해서 타고 있는 것이다.

3. 빛을 받아서 등불이 된 자들은 스스로를 등경 위에 두어야 한다. 즉, 그들은 선을 행할 수 있는 모든 기회들을 활용해서, 하나님께 영광을 돌리고 그들이 속한 공동체를 섬겨야 한다. 우리는 우리 자신을 위해서 태어난 것이 아니다.

이 비유를 주신 이유는 감추인 것이 드러나지 않을 것이 없고 나타나지 않을 것이 없기(이렇게 해석하는 것이 더 낫다) 때문이다(22절. 개역에서는, 드러내려 하지 않고는 숨긴 것이 없고 나타내려 하지 않고는 감추인 것이 없느니라). 은사들과 은혜들을 주신 것은 쌓아 두라는 것이 아니라 전해 주라는 것이다. 사도들은 복음을 비밀에 부쳐서 감춰 둔 것이 아니라, 밖으로 나가서 온 세상에 전하였다. 그리스도께서 비유들을 제자들에게 은밀하게 설명해주셨지만, 그것은 제자들을 대중 앞에서 사역하는 데에 더 유익한 자들로 만들기 위함이었다. 제자들은 다른 사람들을 가르치기 위해서 가르침을 받은 것이었다. 각 사람에게 성령을 나타내심은 자신만이 아니라 다른 사람들도 유익하게 하려 하신 것임은 너무도 당연한 말이다.

II. 이 비유는 복음의 말씀을 듣는 자들에 관한 것인데, 그들의 복과 화는 그들이 듣는 것을 얼마나 주의해서 듣고 얼마나 그 말씀을 잘 활용하느냐에 의해서 좌우된다는 것이다. 그리스도께서는 이전에 하셨던 말씀을 여기에서 다시 한 번 하신다: 들을 귀 있는 자는 들으라(23절). 우리는 마땅히 그리스도의 복음을 들어야 한다. 하지만 그것으로 충분하지 않기 때문에, 그리스도께서는 너희가 무엇을 듣는가 스스로 삼가라(24절), 즉 너희가 듣는 것에 마음을 드려서 귀 기울여야 한다는 말씀을 덧붙이신다. 하몬드(Hammond) 박사는 너희가 무엇을 듣고 있는지를 곰곰이 생각하라고 해석한다. 우리가 무엇을 듣고 있는지를 숙고하지 않으면, 그 들은 말은 우리에게 별 유익이 되지 못한다. 특히 다른 사람들을 가르치고자 하는 사람들은 하나님의 일들에 대하여 스스로 매우 주의 깊게 살피지 않으면 안 되고, 자기가 전하는 메시지가 올바른지를 항상 살피지 않으면 안 된다. 우리가 선한 것을 굳게 붙잡기 위해서는 우리가 듣는 것에 주의를 기울여서 모든 것들을 시험해 보아야 한다. 우리는 속지 않기 위해서 조심하고 경계를 게을리해서는 안 된다. 이제 실제로 조심스럽게 살펴보도록 하자.

1. 우리가 하나님을 대우하는 대로, 하나님께서는 우리를 대우해 주신다. 하몬드 박사는 너희의 헤아리는 그 헤아림으로 너희가 헤아림을 받을 것이다라는 말씀을 이렇게 설명한다. 너희가 하나님께 신실한 종이 된다면, 하나님께서는 너희에게 신실한 주인이 되실 것이다: 완전한 자에게는 주의 완전하심을 보이신다.

2. 우리에게 맡기신 달란트를 우리가 활용할수록, 우리는 그 달란트를 더 많이 갖게 될 것이다. 우리가 우리에게 있는 지식을 하나님의 영광과 다른 사람들의 유익을 위하여 사용한다면, 마치 주식 시장에서 주식이 활발하게 거래되면서 불어나듯이, 그 지식은 눈에 띄게 성장하게 될 것이다. 말씀을 듣는 너희에게는 더 많은 것이 주어질 것이다. 있는 자는 받을 것이다(25절). 제자들이 주께 받은 말씀을 교회에 전한다면, 그들은 주님의 비밀 속으로 더 깊이 인도받게 될 것이다. 은사들과 은혜들은 활용하면 더 풍성해진다. 하나님께서는 손이 부지런한 자를 축복하시겠다고 약속하셨다.

3. 만일 우리가 소유한 것을 사용하지 않으면, 우리는 그것을 잃게 된다. 없는 자, 곧 자기가 가진 것으로 선을 행하지 않음으로써 마치 가지고 있지 않은 것처럼 헛되이 소유하고 있는 자는 그 있는 것까지도 빼앗기리라. 달란트를 묻어두는 것은 손실에 해당하는 것으로서 맡겨주신 분에 대한 배신이다. 그리고 은사들과 은혜들은 시간이 흐름에 따라서 낡고 녹슬게 된다.

III. 세상에 뿌려지고 심령에 뿌려진 복음의 좋은 씨는 소리 없이 점차적으

로 놀라운 효력들을 낸다(26절 등). 하나님의 나라도 그러하다. 좋은 땅에 뿌려진 씨처럼, 복음도 뿌려지고 받아들여질 때에 그러하다.

1. 씨는 싹을 낸다. 씨는 흙 속에 묻혀서 없어져 버린 것처럼 보이지만, 흙을 뚫고 싹을 내는 것이다. 땅에 뿌려진 씨는 싹이 난다. 위로부터 난 지혜가 선행을 통해서 스스로를 나타내 보이듯이, 우리는 그리스도의 말씀을 영혼 속에 간직해서 스스로 나타나도록 하여야 한다. 밭에 곡식의 낟알들이 뿌려진 후에는 밭의 표면이 얼마나 빨리 변하는가 보라! 밭이 푸른 색으로 뒤덮일 때, 그 광경은 얼마나 즐겁고 유쾌한가!

2. 농부는 씨에서 어떻게 싹이 나오는지를 설명하지 못한다. 그것은 자연의 신비들 중의 하나다. 씨가 나서 자라되 그는 어떻게 그리 되는지를 알지 못한다(27절). 농부는 씨가 자란 것을 알 수는 있지만, 씨가 어떻게 자랐는지, 씨가 자라게 된 원인과 방법이 무엇이었는지를 알지 못한다. 우리가 바람 소리를 듣고 바람이 분다는 것을 알 수는 있지만 그 바람이 어디에서 와서 어디로 가는지를 알 수 없듯이, 우리는 어떻게 성령께서 말씀을 통해서 우리의 심령 안에서 변화를 일으키시는지를 알지 못한다. 하나님의 신비는 두말 할 필요도 없이 크시다. 크도다 경건의 비밀이여, 그렇지 않다 하는 이 없도다 그는 육신으로 나타난 바 되시고 … 세상에서 믿은 바 되시고 … (딤전 3:16).

3. 농부는 씨를 뿌린 후에는 씨에서 싹이 나오게 하기 위하여 한 일이 아무 것도 없다. 그가 한 일이라고는 밤낮 자고 깨고 한 것뿐이다. 그는 밤에는 가서 자고 아침이 되면 일어났을 뿐이고, 자기가 뿌려놓은 씨를 생각하거나 들여다 보지도 않고, 자기가 좋아하는 일들이나 다른 사업을 했을 뿐인데도, 자연의 통상적인 법칙을 따라서 및 자연에 미친 하나님의 권능에 의해서 땅이 스스로 열매를 낸다. 이와 같이, 은혜의 말씀이 믿음으로 받아들여질 때, 심령 속에서는 은혜의 역사가 일어나는데, 설교자들은 거기에 아무런 기여도 할 수 없다. 사람이 잠들어 있어서 아무런 일도 할 수 없을 때(욥 33:15-16), 또는 사람이 일어나서 다른 일을 하며 돌아다닐 때, 하나님의 성령이 바로 그 일을 수행하고 계시는 것이다. 선지자들은 영원히 살지 못한다. 그러나 그들이 전한 말씀은 그들이 무덤 속에 있을 때에도 일을 계속한다(슥 1:5-6). 씨를 자라게 하는 이슬은 사람을 기다리지 아니하며 인생을 기다리지 아니한다(미 5:7).

4. 씨는 점차적으로 성장한다. 처음에는 싹이요 다음에는 이삭이요 그 다음에는

이삭에 충실한 곡식이라(막 4:28). 씨에서 나온 싹은 계속해서 자라간다. 자연에 운행되는 법칙이 있듯이, 은혜도 그러하다. 세상 및 심령에 대한 그리스도의 관심은 성장에 대한 관심이다. 시작은 미약하였으나 나중은 심히 창대하리라. 네가 뿌리는 것은 장래의 형체를 뿌리는 것이 아니요 다만 밀이나 다른 것의 알맹이 뿐이로되 하나님이 각 종자에게 그 형체를 주시느니라. 처음에는 서리에도 시들 수 있고 발에 짓눌려 부숴질 수도 있는 연한 싹이 나오지만, 그 싹은 점차 이삭이 되고, 마침내 이삭에 충실한 곡식이 되는 것이다. 자연이 돌발적으로 하는 일은 없다(Natura nil facit per saltum). 하나님께서는 자신의 일을 아무도 모르게 소리 없이 행하시지만, 가장 탁월하게 실수 없이 행하신다.

5. 씨는 마침내 완전히 성장하게 된다(29절). 씨가 열매를 맺으면, 즉 열매가 익어서 주인의 손으로 옮겨질 때가 되면, 주인은 낫을 댄다. 이것은 다음과 같은 것들을 알려준다. (1) 그리스도께서는 사람들이 선한 원칙을 따라서 정직한 심령으로 그를 향하여 행한 섬김들을 이제 받으셔서, 영혼 속에 자리를 잡고서 역사한 복음의 열매를 그리스도께 영광스러운 수확물로 거두어들이신다. 요한복음 4:35을 보라. (2) 그리스도께서는 그들에게 영생을 상급으로 주신다. 복음을 올바르게 받아들여서 달려갈 길을 다 마쳤을 때에 추수할 때가 찾아오고, 이 때에 잘 익은 곡식들인 그들은 하나님의 곳간에 넣어지게 된다(마 13:30).

IV. 은혜의 역사는 시작은 미약하지만 결국에는 창대하고 굉장한 것이 된다(30-32절). "내가 지금 메시야에 의해서 세워져가고 있는 하나님의 나라를 무엇과 비교하여야 할까? 내가 하나님 나라를 세우기 위한 방법을 어떻게 너희에게 이해시켜야 할까?" 그리스도께서는 하나님 나라를 비유를 통해서 쉽게 예시할 수 있는 방법을 스스로 묻고 생각하시는 자처럼 말씀하신다. 우리가 하나님의 나라를 무엇과 비교하며 또 무슨 비유로 나타낼까? 우리가 그 비유를 태양의 활동이나 달의 공전으로부터 가져와야 할까? 아니다. 이 땅에서 비유를 가져와서 말해본다면, 하나님 나라는 겨자씨 한 알과 같다. 그리스도께서는 하나님 나라를 앞에서는 뿌려진 씨에 비유하였었는데, 이제 여기에서는 다음과 같은 것들을 보여주기 위해서 **바로 그 씨 자체**에 비유한다.

1. 복음의 하나님 나라의 처음은 매우 미약해서, 땅 위의 모든 씨보다 작은 것인 겨자씨와 같다. 그리스도 교회는 하나님에 의해서 이 땅에 뿌려졌을 때에 한 방

에 모두 들어갈 정도로 작았고, 이스라엘 자손이 애굽으로 내려갔을 때에 불과 칠십 명이었던 것과 마찬가지로, 그들의 수는 백이십 문도에 불과하였다(행 1:15). 사람의 영혼 속에서의 은혜의 역사(役事)는 처음에는 작은 일들로 이루어진 한 날에 불과하고, 사람의 손만한 작은 구름(왕상 18:44)과 같다. 사도들의 사역에 의해서 열방들을 복음으로 정복한 것 같이 보잘것없는 몇 안 되는 사람들에 의해서 그러한 큰 일들이 이루어진 예는 역사상에 결코 없었다. 또한 그토록 미약하고 보잘것없이 시작된 은혜의 역사가 그토록 큰 영광으로 마치게 된 예도 역사상에 없었다. 누가 나를 위하여 이들을 낳았는고?

2. 복음의 하나님 나라의 완성은 매우 창대할 것이어서, 자라서는 모든 풀보다 커지게 된다. 세상에서 복음의 하나님 나라는 점점 왕성하여져서 땅끝에 있는 족속들에게까지 퍼질 것이고, 세상 끝날까지 계속될 것이다. 교회는 큰 가지들, 튼튼하고 멀리 뻗쳐 있고 열매를 많이 맺는 가지들을 내었다. 사람의 영혼 속에서의 은혜의 역사는 지금 자라고 있는 중에라도 많은 열매들을 맺고 있다. 하물며, 그것이 하늘에서 완성되었을 때에는 어떻겠는가? 겨자씨 한 알과 큰 나무의 차이는 바로 이 땅에서의 초신자와 하늘에 있는 영화롭게 된 성도 간의 차이다. 요한복음 12:24을 보라.

복음서 기자는 이렇게 비유들을 상세하게 설명한 후에 그리스도의 가르치심에 관한 다음과 같은 일반적인 말로 이 단락을 마무리하고 있는데 — 예수께서 이러한 많은 비유로 그들이 알아 들을 수 있는 대로 말씀을 가르치셨다(33절) — 이것은 아마도 우리가 앞서 마태복음 13장에서 보았던 이런 유의 비유들에 관한 좀 더 자세한 설명을 참조하도록 하기 위한 것으로 보인다. 그리스도께서는 그들이 알아 들을 수 있는 대로 비유들로 말씀하셨다. 그리스도께서는 사람들에게 친숙하고 그들의 수준에 맞는 것들에서 비유들을 가져와서, 그들이 이해할 수 있도록 쉬운 표현으로 가르치셨다. 그리스도께서는 그들로 하여금 비유들의 비밀을 다 알게 하지는 않으셨지만, 그의 표현 방식은 쉬웠기 때문에, 사람들은 나중에 비유들을 쉽게 회상해서 유익을 얻을 수 있었다. 그러나 그리스도께서는 현재에 있어서는 비유가 아니면 말씀하지 아니하셨다(34절). 따라서 주님의 영광은 구름에 가리어져 있었지만, 하나님은 우리에게 **사람들의 언어**로 말씀하고 계시기 때문에, 우리는 처음에는 그 말씀을 잘 이해하지 못해도 차차 이해하게 된다. 제자들 자신도 그리스도의 그러한 말씀들을 처음에는 그

의미를 올바르게 알지 못했지만 나중에는 깨닫게 되었다. 다만 그리스도께서는 혼자 계실 때에 이 비유들에 대하여 그 제자들에게 모든 것을 해석해주셨다. 우리는 그리스도께서 씨 뿌리는 자의 비유를 해석해 주신 것처럼 여기 나온 비유도 직접 해석해 주셨으면 하고 바라지 않을 수 없다. 그러나 사실 그럴 필요가 없었다. 왜냐하면, 야단법석을 떨지 않아도 교회가 창대해지는 것 자체가 이 비유들을 우리에게 설명해 주는 것이기 때문이다.

³⁵그 날 저물 때에 제자들에게 이르시되 우리가 저편으로 건너가자 하시니 ³⁶그들이 무리를 떠나 예수를 배에 계신 그대로 모시고 가매 다른 배들도 함께 하더니 ³⁷큰 광풍이 일어나며 물결이 배에 부딪쳐 들어와 배에 가득하게 되었더라 ³⁸예수께서는 고물에서 베개를 베고 주무시더니 제자들이 깨우며 이르되 선생님이여 우리가 죽게 된 것을 돌보지 아니하시나이까 하니 ³⁹예수께서 깨어 바람을 꾸짖으시며 바다더러 이르시되 잠잠하라 고요하라 하시니 바람이 그치고 아주 잔잔하여지더라 ⁴⁰이에 제자들에게 이르시되 어찌하여 이렇게 무서워하느냐 너희가 어찌 믿음이 없느냐 하시니 ⁴¹그들이 심히 두려워하여 서로 말하되 그가 누구이기에 바람과 바다도 순종하는가 하였더라.

그리스도께서 제자들을 구하기 위하여 풍랑을 잔잔케 하신 이 이적을 우리는 이미 마태복음 8:23 이하에서 살펴본 바 있다. 그러나 이 이적은 여기에서 좀 더 자세하게 얘기되고 있다. 살펴보도록 하자.

1. 이 이적은 그리스도께서 배에서 복음을 전하신 바로 그 동일한 날의 저물 때에 행해졌다(35절). 그리스도께서는 온 종일 말씀과 가르침을 통해서 수고하신 후에도, 휴식을 취하시지 않고 우리에게 하늘 나라에 가기까지는 제대로 된 휴식을 취할 것을 생각하지 말도록 가르치시기 위하여 다시 등장하신다. 수고의 끝이 풍랑의 시작이 될 수도 있다. 그러나 그리스도께서 강단으로 사용하신 배는 그의 특별한 보호 아래 있기 때문에, 위험에 처해 있더라도 결코 가라앉지 않는다. 그리스도를 위하여 사용되는 것은 무엇이나 그리스도께서 특별한 관심을 가지고 계신다.

2. 그리스도께서는 시간을 낭비하지 않으시려고 밤에 배를 타고 바다를 건너자고 제안하셨다. 우리가 저편으로 건너가자. 다음 장에서 볼 수 있듯이, 그리

스도께서는 거기에서 할 일이 있으셨기 때문이었다. 그리스도께서는 선을 행하시기 위하여 다니셨고, 그의 길에 놓여 있는 그 어떤 난관도 그리스도께서 선을 행하시는 것을 방해할 수 없다. 이렇게 우리는 그리스도를 섬기는 일과 그의 뜻을 따라 우리 세대를 섬기는 일에 부지런하여야 한다.

3. 그들은 무리를 다 보내기까지는 바다로 나가지 않았다. 즉, 그들은 각 사람이 온 목적을 듣고 그 모든 요구들을 들어준 후에야 배를 타고 바다로 나갔던 것이다. 그리스도께서는 한 사람도 괜히 왔다고 불평하면서 집에 가도록 하지 않으셨고, 제자들은 무리들이 귀한 축복을 받아가지고 돌아가도록 하였다. 왜냐하면, 그리스도께서는 단순히 축복을 선포하기 위해서가 아니라 축복을 명하시고 주시기 위하여 이 세상에 오셨기 때문이다.

4. 제자들은 그리스도를 배에 계신 그대로 모시고 바다로 나갔다. 즉, 그리스도께서는 밤에 바다로 나갈 때에 몸을 따뜻하게 하기 위하여 꼭 필요하였던 — 말씀을 전하신 후라 더더구나 필요한데도 — 외투를 걸치지도 않으시고, 복음을 전하실 때에 입고 계셨던 옷을 그대로 입으신 채 바다로 나가셨다. 여기서 우리는 우리의 건강에 신경쓰지 않아도 된다고 추론할 것이 아니라, 우리의 몸에 대해서 지나치게 신경을 쓰거나 염려하지 않아야 한다는 교훈을 배울 수 있어야 한다.

5. 폭풍이 아주 세게 불어서, 배는 물로 가득하게 되었는데(37절), 이것은 배에 구멍이 뚫렸기 때문이 아니라 폭풍우가 내렸기 때문일 것이다. 왜냐하면, 여기에서 사용된 단어는 비를 동반한 폭풍을 의미하기 때문이다. 배가 작아서, 물결이 배에 부딪쳐 배는 물로 가득하게 되었다. 그리스도와 그의 제자들, 그리스도와 그의 이름과 복음이 타고 있는 배가 긴급상황을 만나고 위험에 빠지게 되는 것은 새로운 일이 아님을 명심하라.

6. 그리스도께서 타신 배를 따르던 다른 배들도 틀림없이 이와 같은 조난의 위험에 빠져 있었을 것이다. 아마도 이 작은 배들에는 바다 저편에서 그리스도께서 복음을 전하실 때에 은혜를 받기 위하여 그리스도를 따르고자 했던 사람들이 타고 있었을 것이다. 그리스도께서 배를 타고 바다로 나오실 때에 무리들을 돌려보냈지만, 몇몇 사람들은 그리스도를 따라서 바다로 나갈 모험을 감행하고자 하였던 것이다. 어린 양을 올바르게 따르는 자들은 어린 양이 어디로 가든지 따르는 자들이다. 그리스도 안에서 행복하기를 바라는 자들은 그리스도

와 더불어 운명을 같이하고 그리스도께서 겪으시는 위험들을 함께 겪지 않으
면 안 된다. 우리는 폭풍을 예견한다고 해도 그리스도와 함께 담대하고 기꺼
운 마음으로 바다로 나서야 한다.

7. 광풍이 불어오는 동안에도 그리스도께서는 주무시고 계셨다. 여기 본문
에는 고물에서 주무시고 계셨다고 나오는데, 고물은 도선사(導船士)의 자리였
다: 그리스도께서는 배의 키를 조종하는 자리에 누워계셨는데, 이것을 조지
허버트(George Herbert)는 다음과 같이 표현하였다:

> 바람과 물결이 나의 배를 공격하여 올 때에
> 주님께서 키를 조종하시어 보호하시네.
> 배가 몹시 흔들려 보이는 순간에도
> 폭풍은 주님의 걸작품이라네.
> 주님의 눈이 감겨 있다 해도
> 그 마음은 그렇지 않으시다네.

그리스도께서는 베개를 베고 주무셨는데, 아마도 이 베개는 그리스도를 위
하여 어선에 마련해 놓은 것인 것 같다. 그리고 그리스도께서 주무신 것은 제
자들의 믿음을 시험해 보고 그들에게 기도할 마음을 불러일으키기 위한 것이
었다. 시험을 받을 때에 제자들의 믿음은 약하다는 것이 드러났고, 그들의 기
도는 강하다는 것이 드러났다. 교회가 풍랑 속에 있을 때에 그리스도께서 그
의 백성의 고통에 무관심하고 그들의 기도를 아랑곳하지 않으시며 그들을 구
원하기 위하여 즉시 나타나지 않으시고 주무시고 계시는 것처럼 보일 때가 종
종 있다. 진실로 주는 스스로 숨어 계시는 하나님이시니이다(사 45:15). 그러나 하
나님은 지체하시는 것 같지만 지체하지 않으시고(합 2:3), 주무시는 것 같지만
주무시지 않는다. 이스라엘을 지키시는 자는 졸지도 아니하고 주무시지도 아
니하신다(시 121:3-4). 그리스도께서는 아가서 5:2에 나오는 신부처럼 주무시
더라도 심령은 깨어 계셨다.

8. 제자들은 그리스도를 모시고 있다는 사실로 인해서 용기를 잃지 않았고,
그리스도의 임재를 의지하고 거기에 호소하며 배의 노를 젓는 것이 아니라 기
도의 노를 부지런히 젓는 것이 최선의 길이라고 생각하였다. 그들의 자신감은

그들이 주님을 모시고 있다는 사실에 있었다. 그리스도를 태운 배는 아무리 풍랑에 심하게 흔들린다고 해도 가라앉을 수는 없다. 하나님께서 임재해 계신 가시덤불은 아무리 불타고 있다고 하더라도 타없어질 수는 없다. 카이사르(Caesar)는 그를 태운 배의 선장에게 이렇게 말하며 격려하였다고 한다: 그대는 카이사르를 태웠고, 카이사르의 행운을 태웠다(Caesarem vehis, et fortunam Caesaris). 제자들은 그리스도를 깨웠다. 제자들은 상황이 절박하지 않았다면, 그리스도께서 원하기 전에는 흔들거나 깨우지 않았을 것이다(아 2:7). 그러나 그들은 그리스도께서 이 잘못을 용서해주실 것을 알고 있었다. 그리스도께서는 마치 폭풍 속에서 주무시고 계시는 것처럼 보일 때에 그의 백성의 기도를 통해서 깨어나신다. 우리가 어찌해야 좋을지를 모를 때, 우리의 눈은 그리스도를 바라보아야 한다(대하 20:12). 우리가 구주를 모시고 있는 동안에는 우리의 수완과 능력은 바닥이 나더라도 우리의 믿음은 결코 바닥이 나지 않는다. 제자들이 그리스도께 한 말은 여기에서 대단히 다급한 어조로 표현되어 있다. 선생님이여 우리가 죽게 된 것을 돌보지 아니하시나이까? 이 말은 그리스도께서 깨어나시도록 간구하는 것이 아니라 주무시고 계시는 것에 대하여 책망하는 말처럼 들려서 좀 무례하다는 생각이 든다. 나는 제자들이 한 이 말을 어떻게 변명해야 할지를 모르지만, 그리스도께서 제자들을 항상 기꺼이 받아주심으로써 생겨난 큰 친숙함, 그리스도께서 제자들에게 허용하신 자유, 제자들이 극도의 위험 속에서 경황이 없어서 그들이 무슨 말을 했는지도 알지 못하는 상황 등이 그 이유라면 이유일 것이다. 제자들은 그리스도께서 곤경에 처한 그의 백성에 대하여 무관심하다고 의심하는 큰 잘못을 저지르고 있다. 주님은 결코 무관심한 것이 아니었다. 그리스도께서는 아무도 멸망당하지 않기를 원하시고, 더더구나 그의 소자들 중 어느 누구도 잃는 것을 원하지 않으신다(마 18:14).

9. 그리스도께서 폭풍을 꾸짖으실 때에 사용하셨던 명령의 말씀은 여기에는 나오지만 마태복음에는 나오지 않았다(39절). 그리스도께서는 잠잠하라 고 요하라고 말씀하셨는데, 원어로는 조용히 해, 입 다물어(시오파 페피모소)로 되어 있다. 바람은 더 이상 소리를 내지 말고 바다는 더 이상 흉용한 파도 소리를 내지 말라는 것이다. 이렇게 그리스도께서는 바다의 시끄러운 소리와 물결의 시끄러운 소리를 잠잠케 하신다(개역에는, 바다의 설렘과 물결의 흔들림을 진정하

시나이다). 시편 65:7과 93:3-4 본문은 특히 바다와 물결의 시끄러운 소리에 강조점을 두고 있다. 그 시끄러운 소리는 위협을 하고 공포심을 불어넣는다. 그 소리에 더 이상 귀 기울이지 말자. (1) 이것은 우리에게 명령하시는 말씀이다. 우리의 악한 마음이 평온함을 얻지 못하는 요동하는 바다(사 57:20)와 같을 때, 우리의 욕망들이 올라오고 다스려지지 않을 때, 우리는 조용히 해, 입 다물어라고 명령하시는 그리스도의 법을 생각하여, 복잡하게 생각하지 말며, 경솔하게 말하지 말고, 잠잠하라. (2) 이것은 우리에게 환난의 폭풍이 제아무리 요란하고 강하더라도 예수 그리스도께서는 말씀 한 마디로 그것을 다스리실 수 있다는 위로의 말씀이다. 밖에서는 싸움들이 있고, 안에서는 두려움들이 있으며, 심령은 격동되어 있을 때, 입술의 열매를 창조하는 자 그리스도께서는 평강이 있을지어다라고 말씀하신다. 그리스도께서 잠잠하라 고요하라고 말씀하시면, 즉시 큰 고요함이 거기에 있다. 예레미야 31:35에서는 바다에게 명령하는 것은 하나님의 대권(大權)이라고 말한다. 그러므로 이 일을 통해서 그리스도는 자기가 하나님이라는 것을 증명하고 계신 것이다. 바다를 만드신 분은 바다를 잠잠하게 하실 수 있다.

10. 그리스도께서 제자들이 두려워하는 것에 대하여 책망하신 것이 여기에는 마태복음에서보다 더 자세하게 나와 있다. 마태복음에는 어찌하여 무서워하느냐(마 8:26)로 되어 있지만, 여기에는 어찌하여 이렇게 무서워하느냐로 되어 있다. 비록 무서워할 일이 있다고 하더라도, 이렇게까지 두려워해서는 안 된다는 것이다. 마태복음에는 믿음이 적은 자들아로 되어 있지만, 여기에는 너희가 어찌 믿음이 없느냐로 되어 있다. 제자들에게 믿음이 없었던 것은 아니다. 그들은 예수께서 그리스도시요 살아계신 하나님의 아들이심을 믿었다. 그러나 이 때에는 무서움이 그들을 사로잡았기 때문에, 그들에게 전혀 믿음이 없는 것처럼 보였다. 믿음을 나타내 보일 기회가 그들에게 주어졌지만, 그들은 믿음을 전혀 보여주지 못했고, 따라서 그들에게 믿음이 전혀 없는 것처럼 보인 것이다. "너희가 이런 문제에 믿음을 갖지 못한다면, 내가 적절한 때에 맞춰서 확실하게 구원하러 오리라는 것을 너희가 어떻게 믿을 수 있겠느냐?" 그리스도께서 그의 백성이 죽게 되었는 데도 돌아보지 않으시고 무관심하다는 생각을 품을 수 있는 자들은 그들이 지닌 믿음에 대해서도 의심을 품을 수 있다.

마지막으로, 이 이적이 제자들에게 준 인상이 여기에는 마태복음에서와는 다르게 표현되어 있다. 마태복음에서는 그 사람들이 놀랍게 여겼다고 말하고 있지만, 여기에서는 그들이 심히 두려워하였다고 말한다. 원문에는 그들이 큰 두려움으로 두려워하였다로 되어 있다. 이제 그들의 두려움은 그들의 믿음에 의해서 바로잡혀서 사라졌다. 그들이 바람과 바다를 두려워한 것은 그리스도께 마땅히 지니고 있어야 했던 경외심이 그들에게 결여되어 있었음을 보여주는 것이었다. 그러나 이제 바람과 바다를 다스리는 그리스도의 능력을 보고나서 그들은 바람과 바다보다 그리스도를 더 두려워하였다. 그들은 다시는 불신앙의 두려움으로 인해서 그리스도를 화나지 않게 하려고 두려워한 것이기 때문에, 이제 그리스도께 존귀를 돌리려고 애를 썼다. 그들은 폭풍 가운데 나타난 창조주의 능력과 진노를 두려워하였고, 그 두려움 속에는 고뇌와 놀라움이 내포되어 있었다. 그러나 이제 그들은 고요 가운데 계시된 구속주의 능력과 은혜를 두려워하게 되었다. 그들은 주님과 그 선하심을 두려워하였고, 그 두려움 속에는 즐거움과 만족이 내포되어 있었다. 요나가 탄 배의 선원들이 바다가 뛰노는 것이 그쳤을 때에 여호와를 크게 두려워하여 여호와께 제물을 드렸던 것과 같이(욘 1:16), 그들은 그리스도께 영광을 돌렸다. 그들은 그리스도의 존귀 앞에 영광을 돌리는 바로 그 제물을 드렸다. 그들은 이 분이 어떤 사람이냐?(개역에서는, 그가 누구이기에)라고 말하였다. 바람과 바다도 순종하는 그분은 분명히 사람 이상의 분이시다.

제
— 5 —
장

개요

이 장에는 다음과 같은 내용들이 나온다. I. 그리스도께서 귀신 들린 사람에게서 군대 귀신을 쫓아내시어 돼지떼에게로 들어가게 하심(1-20절). II. 그리스도께서 야이로의 딸을 살리러 가시는 도중에 혈루증 앓는 여자를 고치심(21-43절). 이 세 이적은 앞서 마태복음에도 나왔지만(마 8:28 이하와 9:18 이하), 여기에서는 더 자세하게 나와 있다.

[1]예수께서 바다 건너편 거라사인의 지방에 이르러 [2]배에서 나오시매 곧 더러운 귀신 들린 사람이 무덤 사이에서 나와 예수를 만나니라 [3]그 사람은 무덤 사이에 거처하는데 이제는 아무도 쇠사슬로도 맬 수 없게 되었으니 [4]이는 여러 번 고랑과 쇠사슬에 매였어도 쇠사슬을 끊고 고랑을 깨뜨렸음이러라 그리하여 아무도 그를 제어할 힘이 없는지라 [5]밤낮 무덤 사이에서나 산에서나 늘 소리 지르며 돌로 자기의 몸을 해치고 있었더라 [6]그가 멀리서 예수를 보고 달려와 절하며 [7]큰 소리로 부르짖어 이르되 지극히 높으신 하나님의 아들 예수여 나와 당신이 무슨 상관이 있나이까 원하건대 하나님 앞에 맹세하고 나를 괴롭히지 마옵소서 하니 [8]이는 예수께서 이미 그에게 이르시기를 더러운 귀신아 그 사람에게서 나오라 하셨음이라 [9]이에 물으시되 네 이름이 무엇이냐 이르되 내 이름은 군대니 우리가 많음이니이다 하고 [10]자기를 그 지방에서 내보내지 마시기를 간구하더니 [11]마침 거기 돼지의 큰 떼가 산 곁에서 먹고 있는지라 [12]이에 간구하여 이르되 우리를 돼지에게로 보내어 들어가게 하소서 하니 [13]허락하신대 더러운 귀신들이 나와서 돼지에게로 들어가매 거의 이천 마리 되는 떼가 바다를 향하여 비탈로 내리달아 바다에서 몰사하거늘 [14]치던 자들이 도망하여 읍내와 여러 마을에 말하니 사람들이 어떻게 되었는지를 보러 와서 [15]예수께 이르러 그 귀신 들렸던 자 곧 군대 귀신 지폈던 자가 옷을 입고 정신이 온전하여 앉은 것을 보고 두려워하더라 [16]이에 귀신 들렸던 자가 당한 것과 돼지의 일을 본 자들이 그들에게 알리매 [17]그들이 예수께 그 지방에서 떠나시기를 간구하더라 [18]예수께서 배에 오르실 때에 귀신 들렸던 사람이 함께 있기를 간구하였으나 [19]

허락하지 아니하시고 그에게 이르시되 집으로 돌아가 주께서 네게 어떻게 큰 일을 행하사 너를 불쌍히 여기신 것을 네 가족에게 알리라 하시니 ²⁰그가 가서 예수께서 자기에게 어떻게 큰 일 행하셨는지를 데가볼리에 전파하니 모든 사람이 놀랍게 여기더라.

여기에는 그리스도께서 강한 자를 무장해제시켜서 원하시는 대로 처분하심으로써 자기가 그보다 더 강한 자라는 것을 보여준 사건이 나온다. 이 일은 그리스도께서 폭풍을 뚫고 바다 건너편으로 건너오셔서 행하신 일이었다. 그리스도께서 여기 오셔서 하실 일은 바로 이 가엾은 사람을 사탄의 손아귀에서 건져주는 일이었고, 이 일을 마치신 후에 그리스도께서는 다시 되돌아가셨다. 마찬가지로, 그리스도께서는 인류 가운데서 남은 자 — 비록 적은 수의 남은 자이지만 — 를 마귀의 손아귀에서 구속하시고자 폭풍을 뚫고 하늘에서 이 땅으로 오셨다가 그 사역을 다 담당하시고 다시 하늘로 되돌아가셨고, 자신의 수고가 헛되었다고 생각하지 않았다. 마태복음에는 귀신 들린 자 둘이라고 되어 있지만, 여기에서는 더러운 귀신 들린 한 사람이라고 말한다. 거기에 귀신 들린 자가 둘이 있었다면, 분명히 한 사람이 있었을 것이고, 마가는 오직 한 사람만 있었다고 말하지 않는다. 따라서 마태복음과 마가복음의 이러한 차이는 우리에게 그 어떤 걸림돌도 되지 않는다. 둘 중 한 사람이 다른 사람보다 훨씬 더 심했던 것 같고, 여기에 나오는 것은 바로 그 사람이었을 것이다. 이제 좀 더 자세하게 살펴보자.

I. 이 가엾은 사람이 처해 있던 비참한 상태. 이 사람은 더러운 귀신의 세력 아래 있었고, 귀신은 그를 사로잡았는데, 그 결과는 많은 경우들에서처럼 말을 않고 침울해 있는 것이 아니라 무섭게 발작하는 것이었다. 그는 미쳐서 발광하였다. 그의 상태는 그리스도에게 나아왔던 그 어떤 귀신 들린 자들보다 더 나빴던 것으로 보인다.

1. 이 사람은 죽은 자들의 무덤 사이에 거처하고 있었다. 무덤은 도시에서 떨어진 황량한 곳(욥 3:14)에 있었는데, 이것은 귀신에게 큰 이점이었다; 홀로 있는 자에게는 화가 있을 것이기 때문이다. 아마도 이 귀신은 사람들로 하여금 죽은 자의 영혼들이 귀신이 되어서 사람들에게 해악을 끼친다고 생각하게 만들어서 자기는 그 비난으로부터 빠져나가기 위해서 이 사람을 무덤들 사이로 몰

아갔을 것이다. 무덤을 만진 사람은 부정하게 된다(민 19:16). 더러운 귀신은 사람들을 부정하게 하는 무리들 속으로 몰아넣어서, 계속해서 그 사람들을 장악한다. 그리스도께서는 영혼들을 사탄의 세력에서 건져냄으로써 산 자를 죽은 자 가운데서 구원하신다.

2. 이 사람은 힘이 매우 세서 아무도 그를 제어할 수 없었다. 미친 사람들을 붙들어 매어놓는 일은 그들 자신을 위해서나 다른 사람들의 안전을 위해서나 꼭 필요한 일이었지만, 이 사람을 아무도 쇠사슬로 맬 수 없었다. 밧줄로 그를 매어놓을 수 없었을 뿐만 아니라 고랑이나 쇠사슬로도 매어놓을 수 없었다(3-4절). 이렇게 매어놓을 필요가 있었다는 것 자체가 대단히 통탄스러운 일이고, 이 세상에서 모든 비참한 사람들 중에서 이런 사람들이 가장 동정을 받아야 마땅하다. 그러나 귀신의 세력이 너무 강해서 매어놓을 수 없었던 이 사람은 최악의 경우였다. 이것은 귀신이 지배하고 있는 영혼들, 즉 더러운 귀신이 역사하는 불순종의 아들들의 서글픈 상태를 잘 보여준다. 몇몇 악명 높은 죄인들은 이 광인과 같다. 이 모든 자들은 재갈과 고삐로 묶어놓을 필요가 있는 말이나 노새와 같다. 그러나 일부는 그렇게 해서도 제어되지 않는 들나귀와 같다. 율법의 명령들과 저주들은 죄인들이 악한 길을 가지 않도록 제어해 주는 고랑과 쇠사슬 역할을 한다. 그러나 그들은 그 맨 것을 끊어 버리는데, 이것은 그들 안에 귀신의 세력이 있음을 보여주는 증거이다.

3. 이 사람은 자기 자신에게와 자기 주변의 모든 사람들에게 공포와 괴로움의 대상이었다(5절). 귀신은 자기에게 사로잡힌 자들에게 잔혹한 주인이자 완전한 폭군이다. 이 비참한 사람은 자신의 신세를 한탄하며 울부짖거나 하늘을 향하여 분노하며, 밤낮 무덤 사이에서나 산에서나 늘 소리 지르며 돌로 자기의 몸을 해치고 있었다. 격분한 사람들은 흔히 자기 자신을 상하게 하고 파괴한다. 이성이 폐위되고 사탄이 즉위하면, 그 사람은 어떻게 되는가? 바알 숭배자들은 광분하여 이 광인과 마찬가지로 그 몸을 상하게 하였다. 하나님의 음성은 네 몸을 상하게 하지 말라이고, 사탄의 소리는 네 몸을 될 수 있는 대로 많이 상하게 하라이다. 그렇지만 하나님의 말씀은 무시되고, 사탄의 소리는 존중된다. 아마도 이 광인이 돌로 자기의 몸을 해친 것은 그가 맨발로 달리다가 발을 상한 것을 가리킬 것이다.

Ⅱ. 광인이 그리스도께 한 호소(6절).　이 사람은 그리스도께서 배에서 뭍

으로 내려오시는 것을 멀리서 보고 달려와 절하였다. 그는 통상적으로 광분해서 사람들에게 달려가곤 했지만, 이번에는 그리스도께 경외심을 가지고 달려갔다. 이제까지 고랑과 쇠사슬로 할 수 없었던 일을 그리스도의 보이지 않는 손이 하셨던 것이다. 그 사람의 광분은 순식간에 제어되었다. 이 가엾은 사람 안에 있던 귀신조차도 그리스도 앞에서 떨며 그리스도께 절하지 않을 수 없었다. 아니 오히려, 이 순간에 사탄의 세력이 수그러들자, 이 가엾은 사람은 자기에게 도움이 필요하다는 것을 느끼고 달려와서 그리스도를 경배하였던 것일지도 모른다.

III. 그리스도께서 더러운 귀신을 쫓아내기 위해서 하신 명령의 말씀(8절). 더러운 귀신아 그 사람에게서 나오라. 그리스도께서는 이 사람에게 구원을 받고자 하는 마음을 주셔서, 그로 하여금 달려와 절할 수 있게 하였고, 그런 후에 능력을 나타내셔서 그를 구원하셨다. 그리스도께서는 우리 안에 역사하셔서 사탄으로부터 구원받기를 진심으로 기도하게 하시고, 우리를 위하여 그 구원을 이루신다. 여기에 나오는 사건은 그리스도께서 능력과 권세로써 더러운 귀신들에게 명하여 순종케 한(막 1:27) 한 예이다. 그리스도께서는 그 사람에게서 나오라고 말씀하셨다. 그리스도의 복음의 목적은 사람들의 영혼으로부터 더러운 귀신들을 쫓아내는 것이다. "성령이 들어가서 그 마음을 사로잡아 다스릴 수 있도록 더러운 귀신아 그 사람에게서 나오라."

IV. 귀신이 그리스도에 대하여 가진 두려움. 그 사람은 달려와 그리스도께 경배하였다. 그러나 그 사람 안에 있는 귀신은 나와 당신이 무슨 상관이 있나이까?(7절)라고 큰 소리로 부르짖었다(이 가엾은 사람의 혀를 사용해서). 1:24에서 다른 더러운 귀신의 경우에서와 마찬가지로,

1. 이 귀신은 하나님을 지극히 높으신 하나님, 즉 다른 모든 신들 위에 뛰어나신 하나님이라고 부른다. 하나님은 페니키아인들 및 이스라엘과 인접하였던 다른 나라들 사이에서 지극히 높으신 하나님(엘리온)으로 알려져 있었다. 귀신은 바로 그 이름으로 하나님을 부르고 있는 것이다.

2. 귀신은 예수께서 하나님의 아들이심을 고백한다. 가장 악한 입에서 가장 선한 말이 튀어나오는 것을 듣는 것은 이상한 일이 아니다. 성령으로가 아니면 이런 말을 할 수 없다는 것은 사실이다(고전 12:3). 그렇지만 말의 빛깔은 다르지만, 더러운 귀신도 이런 말을 할 수 있다. 쉽게 내뱉을 수 있는 말이 아니

라 열매로 사람을 판단하여야 한다. 입에서 나오는 경건은 쉬운 일이다. 가장 말을 잘하는 외식하는 자들은 예수를 하나님의 아들이라고밖에는 말할 수 없고, 귀신은 바로 그렇게 말하였다.

3. 귀신은 그리스도에 대항하고자 하는 그 어떤 의도도 자기에게 없다고 말한다. "나와 당신이 무슨 상관이 있나이까? 내게는 당신이 필요없고, 나는 아무에게도 무엇을 요구하지 않습니다. 나는 당신과 아무런 관계도 갖고 싶지 않습니다. 나는 당신 앞에 설 수 없기 때문에, 멸망당하고 싶지 않습니다."

4. 귀신은 그리스도의 진노를 면제받기를 바란다. 원하건대가 뜻하는 것은 "내가 모든 경의를 표하여 당신에게 간청하고 하나님께 맹세코 비오니, 내가 이 사람의 허락을 얻어서 사로잡고 있는데도, 당신이 나를 여기서 쫓아내려 한다면, 나를 괴롭히지 마시고, 내가 다른 곳에서 해악을 행하는 것을 막지 말아 주시며, 내가 선고를 받은 줄을 알지만, 나를 어두운 감옥으로 보내거나 내가 여기저기 다니면서 사람들을 삼키는 것을 막지 말아달라"는 것이다.

V. 그리스도께서 이 더러운 귀신에게서 그의 이름을 알아내신 것에 관한 기사. 이 기사는 마태복음에는 나오지 않았다. 그리스도께서는 귀신에게 네 이름이 무엇이냐?고 물으셨다. 그리스도께서 귀신에게 이름을 밝히기를 요구하신 것은 계명성과 모든 타락한 별들의 이름을 알아내어서 그들을 그 이름으로 부르기 위한 것이 아니라, 거기에 있는 사람들이 내 이름은 군대니 우리가 많음이니이다라는 귀신의 대답을 듣고, 이 흉악한 귀신의 엄청난 수와 세력에 경각심을 갖도록 하기 위한 것이었다. 로마의 한 군단(개역에서는 군대)을 구성하고 있던 병력수는 6,000명 또는 12,500명이라는 두 가지 설이 있다. 그러나 당시 로마의 한 군단의 병력수는 오늘날 연대의 병력수와 마찬가지로 항상 일정하지는 않았다. 이것은 이 흉악한 귀신 세력에 관하여 다음과 같은 것들을 말해준다:

1. 귀신들은 군병력이었다. 군단은 무장을 갖춘 한 무리의 군사들이다. 귀신들은 하나님과 그의 영광, 그리스도와 그의 복음, 사람들과 그들의 거룩 및 행복에 맞서 싸움을 벌이고 있는 것이다. 그러므로 우리가 대항하여 싸우고 씨름하는 대상은 바로 그들이다(엡 6:12).

2. 귀신들의 수는 많았다. 귀신은 우리가 많음이니이다라고 고백하면서 은근히 자신의 세력을 과시한다. 마치 귀신은 수가 너무 많아서 그리스도께서 처리

하는 것을 포기하게 되기를 바란 것 같다. 얼마나 많은 타락한 귀신들의 무리가 여기에 있는가! 그들은 모두 하나님과 사람의 원수들이다. 그리스도에 맞서서 한 불쌍하고 비참한 사람을 붙잡아두기 위하여 한 군단이나 되는 귀신 병력이 배치되었다! 우리를 대적하기 위하여 일어선 원수들이 많다.

3. 귀신들은 일사불란하였다. 귀신들의 수는 많았지만, 한 군단이나 되는 귀신들은 하나의 동일한 악한 일에 참여하였다. 그러므로 사탄이 사탄을 쫓아내어서 스스로 분쟁한다고 말하였던 바리새인들의 트집은 전혀 근거가 없는 것이었다. 이 군단에 속한 귀신들은 모두 마치 일심동체인 것처럼 내가 당신과 무슨 상관이 있나이까?라고 말한 것으로 보아서, 단 한 귀신도 나머지 귀신들을 배반하지 않았다.

4. 귀신들은 대단히 강하였다. 군단 병력과 맞설 수 있는 사람이 어디 있겠는가? 우리 자신의 힘만으로는 우리는 우리의 영적인 원수들의 상대가 되지 못한다. 그러나 주 안에서와 그 힘의 능력으로 강건하여진다면, 우리는 여러 군단의 귀신들과 맞서더라도 넉넉히 이길 수 있다.

5. 군단 안에 질서가 있는 것처럼, 귀신들 가운데도 질서가 있다. 통치자들과 권세들과 이 어둠의 세상 주관자들이 있다는 것은 더 낮은 계급의 귀신들도 존재한다는 것을 말해준다. 마귀와 그 부하들, 용과 그 부하들, 귀신들의 왕과 그 신하들: 이렇게 이 원수들의 세력은 어마어마하다.

VI. 군대 귀신은 이 광인이 헤매고 다니던(5절) 바로 그 산 곁에서 먹고 있는 돼지떼에게로 보내달라고 그리스도께 간청하였다(11절). 귀신들의 요구는 이런 것이었다.

1. 그들은 그리스도께서 자기를 그 지방에서 내보내지 마시기를 간청하였다(10절). 즉, 그리스도께서 그들을 끔찍한 감옥에 넘기거나 가두어서 때가 이르기 전에 그들을 괴롭게 하지 말아주실 뿐만 아니라, 이 가엾은 사람을 통해서 이 지방을 공포에 떨게 만들고 수많은 해악을 저질러 왔다는 이유로 그들을 그 지방에서 내보내지 마시기를 간청한 것이다. 군대 귀신은 그 지방에 특별한 애착이나 앙심을 품고 있었던 것으로 보인다. 그리고 초장 언덕이 그들의 본거지로 허락되지 않는다면(욥 39:8), 땅을 두루 돌아 여기저기 다닐 자유를 그들이 갖고 있는 것은 아무 도움이 되지 않는다(욥 1:7). 그러나 왜 그들은 그 지방에 머물고자 했던 것일까? 그로티우스(Grotius)는 그 지방에는 하나님의 계약을 저버린 배

교한 유대인들이 많이 살고 있어서, 사탄이 쉽게 그들을 사로잡을 수 있었기 때문이라고 말한다. 그리고 어떤 이들은 군대 귀신은 그 지방 사람들의 성향과 풍습을 경험을 통해서 잘 알고 있어서 지방 사람들을 유혹해서 좀 더 효과적으로 해악을 끼칠 수 있었기 때문이라고 주장한다.

2. 그들은 그리스도께서 그들이 다른 사람에게 들어가는 것을 허락하지 않을 것을 알고 있었기 때문에 그 지방 사람들에게 더 많은 해악을 끼쳐야 하겠다고 생각하고는 돼지떼에게로 들어가게 해줄 것을 간청하였다.

VII. 그리스도께서 귀신들에게 돼지떼 속으로 들어가는 것을 허락하셨고, 결국 돼지떼는 몰사하게 되었다. 허락하신대(13절). 그리스도께서는 귀신들을 금하시거나 제지하지 않으시고, 그들이 마음먹은 대로 하도록 허락하셨다. 이렇게 함으로써, 그리스도께서는 거라사 사람들로 하여금 귀신들이 얼마나 강하고 흉악한 원수들인지를 알게 하여, 귀신들을 유일하게 제어하고 정복할 수 있는 그를 그들의 친구로 삼아주기를 원하셨다. 더러운 귀신들은 율법에 부정한 짐승으로 되어 있던 돼지떼에게로 들어갔는데, 그들은 그들에게 가장 적합한 곳인 더러운 구덩이에서 뒹구는 것을 당연히 좋아한다. 순결한 심령들이 성령의 처소가 되는 것과 마찬가지로, 돼지처럼 정욕의 더러운 구덩이를 좋아하는 자들은 사탄에게 적합한 처소들이고, 바벨론처럼 귀신의 처소와 각종 더러운 영이 모이는 곳과 각종 더럽고 가증한 새들이 모이는 곳(계 18:2)이 된다. 귀신들이 돼지떼에게로 들어가자, 그 결과는 이천 마리의 돼지떼가 즉시 미친 듯이 바다를 향하여 비탈로 내리달아 바다에서 몰사한 것이었다. 귀신들이 사로잡았던 그 사람은 단지 자기의 몸을 해치고 있었을 뿐이었다. 왜냐하면, 하나님께서 그를 네 손에 맡기노라 다만 그의 생명은 해하지 말지니라고 말씀하셨기 때문이다. 그러므로 만약 귀신이 이러한 제약을 받지 않았다면, 이 가엾은 사람은 스스로 익사하고 말았을 것으로 보인다. 악한 영들로부터 우리를 보호하기 위한 하나님의 섭리와 천사들의 사역에 우리가 얼마나 많이 빚지고 있는지를 보라.

VIII. 이 모든 소식이 그 지방에 즉시 퍼져나갔다. 돼지를 치던 자들이 서둘러서 주인들에게로 가서 그들이 본 것을 설명하였다(14절). 이렇게 해서 사람들은 무슨 일이 일어났는지를 보러 함께 나왔다.

1. 그들은 그 가엾은 사람이 얼마나 놀랍게 치유되었는지를 보고는 그리스도에 대하여 경외심을 품게 되었다(15절). 그들은 귀신 들린 사람을 보았고, 이

전에 그를 보고 여러 번 기겁을 한 적이 있었기 때문에 그를 금세 알아 보았는데, 이제는 그가 옷을 입고 정신이 온전하여 앉은 것을 보고 깜짝 놀랐다. 사탄이 쫓겨나가자, 그는 제정신이 들어서 금방 본래의 자기 모습을 되찾았다. 위엄 있고 건전하며 법도를 따라 사려 깊게 살아가는 자들은 그러한 삶을 통해서 그리스도의 능력으로 말미암아 그들의 영혼 속에서 귀신의 세력이 무너졌음을 나타내 보이고 있다는 것을 명심하라. 광인이 온전케 된 모습을 보고 사람들은 두려워하였다. 그 모습은 그들을 소스라치게 놀라게 하였고, 그들로 하여금 그리스도의 능력과 그리스도께서 경외하심을 받기에 합당하시다는 것을 고백하지 않을 수 없게 하였다.

2. 그러나 그들은 그들의 돼지떼가 몰사당한 것을 알고서는 그리스도를 싫어하는 마음을 품게 되었고, 그리스도의 친구가 되는 것이 아니라 그리스도께서 그들을 떠나주시기를 바랐다. 그들은 그리스도께 그 지방에서 떠나시기를 간구하였는데, 이것은 그들이 수많은 살찐 돼지떼를 잃은 것에 대하여 그리스도께서 충분한 보상을 해줄 수 없을 것이라고 생각하였기 때문이다. 귀신들은 그들이 원했던 것을 이룬 셈이다. 왜냐하면, 이 악한 영들이 죄악된 영혼들을 다룰 수 있는 지렛대 중에서 세상을 사랑하는 마음보다 더 효과적인 것은 없기 때문이다. 사람들이 죄에서 떠나면 생명과 행복이 그들에게 보장됨에도 불구하고, 사람들은 그리스도께서 그들 가운데 머무르게 되면 귀신들로부터 추가적인 징벌을 당하게 될 것을 염려하였다. 그들은 그들의 죄나 그들의 돼지떼를 포기하기가 싫어서, 구주를 버리는 쪽을 선택하였다. 이렇게 그들은 비천한 정욕을 버리는 쪽을 택하지 않고, 그리스도 안에서 그들이 받을 유익과 그리스도에게서 기대할 수 있는 것들을 버리는 쪽을 택하였다. 하지만 그들은 이렇게 생각했어야 했다: "그리스도께 이처럼 귀신들과 모든 피조물을 다스리는 권능이 있다면, 그를 우리의 친구로 삼는 것이 좋겠다. 귀신들이 우리 지방에 머물게 된다면(10절), 유일하게 귀신들을 제어할 수 있는 그리스도께 이 지방에 머무시도록 간구하자." 그러나 그들은 그렇게 하지 않았고, 그리스도께서 멀리 떠나시기를 바랐다. 육적인 심령들의 이러한 이상한 판단들이 하나님의 의로운 심판을 불러온다. 그들은 마땅히 그리스도께 더 가까이 나아와야 했음에도 불구하고, 오히려 그리스도를 더 멀리하고자 하였다 — 나의 노여움을 일으키지 말라 그리하면 내가 너희를 해하지 아니하리라(렘 25:6)고 그리스도께

서 말씀하셨는데도 말이다.

IX. 이 가엾은 사람이 구원받은 후에 행한 일에 관한 기사.

1. 그는 그리스도와 함께 가고자 하였다(18절). 아마도 이것은 그가 다시 악령에게 사로잡힐까봐 두려워서 그런 것은 아닌 것 같다. 오히려, 그는 그리스도께서 떠나주시기를 바랐던 이방인 같은 사람들 가운데서 더 이상 살고 싶지 않았고, 또한 그리스도에게서 가르침을 받고자 해서 그런 것 같다. 악령에게서 놓임을 받은 자들은 그리스도를 알고 교제하고자 하는 마음을 가지지 않을 수 없다.

2. 그리스도께서는 그가 자기와 함께 가는 것을 허락하지 않으셨는데, 이것은 과시를 위한 것이 아니라, 그로 하여금 그리스도께서는 멀리서도 그를 보호하시고 가르치실 수 있다는 것을 알게 하기 위한 것이었다. 게다가 그 사람은 다른 할 일이 있었다. 그는 마땅히 집으로 돌아가서 친구들에게 주께서 그에게 어떻게 큰 일을 행하셨는지를 말함으로써, 그리스도께서 영광을 받으시고, 그의 이웃들과 친구들이 깨우침을 받아서 그리스도를 믿도록 하여야 했다. 또한 그 사람은 그리스도의 능력보다는 그리스도께서 불쌍히 여기신 것을 증거하여야 했는데, 이것은 바로 그러한 증거를 통해서 그리스도께서 특히 영광을 받으시기 때문이다. 그 사람은 주님께서 비참한 상태에 있는 그를 어떻게 불쌍히 여기셨는지를 사람들에게 증거하여야 했다.

3. 그 사람은 예수께서 자기에게 어떻게 큰 일 행하셨는지를 기뻐서 어쩔 줄 모르며 온 지역에 전하였다(20절). 그리스도께 영광을 돌리고 형제들의 덕을 세우는 일은 우리가 그리스도와 우리의 형제들에게 빚지고 있는 일이다. 이제 그 결과가 무엇이었는지를 보라. 모든 사람이 놀랍게 여기더라. 그러나 그 이상으로 더 나아간 사람은 별로 없었다. 많은 사람들이 그리스도의 사역들을 보고 놀라지만, 그리스도를 더 알고 싶어하지는 않는다.

[21]예수께서 배를 타시고 다시 맞은편으로 건너가시니 큰 무리가 그에게로 모이거늘 이에 바닷가에 계시더니 [22]회당장 중의 하나인 야이로라 하는 이가 와서 예수를 보고 발 아래 엎드리어 [23]간곡히 구하여 이르되 내 어린 딸이 죽게 되었사오니 오셔서 그 위에 손을 얹으사 그로 구원을 받아 살게 하소서 하거늘 [24]이에 그와 함께 가실새 큰 무리가 따라가며 에워싸 밀더라 [25]열두 해를 혈루증으로 앓아 온 한 여자가

있어 [26]많은 의사에게 많은 괴로움을 받았고 가진 것도 다 허비하였으되 아무 효험이 없고 도리어 더 중하여졌던 차에 [27]예수의 소문을 듣고 무리 가운데 끼어 뒤로 와서 그의 옷에 손을 대니 [28]이는 내가 그의 옷에만 손을 대어도 구원을 받으리라 생각함일러라 [29]이에 그의 혈루 근원이 곧 마르매 병이 나은 줄을 몸에 깨달으니라 [30]예수께서 그 능력이 자기에게서 나간 줄을 곧 스스로 아시고 무리 가운데서 돌이켜 말씀하시되 누가 내 옷에 손을 대었느냐 하시니 [31]제자들이 여짜오되 무리가 에워싸 미는 것을 보시며 누가 내게 손을 대었느냐 물으시나이까 하되 [32]예수께서 이 일 행한 여자를 보려고 둘러 보시니 [33]여자가 자기에게 이루어진 일을 알고 두려워하여 떨며 와서 그 앞에 엎드려 모든 사실을 여쭈니 [34]예수께서 이르시되 딸아 네 믿음이 너를 구원하였으니 평안히 가라 네 병에서 놓여 건강할지어다.

거라사 지방 사람들이 그리스도께서 그 지방을 떠나시기를 원하였기 때문에, 그리스도께서는 거기에 오래 머물러서 그들에게 폐를 끼치지 않기 위하여, 곧 배를 타시고 다시 맞은편으로 가셨는데(21절), 거기에서 큰 무리가 그에게로 모여들었다. 그리스도를 거부하는 사람들이 있다면, 그리스도를 영접해서 환영하는 사람들도 있다는 것을 명심하라. 멸시를 받은 복음은 물을 건너서 더 잘 받아들이는 곳으로 간다. 이제 그리스도를 받아들인 많은 사람들 중에는 다음과 같은 사람들이 있었다.

I. 그리스도께 공개적으로 나아와서 병든 딸을 고쳐주시기를 간곡히 구한 사람이 있었다. 그 사람은 다름 아닌 회당장들 중의 한 사람이었다. 이 회당장은 회당 예배를 주재하는 사람이었거나 각 성읍마다 이십삼인으로 구성된 장로 법원의 재판관들 중의 한 사람이었다. 이 사람의 이름은 마태복음에는 나오지 않았지만, 여기에는 야이로 또는 야일(삿 10:3)로 나온다. 그는 회당장이었지만 아주 겸손하고 공손한 태도로 그리스도께 아뢰었다. 예수를 보고 발 아래 엎드리어라는 표현은 이 회당장이 그리스도를 겉보기와는 다르게 훨씬 더 큰 자로서 대우하여 그에게 예를 올린 것을 가리킨다. 그리고 회당장은 자기가 구하는 긍휼하심을 다른 곳에서는 얻을 수 없다는 것을 아는 자처럼 대단히 끈기있고 진실하게 간곡히 구하였다. 회당장의 얘기는 자기에게 집안의 귀염둥이인 열두 살쯤 된 어린 딸이 있는데, 그 딸이 지금 죽게 되었다는 것이었다. 그러나 회당장은 그리스도께서 오셔서 딸에게 손을 얹어 주기만 한다면

딸이 무덤 문 앞에까지 갔다고 하더라도 다시 살아 돌아올 것이라고 믿었다. 회당장은 와서 처음에는 내 딸이 죽게 되었다고 말하였다가(마가복음), 나중에 사람들로부터 다시 기별을 받고나서는 내 딸이 지금 죽었다고 말한다(마태복음). 그러나 회당장은 여전히 계속해서 그리스도께 간청하기를 멈추지 않았다. 누가복음 8:42-49을 보라. 그리스도께서는 흔쾌히 회당장의 간청을 받아들여서 그와 함께 가셨다(24절).

Ⅱ. 병 고침을 은밀하게 훔치려고(나는 이렇게 표현하고 싶다) 온 여자가 있었다. 그리고 이 여자는 자신의 의도대로 병 고침을 얻었다. 이 치유는 그리스도께서 회당장의 딸을 살리기 위하여 무리들과 함께 그의 집으로 가는 도중에 일어났다. 그리스도께서 얼마나 시간을 잘 활용하셨고 그 귀중한 한순간도 놓치지 않으셨는지를 보라. 그리스도의 많은 말씀들과 몇몇 이적들은 길가에서 이루어진 것들이다. 우리는 집에 앉았을 때에든지 길을 갈 때에든지 선을 행하여야 한다(신 6:7). 좀 더 살펴보기로 하자.

1. 이 가엾은 여자의 불쌍한 처지. 이 여자는 열두 해 동안이나 끊임없이 피가 나오는 혈루증을 앓고 있었다. 이로 인해, 그녀는 틀림없이 대단히 허약해졌을 것이고, 삶의 위로를 빼앗겼을 것이며, 끊임없이 일찍 죽게 될 위협을 받고 있었을 것이다. 그녀는 의원들로부터 병을 나을 수 있다는 최고의 위로를 받았을 것이고, 그들이 처방해준 수많은 약들과 비방(秘方)들을 사용해 보았을 것이다. 그녀가 치료비를 감당할 수 있는 동안에는 그들은 그들이 그녀를 낫게 할 수 있다는 소망을 그녀에게 계속해서 불어넣었을 것이다. 그러나 이제 그녀가 모든 소유를 탕진해버리자, 그들은 불치병이라고 말하며 그녀를 버렸을 것이다. (1) 가죽으로 가죽을 바꾸오니 사람이 그의 모든 소유물로 자기의 생명을 바꾸올지라. 이 여자는 자신의 모든 소유를 의원들에게 허비하였다. (2) 그들을 맡은 의원들이 그들에게 가장 나쁜 병이 되는 그러한 환자들은 불행하다. 이러한 환자들은 의원들로 말미암아 병 고침을 받기는커녕 괴로움을 받는다. (3) 약으로 효험이 없는 사람들은 보통 도리어 더 중하여진 것이고, 병은 더 뿌리 깊게 자리를 잡게 된다. (4) 일반적으로 사람들은 다른 모든 도움들을 받아보려고 헛되이 애쓰고나서 결국 그것들이 아무런 효험도 없는 의원들임을 깨닫고나서야 자신을 그리스도께 의탁한다. 그리스도를 자신의 최후의 피난처로 삼는 자들에게도 그리스도는 확실한 피난처가 되신다.

2. 그리스도의 능력이 자기를 고칠 수 있다는 이 여자의 강한 믿음. 그녀는 앞서 그 어떤 전례가 없음에도 불구하고 내가 그의 옷에만 손을 대어도 구원을 받으리라(28절)고 속으로 생각하였다. 그녀는 그리스도께서 선지자와 같이 하나님으로부터 나오는 능력을 의지해서 병을 고치는 것이 아니라 하나님의 아들로서 자기 자신 안에 내재된 능력을 통해서 병을 고친다고 믿었다. 다른 사람들이 자신의 고충을 그리스도께 말한 경우와는 달리, 그녀의 처지는 공개적으로 드러내놓고 그리스도께 말씀드릴 수 없는 그런 것이었기 때문에, 그녀는 은밀하게 치유받고자 하였고, 그녀의 믿음은 그녀의 처지에 적절한 것이었다.

3. 그러한 믿음이 낳은 놀라운 효력. 이 여자는 무리 가운데 끼어 뒤로 와서 안간힘을 쓴 끝에 겨우 그의 옷에 손을 대었고 병이 나은 줄을 즉시 깨달았다(29절). 혈루 근원이 마르매, 이 여자는 이전의 건강하던 때와 마찬가지로 즉시 전신(全身)이 완전히 나은 것을 깨달았다. 이것은 이 여자가 병 고침 받은 것이 전적으로 이적에 의한 것임을 보여준다. 자연적인 수단에 의해서 치유를 받은 경우에는 기력이 점차적으로 서서히 회복되고, 결코 즉각적으로(per saltum) 이루어지지 않기 때문이다. 그러나 하나님의 역사(役事)는 완전하다. 그리스도로부터 죄의 질병, 혈루증을 치유받은 자들은 자기 자신 안에 전반적인 변화가 일어나 모든 것이 더 좋아진 경험을 하지 않을 수 없게 된다는 것을 명심하라.

4. 그리스도께서 은밀하게 고침받은 병자를 찾으신 것과 그 여자를 찾은 후에 그녀에게 주신 격려. 그리스도께서는 그 능력이 자기에게서 나간 줄을 곧 스스로 아셨다(30절). 그리스도께서 이것을 아신 것은 능력이 소모됨으로써 기력의 결핍을 느끼셨기 때문이 아니라, 능력이 나간 것을 알아차리시는 민감한 심령과 선을 행하실 때에 필연적으로 수반되는 타고난 기쁨 때문이었다. 그리고 그 병자를 보고자 하는 마음에서 그리스도께서는 모욕을 당한 불쾌함이 아니라 그 병자에게 관심을 가지시는 온유함으로 누가 내게 손을 대었느냐?고 물으셨다. 제자들은 건방지고 무례한 태도를 보이지는 않았다고 하더라도 그리스도의 질문에 대하여 거의 비웃는 태도를 보였다(31절). 무리가 에워싸 미는 것을 보시며 누가 내게 손을 대었느냐 물으시나이까? 제자들은 그리스도께서 하신 질문이 부적절한 것으로 보았던 것이다. 그리스도께서는 제자들의 비웃는 듯한 반문을 아랑곳하지 않으시고, 이 일 행한 여자를 보려고 둘러 보셨는데, 이

것은 그 여자의 무례한 행동을 책망하시기 위해서가 아니라, 그녀의 믿음을 칭찬하고 격려하며, 그리스도께서 직접 그 병 고침을 보증하고 확증하며 그녀가 몰래 얻은 병 고침을 재가하기 위한 것이었다. 그리스도께서는 누가 자기에게 손을 대었는지를 사람들에게 알아내실 필요가 없었다. 이미 그리스도의 눈길은 그 여자에게 가 있었다. 은밀한 죄의 행위들과 마찬가지로 은밀한 믿음의 행위들도 주 예수께 다 알려져 있고 그분의 눈길 아래에 있다는 점을 명심하라. 신자들이 아무리 바짝 다가가서 그리스도에게서 능력을 취해 온다고 해도, 그리스도께서는 그것을 아시고 그것을 기뻐하신다. 그러자 이 가엾은 여자는 어쩔 줄을 몰라 하는 가운데 두려워하여 떨며 주 예수께 나아왔다(33절). 그리스도께 나아온 병자들은 승리하여 기뻐해야 할 때에 두려워하여 떠는 경우가 자주 있다는 것을 주의하라. 이 여자는 자기에게 이루어진 일을 알고 담대하게 나아올 만도 한데, 오히려 두려워하여 떨었다. 이 일은 졸지에 벌어진 놀라운 일이었지만, 마땅히 기뻐해야 할 놀라운 일이었다. 그러나 이 여자에게는 그렇지 못했다. 하지만 그녀는 그 앞에 엎드렸다. 두려워하여 떠는 자들에게 주 예수의 발 앞에 엎드리는 것, 주님 앞에 스스로를 낮추고 자기 자신을 주님께 의탁하는 것보다 더 좋은 것은 없다는 것을 명심하라. 그리고 그녀는 모든 사실을 여쭈었다. 우리는 그리스도와 우리 영혼의 은밀한 교통(交通)을 고백하는 것을 부끄러워해서는 안 되고, 오히려 그리스도께 영광을 돌리고 다른 사람들에게 위로를 주기 위하여 그리스도께서 우리 영혼을 위하여 행하신 일과 우리가 그리스도에게서 나온 병 고치는 능력을 체험한 일을 고백하여야 한다. 아무것도 그리스도께는 숨겨질 수 없다는 이 사실을 고려할 때, 우리는 그리스도께 모든 것을 고백하여야 한다. 그리스도께서 이 여자에게 얼마나 위로가 되는 말씀을 해주셨는지를 보라(34절). 딸아 네 믿음이 너를 구원하였도다. 믿음은 그리스도께 영광이 되기 때문에, 그리스도께서도 믿음을 존귀히 여기신다는 것을 명심하라. 땅에서 믿음으로 행해진 일은 하늘에서 재가를 받는다. 그리스도께서는 네 병에서 놓여 건강할지어다라고 말씀하신다. 우리의 믿음이 "그렇게 되어지이다 내게 그렇게 되어지기를 바라나이다"라고 말하며 하나님의 능력과 약속에 대하여 아멘으로 인을 친다면, 하나님의 은혜는 "네게 그렇게 되어지고 되어지리라"고 말씀하시며, 믿음의 기도들과 소망들에 대하여 아멘으로 인을 치신다. "평안히 가라. 너의 병 고침이 정직하게 얻어졌고 효과적으로 이루어진 것을 확신하고 안심하라." 믿음으로 영적인 병을 고침받은 자들에게도 주님께서는 평안히 가라고 말씀하신다.

³⁵아직 예수께서 말씀하실 때에 회당장의 집에서 사람들이 와서 회당장에게 이르되 당신의 딸이 죽었나이다 어찌하여 선생을 더 괴롭게 하나이까 ³⁶예수께서 그 하는 말을 곁에서 들으시고 회당장에게 이르시되 두려워하지 말고 믿기만 하라 하시고 ³⁷베드로와 야고보와 야고보의 형제 요한 외에 아무도 따라옴을 허락하지 아니하시고 ³⁸회당장의 집에 함께 가사 떠드는 것과 사람들이 울며 심히 통곡함을 보시고 ³⁹들어가서 그들에게 이르시되 너희가 어찌하여 떠들며 우느냐 이 아이가 죽은 것이 아니라 잔다 하시니 ⁴⁰그들이 비웃더라 예수께서 그들을 다 내보내신 후에 아이의 부모와 또 자기와 함께 한 자들을 데리시고 아이 있는 곳에 들어가사 ⁴¹그 아이의 손을 잡고 이르시되 달리다굼 하시니 번역하면 곧 내가 네게 말하노니 소녀야 일어나라 하심이라 ⁴²소녀가 곧 일어나서 걸으니 나이가 열두 살이라 사람들이 곧 크게 놀라고 놀라거늘 ⁴³예수께서 이 일을 아무도 알지 못하게 하라고 그들을 많이 경계하시고 이에 소녀에게 먹을 것을 주라 하시니라.

질병과 죽음은 첫째 아담의 죄와 불순종에 의해서 세상에 들어왔다. 그러나 둘째 아담 되시는 그리스도로 말미암아 이 두 가지는 모두 정복된다. 이 장의 처음에서 그리스도께서 포악한 귀신을 물리치고 정복하신 것처럼, 그리스도께서는 이제 불치의 병을 고치신 후에 죽음을 정복하기 위하여 계속해서 나아가신다.

I. 딸이 죽었으니 다른 의원들과 마찬가지로 그리스도라 할지라도 너무 늦었으니 소용없을 것이라는 슬픈 소식이 야이로에게 전해진다. 생명이 붙어 있는 동안에는 소망도 있고 조치를 취해볼 여지도 있다. 그러나 생명이 끊어지면, 돌이킬 수 없다. 어찌하여 선생을 더 괴롭게 하나이까?(35절). 통상적으로 이런 경우에는 이렇게 생각하는 것이 합당하다: "이 문제는 끝이 났다. 하나님의 뜻은 행해졌고, 나는 묵묵히 그 뜻을 따라야 한다. 주신 이도 여호와시요 거두신 이도 여호와시다. 아이가 살았을 때에 내가 금식하고 운 것은 혹시 여호와께서 나를 불쌍히 여기사 아이를 살려 주실는지 누가 알까 생각함이거니와 지금은 죽었으니 내가 어찌 금식하랴 내가 다시 돌아오게 할 수 있느냐 나는 그에게로 가려니와 그

는 내게로 돌아오지 아니하리라." 우리는 그러한 때에 이러한 말을 통해서 평정을 되찾고, 우리의 영혼이 젖 뗀 아이가 그의 어머니 품에 있음 같게 한다. 그러나 이 경우는 이례적인 것이었다. 통상적인 경우와는 달리, 딸 아이의 죽음은 이 이야기의 끝이 아니었다.

Ⅱ. 그리스도께서는 괴로워하는 야이로에게 그가 딸을 위하여 그리스도께 간구한 것이 헛되지 않을 것이라고 격려하고 소망을 주셨다. 그리스도께서는 도중에 혈루증 앓는 여자를 고치느라 시간을 지체하셨지만, 그 일로 말미암아 그 하시는 일에 어떤 영향을 받거나 방해를 받지 않으신다. 두려워하지 말고 믿기만 하라. 야이로는 그리스도께 계속해서 자기 집으로 가 주실 것을 부탁해야 하나 말아야 하나를 놓고 잠시 고민했을 것이다. 그러나 우리는 집에 질병이 있을 때와 마찬가지로 죽음이 있을 때에도 하나님의 은혜와 위로하심, 우리의 사역자들과 교우들의 기도를 필요로 하지 않겠는가? 그러므로 그리스도께서는 이 문제를 곧 결정지으신다. "내가 네 집에 가는 것이 아무 소용도 없을 것을 두려워하지 말고, 내가 그 일을 선하게 인도할 것을 믿으라."

1. 우리는 우리의 친족들이 죽을 때에 낙담하지 말아야 하고, 그들을 아무 소망도 없는 자들로 여기는 것처럼 그들을 위하여 슬퍼하지 말아야 한다. 자식이 없어졌다는 생각에 위로받기를 거절한 라헬에게 하나님께서 하신 말씀을 들어 보라. 네 울음 소리와 네 눈물을 멈추어라 너의 장래에 소망이 있을 것이라 너의 자녀가 자기들의 지경으로 돌아오리라(렘 31:16-17). 그러므로 두려워하지 말고, 약해지지 말라.

2. 그러한 때에 마음을 불안하게 하는 슬픔과 두려움을 치유할 유일한 처방은 바로 믿음이다: 믿음에 의지해서 슬픔과 두려움을 잠잠케 하고, 믿기만 하라. 그리스도를 계속해서 신뢰하고 그리스도를 계속해서 의지하라. 그러면, 그리스도께서는 가장 좋은 것을 행하실 것이다. 부활을 믿으라. 그리고 두려워하지 말라.

Ⅲ. 그리스도께서는 몇 사람만을 데리고 죽은 아이가 있는 집으로 들어가셨다. 그리스도께서는 그를 따르던 무리로 말미암아 저 가엾은 혈루증 앓던 여자가 고침받을 수 있는 기회를 주셨지만, 그렇게 하신 후에, 이제는 무리를 떼어놓아서 아무도 따라옴을 허락하지 아니하시고, 자신의 최측근인 베드로, 야고보, 요한만을 데리고 들어가셨다. 이러한 인원수는 이적에 대한 증인들로서

적합한 수였고, 동시에 그리스도와 함께 동행한 것을 과시하고 뽐낼 수 없는 정도의 수였다.

Ⅳ. 그리스도께서는 죽은 아이를 소생시키셨다. 여기에 나오는 이 이야기의 상황은 우리가 마태복음에서 본 것과 아주 비슷하다. 여기에서는 다음과 같은 것들만을 살펴보자.

1. 친족들과 이웃들이 울며 심히 통곡하였다는 것으로 보아서, 이 아이는 사람들로부터 대단한 사랑을 받았던 것 같다. 꽃처럼 채 피기도 전에 너무도 일찍 꺾여서 자라기 전에 시드는 것도 정말 슬픈 일인데, 우리를 이 아이가 위로하리라고 말했던 그런 아이가 이런 일을 당했을 때는 더 말할 나위가 없다.

2. 이 아이가 정말 죽었다는 것은 논쟁의 여지가 없이 명백하였다. 그리스도께서 이 아이가 죽은 것이 아니라 잔다고 말씀하시자, 사람들이 그리스도를 비웃고 코웃음쳤다는 것은 대단히 책망받을 일이긴 하지만 어쨌든 아이가 정말 죽었다는 것을 증명해 주는 역할을 한다.

3. 그리스도께서는 이 이적에 대한 증인이 되기에 합당치 않은 자들을 내보내셨는데, 그들은 자신의 슬픔에 빠져서 시끄럽게 울며, 하나님의 일에 무지하여서, 그리스도께서 잔다고 하셨을 때에 그 말씀을 이해하지 못하고 비웃으며 경멸했던 자들이다.

4. 그리스도께서는 아이의 부모를 이적의 증인들로 삼으셨는데, 이것은 그리스도께서 그들의 믿음을 보셨고, 비록 침묵하고 있었지만 속에서 진정으로 애곡하고 있었던 그들을 위로하시기 위한 것이었다.

5. 그리스도께서는 능력의 말씀으로 아이를 살리셨는데, 복음서 기자는 이 말씀의 확실성을 강조하기 위하여 여기에 그리스도께서 실제로 사용하셨던 아람어로 이 말씀을 기록하였다. 탈리다 쿠미(내가 네게 말하노니 소녀야 일어나라). 라이트푸트(Lightfoot) 박사에 의하면, 병자에게 약을 주면서 네 병에서 일어나라고 말하는 것이 유대인들의 풍습이었다고 하는데, 이 말은 네가 일어나기를 우리가 바란다를 의미한다: 그러나 그리스도께서는 죽은 자에게 죽은 자들 가운데서 일어나라고 말씀하셨는데, 이 말씀은 내가 명하노니 일어나라는 의미이다. 아니, 이 말씀 속에는 그러한 의미 이상의 것이 들어 있다 — 죽은 자는 일어날 힘이 없기 때문에, 죽은 자를 일어나게 할 힘이 이 말씀에 수반된다. 당신이 명하는 것을 주시고, 당신이 원하는 것을 명하소서(Da quod jubes, et

jube quod vis – 아우구스티누스). 그리스도께서는 명령하시면서 역사하시고, 명령을 통해서 역사하시기 때문에, 자신이 기뻐하시는 대로 죽은 자에게 일어나라고 명령하실 수 있는 것이다. 허물과 죄로 인하여 본래 죽은 자들, 이 아이처럼 자신의 힘으로는 죽음에서 일어설 수 없는 자들을 부르는 것이 바로 복음이다. 깨어서 죽은 자들 가운데서 일어나라는 말씀은 그 뒤에 따라나오는 그리스도께서 너에게 비추이시리라는 말씀으로 인해서 결코 헛될 수 없다(엡 5:14). 그리스도의 말씀은 영적인 생명을 수여한다; 내가 네게 말하노니 살아나라(겔 16:6).

6. 소녀는 살아나자마자 일어나서 걸었다(42절). 우리가 나태와 무관심의 침상에서 일어나서 경건한 대화 속에서 걸으며 그리스도의 이름과 능력 안에서 이리저리로 걸을 때, 영적인 생명은 나타날 것이다. 열두 살 된 자들이라도 타고난 그 마음의 허망한 것을 따라서 행하는 것이 아니라 그리스도로 말미암아 살아난 자들처럼 행하지 않으면 안 된다.

7. 이 이적을 보거나 들은 사람들은 이 이적이나 그 이적을 일으킨 분에 대하여 크게 놀랐다. 사람들이 곧 크게 놀라고 놀라거늘. 사람들은 이 이적 속에는 뭔가 비범하고 극히 대단한 것이 내포되어 있다는 것을 인정하지 않을 수 없었지만, 이 이적을 어떻게 생각하고 이 이적으로부터 무엇을 추론해내야 하는지를 알지 못했다. 이러한 놀람은 살아 있는 신앙으로 발전했어야 하지만, 단지 경탄이나 감탄의 수준에 머물고 말았다.

8. 그리스도께서는 이 이적을 드러내지 않으려고 애쓰셨다. 예수께서 이 일을 아무도 알지 못하게 하라고 그들을 많이 경계하시고. 그리스도를 수행했던 몇 사람은 이 일을 아주 잘 알게 되었지만, 그리스도께서는 그들에게 이 일을 퍼뜨리지 말 것을 당부하셨다. 왜냐하면, 그리스도의 부활은 죽음을 이기는 그리스도의 능력을 보여주는 주된 증거가 될 것이므로, 그 주된 증거가 확보되기 전까지는 다른 작은 증거들을 발설하는 일은 보류되어야 했기 때문이다: 주된 증거가 준비될 때까지는 다른 부분적인 증거들을 비밀에 부쳐라.

9. 그리스도께서는 소녀에게 먹을 것을 주라고 말씀하심으로써 소녀를 배려하셨다. 이 말씀은 소녀가 다시 살아났을 뿐만 아니라 바로 식사를 할 정도로 건강한 상태로 살아났다는 것을 보여준다. 그리스도의 집에서 갓 태어난 아기들도 순전한 젖을 사모한다(벧전 2:1-2). 그리스도께서는 태초에 사람을 창조

하셨을 때에 곧 그가 만드신 흙에서 나온 양식을 사람에게 주어 먹게 하셨던 것처럼(창 1:29), 지금도 소녀에게 새 생명을 주신 후에 먹을 것을 주라고 배려하셨다. 이렇게 그리스도께서는 생명을 주실 뿐만 아니라 생계도 보장해 주신다. 목숨이 음식보다 중하기(마 6:25) 때문이다. 그리스도께서는 자기 손으로 지으신 것을 버리거나 부족함이 있게 하는 법이 결코 없으시기 때문에, 영적인 생명을 주신 후에는 그 생명을 양육하기 위하여 영생에 이르도록 먹을 것을 공급해주신다.

제
— 6 —
장

개요

이 장에는 우리 주 예수에 관한 아주 다양한 내용들이 등장하는데, 그 실질적인 내용들은 마태복음에서 우리가 이미 살펴본 것들과 동일하지만, 상황들은 마태복음에서와는 좀 다르다. I. 고향 사람들이 그리스도의 근본을 알고 있다고 생각했기 때문에, 그리스도께서 고향 사람들에게 무시당하심(1-6절). II. 그리스도께서 사도들에게 더러운 귀신들을 제압하는 능력을 주시고, 그들의 싸움에 대하여 설명해주심(7-13절). III. 헤롯을 비롯한 여러 사람들이 그리스도에 대하여 갖고 있었던 이상한 생각들과 이 경우를 빌려서 언급된 세례 요한의 순교에 관한 이야기(14-29절). IV. 그리스도께서 제자들과 함께 광야로 물러가심. 무리들이 거기로 그리스도에게서 가르침을 받기 위해서 그를 따라옴. 그리스도께서 오병이어로 오천 명을 먹이심(30-44절). V. 그리스도께서 물 위로 걸어서 제자들에게 오심과 바다 건너편에서 많은 병자들을 고쳐주심(45-56절).

¹예수께서 거기를 떠나사 고향으로 가시니 제자들도 따르니라 ²안식일이 되어 회당에서 가르치시니 많은 사람이 듣고 놀라 이르되 이 사람이 어디서 이런 것을 얻었느냐 이 사람이 받은 지혜와 그 손으로 이루어지는 이런 권능이 어찌됨이냐 ³이 사람이 마리아의 아들 목수가 아니냐 야고보와 요셉과 유다와 시몬의 형제가 아니냐 그 누이들이 우리와 함께 여기 있지 아니하냐 하고 예수를 배척한지라 ⁴예수께서 그들에게 이르시되 선지자가 자기 고향과 자기 친척과 자기 집 외에서는 존경을 받지 못함이 없느니라 하시며 ⁵거기서는 아무 권능도 행하실 수 없어 다만 소수의 병자에게 안수하여 고치실 뿐이었고 ⁶그들이 믿지 않음을 이상히 여기셨더라 이에 모든 촌에 두루 다니시며 가르치시더라.

I. 그리스도께서는 고향, 곧 태어나신 곳이 아니라 자라나신 곳을 방문하셨는다. 그 곳은 나사렛이었고, 거기에는 그리스도의 친족들이 살고 있었다. 그리스도께서는 거기에서 생명의 위협을 당하신 적도 있었지만(눅 4:29), 다

시 그 곳을 찾으셨다. 이상하리만큼 그리스도께서는 너그럽게 인내하시면서, 원수들이 구원받기를 원하셨기 때문에, 비록 위험스러운 일이었음에도 불구하고, 고향을 다시 방문하셨고, 제자들도 따랐다(1절). 왜냐하면, 제자들은 그리스도께서 가시는 곳이면 어디든지 따르기 위하여 모든 것을 버렸기 때문이다.

II. 그리스도께서는 안식일에 그들의 회당에서 가르치셨다(2절). 다른 곳에서와는 달리 고향에서는 사람들이 그리스도께로 많이 모여들지 않아서, 그리스도께서는 사람들이 안식일에 회당에 모이기 전까지는 복음을 전할 기회를 갖지 못하신 것으로 보인다. 회당에서 그는 성경의 한 대목을 아주 명료하게 설명하셨다. 그리스도의 모범을 따라서 안식일의 종교적인 집회들에서 하나님의 말씀이 선포되어야 한다. 우리는 그리스도에게서 가르침을 받음으로써 하나님께 영광을 돌린다.

III. 사람들은 그리스도에 대하여 놀라움을 고백하지 않을 수 없었다. 1. 사람들은 그리스도께서 큰 지혜로 가르치셨다는 것과 이 지혜가 그리스도께 주어졌다는 것을 시인하였다. 왜냐하면, 그들은 그리스도께서 교육을 받지 않으신 것을 잘 알고 있었기 때문이다. 2. 사람들은 그리스도께서 그 가르치신 것을 확증하기 위하여 자신의 손으로 능하신 일들을 행하셨다는 것을 시인하였다. 그들은 그리스도의 복음이 하나님에게서 나왔다는 것을 보여주는 두 가지 큰 증거를 인정하였다 — 복음을 전하는 가운데 나타난 하나님의 지혜와 복음을 확증하고 천거하기 위하여 나타난 하나님의 능력. 그렇지만 그들은 이러한 전제들을 부인할 수는 없었지만, 그 결론을 받아들이려 하지는 않았다.

IV. 그럼에도 불구하고, 그들은 그리스도를 깎아내리고 사람들의 마음속에 그리스도께 불리한 편견들을 심어주려고 애를 썼다. 그리스도는 집에서 교육을 받았을 뿐이고 여행을 많이 다녀서 견문이 넓은 것도 아니고 대학을 다녔거나 유명한 박사 밑에서 사사를 받은 것도 아니었기 때문에, 그들이 보기에는 이 모든 지혜와 이 모든 능하신 일들(개역에서는 권능)은 별 가치가 없었다(3절). 이 사람이 목수가 아니냐? 마태복음에서 그들은 그리스도를 목수의 아들이라고 말하며 업신여겼다. 왜냐하면, 예수의 육신의 아버지인 요셉은 목수라는 직업을 가지고 있었기 때문이었다. 그러나 여기에서는 한 걸음 더 나아가 사람들은 이 사람이 목수가 아니냐?라고 말하였다. 아마도 우리 주 예수께서는 공생애를 시작하시기 전에 아버지의 일을 도와서 종종 목수 일을 하셨던 것 같다. 1. 이런 식으로 그리스도께서는 종의 모양을 입으시고 섬기기 위하여 오신 자로서 자기를 낮추시고 스스로 명성을 얻으려 하지 않으셨다. 이렇게 구속주께서는 우리를 비천한 처지에서 구속하시기 위하여 자신을 낮추어 이 땅에 오셨다. 2. 그리스도께서는 이런 식으로 우리에게 게으름을 혐오하고 이 세상에서 해야 할 일을 스스로 찾아보도록 가르치고자 하셨고, 아무런 생계 대책도 없이 살아가거나 나태에 빠져 있는 것보다 천하고 수고로운 일들을 찾아보도록 가르치고자 하셨다. 빈둥거리는 습관만큼 젊은이들에게 해로운 것은 없다. 이 점과 관련해서 유대인들에게는 아주 좋은 전통이 있었다 — 바울이 장막을 짓는 자였던 것처럼, 그들은 학자가 되고자 하는 젊은이들에게 필요한 때에 일자리를 얻어서 생계에 위협을 받지 않도록 하기 위하여 기술을 익히게 하였다. 3. 이렇게 그리스도께서는 잘난 사람들에게서 천대받고 멸시받는 직공들을 높여주고 격려하고자 하셨다.

사람들이 그리스도를 업신여긴 이유들 중의 하나는 그의 친족들이 천하다는 것이었다. "이 사람이 마리아의 아들이 아니냐? 그의 형제들과 누이들이 우리와 함께 여기 있지 아니하냐? 우리는 그의 가족과 친족을 잘 알고 있다." 그래서 사람들은 그리스도의 가르침에는 놀랐지만(2절), 그리스도의 신분에 대하여 거리낌이 생겨서(3절) 편견을 갖게 되었고 그리스도를 경멸하였기 때문에, 그리스도의 가르침이 아무리 권할 만한 것이었다고 해도 그 가르침을 받아들이려 하지 않았다. 우리는 만약 그들이 그리스도의 혈통을 알지 못하였거나 그리스도께서 아버지나 어머니나 족보도 없이 하늘에서 그들 가운데로 뚝 떨어지셨다면 그들이 그리스도를 극진히 환대하였을 것이라고 생각할지 모르지만, 결코 그렇지 않다. 유대 땅에 살던 사람들은 그리스도의 출신을 알지 못했어도 그리스도를 배척하였다. 이 사람은 어디서 왔는지 우리가 알지 못하노라(요 9:29). 완악한 불신앙은 결코 변명을 원하지 않는다.

V. 그리스도께서 이러한 멸시를 어떻게 견디셨나를 살펴보자.

1. 그리스도께서는 이러한 멸시가 보통 있는 일이고 바람직하거나 옳은 것은 아니지만 충분히 예상할 수 있는 일이라고 말씀하심으로써 고향 사람들이 그에게 보여준 멸시를 변명하셨다(4절). 선지자가 자기 고향 외에서는 존경을 받지 못함이 없느니라. 이 법칙에 대해서 일부 예외도 있을 수 있다. 틀림없이 이

러한 편견을 극복한 사람들도 많았겠지만, 통상적으로 사역자들이 낯선 곳에서와는 달리 고향에서 사람들의 인정을 받고 성공을 거두는 경우는 매우 드물다. 어려서부터의 친숙함은 멸시를 가져오고, 어려서 별 볼일 없던 사람의 성공은 시기를 불러오기 때문에, 사람들은 그들이 지도자로 기꺼이 모셨던 자들의 아들들을 쉽사리 그들의 영혼의 지도자로 모시고자 하지 않는다. 그러므로 이 경우에 그리스도께서 하신 말씀은 통상적인 경우에 대하여 말씀하고 있는 것이기 때문에, 우리가 어렵게 생각할 필요가 없다. 타지에서 지혜는 성공하기에 유리하다.

2. 사람들은 그리스도를 업신여겼지만, 그리스도께서는 그들 가운데서 얼마간 선을 행하셨다. 그리스도께서는 악하고 감사하지 않은 자들에게조차 인자하시기 때문이다. 소수의 병자에게 안수하여 고쳐주셨다. 비록 칭찬은 고사하고 부당하게 배척을 당하더라도, 선을 행하는 것으로 기뻐하고 만족하는 것은 너그러운 자세로서 그리스도의 제자가 되는 길임을 명심하라.

3. 그렇지만 그리스도께서는 지도자들이 사람들에게 그리스도에 대한 편견을 주입시킨 결과로 사람들 사이에서 불신앙이 팽배했기 때문에 다른 곳에서와는 달리 거기서는 아무 권능도 행하실 수 없으셨다(5절). 이것은 마치 불신앙이 전능자의 손발 자체를 묶어놓았다고 말하는 것처럼 들리는 이상한 표현이다. 그리스도께서는 다른 곳에서처럼 거기에서도 많은 이적들을 행하고자 하셨지만, 사람들이 그에게 나아와 간구하거나 은혜를 받고자 하지 않았기 때문에 그렇게 하실 수 없었다. 그리스도께서는 이적들을 행하실 수 있었지만, 그들은 그들에게 이적이 베풀어지는 영광을 상실하고 말았다. 그리스도에 대한 불신앙과 멸시로 인해서 사람들의 마음 문에 빗장이 걸리고 사람들에게로 흘러가는 은혜의 물줄기가 차단된다는 것을 명심하라.

4. 그리스도께서는 그들이 믿지 않음을 이상히 여기셨다(6절). 그리스도께서 이상히 여기신 것은 백부장(마 8:10)과 사마리아 여자 같은 낯선 두 이방인의 믿음과 고향 사람들인 유대인들의 불신앙뿐이었다. 얼마든지 은혜를 받을 수 있는 방도를 향유한 사람들의 불신앙은 참으로 이상한 일이 아닐 수 없다.

5. 그리스도께서는 모든 촌에 두루 다니시며 가르치셨다. 우리가 원하는 곳에서 선을 행할 수 없다면, 우리가 할 수 있는 곳에서 선을 행하여야 하고, 비록 촌이라고 하더라도 그리스도와 영혼들을 섬길 수 있는 기회를 갖게 된 것에

기뻐해야 한다. 종종 그리스도의 복음은 사람들이 북적대는 도시에서보다 부와 허영과 환락과 교활함이 적은 촌에서 더 환대를 받는다.

7열두 제자를 부르사 둘씩 둘씩 보내시며 더러운 귀신을 제어하는 권능을 주시고 8명하시되 여행을 위하여 지팡이 외에는 양식이나 배낭이나 전대의 돈이나 아무것도 가지지 말며 9신만 신고 두 벌 옷도 입지 말라 하시고 10또 이르시되 어디서든지 누구의 집에 들어가거든 그 곳을 떠나기까지 거기 유하라 11어느 곳에서든지 너희를 영접하지 아니하고 너희 말을 듣지도 아니하거든 거기서 나갈 때에 발 아래 먼지를 떨어버려 그들에게 증거를 삼으라 하시니 12제자들이 나가서 회개하라 전파하고 13많은 귀신을 쫓아내며 많은 병자에게 기름을 발라 고치더라.

I. 그리스도께서 복음을 전하고 이적들을 행하라고 열두 사도를 세우심. 이 기사는 마태복음 10장에 나오는 것과 대체로 동일하다. 마가는 마태와 마찬가지로 여기에서 사도들의 이름을 언급하지 않는데, 이것은 그들이 앞서 그리스도의 제자로 부르심을 받았을 때에 마가가 그 이름들을 언급한 적이 있었기 때문이다(3:16-19). 지금까지 그들은 그리스도와 친교를 가져왔고 그 발 앞에 앉아 가르치심을 들어왔으며, 그리스도께서 행하신 이적들을 보아왔다. 이제 그리스도께서는 그들을 어느 정도 들어 쓰시기로 결심하셨다. 그들은 주기 위해서 받았고, 가르치기 위해서 배운 것이었다. 그래서 이제 그리스도께서는 그들을 보내시기 시작하였다. 그들은 언제까지나 학교에 머물러 배우고 지식을 얻을 것이 아니라, 그들이 얻은 지식을 사용해서 각 지방에 나가 복음을 전하고 선을 행하여야 한다. 아직 만족스러운 정도로 일을 잘 수행하지는 못한다고 하더라도, 그들은 현재의 능력과 역량을 따라서 일을 시작하여야 하고 점점 더 능력을 개발해나가야 한다. 좀 더 살펴보자.

1. 그리스도께서는 그들을 둘씩 둘씩 보내셨다. 마가는 이 점을 주목한다. 그리스도께서 둘씩 짝을 지어 보내신 것은 두 증인의 입에서 나온 모든 말은 진실임이 확증되기 위한 것이며 낯선 곳에서 서로에게 벗이 되고 서로 일손을 도우며 격려하도록 하기 위함이고 어떤 일이 잘못되었을 때에 서로에게 힘이 되어서 도울 수 있도록 하기 위함이었다. 모든 병사에게는 전우가 있다. 둘이 하나보다 낫다는 격언이 있다. 이렇게 그리스도께서는 사역자들에게 서로 연

합하여 도움을 주고받으라고 가르치신 것이다.

2. 그리스도께서는 그들에게 더러운 귀신을 제어하는 권능을 주셨다. 그리스도께서는 마귀의 나라를 공격하기 위하여 그들을 세우셨고, 복음의 가르침을 통해서 사람들의 영혼 속에 있는 마귀의 세력을 깨뜨리며 마귀에게 사로잡힌 자들의 몸에서 마귀를 쫓아내기 위한 표본으로서 그들에게 권능을 주셨다. 라이트푸트(Lightfoot) 박사는, 그들은 성령으로 말미암아 병을 고치고 귀신들을 쫓아냈지만, 그들이 그리스도에게서 배운 것들만을 전하였다고 말한다.

3. 그리스도께서는 그들이 가는 곳마다 가난한 자들, 이 세상에 속하지 않은 자들로 보이게 하고 더 나은 은혜를 통해서 사람들을 이 세상에서 불러내어 다른 세상으로 들어가게 하기 위하여 그들에게 양식이나 돈 같은 것들을 가지고 가지 말도록 명하셨다. 나중에 그리스도께서 그들에게 전대와 주머니를 가지라고 하신 것(눅 22:36)은 그들에 대한 그리스도의 관심과 돌보심이 이전보다 약화되었다는 것을 의미하는 것이 아니라 그들이 처음에 전도활동을 했던 때보다 상황이 더 악화되었다는 것을 의미하는 것이다(Lightfoot). 마태복음과 누가복음에는 그리스도께서 지팡이, 즉 싸울 때에 사용하는 지팡이를 가지고 다니는 것을 금하신 것으로 되어 있지만, 여기 마가복음에는 순례자들이 지니고 다녔던 보행용의 지팡이를 제외하고는 아무것도 가지지 말도록 하신 것으로 되어 있다. 또한 그들은 통상적인 신발이 아니라 슬리퍼 같이 신발 밑창만이 있어서 발과 묶도록 되어 있었던 샌들을 신어야 했고, 가장 가벼운 옷을 차려입고 두 벌 옷도 가져가서는 안 되었다. 왜냐하면, 그들은 겨울이 되기 전에 돌아와야 하므로 전도 활동을 위해서 밖에 머무는 기간이 짧을 것이고, 그들에게 부족한 것들은 그들이 전한 복음을 받아들인 자들이 기꺼이 공급해 줄 것이었기 때문이었다.

4. 그리스도께서는 그들이 어느 성읍을 가든지 그들을 처음으로 영접하는 그 집을 근거지로 삼으라고 명하셨다(10절). "그 곳을 떠나기까지 거기 유하라. 너희는 충분히 영접받을 만한 심부름을 하고 있는 것이니, 너희를 처음으로 영접한 너희 친구들이 너희를 부담스럽게 생각하지 않는다는 것을 믿고 그들을 사랑으로 대하라."

5. 그리스도께서는 그들이 전한 복음을 거부한 자들에게 매우 무거운 심판을 선포하신다(11절). "어느 곳에서든지 너희를 영접하지 아니하고 너희 말을 듣지

도 아니하거든 거기서 나갈 때에 발 아래 먼지를 떨어버려 그들에게 증거를 삼으라. 그들로 하여금 그들이 생명과 복을 공정하게 제안받았지만 그것을 거부하였기 때문에 다시는 그러한 제안을 기대할 수 없다는 것을 먼지가 증언한다는 것을 알게 하라. 그들로 하여금 그들의 집의 먼지와 동거하게 하라. 먼지가 그들의 운명이 될 것이기 때문이다." 그 먼지는 애굽의 먼지와 같이(출 9:9) 그들에게 재앙으로 변하게 될 것이고, 진노의 날에 그들이 받을 심판은 소돔의 심판 때보다 더 견디기 어려운 것이 될 것이다. 하나님께서 소돔에 보낸 천사들을 소돔 사람들이 능욕하여서 심판을 자초하였는데, 복음의 은혜를 전하기 위하여 보내심을 받은 그리스도의 사도들을 경멸하고 능욕한 것은 얼마나 더 큰 죄가 되고 얼마나 더 큰 심판을 받게 되겠는가.

 Ⅱ. 사도들이 위임받은 대로 행함.   그들은 자기들이 얼마나 연약한지를 잘 알고 있었고 이 일을 통해서 아무런 세속적인 이익을 기대할 수 없었지만, 아브라함이 갈 바를 알지 못하고 간 것처럼, 주님의 명령에 순종하고 주님의 권능에 의지해서 나갔다. 좀 더 자세하게 살펴보자.

 1. 그들이 전파한 가르침. 그들은 회개하라 전파하였다(12절). 메시야의 나라가 가까왔기 때문에 마음을 바꾸고 삶을 새롭게 해야 한다는 것. 복음 전도자들이 품어야 할 계획과 복음 전도의 방향은 사람들을 회개로 이끌어서 새 마음과 새 길로 나아가게 하는 것이 되어야 한다. 그들은 흥미로운 이야기들로 사람들을 즐겁게 해 준 것이 아니었고, 죄를 회개하고 하나님께 돌아와야 한다고 사람들에게 전파하였다.

 2. 그들이 행한 이적들. 그리스도께서 그들에게 주신 더러운 귀신들을 제어하는 권능은 결코 무력하거나 소용없는 것이 아니었기 때문에, 그들은 많은 귀신을 쫓아내며 많은 병자에게 기름을 발라 고쳤다(13절). 어떤 이들은 제자들이 유대인들의 관습을 따라서 이 기름을 치료용으로 사용한 것이라고 생각한다. 그러나 본문에는 언급되어 있지 않지만 나는 이 기름이 그리스도의 기름 부음에 의한 이적적인 치유를 의미하는 상징으로 사용되었다고 생각한다. 나중에 성령에 의해서 치유의 은사를 받은 교회의 장로들도 이 기름을 사용하였다(약 5:14). 이 두 경우에 있어서 병자에게 기름을 바르는 것은 오랫동안 나타나지 않았던 저 비상한 하나님의 능력을 상징하는 것이었기 때문에, 성령의 치유 사역이 본격적으로 나타나면서 상징으로서의 기름은 사용되지 않게 되는 것이

마땅하였다.

[14]이에 예수의 이름이 드러난지라 헤롯 왕이 듣고 이르되 이는 세례 요한이 죽은 자 가운데서 살아났도다 그러므로 이런 능력이 그 속에서 일어나느니라 하고 [15]어떤 이는 그가 엘리야라 하고 또 어떤 이는 그가 선지자니 옛 선지자 중의 하나와 같다 하되 [16]헤롯은 듣고 이르되 내가 목 벤 요한 그가 살아났다 하더라 [17]전에 헤롯이 자기가 동생 빌립의 아내 헤로디아에게 장가 든 고로 이 여자를 위하여 사람을 보내어 요한을 잡아 옥에 가두었으니 [18]이는 요한이 헤롯에게 말하되 동생의 아내를 취한 것이 옳지 않다 하였음이라 [19]헤로디아가 요한을 원수로 여겨 죽이고자 하였으되 하지 못한 것은 [20]헤롯이 요한을 의롭고 거룩한 사람으로 알고 두려워하여 보호하며 또 그의 말을 들을 때에 크게 번민을 하면서도 달갑게 들음이러라 [21]마침 기회가 좋은 날이 왔으니 곧 헤롯이 자기 생일에 대신들과 천부장들과 갈릴리의 귀인들로 더불어 잔치할새 [22]헤로디아의 딸이 친히 들어와 춤을 추어 헤롯과 그와 함께 앉은 자들을 기쁘게 한지라 왕이 그 소녀에게 이르되 무엇이든지 네가 원하는 것을 내게 구하라 내가 주리라 하고 [23]또 맹세하기를 무엇이든지 네가 내게 구하면 내 나라의 절반까지라도 주리라 하거늘 [24]그가 나가서 그 어머니에게 말하되 내가 무엇을 구하리이까 그 어머니가 이르되 세례 요한의 머리를 구하라 하니 [25]그가 곧 왕에게 급히 들어가 구하여 이르되 세례 요한의 머리를 소반에 얹어 곧 내게 주기를 원하옵나이다 하니 [26]왕이 심히 근심하나 자기가 맹세한 것과 그 앉은 자들로 인하여 그를 거절할 수 없는지라 [27]왕이 곧 시위병 하나를 보내어 요한의 머리를 가져오라 명하니 그 사람이 나가 옥에서 요한을 목 베어 [28]그 머리를 소반에 얹어다가 소녀에게 주니 소녀가 이것을 그 어머니에게 주니라 [29]요한의 제자들이 듣고 와서 시체를 가져다가 장사하니라.

I. 우리 주 예수에 대하여 사람들이 품고 있었던 엉뚱한 생각들(15절).   그리스도의 고향 사람들은 그리스도의 초라한 친족들을 잘 알고 있었기 때문에 그리스도에게 뭔가 위대한 것이 있으리라고 믿을 수가 없었다. 그러나 그리스도에 대하여 그러한 편견의 영향 아래 있지 않았던 사람들도 그리스도께서 하나님의 아들이며 참 메시야라는 진리를 받아들인 것이 아니라 뭔가 다른 것을 생각하고자 하였다. 사람들은 그리스도가 그들이 기다렸던 엘리야라고 말하

기도 했고, 선지자라고 말하며 구약의 선지자들 중 한 사람이 살아나서 이 세상에 되돌아온 것이라고 생각하기도 했으며, 옛 선지자 중의 하나라고 말하며 구약의 선지자들과 동등한 새로 일어난 선지자로 생각하기도 하였다.

II. 그리스도에 대한 헤롯의 견해. 헤롯은 예수의 이름과 명성, 예수께서 말씀하시고 행하신 것을 사람들로부터 전해듣고, 이렇게 말하였다: "이 사람은 분명히 세례 요한이다(14절). 이 사람은 내가 목 벤 요한이다(16절). 세례 요한이 죽은 자 가운데서 살아났도다. 요한은 우리와 함께 있는 동안에는 아무런 이적도 행하지 않았지만 한동안 다른 세계에 가서 큰 능력을 받아가지고 다시 왔기 때문에 그러므로 이런 능력이 그 속에서 일어나느니라."

1. 신앙이 없는 곳에는 공상이 생겨나는 법이다. 사람들은 그리스도를 죽은 자 가운데서 살아난 선지자라고 말하였고, 헤롯은 죽은 자 가운데서 살아난 세례 요한이라고 말하였다. 이것으로 볼 때, 유대인들은 선지자가 죽은 자 가운데서 살아나서 권능을 행하는 것을 기대하였고, 불가능하거나 있을 수 없는 일이라고 생각하지 않았다는 것을 우리는 알 수 있는데, 아직 그리스도께서 죽은 자 가운데서 살아나지 않은 때에 그들은 너무도 쉽게 그리스도가 죽은 자 가운데서 살아난 선지자가 아닌가 생각하였다. 그러나 나중에 정작 그리스도께서 정말 죽은 자 가운데서 살아나셨을 때는 그들은 그것을 완강하게 부정하고 반박하였다. 진리를 가장 완강하게 거부하고 믿지 않으려 하는 자들이 보통 거짓과 공상에는 가장 잘 속아넘어가는 법이다.

2. 하나님의 일에 반대하여 싸우는 자들은 스스로 이겼다고 생각할 때조차도 그들이 패한 것을 발견하게 된다. 주님의 말씀은 영원하기 때문에, 그들은 결코 이길 수가 없다. 그리스도의 증인들이 죽임을 당했을 때에 기뻐하였던 자들은 그들이 삼사일 후에 다시 살아나자 기겁을 한다(계 11:10-11). 돌이킬 줄 모르고 뉘우치지 않는 죄인은 예후의 칼을 피한다고 하더라도 엘리사에 의해 죽임을 당하게 된다.

3. 죄를 지은 양심은 고소하는 자나 괴롭히는 자를 필요로 하지 않고 양심 자체로 충분하다. 세례 요한을 죽인 일에 대해서 사람들은 아무도 대놓고 헤롯을 책망할 수 없었겠지만, 헤롯은 스스로 자신을 책망한다. 내가 목 벤 요한. 이 일에 대한 두려움이 헤롯으로 하여금 그리스도가 다시 살아난 요한이라고 생각하게 만들었다. 헤롯은 세례 요한이 살아 있는 동안에 그를 두려워하였

다. 그런데 요한을 자기가 죽였는데 예수로 다시 살아났다고 생각하는 지금에 있어서 헤롯은 요한이 죽었다고 생각했을 때보다도 열 배나 더 두려움을 느꼈을 것이다. 사람은 유령들이 복수할까봐 공포를 느끼듯이, 양심의 가책에 의해서도 공포를 느낀다. 그러므로 요동치 않는 평안을 지키고자 하는 자들은 더럽혀지지 않은 양심을 간직하지 않으면 안 된다(행 24:16).

4. 회개하여 구원받는 진리가 없는 곳에는 강한 죄의식에 의한 공포가 있을 수 있다. 그리스도에 대하여 이러한 죄의식을 갖고 있었던 헤롯은 나중에 그리스도를 죽이고자 하였고(눅 13:31) 그리스도를 무시하였다(눅 23:11). 그러므로 헤롯은 죽은 자 가운데서 살아난 자가 와서 말해도 설득되지 않을 사람이기 때문에, 죽은 자 가운데서 살아난 세례 요한에 의해서도 설득되지 않았다.

Ⅲ. 헤롯이 세례 요한을 죽인 이야기.　이 이야기는 마태복음에서와 마찬가지로 이 대목에 나온다. 좀 더 자세하게 살펴보자.

1. 헤롯은 세례 요한을 한동안 높게 평가하고 존경하였다. 이러한 내용은 오직 이 복음서 기자만이 언급한다(20절). 여기서 우리는 사람이 은혜와 영광을 향하여 상당한 정도로 나아가고서도 목적지에 도달하지 못하고 영원히 멸망받을 수 있다는 것을 본다.

(1) 헤롯은 요한을 의롭고 거룩한 사람으로 알고 두려워하였다. 사람이 선한 사람들, 특히 선한 사역자들에 대하여 그들 속에 있는 선함으로 인하여 커다란 존경심을 지니고 있으면서도 자기 스스로는 악한 사람일 수 있다. 좀 더 살펴보자. [1] 요한은 의롭고 거룩한 사람이었다. 완전하게 선한 사람이 되려면, 의와 거룩, 이 두 가지가 구비되어 있어야 한다. 하나님에 대한 거룩과 사람들에 대한 의로움. 요한은 이 세상에 대하여 금욕적이었기 때문에, 의와 거룩의 좋은 친구가 될 수 있었다. [2] 헤롯은 사람들 가운데서의 일반적인 평판에 의해서만이 아니라 요한과의 개인적인 친분에 의해서 이것을 알고 있었다. 스스로는 의와 거룩을 거의 가지고 있지 않은 자들도 다른 사람들 속에서 그러한 것들을 분별할 수 있다. [3] 그래서 헤롯은 요한을 두려워하고 존경하였다. 거룩과 의는 존경을 불러오기 때문에, 스스로 선하지 않은 많은 자들이 거룩과 의를 구비한 사람을 존경하게 된다.

(2) 헤롯은 요한을 보호하였다. 어떤 이들은 이 본문을 헤롯이 세례 요한을 그 원수들의 적의(敵意)로부터 보호막 역할을 하였다는 것으로 이해한다. 하

지만 헤롯은 요한의 훌륭한 말들에 감탄하여 요한에게 배울 것이 있다고 생각했고, 주변 사람들에게 그것을 칭찬하였으며, 요한이 말하고 행하는 것들을 자기가 지키는 것처럼 보이게 하였다고 보는 것이 옳을 것이다.

(3) 헤롯은 요한이 전하는 말을 들었다. 요한의 외모가 얼마나 초라했는지를 생각하면, 이것은 정말 큰 겸양이었다. 그리스도께서 길에서 전하시는 말씀을 듣는 것만으로는 저 진노의 날에 변명이 될 수 없다(눅 13:26).

(4) 헤롯은 요한이 설교를 통해서 그에게 가르쳐준 것들 중 많은 것을 행하였다. 헤롯은 단지 말씀을 듣는 자에서 그친 것이 아니라, 부분적으로 행하는 자였다. 헤롯은 요한이 설교 중에서 책망한 몇몇 죄들을 버렸고, 몇몇 의무들을 수행하였다. 그러나 모든 계명을 지키지 않는다면, 많은 것들을 행하는 것으로는 결코 충분하지 않다.

(5) 헤롯은 요한의 말을 달게 들었다. 헤롯은 벨릭스가 바울의 말을 들었던 경우와는 달리 요한의 말을 두려움이 아니라 기쁨으로 들었다. 외식하는 자도 말씀을 들을 때에 순간적인 기쁨이 찾아올 수 있다. 에스겔의 말씀은 청중들에게 사랑스런 노래로 들렸다(겔 33:32). 돌밭은 말씀을 들을 때에 기쁨으로 받는다(눅 8:13).

2. 헤롯에게 그의 잘못들을 일러주는 요한의 신실함. 헤롯은 동생 빌립의 아내와 결혼하였었다(17절). 의심할 여지 없이, 온 나라가 이 일을 놓고 헤롯을 욕하고 책망하였을 것이다. 그러나 요한은 헤롯을 책망하였을 뿐만 아니라, 동생의 아내를 취한 것이 옳지 않다고 분명하게 말해주었다. 헤롯은 요한이 가르쳐준 많은 것들을 행하면서도 이 죄를 버릴 수 없었다. 그래서 요한은 헤롯에게 특별히 이 죄에 대하여 말해주었다. 엘리야가 아합 왕에게 네가 죽이고 또 빼앗느냐?라고 말한 것처럼, 비록 헤롯이 왕이었지만, 요한은 그에게 직설적으로 그 죄를 지적하여 말해주었던 것이다. 요한이 헤롯의 보호를 받고 있는 상황에서 이 직설적인 지적으로 요한은 그 보호를 상실할 수도 있었지만 직언을 통해서 헤롯을 책망하였다. 친구의 아픈 책망은 충직으로 말미암는 것이다(잠 27:6). 돼지가 더러운 구덩이에 도로 눕고 진주를 돼지 앞에 던지는 경우가 종종 있긴 하지만, 통상적으로 사람을 경책하는 자는 혀로 아첨하는 자보다 나중에 더욱 사랑을 받는다(잠 28:23) ─ 책망받는 사람이 어느 정도 분별력이 있는 경우에. 헤롯의 심기를 건드리는 것이 위험한 일이었고 헤로디아의 심기를 건드리는

것은 더더욱 위험한 일이었지만, 요한은 자신의 의무를 다하지 못하느니 차라리 위험을 감수하고자 하였다. 하나님의 일에 충성하고자 하는 사역자들은 사람의 얼굴을 두려워해서는 안 된다는 것을 명심하라. 사람들의 영적인 유익을 구하는 것이 아니라 사람들을 즐겁게 하는 데에 힘쓴다면, 우리는 그리스도의 종들이 아니다.

3. 이 일 때문에 헤로디아는 요한에게 앙심을 품었다(19절). 헤로디아가 요한을 원수로 여겨 죽이고자 하였다. 그러나 헤로디아는 목적을 달성할 수 없게 되자, 요한을 옥에 가두어 두게 하였다(17절). 요한이 헤로디아의 일로 헤롯의 심기를 건드리기 전까지 헤롯은 요한을 존경하고 있었다. 많은 사람들은 예언의 말씀이 자신의 심기를 건드리지 않는 부드러운 내용이면 그 예언을 존중하고, 설교가 자신이 좋아하는 죄를 건드리지 않는 내용이면 그 설교를 좋아한다. 그러나 예언이나 설교가 그들의 심기를 건드리면, 그들은 참지를 못한다. 그러므로 세상의 일들이 악하다고 증거하는 자들을 세상이 미워하는 것은 결코 이상한 일이 아니다. 그러나 사역자들은 자신의 의무에 충실하여 죄를 지적함으로써 죄인들로부터 핍박을 받는 것이 자신의 의무를 저버리고 죄를 지적하지 않음으로써 죄인들로부터 영원히 욕을 먹는 것보다 더 낫다.

4. 요한의 목을 베기 위한 음모. 나는 헤롯이 요한의 목을 달라는 헤로디아의 요구를 기뻐하지 않고 의외라고 여겨서 깜짝 놀란 체하였지만 사실은 이 음모에 직접 가담하여 헤로디아와의 공조에 의해서 이 일이 저질러졌다고 생각한다. 왜냐하면, 마침 기회가 좋은 날이 왔으니(21절)라고 본문에 나와 있기 때문이다. 목적을 달성하기에 적합한 날이 온 것이다.

(1) 헤롯 왕의 생일에 궁정에서는 무도회가 열리고, 대신들과 천부장들과 갈릴리의 귀인들을 위한 잔치가 벌어졌다.

(2) 이 엄숙한 잔치를 빛내기 위하여 헤로디아의 딸이 사람들 앞에서 춤을 추고, 헤롯은 딸의 춤에 빠져들어 매혹되는 체하였다. 그렇게 되면, 헤롯과 함께 앉은 자들도 헤롯에게 아부하기 위하여 그런 척하지 않을 수 없었을 것이다.

(3) 이 때에 왕은 딸에게 무엇이든지 네가 원하는 것을 내게 구하라 내가 나라의 절반까지라도 주리라고 엄청난 약속을 하게 된다. 만약 헤로디아의 딸이 헤롯의 약속을 제대로 알아들었더라면, 그들의 목적은 이루어지지 못했을 것이다. 왜냐하면, 세례 요한의 목은 헤롯의 나라 전체보다 더 가치가 있었기 때문이

다. 이 약속은 맹세로 이루어진 것이었기 때문에, 약속을 취소할 수 있는 여지는 없었다: 맹세하기를 무엇이든지 네가 내게 구하면 내가 주리라. 나는 헤로디아의 딸이 무엇을 요구할지를 알고 있지 않았다면 헤롯이 맹세를 통해서 그런 엄청난 약속을 하는 일은 결코 없었을 것이라고 생각한다.

(4) 헤로디아의 딸은 어머니로부터 사주를 받아서 세례 요한의 머리를 요구하였다. 그리고 그녀는 마치 놀이감이라도 되는 듯이 헤롯의 머리를 소반에 얹어서 어머니에게 가져다 주었다(24-25절). 시간이 지체되거나 때를 놓치는 일이 없이 모든 일은 척척 순조롭게 진행되었다.

(5) 헤롯은 딸의 요구를 받아들였고, 내빈들이 자리를 함께 하는 동안에 즉시 처형이 이루어졌는데, 우리는 헤롯이 미리 이 문제를 결정해둔 것이 아니라면 그가 이런 식으로 일을 처리했을 것이라고 거의 생각할 수 없다. [1] 헤롯은 자기가 갑작스럽게 약속을 하지 않았더라면 결단코 이런 일을 하지 않았을 것처럼 사람들에게 보이고자 하였다. 왕은 심히 근심하였다. 즉, 헤롯은 심히 근심하는 것처럼 보였고, 자기가 심히 근심한다고 말하였으며, 마치 자기가 심히 근심한 것처럼 나타내었다. 그러나 이 모든 것은 속임수였고 위장이었다. 그는 세례 요한을 없앨 수 있는 구실을 찾아낸 것을 참으로 기뻐하였다. 위장할 줄 모르는 사람은 다스릴 줄을 모르는 것이다(Qui nescit dissimulare, nescit regnare)라는 말이 있다. 그렇지만 헤롯에게도 요한을 애석해하는 마음이 없지 않았다. 이렇게 요한을 죽이면서 헤롯에게 큰 후회와 망설임이 없을 수는 없었을 것이다. 선천적인 양심으로 인해서 사람은 쉽게 죄를 범하지 못한다. 양심을 거역하면 불안하다. 그렇다면, 이 점을 보여주는 것들은 무엇인가? [2] 헤롯은 자기가 한 맹세를 지켜야 할 의무에 대하여 대단히 민감한 체한다. 만약 헤로디아의 딸이 나라의 1/4을 구하였더라면, 헤롯은 분명히 자신의 맹세를 회피할 방도를 찾아내고 말았을 것이다. 이 약속은 무모하게 이루어졌기 때문에, 헤롯으로 하여금 의롭지 못한 일을 하도록 구속할 수 없었다. 죄악된 맹세를 하였다면, 회개함으로써 그 맹세가 이루어지지 않도록 해야 한다. 왜냐하면, 회개는 우리가 잘못한 것들을 우리의 힘이 닿는 한에서 취소하는 것이기 때문이다. 테오도시우스 황제는 소송인으로부터 약속을 하라고 재촉을 받고 나는 그것을 말한 것이기는 하지만 그것이 옳지 않은 것이면 약속한 것은 아니라고 대답하였다. 만약 헤롯이 음모를 전혀 알지 못한 가운데 이 무모

한 약속을 한 것이라면, 그가 약속한 것을 서둘러서 실행에 옮긴 것은 그 자리에 있던 내빈들로 말미암아 흥을 돋우기 위한 것이었을 가능성이 크다. 왜냐하면, 본문에서는 헤롯이 자기가 맹세한 것과 그 앉은 자들로 인하여 자신의 맹세를 지키지 않을 수 없었다고 말하고 있기 때문이다. 헤롯은 자기와 함께 앉은 자들을 자랑스럽게 여겼으므로 그들을 만족시키기 위해서는 무슨 짓이라도 했을 것이다. 이렇게 군주들은 사람들로부터 존경을 받고 신망을 얻기 위해서 스스로 사람들의 노예가 된다. 헤롯의 신하들 중 그 누구도 헤롯이 대신들과 천부장들과 갈릴리의 귀인들에게 보여준 경외심을 헤롯에게 보여주지는 않았을 것이다. 헤롯은 시위병 하나를 집행관으로 삼아 요한에게 보냈다. 피에 굶주린 폭군들에게는 그들의 가장 잔혹하고 불의한 명령들을 기꺼이 받드는 집행관들이 있다. 사울에게도 도엑이란 자가 곁에 있어서, 다른 부하들은 여호와의 제사장들을 죽이라는 명령을 거부하였지만, 도엑이 나서서 사울의 명령을 받들었다.

5. 이 일의 결과는 다음과 같았다. (1) 헤롯의 사악한 궁정은 그들을 괴롭혀 왔던 선지자가 죽자 온통 축제 분위기였다. 요한의 머리는 소녀에게 주어졌고, 소녀는 어머니에게 그 머리를 바쳤다(28절). (2) 세례 요한을 따르던 거룩한 무리들은 온통 눈물 바다였다. 요한의 제자들은 이 일을 대수롭지 않게 여겼다. 그들은 이 일을 듣고 와서, 방치된 시체를 가져다가 장사하였다. 그러므로 헤롯은 세례 요한이 죽은 자 가운데서 살아났다는 망상에 사로잡혀 두려워하였을 때에 마음만 먹었다면 얼마든지 그 무덤에 가서 진상을 확인할 수 있었을 것이다.

[30]사도들이 예수께 모여 자기들이 행한 것과 가르친 것을 낱낱이 고하니 [31]이르시되 너희는 따로 한적한 곳에 가서 잠깐 쉬어라 하시니 이는 오고 가는 사람이 많아 음식 먹을 겨를도 없음이라 [32]이에 배를 타고 따로 한적한 곳에 갈새 [33]그들이 가는 것을 보고 많은 사람이 그들인 줄 안지라 모든 고을로부터 도보로 그 곳에 달려와 그들보다 먼저 갔더라 [34]예수께서 나오사 큰 무리를 보시고 그 목자 없는 양 같음으로 인하여 불쌍히 여기사 이에 여러 가지로 가르치시더라 [35]때가 저물어가매 제자들이 예수께 나아와 여짜오되 이 곳은 빈 들이요 날도 저물어가니 [36]무리를 보내어 두루 촌과 마을로 가서 무엇을 사 먹게 하옵소서 [37]대답하여 이르시되 너희가 먹을 것을

주라 하시니 여짜오되 우리가 가서 이백 데나리온의 떡을 사다 먹이리이까 ³⁸이르시되 너희에게 떡 몇 개나 있는지 가서 보라 하시니 알아보고 이르되 떡 다섯 개와 물고기 두 마리가 있더이다 하거늘 ³⁹제자들에게 명하사 그 모든 사람으로 떼를 지어 푸른 잔디 위에 앉게 하시니 ⁴⁰떼로 백 명씩 또는 오십 명씩 앉은지라 ⁴¹예수께서 떡 다섯 개와 물고기 두 마리를 가지사 하늘을 우러러 축사하시고 떡을 떼어 제자들에게 주어 사람들에게 나누어 주게 하시고 또 물고기 두 마리도 모든 사람에게 나누시매 ⁴²다 배불리 먹고 ⁴³남은 떡 조각과 물고기를 열두 바구니에 차게 거두었으며 ⁴⁴떡을 먹은 남자는 오천 명이었더라.

이 절에는 다음과 같은 내용들이 나온다.

I. 그리스도께서 복음을 전하고 이적을 행하라고 보내셨던 사도들이 돌아옴
(7절).   사도들은 얼마 동안 여러 지방으로 흩어졌지만, 어느 정도의 성과를 이룬 후에는 모여서 성과를 서로 비교해 보고, 그들에게 위임된 일들을 어떻게 행하였는지를 보고하기 위하여 그들의 활동의 중심인 예수께로 나아왔다. 마치 사람들을 잔치에 초청하기 위하여 보내심을 받은 종이 손님들로부터 대답을 받아가지고 돌아와서 주인에게 모든 것들을 고하는 것처럼, 여기에서 사도들도 그렇게 하였다. 사도들이 예수께 모여 자기들이 행한 것과 가르친 것을 낱낱이 고하니. 사역자들은 그들이 행한 것과 가르친 것에 대하여 회계하여야 하기 때문에, 자신의 영혼에 대해서 경성할 뿐만 아니라 자기가 회계(청산)할 자인 것 같이(히 13:17) 다른 사람들의 영혼에 대해서도 경성하여야 한다. 사역자들은 아무 일이나 행하고 아무것이나 가르쳐서는 안 되고, 그들이 하고자 하는 일을 반드시 주 예수께 반복적으로 보고하여야 한다. 충성된 사역자들이 그들의 가르침과 생활방식이 사람들에 의해서 오해를 받고 있을 때에 그리스도께 호소할 수 있고, 그리스도께서는 사역자들이 자유롭게 자기 앞에 나와서 그들의 사정을 내놓으며 그들이 어떤 대우를 받았고 어떤 점에서 성공하였고 어떤 점이 실망스러웠는지를 낱낱이 고하게 하신다는 것은 큰 위로가 아닐 수 없다.

II. 그리스도께서 피로해진 사도들이 휴식을 취할 수 있도록 자상하게 배려하심(31절).   그리스도께서는 사도들이 기력이 거의 소진되어 있는 것을 아시고 너희는 따로 한적한 곳에 가서 잠깐 쉬어라고 말씀하셨다. 제자들이 전도 활동의 결과를 보고하기 위하여 그리스도께 온 바로 그 때에, 요한의 제자들은 세례 요한의 죽음에 관한 비보(悲報)를 들고 그리스도께 나아왔던 것으로 보인다. 그리스도께서 놀란 제자들과 피곤한 제자들을 각각 배려하셔서 피곤한 자들에게는 휴식을, 놀라 두려워하는 자들에게는 피난처를 마련해 주신 것을 주목하라. 그리스도께서 제자들에게 가서 쉬어라고 하신 말씀 속에는 인자하심과 긍휼하심이 넘친다. 그리스도의 가장 활동적인 종들도 어느 정도의 휴식과 여유를 필요로 하는 몸을 지니고 있기 때문에 긴장 속에서 항상 일만 할 수는 없다. 하나님을 찬양하기를 쉬지 않는(계 4:8) 하늘 나라에 가기까지, 우리는 휴식 없이 하나님을 섬기는 일을 계속할 수는 없는 노릇이다. 그리고 주님께서는 몸을 위하시기 때문에 몸을 고려하여, 몸이 쉴 시간을 허락하실 뿐만 아니라 몸이 휴식을 원하게 만들어놓으셨다. 내 백성아 갈지어다 네 밀실에 들어가서 네 문을 닫고 잠깐 숨을지어다. 부지런하고 성실하게 일하는 자들은 일에서 물러나 유쾌하게 휴식할 수 있다. 노동자는 먹는 것이 많든지 적든지 잠을 달게 자느니라.

1. 그리스도께서는 제자들에게 **따로** 가있으라고 하셨다. 왜냐하면, 제자들이 사람들과 함께 있게 되면, 제자들은 사람들에게 유익을 주기 위하여 어쩔 수 없이 뭔가를 말하고 행하지 않을 수 없을 것이기 때문이었다. 휴식을 취하려면, **따로** 있어야 한다. 2. 그리스도께서는 훌륭한 건물들과 정원들이 있는 쾌적한 별장이 아니라 숙박시설이 대단히 빈약하고 오직 자연으로만 채워져 있는 한적한 곳으로 제자들을 초대하여 조용히 쉬게 하셨다. 이것은 그리스도께서 계셨던 그 밖의 다른 모든 환경들과 맥을 같이 하는 것이었다. 배를 말씀을 전하기 위한 강단으로 사용하셨던 그리스도께서 한적한 곳을 휴식 장소로 삼으신 것은 전혀 이상한 일이 아니다. 3. 그리스도께서는 제자들에게 단지 잠깐만 쉬라고 하셨다. 제자들은 오랫동안 쉬어서는 안 되었고, 잠시 숨을 돌린 후에는 곧바로 다시 일을 하러 가야 했다. 하늘 나라에 갈 때까지는 하나님의 백성들에게는 충분한 휴식은 없는 것이다. 4. 제자들에게 휴식이 주어진 이유는 단지 그들이 끊임없이 일을 해왔기 때문이 아니라 지금도 여전히 끊임없이 바쁘게 일해야 하는 상황이었기 때문이다. 오고 가는 사람이 많아 음식 먹을 겨를도 없었기 때문에, 그들은 일을 제대로 할 수 없었다. 모든 것을 위하여 적절한 시간이 배정되어야, 많은 일이 훨씬 수월하게 행해질 수 있다. 그러나 사람들이 끊임없이 오고가면서 규칙이나 질서가 지켜지지 않는다면, 수고를 많이 하고

도 되는 일은 별로 없게 될 것이다. 5. 따라서 그들은 배를 타고 한적한 곳으로 갔는데, 바다를 가로질러간 것은 아니었고 해안을 따라서 항해하여 벳새다 광야로 간 것이었다(32절). 배를 타고 가는 것은 육로로 가는 것보다 훨씬 덜 힘이 드는 일이었다. 그들은 따로 있기 위해서 몰래 배를 타고 떠났다. 매일 사람들 앞에 서야 하는 사람들은 종종 혼자 있고 싶어하는 법이다.

Ⅲ. **그리스도를 따르는 사람들의 근면성.** 그리스도와 그의 제자들이 아주 정당한 이유로 물러나 쉬고자 했는데도, 사람들이 뒤따라온 것은 무례한 일이었다. 그렇지만 사람들은 책망을 듣거나 돌아가라는 말을 들은 것이 아니라 환영을 받았다. 온전히 선한 의도에서 범해진 무례는 그리스도를 따르는 자들 속에서는 쉽게 용서된다. 사람들은 부르심을 받고 온 것이 아니라 자신의 뜻에 따라서 임의대로 그리스도에게 나아왔다. 여기에는 정해진 시간도 없었고, 집회가 예정되어 있지도 않았으며, 종이 울리지도 않았다. 그렇지만 그들은 구름처럼 몰려왔고 비둘기들처럼 날아서 모여왔다. 그들은 그리스도의 말씀을 듣기 위하여 모든 고을로부터 그들의 집과 가게를 떠나서 직업과 일을 중단한 채 그리스도께 나아왔다. 그리스도께서는 배를 타고 오셨지만, 그들은 도보로 왔다. 또한 그리스도께서 그들을 시험해 보시려고 냉담하게 대하여 떨쳐버리고자 하셨지만, 그들은 악착같이 그리스도에게서 떨어지려 하지 않았다. 그들은 도보로 달려서 매우 서둘렀기 때문에, 제자들보다 먼저 도착하였고, 하나님의 말씀에 대한 갈망으로 그리스도께 모여들었다. 황량하고 불편한 광야(개역에서는 한적한 곳)까지라도 그들은 그리스도를 따랐다. 그리스도의 임재는 광야를 낙원으로 바꾸어 놓는다.

Ⅳ. **그리스도께서 무리들을 환대하심**(34절). 예수께서 큰 무리를 보셨을 때, 방해받지 않고 따로 있고자 한 상황에서 아무리 많은 선한 사람들이 찾아온다고 해도 불쾌감을 나타낼 법도 한데, 오히려 그들을 불쌍히 여기사 애정 어린 눈길로 바라보셨다. 왜냐하면, 그들은 목자 없는 양 같아서, 잘 양육을 받고 인도를 받으며 기꺼이 가르침 받기를 원하였지만 그들을 올바른 길로 인도해주고 선한 가르침으로 꼴을 먹여줄 목자가 없었기 때문이었다. 이 때문에 그리스도께서는 그들을 불쌍히 여기셔서 그 중에 있는 병자를 고쳐 주셨을(마 14:14) 뿐만 아니라 여러 가지로 가르치셨다. 우리는 그들이 모두 진실하고 선하여 말씀을 배울 자격이 있었을 것이라고 확신한다.

V. 그리스도께서 무리들을 위해 준비하신 음식. 그리스도께서는 모든 청중들을 자신의 손님으로 정중하게 맞아서 눈부신 환대를 하셨다. 그런데 이 환대는 이적적인 것이었기 때문에 진정으로 눈부신 것이었다고 할 수 있다.

1. 제자들은 무리들을 집으로 보내야 한다는 의견을 내놓았다. 때가 저물어가고 밤이 다가오자, 제자들은 이 곳은 빈 들이요 날도 저물어가니 무리를 보내어 무엇을 사 먹게 하옵소서라고 말하였다(35-36절). 제자들은 이렇게 그리스도께 제안하였지만, 우리는 무리들이 그 제안대로 했다는 것을 듣지 못한다. 제자들은 무리들이 일용할 양식보다 그리스도의 입에서 나오는 말씀을 더 소중히 여겨서 말씀을 듣느라고 배고픔을 잊어버리고 있으니 우리를 보내소서라고 말하지 않았다(제자들도 배가 고팠겠지만). 도리어, 제자들은 무리들을 해산시켜서 돌려보내는 것이 그들에게 친절을 베푸는 것이라고 생각하였다. 원함이 있다면 선한 일에서 예상했던 것보다 더 많은 일을 하고 더 오래 견딜 수 있다는 것을 명심하라.

2. 그리스도께서는 무리들을 모두 먹이라고 명하셨다(37절). 너희가 먹을 것을 주라. 무리들이 몰려들어서 그리스도와 그 제자들이 음식조차 제대로 먹을 수 없었지만(31절), 그렇다고 해서 그리스도께서는 무리들을 굶겨서 보내려 하지 않으시고, 무리들에게 먹을 것을 주라고 명하셨는데, 이것은 우리에게 무례한 자들에게도 친절하게 대할 것을 가르치신 것이다. 그리스도와 그 제자들은 한적한 곳에서 드시려고 한 끼니 분량의 양식을 가져갔지만, 이제 그것들을 무리들에게 나눠주고자 하시는 것이다. 이렇게 그리스도께서는 무리들을 극진히 대접하신다. 무리들은 그리스도의 말씀이라는 영의 양식을 먹었고, 이제 그리스도께서는 무리들에게 육의 양식이 핍절하지 않도록 배려하고 계신다. 안전을 보장해주는 것만이 아니라 양식을 공급해주는 것도 의무에 속한다. 오직 하나님으로 하여금 하늘에서 비를 내려 저수지들을 채우시고, 시온을 향하여 가는 자들을 위하여 눈물 골짜기에 샘이 있게 하셔서 힘을 더하여 주시게 하라(시 84:6-7). 시험하지 않고 오직 믿기만 한다면, 하나님의 섭리는 하나님의 신실한 종들을 결코 실망시키는 법이 없고, 때를 따라 공급되는 놀라운 구원을 통해서 새롭게 힘을 더하여 주신다. 여호와를 앙망하는 자들을 위하여 여호와께서 공급해주시는 여호와 이레를 우리는 자주 보아 왔다.

3. 제자들은 너희가 먹을 것을 주라는 명령을 실행할 수 없는 일로 여겨서 반

대하였다. 우리가 가서 이백 데나리온의 떡을 사다 먹이리이까? 이렇게 제자들은 연약한 믿음으로 말미암아 그리스도께서 내리실 지시를 기다리지 못하고 나름대로의 계산을 해서 그리스도의 명령에 이의를 제기하였다. 그들이 품은 의문은 그들에게 이백 데나리온의 돈이 없다는 것, 돈이 있더라도 그 많은 떡을 갑자기 어디에서 사올 수 있느냐 하는 것, 과연 그 정도 분량의 떡으로 이 많은 무리를 먹일 수 있겠느냐 하는 것이었다. 그런데 모세도 이러한 의문을 제기한 적이 있었다; 그들을 위하여 양 떼와 소 떼를 잡은들 족하오리이까?(민 11:22). 그리스도께서는 자기가 무리들을 위하여 친히 준비하신 것에 제자들이 더 큰 가치를 둘 수 있도록 하기 위하여 제자들로 하여금 스스로 계산하고 가늠하는 것이 얼마나 어리석은 일인지를 보게 하셨다.

4. 그리스도께서 무리를 다 배불리 먹이셨다. 무리들에게는 배에 비축되어 있던 양식인 떡 다섯 개와 여기에 오면서 잡았을 것으로 보이는 물고기 두 마리가 있었는데, 이것이 그들의 메뉴였다. 이것은 그리스도와 그 제자들이 먹기에도 부족한 것이었지만, 과부가 두 렙돈을 헌금하고 마게도냐 교회의 극한 가난이 풍성한 연보를 넘치도록 하게 하였던 것처럼, 무리들은 그것을 그리스도께 드렸다. 우리는 그리스도께서 식사 초대를 받고 가실 때에 다른 사람들도 데리고 가서 함께 식사하심으로써 초대한 사람과 식사를 함께 하면서 동시에 다른 사람들에게 식사를 공급하는 모습을 자주 본다: 그런데 여기에서는 그리스도께서 자신의 책임하에 많은 무리에게 양식을 공급하신다. 이것은 사람들이 그들의 소유로 그리스도를 섬기고자 할 때에 그리스도께서 그 초대를 받아들이신 것은 스스로 다른 방식으로 양식을 공급받을 수 없어서가 아니라(시장하셔도 사람들에게 말할 필요가 없으셨다) 다른 사람들의 초대를 기꺼이 받아들이는 겸손함 때문이었고, 또한 이적을 스스로를 위해서 행하시는 것은 이적의 의도에 맞지 않는 것이었기 때문이었다. 좀 더 자세하게 살펴보자.

(1) 광야에서의 식사는 소박한 것이었다. 그리스도께서는 얼마든지 진수성찬을 마련하실 수 있었지만, 그렇게 하지 않으셨다. 이것을 통해서 그리스도께서는 소박한 음식으로 만족하고 진수성찬을 탐하지 말 것을 가르치시고자 하셨다. 우리에게 꼭 필요한 것들이 있다면, 굳이 맛있는 것이나 흥미를 자극하는 것들은 필요없는 것이다. 하나님께서는 사랑 안에서 우리의 굶주림을 채우도록 식물을 주시지만, 진노 속에서 우리의 탐욕대로 식물을 주신다(시

78:18). 하나님께서 여호와를 경외하는 자들에게 약속하신 것은 진정으로 그들을 먹여주리라는 것이었지 그들에게 잔치를 베풀어주리라는 것은 아니었다. 그리스도와 그 제자들이 소박한 음식을 드셨다면, 우리도 마땅히 그래야 한다.

(2) 손님들은 질서정연하였다. 무리들은 떼를 지어 푸른 잔디 위에 앉았고(39절), 백 명씩 또는 오십 명씩 앉았기(40절) 때문에, 음식을 나누어주기가 한결 쉽고 질서정연하였다. 하나님은 어지러움의 하나님이 아니시요 오직 질서의 하나님이시다. 이렇게 그리스도께서는 거기에 온 모든 사람이 충분히 먹되 한 사람도 빠지거나 과식하지 않도록 세심한 배려를 하셨다.

(3) 그리스도께서는 음식을 놓고 축사하셨다. 하늘을 우러러 축사하시고. 그리스도께서는 제자들 중 한 사람에게 축사하라고 하지 않으시고 직접 축사하셨다(41절). 이 축사 덕분에 기이하게도 떡과 물고기가 불어나서, 무리들이 오천 명이나 되었지만, 그들이 다 배불리 먹었다(42, 44절). 이 의미심장한 이적은 그리스도께서 위대한 치유자로서만이 아니라 위대한 공급자로서 이 세상에 오셨고, 영적인 생명을 회복시키실 뿐만 아니라 보존하고 양육하기 위하여 오셨다는 것을 보여준다. 그리고 그리스도 안에는 그에게 나아오는 모든 자에게 줄 수 있는 충분한 것이 준비되어 있어서, 모든 자의 영혼을 채워주고 그들의 곳간을 채워주기에 충분하다. 그리스도께 나아오는 자는 아무도 빈손으로 돌아감이 없이 충만하게 채움을 받게 된다.

(4) 그리스도께서는 무리들이 먹고 남은 열두 바구니나 되는 조각들에 관심을 가지셨다. 그리스도께서는 충분한 떡을 공급해주셨지만, 남은 조각들에 대한 관심을 통해서 우리에게 하나님께서 공급해주신 선한 것들 중 그 어느 것이라도 허비해서는 안 된다는 것을 가르쳐주시고자 하신 것이다. 얼마나 많은 사람들이 우리가 버리는 조각들을 원하고 있으며, 우리도 그 조각들을 필요로 할 때가 있을지 알지 못한다는 것을 기억하라.

[45]예수께서 즉시 제자들을 재촉하사 자기가 무리를 보내는 동안에 배 타고 앞서 건너편 벳새다로 가게 하시고 [46]무리를 작별하신 후에 기도하러 산으로 가시니라 [47]저물매 배는 바다 가운데 있고 예수께서는 홀로 뭍에 계시다가 [48]바람이 거스르므로 제자들이 힘겹게 노 젓는 것을 보시고 밤 사경쯤에 바다 위로 걸어서 그들에게 오

사 지나가려고 하시매 [49]제자들이 그가 바다 위로 걸어 오심을 보고 유령인가 하여 소리 지르니 [50]그들이 다 예수를 보고 놀람이라 이에 예수께서 곧 그들에게 말씀하여 이르시되 안심하라 내니 두려워하지 말라 하시고 [51]배에 올라 그들에게 가시니 바람이 그치는지라 제자들이 마음에 심히 놀라니 [52]이는 그들이 그 떡 떼시던 일을 깨닫지 못하고 도리어 그 마음이 둔하여졌음이러라 [53]건너가 게네사렛 땅에 이르러 대고 [54]배에서 내리니 사람들이 곧 예수신 줄을 알고 [55]그 온 지방으로 달려 돌아 다니며 예수께서 어디 계시다는 말을 듣는 대로 병든 자를 침상째로 메고 나아오니 [56]아무 데나 예수께서 들어가시는 지방이나 도시나 마을에서 병자를 시장에 두고 예수께 그의 옷가에라도 손을 대게 하시기를 간구하니 손을 대는 자는 다 성함을 얻으니라.

이 이야기는 마태복음 14:22 이하에 이미 나왔지만, 마태복음에서 언급되었던 베드로에 관한 내용이 여기에는 생략되어 있다. 좀 더 살펴보기로 하자.

I. 무리들을 흩어지게 하심. 그리스도께서는 제자들을 재촉하사 배 타고 앞서 건너편 벳새다로 가게 하셨는데, 제자들은 그리스도께서 육로로 그들을 뒤따라오실 것이라고 생각하였을 것이다. 무리들은 흩어지기를 싫어하였기 때문에, 그리스도께서 그들을 돌려보내시는 데에는 상당한 시간과 수고를 하여야 했다. 사람들은 방금 좋은 식사를 했으므로 서둘러서 떠나고자 하지 않았다. 그러나 이 세상에 사는 동안에 여기에는 영원한 도성이 없기 때문에 우리는 그리스도와의 교제 속에만 계속해서 머물러 있을 수는 없다. 영원한 잔치는 장래에 예비되어 있다.

II. 그리스도께서는 기도하러 산으로 가셨다. 1. 그리스도께서는 기도하셨다. 그는 설교 사역을 많이 하셨지만, 기도도 마찬가지로 많이 하셨다. 그는 자주 기도하셨고 오래 기도하셨다. 이것은 그리스도께서 하나님 아버지의 우편에서 우리를 위해 드리고 계시는 저 끊임없는 중보기도를 의지하는 우리에게 큰 힘이 된다. 2. 그리스도께서는 기도하러 홀로 가셨다. 그는 마음이 흩어지는 것이나 허식(虛飾)을 피하기 위하여 한적한 곳으로 물러나 계실 필요는 없었지만, 우리에게 모범을 보여주시고 우리로 하여금 하나님과 은밀한 가운데 대화를 나누도록 격려하기 위하여 홀로 기도하셨고 골방이 없었기 때문에 기도하러 산으로 가셨다. 선한 사람은 홀로 하나님과 함께 있을 때에 가장 덜 고적하다.

Ⅲ. 제자들은 바다에서 어려움을 겪었다. 바람이 거스르므로(48절), 제자들은 힘겹게 노를 저었지만 앞으로 나아갈 수가 없었다. 이것은 그들이 나중에 복음을 전하기 위하여 파송을 받게 될 때에 예상될 수 있는 고난들의 한 표본이었다. 그들을 세상에 보내는 것은 역풍 속에서 그들을 바다로 내보내는 것과 같은 것이었다. 그들은 거센 풍랑과 싸우기 위해서 땀 흘려 노를 젓고 애를 써야 한다. 또한 파도에 의해서 배가 출렁거리듯이, 그들은 원수들의 핍박을 예상하지 않으면 안 된다. 이렇게 그리스도께서는 그들을 역풍에 노출시킴으로써 그러한 곤경에 대비하여 훈련시켜서 그들로 하여금 고난을 견뎌내는 법을 배울 수 있게 하셨다. 흔히 교회는 풍랑으로 심하게 흔들리되 위로를 받을 수 없는 바다에 떠있는 배와 같다. 우리에게 그리스도께서 계시지만, 여전히 바람과 물결은 우리를 거슬러 공격해 온다. 그러나 주님께서 하늘의 성산에서 중보기도를 하고 계시다는 것은 폭풍 속에 놓여 있는 그리스도의 제자들에게 큰 위로가 된다.

Ⅳ. 그리스도께서는 자비롭게도 물 위를 걸으셔서 제자들을 찾아오셨다. 그리스도께서는 그가 계신 곳에서 바람을 제어하실 수도 있었고, 천사를 보내어서 제자들을 구하실 수도 있었지만, 가능한 한 가장 애정을 표현하는 방식으로 제자들을 도우시기로 결심하고, 직접 그들에게 찾아오셨다.

1. 그리스도께서는 밤 사경쯤에, 즉 새벽 세 시가 될 때까지는 오지 않으셨다. 그러나 그 때가 되자 그는 오셨다. 그리스도께서는 자기 백성을 찾아오시는 것이 오래 지체된다고 하여도 마침내 찾아오시며, 하나님의 백성이 처한 극단적인 상황은 그리스도께서 그들에게 찾아오시기에 적절한 기회가 된다는 것을 명심하라. 구원이 지체되더라도, 우리는 기다리지 않으면 안 된다. 비록 더딜지라도 기다리라 지체되지 않고 반드시 응하리라.

2. 그리스도께서는 물 위로 걸어서 오셨다. 바다는 지금 풍랑이 거세었지만, 그리스도께서는 그 바다 위로 걸어서 오셨다. 높이 계신 여호와의 능력은 많은 물 소리와 바다의 큰 파도보다 크기 때문이다(시 93:3-4). 정해진 때가 이르면, 그 어떤 난관도 그리스도께서 자기 백성에게 찾아오시는 은혜를 가로막을 수 없다. 그리스도께서는 자기 백성을 구하시기 위해서는 아무리 험한 바다도 뚫고

오신다(시 42:7-8).

3. 그리스도께서는 지나가려고 하셨다. 이것은 그리스도께서 마치 제자들을 못 본 척하시고 계속해서 더 가시려고 하신 것처럼 얼굴을 정면으로 향한 채 자신의 길을 가시고자 했다는 것을 뜻한다. 그리스도께서 이렇게 하신 것은 제자들로 하여금 정신이 번쩍 들어서 그를 부르도록 하기 위한 것이었다. 하나님께서는 자기 백성을 구원하기 위하여 의도적이고 직접적으로 행하시지만, 종종 그들의 곤경을 못 본 척하고 지나가시는 것처럼 보일 때가 있다. 제자들은 그리스도께서 지나가시려고 하셨다고 생각하였지만, 그리스도께서는 결코 그들을 지나치고자 하지 않으셨다는 것을 우리는 확신한다.

4. 제자들은 그리스도를 보자 유령인 줄 알고 기겁하였다. 그들이 다 예수를 보고 놀람이라(50절). 그들은 물 위로 걸어오신 그리스도를 이 풍랑을 일으켜서 그들을 괴롭히고 있는 유령 또는 귀신이라고 생각하였다. 우리는 흔히 우리 자신의 공상과 상상으로 만들어낸 것들을 유령이라고 생각하여 무서워하며 어쩔 줄 몰라한다.

5. 그리스도께서는 자기가 누군지를 알리심으로써 제자들의 두려움을 진정시키고 용기를 주셨다. 그는 제자들을 향하여 다정하게 안심하라 내니 두려워하지 말라고 하셨다. (1) 우리는 그리스도께서 스스로를 우리에게 계시하시기를 기뻐하실 때까지는 그리스도를 알지 못한다. "나다. 너희의 주, 너희의 친구, 너희의 구속자이자 구주인 나다. 너희를 돌보기 위하여 이 괴로움 많은 세상, 이 험한 바다에 온 나다." (2) 그리스도께서 홀로 계시고 우리 가까이 계신다는 것을 아는 것은 그리스도의 제자들로 하여금 얼마든지 폭풍 속에서도 더 이상 두려워하지 않고 안심할 수 있게 만들어준다. 그리스도께서 함께 계신다면, 내가 왜 두려워하겠는가? 너와 함께 계시는 분이 그리스도이니, 안심하라 두려워하지 말라. 우리의 오해들, 특히 그리스도에 관한 오해들을 바로잡는다면, 우리의 두려움은 순식간에 사라지고 만다. 창세기 21:19과 열왕기하 6:15-17을 보라. 비바람이 몰아치는 날에도 그리스도께서 우리와 함께 하시면, 먹장 구름들이 우리 주위를 둘러싼다고 하더라도, 우리는 넉넉히 안심할 수 있다. 그리스도께서 나다라고 말씀하셨다. 그리스도께서는 자기가 누구라는 것을 말씀하지 않았지만(그럴 경황이 없었다), 양들이 목자의 음성을 알듯이, 제자들은 주님의 음성을 알았다(요 10:4). 아가서에 나오는 신부의 입에서는 거듭

거듭 나의 사랑하는 자의 목소리로구나!(아 2:8. 5:2)라는 말이 너무도 쉽게 흘러 나온다. 그리스도께서는 에고 에이미("내가 그니라" 또는 "나는 존재한다")라고 말씀하셨는데, 이것은 하나님께서 이스라엘을 구원하기 위하여 나타나셨을 때에 모세에게 일러준 하나님의 이름이었다(출 3:14). 이제 이 이름은 자기 제자들을 구원하시기 위하여 오신 그리스도의 이름으로 사용된다. 그리스도께서 그를 무력으로 잡으러 온 자들에게 내가 그니라고 말씀하셨을 때, 그들은 그 말씀을 듣고 땅에 엎드렸다(요 18:6). 그리스도께서 그를 믿음으로 알고자 하여 온 자들에게 내가 그니라고 말씀하셨을 때, 그들은 그 말씀을 듣고 깨달아서 위로를 받는다.

6. 그리스도께서는 배에 올라 그들에게 가셨다. 그는 제자들이 있는 배에 오르심으로써 그들을 완전히 안심하게 하셨다. 주님이 그들과 함께 있게 되자, 모든 것이 형통하였다. 그리스도께서 배에 오르시자마자, 바람이 그쳤다. 앞서 폭풍을 만났을 때에는 예수께서 깨어 바람을 꾸짖으시며 바다더러 이르시되 잠잠하라 고요하라 하셨었다(막 4:39). 그런데 여기에서는 그러한 공식적인 명령이 없었는데도, 바람이 갑자기 그쳤다. 우리 주 예수께서는 엄숙한 명령을 통해서가 아니라도 항상 자신의 일을 효과적으로 수행하실 수 있다는 것을 명심하라. 비록 명령이 없었더라도 바람이 그쳤듯이, 그리스도께서 배에 계시면, 우리는 잔잔해지는 위로를 받게 되는데, 이것은 부지중에 그리스도의 명령이 발해졌기 때문이다(아 6:12). 우리가 그리스도와 함께 천국에 이르게 되면, 바람은 즉시 그치게 된다. 하늘 저 높은 곳에는 폭풍이 없다.

7. 제자들은 이 이적에 대하여 지나칠 만큼 깜짝 놀라고 두려워하였는데, 이러한 두려움의 밑바닥에는 분명히 책망받을 만한 것이 있었다. 제자들이 마음에 심히 놀라니. 그들은 넋이 나가 있었다. 그들은 마치 이 이적이 도저히 상상도 할 수 없는 새로운 일이고, 마치 그리스도께서 이와 같은 일을 전에 한 번도 행하신 적이 없으며, 지금도 그리스도께서 이런 일을 행하실 것 같지 않다고 여기는 태도를 보였다. 그들은 이 일을 통해서 그리스도의 권능을 찬양하고 그리스도께서 하나님의 아들이시라는 믿음을 굳게 하는 것이 마땅한 일이었다. 그런데도 왜 그들은 이토록 당황한 것일까? 그것은 그들이 그 떡 떼시던 일을 깨닫지 못하고 있었기 때문이었다. 만약 그들이 오천 명을 먹이신 이적의 의미를 제대로 깨달았다면, 그들은 결코 이 이적에 대하여 그토록 놀라거나

당황해하지 않았을 것이다. 왜냐하면, 떡 다섯 개로 오천 명을 먹이신 이적은 물 위로 걸어오신 이적만큼이나 그리스도의 권능을 보여주는 위대한 사건이었기 때문이다. 제자들은 이상하리만큼 둔하고 사려가 없었고, 그들의 마음은 완악해져 있었다. 만약 그렇지 않았다면, 그들은 그리스도께서 잠잠하라고 명하신 것을 믿기지 않는 일로 생각하지 않았을 것이다. 우리가 그리스도의 현재적인 역사(役事)들에 대하여 마치 그와 같은 일이 전에 한 번도 없었던 것처럼 어쩔 줄 몰라하는 것은 그리스도께서 행하신 이전의 역사들을 우리가 올바르게 깨닫지 못했기 때문이다.

V. **그리스도 일행이 벳새다와 가버나움 사이에 있던 게네사렛 땅에 이르렀을 때에 사람들은 그들을 크게 환영하였다.** 그곳 사람들은 곧 예수신 줄을 알아 보았는데(54절), 사람들은 그리스도께서 가시는 곳마다 능력 있는 일들을 행하신 만병의 치유자이시라는 것을 이미 알고 있었다. 또한 그들은 한 곳에 오래 머무시지 않는다는 것을 알고 있었기 때문에, 그리스도께서 그들을 찾아오신 이번 기회를 잘 활용하고자 하였다. 그들은 온 지방으로 달려 돌아다니며 예수께서 어디 게시다는 말을 듣는 대로 병든 자를 침상째로 메고 나아왔다. 그들은 병 고침을 받고자 하는 소망이 있었기 때문에 몸을 사리지 않았다(55절). 그리스도께서 가시는 곳은 지방이나 도시나 마을을 가리지 않고 수많은 병자들이 모여들었다. 그들은 그리스도께서 지나가시는 길에 병자를 두고, 그리스도께 그의 옷가에라도 손을 대게 하시기를 간구하였다 ─ 이 방법은 혈루증 앓는 여자가 처음으로 도입한 방법이었다: 손을 대는 자는 다 성함을 얻으니라. 하지만 그들은 병 고침을 받고자 했을 뿐이고 그리스도에게서 가르침을 받고자 한 것은 아닌 것 같다. 만약 사역자들이 사람들의 육신의 질병들을 치유할 수 있다면, 얼마나 많은 무리들이 그들을 찾아오겠는가! 그러나 대부분의 사람들이 그들의 영혼보다 몸에 훨씬 더 많은 관심을 가지고 있다는 것은 참으로 서글픈 일이다.

제
— 7 —
장

개요

이 장에는 다음과 같은 내용들이 나온다. I. 그리스도께서 씻지 않은 손으로 음식을 먹는 문제를 놓고 서기관들 및 바리새인들과 논쟁하심(1-13절). 그리스도께서 이 기회를 빌려서 사람들에게 필요한 가르침들을 베푸시고 제자들에게 더 자세하게 설명해주심(14-23절). II. 그리스도께서 귀신 들린 가나안 여자의 딸을 고쳐주심(24-30절). III. 그리스도께서 귀 먹고 말을 더듬는 사람을 고쳐주심(31-37절).

[1]바리새인들과 또 서기관 중 몇이 예루살렘에서 와서 예수께 모여들었다가 [2]그의 제자 중 몇 사람이 부정한 손 곧 씻지 아니한 손으로 떡 먹는 것을 보았더라 [3][바리새인들과 모든 유대인들은 장로들의 전통을 지키어 손을 잘 씻지 않고서는 음식을 먹지 아니하며 [4]또 시장에서 돌아와서도 물을 뿌리지 않고서는 먹지 아니하며 그 외에도 여러 가지를 지키어 오는 것이 있으니 잔과 주발과 놋그릇을 씻음이러라] [5]이에 바리새인들과 서기관들이 예수께 묻되 어찌하여 당신의 제자들은 장로들의 전통을 준행하지 아니하고 부정한 손으로 떡을 먹나이까 [6]이르시되 이사야가 너희 외식하는 자에 대하여 잘 예언하였도다 기록하였으되 이 백성이 입술로는 나를 공경하되 마음은 내게서 멀도다 [7]사람의 계명으로 교훈을 삼아 가르치니 나를 헛되이 경배하는도다 하였느니라 [8]너희가 하나님의 계명은 버리고 사람의 전통을 지키느니라 [9]또 이르시되 너희가 너희 전통을 지키려고 하나님의 계명을 잘 저버리는도다 [10]모세는 네 부모를 공경하라 하고 또 아버지나 어머니를 모욕하는 자는 죽임을 당하리라 하였거늘 [11]너희는 이르되 사람이 아버지에게나 어머니에게나 말하기를 내가 드려 유익하게 할 것이 고르반 곧 하나님께 드림이 되었다고 하기만 하면 그만이라 하고 [12]자기 아버지나 어머니에게 다시 아무것도 하여 드리기를 허락하지 아니하여 [13]너희가 전한 전통으로 하나님의 말씀을 폐하며 또 이같은 일을 많이 행하느니라 하시고 [14]무리를 다시 불러 이르시되 너희는 다 내 말을 듣고 깨달으라 [15]무엇이든지 밖에서 사람에게로 들어가는 것은 능히 사람을 더럽게 하지 못하되 [16]사

람 안에서 나오는 것이 사람을 더럽게 하는 것이니라 하시고 [17]무리를 떠나 집으로 들어가시니 제자들이 그 비유를 묻자온대 [18]예수께서 이르시되 너희도 이렇게 깨달음이 없느냐 무엇이든지 밖에서 들어가는 것이 능히 사람을 더럽게 하지 못함을 알지 못하느냐 [19]이는 마음으로 들어가지 아니하고 배로 들어가 뒤로 나감이라 이러므로 모든 음식물을 깨끗하다 하시니라 [20]또 이르시되 사람에게서 나오는 그것이 사람을 더럽게 하느니라 [21]속에서 곧 사람의 마음에서 나오는 것은 악한 생각 곧 음란과 도둑질과 살인과 [22]간음과 탐욕과 악독과 속임과 음탕과 질투와 비방과 교만과 우매함이니 [23]이 모든 악한 것이 다 속에서 나와서 사람을 더럽게 하느니라.

그리스도께서 오신 큰 목적 중의 하나는 하나님께서 제정하신 의식법(儀式法)을 무효화하고 폐기하는 것이었다. 이를 위해서 그리스도께서는 사람들이 만들어서 하나님의 율법에 덧붙인 의식법을 가장 먼저 문제삼아서, 제자들을 그러한 의식법의 준수 의무로부터 해방시키시는데, 바리새인들이 제자들이 의식법을 지키지 않는다고 트집잡는 것을 계기로 삼아서 이 일을 행하신다. 이 바리새인들과 서기관들은 우리의 구주께서 큰 인기와 명성을 얻고 있음을 듣고서 시비를 걸기 위해서 예루살렘을 떠나 130 내지 160km떨어진 갈릴리로 왔다. 만약 그들이 그리스도에게서 가르침을 받기 위해서 이렇게 먼 길을 온 것이라면, 그들의 열심은 칭찬할 만한 것이다. 그러나 그리스도를 대적하고 복음의 진보를 가로막기 위하여 그토록 먼 길을 온 것이었기 때문에, 그들의 악은 참으로 큰 것이었다. 예루살렘의 서기관들과 바리새인들은 스스로 지방의 성직자들보다 더 훌륭하고 권위가 있는 것으로 생각하여, 세례 요한의 경우에서처럼(요 1:19) 수시로 조사단을 파견하였던 것으로 보인다.

I. 장로들의 전통은 무엇이었는가? 장로들의 전통에 의하면, 모든 사람은 식사 전에 손을 씻어야 하였다. 이 관습은 청결을 위한 것으로서 그 자체로는 아무런 해악도 없었다. 그렇지만 이 관습을 지나치게 강조하면, 그것은 흙으로 된 몸에 지나친 관심을 갖게 만드는 결과를 가져오게 된다. 그런데도 바리새인들은 이 관습을 경건과 결부시켜서 그 준수 여부를 자연스럽게 내버려두지 않고 간섭하고자 하였다. 이 관습을 지키느냐 지키지 않느냐 하는 것은 사람들의 자유에 속하는 것이었다. 그러나 그들은 그들의 권세를 이 문제에 개입시켜서, 모든 사람에게 이 관습을 지키도록 명령하였고, 명령을 준수하지 않

는 경우에는 출교시키는 벌을 가하였다. 바리새인들은 이것을 장로들의 전통으로 지켰다. 천주교도들은 교회 및 교회법의 권위와 전통성에 대하여 열심이고 공의회들과 교부들에 대하여 많이 말하지만, 그들의 열심은 다만 그들 자신의 부와 이익과 권력에 대한 열심에 불과하다. 바리새인들도 마찬가지였다.

우리는 여기에서 바리새인들과 모든 유대인들이 이 전통을 지켰다는 설명을 보게 된다(3-4절).

1. 그들은 손을 씻었다. 본문에서는 그들이 손을 씻는 모습을 퓌그메로 표현하였다. 비평학자들은 이 단어를 많이 연구하였는데, 어떤 이들은 이 단어가 손을 자주 씻은 것을 나타낸다고 말하고(우리도 그렇게 번역하였다), 어떤 이들은 손을 정성스럽게 씻은 것을 의미한다고 말하며, 어떤 이들은 손을 씻을 때에 손목까지만 씻어야 했기 때문에 대단히 조심해서 씻는 것을 나타낸다고 주장하고, 어떤 이들은 씻은 손에 아직 남아 있는 물이 팔꿈치로 흘러내리도록 하기 위하여 손을 높이 든 것을 나타낸다고 말한다.

2. 그들은 특히 떡을 먹기 전에 손을 씻었다. 즉, 그들은 정식 식사를 하기 위해서 앉기 전에 손을 씻었는데, 이것은 규칙이었다. 그들은 떡을 하나님께 축사하기 전에 반드시 손을 씻어야 했다. "떡을 주신 분을 찬송하라는 축사를 한 떡을 먹는 자는 누구나 식사 전후에 손을 씻어야 한다." 그렇지 않은 사람은 부정한 것으로 생각되었다.

3. 그들은 시장에서 돌아와서는 특별히 세심한 주의를 기울여서 반드시 손을 씻었다. 또한 법정에서 돌아와서도 손을 씻는 사람들도 있었다. 이것은 온갖 종류의 사람들이 모이는 곳에는 부정한 이방인이나 유대인이 있을 수 있기 때문에 그런 자들을 가까이 함으로써 스스로 부정하게 되었을 수 있다는 인식을 보여주는 것이다: 너는 네 자리에 서 있고 내게 가까이 하지 말라 나는 너보다 거룩함이라(사 65:5). 그들은 랍비들의 규칙은 이런 것이었다고 말한다 — 그들이 아침에 제일 먼저 손을 잘 씻은 상태에서 온 종일 홀로 있게 되는 경우에는 그 효력이 하루 종일 유지되지만, 사람들이 모이는 곳에 갔다면, 그들은 돌아와서 손을 씻기 전까지는 먹거나 기도해서는 안 된다. 이런 식으로 장로들은 백성들 가운데서 거룩하다는 명성을 얻었고, 백성들에 대한 권위를 행사하고 유지하였다.

4. 그들은 이 전통에다 잔과 주발과 놋그릇을 씻는 관습을 추가하였는데, 이

것은 이 그릇들이 이방인들 또는 부정한 사람들에 의해서 사용되었을 수 있다고 생각하였기 때문이었다. 또한 그들이 식사하는 데 사용하는 식탁 자체도 그렇게 하였다. 모세의 율법에는 씻으라고 규정한 경우들이 많이 있었다. 그러나 그들은 하나님께서 제정하신 것들만큼이나 많은 규정들을 율법에 추가하여 지키도록 강제하였다.

II. 그리스도의 제자들은 어떻게 행하였는가? 그들은 율법이 무엇이고 일반적인 관습이 무엇인지를 알고 있었지만, 그런 것들에 의해서 얽매어 있을 수 없다는 것도 아주 잘 깨닫고 있었다: 그들은 부정한 손 곧 씻지 아니한 손으로 떡을 먹었는데(2절), 사람들은 씻지 아니한 손으로 먹는 것을 부정한 손으로 먹는다고 말하였다. 이렇게 사람들은 그들이 지키는 헛된 미신들과 맞지 않는 모든 것에 나쁜 명칭을 붙임으로써 그 미신들을 유지한다. 제자들은 바리새인들이 그들을 주시하고 있다는 것을 알고 있었을 것이지만, 그들의 전통을 따름으로써 그들을 기분좋게 해 주고자 하지 않았고, 도리어 다른 때와 마찬가지로 자유스럽게 씻지 아니한 손으로 음식을 먹었다. 이 점에서 제자들의 의는 아무리 부족한 것이었다고 하더라도 서기관들과 바리새인들의 의보다 훨씬 더 나았다(마 5:20).

III. 바리새인들의 공격. 그들은 흠을 잡아내었다(2절). 그들은 제자들을 망령되고 방종한 자들, 예식들을 정하는 교회의 권능에 복종하지 않고 패역하며 당파적이고 분리주의적인 자들이라고 비난하였다. 그들은 주님이 제자들을 제지하고 전통을 따르도록 지시할 것이라고 기대하고서, 그리스도께 제자들의 행위에 대하여 항의하였다. 자기가 무언가를 만들어내어 사람들에게 강제하는 것을 좋아하는 자들은 보통 마치 그리스도께서 그들에게 호의를 보이고 있고 그리스도의 권위가 그들이 만들어낸 것들을 강제하며 거기에 따르지 않는 자들을 책망하기라도 하는 것처럼 보이기 위하여 그리스도에게 호소한다. 그들은 왜 당신의 제자들은 우리가 하는 것처럼 하지 않느냐(사실 자신들을 표준으로 삼고자 했던 그들은 바로 이것을 의도하였다)고 물은 것이 아니라 어찌하여 당신의 제자들은 장로들의 전통을 준행하지 아니하나이까?라고 물었다(5절). 이 질문에 대한 대답은 아주 쉽다: 제자들은 그리스도의 가르침을 받음으로써 명철함이 모든 스승보다 나으며 노인보다 나았기 때문이다(시 119:99-100).

IV. 그리스도께서 제자들을 옳다고 하심.

1. 그리스도께서는 이 예식을 부과한 사람들이 지닌 권세를 놓고 바리새인들과 논쟁하셨다. 그리고 바리새인들은 이 예식을 가장 꼼꼼하게 지키는 자들이었기 때문에 대화하기에 가장 적절한 상대였다. 그러나 그리스도께서는 이 문제를 무리들에게는 공개적으로 말씀하지 않으셨는데(14절에 나오는 무리를 다시 불러라는 표현이 이것을 보여준다), 이것은 그가 무리들을 부추겨서 통치자들에게 불만을 품은 파당을 만드는 것처럼 보이지 않게 하시기 위한 것이었다. 그리스도께서 여기에서 하신 말씀은 관련된 사람들에 대한 책망으로 제시되었다: 각 사람에 맞게 대하라(Suum cuique)는 말이 있다.

(1) 그리스도께서는 종교적 예식들을 지킴에 있어서 하나님을 공경하는 마음이 실제로는 전혀 없음에도 불구하고 그런 체하는 그들의 외식(外飾)을 책망하신다(6-7절). 이 백성이 입술로는 나를 공경하되: 그들은 하나님의 영광을 위하여 이방인들로부터 스스로 구별하기 위하여 이러한 종교적 예식들을 부과하는 체한다. 마음은 내게서 멀도다: 그러나 실제로 그들의 마음을 지배하고 있는 것은 야망과 탐욕이다. 그들은 실제로는 주 하나님의 거룩한 백성이 아님에도 불구하고 사람들로부터 그러한 자들로 인정받고 싶어한다. 그들은 겉으로만 모든 종교적인 예식들을 행하였을 뿐이고, 그들의 마음은 하나님 보시기에 옳지 않았기 때문에, 그것은 하나님을 헛되이 경배하는 것이었다. 왜냐하면, 하나님은 그러한 거짓 경건들을 기뻐하지 않으셨고, 그들도 거짓 경건들에 의해서 유익을 얻지 못했기 때문이다.

(2) 그리스도께서는 장로들과 지도자들이 만들어낸 것들과 교훈들을 신봉하는 것에 대하여 그들을 책망하신다. 사람의 계명으로 교훈을 삼아 가르치니. 그들은 큰 경건의 원칙들을 백성들에게 역설했어야 했음에도 불구하고, 도리어 그들의 교회법을 강제하고, 그 법을 지키느냐의 여부에 따라서 사람들을 진정한 유대인이냐 아니냐를 판단하였을 뿐이고, 사람들이 하나님의 율법을 순종하여 살고 있느냐 하는 것은 전혀 고려하지 않았다. 모세 율법에 의해서 여러 가지 씻는 예법들이 부과되어 있었던 것은 사실이지만(히 9:10), 그것들은 우리가 하나님과 교통하는 데에 절대적으로 필요하여서 하나님께서 요구하신 것, 즉 내적으로 마음을 세상적인 정욕으로부터 깨끗하게 하여야 한다는 것을 나타내기 위한 것들이었다. 그러나 그들은 이러한 본질을 제시하기는커녕 주제넘게 그들이 만들어낸 예식들을 더하며, 잔과 주발을 씻는 일에 열중하였다.

그리스도께서 그 외에도 여러 가지 지키어 오는 것이 있으니(8절)라고 덧붙여 말씀하신 것을 주목하라. 미신은 끝이 없다는 것을 명심하라. 사람이 만들어내고 고안해낸 것 한 가지가 허용된다면, 그것이 여기에 나오는 손 씻는 예식처럼 아무리 해가 없는 것이라 하더라도, 그 밖의 다른 많은 것들(개역에서는 그 외에도 여러 가지)이 군대처럼 밀고 들어올 문이 열려버리고 마는 것이다.

  (3) 그리스도께서는 그들이 하나님의 계명을 버리고 그들의 설교 속에서 하나님의 계명을 역설하지 않고 간과하며 그들의 훈육 속에서 하나님의 계명이 더 이상 효력이 없다는 듯이 그 계명을 범해도 묵인하는 것에 대하여 책망하신다(8절). 사람의 계명을 따른 것이 가져온 재앙은 사람의 계명에 열심인 자는 너무도 자주 경건의 본질적인 의무들에 대해서는 거의 열심이 없고 그 의무들이 버려진 채로 있는 것을 보고도 아무렇지도 않을 수 있다는 것이다. 그들은 하나님의 계명을 버렸다(9절). 너희가 하나님의 계명을 잘 저버리는도다. 심지어 너희가 전한 전통으로 하나님의 말씀을 폐하기까지 한다(13절). 하나님의 계명은 낡아빠진 율법으로 치부되어 잊혀져 있을 뿐만 아니라 사실상 폐지된 상태로 있어서 그 자리를 사람의 전통들이 차지하고 있다. 그들은 율법을 해설하고 시행하도록 위임을 받았다. 그러나 그들은 그러한 권한을 남용하여 주석을 통해서 본문을 파괴함으로써 율법을 범하고 율법의 구속력을 무력화시켰다. 그리스도께서는 그들에게 특별히 한 예, 악명 높은 예를 드신다 ― 하나님께서는 모세의 율법을 통해서만이 아니라 그것에 앞서 자연법을 통해서도 자녀들에게 부모를 공경하라고 명하셨고, 아버지나 어머니를 모욕하는 자는 죽임을 당하리라(10절)고 하셨다. 그러므로 부모가 가난한 경우에는 그들을 능력껏 봉양하는 것이 자녀의 의무이고, 부모를 굶겨 죽이는 자는 물론이고 부모를 모욕하는 자녀들도 죽어 마땅하다는 것은 쉽게 추론해낼 수 있다. 그러나 그들은 장로들의 전통을 철저하게 따르는 사람은 부모에 대한 이러한 의무로부터 면제된다고 말한다(11절). 부모가 궁핍한 가운데 있고 자녀들에게 부모를 도울 수 있는 여력이 있는데도, 자녀들이 부모를 봉양하고 싶지 않은 경우에 고르반을 통해서, 즉 성전의 금과 제단 위의 예물로써 맹세하면, 부모는 자녀들로부터 도움을 받지 못하고 자녀들은 부모를 봉양하지 않아도 되었다. 만약 부모가 자녀에게 무엇을 요구할 때, 자녀는 이것을 부모에게 말해주면 그만이었다. 이 악한 맹세의 의무를 통해서 자녀들은 마치 자기가 하나님의 거룩한 율법의

의무로부터 해방된 것처럼 생각하였다. 하몬드 박사는 이렇게 말한다: 고대 랍비들의 경전에는 율법에 의해서 명령된 것이든 아니든 맹세하는 것이 가능하다고 되어 있다. 따라서 어떤 사람이 율법을 범하지 않고는 인정될 수 없는 맹세를 하는 경우에 맹세는 인정되고 율법은 범해진다. 휘트비 박사는 자녀들이 수도 서원을 하거나 수도원에 들어가는 경우에는 부모에 대한 모든 의무로부터 면제된다고 말함으로써 천주교도들이 이와 같은 교리를 가르치고 있다고 말하였다. 그리스도께서는 또 이 같은 일을 많이 행하느니라고 말씀을 맺으신다. 일단 하나님의 말씀을 폐하고 사람의 전통을 들어앉힌 후에는 어디에서 그들이 멈추고자 하겠는가? 이렇게 사람이 정한 예식들을 열심히 부과하는 자들은 처음에는 단지 그들의 전통에 치중하느라 하나님의 계명을 경시할 뿐이지만, 나중에는 그들의 전통에 어긋나는 하나님의 계명들을 무효화시킨다. 사실 이미 이사야는 이 모든 것을 예언해 놓았다. 이사야가 당시의 외식하는 자들에 대하여 말한 것들은 서기관들과 바리새인들에게 그대로 적용될 수 있었다(6절). 우리는 현 시대의 악을 보고 불평하지만, 옛날이 오늘보다 낫다고 말한다면, 그것은 지혜로운 것이 아니며 결코 사실이 아니다(전 7:10). 외식하는 자들과 악행하는 자들 중에서 가장 극악한 자들은 예전에도 있었다.

2. 그리스도께서는 사람들에게 이 예식의 근거가 된 원리들에 대하여 가르치신다. 그리스도의 말씀 중에서 이 부분은 사람들에게 공개할 필요가 있었다. 왜냐하면, 그것은 일상적인 관습과 관련되어 있었고, 장로들에 의해서 잘못 인도된 백성들의 큰 오류를 바로잡기 위한 것이었기 때문이다. 그래서 그리스도께서는 무리를 다시 불러서(14절), 내 말을 듣고 깨달으라고 하셨다. 말씀을 듣는 것만으로는 충분하지 않고, 들은 말씀을 깨달아야 한다는 것을 명심하라. 그리스도께서는 식사하기 전에 손을 씻는 바리새인들의 전통을 무너뜨리고자 하셨을 때에 그 뿌리를 형성하고 있는 견해를 공격하신다. 악습(惡習)은 악한 생각을 바로잡음으로써 가장 잘 치유된다는 것을 명심하라.

그리스도께서 이제 그들을 바로잡기 위하여 말씀하시고자 하는 것은 사람에게 해를 끼치는 부정함, 사람을 더럽게 하는 것이 무엇이냐 하는 것이다(15절). (1) 비록 씻지 않은 손으로 먹는다고 하더라도 우리가 먹는 음식은 우리를 더럽히지 않는다. 음식은 밖에서 들어와서 다시 배출되기 때문이다. (2) 우리 마음속에 있는 더러움이 나와서 우리를 더럽힌다. 마음과 양심이 더러워지고 죄를 범할 때, 우리 안에서 나오는 것이 하나님 보시기에 우리를 추하게 만든다. 우리의 악한 언행심사(言行心思)가 우리를 더럽히고, 오직 이것들만이 우리를 더럽힌다. 그러므로 우리는 우리의 마음에서 악을 씻어내는 데에 관심을 가져야 한다.

3. 그리스도께서는 무리들에게 가르치신 것들을 제자들에게 따로 설명해주신다. 제자들은 그리스도께서 홀로 계실 때에 그 비유에 대하여 물었다(17절). 그 가르침이 제자들에게 비유로 보였기 때문이었다.

(1) 그리스도께서는 제자들의 질문에 대답하시면서 그들의 둔함을 책망하신다. "너희도 이렇게 깨달음이 없느냐? 너희도 깨닫지 못하는 백성들과 깨달으려 하지 않는 바리새인들처럼 둔하냐? 너희가 이토록 둔하냐?" 그리스도께서는 제자들이 모든 것을 깨달으리라고 기대하지는 않으셨고, 다만 "너희가 이것조차 깨닫지 못할 정도로 둔하냐?"는 뜻으로 이 말씀을 하신 것이다.

(2) 그리스도께서는 제자들이 깨닫고 믿을 수 있도록 이 진리를 그들에게 설명해 주신다. 이 진리는 그 안에 증거를 지니고 있어서, 깨닫기만 하면 믿을 수 있기 때문이다. 어떤 진리들은 올바르게 설명을 듣고 깨닫기만 한다면 저절로 증명이 된다. 만약 우리가 하나님 및 하나님의 율법이 지닌 영적인 본질을 이해하고, 하나님을 거스르고 우리로 하여금 하나님과 교통하지 못하도록 방해하는 것이 무엇인지를 이해한다면, 우리는 곧 다음과 같은 것들을 깨닫게 된다. [1] 우리가 먹고 마시는 것은 우리를 더럽힐 수 없기 때문에, 그 어떤 종교적인 씻음을 필요로 하지 않는다는 것. 음식은 배로 들어가서, 자연이 정한 대로 몇몇 소화작용과 분비작용을 거쳐서, 거기에 있을 수도 있는 더러운 것들이 뒤로 나가서 없어지기 때문이다. 음식은 배를 위하여 있고 배는 음식을 위하여 있으나 하나님은 이것 저것을 다 폐하시리라. [2] 부패한 마음에서 나오는 것이 우리를 더럽힌다는 것. 의식법에 의하면, 사람에게서 나오는 것이 사람을 더럽히듯이(레 15:2; 신 23:13), 사람의 마음에서 나오는 것이 하나님 앞에서 우리를 더럽히는 것이며 종교적인 씻음을 필요로 한다(21절). 바리새인들이 선하다고 자랑하고 최고의 기관이라고 생각하는 마음, 속에서 곧 사람의 마음에서 나오는 것이 사람을 더럽히고, 바로 그 마음에서 모든 악독이 나온다. 더러운 샘이 더러운 물줄기를 뿜어내듯이, 부패한 마음은 부패한 생각들, 부패한 탐욕들과 정욕들, 그것들에 의해서 만들어진 모든 악한 언행들을 뿜어낸다. 마

태복음에서와 마찬가지로 여기에도 마음에서 나오는 여러 가지 부정한 것들이 구체적으로 언급되어 있다. 거짓 증거는 마태복음에는 나오지만 여기에는 나오지 않는다. 하지만 여기에는 마태복음에 나오는 것들에 일곱 가지가 더 추가되어 있다.

첫 번째는 탐욕인데, 복수형으로 되어 있다. 탐욕의 원어인 플레오넥시아이는 세상의 부(富)와 감각을 만족시키는 것들을 더 많이 가지려고 끝없이 아우성치는 절제되지 못한 욕망을 가리킨다. 그런 까닭에 성경에는 탐욕에 연단된 마음(벧후 2:14)이라는 말씀이 나온다. 두 번째는 악독이다. 악독의 원어인 포네리아이에서는 악의, 증오심, 앙심 등 해악을 가하고자 하고 다른 사람이 잘못되었을 때에 기뻐하는 마음을 가리킨다. 세 번째는 속임이다. 이것은 악을 더욱 안전하고 효과적으로 행하기 위하여 은폐하고 위장하는 것을 가리킨다. 네 번째는 음탕인데, 이것은 사도가 단죄하는 더럽고 어리석은 말, 음욕으로 가득 찬 눈, 모든 방자한 희롱들을 가리킨다. 다섯 번째는 질투, 곧 흘기는 눈, 질투하는 눈, 탐욕스러운 눈으로서, 우리가 남에게 선을 행하기에 인색하거나(잠 23:6) 남이 누리는 좋은 일에 배아파하는 것이다. 여섯 번째는 교만이다. 교만을 가리키는 휘페레파니아는 우리 자신을 남들보다 낫다고 생각하고 다른 사람들을 아래로 보고 멸시하며 조롱하는 것이다. 일곱 번째는 우매함이다. 우매함을 뜻하는 아프로쉬네는 뻔뻔스럽고 무례하며 분별이 없는 것을 가리킨다. 어떤 이들은 이 단어가 여기에서 교만과 연결되어 있다는 점을 근거로 특히 허영심에 들떠서 자랑하는 것을 가리키는 것으로 이해하는데, 이것을 사도 바울은 어리석음이라고 불렀다(고후 11:1, 19). 하지만 나는 이 단어가 많은 해악의 원인이 되는 경솔한 언행을 가리키는 것으로 본다. 복음서 기자는 이 목록 속에서 모든 적극적인 악의 원천인 악한 생각(ill-thinking)을 가장 먼저 배치하고, 우리의 모든 소극적인 악의 원천인 우매함(unthinking)을 가장 나중에 배치하고 있다. 그리스도께서는 이 모든 것들에 대하여 다음과 같이 결론지으신다(23절).

1. 이 모든 것들은 속에서 곧 사람의 마음에서, 부패한 본성, 육적인 마음, 마음의 악한 그릇에서 나온다. 이 모든 것들이 속에서 나오는 것을 볼 때, 심중이 심히 악하다라는 말씀은 너무도 지당하다. 2. 이 모든 것들이 사람을 더럽힌다. 이것들은 사람으로 하여금 하나님과 교통하는 데에 적합하지 못하게 만들고,

양심을 녹슬게 만든다. 이러한 것들을 근절시키고 그 녹을 벗겨내지 못하는 사람은 아무것이나 속된 것은 들어가지 못하는 새 예루살렘에 들어갈 수 없게 된다.

[24]예수께서 일어나사 거기를 떠나 두로 지방으로 가서 한 집에 들어가 아무도 모르게 하시려 하나 숨길 수 없더라 [25]이에 더러운 귀신 들린 어린 딸을 둔 한 여자가 예수의 소문을 듣고 곧 와서 그 발 아래에 엎드리니 [26]그 여자는 헬라인이요 수로보니게 족속이라 자기 딸에게서 귀신 쫓아내 주시기를 간구하거늘 [27]예수께서 이르시되 자녀로 먼저 배불리 먹게 할지니 자녀의 떡을 취하여 개들에게 던짐이 마땅치 아니하니라 [28]여자가 대답하여 이르되 주여 옳소이다마는 상 아래 개들도 아이들이 먹던 부스러기를 먹나이다 [29]예수께서 이르시되 이 말을 하였으니 돌아가라 귀신이 네 딸에게서 나갔느니라 하시매 [30]여자가 집에 돌아가 본즉 아이가 침상에 누웠고 귀신이 나갔더라.

I. 그리스도께서 얼마나 겸손하게 자신을 드러내지 않는 것을 기뻐하셨는지를 보라. 그리스도께서는 갈릴리에서 사람들로부터 그 누구보다도 많은 갈채를 받으셨지만, 선을 행할 기회를 사양하지는 말되 사람들로부터의 갈채는 좋아하지 말라는 것을 우리에게 가르치시기 위하여, 거기에서 떠나서 자기가 별로 알려져 있지 않았던 두로와 시돈의 접경 지대로 가셨다. 그리고 거기에서 그리스도께서는 회당이나 사람들이 모이는 장소로 가시지 않고, 한 집으로 들어가 아무도 모르게 하시려 하였다. 왜냐하면, 성경에서 그리스도에 관하여 그는 다투지도 아니하며 들레지도 아니하리니 아무도 길에서 그 소리를 듣지 못하리라고 예언하였기 때문이다. 이것은 그리스도께서 다른 곳에서와는 달리 여기에서는 복음을 전하고 병을 고쳐주시고자 하지 않으신 것이 아니라, 사람들로 하여금 직접 그리스도를 찾아오도록 하기 위한 것이었다. 나설 때가 있듯이 물러날 때가 있다는 것을 명심하라. 아니면, 그리스도께서는 두로와 시돈의 접경 지대에서 이방인들 사이에 계셨기 때문에, 이스라엘 족속들에게 자신의 영광을 드러내신 것과는 달리 앞에 나서서 자신을 드러내고 싶지 않으셨을지도 모른다.

**II. 그럼에도 불구하고 그리스도께서 얼마나 자비롭게 자신을 나타내시기를

기뻐하셨는지를 보라. 그리스도께서는 비록 이 지방에서 병 고치는 이적을 많이 행하시지는 않았지만 소수의 병자들, 특히 이 기사에 나오는 여자를 만나기 위하여 일부러 오신 것으로 보인다. 그리스도께서는 자신을 숨길 수 없었다. 촛불은 말 아래에 두어 숨길 수 있지만, 해는 숨길 수 없다. 그리스도께서는 너무 잘 알려져 있었기 때문에, 어느 곳에서나 오랫동안 숨어지낼 (incognito) 수 없었다. 그리스도께서 기름 부음 받으신 그 기쁨의 기름은 오른손에 바른 연고처럼 스스로 드러나서 집을 온통 향기로 채워버린다. 그리스도와 대화를 나눈 적이 없고 단지 그의 명성만을 들은 사람들도 곧 이 분이 틀림없이 예수님이다라고 말하게 된다. 좀 더 살펴보자.

1. 고통과 근심 속에 있던 한 가엾은 여자가 그리스도께 드린 간청. 이 여자는 이방인인 헬라인으로서 이스라엘 나라 밖의 사람이요 약속의 언약들에 대하여는 외인(엡 2:12)이었다. 이 여자는 수로보니게 족속으로서 유대교로 개종하지 않은 자였다. 이 여자에게는 더러운 귀신 들린 어린 딸이 있었다. 어린 자녀들이 얼마나 많이 비참하고 불행한 일들을 당하고 있는가!

(1) 이 여자는 매우 겸손하고 애절하며 끈기있게 간구하였다. 예수의 소문을 듣고 곧 와서 그 발 아래에 엎드리니. 그리스도에게서 긍휼하심을 얻고자 하는 자들은 그분의 발 앞에 엎드려, 그분에게 자신을 맡기며, 그분 앞에서 스스로를 낮추고, 자신을 드려서 그분의 통치를 받아야 한다. 그리스도께서는 그의 팔에 안길 만큼 담대함과 확신이 없어서 떨며 두려워하는 가엾은 영혼이라 할지라도 그분 앞에 엎드리는 자를 결코 내치지 않으신다.

(2) 이 여자는 매우 구체적으로 자신의 사정을 아뢰었다. 이 여자는 그리스도께 자기가 무엇을 원하는지를 말씀드린다. 이와 같이 그리스도께서는 가엾은 간구자들이 그에게 나아와 자유롭게 간구하도록 하신다. 여자는 자기 딸에게서 귀신 쫓아내 주시기를 그리스도께 간구하였다(26절). 우리가 자녀들을 위해 그리스도께 간구할 수 있는 최고의 축복은 자녀들의 영혼 속에서 사탄의 세력, 즉 죄의 세력을 깨뜨려달라고 하는 것, 특히 더러운 귀신을 쫓아내어서 자녀들이 성령의 전이 되고 그리스도께서 거하시는 자들이 되게 해달라고 하는 것이다.

2. 그리스도께서 여자의 간구에 대하여 주신 실망스러운 답변(27절). 그리스도께서는 여자에게 이렇게 말씀하셨다: "자녀로 먼저 배불리 먹게 할 것이라.

유대인들은 특별한 방식으로 하나님의 택하신 백성이기 때문에, 기회 있는 대로 그들을 위하여 모든 이적을 행하는 것이 마땅하다. 그리고 유대인들에게 주기로 되어 있는 것을 하나님의 권속도 아니고 하나님을 아는 지식도 없고 하나님에 대한 관심도 없는 자들, 유대인들에 비하면 개들과 같이 천하고 불경스러우며 유대인들에 대하여 개들처럼 행동하여 유대인들을 향하여 으르렁거리고 앙심을 품으며 괴롭히는 자들에게 던져줄 수는 없다.” 그리스도께서는 종종 가엾은 간구자들의 신앙이 강하다는 것을 아시고는 그 믿음을 시험하여 믿음의 폭을 넓히기를 기뻐하신다는 것을 명심하라. 자녀로 먼저 배불리 먹게 할지니라는 말씀은 이방인들을 위해서 긍휼하심이 준비되어 있고 머지않아 그것이 나타날 것임을 암시하고 있다. 유대인들은 이미 그리스도의 복음으로 배가 불러서 싫증을 느끼기 시작하였고, 그들 중 일부는 그리스도께 그 지방에서 떠나시기를 구하기도 하였다. 자녀들은 배가 불러서 음식을 남기기 시작하였기 때문에, 그들이 먹기 싫어서 남긴 것들로 이방인들을 위한 잔치를 열 날이 얼마 남지 않았다. 사도들도 자녀로 먼저 배불리 먹게 하라는 이 규례를 따라서 유대인들에게 먼저 복음을 전하였고, 유대인들의 영혼이 배가 불러서 이 꿀송이 같은 복음을 싫어하게 되었을 때에야 비로소 우리가 이방인에게로 향하노라!고 말하였다.

3. 이 여자는 자기에게 불리한 그리스도의 말씀을 자기에게 유리한 쪽으로 반전시킴(28절). 여자는 이렇게 말하였다: “주여 옳소이다. 자녀의 떡을 취하여 개들에게 던지는 것이 마땅치 않다는 것이 맞는 말씀인 것을 제가 인정합니다. 하지만 개들이 상 아래에서 아이들이 먹던 부스러기를 먹는 것은 허용이 되기 때문에, 개들도 부스러기를 기꺼이 받아먹을 준비가 되어 있습니다. 저는 떡 한 덩어리나 조각을 바라는 것이 아니라 다만 부스러기를 바랄 뿐입니다. 그것조차 거절하지는 말아주십시오.” 여자가 이렇게 말한 것은 그리스도께서 베푸시는 긍휼을 과소평가하거나 그 자체를 경히 여긴 것이 아니라 자기가 들은 바 유대인들이 누린 풍성한 병 고침의 이적들이 잔치를 베푼 것이라면 자기가 간구한 병 고침은 부스러기에 불과하다고 말한 것이다. 이방인들은 유대인들과는 달리 무리를 지어 오지 않았다. 오직 이 여자만이 그리스도께 나아왔다. 아마도 이 여자는 그리스도께서 오천 명을 일시에 먹이신 이적을 들었을 것이고, 따라서 남은 조각들을 거둔 후에도 개들을 위한 약간의 부스러기

들이 남아 있을 수밖에 없었을 것이라고 생각하였을지도 모른다.

4. 그리스도께서 여자의 요청을 허락하심. 여자는 너무도 겸손하고 진지하였기 때문에, 그리스도께서는 이 말을 하였으니 돌아가라 귀신이 네 딸에게서 나갔느니라고 말씀하셨다(29절). 이것은 우리에게 기도하되 낙심하지 말 것과 마침내 승리할 것을 의심하지 말고 끊임없이 기도할 것을 격려한다. 하나님께서 주신 비전은 반드시 이루어진다. 여기서 그리스도께서 하신 말씀은 다른 때에 될지어다라고 하신 말씀과 마찬가지로 효과적으로 이루어졌다. 이 여자는 그리스도의 말씀에 의지해서 집에 돌아가 본 즉 딸이 고침을 받았고, 귀신이 나간 것을 알았다. 그리스도께서는 멀리서도 사탄을 정복하실 수 있다는 것을 명심하라. 귀신들은 그리스도를 본 경우만이 아니라 그리스도를 보지 못한 경우에도 그리스도의 능력에 굴복하는데(3:11), 이것은 주의 성령은 어디에 매어 있거나 제한받지 않으시기 때문이다. 이 여자는 딸이 고통 속에서 뒤척이는 것이 아니라 자기가 완전히 나은 것을 함께 기뻐하기 위하여 어머니가 돌아오기만을 기다리며 아주 평온하게 침상에 누워서 쉬고 있는 모습을 보았다.

[31]예수께서 다시 두로 지방에서 나와 시돈을 지나고 데가볼리 지방을 통과하여 갈릴리 호수에 이르시매 [32]사람들이 귀 먹고 말 더듬는 자를 데리고 예수께 나아와 안수하여 주시기를 간구하거늘 [33]예수께서 그 사람을 따로 데리고 무리를 떠나사 손가락을 그의 양 귀에 넣고 침을 뱉어 그의 혀에 손을 대시며 [34]하늘을 우러러 탄식하시며 그에게 이르시되 에바다 하시니 이는 열리라는 뜻이라 [35]그의 귀가 열리고 혀가 맺힌 것이 곧 풀려 말이 분명하여졌더라 [36]예수께서 그들에게 경고하사 아무에게도 이르지 말라 하시되 경고하실수록 그들이 더욱 널리 전파하니 [37]사람들이 심히 놀라 이르되 그가 모든 것을 잘하였도다 못 듣는 사람도 듣게 하고 말 못하는 사람도 말하게 한다 하니라.

우리 주 예수께서는 자기가 할 일이 어디에 있는지를 알고 계셨기 때문에 한 곳에 오래 머물지 않으시고 장소를 자주 바꾸셨다. 그리스도께서는 가나안 여자의 딸을 고치신 후에는 그 곳에서 자기가 할 일을 다 하신 것이었기 때문에 곧 그 지방을 떠나서 자신이 거처로 삼고 계셨던 갈릴리 호수로 돌아오셨다. 그렇지만 그리스도께서는 곧장 돌아오신 것이 아니고, 거의 요단 강 저편에 있었던 데가볼리 지방을 통과하여 빙 둘러오셨다. 우리 주 예수께서 그렇게 먼 길을 돌아오신 것은 여기저기 다니시며 선을 행하시기 위한 것이었다.

여기에 그리스도께서 행하신 병 고침에 관한 이야기가 나오는데, 이 이야기는 다른 복음서 기자들이 기록하지 않은 것으로서, 귀 먹고 말 더듬는 자에 관한 것이다.

I. 이 사람의 처지는 가련하였다(32절). 사람들이 귀 먹은 자를 데리고 그리스도께 왔다. 어떤 이들은 이 사람이 나면서부터 귀가 먹었기 때문에 당연히 벙어리였을 것이라고 생각하고, 어떤 이들은 이 사람이 병이나 사고로 귀가 먹었거나 잘 못 듣게 되었기 때문에 말하는 데에 장애가 있었을 것이라고 생각한다. 말 더듬는을 가리키는 원어인 모길랄로스와 관련해서 어떤 이들은 이 사람이 완전히 말을 못하는 벙어리였을 것이라고 생각하고, 어떤 이들은 이 사람이 말을 할 수는 있었지만 남들이 거의 알아들을 수 없을 정도로 대단히 심하게 더듬었을 것이라고 생각한다. 이 사람은 혀가 맺혀 있었기 때문에, 대화하는 것이 불가능하였고, 대화의 즐거움과 유익을 모두 박탈당하였다. 그는 남들이 말하는 것을 들을 수도 없었고 자신의 마음을 표현할 수도 없었다. 이 기회를 빌려서 하나님께서 우리에게 청각을 보존해주셔서 특히 하나님의 말씀을 들을 수 있게 해주시고, 말할 수 있는 기관을 보존해주셔서 특히 하나님을 찬양할 수 있도록 해주신 것을 감사하자. 그리고 귀 먹거나 벙어리가 된 사람들을 불쌍히 여겨서 큰 자비로 대하도록 하자. 이 가엾은 사람을 그리스도께 데리고 온 사람들은 선지자들이 여호와의 이름으로 축복하신 것처럼 안수하여 주시기를 간구하였다. 본문에는 그들이 그리스도께 이 사람을 고쳐주시기를 간구한 것이 아니라 안수하여 주시기를 간구하였는데, 이것은 그리스도께서 이 사람의 상태를 잘 살피셔서 뜻대로 능력을 베풀어주시기를 원하였기 때문이었다.

II. 이 사람에 대한 치유는 엄숙하게 이루어졌고, 병 고침과 관련된 몇몇 상황은 특이한 것이었다.

1. 그리스도께서는 그 사람을 따로 데리고 무리를 떠나셨다(33절). 통상적으로 그리스도께서는 모든 사람들이 철저하게 살피고 조사해 볼 수 있도록 하기 위하여 이적들을 공개적으로 행하셨지만, 이번 경우에는 자기가 스스로의 영광을 구하지 않는다는 것을 보여주시고 우리에게 허식(虛飾)의 냄새를 풍기는

것들은 무엇이나 피하도록 가르치시기 위하여 은밀하게 이적을 행하셨다. 그리스도에게서 겸손함을 배우자. 그리고 아무도 보는 자가 없지만 그리스도께서 늘 보고 계시는 은밀한 곳에서 선을 행하자.

2. 그리스도께서는 이 사람을 고치면서 보통 때보다 더 의미심장한 동작들을 사용하셨다. (1) 그리스도께서는 마치 이 사람의 귀를 세척하여 그 귀를 막고 있는 것들을 꺼내기라도 하시는 것처럼 손가락을 그의 양 귀에 넣으셨다. (2) 그리스도께서는 마치 이 사람의 입을 적셔서 맺혀 있던 혀를 풀기라도 하시는 것처럼 자신의 손가락에 침을 뱉어서 그의 혀에 손을 대셨다. 이러한 동작들은 이 사람을 고치는 데에 어떤 기여를 한 것이 아니라, 단지 이 사람 및 그를 데려온 사람들의 믿음을 북돋기 위해서 그리스도께서 지니신 병 고침의 능력을 행사하는 것을 나타내는 상징들일 뿐이었다. 그리스도께서 사용하신 것은 모두 자신에게 속한 것들이었다. 그리스도께서 이 사람의 귀에 넣으신 것은 자신의 손가락들이었고, 이 사람의 혀에 뱉은 것은 자신의 침이었다. 그리스도께서는 오직 혼자 병을 고치신다.

3. 그리스도께서는 하늘을 우러러, 자기가 한 일에 대하여 하나님을 찬송하셨다. 왜냐하면, 그리스도께서는 하나님의 영광을 추구하였고, 하나님의 뜻을 행하였으며, 하나님을 의지하고 바라보며 중보자로서 행하셨기 때문이다. 이렇게 해서, 그리스도께서는 자기가 하나님의 능력, 주님으로서 자기가 하늘로부터 받은 능력, 그가 하늘로부터 가져온 능력으로 이 사람을 고쳤다는 것을 나타내셨다. 왜냐하면, 듣는 귀와 보는 눈은 여호와의 지으신 것이고, 여호와는 귀와 눈을 다시 조성하실 수도 있기 때문이다. 또한 이것을 통해서 그리스도께서는 들을 수는 없었지만 볼 수는 있었던 이 병자로 하여금 구원을 바라는 마음으로 하늘을 우러러보도록 하셨다. 혀가 둔한 모세도 그렇게 하도록 지시를 받았다(출 4:11): 누가 사람의 입을 지었느냐? 누가 말 못 하는 자나 못 듣는 자나 눈 밝은 자나 맹인이 되게 하였느냐? 나 여호와가 아니냐?

4. 그리스도께서는 탄식하셨다. 이것은 그리스도께서 이 이적을 행하시는 데에 어떤 어려움이 있거나 아버지에게서 이적을 행할 수 있는 능력을 얻기 위한 것이 아니라, 우리의 연약함을 동정하시는 자로서 인간의 비참한 삶에 대한 동정심과 고통당하는 자들의 고통에 대한 연민을 나타내신 것이다. 그리고 이 사람과 관련해서 그리스도께서 탄식하신 것은 이 사람에게 은혜를 베푸는

것을 싫어하거나 꺼려하셨기 때문이 아니라 이 사람이 고침을 받은 후에 이전에는 자유로웠던 혀로 짓는 죄들과 많은 유혹들에 빠질 위험성에 노출될 것임을 아셨기 때문이었다. 기꺼이 입에 재갈을 먹이지 않는다면(시 39:1), 이 사람은 차라리 혀가 맺혀 있는 편이 더 나았을 것이다.

5. 그리스도께서는 에바다, 즉 열리라고 말씀하셨다. 이것은 주절거리며 속살거리는 신접한 자와 마술사들(사 8:19)이 사용하는 주문 같은 것이 전혀 아니었다. 그리스도께서는 권세 있는 자로서 말씀하셨고, 그 말씀은 능력을 수반하였다. 열리라는 말씀은 귀와 입 둘 모두에 적용되는 것이었다. "귀가 열리고 혀가 열려서, 그로 하여금 자유롭게 듣고 말하게 하고, 맺힌 것이 풀려지게 하라." 효과는 즉시 나타났다(35절). 귀가 열리고 혀가 맺힌 것이 곧 풀려서 모든 것이 회복되었다. 이 사람이 듣고 말하게 되자마자 그의 곁에 계셨던 찬송을 받으시기에 합당한 예수와 대화를 나누게 된 것은 얼마나 복된 일인가.

(1) 이 병 고침은 그리스도께서 메시야라는 것을 보여주는 증거였다. 왜냐하면, 성경에 그리스도의 능력으로 못 듣는 사람의 귀가 열릴 것이며 말 못하는 자의 혀는 노래하리니(사 35:5-6)라고 예언되어 있기 때문이다.

(2) 이 병 고침은 그리스도의 복음이 사람들의 마음에 어떤 작용을 하는지를 잘 보여주는 표본이었다. 가엾은 죄인들에 대한 복음의 큰 명령과 그리스도의 은혜는 에바다, 곧 열리라는 것이다. 이 말씀을 적용해서, 그로티우스(Grotius)는 몸의 장애들이 그리스도의 능력의 말씀으로 제거되듯이 마음의 내적인 장애들은 그리스도의 성령으로 제거된다고 말한다. 그리스도께서는 루디아의 마음을 열어주셨듯이 마음들을 열어주셔서, 귀를 열어 하나님의 말씀을 듣게 하시고, 입을 열어 하나님을 찬양하며 기도하게 하신다.

6. 그리스도께서는 이 일을 비밀에 부치도록 당부하셨지만, 이 일은 사람들에게 널리 알려졌다. (1) 그리스도께서 그들에게 경고하사 아무에게도 이르지 말라고 하신 것은 그의 겸손을 보여주는 것이다(36절). 대부분의 사람들은 자신의 선행을 사람들에게 알리려고 하거나, 적어도 다른 사람들이 그것을 알려주기를 바란다. 그러나 그리스도께서는 스스로는 교만하게 될 위험성이 없으셨음에도 불구하고 우리에게 그런 위험이 있다는 것을 아시고, 다른 경우들에서와 마찬가지로 특히 사람들로부터의 칭찬 및 갈채와 관련된 자기 부인의 모범을 보여주셨다. 우리는 선을 행하는 것 자체를 기뻐할 뿐이고, 그 일이 사람들

에게 알려지는 것을 기뻐하지 말아야 한다. (2) 그리스도께서는 사람들에게 이 일에 대하여 함구하라고 당부하셨지만, 사람들이 이 일을 열심으로 널리 퍼뜨렸기 때문에, 이 일은 그리스도께서 알리기 원하셨던 때보다 일찍 사람들에게 알려지게 되었다. 그러나 사람들의 이러한 행위는 솔직한 것이었기 때문에, 불순종의 행위라기보다는 무분별한 행위로 여겨져야 한다(36절). 그러나 이 일을 전한 자들이나 들은 자들은 모두 심히(휘페르페릿소스 ― 측량할 수 없을 정도로) 놀랐다. 사람들은 이 일에 말로 표현할 수 없을 정도의 감동을 받았기 때문에, 너나 할 것 없이 누구나 다 그가 모든 것을 잘하였도다라고 평하였다(37절). 그리스도를 미워하고 핍박한 행악자들이 있었던 반면에, 사람들은 그리스도께서 악을 행하지 않으셨을 뿐만 아니라 많은 선을 행하시되 예의 바르고 겸손하고 정성을 다하여 행하셨으며, 돈 없이 값 없이 아무런 대가 없이 ― 이것은 그리스도의 선한 일들에 더욱 빛을 더해주었다 ― 행하셨다는 것을 기꺼이 증거하였다. 그리스도께서는 못 듣는 사람도 듣게 하고 말 못하는 사람도 말하게 한다. 그것은 잘된 일로서 그들에게 잘된 일이고, 그들을 짐으로 여겼던 친족들에게도 잘된 일이었다. 따라서 그리스도를 비방하던 자들은 설 자리가 없었다.

제
— 8 —
장

개요

이 장에는 다음과 같은 내용들이 나온다. I. 그리스도께서 떡 일곱 개와 작은 생선 몇 마리로 사천 명을 먹이신 이적을 행하심(1-9절). II. 그리스도께서 하늘로부터 오는 표적을 구한 바리새인들의 요구를 거절하심(10-13절). III. 그리스도께서 제자들에게 바리새인들과 헤롯당의 누룩을 조심하라고 주의를 주심(14-21절). IV. 그리스도께서 벳새다에서 소경을 보게 하심(22-26절). V. 그리스도에 대한 베드로의 신앙 고백(27-30절). VI. 그리스도께서 그에게 장차 다가올 고난을 제자들에게 알려주시고(31-33절), 제자들에게 동일하게 다가올 고난을 대비하라고 경고하심(34-38절).

¹그 무렵에 또 큰 무리가 있어 먹을 것이 없는지라 예수께서 제자들을 불러 이르시되 ²내가 무리를 불쌍히 여기노라 그들이 나와 함께 있은 지 이미 사흘이 지났으나 먹을 것이 없도다 ³만일 내가 그들을 굶겨 집으로 보내면 길에서 기진하리라 그 중에는 멀리서 온 사람들도 있느니라 ⁴제자들이 대답하되 이 광야 어디서 떡을 얻어 이 사람들로 배부르게 할 수 있으리이까 ⁵예수께서 물으시되 너희에게 떡 몇 개나 있느냐 이르되 일곱이로소이다 하거늘 ⁶예수께서 무리를 명하여 땅에 앉게 하시고 떡 일곱 개를 가지사 축사하시고 떼어 제자들에게 주어 나누어 주게 하시니 제자들이 무리에게 나누어 주더라 ⁷또 작은 생선 두어 마리가 있는지라 이에 축복하시고 명하사 이것도 나누어 주게 하시니 ⁸배불리 먹고 남은 조각 일곱 광주리를 거두었으며 ⁹사람은 약 사천 명이었더라 예수께서 그들을 흩어 보내시고.

우리는 여기에 나오는 것과 비슷한 이적에 관한 이야기를 이 복음서에서 이미 살펴보았고(6:35), 마태복음에서도 동일한 이적이 나왔었는데(마 15:32), 여기에 나온 이적은 마태복음에 나온 이적에 더하거나 수정한 것이 거의 없다. 좀 더 살펴보자.

1. 큰 무리가 우리 주 예수를 따랐다: 큰 무리가 있어(1절). 그리스도를 흠집

내고 그의 명성에 타격을 입히고자 한 서기관들과 바리새인들의 악한 술책에
도 불구하고, 지도자들과는 달리 정직성과 참된 지혜를 소유하고 있었던 평범
한 사람들은 계속해서 그리스도를 높이 평가하였다. 우리는 이 무리들이 대체
로 그리스도께서 친근하게 대화를 나누셨던 비천한 사람들로 이루어졌을 것
이라고 본다. 그리스도께서는 스스로를 낮추셔서 유명인으로 행세하지 않으
셨기 때문에, 가장 비천한 사람들도 용기를 내어서 생명과 은혜를 얻기 위해
그에게 나아올 수 있었다.

2. 그리스도를 따르는 사람들은 그를 따르는 데에 많은 어려움을 겪었다. 그
들이 나와 함께 있은 지 이미 사흘이 지났으나 먹을 것이 없도다 — 이렇게 그리스
도를 따르는 일은 힘든 고역(苦役)이었다. 바리새인들이 그리스도의 제자들은
금식하지 않는다고 말하는 것은 온당치 않다. 무리들 가운데는 집에서 얼마든
음식을 가져온 사람들도 있었겠지만, 이 때쯤해서 그 음식은 다 떨어졌고, 집
은 멀었다. 그렇지만 무리들은 계속해서 그리스도와 함께 있었고, 그리스도께
서 그들에게 해산하라고 말씀하실 때까지는 그를 떠나겠다고 말하지 않았다.
참된 열심은 의무를 수행하는 길에서 만나는 역경들을 아무렇지 않게 여긴다
는 것을 명심하라. 영혼을 위한 풍성한 잔치에 참여한 자들은 몸을 위한 양식
이 빈약하여도 개의치 않는다. 구운 빵과 복음만으로 훌륭한 식사가 된다는 청교
도들 사이에서 회자된 옛말이 있다.

3. 그리스도께서는 궁핍하고 곤경에 처한 모든 자들을 불쌍히 여기시는 것
처럼, 그리스도의 말씀을 들으려는 열심 때문에 곤경에 처한 자들에 대해서
특별한 관심을 가지신다. 그리스도께서는 내가 무리를 불쌍히 여기노라고 말씀
하셨다. 교만한 바리새인들이 경멸하는 눈으로 바라보았던 비천한 자들을 예
수께서는 동정심과 온유함으로 바라보셨다. 이렇게 우리는 뭇 사람을 공경하여
야 한다. 하지만 그리스도께서 주로 배려하신 것은 그들이 나와 함께 있은 지 이
미 사흘이 지났으나 먹을 것이 없도다라는 것이었다. 그리스도께서는 우리가 그
리스도를 사랑하여 그리스도를 위해서 겪는 손해들과 역경들을 염두에 두셔
서 어떤 식으로라도 만회해주신다. 여호와를 찾는 자는 모든 좋은 것에 부족함이
없으리로다(시 34:10). 그리스도께서 어떠한 동정심을 가지고 말씀하셨는지를
보라: 만일 내가 그들을 굶겨 집으로 보내면 길에서 기진하리라(3절). 그리스도께
서는 우리의 체질을 아시고 배려하신다. 그리고 그리스도께서는 몸을 위하시

기 때문에, 우리가 그분을 영화롭게 한다면, 참으로 우리를 먹이실 것이다. 그리스도께서는 그 중에는 멀리서 온 사람들도 있어서 집으로 돌아가려면 먼 길을 가야 한다는 것을 배려하셨다. 그리스도의 말씀을 듣기 위하여 온 큰 무리가 어디에서 왔는지를 우리는 모르지만 그리스도께서는 아신다는 것은 우리에게 큰 위로가 아닐 수 없다. 네가 한 일과 네가 어디에 사는 것을 내가 아노니(계 2:13). 그리스도께서는 무리들을 결코 굶겨서 집으로 돌려보내려 하지 않으셨다. 왜냐하면, 그리스도의 말씀을 들으려고 온 자들을 빈손으로 돌려보내는 것은 그리스도께서 결코 하지 않으시는 일이기 때문이다.

4. 그리스도인들의 의심이 오히려 그리스도의 능력을 돋보이게 하는 경우가 종종 있다. 제자들은 이 광야에서 어디에서 떡을 구하여 이렇게 많은 사람들을 배부르게 할 수 있을까 하는 의심을 품었다(4절). 따라서 제자들은 불가능하다고 여겼던 것이 이루어지고 풍성히 이루어졌을 때에 놀라지 않을 수 없었다.

5. 그리스도께서는 모든 것이 가로막혀 극단적인 상황에 이르게 되었을 바로 그 때에 비로소 자기 백성을 구원하시기 위하여 행하신다. 무리들이 기진하게 되었을 때, 그리스도께서는 그들에게 먹을 것을 공급해주셨다. 그리스도께서는 사람들이 떡을 보고 자기를 따르지 않도록 하기 위하여 양식이 다 떨어지고 집으로 보내실 때가 되어서야 사람들에게 먹을 것을 공급하셨다.

6. 그리스도의 풍성하심은 다함이 없는데, 이것에 대한 증거로서 자기를 따르는 사람들에게 언제나 동일하게 구원과 양식을 주신다는 것을 보여주시기 위하여 그리스도께서는 이 이적을 반복하셨다. 우리가 궁핍하고 뭔가를 필요로 할 때마다 그리스도의 은혜는 매번 베풀어진다. 앞서의 이적에서 그리스도께서는 거기에 있었던 모든 떡, 즉 떡 다섯 개를 사용하셔서 오천 명이나 되는 모든 사람들을 먹이셨는데, 이번에도 그렇게 하셨다. "떡 다섯 개로 오천 명을 먹였으니 떡 네 개로는 사천 명을 먹일 수 있다"고 말씀하셨을 만도 한데, 그리스도께서는 떡 일곱 개 전부를 취해서 사천 명을 먹이셨다. 왜냐하면, 그리스도께서는 우리에게 현재 있는 것들을 취하여 사용하고 우리에게 있는 것들을 사용하여 최선을 다하라고 가르치시고자 하셨기 때문이다. 이것은 하나님께서 만나를 내려주셨을 때에 많이 거둔 자도 남음이 없고 적게 거둔 자도 부족함이 없었다는 것과 같은 것이다.

7. 우리 아버지의 집, 즉 우리 주님의 집에는 배부르게 하고도 남음이 있는 떡이 있다. 그리스도 안에는 충만함이 있고, 그리스도께서는 이 충만함을 자신의 손을 거쳐가는 모든 자들에게 전해주시기 때문에, 우리가 다 그의 충만한 데서 받으니 은혜 위에 은혜러라(요 1:16). 그리스도를 모시고 사는 자들은 결핍을 두려워할 필요가 없다.

8. 그리스도를 따르는 자들은 함께 하는 것이 유익하다. 여기 그리스도를 따른 자들은 사천 명이 계속해서 한 몸처럼 움직였고, 그리스도께서는 그들 모두를 먹이셨다. 그리스도의 양들은 양 무리 속에 있고 양 무리와 함께 움직여야 참으로 배불리 먹을 수 있다.

[10]곧 제자들과 함께 배에 오르사 달마누다 지방으로 가시니라 [11]바리새인들이 나와서 예수를 힐난하며 그를 시험하여 하늘로부터 오는 표적을 구하거늘 [12]예수께서 마음속으로 깊이 탄식하시며 이르시되 어찌하여 이 세대가 표적을 구하느냐 내가 진실로 너희에게 이르노니 이 세대에 표적을 주지 아니하리라 하시고 [13]그들을 떠나 다시 배에 올라 건너편으로 가시니라 [14]제자들이 떡 가져오기를 잊었으매 배에 떡 한 개밖에 그들에게 없더라 [15]예수께서 경고하여 이르시되 삼가 바리새인들의 누룩과 헤롯의 누룩을 주의하라 하시니 [16]제자들이 서로 수군거리기를 이는 우리에게 떡이 없음이로다 하거늘 [17]예수께서 아시고 이르시되 너희가 어찌 떡이 없음으로 수군거리느냐 아직도 알지 못하며 깨닫지 못하느냐 너희 마음이 둔하냐 [18]너희가 눈이 있어도 보지 못하며 귀가 있어도 듣지 못하느냐 또 기억하지 못하느냐 [19]내가 떡 다섯 개를 오천 명에게 떼어 줄 때에 조각 몇 바구니를 거두었더냐 이르되 열둘이니이다 [20]또 일곱 개를 사천 명에게 떼어 줄 때에 조각 몇 광주리를 거두었더냐 이르되 일곱이니이다 [21]이르시되 아직도 깨닫지 못하느냐 하시니라.

그리스도께서는 여전히 활동 중이신데, 이제는 달마누다 지방으로 가셨다. 이것은 이스라엘 땅의 후미진 곳에 사는 사람들이 그리스도를 만나보지 못했다고 말하지 않도록 하기 위함이었다. 그리스도께서는 배로 그 지방에 당도하셨는데(10절), 거기에서 선을 행할 기회를 얻지 못하고 바리새인들로부터 힐난을 듣게되자, 다시 배에 올라(13절) 되돌아오셨다. 이 절들에는 다음과 같은 내용들이 나온다.

I. 그리스도께서는 하늘로부터 오는 표적을 요구하며 그에게 도전해온 바리새인들의 요구를 거절하셨다. 바리새인들은 예수를 힐난하기 위하여 일부러 나왔다. 그들은 그리스도에 대하여 알기 위해서 질문한 것이 아니라 그리스도를 함정에 빠뜨리고 곤경에 몰아넣기 위한 질문을 던진 것이었다.

1. 바리새인들은 그리스도께서 이 땅에서 행하신 표적들을 잘 알고 있었고 충분히 검토하고 조사할 수 있었음에도 불구하고 그런 것들로부터 부족하다듯이 하늘로부터 오는 표적을 요구하였다. 그리스도께서 세례를 받으셨을 때에 성령이 비둘기 같이 임하고 하늘에서 소리가 들리는 하늘로부터 오는 표적이 이미 있었다(마 3:16-17). 그 일은 사람들 앞에서 공개적으로 이루어진 일이었다. 그리고 바리새인들이 요한의 세례에 참여하였다면(마땅히 그랬어야 했다), 그들은 직접 그 일을 볼 수 있었을 것이다. 나중에 그리스도께서 십자가에 못 박히셨을 때, 그들은 다시 새 표적을 요구하였다. 지금 십자가에서 내려올지어다 그리하면 우리가 믿겠노라. 이렇게 완악한 불신앙은 도저히 말도 되지 않는 것이지만 여전히 할 말이 있다. 그들은 이 표적을 요구하여 그를 시험하였는데, 그들은 그리스도께서 그들에게 표적을 보여줌으로써 그들을 만족시킬 것이라고 생각한 것이 아니라, 그리스도께서 표적을 보여주지 않음으로써 그리스도에 대한 그들의 불신이 타당한 것임을 확인하고 싶었던 것이다.

2. 그리스도께서는 그들의 요구를 거절하셨다. 그는 마음속으로 깊이 탄식하셨다(12절). 그리스도께서는 그들의 마음이 완고함과 그가 전한 복음과 이적들이 그들에게 감화를 주지 못한 것에 대해서 슬퍼하시고 탄식하셨다. 충분히 믿음을 가질 만한 증거들을 오랫동안 보아온 자들의 불신앙은 주 예수께 큰 슬픔이었다. 죄인들이 이렇게 스스로 마음문에 빗장을 걸고 있는 모습은 그리스도를 괴롭게 하였다. (1) 그리스도께서는 바리새인들의 요구에 대하여 그들을 훈계하신다. "어찌하여 이 세대가 표적을 구하느냐? 복음을 받거나 거기에 수반되는 표적을 받기에 합당하지 않은 이 세대. 장로들의 전통은 표적에 의한 확증이 없어도 군말 없이 너무도 순순히 받아들이는 이 세대. 구약에서 약속된 때를 계산해 볼 때에 사람들은 메시야가 이 세대에 올 것을 쉽게 알 수 있었을 것이다. 병 고침의 이적들을 통해서 아주 많은 눈으로 볼 수 있는 긍휼의 표적들이 주어졌던 이 세대. 그러므로 이 세대가 표적을 구하는 것은 얼마나 어이없는 일인가!" (2) 그리스도께서는 그들의 요구를 거절하신다. 내가 진실로 너

희에게 이르노니 이 세대에 표적을 주지 아니하리라. 하나님께서는 일반적인 섭리를 벗어나서 특별한 경우에 특정한 사람들에게 나타나 말씀하셨을 때에는 기드온과 아하스의 경우처럼 그들에게 표적을 요구하도록 권하셨다. 그러나 하나님께서 율법과 복음의 경우처럼 자체 내에 증거를 수반해서 모든 자들에게 일반적으로 말씀하실 때, 하나님께서 주신 것 외에 다른 표적을 요구하는 것은 오만하고 무례한 것이다. 누가 능히 하나님을 가르치겠느냐? 그리스도께서는 바리새인들의 요구를 거절하시고, 대화할 상대가 아니라고 여겨서 그들을 떠나셨다. 깨닫고자 하지 않는다면, 깨닫지 못할 것이니, 그들을 지독한 망상 가운데 내버려두라.

II. 그리스도께서는 제자들에게 바리새인들과 헤롯의 누룩을 조심하라고 경고하셨다. 좀 더 살펴보자.

1. 그리스도께서는 무엇을 조심하라고 하셨는가?(15절). "너희가 바리새인들의 누룩에 참여하거나 그들이 그토록 집착하는 장로들의 전통을 받아들이거나 그들처럼 교만하고 위선적이며 허례허식을 일삼지 않도록 삼가 주의하라." 마태는 여기에 사두개인들의 누룩을 첨가하였고, 마가는 헤롯의 누룩을 첨가한다: 이것과 관련해서 어떤 이들은 헤롯과 그의 신하들은 대체로 아무런 종교도 믿지 않는 무신론자들인 사두개인들이었다고 말하고, 어떤 이들은 이 구절을 바리새인들은 하늘로부터 오는 표적을 요구하였고 헤롯은 오랫동안 그리스도께서 행하시는 어떤 이적을 보기를 바랐다는(눅 23:8) 의미로 해석한다. 이것에 따르면, 그리스도께서 말씀하신 이 두 누룩은 동일한 것이 된다. 그들은 그리스도께서 이미 행하신 표적들로 만족하지 않고 그들 자신이 생각해낸 다른 표적들을 요구하였던 것이다. 그리스도께서는 "이 누룩에 주의를 기울여서, 너희가 본 이적들을 통해서 확신을 가지고, 다른 표적을 보려는 욕심을 부리지 말라"고 말씀하신다.

2. 제자들은 그리스도의 경고를 대단히 오해하였다. 그들은 지금 배에 있었고 떡 가져오기를 잊었으매 배에 떡 한 개밖에 그들에게 없었던 것으로 보인다(14절). 그래서 그리스도께서 그들에게 바리새인들의 누룩을 조심하라고 말씀하셨을 때, 그들은 그 말씀을 바다 건너편에 도착해서 바리새인들에게는 어떤 도움도 구하지 말라는 의미로 이해하였다. 왜냐하면, 그들은 얼마 전에 씻지 않은 손으로 음식을 먹다가 바리새인들로부터 추궁을 당하였기 때문이었다. 그

들은 그리스도께서 하신 경고가 무엇을 의미하는지를 놓고 서로 수군거리다가 이렇게 결론을 내렸다: "이는 우리에게 떡이 없음이로다. 그리스도께서 이렇게 경고하신 것은 우리가 바다로 나오고 낯선 사람들 가운데로 가면서 떡 한 개만 달랑 가지고 온 것에 대한 우리의 부주의를 책망하시고, 우리가 떡을 여유가 없게 가져왔으니 있는 대로 먹어야 한다고 말씀하신 것이다." 수근거렸다로 번역된 원어는 디에로존토로서 논란을 벌였다는 뜻이다. 제자들은 이 여행에서 준비가 소홀했던 것을 서로 남탓으로 돌리며 "다 너 때문이다"라고 말하였던 것이다. 이렇게 하나님에 대한 불신은 그리스도의 제자들을 서로 다투게 만든다.

3. 그리스도께서는 제자들이 이 때까지 풍부한 체험을 하였음에도 불구하고 양식을 공급해주시는 그의 능력을 믿지 못하고 이 문제를 놓고 걱정하는 것을 책망하셨다. 하지만 그리스도께서는 그들의 마음을 아셨고 그들에게 이런 식으로 야단칠 필요가 있다는 것을 아셨기 때문에 애정어린 마음으로 책망을 하신 것이다. "너희가 그렇게 많은 증거들을 보았으면서도, 아직도 알지 못하며 깨닫지 못하느냐? 수많은 증거들이 너희에게 아무런 감화도 주지 못하고 너희의 주의 뜻을 알게 하지 못할 정도로 너희 마음이 둔하냐? 너희가 눈이 있어도 너희 눈 앞에 너무도 명백한 것들을 보지 못하며 귀가 있어도 너희가 그토록 자주 들어 왔던 것들을 듣지 못하느냐? 너희가 이렇게 이상할 정도로 둔하고 무감각하냐! 내가 떡 다섯 개를 오천 명에게 떼어 주고 또 얼마 후에 일곱 개를 사천 명에게 떼어 줄 때에 이루어진 일들을 너희가 기억하지 못하느냐? 너희는 사람들이 먹다남은 조각 몇 광주리를 거두었는지를 기억하지 못하느냐?" 제자들은 분명히 기억하고 있었기 때문에, 한번은 열두 광주리를 거두었고 한번은 일곱 광주리를 거두었다고 또박또박 말할 수 있었다. 그러자 그리스도께서는 "그런데도 왜 너희는 떡 다섯 개와 떡 일곱 개로 수많은 사람들을 먹인 내가 떡 한 개로 그렇게 할 수 없는 것처럼 아직도 깨닫지 못하느냐?"고 말씀하셨다. 제자들은 그리스도께서 세 번째로 청중들을 먹이실 마음이 있으시다고 하더라도 떡 한 개로는 그런 이적을 행하실 수 없지 않나 의심하였던 것으로 보인다: 만약 떡이 많고 적고가 주님께 영광을 미쳐서 주님께서는 떡 다섯 개로는 오천 명을 먹이셨지만 떡 한 개로는 그렇게 하실 수 없으실 것이라고 그들이 생각한 것이라면, 그것은 참으로 지각 없는 생각이다. 그래서 그리스도께서는 앞

서 있었던 급식(給食) 이적들에서 사람들이 배불리 먹었을 뿐만 아니라 오히려 먹고 남았다는 것을 제자들에게 상기시켜줄 필요가 있었던 것이다. 그리고 급식 이적들을 통해서 그리스도께서 의도하셨던 것과 그들이 거기에서 배워야 했던 것을 깨닫지 못했기 때문에 그들이 책망을 들은 것은 당연한 일이었다. (1) 우리가 본분을 다하는 과정에서 하나님의 선하심을 체험하고도 하나님에 대한 우리의 불신이 오히려 가중된다면, 그것은 주 예수를 무척 노엽게 하는 일이다. (2) 우리가 하나님께서 베푸신 은혜들의 참된 의도와 의미를 깨닫지 못한다면, 그것은 우리가 그 은혜들을 기억하지 못하는 것과 다를 바가 없다. (3) 우리는 우리 주 예수의 능력과 선하심에 대하여 보고 알아온 것들을 깨닫지 못하고 기억하지 못하기 때문에 현재의 염려들과 불신들로 압도당하고 마는 것이다. 옛날을 생각하는 것은 우리에게 큰 의지(依支)가 되는데, 우리가 그렇게 하지 않는다면, 우리는 하나님에게나 우리 자신에게나 항상 결핍된 자가 될 것이다. (4) 따라서 우리는 하나님의 역사(役事)들을 잊어버렸을 때에 그리스도께서 여기에서 제자들에게 하셨던 것처럼 우리 자신을 호되게 책망하여야 한다. "내가 이토록 깨달음이 없는가? 내 마음이 이토록 완악한가?"

²²벳새다에 이르매 사람들이 맹인 한 사람을 데리고 예수께 나아와 손 대시기를 구하거늘 ²³예수께서 맹인의 손을 붙잡으시고 마을 밖으로 데리고 나가사 눈에 침을 뱉으시며 그에게 안수하시고 무엇이 보이느냐 물으시니 ²⁴쳐다보며 이르되 사람들이 보이나이다 나무 같은 것들이 걸어 가는 것을 보나이다 하거늘 ²⁵이에 그 눈에 다시 안수하시매 그가 주목하여 보더니 나아서 모든 것을 밝히 보는지라 ²⁶예수께서 그 사람을 집으로 보내시며 이르시되 마을에는 들어가지 말라 하시니라.

여기에 나오는 병 고침의 이적은 오직 이 복음서 기자만이 기록하고 있는데, 경과에 관한 묘사가 좀 특이하다.

I. 사람들이 맹인 한 사람을 데리고 와서 그리스도께 손 대시기를 청하였다
(22절).　여기에는 맹인을 데리고 온 사람들의 믿음이 나타나 있다 — 그들은 그리스도께서 한 번 손으로 만져주시면 맹인의 시력이 회복되리라는 것을 믿어 의심하지 않았다. 그러나 정작 맹인 자신은 이전에 치유를 받았던 맹인들과는 달리 병 고침을 얻고자 하는 기대나 열심을 보여주지 않았다. 영적으로

소경되었지만 스스로 기도하지 않는 자들에 대해서는 그들의 친구들과 친족들이 그리스도께서 그들을 손 대시기를 기도하여야 한다.

Ⅱ. 그리스도께서는 이 맹인을 데리고 나가셨다(23절). 그리스도께서는 친구들에게 맹인을 데리고 나가라고 부탁하신 것이 아니라, 직접 맹인의 손을 붙잡으시고 마을 밖으로 데리고 나가셨는데(이것은 그의 놀라운 겸비를 보여준다), 이것은 우리에게 욥과 같이 맹인의 눈이 되라고 가르치신 것이다(욥 29:15). 이 가엾은 맹인은 이와 같은 인도자를 한번도 만나보지 못했다. 그리스도께서는 맹인을 마을 밖으로 데리고 나가셨다. 만약 그리스도께서 이렇게 하신 것이 단지 은밀하게 고쳐주시고자 하신 것이라면, 그리스도께서는 차라리 맹인을 집안이나 안방으로 데리고 가셔서 거기에서 그를 고쳐주셨을 것이다. 그리스도께서 이렇게 하신 것은 벳새다에서 권능을 행하셨지만 아무 소용이 없었다는 것을 책망하시고(마 11:21) 그 지방에서 더 이상 권능을 행하실 가치가 없다는 것을 말씀하시기 위한 것이었다. 그리스도께서 맹인을 마을 밖으로 데리고 나가신 것은 맹인이 눈을 뜨게 되었을 때에 좁은 거리에서보다 탁 트인 들판에서 시력을 시험해보는 것이 좋을 것이라고 생각하셨기 때문인 것 같다.

Ⅲ. 눈먼 자에게 다시 보게 함을 전파하고 또한 전파하신 것을 주시기 위하여(눅 4:18) 이 세상에 오신 저 찬송받으실 안과 의사에 의해서 이 맹인은 병 고침을 받는다. 이 병 고침에 대해서 좀 더 살펴보자.

1. 그리스도께서는 몸짓을 사용하셨다. 눈에 침을 뱉으시며 그에게 안수하시고. 그리스도께서는 다른 병자들의 경우에서처럼 말씀으로 맹인을 고치실 수 있었지만, 매우 연약했던 맹인의 믿음을 거들어서 그의 불신앙을 극복할 수 있도록 그를 돕기 위하여 그렇게 하신 것이었다. 그리고 이 침은 그리스도께서 영적으로 소경된 자들의 눈에 발라주시는 안약을 의미한다(계 3:18).

2. 맹인의 시력은 그리스도께서 다른 경우들에 행하신 이적들과는 달리 서서히 이루어졌다. 그리스도께서는 무엇이 보이느냐고 물으셨는데(23절), 이것은 주위 사람들을 배려해서 맹인으로 하여금 그의 시력이 지금 어떤 상태인지를 말하게 한 것이다. 그러자 맹인은 눈을 들어 쳐다보았고, 시력이 회복되어 눈을 뜰 수 있게 되자, 사람들이 보이나이다 나무 같은 것들이 걸어 가는 것을 보나이다 라고 말하였다. 그는 사람들이 움직이는 것을 식별할 수는 있었지만, 사람과 나무를 구분할 수는 없었다. 그는 시력이 아직 희미하였기 때문에, 자기와 하

늘 사이에 한 사람이 나무 같이 우뚝 서 있는 것만을 알아볼 수 있었을 뿐이고, 그 형상을 알아보지는 못하였다(욥 4:16).

3. 그러나 그의 시력은 곧 완전히 회복되었다. 그리스도께서는 자신의 역사를 반쯤 이루고 그만두시거나 다 이루었다고 말씀하실 수 있기 전까지 그냥 내버려두시는 법이 없다. 그리스도께서는 그 눈에 다시 안수하셔서 남아 있던 어둠을 내어쫓으신 후에, 다시 쳐다보라고 하시자, 맹인은 모든 것을 밝히 보게 되었다(25절). 이제 그리스도께서 이런 방법을 택하신 이유가 무엇인지를 살펴보자.

(1) 그리스도께서는 한 가지 방법에 얽매이지 않으시고 모든 일을 자유롭게 행하신다는 것을 보여주시고자 하셨다. 그리스도께서는 기계적인 방식이나 한 가지 방식을 통해서가 아니라 가장 적합하다고 생각하시는 여러 가지 다양한 방식을 통해서 병을 고치신다. 하나님의 섭리는 동일한 목적을 여러 가지 다양한 방식을 통해서 이루시기 때문에, 사람들은 절대적인 믿음을 가지고 섭리의 활동을 따를 수 있다.

(2) 그리스도께서는 병자들을 그들의 믿음에 따라서 알맞게 치유하셨다. 아마도 이 맹인의 신앙은 처음에는 매우 약했으나 나중에는 강해져서 병 고침을 받은 것으로 보인다. 그러나 그리스도께서 이 원칙을 항상 따르신 것은 아니었고, 종종 의심하면서 그에게 나아온 자들을 책망하기도 하셨다.

(3) 그리스도께서는 나면서부터 영적으로 눈먼 자들이 그의 은혜로써 어떻게 그리고 어떤 방법으로 치유받는지를 보여주고자 하셨다. 처음에 그들의 지식은 혼동되어 있어서, 사람들이 걸어다니는 나무들로 보이게 된다. 그러나 돋는 햇살이 점점 빛나서 한낮의 광명에 이르는 것처럼(잠 4:18), 그들은 모든 것을 밝히 보게 된다. 그러므로 우리는 믿음을 실상과 증거로 하는 그런 것들을 과연 보고 있는지를 스스로 물어보아야 한다. 그리고 은혜로 말미암아 그런 것들이 우리 눈에 어쨌든 보이기만 한다면, 우리는 점점 더 많이 보게 될 것이라는 소망을 가질 수 있다. 왜냐하면, 예수 그리스도께서는 거룩하게 된 자들을 끊임없이 완전하게 하실 것이기 때문이다.

IV. 그리스도께서는 벳새다 마을 누구에게도 이를 말하지 말라고 지시하셨을 뿐만 아니라, 한 걸음 더 나아가서 마을에는 들어가지 말라고 지시하셨다.

마을에는 그리스도께서 맹인을 데리고 마을 밖으로 나가는 것을 보았던 사람들이 그가 돌아오기를 기다리고 있었을 것이지만, 그들은 많은 이적들을 직접 목격하고도 그리스도를 따르는 데에는 무관심했던 자들이었다. 따라서 그리스도께서는 이 병 고침이 이루어지는 것을 보기 위하여 그리스도를 따라서 마을 밖으로 나오지 않을 정도로 그리스도에 대하여 무관심하였던 사람들에게 맹인이 고침을 받아 시력을 회복한 모습을 보여주어 그 호기심을 충족시키는 일을 하고자 하지 않으셨다. 그리스도께서는 맹인에게 이 일을 다른 사람들에게 말하는 것을 금하신 것이 아니라, 마을 사람들에게 말하지 말라고 하신 것이다. 그리스도의 은혜를 대수롭지 않게 여기는 자들은 그 은혜를 잃게 된다. 그리고 그리스도께서는 사람들에게 은혜를 원하게 하심으로써 은혜의 귀중함을 알게 하신다. 하나님께서 방문하시는 날에 벳새다는 자신의 평화에 속한 일들을 알려고 하지 않았기 때문에, 이제 그 일들은 그 눈에 숨겨졌다. 그들은 보려고 하지 않았기 때문에 볼 수 없었다.

[27]예수와 제자들이 빌립보 가이사랴 여러 마을로 나가실새 길에서 제자들에게 물어 이르시되 사람들이 나를 누구라고 하느냐 [28]제자들이 여짜와 이르되 세례 요한이라 하고 더러는 엘리야, 더러는 선지자 중의 하나라 하나이다 [29]또 물으시되 너희는 나를 누구라 하느냐 베드로가 대답하여 이르되 주는 그리스도시니이다 하매 [30]이에 자기의 일을 아무에게도 말하지 말라 경고하시고 [31]인자가 많은 고난을 받고 장로들과 대제사장들과 서기관들에게 버린 바 되어 죽임을 당하고 사흘 만에 살아나야 할 것을 비로소 그들에게 가르치시되 [32]드러내 놓고 이 말씀을 하시니 베드로가 예수를 붙들고 항변하매 [33]예수께서 돌이키사 제자들을 보시며 베드로를 꾸짖어 이르시되 사탄아 내 뒤로 물러가라 네가 하나님의 일을 생각하지 아니하고 도리어 사람의 일을 생각하는도다 하시고 [34]무리와 제자들을 불러 이르시되 누구든지 나를 따라오려거든 자기를 부인하고 자기 십자가를 지고 나를 따를 것이니라 [35]누구든지 자기 목숨을 구원하고자 하면 잃을 것이요 누구든지 나와 복음을 위하여 자기 목숨을 잃으면 구원하리라 [36]사람이 만일 온 천하를 얻고도 자기 목숨을 잃으면 무엇이 유익하리요 [37]사람이 무엇을 주고 자기 목숨과 바꾸겠느냐 [38]누구든지 이 음란하고 죄 많은 세대에서 나와 내 말을 부끄러워하면 인자도 아버지의 영광으로 거룩한 천사들과 함께 올 때에 그 사람을 부끄러워하리라.

우리는 그리스도께서 전하신 가르침과 행하신 이적들을 많이 살펴 보았는데, 그것들은 많았고 기이하였으며 잘 검증되는 것들이었고 여러 곳에서 다양하게 베풀어졌으며 그것들을 목격한 무리들을 깜짝 놀라게 하는 것들이었다. 지금은 우리가 잠시 멈춰서서 이러한 일들이 무엇을 의미하는지를 살펴볼 때이다. 그리스도께서 행하신 놀라운 역사(役事)들은 비록 소문을 내지 않도록 금하셨지만 성경에 기록되어 온 세상에 알려져서 우리에게와 모든 세대에게 전해졌다. 우리는 이 놀라운 역사들을 어떻게 생각해야 하는가? 이 역사들은 단지 우리의 재미를 위해서, 또는 우리에게 이야깃거리를 제공해 주기 위해서 기록된 것인가? 그렇지 않다. 오직 이것을 기록함은 우리로 예수께서 하나님의 아들 그리스도이심을 믿게 하려 함이다(요 20:31). 여기에 나오는 그리스도와 제자들이 나눈 대화는 우리가 그리스도께서 행하신 이적들을 성찰하여 제대로 활용하는 데에 도움을 준다. 여기에서 우리는 그리스도께서 행하신 이적들로부터 세 가지 가르침을 받는다.

I. 이 이적들은 그리스도께서 참 메시야이자 하나님의 아들이며 세상의 구주라는 것을 증명해준다. 그리스도께서 행하신 역사(役事)들이 그리스도에 대하여 증거한다. 그리고 그러한 역사들을 직접 목격한 자들인 제자들이 여기에서 그리스도에 대한 신앙을 고백한다. 이 역사들로부터 동일한 결론을 이끌어내지 못한다면, 우리는 제자들의 신앙 고백을 받아들일 수 없을 것이다.

1. 그리스도께서는 제자들에게 사람들이 자기에 관하여 어떤 생각들을 품고 있는지를 물으셨다: 사람들이 나를 누구라고 하느냐?(27절). 우리가 사람들로부터 판단을 받는 것은 별로 중요한 문제는 아니지만, 사람들이 우리에 대하여 무엇이라고 말하는지를 아는 것은 종종 유익하다. 이것을 통해서 우리는 우리 자신의 영광을 구하는 것이 아니라 우리의 결점들을 남들로부터 들을 수 있기 때문이다. 그리스도께서 제자들에게 이것을 물으신 것은 그가 알고자 해서가 아니라 제자들이 스스로 이것에 대하여 생각해보고 서로 의견을 교환하도록 하기 위한 것이었다.

2. 제자들이 그리스도께 고하였던 답변들은 백성들이 그리스도를 높이 평가하고 있음을 보여주는 그런 것들이었다. 백성들은 비록 진리에는 미치지 못하였지만, 그리스도께서 행하신 이적들을 통해서 그리스도는 하나님의 위임을 받아서 눈에 보이지 않는 세계에서 보내심을 받은 비범한 인물이라고 확신하

고 있었다. 만약 백성들이 메시야는 외관상 화려하고 권세 있는 모습으로 나타날 현세적인 왕이어야 한다는 랍비들의 가르침에 사로잡혀 있지 않았더라면, 그들은 그리스도를 메시야로 인정하였을 가능성이 높다 — 하지만 지금의 그리스도는 그런 모습과는 너무도 거리가 멀었다. 바리새인들이 무엇이라고 말하든지 간에, 백성들은 비록 그들의 영향하에 있었지만 그리스도의 가르침이 지닌 완전함과 영적인 힘에 감동을 받았기 때문에, 그리스도가 사기꾼이라고 말하는 자는 아무도 없었고, 어떤 이들은 세례 요한이라 하였고, 어떤 이들은 엘리야, 어떤 이들은 선지자 중의 하나라고 하였다(28절). 그리스도께서 죽은 자 가운데서 살아나신 분이라는 데에 모든 사람이 동의한 셈이다.

3. 제자들이 그리스도에 대하여 품고 있던 생각들은 그들이 그리스도와 함께 있는 것과 모든 것을 버리고 그리스도를 따른 것에 지극히 만족하고 있다는 것을 보여주는데, 상당한 시련이 있은 후인 지금에 있어서도 그들은 이러한 것들을 후회할 이유를 전혀 찾지 못한다. 너희는 나를 누구라 하느냐? 이 질문에 대하여 제자들은 주는 그리스도, 즉 오래 전부터 자주 약속되고 기대되어 왔던 바로 그 메시야시라는 대답만을 준비하고 있었다(29절). 그리스도인이라는 것은 예수께서 그리스도이심을 진정으로 믿고 이 신앙 고백에 따라서 살아가는 것이다. 그리고 예수께서 그리스도시라는 것은 그가 행하시는 놀라운 역사들로 말미암아 분명하게 드러난다. 이것을 제자들은 잘 알고 있었고, 그들에게는 머지않아 이것을 널리 알리고 전파할 사명이 주어질 것이다. 그러나 이것을 증명해줄 그리스도의 사역이 완성되고 그들이 성령을 수여받아서 이것을 증거하는 데에 온전한 자격을 갖출 때까지, 그들은 당분간 이것을 비밀에 부쳐야 한다(30절). 그 때가 되면, 제자들은 이스라엘 온 집은 확실히 알지니 너희가 십자가에 못 박은 이 예수를 하나님이 주와 그리스도가 되게 하셨느니라(행 2:36)고 전하여야 한다.

Ⅱ. 그리스도께서 행하신 이러한 이적들은 십자가의 걸림돌을 제거하여서, 우리에게 십자가를 지신 그리스도께서 패배자가 아니라 승리자였다는 것을 확신시켜준다. 제자들은 이제 예수께서 그리스도시라는 것을 확신하였기 때문에, 그리스도께서 이제 그들에게 알려주기 시작하신 그의 고난에 관한 말씀을 인내심을 가지고 들을 수 있었다.

1. 그리스도께서는 제자들에게 그가 많은 고난을 받아야 한다는 것을 가르치

셨다. 제자들은 메시야가 세상의 왕으로 오실 것이라고 기대하였던 백성들의 오류를 극복하고 주님의 현재의 초라한 모습에도 불구하고 주님이 메시야라고 믿었지만, 주님께서 머지않아 외관상 화려하고 거창한 모습으로 나타나서 이스라엘 나라를 회복하실 것이라는 잘못된 기대를 여전히 갖고 있었다. 그래서 그리스도께서는 그러한 잘못된 기대를 바로잡기 위해서 그들의 전망과는 정반대로 장로들과 대제사장들과 서기관들에게 버린 바 될 것이라고 말씀하는데, 제자들은 주님께서 메시야로 나타나실 때에 유대 지도자들이 주님께 굴복하고 주님을 높일 줄로 생각하고 있었다: 그리고 그리스도께서는 왕으로 등극하시는 것이 아니라, 십자가에 못 박혀서 죽임을 당하고 사흘 만에 하늘의 생명으로 살아나서 더 이상 이 세상에 있지 않게 될 것이다. 그리스도께서는 이 말씀을 드러내놓고 하셨다(32절). 드러내놓고를 가리키는 원어 파르레시아 는 그리스도께서 이 말씀을 거침없고 분명하게 하셨고 모호한 표현으로 포장하지 않으셨다는 것을 의미한다. 이것은 만약 제자들이 심한 선입견에 사로잡혀 있지 않았더라면 이 말씀을 쉽게 이해할 수 있었을 것임을 보여주고, 또한 그리스도께서 이 말씀을 아무런 두려움 없이 태연하게 말씀하셨고 제자들도 그렇게 들었다는 것을 암시해준다: 그리스도께서는 그가 고난을 당하여야 한다는 것을 아실 뿐만 아니라 고난을 기꺼이 당하기로 결심했고 그 결심을 이미 행동으로 옮기고 있는 자로서 담대하게 이 말씀을 하셨다.

2. 베드로는 그리스도의 말씀에 반대하였다. 베드로는 예수를 붙들고 항변하였다. 여기서 베드로는 사려분별이 아닌 사랑을 보였고, 그리스도와 자신의 안전에 대한 열심을 보였지만, 참된 지식을 따른 것은 아니었다. 붙들고를 뜻하는 프로스라보메노스 는 베드로가 그리스도를 가로막고 제지하려는 것처럼 그리스도를 팔로 붙잡고 껴안았다는 것을 의미한다. 베드로는 자기가 사랑하는 주님께서 그러한 곤욕을 치러야 한다는 말을 듣고서 참을 수가 없어서 주님의 목을 껴안았거나 그리스도 옆으로 살짝 다가가서 항변하기 시작하였을 것이다. 이것은 베드로에게 권위가 전혀 없었다는 것을 보여주는 표현이 아니라, 지극한 애정, 사랑하는 자가 잘 되어야 한다는 죽음만큼 강한 질투를 보여주는 표현이다. 우리 주 예수께서는 제자들이 그에게 허물 없이 대하는 것을 허용하셨지만, 여기서 보여준 베드로의 행동은 도가 지나친 것이었다.

3. 그리스도께서는 베드로의 반대를 제지하셨다(33절). 그는 마치 화가 난

사람처럼 돌이키사, 나머지 제자들도 베드로와 같은 생각이고 베드로의 말에 동의하는지를 살펴보기 위하여 제자들을 보셨는데, 만약 다른 제자들도 동일한 생각을 품고 있었다면, 이제 그리스도께서 베드로에게 하실 책망을 함께 듣게 될 것이었다. 그리스도께서는 사탄아 내 뒤로 물러가라고 말씀하셨다. 베드로는 자신의 애정어린 만류 때문에 이토록 심한 책망을 듣게 되리라고는 상상하지 못했고, 아마도 앞서 자기가 신앙 고백을 했을 때와 마찬가지로 이번에도 그리스도에 대한 자신의 사랑으로 인해서 칭찬을 받게 될 것이라고 기대하였을 것이다. 그리스도께서는 우리의 언행 중에서 우리 자신이 모르고 있는 잘못들을 보고 계시고, 우리 자신도 모르는 우리의 마음가짐을 알고 계신다.

(1) 베드로는 하나님의 뜻과 계획을 제대로 알지도 못하고 합당하게 고려하지도 못한 자로서 말하였다. 베드로가 그리스도의 능력에 대하여 매일같이 보았던 증거들을 고려하였다면, 그는 그리스도께서 사람들의 강제에 의해서 어쩔 수 없이 고난을 받게 되는 것이 아니라는 결론을 내릴 수 있었을 것이다. 아무리 강력한 원수들이라고 할지라도 질병들과 죽음들, 바람과 물결들, 귀신들이 복종하고 항복할 수밖에 없었던 바로 그분을 이길 수는 없다. 그리고 베드로가 매일같이 보았던 그리스도의 지혜를 고려하였다면, 그는 그리스도께서 뭔가 매우 크고 영광스러운 목적을 위해서가 아니면 고난을 당하기로 결심하지 않으셨으리라는 결론을 내릴 수 있었을 것이다. 따라서 베드로는 이런 식으로 그리스도께 항변하지 않고 아무 말 없이 그 말씀을 따랐을 것이다. 베드로는 그리스도의 죽음을 선지자들의 죽음 같은 순교로만 여겼기 때문에, 그리스도께서 대제사장들의 심기를 건드리는 일을 삼가고 피한다면 죽음을 막을 수 있다고 생각하였다. 그러나 베드로는 하나님의 영광과 사탄의 멸망과 인간의 구원을 위하여 이 일이 꼭 필요하다는 것과 우리 구원의 대장이신 그리스도께서 고난을 통해서 완전하게 되어서 많은 아들들을 이끌어 영광에 들어가게 하여야 한다는 것을 알지 못하였다. 인간의 지혜로 하나님의 계획을 평가하고 측량하고자 하는 것은 지극히 어리석은 일임을 명심하라. 하나님의 능력과 지혜인 그리스도의 십자가는 어떤 이들에게는 거리끼는 것이었고 어떤 이들에게는 어리석은 것이었다.

(2) 베드로는 그리스도의 나라의 성격을 제대로 이해하지도 못하고 합당하게 고려하지도 못한 자로서 말하였다. 그는 그리스도의 나라가 영적이고 신적

인 것임에도 불구하고 현세적이고 인간적인 것으로 여겼다. 네가 하나님의 일을 생각하지 아니하고 도리어 사람의 일을 생각하는도다. 생각하지 아니하고를 뜻하는 우 프로네이스 를 로마서 8:5은 마음을 두지 아니하고라는 의미로 사용한다. 베드로는 하늘 나라에 속한 일들과 장차 도래할 삶보다는 이 땅에 속한 일들과 지금 여기에서의 삶에 더 마음을 두고 있었던 것으로 보인다. 하나님의 일들보다 사람의 일들에 더 마음을 두고 하나님의 일들, 하나님의 영광과 나라보다 우리 자신의 신용, 안락함, 안전에 더 신경을 쓰는 것은 대단히 큰 죄로서 많은 죄의 근원인데, 그리스도의 제자들 가운데서 아주 흔한 죄이다. 이 죄는 고난의 때, 시험의 때에 드러나게 될 것인데, 그 때에 사람의 일들을 중시한 자들은 추락하게 될 것이다. 원문은 네가 하나님의 일에는 지혜롭지 못하고(논 사피스) 사람의 일에는 지혜롭구나로 읽을 수도 있다. 우리가 누구의 눈에 지혜롭게 보이는지를 생각해보는 것은 중요하다(눅 16:8). 고난은 피하는 것이 상책인 것처럼 보이지만, 고난을 피하다가 의무까지 저버린다면, 그것은 육체의 지혜이고(고후 1:12) 결국 어리석은 짓이 되고 만다.

Ⅲ. 그리스도의 이러한 이적들은 그리스도의 사명을 확증해 주는 것들이자 그리스도의 뜻과 그리스도께서 우리에게 주시는 은혜의 성격을 설명해 주는 것이다. 그리스도께서 그에게 나아온 많은 병자들의 몸을 고쳐주셨듯이 성령을 통해서 우리 영혼의 눈먼 것과 귀먹은 것과 저는 것과 문둥병에 걸린 것과 각색 병든 것과 귀신들린 것을 고쳐주실 것임을 분명하게 말해줌으로써 우리로 하여금 어떤 대가를 치르더라도 그리스도를 따르도록 격려하는 역할을 한다. 복음서에서 수많은 사람들이 각색 질병을 고침받기 위하여 그리스도께 나아왔다는 것을 자주 언급하는 이유는 우리로 하여금 그리스도께서 영혼을 고치시는 위대한 의원이시라는 것을 믿고 그의 환자가 되어서 그의 처방을 따르게 하기 위한 것이다: 그리고 여기에서 그리스도께서는 우리가 어떻게 하여야 그리스도께 받아들여질 수 있는지에 대하여 말씀해 주시기 위하여 무리와 제자들을 부르셨다 — 보통 때는 제자들과 은밀하게 대화하실 때에 무리들과 어느 정도 거리를 두셨지만. 왜냐하면, 여기서 그리스도께서 말씀하실 내용은 그리스도께 영혼을 고침받고자 하는 자라면 누구나 알고 숙고해야 할 것들이었기 때문이다.

1. 그리스도를 따르는 자들은 육신의 안일에 빠져서는 안 된다. "육신의 병을

고치고자 온 사람들과 마찬가지로 영적인 치유를 원하여 나를 따라오고자 하는 자들은 누구든지 자기를 부인하고 자기 부인과 금욕과 세상을 경멸하는 삶을 살아야 하고, 자신의 힘으로 스스로를 고칠 수 있는 체하지 말고 자기 자신 및 자신의 의와 힘에 대한 모든 신뢰를 버리며, 십자가에 못 박히신 예수를 본받아서 자기 십자가를 지고 하나님의 뜻을 따라 자신에게 맡겨진 모든 고난을 감당하는 가운데 끊임없이 나를 따라야 한다.” 그리스도의 환자가 되고자 하는 자들은 그리스도께 고침받은 많은 자들과 마찬가지로 그리스도와 함께 하고 대화하며 그로부터 교훈과 책망을 받아야 하며 결코 그리스도를 버리지 않겠다고 굳게 결심해야 한다.

2. 그리스도를 따르는 자들은 그리스도를 부인하지 않으면 목숨을 부지할 수 없을 때에도 육신의 생명에 연연해 해서는 안 된다(35절). 우리는 그리스도의 말씀과 역사(役事)를 통해서 그를 따르도록 초청을 받고 있는가? 그렇다면, 조용히 앉아서, 과연 우리가 그리스도로 말미암은 유익들을 우리의 목숨 자체보다 더 소중히 여길 수 있을지, 그리스도와 복음을 위하여 우리의 목숨을 잃을 수 있는지, 그 대가를 헤아려보자. 마귀는 그리스도의 제자들과 종들에게 자기를 따르라고 미혹할 때에 자기를 따르게 될 때에 얻게 될 쾌락만을 말해주고 최악의 경우와 위험에 대해서는 감추고 말해주지 않는다. 너희가 결코 죽지 아니하리라. 그러나 그리스도께서는 그리스도를 섬길 때에 있게 될 고난과 위험, 곧 우리가 그리스도와 복음 때문에 고난을 당하고 심지어 죽게 될 수도 있다는 것을 미리 말씀해주신다. 그리스도께서 그리스도를 따르게 될 때에 있게 될 낙심되는 일들을 통상적으로 입증되는 것보다 더 수위를 높여서 말씀하시는 것은 우리에게 최악의 경우를 알게 하심으로써 공정한 제안을 하시기 위한 것으로 보인다. 왜냐하면, 우리가 그리스도를 섬김으로써 얻는 유익들과 낙심되는 일들을 공정하게 비교해보면, 전자가 후자를 상쇄시키고도 남음이 있다는 것을 알 것이기 때문이다. 따라서 결론은 이런 것이다.

(1) 우리는 그리스도를 위한 것이라면 목숨을 잃는 것을 두려워하지 않아야 한다(35절). 그리스도께 나와서 신앙을 고백한 후에 그리스도를 버리거나 그에게 나아오기를 거부하거나 그를 부인함으로써 자기 목숨을 구원하고자 하는 자는 누구든지 자기 목숨을 잃고, 그의 자연적인 삶의 위로, 그의 영적인 생명의 뿌리와 원천, 영생에 대한 그의 모든 소망을 잃게 되는 극히 손해나는 거래를 하

고자 하는 것이다. 그러나 그리스도를 부인하지 않으면 목숨을 부지할 수 없는 상황에서 자기 목숨을 잃는 자, 진정으로 기꺼이 자기 목숨을 버리고자 하거나 실제로 버리는 자는 누구든지 자기 목숨을 구원하고, 막대한 이익을 남기는 자가 될 것이다. 왜냐하면, 하나님께서 그가 목숨을 버린 것에 대하여 그에게 더 좋은 생명으로 보상해주실 것이기 때문이다. 사람들은 왕과 국가를 위하여 목숨을 바친 자들에게 어떤 식으로든 보상을 해주고 그 공적을 치하하며 그 가족들을 원호대상으로 삼아서 보상금을 지급해주는 것을 마땅하게 여긴다. 하물며 그리스도를 위하여 죽은 모든 자들이 영생을 얻게 될 때에 그리스도께서는 그들에게 얼마나 귀한 보상을 하여 주시겠는가?

(2) 우리는 영혼과 맞바꾸어서 온 천하를 얻는다고 해도 우리의 영혼을 잃는 것을 두려워하여야 한다(36-37절). 사람이 그리스도를 부인함으로써 영혼을 잃으면 온 천하를 얻고 온갖 부와 명예와 쾌락을 얻는다고 해도 무엇이 유익하리요? 후퍼(Hooper) 주교는 순교당하기 전날 밤에 "삶은 달고 죽음은 쓰다는 말이 옳지마는 영원한 죽음은 더욱 쓰고 영원한 생명은 더욱 달다"고 말하였다. 그리스도와 함께 하늘에서 누리는 행복은 그리스도를 위하여 목숨을 잃은 것을 상쇄시킬 만한 보상이 되지만, 죄 가운데서 온 천하를 얻은 유익은 죄로 말미암은 영혼의 파멸을 상쇄시킬 만한 보상이 되지 못한다.

그리스도께서는 사람들이 자기 목숨을 구원하고 온 천하를 얻기 위하여 어떤 일을 행하는지, 그리고 그것이 그들에게 어떤 치명적인 결과를 가져다주는지를 우리에게 말씀해주신다(38절). 누구든지 이 음란하고 죄 많은 세대에서 나와 내 말을 부끄러워하면 인자도 그 사람을 부끄러워하리라. 이와 같은 내용은 마태복음 10:33에도 나왔지만, 여기에는 더 자세하게 표현되어 있다.

[1] 이 세상에서 그리스도를 따르면 불이익을 받게 되는 것은 음란하고 죄 많은 세대에서 그리스도를 시인하고 고백하기 때문이다. 이 세대는 음란하여 하나님을 떠나서 세상과 육체를 음란하게 껴안고서 죄악 가운데 누워 있다. 어떤 시대들과 어떤 장소들은 그리스도께서 사셨던 때와 마찬가지로 유난히 더 음란하고 죄악되다. 그러한 세대는 복음에 반대하고 그리스도를 따르는 자들을 짓밟기 때문에, 그리스도를 시인하는 자들은 어디를 가나 비난과 경멸을 받고 조롱과 욕을 당한다.

[2] 그리스도의 복음이 의롭다는 것을 시인하면서도 그리스도를 고백할 때

에 따르게 되는 비난 때문에 복음을 부끄러워하는 자들이 많다. 그들은 그들이 그리스도를 고백하는 것을 부끄러워하고, 그들이 그리스도의 말씀들을 신뢰할 수밖에 없다는 것을 부끄러워한다. 그들은 사람들이 자기에게 눈살을 찌푸리고 멸시하는 것을 견딜 수 없어서, 신앙 고백을 내팽개쳐버리고, 주변에 넘실거리는 배교의 물줄기에 자신을 맡긴 채 떠내려간다.

[3] 그리스도의 복음이 지금은 초라하고 한심한 것처럼 보일지라도 밝은 빛으로 드러나게 될 날이 올 것이다. 인자가 참된 쉐키나(Shechinah), 아버지의 밝은 영광, 천사들의 주로서 아버지의 영광으로 거룩한 천사들과 함께 올 때가 바로 그 날이다.

[4] 그리스도께서는 그가 멸시를 받는 이 세상에서 그를 부끄러워하는 자들을 그가 영원히 경배를 받으시는 저 세상에서 부끄러워하실 것이다. 지금 그리스도께서 모욕을 당하실 때에 함께 동참하고자 하지 않는 자들은 그 때에 그리스도의 영광에 동참하지 못하게 될 것이다.

제 9 장

개요

이 장에는 다음과 같은 내용들이 나온다. I. 그리스도께서 산 위에서 변화되심(1-13절). II. 제자들은 할 수 없었지만, 그리스도께서는 어린아이에게서 귀신을 쫓아내심(14-29절). III. 그리스도께서 자신의 고난과 죽음에 관하여 예고하심(30-32절). IV. 그리스도께서 제자들이 누가 가장 큰가를 놓고 벌인 논쟁을 제지하시고(33-37절), 요한이 그리스도의 이름으로 귀신들을 쫓아내면서도 그들과 함께 하지 않는 자를 책망하는 것을 제지하심(38-41절). V. 그리스도께서 작은 자들 중 하나를 실족하게 하는 것의 위험성(42절)과 한 지체의 범죄가 우리 모두가 실족하고 범죄할 기회가 된다는 것(43-50절)에 대하여 제자들에게 말씀하심. 여기에 나오는 내용들은 대체로 마태복음 17장과 18장에서 우리가 살펴본 바 있다.

[1]또 그들에게 이르시되 내가 진실로 너희에게 이르노니 여기 서 있는 사람 중에는 죽기 전에 하나님의 나라가 권능으로 임하는 것을 볼 자들도 있느니라 하시니라 [2]엿새 후에 예수께서 베드로와 야고보와 요한을 데리시고 따로 높은 산에 올라가셨더니 그들 앞에서 변형되사 [3]그 옷이 광채가 나며 세상에서 빨래하는 자가 그렇게 희게 할 수 없을 만큼 매우 희어졌더라 [4]이에 엘리야가 모세와 함께 그들에게 나타나 예수와 더불어 말하거늘 [5]베드로가 예수께 고하되 랍비여 우리가 여기 있는 것이 좋사오니 우리가 초막 셋을 짓되 하나는 주를 위하여, 하나는 모세를 위하여, 하나는 엘리야를 위하여 하사이다 하니 [6]이는 그들이 몹시 무서워하므로 그가 무슨 말을 할지 알지 못함이더라 [7]마침 구름이 와서 그들을 덮으며 구름 속에서 소리가 나되 이는 내 사랑하는 아들이니 너희는 그의 말을 들으라 하는지라 [8]문득 둘러보니 아무도 보이지 아니하고 오직 예수와 자기들뿐이었더라 [9]그들이 산에서 내려올 때에 예수께서 경고하시되 인자가 죽은 자 가운데서 살아날 때까지는 본 것을 아무에게도 이르지 말라 하시니 [10]그들이 이 말씀을 마음에 두며 서로 문의하되 죽은 자 가운데서 살아나는 것이 무엇일까 하고 [11]이에 예수께 묻자와 이르되 어찌하여

서기관들이 엘리야가 먼저 와야 하리라 하나이까 ¹²이르시되 엘리야가 과연 먼저 와서 모든 것을 회복하거니와 어찌 인자에 대하여 기록하기를 많은 고난을 받고 멸시를 당하리라 하였느냐 ¹³그러나 내가 너희에게 이르노니 엘리야가 왔으되 기록된 바와 같이 사람들이 함부로 대우하였느니라 하시니라.

I. 그리스도의 나라가 지금 가까이 오고 있는 것에 대한 예고(1절). 그리스도께서 예고하신 것은 이런 것들이다.

1. 하나님의 나라가 볼 수 있게 임하리라는 것. 메시야의 나라는 그 길을 가로막고 서 있는 유대인들의 체제를 완전히 무너뜨리고 이 세상에 세워지게 될 것이다. 이것은 유대인들과 이방인들이 지극히 타락하여 상실된 상태 속에서 하나님의 나라가 사람들 가운데서 회복될 것이라는 것을 의미한다.

2. 하나님의 나라는 권능으로 임할 것이기 때문에, 그 나라는 길을 막는 모든 반대 세력들을 제압하고 우뚝 세워지리라는 것. 그리스도를 십자가에 못 박은 유대인들에 대하여 복수할 때에도, 이방 세계의 우상숭배를 타파할 때에도 하나님의 나라는 권능으로 임하였다.

3. 하나님의 나라는 지금 여기 서 있는 사람 중에 몇몇이 살아 있는 동안에 임하리라는 것. 여기 서 있는 사람 중에는 죽기 전에 하나님의 나라가 권능으로 임하는 것을 볼 자들도 있느니라. 마태복음 24:34에서도 이와 동일하게 말씀한다: 이 세대가 지나가기 전에 이 일이 다 일어나리라. 그리스도와 함께 여기 서 있는 자들은 하나님의 나라가 임하는 것을 볼 것이지만, 다른 사람들은 그것이 하나님의 나라인 줄을 분별하지 못할 것이다. 왜냐하면, 하나님의 나라는 육안으로 볼 수 있게 임하는 것이 아니기 때문이다.

II. 그리스도께서 이 예고를 하신 뒤 엿새 후에 그의 변모를 통해서 보여주신 하나님 나라의 견본. 그리스도께서는 제자들에게 그의 죽음과 고난에 대하여 이미 예고하기 시작하셨는데, 이제 그 예고가 제자들에게 걸림돌이 되지 않도록 하기 위하여 그의 고난이 자발적인 것임을 보여주시려고 그의 영광을 잠시 볼 수 있게 하셨고, 십자가가 걸림돌이 되는 것을 미연에 방지하기 위하여 그리스도의 위엄과 영광이 얼마나 지극한 것인지를 볼 수 있게 하셨다.

1. 모세가 시내 산 꼭대기에서 하나님과 대화하였고 비스가 산 꼭대기에서 가나안 땅을 내려다보았듯이, 이 일은 높은 산 꼭대기에서 일어났다. 전승에

의하면, 그리스도께서 변모되신 것은 다볼 산 꼭대기였다고 한다. 만약 이것이 사실이라면, 다볼과 헤르몬이 주의 이름으로 말미암아 즐거워하나이다(시 89:12)라는 성경 말씀이 성취된 것이다. 라이트푸트(Lightfoot) 박사는 그리스도께서 이 일이 있기 전에 마지막으로 머무르셨던 가이사랴 빌립보 지방은 다볼 산에서 너무 멀기 때문에 요세푸스(Josephus)가 말한 대로 가이사랴 근처의 높은 산으로 보는 것이 옳다고 말하였다.

2. 이 일의 증인들은 베드로, 야고보, 요한이었다. 이 땅에서 증언하는 자들은 바로 이 세 사람이었고, 하늘에서 증언하는 셋은 모세, 엘리야, 하늘에서 들려온 소리였다. 그리스도께서 모든 제자들을 데리고 가시지 않은 것은 이 일이 극비에 부쳐져야 할 일이었기 때문이다. 제자들에게는 주어지고 세상에는 주어지지 않는 은혜들이 있는 것과 마찬가지로, 어떤 제자들에게는 주어지지만 어떤 제자들에게는 주어지지 않는 은혜들이 있다. 모든 성도들은 다 그리스도 가까이에 있는 사람들이지만, 어떤 이들은 그리스도의 품 속에 있다. 야고보는 열두 사도 중에서 그리스도를 위하여 가장 먼저 순교한 자였고, 요한은 가장 늦게까지 살아서 이 영광에 대한 최후의 증인이 되었다. 그는 이렇게 증언하였다(요 1:14). 우리가 그의 영광을 보니. 또한 베드로도 베드로후서 1:16-18에서 이것을 증언하였다.

3. 이 일이 이루어진 방식. 그들 앞에서 변형되사. 그리스도께서는 보통 때와는 다른 모습이 되셨다. 이것은 본질은 여전히 동일한 채 부수적인 형태들만 변화된 것으로서 하나의 이적이었다. 그러나 본질은 변하고 부수적인 형태들은 여전히 동일하게 남아 있는 변질은 이적이 아니라 사기이고 속임수인데, 그리스도께서 행하신 역사(役事)는 결코 그런 것이 아니었다. 하나님께서 부활의 날에 성도들의 몸을 영화롭게 하실 때에 사람들의 몸이 얼마나 큰 변화를 겪을 것인지를 생각해보라. 그리스도께서는 그들 앞에서 변형되셨다. 이 변화는 영광에서 영광으로 점진적으로 이루어졌을 것이기 때문에, 내내 예수만 바라보고 있었던 제자들은 이 영광스러운 모습을 한 분이 다름 아닌 찬송받으시기에 합당하신 주님 자신이며 거기에는 그 어떤 착시 현상도 없었다는 것에 대한 가장 분명하고 확실한 증거를 가지고 있었다. 요한은 생명의 말씀을 눈으로 보았고 자세히 보았다고 말했을 때에 바로 이 일을 언급하였던 것으로 보인다(요일 1:1). 그 옷이 광채가 났다. 그리스도께서 입으신 옷은 검은 색은 아니

었을지라도 어두운 색이었을 터인데도 세상에서 빨래하는 자가 그렇게 희게 할 수 없을 만큼 매우 희어졌다.

4. 이 영광 중에서 그리스도와 함께 한 이들은 모세와 엘리야였다(4절). 그들은 나타나서 예수를 가르친 것이 아니라 예수에 대하여 증언하고 예수에게서 가르침을 받으며 예수와 더불어 말하였다. 이것이 보여주는 것은 영화롭게 된 성도들 간에는 대화와 교제가 있고 서로 대화할 수 있는 길들이 있다는 것이다 — 우리가 그 길들을 알 수는 없지만. 모세와 엘리야의 생존연대는 그 격차가 매우 큰 것이었지만, 하늘 나라에서는 그것은 문제가 되지 않는다. 거기에서는 먼저 된 자로서 나중 되고 나중 된 자로서 먼저 될 자가 많을 것이기 때문이다. 즉, 하늘 나라에서는 그리스도 안에서 모두가 동등하다.

5. 제자들이 이 광경을 보고 이 대화를 들으며 가졌던 큰 기쁨이 대변인격인 베드로에 의해서 표현되고 있다: 랍비여 우리가 여기 있는 것이 좋사오니(5절). 그리스도께서는 변모되셨고 모세와 엘리야로 더불어 대화하고 계셨지만, 제자들로 하여금 보통 때처럼 허물 없이 대하게 하셨기 때문에, 베드로는 자유롭게 말할 수 있었다. 우리 주 예수께서는 높아지셔서 영광을 받으신 중에도, 자기 백성에 대한 겸손과 인자가 전혀 달라지지 않으신다. 사람들은 크게 성공하거나 출세하면 친구들을 멀리하는 것이 보통이다. 그러나 참된 신자들은 영화롭게 된 예수께도 담대히 나아가서 자유롭게 대화를 할 수 있다. 그래서 이 천상의 대화에서조차도 베드로에게 말할 수 있는 기회가 부여되었다. 베드로가 한 말은 이런 것이었다: "랍비여 우리가 여기 있는 것이 좋사오니, 여기에다 초막들을 짓고 영원히 삽시다." 은혜를 받은 영혼들은 그리스도와 함께 교제하며 그리스도 곁에 있는 것을 좋게 여기고, 비록 그 곳이 춥고 외로운 곳이더라도 그리스도와 더불어 산에 있는 것을 좋게 여기는 법이다. 세상으로부터 물러나서 그리스도와 더불어 조용히 지내는 것은 좋은 일이다. 산 위에서 변모되신 그리스도와 함께 모세와 엘리야와 더불어서 있는 것이 이토록 좋다면, 하늘에서 영화롭게 되신 그리스도와 함께 모든 성도들과 더불어 있는 것은 얼마나 좋겠는가! 그러나 베드로는 여기에 머물고 싶다는 생각에 사람들에게 그리스도의 임재와 사도들의 복음 전도가 필요하다는 것을 잊고 있었다. 바로 이 순간에도 다른 제자들은 그들을 몹시 필요로 하고 있었다(14절). 우리는 자기가 잘 되어 갈 때에 다른 사람들에 대하여 무심하기 쉽고, 자기가 즐

거움에 넘칠 때에 형제들의 곤경을 잊기 쉽다. 사람들의 유익보다 하나님과의 은밀한 교제를 원한 것이 베드로의 약점이었다. 바울은 자기가 육신을 벗어버리고 영광의 성산으로 떠나는 것이 비할 바 없이 좋은 것을 알고 있었지만, 교회의 유익을 위하여 육신으로 있는 쪽을 택하였다(빌 1:24-25). 베드로는 모세, 엘리야, 그리스도를 위하여 초막 셋을 짓겠다고 말하였는데, 이것은 잘못된 생각이었다. 왜냐하면, 율법과 선지자들과 복음이 완전한 조화를 이루기 위해서는 이 셋이 한 장막에 거하여 하나를 이루어야 하기 때문이다. 그러나 베드로가 한 말이 아무리 이치가 맞지 않았다고 하더라도, 그는 몹시 무서워하므로 무슨 말을 할지 알지 못하였고(6절) 자기가 한 말의 결과도 알지 못하였기 때문에, 그것은 용서될 수 있었다.

6. 하늘로부터 들려온 소리는 그리스도께서 중보자라는 것을 확증해주는 말씀이었다(7절). 구름이 와서 그들을 덮어서 그들에게 피난처의 역할을 하였다. 베드로는 그리스도, 모세, 엘리야를 위하여 초막들을 짓겠다고 말하였었다. 그러나 그가 말하고 있는 동안에 그의 계획이 잘못되었음을 보여주는 사건이 일어난 것이다. 그들에게 피난처는 초막들이 아니라 바로 이 구름이었다(사 4:5). 베드로가 초막들을 짓겠다고 말하는 사이에, 하나님께서는 손으로 짓지 않은 초막을 그들에게 만들어주신 것이다. 이제 베드로가 말했던 더할 나위 없는 영광을 가린 그늘이 된 이 구름 속에서 이는 내 사랑하는 아들이니 그의 말을 들으라는 소리가 들렸다. 하나님은 그리스도를 그의 사랑하는 아들로 시인하고 영접하셨고, 또한 그리스도 안에서 우리를 영접할 준비가 되어 계신다. 그러므로 우리는 그리스도를 우리의 사랑하는 구주로 고백하고 영접하며, 우리 자신을 버리고 그리스도의 통치를 받아야 한다.

7. 이 환상은 하늘로부터의 소리를 소개하기 위하여 계획된 것이었기 때문에 그 소리가 전달된 후에 즉시 사라졌다(8절). 제자들은 깜짝 놀라서 자기가 어디에 있는지를 보기 위해서 문득 둘러보았으나 아무도 보이지 아니하고 오직 예수와 자기들뿐이었다. 엘리야와 모세는 시야에서 사라졌고, 오직 예수만 그들과 함께 계셨는데, 그는 변모된 모습이 아니라 이전과 다름없는 모습이었다. 놀라운 기쁨과 위로가 떠나갈지라도, 그리스도께서는 영혼을 떠나시지 않는다. 그리스도의 제자들이 체험하는 더욱 굉장하고 황홀한 교통들이 사라진다고 해도, 제자들과 함께 하는 그리스도의 임재는 세상 끝날까지 변함이 없을

것이기 때문에, 우리가 의지해야 하는 것은 바로 그 임재이다. 우리는 하늘의 이 편에서는 일용할 양식을 주시는 하나님께 감사하고, 계속적인 잔치를 기대해서는 안 된다.

8. 여기에는 그리스도와 그 제자들이 산에서 내려오면서 나눈 대화가 나온다.

(1) 그리스도께서는 인자가 죽은 자 가운데서 살아나서 그가 하나님에게서 보내심을 받았다는 증거를 완성할 때까지는 이 일을 비밀에 부쳐달라고 당부하셨는데, 그 때가 되면 이 일은 나머지 증거들과 함께 밝혀지게 될 것이다(9절). 또한 그리스도께서는 지금 겸비(humiliation)의 상태에 계시기 때문에 그러한 상태에 걸맞지 않아 보일 수 있는 것들을 사람들에게 알리지 못하게 하셨을 것이다. 왜냐하면, 그리스도께서는 모든 것을 자신의 겸비의 상태에 맞춰서 행하시고자 하셨기 때문이다. 또한 그리스도께서 제자들에게 이렇게 침묵 명령을 내리신 것은 그들로 하여금 그들에게 허락된 신비한 비밀로 인하여 교만하여지거나 여러 계시를 받은 것이 지극히 크므로 너무 자만하지 않게 하시려고 하신 것이다. 자신의 잘난 것들을 남에게 말하지 못하게 하는 것은 고역이지만 교만을 막는 데에 도움이 된다.

(2) 제자들은 죽은 자 가운데서 살아나는 것이 무엇을 의미하는지를 몰라서 당혹해하였다. 그들은 메시야가 죽음을 당할 것이라는 생각을 해본 적이 없었기 때문에(눅 18:34), 그리스도께서 말씀하신 살아나는 것이란 비유적인 것으로서 그리스도께서 현재의 초라하고 비천한 신분에서 그들이 기대하고 있었던 위엄과 통치권을 갖춘 신분으로 상승하는 것을 가리킬 것이라고 생각하였다. 그러나 그들의 생각이 옳다고 하더라도, 그들을 당혹시키는 문제가 한 가지 더 있었다(11절). 어찌하여 서기관들이 구약의 예언들에서 정해진 순서를 따라서 메시야가 영광 중에 오시기 전에 엘리야가 먼저 와야 하리라고 말하나이까? 그러나 엘리야도 사라졌고, 모세도 사라졌다. 이러한 난점이 생겨난 것은 서기관들이 사람들에게 엘리야라는 인물을 기다리라고 가르친 반면에 실제로 예언들이 의도한 것은 엘리야의 심령과 능력으로 올 자였다는 것이다. 성경에 대한 오해는 진리를 받아들이는 데에 큰 편견과 장애가 된다는 것을 명심하라.

(3) 그리스도께서는 제자들에게 엘리야에 관한 예언을 풀 수 있는 열쇠를

주셨다(12-13절). "과연 엘리야가 먼저 와서 모든 것을 회복하고 바로잡을 것이라고 예언되어 있다. 그리고 (너희가 이해하지 못하겠지만) 인자가 많은 고난을 받고 멸시를 당하며 사람들에게 비난을 받게 될 것도 예언되어 있다. 서기관들은 너희에게 그렇게 가르치지 않았지만, 성경은 그렇게 말하고 있다. 따라서 너희는 엘리야에 관한 예언과 마찬가지로 인자에 관한 예언을 받아들이고, 그것을 이상한 일로 여기지 말아야 한다. 다시 한 번 엘리야에 관해 말하지만, 엘리야는 왔다. 조금만 생각해본다면, 너희는 내가 누구를 가리켜 엘리야라고 하는지를 알 것이다. 사람들은 엘리야를 함부로 대우하였다." 이것은 사람들이 세례 요한을 함부로 대우한 것과 잘 들어맞는 말씀이었다. 많은 고대인들과 천주교의 저술가들은 일반적으로 세례 요한이 엘리야의 심령으로 온 것 외에도 그리스도의 재림 이전에 실제로 엘리야라는 인물이 에녹과 더불어 와서 말라기의 예언을 세례 요한의 경우보다 더 온전히 성취하게 될 것이라고 생각하였다. 그러나 그것은 근거 없는 공상에 지나지 않는다. 약속된 참 메시야와 마찬가지로 참 엘리야도 이미 왔고, 우리는 다른 엘리야를 기다려서는 안 된다. 엘리야에 관하여 구약 성경에 기록된 것은 엘리야가 오리라는 것만 해당되고 사람들이 함부로 대우하였느니라는 해당되지 않는다. 그에 관하여 기록된 대로 엘리야는 왔고 자신의 일을 수행하였다.

[14]이에 그들이 제자들에게 와서 보니 큰 무리가 그들을 둘러싸고 서기관들이 그들과 더불어 변론하고 있더라 [15]온 무리가 곧 예수를 보고 매우 놀라며 달려와 문안하거늘 [16]예수께서 물으시되 너희가 무엇을 그들과 변론하느냐 [17]무리 중의 하나가 대답하되 선생님 말 못하게 하는 귀신 들린 내 아들을 선생님께 데려왔나이다 [18]귀신이 어디서든지 그를 잡으면 거꾸러져 거품을 흘리며 이를 갈며 그리고 파리해지는지라 내가 선생님의 제자들에게 내쫓아 달라 하였으나 그들이 능히 하지 못하더이다 [19]대답하여 이르시되 믿음이 없는 세대여 내가 얼마나 너희와 함께 있으며 얼마나 너희에게 참으리요 그를 내게로 데려오라 하시매 [20]이에 데리고 오니 귀신이 예수를 보고 곧 그 아이로 심히 경련을 일으키게 하는지라 그가 땅에 엎드러져 구르며 거품을 흘리더라 [21]예수께서 그 아버지에게 물으시되 언제부터 이렇게 되었느냐 하시니 이르되 어릴 때부터니이다 [22]귀신이 그를 죽이려고 불과 물에 자주 던졌나이다 그러나 무엇을 하실 수 있거든 우리를 불쌍히 여기사 도와 주옵소서 [23]예수께

서 이르시되 할 수 있거든이 무슨 말이냐 믿는 자에게는 능히 하지 못할 일이 없느니라 하시니 [24]곧 그 아이의 아버지가 소리를 질러 이르되 내가 믿나이다 나의 믿음 없는 것을 도와 주소서 하더라 [25]예수께서 무리가 달려와 모이는 것을 보시고 그 더러운 귀신을 꾸짖어 이르시되 말 못하고 못 듣는 귀신아 내가 네게 명하노니 그 아이에게서 나오고 다시 들어가지 말라 하시매 [26]귀신이 소리 지르며 아이로 심히 경련을 일으키게 하고 나가니 그 아이가 죽은 것 같이 되어 많은 사람이 말하기를 죽었다 하나 [27]예수께서 그 손을 잡아 일으키시니 이에 일어서니라 [28]집에 들어가시매 제자들이 조용히 묻자오되 우리는 어찌하여 능히 그 귀신을 쫓아내지 못하였나이까 [29]이르시되 기도 외에 다른 것으로는 이런 종류가 나갈 수 없느니라 하시니라.

여기에는 그리스도께서 어린아이에게서 귀신을 쫓아낸 이야기가 나오는데, 마태복음 17:14 이하에 나오는 것보다 더 자세하다. 좀 더 살펴보기로 하자.

I. 그리스도께서 제자들에게 돌아오셔서 그들이 곤경에 처해 있음을 보심.
그리스도께서는 그의 영광의 옷을 벗어놓고 그의 권속을 돌보기 위하여 오셔서 그들에게 무슨 일이 있었는지를 물으셨다. 산 위에서의 영광에도 불구하고 그리스도께서는 산 아래에 있는 그의 교회의 관심사들을 잊지 않으시고 큰 겸비하심 속에서 교회를 찾으신다(14절). 그리고 그리스도께서는 제자들이 어찌할 바를 몰라서 좌절하고 당혹해하고 있던 바로 그 때에 맞춰서 오셨다. 그 때는 그리스도와 그 제자들의 불구대천의 원수들인 서기관들이 그들을 공격하기 위한 빌미를 얻고 있던 때였다. 사람들이 귀신 들린 어린아이를 제자들에게 데려왔지만, 제자들이 귀신을 쫓아내지 못하자, 이 때다 싶어서 서기관들은 제자들을 힐난하고 주님을 헐뜯으며 마치 제 세상을 만나기라도 한 것처럼 의기양양해하고 있었다. 그리스도께서는 큰 무리가 둘러싸고 듣고 있는 가운데 서기관들이 제자들과 더불어 변론하고 있는 모습을 보았는데, 아마도 무리들 중 일부는 이 일로 인해 충격을 받았을 것이다. 모세는 산에서 내려왔을 때에 이스라엘 진영이 대혼란에 빠져 있는 것을 발견하였다. 사람들은 이렇게 빨리 그리스도와 모세를 잊었다. 틀림없이 그리스도께서 돌아오신 것은 제자들에게는 대환영이었겠지만 서기관들에게는 영 달갑지 않은 일이었을 것이다. 그러나 본문에 나와 있는 것은 무리들이 예수의 출현에 매우 놀랐다는 것이다.

아마도 무리들의 표정은 이 예수께 무슨 일이 있었는지 우리는 모르겠어라고 말하는 것 같았을 것이다. 온 무리가 곧 예수를 보고 매우 놀라며(일부 사본들에는 카이 엑세포베데산 — "그리고 그들은 두려워하였다"가 첨가되어 있다) 달려와(일부 사본들은 프로스트레콘테스 대신에 프로스카이론테스 — "그를 환영하며"로 읽는다) 문안하였다. 무리들이 예수를 보고 기뻐한 이유는 쉽게 알 수 있다. 하지만 왜 무리들은 예수를 보고 매우 놀랐던 것일까? 아마도 예수의 용모에는 아직까지 뭔가 범상치 않은 것이 남아 있었던 것으로 보인다. 모세가 산에서 내려왔을 때에 그의 얼굴에 광채가 나는 것을 보고 백성들이 그에게 가까이 하기를 두려워한 것처럼(출 34:30), 그리스도의 얼굴에도 광채가 어느 정도 남아 있었을 것이다. 아니면, 예수에게 피곤한 기색이 없고 오히려 생기가 넘치는 밝은 표정을 보자, 무리들이 놀란 것일 수도 있다.

Ⅱ. 제자들을 당혹스럽게 만들었던 사건이 그리스도 앞에 내어놓아졌다. 그리스도께서는 그의 제자들을 늘 괴롭히고 사사건건 시비하던 서기관들에게 "너희가 무엇을 그들과 변론하느냐? 지금 무엇 때문에 다투고 있느냐?"고 물으셨다. 서기관들은 그리스도의 출현에 당황하여 대답을 하지 못하였다. 제자들도 그리스도께서 나타나신 것을 보고 안심이 되어서 모든 것을 그에게 맡긴 채 대답을 하지 않았다. 그러자 어린아이의 아버지가 나서서 이 사건을 설명하였다(17-18절).

1. 어린아이는 말 못하게 하는 귀신이 들려 있었다. 귀신은 아이를 시도 때도 없이 넘어뜨렸고, 아이는 발작 중에 말을 하지 못했다. 아이의 처지는 매우 가련하였다. 귀신은 발작을 일으켜서 아이를 산산조각을 내겠다는 듯이 잡아뜯어서 아이로 하여금 격렬한 경련을 일으키게 하였다. 이것은 아이에게도 매우 비참한 일이지만 주변 사람들을 놀라게 하며 두렵게 하는 일이기도 하였다. 아이는 입에 거품을 흘리며 고통스러워서 이를 갈며, 발작이 끝나고나서도 몸이 몹시 쇠약해져서 파리하게 되어 뼈만 남게 되었다. 이 단어는 시편 102:3-5에서 육체가 말라버렸다는 뜻으로 사용되었다. 이것은 자애로운 아버지에게 끊임없는 고통이었다.

2. 제자들은 아이에게 아무런 도움도 줄 수 없었다. "내가 선생님의 제자들에게 내쫓아 달라 하였으나, 그들이 귀신을 쫓아내려고 무진 애를 썼으나 능히 하지 못하더이다. 그런데 선생님께서 때 맞춰서 잘 오셔서, 내 아들을 선생님께 데

려왔나이다."

Ⅲ. 그리스도께서는 모든 사람들을 꾸짖으셨다(19절). 믿음이 없는 세대여 내가 얼마나 너희와 함께 있으며 얼마나 너희에게 참으리요? 하몬드 박사는 이 책망이 제자들을 향한 것이었다고 이해하고, 그리스도께서는 제자들에게 특별한 경우들에 행하라고 지시하였던 금식과 기도를 그들이 하지 않아서 그들에게 주어진 능력을 행사할 수 없었기 때문에 그들을 책망하신 것이라고 말한다. 그러나 휘트비 박사는 제자들이 실패하여 절망하는 것을 기뻐하고 이것을 기화로 제자들이 무너지기를 바랐던 서기관들을 그리스도께서 책망하신 것이라고 본다. 그리스도께서는 이 서기관들을 믿음이 없는 세대라고 부르시면서, 그들과 함께 있는 것과 그들에게 참는 것에 지쳤다고 말씀하신다. 우리는 그리스도께서 "내가 얼마 동안이나 이 비천한 상태에 머무르며 참으리요?"라고 불평하시는 말씀을 결코 들은 적이 없다. 그리스도께서는 "내가 얼마나 이 믿음 없는 백성들 중에 있어서 그들을 참으리요?"라고 말씀하신 것이다.

Ⅳ. 아이가 그리스도께 데려와졌을 때에 실제로 처해 있었던 비참한 상태와 아버지가 아이의 상태에 관하여 말한 서글픈 사연. 아이는 그리스도를 보자 발작을 일으켰다. 귀신은 곧 그 아이를 잡아찢었고, 아이 안에서 격동하며 아이를 괴롭혔다(하몬드 박사의 번역). 마치 귀신은 그리스도에게 도전하여 그리스도까지도 자기를 제어하지 못하게 하여 아이를 계속해서 사로잡고자 하는 듯이 보였다. 아이가 땅에 엎드러져 구르며 거품을 흘리더라. 우리는 이것을 다르게 구성해볼 수 있다: 마귀는 자기의 때가 얼마 남지 않은 줄을 알므로 크게 분내어 발악을 하였다(계 12:12). 그리스도께서는 언제부터 이렇게 되었느냐?고 물으셨다. 병이 오래된 것으로 보였던 것이다. 이 병은 어릴 때부터 아이에게 왔기 때문에(21절), 사정은 더 딱하였고 치료는 더 어려웠다. 우리는 모두 본래 불순종의 아들들이다. 따라서 우리 안에는 악한 영이 역사하고, 그것도 아주 어릴 적부터 역사하여 왔다. 아이의 마음에는 미련한 것이 얽혀 있고 오직 그리스도의 능하신 은혜만이 그것을 쫓아낼 수 있다.

Ⅴ. 아이의 아버지가 그리스도께 고쳐달라고 간구하면서 말한 절박한 사정들(22절). 귀신이 그를 죽이려고 불과 물에 자주 던졌나이다. 마귀는 자기가 지배하는 자들을 멸망시키는 것을 목적으로 삼고서 삼킬 자를 두루 찾는다. 그러나 무엇을 하실 수 있거든 우리를 불쌍히 여기사 도와 주옵소서. 나병환자는 그리

스도의 능력을 확신하였지만, 원하시면이라는 단서를 달았었다(마 8:2). 주여 원하시면 저를 깨끗하게 하실 수 있나이다. 그런데 아이의 아버지는 그리스도께서 선한 뜻을 가지고 계시다는 것에 대해서는 신뢰하였지만, 그리스도의 능력에 대해서는 잘 믿지를 못하고 무엇을 하실 수 있거든이라는 단서를 달았다. 왜냐하면, 그의 제자들이 그리스도의 이름으로 귀신을 쫓아내려다가 곤경에 빠졌었기 때문이다. 이렇게 그리스도께서는 제자들의 곤경과 어리석음으로 인해서 명예에 손상을 입으신다.

VI. 그리스도께서 아이의 아버지에게 주신 대답(23절). 믿는 자에게는 능히 하지 못할 일이 없느니라.

1. 그리스도께서는 아이의 아버지의 약한 믿음을 넌지시 질책하신다. 이 사람은 제자들의 능력이 부족했다는 사실에 영향을 받아서 무엇을 하실 수 있거든이라고 말하며 그리스도의 능력에 단서를 달았다. 그러나 그리스도께서는 그 말을 되받아서, 그 사람에게 자신의 믿음에 대해서 반성해보도록 촉구하고, 그 사람의 실망이 그에게 믿음이 없기 때문이라는 것을 일깨워주신다. 네가 믿기만 한다면.

2. 그리스도께서는 이 사람으로 하여금 더욱 간절히 원하도록 그 소원을 강화시키는 은혜를 베푸신다. "모든 것이 가능한 하나님의 전능하신 능력을 믿는 자에게는 능히 하지 못할 일이 없고 모든 것이 가능하다." 또는, "하나님의 약속을 믿는 자들에게는 전혀 불가능해 보이는 일도 하나님의 은혜로 말미암아 이루어지게 된다." 그리스도에게서 은혜를 얻는 일은 대부분이 우리의 믿음에 달려 있는데, 이것은 모든 것을 믿음으로 얻도록 약속이 되어 있기 때문이다. 당신은 믿을 수 있는가? 당신은 감히 믿는다고 할 수 있는가? 당신은 당신의 모든 것을 그리스도의 손에 기꺼이 맡기고자 하는가? 당신은 당신의 모든 영적인 관심사들과 세상적인 관심사들을 그리스도를 위해서 할 각오가 되어 있는가? 당신은 당신 속에서 이렇게 하겠다는 마음을 찾을 수 있는가? 그렇다면, 비록 당신이 과거에 큰 죄인이었다고 하더라도 당신이 하나님과 화목하게 되는 것은 불가능하지 않고, 비록 당신이 매우 초라하고 무가치한 자라고 할지라도 당신이 하늘 나라에 가는 것은 불가능하지 않다. 당신이 믿기만 한다면, 당신의 완악한 마음이 부드럽게 되고 당신의 영적인 질병들이 고침받는 것이 가능하고, 당신이 연약할지라도 끝까지 믿음을 지키는 것이 가능하다.

VII. 그리스도의 말씀을 들은 아이의 아버지가 한 신앙 고백(24절). 이 사람은 이렇게 소리쳤다: "주여 내가 믿나이다. 내가 당신의 능력과 긍휼하심을 온전히 신뢰하나이다. 내 아이의 치료가 나의 믿음의 부족으로 인해서 방해를 받지 않게 해주소서. 주여 내가 믿나이다." 이 사람은 그가 아이를 구원하고자 하시는 그리스도의 능력과 뜻을 더욱 굳게 의지할 수 있도록 은혜를 베풀어달라고 기도한다. 나의 믿음 없는 것을 도와 주소서.

  1. 은혜로 말미암아 주여 내가 믿나이다라고 말할 수 있는 사람들조차도 그들의 불신앙에 대하여 호소하면서, 마땅히 그리스도의 말씀을 그들 자신이나 그들의 일들에 적용하고 기꺼이 그 말씀에 의지해야 하지만 그렇게 하기가 쉽지 않다고 하소연할 수 있다.

  2. 자신의 불신앙에 대하여 하소연하는 자들은 그 불신앙을 극복할 수 있도록 도와달라고 그리스도께 은혜를 구하여야 한다. 그러면, 그리스도의 은혜가 그들에게 족하게 될 것이다. "나의 믿음 없는 것을 도와 주소서. 나의 믿음 없는 것을 용서받을 수 있도록 나를 도와주시고, 그것을 극복할 수 있는 힘을 주소서. 나의 믿음이 부족한 것을 당신의 은혜로 도와주셔서 우리의 약함 속에서 당신의 은혜가 완전하게 되게 하소서."

  VIII. 그리스도께서 아이 속에 있던 성난 귀신을 정복하시고 아이를 고치심. 그리스도께서 이 어려운 일을 어떻게 해결하실지를 보기 위해서 무리가 달려와 모이는 것을 보시고, 그리스도께서는 무리들을 애태우지 않기 위해서 더러운 귀신을 꾸짖으셨다. 좀 더 살펴보자.

  1. 그리스도께서 이 더러운 귀신에게 하신 명령은 무엇이었는가? "불쌍한 아이를 말 못하게 하고 못 듣게 하고 있지만 스스로는 네 자신을 멸망시킬 내 말을 들으면서 그것을 거역하여 아무말도 할 수 없는 이 말 못하고 못 듣는 귀신아 그 아이에게서 즉시 나오고 다시 들어가지 말라. 아이를 이 발작에서 벗어나게 하고 발작이 다시는 일어나지 않게 하라." 그리스도께 고침을 받는 자는 온전히 고침을 받는다는 것을 명심하라. 사탄은 사람에게서 스스로 나가기도 하지만 다시 그 사람을 사로잡는다. 그러나 그리스도께서는 사람에게서 귀신을 내쫓으면 귀신이 다시 그 사람에게 들어오는 것을 막아주신다.

  2. 더러운 귀신은 어떻게 하였는가? 귀신은 더욱 발악을 하며 소리 지르며 아이로 심히 경련을 일으키게 하고 나가니 그 아이가 죽은 것 같이 되었다. 귀신은 아

이에게서 떠나는 것이 너무도 싫었고, 그리스도의 우월한 능력에 몹시 화가 나서, 아이에게 해코지를 하여 아이를 죽이고자 하였다. 많은 사람이 아이가 죽었다고 말하였다. 이렇게 영혼 속에 있는 사탄의 세력이 분쇄될 때에 영혼이 겪는 요동함은 당장에는 두려운 것이겠지만 영원한 위로로 나아가는 길목이 된다.

3. 아이는 완전히 회복되었다(27절). 예수께서 그 손을 잡아(크라테사스 — 그를 굳게 잡아) 일으키시니, 아이가 일어나고 회복되어서, 모든 것이 잘 되었다.

IX. 그리스도께서 제자들이 이 귀신을 쫓아낼 수 없었던 이유를 말씀해주심. 제자들은 그들의 결점이 어디에 있는지를 알아내어서 다시는 사람들 앞에서 망신을 당하지 않으려고, 우리는 어찌하여 능히 그 귀신을 쫓아내지 못하였나이까?라고 조용히 물었고, 그리스도께서는 기도와 금식 외에 다른 것으로는 이런 종류가 나갈 수 없느니라고 그들에게 말씀해주셨다(29절). 귀신 들린 것과 관련해서 이 경우와 다른 경우들 간에 실제로 그 어떤 다른 차이들이 있을 수 있다고 하더라도, 더러운 귀신이 이 가엾은 아이를 어릴 때부터 사로잡고서 자신의 세력을 강화시키고 견고하게 성을 쌓고 있었다는 것 외에는 여러 경우들 간의 차이는 없어 보인다. 사람들이 거의 치유하기 힘든 만성적인 질병들과 마찬가지로 오랜 동안의 습관에 의해서 뿌리깊게 형성된 악습들을 제거할 수 있는 처방을 달라고 간구할 때, 하나님께서는 구스인이 그 피부를 변하게 할 수 있느냐?고 대답하신다. 제자들은 그들의 일을 항상 쉽게 할 생각을 해서는 안 된다. 어떤 일들은 제자들에게 보통 때보다 더 큰 고통을 요구한다. 그러나 그들이 기도와 금식을 통해서 해야 할 일을 그리스도께서는 말씀 한 마디로 하실 수 있다.

[30]그 곳을 떠나 갈릴리 가운데로 지날새 예수께서 아무에게도 알리고자 아니하시니 [31]이는 제자들을 가르치시며 또 인자가 사람들의 손에 넘겨져 죽임을 당하고 죽은 지 삼 일만에 살아나리라는 것을 말씀하셨기 때문이더라 [32]그러나 제자들은 이 말씀을 깨닫지 못하고 묻기도 두려워하더라 [33]가버나움에 이르러 집에 계실새 제자들에게 물으시되 너희가 길에서 서로 토론한 것이 무엇이냐 하시되 [34]그들이 잠잠하니 이는 길에서 서로 누가 크냐 하고 쟁론하였음이라 [35]예수께서 앉으사 열두 제자를 불러서 이르시되 누구든지 첫째가 되고자 하면 뭇 사람의 끝이 되며 뭇 사람을

섬기는 자가 되어야 하리라 하시고 [36]어린아이 하나를 데려다가 그들 가운데 세우시고 안으시며 제자들에게 이르시되 [37]누구든지 내 이름으로 이런 어린아이 하나를 영접하면 곧 나를 영접함이요 누구든지 나를 영접하면 나를 영접함이 아니요 나를 보내신 이를 영접함이니라 [38]요한이 예수께 여짜오되 선생님 우리를 따르지 않는 어떤 자가 주의 이름으로 귀신을 내쫓는 것을 우리가 보고 우리를 따르지 아니하므로 금하였나이다 [39]예수께서 이르시되 금하지 말라 내 이름을 의탁하여 능한 일을 행하고 즉시로 나를 비방할 자가 없느니라 [40]우리를 반대하지 않는 자는 우리를 위하는 자니라.

I. 그리스도께서는 그의 고난이 가까이 이르렀음을 예고하신다.   그리스도께서는 보통 때보다 더 신속하게 갈릴리 가운데로 지나시면서 아무에게도 알리고자 아니하셨다(30절). 이것은 그리스도께서 그들 가운데서 많은 능력과 선을 행하셨지만 열매가 없어서 이전처럼 그들을 초청해서 유익을 얻도록 하고자 하지 않으셨기 때문이었다. 고난의 때가 다가오고 있었기 때문에, 그리스도께서는 얼마 동안 조용히 지내시면서 오직 제자들과 대화를 나누시며 그들로 하여금 다가올 시험에 대비하게 하시고자 하셨다(31절). 그리스도께서는 하나님의 분명한 계획과 예지(豫知)를 따라서 인자가 사람들의 손에 넘겨져 죽임을 당하리라고 제자들에게 말씀하셨다(31절). 그리스도께서 마귀들의 손에 넘기워져서 고난을 당하신 것은 결코 이상한 일이 아니었다. 그러나 이성이 있고 사랑이 있는 사람들이 그들을 구속하고 구원하기 위하여 오신 인자에 대하여 그토록 악의를 품은 것은 도저히 생각할 수 없는 일이다. 그리스도께서 그의 죽음을 말씀하실 때에는 언제나 그의 부활도 말씀하셨다는 것은 주목할 만한데, 이 부활은 십자가 죽음의 수치를 그리스도로부터 제거해주고 십자가 죽음의 슬픔을 그의 제자로부터 제거해주는 것이었다. 그러나 제자들은 이 말씀을 깨닫지 못하였다(32절). 이 말씀은 너무도 분명하고 쉬운 것이었는데, 제자들은 그 말씀을 받아들일 수가 없어서, 그 말씀 속에는 그들이 알지 못하는 뭔가 신비한 의미가 들어 있다고 생각하고는 묻기도 두려워하였다. 이것은 그리스도께서 접근하기 어려운 분이거나 그에게 묻는 자들에게 엄한 분이었기 때문이 아니라, 제자들이 진실을 알기를 싫어했거나 말씀을 잘 깨닫지 못한다고 꾸중 들을 것을 염려하였기 때문이다. 묻기가 부끄러워서 모르는 채로 지내는 사람

들이 많다.

Ⅱ. 그리스도께서는 제자들이 스스로를 높이는 것에 대하여 책망하신다.
가버나움에 오셨을 때, 그리스도께서는 제자들에게 너희가 길에서 서로 토론한 것이 무엇이냐?고 조용히 물으셨다(33절). 그는 그 토론이 무엇에 대한 것이었는지를 너무도 잘 알고 계셨지만, 제자들에게서 직접 그 대답을 듣고 그들로 하여금 그들이 잘못했고 어리석었다는 고백을 하게 하고 싶으셨던 것이다.

1. 우리는 다 우리가 나그네로 살아가는 이 인생 행로 속에서 행한 일들에 관하여 우리 주 예수로부터 설명을 요구받게 될 것임을 예상하여야 한다.

2. 우리는 우리들 가운데서 우리가 한 말들에 대하여 구체적으로 설명을 요구받게 될 것이다. 왜냐하면, 우리의 말에 의해서 우리가 의롭다 하심을 받기도 하고 정죄받기도 하기 때문이다.

3. 우리는 인생 행로 속에서 우리들 가운데서 한 말들과 마찬가지로 특히 우리의 토론들에 대해서도 모두 설명을 요구받게 될 것이다.

4. 그리스도께서는 온갖 토론들 중에서 특히 누가 앞섰고 우월하냐에 관한 제자들의 토론을 염두에 두셨음이 분명하다: 여기서의 토론의 주제는 누가 크냐?였다(34절). 이 세상에서 높아지려는 욕망과 그것에 관한 토론만큼 그리스도의 나라의 두 가지 큰 법이자 그리스도의 학교의 두 가지 큰 교훈, 그리스도의 두 가지 큰 모범인 겸손과 사랑에 모순되는 것은 없다. 그리스도께서는 기회가 있을 때마다 이 잘못된 성향을 질책하셨다. 왜냐하면, 이 잘못된 성향은 그리스도의 나라를 이 세상에 속한 것인 양 잘못 생각한 데서 생겨나는 것으로서, 너무도 직접적으로 그리스도의 복음의 존엄성을 떨어뜨리고 그 순수성을 부패시키며 교회의 큰 해악이 되는 것이었기 때문이다.

(1) 제자들은 이 허물을 숨기고자 하였다(34절). 그들이 잠잠하니. 제자들은 앞서 그들의 무지가 드러날 것이 부끄러워서 묻지 않았던 것처럼(32절), 여기서는 그들의 교만이 드러날 것이 부끄러워서 대답하지 않고자 하였다.

(2) 그리스도께서는 제자들 속에 있는 이 허물을 고쳐주시고 더 나은 성품을 갖게 하고자 하셨다. 그래서 그는 이 문제를 놓고 제자들과 진지하게 충분히 대화를 나누시기 위하여 앉으셔서, 열두 제자를 부른 후에 그들에게 이렇게 말씀하셨다. [1] 그리스도의 나라에서 큰 자가 되려고 하는 것 대신에 이 세상에서 남보다 높아지고 남을 다스리려고 하는 야심을 품는 것은 큰 자가 되는 것

을 지연시킬 뿐이라는 것. 누구든지 첫째가 되고자 하면 뭇 사람의 끝이 되리라. 스스로를 높이는 자는 낮아지고, 교만하면 낮아질 것이다. [2] 그리스도 아래에서는 큰 자로 행세할 기회는 없고, 많은 수고와 겸손을 위한 기회 및 의무만이 있다는 것. 누구든지 첫째가 되고자 하는 사람이거나 그렇게 된 사람은 훨씬 더 바빠지고 뭇 사람을 섬기는 자가 되어야 한다. 사람이 감독의 직분을 얻으려함은 선한 일을 사모하는 것이라. 왜냐하면, 그는 사도 바울이 그랬던 것처럼 더욱더 많이 수고하고 스스로 모든 사람의 종이 되어야 하기 때문이다. [3] 가장 겸손하고 자기를 부인하는 자들은 그리스도를 가장 닮은 자들로서 그리스도로부터 아주 따뜻한 영접을 받게 되리라는 것. 이것을 그리스도께서는 제자들에게 실례를 들어서 가르치셨다. 그리스도께서는 아무런 교만이나 야심도 없는 어린아이 하나를 데려다가 그들 가운데 세우시고 안으시며 말씀하셨다. "누구든지 내 이름으로 이런 어린아이 하나를 영접하면 곧 나를 영접하는 것이다. 겸손하고 온유하며 너그러운 성품을 지닌 자들은 내가 인정하고 소중히 여기는 자들인데, 나는 다른 모든 사람들에게도 마찬가지로 그렇게 되라고 권하고자 한다. 나는 그들에게 한 일을 나에게 한 일로 여길 것이고, 나의 아버지께서도 그러실 것이다. 왜냐하면, 누구든지 나를 영접하면 나를 보내신 이를 영접함이기 때문이다. 그 일은 아버지를 위하여 한 일로 여겨져서 상을 받게 될 것이다."

Ⅲ. 그리스도께서는 제자들이 자신들을 제외한 모든 사람을 비방한 것에 대하여 책망하셨다.　　제자들은 그들 중에서 누가 가장 큰가를 놓고 토론을 벌이는 한편, 그들을 따르지 않는 자들을 전혀 용납하려 들지 않았다. 좀 더 살펴보자.

1. 요한이 그리스도께 어떤 사람이 그들을 따르지 않았기 때문에 그리스도의 이름을 사용하는 것을 금하였다고 설명함. 제자들은 누가 더 큰가를 놓고 논쟁을 벌인 것을 부끄러워하긴 했지만, 그들에게 주어진 권위를 이런 식으로 행사한 것에 대하여 자부심을 느꼈고, 주님께서 그들의 조치를 옳다고 인정해주실 뿐만 아니라 칭찬해주실 것이라고 기대했으며, 그들의 거룩한 모임의 명예를 유지하기 위하여 그들의 권위를 사용한 것이었기 때문에 큰 자가 되고자 하는 그들의 바람에 대해서 책망하지 않으실 것이라고 생각했던 것 같다. 요한은 선생님, 우리를 따르지 않는 어떤 자가 주의 이름으로 귀신을 내쫓는 것을 우리가 보았나이다라고 말하였다(38절).

(1) 그리스도에 대하여 신앙 고백을 하지도 않고 그리스도의 제자도 아닌 자가 그리스도의 이름으로 귀신을 내쫓는 능력을 지니고 있었다는 것은 이상한 일이다. 왜냐하면, 그러한 능력은 그리스도께서 부르신 자들에게 특별히 부어진 것으로 보여지기 때문이다(6:7). 어떤 이들은 이 사람이 예수에게 나아오지는 않았지만 예수께서 그리스도이신 줄을 모른 채 그 가까이에서 메시야의 이름을 사용하였던 세례 요한의 제자였다고 생각한다. 하지만 이 사람은 다른 제자들과 마찬가지로 예수께서 그리스도이심을 믿고 예수의 이름을 사용하였던 것으로 보인다. 이 사람이 사도들과 같이 외적으로 분명한 부르심을 받지는 못하였어도 바람처럼 임의로 부는 성령을 따라서 그리스도에게서 능력을 받지 못하였을 이유가 어디 있겠는가? 아마도 이런 사람들이 더 많이 있었을 것이다. 그리스도의 은혜는 보이는 교회에 매여 있지 않다.

(2) 그리스도의 이름으로 귀신을 내쫓는 자가 사도들의 무리에 합류하여 함께 그리스도를 따르지 않고 계속해서 사도들과는 **별개로** 행동하였다는 것은 이상한 일이다. 이 사람이 사도들의 무리에 합류하지 않은 것은 그리스도를 따르기 위하여 모든 것을 버리는 것을 싫어하였기 때문이라고밖에는 말할 수 없다. 만약 그런 것이라면, 그것은 잘못된 것이었다. 이 일이 좋아 보이지 않았기 때문에, 제자들은 그 사람이 그들과 같이 그리스도를 따르지 않는다는 이유로 그리스도의 이름을 사용하는 것을 금한 것이었다. 이것은 다른 사람들과 같이 회막문 앞에 나아가지 않고 진(陣)에 머물면서 예언하였던 엘닷과 메닷에 대하여 여호수아가 취한 행동과 같은 것이었다. "내 주 모세여 그들을 말리소서(민 11:28). 이것은 분파주의적인 행동이오니, 그들을 제지하시고 침묵하게 하소서." 이렇게 우리는 그리스도를 전혀 따르지 않는 자들, 우리와 함께 그리스도를 따르지 않는 자들, 아무런 선도 행하지 않는 자들, 우리와 같이 행하지 않는 자들에 대하여 이런 생각을 갖기 쉽다. 그러나 그들이 아무리 흩어져 있다고 하더라도, 주께서는 그들이 그의 소유이심을 아신다. 그러므로 이 사건은 우리가 교회의 일치 또는 우리가 옳고 선하다고 확신하는 것에 대한 지나친 열심으로 인해서 본의 아니게 교회의 성장이나 교회의 진정한 유익을 방해하는 일이 없도록 조심할 것을 경고해준다.

2. 그리스도께서 이 일에 대해서 제자들을 꾸짖으심(39절). 예수께서는 "이 사람 또는 이와 같은 일을 하는 다른 그 어떤 사람도 금하지 말라"고 말씀하셨

다. 이것은 모세가 여호수아에게 한 책망과 같다. 네가 나를 두고 시기하느냐? 비록 행하는 방식에 있어서 어떤 결점이나 비정상적인 것이 있다고 하더라도, 선한 것이나 선을 행하는 것을 금지하는 것은 옳지 않다. 귀신들을 내쫓아서 사탄의 나라를 멸하고, 이 일을 그리스도의 이름으로 행함으로써 그리스도께서 하나님으로부터 보내심을 받은 분임을 시인하며 은혜의 원천으로서 그리스도께 존귀를 돌리는 일, 죄를 회개하라고 외치고 그리스도를 높이는 교훈을 전파하는 일은 매우 선한 일들이기 때문에, 단지 우리를 따르지 않는다는 이유로 그러한 일들을 금지하는 것은 옳지 않다. 바울은 비록 자기의 명예가 깎인다고 해도 그리스도께서 전파되는 것이라면 그것을 기뻐하고 또한 앞으로 기뻐할 것이라고 말한다(빌 1:18). 그리스도께서는 그런 일들을 금지해서는 안 되는 두 가지 이유를 제시하신다.

(1) 그리스도의 이름으로 이적을 행하는 자들이 서기관들과 바리새인들 같이 그리스도의 이름을 모독하는 일은 없을 것이다. 그리스도의 이름으로 귀신을 내쫓으면서도 다른 면들에서는 행악자들인 경우가 있는 것은 사실이다. 그러나 그들은 적어도 그리스도를 비방하지는 않았다.

(2) 교단이 서로 다르다고 해도 그리스도의 기치 아래에서 사탄에 대항하여 싸우는 데에 서로 일치한다면, 서로의 차이에도 불구하고, 서로를 같은 편으로 여기는 것이 마땅하다. 우리를 반대하지 않는 자는 우리를 위하는 자니라. 바알세불 논쟁에서 그리스도께서는 나와 함께 아니하는 자는 나를 반대하는 자요(마 12:30)라고 말씀하셨었다. 그리스도를 시인하고자 하지 않는 자는 사탄을 시인하는 자이다. 그러나 우리와 형편이 다르지만 그리스도를 시인하고 우리와 함께 하지는 않지만 그리스도를 따르는 자들에 대해서는, 비록 그 입장이 우리와 다르다고 하여도, 그들이 우리를 반대하지 않기 때문에, 우리는 그들을 우리 편이라고 여기고, 그들의 유익에 대하여 방해가 되어서는 안 된다.

[41]누구든지 너희가 그리스도에게 속한 자라 하여 물 한 그릇이라도 주면 내가 진실로 너희에게 이르노니 그가 결코 상을 잃지 않으리라 [42]또 누구든지 나를 믿는 이 작은 자들 중 하나라도 실족하게 하면 차라리 연자맷돌이 그 목에 매여 바다에 던져지는 것이 나으리라 [43]만일 네 손이 너를 범죄하게 하거든 찍어버리라 장애인으로 영생에 들어가는 것이 두 손을 가지고 지옥 곧 꺼지지 않는 불에 들어가는 것보

다 나으니라 ⁴⁴[없음] ⁴⁵만일 네 발이 너를 범죄하게 하거든 찍어버리라 다리 저는 자로 영생에 들어가는 것이 두 발을 가지고 지옥에 던져지는 것보다 나으니라 ⁴⁶[없음] ⁴⁷만일 네 눈이 너를 범죄하게 하거든 빼버리라 한 눈으로 하나님의 나라에 들어가는 것이 두 눈을 가지고 지옥에 던져지는 것보다 나으니라 ⁴⁸거기에서는 구더기도 죽지 않고 불도 꺼지지 아니하느니라 ⁴⁹사람마다 불로써 소금 치듯 함을 받으리라 ⁵⁰소금은 좋은 것이로되 만일 소금이 그 맛을 잃으면 무엇으로 이를 짜게 하리요 너희 속에 소금을 두고 서로 화목하라 하시니라.

I. 그리스도께서는 제자들에게 어떤 식으로든 친절을 베푸는 모든 자들은 상을 받게 될 것이라고 약속하신다(41절).　　"누구든지 너희가 그리스도에게 속한 자라 하여 너희에게 정신을 차려서 힘을 내라고 물 한 그릇이라도 주면 그가 결코 상을 잃지 않으리라."

　1. 그리스도에게 속하여 있고 그리스도와 함께 하며 그리스도의 소유가 되었다는 사실은 그리스도인들의 영광이자 행복이다. 그리스도인들은 그리스도의 권속으로서 그의 옷을 입은 가신들이다. 아니, 그리스도인들은 그리스도의 몸의 지체들로서 그리스도와 더욱 밀접한 연관을 맺고 있다.

　2. 그리스도에게 속한 자들은 때로 냉수 한 그릇을 반길 정도로 궁핍하게 될 수 있다.

　3. 그리스도께 속한 자들을 곤경에서 구하는 일은 선한 일로서 선한 상급을 받게 된다. 그리스도께서 그 일을 받으시고 그 일을 상으로 갚아주실 것이다.

　4. 그리스도에게 속한 궁핍한 자들에게 행해진 선행은 그리스도를 위하여 및 그들이 그리스도에게 속한 자라는 이유 때문에 행해진 것이어야 한다. 왜냐하면, 바로 그런 이유들이 그 선행을 거룩하게 하고 하나님 보시기에 가치 있는 것이 되게 하기 때문이다.

　5. 이것은 우리가 모든 것에서 우리의 생각이나 방식과 다르다고 하더라도 그리스도의 나라의 유익을 위하여 섬기는 자들을 언짢게 하거나 낙심시키지 않아야 하는 이유이다.

　그리스도께서 여기서 이 말씀을 하신 이유는 그리스도를 따르지는 않지만 그리스도의 이름으로 귀신들을 내쫓는 자들을 금지하지 않게 하기 위한 것이다. 하몬드 박사는 이 말씀을 이렇게 풀이하였다: "제자로서 나를 항상 따르는 너희들이 행하는 아주 훌륭한 일들만이 아니라, 나의 제자들 중 한 사람에게 그리스도에게 속한 자라 하여 물 한 잔을 주는 것 같은 지극히 작은 선행으로 표현된 그리스도인들의 지극히 작은 믿음과 행위도 모두 하나님께 받아들여져서 상을 받게 될 것이다." 그리스도께서 우리에게 행해진 선행을 그에게 행해진 것으로 여기신다면, 우리는 우리를 따르지 않는 자들에 의해서 그리스도께 행해진 섬김들을 우리에게 행해진 선행으로 여겨서 그들을 격려하는 것이 마땅하다.

II. **그리스도께서는 그를 믿는 작은 자들을 실족하게 하는 자들, 의도적으로 그들을 죄 또는 곤경에 빠뜨리는 자들에게 경고하신다**(42절).　누구든지 진실한 그리스도인들 ― 그들이 아무리 연약하다 하더라도 ― 을 괴롭히거나 그들이 하나님께 나아가는 길을 가로막거나 그들이 믿음의 진보를 이루는 것을 방해하고 낙심케 하거나 그들이 선을 행하는 것을 저지하거나 범죄하도록 유인하는 자들은 차라리 연자맷돌이 그 목에 매여 바다에 던져지는 것이 나으리라. 이런 자에 대한 형벌은 대단히 중해서, 그의 영혼의 죽음과 멸망은 그의 육신의 죽음과 멸망보다 더 끔찍할 것이다. 마태복음 18:6을 보라.

III. **그리스도께서는 그를 따르는 모든 자들에게 그들의 영혼이 멸망당하지 않도록 주의하라고 경고하신다**.　누구보다도 먼저 우리 자신을 돌아보아야 한다. 우리는 다른 사람들이 선을 행하는 데에 방해가 되거나 그들로 하여금 범죄하게 할 수도 있는 그 어떠한 일도 하지 않도록 주의해야 하지만, 우리로 하여금 본분을 저버리게 만들거나 우리를 죄로 이끌 수 있는 모든 것을 피하는 데에 더욱 주의를 기울여야 한다. 그러므로 우리로 하여금 범죄하게 만드는 것은 아무리 귀한 것이라고 하더라도, 우리는 그것을 과감하게 버려야 한다. 이 말씀은 마태복음에 두 번이나 나왔다(5:29-30과 18:8-9). 마가복음에서는 이것을 좀 더 넓은 시각에서 간곡하게 촉구하면서, 우리로 하여금 엄중하게 받아들이도록 한층 더 힘주어서 역설하고 있다.

1. 여기에서 상정(想定)하고 있는 것은 우리 자신의 손이나 눈 또는 발이 우리로 하여금 범죄하게 하는 경우, 우리가 빠져 있는 부정한 더러운 것이 우리에게 눈이나 손처럼 소중하게 되어버린 경우, 우리에게 눈이나 손처럼 소중한 것이 우리로 하여금 범죄하게 하는 보이지 않는 시험이 되거나 기회가 되는 경우이다. 우리가 사랑하는 것이 죄가 되어 버린 경우 또는 죄가 우리의 사랑하는 것

이 되어 버린 경우를 생각해보라. 우리에게 소중한 것이 우리에게 덫이 되고 걸림돌이 되는 경우를 생각해보라. 우리가 그것을 버리든지, 아니면 그리스도와 양심을 버리든지 해야 하는 경우를 생각해보라.

2. 그러한 경우에 그리스도께서 명하신 것. 눈을 빼버리고, 손과 발을 찍어버리며, 달콤한 정욕을 억제하고, 죽이며, 십자가에 못 박고, 굶어죽게 하며, 빌미를 주지 말라. 달콤한(delectable) 것들이 되어 버린 우상들을 구역질나는(detestable) 것들로 여기고 던져버리라. 우리를 아무리 기쁘게 하는 것이라고 해도 그것이 우리에게 시험이 된다면 멀리하라. 범죄의 근원이 되는 부분은 전체의 보존을 위해서 반드시 잘라내버려야 한다. 치료가 불가능할 정도로 곪은 부분은 나머지 멀쩡한 전체가 부패하지 않도록 하기 위해서는 반드시 잘라내어야 한다(Immedicabile vulnus ense recidendum est, ne pars sincera trahatur). 멸망을 자초하지 않으려면, 우리는 뼈를 깎는 고통을 감수하여야 한다. 우리는 멸망당하지 않기 위해서 자기를 부인하지 않으면 안 된다.

3. 그렇게 하여야 할 필요성. 우리가 영생에 들어가고(43, 45절) 하나님의 나라에 들어가기 위해서는(47절) 육신을 죽여야 한다. 죄를 버림으로써 우리가 당분간은 마치 우리 자신이 절름발이나 불구자처럼 느껴질 수 있지만(죄는 우리 자신 위에 덧입혀진 세력이기 때문에, 죄를 벗겨내면, 우리에게 어느 정도의 불안감이 따를 수 있다), 그것은 생명을 위한 것이다. 그리고 생명을 위해서라면, 우리가 가진 모든 것을 기꺼이 바쳐야 한다. 그것은 우리가 다른 식으로는 얻을 수 없는 하나님의 나라를 위한 것이다. 이러한 절름발이와 불구의 상처들은 주 예수의 흔적들로서 그 나라에서 영광의 상처들이 될 것이다.

4. 그렇게 하지 않는 것의 위험성. 이 문제는 결국 죄가 죽느냐 우리가 죽느냐 하는 문제로 귀결된다. 우리가 이 들릴라를 품 속에 안고 있으면, 그녀는 우리를 배신할 것이다. 우리가 죄에 의해 지배받는다면, 우리는 반드시 죄에 의해서 멸망당할 것이다. 우리가 우리로 하여금 범죄하게 한 두 손과 두 눈과 두 발을 보존하고자 한다면, 우리는 그것들과 함께 지옥에 던져지게 될 것이다. 우리 구주께서 우리에게 우리의 의무와 본분을 자주 간곡하게 말씀하신 것은 우리가 계속해서 범죄할 때에 떨어지게 될 지옥의 고통을 생각하셨기 때문이다. 여기에서 그리스도께서는 구더기도 죽지 않고 불도 꺼지지 아니하는 지옥에 대하여 세 번이나 되풀이하여 말씀하심으로써 지옥의 공포를 극히 강조하신다. 이

말씀들은 이사야 66:24에서 인용된 것들이다.

(1) 죄인을 비난하고 질책하는 양심은 죽지 않는 구더기와 같다. 구더기가 죽은 시체에 들러붙어서 그 시체를 완전히 다 파먹어버릴 때까지는 떠나지 않는 것처럼, 양심도 저주받은 영혼에 붙어서 그렇게 한다. 아들아, 구더기가 갉아먹고 저 말씀을 무섭게 물어뜯을 때에 내가 어찌하여 훈계를 싫어하였는지를 기억하라(잠 5:12, 23). 구더기의 밥인 영혼은 죽지 않고, 구더기는 영혼과 동거하며 영혼을 갉아먹고 살기 때문에 마찬가지로 죽지 않는다. 저주받은 죄인들은 그들 자신의 어리석은 짓들 때문에 영원히 고소당하고 정죄당하며 비난을 당하게 될 것이다. 그들이 지금 애지중지하는 어리석은 짓들은 결국에는 그들을 뱀 같이 물 것이요 독사 같이 쏠 것이다.

(2) 범죄하고 더러워진 양심에 가해지는 하나님의 진노는 꺼지지 않는 불이다. 그것은 살아계신 하나님, 영원하신 하나님의 진노이기 때문인데, 이 하나님의 손에 빠져들어가는 것은 무서운 일이다. 저주받은 죄인들의 영혼에는 은혜의 성령의 역사(役事)가 없기 때문에, 항상 강렬하게 타오르는 불을 끌 수 있는 방법이 없다. 또한 그들에게는 그리스도의 공로가 적용되지 않기 때문에, 강렬한 불길을 약하게 하거나 끌 수 있는 방법이 없다. 휘트비 박사는 지옥에서의 영원한 고통은 그리스도 교회의 변함없는 신앙일 뿐만 아니라 유대교의 신앙이기도 하였다는 것을 보여준다. 요세푸스에 의하면, 바리새인들은 악한 영혼들이 영원한 형벌을 받게 될 것인데, 그들에게는 영원한 감옥이 예정되어 있다고 주장하였다. 그리고 필로(Philo)는 악인들에 대한 형벌은 영원히 죽어가는 것과 결코 끝나지 않는 영원한 고통과 슬픔이라고 말하였다.

이 단락의 마지막 두 절은 좀 난해해서, 주석자들마다 그 의미에 대한 해석이 서로 다르다. 사람마다, 아니 지옥에 던져진 사람마다 불로써 소금 치듯 함을 받고 모든 제물에 소금이 쳐지리라. 그러므로 너희 속에 소금을 두라.

[1] 모세의 율법에서는 모든 제물에 소금을 치라고 정하여 두었는데, 이것은 제물을 보존하기 위한 것이 아니라(제물은 즉시 소비되었으므로), 하나님의 제단에 드리는 음식에는 반드시 소금을 치도록 되어 있었기 때문이었다. 특히 소제물은 더욱 그러했다(레 2:13).

[2] 인간의 본성은 부패된 것이어서 육체로 불리기 때문에(창 6:3. 시 78:39), 하나님께 제물로 드려지기 위해서는 어떤 방식으로든 소금을 치지 않으면 안

된다. 유대인들은 생선에 소금을 쳐서 절이는 것을 생선을 치유하는 것이라고 부른다.

[3] 우리의 주된 관심은 우리 자신을 하나님의 은혜 앞에 산 제물로 드리는 것인데(롬 12:1), 우리가 열납될 만한 제물이 되기 위해서는 우리는 소금이 쳐져야 하고, 우리의 부패한 성품들이 억눌러져서 죽어져야 하고, 우리 영혼 속에 은혜의 향기를 소유해야 한다. 이렇게 해야, 제물들에 소금을 친 것과 마찬가지로, 이방인들을 제물로 드리는 것이 성령에 의해 거룩하심을 받아서 하나님께서 받으실 만한 것이 된다(롬 15:16).

[4] 은혜의 소금을 소유하고 있는 자들은 그들이 그것을 소유하고 있음을 나타내보여야 한다. 그들은 부패한 고기처럼 양심을 부패시키고 하나님을 화나게 하는 모든 부패한 성품들과 우리 영혼 속에 있는 모든 것들을 제거하는 소금, 즉 은혜의 삶의 원리를 그들 속에, 즉 그들의 마음속에 두어야 한다. 우리는 말을 항상 은혜 가운데서 소금으로 맛을 냄과 같이 하여서, 무릇 더러운 말은 너희 입 밖에도 내지 말고, 더러운 말을 하는 것을 마치 썩은 고기를 우리 입 속에 넣는 것 같이 여겨서 싫어해야 한다.

[5] 이 은혜의 소금은 우리의 양심을 지켜주어서 범죄하지 않게 할 뿐만 아니라 다른 사람들과 대화를 할 때에도 범죄하지 않게 지켜주어 우리로 하여금 그리스도에게 속한 작은 자들을 실족하지 않게 하고 서로 화목할 수 있게 해준다.

[6] 우리는 이 은혜의 소금을 소유하고 있을 뿐만 아니라 항상 소금의 맛과 향기를 간직해야 한다. 만약 이 소금이 맛을 잃으면, 곧 그리스도인이 기독교 진리에 반기를 들어서 그 맛을 잃고 그 진리의 능력과 영향력 아래에서 더 이상 있지 않는다면, 무엇이 그를 회복시켜주고, 너희는 무엇으로 그를 짜게 하겠는가?(마 5:13).

[7] 자기 자신을 하나님의 은혜 앞에 산 제물로 드리지 않는 자들은 하나님의 공의 앞에 영원히 죽은 제물이 될 것이고, 그들이 하나님께 영광을 돌리고자 하지 않기 때문에, 하나님께서는 그들과 관련해서 나름대로 영광을 취하고자 하신다. 그들은 하나님의 은혜로 소금쳐지고자 하지 않고, 그들의 부패한 성품을 억제하기 위하여 소금이 쳐지는 것을 용납하지 않으며, 교만한 육체를 먹는 데에 꼭 필요한 부식제를 견뎌낼 수 없는데, 그들에게 소금을 치는 것은 한

손을 잘라내버리는 것이나 눈 하나를 빼버리는 것과 같기 때문이다. 그러므로 지옥에서 그들은 불로써 소금 치듯 함을 받게 될 것이다. 마치 고기 위에 소금을 뿌리듯이 숯불들이 그들 위에 뿌려지고(겔 10:2), 마치 유황불이 소돔에 비 오듯 하였듯이, 유황불(욥 18:15)이 그들 위에 뿌려질 것이다. 그들이 즐겼던 쾌락들이 불같이 그들의 살을 먹으리라(약 5:3). 소금을 치는 것이 불에 타는 것보다 훨씬 고통이 덜하듯이, 지금 육체를 억제하는 고통이 육체를 억제하지 못해서 장차 받게 될 형벌보다 훨씬 가볍다. 그런데 그리스도께서 지옥의 불은 꺼지지 않는다고 말씀하셨기 때문에, 어떻게 연료가 영원히 탈 수 있느냐고 반문할 수 있겠지만, 여기서 그리스도께서 하신 말씀은 하나님의 능력으로 말미암아 연료가 영원히 타게 되리라는 것이다. 지옥에 던져지는 자들은 불이 소금과 마찬가지로 침식성만이 아니라 보존성도 지니고 있다는 것을 알게 될 것이다. 따라서 소금은 지속적인 것을 의미하는 데에 사용된다: 소금의 계약은 영원한 계약이고, 소금 기둥이 되어버린 롯의 아내는 하나님의 보응(報應)을 나타내는 영원한 기념물이다. 바로 이것이 육체와 함께 그 정욕과 탐심을 십자가에 못 박지 않은 자들의 운명이 될 것이다. 그러므로 우리는 주의 두려우심을 알고 우리의 육체와 함께 그 그 정욕과 탐심을 십자가에 못 박아야 한다.

제
— 10 —
장

개요

이 장에는 다음과 같은 내용들이 나온다. I. 그리스도께서 바리새인들과 이혼에 관하여 논쟁하심(1-12절). II. 그리스도께서 축복을 받기 위해 나아온 어린아이들을 환대하심(13-16절). III. 그리스도께서 무엇을 하여야 천국에 갈 수 있느냐고 묻는 부자를 시험하심(17-22절). IV. 이 기회를 빌려서 그리스도께서 부(富)의 위험성(23-27절)과 그리스도를 위하여 가난하게 된 것의 유익(28-31절)에 대하여 제자들에게 말씀하심. V. 그리스도께서 곧 다가올 그의 고난과 죽음에 관하여 제자들에게 반복해서 예고하심(32-34절). VI. 그리스도께서 야고보와 요한에게 자기와 함께 다스리는 것이 아니라 자기와 함께 고난받는 것을 생각하라고 충고하심(35-45절). VII. 그리스도께서 불쌍한 맹인 바디매오를 고쳐주심(46-52절). 우리는 이 모든 이야기들의 실질적인 내용을 마태복음 19장과 20장에서 이미 살펴본 바 있다.

¹예수께서 거기서 떠나 유대 지경과 요단 강 건너편으로 가시니 무리가 다시 모여들거늘 예수께서 다시 전례대로 가르치시더니 ²바리새인들이 예수께 나아와 그를 시험하여 묻되 사람이 아내를 버리는 것이 옳으니이까 ³대답하여 이르시되 모세가 어떻게 너희에게 명하였느냐 ⁴이르되 모세는 이혼 증서를 써주어 버리기를 허락하였나이다 ⁵예수께서 그들에게 이르시되 너희 마음이 완악함으로 말미암아 이 명령을 기록하였거니와 ⁶창조 때로부터 사람을 남자와 여자로 지으셨으니 ⁷이러므로 사람이 그 부모를 떠나서 ⁸그 둘이 한 몸이 될지니라 이러한즉 이제 둘이 아니요 한 몸이니 ⁹그러므로 하나님이 짝지어 주신 것을 사람이 나누지 못할지니라 하시더라 ¹⁰집에서 제자들이 다시 이 일을 물으니 ¹¹이르시되 누구든지 그 아내를 버리고 다른 데에 장가 드는 자는 본처에게 간음을 행함이요 ¹²또 아내가 남편을 버리고 다른 데로 시집 가면 간음을 행함이니라.

우리 주 예수께서는 순회 전도자였고, 한 곳에 오래 머물지 않으셨다. 왜냐하면, 가나안 땅 전체가 주님의 교구요 관구였고, 주님은 모든 지방을 찾아가셔서 가장 후미진 곳에 사는 사람들에게도 가르침을 베풀고자 하셨기 때문이다. 그리스도께서는 얼마 전까지만 해도 서쪽 최변방인 두로와 시돈 근처에 계셨지만, 지금은 요단 강 동편 깊숙한 곳인 유대 지경으로 오셨다. 이렇게 그리스도의 순회 전도활동은 해의 운행과 같은 것이어서, 어떤 것도 그 빛과 열기에서 감춰어지지 않는다. 좀 더 살펴보자.

I. 그리스도께 무리들이 다시 모여들었다(1절).   그리스도께서 어디로 가시든지, 사람들은 무리를 지어 그에게 모여들었다. 사람들은 그리스도께서 전에 이 지방에 오셨을 때와 마찬가지로 다시 그에게 나아왔고, 그리스도께서는 다시 전례대로 가르치셨다. 복음을 전하는 것은 그리스도께서 늘 하시던 일이었다. 이 일은 늘 하시던 일이었기 때문에, 그리스도께서는 가시는 곳마다 전례대로 가르치셨다. 마태복음에서는 예수께서 병을 고치셨다고 하였고, 여기에서는 예수께서 그들을 가르치셨다고 말한다. 그리스도께서 병을 고치신 것은 그의 가르침을 확증하고 권하기 위한 것이었고, 그리스도의 가르침은 병 고침의 의미를 설명해주고 조명해주는 것이었다. 그리스도께서는 사람들을 다시 가르치셨다. 그리스도께 가르침을 받은 자들도 다시 가르침을 받을 필요가 있다는 것을 명심하라. 그리스도의 가르침은 너무도 풍성하기 때문에, 배울 것은 여전히 많다. 또한 우리는 너무도 쉽게 잊어버리기 때문에, 우리가 알고 있는 것도 계속해서 다시 일깨워질 필요가 있다.

II. 그리스도께서 바리새인들과 논쟁하셨다.   바리새인들은 그리스도의 영적인 세력이 확장되는 것을 시기하여서 온갖 방법을 동원하여 그것을 가로막고 저지하며, 그리스도를 견제하고 당황하게 하여서 백성들로 하여금 그리스도에 대하여 편견을 갖게 하려고 애를 썼다.

1. 바리새인들이 이혼과 관련하여 제기한 질문(2절). 사람이 아내를 버리는 것이 옳으니이까? 만약 그들이 이 문제와 관련해서 하나님의 마음을 알고자 하는 겸손한 마음에서 이 질문을 제기하였더라면, 이것은 좋은 질문이 되었을 것이다. 그러나 그들은 그리스도를 시험하고 그를 칠 기회를 찾으며 그리스도께서 이 질문에 대하여 어느 쪽으로 대답하든지 간에 그리스도의 정체를 드러낼 기회를 찾기 위하여 이 질문을 제기하였다. 사역자들은 충고를 받고자 하는 것처럼 가장해서 그들을 덫에 걸리게 하고자 하는 자들을 조심하지 않으면 안

된다.

2. 그리스도께서 질문을 통해서 그들에게 대답하심(3절). 모세가 어떻게 너희에게 명하였느냐? 그리스도께서 이 질문을 그들에게 하신 것은 그가 모세의 율법을 존중한다는 것을 증거하고, 그가 율법을 폐하기 위하여 온 것이 아님을 보여주며, 그들로 하여금 모세의 글을 전체적으로 공평하게 존중해서 여러 부분들을 서로 비교해보도록 하기 위한 것이었다.

3. 바리새인들이 모세의 율법에서 이혼에 관하여 분명하게 말한 내용을 잘 설명함(4절). 그리스도께서는 모세가 어떻게 너희에게 명하였느냐?고 물으셨고, 그들은 남편이 아내에게 이혼증서를 써주고 버리기를 모세가 허락하였다고 대답하였다(신 24:1). "이혼하기를 원한다면, 너희는 이혼증서를 써서 아내에게 주고서 그녀를 버리고 다시는 그녀에게 돌아가지 않아야 한다."

4. 바리새인들의 질문에 대한 그리스도의 대답. 그리스도께서는 앞서 이 문제와 관련하여 주신 가르침을 그대로 반복하신다(마 5:32): 누구든지 음행한 이유 없이 아내를 버리면 이는 그로 간음하게 함이요. 그리고 이것을 분명히 하기 위하여 그리스도께서는 여기서 다음과 같은 것들을 보여주신다.

(1) 모세가 율법에서 이혼을 허락한 이유는 이런 절차를 따라서 이혼을 하라는 취지가 아니라 이혼을 해서는 안 된다는 취지에서였다는 것. 이 이혼 규정은 단지 그들의 마음이 완악함으로 말미암아(5절) 기록된 것으로서, 만약 그들에게 이혼을 허락하지 않는 경우에 그들이 아내를 살해하게 되는 것을 막기 위한 것이었다. 그러므로 아무도 아내를 버려서는 안 된다. 그럼에도 불구하고 이혼증서를 써주고 이혼하여야 하겠다고 마음을 먹는 자들은 그들의 마음이 완악하다는 것을 기꺼이 시인하는 것이다.

(2) 모세가 혼인 제도의 유래와 관련하여 말한 설명 속에는 이혼을 금지해야 하는 이유가 제시되어 있다는 것. 따라서 모세가 어떻게 너희에게 명하였느냐? 라는 질문을 받는다면, "모세는 임시방편으로 유대인들에게 이혼을 허용하긴 했지만 영구적인 의미에서는 아담과 하와의 모든 자손들에게 이혼을 금한 것이기 때문에, 우리는 이혼을 해서는 안 됩니다"라고 대답을 하는 것이 마땅하다. 모세는 우리에게 다음과 같은 것들을 말해준다. [1] 하나님께서 사람을 남자와 여자, 즉 한 남자와 한 여자로 지으셨다는 것. 따라서 다른 여자가 없었기 때문에, 자기 아내를 버리고 다른 여자를 아내로 삼는 일을 아담은 할 수 없었

고, 이것은 아담의 모든 자손들도 그렇게 하지 말아야 한다는 것을 암시해주는 것이었다. [2] 하나님의 규례를 따라서 이 남자와 이 여자가 거룩한 혼인을 통해서 결합되었을 때, 율법이 명한 것은 남자가 그 부모를 떠나서 그 둘이 한 몸이 되어야 한다는 것이었는데(7절), 이것은 관계의 친밀성만이 아니라 영속성도 암시하는 것이다. 남자가 아내와 한 몸이 되었으니, 아내와 나뉠 수 없다. [3] 혼인의 결과는 부부는 둘이지만 하나, 곧 한 몸이라는 것이다(8절). 부부 간의 연합은 가장 친밀한 것으로서, 하몬드 박사의 표현을 빌리면, 범해져서는 안 되는 신성한 것이다. [4] 하나님께서 친히 그들을 짝지어 주셨다. 하나님은 창조주로서 부부를 짝지어주셔서 서로에게 위로와 도움이 되게 하셨을 뿐만 아니라, 지혜와 선하심 속에서 이렇게 짝지어진 부부가 죽음이 그들을 갈라놓을 때까지 사랑 안에서 함께 살도록 정해 놓으셨다. 혼인은 사람들이 만들어낸 제도가 아니고 하나님께서 세우신 제도이기 때문에 경건하게 지켜져야 하고, 혼인은 그리스도와 그의 교회 간의 분리될 수 없는 신비의 연합에 대한 상징이기 때문에, 더욱 그러하다.

이 모든 점을 근거로 그리스도께서는 남자가 하나님께서 짝지어주셔서 가까이 살게 하신 아내를 떼어내 버려서는 안 된다고 말씀하신다. 하나님께서 친히 묶어주신 끈을 쉽게 풀어버리려고 해서는 안 된다. 온갖 이유를 들어서 아내와 이혼하고자 하는 자들은 하나님께서 그들을 동일한 방식으로 다루신다면 그들이 어떻게 될 것인지를 생각해보는 것이 좋을 것이다. 이사야 50:1; 예레미야 3:1을 보라.

5. 그리스도께서 이 문제에 관하여 제자들과 조용히 말씀하심(10-12절). 제자들이 복음의 비밀들과 도덕적인 의무들에 관해서 궁금한 것들을 해결하기 위하여 그리스도와 개인적으로 대화를 나눌 기회를 가진 것은 제자들에게 큰 유익이었다. 이 사적인 대화에 대해서 본문에서는 그리스도께서 이 경우에 규정하신 법만을 기록해 놓았다 ― 남자가 아내를 버리고 다른 여자와 혼인하는 것은 간음을 행하는 것으로서 그가 버린 본처에게 간음을 행하는 것이고, 본처에게 잘못하는 것이며, 본처와의 계약을 파기하는 것이다(11절). 그리스도께서는 아내가 정부(情夫)와 바람이 나서 도망하거나 합의 이혼에 의해서 남편을 떠나거나 아내가 남편을 버리고 다른 데로 시집 가면 간음을 행함이니라는 말씀을 덧붙이셨다(12절). 남편의 동의하에 그렇게 한 것이라는 아내의 말은 전혀

변명이 되지 못한다. 지혜와 은혜, 거룩과 사랑이 마음을 지배하게 되면, 육신적인 마음이 무거운 멍에로 여기는 명령들은 쉬운 멍에가 된다.

[13]사람들이 예수께서 만져 주심을 바라고 어린아이들을 데리고 오매 제자들이 꾸짖거늘 [14]예수께서 보시고 노하시어 이르시되 어린아이들이 내게 오는 것을 용납하고 금하지 말라 하나님의 나라가 이런 자의 것이니라 [15]내가 진실로 너희에게 이르노니 누구든지 하나님의 나라를 어린아이와 같이 받들지 않는 자는 결단코 그 곳에 들어가지 못하리라 하시고 [16]그 어린아이들을 안고 그들 위에 안수하시고 축복하시니라.

어린아이들을 배려하는 마음은 인자하고 온유한 심성을 지녔음을 보여주는 징표인데, 우리 주 예수에게는 이 마음이 두드러졌고, 이것은 매우 어린 시절부터 자신을 그리스도께 의탁한 어린아이들만이 아니라 스스로를 연약하고 어린아이 같으며 약점들 때문에 무력하고 쓸모없다고 생각하는 성인들에게도 큰 위로가 된다. 좀 더 살펴보자.

I. 사람들이 그리스도께 어린아이들을 데리고나옴(13절). 어린아이들을 돌보고 있던 자들이나 부모들은 어린아이들을 만져주서서 축복해달라고 그리스도께 어린아이들을 데리고 나왔다. 어린아이들이 어떤 육체적인 질병을 고침받을 필요가 있었던 것으로 보이지 않고, 또한 어린아이들은 가르침을 받을 수도 없었다.

1. 하지만 이 사람들은 어린아이들의 영혼에 대하여 무척 관심을 갖고 있었다. 자녀를 둔 모든 부모들은 자녀의 가장 중요한 부분인 영혼을 일차적으로 돌보아야 한다. 왜냐하면, 영혼은 자녀에게서 가장 중요한 부분이고, 그 영혼이 잘 될 때에 자녀들이 잘 될 것이기 때문이다.

2. 이 사람들은 그리스도의 축복이 어린아이들의 영혼에 유익할 것이라고 믿었다. 그래서 그들은 부모로서 자녀들의 영혼을 위해서 해 줄 말도 없고 해 줄 것도 없으며 그 영혼에 다가갈 수도 없는 상황에서 그리스도께서는 어린아이들의 마음에 다가갈 수 있을 것임을 알고서 만져주심을 바라고 어린아이들을 그에게 데려왔다. 지금 그리스도께서는 하늘에 계시지만, 우리는 우리의 자녀들을 그리스도께 데리고 나아갈 수 있다. 왜냐하면, 하늘에서 그리스도께

서는 어린아이들에게 다가와서 축복을 주실 수 있고, 우리는 그리스도의 충만하신 은혜, 그리스도께서 믿음의 자녀들에게 은혜를 주시겠다고 항상 말씀하셨던 것들, 아브라함과의 계약을 통해서 약속하신 것, 우리와 우리 자녀에게 하신 약속, 특히 그의 영을 우리 자손에게, 그의 복을 우리 후손에게 부어주시겠다고 하신 큰 약속(사 44:3)에 대한 우리의 믿음을 행사할 수 있기 때문이다.

Ⅱ. 사람들이 어린아이들을 그리스도께 데리고 왔을 때에 제자들이 이것을 가로막음으로써 사람들에게 준 실망. 사람들이 어린아이들을 데리고 오매 제자들이 꾸짖거늘. 제자들은 얼마 전에 작은 자 중 하나라도 멸시하지 말라고 경고를 받았음에도 불구하고, 마치 그들이 이 문제에 있어서 주님의 마음을 잘 알고 있다는 듯이 행동하였다.

Ⅲ. 그리스도께서 사람들에게 주신 격려.

1. 그리스도께서는 제자들이 사람들을 가로막는 것을 매우 불쾌하게 여기셨다. 예수께서 보시고 노하시어(14절). "도대체 너희가 무슨 짓을 하려는 것이냐? 너희는 내가 선을 행하는 것, 이 자라나는 세대, 이 어린 양들에게 선을 행하는 것을 방해하고자 하는 것이냐?" 그리스도께서는 사람들이 그에게 나아오거나 어린아이들을 그에게 데려오는 것을 못마땅하게 여긴 제자들에 대하여 매우 화가 나셨다.

2. 그리스도께서는 제자들에게 사람들이 어린아이들을 그에게 데려오는 것을 막지 말고 그들을 방해하는 말이나 행동을 일체 하지 말라고 명하셨다. 어린아이들이 가능한 한 빨리 내게 와서 간구하고 나에게서 가르침을 받을 수 있도록 어린아이들이 내게 오는 것을 용납하고 금하지 말라. 일찍부터 호산나를 부르며 은혜의 보좌 앞에 나오는 어린아이들을 환영하라.

3. 그리스도께서는 전에는 유대교 교인들이었던 어린아이들을 이제는 그의 교회의 지체들로 삼으셨다. 그는 사람들 가운데서 하나님의 나라를 세우기 위하여 오셨고, 이 기회를 이용해서 하나님 나라가 어린아이들을 그 신민(臣民)으로 받아들이고 그들에게 신민이 되는 특권을 주었다고 선포하셨다. 아니, 하나님의 나라는 이런 자들에 의해서 유지될 것이다: 그들을 어린아이 때에 받아들여서 이후에도 계속해서 그리스도의 이름을 지고 살아갈 수 있도록 하는 것이 마땅하다.

4. 그리스도께서 자신의 소유로 삼으시고 축복하신 모든 자들 속에는 어린

아이들의 기질과 성품 같은 것이 있어야 한다. 우리는 하나님의 나라를 어린아이와 같이 받들지 않으면 안 된다(15절). 즉, 우리는 어린아이들이 부모와 유모와 선생을 대하듯이 그리스도와 그의 은혜를 대하여야 한다. 우리는 어린아이들처럼 호기심이 강하여야 하고, 어린아이들처럼 배워야 하며(어린아이는 배울 나이이다), 배운 것을 믿어야 한다. 배우는 자는 믿어야 한다(oportet discentem credere). 어린아이의 마음은 백지(tabula rose) 같아서, 당신은 원하는 대로 거기에 기록할 수 있다. 우리의 마음도 찬송받으실 성령의 펜에 대하여 그리하여야 한다. 어린아이들은 다스림을 받는다. 우리도 그러하여야 한다. 주여, 당신은 내가 어떻게 행하기를 원하시나이까? 우리는 어린 사무엘처럼 여호와여 말씀하옵소서 주의 종이 듣겠나이다라고 말하며 하나님 나라를 영접하여야 한다. 어린아이들은 부모의 지혜와 돌보심을 의지하여, 부모의 팔에 이끌려서 부모가 이끄는 대로 가고, 부모가 주시는 것을 그대로 먹는다. 이렇게 우리는 하나님의 나라를 영접하여서, 우리 자신을 예수 그리스도께 겸손히 맡기고 우리의 힘과 의, 교육과 의식주와 소유를 그리스도께 전적으로 의지하여야 한다.

5. 그리스도께서는 어린아이들을 영접하시고, 그들이 원했던 것을 들어주셨다(16절). 그는 애정의 표현으로 그 어린아이들을 안고 그들이 원한 대로 그들 위에 안수하시고 축복하셨다. 그리스도께서는 부모들의 소원을 넘치게 들어주셨다. 그들은 만져주시기를 바랐지만, 그는 어린아이들을 품에 안고 축복까지 해주셨다. (1) 그리스도께서는 그 어린아이들을 안으셨다. 그는 어린 양을 그 팔로 모아 품에 안으시며(사 40:11)라는 성경 말씀이 성취된 것이다. 그리스도 자신이 시므온의 팔에 안긴 때가 있었다(눅 2:28). 그런데 지금 그리스도께서는 어린아이들을 짐으로 여겨서 불평하지 않으시고 오히려 어린아이들을 기뻐하시며 품에 안으신 것이다(모세는 양육하는 아비가 젖먹는 아이를 품듯 투정부리는 아이 같은 이스라엘을 이끌라는 명령을 받고서 불평하였었다 — 민 11:12). 우리가 자녀들을 그리스도께 올바른 마음으로 데리고 나온다면, 그리스도께서는 그의 능력과 섭리의 팔만이 아니라 그의 긍휼하심과 은혜의 팔로 그들을 안아주실 것이다(겔 16:8). 영원하신 팔이 어린아이들을 떠받치고 있다. (2) 그리스도께서는 그들 위에 안수하셨다. 이것은 그리스도께서 그들에게 성령을 수여하시고(이것은 주님의 손이었기 때문에) 그들을 그를 위하여 성별하신 것을 뜻한다. (3) 그리스도께서는 그들을 신령한 복으로 축복하셨다. 그리스도께서

는 바로 이 신령한 복들을 주기 위하여 오셨다. 우리의 자녀들이 그들의 분량에 따라서 중보자의 축복을 받는 것은 참으로 행복한 일이다. 그리스도께서 이 어린아이들에게 세례를 베푸셨다는 말은 본문에 나오지 않는다. 세례는 그리스도께서 부활하신 후에야 교회에 입교하는 예식으로 온전히 정착되었기 때문이다. 그러나 그리스도께서는 지금은 우리와 우리 자녀에게 약속된 것을 인치는 예식인 세례에 의해서 수여되도록 되어 있는 축복들을 이 어린아이들에게 수여하심으로써 그들이 교회의 지체들이 되었음을 선언하셨다.

[17]예수께서 길에 나가실새 한 사람이 달려와서 꿇어 앉아 묻자오되 선한 선생님이여 내가 무엇을 하여야 영생을 얻으리이까 [18]예수께서 이르시되 네가 어찌하여 나를 선하다 일컫느냐 하나님 한 분 외에는 선한 이가 없느니라 [19]네가 계명을 아나니 살인하지 말라, 간음하지 말라, 도둑질하지 말라, 거짓 증언 하지 말라, 속여 빼앗지 말라, 네 부모를 공경하라 하였느니라 [20]그가 여짜오되 선생님이여 이것은 내가 어려서부터 다 지켰나이다 [21]예수께서 그를 보시고 사랑하사 이르시되 네게 아직도 한 가지 부족한 것이 있으니 가서 네게 있는 것을 다 팔아 가난한 자들에게 주라 그리하면 하늘에서 보화가 네게 있으리라 그리고 와서 나를 따르라 하시니 [22]그 사람은 재물이 많은 고로 이 말씀으로 인하여 슬픈 기색을 띠고 근심하며 가니라 [23]예수께서 둘러 보시고 제자들에게 이르시되 재물이 있는 자는 하나님의 나라에 들어가기가 심히 어렵도다 하시니 [24]제자들이 그 말씀에 놀라는지라 예수께서 다시 대답하여 이르시되 얘들아 하나님의 나라에 들어가기가 얼마나 어려운지 [25]낙타가 바늘귀로 나가는 것이 부자가 하나님의 나라에 들어가는 것보다 쉬우니라 하시니 [26]제자들이 매우 놀라 서로 말하되 그런즉 누가 구원을 얻을 수 있는가 하니 [27]예수께서 그들을 보시며 이르시되 사람으로는 할 수 없으되 하나님으로는 그렇지 아니하니 하나님으로서는 다 하실 수 있느니라 [28]베드로가 여짜와 이르되 보소서 우리가 모든 것을 버리고 주를 따랐나이다 [29]예수께서 이르시되 내가 진실로 너희에게 이르노니 나와 복음을 위하여 집이나 형제나 자매나 어머니나 아버지나 자식이나 전토를 버린 자는 [30]현세에 있어 집과 형제와 자매와 어머니와 자식과 전토를 백 배나 받되 박해를 겸하여 받고 내세에 영생을 받지 못할 자가 없느니라 [31]그러나 먼저 된 자로서 나중 되고 나중 된 자로서 먼저 될 자가 많으니라.

I. 여기에 그리스도와 한 청년 간의 희망에 찬 만남이 나온다. 마태복음에서는 청년이라고 하였고(19:20, 22), 누가복음에는 사회적 지위가 있는 관리로 나온다(18:18). 이 청년이 그리스도께 한 말이 매우 고무적이었음을 보여주는 몇몇 정황들이 마태복음에는 나오지 않았지만 여기에는 나온다.

1. 청년은 그리스도께 달려왔는데, 이것은 그가 겸손했다는 것을 보여준다. 그리스도께 나아오면서, 이 청년은 관리로서의 체면이나 위신 따위를 개의치 않았다. 또한 이렇게 함으로써, 그는 자신의 진지한 열심과 끈질긴 소원을 나타내었다. 그는 급한 사람처럼 달려와서 그리스도와 대화하기를 원하였다. 그는 지금 그의 평안과 관련된 일들에 대하여 이 대선지자와 의논할 수 있는 기회를 얻었기 때문에, 이 기회를 결코 놓치고 싶지 않았을 것이다.

2. 청년은 그리스도께서 길에 나가셔서 무리들 가운데 계실 때에 그에게 나아왔다. 그는 니고데모 같이 관리였지만 밤중에 은밀하게 만나 대화를 나누려 하지 않았고, 오히려 밖에서 그를 만나 조언을 구할 기회를 얻는다고 해도 업신여길 자가 없을 것이라고 생각하였다(아 8:1).

3. 청년은 하나님께로부터 오신 선생이신 그리스도에 대한 큰 존경심과 그리스도에게서 가르침을 받고자 하는 그의 간절한 소원의 표시로 그리스도 앞에 꿇어 앉았다. 그는 지금 그리스도께 경배하고자 할 뿐만 아니라 앞으로도 영원히 그리스도께 복종하고자 하는 자처럼 주 예수 앞에 무릎을 꿇었다. 그가 무릎을 꿇은 것은 그리스도께 그의 영혼이 경배한 것을 의미하는 것이었다.

4. 청년이 그리스도께 드린 질문은 진지하고 무게 있는 것이었다. 선한 선생님이여 내가 무엇을 하여야 영생을 얻으리이까? 당시에 지배적인 분파였던 사두개인들은 영생을 부정하였지만, 이 청년은 영생을 자신의 신조의 한 조항으로 삼고 있었다. 그는 자기가 영원히 행복하려면 지금 무엇을 하여야 하는지를 물었다. 대부분의 사람들은 이 세상에서 누릴 수 있는 선을 구한다(시 4:6). 그런데 이 청년은 내세에서 최고의 선을 누리려면 이 세상에서 어떠한 선을 행하여야 하는지를 묻고 있다. 그는 "우리에게 선을 보일 자가 누구냐?"라고 물은 것이 아니라 "우리에게 선을 행하게 할 자가 누구냐?"라고 묻는다. 그는 의무를 행함으로써 오는 행복을 구한다. 솔로몬이 구했던 최고의 선(summum bonum)은 사람의 아들로서 마땅히 행해야 하는 바로 그러한 선이었다(전 2:3). (1) 이 질문은 그 자체가 매우 진지한 질문이었다. 이 질문은 영원한 것들에

관한 것이었고, 그는 그러한 것들에 관심이 있었다. 사람들이 천국에 가기 위해서는 무엇을 해야 하느냐고 진지하게 묻기 시작할 때, 거기에는 어느 정도의 소망이 있다. (2) 이 질문은 최적격자, 대답하기에 모든 면에서 적합하신 분, 자신이 길이요 진리요 생명이시고 영생에 이르는 참된 길이신 분에게 물어졌다. 그분은 먼저는 천국문을 우리를 위해 여시고 다음으로는 우리에게 여시기 위하여, 그리고 먼저는 천국으로 가는 길을 만드시고 다음으로는 그 길을 우리에게 알게 하시기 위하여 일부러 하늘에서 오신 분이다. 구원을 받기 위하여 무엇을 해야 하는지를 알고자 하는 자들은 자기 자신을 그리스도께 의탁하고 그리스도께 묻지 않으면 안 된다. 영생을 보여주고 영생에 이르는 길을 보여주는 것이 바로 기독교의 특색이다. (3) 이 질문은 가르침을 받기 위한 선한 의도로 물어졌다. 우리는 한 율법사가 무릎도 꿇지 않고 뻣뻣하게 서서 그리스도께 시비를 걸기 위한 나쁜 의도로 이와 동일한 질문을 한 경우를 알고 있다 (눅 10:25). 어떤 율법교사가 일어나 예수를 시험하여 이르되 선생님 내가 무엇을 하여야 영생을 얻으리이까. 그리스도께서는 선한 말이 아니라 선한 의도를 보신다.

5. 그리스도께서는 청년을 격려하셨다. (1) 그의 믿음을 도와줌으로써(18절). 청년은 그리스도를 선한 선생님이라고 불렀다. 그리스도께서는 한 분 하나님 외에는 선한 분이 없다(슥 14:9)고 말씀하심으로써 청년으로 하여금 바로 그리스도께서 하나님이라는 것을 알게 하고자 하셨다. 영어로 하나님(God)은 선하다(good)와 철자가 비슷하다. 히브리어로 하나님을 가리키는 '엘로힘'은 강하신 하나님이라는 의미로 하나님의 능력을 강조한다. 따라서 우리는 하나님의 선하심을 강조하여 선하신 하나님이라 부를 수 있다. (2) 그에게 행하라고 명하심으로써(19절). 계명들을 지켜라. 너는 이미 계명들이 무엇인지를 잘 알고 있다. 그리스도께서는 이웃에 대한 우리의 의무를 기록해 놓은 두 번째 돌판의 여섯 계명을 언급하셨다. 그리스도께서는 순서를 바꿔서 일곱 번째 계명을 여섯 번째 계명 앞에 두심으로써 간음이 살인만큼이나 가증스러운 죄임을 암시하신다. 다섯 번째 계명을 마지막에 두신 것은 이 계명을 특히 잘 기억하여 지키며 끝까지 지키라고 하신 것이다. 우리 구주께서는 여기서 열 번째 계명을 너희는 탐하지 말라 대신에 속여 빼앗지 말라로 표현하셨다. 하몬드 박사에 의하면, 이 표현의 원어인 메 아포스테레스 는 "네 자신의 소유로 만족하고 다른 사람들의

소유를 축내어서 자신의 소유를 불리려 하지 말라"는 뜻이다. 다른 사람에게 해악이나 손해를 가해서 우리 자신이 잘 되거나 부유해지려고 하지 않는 것은 공의의 원칙이다.

6. 청년은 하나님의 계명들을 대놓고 범한 적이 없었기 때문에 떳떳하게 천국을 구한 것이었다. 이제까지 그는 하나님의 계명들을 지켜 왔다고 어느 정도 자신 있게 말할 수 있었다: 선생님이여 이것은 내가 어려서부터 다 지켰나이다(20절). 그 자신도 그렇게 생각하였고, 이웃들도 그에 대하여 그렇게 생각하였다. 하나님의 율법이 미치는 범위와 그 영적인 성격을 모르면, 사람들은 자기가 실제보다 더 나은 상태에 있는 것으로 생각하게 된다. 바울은 율법을 깨닫지 못했을 때에는 내가 살았었다. 그러나 바울은 율법이 신령한 줄 알게 되었을 때에 자기가 육신에 속한 줄을 알게 되었다(롬 7:9, 14). 자기가 수치스러운 죄를 짓지 않았다고 말할 수 있는 사람은 영생에 이르는 길에서 다른 많은 사람들보다 앞선 것은 사실이다. 그러나 우리는 자책할 아무것도 깨닫지 못해도 이로 말미암아 의롭다 함을 얻지 못한다(고전 4:4).

7. 그리스도께서는 이 청년에게 호의를 보이셨다. 예수께서 그를 보시고 사랑하사(21절). 그리스도께서는 청년이 죄를 짓지 않고 살아온 것을 기뻐하셨고, 청년이 어떻게 하면 더 나은 삶을 살 수 있는지를 알고 싶어하는 것을 보고 기뻐하셨다. 그리스도께서는 젊은 사람들과 부자들이 그 얼굴을 하늘로 향하여 그 길을 묻는 것을 보는 것을 특히 기뻐하신다.

II. 여기에는 그리스도와 이 청년의 안타까운 결별이 나온다.

1. 그리스도께서는 청년이 진심으로 영생을 목적으로 삼아서 거기로 나아가고자 하는 것인지를 드러내줄 시험적인 명령을 청년에게 주셨다: 청년은 영생을 사모하는 마음을 지니고 있는 것으로 보였고, 만약 그렇다면, 그는 마땅히 그런 모습을 보여야 한다. 그러나 과연 그는 영생을 사모하는 마음을 지니고 있었을까? 그를 시금석 위에 세워보자. (1) 과연 청년에게는 그리스도를 섬기기 위해서 자신의 부와 결별할 마음이 있을까? 청년에게는 상당한 재산이 있었고, 이제 곧 초대 교회가 세워지면, 밭과 집 있는 자는 팔아 그 판 것의 값을 가져다가 사도들의 발 앞에 두어야 하는데, 청년에게도 동일한 것이 요구될 것이다(행 4:34-35). 얼마 후에 말씀으로 인해서 환난과 핍박이 일어날 것이고, 그는 자기 재산을 팔거나 빼앗기지 않으면 안 될 것인데, 과연 그는 그러한 일들을

기꺼이 받아들이려 하겠는가? 청년은 최악의 경우를 지금 알고 있어야 한다. 그가 이러한 일들을 감당하고자 하지 않는다면, 그는 지금 영생을 구하는 체하는 태도를 아예 그만두어야 한다. 마지막도 처음과 마찬가지로 좋아야 하기 때문이다. "네가 먹고 사는 데에 꼭 필요한 것들을 제외하고 네게 있는 것을 다 팔아라". 아마도 청년에게는 부양해야 할 가족이 없었던 것 같다. 그렇게 해서, 가난한 자들의 아비가 되어서 그들을 그의 상속자들로 삼으라. 모든 사람은 자신의 능력에 따라서 가난한 자들을 구제하고, 그렇게 하기 위하여 스스로 궁핍하게 사는 것에 만족하여야 한다. 세상의 부(富)는 이 세상을 살아가면서 우리에게 주어진 자리에 따른 의무들을 행하라고 주어진 것이기도 하지만, 우리 주님의 영광을 위하여 이 세상에서 항상 우리와 함께 있을 가난한 자들에게 나누어주라고 주어진 달란트이기도 하다. (2) 과연 청년에게는 그리스도의 제자로 부르심을 받고 하늘에서 주어질 상급을 얻으려고 가장 힘들고 값비싼 섬김을 치를 마음이 있을까? 청년은 그리스도께 자기가 영생을 얻으려면 지금까지 해왔던 것 외에 무엇을 더 해야 하느냐고 물었고, 그리스도께서는 청년이 영생에 대한 확고한 믿음과 소중히 여기는 마음을 진정으로 갖고 있는지를 시험하셨다. 과연 청년은 그가 그리스도를 위하여 버리거나 잃거나 포기하는 모든 것을 보상해주고도 남음이 있을 참된 보화가 하늘에 있다고 믿고 있는 것인가? 과연 청년은 그리스도를 전적으로 의지하여 자기에게 소중한 모든 것을 그리스도께 맡기고 장래의 면류관을 기대하며 현재의 십자가를 지고자 하는 것인가?

2. 이 명령을 듣자, 청년은 달아나버렸다(22절). 그 사람은 이 말씀으로 인하여 슬픈 기색을 띠었다. 청년은 모든 것을 버리고 그리스도를 따르는 것이 아니라 좀 더 쉬운 조건 위에서 그리스도의 제자가 될 수 없다는 것과 영생도 손에 넣고 이 세상의 재물도 유지할 수 있는 방법이 없다는 것에 대하여 유감스럽게 여겼다. 그러나 청년은 이러한 제자도의 조건을 따를 수는 없었지만 마치 따를 수 있는 것처럼 가장하지는 않았다. 근심하며 가니라. 너희가 하나님과 재물을 겸하여 섬기지 못하느니라(마 6:24)는 말씀의 진리가 여기에서 입증된다. 재물을 붙들고 있는 한, 청년은 그리스도보다 세상을 더 사랑하는 모든 자들과 마찬가지로 사실상 그리스도를 멸시하는 것이다. 청년은 자기가 원하는 것을 사려고 시장에서 값을 물었지만, 가격이 너무 비싸서 근심하며 시장을 나올

수밖에 없었다. 협상을 벌였지만, 가격이 서로 맞지 않아서 결국 협상이 결렬 된 것이다. 이 청년을 파멸로 이끈 것은 그가 가지고 있던 많은 재물이었다. 이 렇게 미련한 자의 안일[잘 사는 것]은 자기를 멸망시키고, 부유함 속에서 소일하는 자들은 하나님께 우리를 떠나소서라고 말하거나 그들의 마음에게 하나님에게서 떠나라고 말하기 쉽다.

III. 여기에는 그리스도께서 제자들에게 하신 말씀이 나온다.   우리는 그리 스도께서 여기에 나오는 설명을 통해서 이 고상한 청년에게 겁을 주어서 그를 따르지 못하게 만든 저 명령의 말씀을 완화시키고 그 가혹성을 제거하고자 하 셨다고 생각하고 싶어한다. 그러나 그리스도께서는 모든 사람의 마음을 아신 다. 그리스도께서는 청년이 부자이고 관리이기 때문에 그를 설득해서 자기 제 자로 삼아야 하겠다고 생각하지 않으신다. 오히려 가고자 한다면 가라는 것이 그리스도의 태도이다. 그리스도께서는 그의 뜻을 거역하는 자는 누구라도 붙 들려하지 않으신다. 그래서 그리스도께서는 청년을 다시 부르시지 않았고, 이 기회를 이용해서 제자들에게 두 가지를 가르치셨다.

  1. 이 세상에서 많은 것을 소유한 자들이 구원받기는 어렵다는 것. 왜냐하 면, 자신의 많은 재물을 그리스도를 위하여 기꺼이 버리거나 선을 행하기 위하 여 포기하는 사람은 극히 적기 때문이다.

  (1) 그리스도께서는 여기서 이 점을 단언하신다. 예수께서 둘러 보시고 제자들 에게 말씀하셨는데, 이것은 제자들로 하여금 그가 이제부터 하는 말씀을 잘 유의해서 듣고, 과대평가하기 쉬운 세상의 재물에 대하여 옳은 판단을 갖고 잘못된 생각들을 고치도록 하기 위한 것이었다. 재물이 있는 자는 하나님의 나라 에 들어가기가 심히 어렵도다(23절). 부자들에게는 가난한 자들에게는 없는 붙 잡고자 하는 시험들이 많고 극복해야 할 어려움들이 많다. 그러나 그리스도께 서는 24절에서 제자들을 얘들아라고 부르며 알아듣게 설명하시는데, 이것은 제자들이 어린아이들처럼 그에게서 가르침을 받고 청년이 그리스도를 버릴 만 큼 소중히 여긴 것보다 더 좋은 것들을 그에게서 분깃으로 받게 될 것이기 때 문이었다. 반면에, 재물이 있는 자는 하나님의 나라에 들어가기가 심히 어렵다. 여 기서 그리스도께서는 제자들에게 사람이 재물을 가지고 있는 것이 아니라 재물 을 의지하고 재물을 신뢰하여 자신의 분깃으로 삼아서 재물이 그들을 보호해 주고 먹여주며 안전하게 해 줄 것이라고 여겨서 하나님이 아니라 그들이 가진

금에 대하여 너는 내 의뢰하는 바라(욥 31:24)고 말하는 것이 위험한 것이라고 말씀하신다. 이와 같이 세상의 재물을 소중히 여기는 자들은 그리스도와 그의 은혜가 지닌 가치를 결코 제대로 알 수 없다. 많은 재물을 소유하고 있지만 그 재물을 의지하지 않는 자들, 재물이 헛되고 영혼을 전혀 행복하게 해줄 수 없다는 것을 잘 아는 자들은 재물이 주는 어려운 시험을 극복하고 그리스도를 위하여 쉽게 재물을 포기할 수 있다. 그러나 아무리 적은 재물을 가지고 있다고 하더라도 그 적은 재물에 마음을 두고 거기에서 행복을 찾고자 하는 자들은 그리스도를 멀리하게 된다. 그리스도께서는 25절에서 낙타가 바늘귀로 나가는 것이 재물을 의지하는 부자가 하나님의 나라에 들어가는 것보다 쉬우니라고 말씀하심으로써 이러한 단언을 더욱 강조하신다. 여기에서 낙타와 바늘귀를 대비시킨 것은 너무 지나쳐 보이기 때문에(하지만 그 대비가 크면 클수록 이 말씀의 의도는 더 잘 표현된다), 어떤 이들은 이 불균형을 좀 더 좁혀보려고 애를 써왔다. [1] 어떤 이들은 예루살렘으로 들어가는 문들 중에 너무 좁아서 보통 바늘귀라는 이름으로 불린 문이 있어서 낙타가 짐을 싣지 않고 무릎을 꿇어야만 그 문을 통과할 수 있었던 것이라고 추측한다(창 24:11). 이와 마찬가지로, 부자는 세상의 재물이라는 짐을 버리고 몸을 굽혀서 겸손하게 신앙의 의무들을 다하지 않는 한 좁은 문을 통과하여 천국에 이를 수 없다. [2] 어떤 이들은 우리가 낙타로 번역하는 단어는 종종 밧줄을 의미하는데 이 밧줄은 바늘귀를 통과할 수는 없지만 전혀 불가능한 것은 아니라고 주장한다. 가난한 자를 실이라고 한다면, 부자는 밧줄에 비유될 수 있는데, 밧줄은 강하지만 유연하지 못해서, 꼬인 것을 풀지 않으면 바늘귀를 통과할 수 없다. 마찬가지로, 부자는 재물에 얽매여 있는 상태로부터 풀려나야만, 밧줄을 푼 실들이 바늘귀를 통과할 수 있듯이 하나님의 나라에 들어갈 수 있는 소망이 있다. 그렇게 하지 않는다면, 부자는 이 땅에 닻을 내리고 살아갈 수밖에 없다.

　(2) 이 진리는 제자들을 깜짝 놀라게 하였다. 그리스도의 말씀을 들은 제자들은 매우 놀랐다(24절). 제자들은 매우 놀라 서로 말하되 그런즉 누가 구원을 얻을 수 있는가 하였다. 제자들은 하나님의 영은 부자들에게 찾아와 거하고자 한다는 것이 유대교 랍비들의 일반적인 정서라는 것을 잘 알고 있었다. 아니, 제자들은 구약에 현세적인 축복들에 대한 약속이 아주 많이 나온다는 것을 잘 알고 있었고, 또한 부자나 가난한 자나 선을 행할 기회를 가질 수 있지만 부자들

은 선을 행할 수 있는 기회를 훨씬 더 많이 가질 수 있다는 것을 잘 알고 있었기 때문에, 부자가 하나님의 나라에 들어가기가 어렵다는 말씀을 듣고 놀라지 않을 수 없었다.

(3) 그리스도께서는 부자들이 구원받는 길에 놓여 있는 어려움들을 하나님은 전능하신 능력으로 해결하실 수 있다는 것을 말씀하심으로써 제자들을 안심시키셨다(27절). 그리스도께서는 제자들의 주의를 환기시키기 위하여 그들을 보시며 이렇게 말씀하셨다: "사람으로는 할 수 없다. 부자들은 자신의 수단이나 결심을 통해서는 이러한 어려움들을 극복할 수 없지만, 하나님의 은혜는 그렇게 할 수 있다. 하나님으로서는 다 하실 수 있기 때문이다." 의인이 겨우 구원을 받을진대, 부자들의 경우는 말할 필요도 없다. 그러므로 천국에 들어가는 자들은 하나님께 모든 영광을 돌려야 마땅하다. 왜냐하면, 그들 안에 소원을 두고 행하게 하시는 분은 바로 하나님이시기 때문이다.

2. 이 세상에 대하여 가난하고 그리스도를 위하여 모든 것을 버린 자들의 구원은 대단하다. 베드로가 자기 자신과 다른 제자들이 그리스도를 따르기 위하여 무엇을 버렸는지를 말하기 위하여 보소서 우리가 모든 것을 버리고 주를 따랐나이다(28절)라고 말하자, 그리스도께서는 이렇게 말씀하셨다: "너희가 잘 하였도다. 너희가 너희 자신을 위하여 잘 하였다는 것이 마지막 날에 밝혀질 것이다. 너희는 풍성하게 보상을 받게 될 것이다. 너희는 적은 것을 버렸지만 너희가 버린 것보다 훨씬 더 많은 것을 보상으로 받아서, 그리스도를 위하여 많은 재물을 버릴 수 없었던 이 청년처럼 부자가 될 것이다." (1) 제자들이 입은 손해는 매우 클 것이다. 그리스도께서는 구체적으로 다음과 같은 것들을 언급하신다. [1] 세상의 부. 여기에는 집이 가장 먼저 나오고, 전토가 마지막에 나온다: 거처해야 할 집을 버리고 생계 유지를 위해서 필요한 전토를 버림으로써 스스로 거지가 되고 떠돌이가 되는 것은 이제까지 고난을 자처한 성도들이 선택한 길이었다. 그들이 조상들로부터 물려받은 멋지고 욕심나는 집들과 전토들을 버린 것은 하늘에 있는 집, 빛 가운데 있는 성도들이 물려받을 유업을 바라보았기 때문이다. [2] 소중한 가족들. 형제나 자매나 어머니나 아버지나 자식. 가족들은 세상에서의 그 어떤 축복들과 마찬가지로 삶의 위안과 결부되어 있다. 가족들이 없다면, 세상은 광야가 되고 말 것이다. 그렇지만 가족들과 그리스도 중에서 어느 한 쪽을 버려야 한다면, 우리는 우리가 그 어떤 피조물보다

그리스도와 더 가까운 관계에 있다는 것을 기억하여야 한다. 그러므로 그리스도와의 관계를 계속하기 위해서, 우리는 세상의 모든 것과 기꺼이 결별하지 않으면 안 되고, 레위처럼 부모에게 내가 당신들을 모릅니다라고 말해야 한다. 선한 사람이 겪게 되는 가장 큰 믿음의 시련은 그리스도에 대한 사랑이 인간 사회 속에서 그에게 요구되는 의무에 의해서 그가 해야 하는 사랑과 서로 대립될 때이다. 그런 사람에게는 그리스도를 위하여 자신의 욕망을 버리는 것은 쉬운 일이다. 왜냐하면, 그런 것은 자기 안에서 일어나는 일이기 때문이다. 그러나 자기가 마땅히 돌보고 사랑해야 할 사람들인 아버지와 형제와 아내를 그리스도를 위하여 버리는 일은 어렵다. 그렇지만 그는 가족들을 버려야 한다. 그것이 그리스도를 부인하거나 버리는 것보다 낫기 때문이다. 이렇게 그리스도를 따르게 될 때에 치러야 할 손해는 크다. 그러나 그것은 그리스도로 하여금 영광을 받으시도록 그리스도를 위한 일이고, 복음이 왕성하여지고 널리 전파될 수 있도록 복음을 위한 일이다. 고난이 아니라 명분이 순교자를 만든다. 그러므로 (2) 유익도 크다. [1] 현세에 있어 집과 형제와 자매와 어머니와 자식과 전토를 백 배나 받되. 그들은 돈으로 받는 것이 아니라 동일한 것으로 받게 될 것이다. 그들은 살아 있는 동안에도 자신의 모든 손해를 보충하고자 남음이 있을 정도로 풍성한 위로를 받게 될 것이다. 그리스도와의 관계, 성도들과의 교제, 영생을 얻게 된 것은 그에게 형제와 자매와 전토 등등이 될 것이다. 하나님께서는 욥에게 그가 전에 가졌던 것의 곱절을 주셨지만, 고난받는 그리스도인들은 성령께서 성도들에게 주시는 위로 속에서 백 배를 받게 될 것이다. 그러나 여기 마가복음에서는 박해를 겸하여 받는다는 말씀이 추가되어 있다. 그리스도인들은 비록 그리스도로 말미암아 이익을 보는 자들이 되었을지라도 여전히 그리스도를 위하여 고난받는 자가 되어야 한다는 것을 명심하여야 한다. 천국에 들어갈 때까지는 박해를 피할 수 없다. 아니, 본문에서는 현세에서 축복을 받는 자들이 박해도 겸하여 받는다고 말한다. 왜냐하면, 우리에게 축복이 주어진 것은 그리스도를 믿게 하기 위해서만이 아니라 그의 이름을 위하여 고난도 받게 하기 위해서이기 때문이다. 그렇지만 이것이 전부는 아니다. [2] 그들은 내세에 영생을 받게 된다. 그들이 현세에서 백 배의 축복을 받는다면, 그 이상의 축복을 기대해서는 안 될 것이라고 우리는 생각한다. 그렇지만 본문에서는 마치 현세에서 받는 백 배의 축복이 작다고 생각하기라도 한 것처럼 영생을

덤으로 받게 될 것이고 말한다. 이것은 그들이 손해본 모든 것의 만 배도 더 되는 축복이다. 그러나 제자들이 그리스도를 위하여 모든 것을 버렸다고 실제보다 과장해서 말을 했기 때문에, 그리스도께서는 그들이 먼저 부르심을 받았지만 나중에 부르심을 받고 그들보다 낮게 될 자들이 많을 것이라고 말씀하신다. 사도 바울만 보더라도, 그는 만삭되지 못하여 난 자였지만 다른 모든 사도들보다 더 수고하였다(고전 15:10). 그러므로 먼저 된 자로서 나중 되고 나중 된 자로서 먼저 될 자가 많을 것이다.

[32]예루살렘으로 올라가는 길에 예수께서 그들 앞에 서서 가시는데 그들이 놀라고 따르는 자들은 두려워하더라 이에 다시 열두 제자를 데리시고 자기가 당할 일을 말씀하여 이르시되 [33]보라 우리가 예루살렘에 올라가노니 인자가 대제사장들과 서기관들에게 넘겨지매 그들이 죽이기로 결의하고 이방인들에게 넘겨 주겠고 [34]그들은 능욕하며 침 뱉으며 채찍질하고 죽일 것이나 그는 삼 일 만에 살아나리라 하시니라 [35]세베대의 아들 야고보와 요한이 주께 나아와 여짜오되 선생님이여 무엇이든지 우리가 구하는 바를 우리에게 하여 주시기를 원하옵나이다 [36]이르시되 너희에게 무엇을 하여 주기를 원하느냐 [37]여짜오되 주의 영광중에서 우리를 하나는 주의 우편에, 하나는 좌편에 앉게 하여 주옵소서 [38]예수께서 이르시되 너희는 너희가 구하는 것을 알지 못하는도다 내가 마시는 잔을 너희가 마실 수 있으며 내가 받는 세례를 너희가 받을 수 있느냐 [39]그들이 말하되 할 수 있나이다 예수께서 이르시되 너희는 내가 마시는 잔을 마시며 내가 받는 세례를 받으려니와 [40]내 좌우편에 앉는 것은 내가 줄 것이 아니라 누구를 위하여 준비되었든지 그들이 얻을 것이니라 [41]열 제자가 듣고 야고보와 요한에 대하여 화를 내거늘 [42]예수께서 불러다가 이르시되 이방인의 집권자들이 그들을 임의로 주관하고 그 고관들이 그들에게 권세를 부리는 줄을 너희가 알거니와 [43]너희 중에는 그렇지 않을지니 너희 중에 누구든지 크고자 하는 자는 너희를 섬기는 자가 되고 [44]너희 중에 누구든지 으뜸이 되고자 하는 자는 모든 사람의 종이 되어야 하리라 [45]인자가 온 것은 섬김을 받으려 함이 아니라 도리어 섬기려 하고 자기 목숨을 많은 사람의 대속물로 주려 함이니라.

I. 그리스도께서 그의 고난에 대하여 예고하심. 제자들의 귀에는 매우 거슬리고 불쾌하게 들렸지만, 그리스도께서는 이 말씀을 여러 차례 말씀하셨다.

1. 그리스도께서 얼마나 담대하셨는지를 보라. 예루살렘으로 올라가실 때에 우리의 구원의 창시자이신 예수께서 고난을 통하여 온전하게 되시기 위하여 이제 그들 앞에 서서 가셨다(32절). 이렇게 그리스도께서는 자신의 사명 중에서 가장 힘든 부분으로 나아가실 때조차도 앞장 서시는 모습을 몸소 보여주셨다. 때가 이르렀을 때, 그리스도께서는 보라 내가 올라가노니라고 말씀하셨다. 결코 물러서지 않으셨던 그리스도께서 지금은 이전보다 더욱 앞장 서서 나아가신다. 예수께서 그들 앞에 서서 가시는데, 그들이 놀랐다. 이제 제자들은 예루살렘으로 올라가면서 그들이 얼마나 위험천만한 일에 뛰어들고 있는지, 예루살렘에 있는 산헤드린의 의원들이 주님과 그들에 대하여 얼마나 악의적인지를 생각하기 시작하였고, 그것을 생각하자 두려워하였다. 그러므로 그리스도께서는 제자들의 기운을 북돋아주기 위하여 그들 앞에 서서 가셨다. 그리스도께서는 "너희는 분명히 너희의 주님이 밟고 가신 길을 밟고 가게 될 것"이라고 말씀하신다. 우리가 고난 속으로 걸어들어가게 되었을 때, 우리 주님이 우리보다 앞서 그 길을 가셨다는 것은 우리에게 큰 위로가 된다. 이 구절은 예수께서 그들 앞에 서서 가셨기 때문에, 그들이 놀랐다로 해석하는 것도 가능하다. 제자들은 그리스도께서 자기가 고난당하고 죽으러 예루살렘에 가는 것임을 알면서도 유쾌하고 경쾌하게 길을 재촉하시는 모습을 보고 감탄하였다. 그리스도께서 우리의 구원을 위하여 그의 사명을 감당하실 때에 보여주신 용기와 꿋꿋하신 태도는 그리스도의 모든 제자들에게 경이로운 일이다.

2. 제자들은 얼마나 겁이 많고 심약한 자들이었는지를 보라. 그들은 따르면서 두려워하였다. 그들은 그들 자신이 처한 위험을 알고 있었기 때문에 스스로 두려워하였다. 그들은 그들이 이렇게 두려워하는 것에 대하여 당연히 부끄러워했을 것이고, 주님의 용기는 그들로 하여금 기운을 차리도록 해주었을 것이다.

3. 그리스도께서 제자들의 두려움을 잠재우기 위하여 어떤 방법을 사용하셨는지를 보라. 그리스도께서는 이 문제를 실제보다 더 나아보이도록 포장하거나 그가 이 폭풍을 넉넉히 피할 수 있다는 희망을 그들에게 불어넣어준 것이 아니라, 그가 전에 자주 말씀하였던 것, 자기가 당할 일을 다시 한 번 그들에게 말씀해주셨다. 그리스도께서는 최악의 경우를 알고 계셨기 때문에, 이렇게 담대하게 나아가셨고, 제자들에게 그 최악의 경우를 말씀해주시고자 하였다.

자, 두려워하지 말라. (1) 이 문제는 결정되었고 회피할 수 없으며 돌이킬 수 있는 방법도 없다. (2) 오직 인자만이 고난을 당하게 될 것이다. 제자들이 고난을 당할 때는 아직 이르지 않았기 때문에, 그리스도께서는 지금 그들의 안전을 보장하실 것이다. (3) 그리스도께서는 다시 살아날 것이다. 그의 고난은 자신에게 영광스러운 일이 될 것이고, 그리스도에게 속한 모든 자들에게 유익이 될 것이다(33-34절). 여기에는 그리스도의 고난에 관한 구체적인 내용들이 다른 어떤 수난예고들에서보다도 더 폭넓게 언급되고 있다 ─ 그리스도께서는 먼저 유다에 의해서 대제사장들과 서기관들에게 넘겨진다. 그들은 그를 죽이기로 결의한 후에, 그를 사형에 처할 권한이 없기 때문에 그를 이방인들, 즉 로마 당국에 넘겨주겠고, 이방인들은 능욕하며 침 뱉으며 채찍질하고 죽일 것이다. 그리스도께서는 자신의 죽음에 대해서만이 아니라 그것을 둘러싼 악의적인 상황에 대해서도 완벽하게 예견하실 수 있었다. 그렇지만 그리스도께서는 이 죽음을 맞이하기 위하여 앞장서서 나아가신다.

II. 그리스도께서 두 제자의 야심에 찬 요청에 대하여 책망하심. 이 이야기는 마태복음 20:20에 나와 있는 것과 거의 동일하다. 다만 마태복음에는 그들의 어머니가 요청을 한 것으로 되어 있는 반면에, 여기에는 두 제자가 직접 요청을 한 것으로 되어 있다. 마태복음에 의하면, 어머니가 그리스도께 자기 아들들을 소개하면서 그들의 요청을 말씀드렸고, 두 제자는 그것을 옆에서 거들며 거기에 동의하였다.

1. 그리스도께서 기도와 관련하여 우리에게 주신 큰 담대함을 한편으로는 사용하지 않는 자들이 있고 다른 한편으로는 남용하는 자들이 있다. 그리스도께서는 구하라 그리하면 너희에게 주실 것이요라고 말씀하셨었다. 그리스도께서 약속하신 큰 일들을 구하는 것은 칭찬할 만한 믿음이다. 그러나 여기에 나오는 두 제자처럼 주님께 모든 것을 해달라고 터무니 없는 요구를 하는 것은 무례하고 뻔뻔한 행위로서 책망받을 만한 일이다. 선생님이여 무엇이든지 우리가 구하는 바를 우리에게 하여 주시기를 원하옵나이다. 주님께서 우리에게 합당하다고 여기시는 것을 해달라고 주님께 맡기는 것이 훨씬 더 좋고, 그럴 때에 주님께서는 우리가 바라는 것 이상으로 우리에게 이루어주실 것이다(엡 3:20).

2. 우리는 그리스도께서 하신 일반적인 약속들을 조심해서 사용하여야 한다. 그리스도께서는 그들이 원하는 것을 무엇이나 다 들어주시기로 약속하신

것이 아니었지만, 그들이 무엇을 원하는지를 그들에게서 알고자 하셨다. 너희에게 무엇을 하여 주기를 원하느냐? 그리스도께서 그들로 하여금 그들이 원하는 것을 직접 말하도록 하신 것은 그들이 부끄러운 짓을 했다는 것을 깨닫게 하기 위한 것이었다.

3. 많은 사람들이 그리스도의 나라가 마치 이 세상에 속한 것으로 생각하고 이 세상의 군주들의 왕국 같이 생각하는 잘못을 저지름으로써 올무에 걸려들곤 하였다. 야고보와 요한은 그리스도께서 살아나시면 틀림없이 왕이 되실 것이고 그가 왕이 되면 그의 사도들은 대신들이 되고 그들 중 한 사람은 파라오의 궁정에서의 요셉 또는 다리우스 궁정에서의 다니엘과 같이 총리가 되며 다른 한 사람은 두 번째로 높은 대신이 될 것이라고 결론을 내린다.

4. 세상의 영광은 그리스도의 직계 제자들의 눈조차도 여러 차례 현혹시킨 눈부신 것이다. 이와는 반대로, 우리는 위대해 보이고 뛰어난 자가 되는 것이 아니라 선한 자가 되는 것에 관심을 가져야 한다.

5. 우리의 약점들과 근시안적인 사고는 다른 문제들에서와 마찬가지로 우리의 기도에서도 많이 나타난다. 우리는 심령이 어두워져서 하나님께 기도할 때에 하나님과 우리 자신에 관하여 명령적인 언사를 사용해서는 안 된다. 하나님에게 처방을 제시하는 것(prescribe)은 어리석은 일이고, 하나님으로부터 말씀을 받아서 거기에 동의하는 것(subscribe)이 지혜로운 일이다.

6. 우리는 기꺼이 고난을 맞을 준비를 하고 우리가 받은 고난에 대하여 어떻게 보상하실지는 그리스도께 맡기는 것이 그리스도의 뜻이다. 아하수에로 왕과는 달리, 그리스도께서는 그의 백성의 섬김들에 대하여 사람들로부터 일깨움을 받을 필요가 없고, 그의 백성의 믿음의 역사와 사랑의 수고를 결코 잊지 않으신다. 우리의 관심은 어떻게 주님과 함께 고난을 받아야 하는지를 아는 지혜와 은혜를 소유할 수 있느냐에 대한 것이 되어야 하고, 그런 후에 우리가 어떠한 영광으로 언제, 어디에서, 무엇을, 그리고 어떻게 그리스도와 함께 다스리게 될지에 대해서는 그리스도께 맡기는 것이 옳다.

Ⅲ. 그리스도께서 이 일에 대하여 심기가 불편해진 나머지 제자들을 책망하심. 열 제자가 듣고 몹시 기분이 나빠서 야고보와 요한에 대하여 화를 내거늘(41절). 열 제자가 높은 자리를 차지하고자 한 야고보와 요한에게 화를 낸 것은 두 제자의 행동이 그리스도의 제자로서 잘못된 것이었다고 생각했기 때문

이 아니라 모두가 다 높은 자리를 차지하고자 하는 마음이 있었기 때문이었다. 한번은 견유학파에 속한 어떤 사람이 알렉산더의 양탄자를 짓밟으면서 지금 내가 알렉산더의 교만을 짓밟노라(calco fastum Alexandri)고 말했다가, 때맞춰 그러나 너의 더 큰 교만으로(sed majori fastu)라는 질책을 받았다. 이렇게 야고보와 요한의 야심을 불쾌하게 여긴 제자들의 행동 속에는 그들 자신의 야심이 도사리고 있었던 것이다. 그래서 그리스도께서는 이 기회를 빌려서 이것에 대하여 제자들 및 복음 사역을 이어받을 그들의 모든 후계자들에게 경고하셨다(42-44절). 그리스도께서는 다정하게 그들을 가까이 불러서, 겸손의 모범에 대하여 말씀하시고 그들의 야심을 꾸짖으심으로써 제자들 사이에서 다시는 서로에 대하여 거리감을 두는 일이 없도록 하라고 가르치셨다. 그리스도께서는 제자들에게 다음과 같은 것들을 보여주셨다.

1. 통치권이 일반적으로 세상에서 남용되고 있다는 것(42절). 이방인의 집권자들, 관리의 직함을 갖고 있는 자들은 사람들을 보호하고 사람들의 복리를 위하여 애쓰는 것이 아니라 사람들을 임의로 주관하고 권세를 부리는데, 이것이 이방인들이 열심히 추구하는 목표이다. 그들은 사람들을 복종시키고자 하고, 자의적이며, 모든 것 속에서 자신의 뜻을 관철하고자 한다. 내가 원하므로 내가 명령한다. 내가 좋아하는 것이 곧 나의 법이다. 그들의 관심은 자신의 화려하고 찬란한 권세와 영광을 유지하기 위하여 신민(臣民)들로부터 무엇을 얻어낼 것인가에 있고, 신민들을 위하여 무엇을 해주어야 하는가에 있지 않다.

2. 그러므로 그런 사고가 교회 속에 받아들여져서는 안 된다는 것. "너희 중에는 그렇지 않을지니. 너희의 책임하에 맡겨진 자들을 목자의 책임하에 있는 양 떼처럼 여기라. 몰이꾼들은 말들을 부리고 때리며 조금이라도 더 이득을 얻어내려고 하지만, 목자는 양 떼를 돌보고 먹이며 양 떼의 종이 된다. 크고 으뜸인 자가 되고자 하여 세속적인 위엄과 통치권을 얻으려고 몸을 던지는 자는 모든 사람의 종이 되고, 지혜롭고 선한 모든 자들의 눈에 초라하고 경멸스러운 자가 되고 말 것이다. 자기를 높이는 자는 낮아지리라." 또는 "진정으로 크고 으뜸인 자가 되고자 하는 사람은 자기를 쳐서 모든 사람에게 선을 행하고 몸을 굽혀서 온갖 천한 일들과 가장 힘든 일들을 하여야 한다. 이러한 자들은 이후에 가장 존경을 받게 될 뿐만 아니라 지금에 있어서도 가장 존경받을 만하고 가장 유익한 자인 것이다." 제자들에게 이 말씀에 대한 확신을 주시기 위해서

그리스도께서는 자기 자신의 모범을 그들 앞에 제시하신다(45절). "인자는 먼저 심한 곤경과 위험들을 감수한 후에야 자신의 영광 속으로 들어간다. 그런데 너희가 다른 식으로 영광에 들어오거나 인자와는 달리 여기에서 많은 안락함과 존귀를 누릴 것으로 기대하느냐?" (1) 그리스도께서는 종의 모양을 입으시고, 남들로부터 섬김을 받기 위해서가 아니라 남들을 섬기고 은혜를 베풀기 위하여 오셨다. (2) 그리스도께서는 죽기까지 순종하시고 죽음의 통치에 순종하여서, 자기 목숨을 많은 사람의 대속물로 주기 위하여 오셨다. 그리스도께서 선한 사람들의 유익을 위하여 죽으셨는데, 어찌 우리가 선한 사람들의 유익을 위하여 살아가기를 애쓰지 않을 수 있겠는가?

[46]그들이 여리고에 이르렀더니 예수께서 제자들과 허다한 무리와 함께 여리고에서 나가실 때에 디매오의 아들인 맹인 거지 바디매오가 길 가에 앉았다가 [47]나사렛 예수시란 말을 듣고 소리 질러 이르되 다윗의 자손 예수여 나를 불쌍히 여기소서 하거늘 [48]많은 사람이 꾸짖어 잠잠하라 하되 그가 더욱 크게 소리 질러 이르되 다윗의 자손이여 나를 불쌍히 여기소서 하는지라 [49]예수께서 머물러 서서 그를 부르라 하시니 그들이 그 맹인을 부르며 이르되 안심하고 일어나라 그가 너를 부르신다 하매 [50]맹인이 겉옷을 내버리고 뛰어 일어나 예수께 나아오거늘 [51]예수께서 말씀하여 이르시되 네게 무엇을 하여 주기를 원하느냐 맹인이 이르되 선생님이여 보기를 원하나이다 [52]예수께서 이르시되 가라 네 믿음이 너를 구원하였느니라 하시니 그가 곧 보게 되어 예수를 길에서 따르니라.

여기에 나오는 이야기는 마태복음 20:29 이하에 나오는 것과 거의 일치한다. 한 가지 다른 것은 마태복음에서는 맹인이 두 명이었다고 말하고 있지만, 마가복음과 누가복음 18:35에서는 오직 한 명에 대해서만 말하고 있다는 점이다. 그러나 두 명이 있었다면, 당연히 한 명이 거기에 있었다는 것은 틀림없는 일이다. 맹인 한 명의 이름이 여기에 나오는데, 그는 사람들에게 맹인 거지로 잘 알려져 있었다. 그는 디매오의 아들을 뜻하는 바디매오로 불렸다. 이것을 어떤 일들은 한 맹인의 아들을 의미한다고 생각한다. 그렇다면, 바디매오는 맹인인 아버지에게서 난 맹인 아들인 셈이다. 이것은 그의 처지를 더욱 불행하게 만들었고, 그가 고침받는 이적을 더욱 경이롭게 만들었을 뿐만 아니라, 나면서부터 맹인된 자들만이 아니라 맹인된 자들에게서 태어난 자들이 그리스도의 은혜로 말미암아 받는 영적인 치유를 예표하는 데에 더욱 적합한 것이 되게 하였다.

I. 이 맹인은 앉아서 구걸하고 있었다 ─ 오늘날의 맹인들과 마찬가지로, 하나님의 섭리로 말미암아 자신의 노동으로 생계를 꾸려갈 수 없는 자들, 다른 그 어떤 생계수단도 가지고 있지 않은 자들은 우리가 구제하기에 가장 합당한 대상들이다. 우리는 그러한 자들에게 특별한 관심을 가지지 않으면 안 된다.

II. 맹인은 주 예수께 불쌍히 여겨달라고 소리를 질렀다. 다윗의 자손 예수여 나를 불쌍히 여기소서. 비참한 처지는 긍휼하심의 대상이다. 맹인은 자신의 비참한 처지를 다윗의 자손의 동정심에 호소하였다. 성경에서는 다윗의 자손이 우리를 구원하러 오실 때에 맹인의 눈이 밝을 것(사 35:5)이라고 예언한 바 있다. 도우심과 치유하심을 받기 위하여 그리스도께 나아올 때, 우리는 그리스도를 약속된 메시야, 긍휼과 은혜를 맡으신 분으로 바라보아야 한다.

III. 그리스도께서는 맹인에게 긍휼하심을 얻게 될 것이라는 소망을 불러일으키셨다. 왜냐하면, 그리스도께서 머물러 서서 그를 부르라 명하셨기 때문이다. 우리는 선한 일을 행하기 위하여 나아가다가 머물러 서는 것을 결코 방해물로 여겨서는 안 된다. 처음에 맹인을 꾸짖어서 낙심하게 하였던 주변 사람들이 이제는 그리스도의 은혜로운 부르심을 그에게 알리는 사람들이 되었다. "안심하고 일어나라 그가 너를 부르신다. 그가 너를 부르신다면, 그는 너를 고쳐주실 것이다." 그리스도께서 우리에게 나아오라고 하시는 은혜로운 초청은 그에게 나아가면 우리가 속히 좋아질 것이고 우리가 원하는 것을 얻게 될 것이라는 우리의 소망에 대하여 큰 격려가 된다. 범죄한 자들, 아무것도 가지지 않은 자들, 시험당하는 자들, 굶주린 자들, 벌거벗은 자들은 안심하라. 그리스도께서 그들을 부르셔서 죄사하시고 공급하시며 구하시고 채우시며 입히시고, 그들이 필요로 하는 모든 것들을 해주실 것이기 때문이다.

IV. 그러자 맹인은 가장 신속하게 그리스도께 나아갔다. 그는 가볍게 걸치고 있었던 겉옷을 내버리고 예수께 나아왔다(50절). 그는 자기를 넘어지게 하거나 어떤 식으로든 그리스도께 나아오는 것을 방해하거나 자신의 행동을 지연시킬 위험성이 있는 모든 것을 내버렸다. 예수께 나아오고자 하는 자들은 자기만족의 겉옷을 내던지고, 온갖 자만(自慢)의 겉옷을 벗어버리며, 모든 무거운 것과 긴 겉옷처럼 얽매이기 쉬운 죄를 벗어버려야 한다(히 12:1).

V. 맹인이 구체적으로 간청한 은총은 보게 해달라는 것이었다. 그렇게 해서 그가 생계를 위하여 스스로 일하며 남들에게 더 이상 짐이 되지 않게 해달라는 것이었다. 스스로 일해서 생계를 꾸려나갈 수 있는 능력이 있는 것은 매우 바람직한 일이다. 하나님께서 사람들에게 손발과 감각기관들을 주셨는데, 사람들이 어리석음과 나태함 때문에 자신을 사실상 맹인과 절름발이로 만들어버리는 것은 부끄러운 일이다.

VI. 맹인은 그러한 은총을 받았다. 그리스도께서는 맹인의 눈을 회복시켜 보게 하셨다(52절). 여기서 마가가 추가한 두 가지 내용은 다음과 같은 것들을 말해준다. 1. 그리스도께서는 맹인이 눈을 뜨게 된 것이 그의 믿음 때문이라고 말씀하심으로써 맹인에게 이중의 은총을 베푸셨다는 것. "네 믿음이 너를 구원하였느니라. 그리스도께서 다윗의 자손이라는 것과 그리스도의 긍휼하심 및 능력에 대한 믿음. 맹인의 끈질긴 간청이 아니라 그의 믿음이 그리스도를 움직였다. 아니, 그리스도로 하여금 맹인의 믿음이 효력을 발휘하게 하셨다." 우리의 믿음으로 말미암아 우리가 원하는 것들을 받았다는 것은 매우 기분 좋은 일이다. 2. 맹인이 자신에게 주어진 이중적인 은총을 어떻게 사용하였는지에 관한 것. 그가 곧 보게 되어 예수를 길에서 따르니라. 이것을 통해서 맹인은 자기가 완전히 고침받아서 더 이상 자기를 인도해줄 사람이 필요없고 스스로 길을 갈 수 있다는 것을 보여주었을 뿐만 아니라, 시력이 회복되자마자 그 시력을 이런 식으로 사용함으로써 그리스도께서 그에게 베푸신 긍휼에 대하여 그가 감사하는 마음을 지니고 있음을 증명하였다. 영적인 치유를 받기 위해서 그리스도께 나아오는 것만으로는 충분하지 않다. 고침을 받고나서, 우리는 계속해서 그리스도를 따라야만, 그리스도를 존귀하게 하고 그에게서 가르침을 받을 수 있다. 영적인 것을 볼 수 있는 시력을 가진 사람들은 그리스도 안에 있는 저 아름다움을 보기 때문에 결국 그리스도를 좇아가게 된다.

제 — 11 — 장

개요

우리는 이제 수난주간, 즉 그리스도의 죽음을 비롯한 큰 사건들이 일어났던 바로 그 주간에 이르게 되었다. I. 그리스도께서 나귀를 타고 예루살렘으로 승리의 입성을 하심(1-11절). II. 그리스도께서 열매 맺지 못한 무화과나무를 저주하심(12-14절). III. 그리스도께서 성전을 시장으로 만들어버린 자들을 성전에서 쫓아내심(15-19절). IV. 그리스도께서 그가 저주한 무화과나무가 말라죽은 것을 놓고 제자들에게 믿음의 능력과 기도의 효력에 대하여 말씀하심(20-26절). V. 그리스도께서 그의 권세를 문제삼는 자들에게 대답하심(27-33절).

[1]그들이 예루살렘에 가까이 와서 감람 산 벳바게와 베다니에 이르렀을 때에 예수께서 제자 중 둘을 보내시며 [2]이르시되 너희는 맞은편 마을로 가라 그리로 들어가면 곧 아직 아무도 타 보지 않은 나귀 새끼가 매여 있는 것을 보리니 풀어 끌고 오라 [3]만일 누가 너희에게 왜 이렇게 하느냐 묻거든 주가 쓰시겠다 하라 그리하면 즉시 이리로 보내리라 하시니 [4]제자들이 가서 본즉 나귀 새끼가 문 앞 거리에 매여 있는지라 그것을 푸니 [5]거기 서 있는 사람 중 어떤 이들이 이르되 나귀 새끼를 풀어 무엇 하려느냐 하매 [6]제자들이 예수께서 이르신 대로 말한대 이에 허락하는지라 [7]나귀 새끼를 예수께로 끌고 와서 자기들의 겉옷을 그 위에 얹어 놓으매 예수께서 타시니 [8]많은 사람들은 자기들의 겉옷을, 또 다른 이들은 들에서 벤 나뭇가지를 길에 펴며 [9]앞에서 가고 뒤에서 따르는 자들이 소리 지르되 호산나 찬송하리로다 주의 이름으로 오시는 이여 [10]찬송하리로다 오는 우리 조상 다윗의 나라여 가장 높은 곳에서 호산나 하더라 [11]예수께서 예루살렘에 이르러 성전에 들어가사 모든 것을 둘러 보시고 때가 이미 저물매 열두 제자를 데리시고 베다니에 나가시니라.

여기에는 그리스도께서 죽으시기 4-5일 전에 예루살렘에 공식적으로 입성하시는 것에 관한 이야기가 나온다. 그리스도께서는 이렇게 공공연하게 도성에 들어오셨다. 1. 이것은 그리스도께서 예루살렘에 있는 그의 원수들의 권력과 악의를 두려워하지 않으셨음을 보여준다. 그리스도께서는 자신의 얼굴을 드러내지 않으려고 하는 자처럼 몰래 도성에 숨어드신 것이 아니었다. 그리스도께서는 사람들이 다 보는 앞에서 들어오셨기 때문에, 그의 원수들은 그를 찾으려고 정탐꾼들을 보낼 필요가 없었다. 이것은 원수들의 권력과 분노를 생각하고서 겁을 집어먹고 위축되어 있었던 제자들에게 큰 용기를 주었다. 원수들이여, 주님께서 얼마나 담대하게 너희들에게 도전하고 계시는지를 보라. 2. 이것은 그리스도께서 그에게 다가올 고난을 생각하시고도 낙심하거나 침울해하지 않으셨다는 것을 보여준다. 그리스도께서는 공공연히 입성하셨을 뿐만 아니라, 기쁨의 환호성 속에서 유쾌하게 입성하셨다. 그리스도께서는 지금 갑옷을 입고 전쟁터를 향하여 오고 계시는 것이었지만 완전한 승리를 온전히 확신하셨기 때문에 마치 이미 원수들을 물리치신 것처럼 승리의 입성을 하고 계신 것이다.

I. 이 승리의 입성의 외관은 매우 초라하였다.　　그리스도께서는 나귀라고는 하지만 볼품없고 한심하게 보인 새끼를 타셨다. 그리고 그것은 아무도 타보지 않은 나귀 새끼였기 때문에 길들여지지 않아서 거칠었을 뿐만 아니라 버릇없고 다루기 힘든 것이어서 이 입성 예식의 위엄을 손상시키고 방해하였을 것이다. 또한 이 나귀 새끼는 빌려온 것이었다. 그리스도께서는 빌린 배를 타고 바다를 다니셨고, 빌린 다락방에서 유월적 식사를 하셨으며, 빌린 무덤에 장사되었고, 지금 여기에서는 빌린 나귀 새끼를 타셨다. 그리스도인들은 서로에게 신세를 지는 것을 부끄러워하지 말고, 필요한 것이 있으면, 우리 주님께서 그러셨듯이, 가서 빌려야 한다. 주님께는 좋은 안장이 없어서, 사람들은 겉옷을 벗어서 나귀 등 위에 깔았고, 주님께서는 그 위에 타셨다(7절). 그리스도를 모신 사람들은 비천한 사람들이었다. 그래서 그들이 할 수 있었던 것은 초막절 때에 늘 그랬던 방식으로 자기들의 겉옷과 나뭇가지를 길에 펴는 일이 전부였다(8절). 이 모든 것은 그리스도의 겸손을 보여주는 징표들이었다. 그리스도께서는 사람들에게 자신을 드러내실 때조차도 자신의 비천함을 드러내시고자 하셨다. 이러한 것들은 우리에게 높은 데 마음을 두지 말고 도리어 낮은 데 처하라는 교훈이 된다. 그리스도께서는 높은 자리를 그토록 멀리하셨는데, 그리스도인들이 높은 자리에 연연해 한다면, 얼마나 잘못된 일이겠는가!

II. 이 승리의 입성의 내면은 매우 위대한 것이었다. 이 입성은 성경의 예언을 성취한 것일 뿐만 아니라(여기에서와는 달리 마태복음에는 이 사실이 언급되어 있다), 그 모든 초라함 가운데서 그리스도의 영광의 몇 줄기 빛이 비취고 있었다.

1. 그리스도께서는 나귀 새끼를 가져오라고 제자들을 보내실 때에 그가 먼 곳의 일들을 알고 계시고 사람들의 의지를 주관하는 능력을 갖고 계신다는 것을 보여주셨다(1-3절). 이것은 그리스도께서 모든 것을 하실 수 있고 그 어떤 생각도 그에게 숨길 수 없다는 것을 보여주신다.

2. 그리스도께서는 아무도 타보지 않은 나귀 새끼를 타심으로써 그가 피조물들을 다스리신다는 것을 보여주셨다. 시편에서는 인간이 그리스도께 복종할 때에 다른 피조물들이 인간에게 복종한다고 말한다(8:5-6. 또한 히 2:8과 비교해 보라). 왜냐하면, 하나님께서 이 세상에서 인간에게 허락하신 통치권으로부터 우리가 어떤 유익을 얻고 있는 것은 그리스도로 말미암은 것이고 그리스도를 통해서이기 때문이다(창 1:28). 그리고 그리스도께서는 나귀 새끼를 타심으로써 들나귀 새끼 같이 태어난(욥 11:12) 인간의 심령에 그의 능력을 부여해주시고자 하신 것 같다.

3. 제자들은 나귀를 두 길이 만나는 곳에서 끌고 왔는데(4절), 이것은 그리스도께서 두 길이 만나는 곳 앞에 서서 잘못된 길로 갈 위험이 있는 사람들을 올바른 길로 인도하기 위하여 오셨다는 것을 보여주는 것 같다.

4. 그리스도께서는 사람들이 즐거이 외치는 호산나 찬송을 받으셨다. 호산나 찬송에는 사람들이 그리스도를 환영한다는 뜻과 그리스도의 나라가 번영하기를 바란다는 뜻이 담겨 있다(9절). 호산나를 외치고자 하는 마음을 사람들에게 넣어주신 이는 하나님이셨고, 나중에 십자가에 못 박으소서 십자가에 못 박으소서라고 외쳤던 자들처럼 인간의 계교와 모략에 의한 것이 아니었다. 그리스도께서는 무리들의 믿음과 찬송을 통해서 스스로 영광을 받으신 것으로 여기셨고, 사람들로 하여금 그들의 의도와는 상관 없이 그리스도께 이러한 영광을 돌리게 만드신 이는 바로 하나님이셨다.

(1) 사람들은 그리스도라는 인물을 환영하였다(9절). 찬송하리로다 주의 이름으로 오시는 이여. 너무도 오랫동안 기다려 왔고 너무도 자주 약속되어 왔던 오셔야 할 이(호 에르코메노스). 그분은 주의 이름으로, 즉 하나님께서 이 세상에

보내신 대사(大使)로 오셨다. 찬송하리로다: 그분은 우리의 박수갈채와 최고의 사랑을 받아야 마땅하다. 그분은 찬송받으실 구주로서 우리에게 축복들을 가져다주신다. 그분을 보내신 하나님을 찬송하라! 주의 이름으로 오시는 이는 찬송받아야 마땅하고, 모든 족속과 세대는 그분을 찬송하리로다라고 외치고 높고 영광받으실 분으로 생각하고 말하여야 한다.

(2) 사람들은 그리스도의 뜻이 성취되기를 기원하였다(10절). 사람들은 그리스도께서 지금은 초라한 인물이지만 그의 나라가 곧 세상에 세워질 것이고 그 나라는 그들의 조상 다윗의 나라, 다윗과 그의 후손에게 영원히 약속된 나라, 주의 이름으로 임하는 나라, 하나님의 권세에 의해서 밑받침되는 나라일 것이라고 믿었다. 찬송하리로다 이 나라여. 이 나라여, 임하여 터를 잡고, 그 능력으로 그 나라를 반대하는 모든 정사와 권세와 능력을 무너뜨리며, 계속해서 정복하고 정복하라. 이 나라여, 호산나. 이 나라에 번영이 있고, 모든 행복이 있으라. 호산나의 적절한 의미는 요한계시록 7:10에서 찾아볼 수 있다. 구원하심이 보좌에 앉으신 우리 하나님과 어린 양에게 있도다. 자연과 계시 양쪽에서 신앙의 승리, 가장 높은 곳에서 호산나. 가장 높은 하늘 보좌에서 만물을 다스리시는 우리 하나님을 찬송하리로다. 하나님을 영원히 찬송하리로다. 가장 높은 하늘에 있는 천사들이 하나님을 찬송하고, 우리의 호산나는 천사들의 찬송에 대한 화답이 된다.

이렇게 무리들의 환호를 받으며 그리스도께서는 도성에 입성하셨고, 곧장 성전으로 가셨다. 거기에는 그리스도를 환영하기 위한 포도주 연회는 말할 것도 없고 약소한 다과조차 마련되어 있지 않았다. 그러나 그리스도께서는 즉시 그의 일에 착수하셨다. 왜냐하면, 그의 일이 바로 그의 양식이요 음료였기 때문이다. 그리스도께서 성전에 가신 것은 성경을 성취하기 위한 것이었다. "너희가 구하는 바 주가 아무런 예고도 없이 갑자기 그의 성전에 임하시리니, 그가 임하시는 날에 그는 금을 연단하는 자의 불과 표백하는 자의 잿물과 같을 것이기 때문에, 너희가 놀라리라"(말 3:1-3). 그리스도께서는 성전에 가서서 상태가 어떠한지를 살펴보셨다(11절). 그는 모든 것을 둘러보셨지만, 아직 아무 말씀도 하지 않으셨다. 그리스도께서는 성전이 대단히 무질서함을 보셨지만, 잠잠하셨다(시 50:21). 그는 성전의 무질서를 바로잡아야 하겠다고 생각하셨지만, 갑작스럽게 행동하심으로써 성급하다는 인상을 주고 싶지 않으셨다. 그는 하루의 말미를 두고 다음 날 아침에 성전을 개혁하는 일을 하려는 마음을 먹으시고는 이 날 밤에는 모든 것을 그대로 두셨다. 하나님께서는 세상에 있는 모든 죄악을 당장에 처리하시지 않지만, 그 죄악들을 늘 보고 계신다고 우리는 믿는다. 그리스도께서는 성전에서 일어나는 일들을 주목하여 보셨지만 그 날 밤에는 도성의 소음을 피하고 파당을 추진한다는 의심을 피하기 위하여 베다니에 있는 친구의 집으로 물러가서 쉬셨다.

[12]이튿날 그들이 베다니에서 나왔을 때에 예수께서 시장하신지라 [13]멀리서 잎사귀 있는 한 무화과나무를 보시고 혹 그 나무에 무엇이 있을까 하여 가셨더니 가서 보신즉 잎사귀 외에 아무것도 없더라 이는 무화과의 때가 아님이라 [14]예수께서 나무에게 말씀하여 이르시되 이제부터 영원토록 사람이 네게서 열매를 따 먹지 못하리라 하시니 제자들이 이를 듣더라 [15]그들이 예루살렘에 들어가니라 예수께서 성전에 들어가사 성전 안에서 매매하는 자들을 내쫓으시며 돈 바꾸는 자들의 상과 비둘기 파는 자들의 의자를 둘러 엎으시며 [16]아무나 물건을 가지고 성전 안으로 지나다님을 허락하지 아니하시고 [17]이에 가르쳐 이르시되 기록된 바 내 집은 만민이 기도하는 집이라 칭함을 받으리라고 하지 아니하였느냐 너희는 강도의 소굴을 만들었도다 하시매 [18]대제사장들과 서기관들이 듣고 예수를 어떻게 죽일까 하고 꾀하니 이는 무리가 다 그의 교훈을 놀랍게 여기므로 그를 두려워함일러라 [19]그리고 날이 저물매 그들이 성 밖으로 나가더라 [20]그들이 아침에 지나갈 때에 무화과나무가 뿌리째 마른 것을 보고 [21]베드로가 생각이 나서 여짜오되 랍비여 보소서 저주하신 무화과나무가 말랐나이다 [22]예수께서 그들에게 대답하여 이르시되 하나님을 믿으라 [23]내가 진실로 너희에게 이르노니 누구든지 이 산더러 들리어 바다에 던져지라 하며 그 말하는 것이 이루어질 줄 믿고 마음에 의심하지 아니하면 그대로 되리라 [24]그러므로 내가 너희에게 말하노니 무엇이든지 기도하고 구하는 것은 받은 줄로 믿으라 그리하면 너희에게 그대로 되리라 [25]서서 기도할 때에 아무에게나 혐의가 있거든 용서하라 그리하여야 하늘에 계신 너희 아버지께서도 너희 허물을 사하여 주시리라 하시니라.

 I. 그리스도께서 열매 맺지 못한 무화과나무를 저주하심. 그리스도께서는 일과 후에 베다니로 가셔서 거기에서 편히 휴식을 취하셨지만, 그의 일은 예

루살렘에 있었기 때문에, 일과 시간이 되자 아침에 다시 예루살렘으로 돌아오시는 길이었다. 그리스도께서는 할 일을 생각하시고 아침도 드시지 않은 채 베다니를 나오셨기 때문에, 얼마 가시지 않아서 시장하셨다(12절). 왜냐하면, 그는 죄는 없으시지만 우리 인간의 본성이 지닌 연약함들을 지니고 계셨기 때문이다. 그리스도께서는 시장하셔서 멀리서 푸른 잎사귀가 무성한 무화과나무를 보시고 열매가 많이 열려 있을 것으로 기대하고서 그 무화과나무 쪽으로 가셨다. 그러나 그 무화과나무에는 잎사귀 외에 아무것도 없었다. 그리스도께서 그 나무에 열매가 있을 것으로 기대하셨던 것은 지금이 무화과를 거둘 때는 아직 아니었지만 그 때가 가까웠기 때문이었다. 그러므로 무화과의 때가 아직 이르지 않은 것이기 때문에, 무화과나무에 맺힌 열매들을 사람들이 거두어갔다고 말할 수도 없었다. 또는, 그리스도께서 열매를 발견할 수 없었던 것은 무화과의 때가 아니었기 때문에, 즉 무화과나무가 풍년이 든 해가 아니었기 때문일 수도 있다. 그러나 이 무화과나무는 잎사귀는 무성하면서도 열매는 하나도 맺지 않았기 때문에 그 어떤 무화과나무보다 더 악하다고 할 수 있었다. 하지만 그리스도께서는 이 무화과나무의 예를 들어서 이 세대의 나무들이 아니라 사람들에 대하여 말씀하시고 싶어하신 것이기 때문에, 생육하고 번성하라는 최초의 축복과 정반대되는 저주를 이 무화과나무에 내리셨다. 이제부터 영원토록 사람이 네게서 열매를 따 먹지 못하리라(14절). 요담의 비유에서 무화과나무의 영광은 단 것과 아름다운 열매이었고(삿 9:11), 무화과나무는 이것을 통해서 사람에게 봉사하는 것이 나무들 위에 우쭐대는 것보다 더 낫다고 말하였다. 이제 그러한 영광을 빼앗기게 된 것은 엄청난 저주였다. 이것은 그리스도께서 오셔서 열매를 구하였으나 얻지 못한(눅 13:6-7) 유대교에 내리신 심판에 대한 예표이자 상징으로 의도된 것이었다. 유대교는 이 비유에 나오는 무화과나무처럼 즉시 베어지지는 않았지만, 역사 속에서 눈 멀고 완악한 상태가 되어서(롬 11:8, 25), 이후로 열매를 맺지 못하였다. 제자들은 그리스도께서 이 나무에 대하여 어떤 선고를 내리시는지를 주시하며 들었다. 우리는 그리스도의 입에서 나온 축복과 마찬가지로 저주도 눈여겨보고 마음에 담아두어야 한다.

II. 그리스도께서 성전에서 장사하는 사람들과 성전을 통로로 삼아 지나다니던 사람들을 쫓아내심. 성경 본문에는 그리스도께서 무화과나무에서 열매를 찾지 못하시자 다른 곳에서 음식을 구하여 드셨다는 말이 없다. 그러나 하나님의 집을 향한 열심이 그를 삼켜서, 그로 하여금 배고픈 것도 잊어버리고, 시장한 채로 예루살렘에 와서, 곧장 성전으로 들어가, 전날에 눈여겨봐두었던 폐습들을 개혁하기 시작하셨다. 이것은 구원자가 시온에 오셨을 때에 그의 임무가 야곱에게서 경건하지 않은 것을 돌이키시는(롬 11:26) 것임을 보여주는 것이고, 나중에 그를 송사한 자들이 거짓 고소한 것처럼 성전을 헐기 위해서 오신 것이 아니라 성전을 정결하게 하고 정화시키며 그의 교회를 원래의 바른 모습으로 회복시키기 위하여 오신 것임을 보여주는 것이다

1. 그리스도께서는 매매하는 자들을 내쫓으시며 돈 바꾸는 자들의 상을 엎으시고(돈이 있어야 할 더 적합한 자리인 땅으로 내던지셨다) 비둘기 파는 자들의 의자를 둘러 엎으셨다. 이 일을 그리스도께서는 아들이 자기 집에서 하는 것처럼 권세 있는 자로서 하셨다. 시온의 딸이 지닌 더러움은 힘으로나 능으로가 아니라 심판의 영과 불태우는 영에 의해서 깨끗하게 된다. 그리스도께서는 아무런 반대도 받지 않고 이 일을 행하셨는데, 이것은 그리스도께서 하신 일은 성전에서의 장사 활동을 묵인하고 방조해서 이득을 취한 자들의 양심에조차도 옳고 선한 일로 보여졌기 때문이었다. 부패들을 추방하고 폐습들을 바로잡는 일이 생각했던 것보다 더 쉬운 일임이 자주 입증된다는 것은 열심 있는 개혁자들에게 어느 정도 용기를 준다. 신중한 시도들은 종종 기대 이상의 성공을 거둘 수 있다는 것이 입증되고, 그 길에는 우리가 두려워하는 사자들도 발견되지 않는다.

2. 그리스도께서는 아무나 물건, 즉 어떤 종류의 물품이나 기구들을 가지고 성전 안으로 또는 성전 뜰을 지나다님을 허락하지 아니하셨다. 사람들이 성전 안으로 다닌 것은 그 길이 지름길이어서 길을 빙 둘러가는 수고를 덜 수 있었기 때문이었다(16절). 유대인들은 성전이나 이방인의 뜰을 길 또는 통로로 삼거나 짐을 가진 채 거기로 들어가는 것은 성전을 모독하는 일들 중의 하나라는 것을 알고 있었다.

3. 그리스도께서는 그가 하신 일에 대하여 타당한 근거를 제시하셨다. 기록된 바 내 집은 만민이 기도하는 집이라 칭함을 받으리라고 하지 아니하였느냐?(17절). 이 말씀은 이사야 56:7에 기록되어 있다. 성전은 그러한 목적 아래에서 만민에게 허용될 것이다. 내 집은 만민이 기도하는 집이 되리라. 성전은 최초로 지어졌을 때에 이미 그러한 목적을 가지고 있었다. 솔로몬이 성전을 봉헌했을

때에 성전의 용도(用度)는 이방인들을 염두에 두고 있었다(왕상 8:41). 그리고 성전에 관하여 그 이상의 것들이 예언되었다. 그리스도께서는 복음적 교회의 모형인 성전에 대하여 다음과 같은 것들을 가르치시고자 하셨다.

(1) 기도하는 집. 그리스도께서 희생제물들로 사용되는 소와 비둘기를 몰아내신 후에 성전을 기도하는 집이라고 다시 상기시키신 것은 모든 희생제물과 제사는 폐하여져도 기도와 찬송의 영적인 제사는 영원히 계속되고 존속되리라는 것을 우리에게 가르치시기 위한 것이었다

(2) 성전은 단지 유대인들만이 아니라 만민에게 기도하는 집이 되어야 한다는 것. 왜냐하면, 육체를 따라서 야곱의 혈통에서 나지 않은 자들이라 하여도, 누구든지 주의 이름을 부르는 자는 구원을 얻을 것이기 때문이다. 그러므로 유대인들이 성전을 강도의 소굴로 만든 것은 마땅히 성전으로 초대되었어야 했던 만민에게 성전에 대한 혐오감을 심어줄 것이기 때문에 참을 수 없는 일이었다. 그리스도께서 사역 초기에 장사하는 자들을 성전에서 내어쫓으셨을 때에는 단지 성전을 장사하는 집(요 2:16)으로 만든 것에 대하여 그들을 책망하셨을 따름이었다. 그러나 이제 그리스도께서는 성전을 강도의 소굴로 만들었다고 그들을 책망하셨는데, 그 이유는 그 때 이후로 그들이 성전에서 두 번이나 그리스도를 돌로 치려고 하였기 때문이거나(요 8:59; 10:31) 성전에서 장사하는 자들이 점점 악해져서 고객들을 속이고 시골 사람들의 무지와 어쩔 수 없는 사정을 이용하여 등쳐먹는 등 강도행위와 다름 없는 짓을 저지르고 있었기 때문일 것이다. 기도나 예배를 드릴 때에 세상적인 헛된 생각을 하는 자들은 기도하는 집을 장사하는 집으로 만드는 자들이다. 그러나 과부의 집을 삼키기 위해서 길게 기도하는 자들은 성전을 강도의 소굴로 만드는 자들이다.

4. 서기관들과 대제사장들은 이 일에 몹시 초조해하고 화가 났다(18절). 그들은 그리스도를 미워하였고, 그리스도의 개혁을 싫어하였다. 그렇지만 그들은 그들이 권력을 남용하고 오용하고 있다는 것을 스스로 잘 알고 있었기 때문에 다음에는 그리스도께서 그들의 자리를 뒤엎고 그들을 내쫓을까봐 그를 두려워하였다. 그들은 그리스도가 백성들 사이에서 큰 관심을 끌고 있고 무리가 다 그의 교훈을 놀랍게 여기며 그가 말한 모든 것이 백성들에게 하나님의 예언이자 법이 되고 있다는 것을 알았다. 이토록 백성들로부터 지지를 받고 있는 그가 무엇을 시도하지 못하겠으며 무엇을 이루어낼 수 없겠는가? 그래서 그들

은 어떻게 하면 그와 화친할 수 있을까를 궁리하지 않고, 예수를 어떻게 죽일까를 궁리하였다. 아이러니컬하게도, 그들이 필사적으로 시도하고 있었던 것은 그들이 참으로 두려워할 수밖에 없었던 일, 즉 하나님과 맞서 싸우는 것이었다. 그러나 그들은 자신의 권력과 지위를 유지하기 위해서는 그들이 무슨 짓을 하고 있는지에 대해서는 개의치 않았다.

Ⅲ. 그리스도께서 그가 저주한 무화과나무가 말라죽은 것을 보고 제자들에게 말씀하심. 그리스도께서는 날이 저물매 여느 때처럼 성 밖으로, 즉 베다니로 나가셨다(19절). 그러나 날이 저물어 어두워서 그들은 무화과나무의 상태를 볼 수 없었을 것이다. 이튿날 아침에 그들은 지나갈 때에 무화과나무가 뿌리째 마른 것을 보았다(20절). 결과들이 보여주듯이, 그리스도의 저주들 속에는 표현된 것 이상의 것이 내포되어 있는 경우가 많다. 그리스도께서 하신 저주는 이 무화과나무가 다시는 열매를 맺지 못하게 되리라는 것이었지만, 결과는 그것을 훨씬 뛰어넘는 것이었다: 무화과나무는 뿌리째 말라버렸다. 무화과나무가 열매를 내지 않는다면, 사람들을 속이지 못하도록 잎사귀도 내지 못하게 하는 것이 마땅하다. 좀 더 살펴보자.

1. 제자들은 이 일로 말미암아 어떤 영향을 받았는가? 베드로는 그리스도께서 하신 말씀을 기억해내고 놀라서 랍비여 보소서 저주하신 무화과나무가 말랐나이다(21절)라고 말하였다. 그리스도의 저주는 놀랄 만한 결과를 가져와서 푸른 월계수처럼 무성하였던 자들을 곧 말라죽게 만든다. 그리스도께서 저주하신 자들은 반드시 저주를 받는다. 이것은 유대교의 성격과 상태를 보여주는 것이었다. 이후로 유대교는 뿌리째 마른 나무가 되어서, 더 이상 열매를 내지 못하고 오직 땔감으로만 사용될 수 있다. 하나님께서는 마른 지팡이에 하룻밤 사이에 싹이 나고 꽃이 피어서 살구 열매를 맺는 이적을 통해서 열두 지파 중에서 레위 족속을 처음으로 제사장 족속으로 지명하셨는데(민 17:8), 이 이적은 그 제사장직이 열매가 많고 번성하리라는 것을 보여주는 복된 징조였다. 그런데 지금 그리스도께서는 무성한 나무를 하룻밤 사이에 뿌리째 마르게 하는 정반대의 이적을 통해서 그 제사장직의 유효기간이 만료되었음을 보여주셨는데, 이것은 제사장직을 남용한 제사장들에 대한 의로운 심판을 상징하는 것이었다. 그토록 오랫동안 하나님의 백성이었고 세상에서 유일하게 하나님께서 택하신 백성이었던 유대인들이 이런 식으로 버림받는다는 것이 제자들에게는 너무도

이상하고 도무지 믿기지 않는 일로 보였다. 그들은 무화과나무가 어떻게 이토록 빨리 말라버릴 수 있는지 납득할 수 없다: 그러나 이것은 유대인들이 그리스도를 버림으로써 그리스도에 의해서 버림받은 결과였다.

2. 그리스도께서 이 일을 통해서 제자들에게 주신 선한 교훈들. 다음과 같은 교훈들을 따른다면, 이 말라버린 나무조차도 열매를 맺을 수 있다.

(1) 그리스도께서는 제자들에게 이후로는 믿음으로 기도하라고 가르치신다(22절). 하나님을 믿으라. 제자들은 그리스도께서 무화과나무에게 명령하신 말씀이 능력을 발휘한 것에 대하여 감탄하였다. 그리스도께서는 이렇게 말씀하셨다: "살아있고 적극적인 믿음이 있다면, 왜 너희의 기도가 큰 능력을 수반하지 않겠느냐?(23-24절). 누구든지 이 산, 즉 감람산더러 들리어 바다에 던져지라 하며, 그의 믿음이 하나님의 일반적이거나 구체적인 말씀 위에 세워져 있고, 하나님께서 보증하신 말씀을 따라서 그 말하는 것이 이루어질 줄 믿고 마음에 의심하지 아니하면 그대로 되리라." 그리스도 안에 있는 하나님의 힘과 능력으로 말미암아 가장 어려운 어려움도 극복되고 일이 이루어질 것이다. 그러므로 무엇이든지 기도하고 구하는 것은 받은 줄로 믿으라. 그것들을 주실 수 있는 능력을 가지신 분이 내가 너희에게 말하노니 너희에게 그대로 되리라(24절)고 말씀하셨고, 내가 진실로 너희에게 이르노니 그대로 되리라(23절)고 말씀하셨다. 이 말씀은 다음과 같은 것들에 적용될 수 있다.

[1] 사도들과 최초의 복음 전도자들에게 수여되었던 이적들을 일으키는 믿음. 그들은 이 믿음을 가지고 자연의 일들에서 기사(奇事)들을 행하고 병자들을 고치며 죽은 자를 살리고 귀신들을 쫓아내었다. 이러한 일들은 사실상 산을 옮기는 일들이었다. 사도들은 이런 일들을 행하면서도 거기에 거룩한 사랑이 존재하지 않는 믿음에 관하여 말한다(고전 13:2).

[2] 모든 그리스도인들이 수여받은 믿음의 이적. 이 믿음은 영적인 일들에서 기사(奇事)들을 행한다. 이 믿음은 우리를 의롭다 하심을 받게(롬 5:1) 함으로써, 죄의 산들을 옮겨서 바다 깊은 곳에 던져버려서, 다시 떠올라서 우리를 심판하지 못하게 만든다(미 7:19). 이 믿음은 마음을 깨끗하게 함으로써(행 15:9), 부패의 산들을 옮겨버려서, 하나님의 은혜 앞에서 그 산들을 평지가 되게(슥 4:7) 만든다. 세상을 정복하고 사탄의 빗발치는 불화살들을 막아내며 영혼이 그리스도와 함께 십자가에 못 박히고도 여전히 살아 있는 것도 이 믿음으로 말미

암는다. 이 믿음으로 말미암아 우리는 주님을 항상 우리 앞에 계시게 하고, 눈에 보이지 않는 주님을 보며, 주님을 우리 마음에 계시게 한다. 실제적으로 이것은 산을 옮기는 것이나 다름없다. 왜냐하면, 주님의 임재 앞에서, 야곱의 하나님의 임재 앞에서 산들은 요동할 뿐만 아니라 옮겨지기 때문이다(시 114:4-7).

(2) 기도를 응답받기 위한 필수적인 조건으로 우리에게 해를 끼친 사람들을 무조건 용서하고 모든 사람들을 불쌍히 여기라는 것이 믿음에 추가된다(25-26절). 서서 기도할 때에 용서하라. 서서 기도하는 것은 기도를 위한 부적절한 자세가 아니었다. 유대인들은 일반적으로 서서 기도하였다. 그래서 유대인들은 기도하는 것을 서 있는 것(standings)이라고 불렀다. 유대인들은 기도로 말미암아 세상이 유지된다는 것을 세상은 서 있는 것들에 의해서 유지된다(Stationibus stat mundus)고 표현하였다. 그러나 초대 교회의 그리스도인들은 일반적으로 주의 날에는 그러지 않았지만 특히 금식하는 날들에는 무릎을 꿇는 좀 더 겸손하고 공손한 자세를 사용하였다. 우리는 기도할 때에 다른 사람들, 특히 우리의 원수들과 우리에게 잘못한 자들을 위하여 기도해야 한다는 것을 잊어서는 안 된다. 만약 우리가 그들에게 악의를 품고 그들이 잘못되기를 바란다면, 우리는 하나님께서 그들에게 선을 베푸시라고 진심으로 기도할 수 없게 된다. 우리는 기도하기 전에 다른 사람들에게 잘못한 것이 생각나거든 가서 그들과 화목하여야 한다(마 5:23-24). 그러나 다른 사람들이 우리에게 잘못한 것이라면, 우리는 즉시 찾아가서 진심으로 그들을 용서해 주어야 한다.

[1] 우리가 남을 용서하는 것이 우리의 죄를 용서받을 수 있는 방법이기 때문이다: 용서하라. 그리하여야 하늘에 계신 너희 아버지께서도 너희 허물을 사하여 주시리라. 즉, 우리가 남을 용서함으로써 "우리는 우리의 죄를 용서받을 수 있는 자격을 갖추게 되고, 하나님께서 자신의 존귀하심에 상처를 입음이 없이 우리를 용서해주실 수 있게 된다. 만약 하나님께서 죄 사함을 받기에 전혀 합당하지 않은 자들에게 그의 긍휼하심으로 그러한 유익을 허락하신다면, 하나님의 존귀하심은 상처를 입게 될 것이다."

[2] 우리가 남을 용서하지 않으면, 그것은 우리의 죄를 용서받는 데에 확실한 장애물이 되기 때문이다. "너희가 너희에게 잘못을 범한 자들을 용서하지 않고 그들을 미워하며 원한을 품고 복수할 생각을 하며 기회가 주어지는 대로

그들을 욕한다면, 너희 아버지께서도 너희 허물을 사하여 주지 아니하시리라." 우리는 기도할 때에 이것을 꼭 기억하여야 한다. 왜냐하면, 우리가 은혜의 보좌 앞에서 행하여야 할 한 가지 큰 일은 우리의 죄를 용서해달라고 기도하는 것이기 때문이다. 그리고 우리는 이 일에 날마다 마음을 써야 한다. 기도는 우리의 일상적인 일의 일부이기 때문이다. 우리 구주께서는 이것을 자주 역설하셨는데, 그것은 제자들로 하여금 서로 사랑하게 하는 것이 우리 구주의 큰 뜻이었기 때문이다.

[27]그들이 다시 예루살렘에 들어가니라 예수께서 성전에서 거니실 때에 대제사장들과 서기관들과 장로들이 나아와 [28]이르되 무슨 권위로 이런 일을 하느냐 누가 이런 일 할 권위를 주었느냐 [29]예수께서 이르시되 나도 한 말을 너희에게 물으리니 대답하라 그리하면 나도 무슨 권위로 이런 일을 하는지 이르리라 [30]요한의 세례가 하늘로부터냐 사람으로부터냐 내게 대답하라 [31]그들이 서로 의논하여 이르되 만일 하늘로부터라 하면 어찌하여 그를 믿지 아니하였느냐 할 것이니 [32]그러면 사람으로부터라 할까 하였으나 모든 사람이 요한을 참 선지자로 여기므로 그들이 백성을 두려워하는지라 [33]이에 예수께 대답하여 이르되 우리가 알지 못하노라 하니 예수께서 이르시되 나도 무슨 권위로 이런 일을 하는지 너희에게 이르지 아니하리라 하시니라.

여기에는 그리스도께서 산헤드린에 의해서 그의 권위에 대하여 조사를 받은 내용이 나온다. 산헤드린은 선지자들을 불러서 그들이 과연 하나님에게서 사명을 받았는지를 조사할 권한이 있다고 스스로 자처하였다. 그리스도께서 기분전환을 위해서가 아니라 사람들을 가르치시기 위해서 성전에서 거니시면서 여러 무리들을 차례로 접촉하실 때에 산헤드린에 속한 사람들, 즉 대제사장들과 서기관들과 장로들이 그에게 나아왔다. 소요학파(逍遙學派)에 속한 철학자들은 거니면서 사람들을 가르치는 습관 때문에 그렇게 불리게 되었다. 성전 뜰의 회랑(回廊)들은 이러한 목적에 적합한 곳이었다. 이 큰 인물들은 백성들이 그리스도를 따르며 주의 깊게 그의 말을 듣는 것을 보고 분통이 터져서, 약간의 위엄을 갖추고 그에게 나아와 무슨 권위로 이런 일을 하느냐?(28절)고 캐물었다. 좀 더 살펴보자.

I. 그들은 이 질문을 통해서 그리스도를 당황하게 하고 그의 사역을 좌초시키고자 하였다. 만약 그들이 백성들 앞에서 그리스도가 아무리 유능하고 설교를 유익하게 잘 한다고 해도 합법적인 사명자가 아니고 정당하게 서임을 받지 않은 자라는 것을 밝혀낼 수 있다면, 그들은 백성들에게 그의 말을 들어서는 안 된다고 말할 수 있게 될 것이다. 그들은 이러한 구실을 그들의 완악한 불신앙의 최후의 피난처로 삼고자 하였다. 그들은 그리스도의 교훈을 받아들이지 않기로 이미 결심하였고, 그리스도의 서임(敍任)에서 어떤 결함을 찾아내서 그리스도가 산헤드린에 의해서 서임된 것이 아니기 때문에 무효라고 결론을 내릴 작정이었다. 마찬가지로, 천주교도들은 우리 목사들의 서임이 과연 정당한 것인지에 대하여 우리에게 너무도 자주 시비를 걸고, 우리의 서임에 뭔가 문제가 있다는 것을 조금이라도 밝혀낸 듯이 보이면, 비록 성경이 절대적으로 우리 편에 서 있음에도 불구하고, 그들의 주장이 옳다는 것이 밝혀진 것이라고 생각한다. 그러나 무슨 권위로 내가 이런 일을 하는가?라는 질문은 사실 모든 방백(方伯)들이나 목회자들이 자주 스스로에게 물어보아야 하는 질문이고, 또 거기에 대하여 합당한 대답을 준비해 두고 있어야 하는 그런 질문이다. 만약 하나님으로부터 권위를 받지 않았다면, 어떻게 그들이 위로와 확신과 성공의 소망을 가지고 일을 할 수 있겠는가?(렘 23:32). 보내심을 받지 아니하였으면 어찌 전파하리요?

II. 그리스도께서는 다음과 같은 질문으로 그들을 좌초시키고 당황하게 만드셨다: "너희는 요한의 세례를 어떻게 생각하느냐? 그것이 하늘로부터냐 사람으로부터냐? 요한은 무슨 권위로 설교하고 세례를 주고 제자들을 모은 것이냐? 내게 대답하라(30절). 공정하고 솔직하게 생각해보고, 어느 쪽인지를 분명하게 대답하라." 그들의 질문에 대하여 이러한 반문으로 대답하심으로써, 우리 구주께서는 그의 교훈과 세례가 요한의 것과 얼마나 비슷한 것인지를 암시하셨다. 이 두 사람은 동일한 기원을 가지고 있었고, 천국 복음을 전파하고자 하는 동일한 목적을 지니고 있었다. 산헤드린에 속한 자들은 세례 요한을 조사하기 위하여 조사단을 보낸 적이 있었기 때문에(요 1:19) 그리스도께서 이 질문을 그들에게 던진 것은 합당한 것이었다. 그리스도께서는 "자, 너희가 세례 요한을 조사해보니, 그 결과가 어떠하더냐?"고 말씀하신 것이다. 그들은 그 문제에 대하여 그들이 어떤 판단을 내렸는지를 잘 알고 있었다. 그들은 세례 요한

이 하나님에게서 보내심을 받은 자였다고 생각할 수밖에 없었다. 그러나 문제는 그들이 지금 이 질문에 대하여 무엇이라고 말해야 하는가 하는 것이었다. 자기들이 생각하고 있는 대로 말해서는 안 된다고 여기는 사람들은 이런 식으로 당혹스러워할 수밖에 없다.

1. 만약 그들이 요한의 세례는 하늘로부터 온 것이라고 사실대로 자백한다면, 그들은 스스로 부끄러움을 자초하는 것이다. 왜냐하면, 그리스도께서 즉시 그들에게 그렇다면 어찌하여 그를 믿지 아니하였으며 그가 주는 세례를 받지 않았느냐고 반문하실 것이기 때문이다. 그들은 그리스도께서 그렇게 말씀하시는 것을 견딜 수 없을 것이지만, 그들의 양심이 그렇게 말하는 것에 대해서는 견딜 수 있을 것이다. 왜냐하면, 그들은 양심을 질식시키고 침묵시키는 기술을 갖고 있었고, 또한 양심이 그들에게 말하는 것은 그들을 쓸쓸하고 기분 나쁘게 만들기는 하겠지만 그들을 부끄럽게 만들지는 않을 것이기 때문이다. 이렇게 해서, 그들은 위기를 잘 모면하였지만, 그들의 행위는 사울이 그의 범죄를 지적받고도 내 백성의 장로들 앞과 이스라엘 앞에서 나를 높여주소서(삼상 15:30)라고 사무엘에게 청한 것과 다를 바 없었다.

2. 만약 그들이 "요한의 세례는 사람으로부터 나온 것으로서, 요한은 하나님에게서 보내심을 받지 않았고, 그의 교훈과 세례는 그 자신이 만들어낸 것이다"라고 말한다면, 그들의 정체가 드러나서, 백성들은 그들을 해치고자 하거나 적어도 그들에게 항의를 하고 소동을 피우게 될 것이다. 왜냐하면, 모든 사람이 요한을 참 선지자로 여기므로, 그들은 세례 요한을 비난할 엄두조차 낼 수 없었기 때문이었다. 악한 종들만이 아니라 악한 지배자들도 육적인 비열한 두려움을 갖고 있는데, 이 두려움을 하나님께서는 세상의 질서를 어느 정도 유지시키고 포학이 죄악의 몽둥이로 자라나는 것을 억누르는 수단으로 사용하신다. 이제 그리스도께서 이러지도 저러지도 못할 질문을 그들에게 던지심으로써, (1) 그들은 당황하여 어쩔 줄 몰라서 불명예스러운 후퇴를 하지 않을 수 없었다. 그들은 우리가 알지 못하노라고 말하며 무지(無知)를 가장했지만(이것은 자존심 강한 그들에게 치명적인 굴욕이었다), 실제로는 극도의 악의와 고집을 드러낸 것이었다. 그리스도께서는 그의 지혜를 통해서 하셨지만, 그 일을 우리는 우리의 선행을 통해서 행하기를 힘씀으로써, 선행으로 어리석은 사람들의 무식한 말을 막아야(벧전 2:15) 한다. (2) 그리스도께서는 그들의 오만한 요구

를 멋지게 처리하셔서 정당한 근거 위에서 대답을 거절하실 수 있었다. 나도 무슨 권위로 이런 일을 하는지 너희에게 이르지 아니하리라. 그들은 대답을 들을 자격이 없었다. 왜냐하면, 그들이 구한 것은 진리가 아니라 승리였기 때문이다. 또한 그리스도께서 그들에게 대답할 필요도 없었다. 왜냐하면, 그리스도께서는 이미 그들에게 자기가 하나님에게서 받은 권위로 일한다는 것을 분명하게 보여주셨기 때문이다. 하나님께서 그와 함께 하지 않으시면, 그 어떤 사람도 그가 행한 이적들을 행할 수 없다. 그들이 앞으로 삼사일만 기다린다면, 그리스도의 부활이 그들에게 누가 그에게 권위를 주셨는지를 말해줄 것이다. 왜냐하면, 부활을 통해서 그리스도께서는 능력으로 하나님의 아들로 선포되실 것이고, 그리스도를 버린 자들은 하나님의 원수들로 선포될 것이기 때문이다.

제
— 12 —
장

개요

이 장에는 다음과 같은 내용들이 나온다. I. 감사할 줄 모르는 농부들에게 포도원을 세준 것을 통해서 유대교의 죄와 파멸을 보여주는 포도원의 비유(1-12절). II. 그리스도께서 가이사에게 세금을 바치는 문제에 대한 질문을 통해서 그를 함정에 빠뜨리려고 한 자들을 침묵시키심(13-17절). III. 그리스도께서 부활 교리를 가지고 그를 당혹스럽게 하고자 한 사두개인들을 침묵시키심(18-27절). IV. 그리스도께서 율법의 크고 첫째 되는 계명에 대해서 한 서기관과 대화하심(28-34절). V. 그리스도께서 그리스도가 다윗의 자손이라는 주장에 문제를 제기하심으로써 서기관들을 당혹스럽게 하심(35-37절). VI. 그리스도께서 서기관들을 조심하라고 사람들에게 주의시키심(38-40절). VII. 그리스도께서 연보궤에 두 렙돈을 넣은 가난한 과부를 칭찬하심(41-44절).

[1]예수께서 비유로 그들에게 말씀하시되 한 사람이 포도원을 만들어 산울타리로 두르고 즙 짜는 틀을 만들고 망대를 지어서 농부들에게 세로 주고 타국에 갔더니 [2]때가 이르매 농부들에게 포도원 소출 얼마를 받으려고 한 종을 보내니 [3]그들이 종을 잡아 심히 때리고 거저 보내었거늘 [4]다시 다른 종을 보내니 그의 머리에 상처를 내고 능욕하였거늘 [5]또 다른 종을 보내니 그들이 그를 죽이고 또 그 외 많은 종들도 더러는 때리고 더러는 죽인지라 [6]이제 한 사람이 남았으니 곧 그가 사랑하는 아들이라 최후로 이를 보내며 이르되 내 아들은 존대하리라 하였더니 [7]그 농부들이 서로 말하되 이는 상속자니 자 죽이자 그러면 그 유산이 우리 것이 되리라 하고 [8]이에 잡아 죽여 포도원 밖에 내던졌느니라 [9]포도원 주인이 어떻게 하겠느냐 와서 그 농부들을 진멸하고 포도원을 다른 사람들에게 주리라 [10]너희가 성경에 건축자들이 버린 돌이 모퉁이의 머릿돌이 되었나니 [11]이것은 주로 말미암아 된 것이요 우리 눈에 놀랍도다 함을 읽어 보지도 못하였느냐 하시니라 [12]그들이 예수의 이 비유가 자기들을 가리켜 말씀하심인 줄 알고 잡고자 하되 무리를 두려워하여 예수를 두고 가니라.

그리스도께서는 앞서의 비유들을 통해서 그가 복음 교회를 어떤 방식으로 세우고자 하는지를 보여주셨다. 이제 그는 앞으로 나오는 비유들을 통해서 그가 유대 교회를 어떤 식으로 폐하고자 하는지를 보여주신다. 복음 교회는 유대 교회라는 줄기에 접붙임을 받을 수도 있었는데, 유대 교회의 폐허 위에 세워지게 되었다. 이 비유는 우리가 마태복음 21:33 이하에서 이미 살펴본 바 있다. 그러면, 좀 더 자세히 살펴보기로 하자.

I. 유형 교회의 특권들을 누리는 자들은 하나님께 세를 내고 포도원을 빌려쓰고 있는 소작인들인데, 이 포도원은 많은 수확을 거둘 수 있는 곳이고, 따라서 소작인들은 마땅히 하나님께 세를 내야 한다. 하나님께서 그의 말씀을 야곱에게 보이시며 그의 율례와 규례를 이스라엘에게 보이시고(시 147:19), 그들 가운데 성전과 제사장직과 규례들을 세우셨을 때, 하나님은 자신이 직접 만들고 산울타리로 두르고 망대를 지은 포도원을 그들에게 세로 주신 것이었다(1절). 교회의 지체들은 하나님의 소작인들로서 선한 지주를 만나서 좋은 조건으로 포도원을 빌렸기 때문에 잘못을 저지르지만 않는다면 그 소출로 잘 살아갈 수 있다.

II. 하나님께서는 그의 포도원을 세를 내고 빌려쓰고 있는 자들에게 정당한 소작료를 받기 위해서 종들을 보내신다(2절).   하나님은 소작료를 재촉하지도 않으셨고, 또한 소작료도 높지 않았다. 왜냐하면, 하나님은 농부들이 소작료를 낼 수 있는 때가 이르자 비로소 종을 보내셨고, 그들로 하여금 소출을 현금화하는 수고를 하게 하지 않으시고 현물로 받고자 하셨기 때문이다.

III. 모든 시대에서 하나님의 충성스러운 사역자들이 교회의 특권들을 누리면서도 합당한 열매를 맺지 못하는 자들로부터 얼마나 많은 능욕을 당해왔는지를 생각하면, 참으로 슬픈 일이 아닐 수 없다.   구약의 선지자들은 구약 교회의 이름 아래 행하였던 자들에 의해서 박해를 받았다. 그들이 종을 잡아 심히 때리고 거저 보내었거늘(3절). 이것은 나쁜 짓이었다. 그의 머리에 상처를 내고 능욕하였거늘(4절). 이것은 더 나쁜 짓이었다. 그리고 마침내 그들은 악할 대로 악해져서 많은 종들을 죽였다(5절).

IV. 선지자들을 학대한 자들이 그리스도마저 학대하였다는 것은 전혀 이상한 일이 아니다.   하나님께서는 마침내 그의 사랑하는 아들을 소작인들에게 보내셨다. 아들을 보내신 것은 하나님의 큰 사랑을 보여주는 것이었다 ― 마치 야곱이 요셉을 그 형들에게 보낸 것처럼(창 37:14). 하나님께서는 자기가 사랑하는 자를 그들도 마땅히 공경하고 사랑할 것이라고 기대하셨다(6절). "그들이 내 아들은 존대하리라. 그들이 내 아들을 존대하여 소작료를 내겠지." 그러나 그들은 주인의 아들을 존대하기는커녕, 오히려 그가 아들이고 상속자라는 이유 때문에 그를 미워하였다(7절). 그리스도께서 회개와 개혁을 부르짖으며 선지자들보다 더한 권위로 그들에게 요구하셨기 때문에, 그들은 그리스도에게 격분하여 그를 죽여서, 교회의 모든 권력을 독점하고, 백성들이 오직 그들만 존경하고 복종하도록 만들고자 결심하였다. "그 유산이 우리 것이 되리라. 우리가 막강한 지주들이 되어서 모든 것을 좌지우지하리라." 만약 그들이 합당하게 아들을 존대하였다면, 하늘의 유산이 그들의 것이 되었을 것이다. 그러나 그들은 하늘의 유산을 가볍게 여기고, 이 세상의 부(富)와 화려한 권세를 그들의 유산으로 삼고자 하였다. 그래서 그들은 그를 잡아 죽였다. 그들은 아직 그리스도를 죽인 것이 아니지만, 얼마 후에 그렇게 할 것이다. 그리고 그들은 그를 포도원 밖에 내던졌다. 그들은 그리스도께서 죽으신 후에도 복음을 받아들이려 하지 않았다. 복음은 그들의 구상(構想)과 결코 맞지 않았기 때문에, 경멸과 증오심으로 복음을 내던졌다.

V. 그러한 죄악되고 수치스러운 행동들은 두려운 파국 외에는 그 어떤 것도 기대할 수 없다(9절). 포도원 주인이 어떻게 하겠느냐? 하나님께서 어떻게 하실지를 말하는 것은 너무도 쉬운 일이다. 이러한 행동들보다 하나님을 화나게 하는 일은 아무것도 없을 것이기 때문이다.

1. 포도원 주인은 와서, 원래 그가 구원하고자 하였던 농부들을 진멸할 것이다. 그들이 소작료를 내기를 거절하였을 때, 주인은 그들의 소출을 압류하지 않았고, 소작료의 미지불을 이유로 그들에게서 포도원을 빼앗지도 않았다. 그러나 그들이 종들과 사랑하는 아들을 죽이자, 주인은 그들을 진멸하기로 결심하였다. 이것은 예루살렘이 황폐하게 되고 유대 나라가 망하여 폐허가 되었을 때에 성취되었다.

2. 포도원 주인은 포도원을 다른 사람들에게 주리라. 하나님은 결코 손해보시는 분이 아니기 때문에, 그들에게서 소작료를 받지 못하면 다른 사람들에게 포도원을 세주어서 소작료를 받고자 하신다. 이것은 이방인들이 들어오고 복음이 온 천하에서 풍성한 열매를 맺음으로써(골 1:6) 성취되었다. 좋은 것을 기

대했던 사람들에게서 나쁜 결과를 거두었다고 한다면, 다른 사람들에게는 그 것보다는 더 나은 결과를 기대할 수 있다. 그리스도께서는 그의 일을 수행하 시면서 이러한 기대로 용기를 내셨다. 이스라엘이 그에게로 모이지 않고 저희끼 리 모여서 그를 거역한다고 해도, 나는 이방을 비추는 빛으로 영화롭게 될 것이라 (사 49:5-6).

3. 그리스도께서 높아지시는 것(昇貴)을 그들이 반대한다고 하여도, 그러한 반대는 결코 장애물이 되지 않는다(10-11절). 건축자들이 버린 돌은 아무리 버 려졌다고 해도 결국 모퉁이의 머릿돌이 되어서, 머릿돌처럼 귀하게 되고, 모퉁 잇돌처럼 요긴하게 사용되어 큰 영향을 발휘한다. 그들이 맨 것을 끊고자 계획 한다고 해도, 하나님께서는 그리스도를 그의 왕으로 그의 거룩한 시온산 위에 세우실 것이다. 그리고 온 세상은 이것을 보고, 유대인들에 대한 공의와 이방 인들에 대한 긍휼로써 여호와께서 행하신 일이라고 고백하게 될 것이다. 그리 스도를 높이는 것은 여호와께서 행하신 일이었고, 그리스도를 우리의 심령 속 에서 높이시고 그분의 보좌를 우리의 심령 속에 세우는 것은 여호와께서 행하 시는 일이다. 그리고 그 일이 이루어질 때, 그것은 우리의 눈에 기이하게 보이 지 않을 수 없다.

그렇다면, 그리스도께서 대제사장들과 서기관들로 하여금 그들의 죄를 깨 닫게 하시고자 하신 이 비유는 그들에게 과연 어떤 효과가 있었을까? 그들은 예수의 이 비유가 자기들을 가리켜 말씀하심인 줄 알았다(12절). 그들은 이 비유의 거울 속에서 자신의 얼굴들을 볼 수밖에 없었다. 분명히 이 비유는 그들의 죄 가 너무도 극악무도하고 그들의 파멸은 너무도 확실하고 크다는 것을 그들에 게 보여주었기 때문에, 그들은 마땅히 두려움을 느껴서 회개하고 그리스도와 그의 복음을 받아들이거나, 적어도 그리스도를 죽이고자 하는 악한 계획을 중 지했어야 한다: 그러나 현실은 그렇지 않았다. (1) 그들은 그리스도를 잡고자 하였다. 그들은 즉시 그리스도를 붙잡아서, 그리스도께서 방금 그들에게 말씀 하신 것을 성취하고자 하였다(8절). (2) 아무것도 그들이 그리스도를 잡는 것 을 저지할 수 없었지만, 거기에 있었던 사람들에 대한 두려움이 그들로 하여 금 이 일을 실행에 옮기지 못하게 하였다. 그들은 그리스도를 존대하지도 않았 고, 그들의 목전에 하나님을 두려워하는 것도 없었지만, 만약 그들이 사람들 앞에서 그리스도를 잡으면 무리들이 일어나서 그들을 잡고 그리스도를 구출

할 것을 두려워하였다. (3) 그들은 예수를 두고 그 곳을 떠나서 갔다. 그들은 그들이 그리스도를 해할 수 없다면, 적어도 그리스도로 하여금 그들에게 선을 행할 기회를 주어서는 안 된다고 마음먹었기 때문에, 회개하여 고침받지 않으려고 그리스도의 능력 있는 설교를 듣지 않기 위해서 그 곳을 떠났다. 사람의 편견들은 확실한 진리에 의해서 정복되지 않으면 더욱 완고해진다. 심령의 부패들은 진실한 책망에 의해서 다스려지지 않으면 더욱 날뛰고 기승을 부린다. 복음은 생명으로부터 생명에 이르는 냄새가 되지 못하면 사망으로부터 사망에 이르는 냄새가 된다.

[13]그들이 예수의 말씀을 책잡으려 하여 바리새인과 헤롯당 중에서 사람을 보내매 [14]와서 이르되 선생님이여 우리가 아노니 당신은 참되시고 아무도 꺼리는 일이 없으시니 이는 사람을 외모로 보지 않고 오직 진리로써 하나님의 도를 가르치심이니이다 가이사에게 세금을 바치는 것이 옳으니이까 옳지 아니하니이까 [15]우리가 바치리이까 말리이까 한대 예수께서 그 외식함을 아시고 이르시되 어찌하여 나를 시험하느냐 데나리온 하나를 가져다가 내게 보이라 하시니 [16]가져왔거늘 예수께서 이르시되 이 형상과 이 글이 누구의 것이냐 이르되 가이사의 것이니이다 [17]이에 예수께서 이르시되 가이사의 것은 가이사에게, 하나님의 것은 하나님께 바치라 하시니 그들이 예수께 대하여 매우 놀랍게 여기더라.

그리스도의 피에 굶주린 원수들은 그리스도께서 그들을 치는 말씀들 중에서 책잡을 기회를 찾지 못하자 그에게 질문을 던져서 그를 올무에 걸리게 하고자 하였다. 여기에서 그리스도께서는 가이사에게 세금을 바치는 것이 과연 정당한 것이냐 하는 문제를 통해서 시험을 받으신다. 이 이야기는 마태복음 22:15 이하에도 나온다.

I. 그들이 사용한 사람들은 바리새인과 헤롯당이었는데, 이 사람들은 이 문제에 대해서 서로 상반되는 견해를 지니고 있었지만 그리스도를 대적하는 일에는 서로 일치하였다(13절).   바리새인들은 유대인들의 자유를 열렬히 부르짖는 자들이었기 때문에, 만약 그리스도께서 가이사에게 세금을 바치는 것이 정당한 일이라고 한다면, 그들은 백성들을 선동해서 그를 대적하게 만들 것이고, 헤롯당도 은밀하게 그 일을 도울 것이다. 헤롯당은 로마 권력에 열심으로

아부하는 자들이었기 때문에, 만약 그리스도께서 가이사에게 세금을 바치는 것을 반대한다면, 그들은 총독을 부추겨서 그리스도를 대적하게 만들 것이고, 바리새인들은 그들의 원칙을 어기고 그들에게 협조할 것이다. 바리새인과 헤롯당이 다른 일들에서는 서로 견해를 달리하면서도 그리스도를 대적하는 일에는 협조하는 것은 새삼스러운 일이 아니다.

Ⅱ. **그들은 현 시점에서 매우 중대한 양심의 문제를 그리스도께서 해결해주기를 바라는 것처럼 위장하였다.** 그리고 그들은 그리스도께서 이 문제를 해결할 수 있는 능력을 가지고 있다는 것에 대하여 조금도 의심치 않는 것처럼 가장하였다(14절). 그들은 깍듯이 예의를 차려서, 그리스도를 선생님이라고 부르고, 진리로써 하나님의 도를 가르치는 선생님, 즉 오직 진리의 원칙들 위에서 선한 일들을 가르칠 뿐이고 사람들의 눈치를 보느라고 공평과 선함으로부터 물러나시는 일이 결코 없으실 분이라고 고백하였다. "당신은 아무도 꺼리는 일이 없으시고, 사람을 외모로 보지 않으시기 때문에, 방백이 못마땅해하거나 백성들이 못마땅해하는 것을 전혀 두려워하지 않으시고 개의치 않으십니다. 당신은 참되시고, 항상 참되셔서, 선과 악, 진리와 거짓을 올바르게 선포하십니다." 만약 우리가 아노니 당신은 참되시고라고 말한 것이 그리스도에 관한 그들의 생각을 진정으로 말한 것이라면, 그들이 그리스도를 사기꾼으로 몰아서 박해하고 죽인 것은 진실을 외면한 범죄인 것이다. 그들은 진실을 알고 있었지만, 그리스도를 십자가에 못 박았다. 하지만 자기가 한 말이 장차 자신을 가장 강력하게 고소할 것이다. 각 사람이 입으로 한 말로 심판을 받으리라. 그들은 그리스도께서 하나님의 도를 진리로써 가르치신다는 것을 알고 있었지만, 그들을 향하신 하나님의 뜻을 거부하였다. 위선자들의 거짓 고백과 위장된 행동들은 그들을 치는 증거가 되어서 장차 그들을 스스로 정죄하게 될 것이다. 그러나 만약 그들이 알지 못하거나 믿지 않으면서 말한 것이라면, 그들은 입으로 하나님께 아첨하며 자기 혀로 하나님께 거짓을 말한 것이다.

Ⅲ. **그들이 던진 질문은 가이사에게 세금을 바치는 것이 옳으니이까 옳지 아니하니이까?라는 것이었다.** 그들은 자신들의 의무와 본분을 알고자 하는 것처럼 보이고자 하였다. 그들은 날마다 나를 찾아 나의 길 알기를 즐거워함이 마치 공의를 행하여 그의 하나님의 규례를 저버리지 아니하는 나라 같아서 의로운 판단을 내게 구하며 하나님과 가까이 하기를 즐거워하는 자들처럼 보였지만, 실제로

그들은 그리스도께서 이 질문에 대하여 어느 쪽으로 대답을 하든 그들이 그를 고소할 빌미를 얻게 될 것이라는 기대를 가지고 이 질문을 던졌을 뿐이었다. 시민의 권리들에 관한 논쟁을 중재하거나 왕과 신민(臣民) 간의 지계표 분쟁을 해결해줄 것을 목회자들에게 부탁하는 일만큼 목회자들을 올무에 빠지게 하는 일은 없다. 얼핏 보면 그러한 일들은 마땅히 목회자들이 해야 할 일들인 것처럼 보이지만, 목회자들이 그러한 일들을 하는 것은 결코 적절하지 않다. 그들은 이 문제의 결정권을 그리스도께 맡긴다는 듯이 말하였다. 사실 그리스도는 이 문제를 결정하기에 적합하신 분이었다. 왜냐하면, 그로 말미암아 왕들이 치리하며 방백들이 공의를 세우기 때문이다. 그들은 우리가 바치리이까 말리이까?라고 질문함으로써, 그리스도의 판정에 따르기로 결심한 듯이 보였다. "당신이 우리가 세금을 바쳐야 한다고 말씀하시면, 우리는 그렇게 해서 거지가 된다고 해도 그렇게 할 것이고, 당신이 우리가 바치지 말아야 한다고 말씀하시면, 우리는 이 일로 인해서 반역자들이 된다고 해도 세금을 바치지 않을 것입니다." 예레미야서에 나오는 저 교만한 자들처럼(렘 42:20), 실제로는 그렇게 할 마음이 없으면서도 그렇게 할 마음이 있는 것처럼 가장하는 사람들이 많다.

IV. 그리스도께서는 그들에게 나라에서 이미 행해져온 기존의 관행을 말씀하심으로써 이 문제를 해결하시고 올무에서 벗어나셨고, 그들은 더 이상 이 문제를 놓고 왈가왈부할 수 없게 되었다(15-17절). 그리스도께서는 그 외식함을 아셨다. 즉, 그들이 입으로는 사랑을 나타내어도 마음속에는 그리스도를 대적하는 악의가 가득한 것을 아셨다. 아무리 교묘하게 관리된 위선이라도 주 예수께 숨겨질 수 없다. 그리스도께서는 은으로 도금한 질그릇을 알아보신다. 그리스도께서는 그들이 그를 올무에 빠뜨리려 한다는 것을 아셨기 때문에, 이 문제를 잘 활용해서 역으로 그들을 올무에 걸리게 하여, 그들로 하여금 스스로의 말을 통해서 그들이 원하지 않는 것을 행할 수밖에 없도록 만드셨다: 세금을 순순히 정직하게 내는 것과 그들의 이의(異議) 제기로부터 그리스도 자신을 보호하는 것. 그리스도께서는 그들로 하여금 유대 나라가 사용하고 있는 돈이 로마의 돈으로서 앞면에는 황제의 초상(형상), 뒷면에는 황제의 글이 새겨져 있다는 것을 인정하게 만드셨다. 따라서 다음과 같은 결론들이 나온다.

1. 가이사는 나라를 보호하고 관리할 의무를 지고 있기 때문에 공공의 유익

을 위하여 돈을 주관한다. 가이사의 것은 가이사에게 바치라. 마치 샘물과 같이, 돈은 가이사에게서 나왔으니 가이사에게 돌아가는 것이 마땅하다. 돈이 가이사의 것인 한, 그 돈은 가이사에게 바치는 것이 합당하다. 돈이 어느 정도나 가이사의 것인지, 그리고 가이사가 어느 정도나 돈을 주관할 수 있는지는 왕의 대권과 신민의 소유권을 규정한 국가의 헌법에 의해서 판단되어야 할 문제이다.

 2. 가이사는 그들의 양심을 주관할 수도 없고 주관하는 체하지도 않았다. 가이사는 그들의 종교에 그 어떤 수정을 가하고자 하지 않았다. "그러므로 너희는 불평을 하거나 이의를 제기하지 말고 세금을 바칠 것이지만, 분명히 하나님의 것은 하나님께 바치라." 아마도 그리스도께서 이 말씀을 통해서 그가 조금 전에 하셨던 비유, 즉 포도원 주인에게 세를 바치지 않은 자들을 그가 정죄하였던 바로 그 비유를 그들에게 상기시키고자 하셨던 것 같다(2절). 사람들에게 예의를 갖추는 데에는 신경을 많이 쓰면서도 정작 하나님께 그 이름에 걸맞는 영광을 돌리는 데에는 소홀한 사람들이 많다. 도리어, 우리가 소작료를 지주에게 바치고 세금을 왕에게 바치는 것만큼, 우리의 심령과 최고의 사랑은 하나님께 바치는 것이 합당하다. 그리스도의 대답을 들은 모든 사람들은 그 대답의 사려 깊음과 올무를 너무도 기가 막히게 빠져나가시는 것을 매우 놀랍게 여겼다. 그러나 이 일을 통해서 사람들이 당연히 하나님께 자신을 드리고 헌신하는 일들이 일어났어야 함에도 불구하고, 그런 일들이 일어나지 않았다는 것은 이상한 일이다. 많은 사람들이 설교가 훌륭했다고 칭찬하지만, 정작 설교 속에 드러난 하나님의 법들에 순복하고자 하지는 않는다.

[18]부활이 없다 하는 사두개인들이 예수께 와서 물어 이르되 [19]선생님이여 모세가 우리에게 써 주기를 어떤 사람의 형이 자식이 없이 아내를 두고 죽으면 그 동생이 그 아내를 취하여 형을 위하여 상속자를 세울지니라 하였나이다 [20]칠 형제가 있었는데 맏이가 아내를 취하였다가 상속자가 없이 죽고 [21]둘째도 그 여자를 취하였다가 상속자가 없이 죽고 셋째도 그렇게 하여 [22]일곱이 다 상속자가 없었고 최후에 여자도 죽었나이다 [23]일곱 사람이 다 그를 아내로 취하였으니 부활 때 곧 그들이 살아날 때에 그 중의 누구의 아내가 되리이까 [24]예수께서 이르시되 너희가 성경도 하나님의 능력도 알지 못하므로 오해함이 아니냐 [25]사람이 죽은 자 가운데서 살아날 때에는

장가도 아니 가고 시집도 아니 가고 하늘에 있는 천사들과 같으니라 [26]죽은 자가 살아난다는 것을 말할진대 너희가 모세의 책 중 가시나무 떨기에 관한 글에 하나님께서 모세에게 이르시되 나는 아브라함의 하나님이요 이삭의 하나님이요 야곱의 하나님이로라 하신 말씀을 읽어보지 못하였느냐 [27]하나님은 죽은 자의 하나님이 아니요 산 자의 하나님이시라 너희가 크게 오해하였도다 하시니라.

당시의 이신론자(理神論者)들이었던 사두개인들이 여기에서 우리 주 예수를 공격하지만, 서기관들과 바리새인들과 대제사장들과는 달리 그리스도에 대한 어떤 악의적인 의도가 있는 것 같지는 않다. 그들은 고집쟁이들이나 박해자들은 아니었지만 회의주의자들이자 불신자(不信者)들이었기 때문에, 그들의 의도는 그리스도께서 가르치는 교리가 퍼져나가는 것을 막는 데 있었다. 그들은 부활, 영들의 세계, 사후(死後)의 상벌 같은 것이 있다고 믿지 않았다. 그런데 그리스도께서는 그들이 부정하였던 이 크고 근본적인 진리들을 확증하고 입증하는 일을 자신의 임무로 삼아 왔었고, 그 진리들에 대한 개념을 이전보다 훨씬 더 확장하여 왔었다. 따라서 그들은 그리스도의 가르침에 당혹스러워하게 된 것이다.

I. 그들이 그리스도를 옭아매기 위하여 어떤 방법을 사용하였는지를 보라. 그들은 사람이 자손이 없이 죽은 경우에 그의 동생이 그 과부와 혼인하여야 한다는 옛 율법을 인용한다(19절). 그들은 이 율법에 따라서 일곱 형제가 차례로 한 여자의 남편들이 되는 경우를 상정한다(20절). 아마도 이 사두개인들은 평소의 속된 생각을 따라서 이런 경우를 상정함으로써 그 율법 규정을 비웃고, 나아가서 모세의 율법 전체가 실천하는 데에 불합리하고 터무니 없다는 것을 밝혀서 율법을 경멸하고자 한 것이다. 하나님의 진리들을 부정하는 자들은 대체로 하나님의 율법과 규례들을 멸시하는 태도를 취한다. 이것은 곧 밝혀지게 될 일이다. 현재로서 그들의 의도는 부활의 교리가 불합리하다는 것을 밝혀내는 것이었다. 그들은 장래에 부활이 있다면 이 경우에 한 여자가 일곱 명을 남편으로 맞이해야 하는 도저히 있을 수 없는 부조리가 생겨나거나 이 여자가 누구의 아내가 되어야 하는가라는 도저히 풀 수 없는 난제에 부딪치게 되는 상황이 발생하게 된다고 보았다. 이 이단자들이 진리를 얼마나 교묘하게 손상시키고 있는지를 보라. 그들은 부활을 부정하지도 않고, 부활은 결코 있을

수 없다고 말하지도 않는다. 또한 그들은 부활을 의심하는 것처럼 보이지도 않고, 마귀가 그리스도에게 네가 만일 하나님의 아들이어든이라고 말했던 것과는 달리, 그들은 만약 부활이 있다면 이 여자가 누구의 아내가 되겠느냐는 식으로 말하지도 않는다. 이 들짐승들 같은 사두개인들은 뱀보다 더 교활해서, 마치 그들이 사두개인들이 아닌 것처럼 부활이 있다는 진리를 전제하는 체한다. 감히 누가 그들이 부활을 부인했다고 말하였는가? 그들은 부활이 있다는 것을 당연한 것으로 전제하고, 부활에 관하여 가르침을 받고자 하는 태도를 취하였다. 하지만 실제로 그들이 의도하고 있는 것은 부활 교리에 치명타를 가하는 것이었고, 또한 그들은 자기들이 그렇게 해낼 수 있다고 생각하였다. 진리를 대놓고 부인하지 않는 체하면서 진리를 어지럽히고 혼란스럽게 만드는 것은 이단자들과 사두개인들이 흔히 사용하는 술책이다.

II. 사두개인들이 어둡게 하고 휘저어 놓고자 했던 부활에 관한 진리를 그리스도께서 분명하고도 확고하게 세우기 위하여 취하신 방법을 보라. 부활에 관한 문제는 중요한 문제였기 때문에, 그리스도께서는 사두개인들이 생각을 바꿀 수는 없다고 하더라도 다른 사람들은 부활에 관한 진리를 확고하게 정립할 수 있도록 이 문제를 가볍게 넘기지 않으시고 자세하게 다루신다.

1. 그리스도께서는 사두개인들이 오해를 하고 있고, 그 오해는 그들의 무지 때문이라고 말씀하신다. 우리 시대에도 일부 존재하는 부활 교리를 비웃는 자들은 그들이 진정한 자유 사상가들이기 때문에 유일하게 진리를 아는 자들이라고 여긴다. 하지만 사실 그들은 이스라엘에서 어리석은 자들이고 세상에서 가장 노예화되고 편견에 사로잡힌 사상가들이다. 너희가 오해함이 아니냐? 너희는 너희가 오해한 원인을 스스로 알지 않으면 안 된다. 너희가 오해한 것은 다음과 같은 이유들 때문이다.

(1) 너희가 성경을 알지 못하였기 때문이다. 사두개인들은 성경을 잘 알고 있었을 것이기 때문에, 그들이 성경을 읽지 않은 것이 오해의 이유는 아니다. 오히려, 그들이 성경을 알지 못한다는 말을 듣는 것은 그들이 성경 말씀의 의미와 의도를 알지 못하고 잘못된 해석을 하였기 때문이거나 성경을 하나님의 말씀으로 받지 않고 성경과 대립하는 부패한 이성과 논리를 앞세워서 오직 그들이 볼 수 있는 것만을 믿고자 하였기 때문이다. 모든 계시가 흘러나오는 원천이자 모든 계시의 토대인 성경에 대한 올바른 지식은 오해와 오류를 막아주는

최고의 방부제이다. 진리, 즉 성경의 진리를 지키라. 그러면, 그 진리가 너희를 지켜주리라.

(2) 너희가 하나님의 능력을 알지 못하였기 때문이다. 그들은 하나님이 전능하시다는 것을 모를 리 없었겠지만, 이 교리를 이 문제에 적용하려 하지 않고, 오히려 부활 교리에 반대하기 위하여 이 교리를 포기하였다. 만약 불가능한 것이 없으신 하나님의 전능하심에 관한 교리를 굳게 붙잡고 있었다면, 그들은 부활 교리에 관한 모든 해답을 거기에서 들을 수 있었을 것이다. 권능은 하나님께 속하였다(시 62:11; 롬 4:17-21)고 하나님께서 한 번 말씀하셨으면, 우리는 두 번에 걸쳐 들어서, 한 번은 듣고 믿고, 한 번은 듣고 적용하여야 한다. 영혼과 육신을 만드시고 그것들이 결합되어 있는 동안에 그것들을 보존하시는 바로 그 동일한 능력이 영육이 분리될 때에도 육신을 안전하게 보존하고 영혼을 계속해서 활동하게 하시다가 장차 이 둘을 다시 결합시키실 수 있다. 왜냐하면, 여호와의 팔이 짧지 않기 때문이다. 하나님의 능력이, 봄이 다시 돌아오는 것(시 104:30), 밀알이 썩었다가 다시 살아나는 것(요 12:24), 영락했던 사람들이 다시 회복되어 번영하는 것(겔 37:12-14), 신구약에서 많은 사람들이 이적에 의해서 다시 살아난 것, 특히 그리스도의 부활(엡 1:19-20)에서 나타나는데, 그것들은 모두 우리가 그 동일한 능력에 의해서 만물을 자기에게 복종하게 하실 수 있는 자의 역사로 부활할 것임(빌 3:21)을 보여주는 전조(前兆)들이다.

2. 그리스도께서는 인간의 장래의 상태에 관한 교리를 진리의 빛 가운데서 조명하심으로써 사두개인들의 반론을 물리치신다(25절). 사람이 죽은 자 가운데서 살아날 때에는 장가도 아니 가고 시집도 아니 가고. 그러므로 그들이 살아날 때에 그 중의 누구의 아내가 되리이까?라고 묻는 것은 어리석은 것이다. 왜냐하면, 이 땅에 존재하는 남편과 아내의 관계는 하늘에서는 존재하지 않게 될 것이기 때문이다. 회교도들과 불신자들은 어리석게도 하늘 낙원에서조차도 감각적인 쾌락을 기대하지만, 그리스도인들은 더 나은 것들을 알고 있고 ― 혈과 육은 하나님 나라를 이어받을 수 없고(고전 15:50) ― 더 나은 것들을 기대한다 ― 하나님의 사랑과 형상 안에서의 온전한 만족(시 17:15). 그들은 하늘에 있는 천사들과 같을 것인데, 천사들에게는 아내나 자녀가 없다는 것을 우리는 안다. 우리가 이 감각 세계의 일들에 비추어서 영들의 세계를 헤아리게 될 때에 끝없는 모순들 때문에 혼란에 빠져들게 되는 것은 전혀 이상한 일이 아니다.

III. 그리스도께서는 하나님이 아브라함이 죽은 후에도 계속해서 말씀하시기를 기뻐하셨던 아브라함과 하나님의 계약을 토대로 인간의 장래의 상태와 거기에서의 의인들의 복된 상태에 관한 교리의 근거로 삼으신다. 그리스도께서는 성경을 근거로 드신다. 너희가 모세의 책을 읽어보지 못하였느냐? 성경을 읽은 사람들 중에는 여기에 나오는 사두개인들처럼 성경을 왜곡하여 스스로 멸망에 빠지는 사람들이 많기는 하지만, 어쨌든 성경을 읽은 사람들을 대할 때는 우리에게 유리한 점도 있다. 그리스도께서 지금 사두개인들에게 제시하신 말씀은 하나님께서 가시덤불 속에서 모세에게 하신 말씀, 곧 나는 아브라함의 하나님이니라는 말씀이다. 나는 과거에 아브라함의 하나님이었을 뿐만 아니라 지금도 아브라함의 하나님이다. 나는 아브라함의 분깃이자 행복이고, 아브라함에게 부족함이 없는 신이다. 아브라함과 하나님의 관계는 아브라함이 멸절된다고 해도 계속될 것이고, 엄숙하게 인정될 것이라고 생각하거나, 살아계신 하나님께서 죽은 사람의 분깃이자 행복이고 영원히 그래야 한다고 생각하는 것은 터무니없다. 그러므로 너희는 다음과 같이 결론을 내려야 한다. 1. 아브라함의 영혼은 육신과 분리된 상태로 존재하고 활동한다는 것. 2. 그러므로 언젠가는 육신이 부활하여야 한다는 것. 왜냐하면, 인간의 영혼 속에는 육신과 결합하고자 하는 선천적인 성향이 있어서, 영혼은 육신과 영원히 완전하게 분리되어 있는 상태에서는 편안하게 쉴 수 없고, 여호와를 하나님으로 모시고 있는 영혼들이 지복(至福)과 기쁨을 누리는 것은 더더욱 불가능하기 때문이다. 이 문제 전체에 대해서 그리스도께서는 너희가 크게 오해하였도다라고 결론을 내리신다. 부활을 부인하는 자들은 크게 오해하고 있는 것이기 때문에 그런 말을 듣는 것이 마땅하다.

[28]서기관 중 한 사람이 그들이 변론하는 것을 듣고 예수께서 잘 대답하신 줄을 알고 나아와 묻되 모든 계명 중에 첫째가 무엇이니이까 [29]예수께서 대답하시되 첫째는 이것이니 이스라엘아 들으라 주 곧 우리 하나님은 유일한 주시라 [30]네 마음을 다하고 목숨을 다하고 뜻을 다하고 힘을 다하여 주 너의 하나님을 사랑하라 하신 것이요 [31]둘째는 이것이니 네 이웃을 네 자신과 같이 사랑하라 하신 것이라 이보다 더 큰 계명이 없느니라 [32]서기관이 이르되 선생님이여 옳소이다 하나님은 한 분이시요 그 외에 다른 이가 없다 하신 말씀이 참이니이다 [33]또 마음을 다하고 지혜를 다하고

힘을 다하여 하나님을 사랑하는 것과 또 이웃을 자기 자신과 같이 사랑하는 것이 전체로 드리는 모든 번제물과 기타 제물보다 나으니이다 [34]예수께서 그가 지혜 있게 대답함을 보시고 이르시되 네가 하나님의 나라에서 멀지 않도다 하시니 그 후에 감히 묻는 자가 없더라.

서기관들과 바리새인들은 사두개인들과 원수 관계에 있었다. 따라서 우리는 그들이 그리스도께서 사두개인들의 견해를 여지없이 반박하는 말씀을 들었을 때에 마치 바울이 사두개인들을 반박하였을 때와 마찬가지로(행 23:9) 그리스도께 호의적인 태도를 보였을 것이라고 기대할 수 있다. 그러나 결과는 그렇지 않았다. 왜냐하면, 그리스도께서는 중요한 본질적인 문제들에서는 바리새인들과 견해를 같이했지만 종교의식들과 관련해서는 그들의 견해에 전혀 동의하지 않았기 때문이다. 따라서 본질적인 문제들에서 견해를 같이 했다고 해서 그들은 그리스도를 결코 존중하지 않았다. 여기에서 우리는 그리스도께서 사두개인들에게 대답하시는 것을 눈여겨보다가, 그리스도께서 정곡을 찔러서 잘 대답하셨다고 생각할 정도로 그리스도에 대하여 공손한 마음을 지니고 있었던 서기관들 중의 한 사람을 발견한다(28절). 따라서 이 서기관은 그리스도를 박해하는 일에서 다른 서기관들과 합세하지 않았을 것이다. 왜냐하면, 여기에서 서기관은 그리스도를 시험하기 위해서가 아니라 그리스도를 더 잘 알고 싶어서 그리스도께 가르침을 받기를 청하였기 때문이다.

I. 서기관은 모든 계명 중에 첫째가 무엇이니이까?라고 물었다(28절). 서기관이 물은 것은 순서상으로 첫 번째 계명이 무엇이냐가 아니라 비중과 위엄에 있어서 첫 번째 계명이 무엇이냐는 것이었다. "우리가 특별히 주목해야 하고, 그 계명을 순종하는 것이 나머지 모든 계명을 순종하는 것의 토대가 되는 그러한 계명이 어느 계명입니까?" 이것은 하나님의 계명들 중에는 중요하지 않은 계명도 있다는 뜻이 아니다(모든 계명은 크신 하나님의 계명들이다). 어떤 계명들은 다른 계명들보다 더 중요하다는 것, 예를 들면, 도덕적인 계명들은 예식과 관련된 계명들보다 더 중요하다는 의미에서, 우리는 어떤 계명들을 모든 계명 중에 첫째 가는 계명이라고 말할 수 있다.

II. 그리스도께서는 이 질문에 대하여 직설적으로 대답해주셨다(29-31절). 자신의 의무와 본분에 대하여 진지하게 가르침 받기를 원하는 자들을 그리스도께서는 공의로 인도하시며 그의 길을 가르쳐주신다. 그리스도께서는 서기관에게 이렇게 말씀하신다.

1. 모든 계명 중에서 실제로 모든 계명을 포괄하는 가장 큰 계명은 우리 마음을 다하여 하나님을 사랑하라는 계명이다. (1) 우리 영혼 안에 주도적인 원칙이 존재하면, 그 밖의 다른 모든 의무들을 수행하고자 하는 성향도 존재하게 된다. 사랑은 영혼의 주도적인 성향이다. 하나님에 대한 사랑은 거듭난 영혼에게 주어진 주도적인 은혜이다. (2) 하나님을 사랑하는 것이 존재하지 않는 곳에는 그 밖의 다른 선한 것은 이루어질 수 없거나 올바르게 이루어질 수 없고, 받아들여지지 않으며, 오래 지속되지 못한다. 우리가 마음을 다하여 하나님을 사랑하게 되면, 우리 영혼의 보좌를 차지하기 위하여 하나님과 경쟁하는 모든 것들이 우리에게서 떠나가고, 우리는 그러한 것들을 방어할 수 있는 무장을 갖추게 되며, 하나님께서 영광을 받으시고 기뻐하시는 모든 일들을 할 수 있게 된다. 이 원칙이 우리 영혼을 주도하고 세력을 발휘하게 되면, 그 어떤 계명도 우리에게 부담스럽거나 무겁지 않게 된다. 여기 마가복음에서 우리 구주께서는 첫째 가는 계명의 근거를 이루는 교리적으로 중요한 진리를 앞에 덧붙이셨다(29절): 이스라엘아 들으라 주 곧 우리 하나님은 유일한 주시라. 우리가 이 진리를 확고하게 믿는다면, 우리는 자연스럽게 우리의 마음을 다하여 하나님을 사랑하게 될 것이다. 하나님은 모든 완전한 것들을 자신 안에 가지고 계시는 여호와시다(역주: 본문에 나오는 주는 여호와를 의미한다). 하나님은 우리와 관계를 맺으시고 우리에게 은혜를 베푸시는 우리 하나님이시다. 그러므로 우리는 그분을 사랑하고 애정을 드리며 그분을 소원하며 기뻐하여야 한다. 하나님은 유일한 주이시기 때문에, 우리는 마음을 다하여 그분을 사랑하여야 한다. 하나님만이 우리에 대한 권리를 가지고 계시기 때문에, 우리를 온전히 소유하셔야 한다. 하나님은 한 분이시기 때문에, 우리의 마음은 그분과 하나가 되어야 하고, 하나님 외에는 신이 없기 때문에, 우리 영혼의 보좌에 그분 외에 다른 경쟁자들을 용납하여서는 안 된다.

2. 두 번째 큰 계명은 네 이웃을 네 자신과 같이 사랑하라(31절)는 것이다. 우리는 우리 자신을 사랑하는 것만큼 진실하고 성실하게 이웃을 사랑하고, 이와 동시에 우리가 대접받고 싶은 대로 이웃을 대접함으로써 이 사랑을 나타내보여야 한다. 하나님은 여호와로서 우리보다 비할 바 없이 선하시기 때문에, 우리는

우리 자신보다 하나님을 더 사랑해야 하고, 하나님은 유일한 주로서 그분과 같은 신이 없기 때문에, 우리는 마음을 다하여 하나님을 사랑해야 한다. 마찬가지로, 이웃은 우리 자신과 동일한 성정(性情)을 가지고 있기 때문에, 우리는 우리 이웃을 우리 자신과 같이 사랑해야 한다. 우리의 마음들은 다 같게 만들어져 있고, 내 이웃과 나 자신은 인류라는 한 몸, 한 사회에 속해 있다. 그리고 동일한 거룩한 사회에 속한 자들인 동료 그리스도인들에 대해서 이 의무는 한층 강화된다. 우리는 한 하나님께서 지으신 바가 아니냐?(말 2:10). 한 그리스도께서 우리를 구속해주신 것이 아니냐? 그리스도께서 이보다 더 큰 계명이 없느니라고 말씀하신 것은 너무도 당연한 것이다. 왜냐하면, 이 두 계명 안에서 모든 율법이 성취되고, 우리가 이 계명들을 양심적으로 순종한다면 그 밖의 다른 모든 순종들은 당연히 뒤따르게 될 것이기 때문이다.

Ⅲ. 서기관은 그리스도께 하신 말씀에 동의하였고, 나름대로 설명도 덧붙였다(32-33절).

1. 서기관은 이 질문에 대한 그리스도의 판결을 전적으로 수긍한다. 선생님이여 옳소이다. 그리스도의 말씀은 서기관에 의한 입증을 필요로 하지 않았다. 그러나 이 서기관은 권위를 지닌 인물이었기 때문에 그리스도께서 하신 말씀을 평가하여 사람들에게 천거하고자 하였다. 서기관들 중의 한 사람조차 그리스도께서 진리를 말씀하였고 옳게 말씀하였다고 증언한 것은 그리스도를 사기꾼으로 몰아서 박해한 자들이 잘못되었음을 보여주는 증거가 된다. 이렇게 우리는 그리스도의 말씀에 서명하고 그 말씀이 참되다는 인(印)을 쳐야 한다.

2. 서기관은 그리스도의 말씀을 논평한다. 그리스도께서는 주 우리 하나님은 유일한 주시라는 중요한 교리를 인용하셨다. 서기관은 이 말씀에 동의하였을 뿐만 아니라 "그 외에 다른 이가 없으므로 우리는 다른 신을 두지 말아야 한다"는 말을 덧붙였다. 이것은 하나님과 경쟁하는 다른 모든 신을 배제하고 우리의 마음의 보좌를 오로지 하나님께만 드려야 한다는 것이다. 그리스도께서는 크고 첫째 가는 계명을 마음을 다하여 하나님을 사랑하라는 말씀으로 표현하셨다. 서기관은 이 말씀에도 설명을 덧붙여서, 우리가 하나님을 사랑하여야 하는 수많은 이유들을 알고 있는 자들로서 지혜를 다하여 하나님을 사랑하여야 한다고 말한다. 하나님에 대한 우리의 사랑은 온전한 사랑이어야 함과 마찬가지로 지성적 사랑이어야 한다. 우리는 지혜를 다하여, 즉 지성을 다하여 하

나님을 사랑하여야 한다. 우리는 우리 영혼을 하나님을 사랑하도록 이끄는 데에 우리의 이성(理性)의 능력과 기능들을 집중하지 않으면 안 된다. 그리스도께서는 "하나님과 우리 이웃을 사랑하는 것이 모든 계명 중에서 가장 큰 계명"이라고 말씀하셨고, 서기관은 "하나님을 사랑하는 것과 또 이웃을 자기 자신과 같이 사랑하는 것이 전체로 드리는 모든 번제물과 기타 제물보다 낫고 하나님께 더 받으실 만하며, 우리 자신에게 더 유익이 될 것"이라고 말하였다. 제사에 관한 법이 가장 큰 계명이라고 주장한 사람들이 있었다. 그러나 이 서기관은 하나님을 사랑하고 우리 이웃을 사랑하라는 법이 제사에 관한 법보다 더 크고, 순전히 하나님의 영광을 위하여 드려지는 전체로 드리는 모든 번제물에 관한 법보다 더 크다는 우리 구주의 말씀에 기꺼이 동의하였다.

IV. 그리스도께서는 서기관이 한 말을 긍정하셨고, 좀 더 힘써서 하나님의 나라를 추구하도록 격려하셨다(34절).

1. 그리스도께서는 서기관이 이 문제에 관한 한 잘 이해하고 있음을 인정하셨다. 서기관은 이제까지 잘 이해하였다. 예수께서 그가 지혜 있게 대답함을 보시고 한층 더 기뻐하신 것은 예수께서 최근에 서기관들과 지식인들 중 많은 사람들을 만나보았지만 그들은 지혜도 없고 지혜를 원하지도 않는 자들처럼 지각 없이 대답하였었기 때문이었다. 지혜 있게로 번역된 누네코스는 마음을 가진 자, 합리적인 지성을 소유한 자, 자신에 관하여 맑은 정신을 가진 자, 이성이 어둡지 않아서 판단이 편협하지 않고 다른 서기관들을 강하게 붙잡고 있었던 선입관과 편견들에 묶여 있지 않은 자 같이 대답하였음을 의미한다. 이 서기관은 무엇에 얽매임이 없이 사려 깊게 생각할 자유와 여유를 지닌 자, 그렇게 사려 깊은 생각을 지속적으로 해온 자로서 대답하였다.

2. 그리스도께서는 서기관이 앞으로 성장할 수 있는 여지를 지니고 있다는 것을 인정하셨다. "네가 하나님의 나라, 즉 은혜와 영광의 나라에서 멀지 않도다. 너는 그리스도인, 그리스도의 제자가 될 수 있는 길로 가고 있다. 왜냐하면, 내가 이러한 것들을 역설하여 가르친 것은 너를 그 길로 인도하기 위한 것이기 때문이다." 그들이 가진 빛을 잘 활용해서 그 빛이 그들을 이끄는 대로 가는 데까지 가는 사람들에게는 하나님의 은혜로 말미암아 하나님께서 그들에게 주시는 좀 더 분명한 진리들에 의해서 더 깊은 곳으로 인도함을 받게 될 소망이 있다. 이 서기관이 어떻게 되었는지를 본문에서는 말해주고 있지 않

만, 우리는 이 서기관이 율법에서 무엇이 가장 큰 계명인지를 그리스도께 물어서 만족스러운 대답을 얻은 후에 한 걸음 더 나아가 그리스도나 그의 제자들에게 복음에서 가장 큰 계명이 무엇인지를 물었기를 소망한다. 그러나 이 서기관이 그렇게 하지 않고 여기에서 그쳐서 더 이상 진전을 이루지 못하였다면, 우리는 그것을 이상하게 여겨서는 안 된다. 왜냐하면, 하나님의 나라에서 멀리 있지 않으면서도 정작 하나님의 나라로 들어가지는 않는 사람들이 많기 때문이다. 우리는 이 일로 인해서 많은 사람들이 그리스도께 나아와서 조언을 구하였을 것이라고 생각하지만, 결과는 정반대였다. 그 후에 감히 묻는 자가 없더라. 그리스도께서는 모든 것을 권위와 엄위하심 속에서 말씀하셨기 때문에, 사람들은 다 그리스도를 두려워하며 서 있었다. 배우고자 한 사람들은 묻기를 부끄러워하였고, 시비를 걸고자 했던 자들은 묻기를 두려워하였다.

35예수께서 성전에서 가르치실새 대답하여 이르시되 어찌하여 서기관들이 그리스도를 다윗의 자손이라 하느냐 36다윗이 성령에 감동되어 친히 말하되 주께서 내 주께 이르시되 내가 네 원수를 네 발 아래에 둘 때까지 내 우편에 앉았으라 하셨도다 하였느니라 37다윗이 그리스도를 주라 하였은즉 어찌 그의 자손이 되겠느냐 하시니 많은 사람들이 즐겁게 듣더라 38예수께서 가르치실 때에 이르시되 긴 옷을 입고 다니는 것과 시장에서 문안 받는 것과 39회당의 높은 자리와 잔치의 윗자리를 원하는 서기관들을 삼가라 40그들은 과부의 가산을 삼키며 외식으로 길게 기도하는 자니 그 받는 판결이 더욱 중하리라 하시니라.

I. 그리스도께서는 서기관들의 설교가 빈약하고 결함이 있다는 것과 서기관들이 구약을 풀이하면서 거기에 나오는 난제들을 해결하지 못한다는 것을 백성들에게 보여주신다.   이것과 관련하여 그리스도께서는 한 가지 예를 드시는데, 마가복음의 기사(記事)는 마태복음만큼 자세하지 않다. 그리스도께서는 성전에서 가르치시면서, 복음서에 기록되지 않은 많은 것들을 말씀하셨다. 그런데 특별히 이 기사가 기록된 것은 우리로 하여금 그리스도에 관하여 묻고 그리스도에게 묻도록 자극하기 위한 것이다. 왜냐하면, 그리스도에게 묻지 않는다면, 아무도 그리스도에 관한 올바른 지식을 가질 수 없기 때문이다. 서기관들에게 물어보아야 그리스도에 관한 올바른 지식을 얻을 수 없다. 서기관들은

곧 좌초되어 침몰할 것이기 때문이다.

1. 서기관들은 백성들에게 메시야가 다윗의 자손이라고 말하였고(35절), 그들의 말은 옳았다. 메시야는 다윗의 허리에서 나올 다윗의 자손일 뿐만 아니라 다윗의 왕위를 이을 자였다. 주 하나님께서 그 조상 다윗의 왕위를 그에게 주시리니(눅 1:32). 성경은 이것을 자주 말씀하였지만, 백성들은 이것을 서기관들이 말해주는 대로 이해하였다. 하나님의 진리들은 목회자들의 설교에서가 아니라 우리의 성경에서 인용되어야 한다. 진리들의 원천은 바로 성경이기 때문이다. 샘에서 직접 길은 물이 가장 달다(dulcius ex ipso fonte bibuntur aquae).

2. 다윗이 성령, 곧 예언의 영에 감동되어서 메시야를 내 주(시 110:1)라고 부른 것이 지극히 합당한 것인데도 서기관들은 어찌된 영문인지를 백성들에게 말해줄 수 없었다. 서기관들은 메시야에 관하여 유대 나라에 영광이 되는 것, 즉 메시야가 그들의 왕가의 자손으로 태어나리라는 것에 대해서는 백성들에게 가르쳤지만, 메시야 자신에게 영광이 되는 것, 즉 메시야가 하나님의 아들이기 때문에 다윗의 주라는 것에 대해서는 가르치지 않았다. 그러므로 서기관들은 불의로 진리를 막고 있었고, 구약의 율법과 마찬가지로 구약의 복음을 부분적으로만 이해하였다. 그들은 그리스도가 다윗의 자손이라는 것을 말할 수 있었고 증명할 수 있었다. 그러나 다윗이 그리스도를 주라 하였은즉 어찌 그의 자손이 되겠느냐?라는 반론이 제기될 때, 그 반론을 반박할 방법이 그들에게는 없었다. 진리를 설교하기는 하지만 자기가 설교한 내용을 어느 정도 변호하고, 반론을 제기하는 자들을 올바르게 설득할 수 없는 자들은 모세의 자리에 앉을 자격이 없다. 이 일로 말미암아 서기관들의 무지가 폭로되었기 때문에, 서기관들은 쓴 맛을 보았고, 그리스도를 더욱 미워하게 되었을 것이다. 그러나 많은 사람들은 즐겁게 들었다(37절). 그리스도의 가르침은 놀랄 만한 것으로서 사람들에게 깊은 영향을 주었다. 서기관들은 체면을 구겼지만, 백성들은 지금까지 한 번도 들어본 적이 없는 가르침을 통해서 좋은 가르침을 받았다. 그리스도의 음성과 전달방식에는 위엄 있고 매력 있는 어떤 비범한 점들이 있어서, 그것이 그리스도로 하여금 백성들의 사랑을 받게 하였던 것 같다. 왜냐하면, 그리스도를 믿고 따르게 하기 위한 어떤 조치가 취해졌다는 말을 우리는 성경 본문에서 찾아볼 수 없고, 에스겔의 경우와 마찬가지로 그리스도는 사람들에게 고운 음성으로 사랑의 노래를 하며 음악을 잘하는 자 같이 여겨졌을 것

기 때문이다(겔 33:32). 그리고 헤롯이 세례 요한의 말을 달게 들었으면서도 결국 그의 목을 베었던 것과 마찬가지로, 이 사람들 중 일부는 나중에 그를 십자가에 못 박으소서라고 외쳤을 것이다.

Ⅱ. 그리스도께서는 백성들에게 서기관들의 말에 속아넘어가지 말고 그들의 교만과 위선에 물들지 않도록 주의하라고 훈계하신다. 그리스도께서 이렇게 가르치셨다: "서기관들을 삼가라(38절). 너희는 그들의 괴상한 견해들에 동화되거나 서기관들에 관한 사람들의 견해들에도 물들지 않도록 조심하라." 서기관들에 대한 고소는 마태복음 23장에는 자세히 나오지만, 여기에는 간략하게 되어 있다.

1. 서기관들은 사람들에게 대단한 인물로 보여지는 것을 좋아하였다. 그들은 옷이 발까지 내려오는 긴 옷을 입고 다니고, 긴 옷을 입은 방백들이나 재판관들이나 귀인들처럼 그런 옷차림으로 거리를 돌아다닌다. 그들이 그런 옷을 입고 다니는 것 자체는 죄가 아니지만, 그런 옷을 입고 다니기를 좋아하는 것, 그런 옷을 입는 것에 가치를 두는 것, 그런 옷을 입고서 자기를 높게 보이려고 하는 것, 그들의 긴 옷을 향하여 사울이 사무엘에게 말하였듯이 이제 백성들 앞에서 나를 높이소서라고 말하는 것은 교만의 산물이다. 그리스도께서는 제자들에게 허리를 동이고 다니라고 하셨을 것이다.

2. 서기관들은 사람들에게 매우 선한 인물로 보여지는 것을 좋아하였다. 그들은 기도할 때에 마치 그들이 하늘과 매우 친하고 거기에서 볼 일이 아주 많이 있는 것처럼 길게 기도하는 자들이었다. 그들은 그들이 기도를 한다는 것과 그들이 오래 기도함으로써 자신만이 아니라 남들을 위해서도 아주 구체적이고 광범위하게 기도한다는 것을 알리는 데에 관심이 있었다. 그들은 이런 식으로 외식으로 기도함으로써, 그들이 하나님을 영화롭게 하는 목적뿐만 아니라 이웃을 섬기기 위한 목적을 위하여 기도하기를 좋아하는 자들인 것처럼 보이고자 하였다.

3. 서기관들은 스스로를 잘난 사람으로 내세우는 것을 목적으로 삼았다. 그들은 사람들의 박수갈채를 바랐고 그것을 좋아하였다. 그들은 시장에서 문안 받는 것과 회당의 높은 자리와 잔치의 윗자리를 좋아하였다. 이런 일들은 헛된 공상을 만족시키는 것들이었다. 이런 것들이 그들에게 주어지는 것은 그들을 알고 있는 사람들의 경우에는 그들이 지닌 가치를 알아주는 것이고, 그들을 알

지 못하는 사람들의 경우에는 그들을 존경하고 있다는 것을 보여주는 것이라고 그들은 생각하였다.

4. 서기관들은 이런 것을 통해서 부자가 되는 것을 목표로 삼았다. 그들은 과부의 가산을 삼켰다. 즉, 그들은 어떤 속임수나 계략을 써서 교묘하게 과부들의 가산을 가로챘던 것이다. 그들은 속임수라는 의심을 피하기 위해서 경건의 가면을 썼고, 사람들이 그들을 악독하다고 생각하지 못하도록 하기 위하여 가장 선한 자로 보이는 데에 최선을 다하였다. 이렇게 과부의 가산을 속여 빼앗고 압제한 일은 그들이 길게 드린 기도를 불경스럽고 욕된 것으로 만들었기 때문에 더 가증스러운 것이다. 하지만 긴 기도가 일부 사람들에 의해서 이런 식으로 오용되었다고 해서, 겸손함과 진실함 속에서 드리는 긴 기도가 나쁜 것은 결코 아니다. 그러나 경건으로 위장된 범죄는 이중의 범죄행위이기 때문에, 그 심판도 두 배나 무거울 것이다. 그 받는 판결이 더욱 중하리라. 그들은 기도 없이 살아가는 자들, 이런 식으로 위장하지 않고 불쌍한 과부들에게 나쁜 짓을 한 자들보다 더 중한 벌을 받게 될 것이다. 외식하는 자들에 대한 형벌은 가장 중할 것이다.

[41]예수께서 헌금함을 대하여 앉으사 무리가 어떻게 헌금함에 돈 넣는가를 보실새 여러 부자는 많이 넣는데 [42]한 가난한 과부는 와서 두 렙돈 곧 한 고드란트를 넣는지라 [43]예수께서 제자들을 불러다가 이르시되 내가 진실로 너희에게 이르노니 이 가난한 과부는 헌금함에 넣는 모든 사람보다 많이 넣었도다 [44]그들은 다 그 풍족한 중에서 넣었거니와 이 과부는 그 가난한 중에서 자기의 모든 소유 곧 생활비 전부를 넣었느니라 하시니라.

이 이야기는 마태복음에는 나오지 않고, 마가복음과 누가복음에만 나오는데, 두 렙돈을 헌금함에 넣은 가난한 과부를 그리스도께서 칭찬하신 것에 관한 이야기이다. 복음 전하시기에 바쁘셨던 우리 구주께서는 잠시 쉬실 때에 헌금함에 사람들이 돈 넣는 것을 보고 계셨다. 좀 더 살펴보자.

I. 구제를 위한 기금이 존재하였다. 사람들은 이 기금을 위하여 자발적으로 헌금을 하였으며, 이렇게 형성된 기금은 가난한 자들에게 분배되었다. 구제를 위한 헌금함은 성전 안에 있었다. 왜냐하면, 구제의 일과 경건의 일은 서로 잘

부합하기 때문이다. 하나님께서 우리의 예배를 통해서 영광을 받으시는 곳에서 가난한 자들의 구제를 통해서도 영광을 받으시는 것은 합당하다. 사도행전 10:2, 4에서처럼, 우리는 흔히 기도와 구제가 서로 결합되어 있는 것을 발견한다. 은밀하게 가난한 자들을 돕는 일을 권장하기 위하여 구제를 위한 헌금함을 설치해두는 것은 좋은 일이다. 또한 스스로 기금들을 모을 수 있는 여력을 지닌 사람들은 수입에 따라 모아 두어서(고전 16:2) 구제 대상이 나타날 때에 그러한 용도로 모아둔 기금을 사용할 수 있도록 준비해 두는 것도 좋은 일이다.

Ⅱ. 예수 그리스도께서는 헌금함을 보고 계셨다. 예수께서 헌금함을 대하여 앉으사 무리가 어떻게 헌금함에 돈 넣는가를 보실새. 그리스도께서 이렇게 하신 것은 그에게 헌금할 돈이 없는 것이 언짢았다거나 헌금된 돈을 자기가 처분할 수 없다는 것이 안타까웠기 때문이 아니라 사람들이 헌금하는 모습을 보고 싶으셨기 때문이었다. 우리 주 예수께서는 우리가 경건과 구제에 사용하기 위하여 무엇을 드리는지를 보고 계신다. 후한 마음으로 드리는지 인색한 마음으로 드리는지, 즐거운 마음으로 드리는지 마지못해서 드리는지, 주님께서는 마음을 보신다. 주님께서는 구제를 행할 때에 우리가 어떤 원칙들 위에서 행하는지, 우리의 관점이 무엇인지, 우리가 주님께 하듯 하는지 단지 사람들에게 보이기 위하여 하는지를 보신다.

Ⅲ. 그리스도께서는 여러 부자가 많이 넣는 것을 보셨다. 부자들이 구제에 참여하는 것을 보는 것, 많은 부자들이 그렇게 하는 것을 보는 것, 그들이 헌금할 뿐만 아니라 많이 헌금하는 것을 보는 것은 좋은 일이었다. 부자들이 많이 바치는 것은 당연한 일이다. 하나님께서는 우리에게 풍성히 주셨다면 당연히 우리가 가난한 자들에게 풍성히 줄 것을 기대하신다. 부자들이 자기보다 훨씬 덜 가진 다른 사람들이 한 만큼 하는 것으로는 충분하지 않다. 부자들은 자기가 가진 재산에 비례해서 바쳐야 한다. 많은 것을 필요로 하는 구제 대상들이 나타나지 않는다면, 부자들은 그러한 구제 대상들을 찾아내서 후하게 주어야 한다.

Ⅳ. 한 가난한 과부는 와서 두 렙돈 곧 한 고드란트를 넣는지라(42절). 우리 주 예수께서는 이 과부를 대단히 칭찬하셨다. 주님께서는 제자들을 불러다가 이 일을 잘 주목해서 보라고 하시며(43절), 이 과부는 먹고 살기도 빠듯한 살림을 꾸려나가면서 어제 일해서 번 돈 중에서 상당 부분, 아마도 오늘 하루

를 사는 데에 필요한 돈 전부, 곧 생활비 전부를 넣었고, 따라서 이 과부는 참다운 구제의 정신을 가지고 헌금하였으며, 부자들이 헌금한 것 전체를 합한 것보다 더 많이 헌금한 것이라고 말씀하셨다. 왜냐하면, 부자들은 다 그 풍족한 중에서 넣었거니와 이 과부는 그 가난한 중에서 넣었기 때문이다(44절). 이 가난한 과부를 비난하면서 그녀가 잘못하였다고 생각하는 사람들도 많을 것이다. 자기도 먹고 살기 어려운데, 남들을 구제하는 것이 과연 옳은 일인가? 먼저 집안부터 구제하라. 또한 진정으로 구제하고자 한다면, 자기가 알고 있는 가난한 사람에게 그 돈을 주었으면 될 일이 아닌가? 그런데, 왜 그 돈을 가져와서 헌금함에 넣음으로써, 대제사장들이 제멋대로 처분하게 한 것인가? 우리는 이 과부를 비난하지 않는 사람을 찾아보기가 힘들고, 이 과부를 본받고자 하는 사람을 찾아보기는 더더욱 어렵다. 그렇지만 우리 구주께서는 이 과부를 칭찬하셨다. 그러므로 이 과부가 참 잘했고 지혜롭게 행하였다는 것은 확실하다. 그리스도께서 잘하였도다라고 말씀하셨다면, 누가 어떤 말을 하든, 그런 것은 아무 상관이 없다. 그러므로 우리는 다음과 같은 것들을 배우지 않으면 안 된다.

1. 구제하는 것은 대단히 좋은 일이고, 주 예수를 대단히 기쁘시게 하는 일이다. 우리가 겸손하고 진실하게 구제를 행한다면, 비록 그 구제가 어떤 상황들 속에서 세상에서는 도무지 분별있는 일이 아닌 듯이 보이더라도, 주님께서는 그것을 기뻐하시며 받으실 것이다.

2. 적게 가진 자들도 그들의 적은 소유에서 구제를 하여야 한다. 막일을 해서 하루하루 살아가는 자들도 가난한 자에게 구제하여야 한다(엡 4:28).

3. 가난한 자들에게 더 많이 구제하기 위하여 우리의 허리띠를 더 졸라매고 절약하는 것은 참으로 좋은 일이다. 구제를 위해서, 우리는 우리가 쓰고 남는 것들만이 아니라 우리의 편의(便宜)를 위한 것들도 절약하여야 한다. 많은 경우에 다른 사람들에게 꼭 필요한 것들을 공급하기 위해서 우리 자신은 쪼들린 삶을 살지 않으면 안 된다. 이것이 내 이웃을 내 몸과 같이 사랑하는 것이다.

4. 공적인 구제는 한 국가에 공적인 축복들을 가져다주기 때문에 장려되어야 한다. 공적인 구제를 하는 과정에서 어느 정도 잘못된 점이 있을 수 있다고 하더라도, 그것은 우리가 공적인 구제에 우리의 몫을 내지 않아도 되는 정당한 이유가 되지 않는다.

5. 비록 우리가 구제를 위하여 적은 것을 내놓는다고 하여도, 그것이 우리의 능력에 따라서 올바른 마음으로 행해진 것이라면, 사람이 소유한 것을 따라서 요구하시고 사람이 소유하지 않은 것을 따라서 요구하지 않으시는 그리스도께서는 그것을 기쁘게 받으실 것이다. 바른 태도로 낸 두 렙돈은 두 파운드를 낸 것으로 장부에 기록될 것이다.

6. 마게도냐 교회가 극심한 가난 가운데서 풍성한 연보를 넘치도록 한 것처럼, 우리가 힘대로 할 뿐 아니라 힘에 지나도록 자원하여 하는 것도 칭찬받을 일이다 (고후 8:2-3). 사렙다 과부가 엘리야에게 한 것처럼, 그리고 그리스도께서 오천 명에게 하신 것처럼, 우리가 우리에게 꼭 필요한 것들 중에서 일부를 내어 놓아 기쁜 마음으로 다른 사람들에게 공급하고서, 하나님께서 우리에게 어떤 다른 길을 통해서 우리가 쓸 것을 공급해 주실 것을 믿을 수 있다면, 이것은 참으로 감사할 일이다.

제
— 13 —
장

개요

이 장에는 우리 주 예수께서 예루살렘의 멸망과 만물의 종말에 대하여 행하신 예언적 설교의 핵심이 나온다. 이 설교는 그리스도께서 행하신 마지막 설교들 중의 하나로서 백성들을 대상으로 하지 않고, 성직자들을 대상으로 하였고, 그리스도의 비밀을 간직한 오직 네 명의 제자들에게만 은밀하게 전해졌다. I. 그리스도께서 예언하시게 된 배경 — 제자들이 성전 건물의 웅장함을 감탄하고(1-2절) 성전이 파괴될 때에 관하여 물음(3-4절). II. 예언들 자체 1. 미혹하는 자들의 출현(5, 6, 21-23절). 2. 나라 간의 전쟁들(7-8절). 3. 그리스도인들에 대한 박해(9-13절). 4. 예루살렘의 멸망(14-20절). 5. 세상의 종말(24-27절). III. 종말의 때에 관한 몇 가지 일반적인 암시들(28-32절). IV. 실천적인 권면들(33-37절).

¹예수께서 성전에서 나가실 때에 제자 중 하나가 이르되 선생님이여 보소서 이 돌들이 어떠하며 이 건물들이 어떠하니이까 ²예수께서 이르시되 네가 이 큰 건물들을 보느냐 돌 하나도 돌 위에 남지 않고 다 무너뜨려지리라 하시니라 ³예수께서 감람산에서 성전을 마주 대하여 앉으셨을 때에 베드로와 야고보와 요한과 안드레가 조용히 묻되 ⁴우리에게 이르소서 어느 때에 이런 일이 있겠사오며 이 모든 일이 이루어지려 할 때에 무슨 징조가 있사오리이까.

우리는 이 단락 속에서 다음과 같은 것들을 볼 수 있다.

I. 우리는 그리스도의 직계 제자들조차도 외관상으로 커 보이고 오랫동안 신성한 것으로 여겨져 왔던 것들을 우상화하기가 얼마나 쉬운지를 본다. 앞서 제자들은 그리스도께서 사람들이 성전을 강도의 소굴로 만들었다고 한탄하시는 말씀을 들은 적이 있었다. 그렇지만 그리스도께서 성전에 남아 있는 악으로 인해서 성전을 떠나셨을 때, 제자들은 그들이 성전의 웅장한 건물을 감탄하고 사랑하는 것처럼 그리스도께서도 성전을 사랑해주시도록 하기 위하여

애쓴다. 한 제자가 그리스도께 이렇게 말하였다: "선생님이여 보소서 이 돌들이 어떠하며 이 건물들이 어떠하니이까?(1절). 우리는 갈릴리에서 이와 같은 것을 본 적이 없습니다. 이 멋진 곳을 떠나지 마십시오."

Ⅱ. 그리스도께서는 외관상으로 화려할 뿐 진정한 순결이 없는 것을 소중히 여기시지 않는다. "네가 이 큰 건물들을 보느냐? 네가 그것들을 감탄하느냐? 내가 네게 말하노니, 돌 하나도 돌 위에 남지 않고 다 무너뜨려지는 때가 다가오고 있느니라"(2절). 건물이 화려하고 웅장하다고 해서 그 건물의 안전이 보장되는 것은 아니다. 주 예수께서는 성전 건물에 대하여 그 어떤 동정심도 나타내지 않으신다. 주님께서는 장차 멸망할 귀한 영혼들을 측은한 마음으로 바라보시고, 그들을 생각하시며 우신다. 왜냐하면, 주님께서 그들에게 큰 가치를 두셨기 때문이다. 그러나 우리는 그리스도께서 죄의 세력에 의해서 성전에서 쫓겨나오셨을 때에 성전의 웅장한 건물이 장차 파괴될 것에 대하여 동정심을 가지고 바라보시는 것을 보지 못한다. 왜냐하면, 성전 건물은 그리스도께 별 가치가 없는 것이기 때문이다. 그리스도께서는 별 관심을 보이지 않으신 채 돌 하나도 돌 위에 남지 않고 다 무너뜨려지리라고 말씀하신다. 성전이 견고했던 것은 성전을 떠받치고 있던 돌들이 컸기 때문인데, 이 돌들이 무너지게 되면, 성전에 대한 기억을 되살릴 만한 그 어떤 흔적도 남아 있지 않게 될 것이다. 성전의 어느 일부가 그대로 서 있다면, 성전을 복구할 가망성은 있다. 그러나 돌 하나도 돌 위에 남아 있지 않게 된다면, 거기에 무슨 소망이 있겠는가?

Ⅲ. 장차 이루어질 일들과 그 일들이 이루어질 때를 알고 싶어하는 것은 아주 자연스러운 일이다. 그리고 우리는 우리가 행해야 할 의무보다는 그러한 일들에 대해서 알고 싶어하기가 쉽다. 제자들은 주님께서 성전을 자신의 왕궁으로 삼으시고 그들은 그 왕궁에서 존귀하게 되어 높은 자리를 차지할 것이라고 생각하고 있었기 때문에, 성전이 멸망할 것이라는 주님의 가르침을 어떻게 소화해야 할지를 알지 못하였다. 그래서 제자들은 고민하다가 주님과 홀로 있게 되었을 때에 이 문제에 대하여 물어보게 되었다. 그리스도께서 베다니로 돌아오시는 길에 성전 전체를 조망할 수 있었던 감람산에서 성전을 마주 대하여 앉으셨을 때에 제자들 중 네 명이 성전이 멸망할 것이라는 말씀이 무엇을 의미하는지를 조용히 물었다. 그들은 주님의 죽음에 관한 예고들과 마찬가지로 성전의 멸망에 관한 예언도 그들이 품고 있던 생각과 달라서 도무지 이해할 수

가 없었던 것이다. 비록 제자들 중 네 명이 질문을 한 것이긴 하지만, 그리스도께서 이 질문에 대답하여 하신 말씀은 제자들 전체가 듣는 가운데 조용히 이루어진 것이었고 거기에 무리들은 없었을 것이다. 제자들이 한 질문은 어느 때에 이런 일이 있사오리이까?라는 것이었다. 그들은 이런 일들이 과연 있을 것인지 없을 것인지를 물은 것이 아니라(주님께서 이런 일들이 있을 것이라고 말씀하셨기 때문에), 이런 일들이 오랜 후에 일어날 것을 기대하면서 어느 때에 있게 될 것이냐고 물었다. 그렇지만 그들은 정확한 연대와 날짜를 물은 것이 아니라 다음과 같이 물었다(이 점에서 그들은 적절하였다): "이 모든 일이 이루어지려 할 때에 무슨 징조가 있사오리이까? 이런 일들이 일어날 것임을 보여주는 전조(前兆)들로는 어떤 것들이 있고, 우리는 이런 일들이 다가오는 것을 어떻게 미리 알 수 있겠습니까?"

[5]예수께서 이르시되 너희가 사람의 미혹을 받지 않도록 주의하라 [6]많은 사람이 내 이름으로 와서 이르되 내가 그라 하여 많은 사람을 미혹하리라 [7]난리와 난리의 소문을 들을 때에 두려워하지 말라 이런 일이 있어야 하되 아직 끝은 아니니라 [8]민족이 민족을, 나라가 나라를 대적하여 일어나겠고 곳곳에 지진이 있으며 기근이 있으리니 이는 재난의 시작이니라 [9]너희는 스스로 조심하라 사람들이 너희를 공회에 넘겨 주겠고 너희를 회당에서 매질하겠으며 나로 말미암아 너희가 권력자들과 임금들 앞에 서리니 이는 그들에게 증거가 되려 함이라 [10]또 복음이 먼저 만국에 전파되어야 할 것이니라 [11]사람들이 너희를 끌어다가 넘겨 줄 때에 무슨 말을 할까 미리 염려하지 말고 무엇이든지 그 때에 너희에게 주시는 그 말을 하라 말하는 이는 너희가 아니요 성령이시니라 [12]형제가 형제를, 아버지가 자식을 죽는 데에 내주며 자식들이 부모를 대적하여 죽게 하리라 [13]또 너희가 내 이름으로 말미암아 모든 사람에게 미움을 받을 것이나 끝까지 견디는 자는 구원을 받으리라.

우리 주 예수께서는 제자들의 질문에 직접적으로 대답하셔서 그들의 호기심을 만족시켜 주시는 것이 아니라, 때와 시기는 아버지께서 자기의 권한에 두셨으니 너희가 알 바 아니다라고 말씀하셔서 그들의 양심을 일깨운 후에, 그들에게 지금 필요한 것은 곧 일어나게 될 사건들에 대비하여 경각심을 가지고 주의하는 것이라고 말씀하신다.

Ⅰ. **그들은 이제 곧 출현하게 될 미혹하는 자들과 사기꾼들에게 속아 넘어가지 않도록 조심하여야 한다**(5-6절). "너희가 사람의 미혹을 받지 않도록 주의하라. 참 메시야를 찾은 너희가 메시야를 참칭하는 자들 때문에 다시 참 메시야를 놓쳐버리거나 속아서 다른 메시야를 받아들이지 않도록 주의하라. 많은 자들이 내 이름으로(예수의 이름으로가 아니라) 와서 내가 그리스도라 하여, 오직 나만이 지니고 있는 위엄들을 참칭하리라." 유대인들이 참 그리스도를 버린 후에, 거짓 그리스도들이 전례 없이 많이 나타났다. 이 거짓 그리스도들은 많은 사람을 미혹하였다. 그러므로 너희가 미혹을 받지 않도록 주의하라. 많은 사람들이 미혹을 받을 때, 우리는 이 일을 보고 깨어서 주의하여야 한다.

Ⅱ. **그들은 전쟁의 소문들을 듣고 깜짝 놀라서 두려워하지 않도록 조심하여야 한다**(7-8절). 죄는 전쟁들을 불러오고, 전쟁들은 사람들의 탐욕 때문에 일어난다. 그러나 다른 때들보다 더 유난히 나라들이 전쟁으로 인해서 혼란스럽고 황폐케 되는 때들이 있는데, 곧 그런 때가 올 것이다. 그리스도께서는 대체로 평온한 때에 세상에 오셨지만, 그리스도께서 세상을 떠나신 후에 곧 전쟁의 때가 도래할 것이다. 민족이 민족을, 나라가 나라를 대적하여 일어나겠고. 그러면, 모든 나라에 복음을 전하여야 할 사람들은 어떻게 되는 것인가? 무기들이 부딪치는 와중에는 법의 소리는 들리지 않는다(inter arma silent leges). "그러나 두려워하지 말라."

1. "이 일은 너희에게 의외의 일이 되지 않을 것이다. 너희는 충분히 그 일을 예상할 수 있고, 또한 이 일은 꼭 필요한 일이다. 왜냐하면, 하나님께서는 그의 뜻을 성취하시는 과정의 일부로서 이 일을 예정하셨고, 유대 전쟁(요세푸스는 이 전쟁에 관한 자세한 내용을 우리에게 전해준다)을 통해서 하나님께서는 유대인들의 악함을 벌하실 것이다."

2. "이 일은 너희에게 두려운 일이 되지 않을 것이다. 이 전쟁들이 너희의 소중한 것들을 뒤엎어버리거나 너희의 일을 방해하지 않을 것이다. 너희는 이 전쟁들과 아무런 상관이 없기 때문에 이 전쟁들로 인해서 해(害)를 입게 될 것을 염려할 필요가 없다." 세상의 좋은 일들(smiles)을 하찮게 여기고 소중히 생각하거나 탐내지 않는 자들은 세상의 나쁜 일들(frowns)도 하찮게 여기고 두려워하지 않는다. 우리가 세상에서 흥왕하는 것들에 편승하여 흥왕하고자 하지 않는다면, 우리가 세상에서 몰락하는 것들과 함께 몰락할 것을 두려워할

이유가 어디에 있겠는가?

3. "아직은 끝이 아니기 때문에, 너희는 이 일을 세상의 종말이 다가온 징조로 여겨서는 안 된다(7절). 이 전쟁들이 세상을 종말로 이끌 것이라고 생각하지 말라. 전쟁들의 끝과 만물의 끝 중간에 다른 일어나야 할 것들이 있는데, 이것은 너희로 하여금 갑자기 서두르지 않고 종말을 준비하도록 하기 위한 것이다."

4. "너희는 이 일을 하나님께서 행하신 최악의 심판으로 여기지 말아야 한다. 하나님의 전통(箭筒)에는 아직도 많은 화살들이 있고, 이 화살들은 박해하는 자들을 겨냥하고 있다. 너희가 전쟁의 소문을 들을 때에 두려워하지 말라. 이 일은 단지 재난의 시작일 뿐이다. 그러므로 너희는 난리의 소문을 들을 때에 당황하지 말고 더 나쁜 상황을 대비해야 한다. 곳곳에 지진이 일어나서 수많은 사람들이 자기 집더미에 묻히겠고, 기근이 있어서 많은 가난한 자들이 식량 부족과 고생과 소란통에 죽어갈 것이다. 죽어가는 자들이나 태어나는 자들에게 평안이 없을 것이다. 이렇게 세상은 환난들로 가득하게 될 것이지만, 너희는 두려워하지 말라. 밖으로는 싸움들이 있고, 안으로는 두려움들이 있겠지만, 너희는 두려워하지 말라." 그리스도의 제자들은 그들에게 잘못이 없다면 주변이 온통 대혼란에 처해 있다고 하더라도 마음의 거룩한 평정과 평온함을 누릴 수 있다.

Ⅲ. **그들은 그리스도 때문에 직면하게 될 고난들로 인해서 그리스도에게서 떨어져 나가거나 그리스도에 대한 의무를 내던져버리지 않도록 조심하여야 한다.** 다시 한 번 그리스도께서는 이렇게 말씀하신다: "너희는 스스로 조심하라(9절). 너희는 사람들의 싸움에 개입하지 않기 때문에 남들보다 전쟁의 칼을 더 잘 피할 수 있겠지만 안전한 것은 아니다. 너희는 남들보다 더 정의의 칼에 노출될 것이고, 서로 싸우던 당파들이 서로 연합하여 너희를 칠 것이다. 그러므로 너희는 너희가 꿈꾸어 왔던 이 세상의 왕국과 외관상의 번영에 대한 헛된 소망으로 스스로 속지 않도록 조심하라. 너희가 하나님의 나라에 들어가려면 많은 환난을 겪어야 할 것이라. 쓸데없이 사건에 휘말리거나 그런 일을 자신의 머리로 해결하려고 하지 말고, 너희의 언행을 조심하라. 많은 눈들이 너를 지켜볼 것이기 때문이다." 좀 더 살펴보자.

1. 제자들이 예상해야 할 환난은 무엇인가?

(1) 너희는 모든 사람에게 미움을 받게 될 것이다. 이것만으로도 충분히 큰 환난이다! 사람들로부터 미움을 받는다는 것은 온유한 심령에게 큰 고통이고, 그러한 미움의 열매들은 끊임없이 사람을 괴롭힌다. 악의를 지닌 자들은 다른 사람에게 해를 끼치게 된다. 제자들이 미움을 받는 것은 그들 속에 있는 어떤 잘못된 것들이나 그들이 행한 어떤 잘못된 일들 때문이 아니라, 그리스도의 이름을 인하여, 즉 그들이 그리스도의 이름으로 불리고 그리스도의 이름을 부르며 그리스도의 이름을 전파하고 그리스도의 이름으로 이적들을 행하기 때문이다. 그리스도께서 그들을 사랑하기 때문에, 세상이 그들을 미워하는 것이다.

(2) 너희의 친족들, 그러니까 너희와 가장 가까운 자들, 너희를 마땅히 보호해주어야 할 자들이 그들을 배신할 것이다. "그들이 너희를 배신하리니 너희를 밀고하며 너희를 박해하는 자들이 되리라." 만약 어떤 아버지에게 그리스도인인 자녀가 있다면, 아버지는 편협하고 완고한 신앙에 사로잡혀서 천륜을 저버리고, 마치 자기 자녀가 다른 신들을 섬기는 자들인 양 박해하는 자들에게 자녀를 넘겨줄 것이다(신 13:6-10).

(3) 회당의 지도자들이 너희를 괴롭히고 박해할 것이다. "너희는 예루살렘의 공회(산헤드린), 여러 성읍들에 있는 하급 법원들에 넘겨지겠고, 회당에서 봉독된 율법을 지키지 않는 자로 지목되어서 한 번에 사십 대씩 회당에서 매질을 당하게 될 것이다." 교회 직분자들의 변절로 말미암아 교회의 포(砲)가 가장 절친한 몇몇 교우들에게 향하게 되는 것은 새삼스러운 일이 아니다.

(4) 권력자들과 임금들이 권력을 이용하여 너희를 박해할 것이다. 유대인들은 너희를 죽일 권한이 없었기 때문에, 헤롯이 야고보와 베드로에게 한 것처럼, 로마 권력을 충동질하여 너희를 해치게 만들 것이다. 그들은 너희를 로마 제국의 반역자들로 몰아서 죽게 할 것이다. 너희는 피흘리기까지 견디어야 하고 끝까지 견디어야 한다.

2. 제자들은 이러한 고통스러운 큰 환난 속에서 무엇으로 위로를 받아야 하는가?

(1) 이러한 역경에도 불구하고 그들이 수행하고 창대하게 하도록 부르심을 받은 그 일이 그들에게 위로가 될 것이다(10절). "이 모든 일로 인해서 복음이 만국에 전파될 것이고, 예루살렘이 멸망하기 전에 복음의 소식이 온 땅에 퍼져나

가서 온 유대 나라만이 아니라 땅의 모든 족속들에게 전파될 것이다." 복음을 위하여 고난을 당하는 자들에게 비록 그들은 부숴지고 제압당한다고 하더라도 복음은 그렇지 않아서 결국 뿌리를 내리고 승리하리라는 것은 큰 위로가 된다.

(2) 그들의 고난이 그들의 일을 가로막는 것이 아니라 오히려 그 일을 진보시킨다는 것이 그들에게 위로가 될 것이다. "너희가 권력자들과 임금들 앞에 서리니 이는 그들에게 증거가 되려 함이라(9절). 너희는 죄수로 그들 앞에 끌려왔지만, 그것은 너희가 그들에게 복음을 전할 수 있는 기회가 될 것이다. 만약 이런 일이 없다면, 너희는 그들에게 접근할 수 없을 것이다." 이렇게 사도 바울이 벨릭스, 베스도, 아그립바, 네로 앞에 끌려간 것은 그리스도와 그의 복음을 그들에게 증거하기 위한 것이었다. 또한, 그것은 그리스도인들을 인정사정 없이 추격하여 붙잡아서 박해하였던 기소자들과 재판관들에게 그리스도인들이 무죄할 뿐만 아니라 훌륭한 사람들이라는 것을 증거하는 기회가 될 것이다. 복음은 그리스도와 하늘에 대하여 우리에게 증거하는 말씀이다. 우리가 복음을 영접하면, 복음은 우리를 위한 증거가 되어서 우리를 의롭다 하고 구원할 것이다. 하지만 우리가 복음을 영접하지 않는다면, 복음은 저 큰 심판의 날에 우리를 쳐서 증거하는 말씀이 될 것이다.

(3) 그들이 그리스도로 말미암아 임금들과 권력자들 앞에 끌려가서 그리스도와 그들 자신을 변호할 때에 하늘로부터 특별한 도움을 받게 되리라는 것이 그들에게 위로가 될 것이다(11절). "무슨 말을 할까 미리 염려하지 말고, 권력을 쥔 자들에게 잘 보이기 위해서 어떻게 말을 해야 하나 염려하지 말라. 너희의 주장은 의롭고 영광스러운 것이고, 미리 생각해둔 말과 표현의 도움을 받을 필요가 없는 것이다. 무엇이든지 그 때에(pro re nata — 일이 닥쳤을 바로 그 때에) 너희에게 주시는 그 말, 너희에게 생각하는 것, 너희의 마음과 입에 두어진 것을 말하라. 즉석에서 주어지는 대로 말하고, 그 성공 여부에 대하여 두려움을 갖지 말라. 왜냐하면, 말하는 이는 너희가 아니요 성령이시기 때문이다. 너희는 순전히 너희 자신의 지혜와 사고와 판단의 힘에 의해서 말하는 것이 아니다." 그리스도께서 그의 대변자들로 부르신 자들에게는 온전한 가르침들이 주어질 것이다. 그러므로 우리는 그리스도를 섬길 때에 그리스도의 영이신 성령의 도우심을 의지해야 한다.

(4) 마침내 하늘이 모든 것을 새롭게 하신다는 것이 그들에게 위로가 될 것이다. "너희는 그리스도를 섬기는 길에서 수많은 고난을 만나겠지만, 그런 고난을 달게 받으라. 너희의 싸움이 끝나고 너희의 증거가 끝이 날 때, 끝까지 견디는 자는 구원을 받으리라(13절)." 끝까지 견디는 자는 면류관을 얻는다. 여기에서 약속된 구원은 악으로부터의 구원 이상의 것으로서 그리스도인들의 모든 섬김과 고난에 대한 풍성한 보상이 될 영원한 지복(至福)이다. 이 모든 것은 마태복음 10:17 이하에 나와 있다.

¹⁴멸망의 가증한 것이 서지 못할 곳에 선 것을 보거든 [읽는 자는 깨달을진저] 그 때에 유대에 있는 자들은 산으로 도망할지어다 ¹⁵지붕 위에 있는 자는 내려가지도 말고 집에 있는 무엇을 가지러 들어가지도 말며 ¹⁶밭에 있는 자는 겉옷을 가지러 뒤로 돌이키지 말지어다 ¹⁷그 날에는 아이 밴 자들과 젖먹이는 자들에게 화가 있으리로다 ¹⁸이 일이 겨울에 일어나지 않도록 기도하라 ¹⁹이는 그 날들이 환난의 날이 되겠음이라 하나님께서 창조하신 시초부터 지금까지 이런 환난이 없었고 후에도 없으리라 ²⁰만일 주께서 그 날들을 감하지 아니하셨더라면 모든 육체가 구원을 얻지 못할 것이거늘 자기가 택하신 자들을 위하여 그 날들을 감하셨느니라 ²¹그 때에 어떤 사람이 너희에게 말하되 보라 그리스도가 여기 있다 보라 저기 있다 하여도 믿지 말라 ²²거짓 그리스도들과 거짓 선지자들이 일어나서 이적과 기사를 행하여 할 수만 있으면 택하신 자들을 미혹하려 하리라 ²³너희는 삼가라 내가 모든 일을 너희에게 미리 말하였노라.

유대인들은 한편으로는 로마에 대항하여 반기를 들고 다른 한편으로는 그리스도인들을 박해하여 하나님과 사람 양쪽을 모두 그들에 대한 적으로 돌려놓음으로써 그들의 파멸을 효과적으로 재촉하고 있었다. 데살로니가전서 2:15을 보라. 이 단락에는 이 때로부터 40년이 채 못되어서 일어나게 될 유대인들의 파멸에 관한 예언이 나온다. 우리는 이 예언을 마태복음 24:15 이하에서 이미 살펴본 바 있다.

I. 유대인들의 파멸에 관하여 여기에 무엇이 예언되어 있는가?

1. 로마 군대들이 유대 땅을 공격하여 거룩한 도성 예루살렘을 포위하게 될 것이다. 이 군대들은 유대인들이 가증하게 여겼던 멸망의 가증한 것으로서 유대

땅을 황폐하게 만들 것이다. 네가 미워하는 두 왕의 땅이 황폐하게 되리라(사 7:16). 가증한 것은 황폐함을 몰고오기 때문에 가증한 것이다. 유대인들은 그들의 구원이신 그리스도를 가증한 것으로 여겨서 버렸었다. 그래서 이제 하나님께서는 선지자 다니엘이 말한 대로 그들을 황폐하게 하여 제사들을 그치게 만들 가증한 것(단 9:27)을 그들에게 보내실 것이다. 이 군대는 서지 못할 곳, 즉 이교도들이 접근해서는 안 되는 거룩한 도성의 안팎에 서게 될 것이다. 만약 예루살렘이 자신의 거룩을 먼저 짓밟지 않았더라면, 이 군대는 이 곳을 감히 접근할 수 없었을 것이다. 예레미야애가 1:10에는 주께서 이미 이방인들을 막아 주의 성회에 들어오지 못하도록 명령하신 그 성소에 그들이 들어간 것을 예루살렘이 보았나이다라는 탄식이 나온다. 죄가 균열을 만들었고, 그 균열을 타고 하나님의 영광이 떠나간 자리에 멸망의 가증한 것이 침입해 들어와서, 서지 못할 곳에 선 것이다. 그러므로 읽는 자는 깨달을진저. 이 일을 올바르게 이해하기 위해 노력하라. 예언은 너무 명백해서는 안 되지만, 잘 살피는 자들이 알 수 있는 것이어야 한다. 예언들을 먼저 서로 비교해 보고 마지막으로는 사건과 비교해 보면, 예언들은 가장 잘 이해된다.

2. 로마 군대가 유대 나라에 침입해 오면, 그 어디에도 안전한 곳이 없기 때문에 가능한 한 신속하게 유대 땅을 떠나야 한다. 로마 군대는 너무 힘든 적수이기 때문에 싸워봐야 헛수고가 될 것이고, 어떻게든 그들을 찾아낼 것이기 때문에 숨어봐야 소용없으며, 잡히면 목숨을 살려두지 않을 것이기 때문에 항복해봐야 소용이 없을 것이다. 유대 땅을 벗어나서 산으로 도망하지 않는 자들은 원수들에게 희생될 수밖에 없다. 따라서 적의 침입을 알리는 첫 번째 경보(警報)가 울릴 때에 될 수 있는 대로 빨리 도망쳐야 한다. 지붕 위에 있는 자는 집으로 내려가서 무엇을 가지고 나오려고 하지 말고, 거기에서 적의 동정(動靜)을 잘 살펴서 쳐들어오고 있는지를 정탐해야 한다. 왜냐하면, 집에서 물건들을 꺼내오려다가 재물보다 더 소중한 시간을 잃어버려서 도망하는 것에 방해를 받고 당황하게 될 것이기 때문이다. 밭에 있는 자는 겉옷을 가지러 뒤로 돌이키지 말고, 거기에서 적의 동정을 살피면서 될 수 있는 대로 멀리 피신해야 한다(16절). 목숨을 구한 자는 그 밖의 다른 것들을 건져내지는 못하였다고 하더라도 비록 그가 재물은 잃어버렸을지라도 목숨만은 건진 것을 다행으로 여겨서 하나님께 감사하여야 한다.

3. 그 때에는 아이 밴 여자들과 젖먹이는 여자들이 고초를 겪게 될 것이다 (17절). "낯선 곳으로 가기가 어렵고 스스로 이동하기가 불편하며 남들처럼 신속하게 행동할 수 없는 아이 밴 자들에게 화가 있으리로다. 그리고 젖먹이 아이를 남겨두어야 할지, 아니면 함께 데리고 가야 할지를 몰라서 갈팡질팡하게 될 젖먹이는 자들에게 화가 있으리로다." 피조물들은 헛되기 때문에, 가장 큰 위로가 가장 큰 부담이 되는 때가 종종 있다. 또한 기후와 길이 나빠서 통행이 힘들 때인 겨울에 특히 산길을 걸어서 도망해야 한다면, 그 고충은 클 것이다 (18절). 이러한 환난을 피할 방도가 없고 환난이 반드시 올 수밖에 없다면, 우리는 하나님의 뜻이라면 모든 환경들이 환난을 완화시키는 방향으로 조성될 수 있기를 바라고 기도하여야 할 것이다. 사정이 나쁘다면, 우리는 사정이 지금보다 더 나빴을 수도 있었을 것이라고 생각하여야 한다. 도망을 해야 한다는 것은 불행한 일이지만, 겨울에 도망을 해야 한다는 것은 더욱 불행한 일이 될 것이다.

4. 유대 땅 전체에 걸쳐서 역사상 유례 없는 파괴와 황폐함이 휩쓸 것이다 (19절). 하나님께서 창조하신 시초부터 지금까지 이런 환난이 없었고 후에도 없으리라. 시간의 처음과 하나님께서 만물을 창조하신 때는 서로 동일하다. 지금까지와 종말의 때까지 이런 환난이 없으리라. 무수한 참상(慘狀)들이 지속적으로 일어날 것이다. 갈대아인들에 의한 예루살렘 멸망은 너무도 끔찍한 일이었지만, 이번 환난은 그것을 능가하여서, 유대인 전체를 다 학살하려고 위협하였다. 유대인들은 너무도 야만적으로 서로를 삼켰고, 로마 군대는 유대인 전체를 몰살시키고자 하였기 때문에, 전쟁이 조금만 더 길어졌다면, 모든 육체가 구원을 얻지 못했을 것이고, 유대인들은 한 명도 목숨을 건지지 못했을 것이다. 그러나 하나님께서는 진노 중에 긍휼하심을 베푸셨다. 그래서 (1) 하나님은 그 날들을 감하셨다. 하나님께서는 끝장을 내시기 전에 진노를 멈추셨다. 유대 교회와 유대 나라는 완전히 멸망하였지만, 그 멸망이 완료되었을 때에 진노의 폭풍이 가라앉음으로써 많은 개개인들은 목숨을 건졌다. (2) 하나님께서는 자기가 택하신 자들을 위하여 그 날들을 감하신 것이었다. 그리스도를 믿은 신실한 소수 때문에, 많은 사람들이 목숨을 건졌다. 하나님께서 남은 자들을 구원하시겠고(사 10:22), 그의 종들을 인하여 그들을 다 멸하지는 않으실 것이라는(사 65:8) 약속이 있었다. 그리고 이 약속들은 당연히 성취된다. 하나님의 택하신

자들이 밤낮 부르짖는 기도는 응답된다(눅 18:7).

Ⅱ. 그리스도께서는 이 일과 관련해서 제자들에게 어떤 지시들을 하셨는가?

1. 그들은 자신의 목숨의 안전을 위하여 피신하여야 한다. "너희는 이 땅이 침략을 당하고 도성이 포위되는 것을 보거든 적군이 곧 물러갈 것이라고 생각하거나 적군과 화친을 맺게 될 것이라고 생각해서 안이하게 대처하지 말고, 더 생각할 것도 없이 지체하지 말고 그 때에 유대에 있는 자들은 산으로 도망할지어다(14절). 너희와는 상관 없는 전쟁에 끼어들지 말아서, 질그릇 조각들끼리 다투게 하고, 너희는 배가 침몰하는 것을 볼 때에 배에서 나와서 마음에 할례받지 않은 자의 죽음을 맞게 되지 않도록 하라."

2. 그들은 영혼의 안전을 위하여 대비하여야 한다. "그 때에 넘실거리는 물결 속에서 물고기를 낚는 것을 좋아하는 미혹하는 자들이 바쁘게 움직일 것이기 때문에, 너희는 갑절로 대비하고 조심해야 한다. 그 때에 어떤 사람이 너희에게 말하되 보라 그리스도가 여기 있다 보라 저기 있다 하여도 믿지 말라. 너희는 그리스도께서 지금 하늘에 계시고 종말에 세상을 심판하기 위하여 다시 오실 것임을 안다. 거짓 그리스도들과 거짓 선지자들이 일어날 것이지만, 그리스도를 영접한 자들은 적그리스도의 덫에 걸려들어서는 안 된다(22절)." 복음의 나라가 건설될 때, 사탄은 그의 모든 세력을 총동원하고 그의 모든 계교를 다 사용해서 그 나라에 대항하여 방해할 것이다. 그리고 하나님께서 사탄의 방해를 허락하신 것은 그리스도인들의 믿음의 진실성을 시험하고 위선을 찾아내며 그리스도를 버린 자들을 혼미하게 하기 위한 것이다. 거짓 그리스도들이 일어나고, 그들을 전하기 위하여 거짓 선지자들이 일어날 것이다. 또는, 그들은 그리스도를 참칭하지 않고 선지자들을 자처하며 장래의 일들을 예언하고 표적들과 거짓 기사들을 보일 것이다. 이렇게 일찍부터 불법의 비밀이 활동하기 시작하였다(살후 2:7). 그들은 할 수만 있으면 택하신 자들을 미혹하려 하리라. 그들은 너무도 교묘하게 위장하고 너무도 열심히 사람들을 속여서, 열심 있는 많은 경건한 자들, 끝까지 견뎌낼 것으로 보였던 많은 자들을 그리스도에게서 떠나게 만들 것이다. 왜냐하면, 하나님의 견고한 터 외에는 아무것도 사람들을 안전하게 지켜줄 수 없기 때문이다. 주께서 자기 백성을 아시므로, 그들은 안전하게 거할 것이지만, 몇몇 사람들은 믿음에서 떠나게 된다(딤후 2:18-19). 그들은 할 수만 있으면 택하신 자들을 미혹하려 하리라. 하지만 그들을 미혹하는 것은 가능

하지 않다. 오직 택하심을 입은 자가 얻었고 그 남은 자들은 우둔하여졌느니라(롬 11:7). 따라서 제자들은 이 점을 염두에 두고 그들이 신임하는 자들을 조심하여야 한다(23절): 너희는 삼가라. 그리스도께서는 제자들이 택하심을 입은 자들에 속하기 때문에 미혹받지 않으리라는 것을 잘 알고 계셨지만, 그들에게 너희는 삼가라고 말씀하셨다. 끝까지 붙들어 주시겠다는 확실한 약속과 배교에 대한 경고는 서로를 잘 보완해준다. 그리스도께서는 제자들에게 너희는 삼가라고 말씀하셨지만, 제자들이 끝까지 믿음을 지킬 것을 의심해서 그런 말씀을 하신 것은 아니다. 왜냐하면, 하나님의 능력이 그들을 지켜줄 것이기 때문이다. 그리고 제자들이 끝까지 믿음을 지킬 것이 확실하다고 해도, 이러한 경고가 불필요한 것은 아니다. 왜냐하면, 그들은 계속해서 정도(正道)를 지켜야 하기 때문이다. 하나님께서 그들을 지키실 것이지만, 그들도 스스로를 지켜야 한다. "내가 모든 일을 너희에게 미리 말하였노라. 내가 너희에게 이러한 위험성을 미리 말해준 것은 너희로 하여금 미리 경고하심을 받고 미리 무장을 하게 하기 위한 것이다. 나는 너희에게 미리 일러주어야 할 모든 일을 미리 말하였기 때문에, 너희는 거짓 선지자들의 말에 귀 기울이지 말고 내가 말한 것 이외의 것에 귀를 기울이지 않도록 조심하라." 성경에 대한 풍부한 지식은 거짓 선지자들의 말에 속지 않는 데에 좋은 무기가 된다.

[24]그 때에 그 환난 후 해가 어두워지며 달이 빛을 내지 아니하며 [25]별들이 하늘에서 떨어지며 하늘에 있는 권능들이 흔들리리라 [26]그 때에 인자가 구름을 타고 큰 권능과 영광으로 오는 것을 사람들이 보리라 [27]또 그 때에 그가 천사들을 보내어 자기가 택하신 자들을 땅 끝으로부터 하늘 끝까지 사방에서 모으리라.

이 단락에서는 그리스도께서 세상을 심판하기 위하여 재림하는 것에 대하여 말하고 있는 것으로 보인다. 제자들은 예루살렘의 멸망과 세상의 종말을 혼동하는 가운데 그리스도께 질문을 하였었는데(마 24:3), 이것은 그들이 성전은 당연히 세상 끝날까지 존속할 것이라고 오해한 데서 비롯된 것이었다. 그리스도께서는 이러한 오해를 바로잡아 주시고, 세상 끝날, 너희가 물었던 바로 그 날들, 그리스도께서 다시 오실 그 날, 심판의 날은 그 환난 후에 올 것이고 그 환난과 동시에 오지 않을 것임을 보여주신다. 유대 나라가 멸망할 때까지 살아 있는 자들은 그 때에 인자가 사람들이 보는 앞에서 구름을 타고 오시지 않았기 때문에 인자는 결코 그런 식으로 오지 않을 것이라고 생각하지 않도록 주의하여야 한다. 그리스도께서는 그 환난 후에 오실 것이다. 여기에서 그리스도께서는 다음과 같은 것들을 미리 말씀하신다.

1. 현재적인 형태와 조직을 갖춘 세상이 최종적으로 소멸되리라는 것. 세상에서 전혀 변할 것 같지 않아 보이는 부분인 천체, 순전하고 더욱 세련된 부분인 천체조차도 소멸될 것이다. 해가 어두워지며 달이 빛을 내지 아니하며. 왜냐하면, 인자의 영광이 해와 달의 빛을 가리어버릴 것이기 때문이다(사 24:23). 태초부터 제자리를 지키며 주기적인 운행을 해왔던 하늘의 별들도 가을 낙엽처럼 떨어질 것이다. 하늘에 있는 권능들, 즉 천체들과 별들이 흔들리리라.

2. 세상을 심판하시는 일을 위임받으신 주 예수께서 눈으로 볼 수 있게 다시 나타나심(26절): 그 때에 인자가 구름을 타고 큰 권능과 영광으로 오는 것을 사람들이 보리라. 아마도 그리스도께서는 지금 이 말씀을 하시며 앉아 계신 바로 그 곳으로 오실 것이다. 왜냐하면, 구름은 대기권의 낮은 지역에 있기 때문이다. 그리스도께서는 그가 수행하실 임무에 걸맞게 큰 권능과 영광을 가지고 오실 것이다. 각 사람의 눈이 그를 보리라.

3. 모든 택하신 자들을 그에게로 모으심(27절). 그리스도께서는 천사들을 보내어 자기가 택하신 자들을 사방에서 모아서 공중에서 주를 영접하게 하실 것이다(살전 4:17). 그리스도께서는 택하신 자들을 세상의 이쪽 끝에서 저쪽 끝까지 사방에서 모아서, 이 총회에 한 사람도 빠짐이 없게 하실 것이다. 그들은 그리스도의 심판 법정이 베풀어질 곳에서 가장 먼 땅끝으로부터 모아져서, 하늘끝으로 데려가질 것이다. 그들은 땅끝에서 하늘끝으로 데려가지겠지만, 그들의 이동은 너무도 확실하고 신속하며 쉽게 이루어질 것이고, 잘못 들림받는 자는 한 사람도 없을 것이다. 종살이 하던 땅의 끝에서 약속의 땅의 끝으로 들림받을 것이지만, 신실한 이스라엘 사람은 안전하게 들림을 받게 될 것이다.

²⁸무화과나무의 비유를 배우라 그 가지가 연하여지고 잎사귀를 내면 여름이 가까운 줄 아나니 ²⁹이와 같이 너희가 이런 일이 일어나는 것을 보거든 인자가 가까이 곧 문 앞에 이른 줄 알라 ³⁰내가 진실로 너희에게 말하노니 이 세대가 지나가기 전에 이 일이 다 일어나리라 ³¹천지는 없어지겠으나 내 말은 없어지지 아니하리라 ³²그러

나 그 날과 그 때는 아무도 모르나니 하늘에 있는 천사들도, 아들도 모르고 아버지만 아시느니라 ³³주의하라 깨어 있으라 그 때가 언제인지 알지 못함이라 ³⁴가령 사람이 집을 떠나 타국으로 갈 때에 그 종들에게 권한을 주어 각각 사무를 맡기며 문지기에게 깨어 있으라 명함과 같으니 ³⁵그러므로 깨어 있으라 집 주인이 언제 올는지 혹 저물 때일는지, 밤중일는지, 닭 울 때일는지, 새벽일는지 너희가 알지 못함이라 ³⁶그가 홀연히 와서 너희가 자는 것을 보지 않도록 하라 ³⁷깨어 있으라 내가 너희에게 하는 이 말은 모든 사람에게 하는 말이니라 하시니라.

여기에는 그리스도께서 행하신 이 예언적 설교의 적용이 나온다. 이제 올바르게 앞을 내다보는 법을 배우라.

I. "예루살렘의 멸망이 속히 임할 것임을 알라. 무화과나무의 가지가 연하여지고 잎사귀를 내면, 너희는 여름이 가깝다는 것을 안다(28절). 자연의 변화들이 일어나기 시작하면, 너희는 자연의 고유한 질서와 때를 따라서 그 결과들이 나타날 것을 안다. 이와 같이 너희가 이런 일들이 일어나는 것을 보거든, 유대 나라가 전쟁의 소용돌이에 휘말리고 거짓 그리스도들과 선지자들에 의해서 미혹을 받으며 로마 군대의 가증스러운 일을 당하고 특히 그들이 주님을 인하여 너희를 박해하며 주님을 죽였을 때에 그들이 했던 짓을 반복하면서 죄의 분량을 채우는 것을 너희가 보거든, 너희는 그들의 멸망이 가까워서 문앞에 이르렀다는 것을 알고, 이에 따라서 스스로 대비하라." 주님의 직계 제자들은 요한을 제외하고는 모두 이 일이 이르기 전에 세상을 떠났지만, 그들이 훈련시킨 다음 세대는 살아서 이 일을 보게 될 것이고, 그리스도께서 남겨 놓으신 이 교훈들로 말미암아 그 환난에 휘말려들지 않게 될 것이다. "지금 자라나고 있는 이 세대가 지나가기 전에 이 일이 다 일어나리라. 내가 예루살렘과 관련하여 말한 모든 일들이 곧 일어나게 될 것이다. 멸망이 가까웠고 시야에 들어왔으니, 이 일은 확실하다. 영(슈)이 내려졌으니, 그것은 정한 종말이다(단 9:27)." 그리스도께서 단지 제자들을 두렵게 하기 위하여 이러한 것들을 말씀하신 것이 아니라, 하나님께서 정하신 목적을 선포하신 것이었다. "종말에 천지는 없어지겠으나 내 말은 없어지지 아니하리라(31절). 그리스도께서 여기에서 말씀하신 예언들 중 어느 하나도 정확히 이루어지지 않는 일은 없을 것이다."

II. "세상의 종말이 언제 임할지를 묻지 말라. 그 날과 그 때는 아무도 모르기 때문에, 그런 질문을 하는 것은 합당하지 않다. 이것은 우리가 알 수 없는 일이다. 그 정확한 때는 하나님의 계획 가운데 예정되어 있지만, 하나님의 말씀에 의해서 이 땅의 사람들에게나 하늘에 있는 천사들에게 계시되지 않았다. 천사들은 그 날에 수종들 준비를 하기 위하여 적절한 때에 통보를 받게 될 것이고, 사람들은 나팔 소리를 통해서 그 날이 이르렀음을 알게 될 것이다. 그러나 현재에 있어서 사람들과 천사들에게 그 정확한 때가 비밀로 부쳐져 있는 것은 그들이 오늘 할 일들을 제대로 하는 데에 신경을 쓸 수 있도록 하기 위한 것이다." 그러나 본문에는 아들도 그 날과 그 때를 모른다고 되어 있다. 아들이 모르는 것이 과연 있을 수 있는가? 실제로 우리는 성경에서 어린 양이 인(印)을 떼실 때까지 봉인된 책이 있다는 것을 듣게 된다. 그렇다면, 그리스도께서는 인을 떼시기 전까지는 그 책 안에 어떤 내용이 들어 있는지를 모르신다는 말인가? 과연 그리스도께서는 그 책에 씌어진 내용을 은밀하게 알고 계시는 것이 아니란 말인가? 옛적에는 이 본문을 가르치면서 그리스도께서는 인간이셨기 때문에 모르시는 것들이 있었다고 말한 사람들이 있었다. 그들은 그리스도께서 모르시는 것들을 아그노에타에라고 불렀다. 그들은 "이렇게 말하는 것은 그리스도의 심령이 슬픔과 두려움을 느꼈다고 말하는 것과 마찬가지로 부조리하지 않다"고 말하였고, 정통 교부들 중 다수는 이것을 인정하였다. 몇몇 교부들은 그리스도께서 제자들이 더 이상 이 문제에 대하여 묻는 것을 막기 위해서 지혜로운 처신의 일환으로 이렇게 말씀하신 것이라고 주장함으로써 이 문제를 회피하고자 하였다. 그러나 옛 신앙의 조상들 중 한 분은 이 문제를 너무 자세하게 언급하는 것은 합당하지 않다고 말하였다(Leontius). 대주교 틸롯슨(Tillotson)은 이렇게 말한다: "그리스도께서는 하나님으로서 그 어떤 것에 대해서도 무지할 수 없다는 것은 분명하다. 그러나 우리 구주 안에 거한 신적인 지혜는 구주의 인간적 심령과 교통하는 것이었기 때문에, 하나님의 뜻에 따라서 구주의 인간적 본성은 종종 어떤 일들을 모르실 수 있는 것이다. 그러므로 그리스도께서는 그 지혜가 자라갔다고 성경에서는 말한다(눅 2:52). 만약 그리스도의 인성(人性)이 신성과의 연합으로 말미암아 모든 일들을 필연적으로 알고 있었다고 한다면, 그리스도의 지혜가 자라갔다고 말할 수는 없었을 것이다."

라이트푸트(Lightfoot) 박사는 이 문제를 이렇게 설명한다. 그리스도께서는 자신을 메시야로서 아들이라고 부른다. 지금 이 메시야는 아버지로부터 위임을 받아서 보내심을 받은 아버지의 종이었고(사 42:1), 아버지의 뜻과 명령을 자주 묻는 자로서 아무것도 스스로 하지 않았다고 고백한다(요 5:19). 마찬가지로, 그리스도께서는 아무것도 스스로 알 수 없다고 할 수 있다. 예수 그리스도의 계시는 하나님께서 그에게 주신 것이었다(계 1:1). 그러므로 우리는 신성과 인성의 인격적 연합에서 나온 그리스도의 탁월하심과 온전하심을 성령의 기름부음에서 흘러나온 것들과 구별하여야 한다고 그는 생각한다. 전자에서는 모든 죄로부터의 완전한 자유라는 무한한 위엄이 흘러나왔고, 후자에서는 이적들을 행하는 능력과 장래의 일들을 아는 예지력(豫知力)이 흘러나왔다. 그러므로 그리스도께서는 교회에 계시하고자 하시는 것들을 인성과 신성의 연합으로부터 가져오는 것이 아니라 성령의 계시로부터 가져오기를 기뻐하셨다. 그런데 그리스도께서는 성령의 계시로부터는 아직 이 일을 알지 못하였고, 오직 아버지, 즉 신성 자체이신 하나님만이 이 일을 알고 계셨던 것이다. 틸롯슨 대주교가 설명하듯이, 여기서 하나님은 성자 및 성령과 구별되는 한 위격을 가리키는 것이 아니라, 신성의 근원(Fons et Principium Deitatis)인 성부를 가리킨다.

Ⅲ. "예루살렘의 멸망과 세상의 종말, 이 두 가지 모두와 관련하여 너희가 해야 할 일은 깨어서 기도하는 것이다. 너희에게 때를 비밀에 부치는 것은 너희로 하여금 항상 깨어 있도록 하기 위한 것이다(33절). 주님의 재림을 기다리는 마음을 약화시키거나 너희의 생각이나 심령을 복잡하게 만드는 모든 것들을 주의하라. 주님께서 언제 오시더라도 놀라거나 당황하지 않도록 주님의 재림에 대비하여 깨어 있으라. 그 때가 언제인지 알지 못하기 때문에 너희가 영접할 준비를 하는 데에 꼭 필요한 은혜를 받기 위해서 기도하라. 주님께서 어느 날에 오실지 모르기 때문에, 너희는 날마다 준비를 하고 있어야 한다." 그리스도께서는 이 예언적 설교의 끝부분에서 이것을 비유를 들어서 설명하신다.

1. 우리 주님께서 멀리 떠나시면서 우리에게 일을 맡기셨고, 우리는 그 일에 대하여 책임을 져야 한다(34절). 주님은 **타국으로** 간 사람과 같다. 주님께서는 오랜 기간 떠나 있어야 하셨기 때문에, 이 땅에 있는 집을 떠나 타국으로 가시면서 그 종들에게 감독자의 권한을 주어 각각 사무를 맡기며 일꾼들을 감독하라

고 하셨다. 주님께서 권한을 주셨다는 것은 일을 맡기신 것이다. 왜냐하면, 가장 큰 권한을 가진 자들이 가장 많은 일들을 맡고 있는 것이기 때문이다. 주님께서는 일을 맡기시면서 그 일을 할 수 있는 권한도 주셨다. 그리고 주님께서는 마지막으로 떠나실 즈음에 문지기에게 깨어 있으라 명하셨는데, 이것은 주님께서 다시 돌아오실 때에 문을 열어줄 준비를 하고 있으라고 당부하신 것이었다. 또한 문지기는 주님께서 다시 돌아오시기 전에도 사람들을 살펴서 도적이나 강도에게는 문을 열어주지 말고 오직 주님의 친구들과 종들에게만 문을 열어주어야 한다. 이렇게 우리 주 예수께서는 승천하실 때에 모든 종들에게 하실 일을 맡기시면서 그들이 주님이 계시지 않는 동안에 주님을 위해 봉사하다가 주님께서 다시 돌아오실 때에 주님을 영접할 준비를 하고 있기를 기대하신 것이다. 모든 종들에게 일이 맡겨졌고, 어떤 종들은 다스리는 권한을 받았다.

2. 우리는 주님께서 돌아오시기를 기다리면서 항상 깨어 있어야 한다(35-37절).

(1) 우리 주님께서 오실 것이고, 집 주인으로 오셔서 종들과 그들의 일과 그들이 얼마나 일을 잘 하였는지를 회계하실 것이다.

(2) 우리는 집 주인이 언제 올는지를 알지 못한다. 주님께서 우리로 하여금 항상 깨어서 준비하고 있도록 하기 위하여 우리에게 언제 오실지를 알려주시지 않은 것은 대단히 지혜로운 일이다. 집 주인이 오시는 때가 저물 때일는지, 밤중일는지, 닭 울 때일는지, 새벽일는지 우리는 알지 못한다. 이것은 모든 사람이 심판을 받게 되는 최후의 심판만이 아니라 특히 우리가 죽을 때에 주님께서 우리를 찾아오시는 것에 적용할 수 있을 것이다. 우리의 현재의 삶은 장차 도래할 삶에 비하면 깊은 밤과 같다. 우리는 밤 몇 시경에 주님께서 오실지, 즉 젊은 날에 오실지 중년에 오실지 노년에 오실지를 알지 못한다. 우리는 태어나자마자 죽음을 향해 나아가기 때문에 죽음을 예상하지 않으면 안 된다.

(3) 우리가 항상 신경을 써야 하는 것은 우리 주님께서 언제 오시든지 주님께서 우리가 자는 것을 보지 않도록 하는 것, 즉 방종하여 경계를 늦추고 안일과 태만에 빠져서 우리에게 맡겨진 일과 본분을 소홀히 하고 주님의 재림에 대하여 무관심하며 주님께서 오시지 않을 것이라고 스스럼 없이 말하며 주님을 맞을 준비를 하지 않는 모습을 보이지 않도록 하는 것이다.

(4) 주님께서는 홀연히 오실 것이다. 주님의 재림에 대하여 무관심하고 잠자

는 자들에게는 주님께서는 한밤중에 침입한 도적처럼 오실 것이기 때문에 큰 놀라움과 두려움이 될 것이다.

(5) 그러므로 그리스도의 모든 제자들이 꼭 지켜야 할 의무는 깨어 있는 것, 언제나 깨어 있는 것이다. "내가 너희에게 하는 이 말(37절), 내가 네 명에게 하는 이 말은 열두 제자 모두에게 하는 말이고, 모든 제자들에게 하는 말이다. 내가 이 세대에 관하여 너희에게 하는 말은 너희의 말을 통해서 믿게 될 모든 세대의 사람들에게 하는 말이다. 깨어 있으라, 깨어 있으라. 너희는 나의 재림을 예상하고 준비하여서, 너희가 점도 흠도 없이 평안 가운데 발견될 수 있게 하라."

제
— 14 —
장

개요

이 장에서 이 복음서 기자는 우리 모두가 그 역사(history)만이 아니라 신비(mystery)도 알고 싶어하는 우리 주 예수의 죽음과 고난에 관한 기사를 시작한다. I. 그리스도를 죽이고자 하는 대제사장들과 서기관들의 음모(1-2절). II. 그리스도께서 죽으시기 이틀 전에 베다니에서 저녁을 잡수실 때에 머리에 기름 부음을 받으심(3-9절). III. 유다가 그리스도를 팔기 위해 대제사장들과 거래를 함(10-11절). IV. 그리스도께서 제자들과 함께 유월절 식사를 드시고, 성만찬을 제정하시며, 만찬 중에 및 후에 제자들에게 말씀하심(12-31절). V. 그리스도께서 겟세마네 동산에서 고뇌하심(32-42절). VI. 그리스도께서 유다에게 배신을 당하시고 대제사장들이 보낸 자들에 의해 붙잡히심(43-52절). VII. 그리스도께서 대제사장 앞에서 심문을 당하시고 유죄선고를 받으시며 그 법정에서 모욕을 당하심(53-65절). VIII. 베드로가 그리스도를 부인함(66-72절). 이 장에 나오는 대부분의 내용은 우리가 이미 마태복음 26장에서 살펴본 바 있다.

[1]이틀이 지나면 유월절과 무교절이라 대제사장들과 서기관들이 예수를 흉계로 잡아 죽일 방도를 구하며 [2]이르되 민란이 날까 하노니 명절에는 하지 말자 하더라 [3]예수께서 베다니 나병환자 시몬의 집에서 식사하실 때에 한 여자가 매우 값진 향유 곧 순전한 나드 한 옥합을 가지고 와서 그 옥합을 깨뜨려 예수의 머리에 부으니 [4]어떤 사람들이 화를 내어 서로 말하되 어찌하여 이 향유를 허비하는가 [5]이 향유를 삼백 데나리온 이상에 팔아 가난한 자들에게 줄 수 있었겠도다 하며 그 여자를 책망하는지라 [6]예수께서 이르시되 가만 두라 너희가 어찌하여 그를 괴롭게 하느냐 그가 내게 좋은 일을 하였느니라 [7]가난한 자들은 항상 너희와 함께 있으니 아무 때라도 원하는 대로 도울 수 있거니와 나는 너희와 항상 함께 있지 아니하리라 [8]그는 힘을 다하여 내 몸에 향유를 부어 내 장례를 미리 준비하였느니라 [9]내가 진실로 너희에게 이르노니 온 천하에 어디서든지 복음이 전파되는 곳에는 이 여자가 행한 일도 말하여 그를 기억하리라 하시니라 [10]열둘 중의 하나인 가룟 유다가 예수를 넘겨 주

려고 대제사장들에게 가매 ¹¹그들이 듣고 기뻐하여 돈을 주기로 약속하니 유다가 예수를 어떻게 넘겨 줄까 하고 그 기회를 찾더라.

여기에는 다음과 같은 여러 가지 일들이 나온다.

I. 그리스도의 친구들이 친절을 베풀고 그리스도를 존경하여 존귀하게 함. 예루살렘 성 안이나 주위에는 그리스도를 사랑하는 몇몇 친구들이 있었는데, 그들은 그리스도께 무엇을 해주어도 충분하지 않다고 생각하였다. 이스라엘은 그리스도에게 모여오지 않았지만, 그리스도께서는 바로 이런 자들 가운데서 영광을 받으시고 계시고 앞으로 영광을 받으실 것이다.

1. 그리스도를 초대하여 함께 저녁 식사를 하는 친절을 베푼 한 친구가 있었다. 그리스도께서도 친절하게 그 초대에 응하셨다(3절). 그리스도께서는 그의 죽음이 가까이 다가왔다는 것을 아시고 계셨지만, 자포자기 상태로 모든 사람들에게서 물러나 우울하게 지내신 것이 아니라, 아무 일 없다는 듯이 여느 때처럼 친구들과 즐겁게 대화하셨다.

2. 그리스도께서 식사하실 때에 매우 값진 향유를 그의 머리에 붓는 친절을 베푼 또 한 명의 친구가 있었다. 이것은 한 선한 여자에 의해서 행해진 그리스도에 대한 최고의 존경의 표시였는데, 이 여자는 향유를 그리스도의 머리에 부어서 그를 존귀하게 하는 것보다 자신의 존경의 마음을 표현하는 더 좋은 방법은 없다고 생각하였다. 이렇게 해서, 왕이 침상에 앉았을 때에 나의 나도 기름이 향기를 뿜어냈구나(아 1:12)라는 성경 말씀이 성취되었다. 우리도 우리의 사랑하는 자이신 그리스도께 향유를 붓고 사랑의 입맞춤으로 그리스도께 입맞추며, 우리의 주권자이신 그리스도께 향유를 붓고 충성의 입맞춤으로 그리스도께 입맞추자. 그리스도께서는 우리를 위해 목숨을 쏟아부으셨는데, 우리가 그리스도께 아무리 많은 향유를 부어드린다고 해도 무엇이 아깝겠는가? 여자가 그리스도의 머리에 향유 전부를 부었다는 것은 주목할 만한 일이다. 여자는 옥합을 깨뜨렸다(우리는 본문을 이렇게 읽는다). 그러나 옥합은 설화석고로 만든 용기였기 때문에 쉽게 깨지지 않았을 것이고 향유를 붓기 위해서 굳이 옥합을 깰 필요가 없었을 것이라는 이유를 들어서, 어떤 이들은 이 본문을 여자가 옥합에 들어 있는 향유가 더 잘 나오게 하기 위해서 옥합을 흔들거나 땅에 두드렸다고 읽거나, 옥합 안쪽에 붙어 있는 향유까지 다 잘 나오게 하기 위해

서 옥합을 문질렀다고 읽는다. 우리는 우리가 가진 모든 것으로 그리스도를 존귀하게 하여야 마땅하고, 값진 것들을 아깝다는 생각을 버리고 남김없이 내놓아야 마땅하다. 우리는 우리가 가장 아끼는 매우 값진 향유를 그리스도께 드리고 있는가? 그리스도께 모든 것을 드리자. 마음을 다하여 그리스도를 사랑하자.

(1) 그런데 이 일을 마땅하다고 생각하지 않고 나쁘게 생각한 자들이 있었다. 그들은 이 일을 향유를 허비하는 짓이라고 비난하였다(4절). 그들은 그리스도를 존귀하게 하는 데에 그런 값진 것을 드리고자 하는 마음이 없었기 때문에 여자가 향유를 허비한 것이라고 생각한 것이었다. 어리석은 자를 다시 존귀하다 부르지 아니하겠고 우둔한 자를 다시 존귀한 자라 말하지 아니하리라(사 32:5). 마찬가지로, 존귀한 자를 허비하는 자라고 해서는 안 된다. 그들은 자기들이라면 향유를 팔아 가난한 자들에게 주었을 것처럼 말한다(5절). 그러나 고르반이라는 제도를 통해서 일반적인 경건을 행하였다고 하여서, 가난한 부모를 봉양하는 구체적인 구제가 면제되는 것이 아니듯이(7:11), 가난한 자들에게 일반적인 구제를 행하였다고 하여 주 예수에 대한 구체적인 경건 행위를 하지 않아도 되는 것은 아니다. 당신의 손으로 선한 일을 찾았으면, 당신의 힘으로 그 일을 행하라.

(2) 우리 주 예수께서는 무슨 일이든 사람들이 생각한 것보다 더 좋은 평가를 하신다. 아마도 이 여자는 모든 사람들이 보는 앞에서 그리스도에게 대하여 그녀가 품고 있던 큰 존경심을 표현하여서 그리스도를 환대하는 데에 일조하고자 하는 마음 이상의 의도를 지니고 있지 않았을 것이다. 그러나 그리스도께서는 이 여자의 행위를 큰 사랑의 행위임과 동시에 큰 믿음의 행위라고 평가하신다(8절). "이 여자는 마치 나의 부활을 내다보고 나중에는 이렇게 할 수 없을 것을 미리 알고 있는 것처럼 힘을 다하여 내 몸에 향유를 부어 내 장례를 미리 준비하였느니라." 향유를 부어 장례를 미리 준비한 것은 그리스도에게 가까이 다가온 죽음을 보여주는 일종의 전조(前兆) 또는 전주곡이었다. 그리스도의 마음이 그의 죽음에 관한 생각으로 가득 차 있었고, 그리스도께서는 모든 일을 그 죽음과 관련하여 해석하고 계셨으며, 기회가 될 때마다 그 죽음에 대하여 얼마나 친숙하게 말씀하셨는지를 보라. 사형선고를 받은 사람들이 아직 살아 있는 동안에 관을 준비하고 장례 준비를 하는 것은 당연한 일이다. 그리스도께서는 여자가 한 행위를 그렇게 받아들이셨다. 그리스도의 죽음과 장례

는 그의 겸비의 삶 중에서 가장 비천한 걸음들이었기 때문에, 그리스도께서는 비록 그의 죽음을 즐겁게 받아들이셨지만, 십자가의 장애물을 제거하는 데에 도움을 주고 성도들의 죽음이 주님께서 보시기에 얼마나 귀한 것인가를 넌지시 알리시기 위하여 몇 가지 영광의 흔적들이 그의 죽음에 따르도록 하신 것이다. 그리스도께서는 고난을 받기 위하여 입성한 경우를 제외하고는 한 번도 나귀를 타고 예루살렘에 개선하듯이 입성한 적이 없으셨다. 또한 그리스도께서는 그의 장례를 위한 경우를 제외하고는 한 번도 머리에 기름 부음을 받으신 적이 없으셨다.

(3) 그리스도께서는 이 여자의 영웅적인 경건의 행위를 칭찬하시고 모든 시대의 교회로부터 박수갈채를 받게 하셨다. 온 천하에 어디서든지 복음이 전파되는 곳에는 이 여자가 행한 일도 말하여 그를 기억하리라(9절). 이 세상에서조차도 착한 일을 하고 받는 칭찬은 그 일로 인해 받은 책망과 경멸을 상쇄하고도 남음이 있다. 사람들은 의인을 기념할 때에 칭찬하고, 조롱의 시험을 받은 사람들은 좋은 평판을 얻었다(히 11:6, 39). 따라서 이 선한 여자는 향유를 부은 행위에 대한 보상을 받은 것이다. 이 여자는 그녀의 향유도 그녀의 수고도 허비한 것이 아니었다(nec oleum perdidit nec operam). 여자는 이 일로 인해서 값진 향유보다 더 나은 좋은 평판을 얻었다. 이렇게 그리스도를 높이는 자들을 그리스도께서는 높이신다.

Ⅱ. 그리스도의 원수들이 지닌 악의와 그들이 그리스도에게 해를 끼치기 위하여 준비함.

1. 그리스도의 공개적인 원수들이었던 대제사장들은 그리스도를 흉계로 잡아 죽일 방도를 모의하였다(1-2절). 유월절이 가까이 다가오고 있었고, 다음과 같은 목적들을 위해서 유월절 절기 동안에 그리스도는 죽으셔야 했다.

(1) 그것은 그리스도의 죽음과 고난이 좀 더 공개적으로 진행되어서, 온 이스라엘, 심지어 유월절을 지키려고 여러 나라들에서 온 흩어져 있는 자들(디아스포라)도 이 일을 목격하고 이 일에 수반된 놀라운 기사(奇事)들을 목격할 수 있도록 하기 위해서였다.

(2) 그것은 모형(유월절)과 원형(그리스도)이 서로 상응할 수 있도록 하기 위해서였다. 우리의 유월절 어린 양이신 그리스도께서는 유월절 어린 양이 희생제물이 되어서 이스라엘이 애굽으로부터 구원받은 것을 기념하는 바로 그

때에 맞춰서 우리를 위해 희생제물이 되셔서 우리를 종살이 하던 집으로부터 건져내셨다.

[1] 그리스도의 원수들이 그리스도에 대하여 얼마나 큰 앙심을 품고 있었는지를 보라. 그들은 그리스도를 추방하거나 옥에 가두는 것으로는 충분하지 않다고 생각하였다. 왜냐하면, 그들은 그리스도를 침묵시키고 앞으로 일을 하지 못하도록 사역을 중단시킬 뿐만 아니라 그리스도께서 이제까지 행하셨던 모든 선에 대하여 앙갚음을 하고자 하였기 때문이다.

[2] 그리스도의 원수들이 얼마나 간교했는지를 보라. 그들이 사람들이 많이 모이는 명절에는 하지 말자고 말한 이유는 그들이 유월절을 경건하게 지키는 데에 이 일이 방해가 되고 그들의 마음이 흐트러질 염려가 있기 때문이 아니라 민란이 나서 백성들이 일어나 그리스도를 해하려고 시도하는 자들과 싸움이 붙을 것을 두려워하였기 때문이었다(2절). 사람들의 찬사를 바랐던 그들은 사람들이 분노하고 기분 나빠하는 것을 두려워하였다.

2. 친구를 탈을 쓴 원수였던 유다는 그리스도의 원수들과 그리스도를 넘겨주기로 계약을 맺었다(10-11절). 유다는 열둘 중의 하나로서 그리스도의 가족이었고 그리스도와 친밀하였으며, 하나님 나라를 섬기기 위한 훈련을 받은 자였다. 그런데 그가 그리스도를 붙잡는 일에 협조하겠다고 대제사장들에게 갔다.

(1) 유다가 그들에게 제안한 것은 그리스도께서 그를 따르는 자들 앞에 공개적으로 나타났을 때에 그를 붙잡고자 한다면 그들이 두려워하는 민란이 일어날 것이기 때문에 그런 일을 피해서 언제 그리고 어디에서 그들이 그리스도를 붙잡을 수 있는지를 알려주는 방법으로 그들에게 그리스도를 넘겨주겠다는 것이었다. 과연 유다는 그들이 어디에서 난관에 봉착하였고 어떤 도움을 원하는지를 알고 있었던 것일까? 그리스도를 죽이고자 하는 음모는 비밀리에 진행되었을 것이기 때문에, 아마도 유다는 그런 것을 알지 못하였을 것이다. 그렇다면, 그들은 그리스도를 따르던 유다가 그들의 음모에 협조할 의향이 있다는 것을 알았을까? 그렇지 않았을 것이다. 그들은 예수의 측근들 중에 그렇게 비열한 사람이 있을 것이라고는 상상도 하지 못했을 것이다. 그러나 유다에게 들어간 사탄은 그들에게 유다가 필요한 것을 알았고, 유다를 이끌어서 예수를 죽이고자 음모를 꾸미고 있던 그들을 안내해 주게 하였다. 모든 불순종의 자녀들 가운데서 역사하는 영은 악한 일을 행함에 있어서 서로를 돕도록 그들을

이끌어서 하나님의 섭리가 그들 편이라는 공상 속에서 마음을 완악하게 먹게 하는 방법을 알고 있다.

(2) 유다가 작정한 것은 이 거래를 통해서 돈을 벌어보겠다는 것이었다. 그들은 돈을 주기로 약속하였는데, 그것은 유다가 바라고 있던 것이었다. 유다를 지배하고 있던 죄인 탐욕으로 말미암아 유다는 주님을 넘겨주는 죄를 범하게 되었다. 마귀는 이런 식으로 적절하게 유다를 유혹하여 결국 그를 정복하였다. 그들은 유다에게 어떤 권력을 약속한 것이 아니라 돈을 약속하였다(유다는 권력에는 흥미가 없었다). 우리는 우리에게 가장 쉽게 침투하는 죄에 대해서는 배나 경계하지 않으면 안 된다. 아마도 유다는 애초부터 이 무리의 금고를 맡는다는 조건으로 탐욕에 의해서 그리스도를 따르게 되었고, 그동안에도 금고의 돈을 어느 정도 손댔을 것으로 보인다. 그런데 이제 그리스도의 원수들에게 협조하면 돈을 벌 수 있게 되었기 때문에, 유다는 애초에 그리스도를 따를 때와 마찬가지로 기꺼이 돈을 위해서 그리스도를 넘겨주기로 작정하였던 것이다. 사람들이 신앙을 갖게 된 동기가 육신적이고 세상적일 때에는 바람의 방향이 바뀔 때마다 세속적인 이익이라는 바로 그 동기는 악하고 가증스러운 배교의 쓴 뿌리가 된다.

(3) 돈을 확보하기 위해서 유다는 자신의 거래를 반드시 성사시키기로 작정하였다. 그는 그리스도를 어떻게 넘겨 줄까 하고 그 기회를 찾았다. 그는 그를 고용한 자들의 의도에 맞춰서 그리스도를 적절한 때에 넘겨줄 궁리를 했다. 우리는 죄악된 거래나 계약이라는 덫에 걸려들지 않도록 늘 조심하여야 한다. 어쩌다가 우리의 입에서 나온 말에 의해서 덫에 걸려들게 되었다면, 우리는 신속하게 거기에서 발을 빼어서 스스로를 건져내어야 한다(잠 6:1-5). 악한 일을 행하도록 의무를 진 것은 무효라는 것이 우리의 신앙과 법률의 원칙이다. 그런 의무를 졌다면, 그 의무를 실행할 것이 아니라 회개를 하는 것이 마땅하다. 죄의 길은 내리막길이라는 것을 알라 — 그 길에 있게 되면, 필연적으로 죄를 계속해서 지을 수밖에 없게 되어 있다. 많은 사람들은 그들의 목적을 편리하게 달성하기 위하여 악한 계략들을 고안해내어서 죄악된 일들을 추구한다. 그러나 그러한 편리한 것들이 결국에는 재앙을 불러온다는 것이 밝혀질 것이다.

¹²무교절의 첫날 곧 유월절 양 잡는 날에 제자들이 예수께 여짜오되 우리가 어디로

가서 선생님께서 유월절 음식을 잡수시게 준비하기를 원하시나이까 하매 [13]예수께서 제자 중의 둘을 보내시며 이르시되 성내로 들어가라 그리하면 물 한 동이를 가지고 가는 사람을 만나리니 그를 따라가서 [14]어디든지 그가 들어가는 그 집 주인에게 이르되 선생님의 말씀이 내가 내 제자들과 함께 유월절 음식을 먹을 나의 객실이 어디 있느냐 하시더라 하라 [15]그리하면 자리를 펴고 준비한 큰 다락방을 보이리니 거기서 우리를 위하여 준비하라 하시니 [16]제자들이 나가 성내로 들어가서 예수께서 하시던 말씀대로 만나 유월절 음식을 준비하니라 [17]저물매 그 열둘을 데리시고 가서 [18]다 앉아 먹을 때에 예수께서 이르시되 내가 진실로 너희에게 이르노니 너희 중의 한 사람 곧 나와 함께 먹는 자가 나를 팔리라 하신대 [19]그들이 근심하며 하나씩 하나씩 나는 아니지요 하고 말하기 시작하니 [20]그들에게 이르시되 열둘 중의 하나 곧 나와 함께 그릇에 손을 넣는 자니라 [21]인자는 자기에 대하여 기록된 대로 가거니와 인자를 파는 그 사람에게는 화가 있으리로다 그 사람은 차라리 나지 아니하였더라면 자기에게 좋을 뻔하였느니라 하시니라 [22]그들이 먹을 때에 예수께서 떡을 가지사 축복하시고 떼어 제자들에게 주시며 이르시되 받으라 이것은 내 몸이니라 하시고 [23]또 잔을 가지사 감사 기도 하시고 그들에게 주시니 다 이를 마시매 [24]이르시되 이것은 많은 사람을 위하여 흘리는 나의 피 곧 언약의 피니라 [25]진실로 너희에게 이르노니 내가 포도나무에서 난 것을 하나님 나라에서 새 것으로 마시는 날까지 다시 마시지 아니하리라 하시니라 [26]이에 그들이 찬미하고 감람 산으로 가니라 [27]예수께서 제자들에게 이르시되 너희가 다 나를 버리리라 이는 기록된 바 내가 목자를 치리니 양들이 흩어지리라 하였음이니라 [28]그러나 내가 살아난 후에 너희보다 먼저 갈릴리로 가리라 [29]베드로가 여짜오되 다 버릴지라도 나는 그리하지 않겠나이다 [30]예수께서 이르시되 내가 진실로 네게 이르노니 오늘 이 밤 닭이 두 번 울기 전에 네가 세 번 나를 부인하리라 [31]베드로가 힘있게 말하되 내가 주와 함께 죽을지언정 주를 부인하지 않겠나이다 하고 모든 제자도 이와 같이 말하니라.

이 단락에는 다음과 같은 내용들이 나온다.

I. 그리스도께서는 죽으시기 전날 밤에 기쁨과 위로 속에서 제자들과 함께 유월절 식사를 하시면서 다가올 슬픈 일들을 준비하셨는데, 슬픈 일들이 곧 닥칠 것을 아시면서도 유월절 식사를 엄숙하게 거행하셨다. 고난에 대한 인식 없이 성찬식에 참여하는 것은 합당한 일이 아니라는 것을 알아야 한다.

1. 휘트비 박사가 상세히 밝혔듯이, 하몬드 박사의 주장과는 달리, 그리스도께서는 다른 유대인들과 마찬가지로 유월절 전날 밤이 아니라 유월절 날에 제자들과 함께 유월절 식사를 하셨다. 이 날은 무교절이라 불린 절기의 첫날로서 유월절 양 잡는(12절) 날이기도 하였다(이 절기가 8일간 계속되었다고 볼 때).

2. 그리스도께서는 그가 유월절 식사를 하고자 하는 장소를 어떻게 찾아내어야 하는지를 제자들에게 지시하셨는데, 앞서 제자들을 보내셔서 그가 예루살렘으로 입성할 때에 탈 나귀를 데려오라고 하셨을 때(11:6)와 마찬가지로, 이 일을 통해서 그가 멀리 떨어진 곳에서 일어나는 일들이나 장래의 일들(우리에게는 우연으로 보이는 일들)을 전연 틀림이 없이 알고 계신다는 증거를 다시 한 번 보여주셨다. "성내로 들어가라(유월절 식사는 예루살렘 성내에서 하여야 했기 때문에). 그리하면 물 한 동이를 가지고 가는 사람을 만나리니(주인 집의 방들을 청소하기 위하여 물을 길러 온 종) 그를 따라가서 어디든지 그가 들어가는 그 집 주인에게 이르되 나의 객실이 어디 있느냐 하시더라 하라." 예루살렘 거민들은 유월절을 지키기 위해서 지방에서 상경한 사람들에게 이런 용도로 빌려주는 데에 적합한 방들을 많이 가지고 있었을 것이고, 그러한 방들 중의 하나를 그리스도께서는 사용하셨다. 그리스도께서 "이 친구 집으로 가라"거나 "우리가 자주 갔던 바로 그 집으로 가서 준비하라"고 말씀하시지 않은 것으로 보아서, 그 집은 친구의 집이거나 그리스도께서 전에 자주 만나셨던 사람의 집이 아니었던 것 같다. 아마도 그리스도께서는 제자들과 대화하는 것이 방해받지 않도록 하기 위해서 그를 잘 모르는 사람의 집으로 가셨을 것이고, 유다에게 이 일을 숨기기 위하여 암호로 이 일을 지시하셨기 때문에, 유다는 그 장소에 가서야 비로소 이 일을 알았을 것인데, 이러한 암호를 통해서 그리스도께서는 정결한 심령, 곧 깨끗한 물로 씻음을 받은 심령 속에 거하시고자 하신다는 것을 암시하셨다. 그리스도께서 오시고자 하시는 곳에는 물 한 동이가 그분에 앞서서 먼저 가야 한다. 이사야 1:16-18을 보라.

3. 그리스도께서는 자리를 펴고 준비한(에스트로메논 — 양탄자가 깔린) 큰 다락방에서 유월절 식사를 하셨다(하몬드 박사는 이렇게 해석한다). 이 다락방은 아주 깔끔한 식당이었던 것으로 보인다. 그리스도께서는 평상시에 식사를 하실 때에 훌륭하게 잘 갖춰진 곳을 전혀 선호하지 않으셨고, 오히려 정반대

로 수수한 곳을 택하시거나 잔디 위에 앉아서 식사를 하셨으나, 성찬식을 거행하고자 하셨을 때에는 할 수 있는 한 훌륭하고 비싼 방을 구하셨다. 하나님께서는 외관상의 화려함을 보시지는 않지만, 하나님께서 제정하신 예식에 대한 내적인 경외심이 어떻게 표현되고 표출되는지를 보신다. 그런데 사람들은 화려하다는 비난을 면하기 위해서 하나님의 예배에 걸맞는 품위와 치장을 하지 않으려 하는데, 이러한 태도는 내적인 경외심이 결여되어 있는 것이기 때문에, 이것은 두려운 일이다.

4. 그리스도께서는 그의 가족인 열두 제자와 함께 유월적 식사를 하시면서, 가족들, 곧 자녀들로 이루어진 가족들만이 아니라 종들로 이루어진 가족들, 학자들 또는 학생들로 이루어진 가족들을 책임지고 있는 자들에게 가족 구성원들의 신앙을 계속해서 붙들어주고 그들과 함께 하나님께 예배를 드리라고 가르치셨다. 그리스도께서 열두 제자와 함께 오셨기 때문에, 이 때에 주님을 넘겨줄 궁리를 하고 있었던 유다도 거기에 있었다. 20절에서는 유다가 거기에 있었다고 분명하게 말한다: 유다는 의심을 받지 않으려고 그 자리에 빠지지 않았다. 만약 이 유월절 식사에서 유다의 자리가 비어 있었다면, 사울이 다윗에 대하여 말했듯이, 제자들은 유다에 대하여 그에게 무슨 사고가 있어서 부정한가보다 정녕히 부정한가보다(삼상 20:26)라고 생각했을 것이다. 위선자들은 자신의 신변이 위험하다는 것을 알면서도 자신의 평판을 유지하고 자신의 은밀한 죄악을 위장하기 위하여 많은 사람들 사이에 섞여서 특별한 예식들에 참여한다. 그리스도께서는 유다의 죄악을 아셨지만 아직 그 죄악이 공개적으로 드러나고 소문이 나지 않았기 때문에 유월절 식사에서 유다를 배제하지 않으셨다. 오직 외관상으로만 판단하는 사람들의 손에 천국 열쇠를 들려주시고자 하시는 그리스도께서는 이렇게 하심으로써 그와 함께 식탁에 앉도록 허락된 자들에게 올바른 신앙 고백으로 만족할 수 있도록 지도하시고 격려하시고자 하셨다. 왜냐하면, 사람들은 쓴 뿌리가 올라오기 전까지는 그 쓴 뿌리를 분별할 수 없기 때문이다.

Ⅱ. 그리스도께서 제자들과 함께 앉아서 유월절 음식을 먹을 때에 제자들에게 하신 말씀. 그리스도께서 충격적인 말씀을 하시기 전까지, 그들은 유월절의 관습에 따라서 하나님께서 이스라엘을 애굽에서 구원하시고 장자들을 보호해주신 일 등에 대하여, 이런 자리에서 항상 그랬듯이 유쾌하게 대화를 나

누고 있었을 것이다.

1. 제자들은 주님을 모신 이 모임을 즐거워 하고 있었다. 그러나 주님께서는 그들이 이제 곧 그를 잃게 될 것이라고 말씀하신다. 인자가 팔리리라. 제자들은 이 말씀을 자주 들었기 때문에 다음에 무슨 말씀이 나올지를 알고 있었다 — 주님께서 팔리게 되면, 너희가 듣게 될 다음 소식은 주님께서 십자가에 못 박혀 돌아가셨다는 것이다. 하나님께서는 주님에 대하여 이 일을 작정하셨고, 주님께서도 이 일에 동의하셨다. 인자는 자기에 대하여 기록된 대로 간다(21절). 이 일은 하나님의 계획 속에 기록되어 있고, 일점일획도 땅에 떨어질 수 없는 구약의 예언들에 기록되어 있다.

2. 제자들은 서로 함께 한 이 모임을 즐거워 하고 있었지만, 그리스도께서는 너희 중의 한 사람 곧 나와 함께 먹는 자가 나를 팔리라(18절)고 말씀하심으로써 이 즐거움에 찬물을 끼얹으신다. 그리스도께서 이 말씀을 하신 것은 유다의 양심을 일깨워서 그로 하여금 자신의 죄악에 대하여 회개하고 함정의 언저리에서 다시 돌아오게 하기 위한 것이었던 것 같다(아직은 때가 늦은 것이 아니었기 때문에). 그러나 언제나 그렇듯이 가장 경고를 받아야 할 사람은 그 경고에 가장 무관심한 법이다. 유다를 제외한 나머지 제자들은 이 말씀에 충격을 받았다. (1) 제자들은 근심하기 시작하였다. 우리가 전에 지은 죄에 대한 기억은 그와 같은 죄를 다시 지을 수도 있다는 두려움을 가져오고, 이 두려움은 우리의 신령한 절기들의 위로를 빼앗아가고 우리의 기쁨에 찬물을 끼얹는다. 바로 이것이 유월절에 먹게 되어 있던 쓴 나물이다. (2) 제자들은 스스로를 의심하기 시작하였다. 그들은 하나씩 하나씩 나는 아니지요라고 물었다. 그들은 서로에 대해서보다 자기 자신에 대해서 더 경계하고 살폈다는 점에서 그들의 우애는 칭찬받아 마땅하다. 가장 좋은 것을 바라는 것이 사랑의 법이다(고전 13:5-7). 왜냐하면, 우리는 우리 형제들보다 우리 자신이 더 악하다는 것을 잘 알고 있고, 따라서 우리 자신을 의심하는 것이 마땅하기 때문이다. 또한 그들은 그리스도께서 하신 말씀을 그대로 긍정하고 받아들였다는 점에서 칭찬을 받아 마땅하다. 그들은 그들 자신의 마음이 아니라 그리스도의 말씀을 더 신뢰하였기 때문에, "분명히 저는 아닙니다"라고 말하지 않고, "주여, 접니까?"라고 물었다. 그들은 "우리 안에 악한 것이나 쓴 뿌리가 있는지를 살펴보시고 찾아주셔서 우리로 하여금 그러한 것들을 뽑아내버리게 해주십시오"라고 말한 것이다.

제자들의 질문에 대하여 그리스도께서 하신 대답은 다음과 같은 효과를 나타냈다. [1] 그리스도께서 하신 대답은 제자들을 안심시켰을 것이다. "나를 팔자는 너희가 아니고, 나와 함께 그릇에 손을 넣는 자니라. 나의 대적이자 원수는 저 악한 유다이다." [2] 그리스도께서 하신 대답은 유다를 매우 불안하게 만들었을 것이다. 그리스도께서 인자를 파는 그 사람에게는 화가 있으리로다라고 말씀하셨기 때문에, 유다는 바늘 방석에 앉아 있는 것 같았을 것이다. 모든 게 탄로났으니, 이제 유다는 끝장이다. 그의 죄상(罪狀)은 곧 밝혀질 것이다. 그러한 비참한 자가 되느니, 차라리 나지 아니하여서 아예 이 땅에 존재하지 않았더라면 그에게 좋을 뻔하였다. 이 때 유다는 주님이 자주 자기가 팔리게 될 것이라고 하신 말씀을 떠올리며 이렇게 생각하면서 마음을 추스렸을 것이다. '그 일이 이루어져야 한다면, 하나님의 뜻에 대적할 자가 없을 것이기 때문에, 그 일을 행한 자를 하나님은 분명히 허물하지 못하실 것이다(롬 9:19).' 그러나 그리스도께서는 유다에게 이것이 그에게 피난처나 변명이 될 수 없으리라는 것을 말씀하신다. 인자는 자기에 대하여 기록된 대로 도살장으로 끌려가는 어린 양이 되어 가거니와 인자를 파는 그 사람에게는 화가 있으리로다. 하나님께서 인간에게 범죄할 수 있도록 허용하시고 그러한 상황 속에서 인간으로 하여금 하나님께 영광을 돌리게 하신 것은 인간이 반드시 죄를 지을 수밖에 없게 하신 것이 아니기 때문에 죄에 대한 변명도 될 수 없고 형벌을 완화해 주어야 하는 조건도 될 수 없다. 실제로 그리스도께서는 하나님께서 미리 정하신 뜻과 미리 아신 대로 내준 바 되셨다. 그럼에도 불구하고, 그리스도는 법 없는 자들의 손에 의해서 십자가에 못 박혀서 죽으신 것이다(행 2:23).

Ⅲ. 성찬식의 제정

1. 성찬식은 제자들이 유월절 양을 배불리 먹고난 후에 최후의 만찬이 끝날 무렵에 제정되었는데, 이것은 성찬이 육신의 식사를 의도하고 있지 않다는 것을 보여주기 위한 것이었다. 육신의 식사를 앞세우는 것은 모세를 다시 부활시키는 것이다. 그러므로 성찬은 오직 영혼을 위한 음식이기 때문에, 육신을 위한 것은 하나의 상징으로서 아주 조금만 있으면 충분하다. 유월절 만찬은 그 식사가 끝날 무렵에 제정된 성찬식에 의해서 복음적으로 해석되고 지양(止揚)되어서 폐기되었다. 유월절에 관한 율법(출 12장)은 성찬식에 관한 많은 가르침과 의무를 우리에게 예시해준다. 왜냐하면, 구약의 제도들은 우리에게 구속

력은 없지만 복음이라는 열쇠의 도움을 받아서 우리를 교훈하기 때문이다. 이 렇게 이 두 예식은 서로 아주 밀접한 관계에 있기 때문에, 우리는 이 둘을 비교해 보아서 성찬식이 유월절 예식보다 얼마나 간략하고 분명한지를 살펴보는 것이 좋다. 그리스도의 멍에는 구약의 의식법(儀式法)의 멍에에 비해서 쉽고, 그리스도의 예식들은 더욱 신령하다.

2. 성찬식은 그리스도 자신의 모범에 의해서 제정되었다. 세례 예식은 그리스도께서 부활하신 후에(마 28:19) 그에게 주어진 하늘과 땅의 모든 권세(18절)에 의해서 하나의 법으로서의 엄숙한 예식으로 제정된 것과는 달리, 성찬 예식은 이미 제자들이 되어서 그와 언약을 맺은 자들을 위한 것이었기 때문에 주님께서 친히 거행하심에 의해서 제정되었다. 그러나 성찬식은 성도들에게 하나의 법으로서 의무로 주어졌고, 주님께서 다시 오실 때까지 온전한 의미와 권능과 효력을 지닌다.

3. 성찬식은 축복과 감사 기도를 통해서 제정되었다. 일반 은총에 의해서 주어진 은사들도 축복과 감사 기도로 받아야 하는데(딤전 4:4-5), 특별 은총에 의해서 주어진 은사들은 더 말할 것도 없다. 그리스도께서는 축복하시고(22절) 감사 기도를 드리셨다(23절). 그리스도께서는 다른 때에도 음식을 드실 때에 축복하시고 감사기도를 드리시곤 하였는데(6:41. 8:7), 이 모습이 아주 두드러졌기 때문에, 제자들이 그 모습을 보고 그리스도인 줄을 알아본 적도 있었다(눅 24:30-31). 그리스도께서는 이 성만찬에서도 그와 같이 하셨다.

4. 성찬식은 그리스도의 죽음을 기념하라고 제정되었다. 그러므로 그리스도께서는 자기가 상함을 받는 것이 자기가 얼마나 원하는 일인지를 보여주시기 위하여 떡을 떼셨고, 포도의 피인 포도주를 새 언약의 피라고 하셨다. 그리스도께서 죽으신 죽음은 피 흘리신 죽음이었고, 우리의 속전(贖錢)인 피, 그 귀한 피는 자주 언급되어 나온다. 왜냐하면, 피는 생명이므로, 피흘림이 있어야 영혼이 속함받을 수 있기 때문이다(레 17:11-14). 피흘림은 그리스도께서 우리를 위하여 목숨을 버리셨다는 것을 가장 잘 눈으로 볼 수 있게 나타내주는 것이었다(사 53:12). 피는 목소리를 갖고 있다(창 4:10). 피가 아주 자주 언급되는 것은 피는 말할 수 있기 때문이다(히 12:24) 그리스도께서는 그의 피를 새 언약의 피(the blood of New Testament)라고 하셨다. 왜냐하면, 은혜의 언약은 유언으로 주어졌고, 이 유언은 유언을 하신 그리스도의 죽음에 의해서 효력을 발

생하게 되기 때문이다(히 9:16). 그리스도께서는 이 피는 많은 사람을 위하여 흘리는 피, 많은 사람을 의롭게 하고(사 53:11) 많은 자녀들을 영광으로 인도할(히 2:10) 피라고 말씀하신다. 이 피는 무한한 가치를 지닌 피로서 아무리 많은 사람에게도 충분하였고, 이제까지 많은 사람에게 사용되어 왔다. 우리는 아무도 능히 셀 수 없는 수많은 무리가 모두 어린 양의 피에 그 옷을 씻어 희게 하였다는 말씀을 읽는다(계 7:9-14). 그리고 지금도 여전히 이 피는 열려 있는 샘이다. 그리스도의 피가 많은 사람을 위하여 흘려졌다는 사실은 회개하는 불쌍한 죄인들에게 얼마나 큰 위로가 되는가! 그 피가 많은 사람을 위한 피라면, 어찌 나를 위한 피가 되지 않겠는가? 그 피가 죄인들, 죄인들의 괴수인 이방 죄인들을 위한 피라면, 어찌 나를 위한 피가 되지 않겠는가?

5. 성찬식은 그리스도께서 우리와 맺은 언약을 인준하는 예식이자 그리스도께서 우리를 위하여 피값으로 사신 유익들을 우리에게 전달해주신다는 표(標)로 제정되었다. 그러므로 그리스도께서는 떡을 떼어 그들에게 주시며(22절) 받아 먹으라고 말씀하셨고, 잔을 그들에게 주시며 그 잔을 마시라고 명하셨다(23절). 우리는 십자가에 못 박히신 그리스도의 교훈을 우리 자신에게 적용하여, 그것이 우리의 영혼을 힘있게 하고 자양분을 공급하며 새롭게 하는 양식과 음료가 되어서 우리의 영적인 삶을 밑받침하고 위로하도록 하여야 한다.

6. 성찬식은 우리로 하여금 하늘의 행복을 바라보며 미리 맛보게 하여서 온갖 감각의 쾌락들과 즐거움들에 대한 미각(味覺)을 잃어버리게 할 목적으로 제정되었다(25절). 포도주는 육신의 원기를 돋우는 음료이기 때문에, 나는 포도나무에서 난 것을 하나님 나라에서 새 것으로 마시는 날까지 다시 마시지 아니하리라. 나는 포도주와 관계를 끊었다. 신령한 기쁨을 맛보고나서 곧 감각적인 쾌락을 원하는 자가 없나니, 이는 그가 신령한 것이 좋다고 말할 것이기 때문이다(눅 5:39). 신령한 기쁨을 맛본 자는 누구나 곧 영원한 기쁨을 사모하게 되는데, 이는 그가 신령한 기쁨이 여전히 더 좋다고 말할 것이기 때문이다. 그러므로 나는 포도나무에서 난 것을 다시 마시지 아니하리라. 그런 것은 하나님의 즐거움의 강에서 물을 마신 적이 있는 자들에게는 김빠지고 밋밋한 맛밖에 나지 않기 때문이다. 여호와여, 내가 하나님 나라에서 새 것으로 마시게 될 날을 하루 속히 오게 하소서.

7. 성찬식은 찬미로 끝났다(26절). 그리스도께서는 원수들 가운데 계셨지만

그들이 두려워서 하나님께 찬미를 드리는 이 기분좋은 의무를 생략하지 않으셨다. 바울과 실라는 죄수들이 듣고 있는 가운데 노래를 하였다. 이것은 복음적인 노래였다. 구약에서는 복음의 때를 흔히 기뻐하고 즐거워하는 때라고 말하고, 찬미는 찬양을 부르는 것을 통해서 표현된다. 이 찬미는 그리스도께서 고뇌의 기도로 들어가시기 직전에 부르신 다짐의 노래였다. 아마도 이 노래는 유대인들이 자주 불렀던 시편 113편—118편이었을 것이다.

IV. 달밤에 베다니로 돌아와서 그리스도께서 제자들과 나누신 대화. 그들은 찬미하고서 곧 밖으로 나왔다. 취침할 시간이 다 되었지만, 우리 주 예수께서는 장차 그에게 다가올 고난에 관한 상념에 잠겨서, 그 일이 이루기까지는 장막 집에 들어가지 아니하며 침상에 오르지 아니하고 눈으로 잠들게 하지 아니하셨다(시 132:3-4). 유월절 식사를 하던 날 밤에 이스라엘 백성들은 죽음의 사자의 칼을 피하기 위해서 집 밖으로 나가는 것이 금지되었다(출 12:22-23). 그러나 목자장이신 그리스도께서는 죽임을 당하시기로 작정하셨기 때문에, 전사(戰士)로서 의도적으로 칼 앞에 자신을 노출시키기 위하여 밖으로 나오셨다. 이스라엘 백성들은 죽음의 사자를 피하였지만, 그리스도께서는 죽음의 사자를 정복하셔서 영원히 멸망시키셨다.

1. 여기서 그리스도께서는 그가 고난을 받으실 때에 모든 제자들에 의해서 버림을 받게 될 것이라고 예언하신다. "오늘 밤에 너희가 다 나를 버리리라. 나는 너희가 나를 버리리라는 것을 아는데(27절), 내가 지금 너희에게 말하는 이것은 성경이 너희에게 이미 말한 내용에 다름아니다. 내가 목자를 치리니 양들이 흩어지리라." 그리스도께서는 이러한 사실을 이미 알고 계셨지만, 제자들을 유월절 식사에 초대하여 환대하셨다. 그리스도께서는 제자들이 넘어지고 실수할 것을 알고 계셨지만, 그들을 거절하지 않으셨다. 우리는 나중에 범죄할 것이 두려워서 성찬식에 참여하는 것을 주저하는 자들이 되어서는 안 된다. 오히려, 우리에게 닥칠 위험이 더 크면 클수록, 우리가 부지런하고 성실하게 성례전에 참여하여 우리 자신을 견고케 할 필요성은 더욱 커진다. 그리스도께서는 제자들에게 그들이 그가 원수들에게 제압당하는 것을 볼 때에 과연 그가 메시야인지에 대하여 의문을 갖기 시작하면서 그리스도를 버리게 될 것이라고 말씀하신다. 이제까지 그들은 그리스도께서 모든 시험을 당하는 중에 항상 함께 하였었다. 그들은 종종 실수하긴 했지만, 그리스도를 버리거나 등을 돌리지

는 않았었다. 그러나 지금은 폭풍이 너무 거세어서, 그들은 모두 닻을 놓쳐버리고 좌초될 위험에 처해 있다. 좀 더 특별한 시험들도 있고(마귀가 장차 너희 가운데에서 몇 사람을 옥에 던져 시험을 받게 하리니 — 계 2:10), 좀 더 일반적인 시험들도 있다(장차 온 세상에 임하여 땅에 거하는 자들을 시험할 때라 — 계 3:10). 목자를 치면 흔히 양 떼가 흩어진다: 방백들, 목회자들, 가장(家長)들은 그들의 책임하에 있는 자들에 대하여 목자들이기 때문에, 그들이 잘못되면, 그들에게 속한 양 떼 전체가 고통을 당하고 위험에 빠지게 된다.

그러나 그리스도께서는 그들이 다시 모여들어서 그들의 의무로 복귀하고 위로를 되찾게 될 것이라는 약속으로 그들을 격려하신다(28절). "내가 살아난 후에 그 흩어진 모든 곳에서 너희를 모으리라(겔 34:12). 내가 너희보다 먼저 갈릴리로 가서 우리의 친구들을 만나 거기서 서로 기뻐하리라."

2. 그리스도께서는 특히 베드로가 그를 부인하게 될 것이라고 예언하신다. 제자들이 감람산으로 갈 때에 유다는 무리로부터 몰래 빠져나갔고, 나머지 제자들은 유다가 주님을 배신하여도 그들만은 주님 곁에 단단히 붙어 있자고 결심하였을 것이다. 그러나 그리스도께서는 비록 그들이 은혜로 말미암아 유다처럼 배교하지는 않았지만 그들의 지조(志操)를 자랑할 수는 없게 될 것이라고 그들에게 말씀하신다. 하나님께서 우리가 최악의 상태로 빠져들어가는 것을 지켜주시지만, 우리는 우리가 더 나은 모습이 되지 못한 것을 부끄러워하여야 마땅하다.

(1) 베드로는 자기만은 다른 제자들과는 달리 주님을 버리지 않을 것이라고 장담한다(29절). 여기 있는 모든 형제들이 다 버릴지라도 나는 그리하지 않겠나이다. 베드로는 자기는 다른 제자들보다 훨씬 강하기 때문에 자기만은 큰 시험을 당해도 넉넉히 이겨낼 수 있을 것이라고 생각한다. 아무도 이겨내지 못한다고 하여도, 자기는 이겨낼 것이다. 우리 자신을 낮게 생각하고 우리의 마음을 신뢰하는 것은 우리의 타고난 천성이다.

(2) 그리스도께서는 다른 제자들이 아니라 베드로가 그를 부인하게 될 것이라고 말씀하신다. 다른 제자들은 주님을 버리겠지만, 베드로는 주님을 부인할 것이다. 한 번이 아니라 세 번, 그리고 곧 부인할 것이다. "오늘 이 밤 닭이 두 번 울기 전에 세 번 너는 나를 안다고 고백하는 것을 부끄러워하고 두려워하는 자처럼 나를 안다는 것을 부인하리라."

(3) 베드로는 그리스도께서 하신 예언의 말씀을 반박한다. "내가 주와 함께 죽을지언정 주를 부인하지 않겠나이다. 나는 내 목숨을 바쳐서라도 주를 따르겠나이다." 베드로는 자신의 생각과 결심을 그대로 말한 것이 틀림없다. 그리스도께서 유다에게 그가 자기를 팔 것이라고 말씀하셨을 때, 유다는 이와 같은 말을 하지 않았다. 유다는 의도적인 계획 속에서 범죄하였고, 베드로는 순간적으로 두려워서 엉겁결에 범죄하였다. 유다는 악을 꾸몄고(미 2:1), 베드로는 시험에 빠져 실수를 범하였다(갈 6:1). 베드로가 주님의 말씀을 반박한 것은 잘못이다. 만약 베드로가 두렵고 떨리는 마음을 가지고 "주님, 제게 은혜를 베푸셔서 주님을 부인하지 않도록 해주시고, 저를 이 시험에 들게 하지 마옵시고 이 악에서 구하옵소서"라고 말하였다면, 베드로는 이 시험을 이겨냈을 것이다. 그러나 제자들은 모두 자신만만하였다. 앞서 주여, 접니까?라고 말했던 그들은 지금에 와서는 저는 절대 안 그럴 겁니다라고 말하였다. 그들은 유다가 배신자라는 것이 밝혀지면서 자기들은 그리스도를 팔 자가 아니라는 것을 알고서 두려움에서 벗어남으로써 이제 자신감을 얻은 것이다. 그러나 스스로 섰다고 생각하는 자는 넘어지지 않도록 조심하여야 한다. 갑옷을 입고 있는 자가 마치 갑옷을 벗어버린 자 같이 자랑해서는 안 된다.

[32]그들이 겟세마네라 하는 곳에 이르매 예수께서 제자들에게 이르시되 내가 기도할 동안에 너희는 여기 앉아 있으라 하시고 [33]베드로와 야고보와 요한을 데리고 가실새 심히 놀라시며 슬퍼하사 [34]말씀하시되 내 마음이 심히 고민하여 죽게 되었으니 너희는 여기 머물러 깨어 있으라 하시고 [35]조금 나아가사 땅에 엎드리어 될 수 있는 대로 이 때가 자기에게서 지나가기를 구하여 [36]이르시되 아빠 아버지여 아버지께는 모든 것이 가능하오니 이 잔을 내게서 옮기시옵소서 그러나 나의 원대로 마시옵고 아버지의 원대로 하옵소서 하시고 [37]돌아오사 제자들이 자는 것을 보시고 베드로에게 말씀하시되 시몬아 자느냐 네가 한 시간도 깨어 있을 수 없더냐 [38]시험에 들지 않게 깨어 있어 기도하라 마음에는 원이로되 육신이 약하도다 하시고 [39]다시 나아가 동일한 말씀으로 기도하시고 [40]다시 오사 보신즉 그들이 자니 이는 그들의 눈이 심히 피곤함이라 그들이 예수께 무엇으로 대답할 줄을 알지 못하더라 [41]세 번째 오사 그들에게 이르시되 이제는 자고 쉬라 그만 되었다 때가 왔도다 보라 인자가 죄인의 손에 팔리느니라 [42]일어나라 함께 가자 보라 나를 파는 자가 가까이 왔느니라.

그리스도께서는 여기서 그의 고난에 들어가고 계시는데, 모든 고난 중에서 가장 극심한 영혼의 고난으로 시작하신다. 여기에는 그리스도의 고뇌가 나온다. 이 침울한 이야기는 마태복음에 이미 나왔었다. 영혼의 이러한 고뇌는 몸서리치게 싫은 고통과 괴로움이었다. 이 슬픔은 강요된 것이 아니라, 그리스도께서 자유의지로 받아들이신 것이었다.

Ⅰ. **그리스도께서는 기도하시기 위해서 조용한 곳으로 물러가셨다.** 내가 저쪽에서 기도할 동안에 너희는 여기 앉아 있으라(그리스도께서 제자들에게 이렇게 말씀하셨다). 그리스도께서는 최근에 제자들과 더불어서 기도를 하셨었고(요 17장), 지금은 자기에게 주신 특별한 사명을 위하여 자기가 아버지께 나아가 기도하는 동안에 그들은 여기에 앉아 있으라고 명하신다. 가족과 함께 기도를 드린다고 해서 우리가 홀로 은밀하게 드리는 예배를 게을리해서는 안 된다. 야곱은 고민에 빠졌을 때에 앞서 가족과 함께 하나님 앞에 기도를 드렸을 것이지만(9절), 그런 후에 먼저 그의 소유를 건너가게 하고 홀로 남아서 어떤 사람과 날이 새도록 씨름하였다(창 32:23-24).

Ⅱ. **그리스도께서는 조용한 곳으로 물러나 기도하러 가시면서도, 그의 겸비의 기도를 잘 증거해줄 세 명의 유능한 증인들인 베드로와 야고보와 요한을 데리고 가셨다**(33절). 그리스도께서는 자신의 고뇌를 알아주는 사람이 별로 없다는 것에 신경을 쓰지 않으셨지만, 사람들이 그의 고뇌를 알아야 한다고 생각하셨다. 이 세 사람은 그리스도와 함께 고난을 당하겠다고 호언장담했던 인물들이었다(베드로는 이 장에서, 야고보와 요한은 10:39에서). 그래서 그리스도께서는 그들로 하여금 실정을 모르고 아무렇게나 말했다는 것을 알게 하기 위하여 그들을 데리고가서 옆에 세워두고 자기가 피 흘리는 세례 및 쓴 잔과 어떤 싸움을 벌이는지를 똑똑히 보게 하셨다. 자신만만한 사람들은 먼저 시험을 겪고서 그들이 얼마나 어리석고 연약한지를 깨닫는 것이 좋다.

Ⅲ. **그리스도께서는 거기에서 사탄의 엄청난 격동을 겪으셨다**(33절). 그는 심히 놀라시며 슬퍼하셨다. 심히 놀라시며의 원어인 에크담베이스다이는 마태복음에서는 사용되지 않았지만 대단히 의미심장한 단어로서 아브람에게 임하였던 큰 흑암과 두려움(창 15:12) 같은 것, 아니 그것보다 훨씬 더 극심하게 두려운 것을 나타낸다. 하나님의 두려움이 그리스도를 엄습하여 쳤고, 그리스도께서는 이 두려움을 피하지 않고 정면으로 응시하였다. 슬픔이 이 때처럼 그에

게 엄습한 적은 없었다. 그리스도께서 하나님의 영원하신 은총에 의해서 겪으셨던 이런 체험을 아무도 겪은 적이 없었다. 따라서 그리스도께서 하나님의 은총에 대하여 가지셨던 이런 인식을 아무도 가진 적이 없었고 가질 수도 없었다. 그렇지만 영혼의 이러한 심각한 동요(動搖) 속에서 그리스도께서는 조금도 혼란에 빠지거나 정신을 잃지 않으셨다. 그리스도의 감정은 요동치지 않았고 질서정연하였다. 왜냐하면, 그리스도의 감정 속에는 우리와는 달리 부패한 본성이 섞여 있지 않았기 때문이다. 물 밑에 침전물이 있는 경우에 물을 가만히 놓아두면 맑아 보이지만 흔들어 놓으면 흙탕물이 된다. 우리의 감정도 마찬가지이다. 그러나 깨끗한 유리잔 속에 들어 있는 깨끗한 물은 아무리 흔들어도 항상 맑다. 바로 그리스도께서 그러하셨다. 라이트푸트 박사는 마귀가 지금 우리 구주를 두렵게 하고 놀라게 하여 하나님에 대한 소망을 버리게 하고(마귀는 그리스도의 모형인 욥을 박해할 때에도 그로 하여금 하나님을 저주하고 죽게 만들려는 목적을 가지고 이런 짓을 하였다) 구속 사역을 더 이상 진척시키지 못하게 하려고 자신의 원래의 모습과 원래의 빛깔을 입고 가시적인 형태로 구주께 나타난 것일 가능성이 높다고 생각한다. 그리스도께서는 구속 사역을 방해하는 것은 무엇이든지 사탄에게서 오는 것으로 여기셨다(마 16:23). 마귀는 광야에서 그리스도를 시험한 후에, 다른 기회에 다른 방법으로 그리스도와 맞붙어 싸우기 위해서 얼마 동안 떠나 있었다(눅 4:13). 마귀는 달콤한 말로 그리스도를 유혹하여 범죄하게 할 수 없다는 것을 알고서는, 두려움을 주어서 그리스도를 놀라게 하여 범죄하게 하고 그리스도의 계획을 수포로 돌아가게 만들고자 하였다.

IV. 그리스도께서는 사탄의 이러한 격동에 대하여 슬프게 탄식하셨다. 내 마음이 심히 고민하여 죽게 되었다. 1. 하나님께서는 그리스도를 우리를 대신하여 죄로 삼으셨기 때문에, 그리스도께서는 이토록 심히 고민하였다. 그리스도께서는 자기가 짊어지고 고난당하여야 할 인류의 죄악들이 얼마나 악독한 것인지를 잘 알고 계셨다. 그리스도께서는 이 죄악들에 대하여 진노하신 하나님과 이 죄악들에 의해서 손상을 입고 위험에 빠진 인간에 대한 최고의 사랑을 지니고 계셨기 때문에, 시금 이 죄악들이 자기 앞에 몰려와서 정렬했을 때에, 그의 마음이 심히 고민하여 죽게 된 것은 결코 이상한 일이 아니었다. 지금 그리스도께서는 우리의 죄를 담당하셔야 했고, 우리의 죄짐으로 녹초가 되셨다. 2. 그리스도께서는 우리를 위하여 저주를 받은 바 되셨다. 그리스도께서는 원래 죄 없으신 자였지만 우리의 보증인이자 대표자로서 율법의 저주를 대신 받으셨다. 그리스도께서는 그의 영혼이 극심한 고민 속에 계실 때부터 그의 죽음으로 말미암아 인류의 죗값을 다 치르시고 그 저주를 영원히 폐하실 때까지 율법의 저주 아래 놓여 계셨던 것이다. 지금 그리스도께서는 죽음을 맛보셨다(히 2:9의 말씀대로). 이 표현은 결코 약한 표현이 아니라 대단히 강력한 표현이다. 이것은 그리스도께서 죽음을 단지 잠깐 맛만 보았다고 말하는 것이 아니라, 죽음의 잔을 한 방울도 남김없이 마셨다는 것을 뜻한다. 그리스도께서는 죽음의 쓴 맛을 대충 맛보신 것이 아니라 남김없이 맛보셨다. 이것은 사도가 말한 바로 그 두려움이었다(히 5:7) ─ 인간 본성이 당연히 두려워하는 고통과 죽음에 대한 자연스러운 두려움. 그리스도께서 고난 중에 우리 때문에 그의 마음이 심히 고민하였다는 것을 생각하는 것은 우리가 다음과 같이 하는 데에 도움이 된다.

(1) 우리의 죄를 비통히 여기자. 우리의 죄 때문에 주 예수께서 어떤 고초를 겪으셨는지를 생각할 때, 어떻게 우리가 죄를 좋게 여기거나 죄 지을 생각을 감히 할 수 있겠는가? 그리스도께서는 우리의 죄로 인해서 그토록 심히 고민하셨는데, 어떻게 우리가 우리의 죄를 가볍게 여길 수 있겠는가? 그리스도께서는 우리의 죄 때문에 그토록 고뇌하셨는데, 어떻게 우리가 우리의 죄에 대하여 고뇌하지 않을 수 있겠는가? 우리가 그리스도를 괴롭히고 찌르고 통곡하게 하고 심히 고민하게 만들어놓고, 어떻게 우리가 그리스도를 바라볼 수 있겠는가! 우리는 그리스도와 마찬가지로 죄에 대하여 심히 슬퍼하고 죄를 경시하여 코웃음 치지 않아야 한다. 이렇게 그리스도께서 우리의 죄를 위하여 고난을 당하셨은즉, 우리도 동일한 마음으로 무장하자.

(2) 우리의 슬픔을 위로하자. 우리 영혼이 언제라도 현재의 환난으로 인하여 심히 고민할 때, 우리 주님께서 우리보다 앞서 그러하셨다는 것과 제자가 그 선생보다 높지 못하다는 것을 기억하자. 그리스도께서 우리를 위하여 기꺼이 슬픔을 당하시고 정복하셔서 그 독침을 제거하시고 감당할 만한 것으로 만드셨을 뿐만 아니라 가치를 부여하셔서 유익이 되게 하시고(얼굴에 근심하는 것이 마음에 유익하기 때문에) 슬픔에 달콤함을 더하셔서 편안한 것이 되게 하셨는데, 우리가 왜 슬픔을 쫓아버리려고 하겠는가? 복된 바울 사도는 근심하는 자 같으나 항상 기뻐하는 자였다. 만약 우리가 심히 고민하여 죽게 되었다면, 그리스도

께서 우리의 것인 한, 그것으로 우리의 모든 슬픔은 끝이다. 눈이 감겨질 때, 모든 눈물이 눈에서 씻겨질 것이기 때문이다.

V. 그리스도께서 제자들에게 그와 함께 있게 하신 것은 그들의 도움이 필요해서가 아니라 그들로 하여금 그를 눈여겨보고 교훈을 받도록 하기 위한 것이었다. 그리스도께서는 제자들에게 너희는 여기 머물러 깨어 있으라고 말씀하셨다. 앞서 그리스도께서는 다른 제자들에게 너희는 여기 앉아 있으라고만 말씀하셨었지만(32절), 이 세 명의 제자에게는 여기 머물러서 깨어 있으라고 명하셨는데, 이것은 나머지 제자들보다 더 많은 것을 그들에게서 기대하셨음을 보여주는 것이다.

VI. 그리스도께서는 기도로 그의 사정을 하나님께 아뢰었다(35절). 그는 땅에 엎드리어 기도하셨다. 얼마 전에 그리스도께서는 눈을 들어 하늘을 우러러 기도하셨지만(요 17:1), 여기에서는 극심한 고민 중에 계셨기 때문에 그의 현재의 겸비의 모습에 걸맞게 땅에 엎드리어 기도하셨는데, 이것은 우리에게 하나님 앞에서 스스로를 낮추어야 한다는 것을 가르치신 것이다. 지극히 높으신 자 앞에 나아갈 때, 우리는 스스로를 낮추어야 마땅하다.

1. 인간으로서 그리스도께서는 될 수 있는 대로 이 때가 자기에게서 지나가서 고난을 면할 수 있기를 비셨다(35절). "될 수 있는 대로 내가 지금 이 때로부터 들어가는 이 짧지만 살을 에는 듯한 고난이 없이 인간의 구원이 이루어질 수 있게 해주소서." 여기 그리스도께서 친히 말씀하신 단어들이 나온다(36절): **아빠 아버지.** 여기에 그리스도께서 사용하신 아람어 아바가 보존되어 있는데, 이 단어는 아버지를 의미하는 단어로서, 우리 주 예수께서 그의 지극한 슬픔 중에 아버지를 얼마나 강조해서 불렀는지를 보여주고, 우리도 그렇게 하도록 가르치신 것이다. 이것을 염두에 두고, 사도 바울은 하나님께서 양자의 영을 받은 모든 자들로 하여금 그 입으로 **아빠 아버지**라고 부르게 하셨다고 말한다(롬 8:15; 갈 4:6). 아버지, 당신께는 모든 것이 가능하옵니다. 우리가 우리에게 이루어지기를 기대할 수 없는 것도 하나님께서는 하실 수 있다고 우리는 믿어야 한다. 우리가 하나님의 뜻에 순복하고 우리 자신을 하나님의 지혜와 긍휼하심에 맡길 때, 우리는 하나님께는 모든 것이 가능하다고 고백하면서 하나님의 능력을 믿고 인정하여야 한다.

2. 중보자로서 그리스도께서는 이 일에 관하여 하나님의 뜻을 묵묵히 따르셨

다. "그러나 나의 원대로 마시옵고 아버지의 원대로 하옵소서. 나는 이 문제가 이미 확고하게 결정되었고 변경될 수 없다는 것을 압니다. 나는 고난을 받고 죽어야 하는데, 그것을 환영합니다."

VII. 그리스도께서는 그가 기도하는 동안에 잠들어 있었던 제자들을 깨우셨다(37-38절).   제자들이 그리스도를 돌보지 않았기 때문에, 그리스도께서 그들을 돌보기 위하여 오셨고, 제자들이 그리스도께서 겪고 계시는 슬픔이나 탄식이나 기도에는 별 관심이 없이 자는 것을 보셨다. 제자들의 이러한 무심한 태도는 그들이 얼마 안 있어서 그리스도를 버리는 죄를 범하게 될 것임을 보여주는 전조(前兆)였다. 제자들에게 잘못이 없는 것은 아니었지만, 그리스도께서 아주 최근에 그의 모든 시험 중에 항상 그와 함께 한 자들이라고 제자들을 칭찬하신 것이 사태를 더욱 악화시켰다. 그리스도께서는 그토록 그들을 칭찬하셨는데, 어떻게 그들은 그 칭찬이 옳다는 것을 그리스도께 입증해 보이는 데에 이토록 무관심할 수 있단 말인가? 그들은 얼마 전에 그리스도를 버리지 않겠다고 약속하였었다. 무엇이 그들로 하여금 그리스도께 신경을 쓰지 못하게 만들었던 것일까? 그리스도께서는 특히 베드로가 졸고 있는 것을 책망하셨다. 시몬아 자느냐 ─ "내 아들아, 네가 어찌된 일이냐? 나를 부인하지 않겠다고 철석같이 다짐했던 네가 나를 이렇게 소홀히 여기는 것이냐? 나는 네게 더 좋은 모습을 기대하였노라. 네가 한 시간도 깨어 있을 수 없더냐?" 그리스도께서는 베드로에게 그와 함께 온 밤이 아니라 단지 한 시간만이라도 깨어 있기를 원하셨다. 그리스도께서 우리에게 무거운 짐을 지워주지 않으시고 그러한 짐으로 우리를 지치게 하지 않으시는 것은 그리스도를 섬기는 일에 있어서 우리의 연약함과 끈기 없음을 아시기 때문이다(사 43:23). 그리스도께서는 그가 오실 때까지 굳게 붙잡고 있으라는 것 이외의 다른 짐을 우리에게 지우지 않으신다(계 2:24-25). 보라, 내가 속히 오리라(계 3:11).

그리스도께서는 사랑하시는 자들이 잘못했을 때에 책망하실 뿐만 아니라 권고하시고 위로하신다. 1. 그리스도께서는 여기에서 제자들에게 대단히 지혜롭고 믿을 만한 충고를 하셨다. 시험에 들지 않게 깨어 있어 기도하라(38절). 그리스도께서 심히 고민하여 죽게 되셨는데, 제자들이 잠을 자고 있었다는 것은 좋지 않은 일이지만, 그들은 점점 시험에 빠져들고 있었고, 만약 그들이 스스로 분발해서 기도를 통해서 하나님으로부터 은혜와 힘을 얻지 못한다면, 그들은 더 큰 시험에 빠지게 될 것이었다. 그런데 그들은 모두 깨어서 기도를 하지 않고 잠을 잤기 때문에 그리스도를 버리고 도망하였다. 2. 그리스도께서는 매우 인자하고 온유하게 그들을 변호하셨다. "마음에는 원이로되 육신이 약하도다. 나는 너희가 어떻게든 깨어 있어 보려고 애를 썼지만 그럴 수 없었다는 것을 안다." 이것은 그리스도께서 그들에게 권면하신 이유로 볼 수 있다. "깨어 있어 기도하라. 마음에는 원이로되 육신이 약하도다. 나는 너희가 나를 버리지 않겠다고 단단히 결심했다는 것을 인정한다. 하지만 너희가 깨어 있어 기도하여서 하나님으로부터 오래 견디는 힘을 얻지 못하면, 너희는 결국 시험에 지게 될 것이다." 시험에 들 때, 우리는 우리의 육신이 연약하다는 것을 생각하고 분발하여 기도하고 깨어 있어야 한다.

VIII. **그리스도께서는 아버지께 다시 나아가 자신의 사정을 아뢰었다**(39절). 그는 다시 나아가 동일한 말씀(톤 아우톤 로곤 — 동일한 문제)으로 기도하셨다. 그리스도께서는 동일한 취지의 말씀을 세 번이나 아버지께 아뢰었다. 이것은 우리에게 항상 기도하고 낙심하지 말아야 할 것을 가르친다(눅 18:1). 우리의 기도가 속히 응답되지 않는다고 하여도, 우리는 반복해서 기도하고 쉬지 않고 기도하여야 한다. 왜냐하면, 묵시는 정한 때가 있나니 그 종말이 속히 이르겠기(합 2:3) 때문이다. 바울은 육체의 가시, 곧 사탄의 사자에게 괴롭힘을 당했을 때에, 여기서 그리스도께서 하셨듯이, 세 번 주께 간구하여 하나님의 은혜가 족하다는 응답을 받고 평안함을 얻었다(고후 12:7-8). 이 일이 있기 얼마 전에 그리스도께서는 마음이 괴로운 가운데 아버지여, 아버지의 이름을 영광스럽게 하옵소서라고 기도해서, 하늘로부터 내가 이미 영광스럽게 하였고 또다시 영광스럽게 하리라는 즉각적인 응답을 받으셨다. 그러나 여기서 지금 그리스도께서는 반복해서 아버지께 나아와 기도하셨다. 하나님은 우리의 기도에 반드시 응답하시지만 그의 기쁘신 뜻을 따라서 빠르게도 느리게도 응답하시는데, 이것은 우리로 하여금 계속해서 하나님께 매어달리도록 하기 위한 것이다.

IX. **그리스도께서는 반복해서 제자들을 찾아오셨다.**   이렇게 그리스도께서는 이 땅의 교회가 자신의 본분을 다하지 못하며 졸고 있더라도 그가 끊임없이 교회를 돌보시고 하늘에서 아버지께 늘 중보기도를 드리신다는 것을 하나의 실례(實例)로 보여주셨다. 그리스도께서는 중보자가 되셔서 하나님과 우리 사이를 오가며 우리를 돌보신다. 그리스도께서는 제자들에게 다시 오사 그들이 자고 있는 것을 발견하셨다(40절). 그리스도의 제자들이 단단히 결심하고 졸음을 이기고자 하였어도, 육신의 연약함은 그들을 다시 찾아와서 압도하였다. 우리의 육신은 우리의 영혼에 대하여 커다란 족쇄 역할을 하기 때문에, 우리는 육신이 더 이상 족쇄 역할을 하지 못하게 될 저 지복(至福)의 상태를 사모할 수밖에 없다. 그리스도께서는 제자들에게 다시 한 번 앞서 하셨던 말씀을 반복하셨지만, 그들은 예수께 무엇으로 대답할 줄을 알지 못한 채, 그들이 졸은 것을 부끄럽게 여겼고, 변명할 말을 찾지 못하였다. 또는, 그들은 졸음에서 깨어나지를 못해서 비몽사몽의 상태 속에서 그들이 어디에 있는지, 그들이 무엇을 말하였는지를 알지 못하였던 것일 수도 있다. 그러나 그리스도께서 세 번째 오셨을 때는 그들에게 이제는 자라고 하셨다(41절). "이제는 자고 쉬라. 내게는 더 이상 너희를 돌아볼 기회가 없으니, 너희는 원하는 대로 자도 좋다." 그만 되었다. 마태복음에는 이 말씀이 나오지 않았다. "너희는 깨어 있으라고 충분히 경고를 받았지만, 그렇게 하지를 못하였다. 이제 너희는 너희가 결코 안전하지 않다는 것을 알게 될 것이다." 어떤 이들은 그만 되었다의 원어인 아페케이를 나는 더 이상 너희를 돌보거나 신경쓰지 않겠다를 뜻하는 것으로 이해한다. "때가 왔도다. 나는 너희가 모두 나를 버리고 각자의 길을 갈 때가 왔음을 알고 있다." 그리스도께서는 유다에게 네가 하는 일을 속히 하라고 말씀하신 것처럼, 제자들에게 각자의 길을 가라고 말씀하신 것이다. 이제 인자가 죄인, 곧 대제사장들과 장로들의 손에 팔리느니라. 그들은 하나님 앞에서 거룩한 신앙고백을 한 자들이었기 때문에 가장 가증스러운 죄인들이었다. "거기에서 졸고 있지 말고, 일어나라. 함께 가서 원수를 만나보자. 보라, 나를 파는 자가 가까이 왔느니라. 나는 피할 생각이 없다." 우리도 고난이 닥쳤을 때에 스스로 분발해서 그 고난을 피하지 말고 과감히 맞서야 한다.

[43]예수께서 말씀하실 때에 곧 열둘 중의 하나인 유다가 왔는데 대제사장들과 서기관들과 장로들에게서 파송된 무리가 검과 몽치를 가지고 그와 함께 하였더라 [44]예수를 파는 자가 이미 그들과 군호를 짜 이르되 내가 입맞추는 자가 그이니 그를 잡아 단단히 끌어 가라 하였는지라 [45]이에 와서 곧 예수께 나아와 랍비여 하고 입을 맞추니 [46]그들이 예수께 손을 대어 잡거늘 [47]곁에 서 있는 자 중의 한 사람이 칼을 빼어 대제사장의 종을 쳐 그 귀를 떨어뜨리니라 [48]예수께서 무리에게 말씀하여 이

르시되 너희가 강도를 잡는 것 같이 검과 몽치를 가지고 나를 잡으러 나왔느냐 [49]내가 날마다 너희와 함께 성전에 있으면서 가르쳤으되 너희가 나를 잡지 아니하였도다 그러나 이는 성경을 이루려 함이니라 하시더라 [50]제자들이 다 예수를 버리고 도망하니라 [51]한 청년이 벗은 몸에 베 홑이불을 두르고 예수를 따라가다가 무리에게 잡히매 [52]베 홑이불을 버리고 벗은 몸으로 도망하니라.

이 단락에는 우리 주 예수께서 대제사장들이 보낸 군관들에 의해서 잡히시는 장면이 나온다. 이것은 그리스도의 원수들이 오랫동안 의도해 왔던 일로서, 그들은 그리스도를 잡으려고 자주 사람들을 보냈었다. 그러나 그의 때가 오지 않았기 때문에, 그리스도께서는 그들의 손에서 벗어나실 수 있었다. 만약 그리스도께서 순순히 자신을 내어주시지 않았다면, 그들은 지금도 그를 잡을 수 없었을 것이다. 그리스도께서 먼저 마음에 고난을 겪으신 후에 육신의 고난을 겪으신 것은 마음에서 시작된 후에 육신의 지체들을 불의의 병기로 만들어버리는 죄를 대속(代贖)하시기 위한 것이었다.

I. 유대교 지도자들은 우리 주 예수를 잡아서 투옥시키기 위하여 한 무리의 폭력배들을 고용하였다. 검과 몽치를 가진 큰 무리. 이런 일에 고용되어 서슴지 않고 일하면서도 아무런 거리낌도 느끼지 않는 사람들이 인간 세상에 존재한다는 것보다 더 사악하고 극악무도한 일은 없을 것이다. 인간은 이렇게 지독하게 부패하였고 타락하였다. 이 폭력배 집단의 맨앞에 열둘 중의 하나였던 유다, 여러 해 동안 우리 주님과 친밀하게 대화하였고 주님의 이름으로 예언하였으며 주님으로 귀신들을 내어쫓았지만 결국 주님을 판 유다가 있었다. 너무도 아름답고 그럴 듯한 신앙 고백이 결국 부끄럽고 치명적인 배교(背教)로 끝나는 것은 새삼스러운 일이 아니다. 너 아침의 아들 계명성이여 어찌 그리 하늘에서 떨어졌는가!

II. 이 무리를 보냈고 조종한 사람들은 다름 아닌 대제사장들과 서기관들과 장로들, 메시야를 기다리며 환영할 준비가 되어 있는 체하였던 바로 그 자들이었다. 그렇지만 그리스도께서 오셔서 그가 오실 자라는 부인할 수 없는 증거들을 보여주셨을 때, 그들은 그리스도께서 나타내 보이신 신임장(信任狀)을 공정하게 검토해보지도 않은 채 그리스도를 대적하고 죽이고자 결심하였다. 왜냐하면, 그리스도께서는 그들에게 잘 보이려고 아첨하지도 않으셨고, 그들의 외관상의 화려함과 위엄을 지지하거나 동조하지도 않으셨으며, 이 땅의 왕으로 출현하신 것이 아니라 영적인 하나님 나라를 세우고, 회개와 개혁과 거룩한 삶을 전파하며, 사람들의 생각과 감정과 목표를 또 다른 세계에 두게 하셨기 때문이었다.

Ⅲ. 유다는 입맞춤을 신호로 그리스도를 팔았다. 그리스도께서는 제자들이 어디에 갔다가 돌아왔을 때마다 그의 뺨에 입맞추는 것을 허용하셨는데, 이 자유를 유다는 악용하였다. 유다는 랍비여라고 부르면서 입을 맞췄다. 유다는 마치 그가 그리스도를 이전보다 더 존경하기라도 하는 것처럼 랍비여 랍비여라고 불렀다. 유다가 랍비여 랍비여라고 부르면서 그리스도를 팔았기 때문에, 사람들로부터 이런 칭호로 불려지는 것을 싫어하는 사람들이 있을 법도 하다(마 23:7). 유다는 깡패들에게 그를 잡아서 단단히 끌어 가라고 지시하였다. 어떤 이들은 그리스도께서 순순히 응하지 않으시면 그들이 그를 잡을 수 없고 설령 포박했다고 하더라도 삼손 같이 힘이 세신 그리스도께서 밧줄을 끊고 피신해 버리면 그리스도께서는 아무런 해(害)도 입지 않으신 채로 영광을 얻게 되고 자기는 돈을 벌게 될 것을 유다가 알고서 반어법적으로 이 말을 한 것이라고 생각한다. 나도 그렇게 생각하고 싶다. 그러나 사탄이 그에게 들어갔기 때문에, 유다의 말 속에는 가장 나쁘고 가장 악한 의도가 담겨 있다고 보아야 한다. 또한, 유다는 주님께서 자기가 팔려서 못 박혀 죽게 될 것이라고 말씀하시는 것을 자주 들어 왔기 때문에, 다른 식으로는 전혀 생각할 수 없었을 것이다.

Ⅳ. 무리들은 그리스도를 잡아서 결박하였다(46절). 그들은 예수께 잔인하고 포악한 손을 대어 잡아서 억류하였다. 그들은 전에 여러 번 시도했지만 실패했던 일을 이루었기 때문에 의기양양하였을 것이다.

Ⅴ. 그 순간에 베드로는 목숨을 바쳐서 주님을 지키겠다고 한 자신의 약속이 생각나서 칼을 휘두르다가 대제사장의 종에게 상처를 입혔다. 베드로는 곁에 서 있는 자들, 그리스도와 함께 있던 자들(이것이 원문의 의미이다), 동산에서 그리스도와 함께 있던 세 명의 제자들 중의 한 사람이었다. 베드로는 칼을 빼어 대제사장의 종의 머리를 베고자 하였지만, 빗나가는 바람에 단지 귀를 베는 것에 그쳤다(47절). 그리스도를 위하여 싸우는 것은 그리스도를 위하여 죽는 것보다 더 쉽다. 그리스도의 선한 군사들은 다른 사람의 목숨을 빼앗는 것이

아니라 자신의 목숨을 그리스도를 위하여 바침으로써 승리한다(계 12:11).

VI. 그리스도께서는 그를 붙잡은 자들에게 항변하셔서, 그들의 행태(行態)가 얼마나 부조리한지를 그들에게 보여주신다.

1. 그리스도께서는 아무런 범죄도 저지르지 않았고 무죄한데도, 그들은 강도를 잡는 것 같이 그를 잡으러 나왔다는 것. 그리스도께서는 날마다 성전에 있으면서 가르치셨기 때문에, 그에게 어떤 악한 음모가 있었다면, 벌써 드러났을 것이다. 대제사장들이 보낸 이 군관들은 성전을 섬기는 종자들이었으므로 그의 설교들을 거기에서 들었을 것이다(나는 너희와 함께 성전에 있었다). 만약 그리스도께서 그들에게 훌륭한 교훈을 가르치지 않으셨다면, 원수들 자신이 벌써 그의 재판관들이 되었을 것이다. 그의 입의 말은 다 의롭지 않았더냐? 그 가운데에 굽은 것과 패역한 것이 조금이라도 있었더냐(잠 8:8)? 그리스도께서 맺으신 열매들은 그가 좋은 나무라는 것을 보여주었다. 그런데도, 어찌하여 그들은 강도를 잡는 것 같이 그리스도를 잡으러 나왔단 말인가?

2. 그리스도께서는 성전에 공공연하게 모습을 나타내시기를 부끄러워하거나 두려워하지 않으셨는데도, 그들은 이런 식으로 은밀하게 그를 잡으러 나왔다는 것. 그리스도는 빛을 미워하여 빛으로 오지 아니하는 행악자들 중 한 명이 아니었다(요 3:20). 만약 그들의 주인들이 그리스도께 할 말이 있었다면, 그들은 언제라도 성전에서 그를 만날 수 있었을 것이다. 그리스도께서는 모든 도전들과 모든 고소들에 대하여 기꺼이 대답하실 준비가 되어 있으셨다. 그리고 그들은 성전을 관리하는 책임이 있었고 성전 수비대를 지휘하는 권한이 있었기 때문에, 거기에서 언제라도 그리스도를 그들이 하고 싶은 대로 처리할 수 있었을 것이다. 그러므로 그리스도께서 사람들로부터 물러나 홀로 계실 때에 이런 식으로 밤중에 그를 잡으러 온 것은 야비하고 비겁한 짓이었다. 이것은 다윗의 원수가 마을 구석진 곳에 앉아서 그 은밀한 곳에서 무죄한 자를 죽이고자 한 것과 같은 소행이었다(시 10:8). 그러나 이것이 전부는 아니었다.

3. 무리들은 마치 그리스도께서 민병대(posse comitatus)를 일으켜서 무장반란을 일으키거나 한 것처럼 검과 몽치를 가지고 왔다. 그런 무기들을 갖고 올 필요가 없었다. 그런데도 그들이 이렇게 야단법석을 떤 것은 다음과 같은 이유들 때문이었다. (1) 사람들이 분노하여 저항할 것에 대비하여 스스로를 보호하기 위해서. 그들은 백성들을 두려워하였기 때문에 무장을 하고 온 것이었

다. 그들은 두려움이 없는 곳에서 크게 두려워하였다(시 53:5). (2) 백성들로 하여금 그리스도에 대하여 분노하게 만들기 위하여. 그들은 검과 몽치를 가지고 그를 잡으러 옴으로써, 백성들에게 그리스도가 위험한 흉악범이라는 인상을 주어서(사람들은 이런 것에 영향을 받기 쉽다), 그리스도에 대하여 분노하게 만들어서, 직접 나서지 않고서도 백성들로 하여금 십자가에 못 박으소서 십자가에 못 박으소서라고 외치게 만들고자 하였다.

VII. 그리스도께서는 구약의 메시야 예언들에 자신을 의탁하시고, 이 모든 부당하고 치욕적인 대우를 감수하셨다. 나는 이러한 대우에 익숙하지 않지만, 성경을 이루기 위해서 감당하고자 한다. 1. 그리스도께서 얼마나 성경을 존중하셨는지를 보라. 그리스도께서는 하나님의 말씀이 일점일획이라도 땅에 떨어지지 않도록 모든 것을 견디시고자 하셨다. 그리스도께서는 고난 중에 이렇게 하신 것처럼 영광 중에도 그렇게 하신다. 그리스도께서는 세상을 다스리시면서 성경을 이루는 일 외에 무슨 일을 하시고 계시겠는가? 2. 우리가 구약을 어떻게 사용하여야 하는지를 보라. 구약에서 우리는 밭에 감추인 참된 보화이신 그리스도를 찾아야 한다. 신약의 역사가 구약의 예언들을 해설해주듯이, 구약의 예언들은 신약의 역사를 예시해준다.

VIII. 그러자 제자들은 모두 그리스도를 버렸다(50절). 제자들이 다 예수를 버리고 도망하니라. 그들은 무슨 일이 있어도 주님을 버리지 않겠다고 장담했었다. 그러나 아무리 선한 사람이라고 하더라도 실제로 일이 닥치기 전에는 자기가 어떻게 행동할지를 모르는 법이다. 그리스도께서 최근에 이제까지 제자들이 그의 작은 시험들에서 그와 함께 해준 것이 그에게 위로가 되었다는 뉘앙스를 풍기는 말씀을 하신 것으로 보아서(눅 22:28), 그리스도께서 해를 받으실 때에 그를 보호해주고 고소를 당할 때에 그의 증인이 되어 주는 등 어떻게든 그리스도를 섬겨야 했을 제자들이 그리스도께서 이제 가장 큰 시험을 당하셨을 때에 그를 버린 것이 그리스도께 얼마나 큰 상심이 되었을까가 충분히 상상이 된다. 그리스도를 위하여 고난을 당하는 자들은, 이런 식으로 상처입은 자를 피하는 모든 자들에 의해서 버림을 당한다고 하여도 이상하게 생각해서는 안 된다. 그들은 선생보다 더 낫지 않을 것이기 때문에, 원수들이나 친구들에 의해서 더 나은 대우를 받을 것이라고 기대해서는 안 된다. 사도 바울이 위험에 처했을 때, 그와 함께 한 자가 하나도 없었고 다 그를 버렸다(딤후 4:16).

IX. 이 소동은 인근에 사는 사람들에게까지 영향을 미쳤고, 몇몇 인근 사람들은 이 소동에 의해서 위험을 당하기도 하였다(51-52절을 보라). 이 이야기는 다른 복음서에는 나오지 않는다. 이 이야기는 한 청년에 관한 것인데, 그는 그리스도의 제자는 아니었던 것 같고, 어떤 이들의 주장과는 달리, 그리스도께서 유월절 식사를 잡수셨던 그 집의 하인으로서 그리스도께 무슨 일이 일어나나 보려고 그를 뒤쫓아왔던 것 같지도 않다(마치 선지자의 제자들이 엘리야가 곧 들리워 올라갈 것을 알고서 멀리 서서 바라보기 위하여 엘리야를 따라갔던 것처럼 — 왕하 2:7). 이 청년은 동산 가까이에 살고 있었거나 동산 안에 있던 집에 살고 있었을 것이다. 이제 이 청년에 관해서 살펴보자.

1. 어떻게 이 청년은 깜짝 놀라서 침상에서 나와서 그리스도의 고난을 목격하는 자가 되었을까? 무장을 한 무리들이 야밤에 야단법석을 떨며 조용한 마을을 지나가자 큰 소동이 일어나지 않을 수 없었을 것이다. 잠을 자다 놀란 이 청년은 도성에 폭동이나 민란이 일어난 것이라고 생각하고는 호기심이 발동하고 너무도 궁금해서 무엇이 어떻게 된 일인지를 알아보기 위해서 옷 입을 새도 없이 벗은 몸에 베 홑이불만을 두르고 마치 수의(壽衣)를 입은 유령처럼 무리들을 놀래키며 도대체 무슨 일이 일어난 거냐고 묻고 다녔을 것이다. 그는 예수의 명성을 익히 들어 알고 있었기 때문에 이 일의 귀추를 알고자 하여, 모든 제자들이 예수를 버리고 도망한 뒤에도, 예수의 언행을 듣고 보기 위하여 계속해서 그를 따랐다. 어떤 이들은 이 청년이 벗은 몸에 베옷(베 홑이불)만을 걸친 것은 그가 유대인들 가운데서 다른 사람들보다 더 경건하게 살기로 서약한 자들 중의 한 사람이었음을 보여주는 것이라고 생각하는데, 그런 사람들은 육신의 금욕과 고행(苦行)의 일환으로 오직 얇은 베옷만을 걸치고 살았다고 한다. 그러나 나는 베옷(베 홑이불)이 그의 평상복이었다고 생각하지 않는다.

2. 이 청년은 그리스도의 고난에 동참하는 자가 될 위험에 처했을 때에 깜짝 놀라서 침상으로 다시 기어들어갔다. 그리스도의 직계 제자들은 그를 버리고 달아났었다. 그러나 이 청년은 그리스도와 아무런 관계도 아니었고 특히 무장한 것과는 거리가 멀고 거의 맨몸이나 다름없었기 때문에 그리스도를 따라가도 아무 일 없을 것이라고 생각하였다. 그러나 청년들(개역에서는 무리), 즉 이 일을 돕기 위해 차출된 로마 군병들이 그를 잡았다. 왜냐하면, 그들은 어떤 것이라두 그들에게 이익이 되는 일이라면 마다하지 않았기 때문이다. 아마도 그들

은 제자들이 모두 도망치는 것을 막지 못한 것에 대하여 화가 나 있었고, 제자들을 추격할 수도 없는 노릇이었기 때문에 아무나 닥치는 대로 잡아가기로 결심한 것 같다. 이 청년이 유대교의 가장 엄격한 분파의 일원이었다고 하더라도, 로마 군병들은 이 때에 그를 가혹하게 다룬 것에 대하여 전혀 양심에 거리낄 것이 없었다. 청년은 그들이 그를 붙잡자 자기가 위험에 처한 줄을 알고 베 홑이불을 버리고 벗은 몸으로 도망하였다. 복음서 기자가 이 이야기를 기록한 것은 그리스도를 잡기 위하여 파견된 무리들이 얼마나 야만적인 자들이었는지, 제자들이 얼마나 가까스로 그들의 손아귀에서 벗어날 수 있었는지를 보여주기 위한 것이다. 주님께서 제자들을 배려하지 않으셨다면 그들은 결코 이 무리의 손아귀에서 빠져나갈 수 없었을 것이다. 너희에게 내가 그니라 하였으니 나를 찾거든 이 사람들이 가는 것은 용납하라(요 18:8). 또한 이 이야기는 믿음과 양심에 의해서가 아니라 단지 호기심에 이끌려서 그리스도를 따르는 자들은 그 어떤 보호도 받지 못한다는 것을 보여준다.

[53]그들이 예수를 끌고 대제사장에게로 가니 대제사장들과 장로들과 서기관들이 다 모이더라 [54]베드로가 예수를 멀찍이 따라 대제사장의 집 뜰 안까지 들어가서 아랫사람들과 함께 앉아 불을 쬐더라 [55]대제사장들과 온 공회가 예수를 죽이려고 그를 칠 증거를 찾되 얻지 못하니 [56]이는 예수를 쳐서 거짓 증언 하는 자가 많으나 그 증언이 서로 일치하지 못함이라 [57]어떤 사람들이 일어나 예수를 쳐서 거짓 증언 하여 이르되 [58]우리가 그의 말을 들으니 손으로 지은 이 성전을 내가 헐고 손으로 짓지 아니한 다른 성전을 사흘 동안에 지으리라 하더라 하되 [59]그 증언도 서로 일치하지 않더라 [60]대제사장이 가운데 일어서서 예수에게 물어 이르되 너는 아무 대답도 없느냐 이 사람들이 너를 치는 증거가 어떠하냐 하되 [61]침묵하고 아무 대답도 아니하시거늘 대제사장이 다시 물어 이르되 네가 찬송받을 이의 아들 그리스도냐 [62]예수께서 이르시되 내가 그니라 인자가 권능자의 우편에 앉은 것과 하늘 구름을 타고 오는 것을 너희가 보리라 하시니 [63]대제사장이 자기 옷을 찢으며 이르되 우리가 어찌 더 증인을 요구하리요 [64]그 신성 모독 하는 말을 너희가 들었도다 너희는 어떻게 생각하느냐 하니 그들이 다 예수를 사형에 해당한 자로 정죄하고 [65]어떤 사람은 그에게 침을 뱉으며 그의 얼굴을 가리고 주먹으로 치며 이르되 선지자 노릇을 하라 하고 하인들은 손바닥으로 치더라.

이 단락에는 그리스도께서 대제사장이 재판장을 맡고 있던 산헤드린이라는 종교재판소에 소환되어 심문을 당하고 유죄 인정을 받아서 사형선고를 받는 장면이 나온다. 대제사장인 가야바는 최근에 그리스도가 죄가 있든 없든 죽임을 당하는 것이 나라에 유익이라고 말하였던 자였기 때문에(요 11:50), 그는 이 재판에 편파적인 영향을 미칠 수 있는 자로서 기피되어야 마땅하였다.

I. **무리들은 그리스도를 대제사장의 집(이 집은 아주 화려해서 저택으로 불렸다)으로 급히 끌고 갔다.** 거기에는 비록 한밤중이었지만 대제사장들과 장로들과 서기관들이 먹잇감을 처리하기 위하여 비밀리에 모여 있었다. 그들은 먹잇감이 분명히 잡혀올 것이라고 확신하고 있었던 것이다.

II. **베드로는 예수를 멀찍이 따라 갔는데, 이것은 조금 전에 보여주었던 그의 용기가 비겁함으로 전락해버렸음을 보여준다**(54절). 베드로는 대제사장의 저택으로 가서 슬금슬금 뜰 안까지 들어가서는 자기가 그리스도와 한 패라는 의심을 받지 않기 위해서 아랫 사람들과 함께 앉아 불을 쬐었다. 대제사장의 집 뜰 안에 있던 모닥불 곁은 베드로가 있을 곳이 아니었고, 거기에 있던 아랫 사람들도 베드로가 함께 어울릴 자들이 아니었다. 베드로는 바야흐로 시험에 빠진 것이다.

III. **그들은 그리스도를 쳐서 증거할 거짓 증인들을 열심히 끌어모았다.** 그들은 그리스도를 행악자로 취급하여 붙잡았었다. 그러나 이제 그를 잡았지만, 그들에게는 그를 기소할 만한 증거나 고소할 만한 죄목이 없었기 때문에, 그들은 그를 칠 증거를 찾기 위해서, 그를 고소하고자 하는 자들에게는 유도심문을 하거나 뇌물을 주어서, 그를 고소하고자 하지 않는 자들에게는 겁을 주어서 거짓 증언을 하게 하였다(55-56절). 율법에 의하면, 대제사장들과 장로들에게는 거짓 증인들을 기소하여 처벌하는 책무가 있었다(신 19:16-17). 그러나 지금 그들은 모든 정의를 뒤집어엎는 범죄를 앞장서서 하고 있는 장본인들이었다. 나라를 고쳐야 할 자들이 나라의 골칫거리들이고, 평화와 평등의 수호자들이어야 할 자들이 오히려 평화와 평등을 부패하게 하는 자들일 때, 바로 그 때가 주여, 도우소서!라고 외칠 때이다.

IV. **그리스도께서는 그들이 거의 우상으로 만들어 놓았던 성전을 위협하는 듯이 보였던 말씀들을 몇 년 전에 하신 적이 있었는데, 그들은 바로 이 말**

쏨들을 들먹이며 그리스도를 길게 고소하였다(57-58절). 그러나 이 문제에 대한 증언들은 서로 일치하지 않았다(59절). 어떤 사람은 내가 하나님의 성전을 헐고 사흘 동안에 지을 수 있다(마태복음에는 이렇게 되어 있다)고 그가 말했다고 증언하였고, 어떤 사람은 손으로 지은 이 성전을 내가 헐고 손으로 짓지 아니한 다른 성전을 사흘 동안에 지으리라고 그가 말했다고 증언하였기 때문이다. 이 두 사람의 증언은 서로 상당히 달랐을 뿐만 아니라, 그들의 증언은 충분하지도 않았다. 즉, 사형에 해당하는 범죄로 고소하기에 충분하지 않은 것이었다. 그들은 율법을 아무리 확장해서 해석한다고 해도 이 일을 근거로 해서는 그리스도에게 사형 선고를 내릴 수 없었다(Hammond).

V. 그들은 그리스도에게 자백하라고 다그쳤다(60절). 대제사장이 열을 받아서 일어서서 너는 아무 대답도 없느냐?고 물었다. 대제사장은 공평한 판결을 위해서 묻는 것 같이 가장하였지만, 실제로는 그리스도를 함정에 빠뜨려서 그를 고소하기 위한 것이었다(눅 11:53-54. 20:20). 이 교만한 대제사장이 얼마나 오만하고 경멸에 찬 태도로 우리 주 예수께 이 질문을 던졌을지는 상상이 되고도 남는다. "이봐, 피고, 그대는 그대를 쳐서 증언하는 말을 들었겠지. 할 말 있나?" 그리스도께서는 침묵을 지키신 것 같은데, 그동안에도 사람들이 그에게 싸움을 걸어올 때는 대체로 침묵을 지키셨었다. 또한 그리스도께서 아무 대답도 아니하신 것은 우리에게 다음과 같은 모범을 보여주시기 위함이었다. 1. 비방과 거짓 고소를 받더라도 인내하라는 것. 우리는 욕을 당하되 맞대어 욕하지 않아야 한다(벧전 2:23). 2. 말 한 마디 잘못해서 죄인이 되고(사 29:21) 변명함으로써 도리어 죄인으로 몰리게 될 수 있는 상황에서 신중하라는 것. 지금은 지혜로운 자들이 상황을 더 악화시키지 않기 위하여 침묵을 지키고 오직 공의로 심판하시는 이에게 부탁하여야 할 악한 때이다.

VI. 네가 그리스도냐?라는 질문을 받으시고, 그리스도께서는 자기가 그리스도라는 것을 부인하지 않고 시인하셨다(61-62절). 대제사장은 내가 찬송받을 이의 아들 그리스도냐?라고 물었는데, 이것은 하나님의 아들이냐고 물은 것이다. 유대인들은 하나님을 부를 때에 일반적으로 영원히 찬송받으실이라는 어구를 덧붙였다고 하몬드 박사는 말한다. 그러므로 찬송받을 이라는 말은 하나님을 가리키는 특유의 호칭으로서, 로마서 9:5에서는 이 호칭을 그리스도에게 적용한다. 그리스도께서는 자기가 하나님의 아들이라는 증거로 그의 재림을 제시하신다. "인자가 권능자의 우편에 앉은 것과 하늘 구름을 타고 오는 것을 너희가 보리라. 지금은 인자가 초라하고 경멸받을 만한 모습으로 나타났기 때문에 너희가 보고 짓밟고 있지만(사 53:2-3), 너희는 곧 인자가 다시 오시는 것을 보고 그 앞에서 떨게 되리라." 우리 주 예수께서 외모와는 어울리지 않게 위풍당당함과 위엄을 가지고(겸비의 아주 두터운 구름을 뚫고 그 사이로 영광의 빛줄기가 어느 정도 비춰져 나왔기 때문에) 이와 같은 말씀을 하셨을 때에 법정은 깜짝 놀랐을 것이고, 적어도 그들 중의 일부는 이의 신청이나 판결 보류를 신청하여 그 점에 대한 심리가 끝날 때까지는 재판이 연기되었어야 마땅했을 것이다. 바울이 법정에서 장차 올 심판을 강론하니, 재판장이었던 총독은 두려워하여 재판을 연기하였다(행 24:25). 그러나 이 대제사장들은 악의와 분노로 철저하게 눈이 멀어 있었기 때문에, 전쟁터로 쏜살같이 달려가는 말처럼 두려움을 모르고 겁내지 아니하며 나팔 소리에 머물러 서지 아니하였다(욥 39:22, 24). 욥기 15:25-26을 보라.

VII. 대제사장은 그리스도의 자백을 근거로 그를 신성 모독한 자로 단죄하였다(63절). 그는 자기 옷을 찢었다. 어떤 이들은 이 단어는 대제사장의 예복을 가리킨다고 생각한다 — 대제사장은 한밤중인데도 더욱 위엄있게 보이기 위하여 재판석상에 예복을 입고 나왔던 것이다. 이 대제사장은 전에도 그리스도를 대적하면서 무슨 의미인지도 모르고 말을 하였던 것과 마찬가지로(요 11:51-52), 지금도 무슨 의미인지 알지도 못하는 행동을 하였다. 사울이 사무엘의 겉옷을 찢은(rend) 것이 하나님께서 나라를 사울에게서 빼앗을(rend) 것임을 의미하였듯이(삼상 15:27-28), 가야바가 자기 옷을 찢은 것은 그리스도께서 죽으실 때에 성전 휘장이 찢어짐으로써 만인제사장직이 열려서 가야바가 제사장직을 빼앗길 것임을 의미하는 것이었다. 그리스도의 옷은 그가 십자가에 못 박히셨을지라도 온전하게 보존되고 찢기지 않았다. 레위 족속의 제사장직이 찢겨서 폐기되었을 때, 그리스도는 영원하시기 때문에 갈리지 않는 제사장 직분을 갖게 되셨다.

VIII. 그들은 그리스도께서 신성 모독을 행한 자라는 것과 따라서 사형에 해당하는 범죄를 저질렀다는 것에 대하여 동의하였다(64절). 너희는 어떻게 생각하느냐?라는 질문은 얼핏 들으면 공정하게 여러 의견을 수렴하기 위한 질문인 듯이 보인다. 그러나 대제사장이 이미 그 신성 모독 하는 말을 너희가 들었도다라고 말한 후에 이 질문을 던진 것이기 때문에, 이 질문 속에는 그리스도가 신성 모독을 행하였다는 것이 기정사실화 되어 있었다. 그는 재판장으로서 마땅히 맨마지막에 자신의 판단을 제시하여야 했는데도 가장 먼저 판단을 제시한 것이다. 따라서 그들은 다 예수를 사형에 해당한 자로 정죄하였다. 산헤드린 안에 그리스도의 친구들이 있었겠지만, 그들의 모습은 보이지 않았는데, 아마도 그들은 통지를 받지 못했을 것이다.

IX. 그들은 그리스도를 능욕하고, 블레셋 사람들이 삼손에게 했듯이, 그리스도를 희롱하였다(65절).　 그리스도를 정죄하였던 제사장들 자신도 그들의 위엄과 본분을 까맣게 망각한 채 하속(servants)들이 정죄받은 죄수를 희롱하는 것을 도왔던 것으로 보인다. 그들은 밤새 그리스도를 희롱하다가 새벽이 되자 못된 짓을 그쳤다. 그들에게 유월절의 밤은 즐거운 밤이 되었다. 그들이 그리스도를 능욕하는 일은 무엇이든지 가치 없는 일이라고 생각하지 않았듯이, 우리가 그리스도께 영광을 돌릴 수 있는 일은 아무리 작은 일이라도 가치 없는 일이라고 생각해서야 되겠는가?

[66]베드로는 아랫뜰에 있더니 대제사장의 여종 하나가 와서 [67]베드로가 불 쬐고 있는 것을 보고 주목하여 이르되 너도 나사렛 예수와 함께 있었도다 하거늘 [68]베드로가 부인하여 이르되 나는 네가 말하는 것이 무엇인지 알지도 못하고 깨닫지도 못하겠노라 하며 앞뜰로 나갈새 [69]여종이 그를 보고 곁에 서 있는 자들에게 다시 이르되 이 사람은 그 도당이라 하되 [70]또 부인하더라 조금 후에 곁에 서 있는 사람들이 다시 베드로에게 말하되 너도 갈릴리 사람이니 참으로 그 도당이니라 [71]그러나 베드로가 저주하며 맹세하되 나는 너희가 말하는 이 사람을 알지 못하노라 하니 [72]닭이 곧 두 번째 울더라 이에 베드로가 예수께서 자기에게 하신 말씀 곧 닭이 두 번 울기 전에 네가 세 번 나를 부인하리라 하심이 기억되어 그 일을 생각하고 울었더라.

이 단락에는 베드로가 그리스도를 부인하는 이야기가 나온다.

1. 시험은 그리스도를 멀찍이 따라 간 것에서 시작되었다. 베드로는 멀찍이 따라갔고(54절), 지금은 대제사장의 저택 안에 있는 아랫뜰에 있었다. 그리스도를 부끄러워하는 자들, 즉 성례전에 참여하기를 부끄러워하고 믿는 자들과의 교제를 부끄러워하고 사람들이 멸시하는 경건한 자들 편에 서기를 싫어하

는 자들은 그리스도를 부인할 가망성이 있다.

2. 시험은 베드로가 대제사장의 하속들과 함께 하고 그들 가운데 앉아 있은 데서 비롯되었다. 그리스도를 위하여 고난받게 될까봐 그리스도의 제자들과 어울리는 것을 위험스럽다고 생각하는 사람들은 그리스도의 원수들과 어울림으로써 그리스도를 부인하는 죄를 짓게 될 위험성이 훨씬 더 크다는 것을 알아야 한다.

3. 시험은 베드로가 그리스도의 제자로 고소되었다는 것이다. 너도 나사렛 예수와 함께 있었도다(67절). 이 사람은 그 도당이라(69절). 너도 갈릴리 사람이니 참으로 그 도당이니라(70절). 베드로가 심한 사투리를 쓰는 것을 보고, 사람들은 그가 갈릴리 사람인 것을 알았을 것이다. 베드로는 이 일로 인해서 도전을 받거나 범죄자로 기소될 위험성은 없었던 것으로 보이고, 단지 놀림을 당하고 어리석은 자라고 조롱을 당할 위험이 있었을 뿐이었다. 대제사장들이 주님을 능욕하고 있는 동안에 그 하속들은 제자들을 능욕하고 있었다. 종종 그리스도의 말씀이 멸시를 당하고, 모든 사람이 돌을 던지며, 심지어 불량배가 모여서 나를 치며 찢기를 마지아니하도다. 욥은 거름더미에 앉아 있을 때에 이름 없는 자들의 자식들에게 조롱을 당하였다(욥 30:8). 그렇지만 모든 것을 고려해 볼 때, 시험은 상대할 수 없을 만큼 엄청난 것이었다고 할 수 없다. 우연히 여종 하나가 베드로를 바라보다가 그를 괴롭힐 의도 없이 무심코 너도 그 도당이라고 말했던 것이고, 이것에 대해서 베드로는 아무 대꾸도 하지 않거나, "내가 그렇더라도 그것이 반역죄가 아니기를 바란다"고 말하면 되었을 것이다.

4. 죄는 대단히 컸다. 베드로는 그리스도를 고백하고 시인한 후에 법정에서 그리스도를 위한 증인으로 나서야 했던 바로 그 때에 사람들 앞에서 그리스도를 부인하였다. 그리스도께서는 제자들에게 그의 고난에 대하여 자주 말씀해 주셨었다. 그런데도 그리스도의 고난에 대하여 베드로는 마치 전에 한 번도 들어본 적이 없었던 것처럼 의외의 큰 놀라움과 두려움으로 다가왔다. 그리스도께서는 제자들에게 그들이 그를 위하여 고난을 당하여야 하고 자기 십자가를 지고 그를 따라야 한다고 자주 말씀하셨었다. 그런데도 베드로는 최초의 고난 경보가 울리자 고난당하는 것을 몹시도 두려워하여 고난을 피하기 위해서라면 거짓말과 맹세는 물론이고 무슨 짓이든 하고자 하였다. 많은 사람들이 그리스도를 존경하고 따랐을 때에는 베드로는 기꺼이 그리스도를 시인할 수 있

었다. 그러나 그리스도께서 사람들로부터 버림을 받고 멸시를 당하고 짓밟히고 있는 지금에 와서, 베드로는 그리스도를 부끄러워하고, 그리스도와 아무런 관계도 없다고 공언한다.

5. 베드로의 회개는 매우 신속하게 이루어졌다. 베드로는 그리스도를 세 번이나 반복해서 부인하였는데, 세 번째 부인은 자기가 한 말을 사람들로 하여금 굳게 믿게 하기 위해서 저주하고 맹세하였기 때문에 최악이었다. 이 세 번째 부인은 베드로를 대경실색케 하였고 주저앉게 만들었으며 깜짝 놀라게 하였고 정신이 번쩍 나게 만들었을 것이다. 이 때에 닭이 두 번째로 울었고, 이것이 베드로에게 닭이 두 번 울기 전에 네가 세 번 나를 부인하리라는 주님의 경고를 생각나게 해주었다. 주님의 말씀을 기억하자, 베드로는 자신의 엄청난 죄를 깨닫게 되었다. 여기에 생각이 미친 베드로는 통곡하였다. 어떤 이들은 마가복음 기자가 사도 베드로의 지도 아래 이 복음서를 썼기 때문에 베드로의 죄에 대해서는 남김 없이 자세하게 기록한 반면에 베드로의 참회에 대해서는 간략하게 기록하였다고 주장한다. 베드로는 겸손해서 자신의 큰 죄에 대해서 아무리 참회를 해도 부족하다고 생각했기 때문에 자신의 참회를 부각시키지 않고 간략하게 기록하도록 하였다는 것이다. 베드로의 회개를 본문에서는 에피발루에클라이에로 표현한다. 히브리식으로 표현하면, 그는 울음을 더하였다가 된다. 베드로는 울었고, 그 일을 생각할수록 울음이 나왔다. 그는 계속해서 울었다. 그는 밖으로 뛰쳐나가서 울었다. 그는 울음을 터뜨렸다. 그는 엎드러져 울었다. 그는 얼굴을 가리고 울었다. 그는 우는 모습을 감추려고 옷을 뒤집어쓰고 울었다. 그는 뒤돌아서 자기를 보시는 주님을 보았다(하몬드 박사는 추측으로 이 말을 보충해 넣은 것이지만, 충분히 있을 수 있는 일이다). 또한, 베드로는 그리스도께서 자기에게 하신 말씀을 마음에 담고 울었다고도 할 수 있다. 자기를 낮추고 겸손해지기 위해서는 말씀을 잠시 생각해 보는 것만으로는 부족하고 말씀을 계속해서 곱씹어보아야 한다. 이 말씀이 베드로에게 짐이 되고 근심이 된 것은 아닐까? 베드로는 세리처럼 가슴을 치며 자신의 죄에 대하여 슬퍼하였다. 이것은 베드로가 통곡했다는 것을 의미한다.

제 15 장

개요

앞 장에서 우리가 그리스도의 고난에 관하여 읽은 것은 단지 서문 또는 서론에 불과한 것이었다. 이 장에는 고난의 전모(全貌)가 나온다. 앞 장은 대제사장들이 그리스도를 정죄한 장면에서 끝났다. 그러나 그들은 이빨을 드러내보일 수 있었을 뿐이고 물어 뜯을 수는 없었다. 이 장에는 다음과 같은 내용들이 나온다. I. 그리스도께서 로마 총독 빌라도 앞에 소환되어 고소당하심(1-5절). II. 제사장들의 선동으로 백성들이 그리스도를 십자가에 못 박으라고 소리침(6-14절). III. 그리스도께 즉각적인 십자가 처형이 선고됨(15절). IV. 그리스도께서 로마 군병들에 의해서 유대인의 왕을 참칭한 자로 능욕과 희롱을 당하심(16-19절). V. 그리스도께서 온갖 모욕과 수치를 당하시면서 형장으로 끌려가심(20-24절). VI. 그리스도께서 두 강도 사이에서 십자가에 못 박히심(25-28절). VII. 모든 지나가는 사람들이 그리스도를 욕하고 희롱함(29-32절). VIII. 그리스도께서 하나님 아버지에 의해서 얼마 동안 버림받으심(33-36절). IX. 그리스도께서 운명하시고 성전 휘장이 찢어짐(37-38절). X. 백부장을 비롯한 몇몇 사람들이 그리스도이심을 증거함(39-41절). XI. 그리스도께서 아리마대 사람 요셉의 무덤에 장사되심(42-47절).

[1]새벽에 대제사장들이 즉시 장로들과 서기관들 곧 온 공회와 더불어 의논하고 예수를 결박하여 끌고 가서 빌라도에게 **넘겨 주니** [2]빌라도가 묻되 네가 유대인의 왕이냐 예수께서 대답하여 이르시되 네 말이 옳도다 하시매 [3]대제사장들이 여러 가지로 고발하는지라 [4]빌라도가 또 물어 이르되 아무 대답도 없느냐 그들이 얼마나 많은 것으로 너를 고발하는가 보라 하되 [5]예수께서 다시 아무 말씀으로도 대답하지 아니하시니 빌라도가 놀랍게 여기더라 [6]명절이 되면 백성들이 요구하는 대로 죄수 한 사람을 놓아 주는 전례가 있더니 [7]민란을 꾸미고 그 민란중에 살인하고 체포된 자 중에 바라바라 하는 자가 있는지라 [8]무리가 나아가서 전례대로 하여 주기를 요구한대 [9]빌라도가 대답하여 이르되 너희는 내가 유대인의 왕을 너희에게 놓아 주기를 원하느냐 하니 [10]이는 그가 대제사장들이 시기로 예수를 **넘겨 준** 줄 앎이러라 [11]그

러나 대제사장들이 무리를 충동하여 도리어 바라바를 놓아 달라 하게 하니 ¹²빌라도가 또 대답하여 이르되 그러면 너희가 유대인의 왕이라 하는 이를 내가 어떻게 하랴 ¹³그들이 다시 소리 지르되 그를 십자가에 못 박게 하소서 ¹⁴빌라도가 이르되 어찜이냐 무슨 악한 일을 하였느냐 하니 더욱 소리 지르되 십자가에 못 박게 하소서 하는지라.

I. 산헤드린이 우리 주 예수를 확실하게 기소하기 위한 방도를 의논함. 그들은 이 일을 의논하기 위해서 새벽에 모였고, 그리스도를 죽일 방도를 찾아내기 위해서 온 공회가 모였다. 그들은 민란이 일어나지 않도록 하기 위해서 기세를 몰아서 시간을 끌지 않고 신속하게 밀어붙였다. 악한 자들이 악한 일들을 지칠 줄 모르고 근면하게 행하는 것을 보면, 선한 일들에 꾸물거리며 게으른 우리의 모습이 부끄러워진다. 그리스도와 너의 영혼을 대적하는 자들은 일찍 일어나는데, 게으른 자여, 네가 어느 때까지 누워 있겠느냐 네가 어느 때에 잠이 깨어 일어나겠느냐?

II. 그리스도를 결박하여 빌라도에게 넘겨줌. 그들은 예수를 결박하였다. 그리스도께서는 귀한 희생제물이 되셔야 했고, 희생제물들은 밧줄로 묶여져야 했다(시 118:27). 그리스도께서 결박당하신 것은 우리의 결박을 푸시기 위한 것이고, 우리로 하여금 바울과 실라처럼 결박당한 가운데서도 찬양할 수 있게 하기 위한 것이다. 우리를 위하여 결박당하신 주 예수를 위하여 우리가 결박당하였을 때에는 주님의 결박을 기억하는 것이 우리에게 힘이 된다. 그들은 이삼 일 전만 해도 성전에서 가르치시면서 백성들의 존경을 받으셨던 그리스도를 사람들 앞에서 멸시받게 하기 위해서 예루살렘 거리로 끌고 나왔다. 그리스도께서는 지난 밤에 얻어맞고 침뱉음을 당하며 능욕을 받으면서 시달리셨기 때문에 그 몰골이 얼마나 초췌하셨을지 충분히 상상이 된다. 그들이 그리스도를 로마 권력에 넘겨준 것은 유대교가 곧 멸망할 것을 보여주는 예표였다. 이 일을 통해서 그들은 유대교가 멸망당할 만하다는 것을 보여주었고, 그 멸망을 스스로 자초한 것이었다. 이것은 이스라엘의 영광이었던 하나님의 약속과 언약과 말씀과 가시적인 국가 교회가 오랫동안 그들의 소유였었지만 이제 이방인들에게로 넘겨질 것임을 보여주는 것이었다. 그들은 왕을 넘겨줌으로써 하나님의 나라도 넘겨준 것이다. 말하자면, 하나님께서는 그들의 동의하에 하나님의 나라를 그들에게서 빼앗으셔서 다른 민족에게 주신 것이다. 만약 그들이 로마인들의 환심을 사기 위해서, 또는 그리스도에 대한 로마인들의 질투심을 만족시켜주기 위해서 그리스도를 넘겨준 것이라면, 사정은 달라졌을 것이다. 그러나 그들은 이스라엘의 멍에였던 로마인들에게 이스라엘의 면류관인 그리스도를 자원해서 팔아버렸다.

III. 빌라도가 심문조서에 따라서 그리스도를 심문함(2절). "네가 유대인의 왕이냐? 네가 유대인들이 이 땅의 왕으로 오실 것이라고 기대하고 있는 바로 그 메시야를 참칭하는 자냐?" — "네 말이 옳도다. 내가 바로 메시야이긴 하지만, 유대인들이 기대하는 그런 메시야는 아니다." 그리스도는 영의 할례를 받아서 영에 의한 이스라엘이 된 이면적 유대인들을 다스리고 보호하는 왕이자 계속해서 불신앙에 머무르는 육신적 유대인들을 제지하고 처벌하게 될 왕이시다.

IV. 그리스도를 고발하는 여러 죄목들이 제시되지만, 그리스도께서는 이러한 고소와 고발을 받으시고도 침묵하심. 대제사장들은 그들이 지닌 위엄을 망각하고, 고발자들로 변신하여, 직접 그리스도를 여러 가지로 고발하였고(3절), 그리스도에게 불리한 증언도 하였다(4절). 구약의 많은 선지자들은 자기 시대의 제사장들이 대단히 악하다고 고발하였는데, 이 제사장들에 대하여 그들은 잘 예언하여 놓았다. 에스겔 22:26; 호세아 5:1; 6:9; 미가 3:11; 스바냐 3:4; 말라기 1:6; 2:8을 보라. 예레미야애가 4:13에서는 갈대아인들이 예루살렘을 멸망시킨 것은 의인들의 피를 흘린 제사장들의 죄악 때문이었다고 말한다. 악한 제사장들은 일반적으로 사람들 가운데서 가장 악한 자들이다. 좋은 것일수록 부패하면 그렇지 않은 것보다 훨씬 더 나빠진다. 일반적으로 박해자들 중에서 평신도들은 성직자들보다 더 동정심이 많다. 이 제사장들은 열성을 다해서 요란하게 그리스도를 고발하였다. 그러나 그리스도께서는 아무 말씀으로도 대답하지 아니하셨다(3절). 빌라도가 그리스도께 자신의 입장을 밝히라고 재촉하였고 또한 그렇게 하기를 원하였지만(4절), 그리스도께서는 여전히 침묵을 지키시고(5절) 아무 대답도 아니하셨기 때문에, 빌라도는 대단히 이상하게 생각하였다. 그리스도께서는 빌라도에게는 직설적인 대답을 하셨지만(2절), 기소한 자들과 증인들에게는 아무 대답도 아니하셨다. 왜냐하면, 그들이 주장하는 것들이 새빨간 거짓말이었고, 빌라도 자신도 그들이 거짓말을 한다는 것을 잘 알고 있을 것임을 그리스도께서는 알고 계셨기 때문이다. 그리스도께서 말씀하셔도 사람들은 이상히 여기고 놀라며, 침묵하셔도 사람들은 이상히 여기고 놀란다.

V. 빌라도가 명절 기념으로 죄수 한 명을 특별히 사면해주는 관습을 따라서 예수를 놓아주어도 좋겠냐고 백성들에게 제안함. 백성들은 빌라도가 전례대로 하여 주기를 요구하였다(8절). 이 관습은 나쁜 것이 아니었기 때문에, 백성들은 이 관습이 계속해서 유지되기를 원하였다. 지금 빌라도는 예수께서 대제사장들이 빛을 잃을 정도로 백성들 가운데서 큰 명성을 얻고 있었기 때문에 그들이 예수를 시기해서 넘겨주었다는 것을 알아차렸다(10절). 고발자들이 기를 써서 고소하고자 하지만 증거들이 빈약한 것을 보면, 그들이 화가 난 것은 예수께서 범죄했기 때문이 아니라 선행을 하였기 때문에, 해를 끼치거나 추악한 일을 했기 때문이 아니라 칭찬할 만하고 훌륭한 일을 했기 때문이라는 것이 금방 드러난다. 그러므로 빌라도는 예수께서 백성들로부터 많은 사랑을 받고 있다는 것을 들었기 때문에, 제사장들이 아니라 백성들에게 이 문제에 대하여 묻는다면 틀림없이 백성들은 자랑스럽게 예수를 제사장들의 손아귀에서 구해낼 것이라고 생각하였다. 그래서 빌라도는 아무런 소동 없이 백성들이 예수를 구해낼 수 있는 방도를 제안하였다. 백성들이 예수를 놓아주라고 요구한다면, 빌라도는 기꺼이 그렇게 할 것이다. 백성이 예수를 놓아줄 것을 강력하게 요구한다면, 제사장들도 할 말이 없게 될 것이다. 사실 백성들로부터 인기가 있었던 또 한 명의 죄수가 있었는데, 그의 이름은 바라바였다. 그러나 빌라도는 예수가 바라바보다 백성들에게서 더 많은 표를 얻을 것임을 의심하지 않았다.

VI. 백성들은 그리스도를 십자가에 못 박아서 사형에 처하라고 한목소리로 소리를 지름. 백성들이 제사장들의 충동질로 인해서 한목소리로 바라바를 놓아 달라고 외치는 의외의 일이 벌어지자, 빌라도는 크게 놀랐다(11절). 빌라도는 어떻게든 일이 이렇게 되는 것을 막아보고자 하였다. "그러면 너희가 유대인의 왕이라 하는 이를 내가 어떻게 하랴? 너희는 그도 놓아주기를 바라지 않느냐?"(12절). 그러자 백성들은 그를 십자가에 못 박게 하소서라고 말하였다. 제사장들이 그렇게 말하라고 시켰기 때문에, 백성들은 그렇게 소리를 지른 것이었다. 빌라도가 백성들의 요구에 반대하여 어찜이나 무슨 악한 일을 하였느냐?고 반문하자, 그들은 그 질문에 대답할 생각은 않고, 제사장들의 계속적인 충동질을 받아서, 십자가에 못 박게 하소서 십자가에 못 박게 하소서라고 더욱 소리를 질렀다. 제사장들은 스스로 무리들 속에 섞여서, 그리고 하속(下屬)들을 무리들 속에 풀어서, 백성들로 하여금 그리스도를 욕하고 단죄하며 십자가에 못 박으라고 소리지르도록 선동하느라고 바쁘게 움직였고, 이렇게 해서 예수를 단죄하도록 빌라도에게 양쪽으로 압력을 넣었다.

1. 그들은 백성들을 충동질하여 한목소리로 그리스도를 처형하라고 외치게 함으로써 빌라도로 하여금 그리스도가 유죄라는 것을 믿게 하고 '분명히 그리스도는 온 세상이 싫어하는 나쁜 자임에 틀림없다'고 생각하게 하여서, 그리스도가 백성들 사이에서 인기가 있다는 말은 헛소문이고 사실은 그렇지 않다고 결론을 내리게 하고자 하였다. 제사장들은 그리스도에 대한 고발을 너무도 신속하게 서둘러서 척척 처리하였기 때문에, 그리스도의 친구들과 그의 처형을 반대하는 사람들은 도성의 후미진 곳에 몸을 숨기고 있어서, 이 일을 전혀 알지 못하였을 것이다. 그리스도와 그가 창시한 종교에 누명을 씌워서 무너뜨리는 것이 사탄의 일반적인 술책이다. 일단 이 분파가 이유도 없이 어디에서나 비난을 받게 되자, 그것은 이 분파를 단죄할 수 있는 충분한 이유로 여겨진다. 그러나 우리는 사람들이나 일들을 그들이 지닌 공과(功過) 및 하나님의 말씀이라는 기준에 비추어서 판단해야 하고 사람들 사이에서의 평판이나 군중들의 함성에 의해서 조급하게 판단해서는 안 된다.

2. 그들은 빌라도로 하여금 백성들의 심기를 건드리는 것을 두려워하여 백성들을 만족시키려고 그리스도를 단죄하도록 유도하고자 하였다. 빌라도는 백성들의 의견에 압도당하여 그리스도가 유죄라는 것을 믿을 정도로 그렇게 약한 자는 아니었지만, 비록 자기는 그리스도가 무죄라는 것을 믿었더라도 백성들의 함성에 마음이 흔들려서 세속적인 이유들과 세상의 지혜를 따라서 그리스도를 단죄할 정도로 충분히 악한 자였다. 많은 사람의 죄를 위한 희생제물로서 죽으신 우리 주 예수께서는 많은 사람의 분노에 의해서 희생되셨다.

[15]빌라도가 무리에게 만족을 주고자 하여 바라바는 놓아 주고 예수는 채찍질하고 십자가에 못 박히게 넘겨 주니라 [16]군인들이 예수를 끌고 브라이도리온이라는 뜰 안으로 들어가서 온 군대를 모으고 [17]예수에게 자색 옷을 입히고 가시관을 엮어 씌우고 [18]경례하여 이르되 유대인의 왕이여 평안할지어다 하고 [19]갈대로 그의 머리를

치며 침을 뱉으며 꿇어 절하더라 [20]희롱을 다 한 후 자색 옷을 벗기고 도로 그의 옷을 입히고 십자가에 못 박으려고 끌고 나가니라 [21]마침 알렉산더와 루포의 아버지인 구레네 사람 시몬이 시골로부터 와서 지나가는데 그들이 그를 억지로 같이 가게 하여 예수의 십자가를 지우고.

I. 빌라도는 유대인들의 악의(惡意)를 만족시켜 주려고 그리스도를 십자가에 못 박도록 내어준다(15절). 빌라도가 무리에게 만족을 주고 달래서 잠잠하게 하고자 하여, 유대 나라의 불명예이자 골칫거리였던 바라바는 놓아 주고 유대 나라의 영광이자 축복이었던 예수는 채찍질하고 십자가에 못 박히게 넘겨 주니라. 빌라도가 미리 예수를 채찍질한 것은 무리들을 만족시키고자 한 것이고, 그를 십자가에 못 박고자 한 의도는 아니었지만, 결국 빌라도는 예수를 십자가에 못 박도록 내어줄 수밖에 없었다. 무죄한 자를 채찍질할 수 있는 자(눅 23:16)가 한 걸음 더 나아가서 그를 십자가에 못 박도록 내어주었다는 것은 전혀 이상한 일이 아니다. 그리스도께서 십자가에 못 박히셨다. 1. 그것은 피 흘리는 죽음이었다. 피흘림이 없은즉 사함이 없기(히 9:22) 때문이다. 피는 생명이다(창 9:4). 피는 영혼과 몸을 연결해주는 작용을 하기 때문에, 피를 다 소모해 버리면 생명도 소진된다. 그리스도께서는 우리를 위하여 그의 생명을 바쳐야 했기 때문에, 피를 흘리셨다. 피는 죄를 속한다(레 17:11). 따라서 모든 속죄제에는 피를 쏟고 여호와 앞에 피를 뿌리는 특별한 순서가 마련되어 있었다. 그리스도께서는 이 모든 모형들을 성취하시기 위하여 피를 흘리셨다. 2. 그것은 고통스러운 죽음이었다. 십자가의 고통은 아주 예민하고 격렬한 것이었다. 왜냐하면, 십자가 죽음은 외부 물체들에 의해서 감각이 그대로 전달되는 치명적인 신체 기관들이 공격을 당하는 것이었기 때문이다. 그리스도께서는 제사장과 희생제물이라는 두 가지 역할을 다 해야 했기 때문에 스스로 죽음을 맛보기 위하여 죽으셨다. 그리스도께서는 그의 영혼을 속죄 제물로 드려야 했기 때문에, 능동적으로 죽으셨다. 키케로는 십자가 처형을 가장 무시무시한 형벌이라고 불렀다. 그리스도께서는 이러한 가장 큰 공포를 주는 죽음을 죽으심으로써 죽음을 정복하고자 하셨다. 3. 그것은 노예들이나 흉악범을 처형할 때에 사용되었던 수치스러운 죽음이었다. 로마인들은 십자가 처형을 그렇게 생각하였다. 십자가와 수치는 서로 결합되어 있다. 하나님의 영광이 인간의 죄로 말미암아 손

상을 입었기 때문에, 그리스도께서는 그의 신성(神性)에 합당한 영광을 한동안 스스로 부인하여 벗어버리고, 인성(人性)이 감당할 수 있는 가장 큰 치욕과 불명예에 자신을 내어주심으로써 하나님의 영광을 회복시키셨다. 그렇지만 십자가의 죽음은 이것보다 더한 것이었다. 4. 그것은 저주받은 죽음이었다. 십자가의 죽음은 유대교의 율법에 의해서 그렇게 낙인이 찍혀 있었다. 나무에 달린 자는 하나님께 저주를 받았음이니라(신 21:33). 십자가의 죽음은 하나님의 저주를 받아 죽었음을 분명하게 보여주는 표지였다. 그것은 사울의 아들들이 그들의 아버지의 피흘린 죄를 속하기 위하여 받았던 죽음이었고(삼하 21:6), 하만과 그의 아들들도 나무에 매달려 죽었다(에 7:10; 9:13). 구약의 선지자들 중에는 매달려 죽은 자가 한 명도 없었다. 그러나 그리스도께서는 나무에 달려 죽으셔서 그런 죽음의 수치와 저주를 도말하심으로써, 십자가의 죽음이 죄 없이 죽은 자들이나 죄로 인하여 죽은 자들을 위로하는 데에 방해가 되지 않게 하였을 뿐만 아니라, 그리스도를 위하여 나무에 매달려 죽는 자들의 영광이 훼손되는 것이 아니라 오히려 더욱 빛나게 하셨다.

II. 빌라도는 십자가 처형을 준비하고 있던 로마 군병들의 기분을 달래주기 위해서 그리스도를 그들에게 넘겨주어 모욕을 당하고 놀림감이 되게 하였다. 그들은 대기중이던 온 군대를 모아 뜰 안으로 들어가서, 대제사장의 뜰에서 하속들이 그리스도를 선지자이자 구세주라고 놀리며 능욕하고 희롱하였듯이, 우리 주 예수를 왕이라고 놀리며 능욕하고 희롱하였다. 1. 왕들은 자주색 옷이나 진홍색 옷을 입지? 그들은 그리스도께 자색 옷을 입혔다. 그리스도께서 이런 옷을 강제로 입고 희롱을 당하신 것은 그리스도인들은 아름다운 옷으로 단장해서는 안 된다는 것을 가르친다(벧전 3:3). 자주색 옷이나 진홍색 옷이 그리스도께 모욕과 수치의 옷이었는데, 그런 옷들이 그리스도인들에게 자신을 뽐내는 옷이 될 수 있단 말인가? 2. 왕들은 면류관을 쓰지? 그들은 그리스도께 가시관을 엮어 씌웠다. 밀짚이나 골풀로 만든 면류관을 씌웠어도 그리스도를 희롱하기에 충분하였을 것이다. 그러나 그들은 희롱과 아울러 고통도 주는 가시 면류관을 씌웠다. 그리스도께서는 우리로 하여금 영광의 면류관을 쓰게 하기 위하여, 마땅히 우리가 써야 했던 가시 면류관을 쓰셨다. 기드온이 숙곳 사람들을 가르쳤듯이, 우리는 이 가시들을 통해서 죄를 미워하고 죄 아래에서 불안해하며 가시들 가운데 핀 백합화이신 예수 그리스도를 사랑하여야 한다는 가르침을 받아야 한다. 우리가 어느 때든지 육체의 가시로 고통을 당할 때, 우리의 대제사장이신 예수께서 우리의 연약함들을 친히 체휼하셔서 육체의 가시가 무엇을 의미하는지를 잘 알고 계신다는 것을 우리의 위로로 삼자. 3. 왕들은 신하들로부터 왕이여, 만세수를 하소서라는 예(禮)를 받지? 군병들은 이것도 흉내낸다. 그들은 유대인의 왕이여, 평안할지어다라고 경례를 올렸다. "그 왕에 그 백성이라, 아주 딱 어울리는군." 4. 왕들은 위엄의 표시로 면류관을 쓰고 통치권의 표시로 홀을 갖는다. 이것을 흉내내서, 그들은 갈대를 그 오른손에 들려주었다. 예수 그리스도의 권위를 멸시하고 그 교훈을 따르거나 순종하지 않았으며 위협의 말씀도 무시하였던 자들이 지금 갈대를 그 오른손에 들려 주었다. 뿐만 아니라, 그들은 갈대로 그의 머리를 치며 그리스도를 모욕하였다. 5. 신하들은 충성을 맹세할 때에 왕에게 입맞추는 관습이 있었다. 로마 군병들은 이것을 흉내내어서 그리스도께 침을 뱉었다. 6. 왕 앞에서 신하들은 무릎을 꿇고 말하는 것이 관습이었다. 군병들은 이것도 희롱거리로 삼아서, 그리스도께 꿇어 절하였다. 그들은 그리스도를 이런 식으로 희롱하며 서로 웃고 야단이었다. 죄로 인하여 영원한 수치와 경멸을 받아 마땅한 우리를 그런 것들로부터 건져내시기 위하여, 우리 주 예수께서는 우리를 위하여 대신 이 수치와 경멸을 받으셨다. 그리스도께서 이렇게 자기 옷이 아니라 남의 옷을 입고 희롱을 당하신 것은 그가 자신의 죄 때문이 아니라 우리의 죄로 인해서 고난을 당하신 것을 나타낸다. 죄는 우리가 저질러놓고, 수치는 그리스도께서 당하신 것이다. 그리스도를 따른다고 하면서도 자신을 세상과 육신에 내어주는 자들은, 우리에게는 가이사 외에는 왕이 없다고 생각하면서도 그리스도를 희롱하기 위하여 그 앞에 무릎을 꿇고 유대인의 왕이여, 평안할지어다라고 능욕하는 자들이다. 그리스도께 무릎은 꿇으면서도 영혼은 꿇지 않는 자들, 입으로는 그를 가까이 하며 입술로는 그를 공경하나 그들의 마음은 그에게서 멀리 떠난 자들은 여기에 나오는 로마 군병들과 같이 그리스도를 희롱하고 능욕하는 자들이다.

Ⅲ. 로마 군병들은 정해진 시간이 되자, 양을 도살장에 끌고가듯이, 그리스도를 빌라도의 법정에서 처형장으로 끌고 갔다(20절).   그리스도는 죄가 없으셨지만 악을 행하는 자들과 함께 끌려가셨다. 그러나 그리스도께서 무거운 십자가를 지고 가시다가 견디지 못하고 죽어 버리면, 그에게 더 가혹한 형벌을 가할 수 없을 것을 우려해서, 군병들은 구레네 사람 시몬에게 십자가를 대신

지고 가게 하였다. 시몬은 시골로부터(또는 밭에서) 와서, 아무 생각 없이 지나가고 있었다. 우리에게 십자가가 갑자기 지워졌다고 해서 이상하게 생각하거나 놀라서는 안 된다. 십자가는 매우 고통스럽고 호락호락하지 않은 짐이었을 것이다. 그러나 시몬은 이 세상에서 무명으로 살다가 무명으로 죽었을 것인데, 십자가를 잠시 진 덕분에, 그의 이름이 하나님의 책에 기록되는 영광을 얻어서, 복음이 전파되는 곳마다 그의 이름도 알려지게 되었다. 마찬가지로, 징계나 십자가는 당시에는 즐거워 보이지 않고 슬퍼 보이나 후에 그로 말미암아 연단받은 자들은 영광의 면류관을 얻게 된다.

[22]예수를 끌고 골고다라 하는 곳[번역하면 해골의 곳]에 이르러 [23]몰약을 탄 포도주를 주었으나 예수께서 받지 아니하시니라 [24]십자가에 못 박고 그 옷을 나눌새 누가 어느 것을 가질까 하여 제비를 뽑더라 [25]때가 제삼시가 되어 십자가에 못 박으니라 [26]그 위에 있는 죄패에 유대인의 왕이라 썼고 [27]강도 둘을 예수와 함께 십자가에 못 박으니 하나는 그의 우편에, 하나는 좌편에 있더라 [28][없음] [29]지나가는 자들은 자기 머리를 흔들며 예수를 모욕하여 이르되 아하 성전을 헐고 사흘에 짓는다는 자여 [30]네가 너를 구원하여 십자가에서 내려오라 하고 [31]그와 같이 대제사장들도 서기관들과 함께 희롱하며 서로 말하되 그가 남은 구원하였으되 자기는 구원할 수 없도다 [32]이스라엘의 왕 그리스도가 지금 십자가에서 내려와 우리가 보고 믿게 할지어다 하며 함께 십자가에 못 박힌 자들도 예수를 욕하더라.

이 단락에는 우리 주 예수께서 십자가에 못 박히시는 장면이 나온다.

I. 그리스도께서 십자가에 못 박히신 장소 그 곳은 골고다 ─ 해골의 곳으로 불렸다. 어떤 이들은 처형당한 죄수들의 머리가 거기에 많이 있었기 때문에 그렇게 불렸다고 생각한다. 이 곳은 영국의 처형장이었던 타이번(Tyburn)처럼 평범한 처형장이었다. 왜냐하면, 그리스도는 모든 점에서 범죄자들과 똑같이 취급되었기 때문이다. 얼마나 신빙성이 있는 이야기인지는 모르겠지만, 몇몇 고대인들은 이 곳이 우리 인류의 시조인 아담이 매장된 곳이라는 전승이 있다고 말하고, 그리스도께서 이 곳에서 십자가에 못 박히신 깃은 너무도 적설한 일이었다고 생각한다. 왜냐하면, 아담 안에서 우리 모두가 죽었듯이, 그리스도 안에서 우리 모두가 살 것이기 때문이다. 테르툴리아누스, 오리게네

스, 크리소스토무스, 에피파니우스 등 위대한 인물들이 이 전승을 언급한다. 또한 키프리아누스는 십자가에 못 박히신 그리스도의 피가 그 곳에 묻혀 있던 아담의 해골 위로 뚝뚝 떨어졌다고 많은 선한 사람들이 믿고 있다(creditur apiis)는 말을 덧붙인다. 좀 더 신빙성이 있는 전승은 이 골고다 언덕은 아브라함이 이삭을 하나님께 제물로 드리고자 하였다가 하나님께서 이삭 대신에 수양을 제물로 예비하셨던 모리아 땅에 있던 한 산이라는 것이다(예루살렘 근방의 땅이 모리아 땅으로 불렸기 때문에, 이 산이 모리아 땅에 있었던 것은 확실하다). 이 때에 아브라함은 그리스도께서 십자가에 못 박히실 이 날, 여호와의 산에서 장차 이루어질 일을 바라보고, 이 곳을 여호와 이레(여호와의 산에서 준비되리라)라고 불렀다는 것이다.

Ⅱ. 그리스도께서 십자가에 못 박히신 때. 그 때는 제삼시였다(25절). 그리스도께서 빌라도 앞에 끌려나오신 것이 제육시였는데(요 19:14), 요한이 사용한 로마식 시간계산법에 따르면, 제육시는 오늘날 우리의 시간계산법으로는 오전 6시였다. 그런 후에, 그리스도께서는 유대식 시간계산법에 따라서 제삼시에, 즉 오전 9시경에 십자가에 못 박히셨다. 라이트푸트 박사는 여기에서 제삼시를 언급한 것은 제사장들의 악함을 한층 더 부각시키는 역할을 한다고 생각한다. 제사장들은 성전에서 제사를 거행하면서 화목제물을 드려야 할 제삼시가 넘었는데도 성전에서 수종들고 있는 것이 아니라 여기에서 그리스도를 처형하고 있었다는 것이다. 또한 이 날은 무교절의 첫날로서 성회로 모이는 날이었다. 자신의 본분을 따라서 공적인 예식들을 주재하고 있어야 할 바로 그 시간에 그들은 주 예수를 향하여 악의를 쏟아붓고 있었다. 바로 그들은 성전에 대하여 특별한 열심을 갖고 있는 듯이 보였던 자들이었고 성전에 대하여 악담을 했다는 이유로 그리스도를 단죄하였던 자들이었다. 교회를 위하는 척하지만 교회에는 잘 나가지 않는 사람들이 많다.

Ⅲ. 그리스도께서 십자가에 못 박히셨을 때에 당하신 수모들. 그들은 아직도 충분히 그리스도를 모욕하지 않은 듯이 몇 가지 모욕적인 행위들을 더하였다.

1. 사형을 당하는 사람들에게 포도주를 주는 관습이 있었기 때문에, 그들은 몰약을 탄 포도주를 주었는데, 이런 포도주는 쓰고 구역질나는 것이었다. 그리스도께서는 그것을 맛보시고 마시고자 하지 않으셨다. 쓴 맛은 기꺼이 받으셨지

만, 포도주로 인한 유익을 취하려고 하지는 않으신 것이다.

2. 십자가에 처형된 자들의 옷은 사형집행관들의 몫이었기 때문에, 군병들은 옷을 나누어 가지기 위해서 누가 어느 것을 가질까 하여 제비를 뽑았다(24절). 그리스도께서 십자가에 매달려 고통을 당하시는 동안에, 그들은 앉아서 제비를 뽑으며 즐기고 있었다.

3. 그들은 그리스도에게 수치를 안겨주기 위해서 그의 머리 위에 있는 죄패에 유대인의 왕이라고 기록하였는데, 오히려 이것은 그리스도께 의와 영광이 되었다(26절). 죄패에 적힌 이 글은 사람들이 생각하듯이 죄명(罪名)이 아니라 그리스도께서 왕이라는 고백(告白)이었다. 아마도 빌라도는, 실패한 왕이라고 생각하였던 그리스도에게 수치를 안겨주거나, 끈질긴 요구를 통해서 그로 하여금 양심에 반하여 그리스도를 단죄하게 만든 유대인들은 이 그리스도보다 더 나은 왕을 가질 자격이 없다는 식으로 유대인들을 조롱하기 위하여 죄패에 이런 글을 적었을 것이다. 하지만 하나님은 죄패에 적힌 이 글을 통해서 그리스도께서 비록 십자가에 달리셨지만 그는 이스라엘의 왕이라는 것을 선포하고자 하신 것이다. 가야바가 자기도 모르는 말을 했던 것과 마찬가지로(요 11:51), 빌라도는 자기도 모르는 글을 썼던 것이다. 십자가에 못 박히신 그리스도는 그의 교회의 왕이시며 그의 영적 이스라엘의 왕이시다. 그리스도께서는 십자가에 달리셨을 때조차도 그의 원수들이자 그의 백성의 원수들을 정복하고 이기셨다(골 2:15). 지금 그리스도께서는 그의 피로써 그의 법을 기록하고 계셨고, 그의 신민(臣民)들을 위한 은혜들을 예비하고 계셨다. 우리는 십자가에 못 박히신 그리스도를 바라볼 때마다 그의 머리 위에 기록된 "그는 왕이시다"라는 글을 기억하고, 이스라엘 백성이 그랬듯이, 우리 자신을 드려서 그의 신민(臣民)이 되어야 한다.

4. 그들은 강도 둘을 예수와 함께 십자가에 못 박았는데, 하나는 그의 우편에, 하나는 좌편에 세웠고, 그리스도를 가장 흉악한 자로 취급하여 가운데에 세웠다(27절). 이런 식으로 그들은 그리스도께 엄청난 수치를 안겨주려 하였다. 또한, 이것은 그리스도께 괴로움을 주었을 것이다. 그리스도를 증거하다가 투옥된 사람들은 감옥 생활보다도 간방에 있는 죄수들이 저주하고 욕하는 소리가 더 고통스러웠다고 말한다. 지금 바로 그런 자들의 한복판에 우리 주 예수께서는 십자가에 못 박히셨다. 살아 계실 동안에 그리스도께서는 기회가 있을

때마다 죄인들과 어울리셨고 그들에게 선을 행하셨다. 지금 죽으시면서도, 그리스도께서는 동일한 목적으로 그들과 함께 하셨다. 왜냐하면, 그리스도께서 이 세상에 오신 것이나 떠나시는 것이나 모두 강도를 비롯한 죄인들을 구원하시기 위한 것이기 때문이었다. 그러나 이 복음서 기자는 그리스도의 이러한 모습 속에서 특별히 성경이 성취된 것에 대하여 언급한다(28절). 그리스도의 고난에 관한 저 유명한 예언(사 53:12) 속에는 그리스도께서 우리의 죄를 담당하시기 위하여 범죄자 중 하나로 헤아림을 받을 것이라는 내용이 예언되어 있다.

5. 구경꾼들은 그리스도의 비참함 모습을 동정하기는커녕 모욕함으로써 그리스도를 더욱 비참하게 만들었다. 분명히 흉악범들에게도 이런 식으로 야만적이고 비인도적인 모욕을 행한 사례는 결코 없었을 것이다. 그러나 이렇게 마귀는 그리스도에 대한 극렬한 분노를 보여주었고, 이렇게 그리스도께서는 그에게 가해질 수 있는 최고의 모욕들을 다 당하셨다.

(1) 그리스도와는 별 상관이 없었던 지나가는 자들조차도 예수를 모욕하였다(29절). 그리스도의 처참한 모습을 보고도 동정심을 갖지 못할 정도로 그들의 마음이 완악하였다면, 그들은 틀림없이 이 처참한 모습이 그들의 호기심을 충족시켜주기에 충분하였다고 생각했을지도 모른다. 그러나 그렇지 않았다. 그러한 처참한 광경을 보는 것만으로는 그들의 성이 차지 못했다. 그들은 마치 모든 인간성을 다 상실하였을 뿐만 아니라 사람의 탈을 쓴 악마들인 것처럼 그리스도를 조롱하고 극도로 혐오스러운 말들을 내뱉으며 광분하여 원한이 담긴 말들을 거침없이 쏟아내었다. 틀림없이, 대제사장들은 사람들을 뒤에서 부추겨서 다음과 같은 조롱하는 말들을 쏟아내게 하였다: 아하, 성전을 헐고 사흘에 짓는다는 자여 어디 할 수 있거든 네가 너를 구원하여 십자가에서 내려오라. 그들은 그리스도를 십자가에 못 박았기 때문에 이제 그가 성전을 헐 위험성은 사라졌다고 생각하여 의기양양해 한다. 하지만 그리스도께서 말씀하셨던 성전인 그리스도 자신은 지금 헐리고 있고, 사흘에 다시 지어질 것이다. 또한 그리스도께서는 그들이 말한 성전을 그의 칼이자 그의 손인 사람들을 통해서 여러 해 후에 헐어버리셨다. 죄인들이 위험은 지나갔다고 생각하는 바로 그 때, 그들은 곧 위험에 잡히게 된다. 주님께서 다시 오신다는 것을 부인하면서, "그럴 가능성이 어디에 있느냐?"고 반문하는 자들에게 주의 날이 도적처럼 온다. 하물며, 주님께서 다시 오신다는 말을 코웃음치면서, "주님, 속히 오시지요, 서두르세

요"라고 조롱하는 자들에게는 더 말해 무엇하겠는가.

　(2) 사람들 중에서 뽑혀서 사람들을 위하여 서임(敍任)된 대제사장들은 길 잃은 자들을 긍휼히 여기고 고난받거나 죽어가는 자들에게 동정을 베풀어야 마땅하지만(히 5:1-2), 오히려 그들은 그리스도의 상처에 기름 대신에 신포도주를 부었고, 하나님께서 치신 자를 말로 핍박하여 슬픔을 주었으며(시 69:26), 그가 남은 구원하고 치유하며 도왔으나 자기는 구원할 수 없는 것을 보니 자기 힘으로 한 것이 아님이 드러났다고 말하며 그리스도를 희롱하였다. 또한 그들은, 어디 할 수 있거든 십자가에서 내려오라고 그리스도께 도전하기도 하였다(32절). 그러나 그리스도께서 십자가에서 내려오신다고 하여도 그들은 믿지 않을 것이다. 그리스도께서 이것보다 더 설득력 있는 표적, 즉 무덤에서 부활하시는 표적을 나타내었어도, 그들은 믿으려 하지 않았다. 이 처형장에서 대제사장들은 다른 일을 할 수도 있었을 것이다. 즉, 그들은 성전에 가서 그들의 본분을 행하지 않은 대신에, 그들의 직분에 낯설지 않은 일을 여기서 할 수도 있었을 것이다. 그들은 주 예수께는 그 어떤 조언이나 위로를 주고자 하지 않았더라도, 지금 죽어가고 있는 강도들에게는 어떤 도움을 줄 수 있었을 것이다(가톨릭 국가들에 있는 수사들과 사제들은 십자가형과 비슷한 능지처참형을 받는 죄수들에게 매우 자비하다). 그러나 그들은 그런 일을 그들이 할 일이라고 생각하지 않았다.

　(3) 그리스도와 함께 십자가에 못 박힌 강도들조차도 그리스도를 욕하였다(32절). 강도들 중의 한 명은 그 비참한 죽음의 순간에도 마음이 절망적으로 완악하여서 그리스도를 욕하였다.

[33]제육시가 되매 온 땅에 어둠이 임하여 제구시까지 계속하더니 [34]제구시에 예수께서 크게 소리 지르시되 엘리 엘리 라마 사박다니 하시니 이를 번역하면 나의 하나님, 나의 하나님 어찌하여 나를 버리셨나이까 하는 뜻이라 [35]곁에 섰던 자 중 어떤 이들이 듣고 이르되 보라 엘리야를 부른다 하고 [36]한 사람이 달려가서 해면에 신 포도주를 적시어 갈대에 꿰어 마시게 하고 이르되 가만 두라 엘리야가 와서 그를 내려 주나 보자 하더라 [37]예수께서 큰 소리를 지르시고 숨지시니라 [38]이에 성소 휘장이 위로부터 아래까지 찢어져 둘이 되니라 [39]예수를 향하여 섰던 백부장이 그렇게 숨지심을 보고 이르되 이 사람은 진실로 하나님의 아들이었도다 하더라 [40]멀리서

바라보는 여자들도 있었는데 그 중에 막달라 마리아와 또 작은 야고보와 요세의 어머니 마리아와 또 살로메가 있었으니 [41]이들은 예수께서 갈릴리에 계실 때에 따르며 섬기던 자들이요 또 이 외에 예수와 함께 예루살렘에 올라온 여자들도 많이 있었더라.

이 단락에는 그리스도께서 운명하실 때의 모습에 관한 기사(記事), 즉 원수들이 그리스도를 어떻게 능욕하였고 하나님께서 그리스도를 운명하실 때에 어떻게 영화롭게 하셨는지에 관한 기사가 나온다.

I. 정오부터 오후 3시까지 세 시간 동안 온 땅(어떤 이들은 지구 전체를 의미한다고 생각한다)에 짙은 어둠이 임하였다. 이렇게 해서, 성경이 성취되었다: 그 날에 내가 해를 대낮에 지게 하여 백주에 땅을 캄캄하게 하며(암 8:9). 아직도 대낮에 그의 해가 떨어져서(렘 15:9). 유대인들은 자주 그리스도께 하늘에서 오는 표적을 요구하였는데, 지금 그러한 표적을 보게 되었다. 그러나 이 표적은 그들의 눈이 어둡다는 것을 보여주는 표적이었고, 유대교와 유대 민족에게 임하였고 앞으로도 임할 어둠을 보여주는 표적이었다. 그들은 의(義)의 해를 없애려고 갖은 짓을 다하였다. 지금 그 해는 지고 있지만 다시 떠오를 것이다. 하지만 그들은 결코 그 해가 다시 떠올랐다는 것을 시인하지 않을 것이다. 그 때에 그들 가운데서 애굽의 어둠보다 더한 어둠 외에 무엇을 기대할 수 있겠는가? 이것은 평화에 속한 일들이 지금 그들의 눈에 숨겨져 있고, 장차 곧 도래할 여호와의 날이 그들에게 어둡고 캄캄한 날(욜 2:1-2)이 될 것임을 암시하는 것이었다. 그들은 지금 어둠의 권세 아래 있고, 그들은 지금 어둠의 일들을 하고 있었다. 그리고 이것은 빛보다 어둠을 더 사랑한 그들에게 합당한 운명이었다.

II. 이 어둠이 끝나갈 무렵에 우리 주 예수께서는 영혼의 고통 중에서 나의 하나님, 나의 하나님 어찌하여 나를 버리셨나이까?라고 크게 소리를 지르셨다 (34절). 이 어둠은 그리스도께서 자신의 영혼을 속죄 제물로 드리실 때에 그의 영혼이 겪은 암울함을 나타내는 것이었다. 폭스(Fox)는 그의 저서인 『순교자 열전』에서 메리 여왕 시대의 순교자였던 헌터(Hunter)에 관한 이야기를 들려준다: 화형을 당하기 위하여 기둥에 묶여 있던 헌터는 "하나님의 아들이시여, 내게 빛을 비추소서"라고 짤막한 기도를 드렸다. 그러자 갑자기 하늘의 태양이 검은 구름 사이로 빛을 내어서 그의 얼굴을 가득 비추었고, 그는 햇빛이 너무 강렬해서 다른 쪽으로 얼굴을 돌릴 수밖에 없었다. 이 일로 그는 아주 평안해졌다. 그러나 이와는 정반대로 우리 주 예수께서 고난 중에 계실 때에는 햇빛이 사라졌는데, 이것은 하나님께서 그 얼굴의 빛을 거두신 것을 의미하였다. 그리고 그리스도께서는 다른 무엇보다도 이것에 대하여 한층 더 탄식하셨다. 그는 제자들이 그를 버린 것에 대해서는 탄식하지 않으셨지만 아버지께서 그를 버리신 것에 대해서는 탄식하셨다. 1. 이 일은 그의 영혼을 상하게 하는 일이었기 때문이다. 그것은 정말 참기 어려운 일이었다(잠 18:14). 물들이 그의 영혼에까지 흘러들어 왔다(시 69:1-3). 2. 특히 이 일을 통해서 하나님은 그리스도를 우리를 대신하여 죄로 삼으셨기 때문이다. 우리의 죄악들로 인해서 우리의 영혼에 진노와 분노가 임하는 것이 마땅하다(롬 2:8). 그러므로 그리스도께서는 우리를 위하여 희생제물이 되셔서 하나님의 진노와 분노를 그대로 다 받으셨는데, 영원 전부터 아버지의 품 속에 계시면서 항상 그의 기쁨이셨던 그에게 이 일은 정말 참기 어려운 것이었다. 그리스도께서 고난 중에 겪으신 하나님의 진노를 보여주는 이러한 징후들은 종종 특별한 경우에 희생제물을 태우기 위하여 하늘로부터 임하였던 불과 같은 그런 것이었고(레 9:24; 대하 7:1; 왕상 18:38), 그것은 항상 하나님께서 제물을 받으셨음을 보여주는 표시였다. 만약 하나님께서 죄를 사하지 않으셨다면 마땅히 죄인에게 떨어졌어야 할 불이 그 죄인이 사함받았다는 것을 보여주는 표시로서 희생제물 위에 임하였다. 그러므로 그 불이 지금 그리스도에게 임하였고, 그리스도는 처절한 비명을 크게 지를 수밖에 없었다. 바울은 자기가 성도들을 섬기기 위하여 희생제물로 드려진다면 기뻐하고 또 기뻐할 수 있다(개역에는 너희 믿음의 제물과 섬김 위에 내가 나를 전제로 드릴지라도 나는 기뻐하고 너희 무리와 함께 기뻐하리니)고 말하였다(빌 2:17). 그러나 죄인들의 죄를 위하여 희생제물로 드리는 것은 그런 것과는 전혀 다르다. 제육시부터 제구시까지 이례적인 일식 현상에 의해서 해가 어두워졌다. 어떤 천문학자들이 계산한 대로, 그리스도께서 십자가에 못 박혀 돌아가신 이 날 오후에 주기를 따라서 달의 7식분(蝕分)이 어두워지는 월식이 5시부터 7시까지 계속되었다는 것이 사실이라면, 그것은 당시의 암흑기를 암시하는 주목할 만한 의미 있는 사건이나. 해가 어두워지면 달도 빛을 잃게 된다.

Ⅲ. 곁에 섰던 자들이 그리스도의 기도를 희롱하였다(35-36절).　　그리스도께서 엘리 엘리 또는 엘로이 엘로이(마가는 이렇게 아람 방언으로 기록하였다)

라고 부르짖자, 사람들은 그것이 나의 하나님 나의 하나님이라는 뜻임을 잘 알면서도, 엘리야를 부른다고 말하였다. 이렇게 말함으로써, 그들은 그리스도께서 하나님을 버렸거나 하나님께서 그를 버렸기 때문에 하는 수 없이 성자들에게 기도하는 것으로 왜곡하여 백성들에게 더욱더 미움을 받게 하고자 하였다. 그들 중의 한 사람이 해면에 신 포도주를 적시어 갈대에 꿰어 그리스도의 입에 대어주었다. "그로 하여금 이것으로 입을 시원하게 하자. 이것은 그에게 합당한 음료이다"(36절). 이것은 그리스도를 모욕하고 능욕하고자 한 짓이었다. 그러자 어떤 사람이 이것을 제지하면서 다음과 같이 말하며 그리스도를 희롱하였다: "가만 두라. 그가 엘리야를 불렀으니, 과연 엘리야가 와서 그를 내려 주나 보자. 만약 엘리야가 오지 않으면, 엘리야마저도 그를 버린 것이겠지."

IV. 그리스도께서는 큰 소리를 지르시고 숨지셨다(37절).　지금 그의 영혼을 아버지의 손에 맡기신 것이다. 하나님께서는 그 어떤 육체적인 활동에도 감동하지 않으시지만, 이 큰 소리는 그리스도께서 말할 수 없이 크고 열렬한 사랑을 담아서 사력을 다하여 내신 소리였다. 이것은 우리가 하나님과 관련된 모든 일에서 사력을 다하여야 하고, 모든 경건의 의무들, 특히 자신을 부인하는 일을 온 마음과 영혼을 다하여 행하여야 한다는 것을 가르치는 것이다. 그렇게 할 때에 우리는 비록 힘이 없어서 말은 못할지라도 하나님께서 심령의 힘을 주시면 그리스도처럼 큰 소리를 지를 수는 있을 것이다. 그리스도께서는 정말 죽으셨다. 왜냐하면, 영혼을 버리셨기(개역에서는 숨지시니라) 때문이다. 그리스도의 영혼은 숨이 끊어진 채 차가운 흙덩어리가 되어 버린 몸을 남겨둔 채 영들의 세계로 떠난 것이다.

V. 그리스도께서 골고다 언덕에서 숨을 거두신 바로 그 순간에 성소 휘장이 위로부터 아래까지 찢어져 둘이 되었다(38절).　이것은 많은 의미를 갖는다.

1. 이것은 믿지 않는 유대인들에게는 공포를 주는 것이었다. 왜냐하면, 이것은 오래지 않아 닥쳐올 유대교와 유대 나라의 철저한 멸망을 보여주는 전조(前兆)였기 때문이다. 이것은 미(美)의 징표를 갈가리 찢어버린 것과 같은 것이었는데(성소 휘장은 극히 휘황찬란하고 영화로운 것이었기 때문에 — 출 26:31), 이 일은 그들이 유다와 이스라엘 형제의 의리를 끊으려 은 삼십 개를 달아서 유다에게 삯으로 준 바로 그 때에 일어났다(슥 11:12, 14). 지금은 이가봇, 즉 영광이 이스라엘에게서 떠났다고 울부짖어야 할 때였다. 어떤 이들은 예루살

렘이 멸망하기 몇 년 전에 성전 문이 열리면서 "이 곳을 떠나자"는 음성이 들렸다고 요세푸스가 전하는 이야기가 여기에 나온 것과 동일하다고 생각하지만, 그럴 것 같지는 않다. 하지만 내가 찢고 멀리 가리라(개역에서는 내가 탈취하여 갈지라도 — 호 5:14)는 말씀에 비추어보면, 서로 동일한 의미를 지니는 것이라고 할 수 있다. 2. 이것은 모든 믿는 그리스도인들에게 큰 위로가 된다. 왜냐하면, 이 일은 예수의 피로 말미암아 우리가 성별되고 성소에 들어갈 새로운 살 길이 우리에게 열렸다는 것을 의미하기 때문이다.

Ⅵ. 처형을 담당했던 부대를 지휘하던 백부장은 이 예수가 하나님의 아들이시라는 것을 확신하고 고백하였다(39절). 백부장에게 이러한 확신을 주었던 한 가지 일은 그리스도께서 큰 소리를 지르시고 숨지신 것이었다. 숨이 끊어지는 순간에 그렇게 큰 소리를 지를 수 있다는 것은 정말 놀라운 일이었다. 백부장은 사형수들이 숨지는 이와 같은 슬픈 광경을 수없이 보아 왔지만, 그에게 이런 일은 처음이었다. 그렇게 큰 소리를 지를 수 있는 힘이 아직 남아 있는 사람이 즉시 숨을 거둔 것도 백부장에게는 기이한 일이었다. 그래서 그는 그리스도를 높임과 동시에 그리스도를 희롱하는 자들을 부끄럽게 하기 위하여 이 사람은 진실로 하나님의 아들이었도다라고 말하였다. 백부장은 무슨 이유로 이런 말을 하였을까?

1. 백부장은 그리스도께서 부당하게 죽임을 당하셨고 사람들이 그에게 엄청난 잘못을 저질렀다는 것을 말하고자 하였다. 그리스도께서는 자기가 하나님의 아들이라고 말씀하셨기 때문에 죽임을 당하셨다는 것을 기억하라. 백부장의 고백대로, 그리스도는 하나님의 아들이었다. 따라서 그리스도의 고난을 둘러싼 모든 정황들이 분명히 보여주듯이, 그리스도께서 부당하게 죽임을 당하셨다면, 백부장이 말한 것은 옳고, 그리스도는 실제로 하나님의 아들이셨다.

2. 백부장은 그리스도께서 죽으실 때에 하늘이 어떻게 그를 영화롭게 하시고 박해자들에게 노하셨는지를 보고서 그리스도는 하나님의 사랑하시는 자였고 전능(全能)의 권세를 특별히 부여받으신 자라고 말하고자 하였다. 백부장은 '분명히 이 사람은 하나님으로부터 지극한 사랑을 받는 신적인 인간임에 틀림없다' 고 생각하였다. 백부장은 자기도 모르게 자신의 말을 통해서 그리스도께서 본래 하나님이셨지만 중보자의 직분에 특별히 임명되셨다는 것을 나타내었던 것이다. 우리 주 예수께서는 깊은 고난과 겸비 속에서조차도 하나

님의 아들이셨고, 또한 하나님은 권능으로써 그리스도께서 하나님의 아들이라
는 것을 선포하셨다.

VII. 몇몇 친구들, 특히 선량한 여자들이 그리스도를 지켜보고 있었다(40-41
절). 멀리서 바라보는 여자들도 있었다. 군중들이 몹시 성이 나 있었기 때문에,
남자들은 감히 모습을 드러내지 못하였다. 성난 물결에게는 길을 비켜주라
(currenti cede furori)는 말이 지금 그들에게 훌륭한 충고라고 그들은 생각했
을 것이다. 여자들도 감히 가까이 다가올 생각은 하지 못하고, 슬픔에 젖어서
멀리서 바라보며 서 있었다. 몇몇 여자들의 이름이 여기에 나와 있다. 막달라
마리아도 그 중 한 사람이었다. 그녀는 그리스도께 나아온 병자였었고, 그리스
도의 능력과 선하심으로 인해서 일곱 귀신에게서 놓여나 평안을 얻었기 때문
에, 어떠한 것으로도 그 큰 은혜를 결코 갚을 수 없을 것이라고 생각하고 있었
다. 작은 야고보(Jacobus parvus)와 요세의 어머니 마리아도 그 중에 있었다. 아
마도 야고보는 삭개오처럼 키가 작아서 그렇게 불렸던 것 같다. 이 마리아는
글로바 또는 알패오의 아내이자 동정녀 마리아의 자매였다. 이 여자들은 남자
제자들처럼 유월절 식사에 초대받지는 못했지만 그리스도께서 갈릴리에 계실
때에 따르며 섬기던 자들이었다. 그러나 이 여자들은 그리스도의 현세적인 왕국
이 이제 곧 세워지면 그들과 그들의 친족들이 출세할 수 있을 것이라는 희망
에 잔뜩 들떠서 그리스도를 따라 여기까지 온 것일 가능성이 많다. 세베대의
아들들의 어머니는 분명히 그랬다(마 20:21). 그리고 지금 이 여자들은 그리스
도께서 보좌에 오르신 것이 아니라 십자가에 오르신 모습을 보고 크게 실망하
지 않을 수 없었을 것이다. 이 세상에서 그리스도 및 기독교 신앙에 힘입어서
출세해보려고 그리스도를 따르는 자들은 결국 실망하며 슬퍼하게 되고 만다.

[42]이 날은 준비일 곧 안식일 전날이므로 저물었을 때에 [43]아리마대 사람 요셉이 와
서 당돌히 빌라도에게 들어가 예수의 시체를 달라 하니 이 사람은 존경 받는 공회
원이요 하나님의 나라를 기다리는 자라 [44]빌라도는 예수께서 벌써 죽었을까 하고
이상히 여겨 백부장을 불러 죽은 지가 오래냐 묻고 [45]백부장에게 알아 본 후에 요셉
에게 시체를 내주는지라 [46]요셉이 세마포를 사서 예수를 내려다가 그것으로 싸서
바위 속에 판 무덤에 넣어 두고 돌을 굴려 무덤 문에 놓으매 [47]막달라 마리아와 요
세의 어머니 마리아가 예수 둔 곳을 보더라.

우리는 여기서 우리 주 예수의 장례, 애도 속에서 엄숙한 장례에 참여하게 된다. 하나님의 은혜로 우리도 이와 같은 장례를 맞이할 수 있다면, 얼마나 좋을까! 좀 더 살펴보자.

I. 그리스도의 시체를 누가 어떻게 가져왔는가? 사형수들의 시체를 처분하는 일은 로마 정부의 권한이었다. 서둘러서 그리스도를 십자가에 못 박아 죽인 자들은 그 무덤이 악인들과 함께 하도록 할 계획이었다. 그러나 하나님께서는 그리스도의 무덤을 부자와 함께 하도록 계획하셨고(사 53:9), 또한 그렇게 되었다. 우리는 여기서 다음과 같은 것들을 본다.

1. 아리마대 사람 요셉은 그리스도를 장사지내기 위하여 그리스도의 시체를 간청해서 가져온 것은 언제였고, 왜 그토록 서둘러서 장례를 치르게 된 것인가? 저녁이 다가와서 날이 저물었고, 이 날은 준비일 곧 안식일 전날이었다(42절). 유대인들은 다른 어느 절기보다도 안식일을 지키는 데에 더 철저하였다. 그래서 이 날은 그 자체로 절기의 한 날이기도 했지만 안식일 전날이기도 했기 때문에 그들은 이 날을 더 경건하게 지키고자 하였다. 그들은 이 날에 안식일을 멋지고 즐겁고 엄숙하게 지키기 위하여 집과 식탁을 준비하였다. 안식일 전날은 안식일을 위하여 우리의 집과 식탁이 아니라 우리의 마음을 준비하는 날이 되어야 한다. 이 날에 세상의 염려들과 일들에서 벗어나서 마음을 모음으로써 하나님을 예배하고 즐거워할 수 있는 마음의 준비가 이루어져야 한다. 안식일에 우리가 마땅히 하여야 할 본분을 다하고 그것으로 인한 유익들을 얻고자 한다면, 우리는 전날에 안식일을 준비하지 않으면 안 된다. 아니, 한 주간 전체를 지난 안식일에 얻은 유익들을 활용하고 다가올 안식일을 준비하는 데에 사용하는 것이 마땅하다.

2. 그리스도의 시체를 빌라도에게 간청해서 가져와서 예를 갖추어 장사지낸 인물은 누구였는가? 그는 여기서 존경 받는 공회원으로 소개된 아리마대 사람 요셉이었다. 그는 인격이 훌륭하고 공직에 있는 사회적으로 지위가 높은 사람이었다. 어떤 이들은 그가 빌라도의 개인 고문관(顧問官)이라는 공직을 갖고 있었다고 생각하지만, 그는 유대교 내에서 직책을 맡고 있었던 것으로 보여진다. 그는 유대인들의 최고 기관인 공회(산헤드린)의 의원이었거나 대제사장의 참모 중의 한 사람이었다. 그는 자신에게 맡겨진 직분을 잘 감당한 공회원이

었다. 권력이 맡겨졌을 때에 자신의 본분을 양심적으로 수행하고 자신의 신분과 직책에 맡게 처신하는 자들만이 존경받을 수 있다. 그러나 그의 인격을 더 빛나게 해주는 것이 그에게 있었다. 그는 하나님의 나라를 기다리는 자, 이 땅에서는 은혜의 나라이고 하늘에서는 영광의 나라인 메시야의 나라를 기다리는 자였다. 하나님의 나라를 기다리고 그 나라에서 가질 수 있는 특권들에 관심을 갖고 소망하는 자들은 하나님의 나라가 좌절되고 무너지는 것처럼 보일 때에도 앞장서서 그리스도를 고백하고 그리스도를 위하여 나섬으로써 자신의 소망을 밖으로 나타내 보여야 한다. 존경받는 공회원들 중에서조차도 하나님의 나라를 기다리는 자가 몇 사람, 적어도 한 사람은 있었음을 주목하라. 장차 그들의 믿음은 나머지 다른 사람들의 불신앙을 정죄할 것이다. 그리스도의 제자들 중에는 감히 이 일을 추진할 수 있을 정도로 돈이나 관심이나 용기를 가진 자가 없었기 때문에, 하나님께서는 이 꼭 필요한 일을 위해서 이 사람을 세우신 것이다. 요셉이 당돌히 빌라도에게 들어갔다. 그는 이렇게 그리스도를 존귀하게 대접하는 일이 대제사장들의 비위를 얼마나 상하게 할 것인지를 잘 알고 있었지만 용기를 내었다. 아마도 처음에는 그도 약간 두려웠을 것이다. 하지만 그는 용기를 내어서(톨 메사스— 개역에서는 당돌히), 이번이 아니면 기회가 없다고 생각해서, 마지막으로 남아 있는 주 예수의 시체에나마 예(禮)를 다하기로 결심하였다.

3. 빌라도는 그리스도가 이미 죽었다는 말을 듣고(빌라도는 그리스도가 십자가에서 내려와서 스스로를 구원하였기를 기대하고 있었을지도 모른다), 특히 남들보다 훨씬 더 기력이 좋은 듯이 보였던 그리스도가 이토록 빨리 죽음에 굴복해서 벌써 죽었다는 말을 듣고 깜짝 놀랐다. 그리스도의 죽음을 둘러싼 모든 정황들은 참으로 기이한 것들뿐이었다. 처음부터 끝까지 그리스도의 이름은 기묘자(Wonderful)라 불렸다. 어떤 이들은 빌라도가, 사형 선고를 받은 자는 육신이 죽을 때까지 십자가에 매달려 있어야 하는데도 그리스도가 죽은 것으로 위장하여 산 채로 십자가에서 끌어내리운 후에 다시 회생하는 일이 없도록 하기 위하여 그리스도가 죽었는지 죽지 않았는지를 확인하고자 한 것이라고 주장한다. 그래서 빌라도는 백부장을 불러서 죽은 지가 오래냐?, 즉 그리스도에게서 숨이나 움직분 등 살아 있다는 어떤 표시가 사라진지 오래여서 그가 완전히 죽었다고 결론지을 수 있느냐고 물었다(44절). 백부장은 그리스도

께서 숨지신 것을 똑똑히 목격하였기 때문에(39절) 빌라도에게 이 사실을 확실하게 장담하여 말할 수 있었다. 빌라도가 이렇게 그리스도의 죽음을 철저하게 확인한 것도 다 하나님의 특별한 섭리로서 그리스도께서 산 채로 묻힌 것이라고 주장함으로써 부활의 진리를 부정할 수 없게 하여서 반론이 제기될 여지가 없을 정도로 그리스도의 죽음이라는 진실을 못 박아 두기 위한 것이었다. 이렇게 그리스도의 진리는 종종 원수들에 의해서 확증을 받기도 한다.

II. 그리스도의 시체는 어떻게 장사되었는가? 빌라도는 요셉에게 그리스도의 시체를 십자가에서 내려서 마음대로 처리하도록 허락하였다. 대제사장들이 먼저 신속하게 빌라도를 찾아와서 그리스도의 시체를 달라고 하여 길거리로 끌고 다니며 욕을 보이는 일이 일어나지 않고, 하나님께서 그들의 남은 분노를 억제시키시고 그리스도의 시체를 소중히 장사지낸 요셉에게 큰 상급을 주신 것은 놀라운 일이었다. 하나님께서 제사장들의 마음을 억제하셨기 때문에, 그들은 이 일을 막지 못하였다. 우리는 그가 다시 살아나지만 않는다면 그를 숭앙하는 것에 대해서는 신경쓰지 않는다(sit divus, modo non sit vivus).

 1. 이 경우에 헌 세마포로도 충분하다고 생각하였을 법한데도, 요셉은 그리스도의 시체를 싸려고 세마포를 샀다. 그리스도를 공경하고자 하면, 우리는 마음이 너그러워지고, 최고의 사람들이 할 수 있는 것으로가 아니라 우리가 할 수 있는 최고의 것으로 그리스도를 섬기게 된다.

 2. 그는 엉망진창이 된 수척한 그리스도의 시체를 내려다가, 마치 값진 보배인 양 그 시체를 세마포로 쌌다. 우리 주 예수께서는 성찬식을 통해서 그의 살과 피를 주시는 것이기 때문에, 우리는 우리를 사랑하시고 우리를 위하여 죽으신 주님을 향한 우리의 사랑을 가장 잘 표현할 수 있는 방식으로 주님의 살과 피를 받아야 한다.

 3. 그는 그리스도의 시체를 자기 소유인 바위 속에 판 무덤에 넣어 두었다. 우리는 유다 왕들에 관한 이야기 속에서 악한 왕들을 치욕스럽게 하기 위하여 열왕들의 묘실에 장사하지 않았다는 기록을 종종 발견한다. 우리 주 예수께서는 악이 아니라 많은 선을 행하셨고 그의 조상 다윗의 위(位)가 그에게 주어졌지만 평민들의 무덤에 장사되었다. 왜냐하면, 이 세상에서가 아니라 천국에서 그가 거한 곳이 영화로울 것이기 때문이다. 이 무덤은 요셉의 소유였다. 아브라함은 가나안 땅에서 다른 소유를 갖지는 못했지만 매장지만은 갖고 있었다.

그러나 그리스도께서는 매장지마저 없으셨다. 이 무덤은 바위 속에 판 무덤이었다. 그리스도께서는 죽으셔서 그 무덤을 성도들을 위한 피난처가 되게 하셨고, 그 무덤은 바위 속에 판 무덤이었기 때문에 튼튼한 피난처가 되었다. 주는 나를 스올에 감추시옵소서! 그리스도께서는 친히 큰 바위의 그늘이 되셔서 그의 백성의 숨을 곳이 되셨다.

4. 그는 돌을 굴려 무덤 문에 놓았다. 이렇게 장사하는 것이 유대인들의 풍습이었기 때문이다. 다니엘이 사자 굴에 넣어졌을 때에도, 사람들은 다니엘이 거기에서 나오지 못하도록 입구를 돌로 막아 놓았다. 그렇지만 두 경우 모두 천사들이 그 안으로 들어가는 것을 막을 수는 없었다.

5. 몇몇 선량한 여자들이 장례에 참여하여, 예수 둔 곳을 보았는데, 이것은 지금 당장에는 그렇게 할 시간이 없지만, 안식일이 지난 후에 다시 무덤에 와서 그리스도의 시체에 기름을 바르기 위한 것이었다. 유대교의 중보자이자 율법을 전해준 모세가 장사되었을 때에 하나님께서는 아무도 그의 무덤을 아는 자가 없도록 하셨는데(신 34:6), 이것은 모세가 죽음으로써 모세를 향한 백성들의 공경(恭敬)도 사라질 것이었기 때문이었다. 그러나 우리의 중보자이시고 새 율법을 전해주신 예수께서 장사되셨을 때에는 그의 무덤은 특별한 주목을 받았는데, 이것은 그리스도께서 다시 살아나실 것이기 때문이었다. 그리스도의 몸에 관한 관심과 돌봄은 그리스도께서 그의 몸인 교회를 친히 돌보실 것임을 나타내는 것이다. 교회가 죽은 몸처럼 보이고 마른 뼈들이 가득 찬 골짜기처럼 보일지라도, 그리스도께서는 부활을 위하여 교회를 보존하신다. 성도들의 죽은 몸들, 그 티끌 하나까지 잊혀지지 않을 것이라는 언약이 여전히 유효하게 존재한다. 그리스도의 장례에 대한 묵상은 우리로 하여금 우리 자신의 장례를 생각하도록 이끌고, 무덤을 친숙하게 여기게 만들어서 머지않아 다가올 어둠 속의 침상을 편안하게 받아들이게 만드는 데에 도움을 준다. 그리스도의 장례를 자주 묵상하면, 우리는 죽음의 두려움을 떨쳐버릴 수 있을 뿐만 아니라, 무덤이 항상 우리 곁에서 기다리고 있다는 것을 깨닫고 무덤을 준비할 수 있게 해준다(욥 17:1).

제
— 16 —
장

개요

이 장에는 주 예수의 부활과 승천에 관한 짤막한 기사가 나온다: 앞 장들에서 그리스도와 함께 슬퍼하며 고통한 자들은 이 기사가 모든 신자들에게 주는 기쁨과 승리를 받아 누리는 것이 합당하다. I. 향유를 바르기 위해서 무덤에 온 여자들에게 한 천사가 그리스도의 부활을 전해줌(1-8절). II. 그리스도께서 막달라 마리아에게 나타나셨고, 마리아는 이 소식을 제자들에게 전함(9-11절). III. 그리스도께서 엠마오로 가던 두 제자에게 나타나셨고, 그들이 이 소식을 형제들에게 전함(12-13절). IV. 그리스도께서 열한 제자에게 나타나셔서 이 세상에 그의 나라를 세우라고 위임하시고, 이것을 위한 여러 가지 교훈들을 주심(14-18절). V. 그리스도께서 승천하시고, 사도들이 두루 복음을 전파하며, 하나님께서 그들의 사역을 확증하심(19-20절).

[1]안식일이 지나매 막달라 마리아와 야고보의 어머니 마리아와 또 살로메가 가서 예수께 바르기 위하여 향품을 사다 두었다가 [2]안식 후 첫날 매우 일찍이 해 돋을 때에 그 무덤으로 가며 [3]서로 말하되 누가 우리를 위하여 무덤 문에서 돌을 굴려 주리요 하더니 [4]눈을 들어본즉 벌써 돌이 굴려져 있는데 그 돌이 심히 크더라 [5]무덤에 들어가서 흰 옷을 입은 한 청년이 우편에 앉은 것을 보고 놀라매 [6]청년이 이르되 놀라지 말라 너희가 십자가에 못 박히신 나사렛 예수를 찾는구나 그가 살아나셨고 여기 계시지 아니하니라 보라 그를 두었던 곳이니라 [7]가서 그의 제자들과 베드로에게 이르기를 예수께서 너희보다 먼저 갈릴리로 가시나니 전에 너희에게 말씀하신 대로 너희가 거기서 뵈오리라 하라 하는지라 [8]여자들이 몹시 놀라 떨며 나와 무덤에서 도망하고 무서워하여 아무에게 아무 말도 하지 못하더라.

안식일이 제정된 이래로 이와 같은 안식일은 일찍이 없었다. 이 장의 첫머리에 나오는 말은 안식일이 지나매이다. 이 안식일 동안에 우리 주 예수께서는 무덤 속에 누워 계셨다. 이 안식일은 주님께는 안식을 취하신 안식일이었지만 침묵 속의 안식일이었고, 제자들에게는 눈물과 두려움으로 보낸 서글픈 안식일이었다. 성전에서 드려진 안식일 예배들이 이 때처럼 하나님께 가증스러운 적은 일찍이 없었다. 안식일 예배는 수없이 드려졌지만, 손에 피, 그리스도의 피를 가득 묻힌 대제사장들이 집례한 이 날의 예배만큼 가증스러운 예배는 일찍이 없었다. 이제 이 안식일이 지나고, 바야흐로 새 세상의 첫 날이 열린 한 주간의 첫 날이 찾아왔다. 좀 더 살펴보자.

I. 그리스도를 섬겨 왔던 선량한 여자들이 그리스도에 대한 사랑으로 그 무덤을 찾아왔다　이것은 미신적인 행위가 아니라 경건한 행위였다. 이 여자들은 매우 일찍이 해 돋을 때에, 즉 동틀 때에 집을 나섰다. 그러나 여자들이 해 돋을 때에 일찍이 무덤을 향하여 길을 나선 것은 무덤까지의 거리가 멀었거나 일찍 나설 수밖에 없는 어떤 사정이 있었을 것이다. 여자들이 향품을 사다둔 것으로 보아서, 여자들은 단순히 그리스도의 시체를 그들의 눈물로 적시기 위해서가 아니라(이것보다 그들의 슬픔을 달래줄 만한 것은 없었을 것이기 때문에) 시체에 향유를 바르기 위해서 무덤에 왔다(1절). 니고데모는 상처를 아물게 하고 피를 마르게 하는 몰약과 침향을 많이 사서 가져왔었다(요 19:39). 그러나 이 선량한 여자들은 그것으로 충분하지 않다고 생각하였다. 그들은 예수께 바르기 위하여 다른 종류의 향품들과 향유를 사 가지고 왔다. 다른 사람들이 그리스도의 이름을 높이며 영광을 돌리는 행위들을 한 것과는 상관 없이, 우리는 우리 나름대로의 행위를 통해서 그리스도의 이름을 높여야 한다.

II. 여자들은 무덤 입구를 막고 있는 돌을 어떻게 굴릴까 걱정하였지만, 그런 걱정은 필요없게 되었다(3-4절). 여자들은 함께 오는 도중에 무덤이 가까워지자 서로 말하되 누가 우리를 위하여 무덤 문에서 돌을 굴려 주리요 하였다. 왜냐하면, 그 돌이 심히 커서, 그들이 힘을 합쳐도 움직일 수 없을 것이기 때문이었다. 그들은 무덤으로 출발하기 전에 이 일을 미리 생각해서 돌을 굴려줄 다른 사람들을 함께 데리고 왔어야 했다. 그리고 여자들은 까맣게 모르고 있었지만, 사실은 이것보다 훨씬 더 큰 장애물이 있었는데, 그것은 무덤을 지키는 군병들이었다. 만약 이 군병들이 기겁을 해서 달아나기 전에 여자들이 무덤에 도착했더라면, 여자들은 군병들을 보고 기겁을 해서 달아나고 말았을 것이다. 그러나 그리스도에 대한 그들의 고귀한 사랑이 그들을 무덤으로 이끌었고, 그들이 무덤에 도착했을 때에는 이 두 가지 장애물들, 즉 그들이 알고 있었던 돌이라는 장애물과 그들이 모르고 있었던 군병들이라는 장애물은 둘 다 제거되어 있었다. 눈을 들어본즉 벌써 돌이 굴려져 있는데, 이것은 여자들을 깜짝 놀라게 만든 첫 번째 일이었다. 그리스도를 부지런히 찾는 거룩한 열심으로 움직이는 자들은 그들의 길에 놓여 있는 어려운 문제들이 이상하게도 사라지고 예상하지 못한 도움들을 받게 되는 것을 발견한다.

III. 천사는 여자들에게 주 예수께서 죽은 자 가운데서 살아나셔서 무덤에서 떠나셨고, 그리스도를 찾아서 무덤으로 오는 자들에게 이 말을 전해주도록 자기를 남겨두셨다고 말하였다.

1. 여자들은 적어도 조금은 무덤 안으로 들어가서 예수의 시체가 전에 놓여 있던 곳에 없는 것을 보았다. 그의 죽음을 통해서 우리의 죗값을 치러주셨던 그리스도께서는 이제 그의 부활을 통해서 우리를 죄에서 자유하게 하셨다. 부활은 그리스도의 대속(代贖)이 받아들여져서 그것이 의도하였던 모든 목적들이 이루어진 것을 나타내는 사건이었기 때문에, 죄에서 우리가 자유하게 된 것은 법적으로 공정한 것이었다. 또한 부활은 그리스도께서 하나님의 아들이라는 것을 움직일 수 없는 증거를 통해서 확증한 사건이기도 하였다.

2. 여자들은 흰 옷을 입은 한 청년이 무덤 우편에 앉은 것을 보았다. 천사가 사람, 곧 청년의 모습으로 나타난 것이다. 천사들은 태초에 창조되었지만 늙는 법이 없고 항상 동일하게 아름다움과 힘을 간직하고 있기 때문이다. 그리고 성도들도 장차 영화롭게 될 때에 천사들과 같이 될 것이다. 여자들이 무덤에 들어갔을 때에 이 천사는 대인(大人)들이 입는 옷과 같이 발까지 내려오는 긴 흰 옷을 입고 무덤 우편에 앉아 있었다. 여자들은 천사를 보고 힘을 얻어야 했음에도 불구하고, 오히려 놀라며 두려워하였다. 이렇게 우리에게 당연히 위로가 되어야 할 일들이 우리의 실수와 오해로 말미암아 우리에게 두려움이 되는 경우가 많다.

3. 천사는 이 일이 결코 두려워 떨 일이 아니라 부활의 승리를 기뻐해야 할 일이라는 것을 여자들에게 확신시킴으로써 그들의 두려움을 잠재웠다(6절). 청년이 이르되 놀라지 말라. 천사들은 죄인들을 회심시키는 것을 기뻐하는 것과 마찬가지로, 성도들을 위로하는 것도 기뻐한다. 천사는 두려워하지 않아도 되는 이유들로 다음과 같은 것들을 제시하였다.

(1) "너희는 예수 그리스도를 진심으로 사랑하는 자들이기 때문에, 하나님

께서 너희를 당혹스럽게 하는 것이 아니라 위로하시는 것이 마땅하다. 너희가 십자가에 못 박히신 나사렛 예수를 찾는구나." 그리스도를 찾는 신자들은 그리스도를 알고 그의 고난에 동참하기 위해서는 무엇보다도 특히 십자가에 못 박히신 그리스도를 바라보아야 한다(고전 2:2). 그리스도께서 땅에서 들리신 것은 모든 사람을 그에게로 이끄시기 위한 것이었다. 그리스도의 십자가는 이방인들이 찾는 군기(軍旗)이다. 천사가 예수를 십자가에 못 박히신 분이라고 말한 것을 주목하라. "이 일은 이미 지나갔고, 그 장면은 이미 지나갔다. 너희는 그리스도께서 부활하셨다는 기쁜 소식을 믿기 어렵다는 듯이 그리스도께서 십자가에 못 박히신 슬픈 사건에 머물러서는 안 된다. 그리스도께서는 연약한 중에 십자가에 못 박히셨으나, 그런 것은 그리스도께서 능력으로 부활하시는 것을 가로막지 못한다. 그러므로 그리스도를 찾는 너희는 그리스도께서 없어지신 것을 두려워하지 말라." 그리스도께서는 과거에 십자가에 못 박히셨으나, 지금은 영화롭게 되셨다. 그리고 고난의 수치는 결코 승귀(昇貴)의 영광에 비할 수 없는 것이기 때문에, 그 영광은 고난의 모든 수치를 말끔히 씻어버렸다. 그러므로 그리스도께서는 영광으로 들어가신 후에도 자기가 고난당했다는 사실을 은폐하려 하거나 십자가에 대하여 말하는 것을 부끄러워하지 않으셨다. 여기에서 그리스도의 부활을 알린 천사도 그를 십자가에 못 박히신 예수라고 불렀다. 그리스도께서 친히 나는 살아 있는 자라 내가 전에 죽었었노라(계 1:18)고 말씀하신다. 그리고 그리스도께서는 천군 천사들의 찬송을 받으시면서 일찍이 죽임을 당한 어린 양으로 나타나신다(계 5:6).

(2) "그러므로 너희는 기쁜 소식을 들었으니, 그리스도의 시체에 향유를 부을 생각은 하지 말고 그리스도께서 살아나신 것을 기뻐해야 한다. 그가 살아나셨고 여기 계시지 아니하니라. 너희에게 그를 보여줄 수는 없지만, 나중에 너희는 그를 보게 될 것이다. 보라, 그를 두었던 곳이니라. 너희가 보듯이, 그리스도께서는 여기를 떠나셨다. 그리스도께서는 그 시체를 원수들이나 친구들에 의해서 도둑맞은 것이 아니라, 살아나셨다."

4. 천사는 여자들에게 이 소식을 제자들에게 빨리 전하라고 지시하였다. 이렇게 여자들은 사도들 중의 사도들이 되었는데, 이것은 그들이 사랑과 신실한 믿음으로 십자가에 달리신 그리스도, 무덤에 들어가신 그리스도, 무덤 안에 계신 그리스도를 섬긴 것에 대한 상급이었다. 여자들은 맨먼저 달려왔고, 맨

먼저 상급을 받았다. 다른 제자들은 감히 그리스도의 무덤에 찾아오거나 그리스도를 찾고자 하지 않았다. 돌을 굴릴 힘이 없었던 몇몇 여자들을 제외하고는 아무도 그리스도의 무덤을 찾아오지 않았기 때문에, 제자들이 밤에 몰래 와서 시체를 도둑질하여 가는 일은 일어날 수 없었다.

(1) 여자들은 제자들에게 그가 살아나셨다고 전하였다. 주님께서 돌아가신 후에, 제자들은 그들의 모든 소망과 기쁨을 그리스도의 무덤 속에 묻은 채 절망의 시간을 보내고 있었다. 그들은 그리스도를 중심으로 한 그들의 운동이 파탄을 맞아서, 그들이 원수들의 손아귀에 언제라도 붙잡혀 희생될 수 있는 처지에 있다고 여겼기 때문에, 철저하게 절망감에 사로잡혀서, 모두가 각자 자기 살 궁리를 하고 있었다. 천사는 이렇게 말하였다: "그들에게 속히 가서 그들의 주님이 살아나셨다고 전하라. 그러면 그들이 어느 정도 생기와 사기를 되찾아서 절망 속에서 빠져나올 것이다." [1] 그리스도께서는 그의 가엾은 제자들을 시인하는 것을 부끄럽게 여기시지 않으셨다. 지금 존귀하게 되신 상태에서도 결코 제자들을 부끄러워하거나 부인하지 않으셨다. 그리스도께서는 죽으시기 전에 이미 제자들에게 그렇게 알려주셨기 때문에, 존귀하게 되신 후에도 제자들을 부끄러워하지 않으셨다. [2] 그리스도께서는 마음으로 그를 따르던 제자들이 실수를 한 것에 대하여 개의치 않으셨다. 제자들은 그를 냉정하게 버렸지만, 그는 그들에 대한 그의 이러한 마음을 전하였다. [3] 그리스도께서는 자기로 인하여 애곡하며 슬퍼하는 자들에게 적절한 때에 위로를 보내셨고, 또한 곧 그들에게 모습을 나타내실 것이다.

(2) 여자들은 베드로에게 이 소식을 전하였다. 마가복음 기자는 베드로의 지시에 의해서 복음서를 기록하였기 때문에, 특히 베드로를 주목해서 언급한다. 이 소식을 제자들에게 전하여야 했다면, 특히 베드로가 이 소식을 들어야 했을 것이다. 왜냐하면, 베드로는 주님을 부인한 후에 회개하고 제자들과 함께 있었기 때문이다. 천사가 특히 제자들에게 이 소식을 전하라고 하면서 특별히 베드로에게 전하라고 언급한 것은 다음과 같은 이유 때문이었을 것이다. [1] 그것은 이 소식이 다른 어떤 제자들보다도 베드로에게 더 반가운 기쁜 소식일 것이기 때문이었다. 왜냐하면, 베드로는 자신의 죄로 인해서 슬픔에 잠겨 있었고, 진정으로 회개하는 자들에게 그리스도의 부활에 관한 소식을 듣는 것보다 더 기쁜 소식은 없기 때문이다. 그리스도께서는 그들을 의롭다고 하시기

위하여 부활하셨다. [2] 그것은 베드로가 이 좋은 소식을 듣고도 자기에게는 해당되지 않는 것은 아닐까 하고 염려할 것을 고려하였기 때문이다. 만약 천사가 가서 제자들에게 전하라고만 말하였다면, 불쌍한 베드로는 한숨을 내쉬며 "하지만 나는 주님을 부인하였으므로 주님께서도 당연히 나를 부인하실 것이기 때문에 더 이상 제자로 인정받지 못할 거야"라고 말했을지도 모른다. 이런 일을 미연에 방지하기 위해서, 천사는 "특히 베드로에게 가서 전하라. 그도 다른 제자들과 마찬가지로 갈릴리에서 주님을 뵈오리라"고 말한 것이다. 진정으로 회개한 자에게 그리스도를 보는 일은 너무도 기쁜 일이고, 그리스도께서는 진정으로 회개한 자를 기쁘게 만나주실 것이다. 사람이 진정으로 회개하면, 하늘에 큰 기쁨이 있기 때문이다.

(3) 여자들은 모든 제자들, 특히 베드로에게 전에 너희에게 말씀하신 대로 갈릴리에서 주님을 뵈올 것이라고 전하였다(마 26:32). 제자들은 갈릴리로 내려가는 여행길에서 과거를 회상하면서, 그리스도께서 전에 거기에서 자주 말씀하셨던 것, 즉 그가 고난을 당하고 죽으신 후에 제삼일에 다시 살아나리라는 말씀을 떠올릴 시간을 가질 수 있을 것이었다. 반면에 낯선 자들과 원수들이 득실거리는 예루살렘에서 주님을 뵈옵기로 되어 있었다면, 제자들은 앞서 빠져 있었던 두려움에서 좀처럼 헤어나오지를 못해서, 그리스도의 부활 소식에 걸맞는 기쁨과 즐거움을 마음껏 누릴 수 없을 것이었다. [1] 그리스도와 제자들의 모든 만남은 그리스도께서 직접 약속하신 일이었다. [2] 그리스도께서는 자신의 약속을 결코 잊지 않으시고, 그의 이름을 두신 모든 곳에서 약속된 축복을 가지고 그의 백성을 만나주신다. [3] 그리스도와 제자들의 모든 만남에서 그리스도께서는 가장 먼저 오신다. 예수께서 너희보다 먼저 가신다.

IV. 여자들이 이 소식을 제자들에게 전해준 것에 관한 기사(8절).   여자들은 몹시 놀라 떨며 무덤에서 나와서, 제자들에게 될 수 있는 대로 빨리 이 소식을 전하기 위하여 달려갔다. 우리는 그리스도께서 우리에게 말씀하신 것을 믿음으로 받아들이지 않음으로써 우리 자신 및 우리에게 위로가 될 일에 대하여 원수로 행하는 적이 얼마나 많은지 모른다. 그리스도께서는 제삼일에 다시 살아나리라고 제자들에게 자주 말씀하셨다. 만약 그리스도의 말씀에 귀를 기울여 듣고 믿었더라면, 여자들은 그리스도께서 살아나신 모습을 뵈올 것이라는 기대를 가지고 무덤에 왔을 것이고, 부활의 소식을 이와 같은 두려움과 놀라움이 아니라 기쁨에 찬 확신으로 받아들였을 것이다. 여자들은 제자들에게 이 소식을 전하여서 이 소식이 온 세상에 전파되도록 하라는 명령을 받고서, 꿈인가 생시인가 두려워서 제자들에게로 가는 도중에 만난 사람에게는 어떤 말도 하지 않았다. 믿음과 믿음으로 인한 기쁨이 강할 때에는 충분히 해낼 수 있는 그리스도 및 다른 영혼들을 섬기는 일들도 우리가 불안과 두려움을 갖게 되면 자주 방해를 받게 된다.

[9]예수께서 안식 후 첫날 이른 아침에 살아나신 후 전에 일곱 귀신을 쫓아내어 주신 막달라 마리아에게 먼저 보이시니 [10]마리아가 가서 예수와 함께 하던 사람들이 슬퍼하며 울고 있는 중에 이 일을 알리매 [11]그들은 예수께서 살아나셨다는 것과 마리아에게 보이셨다는 것을 듣고도 믿지 아니하니라 [12]그 후에 그들 중 두 사람이 걸어서 시골로 갈 때에 예수께서 다른 모양으로 그들에게 나타나시니 [13]두 사람이 가서 남은 제자들에게 알리었으되 역시 믿지 아니하니라.

이 단락에는 그리스도께서 부활 후에 나타나신 두 번의 사건들을 아주 짤막하게 기록하고 있는데, 제자들은 그들의 말을 잘 믿지 않았다.

I. 그리스도께서는 동산에서 막달라 마리아에게 맨먼저 나타나셨다. 이것에 관한 자세한 이야기가 요한복음 20:14 이하에 나와 있다. 그리스도께서는 막달라 마리아에게서 전에 일곱 귀신을 쫓아내어 주신 적이 있으셨다. 마리아는 많이 죄 사함을 받았고 많은 은혜를 받았기 때문에 그리스도를 많이 사랑하였다. 그리고 부활하신 그리스도를 맨처음으로 보는 영광도 마리아에게 주어졌다. 그리스도께 더 가까이 나아갈수록, 우리는 더 빨리 그리스도를 뵈옵고 더 많이 그리스도를 깨닫게 된다.

1. 마리아는 자기가 본 것을 제자들에게 알렸는데, 열한 제자만이 아니라, 슬퍼하며 울고 있던 예수와 함께 하던 사람들에게도 알렸다(10절). 지금이야말로 그리스도께서 전에 말씀하셨듯이 그들이 곡하고 애통해야 할 때였다(요 16:20). 그리고 제자들이 이렇게 슬퍼하며 울고 있는 모습은 그들이 그리스도를 몹시 사랑하였고 그리스도를 잃고나서 깊은 상실감에 빠져 있었다는 것을 보여주는 증거였다. 그러나 그들이 하룻밤 또는 이틀밤을 울고 있었을 때, 그리스도께서 약속하신 대로, 위로가 다시 그들을 찾아왔다. 내가 다시 너희를 보

리니 너희 마음이 기쁠 것이요. 울고 있는 제자들에게 그리스도께서 부활하셨다는 소식보다 더 기쁜 소식이 어디 있겠는가. 우리도 울고 있는 제자들에게 우리가 그리스도를 본 것이나 체험한 것들을 전해줌으로써 위로하는 자들이 되도록 노력하여야 한다.

2. 제자들은 마리아가 전해준 소식을 믿으려 하지 않았다. 그들은 그리스도께서 살아나셔서 마리아에게 보이셨다는 말을 들었다. 이 이야기는 충분히 믿을 만한 것이었는데도, 그들은 믿지 아니하였다. 그들은 마리아가 이 이야기를 꾸며냈다거나 그들을 속이기 위해서 거짓말하는 것이라고 말하지는 않았지만, 마리아가 잘못 보았거나 그녀가 본 것은 환상일 것이라고 생각하였다. 만약 그들이 그리스도께서 친히 그 입으로 자주 말씀하셨던 예고들을 믿었다면, 그들은 이 소식을 이토록 불신하지는 않았을 것이다.

Ⅱ. 두 제자가 걸어서 시골로 갈 때에 그리스도께서 그들에게 나타나셨다(12절).　　이 구절은 틀림없이 그리스도와 엠마오로 가던 두 제자 사이에서 일어났던 일(이 이야기는 누가복음 24:13 이하에 자세하게 기록되어 있다)을 가리킨다. 본문에서는 그리스도께서 다른 모양으로, 즉 평상시와는 다른 옷을 입고 여행자의 모습으로 나타나셨다고 말한다. 앞서 동산에서도 그리스도께서는 이런 모습을 하고 계셨기 때문에, 막달라 마리아는 그리스도를 동산지기로 착각하였었다. 그러나 사실 그리스도께서 자신의 본래의 용모를 지니고 계셨다는 것은 그들의 눈이 가리어져서 그인 줄 알아보지 못하였다(눅 24:16)는 말씀에 의해서 확인된다. 그리고 그들의 눈을 가리고 있던 것이 벗겨지자, 그들은 즉시 그를 알아보았다(눅 24:16-31).

1. 이 두 증인은 그리스도의 부활에 대한 이 증거를 그들의 증언을 통해서 제시하였다. 두 사람이 가서 남은 제자들에게 알렸다(13절). 두 제자는 그리스도께서 부활하신 것을 확신하고서 형제들도 그들과 마찬가지로 위로를 받게 하기 위하여 이 확신을 형제들에게 전하여 주고자 하였다.

2. 제자들은 이 두 제자의 말을 믿지 않았다. 역시 그들은 아무도 믿지 않았다. 그들은 이 두 제자가 뭔가 잘못 본 것이라고 의심하였다. 그리스도의 부활에 관한 증거들이 이렇게 점진적으로 주어졌고 이렇게 조심스럽게 받아들여진 것도 하나님의 지혜로운 섭리였다. 모든 검증을 마친 사도들이 훗날에 그리스도의 부활을 확신 있게 전하였을 때에 그 설교는 한층 더 설득력이 있게 되었다.

아주 더디게 믿은 사람들의 말은 더욱 믿을 만하다: 금방 믿은 사람들은 뭔가 경솔하게 속아넘어간 것일 수 있기 때문에, 그들의 증언은 신뢰가 덜 간다. 그러나 더디게 믿은 사람들은 처음에는 믿지 않았다가 나중에 온전한 확신 속에서 믿게 된 것이다.

[14]그 후에 열한 제자가 음식 먹을 때에 예수께서 그들에게 나타나사 그들의 믿음 없는 것과 마음이 완악한 것을 꾸짖으시니 이는 자기가 살아난 것을 본 자들의 말을 믿지 아니함일러라 [15]또 이르시되 너희는 온 천하에 다니며 만민에게 복음을 전파하라 [16]믿고 세례를 받는 사람은 구원을 얻을 것이요 믿지 않는 사람은 정죄를 받으리라 [17]믿는 자들에게는 이런 표적이 따르리니 곧 그들이 내 이름으로 귀신을 쫓아내며 새 방언을 말하며 [18]뱀을 집어올리며 무슨 독을 마실지라도 해를 받지 아니하며 병든 사람에게 손을 얹은즉 나으리라 하시더라.

I. 그리스도께서 그의 부활을 믿지 않은 것에 대하여 사도들을 꾸짖으심(14절). 그리스도께서는 열한 제자가 함께 모여서 음식 먹을 때에 그들에게 온전한 확신을 주시기 위하여 그들에게 나타나셨다. 사도행전 10:41을 보라. 그리스도께서는 그들의 믿음 없는 것과 마음이 완악한 것을 꾸짖으셨는데, 심지어 갈릴리에서 그리스도와 제자들이 모두 모였을 때조차도 의심하는 사람들이 있었다(마 28:17). 복음이 참되다는 증거들은 너무도 완전하기 때문에, 복음을 받아들이지 않는 자들은 그들의 불신앙에 대해서 책망을 받는 것이 마땅하다. 불신앙의 원인은 증거들이 빈약하기 때문이 아니라, 그들의 마음이 완악하고 무감각하며 우둔하기 때문이다. 그들은 아직 직접 부활하신 그리스도를 뵈온 적은 없었지만, 자기가 살아난 것을 본 자들의 말을 믿지 아니하였기 때문에 책망을 받는 것이 마땅하였다. 그들이 믿지 않은 것은 아마도 부분적으로는 그들의 마음이 교만하였기 때문일 것이다. 왜냐하면, 그들은 '만약 정말 그리스도께서 다시 살아나셨다면, 과연 그리스도께서는 우리말고 누구에게 스스로를 보이시는 영광을 주시기를 기뻐하시겠는가?'라고 생각하였을 것이기 때문이다. 그리스도께서 그들을 제쳐두시고 먼저 다른 사람들에게 나타나셨나면, 그들은 그가 부활하신 그리스도시라는 것을 믿을 수가 없었다. 이렇게 많은 사람들은 그리스도께서 말씀의 증인들과 선포자들로 택하신 자들을 믿을 수 없다고 생각해

서 그리스도의 교훈을 믿지 않는다. 저 심판의 날에 "우리는 부활하신 주님을 직접 보지 못하였다"고 말하는 것은 우리의 불신앙에 대한 변명이 될 수 없다. 왜냐하면, 우리는 부활하신 그리스도를 본 자들의 증언을 믿었어야 했기 때문이다.

II. 그리스도께서는 제자들에게 그의 복음, 즉 중보자를 통한 하나님과의 화해를 전하는 기쁜 소식을 전파함으로써 사람들 가운데 그의 나라를 세우라고 위임하심. 좀 더 살펴보자.

1. 제자들은 누구에게 복음을 전하여야 하는가? 이제까지 그들은 오직 이스라엘의 잃어버린 양들에게만 보내졌고, 이방인들의 길이나 사마리아의 성읍에 들어가는 것이 금지되었었다. 그러나 이제 그들은 온 천하, 세상의 모든 지역들, 사람이 거주하는 모든 곳에 다니며 만민, 복음을 받아들일 수 있는 모든 사람들, 유대인들만이 아니라 이방인들에게도 그리스도의 복음을 전파하라는 위임을 받는다. "그리스도, 그의 삶과 죽음과 부활을 사람들에게 알리라. 그러한 것들이 지닌 의미와 의도, 그러한 것들에 의해서 사람들이 얻을 수 있는 유익들을 사람들에게 가르치라. 예외 없이 누구나 와서 그러한 유익들에 참여하라고 사람들을 초대하라. 이것이 복음이다. 이 복음을 모든 곳, 모든 사람들에게 전파하라." 열한 제자들만으로는 복음을 온 세상에 전파할 수 없고, 하물며 온 세상에 있는 모든 사람들에게 전파하는 일은 더더욱 불가능하다. 따라서 열한 제자들과 칠십 인의 다른 제자들, 그리고 후에 그들에게 덧붙여진 자들은 여러 가지 방식으로 온 세상으로 흩어져서, 그들이 가는 곳마다 복음을 전하여야 하고, 그들이 직접 갈 수 없는 곳들로는 다른 사람들을 보내어야 한다. 요컨대, 그들은 복음을 흥밋거리나 오락거리로서가 아니라 하나님께서 사람들에게 전하시는 엄숙한 메시지, 사람들을 복되게 하시려고 하나님께서 정하신 수단으로서 모든 진실함과 정성을 다하여서 온 세상에 구석구석 전하는 일을 필생의 과업으로 삼아야 한다. "너희가 할 수 있는 한 많은 사람들에게 전하고, 또한 그들로 하여금 다른 사람들에게 전하라고 명하라. 복음은 온 세상 사람들을 환영하는 메시지이기 때문에 온 세상 사람들로 하여금 영접하게 하는 것이 마땅하다."

2. 제자들이 전파해야 할 복음의 요지는 무엇인가(16절)? "세상 사람들 앞에 삶과 죽음, 선과 악을 내어놓고 선택하게 하라. 사람들에게 그들이 하나님께

정죄를 받고 원수들에게 정복당하여 노예가 되어 버린 비참하고 위험스러운 상태에 있다는 것을 알려주라." 이것은 그들이 구원받아야 한다는 것을 보여주는 것이다. 만약 사람들이 상실된 것이 아니라면, 그들은 구원받을 필요가 없을 것이다. "이제 가서 그들에게 전하라."

(1) "그들이 복음을 믿고 자기를 버리고 그리스도의 제자가 된다면, 그들이 마귀와 세상과 육신을 거부하고 그들의 선지자이자 제사장이며 왕이신 그리스도와 그들의 언약의 하나님께 헌신하고 이 언약을 변함없이 지킴으로써 그들의 신실함을 증명한다면, 그들은 죄의 정죄와 권능으로부터 구원을 받을 것이고, 죄가 그들을 다스리거나 멸망시키지 못하게 될 것이다. 참된 그리스도인은 그리스도로 말미암아 구원을 받으리라." 그리스도께서는 그리스도를 고백하고 영접한 자들에게 입교 예식으로서 세례를 받도록 정하셨다. 그러나 세례는 그 자체로 의미가 있는 것이 아니라, 구원받았다는 표시라는 것이 중요하다. 왜냐하면, 마술사 시몬은 믿고 세례를 받았지만 구원을 받지는 못하였기 때문이다(행 8:13). 입으로 예수를 주로 시인하며 또 마음에 믿으면 구원을 받으리라(롬 10:9)는 말씀이 여기에 나오는 것과 거의 동일한 의미인 것 같다. 그러므로 우리는 복음의 진리들에 지적으로 동의하여야 하고, 동시에 복음의 요구에 의지적으로 동의하여야 한다.

(2) "믿지 않는 자들, 하나님께서 그의 아들에 관하여 기록하신 말씀을 받아들이지 않는 자들은 다른 식으로 구원받을 수 없고 오직 멸망을 당할 수밖에 없다. 그들은 율법을 범한 죄에 복음을 멸시한 죄가 추가되어 정죄를 받으리라." 다른 것이 아니라 인간을 죄에서 구원해줄 수 있는 복음을 믿지 않은 불신앙만이 인간을 정죄하리라는 것은 그 자체가 복음, 곧 좋은 소식이다. 휘트비 박사는 이렇게 지적한다: 이 본문 속에서 "유아들은 믿을 수 없기 때문에 세례를 받을 수 없다고 추론하는 자들은 유아들이 구원도 받을 수 없다고 추론하지 않으면 안 된다. 여기서 믿음은 세례가 아니라 구원과 관련하여 더 명백하게 요구되기 때문이다. 그리고 후반절에 세례에 대한 언급이 생략되어 있는 것은 믿지 않는 자들이 단순히 세례를 받지 않기 때문이 아니라 세례를 경멸하고 무시하기 때문이다. 이것으로 인해서 믿지 않는 사들은 더욱 정죄를 받게 된다. 단순히 세례를 받지 않아서 정죄를 당하는 것이라면, 유아들은 부모들의 실수나 잘못으로 세례를 받지 못해서 정죄를 당하는 일이 생기게 될

것이다."

3. 제자들은 그들이 전하는 복음을 확증하기 위하여 어떠한 권능을 받아야 하는가(17절)? 믿는 자들에게는 이런 표적이 따를 것이다. 믿는 자는 누구나 이런 표적들을 행할 수 있는 것은 아니고, 사람들에게 복음을 전해서 그리스도께 인도하는 복음 전도자들에게 이러한 표적들이 따른다. 왜냐하면, 표적들은 믿지 않는 자들을 위한 것이기 때문이다. 고린도전서 14:22을 보라. 이런 표적들은 복음에 한층 더 큰 영광과 증거를 더하여 주었는데, 전도자들은 스스로 이적들을 행하였을 뿐만 아니라 다른 사람들에게 이적을 행할 수 있는 권능을 수여했기 때문에, 그들이 복음을 전하는 곳마다 몇몇 믿는 자들에게 이러한 권능이 따랐다. 전도자들은 그들이 세례를 받았던 바로 그 이름, 곧 그리스도의 이름으로, 그리스도로부터 나온 능력, 기도를 통해서 그리스도로부터 받은 능력을 힘입어서 표적들을 행하게 될 것이다. 몇몇 표적들이 구체적으로 언급되어 있다.

(1) 그들은 귀신을 쫓아낼 것이다. 순교자 유스티누스, 오리게네스, 이레나이우스, 테르툴리아누스 등의 증언들이 보여주듯이, 이 능력은 다른 어떤 것들보다도 그리스도인들 사이에서 흔하게 나타났고 더 오랫동안 지속되었다(Grotius).

(2) 그들은 그들이 전에 배웠거나 알지 못하였던 새 방언을 말하게 될 것이다. 방언은 복음의 진리를 확증하기 위한 이적(지성과 관련된 이적)이자 복음을 들은 적이 없는 나라들에서 복음을 전파하는 수단이었다. 방언은 전도자들이 언어를 배워야 하는 막대한 수고를 덜어주었다. 또한 이적을 통해서 언어를 익힌 전도자들은 마치 원어민처럼 완벽하게 언어를 익혔을 것이기 때문에, 그 언어를 사용하는 사람들에게 복음을 전하고 감화를 주는 데에 아무런 장애도 받지 않았을 것이다.

(3) 그들은 뱀을 집어올릴 것이다. 이 표적은 바울이 독사에게 손을 물렸지만 아무렇지도 않았던 사건을 통해서 성취되었는데, 이 사건을 거기에 있던 원주민들은 큰 이적으로 여겼다(행 28:5-6). 믿는 자들은 옛 뱀의 악독한 계교에 의해서나 독사의 자식들에 의해서 해를 당하지 않을 것이다.

(4) 박해자들의 강제에 의해서 그들이 무슨 독을 마실지라도 그들은 해를 받지 아니할 것이다. 바로 이와 같은 표적들이 교회사 속에서 몇 차례 발견된다.

(5) 그들은 스스로 해를 입지 않을 뿐만 아니라, 다른 사람들을 낫게 할 수 있게 될 것이다. 병든 사람에게 손을 얹은즉 나으리라. 그리스도인들은 주님의 치유하시는 손길을 힘입어서 이런 표적을 무수하게 행해 왔다. 교회 장로들 중에는 이러한 권능을 지닌 자들이 많았다. 야고보서 5:14에서는 그리스도께서 제정하신 이 이적에 의한 병 고침이라는 표적을 염두에 두고서 병든 자들을 위하여 교회의 장로들은 주의 이름으로 기름을 바르라고 명하고 있다. 전도자들에게 이러한 표적들이 따를 때, 그들은 더욱 큰 성공의 확신을 가지고 그들에게 맡겨진 복음 전도의 사명을 감당하러 나아가지 않겠는가!

[19]주 예수께서 말씀을 마치신 후에 하늘로 올려지사 하나님 우편에 앉으시니라 [20]제자들이 나가 두루 전파할새 주께서 함께 역사하사 그 따르는 표적으로 말씀을 확실히 증언하시니라.

1. 그리스도께서는 높은 세상에서 환영을 받으셨다(19절): 주 예수께서 제자들에게 하시고자 하셨던 말씀을 마치신 후에 구름 가운데서 하늘로 올려지셨다. 이 이야기는 사도행전 1:9 이하에 자세하게 나와 있다. 그리스도께서는 단순히 하늘로 승천하신 것이 아니라 영접을 받으며 하늘에 있는 그의 나라로 입성하셨다. 그는 천군 천사들의 환호와 박수갈채 속에서 장엄한 영접을 받으셨다. 그리고 그는 하나님 우편에 앉으셨다. 이것은 안식의 자세였다. 왜냐하면, 이제 그는 구원 사역을 다 마치셨기 때문이다. 이것은 다스림의 자세였다. 왜냐하면, 이제 그는 그의 나라를 소유하게 되셨기 때문이다. 그는 하나님 우편에 앉으셨는데, 이것은 그에게 왕의 위엄이 수여되고 우주에 대한 통치가 위임되었다는 것을 의미한다. 이제 하나님은 우리에게 무슨 일을 하시든, 우리에게 무엇을 주시든, 우리에게서 무엇을 받으시든, 모든 것을 그의 아들을 통해서 하신다. 지금 그리스도께서는 창세 전에 그의 것이었던 영광으로 영화롭게 되셨다.

2. 그리스도께서는 이 낮은 세상에서도 환영을 받으셨다. 그리스도께서 세상에서 믿은 바 되시고 영광 가운데서 올려지신 것은 동시에 일어난 일이었다(딤전 3:16).

(1) 여기에는 사도들이 그리스도를 위하여 부지런히 일하는 모습이 나온다. 제자들이 나가 먼 곳이든 가까운 곳이든 가리지 않고 두루 전파하였다. 그들이

전한 복음이 하늘에 속한 영적인 것으로서 세상의 풍조와 정반대되는 것이어서, 복음을 전파하는 일에서 수많은 반대에 부딪치고 세상의 지지를 전혀 받지 못하였어도, 복음 전도자들은 두려워하거나 부끄러워하지 않았다. 그들이 복음을 전하는 일에 그토록 열심이었기 때문에, 불과 몇 년이 채 안 되어서 복음은 땅 끝까지 이르렀다(롬 10:18).

　(2) 여기에는 하나님께서 그들의 수고를 헛되지 않게 하기 위하여, 한편으로는 사람들의 몸에 나타나는 이적들을 통해서 기독교의 가르침을 확증하시고, 한편으로는 성령의 역사(役事)를 통해서 사람들의 마음에 감동을 주심으로써(히 2:4) 함께 역사하사 그 따르는 표적으로 말씀을 확실히 증언하셨다는 사실이 기록되어 있다. 말씀에 따르는 표적들은 이런 것들이었다 ― 세상을 변화시키고, 우상을 멸하고, 죄인들을 회심시키고, 성도들을 위로하는 것. 그리고 이러한 표적들은 지금도 여전히 말씀이 전파되는 곳에서 뒤따른다. 복음서 기자는 그리스도의 영광과 인류의 유익을 위하여 이런 표적들이 더욱더 많이 나타나도록 기도하고, 우리에게 **아멘**(그렇게 되어지이다)이라고 말하도록 가르친다. 하늘에 계신 아버지여, 이름이 거룩히 여김을 받으시오며 나라가 임하시옵소서.

누가복음

서론

우리는 이제 또 다른 복음서 기자의 노작(勞作)을 살펴보게 되었다. 그의 이름은 누가인데, 어떤 이들은 누가가 루킬리우스(Lucilius)라는 이름을 줄여서 부른 것이라고 생각한다. 그는 성 제롬(Jerome)과 마찬가지로 안디옥 출신이다. 어떤 이들은 누가가 성경의 모든 기자(記者)들 중에서 유일하게 이스라엘 사람이 아니었다고 생각한다. 누가는 유대교로 개종한 이방인이었는데, 안디옥에서 바울의 전도를 통해서 기독교로 전향하였고, 바울이 마게도냐로 온 후에(행 16:10), 바울을 항상 수행하게 되었다는 것이다. 누가는 의술의 연구와 실천에 종사하였기 때문에, 바울은 그를 사랑을 받는 의원 누가(골 4:14)라고 불렀다. 고대인이라고 자처한 어떤 이들은 누가가 화가였으며 동정녀 마리아의 초상을 그렸다고 말한다.

그러나 휘트비 박사는 이와 같은 말들은 확실한 것이 아니기 때문에, 누가는 그리스도의 공생애 사역 기간 동안에 제자로서 그리스도를 따른 자로서 70인의 제자들 중 한 사람이었을 가능성이 높다고 생각한다. 그렇다면, 누가는 나면서부터 이스라엘 사람이었을 것이다. 나는 휘트비 박사의 주장을 반박할 수 있는 것을 찾을 수 없다. 휘트비 박사의 주장과 다른 고대인들의 몇몇 불확실한 전승들이 있지만, 우리는 그것들을 근거로 삼을 수 없고, 그것들은 누가가 70인의 제자 중 한 사람이었다고 말하는 오리게네스(Origen)와 에피파니우스(Epiphanius)의 증언과도 반대된다.

누가는 바울과 함께 전도 여행을 다니는 동안에 바울의 지도를 받아서 이 복음서를 썼다고 한다. 어떤 이들은 바울이 복음으로써 모든 교회에서 칭찬을 받는 자(고후 8:18)라고 말하였던 바로 그 형제가 누가였다고 생각한다. 누가는 이 복음서를 쓴 것 때문에 모든 교회에서 유명한 자가 되었고, 바울이 로마서 2:16에서처럼 종종 내 복음이라는 말을 했을 때, 그 복음은 바로 누가가 쓴 복음서를 의미했다는 것이다. 그러나 이런 말들은 전혀 근거가 없다. 케이브(Cave) 박사는 누가의 글쓰기 방식은 정확하고 세밀하며, 그의 문체는 품위 있고 우아하며 고상하고 당당하면서도 명쾌하고, 그는 다른 어떤 성경 기자들보다도 더 순수한 헬라어를 통해서 자신의 생각을 표현하고 있다고 말한다.

그러므로 누가는 다양한 사건들을 다른 복음서 기자들보다 더 풍부하게 우리에게 말해주고 있고, 특히 그리스도의 제사장 직분과 관련된 사건들을 그런 식으로 다룬다.

이 복음서가 언제 또는 어느 시기에 씌어졌는지는 확실하지 않다. 어떤 이들은 이 복음서가 그리스도의 승천 후 17년(또는 22년)에 누가가 바울과 함께 전도 여행을 하는 동안에 아가야에서 씌어졌다고 말하고, 어떤 이들은 바울이 로마에서 죄수 신분으로 자신의 셋집에서 복음을 전하고 있던 때에(사도행전은 바로 이 장면에서 끝난다), 누가가 바울 곁에 머물면서(바울은 딤후 4:11에서 누가만 나와 함께 있느니라고 말하였다), 사도행전(누가복음의 속편)을 쓰기 직전에 이 복음서를 썼다고 말한다. 누가는 자발적으로 바울과 함께 유폐(幽閉) 생활을 하면서, 이 두 역사서를 쓸 시간적인 여유를 갖게 되었다(교회의 많은 훌륭한 저작들은 감옥에서 씌어졌다). 그렇다면, 누가복음은 그리스도의 승천 후 27년경, 즉 네로 제4년경에 씌어진 것이 된다.

제롬은 누가가 평생 독신으로 살다가 84세에 죽었다고 말한다. 어떤 이들은 누가가 순교를 당했다고 기록한다. 그러나 누가가 언제 그리고 어디에서 순교를 당했는지는 확실하지 않다. 사실 신약의 기자들에 관한 기독교 전승들은 구약의 기자들에 관한 유대교 전승들과 마찬가지로 별 신빙성이 없다.

제
— **1** —
장

개요

이 복음서 기자가(아니, 하나님이 누가를 통해서) 우리에게 그리스도의 생애에 관하여 말해주는 이 이야기는 마태복음이나 마가복음보다 더 이른 시기로부터 시작된다. 우리가 그리스도의 사역자들의 모든 은사와 은혜에 대해서와 마찬가지로 사복음서가 있다는 사실에 대하여 하나님께 감사를 드려야 마땅하다. 이러한 것들은 한 쪽에 없는 것을 다른 쪽이 보완함으로써 모두가 합쳐져서 하나의 조화를 이루기 때문이다. 이 장에는 다음과 같은 내용들이 나온다. I. 누가가 복음서에 붙인 서문, 곧 그의 친구 데오빌로에게 바치는 헌사(1-4절). II. 그리스도의 선구자였던 세례 요한의 잉태에 관한 예언과 내력(5-25절). III. 동정녀 마리아에 대한 수태고지(受胎告知), 곧 마리아가 메시야의 어머니가 될 것이라는 고지(26-38절). IV. 예수의 어머니 마리아와 세례 요한의 어머니 엘리사벳이 잉태 중에 서로 만난 일과 그들이 그 때에 한 예언들(39-56절). V. 그리스도의 출생 6개월 전에 일어난 세례 요한의 출생과 할례(57-66절). VI. 세례 요한의 출생에 대한 감사와 예수의 출생에 대한 기대 속에서 나온 사가랴의 찬송(67-79절). VII. 세례 요한의 유년기에 관한 짧막한 기사(80절). 이러한 것들은 흥미로운 이야깃거리 이상의 것으로서, 우리를 하나님이 육신으로 나타나신 거룩한 신비에 대한 이해로 이끌어준다.

[1]우리 중에 이루어진 사실에 대하여 [2]처음부터 목격자와 말씀의 일꾼 된 자들이 전하여 준 그대로 내력을 저술하려고 붓을 든 사람이 많은지라 [3]그 모든 일을 근원부터 자세히 미루어 살핀 나도 데오빌로 각하에게 차례대로 써 보내는 것이 좋은 줄 알았노니 [4]이는 각하가 알고 있는 바를 더 확실하게 하려 함이로라

의례적인 찬사들을 늘어놓은 서문들과 헌사들, 아첨하는 말들과 교만을 부추기는 말들은 지혜롭고 선한 자들에게 정죄를 받아 마땅하다. 그러나 유익하고 교훈적인 서문과 헌사들이 필요하지 않다는 말은 아니다. 누가복음의 서문이 바로 그런 경우이다. 누가는 그의 복음서를 그의 친구 데오빌로에

게 헌정하는데, 이 서문에서 데오빌로는 비록 높은 직위에 있는 인물이긴 했지만 복음을 보호해줄 후원자가 아니라, 복음을 배우고 굳게 붙들어야 할 누가의 문도로 등장한다. 이 데오빌로가 누구였는지는 확실하지 않다. 데오빌로라는 이름은 하나님의 친구를 의미한다. 어떤 이들은 이 이름이 어느 특정한 인물을 가리키는 것이 아니라 하나님을 사랑하는 모든 자를 의미한다고 생각한다. 하몬드 박사는 이 이름을 그런 식으로 이해하는 몇몇 고대인들의 글을 인용한다: 이 이름은 진정으로 하나님을 사랑하는 자들은 사람들을 하나님께로 이끌고자 하는 의도를 지닌 그리스도의 복음을 기꺼이 영접하고자 할 것임을 가르친다. 그러나 이 이름을 한 지역의 수령이었던 어떤 특정인을 가리키는 것으로 이해하는 것이 좋을 것 같다. 왜냐하면, 누가는 여기서 바울이 총독 베스도에게 붙였던 것과 동일한 존칭인 크라티스테로 데오빌로를 부르고 있기 때문이다(행 26:25). 사도행전과 누가복음의 어구들은 모두 베스도 각하와 데오빌로 각하로 번역되었는데, 크라티스테는 극히 고명하시다 또는 극히 훌륭하시다를 의미하였다. 종교는 예의범절을 파괴하는 것이 아니라, 오히려 각 나라의 관습을 따라서 존경할 자를 존경하라고 우리에게 가르친다. 좀 더 자세하게 살펴보자.

I. 왜 누가는 이 복음서를 썼는가? 분명한 것은 누가가 성령에 의해서 복음서를 쓰도록 감동을 받았을 뿐만 아니라 복음서를 쓰는 중에도 감동을 받았다는 것이다. 그러나 이 두 경우에 있어서 누가는 이성을 지닌 피조물로서 감동을 받은 것이지, 단순히 기계처럼 움직여진 것은 아니었다. 성령의 감동을 따라서 누가는 다음과 같은 것들을 생각하게 되었다.

1. 누가는 그가 기록해야 할 것들은 모든 그리스도인들 가운데서 아주 확실하게 믿어진(개역에서는 우리 중에 이루어진) 것들, 모든 그리스도인들이 자기가 무엇을 믿는지를 알 수 있도록 가르침을 받아야 하는 것들, 후손들(우리와 마찬가지로 그러한 것들에 관심이 있는)에게 꼭 전해 주어야 할 것들, 그러한 목적을 위해서 후세에 전달하는 가장 확실한 방법인 기록으로 남겨야 할 것들이라고 생각하였다. 누가는 의심이 있어서 논란이 되는 것들, 그리스도인들끼리 서로 의견이 달라서 해결을 지을 수 없는 것들이 아니라, 아주 확실하게 믿어졌고 또 확실하게 믿어져야 할 것들, 그리스도와 그의 사도들이 행한 것들(프라그마타 페플레로포레메나)로서, 모든 정황으로 보아서 그러한 것들이 실제로

행해졌다는 것이 너무도 확실해서 영속적인 신빙성을 지니는 그러한 것들을 기록하고자 하였다. 우리의 신조(creed)의 조목들이 오랫동안 아주 확실하게 믿어져 왔던 것들이라는 사실은 우리의 신앙의 토대는 아니라 할지라도 우리의 신앙을 든든하게 받쳐주는 역할을 한다는 점을 명심하라. 그리스도의 가르침은 가장 지혜롭고 훌륭한 수많은 사람들이 가장 큰 확신과 만족감을 가지고 그들의 영혼을 걸었던 바로 그런 것이다.

2. 누가는 그러한 것들을 차례대로 써야 할 필요가 있다는 것, 즉 그리스도의 생애에 관한 역사를 더 확실하게 전달하기 위해서는 순서를 따라서 체계적으로 서술하여야 한다고 생각하였다. 어떤 것들이 차례대로 정리되어 있을 때, 우리는 우리의 쓸 것을 어디에서 찾아내고 남들의 유익을 위하여 그것들을 어떻게 사용할지를 더 잘 알게 된다.

3. 누가는 그리스도의 생애에 관한 이야기들을 저술하려고 붓을 든 사람들이 많았고, 그 사람들은 선의를 지닌 사람들로서 좋은 의도에서 좋은 일을 했으며, 그들이 그런 이야기를 저술한 것은 비록 하나님의 영감을 따라서 된 것이 아니고 기대만큼 잘 된 것도 아니며 영원히 남겨질 글로 의도된 것은 아니었지만 훌륭한 일이었다고 생각하였다. (1) 그리스도의 복음 안에서 이루어진 다른 사람들의 수고가 신실하고 정직한 것이라면, 비록 그 수고가 많은 결점들로 인하여 책망을 들을 수 있는 것이라고 하더라도, 우리는 그 수고를 칭찬하고 격려해야 마땅하다. (2) 그리스도에 대한 다른 사람들의 섬김을 볼 때, 우리는 남들이 했으니 나는 안 해도 되겠지라고 생각하지 말고, 오히려 분발해야 한다.

4. 누가는 그가 기록한 것들이 참되다는 것은 자기보다 앞서서 붓을 들어 서로 앞다투어서 예외없이 한결같이 사건들을 기록한 자들의 공통된 증언에 의해서 확증된다는 것, 즉 이미 글로 발표된 것들과 누가가 이제 기록하고자 하는 것들은 처음부터 목격자와 말씀의 일꾼 된 자들(2절)이 거듭거듭 입으로 전해준 것들과 일치한다고 생각하였다. (1) 사도들은 그리스도의 말씀의 일꾼들(어떤 이들은 말씀을 그리스도라고 이해한다) 또는 그리스도의 가르침의 일꾼들이었다. 그들은 직접 말씀을 받고나서, 다른 사람들에게 그 말씀을 전하는 일꾼이 되었다(요일 1:1). 복음은 그들을 선생으로 만든 것이 아니라, 복음을 전하는 일꾼으로 만들었다. (2) 말씀의 일꾼들은 그들이 전한 것들을 눈으

로 직접 본 목격자들이자 귀로 들은 목격자들(ear-witnesses)이었다. 그들은 직접 그리스도의 가르침을 들었고 그리스도께서 행하신 이적들을 보았다. 그들은 그러한 것들을 소문을 통해서 간접적으로 들은 것이 아니었다. 그러므로 그들은 자기가 직접 보고 들은(행 4:20) 것들을 지극히 큰 확신을 가지고 전할 수 있었다. (3) 사도들은 그리스도의 사역을 처음부터 목격한 자들이었다(2절). 그리스도께서 첫 표적을 행하실 때에 제자들도 거기에 있었다(요 2:11). 사도들은 예수께서 그들 가운데 출입하실 때에 항상 예수와 함께 다녔기(행 1:22) 때문에, 그들의 신앙을 확증해주는 데에 충분한 모든 것을 보고 들었을 뿐만 아니라, 신앙이 흔들릴 때마다 다시 신앙을 회복하는 경험도 가졌다. (4) 우리가 오늘날까지 가지고 있는 이 기록된 복음은 교회의 초창기에 선포되었던 복음과 정확히 일치한다. (5) 누가는 자기가 쓴 일들을 처음부터 완전히 이해하고 있었다(개역에서는 근원부터 자세히 미루어 살핌: 3절). 어떤 사람들은 이 대목에서 누가가 자기보다 앞서 글을 쓴 사람들을 은근히 평가하고 있다고 생각한다. 즉, 누가는 그 사람들이 그들이 쓴 것에 대한 완전한 이해를 가지고 있지 않았다고 생각해서, 내가 여기 있나이다 나를 보내주소서(facit indignatio versum — '나의 분노가 나의 펜을 재촉한다')라는 심정으로 나섰다는 것이다. 하지만 여기서 누가는 그 사람들에 대한 평가를 하고 있다기보다는, 자기가 이 일을 하는 데에 적합한 역량을 지니고 있다는 것을 단언하고 있다고 보는 것이 좋을 듯하다: 복음서를 쓰는 일이 "모든 일에 대한 정확한 지식을 위로부터(아노덴. 개역에서는 근원부터) 얻은 내게 좋아 보였다." 나는 아노덴을 위로부터로 번역해야 한다고 생각한다. 만약 이 단어를 처음부터(2절)라는 의미로 사용하고자 했다면, 누가는 2절에서와 동일한 단어를 사용했을 것이기 때문이다. [1] 베드로전서 1:10이 구약의 선지자들이 연구하고 부지런히 살폈다고 말씀하고 있는 것처럼, 누가는 이러한 일들을 부지런히 살폈고 이러한 일들의 뒤를 추적하였다(이 단어의 문자 그대로의 의미). 누가는 자기보다 앞서 글을 쓴 사람들처럼 이 일들을 건성으로 바라본 것이 아니라, 자세한 부분까지 파헤쳐서 알아내는 것을 자신의 일로 삼았다. [2] 누가는 이 일들을 알아내는 데에 다른 사람들과는 달리 단지 전승에 의존한 것이 아니라, 그 전승을 확증해주고 그 전승을 기록할 때에 실수나 오류가 없도록 해주는 역할을 한 계시에 의존하였다. 누가는 위로부터(이 단어의 문자 그대로의 의미) 지식을 구하였고, 위로부터 지식을 받았다. 이렇게, 누가는 엘리후처럼 먼 데서 지식을 얻었다. 누가는 모세처럼 전승이 말한 것들이지만 성령의 감동에 의해서 확증된 것들을 그의 역사서에 기록하였다. [3] 그러므로 누가는 자기가 이러한 일들에 대한 완전한 이해를 지니고 있다고 말할 수 있었다. 누가는 그러한 일들을 정확히(아크리보스: 개역에서는 자세히) 알고 있었다. "이 모든 일을 위로부터 받은 내가 그것을 써 보내는 것이 좋아 보였다." 왜냐하면, 이와 같은 재능은 묻어두어서는 안 되기 때문이다.

Ⅱ. 왜 누가가 이 복음서를 데오빌로에게 보냈는지를 살펴보자. "내가 당신에게 이 일들을 차례대로 써 보내고자 하는 것은 당신으로부터 이 작품에 대한 칭송을 얻고자 하는 것이 아니라, 당신이 알고 있는 바를 더 확실하게 함으로써 당신으로 하여금 덕 세움을 받을 수 있도록 하기 위한 것이다(4절)."

1. 이것은 데오빌로가 교회의 규례를 따라서 세례 전이나 후에 이러한 일들에 대하여 이미 가르침을 받았다는 것을 암시한다(마 28:19, 20). 아마도 누가는 그에게 세례를 주었을 것이고, 그가 얼마나 잘 가르침을 받았는지를 알고 있었을 것이다. 페리 혼 카테케데스 — 당신이 교리 교육을 통해서 배운 바에 관하여(이 어구의 원래의 의미). 지적 능력이 아주 뛰어난 그리스도인들도 교리 교육을 받는 것으로 시작하였다. 데오빌로는 귀족 가문에서 태어난 높은 신분의 인물이었을 것이다. 그런 사람들이 세상에서의 높은 지위에서 오는 유혹들을 단호하게 뿌리치고 그 지위가 가져다주는 좋은 기회들을 잘 활용할 수 있도록 하기 위해서는, 어릴 때부터 하나님의 말씀의 원리들로 그들을 가르치는 데에 훨씬 더 많은 수고를 들이지 않으면 안 된다.

2. 데오빌로로 하여금 알고 있는 바를 더 확실하게 하려는 것, 즉 알고 있는 것들을 더 분명하게 이해하고 더 확고하게 믿게 하는 것이 누가의 의도였다. 그리스도의 복음에는 확실성이 존재한다. 우리는 그리스도의 복음이 지닌 확실성 위에 우리의 집을 지을 수 있다. 어려서부터 하나님의 일들에 대하여 잘 가르침을 받아온 사람들은 나중에 그러한 일들의 확실성을 알기 위하여, 즉 우리가 무엇을 믿는가를 알 뿐만 아니라 왜 믿는가도 알기 위하여 힘써야 한다. 그래야만 우리는 우리 속에 있는 소망에 관한 이유를 묻는 자에게 대답할 수 있게 될 것이다.

⁵유대 왕 헤롯 때에 아비야 반열에 제사장 한 사람이 있었으니 이름은 사가랴요 그의 아내는 아론의 자손이니 이름은 엘리사벳이라 ⁶이 두 사람이 하나님 앞에 의인이니 주의 모든 계명과 규례대로 흠이 없이 행하더라 ⁷엘리사벳이 잉태를 못하므로 그들에게 자식이 없고 두 사람의 나이가 많더라 ⁸마침 사가랴가 그 반열의 차례대로 하나님 앞에서 제사장의 직무를 행할새 ⁹제사장의 전례를 따라 제비를 뽑아 주의 성전에 들어가 분향하고 ¹⁰모든 백성은 그 분향하는 시간에 밖에서 기도하더니 ¹¹주의 사자가 그에게 나타나 향단 우편에 선지라 ¹²사가랴가 보고 놀라며 무서워하니 ¹³천사가 그에게 이르되 사가랴여 무서워하지 말라 너의 간구함이 들린지라 네 아내 엘리사벳이 네게 아들을 낳아 주리니 그 이름을 요한이라 하라 ¹⁴너도 기뻐하고 즐거워할 것이요 많은 사람도 그의 태어남을 기뻐하리니 ¹⁵이는 그가 주 앞에 큰 자가 되며 포도주나 독한 술을 마시지 아니하며 모태로부터 성령의 충만함을 받아 ¹⁶이스라엘 자손을 주 곧 그들의 하나님께로 많이 돌아오게 하겠음이라 ¹⁷그가 또 엘리야의 심령과 능력으로 주 앞에 먼저 와서 아버지의 마음을 자식에게, 거스르는 자를 의인의 슬기에 돌아오게 하고 주를 위하여 세운 백성을 준비하리라 ¹⁸사가랴가 천사에게 이르되 내가 이것을 어떻게 알리요 내가 늙고 아내도 나이가 많으니이다 ¹⁹천사가 대답하여 이르되 나는 하나님 앞에 서 있는 가브리엘이라 이 좋은 소식을 전하여 네게 말하라고 보내심을 받았노라 ²⁰보라 이 일이 되는 날까지 네가 말 못하는 자가 되어 능히 말을 못하리니 이는 네가 내 말을 믿지 아니함이거니와 때가 이르면 내 말이 이루어지리라 하더라 ²¹백성들이 사가랴를 기다리며 그가 성전 안에서 지체함을 이상히 여기더라 ²²그가 나와서 그들에게 말을 못하니 백성들이 그가 성전 안에서 환상을 본 줄 알았더라 그가 몸짓으로 뜻을 표시하며 그냥 말 못하는 대로 있더니 ²³그 직무의 날이 다 되매 집으로 돌아가니라 ²⁴이후에 그의 아내 엘리사벳이 잉태하고 다섯 달 동안 숨어 있으며 이르되 ²⁵주께서 나를 돌보시는 날에 사람들 앞에서 내 부끄러움을 없게 하시려고 이렇게 행하심이라 하더라

앞서 두 복음서 기자는 똑같이 요한이 사람들에게 세례를 주며 사역한 것으로부터 복음서를 시작하였다 — 요한의 사역은 우리 구주의 공생애 사역보다 6개월 전에 시작되었다(6개월은 이전에는 짧은 기간이었겠지만, 위기가 다가오고 있는 이 때에는 꽤 긴 시간이었다). 그래서 누가복음 기자는 우리 구주의 수태와 출생에 관하여 앞의 두 복음서 기자보다 더 구체적이고 자세하

게 설명하려고 마음을 먹고서, 우리 구주의 선구자이자 선발 주자였고 의(義)의 태양을 알리는 샛별이었던 세례 요한의 수태와 출생에 대하여 자세하게 설명하기로 작정하였다. 누가복음 기자가 이렇게 작정한 것은 나중에 위대한 인물이 된 자들의 출생 내력과 어린 시절을 알고자 하는 것이 일반 사람들의 성향이기 때문만이 아니라, 이 초기의 사건들 속에 많은 이적적일 일들이 있었고 나중에 가서 알려지게 된 것들에 대한 전조(前兆)들이 있었기 때문이었다. 성령의 감동을 받은 우리의 역사가인 누가는 이 대목에서 세례 요한의 수태로부터 시작한다. 좀 더 자세하게 살펴보자.

I. 요한의 부모에 관한 설명(5절).　　그들은 헤롯 왕 때에 살았는데, 헤롯은 이방인이었고, 로마인들의 하수인이 되어서, 최근에 유대 땅을 제국의 속주로 만들어버린 인물이었다. 이것을 기록한 것은 홀(笏)이 유다를 완전히 떠났고, 야곱의 예언(창 49:10)을 따라 지금은 실로가 오실 때라는 것을 보여주기 위한 것이다. 다윗 가문은 몰락하였으나, 메시야를 통해서 다시 일어나 번영하게 될 것이었다. 비록 정치적 자유가 상실된 때일지라도, 종교의 부흥과 번영은 얼마든지 가능하다는 것을 명심하라. 이스라엘은 속국이 되어 종살이 하고 있었지만, 그 때에 이스라엘의 영광이 다가오고 있었다.

세례 요한의 아버지는 아론의 자손으로서 제사장이었는데, 그의 이름은 사가랴였다. 세상의 그 어떤 가문도 아론과 다윗의 가문만큼 하나님으로부터 존귀함을 받은 가문은 없었다. 아론 가문에게는 제사장직과 관련된 계약이 주어졌고, 다윗 가문에게는 왕권과 관련된 계약이 주어졌다. 그들은 둘 다 그들의 존귀함을 잃어버리고 말았지만, 복음은 훗날에 이 두 가문에 다시 존귀함을 부여해서, 세례 요한에게는 아론의 존귀함을, 그리스도에게는 다윗의 존귀함을 부여하는데, 그 후에는 이 두 가문은 모두 소멸되고 사라졌다. 그리스도는 다윗 가문에서 나왔고, 그의 선구자인 세례 요한은 아론 가문에서 나왔다. 왜냐하면, 세례 요한의 제사장적 직분과 영향력은 그리스도의 왕적 권세와 위엄을 예비하는 데에 필요하였기 때문이다. 사가랴는 **아비야 반열**에 속하였다. 다윗 시대에 아론 가문이 늘어나자, 다윗은 직무를 더욱 질서정연하게 수행할 수 있도록 하기 위하여 그들을 24반열로 나누어서, 일손이 부족하여 직무에 소홀함이 있거나 소수에 의해서 직무가 독점되는 일이 없게 하였다. 아비야 반열은 여덟 번째 반열로서(대상 24:10), 아론의 장자였던 엘르아살의 후손들이었다.

그러나 라이트푸트 박사는 제사장 가문들 중 다수가 포로로 잡혀가서 대가 끊겼기 때문에 포로에서 돌아온 후에는 다른 가문의 사람들을 택하여 각 반열의 두령의 이름을 붙여 주었다고 본다. 사가랴의 아내도 아론의 자손이었는데, 그녀의 이름은 엘리사벳으로서, 아론의 아내였던 엘리세바(출 6:23)와 같은 이름이었다. 제사장들은 자기 집안 내에서만 혼인하는 것을 아주 철저하게 지켰기 때문에, 외부 가문과 통혼함이 없이 제사장 가문의 혈통과 품위를 지켜나갈 수 있었다고 요세푸스(Josephus)는 말한다.

그러면 사가랴와 엘리사벳에 관하여 살펴보기로 하자.

1. 그들은 매우 경건한 부부였다(6절): 이 두 사람은 하나님 앞에 의인이었다. 그들은 진리대로 판단하시는 하나님이 보시기에 의인들이었다. 그들은 진정으로 의인들이었다. 노아가 당대에 그랬던 것처럼(창 7:1), 그들은 하나님 앞에서 의로운 자들이었다. 그들은 하나님께 인정을 받았고, 하나님은 그들을 은혜로 기뻐 받아주셨다. 결혼을 통해서 서로 연합된 부부가 둘 다 주께 연합되어 있다면, 그것은 복된 일이다. 특히, 주님의 사역자들인 제사장들은 그들과 멍에를 같이 메는 배필들과 함께 마땅히 하나님 앞에 의로워서, 양 무리의 본이 되고 그들의 마음을 기쁘게 해야 한다. 이 두 사람이 주의 모든 계명과 규례대로 흠이 없이 행하더라. (1) 그들이 하나님 앞에 의인이었다는 것은 그들이 살아온 삶의 기조(基調)와 성격에 의해 입증되었다. 그들은 자신의 의로움을 말이 아니라 행위들, 곧 그들이 살아온 길과 그들이 살면서 지켜온 규칙으로 보여주었다. (2) 그들의 삶은 한결같았다. 왜냐하면, 그들의 신앙과 삶은 서로 일치했기 때문이다. 그들은 예배와 관련된 주의 규례만을 지킨 것이 아니라, 선한 삶의 모든 면들에 대하여 말해주는 주의 계명을 따라 살았다. (3) 그들은 한결같이 순종의 삶을 살았다. 그들은 자신의 책무를 행하는 데에 부족함이 없었지만, 자신의 책무를 온전히 수행하려고 끊임없이 관심과 노력을 기울였다. (4) 이런 점에서, 그들은 죄 없는 자들은 아니었지만 흠 없는 자들이었다. 아무도 어떤 추한 죄로 인해서 그들을 비난할 수 없었다. 그들은 정직하고 남에게 해를 끼치지 않는 삶을 살았다 — 사역자들과 그 가족들은 그들의 죄 때문에 하나님의 사역이 욕을 먹는 일이 없도록 각별히 주의하여야 한다.

2. 그들은 오랫동안 자녀가 없었다(7절). 자녀는 여호와의 기업(유업)이다. 그러나 하나님의 상속자들 중에는 결혼은 했으나 이 유업을 받지 못한 사람들이

많다. 자녀는 값지고도 바람직한 축복이다. 그렇지만 하나님 앞에 의로운 자들 중에는 그들에게 자녀가 있다면 하나님을 경외하는 가운데 자녀들을 양육할 수 있는데도 그런 축복을 받지 못한 사람들이 많고, 이 세상의 사람들은 자녀가 많아서(시 17:14) 아이들을 양 떼 같이 내보낸다(욥 21:11). 엘리사벳은 잉태를 못 하였기 때문에, 그들은 영영 자녀를 갖지 못하게 될까봐 절망하기 시작하였다. 왜냐하면, 그들은 둘 다 나이가 많아서, 아이를 많이 낳는 여자들도 임신이 되지 않는 그런 나이였기 때문이었다. 오랫동안 아이를 못 낳던 어머니들에게서 이삭, 야곱, 요셉, 삼손, 사무엘, 그리고 여기 세례 요한 같은 훌륭한 인물들이 태어났는데, 이것은 그들의 출생을 더 돋보이게 해주고 그 축복이 그들의 부모에게 더 값진 것으로 만들어 준다. 또한 이것은 하나님이 자기 백성으로 하여금 그의 긍휼하심을 오랫동안 기다리게 하시는 경우, 하나님은 종종 그 긍휼하심을 베푸실 때에 그 가치를 갑절이 되게 하심으로써 그들이 오래 참은 것에 대하여 보상해주시기를 기뻐하신다는 것을 보여준다.

Ⅱ. 요한의 아버지 사가랴가 성전에서 제사를 드리고 있을 때에 천사가 나타남(8-11절). 선지자 스가랴는 천사들과 대화를 나눈 구약의 마지막 인물이었고, 제사장 사가랴는 천사와 대화를 나눈 신약의 최초의 인물이었다. 좀 더 살펴보자.

1. 어떻게 사가랴가 하나님을 섬기는 데에 쓰임을 받게 되었는가(8절): 사가랴는 그 반열의 차례대로 하나님 앞에서 제사장의 직무를 행하였다. 이 때는 그가 봉사할 주간이었고, 그는 직무를 수행하였다. 사가랴는 비록 가정을 제대로 이루지는 못했지만 자신의 위치와 그의 날에 따라서 해야 할 일을 어김없이 행하였다. 우리는 바라던 긍휼하심을 얻지 못했다고 해도, 주어진 봉사의 일들을 차질없이 수행하여야 한다. 우리에게 맡겨진 일들을 변함없이 부지런히 행한다면, 우리는 긍휼하심과 위로하심이 마침내 찾아오리라는 것을 소망할 수 있다. 이제 제비를 뽑아서 바로 그 봉사하는 주간에 아침과 저녁으로 분향하는 일이 사가랴의 몫으로 정해졌고, 마찬가지로 다른 봉사의 일들은 다른 제사장들의 몫으로 정해졌다. 일들을 사양하거나 독점하는 일이 없도록 하기 위하여, 봉사의 일들을 분담하는 것은 제비 뽑기를 통해서 결정되었는데, 제비는 주님에 의해 결정되는 것이기 때문에, 제사장들은 자신의 몫으로 분담된 일로 하나님이 자기를 부르셨다는 것에 대하여 만족했을 것이다. 어떤 이들은 사가

랴가 맡은 일이 대제사장이 속죄일에 행하였던 분향이라고 멋대로 생각해서, 이것을 토대로 우리 구주의 탄생 시기를 알아낼 수 있다고 주장하였지만, 사가랴가 맡은 일은 대제사장만이 들어갈 수 있었던 지성소가 아니라 성소에 있는(9절) 향단(11절)에서 매일 드리던 분향이었음이 분명하다. 유대인들은 한 제사장이 자기가 담당한 날들에 두 차례 분향할 수 없었고, 적어도 한 주간 동안에 한 차례만 분향할 수 있었다고 말한다. 사가랴의 분향은 안식일에 이루어졌을 가능성이 매우 높다. 왜냐하면, 사가랴가 분향하던 때에 백성들의 무리(10절)가 밖에 있었는데, 통상적으로 평일에는 그렇지 않았기 때문이다. 이렇게 하나님은 자신의 날을 존귀하게 하신다. 만약 라이트푸트 박사가 유대교 달력의 도움을 받아서 계산한 대로, 아비야 반열이 봉사했던 날이 5월의 일부와 6월의 일부에 해당하는 시완월, 즉 제3월 제17일이었다면, 이 날에 회당들에서 봉독되었던 율법과 예언서의 대목이 성소에서 일어나고 있던 일과 매우 잘 어울린다는 것은 주목할 만하다: 즉, 나실인에 관한 율법(민 6장)과 삼손의 수태(삿 13장).

사가랴가 성소에서 분향하고 있는 동안에, 모든 백성은 밖에서 기도하고 있었다(10절). 라이트푸트 박사는 기도 시간에 봉사를 맡은 반열에 속한 제사장들은 말할 것도 없이 성전에 있었고, 안식일인 경우에는 지난 주간에 봉사했던 반열의 제사장들, 제사장들을 도왔던 레위인들, 랍비들이 저명인사들이라고 불렀던 사람들, 곧 백성의 대표자로서 희생제물의 머리에 안수하는 일을 맡은 자들, 그 밖에도 신앙의 열심에 이끌려서 잠시 생업을 중단하고 하나님의 예배에 참석한 많은 사람들이 성전에 있었다고 말한다. 그들은 특히 안식일과 절기 때에 큰 무리를 이루었을 것이다. 이제 이 모든 사람들은 종이 울림으로써 제사장이 분향하러 성소에 들어갔다는 것을 알고서는, 경건한 기도를 드리고 있었다(마음속으로 기도함으로써 소리는 나지 않았다). 좀 더 살펴보기로 하자.

(1) 하나님의 참된 이스라엘은 항상 기도하는 백성이었다. 기도는 우리로 하여금 하나님께 존귀함을 돌리고 하나님에게서 은총을 가져오며 하나님과의 친교를 유지하게 해주는 예배의 아주 중요한 일부이다. (2) 당시는 분향 같은 의식(儀式)과 예전(禮典)들이 완전히 유효하였던 때였지만, 그러한 것들과 아울러서 도덕적이고 영적인 의무들이 요구되었고 중요하게 보아졌다. 다윗은

자기가 제단에서 멀리 떨어져 있을 때에는 그의 기도가 하나님 앞에서 분향함이 되어서 올라가기 때문에(시 141:2) 분향 없이도 응답되지만, 자기가 제단을 껴안고 있을지라도, 기도 없는 분향은 마치 알맹이 없는 조개처럼 하나님께 열납될 수 없다는 것을 알고 있었다. (3) 우리의 마음이 예배에 참여해서 예배의 모든 부분에서 사역자와 함께 하지 않는다면, 하나님께 예배가 드려지고 있는 곳에 우리가 단지 있다는 것만으로는 충분하지 않다. 사역자가 아주 적절하고 지혜롭고 살아 있는 기도를 통해서 아무리 잘 분향한다고 해도, 우리가 그와 연합하여 기도하지 않는다면, 그것이 우리에게 무슨 유익이 되겠는가? (4) 우리가 여기 성전에서 하나님께 드리는 모든 기도는 오직 하늘에 있는 하나님의 성전에서 그리스도께서 드리는 중보기도의 분향 덕분에 하나님께 열납되고 응답될 수 있다. 성전 예배에 대한 본문의 설명 속에는 요한계시록에 묘사된 하늘 성전에서의 예배에 대한 암시가 있는 것으로 보인다(계 8:1, 3, 4). 땅의 성전에서와 마찬가지로, 하늘에서도 반 시간쯤 고요하였고, 백성들이 조용히 마음속으로 하나님께 기도를 올리자, 계약의 천사가 많은 향을 모든 성도의 기도와 합하여 보좌 앞에 드렸다. 우리가 기도하지 않으며, 우리의 영으로 기도하지 않고, 꾸준히 기도하지 않는다면, 우리는 그리스도의 중보기도의 유익을 기대할 수 없다. 또한 우리는 아무리 훌륭한 기도를 하더라도 항상 살아 계셔서 간구하시는 그리스도의 중보 없이는 열납된다거나 평안의 응답을 받는다는 것을 기대할 수 없다.

2. 사가랴는 이렇게 쓰임을 받았을 때에 하늘에서 그에게 파송된 특별한 사자(使者)를 맞이하는 영광을 받았다(11절): 주의 사자가 그에게 나타났다. 어떤 이들은 사가랴의 경우를 제외하고는 천사가 하나님의 메시지를 가지고 성전에 나타났다는 기록이 성경에 없는데, 이것은 성전에서는 우림과 둠밈 또는 그룹 천사들 사이에서의 세미한 음성 같은 다른 수단을 통해서 하나님이 자신의 마음을 알릴 수 있었기 때문이라고 말한다. 그러나 제2성전에는 언약궤와 신탁(神託, oracle)이 없었기 때문에, 성전에서 제사장에게 하나님의 분명한 뜻을 전하기 위해서 천사가 쓰임 받았고, 복음도 천사를 통해서 소개되었다. 왜냐하면, 율법과 마찬가지로, 복음도 처음에는 주로 천사들의 사역을 통해서 주어졌기 때문이다. 그래서 우리는 복음서와 사도행전에서 천사들의 출현을 자주 접하게 된다. 율법과 복음의 목적은 하나님의 계획이 완성되었을 때에 하

나님과 사람 사이에 더 영적인 다른 소통 방식을 마련하려는 것이었다. 이 천사는 향단 우편, 라이트푸트 박사의 말에 의하면, 향단의 북쪽이자 사가랴의 우편에 섰다. 이 사건을 스가랴 3:1과 비교해 보라. 거기에서는 사탄이 제사장 여호수아를 방해하기 위하여 그의 우편에 섰지만, 사가랴의 경우에는 천사가 그를 격려하기 위하여 우편에 섰다. 어떤 이들은 이 천사가 지성소로부터 나와서 모습을 드러냈기 때문에 향단 우편에 서게 되었다고 생각한다.

3. 이 사건에 대한 사가랴의 반응은 어떠했는가(12절): 사가랴가 주의 사자를 보았을 때, 그것은 그에게 공포를 불러올 정도로 뜻밖의 놀라운 사건이었기 때문에, 그는 당혹해(개역에서는 놀라며) 하였고, 두려움이 그에게 엄습하였다(개역에서는 무서워하였다). 사가랴는 하나님 앞에서 의인이었고 그의 삶에 흠이 없는 자였지만, 용모와 주변의 광채로 보아서 인간 이상의 존재임이 분명하였던 자를 보고서는 당혹감과 두려움을 감출 수 없었다. 인간이 범죄한 이후로, 인간의 마음은 그러한 계시의 영광을 감당할 수 없었고, 인간의 양심은 그러한 계시를 통해서 나쁜 소식을 듣지는 않을까 염려하게 되었다. 심지어 다니엘조차도 계시의 영광을 감당할 수 없었다(단 10:8). 이런 이유 때문에 하나님은 그분의 무시무시함으로 우리를 두렵게 하지 않으시려고 우리와 같은 사람들을 통해서 우리에게 말씀하시는 방법을 택하신다.

III. 천사가 사가랴에게 전한 메시지(13절). 일반적으로 천사들이 그러하듯이, 이 천사는 무서워하지 말라는 말로 그의 메시지를 시작하였다. 이전에 사가랴는 한 번도 분향을 한 적이 없었을 것이다. 사가랴는 매우 진지하고 양심적인 사람이었기 때문에 정성을 다해서 분향을 잘 하였을 것이지만, 천사를 보자, 그는 천사가 자기가 뭔가를 잘못해서 책망을 하려고 온 것은 아닌지 염려했던 것 같다. 천사는 "아니다. 무서워하지 말라. 나는 하늘로부터 너에게 나쁜 소식을 가져온 것이 아니다. 무서워하지 말고 마음을 가라앉혀서, 차분하고 평온한 마음으로 내가 너에게 전할 메시지를 받으라." 그 메시지가 무엇이었는지를 살펴보자.

1. 사가랴가 자주 드렸던 기도들이 이제 평안의 응답을 받게 될 것이다: 사가랴여, 무서워하지 말라. 너의 기도가 들으신 바 되었다(개역에서는 너의 간구함이 들린지라). (1) 너의 기도가 사가랴가 그의 가문을 이을 아들을 달라는 특정한 기도를 가리킨다면, 그것은 과거에 사가랴가 아이를 가질 수 있었던 때에 드

렸던 기도들임에 틀림없다. 그러나 이제 사가랴와 그의 아내는 나이가 많았고, 지금까지 아들을 얻을 것을 기대하며 기도를 드릴 만큼 드렸었다. 그래서 그들은 모세의 경우처럼 지금까지 기도한 것만으로 족하다고 생각해서, 이 일로 다시는 하나님께 말하지 않았다(신 3:26). 그러나 하나님은 이삭과 그의 아내의 경우에서처럼(창 25:21) 사가랴와 그의 아내가 오랫동안 했었던 기도들을 되돌아보시고 이제 긍휼하심을 베풀고자 하신다. 믿음의 기도들은 당장에 응답이 주어지지 않는다고 해도 결코 잊혀지지 않고 하늘에 쌓인다는 사실을 명심하라. 우리가 어려서 세상에 들어올 나이에 드린 기도들이 우리가 늙어서 세상을 떠날 나이에 응답될 수도 있다. 그러나 (2) 너의 기도가 사가랴가 분향하면서 지금 드리고 있던 기도를 의미한다면, 그 기도는 그의 직분에 따라서 드려진 기도, 즉 하나님의 백성 이스라엘과 그들의 안녕(welfare), 메시야와 그의 나라의 도래에 관하여 그들에게 주신 약속들의 성취를 위한 기도를 가리키게 된다. "너의 그 기도가 지금 들으신 바 되었노라. 네 아내가 곧 메시야를 예비하는 자를 잉태하게 될 것이다." 유대인 저술가들 중 어떤 이들은 사가랴가 분향하면서 온 세상의 구원을 위하여 기도하였고, 이제 그 기도가 들으신 바 되었다고 말한다. 또는 (3) 일반적으로 보아서, "네가 지금 드린 기도들과 너의 모든 기도들이 하나님께 열납되었고, 하나님 앞에 상달되어 기억하신 바가 되었다(천사가 기도 중인 고넬료를 찾아와서 말했던 것처럼, 행 10:30-31)." "엘리사벳이 네게 아들을 낳아주리니, 이것이 너의 기도가 하나님께 열납되었다는 표적이 되리라." 자신의 기도가 들으신 바 된다는 것을 안다는 것은 기도하는 사람들에게 정말 즐거운 일이며, 기도에 대한 응답으로 긍휼하심들이 주어진다면 그것은 갑절로 즐거운 일이다.

2. 사가랴는 노년에 오랫동안 수태하지 못하였던 그의 아내 엘리사벳을 통해서 아들을 얻게 될 것이고, 이적에 가까운 요한의 출생을 통해서 사람들은 처녀가 아들을 낳는 완전한 이적을 믿고 받아들일 준비가 될 것이다. 사가랴는 장차 태어날 그의 아들에게 어떤 이름을 붙여야 하는지에 대하여 지시를 받는다: 그 이름을 요한이라 하라. 요한은 히브리어로는 요하난인데, 구약에서 흔히 볼 수 있는 이름으로서, 은혜로운을 의미한다. 제사장들은 하나님께 은혜를 구하여야 하고(말 1:9), 백성들을 축복하여야 한다(민 6:25). 지금 사가랴는 그렇게 기도하고 있었고, 천사는 그에게 그의 기도가 들으신 바 되어서 기도

에 대한 응답의 징표로 아들을 얻게 될 것인데 그는 은혜로운 자 또는 여호와께 서 은혜를 베푸시리라(사 30:18-19)를 뜻하는 이름으로 불리게 될 것이라고 말 한다.

3. 이 아들은 그의 가족과 모든 친척들의 기쁨이 될 것이다(14절). 그는 또 하나의 이삭, 너의 웃음이 될 것이다. 어떤 이들은 이러한 의미가 요한이라는 그의 이름 속에 부분적으로 들어 있다고 생각한다. 그는 환영받는 아이가 될 것이다. 너도 기뻐하고 즐거워할 것이다. 오랫동안 기다려 왔던 긍휼하심이 마침 내 이루어지면, 그것은 더욱 소중한 것이 된다는 것을 명심하라. "이 아들은 네 가 기뻐해도 될 만한 아들이 될 것이다. 많은 부모들은 그들의 자녀가 장차 어 떤 인물이 될지를 미리 알 수 있었다면 자녀의 출생을 기뻐하는 것이 아니라 자녀가 결코 태어나지 말았기를 원했을 것이다. 그러나 나는 네 아들이 장차 어떤 인물이 될지를 말해주겠는데, 그럴지라도 너는 그의 출생을 기뻐하면서 도 한편으로는 염려하는 것이 아니라, 그의 출생을 거리낌 없이 의기양양해하 며 기뻐할 수 있을 것이다." 많은 사람도 그의 태어남을 기뻐할 것이다. 이 아이 는 가문의 영광과 위로가 될 것이기 때문에, 모든 친척들이 기뻐할 것이고, 이 가문이 잘 되기를 바라는 모든 자들이 기뻐할 것이다(58절). 모든 선한 사람 들은 사가랴와 엘리사벳 같은 경건한 부부가 아들을 갖는 것을 기뻐할 것이 다. 왜냐하면, 그런 부부는 아들을 훌륭하게 교육시켜서 그의 세대에 유익을 가져다주는 복된 인물로 키울 것이기 때문이다. 그렇다. 많은 사람들은 이 아 이의 태어남이 복음이 시작되는 기쁜 날들의 전조(前兆)임을 말로 설명할 수 없 는 직감을 통하여 알고서 기뻐할 것이다.

4. 이 아들은 하늘에서 특별히 기뻐하는 자가 되고, 땅에 특별한 축복이 될 것이 다. 아들을 갖는 영광은 이러한 아들을 갖는 영광에 비하면 아무것도 아니다.

(1) 그는 주 앞에 큰 자가 될 것이다. 헛되고 속된 세상의 눈에 큰 자들이 아 니라 하나님이 보시기에 큰 자들이 정말 큰 인물들이다. 하나님은 항상 그를 자신의 면전에 두고, 자신의 일에 사용할 것이며, 그를 자신의 심부름꾼으로 보 낼 것이다. 이것이 그를 진정으로 크고 존귀한 자로 만들어줄 것이다. 그는 선 지자, 아니 선지자보다도 훌륭한 자가 될 것이고, 이 때문에 지금까지 여자에게 서 난 모든 자들 중에서 가장 큰 자가 될 것이다(마 11:11). 그는 세상으로부터 아주 물러나서 사람들로부터 떨어져서 살 것이고, 마침내 사람들 앞에 나타날

때에는 아주 미천해 보이겠지만, 주께서 보시기에는 큰 자가 될 것이다.

(2) 그는 하나님께 성별되어서 부정한 모든 것으로부터 떠난 나실인이 될 것이다. 이것의 징표로서, 나실인 율법에 따라 그는 포도주나 독한 술을 마시지 아니할 것이다. 포도주나 독한 술은 새 포도주나 묵은 포도주로 번역하는 것이 좋은데, 이것은 대부분의 학자들이 여기서 독한 술로 번역된 단어는 모종의 포도주, 아마도 사람을 취하게 만드는 포도주 제품들을 의미한다고 보기 때문이다. 삼손이 하나님의 명령을 따라서 나실인이 되었고(삿 13:7), 사무엘이 어머니의 서원에 의해서 나실인이 되었듯이(삼상 1:11), 그는 나실인의 삶을 살게 될 것이다. 성경에서는 하나님이 이스라엘 백성의 아들들 중에서 선지자를, 청년들 중에서 나실인을 일으키신(암 2:11) 것은 하나님이 자기 백성에게 은혜를 베푸신 큰 일이라고 말한다. 선지자가 되도록 예정되어 있던 사람들은 사무엘과 세례 요한처럼 나실인의 규례 아래에서 훈련을 받았던 것 같다. 이것은 하나님의 훌륭한 종이 되고자 하고 훌륭한 일에 쓰임을 받고자 하는 자들은 자기 부인(self-denial)과 금욕의 삶을 배워야 하고, 감각적인 쾌락들에 대하여 죽어야 하며, 마음을 어둡게 하고 산란하게 하는 모든 것들을 피해야 한다는 것을 보여준다.

(3) 그는 때가 되어서 부르심을 받게 될 저 크고 훌륭한 일을 하기에 충분히 합당한 자격을 갖추게 될 것이다: 그는 모태로부터 성령의 충만함을 받게 될 것이고, 그의 이러한 모습은 곧 드러나게 될 것이다. 좀 더 살펴보자. [1] 성령으로 충만하고자 하는 사람들은 건전하고 절제된 삶을 살아야 하고, 포도주와 독한 술을 삼가야 한다. 왜냐하면, 그렇게 하는 것이 성령의 충만함을 받는 합당한 준비가 되기 때문이다. 술 취하지 말라. 오직 성령으로 충만함을 받으라(엡 5:18). 이것은 술 취하는 것이 성령의 충만함과 모순되기 때문이다. [2] 성령은 유아들에게 심지어 모태에 있을 때부터 역사할 수 있다. 왜냐하면, 세례 요한은 모태에 있을 때에 성령의 충만함을 받았고, 성령은 요한의 마음을 일찍부터 장악하였기 때문이다. 이것을 보여주는 이른 시기의 증거는 구주께서 가까이 다가가자 요한이 복중에서 기쁨으로 뛰놀았다는 것이다. 나중에, 요한이 성별되었다는 것은 아주 일찍부터 드러났다. 하나님은 믿는 자들의 자손에게 그의 영을 부어줄 것을 약속하셨었고(사 44:3), 사람들이 자발적으로 나서서 일찍부터 하나님께 스스로를 헌신하는 것은 바로 그러한 약속의 열매이다(4-5절). 그러므로

우리처럼 성령을 받고서 그 마음속에 은혜의 씨앗들이 심겨진 사람들(성령을 돈으로 사려고 했던 시몬 같은 사람에 대해서는 말하지 말자)에게 누가 물로 세례를 베풀지 말라고 금할 수 있겠는가(행 10:47)?

(4) 그는 많은 영혼을 하나님께 돌아오게 하고, 그들이 그리스도의 복음을 기꺼이 받아들이도록 준비시키는 도구가 될 것이다(16-17절).

[1] 그는 이방인들이 아니라 이스라엘 자손, 곧 유대 민족에게 보내심을 받게 될 것이다 — 메시야도 먼저는 유대 민족에게 보내심을 받았다. 그는 오직 제사장들의 가문에게 보내심을 받은 것이 아니라, 유대 민족 전체에게 보내심을 받았다. 그는 제사장 가문 출신이었지만, 우리는 그가 제사장 가문들에 어떤 특별한 친밀감이나 영향력을 지니고 있었다는 것을 발견하지 못한다.

[2] 그는 주 곧 그들의 하나님, 메시야보다 먼저 올 것이다. 사람들은 메시야가 유대 민족의 현세적인 왕으로 오실 것이라고 생각하였는데, 메시야는 그런 의미에서의 그들의 왕이 되지 않으실 것이다. 메시야는 그들의 주와 그들의 하나님이 되어서, 그들의 마음에 감화를 줌으로써 그들을 영적인 방법으로 다스리고 보호하고 섬길 것이다. 도마는 그리스도를 나의 주 나의 하나님이라고 말함으로써 랍비여 당신은 이스라엘의 임금이로소이다라고 말했던 나다나엘보다 이러한 사실을 더 잘 알고 있었다. 요한은 메시야가 오실 것을 알리고, 백성들로 하여금 메시야를 받아들이도록 준비시키기 위하여, 메시야보다 조금 앞서 올 것이다.

[3] 그는 엘리야의 심령과 능력으로 올 것이다. 첫째, 그는 엘리야 같은 인물이 될 것이고, 엘리야가 했던 그런 일을 하게 될 것이다. 그는 엘리야처럼 극심하게 부패하고 타락한 세대를 향하여 회개와 개혁의 필요성을 설파할 것이고, 엘리야처럼 가장 높은 자의 죄일지라도 죄를 꾸짖고 고발하는 데에 담대하고 열심을 냄으로써, 엘리야가 아합과 그의 아내 이세벨에 의해서 핍박을 받았듯이, 그런 일로 인해서 헤롯과 그의 아내 헤로디아에게 미움을 받고 핍박을 받게 될 것이다. 그는 엘리야처럼 하나님의 영(심령)과 능력을 가지고 자신의 일을 수행하게 될 것인데, 이로 인해서 그의 사역은 놀라운 성공을 거두게 될 것이다. 엘리야가 구약의 문서 선지자들보다 앞서 와서 자신의 얼마 안 되는 글을 통해서(대하 21:12) 구약 시대 중에서 아주 중요한 문서 선지자 시대를 열었던 것처럼, 세례 요한도 그리스도와 그의 사도들보다 앞서 와서, 회개하라 천국

이 가까이 왔느니라고 복음의 가르침과 의무의 핵심을 전파함으로써 복음 시대를 열었다. 둘째, 그는 여호와의 크고 두려운 날이 이르기 전에 보내심을 받게 될 것이라고 말라기가 예언하였던 선지자 엘리야라는 바로 그 인물이 될 것이다(말 4:5). 보라, 내가 엘리야 같은 한 선지자를 너희에게 보내리라: 디셉 사람 엘리야가 아니라(칠십인역은 유대 전승에 편승하여 이 본문을 선지자 엘리야를 가리키는 것으로 잘못 해석하였다), 천사가 여기에서 설명해주고 있듯이, 엘리야의 심령과 능력을 지닌 한 선지자.

[4] 그는 이스라엘 자손을 주 곧 그들의 하나님께로 많이 돌아오게 하겠고, 그들에게 죄의식과 의(義)에 대한 갈망을 일깨워줌으로써 그들로 하여금 기꺼이 메시야를 영접하게 할 것이다. 요한의 설교와 세례처럼 우리를 돌이켜 죄악에서 떠나게 하는 것은 우리를 돌이켜 우리의 주이자 우리의 하나님이신 그리스도에게 돌아가게 할 것이다. 은혜를 통해서 죄의 멍에, 즉 세상과 육(肉)의 지배를 떨쳐버리는 자들은 머지않아 주 예수의 멍에를 기꺼이 지게 될 것이기 때문이다.

[5] 이렇게 함으로써, 그는 아버지들의 마음을 자식들에게 돌아오게 할 것이다 — 즉, 유대인들의 마음을 이방인들에게 돌아오게 할 것이다. 그는 유대인들이 이방인들에 대하여 가지고 있는 뿌리 깊은 편견들을 극복하는 데에 도움을 줄 것이다. 이러한 편견들은 복음이 받아들여진 곳마다 극복되었는데, 그 일이 세례 요한에 의해서 행해지기 시작하였다. 요한은 모든 사람이 자기로 말미암아 믿게 하려고 증언하러 와서, 유대 바리새인들만이 아니라 로마 군인들에게도 세례를 주고 가르쳤으며, 아브라함이 자신의 조상이라고 자랑하던 유대인들의 오만과 확신을 고쳐주었고, 하나님은 이 돌들로도 아브라함의 자손이 되게 하실 수 있다는 것(마 3:9)을 그들에게 가르쳐주었는데, 이런 것들은 이방인들에 대한 유대인들의 적대감을 치유하기 위한 것이었다. 라이트푸트 박사는 선지자들은 늘 이방인들의 교회를 유대 교회의 자녀라고 말하곤 하였다고 지적한다(사 54:5, 6, 13; 60:4, 9; 62:5; 66:12). 그리스도에 대한 믿음을 받아들인 유대인들이 그리스도를 영접한 이방인들과 어울리며 교제하게 되었을 때, 아버지들의 마음은 자녀들에게로 돌아온 것이었다.

그는 거스르는 자를 의인의 슬기에 돌아오게 할 것이다. 즉, 그는 복음을 소개할 것이고, 지금은 거스르는 자들인 이방인들은 이 복음으로 말미암아 그들의 아버지들인 유대인들에게가 아니라, 여기서 의인의 슬기로 불린 그리스도에 대한 신앙으로 돌아와서, 믿는 유대인들과 교제를 갖게 될 것이다. 이렇게 해서, 그는 자녀들과 아버지들의 마음, 곧 늙은 자들과 젊은 자들의 마음을 돌이켜서, 모든 연령에 속한 사람들을 경건하게 하여서, 유대 민족의 대개혁을 수행함으로써, 그들이 안주해 왔던 예식(禮式) 중심의 전통적인 종교로부터 탈피하여, 실질적이고 참된 경건에까지 자라가게 만드는 도구가 될 것이다. 그 결과, 증오가 사라지고 반복이 그치게 될 것이다. 그들은 이전에는 사이가 나빴지만, 세례를 받아서 연합하게 되면, 서로 더 잘 화해하게 될 것이다. 이것은 요세푸스가 세례 요한에 관하여 설명한 것과 일치한다(『고대사』,18.117-118). "그는 선한 사람이었고, 하나님에 대하여 경건하고 이웃에 대하여 의로울 것 등 유대인들에게 덕의 실천을 가르쳤으며, 세례를 통해서 함께 모이고 연합할 것을 가르쳤다." 그리고 요세푸스는 백성들은 무리를 이루어 그를 따랐고, 그의 가르침을 무척 기뻐하였다고 덧붙인다. 이렇게 세례 요한은 거스르는 자를 의인의 슬기에 돌아오게 함으로써 아버지들과 자녀들의 마음을 하나님과 서로에게로 돌이켰다. 좀 더 살펴보자. 첫째, 참된 종교는 세상의 지혜와 구별되는 의인들의 지혜(슬기)이다. 경건해지는 것은 우리의 지혜이자 의무이다. 경건 속에는 공평과 슬기가 공존한다. 둘째, 지금까지 믿지 않았고 거스르던(불순종하던) 자들이 의인들의 지혜로 돌이키는 것은 불가능하지 않다. 하나님의 은혜를 힘입는다면, 아무리 큰 무지와 편견도 극복될 수 있다. 셋째, 복음의 큰 목적은 사람들을 하나님께로 돌아오게 하고 서로에게 더 가까이 다가갈 수 있게 하는 것이다. 이 일을 위해서 세례 요한은 보내심을 받았다. 요한이 사람들을 돌아오게 할 것이라는 말이 두 번 나오는 것은 엘리야에게 붙여진 디셉 사람이라는 호칭과 연관이 있는 것 같다. 어떤 이들은 디셉 사람이라는 호칭이 엘리야의 출신지를 나타내는 것이 아니라 별칭으로서의 의미를 지니고 있다고 보아서, 디셉 사람 엘리야를 회심시키는 자 엘리야, 즉 회심 사역에 많은 쓰임을 받아서 큰 성공을 거둔 자 엘리야로 번역한다. 따라서 신약의 엘리야도 많은 사람을 주곧 그들의 하나님께로 돌아오게 또는 회심하게 할 것이라고 말해진다.

[6] 이렇게 하여, 그는 주를 위하여 세운 백성을 준비할 것이다. 그는 사람들의 마음을 처리하여 그리스도의 가르침을 기꺼이 받아들일 수 있게 함으로써, 사람들은 그리스도의 위로들을 받아들이도록 준비될 것이다. 첫째, 주께 헌신하

고 주 안에서 **기뻐하심**을 받고자 하는 모든 자들은 먼저 주를 영접할 준비가 되어 있어야 한다. 우리는 이 세상에서 은혜를 통해서 저 세상에서의 영광을 준비하여야 하고, 율법의 두렵게 하는 것들을 통해서 복음의 위로들을 준비하여야 하며, 종의 영을 통해서 양자의 영을 준비하여야 한다. 둘째, 사람들을 그리스도를 위하여 준비시키는 것으로는 회개의 가르침을 받아들이고 복종하는 것보다 더 좋은 것이 없다. 이것을 통해서 사람들이 죄의 심각성을 알게 되면, 그들에게 그리스도는 너무도 귀한 존재가 될 것이다.

IV. 천사의 전언(傳言)에 대한 사가랴의 불신앙과 그의 이러한 불신앙에 대한 천사의 책망. 사가랴는 천사가 전한 말을 다 듣고나서, 머리를 숙여 주께 경배하며, 천사가 전한 말씀이 주의 종에게 이루어지게 하옵소서라고 말했어야 했지만, 그렇지 못했다. 좀 더 살펴보자.

1. 사가랴는 그의 불신앙으로 인해서 무슨 말을 했는가(18절). 그는 천사에게 내가 이것을 어떻게 알리요?라고 말했다. 이것은 자기로 하여금 믿게 해달라고 겸손하게 청한 것이 아니라, 천사가 전한 말을 어떻게 믿을 수 있느냐고 투정부리는 것이었다. 사가랴는 나는 그 말을 도무지 믿을 수 없소라고 말한 것이나 다름없었다. 그는 자기에게 말한 자가 천사라는 것을 분명히 알고 있었다. 천사가 전한 메시지는 그 안에 구약의 예언들과 들어맞는 많은 증거들을 지니고 있었다. 구약에는 노년에 아이를 얻은 예들이 많이 있다. 그런데도 사가랴는 그에게 아이가 있을 것이라는 약속의 말씀을 믿으려 하지 않았다: "내가 늙고, 내 아내도 내내 아이를 수태할 수 없었을 뿐만 아니라, 이제 나이도 많으니, 아이를 가질 턱이 없지요." 그래서 천사는 사가랴에게 표적을 주지 않으면 안 되었다. 그렇지 않으면, 사가랴가 믿으려 하지 않을 것이기 때문이었다. 오랫동안 없었던 천사의 출현만으로도 충분한 표적이 되었을 것이고, 악한 천사가 감히 들어올 수 없는 곳, 하나님의 신탁의 장소인 성소에서 천사가 그에게 메시지를 전해주었으며, 사가랴가 기도하고 분향하고 있을 때에 그에게 메시지가 전해졌고, 하나님은 전능하시고 하나님에게는 능하지 못하심이 없다는 신앙의 기본 진리 — 우리는 이 진리를 알아야 할 뿐만 아니라, 남들에게 가르쳐야 한다 — 에 대한 확고한 믿음이 모든 반론들을 잠재우기에 충분하였음에도 불구하고, 사가랴는 아브라함의 자손답지 않게 그와 그의 아내가 너무 늙었다는 생각에만 사로잡혀서 하나님의 약속을 의심하였다(롬 4:19-20).

2. 어떻게 그의 불신앙이 잠잠해졌고, 그가 자신의 불신앙에 대하여 할 말을 잊게 되었는가.

(1) 천사는 자신의 권위를 강력하게 내세움으로써 사가랴의 말문을 막는다. 사가랴가 내가 이것을 어떻게 알리요?라고 반문하자, 천사는 나는 가브리엘이라(19절)는 말로 자기가 전한 말이 사실이라는 것을 알린다. 천사는 마치 내 말임을 증명함이라고 친필로 서명이라도 하듯이 그의 예언에 자신의 이름을 붙인다. 천사들은 마노아와 그의 아내에게 그랬던 것처럼 종종 자신의 이름을 밝히는 것을 거절한다. 그러나 이 천사는 기꺼이 나는 가브리엘이라고 말하는데, 가브리엘은 하나님의 능력 또는 하나님의 능한 자를 의미하기 때문에, 이것은 가브리엘에게 이 말을 전하게 하신 하나님이 그 말을 이루실 수 있다는 사실을 암시한다. 또한 천사는 가브리엘이라는 이름을 밝힘으로써, 사람 가브리엘이 다니엘에게 보내심을 받아서 메시야의 오심에 관한 소식을 전했던(단 8:16; 9:21) 일을 사가랴에게 일깨워준다: "나는 그 때에 보내심을 받았던 바로 그 가브리엘이고, 지금도 동일한 목적으로 보내심을 받았다." 이 천사는 하나님 앞에 서 있는 가브리엘, 즉 하나님의 보좌 바로 곁에서 수종드는 천사이다. 에스더 1:14에서는 페르시아 궁정의 대신들을 왕에게 가까이 하여 왕의 기색을 살피며 나라 첫 자리에 앉은 자들로 묘사한다. "나는 지금 여기서 너와 말하고 있지만, 원래 하나님 앞에 서 있는 자이다. 하나님의 눈이 나를 감찰하신다는 것을 알고 있는데, 어떻게 내가 감히 마땅히 해야 할 말 이외의 것을 말하겠는가. 나는 이 좋은 소식을 전하여 네게 말하라고 보내심을 받았노라. 이 소식은 버선발로 뛰어나와 받아도 좋을 만큼 너무도 값진 소식이기 때문에, 너는 마땅히 기쁨으로 이 소식을 받았어야 했다."

(2) 천사는 자신의 능력을 행사함으로써 실제로 사가랴의 말문을 막는다: "네가 더 이상 이의를 제기하지 못하도록, 보라, 네가 말 못하는 자가 될 것이다(20절). 네가 너의 믿음을 밑받침해 줄 표적을 갖기 원한다면, 그 표적은 동시에 너의 불신앙에 대한 징벌도 될 것이다. 이 일이 되는 날까지 네가 말 못하는 자가 되어 능히 말을 못할 것이다(20절)." 사가랴는 말 못하는 자가 되고 듣지 못하는 자가 될 것이다. 말 못하는 자로 번역된 단어는 이 두 가지를 다 의미한다. 사가랴가 친구들에게 몸짓으로 의사를 표시했고(22절), 사가랴의 친구들도 그에게 그렇게 했던 것으로 보아서(62절), 사가랴가 말하는 능력만이 아니라 듣는 능

력도 상실했음이 분명하다. 하나님이 사가랴를 쳐서 말 못하는 자로 만드신 것은 무슨 의미를 지니는가. [1] 하나님은 사가랴를 공의로 다스리셨다. 왜냐하면, 사가랴는 하나님의 말씀을 거역했기 때문이다. 그러므로 하나님을 욕되게 하는 말을 자주 해왔던 우리를 하나님이 우리의 죄를 따라서 우리를 처리하셔서 사가랴처럼 말 못하는 자가 되게 하지 않으신 것에 대하여, 우리는 우리를 향한 하나님의 인내와 오래 참으심을 찬양하여야 한다. [2] 하나님은 사가랴를 인자하게 대하셨고, 매우 온유하고 은혜로우셨다. 첫째, 하나님은 사가랴가 더 이상 하나님을 불신하는 말들을 할 수 없게 막으셨다. 사가랴가 악한 생각을 하고서, 자기 손으로 자기 입을 막지 않거나 입에 재갈을 물리려 하지 않는다면, 하나님이 그렇게 하실 것이다. 악한 말을 하는 것보다는 아예 말을 못하는 것이 더 낫다. 둘째, 하나님은 사가랴의 믿음을 굳게 하여 주셨다. 사가랴는 말할 수는 없게 되었지만, 더 좋은 생각을 할 수 있게 되었다. 우리의 죄로 말미암아 책망을 들음으로써 우리가 하나님의 말씀을 더 신뢰하게 되었다면, 책망들은 것을 불평할 이유는 전혀 없는 것이다. 셋째, 하나님은 사가랴가 자기가 본 환상을 발설하거나 자랑하지 못하도록 막아주셨다. 그렇지 않았더라면, 사가랴는 십중팔구 그렇게 했을 것이다. 그러나 이 환상은 당분간 오직 사가랴만이 아는 비밀로 남아 있는 것이 하나님의 뜻이었다. 넷째, 사가랴의 죄악된 불신앙에도 불구하고, 하나님의 말씀이 때가 이르면 성취된다는 것은 참으로 큰 긍휼하심이다. 사람이 믿지 아니하였다고 하여도 하나님의 약속은 폐하여지지 않고 때가 되면 이루어질 것이다. 사가랴는 영원히 말 못하는 자가 된 것이 아니라, 이 일이 되는 날까지만 그럴 것이고, 그 후에는 그의 입이 열리고 혀가 풀리며 말을 하여 하나님을 찬송할 것이다. 이와 같이, 하나님은 채찍으로 자기 백성의 죄악을 징계하실지라도, 그의 인자하심을 거두지 않으신다.

V. 사가랴는 백성들에게 나오고, 결국은 그의 가정으로 돌아가며, 약속의 자녀, 그의 노년에 가진 아들이 수태됨.

1. 백성들은 사가랴가 성소에서 나오기를 기다리며 서 있었다. 왜냐하면, 사가랴가 여호와의 이름으로 그들에게 축복을 선포하도록 되어 있었기 때문이다. 백성들은 보통 때보다 더 오래 기다렸지만, 죽복을 받지 않고 예배 장소를 서둘러 빠져나간 것이 아니라 — 그리스도인들의 집회에서는 이런 일이 비일비재하지만 — 사가랴가 성전 안에서 지체함을 이상히 여기며 무슨 일이 잘못

된 것은 아닌지 염려하면서 그를 기다렸다(21절).

2. 사가랴가 성소에서 나왔을 때에 그는 말을 못하였다(22절). 이제 사가랴는 축복 기도를 함으로써 회중들이 성전을 떠나도록 해야 했지만, 말을 할 수 없었기 때문에 그렇게 할 수가 없었다. 백성들은 그가 성소에서 환상을 본 줄로 생각하고, 메시야를 기대하게 되었을 것이다. 메시야는 축복을 선언하실 수 있고, 실제로 축복하실 수 있으며, 그로 말미암아 땅의 모든 나라가 축복을 받게 될 것이다. 아론의 제사장직은 더 좋은 소망에 길을 내어주기 위하여 곧 잠잠케 되고 폐하여지게 되어 있었다.

3. 사가랴는 자기가 환상을 보았다는 것을 백성들에게 알리려고 몸짓을 하였다. 그는 몸짓으로 뜻을 표시하며 그냥 말 못하는 대로 있었다(22절). 이것은 우리에게 그리스도의 제사장직 및 복음의 섭리와 비교할 때에 레위인의 제사장직은 연약하고 결함이 있다는 것을 보여주는 것이다. 구약은 표적들을 통해서 우리에게 하나님께 속한 하늘의 일들을 어느 정도 암시해주지만, 불완전하고 불확실하다. 구약은 우리에게 몸짓으로 뜻을 표시할 뿐이고 그냥 말 못하는 대로 있다. 복음은 구약이 거울을 통해서 희미하게 보여준 것들을 명료하게 말로 표현해서 우리에게 뚜렷하게 보여준다.

4. 사가랴는 그 직무의 날이 끝날 때까지 머물러 있었다. 왜냐하면, 분향하는 일이 그가 해야 할 몫이었는데, 그가 비록 말 못하고 듣지 못하는 자가 되었을지라도, 그 일은 할 수 있었기 때문이다. 우리가 원하는 만큼 하나님을 섬길 수 없을 때에라도, 우리가 할 수 있는 만큼 정성껏 섬긴다면, 하나님은 우리의 섬김을 열납하실 것이다.

5. 그런 후에, 사가랴는 그의 가정으로 돌아왔고, 그의 아내는 잉태하였다(23-24절). 그녀는 하나님의 약속을 따라서 수태하였고, 이것을 알고 있었기 때문에, 다섯 달 동안 숨어 있었다. 그녀는 집에 틀어박혀 있으면서, 그 비밀을 지켰고, 예전처럼 자주 나다니지 않았다. (1) 이것은 스스로를 잘 보호하여서 유산을 하거나 태아에게 해가 되지 않도록 하기 위한 것이었다. (2) 이것은 그녀가 비슷한 경우에 삼손의 어머니에게 주어진 명령 — 나실인 아이를 잉태하고 있는 동안에는 그 어떤 부정한 것도 접촉하지 말라는 명령(삿 13:14) — 을 기억하고 그것을 자신에게 적용하여서 나실인으로 성별된 아이를 보호하기 위하여 모든 부정한 일에 접촉하지 않기 위한 것이었다. 다음에 나오는 여섯째 달에라

는 말 때문에 다섯 달 동안이라고 언급되어 있지만, 우리는 그녀가 아이를 수태한 동안 내내 항상 스스로를 돌보며 조심했다는 것을 짐작할 수 있다. (3) 어떤 이들은 그녀가 나이가 많아서 아이를 가진 것이 몹시 부끄러워서 숨어 있었다고 생각한다. 내가 노쇠하였고 내 주인도 늙었으니 내게 무슨 즐거움이 있으리요(창 18:12). 또한, 어떤 이들은 이와 같이 숨어 있었던 것은 그녀의 겸손의 표시로서 그녀가 하나님이 그녀에게 주신 영광을 자랑하지 않으려 한 것이라고 생각한다. (4) 그녀는 기도와 찬양으로 시간을 보내기 위해서 경건의 목적으로 숨어 있었다. 성도들은 하나님이 감춰놓은 자들이다. 그녀는 자기가 숨어 지낸 것에 대하여 다음과 같은 이유를 댔을 것이다: "주께서 내게 이렇게 행하셨으니, 내게 아이를 주시는 은혜를 베푸셨을 뿐만 아니라, 내게 장차 나실인이 될 아이를 주시는 영광을 베푸셨도다"(이것을 사가랴가 글로 써서 그녀에게 알려주었을 것이다). "하나님은 사람들 앞에서 내 부끄러움을 없게 하셨도다." 유대인들은 그들의 민족이 창대하고 그들 가운데서 메시야가 나올 것이라는 약속으로 인해서 자식이 많은 것을 아주 큰 축복으로 여겼기 때문에, 자식이 없는 것은 큰 수치였다. 따라서 사람들은 자식을 낳지 못한 여자들을 비록 결백할지라도 아무도 모르게 뭔가 큰 죄를 저질러서 벌을 받은 것이라고 생각하였다. 이제 엘리사벳은 이러한 수치가 제거되었을 뿐만 아니라 그 대신에 그녀에게 큰 영광이 주어졌기 때문에 크게 기뻐한다: 주께서 나를 돌보시는 날에 나의 생각이나 기대를 뛰어넘어서 내게 이렇게 행하셨다. 하나님이 우리에게 은혜를 베푸신 것은 하나님이 우리를 은혜 가운데 바라보셨기 때문이라는 것을 우리는 명심하여야 한다. 하나님은 불쌍히 여기시는 마음과 호의(好意)로 우리를 바라보셨기 때문에, 우리에게 이렇게 행하신 것이다.

[26]여섯째 달에 천사 가브리엘이 하나님의 보내심을 받아 갈릴리 나사렛이란 동네에 가서 [27]다윗의 자손 요셉이라 하는 사람과 약혼한 처녀에게 이르니 그 처녀의 이름은 마리아라 [28]그에게 들어가 이르되 은혜를 받은 자여 평안할지어다 주께서 너와 함께 하시도다 하니 [29]처녀가 그 말을 듣고 놀라 이런 인사가 어찌함인가 생각하매 [30]천사가 이르되 마리아여 무서워하지 말라 네가 하나님께 은혜를 입었느니라 [31]보라 네가 잉태하여 아들을 낳으리니 그 이름을 예수라 하라 [32]그가 큰 자가 되고 지극히 높으신 이의 아들이라 일컬어질 것이요 주 하나님께서 그 조상 다윗의 왕위

를 그에게 주시리니 [33]영원히 야곱의 집을 왕으로 다스리실 것이며 그 나라가 무궁하리라 [34]마리아가 천사에게 말하되 나는 남자를 알지 못하니 어찌 이 일이 있으리이까 [35]천사가 대답하여 이르되 성령이 네게 임하시고 지극히 높으신 이의 능력이 너를 덮으시리니 이러므로 나실 바 거룩한 이는 하나님의 아들이라 일컬어지리라 [36]보라 네 친족 엘리사벳도 늙어서 아들을 배었느니라 본래 임신하지 못한다고 알려진 이가 이미 여섯 달이 되었나니 [37]대저 하나님의 모든 말씀은 능하지 못하심이 없느니라 [38]마리아가 이르되 주의 여종이오니 말씀대로 내게 이루어지이다 하매 천사가 떠나가니라

이 단락에는 세례 요한이 잉태된 지 6개월 후에 이루어진 우리의 복되신 구주의 성육신과 수태에 관하여 우리가 알아야 할 모든 것이 나와 있다. 사가랴에게 그의 아들에 관한 하나님의 뜻을 알리는 데에 쓰임을 받았던 바로 그 가브리엘 천사가 다시 이 일에도 쓰임을 받는다. 전자에서 시작된 영광스러운 구속 사역이 후자에서 계속되기 때문이다. 악한 천사들이 결코 구속받은 자들이 될 수 없는 것과 마찬가지로, 선한 천사들은 구속자들이 될 수 없다. 그렇지만 선한 천사들은 구속주에 의해서 그의 사자들로 쓰임을 받고, 즐거이 그의 심부름을 맡는다. 왜냐하면, 선한 천사들은 모두 구속주의 아버지의 겸손한 종들이고, 그 자녀들의 진실한 친구들이자 그 자녀들이 잘 되기를 바라는 자들이기 때문이다.

I. 여기에는 우리 주님을 낳게 될 어머니에 관한 이야기가 나온다. 우리는 주님의 어머니에게 기도해서는 안 되지만, 주님의 어머니로 인하여 하나님을 찬양하지 않으면 안 된다.

1. 그녀의 이름은 마리아였다. 마리아는 모세와 아론의 누이인 미리암과 동일한 이름으로서, 높임을 받은 자를 의미하는데, 그녀는 실제로 다윗 가문의 모든 딸들 중에서 이렇게 은혜를 입어서 크게 높임을 받았다.

2. 그녀는 다윗의 직계 후손으로서 왕가의 딸이었고, 본인이나 친구들은 그 사실을 알고 있었다. 왜냐하면, 그녀는 비록 세상에서 가난하고 비천하였지만, 다윗 가문의 명성과 품격 아래에서 자라났고, 또한 하나님의 섭리와 족보를 보존하고자 한 유대인들의 관심으로 인해서 그러한 사실이 드러나 있었으며, 메시야 약속이 이루어질 때까지는 그 가문이 계속해서 지켜질 필요가 있었

기 때문이었다. 그렇지만 오늘날 세상에서 비천하게 된 자들이 자기들은 존귀한 인물들의 후손이라고 말하는 것은 아무런 가치가 없다.

3. 그녀는 순결하고 흠 없는 처녀였지만, 자기처럼 왕족이었지만 비천한 신분에 있었던 한 사람과 약혼한 상태였다. 그래서 둘은 처지가 똑같았다(마땅히 그래야 하지만). 그의 이름은 요셉이었고, 그 역시 다윗 가문에 속한 자였다(마 1:20). 그리스도의 어머니는 처녀였다. 왜냐하면, 그리스도는 통상적인 출생과정이 아니라 이적을 통해서 태어나기로 되어 있었기 때문이었다. 그리스도께서 처녀의 몸에서 태어나야 하는 것은 그가 인간의 성정(性情)을 타고나야 하지만 그 성정이 지닌 부패성을 타고나서는 안 되기 때문이었다. 그러나 그리스도는 혼인한 것이나 마찬가지인 약혼한 처녀에게서 태어났는데, 이것은 구속주가 처녀에게서 태어났다고 해서 결혼이 멸시당하는 일이 없게 하고, 혼인 상태에 존귀함을 부여하기 위한 것이었다(혼인은 흠 없는 규례였다).

4. 그녀는 유대 나라의 후미진 곳인 갈릴리 나사렛이란 동네에서 살았는데, 나사렛은 종교적으로나 학문적으로 이름 없는 곳으로서 이방 나라들과 접경지역이었기 때문에 이방의 갈릴리로 불렸다. 그리스도의 친척들이 거기에 거주하였다는 것은 이방 세계를 위한 은혜가 예비되어 있다는 것을 암시해준다. 라이트푸트 박사는 요나도 갈릴리 태생이었고, 엘리야와 엘리사도 갈릴리에서 생활을 많이 했으며, 이들은 모두 이방인들의 선지자로 유명하였다고 말한다. 가브리엘 천사는 나사렛에 살고 있던 그녀에게 보내심을 받았다. 하나님이 은혜를 베푸시기로 예비하신 자들을 찾아가시는 데에는 그 거리가 먼 것이나 그 장소가 불리한 곳에 있다는 것은 전혀 장애가 되지 않는다. 가브리엘 천사는 앞서 예루살렘 성전에서 사가라에게 즐거이 소식을 전하였듯이 이제 갈릴리 나사렛에 있는 마리아에게 즐거이 소식을 전한다.

II. 천사가 마리아에게 한 인사말(28절).   천사가 마리아에게 들어갔을 때에 마리아가 무엇을 하고 있었는지에 대해서는 아무것도 나와 있지 않다. 그러나 천사는 은혜를 받은 자여, 평안할지어다라는 인사말을 함으로써 마리아를 놀라게 하였다. 이 인사말은 마리아 속에 다음과 같은 것들을 불러일으키게 하고자 하는 의도가 있었다. 1. 그녀 자신에 대한 **손숭감**: 이러한 의도를 가지고 그들의 가슴속에 불꽃을 붙여줄 필요가 있는 자들은 매우 드물지만, 마리아처럼 오로지 자신의 비천한 처지만을 골똘히 생각하는 자들에게는 그럴 필요가 있다. 2. 먼 곳에서가 아니라 위로부터 온 큰 소식에 대한 기대감. 하늘은 천사가 은혜를 받은 자여, 평안할지어다라고 정중하게 인사하는 그런 인물에게 말할 것도 없이 비범한 은혜를 예비해 두고 있다. 천사의 인사말은 통상적인 인사말로서, 마리아에 대한 존경심과 마리아가 장차 잘 되기를 기원하는 마음을 표현하고 있다.

(1) 마리아는 존귀하게 되었다: "너는 큰 은혜를 받았다. 하나님이 너를 메시야의 어머니로 선택하셔서, 모든 산 자의 어머니인 하와보다 더 뛰어난 존귀함을 특별히 너에게 부여하셨다." 불가타라는 라틴어 역본은 이 어구를 은혜로 충만한 자(그라티아 플레나)로 번역함으로써, 마리아가 어느 누구보다도 성령의 고유한 은혜들을 더욱 많이 받은 것으로 본다. 분명한 것은 이 어구는 마리아가 우리의 복되신 주님을 수태하고 낳는 일에 선택받음으로써 특별한 은혜를 받았다는 것을 보여준다. 주님은 여자의 후손으로 태어나도록 되어 있었기 때문에, 여자 중 누군가는 반드시 이 영광을 받게 되어 있었지만, 이 영광은 개인의 공로 때문이 아니라 순전히 값없이 주시는 은혜로 말미암아 되는 것이고, 여기에 마리아가 선택을 받은 것이다. 옳소이다, 이렇게 된 것이 아버지의 뜻이니이다.

(2) 마리아에게는 하나님의 임재가 주어졌다: "비록 너는 가난하고 비천하며, 지금은 결혼을 해서 어떻게 생계를 꾸려나가고 가정을 유지해나가야 할지를 생각하고 있을지라도, 주께서 너와 함께 하신다." 천사는 바로 이 말을 통해서 기드온의 믿음을 불러일으켰었다(삿 6:12): 여호와께서 너와 함께 계시도다. 하나님이 우리와 함께 하신다면, 예배를 드리는 일이거나 은혜를 얻는 일이거나 아무리 어려운 일이라고 할지라도 모든 것 속에 절망이란 없다. 이 말씀은 처녀가 잉태하여 아들을 낳으리니 그 이름을 임마누엘(하나님이 우리와 함께 하신다)이라 하리라(사 7:14)는 예언을 마리아에게 상기시켜 주었을 것이다. 바로 그 처녀가 마리아가 되지 말라는 법이 어디 있는가?

(3) 그녀는 하나님의 축복을 받았다: "여자 중에 네가 복된 자로다. 사람들이 너를 그렇게 여길 뿐만 아니라, 실제로 너는 그렇게 될 것이다. 너는 이 일에서 큰 은혜를 받은 자이므로, 다른 일들에 있어서도 복을 받게 될 것이다." 마리아는 이것을 스스로의 입으로 말한다(48절): 만세에 나를 복이 있다 일컬으리로다. 이것을 드보라가 여자들의 자랑거리였던 다른 한 여자인 야엘에 대하여

야엘은 다른 여인들보다 복을 받을 것이니 장막에 있는 여인들보다 더욱 복을 받을 것이로다(삿 5:24)라고 말했던 것과 비교해 보라.

III. 마리아가 천사의 인사말을 듣고 크게 놀람(29절). 마리아는 천사와 그 주변의 광채를 보고 놀랐고, 그의 말을 듣고 더욱 놀랐다. 만약 마리아가 큰 목표를 지닌 교만하고 야심만만한 젊은 여자로서 자기가 세상에서 큰 일을 해낼 것이라고 벼르고 있는 여자였다면, 그녀는 천사의 인사말을 듣고 무척 기뻐하며 그 말에 고무되어서 마음이 잔뜩 부풀어올라, 자신의 야망을 표출하는 그런 대답을 즉시 내놓았을 것이다(그녀는 무척 똑똑한 젊은 여자일 것이기 때문에). 그러나 마리아는 그렇지 않았고, 그런 큰 일을 담당할 자격이 있다거나 가망이 있다고 한 번도 생각해 본 적이 없었기 때문에, 오히려 천사의 인사말을 듣고 몹시 당황하여, 이런 인사가 어찌함인가 생각하였다. 도대체 이 인사말이 하늘에서 온 것인가, 아니면 사람의 인사말인가? 이 인사말은 그녀를 기쁘게 하려는 농담인 것인가? 이 인사말은 그녀를 함정에 빠뜨리려는 것인가? 이 인사말은 그녀를 놀리기 위한 것인가? 아니면, 이 인사말 속에는 중요하고 실질적인 내용이 담겨 있는 것인가? 그러나 마리아가 이런 인사가 어찌함인가 하여 온갖 생각을 다 했을지라도, 나는 마리아가 이 인사말을 적그리스도 시대의 부패하고 타락한 교회에서 수많은 세대 동안 사람들이 마음을 드림이 없이 형식적으로 주기도문을 열 번씩 반복해서 중얼거렸던 것과 같은 그런 상투적인 기원의 말로 생각하지는 않았을 것이라고 믿는다. 로마 교회에서는 지금도 주기도문을 상투적으로 반복한다. 이 경우에 마리아가 보여준 사려 깊은 행동은 젊은 여자들에게 매우 유익한 교훈을 준다. 즉, 젊은 여자들은 누가 그들에게 인사말을 했을 때에 그 인사말이 무엇을 의미하고, 어디에서 왔으며, 무슨 의도를 지니고 있는지를 곰곰이 생각함으로써 인사말들을 적절하게 받아들이고 항상 조심하는 태도를 취할 수 있게 된다.

IV. 천사가 마리아에게 전한 메시지. 잠시 동안 천사는 마리아에게 생각할 짬을 준다. 그러나 이것이 오히려 마리아를 더 당황스럽게 한 것을 보고, 천사는 자신의 임무를 계속해 나갔다(30절). 천사가 한 말에 대하여 마리아는 아무 대답도 안 했다. 그래서 천사는 앞에서 했던 말을 재확인시켜순다: "마리아여, 무서워하지 말라. 많은 사람들은 실제로 자기가 하나님께 은혜를 입은 것보다 더 많이 은혜를 받고 있다고 오해하지만, 내게는 네 자신이 생각하는 것보다 더 많이 네가 하나님께 은혜를 입었다는 것을 확인시켜 주려는 것 이외의 의도가 없다." 하나님께 은혜를 입은 자들은 믿지 못하는 데서 오는 두려움과 불안에 휘둘려서는 안 된다는 것을 명심하라. 하나님이 당신에게 은혜를 베풀고 계시는가? 그렇다면, 세상이 당신에게 얼굴을 찌푸려도, 무서워하지 말라. 하나님이 당신 편인가? 그렇다면, 누가 당신을 대적하든, 그런 것은 아무런 문제가 되지 않는다.

1. 마리아는 처녀였지만, 어머니가 되는 영광을 갖게 될 것이다: "네가 잉태하여 아들을 낳으리니 그 이름을 예수라 하라(31절)." 하와는 모든 산 자의 어머니가 되는 영광을 얻었지만, 너는 남편을 원하고 남편은 너를 다스릴 것이니라(창 3:16)는 치욕이 그러한 영광을 반감시켰다. 그러나 마리아에게는 치욕 없이 영광만 주어졌다.

2. 마리아는 가난과 무명 속에서 살아왔지만, 메시야의 어머니가 되는 영광을 얻게 되었다. 그녀의 아들은 예수, 즉 구원자, 그러니까 유대인들이 기대한 구원자가 아니라 세상이 필요로 하는 그런 구원자가 될 것이다.

(1) 그는 윗 세계와 매우 긴밀하게 연합되어 있을 것이다. 그는 큰 자, 곧 진정으로 큰 자, 비할 바 없이 큰 자가 될 것이다. 왜냐하면, 그는 지극히 높으신 이의 아들, 지극히 높으신 하나님의 아들이라 일컬어질 것이기 때문이다. 아들이 아버지와 동일한 본성에 속하듯이, 그는 하나님의 본성을 지니게 되고, 아들이 아버지에게 매우 사랑스럽듯이, 그는 하나님에게 매우 사랑스러운 자가 될 것이다. 그는 지극히 높으신 이의 아들이라 불릴 것이지만, 그것은 잘못 불리는 것이 아니다. 왜냐하면, 그 자신이 만물 위에 계셔서 세세에 찬양을 받으실 하나님(롬 9:5)이시기 때문이다. 양자됨과 중생을 통해서이긴 하지만 하나님의 자녀들이 된 자들은 참으로 큰 자들이기 때문에 지극히 선한 자들이 되는 데에 관심을 갖는다.

(2) 그는 아랫 세계에서 극히 높임을 받게 될 것이다. 왜냐하면, 비록 그는 가장 좋지 않은 환경 아래에서 태어났고, 종의 모양으로 나타나셨지만, 주 하나님께서 그 조상 다윗의 왕위를 그에게 주실(32절) 것이기 때문이다. 천사는 마리아에게 그녀가 다윗 가문에 속한 자라는 것을 상기시켜준다. 다윗의 왕위를 계승함에 있어서 살리족의 법이나 장자상속권이 지켜지지 않아서, 마리아가 다윗의 왕위를 이을 후계자를 낳는 일은 얼마든지 가능했기 때문에, 그녀는 하

늘에서 온 천사로부터 그녀가 그렇게 하여야 한다는 말을 들었을 때에 좀 더 쉽게 그 말을 믿을 수 있었는지도 모른다. 왕의 홀(笏)이 유서 깊고 존귀한 가문으로부터 오랫동안 떠나 있었지만, 이제 마침내 다시 돌아와서 영원토록 동일한 인물의 손에 쥐어지게 — 대대로 계승되는 것이 아니라 — 될 것이었다. 그의 백성은 그에게 그 보좌를 주려고 하지 않을 것이고, 그들을 다스릴 그의 권한은 인정하려 들지 않을 것이다. 그러나 주 하나님께서 그에게 그들을 다스릴 권한을 주실 것이고, 그를 거룩한 산 시온에 왕으로 세우실 것이다. 천사는 마리아에게 다음과 같은 것들을 확실하게 말해준다.

[1] 그의 나라는 영적인 나라가 될 것이다: 그는 육신을 따른 이스라엘이 아니라 야곱의 집을 왕으로 다스리실 것이다. 왜냐하면, 육신의 이스라엘은 그에게로 나아오지도 않을 것이고, 하나의 민족으로서 오래 지속되지도 못할 것이기 때문이다. 그러므로 그가 다스릴 나라는 영적인 나라, 약속에 따른 이스라엘 집이 될 것이다.

[2] 그의 나라는 영원할 것이다: 그는 영원히 왕으로 다스릴 것이다. 다윗 가문의 현세적인 통치는 오래 전에 끝났고, 이스라엘 나라도 곧 끝나겠지만, 그의 나라는 무궁할 것이다. 다른 왕위들은 대대에 걸쳐 지속될 수 없지만(잠 27:24), 그리스도의 왕위는 무궁할 것이다. 복음은 최종적인 경륜이기 때문에, 우리는 다른 것을 찾을 필요가 없다.

V. 이 왕의 출생에 관한 마리아의 질문에 대하여 천사가 더 자세하게 설명해줌.

1. 마리아가 이렇게 질문한 것은 당연한 일이었다: "어찌 이 일이 있으리이까?(34절). 어떻게 내가 지금 당장에 아이를 잉태할 수 있습니까?(천사의 말은 바로 이런 의미였기 때문에)." "나는 남자를 알지 못하는데, 다른 방법으로 수태할 수 있는 길이 있습니까? 만약 그런 길이 있는 것이라면, 어찌 그렇게 될 수 있는지를 지금 내게 알려 주십시오." 마리아는 메시야가 처녀에게서 태어나야 한다는 것을 알고 있었다. 마리아는 자기가 메시야의 어머니가 되어야 한다면 어떻게 그런 일이 가능한지를 알고자 했다. 이것은 결코 천사가 말한 것을 마리아가 불신하거나 의심한 것이 아니라, 더 자세한 것을 알고자 한 것이었다.

2. 마리아에게는 만족할 만한 대답이 주어졌다(35절).

(1) 그녀는 성령의 능력에 의해서 수태하게 될 것이다. 성령의 고유한 사역과

직분은 거룩하게 구별하는 것, 따라서 이러한 목적을 위해서 처녀 마리아를 거룩하게 구별하는 것이었다. 성령은 지극히 높으신 이의 능력으로 불린다. 마리아는 어떻게 이런 일이 있을 수 있느냐고 물었다. 이 질문에 대한 다음과 같은 대답은 마리아가 이 일로 인해 겪게 될 모든 난점을 극복하는 데에 충분한 도움을 줄 것이다. 다른 이적들에서는 천사의 능력이 쓰임을 받았지만, 이 일에는 하나님의 능력, 곧 성령의 능력이 직접 임하게 될 것이다.

(2) 마리아는 그 일이 이루어지게 될 방식과 방법에 관해서는 아무런 질문도 하지 않았음에 틀림없다. 왜냐하면, 마치 하나님의 영광이 성막에 충만하게 되었을 때에 구름이 성막을 뒤덮어서 호기심이 강한 자들이 그 영광의 움직분들을 보고 그 신비를 훔쳐보지 못하도록 영광을 가린 것과 마찬가지로, 지극히 높으신 이의 능력인 성령이 마리아를 덮을 것이기 때문이다. 모태에서 아기가 조성(造成)되는 것과 생명의 영이 아기 속으로 들어가는 것은 본질적으로 신비이다. 바람(영)의 길이 어떠함과 아이 밴 자의 태에서 뼈가 어떻게 자라는지(전 11:5)는 아무도 모른다. 우리는 은밀한 데서 지음을 받았다(시 139:15-16). 하물며, 아기 예수의 조성은 신비 자체였다. 하나님이 육신을 입고 나타나신 것은 큰 신비였다는 것은 논쟁의 여지가 없다(딤전 3:16). 이 일은 여호와가 세상에 창조한 새 일(렘 31:22)이기 때문에, 우리는 기록된 것 이상으로 알려는 욕심을 부려서는 안 된다.

(3) 마리아가 수태하게 될 아이는 거룩한 이이기 때문에, 통상적인 생식과정에 의해서 수태되어서는 안 되었다. 왜냐하면, 그는 인간 본성이 공통적으로 지닌 부패성과 더러움에 참여해서는 안 되기 때문이다. 천사는 이 아이를 전에는 없었던 거룩한 이라고 강조해서 말한다. 그는 영원한 출생에 의한 성부의 아들로서 하나님의 아들이라 일컬어질 것인데, 그가 이제 성령에 의해서 수태될 것이라는 사실이 그것을 보여줄 것이다. 그의 인성(人性)은 신성과 연합되기에 적합한 모습으로 조성되어야 한다.

3. 그녀의 친족 엘리사벳이 나이가 많았지만 아이를 배었다는 천사의 말은 마리아의 믿음을 더욱 북돋아주었다(36절). 지금 이적의 시대가 시작되고 있다. 그러므로 놀라지 말라: 네 친족 중에 진정으로 하나님의 큰 일을 겪은 자가 있다 — 너의 경우에 비하면 아무것도 아니지만. 점점 큰 이적을 보이는 것은 하나님에게는 일상적인 일이다. 너희는 이러한 것들보다 더 큰 일도 하게 될 것이다.

엘리사벳은 부계(父系) 쪽으로는 아론의 자손(5절)이었지만, 모계 쪽으로는 다윗의 자손이었을 것이다. 왜냐하면, 메시야에게서 왕직과 제사장직이 결합되는 것의 한 전조(前兆)로서, 이 두 가문은 통혼하는 일이 잦았기 때문이다. 본래 임신하지 못한다고 알려진 이가 이미 여섯 달이 되었다. 이것은 구약에서 오랫동안 아이를 갖지 못하다가 아이를 갖게 된(이것은 자연을 뛰어넘는 일이다) 모든 예들은 세상으로 하여금 처녀가 아이를 낳았다는 것(이것은 자연을 거스르는 일이다)을 믿게 하려고 준비시키기 위한 것이었음을 보여주는 것이라고 라이트푸트 박사는 생각한다. 그러므로 아브라함은 이삭의 출생 속에서 그리스도의 날을 보았고, 그리스도의 출생에 있어서의 이적을 미리 예견하였다. 천사는 마리아에게 이 점을 확신시켜 주면서 그녀의 믿음을 격려하였고, 의심치 못할 확실성과 보편성을 지닌 저 큰 진리로 자신의 말을 끝맺는다: 대저 하나님의 모든 말씀은 능하지 못하심이 없느니라(37절). 하나님이 하실 수 없는 것은 아무것도 없기 때문에, 이 일을 하나님이 하실 수 있다는 것은 너무도 당연하다. 그러므로 아브라함은 하나님의 능력에 대한 믿음이 강했기 때문에 하나님의 약속을 믿어 의심치 않았다(롬 4:20-21). 하나님에게는 그 어떤 일도 불가능하지 않기 때문에, 우리는 하나님의 그 어떤 말씀도 불신해서는 안 된다.

VI. 마리아가 자신을 향하신 하나님의 뜻에 순순히 따름(38절).   마리아는 스스로 이렇게 고백한다.

1. 하나님의 권세를 믿고 복종하겠다고 함: "보소서, 주의 여종입니다. 주여, 내가 기다리고 있사오니, 주께서 내게 명하시는 일을 주의 뜻대로 내게 이루소서." 마리아는 결혼을 망치고 오명(汚名)을 뒤집어쓸 위험성을 생각해서 하나님의 뜻에 반대한 것이 아니라, 그런 문제를 하나님께 맡기고 하나님의 뜻에 전적으로 순복한다.

2. 하나님의 은혜를 믿음으로 기다리겠다고 함. 마리아는 이 일이 이루어지는 것에 찬성할 뿐만 아니라, 이 일이 꼭 이루어질 수 있기를 겸손하게 바란다: 이 일이 주의 말씀대로 내게 이루어지이다. 마리아는 그녀에게 주어진 이와 같은 은혜를 경시하거나 냉담해하지 않았고, 오히려 하나님께서 약속하신 일이 이루어지기를 간구하였다. 이와 같이, 하나님의 약속을 받았을 때에 우리는 기도하는 마음으로 아멘, 즉 그렇게 이루어지이다라는 말로 화답하여야 한다. 주께서 내게 소망을 불러일으키셨던 주의 말씀을 기억하시고 주의 종에게 이루시옵

소서. 여기에서 마리아가 그랬던 것처럼, 우리는 하나님의 말씀을 우리의 소망의 인도자로 삼고, 하나님의 말씀을 우리의 소망의 토대로 삼아야 한다. 주의 말씀대로 내게 이루어지이다 ― 다른 어떤 것이 아니라 바로 주의 말씀이 이루어지기를.

이 일 후에 즉시 천사는 마리아로부터 떠나갔다. 자기가 보내심을 받은 그 심부름을 다 마친 후에 천사는 일의 결과를 보고하고 새로운 지시를 받기 위해서 다시 돌아간 것이다. 천사들과의 대화는 언제나 일시적인 것이어서 금방 지나간다. 그러나 장래에는 그 대화가 영속적인 것이 될 것이다. 사람들은 바로 이 순간에 성령의 능력이 임하여 마리아가 잉태하였을 것이라고 생각한다. 그러나 성경은 그런 문제에 대해서는 점잖게 침묵을 지킨다. 따라서 그런 문제를 꼬치꼬치 캐묻는다거나 이럴 것이라고 독단적인 확신을 갖는 것은 옳지 못하다.

[39]이 때에 마리아가 일어나 빨리 산골로 가서 유대 한 동네에 이르러 [40]사가랴의 집에 들어가 엘리사벳에게 문안하니 [41]엘리사벳이 마리아가 문안함을 들으매 아이가 복중에서 뛰노는지라 엘리사벳이 성령의 충만함을 받아 [42]큰 소리로 불러 이르되 여자 중에 네가 복이 있으며 네 태중의 아이도 복이 있도다 [43]내 주의 어머니가 내게 나아오니 이 어찌 된 일인가 [44]보라 네 문안하는 소리가 내 귀에 들릴 때에 아이가 내 복중에서 기쁨으로 뛰놀았도다 [45]주께서 하신 말씀이 반드시 이루어지리라고 믿은 그 여자에게 복이 있도다 [46]마리아가 이르되 내 영혼이 주를 찬양하며 [47]내 마음이 하나님 내 구주를 기뻐하였음은 [48]그의 여종의 비천함을 돌보셨음이라 보라 이제 후로는 만세에 나를 복이 있다 일컬으리로다 [49]능하신 이가 큰 일을 내게 행하셨으니 그 이름이 거룩하시며 [50]긍휼하심이 두려워하는 자에게 대대로 이르는도다 [51]그의 팔로 힘을 보이사 마음의 생각이 교만한 자들을 흩으셨고 [52]권세 있는 자를 그 위에서 내리치셨으며 비천한 자를 높이셨고 [53]주리는 자를 좋은 것으로 배불리셨으며 부자는 빈 손으로 보내셨도다 [54]그 종 이스라엘을 도우사 긍휼히 여기시고 기억하시되 [55]우리 조상에게 말씀하신 것과 같이 아브라함과 그 자손에게 영원히 하시리로다 하니라 [56]마리아가 석 달쯤 함께 있다가 집으로 돌아가니라

이 단락에는 행복한 두 어머니, 엘리사벳과 마리아가 서로 만나 얘

기하는 장면이 나온다: 이런 기회가 마련될 수 있었던 것은 천사가 마리아에게 그녀의 친족 엘리사벳이 은혜를 입었다는 넌지시 말해주었기 때문이다(36절). 선한 사람들을 불러모아서 의견을 나누는 것이 우리가 생각했던 것보다 더 유익한 일이라는 것을 우리는 종종 경험한다. 여기에는 다음과 같은 내용들이 나온다.

I. 마리아가 엘리사벳을 방문함. 마리아는 젊은 사람이었고, 임신도 좀 더 최근에 하였다. 따라서 그들이 서로 만나야 한다면, 마리아가 자신의 수태가 더 중요하고 비중있는 일이라고 말하면서 우선권을 주장하지 않고, 직접 엘리사벳을 찾아나선 것은 지극히 합당한 일이었다(39절). 마리아는 이 더 중요한 일을 위해서 만사를 제쳐두고 일어났다. 이 때에(렘 33:15; 50:4에서 말해주듯이) 마리아는 천사가 다녀간 후에 먼저 잠시 기도할 시간을 가진 다음 하루나 이틀 쯤 지나서 서둘러 엘리사벳의 집을 향하여 길을 떠났다. 마리아는 제사장의 집에서 좀 더 여유를 갖고 얘기를 나누며 도움을 받고 싶었을 것이다. 마리아는 조심스럽고 부지런하고 신속하게(메타 스푸데스) 갔다. 젊은 사람들은 흔히 기분을 풀기 위해서 밖으로 나가서 친구들을 만나지만, 마리아는 자신에 대하여 더 잘 알아보기 위하여 갔다. 마리아는 산골에 있는 유다의 한 동네로 갔다. 동네 이름은 나와 있지 않다. 하지만 본문의 설명과 여호수아 21:10, 11을 비교해 보면, 이 동네의 이름은 헤브론이었던 것 같다. 왜냐하면, 여호수아서에서도 헤브론이 유다 산지에 있다고 말하고 있고, 또한 그 동네는 아론의 아들들인 제사장들의 소유지였기 때문이다. 그 곳은 수십 마일이나 떨어진 먼 곳이었지만, 마리아는 서둘러 그 곳으로 갔다.

1. 라이트푸트 박사는 마리아가 헤브론에서 우리 구주를 잉태하도록 되어 있었기 때문에, 서둘러서 그 곳으로 간 것인데, 마리아는 천사 또는 다른 방식을 통해서 그런 말을 들었을 것이라고 추측한다. 라이트푸트 박사는 다윗의 자손이자 유다 지파에 속한 실로(메시야)가 유다와 다윗의 동리인 베들레헴에서 탄생하게 되어 있었던 것과 마찬가지로 유다와 다윗의 동네에서 잉태되어야 합당하다고 생각한다. 헤브론에서 이삭에게 약속이 주어졌고, 할례가 제정되었다. 거기에서 아브라함이 처음으로 자기 땅을 소유하였고, 거기에서 다윗은 처음으로 왕관을 썼다. 또한 헤브론은 아브라함과 사라, 이삭과 리브가, 야곱과 레아, 이렇게 세 쌍의 부부가 묻힌 곳이고, 옛 전설에 의하면 아담과

하와도 여기에 묻혔다고 한다. 따라서 족장들에게 주어진 약속이 그 약속이 주어졌던 바로 그 땅에서 메시야의 수태를 통해서 이루어지기 시작한다는 것은 하나님이 하시는 일들은 모든 것이 조화롭고 짝이 잘 맞아들어간다는 것과 너무도 잘 일치한다고 라이트푸트 박사는 생각한다. 나는 이러한 추측이 불가능하다고 보지 않는다. 주께서 하신 말씀이 반드시 이루어지리라(45절)고 엘리사벳이 말한 것도 이러한 추측을 밑받침해준다고 볼 수 있다. 이 말은 주께서 약속하신 것이 아직 이루어지지 않았으나 바로 여기에서 이루어지게 될 것이라는 뜻으로 해석될 수 있기 때문이다.

2. 마리아는 천사가 자기에게 준 표적, 즉 엘리사벳이 수태하였다는 것을 확인함으로써 자신의 신앙을 한층 굳건히 하고, 또한 엘리사벳이 받은 은혜를 함께 기뻐하기 위하여 거기로 달려갔다는 것이 일반적인 해석이다. 또한 마리아는 사람들을 떠나서 좀 더 한적한 곳에 있고 싶었거나, 나사렛에서보다 더 기분 좋은 사람들을 만나서 함께 있고 싶었을지도 모른다. 마리아는 나사렛의 이웃에게는 그 누구에게도 자기가 하늘로부터 받은 메시지를 알리지 않았지만, 자기가 천 번도 넘게 생각하였던 것을 얘기하고자 갈망했고, 이 세상에서 엘리사벳을 제외하고는 허심탄회하게 얘기를 나눌 수 있는 사람이 없다는 것을 알았기 때문에, 서둘러 엘리사벳을 찾았을 것이다. 영혼 속에 은혜의 선한 역사(役事)가 시작되어서 그리스도의 형상이 그 속에 형성되고 있는 자들이 동일한 처지에 있는 자들과 교제를 가져서 서로의 경험을 나누는 것은 매우 유익하고 위로가 되는 일이다. 그리하면, 사람이 자신의 얼굴을 물에 비치면 얼굴이 서로 맞닿듯이, 그리스도를 지닌 사람들의 마음도 서로에게 비쳐서 감응되는 것을 그들은 발견하게 될 것이다.

II. 마리아와 엘리사벳의 만남. 마리아는 사가랴의 집으로 들어갔다. 그러나 사가랴는 말 못하고 듣지 못하는 자가 되어 있었기 때문에, 아마도 방 안에 있었고, 문 밖으로 마리아를 마중하지 않았을 것이다. 그래서 마리아는 엘리사벳에게 문안하고(40절), 그녀를 찾아뵙고 상태가 어떤지를 알아보고 기쁨을 함께 나누기 위해서 왔노라고 말하였다. 이렇게 해서 그들이 처음으로 함께 만났을 때, 두 사람의 신앙을 굳건히 세워줄 매우 이례적인 일이 일어났다. 마리아는 엘리사벳이 임신한 사실을 알고 있었지만, 엘리사벳은 마리아가 메시야의 어머니가 될 것이라는 소식을 사람들로부터 전혀 듣지 못했던 것으로 보인다.

그런데도 엘리사벳은 계시를 통해서 이 소식을 알았기 때문에, 이것은 마리아에게 큰 격려가 되었던 것 같다.

1. 아이가 복중에서 뛰놀았다(41절). 엘리사벳에게 지난 육개월이 마치 수 주간처럼 순식간에 지나갔고, 그녀는 아이의 태동을 자주 느꼈왔을 것이다. 그러나 이번의 태동은 통상적인 것이 아니었기 때문에, 엘리사벳은 깜짝 놀라서 뭔가 비상한 일을 예감하였다. 본문에서 사용된 에스키르테세(뛰놀았다)는 칠십인역에서 야곱과 에서가 리브가의 태중에서 싸운 것(창 25:22)과 산들이 뛰논 것(시 114:4)을 나타낼 때에 사용한 것과 동일한 단어이다. 아이가 뛰논 것은 그 아이가 출생과 사역에서 육개월 가량 앞서서 그를 위하여 길을 예비하게 되어 있었던 바로 그 메시야가 지금 앞에 와 있다는 것을 어머니에게 알리는 신호였거나 메시야를 앞에 두고서 어머니가 직감적으로 받은 어떤 강력한 인상의 결과였을 것이다. 이제 천사가 사가랴에게 말한 것, 즉 아이가 모태로부터 성령의 충만함을 받을 것이라는 말(15절)이 이루어지기 시작하였다. 또한 세례 요한이 신랑의 음성을 듣는 친구가 크게 기뻐한다(요 3:29)고 말한 것이 이 사건과 관련이 있을 가능성도 있다 ─ 신랑의 음성이 아니라 신랑의 어머니의 음성을 들은 것이긴 하지만.

2. 엘리사벳 자신이 성령 또는 예언의 영으로 충만함을 받아서, 성령의 특별한 계시를 따라서 메시야가 자기 앞에 와 있다는 것을 알게 되었다 ─ 메시야를 통해서 예언이 되살아나고, 이스라엘의 위로를 기다렸던 자들의 기대를 따라서 성령이 이전보다 더 풍성하게 부어지게 될 것이다. 아이가 모태에서 보여준 비상한 태동은 엘리사벳의 영이 하나님의 감동을 입어서 비상하게 움직이고 있음을 보여주는 징표였다. 그리스도께서 은혜 가운데 찾아주시는 자들은 그들이 성령의 충만함을 입는 것을 통해서 드러나게 된다. 왜냐하면, 누구든지 그리스도의 영이 없으면 그리스도의 사람이 아니기 때문이다.

Ⅲ. 엘리사벳이 예언의 영으로 말미암아 우리 주님의 어머니 마리아를 평범한 방문을 한 평범한 친구가 아니라 메시야의 어머니가 될 사람으로 환영함.

1. 엘리사벳은 마리아가 받은 영광을 축하하는데, 바로 지금에서야 그 사실을 알고시는 아주 큰 확신과 흡족한 마음으로 그것을 인정한다. 엘리사벳은 큰 소리로 말하였다. 이것은 두 사람 사이에 어떤 막힌 담이나 장벽이 있었다

는 것을 보여주는 것(어떤 이들이 생각하듯이)이 아니라, 엘리사벳이 너무 기쁜 나머지 황홀경에 빠져서 자기도 모르게 주위를 아랑곳하지 않고 말했다는 것을 보여주는 것이다. 엘리사벳은 여자 중에 네가 복이 있다고 말했는데, 이것은 천사들이 했던 말과 동일한 것이었다(28절). 왜냐하면, 아들을 영화롭게 하고자 하는 하나님의 이러한 뜻은 하늘에서 이루어진 것 같이 땅에서도 이루어져야 하기 때문이다. 그러나 엘리사벳은 네 태중의 아이가 복이 있기 때문에 네가 복이 있다고 그 이유를 아울러 밝힌다. 마리아가 이러한 뛰어난 위엄을 갖게 된 것은 바로 그 때문이었다. 엘리사벳은 나이가 많은 연장자였을 뿐만 아니라, 제사장의 아내였지만, 자기보다 훨씬 나이가 어리고 모든 면에서 자기보다 못한 친척 여자가 자기가 받은 영광과는 비교할 수 없을 정도로 큰 영광, 곧 처녀의 몸으로 잉태하여 메시야의 어머니가 되는 영광을 받은 것을 불평하지 않고, 오히려 마리아가 받은 영광을 기뻐하며, 나중에 그녀의 아들이 그랬듯이, 자기 뒤에 온 여자가 자기보다 더 크다는 것을 기뻐하였다(요 1:27). 우리는 우리에게 합당한 분량 이상으로 하나님께 은혜를 입었다는 것을 고백할 뿐이고, 남들이 우리보다 더 큰 은혜를 입은 것을 결코 시기해서는 안 된다.

2. 엘리사벳은 자기를 찾아준 마리아의 겸손을 인정한다(43절): 내 주의 어머니가 내게 나아오니 이 어찌 된 일인가? (1) 엘리사벳은 마리아가 수태한 아이가 나중에 만유의 주가 될 것을 알았기 때문에 동정녀 마리아를 내 주의 어머니라고 부른다(다윗이 성령의 감동을 따라서 메시야를 내 주라고 불렀듯이). (2) 마리아가 미천한 집 출신이었지만, 엘리사벳은 마리아가 자기 집에 온 것을 환영하였을 뿐만 아니라, 마리아의 방문은 너무도 큰 영광이어서, 자기 같은 사람은 그런 방문을 받을 자격조차 없다고 여겼다. 이 어찌 된 일인가? 이렇게 엘리사벳이 "이것은 내가 기대할 수 없었던 큰 영광이다"라고 말한 것은 의례적인 인사말이 아니라 진심에서 우러나온 말이었다. 성령으로 충만한 자들은 자신의 공로는 하찮게 생각하고 하나님의 은혜를 높게 생각한다는 것을 명심하라. 나중에 그녀의 아들 세례 요한도 동일한 취지에서 당신이 내게로 오시나이까?(마 3:14)라고 말하였다.

3. 엘리사벳은 자신의 태중에 있는 아이도 마리아를 환영하는 일에 동참하고 있다는 것을 마리아에게 알려주었다(44절): "당신은 뭔가 비상한 소식, 비상한 축복을 가져왔음이 분명하다. 네 문안하는 소리가 내 귀에 들릴 때에 내 마

음이 이유와 원인도 모른 채 기쁨으로 뛰었을 뿐만 아니라, 이 사실을 알 리 없는 아이가 내 복중에서 기쁨으로 뛰놀았으니 말이다." 아이는 자기가 선구자가 되어서 그의 길을 예비하기로 되어 있던 바로 그 메시야가 곧 자기 뒤에 태어날 것임을 알고 기쁨으로 뛰놀았다. 이와 같이 하나님이 다른 사람들에게 주신 확신들은 마리아의 믿음을 굳건히 하는 데에 아주 큰 도움이 되었을 것이다. 그리고 그것은 이미 자주 예언되어 왔었던 것, 즉 주께서 오실 때에 주 앞에서 만민이 기뻐하리라는 예언(시 98:8-9)이 부분적으로 성취된 것이기도 하였다.

4. 엘리사벳은 마리아의 믿음을 칭찬하고 격려하였다(45절): 믿은 그 여자에게 복이 있도다. 믿는 자는 복 있는 자이고, 그것은 결국 사실로 나타날 것이다. 이러한 축복은 믿음으로 말미암아 오고, 그리스도와 연관된 축복과 그리스도의 형상이 영혼 속에서 자라나는 축복도 믿음으로 말미암아 온다. 하나님의 말씀을 믿는 자들은 복되다. 왜냐하면, 하나님의 말씀은 땅에 떨어지는 법이 없기 때문이다. 주께서 하신 말씀은 반드시 이루어진다. 하나님의 약속이 반드시 이루어진다는 사실은 약속 위에 서서 약속에 모든 것을 거는 자들에게 더할 나위 없는 행복이다. 하나님의 신실하심은 성도들의 신앙에 축복이 된다. 하나님의 약속들이 이루어진 것을 경험한 자들은 하나님이 자기에게 해주신 것을 그들에게 말해줌으로써 하나님께서 그들에게도 약속의 말씀을 이루실 것이라는 소망을 갖도록 격려하여야 한다.

IV. 마리아가 이 때에 찬송을 드림.　엘리사벳의 예언은 동정녀 마리아의 문안인사에 대한 화답이었고, 마리아의 찬송은 그 예언에 대한 더 강력한 화답이다. 이것은 마리아가 엘리사벳과 마찬가지로 성령의 충만함을 입었다는 것을 보여준다. 마리아는 먼 여행길에 매우 지쳐서 피곤한 채로 엘리사벳의 집으로 들어왔을 것이다. 그렇지만 마리아는 그 피로를 잊고, 엘리사벳과의 신앙의 교제 속에서 확신을 얻고 성령의 충만함을 받고서 새로운 생기와 활력과 기쁨으로 넘쳐났다. 성령의 돌연한 감동과 성령에 의한 사로잡힘을 통해서 마리아는 이것이 자기가 이 곳으로 오게 된 이유였다는 것을 발견하고서는, 비록 피곤했지만, 아브라함의 종처럼 자신의 일을 마칠 때까지는 먹지도 마시지도 않겠다고 결심하였을 것이다.

1. 여기에는 기쁨과 찬송이 표현되어 있는데, 오직 하나님만이 찬송의 대상이요 기쁨의 중심이다. 어떤 이들은 이 찬송을 이스라엘 백성이 애굽을 성공

적으로 빠져나와서 홍해를 의기양양하게 건넜을 때에 모세의 누이이고 마리아와 이름이 같은 미리암이 불렀던 찬송과 비교한다. 또 어떤 이들은 이 찬송을 사무엘이 태어났을 때에 어머니 한나가 불렀던 찬송 — 여기 나오는 찬송과 마찬가지로 한 가정에 베푸신 긍휼에서 공적이고 일반적인 긍휼로 이행해 가는 찬송 — 과 비교한다. 한나의 찬송이나 마리아의 찬송은 둘 다 내 마음이 여호와로 말미암아 즐거워한다(삼상 2:1)라는 말로 시작된다. 이 찬송을 통해서 마리아가 하나님에 대하여 어떻게 말하고 있는지를 살펴보자.

　(1) 마리아는 주라고 부름으로써 하나님에 대한 큰 경외심을 나타낸다: "내 영혼이 주를 찬양하나이다. 내가 전에는 주께서 이토록 크신 줄을 알지 못했으나, 이제는 내가 주께서 이토록 선하시다는 것을 알게 되었나이다." 하나님의 긍휼하심 속에서 잘 된 자들만이 하나님을 더 높고 존귀하게 생각하게 된다. 반면에, 잘 되고 출세한 자들 중에는 전능자가 누구이기에 우리가 섬기리까?라고 말하는 자들이 있다. 하나님이 우리에게 영광을 많이 주시면 주실수록, 우리는 하나님께 더 많은 영광을 돌리도록 힘써야 한다. 우리의 영혼이 주를 찬양하고, 우리 안에 있는 모든 것이 주를 높일 때, 오직 그때에야 우리는 주를 찬양하는 것으로 인정받게 된다. 찬송의 사역은 영혼의 사역이 되어야 한다.

　(2) 마리아는 내 구주라고 부름으로써 하나님에 대한 큰 만족감을 나타낸다: 내 마음이 하나님 내 구주를 기뻐하나이다. 여기서 내 구주는 마리아가 곧 낳게 될 메시야를 가리키는 것으로 보인다. 마리아는 메시야를 하나님 내 구주라고 부른다. 왜냐하면, 그 아이가 지극히 높으신 이의 아들이 될 것이고, 그의 이름을 예수, 곧 구주라 하라고 천사가 마리아에게 말해주었었기 때문이다. 마리아는 천사가 일러준 말을 자기에게 그대로 적용시켜서 그는 하나님 내 구주시다라고 말하였다. 우리 주님의 어머니까지도 그녀의 구주로서의 메시야의 유익이 필요하였고, 그 유익이 없었다면, 마리아는 아무것도 아니게 되었을 것이다: 마리아는 그녀에게 특별히 주어진 영광, 즉 메시야의 어머니가 된다는 것보다도 모든 신자들과 공통적으로 갖게 된 행복, 즉 구주를 맞이하게 되었다는 것을 더 기뻐한다. 이것은 그리스도께서 순종하는 신자들을 그의 어머니와 형제들보다 더 우위에 둔 것과 부합한다(마 12:50; 눅 11:27, 28). 그리스도를 자신의 하나님이자 구주로 영접한 자들은 기뻐해야 할, 즉 **성령으로 기뻐할** — 그리스도께서 이렇게 기뻐하셨다(눅 10:21) — 충분한 이유를 갖고 있다는 것을

명심하라.

2. 여기에 이렇게 기뻐하고 찬송할 수밖에 없는 타당한 이유들이 나와 있다.

(1) 자신과 관련된 이유들(48-49절).

[1] 주께서 그녀에게 인자하신 일들을 행하셨기 때문에, 마리아의 영혼은 주를 기뻐하였다: 주께서는 자신을 낮추셔서 그녀를 불쌍히 여기셨다. 주는 그의 여종의 비천함을 돌보셨다. 즉, 주는 그녀를 동정어린 눈으로 바라보셨다 ― 이것이 이 단어의 통상적인 의미이다. "내가 보잘것없고 가난하며 미천한데도, 주께서는 나를 택하셔서 이러한 영광을 주셨다." 이러한 표현은 그녀의 가정이 유다에서 가난한 가정이었을 뿐만 아니라, 그녀는 아버지 집에서 가장 작은 자로서 가족들의 눈 밖에 나서 멸시를 당하며 부당하게 무시당하면서 가족들로부터 소외된 자였을 가능성을 암시해주는 것 같다 ― 이 표현 속에는 기드온의 처지에 대한 간접적인 암시가 들어 있다(삿 6:15). 하나님은 마리아가 겪은 가슴아픈 일들을 상쇄시키고도 남음이 있을 정도로 큰 영광을 그녀에게 부어주셨다. 내 생각으로는 그렇다. 왜냐하면, 우리는 이와 동일한 고려에서 다른 사람들에게도 이와 비슷한 영광이 수여된 경우들을 찾아볼 수 있기 때문이다. 하나님은 레아가 사랑 받지 못함을 보시고 그의 태를 여셨다(창 29:31). 브닌나가 한나를 약올리며 못살게 굴고 모욕을 하자, 하나님은 한나에게 아들을 주셨다(삼상 1:19). 종종 하나님은 사람들로부터 부당하게 억압받고 멸시당하는데도 잘 참아내는 자들을 불쌍히 여기셔서 잘 되게 해주신다. 사사기 11:7을 보라. 마리아의 경우가 그랬다. 그녀의 비천함을 돌보신 것은 하나님이 시편 기자의 말대로 온 인류의 비천함을 기억하시고(시 136:23) 은혜를 베푸실 것임을 하나의 표본으로 보여주신 것일 뿐만 아니라, 그녀의 영광이 영원하리라는 것을 보장해주신 것이다(하나님이 베푸신 영광은 시들지 않는 영광이기 때문이다): "이제 후로는 만세에 나를 복이 있다 일컬으리로다. 모든 세대의 사람들은 나를 복된 여자요 지극히 높임을 받은 여자로 생각할 것이다." 그리스도와 그의 복음을 영접한 모든 사람들은 그리스도를 밴 태와 그리스도를 먹인 젖이 복이 있나이다(눅 11:27) 할 것이다. 엘리사벳도 그녀를 복되다고 했었지만, 마리아는 이렇게 말한다: "그러나 그것이 전부가 아니다. 유대인들은 물론이고 이방인들의 모든 세대도 나를 그렇게 부르게 될 것이다."

[2] 그녀의 영혼이 주를 찬양하는 것은 주께서 그녀에게 기이한 일들을 행하

셨기 때문이다(49절): 능하신 이가 큰 일을 내게 행하셨도다. 처녀가 잉태하게 될 것이라는 큰 일. 그토록 오랫동안 교회에 약속되어 왔고 그토록 오랫동안 교회가 기대해 왔던 메시야가 마침내 곧 태어나게 될 것이라는 큰 일. 이 일 속에서 드러나는 것은 지극히 높으신 이의 능력이다. 여기에 마리아는 그 이름이 거룩하시다라는 말을 덧붙인다. 한나도 그녀의 찬송에서 여호와와 같이 거룩하신 이가 없으시다라고 말한 후에, 이는 주 밖에 다른 이가 없음이니이다라고 설명한다(삼상 2:2). 하나님은 스스로 계신 분인데, 특히 우리를 구속하시는 일 속에서 그러한 특질을 드러내신다. 능하시고 심지어 그 이름이 거룩하신 이가 큰 일을 내게 행하셨다. 우리는 영광스러운 일들을 능하시고 거룩하신 이에게서 기대할 수 있다. 또한 그는 모든 것을 하실 수 있고 모든 것을 잘, 그리고 최고로 하시기를 원하시는 분이다.

(2) 다른 사람들과 관련된 이유들. 메시야의 어머니로서 동정녀 마리아는 공적인 성격을 지닌 일종의 공인(公人)이 되었기 때문에, 즉시 이전보다 더 공적인 마음을 부여받아서, 한나처럼(삼상 2:3 등) 멀리 보고 자기 주변을 둘러보며 자기 앞을 보면서, 인생들을 다스리시는 하나님의 역사(役事)들을 논평한다(50절 이하). 여기에서 마리아는 특히 구속주가 임할 것과 그를 통해서 하나님이 스스로를 나타내실 것에 주목한다.

[1] 하나님이 그의 엄위하심을 두려워하는 모든 자들, 그의 주권과 권세를 마땅히 존중하는 모든 자들을 위하여 긍휼하심을 예비해 두셨다는 것은 확실한 진리이다. 그 긍휼하심은 하나님이 우리를 구원하시기 위하여 그의 아들을 세상에 보내신 것에서 가장 뚜렷하게 나타났다(50절): 그의 긍휼하심이 두려워하는 자에게 이르는도다. 이것은 항상 그랬었다. 언제나 하나님은 자식으로서의 경외심을 가지고 그를 우러러보는 자들을 특별한 은총의 눈길로 바라보셨다. 그러나 하나님은 그의 아들을 보내셔서 하나님을 두려워하는 자들에게 영원한 의와 영원한 구원이 대대로 이르게 하심으로써 이전과는 비교할 수 없는 긍휼하심을 나타내셨다. 복음의 특권들은 대를 이어서 영원토록 이어져나가게 되어 있기 때문이다. 창조주이자 심판자로서의 하나님을 두려워하는 자들은 그들의 중보자이자 변호자이신 그리스도로부터 하나님 안에 있는 긍휼하심을 소망하도록 격려를 받는다. 그리고 하나님을 두려워하는 모든 자들에게는 긍휼하심, 곧 죄 사하시는 긍휼, 치유하시는 긍휼, 용납하시는 긍휼, 면류관을 씌워주시는

긍휼이 그리스도 안에서 세상이 존속하는 한 대대로 주어진다. 그리스도 안에서 하나님은 긍휼하심을 천대까지 베푸신다.

[2] 하나님이 섭리를 통해서 교만한 자들을 낮추시고, 겸손한 자들을 높이신다는 것은 잘 알려진 일이다. 하나님은 인간을 구속하시는 사역과 관련된 전체 경륜 속에서 이 점을 뚜렷하게 드러내셨다. 하나님은 마리아에게 긍휼하심을 베푸심으로써 자신의 능하심을 보이신 것과 마찬가지로(48-49절), 그를 두려워하는 자들에게 긍휼하심을 베푸심으로써 그의 팔로 힘을 보이셨다. 첫째, 섭리를 베푸는 과정 속에서 사람들의 예상을 뛰어넘어서 사람들이 기대하는 것과는 판이하게 다른 방향으로 진행해나가는 것이 하나님의 통상적인 방식이다. 교만한 자들은 모든 일이 자신의 뜻과 방식대로 자기 앞에서 처리되기를 바란다. 그러나 하나님은 교만한 자들의 마음의 생각을 흩으시고, 그들의 예상을 깨뜨리시며, 그들의 계획을 좌절시키시고, 그들이 자신의 영달을 위한 방편들이 될 것이라고 생각했던 바로 그 계략들을 통해서 그들을 낮추시고 무너뜨리신다. 권세 있는 자들은 권세를 통해서 그들의 자리를 안전하게 확보할 수 있다고 생각하지만, 하나님은 그들을 내리치시고 그들의 자리를 뒤집어엎으신다. 반면에, 출세하는 것은 꿈도 못꾸고 언제나 비천한 데에 머무를 것이라고밖에는 생각할 수 없었던 비천한 자들은 기이하게도 높이신다. 존귀함과 관련된 이러한 진리는 재물에 대해서도 그대로 적용된다. 너무도 가난해서 끼니조차 때우지 못하던 많은 사람들이 생각지도 않게 섭리가 그들 편에 유리하게 돌아감으로써 좋은 것으로 배부르게 되는 반면에, 내일도 오늘만 같기를 바라면서 그들의 산더미 같은 재물이 견고해서 결코 없어지지 않을 것이라고 생각하던 부자들은 이상하게 영락(零落)해서 빈털터리가 되어 버린다. 이러한 진리는 한나가 그의 찬송 속에서 자기 자신과 그녀의 대적의 처지에 적용하여 자세하게 밝혀 놓은 진리이기도 하기 때문에(삼상 2:4-7), 한나의 찬송은 마리아의 찬송에 대하여 많은 것을 시사해준다. 또한 시편 107:33-41; 113:7-9; 전도서 9:11과 비교해 보라. 하나님은 자기가 이 세상에서 큰 일을 할 것이라고 생각하는 자들의 기대들을 좌절시키시고 이 세상에서 작은 일밖에 하지 못할 것이라고 생각하는 자들에게는 기대 이상으로 넘치게 이루시기를 기뻐하신다. 의로우신 하나님이 스스로를 높이는 자들을 낮추시고 그들이 안전하게 여기는 것들을 무너뜨리시는 것은 하나님의 영광이고, 선하신 하나님이 스스로를 낮추는 자들을

높이시고 하나님을 두려워하는 자들을 위로하시는 것도 하나님의 영광이다. 둘째, 이러한 진리는 복음의 은혜가 주어지는 방법들 속에서 특히 잘 드러난다.

1. 이 진리는 하나님이 영적인 존귀함을 나누어주시는 방법에서 드러난다. 교만한 바리새인들이 거부되고 세리와 죄인들이 그들보다 먼저 천국에 들어가게 되었을 때, 의의 법을 따라간 유대인들은 의에 이르지 못하고, 의에 대해서 생각해 본 적도 없는 이방인들이 의를 얻었을 때(롬 9:30-31), 하나님이 세상에 복음을 널리 전파하기 위하여 육체를 따라 지혜로운 자들이나 능한 자들이나 문벌 좋은 자들을 택하지 않으시고 세상에서 미련한 것들과 약한 것들과 멸시받는 것들을 택하셨을 때(고전 1:26-27), 하나님은 교만한 자들을 흩으시고, 권세 있는 자들을 끌어내리시며, 비천한 자들을 높이신 것이다. 하나님의 양 무리 위에 오랫동안 군림해 오면서 영원히 그와 같기를 바랐던 고위 제사장들과 장로들의 폭정이 무너지고, 가난하고 천대받던 한 무리의 어부들이 그리스도의 제자들이 되어서 하나님이 그들에게 덧입혀주신 능력을 통해서 보좌들에 앉아서 이스라엘의 열두 지파를 심판하게 되었을 때, 네 왕조의 권력이 무너지고 산에서 손으로 깍아내지 아니한 돌이 온 세계에 가득하게 될 때, 교만한 자들은 흩어짐을 당하고, 비천한 자들은 높임을 받게 된다.

2. 이 진리는 하나님이 영적인 부요함을 나누어주시는 방법에서 드러난다(53절). (1) 그들에게 그리스도가 필요하다는 것을 알고 그리스도 안에 있는 의와 생명을 갈망하는 자들에게 하나님은 좋은 것들로 배부르게 하신다. 하나님은 그들에게 아낌없이 주시고, 그들은 하나님이 주시는 축복들로 배부르게 된다. 수고하고 무거운 짐을 진 자들은 그리스도에게서 안식을 발견하게 되고, 목마른 자들은 그에게 와서 마시라는 부르심을 받는다. 왜냐하면, 오직 그들만이 그리스도께서 거저 주시는 은혜의 선물들이 얼마나 소중한 것인지를 알기 때문이다. 주린 자에게는 쓴 것이라도 단 법이어서, 주린 자에게는 만나도 진수성찬이 된다. 목마른 자에게는 맹물이 반석에서 나오는 꿀과 같은 법이다. (2) 부유하여서 주리지 않으며 라오디게아 교회처럼 부족한 것이 없다고 생각하고 자신의 의로 가득 차서 스스로에게 만족하며 살아가는 자들을 하나님은 환영하지 않으시고 문 밖으로 내쫓으시며, 빈 손으로 보내시고, 그들은 자아로 충만한 채로 와서 그리스도를 영접하지 못하고 내쫓긴다. 하나님은 그들을 그들이 섬기

던 신들과 그들이 의지하던 그들 자신의 의와 힘에게로 돌려보내신다.

3. 유대인들은 메시야가 특별한 방식으로 그의 백성 이스라엘의 힘과 영광이 되실 것이라고 항상 기대하였는데, 이제 하나님은 특이한 방식으로 그렇게 하실 것이다(54절): 그는 그의 종 이스라엘을 도우셨다(안텔라베토). 하나님은 그들을 손으로 붙드셔서, 넘어져서 스스로 어찌할 수 없는 그들을 도와 일으키실 것이다. 하나님은 계약을 깨뜨리고 범죄하여 무거운 죄짐에 눌린 자들을 새로운 은혜의 계약에 의한 축복을 통해서 도와서 일으키실 것이다. 가엾은 죄인들을 도우시기 위하여 메시야를 보내시는 것은 하나님이 하실 수 있는 최고의 인자하심이고 그의 백성 이스라엘에게 주실 수 있는 최고의 도우심이다.

첫째, 하나님이 이스라엘을 도우시는 것은 그의 긍휼하심, 긍휼히 여기시는 그의 본성, 하나님이 그의 종 이스라엘을 위해 예비해두신 긍휼을 기억하셨기 때문이다. 이 긍휼의 축복이 지연되자, 그것을 기다리던 이스라엘 백성은 하나님이 그가 베푸실 은혜를 잊으셨는가라고 자주 의문을 던지곤 하였다. 그러나 이제 하나님은 잊으신 것이 아니라 그의 긍휼하심을 기억하고 계셨다는 것을 분명하게 나타내신다. 하나님은 이전에 베푸셨던 긍휼을 기억하고 계시고, 이전에는 현세적인 좋은 것들로 그들에게 긍휼을 베푸셨다면, 이제는 영적인 축복들로 그들에게 긍휼을 베푸실 것이다. 하나님은 옛날을 기억하셨다. 백성과 양 떼의 목자를 바다에서, 곧 애굽에서 올라오게 하신 이가 이제 어디 계시냐?(사 63:11). 하나님은 그와 같은 일(출애굽)을 다시 행하실 것인데, 출애굽은 하나님이 앞으로 하시게 될 일의 모형이다.

둘째, 하나님이 이스라엘을 도우시는 것은 그의 약속을 이행하기 위한 것이다. 그것은 하나님이 계획하셨을 뿐만 아니라 밝히 말씀하신 긍휼이다(55절). 그것은 하나님이 우리 조상들에게 말씀하신 것이었다. 여자의 후손이 뱀의 머리를 상하게 할 것이다. 하나님이 셈의 장막에 거할 것이다. 특히 아브라함에게는 땅의 모든 족속이 네 자손으로 말미암아 최고의 축복들, 영원한 축복들로 복을 받으리라고 하나님이 말씀하셨는데, 아브라함의 육신의 자손은 이 일이 있고나서 얼마 후에 끊어졌기 때문에, 이 약속은 아브라함의 영적인 자손에게 주어진 것이다. 하나님은 자기가 말씀하신 것을 이행하신다는 것을 명심하라. 하나님이 조상들에게 말씀하신 것은 그들의 자손들에게 이루어질 것인데, 그들의 자자손손이 영원한 축복들을 받게 될 것이다.

끝으로, 마리아가 엘리사벳과 석달쯤 함께 있다가 나사렛으로 돌아감(56절). 석달이라는 기간은 마리아가 수태했다는 것을 충분히 알 수 있는 기간이고, 엘리사벳을 통해서 여러 가지로 충분히 확신을 가질 수 있었던 기간이다. 어떤 이들은 복음서 기자가 엘리사벳의 해산에 관한 이야기로 넘어가기 전에 마리아에 관한 이 단락을 끝내고 싶어서 마리아가 엘리사벳이 해산하기 전에 집으로 돌아간 것으로 말하고 있지만, 사실은 엘리사벳이 자리에 누웠다가 다시 일어날 때까지 마리아가 그 집에 머물러 시중을 들면서 산후조리를 도와주고, 엘리사벳에 대한 하나님의 약속이 온전히 성취되는 것을 보고 믿음을 굳게 하였을 것이라고 생각한다. 그러나 대부분의 사람들은 본문에 나와 있는 이야기의 순서가 사실이라고 믿고, 엘리사벳이 해산할 때가 가까워 오자 마리아가 집으로 돌아갔다고 생각한다. 왜냐하면, 마리아는 여전히 조용히 있고 싶어 했는데, 하나님이 사가랴에게 약속한 아들이 태어나면 많은 사람들이 그 집으로 몰려들 것이었기 때문이다. 그리스도의 형상이 그 마음에 형성되어 있는 자들은 홀로 앉아서 조용히 있는 것을 이전보다 더 즐기게 된다.

[57]엘리사벳이 해산할 기한이 차서 아들을 낳으니 [58]이웃과 친족이 주께서 그를 크게 긍휼히 여기심을 듣고 함께 즐거워하더라 [59]팔 일이 되매 아이를 할례하러 와서 그 아버지의 이름을 따라 사가랴라 하고자 하더니 [60]그 어머니가 대답하여 이르되 아니라 요한이라 할 것이라 하매 [61]그들이 이르되 네 친족 중에 이 이름으로 이름한 이가 없다 하고 [62]그의 아버지께 몸짓하여 무엇으로 이름을 지으려 하는가 물으니 [63]그가 서판을 달라 하여 그 이름을 요한이라 쓰매 다 놀랍게 여기더라 [64]이에 그 입이 곧 열리고 혀가 풀리며 말을 하여 하나님을 찬송하니 [65]그 근처에 사는 자가 다 두려워하고 이 모든 말이 온 유대 산골에 두루 퍼지매 [66]듣는 사람이 다 이 말을 마음에 두며 이르되 이 아이가 장차 어찌 될까 하니 이는 주의 손이 그와 함께 하심이러라

이 단락에는 다음과 같은 내용들이 나온다.

I. 세례 요한의 출생(57절).   요한은 이적에 의해서 잉태되었지만, 보편적인 자연의 원리에 따라 모태에서 계속 자랐다(우리 구주도 마찬가지였다): 엘리사벳이 해산할 기한이 차서 아들을 낳았다. 하나님이 약속하신 긍휼은 기한이 차

야 이루어진다.

Ⅱ. 이 놀라운 경사(慶事)를 맞아서 이웃과 친족들이 크게 기뻐함(58절). 이웃과 친족이 함께 즐거워하였다. 왜냐하면, 이 일은 그동안 이적에 가까운 것으로서 모든 사람들의 입에 오르내렸을 것이기 때문이다. 라이트푸트 박사는 헤브론은 아론 가문의 제사장들이 거주하던 곳으로서 여기에서 말하는 친족은 바로 그들이었으며, 그 주변의 밭과 촌락들에는 유다 자손들이 거주하고 있었기 때문에, 본문에서 말하는 이웃은 바로 그들이었다고 본다. 여기에서는 우리는 다음과 같은 것들을 발견한다. 1. 하나님에 대한 사람들의 경건한 태도. 사람들은 주께서 그녀에게 그의 긍휼하심을 크게 하셨다(원문의 뜻 — 개역에서는 주께서 그를 크게 긍휼히 여기심을)는 것을 인정하였다. 그녀의 수치를 제거하신 것이 긍휼히 여기신 것이었고, 그녀의 가문을 일으켜 세우시고, 하나님께 헌신되고 하나님을 위해 쓰임받는 제사장 가문이 되게 하신 것은 더 크게 긍휼히 여기신 것이었다. 하나님은 많은 일들을 한꺼번에 이루셔서 긍휼하심을 크게 하셨다 — 엘리사벳은 오랫동안 아이가 없었는데다 지금은 늙었지만 주 앞에 큰 자가 될 아이를 갖게 되었다는 것.

2. 엘리사벳에 대한 사람들의 호의적인 태도. 엘리사벳이 즐거워하자, 사람들도 함께 즐거워하였다. 우리는 이웃과 친구들의 형통을 **기뻐해야** 하고, 그들에게 주어진 위로들을 마치 우리에게 주어진 위로들인 것처럼 하나님께 감사하여야 한다.

Ⅲ. 아이의 이름을 짓는 것과 관련하여 일어난 논란(59절). 하나님이 정해 놓으신 기한인 팔 일이 되매 사람들이 아이를 할례하러 와서 모였다. 할례가 처음으로 제정된 곳이 바로 이 곳 헤브론이었다. 세례 요한처럼 약속으로 말미암아 태어난 이삭은 할례를 받은 최초의 사람들 중 한 사람이었는데, 할례의 제정은 이삭과 깊은 연관이 있었다. 요한의 출생을 즐거워하였던 사람들이 요한을 할례하기 위하여 함께 왔다. 우리가 우리 자녀들에게서 얻을 수 있는 가장 큰 위로는 그들을 하나님께 바치고 그들과 하나님의 계약 관계를 인정하는 데에 있다. 우리는 자녀의 출생보다도 자녀가 세례 받는 것을 더 기쁨으로 여겨야 한다. 아브람이 할례를 받자, 하나님이 그에게 새 이름을 주셔서 그를 아브라함이라 부르셨기 때문에, 당시에 사람들이 그들의 자녀에게 할례를 행하면서 이름을 지어주는 것이 하나의 관습이 되어 있었다. 아이가 칠일 동안 이름이

없는 상태로 있다가, 비로소 이름을 받아서 그 이름으로 하나님께 드려지는 것은 합당한 일이다.

1. 어떤 이들은 아이의 이름을 그의 아버지의 이름을 따라서 사가랴로 하자고 제안하였다. 우리는 성경 속에서 아이의 이름을 아버지의 이름을 따라서 붙인 예를 찾아볼 수 없다. 그러나 우리에게도 있는 이러한 관습은 비교적 후대에 유대인들 사이에서 통용되었던 것 같은데, 그들은 이렇게 함으로써 또 다른 아이를 가질 가망성이 없는 부친 사가랴를 영예롭게 하고자 했던 것으로 보인다.

2. 어머니는 그 제안에 반대하고, 아이의 이름을 요한으로 짓고자 하였다. 엘리사벳은 성령의 감동을 따라서(가장 가능성이 있다) 또는 남편이 글로 써서 알려준 것을 통해서 하나님이 이 아이의 이름을 요한으로 정하셨다는 것을 알고 있었다(60절): 이 아이는 요한이라 할 것이다 — 요한 또는 요하난은 은혜로운을 뜻한다. 왜냐하면, 이 아이는 그리스도의 복음을 소개할 것이고, 이 복음 안에서 하나님의 은혜는 어느 때보다도 더 밝게 빛날 것이기 때문이다.

3. 친족들은 엘리사벳의 제안에 반대하였다(61절): "네 친족 중에 이 이름으로 이름한 이가 없다. 그러므로 아이의 이름을 아버지의 이름을 따라서 짓지 않겠다면, 친족 중의 한 사람의 이름을 따라서 이름을 지어주어서, 그로 하여금 이와 같은 이적으로 태어난 아이가 자기의 이름을 따라서 불린다는 것을 명예롭게 여기게 하라." 친구된 자가 친구로서의 우정을 보여주어야 하듯이, 친척된 자는 친척으로서의 의무를 다 하여야 한다.

4. 친족들은 아버지의 의중이 무엇인지를 한번 알아 보고자 하였다. 아이의 이름을 짓는 일은 아버지의 소관이었기 때문이다(62절): 사가랴는 말을 못했을 뿐만 아니라 듣지도 못하였기 때문에, 사람들은 그에게 몸짓으로 물었지만, 별 기대는 하지 않았던 것으로 보인다. 만약 사가랴가 말을 못하게 된 이후로 글을 써서 의사소통을 한 적이 있었다면, 사람들은 아예 처음부터 그에게 아이의 이름을 무엇으로 지을지 글로 쓰라고 했을 것이다. 하지만 사람들은 사가랴로 하여금 이 문제를 매듭짓도록 하기 위해서, 지금 벌어지고 있는 논란을 오직 그만이 결정할 수 있다는 것을 그에게 이해시키려 하였다. 그러자 사가랴는 몸짓으로 그들에게 서판을 달라고 하였고, 거기에 그의 이름은 요한이다(63절)라고 썼다. 사가랴가 그 이름은 요한이 될 것이다라거나 나는 그 이름을 요

한이라고 하면 좋겠다고 하지 않고, 그 이름은 요한이다라고 못 박았다는 사실을 명심하라. 이 문제는 이미 결정되어 있었던 것이다. 천사가 사가랴에게 바로 그 이름을 정해주었기 때문이다. 사가랴는 말을 할 수 없게 되자 글로 썼다는 것을 주목하라. 목회자들은 누가 말을 못하게 해서 설교할 수 없다고 해도, 손이 묶여서 글을 쓸 수 없지 않는 한 선한 일을 행할 수 있다. 많은 순교자들이 감옥에서 친구들에게 편지를 썼고, 이 편지들은 큰 유익이 되었다. 바울 사도도 그렇게 하였다. 사가랴가 엘리사벳이 선택한 것과 동일한 이름을 서판에 쓰자, 거기에 모인 사람들은 크게 놀랐다: 그들은 다 놀랍게 여겼다. 왜냐하면, 그들은 사가랴가 말 못하고 귀가 먹어서 부부가 서로 대화할 수는 없었지만, 한 분 동일한 성령의 인도하심을 받았다는 사실을 알지 못하였기 때문이다. 또는 사가랴가 이전에는 온 몸에 풍을 맞은 사람처럼 되어서 수족을 사용하지 못했는데, 지금은 이전과는 달리 너무도 분명하고 또렷하게 글을 쓴 것을 보고 놀랍게 여긴 것일 수도 있다.

5. 사가랴는 다시 말을 하게 되었다(64절): 그의 입이 곧 열렸다. 사가랴가 말을 못하게 되어 있었던 기한은 이 일이 이루어지는 날까지(20절), 곧 요한이 사역을 시작하기 전까지가 아니라 요한이 출생하여 그의 이름이 지어질 때까지였던 것이다(13절). 이제 이 기한이 끝나자, 속박이 풀렸다. 하나님은 에스겔에게 하신 것처럼(겔 3:27) 그의 입을 다시 열어주셨다. 라이트푸트 박사는 사가랴의 경우를 모세의 경우(출 4:24-26)와 비교한다. 모세는 하나님의 말씀을 믿지 않아서 생명의 위협까지 받게 되었는데, 사가랴도 동일한 잘못으로 인해서 말을 못하게 되었다. 그러나 사가랴의 경우처럼 모세도 아이를 할례시키고 믿음을 회복하자 생명의 위협에서 벗어나게 되었다. 불신으로 그의 입이 닫혔지만, 이제 믿음으로 그 입은 다시 열렸다. 그가 믿으므로, 말을 할 수 있게 되었다. 다윗은 자기 아이가 잉태된 때로부터 출생 후 수 일이 될 때까지 죄 아래 있었다. 그런데 여호와께서 그의 죄를 사하셨고, 그가 회개하자, 그는 죽지 않게 되었다. 여기에서도 사가랴는 더 이상 말을 못하는 상태로 있게 되지 않았다. 그는 입이 곧 열리고 혀가 풀리며 말을 하여 하나님을 찬송하였다. 하나님이 우리의 입술을 열어주실 때, 우리의 입에서는 하나님을 찬송하는 소리가 나와야 한다. 우리의 말을 하나님을 찬송하는 데에 사용하지 않는다면, 차라리 말을 하지 않는 것이 나을 것이다. 왜냐하면, 우리의 혀는 하나님의 영광을 위하여 쓰임

받을 때에 가장 크게 우리의 영광이 되기 때문이다.

6. 이 일은 온 나라에 퍼져나갔고, 이 일을 들은 자들은 모두 크게 놀랐다 (65-66절). 우리는 사람들의 감정을 경시해서는 안 되고, 유심히 살펴야 한다. 여기에는 다음과 같은 내용이 나온다. (1) 이 모든 말이 온 유대 산골에 두루 퍼져서, 모든 사람들의 화젯거리가 되었다. 이 모든 일이 즉시 이야기로 기록되어서 세상에 널리 알려지지 않은 것은 유감스러운 일이다. (2) 이 일을 들은 사람들은 대부분 크게 놀랐다: 그 근처에 사는 자가 다 두려워하였다. 우리는 마땅히 복음에 기초한 선한 소망을 가지고 있어야 하는데, 만약 그러한 소망을 지니고 있지 못하다면, 우리는 복음의 소식을 들을 때에 두려움으로 가득 차게 될 것이다. 사람들은 믿고 기뻐해야 마땅했지만, 실제로는 믿고 두려워서 떨었다. (3) 이 일은 사람들에게 이 아이에 대한 기대를 불러일으켰고, 사람들로 하여금 장차 이 아이가 무엇이 될지를 눈여겨보지 않을 수 없게 만들었다. 사람들은 나중에 이 일들을 회상할 날이 있을 것을 예상하면서, 이러한 전조(前兆)들을 마음에 두고, 기억 속에 저장해두었다. 우리는 우리가 들은 말들 중에서 우리에게 유익하다고 생각되는 것들을 담아두었다가 다른 사람들의 유익을 위하여 새 것과 옛 것을 꺼내쓸 수 있어야 하고, 일들이 이루어졌을 때에 그 전조들을 회상하면서 "이 일은 우리가 기대하였던 바로 그 일이다"라고 말할 수 있어야 한다. 사람들은 마음속으로 또는 서로 간에 이렇게 말하였다: "이 아이가 장차 어찌 될까? 이 일들이 싹이라면, 아니 뿌리가 그러한 마른 땅에서 나온 것이라면, 그 열매는 도대체 무엇일까?" 아이들이 세상에 태어날 때, 그들이 장차 어떤 인물이 될지는 매우 불확실하다. 그렇지만 모세, 삼손, 사무엘, 그리고 여기 세례 요한의 출생에서처럼 뭔가 크게 될 징조들이 어릴 적부터 나타나는 경우도 종종 있다. 그리고 우리는 세례 요한이 공적인 사역을 시작하였을 때에 이 일들을 기억하고 있던 사람들 중 일부가 여전히 살아 있어서 다른 사람들에게 전해줌으로써 많은 무리가 세례 요한에게 모여드는 데에 상당한 기여를 했을 것이라고 생각할 수 있다.

끝으로, 본문에서는 주의 손이 그와 함께 하셨다고 말한다. 즉, 요한은 뭔가 크고 중요한 일을 위해서 예비된 자로서 출생 때부터 전능자의 특별한 보호하심 아래 있었고, 이것을 보여주는 많은 사례들이 있었다. 또한 성령이 그의 영혼에 매우 일찍부터 역사하였던 것으로 보인다. 요한이 말을 하거나 걷기 시작할 때부터 뭔가 아주 비상한 면모가 나타났을 것이다. 우리가 설명할 수는 없지만, 하나님은 유아기의 아이들에게 여러 가지 방식으로 역사하신다는 것을 명심하라. 하나님은 어떤 영혼이라도 그를 어떻게 성별시켜야 하는지를 알고 계신다.

[67]그 부친 사가랴가 성령의 충만함을 받아 예언하여 이르되 [68]찬송하리로다 주 이스라엘의 하나님이여 그 백성을 돌보사 속량하시며 [69]우리를 위하여 구원의 뿔을 그 종 다윗의 집에 일으키셨으니 [70]이것은 주께서 예로부터 거룩한 선지자의 입으로 말씀하신 바와 같이 [71]우리 원수에게서와 우리를 미워하는 모든 자의 손에서 구원하시는 일이라 [72]우리 조상을 긍휼히 여기시며 그 거룩한 언약을 기억하셨으니 [73]곧 우리 조상 아브라함에게 하신 맹세라 [74]우리가 원수의 손에서 건지심을 받고 [75]종신토록 주의 앞에서 성결과 의로 두려움이 없이 섬기게 하리라 하셨도다 [76]이 아이여 네가 지극히 높으신 이의 선지자라 일컬음을 받고 주 앞에 앞서 가서 그 길을 준비하여 [77]주의 백성에게 그 죄 사함으로 말미암는 구원을 알게 하리니 [78]이는 우리 하나님의 긍휼로 인함이라 이로써 돋는 해가 위로부터 우리에게 임하여 [79]어둠과 죽음의 그늘에 앉은 자에게 비치고 우리 발을 평강의 길로 인도하시리로다 하니라 [80]아이가 자라며 심령이 강하여지며 이스라엘에게 나타나는 날까지 빈 들에 있으니라

이 단락에는 사가랴가 입이 열렸을 때에 하나님을 찬송한 노래가 나온다. 본문에서는 사가랴가 예언하였다고 말하는데(67절), 그는 가장 엄밀한 의미에서 예언을 한 것이었다. 왜냐하면, 그는 모든 선지자들이 증거하였던 메시야의 나라와 관련하여 장차 일어날 일들을 미리 말하였기 때문이다. 좀 더 살펴보자.

I. 사가랴는 이 예언을 할 수 있도록 어떻게 준비되었는가. 그는 성령의 충만함을 받았는데, 이러한 목적을 위해서 통상적인 분량과 정도 이상으로 성령의 충만함을 받았다. 그는 하나님의 영에 의해서 감동되었다. 하나님은 사가랴의 불신앙과 불신을 사하여 주셨을 뿐만 아니라(그를 징계로부터 풀어준 것이 이것을 보여준다), 믿는 자들에게 주어지는 풍성한 은혜의 표본으로서 사가랴를 성령으로 충만하게 하셨고, 그를 하나님의 영광을 위하여 사용하기 위하

여 그에게 이러한 영광을 수여하셨다.

II. 사가랴의 찬송은 어떤 내용으로 되어 있는가.   사가랴가 이 아이를 얻음으로써 가문의 수치가 제거되고 명성을 얻게 된 것에 대하여 하나님께 감사할 여지가 충분히 있음에도 불구하고, 그의 찬송에는 자기 집안의 사사로운 일들에 관한 말은 하나도 나오지 않는다. 이 찬송을 통해서 사가랴는 전적으로 메시야의 나라 및 그 나라가 가져올 만 백성에 대한 축복만을 말하고 있다. 사가랴는 세례 요한의 출생 속에서 예루살렘의 번영과 이스라엘의 평강, 그리고 시온에서 나온 이 둘에 대한 축복을 미리 내다볼 수 없었다면 그의 결실한 포도나무와 어린 감람나무 속에서 별로 기쁨을 발견할 수 없었을 것이다(시 128:3, 5-6). 구약의 예언들이 흔히 찬송들과 새 노래들로 표현되어 있듯이, 신약의 예언의 시작인 이 찬송도 찬송하리로다 주 이스라엘의 하나님이여 그는 온 땅의 하나님이라 일컬음을 받으실 것이라로 시작된다. 사가랴가 구속 역사를 말하면서 하나님을 주 이스라엘의 하나님이라고 부른 것은 구속의 예언들, 약속들, 모형들이 이제까지 이스라엘에게 주어졌었고, 구속으로의 첫 번째 초청도 이제 그들에게 제시될 것이었기 때문이었다. 택함받은 백성으로서의 이스라엘은 하나님이 구주를 보내시면서 특별히 염두에 두셨던 자들, 즉 만민 중에서 하나님의 택하신 자들의 모형이었다. 그러므로 이 찬송에서 하나님은 주 이스라엘의 하나님으로 불린다.

사가랴는 다음과 같은 이유들을 들어서 하나님을 찬송한다.

1. 사가랴는 메시야가 친히 이루실 구원의 역사를 인하여 하나님을 찬송한다(68-75절). 사가랴가 성령의 충만함을 받았을 때, 그의 심령에 충만했던 것은 바로 이것이었고, 그리스도의 영을 지닌 모든 자들의 심령에 충만한 것도 바로 이것이다.

(1) 메시야를 보내심으로써, 오랜 세월 동안 본체만체하시고 소원(疏遠)한 것처럼 보이셨던 하나님이 그의 백성을 은혜로 찾아오셨다(개역에서는 돌보셨다). 하나님은 그의 백성의 사정을 아시고 친구로 찾아오셨다. 전에도 하나님은 종살이 하던 그의 백성을 찾아오셔서 그들을 건져내셨고(출 3:16; 4:31), 기근에 굶주린 그의 백성을 찾아오셔서 그들에게 양식을 주셨다(룻 1:6). 하나님은 선지자들을 그들에게 자주 보내셔서 전언(傳言)을 통해서 그들과 의사소통을 계속하셨다. 그러나 이제 하나님은 친히 그들을 찾아오셨다.

　(2) 하나님은 그의 백성을 위한 구속을 이루셨다: 하나님은 그의 백성을 속량하셨다. 그리스도께서 세상에 오신 목적은 죄로 인하여 팔린 바 되고 죄 아래 팔린 자들을 속량하는 것이었다. 하나님의 백성, 그의 이스라엘, 그의 아들, 그의 장자, 그의 나면서부터 자유한 자라고 할지라도 속량을 받아야 하고, 만약 속량받지 못한다면, 그들은 멸망받을 수밖에 없다. 그리스도께서는 값을 지불함으로써 하나님의 공의로부터 그들을 속량하시고, 능력으로써 사탄의 폭정으로부터 그들을 속량하신다 — 마치 하나님이 이스라엘을 애굽에서 속량하셨듯이.

　(3) 하나님은 저 유명한 구약의 왕, 즉 다윗과 맺은 왕조 계약을 이루셨다. 다윗 가문에게는 영광스러운 일들, 즉 능력 있는 용사인 다윗에게 돕는 힘이 더해지며, 그의 뿔이 높아지고, 그의 후손이 영원히 끊어지지 아니하리라는 것이 약속되었었다(시 89:19-20, 24, 29). 그러나 어떤 점에서 하나님은 다윗 가문을 물리치셔서 버리셨었다(시 89:38). 그런데 여기서는 하나님이 약속을 따라서 다윗의 뿔이 다시 나게 하신 것을 찬송한다(시 132:17). 하나님이 우리를 위하여 구원의 뿔을 그 종 다윗의 집에 일으키셨기(69절) 때문이다 — 이 일은 이루어지기로 약속되었고 기대된 일이었다. 다윗이 하나님의 종으로 불리는 것은 그가 선한 인물이었기 때문만이 아니라 하나님 편에 서서 다스린 왕이었기 때문이다. 다윗은 이스라엘의 통치에 쓰임받음으로써 이스라엘의 구원의 도구가 되었다. 마찬가지로, 그리스도는 자기에게 순종하는 모든 자에게 영원한 구원의 근원이 되신다. 우리를 위한 구원은 오직 그리스도 안에만 있고, 그리스도는 구원의 뿔이다. [1] 이 구원은 존귀한 구원이다. 이 구원은 다른 모든 구원보다 뛰어나기 때문에, 이 구원과 비교될 수 있는 구원은 없다. 이 구원을 통해서 구속주와 구속받은 자가 둘 다 높임을 받아서, 그들의 뿔이 영광 중에 들릴 것이다. [2] 이 구원은 풍성한 구원이다. 이 구원은 코르누코피아, 즉 풍성한 뿔로서 우리에게 하늘의 것들로 영적인 축복들을 풍성하게 받게 해주는 구원이다. [3] 이 구원은 능력 있는 구원이다. 짐승의 힘은 그 뿔에 있다. 하나님은 우리의 영적인 원수들을 파하고 그들로부터 우리를 보호해줄 구원을 일으키셨다. 구속주께서는 이 구원의 병거를 타고 진격하여 계속해서 이기고 또 이기실 것이나.

　(4) 하나님은 가장 유명한 구약의 선지자들이 교회에게 한 모든 귀한 약속들을 이루셨다: 주께서 예로부터 거룩한 선지자의 입으로 말씀하신 바와 같이(70절).

메시야에 의한 구원에 대한 하나님의 가르침은 선지자들에 의해서 확증되고, 이러한 확증을 통해서 이 구원의 위대성과 중요성은 입증되고 강화된다. 이 구원은 선지자들이 말하였던 바로 그 구원, 따라서 우리가 마땅히 기대하고 환영해야 할 구원이다. 이 구원은 선지자들이 연구하고 부지런히 살핀(벧전 1:10-11) 바로 그 구원이기 때문에, 우리가 결코 경시하거나 하찮게 생각해서는 안 된다. 하나님은 오래 전부터 말씀해 오셨던 일을 지금 행하시고 계시는 것이다. 그러므로 모든 육체여, 여호와 앞에서 잠잠하고, 그의 행하시는 일을 지켜보라.

[1] 이 구원에 관한 예언들은 신성한 것이었다. 이 예언들을 전한 선지자들은 속이는 것을 몰랐고 오직 사람들 가운데서 거룩함을 진작시키려는 의도를 지니고 있었던 거룩한 선지자들이었다. 그들을 통해서 말씀하신 분은 다름 아닌 거룩하신 하나님 자신이었다.

[2] 이 예언들은 아주 오래된 것이었다: 예로부터(세상이 시작된 때로부터). 창세 때에 하나님은 여자의 후손이 뱀의 머리를 상하게 할 것이라고 약속하셨고, 이 약속은 아담이 그의 아내의 이름을 그녀의 후손을 고려해서 하와(생명)로 부른 것, 하와가 그녀의 첫 아들을 낳고서 내가 여호와로 말미암아 득남하였다고 말하며 가인이라고 불렀고, 또 한 아이를 낳고서 그 아이를 셋(다른 씨를 주셨다)이라 부른 것, 안위를 뜻하는 노아가 하나님이 셈의 장막에 거하리라고 예언한 것 속에 반영되었다. 노아를 통해서 새로운 세상이 시작된 지 오래지 않아서 아브라함에게 그의 후손으로 말미암아 천하 만민이 복을 받게 될 것이라는 약속이 주어졌다.

[3] 이 예언들은 기이한 조화와 일치를 보여준다. 하나님은 모든 선지자들을 통해서 동일한 일을 말씀하셨다. 모든 선지자들이 마치 한 입인 것처럼 그리스도에 관하여 말하고 있기 때문에, 본문에서는 선지자들의 입들이 아니라 입을 통해서(디아 스토마토스) 하나님이 말씀하셨다고 기록한다.

그렇다면, 모든 선지자들이 예언하였던 이 구원은 무엇인가?

첫째, 이 구원은 우리의 원수들의 악의로부터 구원하시는 일(소테리안 엑스에크드론 헤몬)이고, 우리를 미워하는 모든 자의 손에서 구원하시는 일이다(71절). 그것은 죄로부터의 구원, 내면의 타락들과 외부의 시험들을 통해 이루어지는 우리에 대한 사탄의 지배로부터의 구원이다. 육신적인 유대인들은 로마의 멍에로부터 건짐받기를 기대하였지만, 그 구원은 다른 성격의 구속이 될 것이라는 암시가 일찍부터 주어졌다. 그리스도는 자기 백성을 그들의 죄에서 구원할 것인데, 이것은 그들이 죄의 지배를 받지 않게 하려는 것이다(마 1:21).

둘째, 이 구원은 하나님의 은혜를 회복하는 것이다. 그것은 하나님이 긍휼히 여기시겠다고 우리 조상에게 약속하셨던 것을 이행하시는 것이다(72절). 구속주께서는 우리를 파멸시킨 원흉인 뱀의 머리를 상하게 하실 뿐만 아니라, 하나님의 긍휼하심 안에서 우리를 다시 회복시키시고 하나님의 언약 안에서 우리를 다시 새롭게 세우실 것이다. 구속주께서는 족장들에게 주신 약속들 및 그들과 맺은 거룩한 언약, 곧 우리 조상 아브라함에게 하신 맹세에 의해서 미리 보여주신 낙원으로 우리를 데려다주실 것이다(73절). 좀 더 살펴보자. [1] 조상들에게 약속되었고 우리에게 이루어진 일은 순전히 긍휼하심을 따라 이루어진 일이다. 거기에는 우리의 공로에 의한 것은 전혀 없고(우리는 진노와 저주를 받아 마땅한 존재다), 우리에게 은혜와 생명을 주시고자 하신 하나님의 긍휼만이 존재한다: 하나님은 그의 선하신 뜻을 따라(ex mero motu) 우리를 사랑하고자 하셨기 때문에 우리를 사랑하신 것이다. [2] 하나님은 그의 언약, 그의 거룩한 언약, 아브라함과 맺은 언약을 생각하셔서 이 일을 이루셨다: 나는 너와 네 후손에게 하나님이 되리라. 아브라함의 후손들은 범죄함으로 인해서 이 약속을 상실하였다. 그들에게 재난들이 임하고, 하나님은 이 약속을 잊어버리신 것처럼 보였다. 그러나 하나님은 이제 이 약속을 기억하실 것이고, 그것은 곧 분명해질 것이다. 왜냐하면, 하나님이 다시 긍휼을 베푸시는 모든 것은 바로 그 약속에 의거한 것이기 때문이다: 그 때에 내가 내 언약을 기억하리라(레 26:42).

셋째, 이 구원은 하나님을 섬길 수 있도록 준비시키고 격려하는 것이다. 하나님이 그에게 열납될 수 있는 방식과 우리에게 편안한 방식으로 그를 섬길 수 있는 능력과 은혜를 우리에게 주시겠다고 하신 것은 하나님이 우리 조상 아브라함에게 하신 맹세였다(74-75절). 이 말 속에는 하나님이 이스라엘을 애굽에서 건지신 것에 대한 암시가 숨어 있는 것으로 보인다. 출애굽 때에도 하나님은 아브라함과 맺은 언약을 따라서 이스라엘을 애굽에서 건져내시겠으며(출 3:6-8), 그들을 애굽에서 인도해내시는 목적은 그들이 이 산에서 하나님을 섬길(출 3:12) 수 있도록 하기 위한 것이라고 모세에게 말씀하셨다. 복음에 의한 은혜의 큰 목적은 하나님을 섬기는 일에서 우리를 면제시키는 것이 아니라 그 일을 위하여 우리를 끌어들이고 격려하는 것이다. 기독교는 바로 그런 것이다. 즉, 기독교의 목적은 우리를 참으로 경건하게 만들어서 하나님을 섬길 수 있게 하고 하나님을 섬기는 가운데 우리를 소생(蘇生)하게 하는 데에 있다. 그러므로 우리가 죄의 쇠멍에로부터 건지심을 받는 것은 주 예수의 즐겁고 쉬운 멍에를 메게 하기 위한 것이다. 주께서 풀어주신 바로 그 결박이 우리를 주께 더욱 단단히 묶나이다(시 116:17). 따라서 우리는 다음과 같은 것들을 할 수 있게 되었다. [1] 우리는 두려움이 없이 하나님을 섬길 수 있다. 이렇게 우리가 거룩한 안전함의 상태에 두어지는 것은 우리로 하여금 해 받는 것을 두려워하는 것으로부터 해방된 자들로서 거룩하고 든든한 마음과 평온한 마음으로 하나님을 섬기게 하려는 것이다. 우리는 하나님을 자녀로서의 두려움, 즉 경외심과 순종하는 마음을 수반하는 두려움, 정신을 각성시키고 소생시키는 두려움으로 섬겨야 하지, 주인을 비이성적이고 엄한 사람이라고 생각했던 게으른 종이 지녔던 것과 같은 노예로서의 두려움, 괴로움과 놀람이 수반된 두려움으로 섬겨서는 안 된다. 또한 우리는 율법의 영, 종의 영이 지닌 두려움이 아니라, 복음의 영, 양자의 영이 지닌 담대함으로 하나님을 섬겨야 한다 [2] 우리는 성결과 의로 하나님을 섬길 수 있다. 이 둘은 하나님과 이웃에 대한 우리의 의무 전체를 포괄한다. 복음의 의도와 취지는 우리를 인간이 처음에 창조되었을 때에 지니고 있었던 하나님의 형상을 따라서 새롭게 하는 데에 있는데, 이 하나님의 형상은 의와 참된 거룩함으로 이루어져 있었다(엡 4:24). 그리스도께서 우리를 구속하신 것은 우리로 하여금 희생제물과 제사를 통한 율법적 예배가 아니라 거룩함과 의로 드리는 영적 예배로 하나님을 섬기도록 하기 위한 것이다(시 50:14). [3] 우리는 하나님을 직접 예배하며 주 앞에서 하나님을 섬길 수 있다. 우리는 우리 자신을 주 앞에 내어놓고, 항상 하나님만을 바라보는 자들로서 하나님을 섬기며, 주 앞에서 그를 섬기는 우리, 우리의 속사람을 항상 바라보시는 하나님의 눈을 바라본다. [4]우리는 종신토록 하나님을 섬길 수 있다. 복음의 목적은 우리에게 얼마나 많은 것이 우리가 물러서지 않는 것에 달려 있는지를 보여줌으로써 우리로 하여금 변함없는 인내심을 가지고 하나님을 섬기도록 하는 데에 있고, 또한 어떻게 그리스도께서 끝까지 우리를 사랑하셨는지를 보여줌으로써 우리로 하여금 끝까지 그를 사랑하도록 하는 데에 있다.

2. 사가랴는 세례 요한에 의해서 수행될 이 구원의 준비 사역을 인하여 하나님을 송축하였다(76절): 이 아이는 지금은 비록 생후 8일밖에 안 된 아기에 불과하지만 장차 지극히 높으신 이의 선지자라 일컬음을 받을 것이다. 예수는 지극히 높으신 이이다. 왜냐하면, 예수는 성부 하나님과 마찬가지로 만물 위에 계셔서 세세에 찬양을 받으실 하나님(롬 9:5)이시기 때문이다. 아론이 모세의 선지자였듯이(출 7:1), 세례 요한은 그리스도의 선지자였다. 요한이 말한 것은 그리스도의 입이 되어 말한 것이었고, 요한이 행한 것은 그리스도의 예비 주자로서 행한 것이었다. 오랫동안 그쳤던 예언이 나이든 어머니에게서 태어난 사무엘에 의해서 되살아났듯이, 이전에 오랫동안 그쳤던 예언이 요한을 통해서 되살아났다. 요한의 임무는 다음과 같은 것들이었다.

(1) 복음을 받아들이기 위해서 꼭 필요한 회개와 삶의 변화를 설교함으로써 백성들을 구원을 위하여 준비시키는 것: 너는 주 앞에 앞서 가서 백성들로 하여금 주님을 영접할 준비를 갖추도록 하기 위하여 그 길을 준비하게 될 것이다. 주의 나아가는 길을 방해하고 곤란하게 하거나 사람들이 주께로 나아오는 것을 가로막는 모든 것들은 제거될 것이다. 골짜기마다 돋우어지며 산마다, 언덕마다 낮아질 것이다(사 40:3-4).

(2) 백성들에게 구원에 관한 전체적인 개념을 심어줌으로써 그들로 하여금 무엇을 해야 할 것인지만이 아니라 무엇을 기대해야 하는지를 알게 하는 것. 왜냐하면, 세례 요한이 전파한 것은 천국이 가까이 왔다는 가르침이었기 때문이다. 요한은 이 구원이 두 가지의 것으로 이루어져 있다는 것을 백성들에게 알게 하였다:

[1] 우리가 잘못한 것에 대한 죄 사함. 이 구원은 죄 사함으로 말미암는 구원이다. 죄는 구원의 길을 가로막는데, 우리는 이 죄로 인해서 파멸과 정죄를 당하게 된다(77절). 세례 요한은 백성들에게 죄 때문에 그들의 형편이 비참하기는 하지만 절망적인 것은 아니라는 것을 이해시켰다. 왜냐하면, 우리 하나님의 긍휼(원어로는 애끓는 긍휼하심)로 인해서 백성들은 죄 사함을 얻을 수 있기 때문이다. 하나님의 긍휼하심을 얻을 만한 그 무엇이 우리 안에 있는 것이 아니었다. 오직 우리의 불쌍한 처지를 보시고, 하나님이 긍휼을 베푸신 것뿐이다.

[2] 앞으로는 보다 선한 일을 행하라는 지시. 복음에 의한 구원은 우리에게 어둠의 일들을 사함받게 될 것이라는 소망을 갖도록 격려할 뿐만 아니라, 우리

의 행실을 바르게 인도해 줄 밝고 참된 등불을 세워준다. 이 구원을 통해서 돋는 해가 위로부터 우리에게 임한 것이다(78절). 그리고 이것은 우리 하나님의 긍휼 덕분이다. 그리스도는 아나톨레, 즉 새벽빛이자 돋는 해이다(말 4:2). 복음은 그 안에 빛을 수반하기 때문에(요 3:19), 우리를 이교도들의 무지(無知)로 인한 어둠이나 구약의 모형들 또는 예표들이 지닌 달빛 속에서 방황하도록 내버려두지 않는다. 복음 속에서 동이 터오는 것이다. 세례 요한에게서 동은 트기 시작하였고, 그 햇살은 점점 더 커져서 한낮의 광명에 이르게 된다. 오랫동안 새벽을 기다렸던 자들이 새벽을 환영하듯이, 우리가 복음의 날을 환영해야 할 이유가 있다. 첫째, 복음은 밝혀주는 일을 한다. 복음은 우리가 이전에 완전히 캄캄했던 일을 우리에게 보여준다(79절). 복음은 어둠에 앉은 자들에게 예수 그리스도의 얼굴에 있는 하나님의 영광을 아는 빛을 비추어준다. 돋는 해가 이 어둔 세상을 찾아와서 이방을 비추었다(행 26:18). 둘째, 복음은 소생시키는 일을 한다. 복음은 사형선고를 받아서 지하감옥에 갇혀 있는 죄수들처럼 죽음의 그늘에 앉아 있는 자들에게 빛을 비추어서, 죄 사함의 소식, 적어도 사형집행이 연기되어 죄 사함을 받을 수 있는 기회가 있다는 소식을 전해준다. 복음은 갇힌 자에게 놓임을 선포하고(사 61:1), 생명의 빛을 가져다준다. 그 빛은 얼마나 기쁜 빛인가! 셋째, 복음은 길을 인도하는 일을 한다. 복음은 우리 발을 평강의 길, 결국 우리에게 평강을 가져다줄 그러한 길로 인도한다. 복음은 우리 눈에 빛이 될 뿐만 아니라 우리 발에 등불이 된다(시 119:105). 복음은 우리를 하나님과 화해하고 편안한 교제를 유지할 수 있는 길로 인도한다. 죄인들이었던 우리는 바로 그 평강의 길에서 떠나 방황하였고, 그 길을 알지 못하였으며(롬 3:17), 그 길을 스스로는 결코 알아낼 수도 없었다.

마지막 절에는 세례 요한의 어린 시절에 관한 짧막한 기사가 나온다. 요한은 제사장의 아들이었지만, 사무엘과는 달리 어릴 적부터 여호와 앞에서 섬기는 일을 한 것이 아니었다. 왜냐하면, 그는 더 나은 제사장직을 위한 길을 예비하여야 하는 소명을 부여받았기 때문이었다. 여기에는 세례 요한의 성장기에 대하여 다음과 같은 내용들이 나온다.

1. 속사람으로 보면, 요한은 탁월한 자였다: 이 아이의 심령은 보통 아이들보다 훨씬 더 많이 성장하였기 때문에, 그의 심령이 강하여져서, 강력한 판단력과 결단력을 지니게 되었다. 그의 이성과 양심(이 둘은 여호와의 등불이다)은 아

주 견고하였기 때문에, 그는 탐욕과 정욕 같은 열등한 기능들을 일찍부터 완전히 제압할 수 있었다. 이것으로 보건대, 그는 일찍부터 성령으로 충만하였던 것으로 보인다. 왜냐하면, 여호와 안에서 강한 자들은 심령이 강하기 때문이다.

2. 겉사람으로 보면, 요한은 미미한 자였다: 그는 빈 들에 있었다. 이것은 그가 사회와 단절된 채 은둔자로 살았다는 것을 뜻하지 않는다. 그는 절기 때마다 예루살렘에 올라갔고, 안식일에는 회당에 참석하였지만, 그가 상주하던 곳은 다윗 이야기 속에 나오는 숩 광야 또는 마온 광야에 드문드문 산재해 있었던 어떤 가옥이었을 것이다. 거기에서 그는 묵상과 기도로 대부분의 시간을 보냈고, 학교에서나 랍비에게서 교육을 받지는 않았다. 초야에 묻혀 있는 자들 중에서 크게 쓰임을 받을 만한 자들이 많다는 것을 명심하라. 세례 요한처럼, 많은 사람들이 오랫동안 초야에 묻혀 살면서, 마지막에 크게 쓰임을 받을 것을 위하여 준비되고 있다. 세례 요한은 이스라엘에게 나타나는 날까지만, 즉 그가 서른 살이 될 때까지만 빈 들에 있었다. 예비된 은혜가 이스라엘에게 나타날 때가 정해져 있었다는 점을 주목하라. 묵시는 정한 때가 있나니 결국 이루어지리니 결코 거짓되지 아니하리라(합 2:3).

제
— 2 —
장

개요

이 장에는 우리 주 예수의 출생과 유년기에 관한 기사가 나온다: 앞 장에서 우리는 예비 주자였던 세례 요한의 잉태, 출생, 유년기를 살펴보았었다. 여기서 독생자가 세상에 오신다. 호산나, 찬송하리로다, 주의 이름으로 오시는 이여라고 외치며, 그를 맞으러 나가자. 여기에는 다음과 같은 내용들이 나온다. I. 그리스도의 출생의 장소와 그 밖의 다른 정황들. 이러한 것들은 예수께서 참 메시야라는 것을 입증해주는 것들이었는데, 우리에게는 꼭 필요한 것들이었지만, 유대인들은 전혀 예상치 못한 것들이었다(1-7절). II. 천사가 부근에 있던 목자들에게 그리스도의 출생을 알리고, 이 때에 천사들은 찬송을 불렀으며, 이 소식이 목자들에 의해서 퍼져나감(8-20절). III. 그리스도의 할례와 작명(21절). IV. 성전에서 그리스도를 하나님께 바침(22-24절). V. 시므온과 여선지 안나가 그리스도에 관하여 말한 증언들(25-39절). VI. 그리스도의 성장과 자질(40-52절). VII. 그리스도께서 열두 살에 유월절을 지키시고, 성전에서 선생들과 변론함(41-51절). 이 장에 나오는 기사는 우리가 이미 마태복음 1장과 2장에서 보았던 것과 더불어서 복음서들에서 서른 살에 공생애 사역에 들어가시기 전의 우리 주 예수의 모습에 관하여 기록한 내용의 전부이다.

¹그 때에 가이사 아구스도가 영을 내려 천하로 다 호적하라 하였으니 ²이 호적은 구레뇨가 수리아 총독이 되었을 때에 처음 한 것이라 ³모든 사람이 호적하러 각각 고향으로 돌아가매 ⁴요셉도 다윗의 집 족속이므로 갈릴리 나사렛 동네에서 유대를 향하여 베들레헴이라 하는 다윗의 동네로 ⁵그 약혼한 마리아와 함께 호적하러 올라가니 마리아가 이미 잉태하였더라 ⁶거기 있을 그 때에 해산할 날이 차서 ⁷첫아들을 낳아 강보로 싸서 구유에 뉘었으니 이는 여관에 있을 곳이 없음이러라

때가 찼다. 즉, 하나님이 아들을 보내셔서 여자에게서 나게 하시고 율법 아래에 나게 하실 때가 이른 것이다. 그리고 이 아들은 베들레헴에서 태어나리

라는 것이 이미 예언되어 있었다. 이 단락에는 이 아들의 출생과 관련된 때와 장소와 방식에 관한 기사가 나온다.

I. 우리 주 예수께서 태어나신 때. 이 대목에 나오는 몇 가지 사실들을 종합해 보면, 이 때가 적절한 때였다는 것이 드러난다.

1. 그리스도께서는 네 번째 왕국이 최고조에 달하였을 때에, 곧 네 번째 왕국이 앞의 세 왕국과는 비교할 수 없을 정도로 세계 제국이 되었던 바로 그 때에 태어나셨다. 그는 아우구스투스 황제(가이사 아구스도) 시절에 태어나셨는데, 이 때는 로마 제국이 과거 어느 때보다도 영토를 확장해서 한쪽으로는 바대(파르티아), 다른 한쪽으로는 브리튼을 복속시킨 때였기 때문에, 당시의 로마 제국은 온 땅의 제국(Terraram orbis imperium)이라 불리었다. 문명 세계 중에서 로마의 지배를 받지 않는 곳이 거의 없었기 때문에, 여기 본문에서도 아구스도의 영이 천하에 내려졌다고 말한다(1절). 따라서 다니엘의 예언에 의하면, 지금이 바로 메시야가 탄생할 때였다: 이 여러 왕들의 시대에, 곧 네 번째 왕국의 왕들의 시대에 하늘의 하나님이 한 나라를 세우시리니, 이 나라는 영원히 망하지 아니할 것이다(단 2:44).

2. 그리스도께서는 유대 나라가 로마 제국에 조공을 바치는 속주가 되어 있을 때에 태어나셨다. 이것으로 보건대, 로마 제국 전체에 걸쳐서 조세 부과를 위한 인구조사가 시행되었을 때에 유대인들도 거기에 참여한 것임이 분명해 보인다. 예루살렘은 이 일이 있기 60여년 전에 로마의 장군 폼페이우스에 의해 점령당했었다. 폼페이우스는 유대 교회에 대한 치리권을 히르카누스(Hyrcanus)에게 맡겼지만, 정사(政事)를 관할하는 권한은 아무에게도 맡기지 않았다. 이렇게 해서, 유대 나라의 국권은 점차 약화되어가다가 결국은 완전히 로마에 복속되고 말았다. 왜냐하면, 로마 제국이 파견한 수리아의 총독 구레뇨가 유대를 통치하게 되었기 때문이다(2절): 로마의 저술가들은 구레뇨를 '술피티우스 퀴리누스'(Sulpitius Quirinus)라고 불렀다. 바로 이 중대한 시점이 메시야가 태어나기로 되어 있었던 때였다. 왜냐하면, 야곱은 임종을 맞아서 홀이 유다를 떠나며 통치자의 지팡이가 그 발 사이에서 떠날 때에 실로(메시야)가 올 것이라고 예언하였기 때문이다(창 49:10). 이 호적 조사는 유대에서 처음으로 시행된 최초의 호적 조사였고, 유대인들이 속국이 되었음을 보여주는 최초의 상징적인 사건이었다. 그러므로 이제 실로가 와서 그의 나라를 세워야

한다.

3. 때와 관련된 또 하나의 정황, 즉 로마 제국이 당시에 전체적으로 평화로운 상태에 있었다는 정황이 제국의 모든 신민들이 이렇게 호적 조사를 받았다는 사실 속에 함축되어 있다. 전쟁이 진행되고 있는 동안에는 결코 닫히지 않는 야누스 신전이 당시에는 닫혀 있었다(전쟁이 없었기 때문에). 따라서 칼을 쳐서 쟁기를 만들어야 할 때에 평화의 왕이 태어나는 것은 적합한 것이었다.

II. 우리 주 예수께서 태어나신 장소는 매우 주목할 만하다. 그리스도께서는 베들레헴에서 태어나셨는데, 그렇게 예언이 되어 있었고(미 5:2), 서기관들도 그렇게 알고 있었을 뿐만 아니라(마 2:5-6), 일반 사람들도 그렇게 알고 있었다(요 7:42). 베들레헴은 의미가 있는 지명이었다. 베들레헴은 떡집을 의미하기 때문에, 생명의 떡, 하늘에서 내려온 떡이신 그리스도께서 태어나시기에 적합한 곳이었다. 그러나 그것이 전부는 아니었다. 베들레헴은 다윗이 태어난 다윗의 동네였기 때문에, 다윗의 자손인 그도 거기에서 태어나는 것이 마땅하였다. 시온도 다윗 성으로 불렸지만(삼하 5:7), 그리스도께서는 거기에서 태어나지 않으셨다. 왜냐하면, 베들레헴은 다윗이 비천한 모습으로 태어나서 목자가 된 곳이었기 때문이었다. 우리 구주께서는 스스로 겸비하셔서, 그가 장차 능력으로 만민을 다스려서 번성케 할 장소인 시온, 그리스도의 교회의 모형인 바로 그 시온산이 아니라 베들레헴을 그의 출생지로 택하신 것이었다. 이제 동정녀 마리아가 수태한 후에 해산할 때가 가까워오자, 하나님의 섭리에 의해서 로마 제국의 모든 신민(臣民)들에게 호적하라는 황제의 영이 내려졌다. 즉, 로마 제국의 신민들은 해당 관청으로 가서 자신의 이름을 기록하고, 가족별로 호적에 등록하여야 했다(이것이 원어의 의미이다). 국세 조사는 부차적인 것이었다. 사람들은 어떤 정해진 문구를 따라 서약하거나 충성맹세의 표시로서 소작인처럼 얼마 안 되는 세금을 바침으로써 자기가 로마 제국의 신민임을 공개적으로 선언하였을 것이다. 이렇게 해서, 그들은 자신의 뜻을 따라서 로마의 등록된 신민들이 되었다. 이 영에 따라서 호적을 등록할 때에 유대인들(자신의 지파와 가문을 철저하게 따졌던)은 자신의 족보가 잘 보존되도록 특별히 신경을 썼다. 이렇게 유대인들은 어리석게도 실질을 잃어버리고서는 그림자를 보존하려고 안간힘을 썼다.

아우구스투스 황제가 호적 조사를 통해서 의도한 것은 자기 백성의 수(數)가 얼마나 되는지를 알거나 세상에 공표함으로써 자신의 자긍심을 만족시키려 했거나 자신의 이익을 강화하고 자신의 세력이 더욱 막강하다는 것을 알리려는 정책상의 이유였을 것이다. 그러나 하나님의 섭리 안에서 호적 조사는 전혀 다른 목적이 있었다. 천하의 모든 사람들은 호적을 하느라 고생을 했을 것이다. 요셉과 마리아도 예외는 아니었다. 이 일 때문에 그들은 갈릴리의 나사렛에서 유대 땅 베들레헴으로 올라가야 했다. 그들은 다윗의 집 족속이었기 때문이다(4-5절). 그들은 가난하고 비천하여서, 그들이 왕가의 혈통이라는 것을 자부심이 아니라 부담이자 돈 드는 일로 여겼을 것이다. 과거와는 달리 사람들이 각 지파의 땅에 그대로 살고 있지 않았던 때에 유대인들(남자는 물론이고 여자도)이 자기 조상들이 살았던 동네로 돌아가서 호적을 등록해야 했다고 보기는 어려운 일이기 때문에, 이와 같은 원칙은 다윗 가문에 대해서만 정확하게 적용되었을 것이라고 볼 수 있다. 황제는 다윗 가문이 왕가(王家)였고 또한 다윗 왕조의 재건을 꾀한다는 소문이 여전히 돌고 있었기 때문에 그들의 수와 힘을 알고 싶어서 특별 지시를 내렸을 가능성이 많다. 이렇게 해서 하나님의 섭리의 여러 가지 목적들이 이루어졌다.

1. 이렇게 해서 동정녀 마리아는 나사렛에서 아이를 낳고자 하였지만, 이러한 섭리를 따라서 이미 잉태한 몸을 이끌고 베들레헴으로 가야 했고, 베들레헴에서 구주가 나실 것이라는 예언이 이루어졌다. 사람이 계획할지라도 이루시는 분은 하나님이시다. 하나님은 성경을 이루기 위하여 모든 일들을 배치하시고, 사람들이 자신의 목적을 위하여 계획한 일들조차도 그들의 의도를 뛰어넘어서 하나님의 일을 이루시기 위하여 사용하신다는 것을 기억하라.

2. 이렇게 해서 예수 그리스도가 다윗의 자손이라는 것이 밝혀졌다. 마리아가 다윗의 집 족속이 아니었다면 무엇 때문에 베들레헴으로 갔겠는가? 이것은 입증되어야 할 중요한 문제였고, 진정한 증거를 필요로 하는 것이었다. 따라서 기독교 신앙을 옹호하는 가장 초기의 두 변증가였던 순교자 유스티누스와 테르툴리아누스는 그리스도께서 다윗의 가문에서 태어났다는 증거로 로마 제국의 호적 기록을 들었다.

3. 이렇게 해서 그리스도께서 율법 아래 나신 것이 드러났다. 왜냐하면, 그리스도께서는 태어나자마자 로마 제국의 신민(臣民), 관원들에게 종이 된 자(사 49:7)가 되셨기 때문이다. 그리스도는 호적 조사를 하는 기간 동안에 출생하

여서, 그의 부모와 함께 호적에 등록됨으로써, 자기를 비워 종의 형체를 가지사 사람들과 같이 되셨다. 그리스도께서는 세상에 오셨을 때에 마땅히 왕들이 그에게 조공을 바쳐야 했음에도 불구하고, 오히려 스스로 조공을 바치는 자가 되셨다.

Ⅲ. 그리스도의 출생을 둘러싼 상황은 지극히 비천하였고, 멸시받기에 충분한 온갖 정황들을 다 갖추고 있었다. 그리스도는 장자였지만, 마리아 같은 가난한 여자의 장자가 된 것은 별 볼일 없는 일이었다. 마리아에게는 장자에게 물려줄 유산이 없었기 때문이다.

1. 그리스도께서는 다른 아이들과 마찬가지로 취급당하는 굴욕적인 대우를 받으셨다. 그는 갓 태어난 다른 아기들처럼 자세를 똑바로 하여 반듯하게 누울 수 있도록 강보에 싸여졌다. 흑암을 바다를 싸는 강보로 삼았던(욥 38:9) 그분이 이제 스스로 강보에 싸이게 된 것이다. 영원하신 성부께서 시간의 아들이 되셨고, 사람들은 영원 전부터 계신 이분에 대하여 우리는 이 사람이 어디서 왔는지 아노라(요 7:27)고 말하였다. 옛적부터 계신 이께서 한 뼘밖에 안 되는 아기가 되신 것이다.

2. 그리스도께서는 다른 아이들보다 더 특별하게 굴욕적인 대우를 받으셨다.

(1) 그리스도는 여관에서 태어나셨다. 그의 아버지의 집의 영광인 이 다윗의 아들에게는 다윗의 동네에서 그가 사용할 수 있는 유산이 없었고, 곤경에 처한 그의 어머니를 모셔다가 잠자리를 마련해줄 친구도 없었다. 그리스도께서 여관에서 태어나신 것은 그가 이 세상에 여관처럼 잠시 머물기 위해서 오셨다는 것과 우리도 그렇게 살 것을 가르치시기 위한 것이다. 여관이 오는 사람들을 모두 받아들이듯이, 그리스도께서도 그러하신다. 그리스도께서는 사랑의 깃발을 내거시고, 그에게 오는 자를 결코 내쫓지 않으신다. 여관과 한 가지 다른 점이 있다면, 그것은 그리스도께서는 돈 없이, 값 없이 오는 자들을 환영하신다는 것이다. 모든 것이 무료이다.

(2) 그리스도는 마구간에서 태어나셨다. 어떤 이들은 이 단어가 가축들이 먹이를 먹는 여물통을 가리키는 구유를 의미한다고 생각한다. 여관에 있을 곳이 없었고 꼭 필요한 비품들이 없었기 때문에, 그리스도는 요람 대신에 구유에 뉘였다. 어떤 이들은 강보로 번역된 단어가 찢다를 의미하는 단어에서 나왔다고

본다. 그렇다면, 그리스도께서는 아기들이 입는 좋은 옷을 입기는커녕, 그가 누운 강보는 해어지고 뜯어진 누더기였다는 말이 된다. 그리스도께서 마구간에서 태어나서 구유에 뉘였다는 것은 다음과 같은 것들을 보여준다. [1] 부모가 가난했다는 것. 부자였다면, 그들은 방을 구할 수 있었을 것이다. 그러나 그들은 가난했기 때문에 처지에 맞춰서 **변통해** 볼 수밖에 없었다. [2] 당시 사람들의 도덕성이 부패하고 타락하였다는 것. 따라서 덕과 명예로 존경받는 한 여자가 이토록 야만적인 대우를 받아야 했다. 상식적인 수준에서의 인간성이라도 남아 있었다면, 사람들은 해산을 앞둔 여자를 마구간으로 보내지는 않았을 것이다. [3] 우리 주 예수의 겸비를 보여주는 한 예. 죄로 말미암아 우리는 버림받고 절망적이며 의지할 곳 없는 아기가 되었는데, 그리스도는 죄가 없으셨음에도 바로 그런 모습이 되셨다. 이렇게 해서, 그리스도는 구약의 위대한 선지자이자 율법 수여자였던 모세, 아기였을 때에 구유에 누인 그리스도처럼 갈대 상자 속에 뉘여진 채로 버림받았던 모세가 보여준 모형(type)을 성취하셨다. 이것을 통해서 그리스도께서는 세상의 모든 영광을 멸시하고자 하셨고, 우리에게도 그렇게 하도록 가르치고자 하셨다. 우리는 그리스도께서 자기 땅에 오셨을 때에 자기 백성이 영접하지 아니하였다는 것을 생각하고, 사람들이 우리를 영접하지 않는다고 해서 그것을 이상하게 생각하지 말아야 한다.

[8]그 지역에 목자들이 밤에 밖에서 자기 양 떼를 지키더니 [9]주의 사자가 곁에 서고 주의 영광이 그들을 두루 비추매 크게 무서워하는지라 [10]천사가 이르되 무서워하지 말라 보라 내가 온 백성에게 미칠 큰 기쁨의 좋은 소식을 너희에게 전하노라 [11]오늘 다윗의 동네에 너희를 위하여 구주가 나셨으니 곧 그리스도 주시니라 [12]너희가 가서 강보에 싸여 구유에 뉘어 있는 아기를 보리니 이것이 너희에게 표적이니라 하더니 [13]홀연히 수많은 천군이 그 천사들과 함께 하나님을 찬송하여 이르되 [14]지극히 높은 곳에서는 하나님께 영광이요 땅에서는 하나님이 기뻐하신 사람들 중에 평화로다 하니라 [15]천사들이 떠나 하늘로 올라가니 목자가 서로 말하되 이제 베들레헴으로 가서 주께서 우리에게 알리신 바 이 이루어진 일을 보자 하고 [16]빨리 가서 마리아와 요셉과 구유에 누인 아기를 찾아서 [17]보고 천사가 자기들에게 이 아기에 대하여 말한 것을 전하니 [18]듣는 자가 다 목자들이 그들에게 말한 것들을 놀랍게 여기되 [19]마리아는 이 모든 말을 마음에 새기어 생각하니라 [20]목자들은 자기들에게 이르

던 바와 같이 듣고 본 그 모든 것으로 인하여 하나님께 영광을 돌리고 찬송하며 돌아가니라

　　　　그리스도의 겸비를 보여주는 가장 비천한 환경들에는 모두 그리스도의 영광을 보여주는 몇몇 징조들이 수반되어서, 그 비천함을 상쇄시키고 그 욕됨을 제거해주었다. 그리스도께서 스스로를 낮추시고 겸비하게 되셨을지라도, 하나님은 그리스도를 어느 정도 높이셨고, 그리스도께서 장차 받으실 영광(승귀)을 보여주는 전조들을 나타내셨다. 우리는 그리스도께서 강보에 싸여 구유에 누인 모습을 보았을 때에 "분명히 이 아이는 하나님의 아들일 리가 없다"고 말하고 싶은 충동이 일어난다. 그러나 여기에서처럼 그리스도께서 태어나실 때에 천사들의 합창이 수반되었다는 것을 볼 때에 우리는 이렇게 말하게 될 것이다: "분명히 이 아이는 하나님의 아들일 수밖에 없다. 하나님께서는 맏아들이 세상에 들어오실 때에 하나님의 모든 천사들이 그에게 경배하게 하셨다(히 1:6)고 하지 않았던가."

우리는 마태복음에서 이방인들이었던 동방의 현자들도 이 하늘에서 온 사자(使者)이자 왕이 태어난 것을 별을 통해서 알아차렸다는 기사를 이미 살펴본 바 있다. 여기에서 우리는 한 천사가 이 왕의 탄생을 목자들에게 알렸다는 사실을 듣게 된다. 하나님은 각자에게 그들이 가장 잘 알아들을 수 있는 언어를 통해서 말씀해 주신 것이다.

I. 목자들이 여기서 어떻게 쓰임 받았는지를 보라. 　그들은 베들레헴에 인접한 지역에서 밤에 밖에서 자기 양 떼를 지키고 있었다(8절). 하나님은 고위 제사장들이나 장로들(그들은 이 소식을 받을 준비가 되어 있지 않았다)이 아니라 익숙한 사냥꾼이었던 에서와 같지 않고 장막에 거하는 조용한 사람이었던 야곱과 같은 한 무리의 가난한 목자들에게 천사를 보내셨다. 족장들도 목자들이었다. 특히 모세와 다윗은 양 떼를 치다가 하나님의 백성을 다스리라는 부르심을 받았다. 이 일을 통해서 하나님은 저 순전한 직업을 가진 자들을 여전히 사랑하시고 은혜를 베푸신다는 것을 보여주고자 하셨다. 모세가 양 떼를 치고 있을 때에 이스라엘을 애굽으로부터 건져내시겠다는 소식을 받았던 것과 마찬가지로, 틀림없이 경건한 자들이었을 이 목자들에게 더 큰 구원의 소식이 전해졌다. 좀 더 살펴보자. 1. 목자들이 이 소식을 전해들은 것은 침상에서 잠을

자고 있었을 때가 아니라(물론, 많은 사람들이 침상에서 졸다가 하늘로부터 아주 좋은 소식을 듣기도 했지만), 들에서 깨어 있을 때였다. 하나님의 음성을 듣고자 하는 자들은 깨어 있어야 한다. 그들은 활짝 깨어 있었기 때문에, 반쯤 졸고 있는 자들과는 달리 헛것을 보거나 들은 것이 아니었다. 2. 목자들은 예배나 기도를 드리다가 쓰임을 받은 것이 아니라 자신의 천직을 해나가다가 쓰임을 받았다. 그들은 양들을 도적이나 들짐승으로부터 보호하기 위하여 양 떼를 지키고 있었는데, 그들이 양 떼를 우리에 들이지 않고 밖에 놓아둔 채로 밤새도록 지킨 것으로 보아서, 때는 아마도 여름이었던 것 같다 — 오늘날도 여름에는 이렇게 한다. 우리가 우리에게 주어진 천직을 통해서 쓰임을 받으면서 그 안에서 하나님과 함께 한다면, 하나님은 우리를 찾아오신다는 것을 명심하라.

II. 목자들은 천사의 출현에 몹시 놀랐다. 보라, 주의 사자가 돌연히 그들에게 들이닥쳐서 그들 위에 섰다. 천사는 하늘로부터 곧장 와서 그들의 머리 위 공중에 서 있었을 것이 거의 틀림없다. 원문에 그 천사라고 되어 있는 것으로 보아서, 이 천사는 앞 장에서 등장하였던 천사 가브리엘을 가리키는 것 같지만, 확실한 것은 아니다. 천사가 그들에게 들이닥쳤다는 것은 그들이 천사의 출현을 생각하거나 예상하지 못했다는 것을 암시한다. 하늘로부터의 은혜로운 방문들은 우리가 눈치채지 못하는 방식으로 이루어지기 때문이다. 그렇지 않다면, 우리는 그것을 항상 감지하게 될 것이다. 목자들이 그들에게 나타난 존재가 하늘로부터 온 천사라는 것을 확신할 수 있었던 것은 그들이 주의 영광이 그들을 두루 비추는 것을 보았기 때문일 것이다. 이 영광은 밤을 낮과 같이 밝히는 영광이었고, 하나님이 나타나실 때에 수반되곤 하였던 영광이었으며, 하늘의 영광, 곧 목자들이 그 광채에 눈이 부셔서 쳐다볼 수 없었을 그런 지극히 큰 영광이었다. 이것으로 인해서 목자들은 크게 무서워하였다. 그들은 마치 어떤 불길한 소식을 듣고 놀라듯이 몹시 겁에 질리게 되었다. 우리가 죄의식을 많이 지니고 있다면, 우리는 하늘로부터 오는 모든 사자를 보면 진노의 사자일 것이라고 무서워하게 될 것이다.

III. 천사가 목자들에게 전해준 소식은 무엇이었는가(10-12절)?

1. 천사는 목자들의 두려움을 중단시킨다: "무서워하지 말라. 내가 가지고 온 소식 속에는 너희가 무서워할 것이 전혀 없기 때문이다. 너희는 원수들을 무

서워할 필요가 없고 친구들을 무서워해서는 안 된다."

2. 천사는 목자들에게 크게 기뻐할 소식을 전해준다: "보라, 내가 큰 기쁨의 좋은 소식을 너희에게 전하노라. 내가 엄숙히 선언하노니, 이 소식은 너희가 마땅히 기쁨으로 받아야 할 소식이다. 왜냐하면, 이 소식은 유대인들에게만이 아니라 온 백성에게 기쁨을 가져다줄 것이기 때문이다. 오늘, 바로 지금 다윗의 동네에 너희를 위하여 구주, 사람들이 그토록 오랫동안 기다려 왔던 구주, 곧 그리스도 주께서 나셨느니라(11절)." 예수는 그리스도, 메시야, 기름 부음 받은 자이시다. 그는 주, 곧 만유의 주이시다. 그는 만왕의 왕이시다. 그는 하나님이시다. 왜냐하면, 구약에서는 여호와를 주라고 했기 때문이다. 그는 구주이신데, 오직 그를 그들의 주로 영접하는 자들에게만 구주가 되실 것이다. "구주께서 태어나셨는데, 오늘 나셨다. 이 소식은 온 백성에게 큰 기쁨이 될 소식이기 때문에, 너희는 이 소식을 비밀로 간직해서는 안 되고 널리 알리고 너희가 원하는 사람들에게 얘기해주어야 한다. 구주께서는 그가 태어나기로 이미 예언되어 있던 곳인 다윗의 동네에서 나셨고, 너희를 위하여 나셨다. 구주께서는 세상에서 가난하고 보잘것없는 자들인 너희 목자들을 축복하기 위하여 너희 유대인들에게 보내심을 받으셨다." 이것은 이사야 9:6을 가리킨다: 한 아기가 우리에게 났고 한 아들을 우리에게 주신 바 되었다. 구주께서는 우리 천사들이 아니라 너희 사람들에게로 나셨다. 그는 천사의 본성을 지니고 태어나신 것이 아니다. 이것은 정말 온 백성에게 기쁨, 큰 기쁨의 소식이다. 오랫동안 기다리던 분이 마침내 오셨다. 하늘과 땅이여, 이 주 앞에서 주께서 오신 것을 기뻐하라.

3. 천사는 목자들로 하여금 이 소식을 믿을 수 있도록 하기 위해서 하나의 표적을 말해준다. "지금 베들레헴은 다윗의 자손들로 온통 뒤덮여 있는데, 어떻게 우리가 이 아이를 찾아낼 수 있겠습니까?" "너희는 이 표적을 통해서 그 아이를 찾을 수 있을 것이다. 이 아이는 갓난아기가 한 번도 누운 적이 없는 구유에 누워 있다." 목자들은 "구주께서는 비록 아기이시지만 예복을 입고서 이 동네에서 가장 좋은 집에 위풍당당하게 누워계시며 시종들이 의관을 정제하고서 그 곁에 길게 늘어서 있는 것을 너희가 보게 될 것이다"라는 말을 듣기를 기대하였을 것이다. "그렇지 않다. 너희는 구주께서 강보에 싸여서 구유에 누인 모습을 보게 될 것이다." 그리스도께서는 이 땅에 오실 때에 겸비의 모습을 보여주심으로써 다른 사람들과 뚜렷하게 구별되었다.

IV. 이 장엄한 때에 천사들이 하나님을 찬송하고 사람들을 축하함(13-14절).　한 천사가 목자들에게 이 소식을 전하자마자, 돌연히 수많은 천군이 그 천사와 함께 하였는데, 이것은 분명히 합창을 하기 위한 것이었다. 목자들은 천군 천사들이 하나님을 찬송하는 합창 소리를 들었다. 분명히 이 찬송은 우리 모두가 알아들을 수 있도록 하기 위한 것이었기 때문에 요한계시록에 나오는 것과 같은 아무도 알아들을 수 없는 찬송이 아니었다(계 14:3).

1. 하나님이여, 이 일로 인해서 영광을 받으소서: 지극히 높은 곳에서는 하나님께 영광이요. 메시야를 보내신 것 속에서 드러난 인간에 대한 하나님의 사랑은 하나님에 대한 찬송으로 화답된다. 지극히 높은 하늘에 있는 천사들은 이 일과 직접적인 이해관계를 가지고 있지는 않지만 이 일을 송축하며 하나님께 영광을 돌린다(계 5:11-12). 인자하심과 사랑으로 이러한 은혜를 계획하신 하나님, 자신의 한 속성을 희생시키고 다른 속성을 드러내는 방식이 아니라 모든 속성이 다 충족되는 방식으로 지혜롭게 이 일을 이루신 하나님께 영광. 하나님의 다른 역사(役事)들도 그의 영광이지만, 세상에 대한 구속 사역은 그의 최고의 영광이다.

2. 사람들이여, 이 일을 기뻐하라: 땅에서는 하나님이 기뻐하신 사람들 중에 평화로다. 하나님이 선한 뜻 안에서 메시야를 보내심으로써, 이 아랫 세상에 평화가 찾아왔고, 죄가 하나님과 인간 사이를 갈라놓음으로써 생겨난 적대감이 소멸되었으며, 다정한 의사소통이 다시 가능해졌다. 하나님과 우리의 사이가 좋게 되면, 거기에서 모든 평화가 나온다: 양심의 평화, 천사들과의 평화, 유대인과 이방인의 평화. 여기서의 평화는 모든 선, 즉 그리스도의 성육신으로 인하여 우리에게 흘러들어오는 모든 선을 위해 주어진다. 우리가 가지고 있거나 소망하는 모든 선은 하나님의 선한 뜻에서 나온다. 우리가 하나님의 선한 뜻으로 인해서 위로를 받는다면, 그 영광은 마땅히 하나님의 것이다. 하나님의 영광과 맞지 않는 길에서는 그 어떤 평화나 선도 기대할 수 없다. 그러므로 모든 죄악의 길, 중보자에 의하지 않는 모든 길에는 평화나 선이 있을 수 없다. 본문에서는 평화가 지극히 엄숙하게 선포된다. 원하는 자는 누구든지 와서 그 유익을 누리라. 이 땅에서 선한 뜻을 지닌 사람들(몇몇 사본들의 읽기), 하나님에 대하여 선한 뜻을 지닌 사람들, 하나님과 기꺼이 화해하고자 하는 사람들, 하나님이 그의 긍휼하심의 그릇들로서 선한 뜻을 두신 사람들에게 평화가 있다. 천사

들이 인간에게 얼마나 큰 애정을 갖고 있고 인간의 잘됨과 행복에 대하여 얼마나 마음을 쓰고 있는지를 보라. 하나님의 아들은 천사의 본성을 벗어버리고 오셨지만, 천사들이 그의 성육신을 얼마나 기뻐하는지를 보라. 그렇다면, 우리는 하나님의 아들의 성육신을 한층 더 소중히 여기고 기뻐해야 하지 않겠는가? 지극히 높은 곳에서는 하나님께 영광이요 땅에서는 하나님이 기뻐하신 사람들 중에 평화로다라는 말씀은 무수한 천군 천사에 의해서 확인된 신실한 말씀이요, 모두가 받아들여야 마땅한 말씀이다.

V. 목자들이 갓 태어난 구주를 찾아감.

1. 목자들은 이 문제를 가지고 의논하였다(15절). 천사들이 찬송을 부르고 있는 동안에는 목자들은 오직 거기에만 열중하였다. 그러나 천사들이 떠나 하늘로 올라가자(천사들은 나타나서 결코 오래 머물지 않고 일을 마치자마자 떠난다), 목자들은 이제 베들레헴으로 가자고 서로 말하였다. 윗 세상에서 오는 특별한 메시지를 더 이상 기대할 수 없을 때, 우리는 이미 우리에게 있는 유익들을 활용해서 우리의 신앙을 돈독하게 하고 이 아랫 세상에서 하나님과 우리의 친교를 유지해나가야 한다. 천사들의 증언이나 하나님의 증언 자체를 관찰과 경험을 통해서 확증하는 것은 그 증언을 모독하는 것이 결코 아니다. 목자들은 천사가 전해준 말을 반신반의하면서 "그 말이 사실인지 아닌지 한번 알아보러 가자"고 말한 것이 아니라, 이 이루어진 일을 보자고 확신있게 말하였다는 점을 주목하라. 주께서 우리에게 알리셨는데, 무슨 의심할 여지가 있겠는가? 천사들을 통하여 하신 말씀은 견고하고, 의심할 여지 없이 참된 것이었다.

2. 목자들은 즉시 찾아갔다(16절). 그들은 시간을 허비하지 않고, 그 장소로 서둘러 갔다. 아마도 천사는 그들에게 본문에 기록된 것보다 더 자세하게 그 장소를 말해주었을 것이다("모 여관의 마구간으로 가라"). 거기에서 그들은 마리아와 요셉과 구유에 누인 아기를 찾았다. 목자들은 그리스도 주께서 보여준 가난하고 초라한 모습을 보고 신앙적으로 충격을 받지 않았다. 그들은 아주 가난하고 비천한 환경 속에서 하나님과 편안한 교제를 나누는 삶을 산다는 것이 무엇인지를 직접 체험해서 알고 있는 자들이었기 때문이다. 목자들은 천사들이 그들에게 보여준 환상과 들려준 찬송을 요셉과 마리아에게 말해 주었을 것이고, 이것은 이 부부에게 이 동네에서 제일가는 귀부인들이 찾아주는 것보다 더 큰 위로가 되었을 것이다. 또한 요셉과 마리아는 이 아이에 관하여 그들

이 본 환상들을 목자들에게 들려 주었을 것이다. 이렇게 서로의 경험을 나눔으로써, 그들은 서로의 신앙을 한층 견고하게 할 수 있었을 것이다.

VI. 목자들이 이 일을 널리 알리고자 애씀(17절).　목자들은 마리아와 요셉과 구유에 누인 아기를 보고나서, 그 아이에게서 그가 그리스도 주시라는 것을 그들로 믿게 할 만한 것을 전혀 보지 못하였지만, 그 상황이 아무리 초라하였다고 할지라도 천사가 그들에게 말해준 표적과 일치하였기 때문에, 대단히 만족하였다. 나병환자들이 오늘은 아름다운 소식이 있는 날이거늘 우리가 침묵하고 있어서는 안 되겠다고 서로 말하였듯이(왕하 7:9), 목자들은 그들이 천사들을 통해서 및 요셉과 마리아를 통해서 이 아이에 관하여 들은 모든 이야기, 곧 이 아이가 구주이며 그리스도 주시라는 것, 그 안에 땅에서 평화가 있다는 것, 그가 성령의 능력으로 잉태되어 처녀에게서 태어났다는 것을 널리 전하였다. 목자들은 이 일을 모든 사람에게 전하였고, 이 일에 관한 그들의 증언은 일치하였다. 구주께서 세상에 계시는데도 세상이 그를 알지 못한다면, 그것은 사람들의 잘못이다. 왜냐하면, 사람들은 이 일에 대하여 충분한 고지(告知)를 받았기 때문이다. 이 일을 들은 사람들은 어떤 반응을 보였는가? 듣는 자가 다 목자들이 그들에게 말한 것들을 놀랍게 여겼다(18절). 목자들은 솔직담백하고 정직한 사람들이었기 때문에, 사람들은 목자들에게 속이고자 하는 의도가 있을 것이라고 의심할 수 없었다. 그러므로 사람들은 목자들이 말한 것이 사실일 것이라고 여겼을 것이기 때문에, 메시야가 왕궁이 아니라 마구간에서 태어나셨다는 것과 천사들이 그 소식을 고위 제사장들이 아니라 가난한 목자들에게 전하였다는 것에 대하여 놀라지 않을 수 없었을 것이다. 사람들은 이 일을 듣고 놀라고 기이하게 여겼지만, 구주와 그에게 대한 그들의 의무 또는 그로 인한 유익들에 대하여 더 이상 묻지 않았고, 한때 세상을 떠들썩하게 한 사건으로 치부해 버렸다. 오, 그 세대의 사람들이 보여준 기가 막힌 우둔함이여! 그들의 평화에 속한 일들에 대하여 그들이 이렇게 일부러 눈을 감아버렸으니, 그 일들이 그들의 눈으로부터 숨겨졌다는 것은 너무도 당연한 일이었다.

VII. 목자들의 말을 듣고 믿은 자들이 받은 유익.

1. 동정녀 마리아는 그들의 말을 개인적인 묵상의 재료로 삼았다. 마리아는 거의 말을 하지 않았지만, 이 모든 말을 마음에 새기어 담아두고 곰곰이 생각하였다(19절). 그녀는 앞으로 그녀에게 일어날 일들과 맞춰보기 위해서 증거들

을 한데 모아서 마음에 새겨두었다. 마리아는 자신의 정절이 의심을 받을 때에도 하나님이 그 의심을 없애주시도록 조용히 그 일을 하나님께 맡겼던 것과 마찬가지로, 이제 그녀의 영광이 드러난 지금에 와서도 하나님이 그녀의 영광을 널리 알리시도록 그 일을 하나님께 조용히 맡긴다. 그녀의 아이가 태어난 것을 아무도 모르는데 천사들은 알고 있다는 사실만으로도 마리아는 충분히 만족하였다. 그리스도의 진리들은 간직할 가치가 있고, 그 진리들을 안전하게 간직하는 길은 그것들을 곰곰이 생각하는 것임을 명심하라. 묵상은 마음에 새기는 데에 가장 큰 도움이 된다.

2. 목자들은 그들이 듣고 본 것들을 공개적인 찬송의 재료로 삼았다. 다른 사람들은 이 일에 감동이 없었다고 할지라도, 그들은 그렇지 않았다(20절): 그들은 거룩한 천사들과 마찬가지로 하나님께 영광을 돌리고 찬송하며 돌아갔다. 다른 사람들은 목자들로부터 전해들은 소식을 무시했을지 모르지만, 하나님은 목자들이 그에게 돌린 감사를 열납하셨을 것이다. 목자들은 그들이 천사에게서 들은 것, 천사가 그들에게 일러준 대로 그들이 들어갔을 때에 아기가 강보에 싸여서 구유에 누인 모습을 본 것으로 인하여 하나님께 찬송을 드렸다. 그들은 그리스도를 본 것에 대하여 하나님께 감사하였다 ─ 그리스도는 지극한 겸비 속에 계셨지만. 나중에 그리스도의 십자가가 그랬듯이, 지금 구주께서 누워계신 구유는 어떤 이들에게는 미련한 것이요 거리끼는 것이 될 수 있었겠지만, 어떤 이들은 그 속에서 하나님의 지혜와 하나님의 능력을 보고 하나님께 경배와 찬송을 올려드렸다.

[21]할례할 팔 일이 되매 그 이름을 예수라 하니 곧 잉태하기 전에 천사가 일컫은 바러라 [22]모세의 법대로 정결예식의 날이 차매 아기를 데리고 예루살렘에 올라가니 [23]이는 주의 율법에 쓴 바 첫 태에 처음 난 남자마다 주의 거룩한 자라 하리라 한 대로 아기를 주께 드리고 [24]또 주의 율법에 말씀하신 대로 산비둘기 한 쌍이나 혹은 어린 집비둘기 둘로 제사하려 함이더라

우리 주 예수께서는 여자에게서 나셨고 율법 아래에 나셨다(갈 4:4). 그는 아담의 딸의 아들이었기 때문에 자연의 법 아래 있게 되었을 뿐만 아니라, 아브라함의 딸의 아들이었기 때문에 모세의 율법 아래 있게 되었다. 그는 자

신의 목에 그러한 멍에를 맸다. 이 멍에는 비록 무거운 멍에이긴 했지만 장차 올 좋은 일의 그림자였다. 율법의 제도는 사도 바울의 말대로 약하고 천박한 초등 학문이었지만, 그리스도께서 거기에 복종하신 것은 우리를 위하여 더 나은 은 혜로써 율법을 무효화시키고 폐하기 위한 것이었다.

이 단락에서 우리는 그리스도께서 율법 아래 있으셔서 거기에 복종하신 두 가지 예를 보게 된다.

I. 그리스도께서는 율법이 정한 날에 할례를 받으셨다(21절). 팔 일이 되자, 곧 그가 태어난 지 일곱 밤이 지나자, 그리스도는 할례를 받으셨다.

1. 할례는 고통스러운 수술이었지만(십보라는 모세에게 할례로 인하여 당신은 참으로 내게 피 남편이로다라고 말하였다: 출 4:25), 그리스도께서는 우리를 위 하여 할례를 받고자 하셨다. 그러므로 그는 거기에 복종하심으로써 일찍부터 피 흘리기까지의 순종의 모습을 보여주셨다. 할례를 받을 때에 그는 피를 방 울방울 흘리셨지만, 나중에 십자가상에서는 붉은 물줄기처럼 피를흘리셨다.

2. 할례는 외인임을 전제해서 그 외인을 하나님과의 계약 관계 속으로 받아 들이는 의식(儀式)이었지만, 그리스도는 언제나 하나님의 사랑하는 아들이셨 다. 할례는 죄인임을 전제해서 그 죄인에게서 더러움을 잘라내는 의식(儀式) 이었지만, 그리스도는 잘라내야 할 그 어떤 부정(不淨)이나 더러움이 없었음 에도 불구하고 거기에 복종하셨다. 그러므로 그리스도께서 거기에 복종하신 것은 단지 육신의 모양이 아니라 죄 있는 육신의 모양으로 오시고자 하셨기 때 문이다(롬 8:3).

3. 이렇게 함으로써 그리스도께서는 율법 전체를 행할 의무를 가진 자(갈 5:3) 가 되는 것이었음에도 불구하고 거기에 복종하셨다. 그러므로 그리스도께서 거기에 복종하신 것은 그가 비록 자유인으로 태어나셨지만 종의 형체를 지니 고자 하셨기 때문이다. 그리스도께서 할례를 받으신 것은 다음과 같은 것들을 위해서였다. (1) 그리스도께서는 자기가 아브라함의 자손이라는 것과 육신으 로 하면 자기가 그들에게서 나셨다는 것을 인정하고, 아브라함의 자손을 붙들어 주려 하신(히 2:16) 것이다. (2) 그리스도께서는 자기가 우리의 죄를 위한 담보 (보증)이자 우리의 안전을 인수한 자임을 고백한 것이다. 할례는 우리가 율법 전체를 행할 의무를 가진 자임을 인정하는 굴레였다고 구드윈(Goodwin) 박사는 말한다 그리스도께서는 할례를 받으심으로써, 율법을 떠안으시고, 우리를 대

신하여 죄가 되셨다. 의식(儀式)의 율법은 많은 부분이 희생제사들로 구성되어 있었는데, 할례를 받음으로써 그리스도께서는 황소나 염소의 피가 아니라 자신의 피를 희생제물로 드릴 수 있게 된 것이다. 왜냐하면, 먼저 할례를 받지 않으면 희생제물로 드려질 수 없었기 때문이다. (3) 그리스도께서는 교회의 어린 자녀들을 하나님께 봉헌하는 일(유아세례)에 정당성과 존귀함을 부여하신 것이다. 이 규례는 할례 및 세례와 마찬가지로 계약을 제도적으로 인치는 것이요 믿음으로 된 의를 인치는 것이다(롬 4:11). 그리스도께서 팔 일 만에 할례를 받으신 것은 믿는 자들의 자녀를 유아세례를 통해서 하나님께 봉헌하는 것이 자녀에게 세례를 주는 것을 다 자랄 때까지 미루고 삼십 세가 되어서야 세례를 받게 하는 것보다 훨씬 더 낫다는 것을 말해준다. 의식(儀式)이 할례에서 유아세례로 바뀌었다고 해서 그 실질이 바뀐 것은 결코 아니다.

관례에 따라서 그리스도께서는 할례를 받으실 때에 이름도 아울러 받으셨다. 그리스도는 예수 또는 여호수아라는 이름을 갖게 되었다. 왜냐하면, 그리스도께서 모태에 잉태되기 전에 천사가 먼저는 그의 어머니 마리아에게(눅 1:31), 나중에는 그의 아버지 요셉에게(마 1:21) 그 이름을 예수라 하라고 일러 주었기 때문이었다. [1] 예수라는 이름은 요한과 마찬가지로 유대인들 사이에서 흔한 이름이었다. 이 점에서도 그리스도께서는 형제들과 같이 되시고자 하셨다. [2] 예수라는 이름은 구약에서 그의 모형이었던 두 명의 뛰어난 인물, 즉 모세의 후계자로서 이스라엘의 총사령관이 되어서 가나안을 정복하였던 여호수아, 대제사장으로서 면류관을 쓰게 되어서 그의 자리에 앉아서 다스릴 제사장이신 그리스도를 예표하게 된(슥 6:11, 13) 여호수아의 이름이기도 하였다. [3] 예수라는 이름은 그가 장차 행하실 일을 알려주는 의미를 지니고 있었다. 예수는 구주(구원자)를 의미한다. 예수는 그가 지닌 신적인 본성의 영광들이 아니라 중보자로서의 그의 은혜로운 계획에 따라서 이름을 부여받으셨다. 예수는 구원을 가져다준다.

II. 그리스도께서는 성전에서 하나님께 드려지셨다. 마리아의 정결예식의 날들이 다 끝났을 때, 즉 그리스도께서 태어나신지 40일이 되었을 때, 율법에 정해진 때에 맞춰서 그리스도는 하나님께 드려지셨다(22절). 많은 사본들과 신뢰할 만한 사본들은 아우테스 대신에 아우톤으로 읽고 있는데, 이러한 읽기를 따라서 해석한다면, 그녀의 정결예식의 날들이 아니라 그들의 정결예식의 날들이 되어서, 어머니와 아기가 둘 다 정결예식의 날들을 마친 때라는 의미로 해석이 된다. 왜냐하면, 율법의 규정이 그렇게 되어 있기 때문이다. 우리 주 예수께서는 씻김을 받아야 할 부정함을 지니고 계시지 않았지만, 할례의 경우와 마찬가지로 우리를 대신하여 죄가 되셨기 때문에, 율법을 따라서 결례를 행하셨다. 그리스도께서 할례를 받으셨기 때문에 우리가 그리스도와의 연합에 힘입어서 손으로 하지 아니한 영적 할례를 받은 것과 마찬가지로(골 2:11), 그리스도께서 결례를 받으셨기 때문에 우리는 세상에 나올 때에 가지고 온 더러움과 타락으로부터 영적으로 정결하게 될 수 있었다.

1. 율법을 따라서 아기 예수는 장자로서 성전 뜰에서 하나님께 드려졌다. 그 율법이 여기에 인용되어 있다: 첫 태에 처음 난 남자마다 주의 거룩한 자라 하리라(23절). 이 율법은 출애굽 때에 애굽의 장자들이 죽음의 사자에 의해서 죽임을 당했을 때에 이스라엘의 장자들이 특별한 보호를 받은 데서 비롯되었다. 따라서 그리스도는 장자였기 때문에 아론 가문의 제사장보다 더 확실한 제사장이었다. 그리스도는 많은 형제들 중의 장자였고, 주의 거룩한 자라 불렸는데, 사람들 가운데 그리스도 같은 이는 결코 없었다. 그렇지만 그리스도께서는 다른 장자들과 다름없이 마찬가지로 하나님께 드려졌다. 그는 방금 성부 하나님의 품에서 나오셨지만, 마치 하나님께 보여드려야 할 외인(外人)인 양 제사장의 손에 의해서 하나님께 드려졌다. 그리스도께서 하나님께 드려진 것은 그리스도께서 중보자로서 하나님께 나아가 자신을 드리게 될 것을 의미하는 것이었다(렘 30:21). 그러나 율법에 따라서 그리스도는 대속되었다(민 18:15). 처음 태어난 사람은 반드시 대속하게 되어 있었고, 속전(贖錢)은 남자가 다섯 세겔이었다(레 27:6; 민 18:16). 그런데 제사장은 가난한 자들에게는 속전을 감해주든지, 아니면 아예 받지 않았던 것 같다. 왜냐하면, 본문에 속전에 대한 언급이 나오지 않기 때문이다. 그리스도는 하나님께 드려졌고, 이것은 되돌릴 수 없는 것이었다. 왜냐하면, 영원히 하나님을 섬겨야 한다는 표시로 그의 귀를 하나님의 문설주에 대고 구멍을 뚫었기 때문이다. 그리스도는 사무엘과는 달리 성전에 남아서 하나님을 섬기는 일을 한 것은 아니었지만, 사무엘처럼 그가 사는 날 동안 하나님께 바쳐져서 손으로 하지 아니한 참된 성전에서 하나님을 섬기는 일을 하셨다.

2. 율법을 따라서 어머니는 예물을 드렸다(24절). 미리이는 장차 지 른 제물

이 될 자기 아들을 하나님께 드렸기 때문에, 다른 예물을 드리지 않아도 괜찮았을지 모른다. 하지만 율법은 아직 유효하였고, 행해져야 했기 때문에, 주의 율법에 말씀하신 대로 마리아는 산비둘기 한 쌍이나 혹은 어린 집비둘기 둘로 제사를 드려야 했다. 만약 어느 정도 살 만하였더라면, 마리아는 번제를 위해서 어린 양 한 마리를, 속죄제를 위해서 비둘기 한 마리를 드려야 했을 것이지만, 가난해서 어린 양을 살 돈이 없었기 때문에, 번제와 속죄제를 위하여 각각 한 마리씩 두 마리의 비둘기를 드렸다(레 12:6, 8을 보라). 이것은 우리가 하나님께 나아갈 때마다 하나님이 우리에게 긍휼을 베풀어주신 것을 감사함과 동시에 하나님께 범한 우리의 죄악들을 슬프고 부끄러운 마음으로 고백하여야 한다는 것을 가르쳐주는 것이다. 이 두 가지를 통해서 우리는 하나님께 영광을 돌려야 하는데, 이 두 가지를 하지 않아도 되는 사람은 결코 없다. 그리스도는 우리와 마찬가지로 죄 가운데서 잉태되고 태어난 것이 아니었기 때문에, 그의 처지는 우리의 처지와 같지 않았다. 그렇지만 그리스도는 율법 아래에서 나셨기 때문에 율법을 따르셨다. 그리스도께서는 이와 같이 하여 모든 의를 이루셨다. 하물며, 인간으로서 우리가 죄를 고백하여야 한다는 것은 두말 할 필요가 없다. 내가 내 마음을 정하게 하였다 할 자가 누구냐?

25예루살렘에 시므온이라 하는 사람이 있으니 이 사람은 의롭고 경건하여 이스라엘의 위로를 기다리는 자라 성령이 그 위에 계시더라 26그가 주의 그리스도를 보기 전에는 죽지 아니하리라 하는 성령의 지시를 받았더니 27성령의 감동으로 성전에 들어가매 마침 부모가 율법의 관례대로 행하고자 하여 그 아기 예수를 데리고 오는지라 28시므온이 아기를 안고 하나님을 찬송하여 이르되 29주재여 이제는 말씀하신 대로 종을 평안히 놓아 주시는도다 30내 눈이 주의 구원을 보았사오니 31이는 만민 앞에 예비하신 것이요 32이방을 비추는 빛이요 주의 백성 이스라엘의 영광이니이다 하니 33그의 부모가 그에 대한 말들을 놀랍게 여기더라 34시므온이 그들에게 축복하고 그의 어머니 마리아에게 말하여 이르되 보라 이는 이스라엘 중 많은 사람을 패하거나 흥하게 하며 비방을 받는 표적이 되기 위하여 세움을 받았고 35또 칼이 네 마음을 찌르듯 하리니 이는 여러 사람의 마음의 생각을 드러내려 함이니라 하더라 36또 아셀 지파 바누엘의 딸 안나라 하는 선지자가 있어 나이가 매우 많았더라 그가 결혼한 후 일곱 해 동안 남편과 함께 살다가 37과부가 되고 팔십사 세가 되었더라

이 사람이 성전을 떠나지 아니하고 주야로 금식하며 기도함으로 섬기더니 [38]마침 이 때에 나아와서 하나님께 감사하고 예루살렘의 속량을 바라는 모든 사람에게 그에 대하여 말하니라 [39]주의 율법을 따라 모든 일을 마치고 갈릴리로 돌아가 본 동네 나사렛에 이르니라 [40]아기가 자라며 강하여지고 지혜가 충만하며 하나님의 은혜가 그의 위에 있더라

그리스도께서는 자신을 낮추신 때에도 여전히 그 겸비를 상쇄시킬 만한 영광을 받으셨다. 우리가 그의 초라한 출생을 보고 걸려넘어지지 않도록 하기 위하여, 그리스도께서 태어나실 때에 천사들이 그를 찬송하였듯이, 여기에서는 우리가 그리스도께서 남다르게 엄숙한 의식을 통해서가 아니라 다른 많은 아이들 가운데서 조용히 죄 중에 태어난 여느 아기들처럼 성전에서 하나님께 드려지는 것을 보고 걸려넘어지지 않도록 하기 위하여, 시므온과 안나는 성령의 감동을 따라서 이제 그를 찬송하며 영광을 돌린다.

I. 시므온은 아기 예수에 대하여 매우 영광스러운 증언을 하였다. 이 증언은 아기 예수에게는 영광이 되었고, 부모들에게는 격려가 되었으며, 만약 파수꾼의 역할을 해야 했던 당시의 제사장들이 눈이 멀지 않았더라면, 그 제사장들이 구주를 소개받아서 알게 되는 좋은 기회가 되었을 것이다. 좀 더 살펴보자.

1. 시므온 또는 시몬은 어떤 인물이었는가. 그는 당시에 예루살렘에 살고 있었고, 하나님과 교통하는 경건한 자로 이름이 나 있었다. 유대 저술가들에 정통한 몇몇 학자들은 당시에 예루살렘에 시므온이라는 저명한 인물이 있었는데, 그는 힐렐의 아들이었고, 박사들에게 주어진 최고의 칭호로서 오직 일곱 사람에게만 주어졌던 **랍반**이라는 칭호를 수여받은 최초의 인물이었다는 것을 알게 되었다. 그는 아버지 힐렐의 뒤를 이어서 아버지가 세운 학교의 교장이 되었고, 또한 산헤드린의 의장이기도 하였다. 유대인들은 그가 예언의 영으로 충만한 자로서 현세적인 메시야의 나라를 주장하였던 유대인들의 통념과는 반대되는 증언을 하였기 때문에 그의 지위에서 쫓겨나게 되었다고 말한다. 또한 유대인들은 전승들을 모아놓은 책인 미쉬나에 그의 이름이 언급되지 않는다는 사실을 지적하는데, 이것은 그가 그러한 어리석은 말들을 지지하지 않았다는 것을 보여주는 것이다. 이러한 추정에 대한 한 가지 반론은 당시에 그의 아버지 힐렐이 여전히 살아 있었다는 것과 유대 역사서들에 의하면 시므

온 자신도 이 일 후에도 오랫동안 살아 있었다는 것이다. 그러나 이 점과 관련해서 우리는 여기 본문에서 그가 나이가 많았다고 말하고 있지 않다는 점을 지적할 수 있고, 종을 평안히 놓아 주시는도다라는 그의 말은 그가 이제 죽어도 여한이 없다는 뜻이지, 그가 일찍 죽었다는 것을 의미하는 것은 아니라는 점을 지적할 수 있다. 사도 바울도 자신의 죽음이 임박했다고 말한 후에도 오랫동안 더 살았다(행 20:25). 또 다른 반론은 시므온의 아들은 바리새인이자 기독교의 원수였던 가말리엘이었다는 것이다. 그러나 이 점과 관련해서 우리는 그리스도를 신실하게 사랑하는 자에게서 완고한 바리새인 아들이 나온 것은 전혀 생소한 일이 아니라는 점을 지적할 수 있다.

본문에서는 시므온에 대하여 다음과 같이 말한다. (1) 그는 의롭고 경건한 자였다. 즉, 그는 사람들에 대하여 의로웠고 하나님에 대하여 경건하였다. 이 둘은 언제나 함께 있어야 한다. 이 둘은 상대방의 좋은 친구가 되어서 서로를 도울 수 있지만, 어느 하나가 다른 하나의 결함을 보충해주지는 못한다. (2) 그는 이스라엘의 위로, 즉 메시야의 위로를 기다리는 자였다. 지금 비참하게 학대받고 억압받고 있는 이스라엘 민족은 오직 메시야에게서만 위로를 발견할 수 있을 것이었기 때문이다. 그리스도는 그의 백성의 위로의 원천일 뿐만 아니라, 그 위로의 내용물이자 토대인 이스라엘의 위로이기도 하다. 그리스도는 오시기까지 긴 시간이 걸렸기 때문에, 그가 오시리라고 믿은 자들은 인내심을 가지고, 그러나 그가 오시기를 손꼽아 기다리는 절박함을 가지고 계속해서 기다리고 소원하며 소망하여야 했다. 시므온은 다니엘처럼 책을 통해 그 때가 가까이 왔다는 것을 깨달았기 때문에, 그 어느 때보다도 큰 대망 중에 그리스도께서 오시기를 기다리고 있었다. 믿지 않는 유대인들은 이미 오신 그리스도를 아직도 기다리면서 여전히 나는 이스라엘의 위로를 보기를 소망하노라는 말을 맹세 또는 엄숙한 항변으로 사용한다. 이스라엘의 위로는 기다려야 하는 것이고, 기다릴 가치가 있는 것이며, 지금까지 기다려 왔고 앞으로도 계속해서 기다리는 자들에게 큰 기쁨이 될 것이다. (3) 성령이 성결의 영으로서만 아니라 예언의 영으로서 시므온 위에 계셨다. 그는 성령으로 충만해 있었기 때문에, 자기 생각을 뛰어넘는 일들을 말할 수 있었다. (4) 시므온은 그가 죽기 전에 메시야를 보게 될 것이라는 은혜로운 약속을 받았다(26절). 그는 구약의 선지자들 속에 계셨던 그리스도의 영이 어떠한 때를 지시하고 있는지, 그리고 그 때가 지금 가까이 온 것은 아닌지를 자세히 살피고 있었다. 그런 즈음에 시므온은 그가 주의 그리스도를 보기 전에는 죽지 아니하리라는 신탁(원어의 의미)을 받았다. 믿음의 눈으로 그리스도를 본 자들만이 용감하게 죽음을 볼 수 있고 두려움 없이 죽음을 대면할 수 있다는 것을 명심하라.

2. 그리스도께서 성전에서 하나님에게 드려질 바로 그 때에 때맞추어 시므온이 성전에 들어옴(27절). 요셉과 마리아가 성전에 비치된 장자들의 명부에 등록시키려고 아이를 데리고 들어왔던 바로 그 때에 시므온은 성령의 지시를 따라서 성전으로 들어선 것이었다. 시므온의 소망을 견고하게 떠받쳐주었던 성령은 이제 그에게 말할 수 없는 큰 기쁨을 선사하였다. 성령은 시므온의 귀에 이렇게 속삭였다: "지금 성전으로 가라. 그러면 너는 네가 그토록 오랫동안 보고자 하였던 것을 보게 될 것이다." 그리스도를 보고자 하는 자들은 그의 성전으로 가야 한다. 너희가 찾는 주께서 거기에서 홀연히 다가와 너희를 만나주실 것이기 때문에, 거기에서 너희는 주를 만날 준비를 하여야 한다.

3. 시므온이 충만한 기쁨으로 그리스도를 환영함: 시므온은 아기를 안았다(28절). 그는 가장 큰 애정을 가지고 그리스도를 안았고, 최대한 자신의 가슴 가까이로 그리스도를 품에 두었으므로, 그 기쁨은 이루 말할 수 없는 것이었다. 어떤 이들은 시므온이 아기를 안고, 부모나 제사장의 역할을 대신하여, 그를 하나님께 드린 것이라고 생각한다. 옛 사람들은 시므온 자신이 제사장이었다고 말하고 있기 때문이다. 복음이 우리에게 주는 그리스도에 관한 기록을 살아 있는 믿음으로 받아들이고, 복음이 우리에게 주는 그리스도의 선물을 사랑과 겸손함으로 받아들이는 것이 바로 우리가 그리스도를 안는 것이다. 시므온은 그리스도를 보리라는 약속을 받았다. 그러나 시므온은 약속된 것보다 더 많은 것을 실제로 받았다: 그는 그리스도를 팔에 안은 것이다.

4. 시므온이 이 때에 행한 엄숙한 선포: 그는 하나님을 찬송하여, 주재여, 이제는 종을 평안히 놓아 주시는도다라고 말하였다(29-32절).

(1) 시므온은 자기 자신에 관한 기쁨에 넘치는 전망을 갖게 되었고, 삶에 대한 애착과 죽음에 대한 공포를 뛰어넘게 되었다(이것은 큰 수확이다). 아니, 그는 삶에 대한 거룩한 멸시와 죽음에 대한 거룩한 소원에 도달하게 되었다: "내가 죽기 전에 보리라고 주께서 약속하셨던 그 구원을 나의 눈이 보았으므로, 주여, 이제 당신의 종을 떠나게 하여 주옵소서." 여기에는 다음과 같은 것들이

있다. [1] 하나님이 자신의 말씀에 신실한 분이었다는 인정(認定). 솔로몬이 고백했듯이(왕상 8:56), 하나님의 선한 약속들은 일점일획도 이루어지지 않는 것이 없다. 하나님의 말씀에 소망을 둔 사람치고 그 소망으로 인하여 수치를 당하게 된 사람은 하나도 없었다는 점을 명심하라. [2] 하나님이 자신의 말씀에 신실한 것에 대한 감사. 시므온은 많은 선지자들과 왕들이 보고자 했으나 볼 수 없었던 그 구원을 자신의 팔에 안아보게 하신 것에 대하여 하나님을 찬송하였다. [3] 자신의 팔에 안긴 이 아이가 구주이며 구원 자체라는 시므온의 신앙 고백. 주의 구원, 주께서 정하신 구원, 큰 모략으로 주께서 예비하신 구원. 이 구원은 오기까지도 오랜 시간이 걸렸지만, 지금도 여전히 준비 중에 있었다. [4] 이 세상에 대한 고별사: "이제 주의 종을 떠나게 하여 주옵소서. 이제 나의 눈이 주의 구원을 보는 축복을 받았으니, 이 두 눈을 감게 하셔서, 더 이상 이 세상을 보지 않게 하여 주옵소서." 눈은 그리스도를 보기까지는 보는 것으로 만족하지 못하는데(전 1:8), 이제 그 일이 이루어져서 눈이 만족을 얻은 것이다. 그리스도를 품에 안고 구원을 눈으로 보는 자에게 이 세상은 얼마나 초라한 것으로 보이겠는가! 이제 시므온은 그의 모든 친구들과 친척들, 이 세상에서 누렸던 그의 모든 즐거움들과 일들, 심지어 성전에게도 작별을 고한다. [5] 죽음에 대한 환영사: 이제 주의 종을 떠나게 하옵소서. 죽음은 떠나는 것, 곧 영혼이 육신을 떠나서 감각의 세계에서 영들의 세계로 가는 것이다. 하나님이 우리를 놓아주시기까지는 우리는 이 세상을 떠나서는 안 된다. 왜냐하면, 우리는 그의 종들이므로, 시간을 다 채울 때까지는 하나님의 일을 그만두어서는 안 되기 때문이다. 모세는 가나안을 보고서 죽게 될 것이라는 약속을 받았지만, 그 말씀을 변경시켜 달라고 기도하였다(신 3:24-25). 시므온은 그리스도를 보기 전에는 죽지 아니하리라는 약속을 받았다. 그는 이 약속의 말씀이 그 속에 표현된 내용을 넘어서서 그가 그리스도를 보게 되면 그 때에 죽게 될 것이라는 암시로 해석하였을 것이다: 주여, 그 일이 이루어졌사오니, 이제 종을 떠나게 하여 주옵소서. 여기서 우리는 다음과 같은 것들을 볼 수 있다. 첫째, 선한 사람의 죽음은 참으로 평안하다는 것이다. 시므온은 하나님의 종으로서 수고의 땅을 떠나 안식의 땅으로 간다. 그는 평안히, 곧 하나님과의 평화, 자신의 양심과의 평화 속에서 떠나고, 죽음과의 평화 속에서 죽음과 잘 화목하고 죽음과 절친한 상태에서 떠난다. 모세가 여호와의 말씀에 따라서 떠났듯이(신 34:5), 시므온도 하나님의 말씀대로(개역에서는 말씀하신 대로) 떠난다: 올라가서 죽으라는 율법의 말씀과 내가 다시 와서 너희를 내게로 영접하리라는 약속의 말씀. 둘째, 이러한 평안의 토대는 무엇인가? 내 눈이 주의 구원을 보았기 때문이다. 내가 네 얼굴을 보았으니 지금 죽어도 족하도다(창 46:30)라고 한 야곱의 말처럼, 이것은 주의 구원을 보았다는 것에 대한 큰 만족감 이상의 것을 말해준다. 시므온의 말은 그가 지금 본 이 구원으로 말미암아 죽음 너머에 있는 복된 모습에 대한 믿음과 기대로 충만하여서 죽음에 대한 공포를 벗어버렸을 뿐만 아니라 오히려 죽음을 유익(빌 1:21)으로 여기게 되었다는 것을 말해준다. 그리스도를 기쁨으로 맞이한 자들은 죽음도 기쁨으로 맞이할 수 있다는 것을 명심하라.

(2) 시므온은 세상과 교회에 관하여 기쁨에 넘치는 전망을 갖게 되었다.

[1] 이 구원은 세상에 대한 축복이 될 것이다. 이 구원은 만민 앞에 예비하신 것이기 때문에, 한 쪽 구석에 감춰져 있는 것이 아니라 온 세상에 알려져서, 지금 어둠 속에 앉아 있는 이방인들을 비추는 빛이 될 것이다: 이방인들은 그리스도와 하나님, 그를 통한 또 다른 세계를 아는 지식을 갖게 될 것이다. 이 말씀은 내가 너를 이방인들의 빛으로 삼으리라는 이사야 49:6을 가리킨다. 왜냐하면, 그리스도는 유대인들의 촛대에 있는 촛불이 아니라 의의 태양, 곧 세상의 빛으로 오셨기 때문이다.

[2] 이 구원은 교회에 대한 축복이 될 것이다: 주의 백성 이스라엘의 영광. 메시야가 그들의 한 지파에서 나와서, 그들 가운데 태어나 사시다가 죽으셨다는 것은 유대 민족의 영광이었다. 또한 그리스도는 영적으로 이스라엘 백성인 자들의 영광이었고, 영원히 그러할 것이다(사 60:19). 그들은 그리스도를 자랑하게 될 것이다. 이스라엘 자손은 다 여호와로 말미암아 의롭다 함을 얻고 자랑하리라(사 45:25). 그리스도께서는 모든 민족에게 복음을 전하라고 그의 사도들에게 명령하심으로써 친히 이방인들을 비추는 빛이 되셨고, 또한 여기에 예루살렘에서 시작하여라는 말씀을 덧붙이심으로써 친히 주의 백성 이스라엘의 영광이 되셨다.

5. 시므온이 축복기도와 더불어서 요셉과 마리아에게 전한 이 아이에 관한 예언. 요셉과 마리아는 시므온이 이 아이에 관하여 아주 자세하고 분명하게 말한 말들을 놀랍게 여겼다(33절). 그들은 시므온이 그들에게 한 말을 듣고 감동을 받고 믿음을 굳게 했기 때뮤에, 시므오우 그들에게 계속해서 이 아이에

관한 말을 더 해준다.

(1) 시므온은 그들이 왜 즐거워 해야 하는지 그 이유를 보여준다. 시므온은 그들을 축복하였는데(34절), 이것은 이 아이와 부모로서의 관계를 맺고 아이를 양육하는 책임을 맡은 그들에게 축복을 선언한 것이었다. 시므온은 하나님이 그들을 복주시고 다른 사람들도 그들을 축복하도록 해주시기를 그들을 위하여 기도하였다. 이 아이는 그들에게 위로와 영광이 될 뿐만이 아니라 모든 사람들에게 축복이 될 것이기 때문에, 그들은 즐거워하는 것이 마땅하였다. 이 아이는 이스라엘 중 많은 사람을 흥하게 하기 위하여, 즉 죄 가운데서 죽어서 묻힌 많은 사람들이 하나님께로 돌아오고 슬픔과 절망 속에 빠져 있는 하나님의 많은 백성들이 위로를 받도록 하기 위해서 세움을 받았다. 또한 이 아이는 다시 흥하게 하기 위해서 세움을 받은 것과 마찬가지로 패하게 하기 위해서도 세움을 받았다. 그가 세움을 받은 것은 그들이 다시 일어서기 위하여 넘어지게 하기 위해서(에이스 프토신 카이 아나스타신), 즉 그들을 낮추고 비천하게 만들어서 스스로를 신뢰하는 모든 것을 끊어버리게 만든 다음에 그리스도를 의지함으로 다시 높아질 수 있게 하기 위해서이다. 그리스도께서는 상처를 주신 다음 다시 고쳐주신다. 바울도 넘어졌다가 다시 일어났다.

(2) 또한 시므온은 왜 그들이 두려워 떨면서 기뻐해야 하는지 그 이유를 보여주는데, 그것은 메시야의 나라와 관련해서 옛적부터 주어진 충고를 따른 것이었다(시 2:11). 요셉, 특히 마리아가 그들에게 주어진 풍성한 계시 때문에 자만하지 않도록 하기 위해서, 여기에서 그들의 기쁨을 완화시켜 줄 진정제인 육체의 가시가 그들에게 주어진다. 이러한 가시가 우리에게 종종 필요하다.

[1] 그리스도가 이스라엘에게 축복이 되리라는 것은 사실이다. 그러나 그리스도는 넘어짐을 위해서도 세움을 받았기 때문에, 이스라엘 중에는 넘어질 자들도 있다. 타락한 그들은 도발이 되어서 그리스도를 까닭 없이 미워하고 그에게 분노하게 될 것이고, 예수 그리스도의 드러내는 사역에 의해서 그들의 죄악과 타락은 더욱 강화될 것이다. 길르앗의 향료로부터 그들에게 유해한 독을 추출해내고 구원의 반석에 자신의 영혼을 메어쳐서 산산조각내는 많은 사람들에게 이 귀한 모퉁이의 머릿돌은 걸림돌이 될 뿐이다. 이것은 그리스도가 어떤 이들에게는 피난처가 되고 어떤 이들에게는 덫이 될 것이라는 예언을 가리킨다(벧전 2:7-8). 그리스도와 그의 복음이 생명에서 생명으로 이르는 향기

가 될 자들이 많다는 것을 생각하면 기쁘고 즐겁지만, 그리스도와 그의 복음이 사망에서 사망으로 이르는 향기가 될 자들도 많다는 것을 생각하면 슬프고 애석하다. 그리스도는 표적으로 세움을 받았기 때문에, 어떤 이들에게는 경배의 대상이 되겠지만, 또한 어떤 많은 사람들에게는 비방의 대상이 될 것이다. 그리스도는 공생애 사역 기간 동안에 많은 눈들이 그를 지켜보았던 표적이었고, 그를 거스르는 혀들이 많아서, 죄인들로부터 비난과 욕(辱)을 당했고, 끊임없이 트집을 잡히며 욕을 먹었다. 그 결과로 여러 사람의 마음의 생각이 드러나게 될 것이었다(35절). 즉, 이런 일들을 통해서 사람들은 자신의 진면목을 드러냄으로써 자기가 어떤 사람인지를 분명하게 나타내게 될 것이다. 어떤 사람들은 그리스도를 영접하고 가까이 함으로써 그들의 마음속에 은밀하게 있던 착한 성품과 마음씨가 드러나게 될 것이고, 어떤 사람들은 그리스도에 대하여 적대시하고 분노함으로써 그렇지 않았다면 그렇게 악하다는 것이 드러나지 않고 은밀하게 숨겨져 있었을 그들의 타락하고 악한 심성이 드러나게 될 것이다. 사람들은 그들의 마음의 생각들, 그리스도에 관한 그들의 생각들에 의해서 판단(심판)을 받게 될 것이다 ― 그들이 그리스도의 편인지, 그리스도의 대적자들의 편인지에 따라서. 하나님의 말씀은 마음의 생각들과 의도들을 분별하게 해주고, 이것을 통해서 우리는 우리 자신을 드러내고, 이것에 따라서 심판을 받게 될 것이다.

[2] 그리스도께서 그의 어머니에게 위로가 되리라는 것은 사실이다. 그러나 그것을 지나치게 자랑하지 말라. 왜냐하면, 칼이 네 마음을 찌르듯 할 것이기 때문이다. 그는 고난받는 예수가 될 것이다. 첫째, "너는 그와 가까운 혈족이고 그에 대한 애정이 남다르기 때문에 연민으로 인해서 그의 다른 어떤 친구보다도 더 많이 그와 더불어서 고난을 받게 될 것이다." 그가 학대를 받을 때, 그것은 그녀의 골수에 꽂히는 비수가 되었다. 그녀가 그의 십자가 곁에 서서 그가 죽어가는 모습을 지켜보아야 했을 때, 그녀의 내적인 비탄은 칼이 그녀의 마음을 찔렀다 ― 칼이 그녀의 심장을 관통하였다 ― 고 말할 만한 것이었다고 할 수 있다. 둘째, "너는 그를 위하여 고난을 받게 될 것이다." 많은 사람들은 칼이 네 마음을 찌르듯 하리라는 말씀을 마리아의 순교에 대한 예언으로 이해한다. 몇몇 옛 사람들은 이 말씀이 그대로 이루어졌다고 말한다. 우리가 이 세상에서 이루 말할 수 없이 잘 되고 기뻐한다고 하더라도, 우리 곁에는 항상 속박과 환난

이 상존한다는 것을 잊지 않는 것이 좋다.

Ⅱ. 안나라 하는 여선지가 그리스도를 알아보았다.　이것은 남자냐 여자냐와는 상관 없이 누구든지 믿음으로 초대를 받아서 구원받고 그리스도를 증거할 수 있게 하기 위한 것이다. 좀 더 살펴보자.

1. 안나는 어떤 인물이었는가.

(1) 그녀는 여선지자였다. 이스라엘에서 삼백 년 이상 중단되었던 예언의 영이 이제 되살아나기 시작하였다. 안나가 여선지자였다는 것은 그녀가 다른 여자들보다도 성경을 잘 알고 있어서 젊은 여자들에게 하나님의 일들을 가르치는 것을 자신의 업(業)으로 삼고 있었다는 것을 말해주는 것 같다. 교회가 아무리 타락한 시기에도 하나님은 자기를 증언하지 아니하신 것이 아니었다.

(2) 그녀는 바누엘의 딸이었다. 본문에서 그녀의 아버지의 이름을 언급한 것은 우리에게 야곱의 바누엘 또는 브니엘(창 32:30)을 상기시켜서, 그리스도 안에서 우리가 하나님을 얼굴을 맞대고 보고서도 우리의 목숨이 보존되는 것을 통해서 브니엘의 신비가 드러났다는 것을 알게 하기 위한 것이라고 그로티우스(Grotius)는 말한다. 그녀의 이름은 은혜로운이라는 뜻을 지니고 있다.

(3) 그녀는 아셀 지파 사람이었다. 아셀 지파는 갈릴리에서 살았기 때문에, 어떤 이들은 이러한 언급이 갈릴리에서는 선지자가 나지 못한다고 말하는 자들을 반박하기 위한 것이라고 생각한다. 그렇다면, 예언은 되살아나자마자 갈릴리에서 출현한 셈이 된다.

(4) 그녀는 나이가 아주 많아서 84세 된 과부였다. 어떤 이들은 그녀가 84년 동안 과부로 산 것이기 때문에 나이가 100세도 더 넘었으리라고 생각한다. 또 어떤 이들은 100세가 넘은 여자가 이렇게 금식하면서 기도하기는 힘들다고 여겨서, 그녀가 84세이고 오랫동안 과부로 지낸 것이라고 생각한다. 그녀는 남편과 함께 일곱 해 동안 살고나서 청상과부가 되었지만, 재혼하지 않았고, 죽는 날까지 과부로 지냈는데, 이것은 그녀를 칭찬하기 위해서 언급된 것이다.

(5) 그녀는 성전을 떠나지 않고, 항상 성전 안에 머물거나 성전을 돌보며 살았다. 어떤 이들은 그녀가 성전 뜰에서 기숙을 했다고 생각한다. 즉, 성전 뜰에 설치된 구빈원(救貧院)에 살면서 성전에서 나오는 구제금으로 살아가거나, 여선지자로서 사람들이 하나님의 뜻을 알고자 하여 물으러 오기에 적절한 장

소였던 성전 뜰에서 기숙하였다는 것이다. 또 어떤 이들은 그녀가 성전을 떠나지 아니하였다는 것은 예배 시간에는 항상 성전에 있어서, 어떤 선한 일을 해야 할 때에 꼭 거기에 참여하였다는 것을 의미할 뿐이라고 생각한다. 그녀는 성전의 외곽 건물들 가운데 자신의 방을 마련하여 거기에 살았을 가능성이 가장 크다. 또한 그녀는 공예배에 빠짐 없이 참석하였을 뿐만 아니라, 개인적으로 기도도 많이 하였던 것 같다. 왜냐하면, 그녀는 주야로 금식하며 기도함으로 하나님을 섬겼다고 말하고 있기 때문이다. 그녀는 그녀가 해야 할 세속적인 일이 없었거나 다 마친 상태여서 온전히 기도 생활에 전념할 수 있었기 때문에, 남들처럼 일주일에 두 번씩 금식한 것은 물론이고 항상 금욕의 삶을 살았고, 남들이 먹고 마시고 잠자는 데에 보내는 시간들을 기도하는 데에 썼다. 그녀는 정해진 기도 시간들을 지켰을 뿐만 아니라, 주야로 기도하였다. 그녀는 항상 기도를 중심으로 한 기도의 삶을 살았고, 기도에 전념하였는데, 부르짖는 기도를 자주 하였고, 진지하게 기도하였으며, 특히 중보기도를 많이 하였다. 그리고 이러한 것들을 통해서 그녀는 하나님을 섬겼는데, 바로 이것이 그녀의 기도와 경건 생활을 값있고 훌륭하게 만들어 주었다. 바리새인들도 자주 금식하고 길게 기도하였지만, 그들은 금식과 기도를 통해서 자기 자신을 섬겼고, 자신의 교만과 탐욕을 섬겼다. 그러나 이 선한 여인은 선한 일을 했을 뿐만 아니라, 선한 정신에 입각해서 선한 목적으로 그렇게 하였다. 그녀가 금식하고 기도한 것은 하나님을 섬기고 하나님께 영광을 돌리기 위한 것이었다.

[1] 경건 생활은 우리가 끊임없이 해야 하는 일이다. 다른 의무들은 때를 따라서 이따금씩 하면 되지만, 기도하는 일은 항상 하여야 한다. [2] 나이든 그리스도인들이 선한 일을 행하는 데에 지치지 않고, 자기들은 이제 그러한 행위들을 할 나이가 지났다고 생각하지 않고, 선한 일을 행하기를 더욱더 기뻐하며, 하늘 나라에 갈 때까지 더욱 많이 선한 일들을 해야 한다고 여기고서, 많은 경건의 행위들을 행하는 것을 보는 것은 기쁘고 즐거운 일이다. [3] 자기가 지니고 있는 빛과 수단을 부지런하고 성실하게 활용하는 자들은 더 많은 것을 발견하게 된다. 안나는 성전에서 오랜 세월 동안 섬겨온 것에 대한 상급을 이제야 풍성하게 받은 셈이다.

2. 안나가 우리 주 예수에 대하여 한 증언(38절): 아기 예수가 하나님께 드려지고, 시므온이 그에 관하여 말하고 있던 그 때에 안나는 나아왔다. 성전을

떠나지 않았던 그녀가 이 기회를 놓칠 리 없었을 것이다.

(1) 그녀는 시므온과 마찬가지로 이제 평안히 세상을 떠나기를 소원하면서 하나님께 감사하였다. 그리스도를 알게 된 자들은 그 큰 은혜를 인하여 하나님께 감사를 드려야 마땅하다. 우리는 다른 사람들이 하나님께 찬송과 감사를 드리는 것을 보면 더욱 분발하여야 한다. 우리도 그들과 마찬가지로 감사를 드려야 마땅하지 않겠는가? 안나는 시므온과 더불어 이 일에 동참함으로써, 이 두 사람은 원만한 조화를 이루어내었다. 그녀는 하나님께 고백하였다(이러한 읽기도 가능하다). 그녀는 이 아이에 대한 자신의 신앙을 공개적으로 고백한 것이다.

(2) 그녀는 여선지자로서 다른 사람들에게도 이 아이에 관하여 알렸다. 그녀는 메시야가 오실 것이라고 믿고서 메시야가 가져올 예루살렘의 속량을 바라는 모든 사람에게 그에 대하여 말하였다. 구속(속량)은 사람들이 원하고 기다리며 바라던 일이었다. 이 구속이 예루살렘의 구속인 것은 여호와의 말씀이 예루살렘에서부터 나올 것이었기 때문이다(사 2:3). 예루살렘에는 속량을 바라는 자들이 있었지만, 소수였다. 왜냐하면, 안나는 자기와 함께 메시야를 기다리던 모든 자들을 알고 있었을 것이고, 어디에서 서로를 찾을 수 있는지를 알고 있어서, 자기가 메시야를 보았다는 좋은 소식을 그들에게 말해 주었을 것이기 때문이다. 사람들이 지금 들은 그리스도의 출생에 관한 소식과 나중에 듣게 될 그리스도의 부활에 관한 소식은 굉장한 소식이었다. 그리스도를 알게 된 자들은 남들도 그리스도를 알게 하는 데에 직접 최선을 다해야 한다는 것을 명심하라.

끝으로, 여기에는 우리 주 예수의 유년기와 어린 시절에 관한 짤막한 이야기가 나와 있다.

1. 그리스도께서는 어디에서 어린 시절을 보내셨는가(39절)? 아기를 하나님께 드리고 어머니를 정결케 하는 의식(儀式)이 모두 끝나자, 그들은 갈릴리로 돌아갔다. 누가는 그들이 갈릴리로 돌아올 때까지 그들에게 무슨 일이 있었는지에 대해서는 아무런 말도 하지 않는다. 그러나 마태복음(2장)에 의하면, 그들은 베들레헴으로 돌아갔고, 동방박사들이 거기로 그들을 찾아왔으며, 거기에 머물러 있다가 헤롯의 잔혹한 행위(영아 학살)를 피하여 하나님의 지시로 애굽으로 피신하였다가, 헤롯이 죽자 하나님의 지시를 따라서 애굽에서 나와서 고향 나사렛으로 돌아간 것으로 되어 있기 때문에, 그들은 수 년 동안 갈릴

리 나사렛을 떠나 있었던 것으로 보인다. 그들은 나사렛에서 오랫동안 살았고 그들의 친척들도 거기에 있었기 때문에, 본문에서는 그 곳을 그들의 본 동네라고 부른다. 또한 그리스도께서는 예루살렘으로부터 멀리 떨어져 있도록 지시를 받았다. 왜냐하면, 그의 나라와 그의 제사장 직분은 유대 교회나 나라의 현재의 지배층과는 아무런 상관도 없었기 때문이다. 그리스도는 사람들에게 잘 알려져 있지도 않고 무시당하는 그런 곳으로 보내심을 받으셨다. 왜냐하면, 다른 점들에서와 마찬가지로 이 점에서도 그리스도는 스스로를 낮추시고 자기를 비워야 하셨기 때문이다.

2. 그리스도께서는 어떻게 어린 시절을 보내셨는가(40절)? 그리스도는 범사에 형제들과 같이 되심이 마땅하였기 때문에, 다른 아이들처럼 유년기와 소년기를 거치셨지만, 죄는 없으셨고, 오히려 그 안에 있는 하나님의 본성을 보여주는 뚜렷한 지표들이 드러났다. 다른 아이들과 마찬가지로, 그는 키가 자랐고, 그의 인간적 영혼은 강하여지고 지혜가 충만하여졌는데, 이것은 그의 자연적 몸이 그의 신비적 몸에 대한 비유가 되게 하기 위한 것이었다. 신비적 몸은 완전한 영에 의해서 생명을 공급받지만 온전한 사람을 이룰 때까지 자라간다(엡 4:13, 16). 그러나 (1) 다른 아이들은 총명과 결단력에 있어서 약하였지만, 그는 영이 강하였다. 그의 인간적 영혼은 하나님의 성령에 의해서 비상한 생명력을 공급받았고, 그의 모든 기능들은 비상한 방식으로 그 맡은 바 일을 수행하였다. 그의 추론 기능은 강력한 것이었고, 그의 판단은 통찰력이 있었다. (2) 다른 아이들의 마음에는 미련한 것이 얽혀 있으나 ─ 이것은 그들이 말하고 행하는 것 속에서 드러난다 ─ 그는 가르침과 교육에 의해서가 아니라 성령의 역사를 통해서 지혜가 충만하였다. 그의 언행은 나이답지 않게 지혜로웠다. (3) 다른 아이들은 그 본성이 부패했다는 것과 죄의 가라지들이 이성의 알곡과 함께 자란다는 것을 드러내지만, 그는 그런 점을 전혀 드러내지 않았고, 하나님의 은혜가 그의 위에 있었다(가라지 없이 알곡만이 자라났다). 다른 아이들은 본질상 진노의 자녀들이지만, 그는 크게 은총을 입은 자였다. 하나님은 그를 사랑하였고 소중히 여겼으며 특별하게 보살피셨다.

[41]그의 부모가 해마다 유월절이 되면 예루살렘으로 가더니 [42]예수께서 열두 살 되었을 때에 그들이 이 절기의 관례를 따라 올라갔다가 [43]그 날들을 마치고 돌아갈 때에

아이 예수는 예루살렘에 머무셨더라 그 부모는 이를 알지 못하고 [44]동행 중에 있는 줄로 생각하고 하룻길을 간 후 친족과 아는 자 중에서 찾되 [45]만나지 못하매 찾으면서 예루살렘에 돌아갔더니 [46]사흘 후에 성전에서 만난즉 그가 선생들 중에 앉으사 그들에게 듣기도 하시며 묻기도 하시니 [47]듣는 자가 다 그 지혜와 대답을 놀랍게 여기더라 [48]그의 부모가 보고 놀라며 그의 어머니는 이르되 아이야 어찌하여 우리에게 이렇게 하였느냐 보라 네 아버지와 내가 근심하여 너를 찾았노라 [49]예수께서 이르시되 어찌하여 나를 찾으셨나이까 내가 내 아버지 집에 있어야 될 줄을 알지 못하셨나이까 하시니 [50]그 부모가 그가 하신 말씀을 깨닫지 못하더라 [51]예수께서 함께 내려가사 나사렛에 이르러 순종하여 받드시더라 그 어머니는 이 모든 말을 마음에 두니라 [52]예수는 지혜와 키가 자라가며 하나님과 사람에게 더욱 사랑스러워 가시더라

이 단락은 유년기에서 29세 때에 이스라엘에게 스스로를 나타내실 때까지 우리의 찬송받으실 구주에 관한 이야기를 기록한 유일한 대목이다. 따라서 우리는 이 기록을 잘 활용하여야 한다. 이것 외에 다른 기록을 찾아보아야 헛수고이기 때문이다.

I. 그리스도께서는 유월절을 맞아서 부모와 함께 예루살렘으로 올라가셨다(41-42절).

1. 비록 나사렛에서 예루살렘까지는 긴 여행길이었고, 그들은 가난했기 때문에 허리띠를 졸라맬 정도로 절약해서 살지 않고서는 그 비용을 댈 수도 없었겠지만, 그들은 율법을 따라서 예루살렘으로 가서 꼭 유월절에 참여하였다. 공중 예배를 항상 참석하는 일은 꼭 필요한 일이고, 우리는 모이기를 폐하는 어떤 사람들의 습관과 같이 하지 말아야 한다. 세상적인 일은 영적인 일에 길을 내주어야 한다. 요셉과 마리아는 아들과 같이 지냈고, 그 아들은 예루살렘의 그 어떤 랍비보다도 그들을 더 잘 가르칠 수 있었다. 그렇지만 그들은 이 절기의 관례를 따라 예루살렘으로 올라갔다. 여호와께서 야곱의 모든 거처보다 시온의 문들을 사랑하시는도다(시 87:2). 따라서 우리도 마땅히 그래야 한다. 또한 요셉은 오순절과 초막절에도 예루살렘으로 올라갔을 것이다. 왜냐하면, 모든 남자들은 해마다 세 차례 예루살렘을 찾아서 하나님을 예배해야 했기 때문이다. 그러나 마리아는 세 절기 중에서 가장 중요한 절기이자 그 안에 복음을 가장 많

이 간직하고 있던 유월절에만 예루살렘으로 올라갔다.

2. 어린 예수는 열두 살 되었을 때에 부모와 함께 예루살렘으로 올라갔다. 유대 학자들은 아이가 열두 살이 되면 때때로 금식하기 시작하여야 하고 속죄일에 금식하는 것을 배워야 하며, 유년기에 받은 할례로 이미 계약의 아들이 되어 있는 상태에서 열세 살이 되면 유대 교회의 성인이 감당하는 의무들을 수행해야 하는 계명의 아들이 된다고 말한다. 본문에는 예수께서 절기 때에 예배 드리러 예루살렘으로 올라간 것이 이번이 처음이었다는 말이 없다. 아마도 예수께서는 나이보다 성숙한 정신과 지혜를 지니고 있었기 때문에 몇 해 전부터 그렇게 해왔을 것이다. 알아들을 만한 사람들은 모두 공예배에 참여하여야 한다(느 8:2). 다른 면들에서 남보다 앞선 아이들은 신앙에서도 남보다 앞서는 법이다. 아이들도 그리스도의 영광을 위하여 공예배에 참석하여야 하고, 그리스도께서는 그들의 호산나 찬송을 기뻐하신다. 유아 시절에 하나님께 봉헌된 아이들은 성장하여 어른이 되었을 때에 복음의 유월절, 즉 성찬식에 참여하도록 초대되어서, 그들 자신의 행위를 통해서 주님과 연합할 수 있도록 해주어야 한다.

Ⅱ. 그리스도께서는 절기가 끝나고 부모가 돌아간 뒤에도 예루살렘에 머무셨는데, 부모는 이것을 전혀 알지 못하였다. 이 일을 통해서 그리스도께서는 그가 무엇을 위해 있는지를 일찍부터 하나의 실례(實例)를 통해서 보여 주고자 하신 것이다.

1. 그의 부모는 그 날들을 마칠 때까지 돌아가지 않았다. 유월절 기간 중 첫 이틀이 지나면 거기에 꼭 머무를 필요가 없었기 때문에, 많은 사람들이 집으로 돌아갔지만, 그들은 칠일 동안 내내 머물렀다. 공예배에 참여하였을 때는 여호와 앞에 마지못해 머물러 있었던(삼상 21:7) 도엑처럼 서둘러 거기를 떠나는 것이 아니라, 여기 있는 것이 좋사오니(눅 9:33)라고 말한 자들처럼 예식이 다 끝날 때까지 머무는 것이 좋은 일이다.

2. 어린 예수는 예루살렘에 머물렀는데, 이것은 집에 가기가 싫어서도 아니었고 부모와 함께 가는 것이 부끄러워서도 아니었으며, 단지 예루살렘에 볼 일이 있었고, 그에게는 하늘에 계신 아버지가 계시고 육신의 부모보다는 그 아버지에게 순종하여야 한다는 것을 부모에게 알게 하기 위한 것이었다. 천부에 대한 존중은 육신의 부모에 대한 무시로 해석되어서는 안 된다. 어떤 이들은 집

으로 돌아가는 날 아침에 먼저 성전에 가서 하나님을 예배하는 것이 경건한 유대인들의 관습이었기 때문에 어린 예수가 성전에 남게 된 것이고, 거기에서 어린 예수는 머물면서, 부모가 다시 그를 찾아올 때까지 즐거운 시간을 보냈다고 추측한다. 또 어떤 이들은 어린 예수가 부모가 묵던 집 또는 그의 친구의 집(예수 같은 아이는 모든 사람에게서 사랑을 받았을 것이고, 그를 아는 모든 사람은 그와 함께 하고자 했을 것이다)에 있다가 예배 시간이 되어서야 성전으로 올라갔는데, 그 때에는 이미 혼자 남게 되었다고 생각한다. 여호와의 집에 거하는 것을 좋아하는 젊은이들을 보는 것은 좋은 일이다. 그들은 어린 시절의 그리스도와 같은 자들이다.

3. 그의 부모는 어린 예수가 뒤에 남았을 것이라고는 추호도 의심하지 않은 채 하룻길을 갔다. 그들은 그가 동행 중에 있는 줄로 생각하였기 때문이다(44절). 이 때에 집으로 돌아가는 첫날의 여행길은 사람들로 인산인해를 이루었을 것이고, 길들은 사람들로 메워져 있었을 것이다. 그들은 어린 예수가 이웃 사람들 틈에 섞여서 오겠거니 생각하고, 집으로 내려가는 길에서 그를 친족과 아는 자들 중에서 찾았다. 혹시 당신은 우리 아들을 보셨나요? 당신은 그를 보셨나요? 또는, 배우자가 묻듯이, 내 마음으로 사랑하는 자를 당신들은 보셨나요라고 부모는 수소문하였다. 어린 예수는 우리가 찾을 만한 가치가 있는 보석이었다. 부모는 누구나 어린 예수와 동행이 되고자 했으며, 어린 예수는 친족과 아는 자들에게 기꺼이 좋은 일을 하고자 하였다는 것을 알고 있었지만, 찾지를 못했다(45절). 우리에게는 교류하지 않을 수 없는 친족과 아는 자들이 많이, 너무도 많이 있지만, 우리는 그들 가운데서 그리스도를 만나거나 찾기 어렵다. 집으로 가는 길에서 여러 무리들에게 물어보았지만 어린 예수를 찾지 못하자, 그들은 지난 밤에 그들이 묵었던 곳에서 그를 만날 수 있을 것이라고 기대하였지만, 거기에서도 그에 관한 소식을 들을 수 없었다. 이것을 욥기 23:8-9과 비교해 보라.

4. 그들은 지난 밤에 묵었던 곳에서 어린 예수를 찾지 못하자, 다음 날 아침에 그를 찾으면서 예루살렘으로 되돌아갔다. 그리스도를 만나고자 하는 자들은 만날 때까지 찾아야 한다는 것을 명심하라. 왜냐하면, 그리스도는 그를 찾는 자들을 반드시 만나주시고, 그 수고에 차고 넘치는 보상을 해주실 것이기 때문이다. 그리스도 안에 있는 위로들, 그리스도와의 교제의 증거들을 잃어버린

자들은 자기를 되돌아보면서 그들이 언제, 어디에서, 어떻게 그것들을 잃어버렸는지를 곰곰이 생각하고서, 그들이 그것들을 마지막으로 지니고 있었던 지점까지 되돌아가야 한다. 즉, 그런 자들은 어디서 떨어진 것을 생각하고 회개하여 처음에 했던 것처럼 행하여야 하고, 처음 사랑으로 되돌아가야 한다(계 2:4-5). 그리스도와의 잃어버린 교제를 되찾고자 하는 자들은 우리 절기의 성읍, 그가 자기 이름을 두시려고 택하신 곳 예루살렘으로 가야 하고, 거기에서 복음의 유월절에 그를 예배하여야 한다. 그러면, 그들은 거기에서 그를 만날 소망을 가질 수 있다.

5. 사흘 후에 그들은 성전에서, 즉 율법학자들이 머물면서 논의나 토론의 장소로 삼았던 성전 부속건물 중 어느 곳에서 어린 예수를 만났다. 거기에서 그들은 그가 선생들 중에 앉아 있는 것을 보았는데(46절), 그는 랍비들에게 시험을 보거나 가르침을 받는 교리학습자로서 서 있는 것이 아니었다. 그는 상당한 수준의 지식과 지혜를 갖추고 있는 것이 인정되어서, 랍비들은 그를 그들과 같은 동료로 대우하여 그들 가운데 앉게 하였기 때문이다. 이것은 그가 지혜로 충만하였을(40절) 뿐만 아니라 그 지혜를 넓히고 전하고자 하는 마음을 지니고 있었다는 것을 보여준다. 이 점에서 그는 아이들과 젊은이들의 모범이다. 아이들과 젊은이들은 그들에게 맞는 자들과 어울려서 그리스도를 배우기를 기뻐하여야 하고, 노는 자들이 아니라 학자들 중에 앉아 있는 쪽을 선택하여야 한다. 아이들은 열두 살쯤 되어서 지식을 추구하고 그들에게 가르칠 수 있는 자들과 어울리는 것을 시작하여야 한다. 어릴 때부터 가르침 받기를 좋아한다면, 그것은 소망이 있고 장래성이 있다는 전조(前兆)이다. 그 때에 그리스도와 같은 또래의 많은 아이들은 성전에서 다른 아이들과 함께 놀고 있었을 것이지만, 어린 예수는 성전에서 선생들과 함께 앉아 있었다. (1) 그는 랍비들이 하는 말들을 들었다. 배우고자 하는 자들은 듣기를 속히 하여야 한다. (2) 그는 랍비들에게 물었다. 그가 선생으로서 물었는지(그는 그럴 권위를 가지고 있었다), 또는 배우는 자로서 물었는지(그는 그럴 만큼 겸손하였다), 또는 진리를 추구하는 동료로서 물었는지는(진리는 서로 우호적인 진지한 탐구를 통해서 발견되어야 한다) 확실하지 않다. (3) 그는 랍비들에게 대답을 하였는데, 그 대답은 매우 놀랍고 만족스러운 것이었다(47절). 그의 질문과 대답에서 그의 지혜와 총명이 드러났기 때문에, 그의 말을 듣는 모든 자들이 깜짝 놀랐다. 그들은 이

렇게 어린아이에게서, 아니 그 어떤 위대한 학자에게서도 이와 같이 말하는 것을 들어본 적이 없었다. 다윗과 마찬가지로, 그의 명철함은 그의 모든 스승보다 나았고, 노인보다 나았다(시 119:99-100). 이 때에 그리스도께서는 곧 다시 떠오르게 될 그의 영광의 몇 줄기 광선을 나타내 보이신 것이다. 그는 그의 신적인 지혜와 지식의 맛보기를 그들에게 보여주었다(칼빈). 그리스도께서 이와 같이 성전에서 선생으로서의 모습을 공공연하게 드러내신 것은 모세가 초기에 이스라엘을 구원하고자 시도했던 것과 같은 것이라고 나는 생각한다 — 스데반은 모세의 이 시도에 대하여 그가 그의 형제들이 하나님께서 자기의 손을 통하여 구원해 주시는 것을 깨달으리라고 생각한 것이라고 해석하였다(행 7:24-25). 그 때에 사람들은 어린 예수로부터 어떤 암시와 메시지를 전해 받았을 것이지만, 그들은 깨닫지 못하였다. 사람들의 반응 여하에 따라서 그리스도께서는 그의 사역을 당장에라도 시작하실 수 있었을 것이다. 그러나 사람들은 단지 놀라기만 했을 뿐, 그 징조들을 깨닫지 못하였다. 그래서 그는 모세와 마찬가지로 다시 사람들의 눈에 띄지 않는 곳으로 물러가셨고, 사람들은 그의 소식을 꽤 오랜 기간 동안 들을 수 없게 되었다.

6. 어머니 마리아는 이 일을 놓고 그와 조용히 이야기를 나누었다. 무리가 흩어지자, 마리아는 그를 따로 불러서, 온유함과 애정을 가지고 이 일에 관하여 그에게 물었다(48절). 요셉과 마리아는 둘 다 그를 거기에서 만났다는 것, 그가 선생들 중에 앉아 있도록 허락을 받을 정도로 크게 대우를 받고 주목을 끌었다는 것에 놀랐다. 아버지 요셉은 명목상의 아버지였기 때문에 아무 말도 하지 않았다. 그러나 (1) 어머니 마리아는 그들이 얼마나 고생했는지를 어린 예수에게 말해주었다: "아이야, 어찌하여 우리에게 이렇게 하였느냐? 왜 네가 우리를 이토록 놀라게 하였느냐?" 그의 부모는 요셉이 일을 당하였을 때의 야곱처럼 별의별 상상을 다 했을 것이고, 그 상상은 시간이 지날수록 도가 심해졌을 것이다: "악한 짐승이 그를 잡아먹은 것이로구나. 아니, 이 아이가 헤롯이 수년 전에 죽이고자 찾았던 바로 그 아이라는 것을 마침내 알아낸 어떤 잔혹한 원수에게 걸려든 것이 분명해." "애야, 너는 왜 우리에게 이토록 걱정을 하게 만든 것이냐? 네 아버지와 내가 근심하여 너를 찾았노라. 우리는 너를 잃어버린 줄 알고 걱정했을 뿐만 아니라, 우리가 좀 더 신경을 써서 너를 보살펴서 우리와 함께 데리고 가지 못한 것에 대하여 우리 자신에 대하여 화가 났단다." 그

리스도를 잃어버린 자들은 그들이 무엇을 잘못했는지를 살펴서 자신을 슬퍼할 시간을 가져야 한다. 그러나 요셉과 마리아는 근심하고만 있지 않고 **씨를 뿌렸다.** 그들은 근심하면서 절망에 빠져서 주저앉아 있었던 것이 아니라, 근심하면서 찾아다녔다. 우리가 그리스도를 만나려면, 우리는 근심하면서, 즉 우리가 그를 잃어버린 것과 그를 화나게 하여 우리에게서 물러가게 한 것과 그를 더 일찍 찾지 못한 것을 근심하면서 그를 찾아야 한다. 이렇게 근심하면서 그를 찾는 자들은 마침내 훨씬 더 큰 기쁨으로 그를 만나게 될 것이다. (2) 그는 부모가 그에 대하여 지나치게 걱정한 것에 대하여 점잖게 항변한다(49절). "어찌하여 나를 찾으셨나이까? 부모님께서는 내가 여기에서 할 일을 다 마친 후에 부모님을 따라 집으로 갔을 것이라고 믿으셨어야 합니다. 나는 예루살렘에서 길을 잃어버리지 않을 것이니까요. 부모님들은 내가 내 아버지 집에(엔 토이스 투 파트로스 무) 있어야 될 줄을 알지 못하셨나이까." 어떤 이들은 이 본문을 이렇게 읽는다: "아들이 영원토록 집에 있지 않고 어디에 있겠습니까?" [1] "나는 내 아버지의 보살피심과 보호 아래 있어야 합니다. 그러므로 부모님들은 나를 보살피는 일을 그분께 맡기고, 그 일로 부담을 지거나 괴로워하지 마십시오." 그리스도는 아버지의 화살통에 감춰진 화살이다(사 49:2). 마찬가지로, 그리스도는 그의 교회를 이와 같이 보살피시기 때문에, 우리는 교회의 안전에 대하여 결코 낙망해서는 안 된다. [2] "나는 내 아버지의 일을 하여야 합니다(KJV는 이렇게 되어 있다). 그래서 나는 부모님들처럼 빨리 집으로 돌아갈 수 없었습니다. 알지 못하셨나이까? 부모님들은 내가 하나님의 일에 드려졌기 때문에 그 일에 쓰임을 받아야 한다는 것을 이미 알고 계신 것이 아닙니까?" 이 점에서 그는 우리에게 한 모범을 보여주셨다. 왜냐하면, 하나님의 자녀들은 그리스도를 본받아서 하늘 아버지의 일을 돌보아야 하고 그 밖의 다른 모든 일들에 앞서 그 일을 우선하는 것이 마땅하기 때문이다. 우리는 그리스도께서 하신 이 말씀을 아주 잘 알고 있다고 생각한다. 왜냐하면, 그는 자신의 행동과 말을 통해서 그것을 설명해주셨기 때문이다. 아버지의 뜻을 행하고 그 일을 끝마치는 것이 그가 세상에 보내심을 받은 목적이었고 세상에서 그가 먹고 마시는 양식이었다. 그렇지만 그 때에 그의 부모는 그가 하신 말씀을 깨닫지 못하였다(50절). 그들은 그 때에 그가 아버지를 위해서 성전에서 무슨 일을 해야 했는지를 깨닫지 못하였다. 그들은 그가 메시야이기 때문에 장차 그의 조상 다윗의 위(位)를 잇게 될 것이라고 믿었지만, 그는 성전이 아니라 왕궁으로 가야 한다고 생각하였다. 그들은 그의 선지자적 직분을 깨닫지 못하였다. 앞으로 그가 해야 할 일들 중에서 많은 부분은 그의 선지자적 직분 속에서 행해져야 할 것들이었다.

끝으로, 그들은 나사렛으로 돌아왔다. 이렇게 그의 영광은 아주 잠깐 동안 섬광처럼 빛나다가 사라졌다. 그는 부모에게 예루살렘으로 이사해서 살자거나 자기만이라도 예루살렘에서 살겠다고 조르지 않았고(예루살렘은 교육과 출세를 위해서 좋은 곳이었고, 거기에서 그는 자신의 지혜를 드러낼 수 있는 최고의 기회를 가질 수 있었겠지만), 오히려 나사렛에서 꽤 오랜 세월 동안 묻혀 살았다. 물론, 그는 해마다 세 차례 절기 때마다 예배를 드리기 위해서 예루살렘으로 올라갔을 것이지만, 그가 성전으로 들어가서 거기에서 율법학자들과 논쟁을 벌였는지는 우리가 알 수 없다. 그러나 그런 일은 얼마든지 가능했을 것이다. 아무튼 나사렛에 돌아온 후의 일에 대해서 본문은 다음과 같이 말한다.

1. 그는 부모를 순종하여 받들었다. 그는 자기가 단순한 사람 이상의 존재라는 것을 한번 보여주기 위하여 부모를 떠나서 하늘 아버지의 일에 참여하였지만, 아직은 그 일을 계속할 때가 되지 않았기 때문에, 꽤 오랜 세월 동안 부모에게 순종하며, 그들의 말에 따라서 살았는데, 아마도 아버지의 일을 거들며 목수의 일을 했던 것으로 보인다. 이 점에서 그는 주 안에서 부모에게 의무를 다하고 순종해야 한다는 모범을 아이들에게 보여주셨다. 여자에게서 나신 그는 믿는 자들의 자손에게 부모에게 순종함을 통해서 스스로 믿는 자임을 입증하도록 가르치시기 위하여 다섯 번째 계명 아래에서 나셨다. 그의 부모는 가난하고 비천했고, 그의 아버지는 명목상의 아버지일 뿐이었지만, 그는 부모에게 순종하였다. 그는 심령이 강하고 지혜가 충만하였고, 나아가 하나님의 아들이었지만, 부모에게 순종하여 받들었다. 그렇다면, 어리석고 연약한 자이면서도 부모에게 불순종하는 사람들은 도대체 무슨 말을 할 수 있을까?

2. 어머니 마리아는 아들의 말을 완전히 이해하지는 못했지만, 훗날에 그 말이 해명되어서 그녀가 완전히 그 말을 깨닫고 그 말을 어떻게 사용해야 하는지도 알 수 있을 것이라고 기대하면서, 이 모든 말을 마음에 담아두었다. 우리는 종종 사람들의 말이 모호해서 잘 이해가 되지 않는다고 해서 그 말을 무시하

는 경향이 있지만(si non vis intelligi debes negligi — 알아듣지 못하는 말은 아무 소용없다), 하나님의 말씀을 그렇게 대하여서는 안 된다. 처음에는 애매해서 어떻게 받아들여야 할지가 난감했던 말도 나중에는 명백하고 쉬운 말이 될 수 있다. 그러므로 우리는 나중을 위해서 마음에 기억해 두어야 한다(요 2:22). 지금은 우리에게 어떤 유익이 있는지가 분명하지 않은 말씀이 언젠가는 우리에게 유익한 말씀으로 다가오게 될 것이다. 학생들이 문법 규칙들을 암기하는 것은 당장에 그 규칙들이 어떻게 사용되는지를 알지는 못하지만, 나중에 그 규칙들이 그들에게 쓸모가 있을 것이라는 말을 듣기 때문이다. 우리는 이 원리를 그리스도의 말씀들에 적용하여야 한다.

3. 그는 놀라울 정도로 계속해서 성장하여 갔다(52절): 예수는 지혜와 키가 자라갔다. 그의 신성(神性)은 완전했기 때문에 더 이상의 성장은 있을 수 없었다. 그러나 여기서 말하는 것은 그의 인성(人性)에 관한 것이다. 나이가 먹어가면서, 그의 키와 몸집은 커졌고, 지혜를 비롯한 인간 영혼의 모든 재능들이 자라갔다. 그가 수태되면서 영원한 말씀이 인간적 영혼과 연합되었지만, 그의 안에 있던 신성은 그의 역량에 비례해서(ad modum recipientis) 점진적으로 그의 인성에 나타났다. 그의 인간적 영혼의 기능들이 점점 더 성장하여 갈수록, 그의 인성이 신성으로부터 받은 은사들도 점점 더 많이 교류되었다. 그리고 그는 점점 하나님과 사람에게 더욱 사랑스러워 갔다. 즉, 하나님과 사람에게 사랑을 받게 해준 모든 은혜들이 점점 더 커져갔다는 말이다. 이 점에서 그리스도는 스스로를 자신의 겸비한 상태에 적응시키셨다고 할 수 있다. 그는 스스로 겸비하여 유아, 아이, 청년으로 낮아지신 것과 마찬가지로, 하나님의 형상은 그가 유아와 아이였을 때보다도 청년으로 자랐을 때에 그의 안에서 더욱 빛났다. 어린아이들은 키가 자라면서 지혜도 자라야 하고, 지혜가 자람에 따라서 하나님과 사람에게 더욱 사랑을 받는 자가 되어야 한다는 것을 명심하라.

$$— 제 3 장 —$$

개요

열두 살 이후로 서른 살 때까지 우리 주 예수의 행적에 관한 기록은 아무것도 남아 있지 않다. 우리는 종종 예수에 관한 일지(日誌), 아니면 연대기(年代記) 정도라도 남아 있었다면 얼마나 좋고 유익하겠는가라고 생각한다. 그러나 무한한 지혜를 지니신 하나님은 우리에게 필요하다고 생각하신 분량만큼의 기록만을 남겨두신 것이기 때문에, 우리가 그 기록을 잘 활용하지 않는다면, 우리에게 더 많은 기록이 남아 있었다고 하더라도 그것을 제대로 활용하지 못했을 것이다. 복음서 기자들의 훌륭한 의도는 우리에게 믿고 구원받을 수 있는 그리스도의 복음에 관한 이야기를 전해주고자 하는 것이었다. 그 복음은 요한의 사역과 세례에서 시작되었기 때문에, 복음서 기자들은 서둘러 그 이야기를 우리에게 들려준다. 아마도 우리는 누가가 1장과 2장에서 그랬던 것처럼 마태와 마가가 말한 내용을 완전히 빼버리고 전혀 새로운 내용만을 기록해 주었으면 얼마나 좋았을까 하고 생각할 수도 있다. 그러나 몇몇 일들을 두 사람의 증인이 아니라 세 사람의 증인의 입을 통해서 확증하여야 하겠다는 것이 성령의 뜻이었다. 우리는 이것을 쓸데없는 반복이라고 여겨서는 안 되고, 또한 우리가 합당한 애정을 가지고 이 일들을 다시 새롭게 묵상한다면 그렇게 여기는 일은 없게 될 것이다. 이 장에는 다음과 같은 내용들이 나온다. I. 요한의 세례가 시작되었다는 것과 그 세례의 범위와 의도(1-6절). 무리들에 대한 요한의 권면(7-9절). 요한이 자신의 의무를 듣고자 한 사람들에게 준 구체적인 교훈들(10-14절). II. 요한이 메시야가 오실 것임을 사람들에게 알림(15-18절). 여기에 요한이 옥에 갇히게 된 일(이 일은 훗날에 일어났지만)이 첨가됨(19-20절). III. 그리스도께서 요한에게 세례를 받으러 나오심으로써 그의 선지자적 직분을 공식적으로 수행하심(21-22절). IV. 아담에게까지 거슬러올라가 기록된 그리스도의 족보(23-38절).

[1]디베료 황제가 통치한 지 열다섯 해 곧 본디오 빌라도가 유대의 총독으로, 헤롯이 갈릴리의 분봉 왕으로, 그 동생 빌립이 이두래와 드라고닛 지방의 분봉 왕으로, 루사니아가 아빌레네의 분봉 왕으로, [2]안나스와 가야바가 대제사장으로 있을 때에

하나님의 말씀이 빈 들에서 사가랴의 아들 요한에게 임한지라 ³요한이 요단 강 부근 각처에 와서 죄 사함을 받게 하는 회개의 세례를 전파하니 ⁴선지자 이사야의 책에 쓴 바 광야에서 외치는 자의 소리가 있어 이르되 너희는 주의 길을 준비하라 그의 오실 길을 곧게 하라 ⁵모든 골짜기가 메워지고 모든 산과 작은 산이 낮아지고 굽은 것이 곧아지고 험한 길이 평탄하여질 것이요 ⁶모든 육체가 하나님의 구원하심을 보리라 함과 같으니라 ⁷요한이 세례 받으러 나아오는 무리에게 이르되 독사의 자식들아 누가 너희에게 일러 장차 올 진노를 피하라 하더냐 ⁸그러므로 회개에 합당한 열매를 맺고 속으로 아브라함이 우리 조상이라 말하지 말라 내가 너희에게 이르노니 하나님이 능히 이 돌들로도 아브라함의 자손이 되게 하시리라 ⁹이미 도끼가 나무 뿌리에 놓였으니 좋은 열매 맺지 아니하는 나무마다 찍혀 불에 던져지리라 ¹⁰무리가 물어 이르되 그러면 우리가 무엇을 하리이까 ¹¹대답하여 이르되 옷 두 벌 있는 자는 옷 없는 자에게 나눠 줄 것이요 먹을 것이 있는 자도 그렇게 할 것이니라 하고 ¹²세리들도 세례를 받고자 하여 와서 이르되 선생이여 우리는 무엇을 하리이까 하매 ¹³이르되 부과된 것 외에는 거두지 말라 하고 ¹⁴군인들도 물어 이르되 우리는 무엇을 하리이까 하매 이르되 사람에게서 강탈하지 말며 거짓으로 고발하지 말고 받는 급료를 족한 줄로 알라 하니라

새로운 시대를 여는 요한의 세례는 특별히 자세하게 살펴볼 필요가 있다. 앞서 이 복음서에서는 요한에 대해서 영광스러운 것들, 즉 그가 하늘의 특별한 은총을 받은 자라는 것과 그가 이 땅에 큰 축복이라는 것을 말한 바 있다(1:15, 17). 그러나 요한은 광야로 갔기 때문에 우리의 시야에서 사라졌고, 이스라엘에게 나타나는 날까지 거기에 있었다(눅 1:80). 이제 마침내 그 날이 돌아왔고, 그 날을 기다리던 자들에게 그 날은 새벽을 기다림보다 더 기쁜 날이었다. 좀 더 살펴보자.

I. 요한이 출현하면서 사람들에게 베푼 세례는 어떤 시기에 시작되었는가? 다른 복음서 기자들과는 달리 누가는 그 시기를 밝혀 놓았는데, 그 시기가 아주 자세하고 정확한 것으로 보아서, 이 기록이 사실이라고 믿어도 좋을 것이다.

1. 그 시기는 이교도들이 유대인들을 통치하고 있던 시기였다. 이것은 유대인들이 피정복민이 되어 있었기 때문에, 이 때가 메시아가 오셔서 다윗과 유

다의 모든 현세적인 위엄과 통치권이 무너진 자리에 영적인 나라, 영원한 나라를 세우실 때라는 것을 보여주기 위한 것이었다.

(1) 그 시기는 로마 황제의 연호(年號)을 기준으로 연대가 표시되었다. 이때는 디베료 가이사가 통치한 지 열다섯 해 되던 때였는데, 디베료는 12명의 가이사 중 세 번째로서, 탐욕스럽고 방탕하며 잔혹한 폭군이었다. 본문에서 그러한 인물을 맨 먼저 언급한 것은 사탄이 모든 시대에 걸쳐서 다스려 왔던 저 잔혹하고 가증스러운 로마로부터 무엇을 기대할 수 있는지를 우리에게 가르쳐주기 위한 것이라고 라이트푸트 박사는 말한다. 유대 백성은 기나긴 투쟁 후에 최근에 와서 로마 제국의 속주가 되었고, 이 디베료 황제의 통치하에 놓이게 되었다. 한때는 다윗과 솔로몬의 통치 아래에서 국위(國威)를 떨쳤고 많은 나라들로부터 조공을 받았던 이 나라가 지금은 로마 제국의 보잘것없고 멸시받는 속주가 되어서, 단순히 정복당했을 뿐만 아니라 그 발 아래 짓밟히고 있었다. "나라의 혼란이 얼마나 끔찍한 결과들을 가져오는지!" 이제 국권이 유다의 발 사이에서 떠났다. 그 증거로서 유대인들의 공적 활동들은 로마 황제의 연호(年號)를 따라서 연대가 표시되었다. 그러므로 이제 실로(메시야)가 와야 한다.

(2) 그 시기는 로마 황제 아래에서 거룩한 땅의 여러 부분들을 다스리던 분봉왕과 총독들이 누구였는지를 따라서 연대가 표시되고 있는데, 이것은 유대인들이 속국민으로 살아가고 있음을 보여주는 또 하나의 징표였다. 왜냐하면, 분봉왕과 총독들은 모두 이방인들이었기 때문이다. 그 통치자가 그들 중에서 나온(렘 30:21) 것을 자랑으로 삼았던 유대 백성에게 이것은 참으로 서글픈 현실이었다. 슬프다, 어찌 그리 금이 빛을 잃었는고!(애 4:1). [1] 빌라도는 여기서 유대의 총독으로 소개된다. 다른 몇몇 저술가들은 그의 성품을 얘기하면서 그는 사악한 자였고 거짓말을 밥먹듯이 하는 자였다고 말한다. 그는 학정(虐政)을 일삼다가 마침내 수리아 총독이었던 비텔리우스에게 자리를 빼앗기고 로마로 불려가 자신의 학정에 대한 대가를 치러야 했다. [2] 나머지 세 사람은 분봉왕으로 소개되고 있는데, 어떤 이들은 그들이 각각 헤롯 대왕의 통치 아래 있었던 땅의 사분의 일씩을 맡아서 다스렸기 때문에 이런 이름이 붙여진 것이라고 생각한다. 또 어떤 이들은 분봉왕이라는 칭호는 그들이 맡고 있던 직책을 나타내는 것이었다고 생각한다. 그들은 통치자들 중에서 네 번째 자리 또는 네

번째 등급의 총독들이었다는 것이다: 황제가 첫 번째였고, 속주를 다스렸던 총독이 두 번째였으며, 왕은 세 번째였고, 분봉왕은 네 번째였다고 라이트푸트 박사는 말한다.

2. 그 시기는 유대인들 사이에서의 종교적인 일을 처리하던 유대인 지도자들이 누구였는지에 따라서 연대가 표시되었다. 이것은 유대인들이 타락하였기 때문에, 이 때가 메시야가 오셔서 그들을 개혁할 때임을 보여주는 것이었다(2절). 안나스와 가야바는 대제사장들이었다. 하나님은 한 번에 오직 한 명의 대제사장을 두도록 정하셨지만, 당시에는 순번이 잘못되었거나 그 밖의 다른 이유로 두 명의 대제사장이 있게 되었다. 어떤 이들은 이 두 명의 대제사장이 한 해씩 번갈아 복무하였다고 말한다. 한 사람은 대제사장이었고, 다른 한 사람은 대제사장에게 사고가 있을 때에 그의 직무를 대신하게 되어 있었던 '사간' — 유대인들은 그렇게 불렀다 — 이었다. 또는, 어떤 이들은 가야바는 대제사장으로서 아론을 대표하였고, 안나스는 산헤드린의 수장(首長)인 '나시'로서 모세를 대표하였다고 말한다. 그러나 우리에게는 모든 것을 심판하시는 오직 한 분의 대제사장, 만유의 한 주(主)가 계실 뿐이다.

II. 요한의 세례의 기원(起源)과 목적.

1. 요한의 세례는 하늘로부터 왔다. 하나님의 말씀이 요한에게 임하였다(2절). 그는 자기가 무엇을 해야 할지에 대해서 하나님으로부터 온전한 위임과 지시를 받았다. 이 표현은 구약의 선지자들과 관련해서 사용되던 바로 그 표현이다(렘 1:2). 왜냐하면, 요한은 선지자였고 — 아니, 그는 선지자 이상이었다 — 오랫동안 중단되었던 예언이 그를 통해서 되살아났기 때문이다. 요한에게 하나님의 말씀이 어떻게 임한 것인지, 즉 그의 아버지 사가랴의 경우처럼 천사를 통해서였는지, 아니면 꿈이나 환상 또는 음성을 통해서 임한 것인지에 대해서는 언급이 없지만, 어쨌든 하나님의 말씀이 그가 충분히 만족할 만하게 그에게 전달되었기 때문에, 우리도 그것으로 만족해야 한다. 여기서 요한은 사가랴의 아들로 불리는데, 이것은 우리에게 천사가 그의 아버지에게 아들이 있을 것이라고 하면서 한 말을 되새겨보게 하기 위한 것이다. 하나님의 말씀은 빈 들에서 그에게 임하였다. 하나님은 준비된 자들이 어디에 있든지 간에 그들을 찾아내시기 때문이다. 하나님의 말씀은 감옥에서도 매이지 않고, 빈 들에서도 길을 잃지 않는다. 하나님의 말씀은 그발 강가에서 포로가 되어 있던 에스겔을 찾

아갔고, 밧모 섬에 유배 가 있던 요한을 찾아갔다. 세례 요한은 제사장의 아들로서 이제 그의 나이가 서른 살에 접어들었다. 그러므로 성전의 관례를 따라서, 그는 성전의 일을 맡아볼 나이가 되었다 — 물론, 그는 그 전에 5년 동안 수습 기간을 거쳐야 했겠지만. 그러나 하나님은 그를 더 영광스러운 사역으로 부르셨기 때문에, 이제 성령이 그를 호출한 것이다. 그는 성전의 제사장 명부에는 등록되어 있지 않았다: 사가랴의 아들 요한은 이 때에 사역을 시작하였다.

2. 요한의 세례의 범위와 목적은 유대 나라의 모든 백성이 그들의 죄에서 떠나 그들의 하나님께로 돌아오게 하는 것이었다(3절). 먼저 그는 요단 강 부근 각처에 왔다. 그 곳은 요한이 거주하였던 곳에서 인접한 곳이었고, 이스라엘 백성이 여호수아의 영도 아래에서 약속의 땅으로 들어갔을 때에 최초로 차지하였던 땅의 일부이기도 하였다. 거기에 복음의 깃발이 처음으로 펄럭이게 되었다. 요한은 유대 나라에서 가장 한적한 곳에서 거주하였었다. 그러나 하나님의 말씀이 그에게 임하자, 그는 광야에 거주하는 것을 그만두고, 사람들이 사는 지역으로 옮겨갔다. 은거 생활을 너무도 좋아하는 사람들도 하나님이 그들을 사람들이 많이 사는 곳으로 부르시면 기쁜 마음으로 은거 생활을 청산하여야 한다. 요한은 광야에서 나와 요단 강 부근 각처에 와서, 종파나 파당이 아니라 신앙 고백 또는 뚜렷하게 구별되는 징표(예식)인 새로운 세례를 전파하였다. 세례라는 징표 또는 예식은 유대인들 사이에서 통상적으로 사용되던 물로 씻는 의식(儀式)이었다. 유대교에서는 개종자들을 받아들이거나 어떤 큰 스승이 제자들을 받아들일 때에 이 의식을 종종 행하였다. 그러나 요한의 세례가 지닌 의미는 죄 사함을 받게 하는 회개였다:

(1) 요한의 세례를 받은 모든 자들은 그들의 죄를 회개하고, 그들이 잘못했던 일들을 뉘우치며, 다시는 죄를 짓지 말아야 할 의무를 지게 되었다. 그들은 죄를 고백하고 그 고백을 진지하게 지키려고 애써야 했고, 다시는 죄를 짓지 않기로 약속하고 그 약속을 이행하고자 애써야 했다. 요한은 장로들이 전승을 통해서 부과하였던 의식(儀式)들을 준수하도록 사람들을 묶어놓은 것이 아니라, 마음을 바꾸고 삶을 바꿔서 모든 범죄에서 떠나고 새로운 심령을 가져 새 삶을 살도록 촉구하였다. 이렇게 시작된 복음의 목적은 사람들을 이전과는 달리 신앙이 있고 경건하며, 거룩하고 성스러우며, 겸손하고 온유하며, 소박하고 자비로우며, 의롭고 정직하며, 구제할 줄 알고 인자하며, 범사에 선한 자들로 만드는

것이었다. 이것이 바로 회개하는 것이다.

(2) 요한의 세례를 받은 모든 자들은 회개하면 죄 사함을 받을 수 있다는 확신을 얻게 되었다. 요한이 베푼 세례는 그들에게 죄의 권세에 굴복하지 않도록 하는 의무를 부여한 것과 동시에, 그들에게 은혜로 말미암은 죄책(罪責)으로부터의 해방을 수여해 주었다. 너희는 돌이켜 회개하고 모든 죄에서 떠날지어다. 그리한즉, 그것이 너희에게 죄악의 걸림돌이 되지 아니하리라(겔 18:30). 요한의 말은 구약의 선지자들이 전한 하나님의 말씀과 일치하는 것이었다.

Ⅲ. 요한의 사역 속에서 성경이 성취됨.　다른 복음서 기자들도 여기에 언급되고 있는 것과 동일한 본문인 이사야 40:3을 언급한 바 있다. 그것은 선지자 이사야의 책에 씌어진 것으로서, 이사야는 이 말씀을 하나님으로부터 듣고, 하나님을 대신하여 전하였고, 장래의 세대들을 위하여 기록하였다. 그런데 이사야의 책에는 광야에서 외치는 자의 소리가 있으리라는 내용이 들어 있었고, 요한은 바로 그 음성, 명료하고 또렷한 음성, 큰 음성, 알아듣기 쉬운 음성이었다. 그는, 너희는 주의 길을 준비하라 그의 오실 길을 곧게 하라고 외쳤다. 요한의 임무는 사람들의 마음속에 복음이 들어갈 수 있도록 길을 내는 일, 즉 사람들의 마음과 기질을 그리스도께서 받으실 만하고 또한 그들이 그리스도를 영접할 만하게 만드는 일이었다. 누가는 마태와 마가보다 이 성경 말씀을 더 길게 인용해서, 그 다음에 나오는 말씀도 요한의 사역에 적용한다(5-6절): 모든 골짜기가 메워지리라(사 40:4). 하몬드 박사는 이 구절을 유대인들이 그들의 불신앙으로 인해서 맞게 된 황폐화에 대한 예언으로 이해한다: 그 땅은 로마 군대의 선발대에 의해서 평평해지고 황폐해질 것이고, 그 때에 회개치 않은 자들과 복음을 받아들인 자들이 뚜렷하게 구별되리라는 것이다. 그러나 이 구절은 그리스도의 복음을 준비하는 요한의 사역을 의미하는 것으로 보인다. 1. 겸손한 자들은 요한의 사역을 통해서 은혜로 부요해질 것이다: 낮은 곳에 있고 습기찬 모든 골짜기가 메워지고 높아질 것이다. 2. 교만한 자들은 요한의 사역을 통해서 낮아질 것이다. 그들 자신의 토대 위에 서 있는 자신만만한 자들과 그들 자신의 꼭대기를 넘어서 올라가 있는 자신을 속이는 자들은 멸시를 자초하게 될 것이다: 모든 산과 작은 산이 낮아질 것이다. 그들은 회개하면 티끌로 돌아갈 것이고, 회개하지 않으면 지옥의 나락으로 떨어질 것이다. 3. 죄인들이 회심하여 하나님께로 돌아올 것이다: 굽은 길들과 굽은 심령들이 곧아질 것이다. 하나

님께서 굽게 하신 것을 능히 곧게 할 자가 없지만(전 7:13), 하나님은 은혜를 베푸셔서, 죄로 인하여 굽은 것을 곧게 하실 수 있기 때문이다. 4. 하늘로 가는 길을 방해하던 난관들이 제거될 것이다: 험한 길이 평탄하여질 것이다. 하나님의 율법을 사랑하는 자들에게는 큰 평안이 있으리니, 그들에게 장애물이 없으리이다(시 119:165). 복음은 하늘로 가는 길을 평평하고 찾기에 쉽고, 걷기에 편하게 만들어 주었다. 5. 그 큰 구원은 어느 때보다도 더 완전하게 드러날 것이고, 그 소식은 멀리까지 퍼져나가게 될 것이다(6절): 모든 육체가 하나님의 구원하심을 보리라 ― 유대인들만이 아니라 이방인들도. 모든 자들이 그것을 보게 될 것이다. 하나님의 구원하심이 모든 자들에게 제시될 것이고, 온갖 부류의 사람들이 그것을 보고 받아들여서 그 유익을 얻게 될 것이다. 교만한 생각들을 사로잡아서 그리스도에게 복종시키고, 영혼을 평탄하게 하며, 그리스도와 그의 은혜를 가로막는 모든 장애물들을 제거함으로써 사람들의 마음속에 복음을 받아들일 수 있는 길이 만들어지면, 하나님의 구원하심을 영접할 준비가 이루어진다.

IV. 요한이 세례를 받으러 온 자들에게 준 일반적인 경고와 권고들(7-9절). 마태복음에서는 많은 바리새인들과 사두개인들이 세례 베푸는 데로 오는 것을 보고 요한이 그들에게 이와 같은 말을 한 것이라고 말한다(마 3:7-10). 그러나 여기에는 요한이 세례 받으러 나아오는 무리에게 이 말을 한 것으로 되어 있다(7절). 이 말은 요한이 그에게 나아온 모든 자들에게 한 설교의 요지였다. 그는 바리새인들과 사두개인들이 왔을 때에 그들의 비위를 맞추기 위해서 자신의 설교를 변경한 것이 아니라, 다른 사람들에게 하던 것과 똑같은 설교를 그들에게도 하였던 것이다. 요한은 큰 자들에게 아첨하지도 않았고, 다수에게 영합하지도 비위를 맞추지도 않았다. 그는 사두개인들과 바리새인들에게 했던 그대로 무리를 향하여 죄를 책망하고 진노가 있을 것을 경고하였다. 왜냐하면, 무리들은 사두개인이나 바리새인과 동일한 잘못들을 범하지는 않았지만 그들도 역시 다른 나쁜 짓들을 했기 때문이다. 좀 더 살펴보자.

1. 인류는 범죄하고 타락하여서 독사의 자식들(독사들의 세대)이 되었다. 그들은 독의 해를 당하였을 뿐만 아니라 독을 품게 되었고, 하나님을 미워할 뿐만 아니라 서로를 미워하게 되었다. 이것은 독사들의 소굴을 멸하지 않으시고 이 땅 위에 인류를 그대로 존속시키시는 하나님의 오래 참으심을 부각시켜준

다. 하나님은 예전에 물로 인류를 멸하셨고, 장차 불로 다시 인류를 멸하실 것이다.

2. 이 독사의 자식들은 분명한 목소리로 장차 올 진노를 피하라는 경고를 받는다. 만약 그들이 계속해서 그런 식으로 행한다면, 그들은 반드시 진노를 받게 될 것이다. 그들의 수가 많다고 해서 그들의 안전이 보장되는 것은 아니다. 그들을 멸하는 것이 하나님에게 수치나 손실이 되는 것이 결코 아니기 때문이다. 우리도 적절한 때에 우리를 돌아본다면, 이러한 진노의 경고를 받을 수 있을 뿐만 아니라 그 진노를 피할 길도 제시받을 수 있다.

3. 회개 외에는 장차 올 진노를 피할 다른 길은 없다. 회개의 세례를 받은 자들은 그들이 장차 올 진노를 피하라는 경고를 받고서 그 경고를 받아들였다는 것을 증명한 것이었다. 우리도 세례를 통해서 장차 임할 진노를 두려워하여 소돔에서 피해 나왔다는 것을 고백한다.

4. 회개를 고백한 자들은 회개한 자들처럼 사는 데에 지대한 관심을 기울여야 한다(8절): "그러므로 회개에 합당한 열매를 맺어라. 그렇지 않는다면, 비록 회개의 고백을 했을지라도, 너희는 장차 올 진노를 피하지 못할 것이다." 회개가 진실한 것인지 아닌지는 회개의 열매들을 통해서 밝혀지게 될 것이다. 우리는 행실의 변화를 통해서 마음의 변화를 증명하여야 한다.

5. 우리가 마음과 삶에서 진정으로 거룩하지 않다면, 우리의 신앙 고백 및 하나님과 그의 교회에 대한 우리의 관계는 아무런 소용이 없게 될 것이다: 속으로 아브라함이 우리 조상이라 말하는 것을 통해서, 이 회개의 큰 의무로부터 벗어나려고 궁리하는 일은 이제 꿈도 꾸지 말라. 우리가 경건하지 않는데 우리 조상이 경건했다는 것이 우리에게 무슨 소용이 있으며, 우리가 하나님과의 계약 관계 속에 들어가 있지 않는데 교회의 울타리 안에 있다는 것이 무슨 소용이 있겠는가?

6. 그러므로 우리는 외적인 특권과 외적인 신앙 고백에 의존해서는 안 된다. 하나님은 우리 또는 우리의 섬김을 꼭 필요로 하시지 않고, 우리 없이도 얼마든지 자신의 뜻을 이루시고 영광을 받으실 수 있다. 우리가 끊어져나가서 멸망한다고 해도, 하나님은 도저히 불가능해 보이는 자들을 모으셔서 그를 위하여 다시 교회를 일으키실 수 있다 — 하나님은 돌들로도 아브라함의 자손이 되게 하실 수 있다.

7. 만약 우리가 회개에 합당한 열매를 맺지 않는다면, 우리의 회개의 고백이 더 크고, 우리에게 회개하라고 주어진 도움과 격려가 더 크면 클수록, 우리의 멸망은 더 가까워지고 더 심각한 것이 될 것이다. 복음이 전파되기 시작한 지금, 천국이 가까이 온 지금, 도끼가 나무 뿌리에 놓인 지금, 악인들과 회개하지 않는 자들에게는 위협이, 회개한 자들에게는 격려가 이전보다 한층 더 커졌다. "이제 너희의 운명이 너희의 행실에 달렸으니, 자신을 살펴라."

8. 열매를 맺지 못하는 나무는 결국 불 속에 던져지게 될 것이다. 그런 나무들은 불을 지피는 땔감으로 제격이기 때문이다: 좋은 열매를 맺지 않는 나무마다 찍혀서 불에 던져지리라. 하나님의 은혜에 대하여 영광을 돌리기 위하여 열매를 맺지 못하는 나무는 하나님의 정의를 바로세움으로써 하나님께 영광을 돌리기 위하여 땔감으로 사용될 것이다.

V. 요한이 그에게 합당히 행하여야 할 의무를 물어본 몇몇 부류의 사람들에게 준 구체적인 가르침들.   무리와 세리들과 군인들. 몇몇 바리새인들과 사두개인들도 요한에게 세례를 받으러 왔다: 그러나 우리는 그들이 우리가 무엇을 하리이까?라고 물은 것을 볼 수 없다. 그들은 그들이 무엇을 해야 하는지와 요한이 그들에게 무엇을 말해줄 수 있는지를 알고 있다고 생각했거나, 요한이 그들에게 무엇이라고 말할지라도 그들이 하고 싶은 대로 행하기로 결심했던 것이리라. 그러나 무리와 세리들과 군인들은 그들이 잘못 행해 왔었다는 것과 앞으로 더 잘 해야 한다는 것과 하나님의 율법에 대하여 너무도 무지하고 잘 알지 못하다는 것을 알고 있었기 때문에 요한에게 구체적으로 물었다: 우리가 무엇을 하리이까?

1. 세례를 받은 자들은 가르침을 받아야 하고, 세례를 준 사람들은 기회가 있을 때마다 그들을 가르치는 데에 관심을 가져야 한다(마 28:19-20). 2. 일반적인 말로 회개를 고백하고 약속한 자들은 그들의 처지와 형편에 맞는 구체적인 변화의 삶을 통해서 그 회개를 증명하여야 한다. 3. 의무를 행하고자 하는 자들은 그들의 의무를 알려고 하여야 하고 그것에 관하여 물어야 한다. 바울이 회심하고나서 최초로 한 선한 말은 주여, 내가 무엇을 하기를 원하시나이까?(KJV 행 9:6)라는 말이었다. 여기에서 사람들은 이 사람이 무엇을 하리이까?라고 물은 것이 아니라, 우리가 무엇을 하리이까라고 물었다: 우리가 회개에 합당한 어떠한 열매를 맺어야 합니까? 그러자 요한은 각 사람에게 그들의 처지와 형편을

따라서 대답해 주었다.

(1) 요한은 무리에게 그들의 의무를 일러주었는데, 그것은 구제하라는 것이었다(11절): 옷 두 벌 있는 자, 그러니까 옷 한 벌이 남는 자는 옷 없는 자에게 나눠 주어서, 그 옷 없는 자가 이로 말미암아 따뜻하게 지내도록 해주어라. 아마도 요한은 그의 청중들 가운데서 옷을 여러 개씩 지나치게 겹쳐서 입은 자들이 있는 반면에 옷이 없어서 누더기를 걸친 자들이 있는 것을 보았을 것이다. 여분의 남은 것들을 가진 자들은 꼭 필요한 것도 없는 자들을 구제하는 데에 그 여분의 것들을 사용하여야 한다. 복음이 원하는 것은 희생제사가 아니라 긍휼이다. 복음의 목적은 우리에게 우리가 할 수 있는 한 모든 선한 일을 하도록 격려하는 것이다. 음식과 의복은 삶을 지탱시켜 주는 두 가지 필수품이다. 먹을 것을 여분으로 가지고 있는 자는 여분의 옷을 가진 자와 마찬가지로 일용할 양식이 없는 자에게 그 나머지를 주라. 우리는 우리가 가지고 있는 것의 소유자가 아니라 청지기일 뿐이기 때문에, 우리 주님의 지시를 따라 그 소유를 사용하지 않으면 안 된다.

(2) 요한은 로마 황제에게 바치는 세금을 거두어들였던 세리들에게 그들의 의무를 일러준다(13절): 부과된 것 외에는 거두지 말라. 세리들은 정부와 상인들에게 공평히 행하여야 하고, 세금을 징수하면서 사람들을 못살게 굴거나, 법이 정한 것 이상으로 세금을 무겁거나 부담되게 매겨서는 결코 안 된다. 세리들은 백성들이 황제에게 바칠 세금을 속이지 못하도록 감독하는 직책이기 때문에 그들에게 주어진 권력을 사용해서 백성들을 쥐어짜도 된다고 생각해서는 안 된다. 조금이라도 권력을 쥔 자들은 권력을 악용하기 쉽다: "결코 그래서는 안 된다. 너희는 법에서 정한 것을 지키고, 가이사의 것을 가이사를 위하여 거두어들이는 것으로 만족해야 하지, 더 거두어들여서 치부하여서는 안 된다." 공적인 수입원들은 공공 사업에 사용되어야 하고, 사리사욕을 채우는 데에 이용되어서는 안 된다. 요한은 세리들에게 그들의 직업을 그만두고 더 이상 세관에 나가지 말라고 명령하지 않았다는 것을 주목하라. 세리라는 직업 자체는 합법적이고 필요한 직업이지만, 세리들은 그 일을 공정하고 정직하게 수행하여야 한다.

(3) 요한은 군인들에게도 그들의 의무를 일러준다(14절). 어떤 이들은 이 군인들이 유대 민족 출신이었고 유대교인이었다고 생각한다. 하지만 어떤 이들

은 그들이 로마 군인들이었다고 생각한다. 왜냐하면, 유대인들은 로마인들을 섬기려고 하지 않았을 것이고, 로마인들도 유대인들이 그들 자신의 나라를 감시하는 수비대에서 충성스럽게 복무할 것이라고 기대하지 않았을 것이기 때문이다. 그렇다면, 이것은 이방인들이 복음을 받아들이고 거기에 순종한 초기의 사례가 된다. 군인들이 신앙에 이끌리는 경우는 매우 드물다. 그렇지만 이 군인들은 세례 요한이 요구한 엄격한 신앙 고백을 받아들여 행하였고, 또한 요한에게서 명령을 하달받기를 원하였다: 우리는 무엇을 하리이까? 다른 사람들과는 달리 언제 죽을지 모르며 살아가는 자들은 그들이 평강 가운데 처할 수 있도록 하기 위해서는 무엇을 해야 하는지를 묻는 데에 관심을 갖는다. 이 질문에 대한 답변 속에서 요한은 그들에게 무기를 다 내려놓고 군대에서 나오라고 말한 것이 아니라, 군인들이 흔히 범할 수 있는 그런 죄들을 짓지 말라고 주의를 주었다. 우리를 범죄에서 지키는 것이 바로 회개에 합당한 열매이기 때문이다.

[1] 그들은 관할 지역의 사람들에게 해를 끼쳐서는 안 된다: "아무에게도 폭력을 행하지 말라(개역에서는 사람에게서 강탈하지 말며). 너희가 할 일은 평화를 유지하고 사람들이 서로에게 폭력을 행하는 것을 막는 것이기 때문에, 너희는 누구에게도 폭력을 행하지 말라. 아무도 흔들지 말라(원문의 의미)." "사람들에게 겁을 주지 말라. 정의의 칼과 마찬가지로 전쟁의 칼도 오직 악을 행하는 자들에게만 공포가 되고, 선한 일을 행하자는 자들에게는 보호막이 되어야 하기 때문이다. 너희의 관할지역에서 무례하게 행하지 말라. 위협이나 공갈을 통해서 사람들로부터 돈을 강탈하지 말라. 평화시에 전쟁의 피를 흘리지 말라. 남자나 여자에게 무례한 것을 요구하지 말고, 군인들이 종종 자행하는 야만적인 초토화 작전에 참여하지 말라." 또한 군인들은 사람들을 정부에 거짓으로 고발하여서 공포에 떨게 하여 뇌물을 뜯어내지 말아야 한다.

[2] 군인들은 동료 군인들에게도 해를 끼쳐서는 안 된다. 어떤 이들은 거짓으로 고발하지 말라는 경고가 특히 동료 군인들과 관련이 있다고 생각하기 때문에, 이런 교훈을 제시한다: "너희가 악감을 품고 있는 자들에게 복수하거나 너희의 선임자들에게 해를 끼치거나 그들의 자리를 빼앗기 위해서 상관에게 가서 고자질하지 말라." 어떤 이들은 칠십인역에서 구약의 몇몇 구절들이 이 단어를 사용하고 있는 의미로 이 단어가 여기에서 사용되고 있다고 생각해서,

아무도 압제하지 말라고 해석한다.

[3] 군인들은 항명하거나, 급료를 놓고 지휘관과 다투어서는 안 된다: 받는 급료를 족한 줄로 알라. 애초에 너희가 합의한 액수를 받는 한, 급료를 더 주지 않는다고 불평하지 말라. 사람들은 자기가 가진 것에 만족하지 못할 때에 남들을 억압하고 해를 끼치게 된다. 자기가 가지고 있는 것에 만족하지 못하는 자들은 남들을 속여서 강탈해서 자신의 소유를 늘리는 데에 온갖 악랄한 방법들을 아무 거리낌 없이 다 동원할 것이다. 받는 급료를 족한 줄로 아는 것은 모든 종들이 반드시 지켜야 할 철칙이다. 불만에 차 있는 자들은 많은 시험들에 노출되기 때문이다. 현재 있는 것을 최선으로 활용하는 것이 지혜로운 일이다.

[15]백성들이 바라고 기다리므로 모든 사람들이 요한을 혹 그리스도신가 심중에 생각하니 [16]요한이 모든 사람에게 대답하여 이르되 나는 물로 너희에게 세례를 베풀거니와 나보다 능력이 많으신 이가 오시나니 나는 그의 신발끈을 풀기도 감당하지 못하겠노라 그는 성령과 불로 너희에게 세례를 베푸실 것이요 [17]손에 키를 들고 자기의 타작 마당을 정하게 하사 알곡은 모아 곳간에 들이고 쭉정이는 꺼지지 않는 불에 태우시리라 [18]또 그밖에 여러 가지로 권하여 백성에게 좋은 소식을 전하였으나 [19]분봉 왕 헤롯은 그의 동생의 아내 헤로디아의 일과 또 자기가 행한 모든 악한 일로 말미암아 요한에게 책망을 받고 [20]그 위에 한 가지 악을 더하여 요한을 옥에 가두니라

우리는 이제 우리 주 예수께서 공적으로 등장하는 장면에 더 가까이 다가가고 있다. 샛별이 보인 후에는 머지않아 해가 떠오르는 법이다. 이 단락에는 다음과 같은 내용들이 나온다.

I. 백성들은 요한의 사역과 세례를 계기로 해서, 메시야에 대해서 생각하고, 메시야가 곧 오시거나 지금 오셨다고 생각하게 되었다. 이런 식으로 주의 길은 준비되었고, 백성들은 그리스도를 영접할 준비를 갖추게 되었다. 왜냐하면, 사람들의 기대가 고조된 가운데 그 기대하던 것이 오면 사람들은 그것을 갑절이나 더 잘 받아들일 수 있게 되기 때문이다. 백성들은 세례 요한이 전한 훌륭한 교훈, 그 교훈에 수반된 하나님의 능력, 세상을 개혁하고자 하는 이 교

곡과 쭉정이를 완전히 분리해내실 수 있고, 또한 그렇게 하실 것이다. 그는 자기의 타작 마당을 정하게 하실 것이다. 타작 마당은 그의 것이다. 그러므로 그는 타작 마당을 정하게 하셔서, 믿지 않고 회개치 않는 유대인들을 그의 교회 밖으로 내던지고, 그를 신실하게 좇는 모든 자들을 그의 교회 안에 견고히 지키실 것이다. [3] 요한은 복음을 받아들이는 자들에게 단지 위로를 말할 수 있고, 다른 선지자들과 마찬가지로 의인들이 형통하리라고 말할 수만 있다. 그러나 예수 그리스도는 직접 그들에게 위로를 주실 것이다. 요한은 단지 그들에게 안전하리라고 약속만 할 수 있다. 그러나 그리스도는 그들을 실제로 안전하게 하실 것이다: 그는 알곡을 모아 곳간에 들이실 것이다. 그는 선하고 진실하며 확고한 자들을 모아서 이 땅에 있는 그의 교회로 들이실 것인데, 지상의 교회는 바로 그런 자들로 구성될 것이다. 그리고 그는 오래지 않아서 그들을 하늘에 있는 그의 교회로 모아들이실 것이고, 그들은 거기에서 영원한 피난처를 얻고 보호를 받게 될 것이다. [4] 요한은 단지 위선자들에게 경고하고, 열매 맺지 아니하는 나무마다 찍혀 불에 던져지리라고만 말할 수 있다. 그러나 그리스도는 그러한 경고를 직접 집행하실 수 있다. 그는 쭉정이 같이 가볍고 속이 없으며 쓸데없는 자들을 꺼지지 않는 불에 태우실 것이다. 요한은 여기에서 말라기 3:18; 4:1-2을 언급한다. 용광로 불 같은 날이 이르리니 타작 마당이 정하게 되는 그 때에 너희가 돌아와서 의인과 악인을 분별할 것이다.

복음서 기자는 요한의 설교에 관한 그의 기사를 기타 등등이라는 말로 끝맺는다(18절): 그는 여기에 기록하지 않은 그 밖에 여러 가지로 권하여 백성에게 좋은 소식을 전하였다. 첫째, 요한은 사랑이 깊은 설교자였다. 그는 사람들을 권하였다(파라칼톤) ― 즉, 간곡히 부탁하였다. 그는 진심어린 마음을 가지고 청중들을 간곡하게 설득하고 권하며 그의 가르침을 자세하게 설명해 주었다. 둘째, 그는 실천적인 설교자였다. 그의 설교의 많은 부분은 권면으로서, 사람들에게 그들의 의무를 깨우치고 행하도록 지도하는 것이었지, 멋진 상상에서 나온 이야기들로 사람들을 즐겁게 해주는 것이 아니었다. 셋째, 그는 대중적인 설교자였다. 고등교육을 받은 서기관들과 바리새인들, 자유분방한 사상을 추구한다고 자처하는 사두개인들이 청중 속에 있었지만, 요한은 백성에게, 즉 평신도들을 대상으로 해서 말씀을 전하였고, 그들의 수준에 맞춰서 설교하였기 때문에, 그들 가운데서 대성공을 거둘 수 있었다. 넷째, 복음전도를 위한 설교자였다. 본문에서 사용한 단어인 유엥겔리제토는 바로 그런 뜻이다 — 그는 백성에게 복음을 전하였다(개역에서는 백성에게 좋은 소식을 전하였다). 그는 그의 모든 권면들을 통해서 사람들을 그리스도께로 인도하였고, 그리스도에 대한 기대를 고무시켰다. 우리는 사람들에게 의무를 역설하면서 그들로 하여금 의(義)와 힘을 얻도록 하기 위하여 그들을 그리스도께 인도하여야 한다. 다섯째, 그는 말에 능한 설교자였다: 그는 그 밖에 여러 가지로 — 서로 다른 많은 것들 — 권하였다. 그는 많은 것들을 전하였고, 하나님의 모든 뜻을 선포하기를 주저하지 않았다. 또한 그는 설교를 다양하게 함으로써, 어느 한 설교를 통해서 진리에 이르지 못한 자들이 다른 설교를 통해서 진리에 이를 수 있게 하였다.

Ⅲ. **요한의 설교는 갑자기 중단되었다.**   그의 사역이 한창 물이 올라서 성공적으로 진행되고 있던 때, 그는 앙심을 품은 헤롯에 의해서 투옥되었다(19-20절): 분봉 왕 헤롯은 그의 동생 빌립의 아내와의 근친상간과 자기가 행한 모든 악한 일로 말미암아(한 가지 일에서 악한 자들은 보통 다른 많은 일에서도 악한 법이다) 요한에게 책망을 받고서, 요한이 대놓고 책망한 것에 대하여 분을 참지 못하고 반감을 품어서, 다른 모든 악 위에 한 가지 악을 더하여 요한을 옥에 가두었는데, 이것은 밝게 타오르는 등불을 말 아래에 둔 것이어서 가장 큰 악이었다. 헤롯이 요한의 책망을 참을 수 없었기 때문에, 다른 사람들은 요한에게서 가르침과 조언을 받는 유익을 박탈당하게 된 것이다. 물론, 요한은 감옥에 갇혀 있는 동안에도 그에게 나아오는 자들에게 유익을 주었을 것이다. 그러나 그런 유익은 요한이 온 나라를 돌아다니면서 많은 사람들에게 끼쳤을 유익에 비하면 아무것도 아니다. 우리는 헤롯이 자행한 이러한 행위를 생각하면 말할 수 없는 동정심과 애석함을 느끼지 않을 수 없고, 또한 하나님이 그 일을 허락하신 것을 생각하면 우리가 감히 헤아릴 수 없는 하나님의 깊은 뜻에 감탄할 수밖에 없다. 광야에서 외치는 자의 소리였던 세례 요한은 이제 침묵할 수밖에 없는 것인가? 성전 뜰에 우뚝 서서 외쳐야 할 그런 설교자가 감옥에 갇혀 있어야 한단 말인가? 그러나 이런 일을 통해서, 요한의 제자들의 신앙은 시험을 받아 연단되어야 했고, 요한을 거부하였던 자들의 불신앙은 벌을 받아야 하며, 요한은 설교에서만 아니라 고난에 있어서도 그리스도의 예비주자가 되어야 했고, 그리스도를 받아들이도록 사람들을 준비시키는 일이 대략 일년 반 정도 이루어진 지금에 있어서 요한은 이제 그리스도께 길을 내주어야 했다 — 해가

떠오르면, 샛별은 당연히 사라져야 한다.

[21]백성이 다 세례를 받을새 예수도 세례를 받으시고 기도하실 때에 하늘이 열리며 [22]성령이 비둘기 같은 형체로 그의 위에 강림하시더니 하늘로부터 소리가 나기를 너는 내 사랑하는 아들이라 내가 너를 기뻐하노라 하시니라 [23]예수께서 가르치심을 시작하실 때에 삼십 세쯤 되시니라 사람들이 아는 대로는 요셉의 아들이니 요셉의 위는 헬리요 [24]그 위는 맛닷이요 그 위는 레위요 그 위는 멜기요 그 위는 얀나요 그 위는 요셉이요 [25]그 위는 맛다디아요 그 위는 아모스요 그 위는 나훔이요 그 위는 에슬리요 그 위는 낙개요 [26]그 위는 마앗이요 그 위는 맛다디아요 그 위는 서머인이요 그 위는 요섹이요 그 위는 요다요 [27]그 위는 요아난이요 그 위는 레사요 그 위는 스룹바벨이요 그 위는 스알디엘이요 그 위는 네리요 [28]그 위는 멜기요 그 위는 앗디요 그 위는 고삼이요 그 위는 엘마담이요 그 위는 에르요 [29]그 위는 예수요 그 위는 엘리에서요 그 위는 요림이요 그 위는 맛닷이요 그 위는 레위요 [30]그 위는 시므온이요 그 위는 유다요 그 위는 요셉이요 그 위는 요남이요 그 위는 엘리아김이요 [31]그 위는 멜레아요 그 위는 멘나요 그 위는 맛다다요 그 위는 나단이요 그 위는 다윗이요 [32]그 위는 이새요 그 위는 오벳이요 그 위는 보아스요 그 위는 살몬이요 그 위는 나손이요 [33]그 위는 아미나답이요 그 위는 아니요 그 위는 헤스론이요 그 위는 베레스요 그 위는 유다요 [34]그 위는 야곱이요 그 위는 이삭이요 그 위는 아브라함이요 그 위는 데라요 그 위는 나홀이요 [35]그 위는 스룩이요 그 위는 르우요 그 위는 벨렉이요 그 위는 헤버요 그 위는 살라요 [36]그 위는 가이난이요 그 위는 아박삿이요 그 위는 셈이요 그 위는 노아요 그 위는 레멕이요 [37]그 위는 므두셀라요 그 위는 에녹이요 그 위는 야렛이요 그 위는 마할랄렐이요 그 위는 가이난이요 [38]그 위는 에노스요 그 위는 셋이요 그 위는 아담이요 그 위는 하나님이시니라

복음서 기자는 요한의 투옥이 그리스도께서 세례를 받으신 일보다 거의 일년 후에 일어난 일인데도 불구하고 요한의 사역에 관한 이야기를 마치고 그리스도에 관한 이야기를 도입하기 위하여 요한의 투옥을 미리 언급하였다. 이 단락에는 다음과 같은 내용들이 나온다.

I. 그리스도의 수세(受洗)에 관한 짤막한 기사.　마태는 이 사건을 자세하게 기록하였다. 예수께서는 요한에게 오셔서 세례를 받으셨다(21-22절).

1. 백성이 다 세례를 받을새 예수도 세례를 받으셨다고 본문은 말한다: 거기에 있던 모든 사람들이 세례를 받았다. 그리스도께서는 보통 사람들 틈에 끼어서 맨나중에 세례를 받으셨을 것이다. 이렇게 그는 자기를 낮추시고 비워서 가장 작은 자들 중 하나, 아니 가장 작은 자들보다도 더 낮은 자가 되셨다. 그는 요한의 세례를 통해서 많은 무리들이 그를 받아들일 준비가 된 것을 보시고, 그 때에 등장하셨다.

2. 본문에는 그리스도께서 세례를 받으실 때에 기도하셨다는 말이 나오는데, 이 말은 마태복음에는 나오지 않았다: 그는 세례를 받으시면서 기도하셨다. 그에게는 고백할 죄가 없었기 때문에, 그는 다른 사람들처럼 죄를 고백하지 않았다. 그러나 그는 아버지와의 교제를 지속시키기 위해서 다른 사람들과 마찬가지로 기도하셨다. 외적이고 눈에 보이는 표징(表徵)인 성례전들이 나타내는 내적이고 영적인 은혜는 기도를 통해서 얻어지는 것이기 때문에, 성례전에는 항상 기도가 수반되어야 한다. 이 때에 그리스도께서는 성례전이 나타내는 하나님의 은총이 그에게 임하기를 기도하셨고, 그 은총은 즉시 그에게 임하였다. 그는 아버지의 은총이 그에게 나타날 것과 성령의 임재를 위하여 기도하였다. 그리스도께서는 그에게 약속되어 있던 것을 기도를 통해서 얻으셔야 했다: 구하라 그러면 너희에게 주실 것이다. 이렇게 하심으로써 그는 기도에 존귀함을 부여하시고, 우리에게 기도할 의무를 주시며, 기도하도록 격려하고자 하셨다.

3. 그가 기도하자, 하늘이 열렸다. 능력으로 물을 갈라서 가나안으로 들어가는 길을 여셨던 바로 그분이 이제 능력으로 또 하나의 유체(流體)인 공기를 갈라서 하늘의 가나안과의 통로를 여셨다. 이렇게 해서, 지성소로 들어가는 새롭고 산 길이 그리스도에게 열렸고, 또한 그리스도를 통해서 우리에게 열렸다. 죄로 말미암아 하늘이 닫혔으나, 그리스도의 기도가 하늘을 다시 열었다. 기도는 하늘을 여는 의식(儀式)이다: 문을 두드리라. 그러면, 너희에게 열릴 것이다.

4. 성령이 비둘기 같은 형체로 그의 위에 강림하셨다. 우리 주 예수께서는 이제 이전보다 더 많은 분량의 성령을 받으심으로써, 그의 선지자적 직분을 수행할 수 있는 자격을 갖추게 되셨다(사 61:1). 그가 말씀을 전하기 시작하자, 주의 영이 그에게 임하였다. 이제 이것은 새롭게 시작하는 그리스도의 사역을 격려하고 세례 요한을 만족시키기 위하여 눈에 보이는 증거로 표현되었다. 왜냐하면, 요한은 전에 이 표적이 나타나는 자가 바로 그리스도라는 말을 들었기 때

문이다. 라이트푸트 박사는 여기서 성령이 형체(形體)로 임함으로써 성령은 단순히 하나님의 한 작용(作用)에 불과한 것이 아니라 인격적인 실체라는 것이 계시되었다고 주장한다. 이렇게 해서, 복음의 시작 단계에서 이미 삼위일체가 완벽하고 명확하며 가시적으로 모습을 나타냈고, 또한 세례 의식을 삼위일체 하나님, 즉 아버지와 아들과 성령에 관한 교리에 대한 믿음의 고백의 의식으로 만든 그리스도께서 세례를 받으실 때에 삼위일체 하나님이 모습을 나타낸 것은 너무도 합당한 일이었다고 그는 말한다.

5. 하늘, 즉 성부 하나님으로부터, 지극히 큰 영광(벧후 1:17에는 이렇게 표현되어 있다)으로부터 너는 내 사랑하는 아들이라는 소리가 났다. 누가복음과 마가복음에서는 이 소리를 그리스도를 향한 말씀으로 표현하고 있는 반면에, 마태복음에서는 그리스도에 관한 말씀으로 표현하고 있다: 이는 내 사랑하는 아들이요(마 3:17). 이 둘은 마찬가지이다. 이 소리는 요한에게 통지해주고자 하는 의도를 지니고 있었다는 점에서는 이는 내 사랑하는 아들이요라는 표현이 적합하고, 마찬가지로 그리스도의 기도에 대한 응답으로서의 의도를 지니고 있었다는 점에서는 너는 내 사랑하는 아들이라는 표현이 아주 적합하기 때문이다. 이러한 내용은 메시야에 관한 예언에서 이미 나와 있던 것이었다: 나는 그에게 아버지가 되고 그는 내게 아들이 되리라(삼하 7:14). 내가 그를 장자로 삼을 것이다(시 89:27). 내 마음에 기뻐하는 자 곧 내가 택한 사람을 보라(사 42:1). 이러한 예언들을 따라서, 본문에서는 이렇게 선언한다: 너는 내 사랑하는 아들이라 내가 너를 기뻐하노라(3:22).

Ⅱ. 그리스도의 족보에 관한 긴 기사.   이것을 마태복음은 더 간략하게 기록하였었다. 좀 더 살펴보자.

1. 그리스도의 나이: 예수께서 가르치심을 시작하실 때에 삼십 세쯤 되셨다. 옛적에 요셉도 이 나이에 파라오 앞에 섰고(창 41:46), 다윗도 삼십 세에 나라를 다스리기 시작하였으며(삼하 5:4), 제사장들도 이 나이가 되어서 그들의 직무를 온전히 수행하였다(민 4:3). 라이트푸트 박사는 본문의 표현방식을 보면 예수는 만 이십구 세였고, 티스리 월에 삼십 세를 맞았으며, 그 후에 삼년 육개월을 더 살다가, 32년 6개월을 살았을 때에 죽으신 것이 분명하다고 생각한다. 그리스도의 공생애 사역 기간인 삼년 육개월이라는 기간은 성경에서 매우 주목할 만한 기간이다. 엘리야의 때에 삼년 육개월 동안 하늘이 닫혀 있었다(눅

4:25; 약 5:17). 또한 이 기간은 메시야가 계약을 확증하게 될 반(半) 주간에 해당한다(단 9:27). 예언서들에서는 이 기간을 한 때와 두 때와 반 때(단 12:7; 계 12:14)로 표현하기도 하고, 42개월 또는 1,260일로도 표현하기도 한다(계 11:2-3). 이 기간은 그리스도께서 겸비의 상태에서 복음을 전파하신 기간에 맞춰서 증인들이 베옷을 입고 예언하도록 정해진 기간이다.

2. 그리스도의 족보(23절 이하). 마태도 우리에게 그리스도의 족보를 제공하여 주었지만, 아브라함 위로는 더 올라가지 않았다. 그러나 누가는 이 족보를 아담까지 거슬러 올라간다. 마태의 목적은 그리스도가 땅의 모든 족속이 그를 통하여 복을 받게 될 아브라함의 자손이며, 다윗의 위(位)를 물려받을 상속자라는 것을 보여주는 것이었다. 그래서 그는 아브라함에서 시작하여, 다윗 가문의 부계(父系) 상속자이자 요셉의 아버지였던 야곱 쪽의 족보를 기록한다. 그러나 누가는 그리스도가 뱀의 머리를 상하게 할 여자의 후손이라는 점을 부각시키고자 했기 때문에 아담까지 거슬러 올라가고 있고, 요셉이 아니라 동정녀 마리아의 아버지였던 헬리(또는 엘리) 쪽의 족보를 기록한다. 어떤 이들은 영역 성경들이 여기서 모두 원문에 없는 아들을 보충해 넣어서 요셉은 헬리의 아들이요 헬리는 맛닷의 아들이요라는 식으로 번역한 것은 잘못된 것이고, 예수, 그는 요셉, 헬리, 맛닷 등등의 아들이요, 그는 셋, 아담, 하나님의 아들이었다(38절)고 번역하는 것이 옳다고 지적한다(역주 — 개역에서는 그 위는으로 번역하였기 때문에, 이런 문제가 발생하지 않는다). 누가복음과 마태복음에 나오는 그리스도의 족보가 서로 다르다는 것은 트집을 잡기 좋아하는 불신자들에게 걸림돌이 되어 왔지만, 앞에서 우리가 제시한 설명이 보여주듯이, 이러한 걸림돌은 교회의 초창기와 오늘날의 학자들의 노력을 통해서 제거되었다. 마태는 솔로몬에서 시작하여 내려오는 족보를 기록하였는데, 솔로몬의 자연적인 혈통은 여고냐에서 끝나고, 그 법적 상속권은 다윗의 또 다른 아들이자 나단 가문에 속하였던 스알디엘에게로 넘어갔다. 누가는 이 부분에서 마태와는 달리 스알디엘에서 시작하여 올라가는 족보를 기록하였기 때문에, 유다의 모든 왕들이 족보에서 제외되는 결과가 발생한 것이다. 우리가 명심할 것은 우리의 구원이 우리가 이 모든 난점들을 해결할 수 있다는 것에 달려 있지도 않고, 복음서들의 신적 권위가 이러한 난점들에 의해서 약화되지도 않는다는 사실이다. 왜냐하면, 복음서 기자들은 이 족보들을 그들이 알고 있는 지식을

따라서 또는 하나님에게서 영감을 받아서 기록한 것이 아니라 유대인들에게
존재하였던 신빙성 있는 족보 기록들을 따라서 기록한 것으로 생각되기 때문
이다. 따라서 그들은 유대인들의 족보 책들을 따라야 했을 것이고, 거기에서
마태는 요셉의 아버지인 야곱의 족보를 찾아내어서 기록하였고, 누가는 마리
아의 아버지인 헬리의 족보를 찾아내어 기록한 것이었다. 이것이 바로 사람들
이 아는 대로는(호스 에노미제토, 23절)의 의미이다. 이 표현은 사람들이 생각하
는 바에 따르면 예수가 요셉의 아들이라는 의미가 아니라, 여기에 기록된 족보
는 책들에 기록된 바에 의한(uti sancitum est lege) 것이라는 의미이다. 예수는
부계로나 모계로나 다윗의 자손이었던 것을 감안하면, 이 발췌된 족보는 예수
의 부모의 원래의 족보 기록들로부터 나왔을 것으로 보인다. 어쨌든 당시에는
누구나 복음서들에 나오는 족보를 원래의 족보와 비교해 볼 수 있었을 것이지
만, 복음서 기자들은 그럴 필요를 느끼지 못했던 것 같다. 아니, 만약 복음서
들의 족보가 원래의 족보와 달랐다면, 복음서 기자들은 그들이 말하고자 한
의도를 이루지 못했을 것이다.

　당시에 이 족보가 반박을 받지 않았다는 것은 이 족보가 진정한 족보 사본
이었다는 확신을 우리에게 준다. 또한 유대인들의 족보 기록들은 발췌된 족보
가 만들어진 후에 30-40년이 지나서 유대 나라가 망하면서 모두 멸실되었기
때문에, 복음서 기자들은 원본과 비교해 볼 기회를 갖지 못하게 되었다는 점
도 우리는 염두에 두어야 한다. 아브라함과 노아 사이의 족보에 한 가지 난점
이 있는데, 이 문제는 우리를 조금 당혹스럽게 만든다(35-36절). 본문에서는
살라가 가이난의 아들이고 가이난은 아박삿의 아들이라고 말하고 있지만, 사실
살라는 아박삿의 아들이었고(창 10:24; 11:12), 가이난이라는 인물은 창세기의
족보에 나오지 않는다. 그러나 이 문제와 관련해서는 우리 구주의 시대 이전
에 구약성경을 헬라어로 번역하였던 칠십인역 번역자들이 그들만이 아는 어
떤 이유들로 인해서 가이난이라는 인물을 족보에 삽입하였고, 누가는 헬레니
즘적인 유대인들 가운데서 글을 쓰면서 칠십인역을 사용할 수밖에 없었기 때
문에 거기에 나와 있는 대로 족보를 인용하지 않을 수 없었다고 말하는 것으
로 충분하다.

　이 족보는 그는 아담의 아들이요 하나님의 아들이었다(개역에서는 그 위는 아담
이요 그 위는 하나님이시니라)로 끝난다. (1) 어떤 이들은 하나님의 아들이 아담

에게 걸리는 것으로 해석한다. 아담은 특별한 방식으로 하나님의 아들이었다. 즉, 그는 그의 어떤 후손들보다도 더 직접적으로 창조에 의해서 하나님의 자녀가 되었다. (2) 어떤 이들은 하나님의 아들이 그리스도에게 걸리는 것으로 보아서, 이 족보의 마지막 표현들을 그리스도의 신성과 인성을 가리키는 표현들로 해석한다. 그리스도는 아담의 아들이자 하나님의 아들이었기 때문에, 하나님과 아담의 자손들을 중재하기에 합당한 중보자가 될 수 있고, 아담의 자손들을 자기로 말미암아 하나님의 아들들이 되게 할 수 있었다는 것이다.

제
4
장

개요

앞 장에서 우리는 그리스도께서 막 세례를 받으시고 하늘로부터의 음성과 성령이 내려와서 그의 위에 머문 것을 통하여 하나님의 아들로서 인정을 받은 장면을 살펴보았다. 이제 이 장에는 다음과 같은 내용들이 나온다. I. 그리스도께서 광야에서 시험을 받으심으로써 공생애 사역을 위한 추가적인 준비를 갖추심(1-13절) ― 마태복음에도 여기와 동일한 기사가 나옴. II. 그리스도께서 갈릴리에서 공생애 사역을 시작하심(14-15절). 세분하면, 1. 그리스도께서 자라신 나사렛에서의 사역(16-30절 ― 마태복음에는 이 기사가 나오지 않음. 2. 가버나움에서의 사역. 그리스도께서 말씀을 전하시자 사람들이 기이히 여김(31-32절). 귀신 들린 자에게서 귀신을 쫓아내심(33-37절). 열병을 앓는 베드로의 장모를 고치심(38-39절). 다른 많은 병든 자와 귀신 들린 자들을 고치심(40-41절). 갈릴리의 다른 동네들로 가서서 동일한 일을 하심(42-44절).

¹예수께서 성령의 충만함을 입어 요단 강에서 돌아오사 광야에서 사십 일 동안 성령에게 이끌리시며 ²마귀에게 시험을 받으시더라 이 모든 날에 아무것도 잡수시지 아니하시니 날 수가 다하매 주리신지라 ³마귀가 이르되 네가 만일 하나님의 아들이어든 이 돌들에게 명하여 떡이 되게 하라 ⁴예수께서 대답하시되 기록된 바 사람이 떡으로만 살 것이 아니라 하였느니라 ⁵마귀가 또 예수를 이끌고 올라가서 순식간에 천하 만국을 보이며 ⁶이르되 이 모든 권위와 그 영광을 내가 네게 주리라 이것은 내게 넘겨 준 것이므로 내가 원하는 자에게 주노라 ⁷그러므로 네가 만일 내게 절하면 다 네 것이 되리라 ⁸예수께서 대답하여 이르시되 기록된 바 주 너의 하나님께 경배하고 다만 그를 섬기라 하였느니라 ⁹또 이끌고 예루살렘으로 가서 성전 꼭대기에 세우고 이르되 네가 만일 하나님의 아들이어든 여기서 뛰어내리라 ¹⁰기록되었으되 하나님이 너를 위하여 그 사자들을 명하사 너를 지키게 하시리라 하였고 ¹¹또한 그들이 손으로 너를 받들어 네 발이 돌에 부딪치지 않게 하시리라 하였느니라 ¹²예수께서 대답하여 이르시되 주 너의 하나님을 시험하지 말라 하였느니라 ¹³마귀가 모

든 시험을 다 한 후에 얼마 동안 떠나니라

　　　　예수께서 아담의 아들이었다는 앞 장의 마지막 말은 그가 여자의 후손이라는 것을 말하기 위한 것이었다. 따라서 우리는 여기서 약속에 따라서 그리스도께서 뱀의 머리를 상하게 하고, 온갖 시험을 통해서 마귀를 거꾸러뜨리고 제압하는 모습을 보게 된다.　이 마귀는 단 한 번의 시험을 통해서 우리의 첫 조상들을 거꾸러뜨려서 제압하였었다. 이렇게 그리스도께서는 싸움의 초반에 마귀에게 앙갚음을 함과 동시에 정복자를 정복하셨다. 우리는 그리스도의 시험에 관한 이 이야기 속에서 다음과 같은 것들을 볼 수 있다.

I. 그리스도께서 시험을 받을 준비가 되어 있으셨다는 것.　그리스도로 하여금 시험을 받게 하신 하나님은 그에게 시험을 이길 수 있는 능력도 주셨다. 우리는 우리 앞에 어떤 과제들이 있고 어떤 일들이 우리를 기다리고 있는지를 모르지만, 그리스도께서는 그러한 것들을 아셨고, 또한 그 일들에 대처할 능력을 갖추고 계셨다. 하나님은 우리에게도 그렇게 하셔서, 그 일들을 대처할 능력을 주시리라고 소망할 수 있다.

　1. 성령이 비둘기 같은 형체로 그의 위에 강림하셨기 때문에, 그리스도께서는 성령의 충만함을 입으셨다. 이제 그는 이전의 어느 때보다도 성령의 은사들, 은혜들, 위로들을 더 충만하게 받으신 것이다. 성령의 충만함을 입은 자들은 잘 무장되어 있어서 가장 강력한 시험들도 이길 수 있다는 점을 명심하라.

　2. 그리스도께서는 그가 세례를 받고 하늘로부터의 음성에 의해서 하나님의 사랑하는 아들로 인정받았던 곳인 요단 강에서 이제 막 돌아오셨다. 이렇게 그는 이 싸움을 위한 준비가 되어 있었다. 우리가 하나님과 가장 즐거운 교제를 누렸고 하나님의 은총이 가장 분명하게 우리에게 나타났던 바로 그 때에도 우리는 사탄이 우리를 공격할 수 있다는 것(가장 부유한 배가 해적의 공격목표가 되는 법이다)과 하나님께서 그의 은혜의 능력이 드러나고 찬양을 받도록 하시기 위하여 사탄에게 그런 일을 허락하실 수 있다는 것을 알아야 한다.

　3. 그리스도께서는 성령에게 이끌려서 광야로 가셨다. 그는 전사(戰士)가 되어 성령에 이끌려서, 반드시 이길 것이라고 확신한 가운데 원수와 싸우기 위하여 전장(戰場)으로 나가셨다. 그리스도께서 광야로 이끌려 나가신 것은 다음과 의미를 지닌다. (1) 이것은 시험하는 자에게 이점을 주는 환경이었다. 왜냐하면,

거기에서는 시험을 받을 때에 기도와 조언으로 도와줄 친구도 없이 그리스도께서 홀로 계셔야 했기 때문이다. 홀로 있어 넘어지고 붙들어 일으킬 자가 없는 자에게는 화가 있으리라(전 4:10). 그리스도께서는 자신의 힘을 알고 계셨기 때문에 사탄에게 이점을 주실 수도 있었지만, 약점만을 지닌 우리는 그렇게 해서는 안 된다. (2) 이것은 그리스도께서 광야에서 사십 일 동안 금식하기에 유리한 환경이었다. 그리스도께서는 거기에서 그의 앞에 놓여 있는 과업과 일에 대해 묵상하고 생각하는 데에 전적으로 몰두할 수 있으셨을 것이고, 모세가 시내 산에서 그랬던 것처럼 다른 것에 신경쓰지 않고 아무런 방해도 받지 않는 가운데 내내 성부 하나님과 직접적이고 친밀한 대화를 나누실 수 있으셨을 것이다. 그리스도께서 육체로 계셨던 생애 전체 중에서 이 기간이 거룩한 완전과 천상의 삶에 가장 가까웠던 시기였던 것으로 보이는데, 이 기간 동안에 그리스도께서는 사탄의 공격을 대비하여 견고한 무장을 갖추게 되었다.

4. 그리스도께서는 금식을 계속하셨다(2절): 그는 이 모든 날에 아무것도 잡수시지 아니하셨다. 이 금식은 모세와 엘리야가 했던 금식과 마찬가지로 거의 기적에 가까운 것이었고, 그리스도가 그들과 마찬가지로 하나님에게서 보내심을 받은 선지자라는 것을 보여주는 것이었다. 그리스도께서 금식하셨던 곳은 모세와 엘리야가 금식하였던 바로 그 광야인 호렙 광야였을 것이다. 그는 광야로 물러가심으로써 세상에 대하여 전혀 집착하지 않는다는 것을 보여주셨고, 금식하심으로써 육신에 대하여 전혀 집착하지 않는다는 것을 보여주셨다. 사탄은 이렇게 세상과 육체에 대하여 죽어서 그것들로부터 해방되어 있는 자들을 쉽게 장악할 수 없다. 우리가 육신을 제어하여 복종시키면 시킬수록, 사탄은 우리를 공격해올 수 있는 발판을 그 만큼 잃어버리게 된다.

II. 그리스도께서는 차례차례 시험을 받으셨고, 매번 시험을 받을 때마다 시험하는 자의 공격을 좌절시키고 인간을 정복하였던 자를 정복하셨다. 사십 일 동안 그는 마귀에게 시험을 받으셨는데(2절), 이 세상의 왕인 마귀는 그리스도 안에 무엇인가를 주입하여 역사할 수는 없었기 때문에, 내면의 암시를 통해서가 아니라, 우리의 첫 조상들을 유혹하였던 때처럼 뱀의 모양을 하고 나타나서 외적인 유혹하는 말들을 통해서 그리스도를 시험하였을 것이다. 그러나 사십 일이 끝나자, 시험하는 자는 그리스도께서 주리신 것을 알고는 더 가까이 다가와서 그와 흥정을 하였다(2절). 그 때에 우리 주 예수께서는 아마도 먹을 만한 것이 있나 해서 나무들을 둘러보기 시작하셨을 것이고, 마귀는 이 기회를 놓치지 않고 그에게 다음과 같은 제안을 하였다.

1. 마귀는 하나님 아버지가 그를 돌보신다는 것을 불신하고 스스로 서서 하나님 아버지가 그에게 정해주시지 않은 방식으로 빨리 스스로 먹을 것을 마련하라고 시험하였다(3절): 네가 만일 하나님의 아들이어든 이 돌들에게 명하여 떡이 되게 하라. 이 음성은 마치 하늘에서 들려오는 음성과 같았다.

(1) "내가 네게 그 일을 하라고 조언한다. 왜냐하면, 하나님이 설령 네 아버지라고 해도 그는 너를 잊어버리고 있는 것이어서, 까마귀나 천사를 보내서 네게 먹을 것을 갖다주려면 오랜 시간이 걸릴 것이기 때문이다." 우리가 하나님의 섭리에 의지하지 않고 스스로 양식을 구하고 우리 자신의 예측에 따라서 살아나가며 내 능력과 내 손의 힘으로 재물을 얻겠다고 생각하기 시작한다면, 우리는 그것을 사탄의 시험으로 여기고 거부하여야 한다. 우리로 하여금 하나님에게 의지하지 않겠다고 생각하게 하는 것이 사탄의 모략이다.

(2) "나는 네가 그 일을 할 수 있다면 해보라고 도전한다. 만약 네가 그 일을 하지 못한다면, 나는 네가 하나님의 아들이 아니라고 말할 것이다. 왜냐하면, 세례 요한이 얼마 전에 내가 네게 하라고 한 일보다 훨씬 더 어려운 일, 즉 하나님은 능히 이 돌들로도 아브라함의 자손이 되게 하실 수 있다고 말했는데, 네가 그 일보다 훨씬 쉬운 일, 즉 네가 필요할 때에 돌들을 떡이 되게 하지 못한다면, 너는 하나님의 아들의 능력을 지니고 있지 않은 것이기 때문이다." 사실 하나님도 친히 광야에서 이러한 시험을 받으셨다: 하나님이 광야에서 식탁을 베푸실 수 있으랴 … 그가 능히 떡도 주시며 자기 백성을 위하여 고기도 예비하시랴?(시 78:19-20).

[1] 그리스도께서는 이 시험에 굴복하지 않으셨다. 그는 주리셨지만 돌을 떡이 되게 하지 않으셨다. 첫째, 그는 사탄이 그에게 하라고 명한 일을 하고 싶지 않으셨다. 왜냐하면, 그런 일을 하게 되면 그와 귀신들의 왕 사이에 실제로 모종의 계약이 존재하는 것처럼 보일 수 있었기 때문이다. 우리는 마귀에게 틈을 주는 것처럼 보이는 일을 하지 말아야 한다는 점을 명심하라. 이적들은 신앙을 확증해 줄 목적으로 베풀어지는 것인데, 마귀는 확증해 주어야 할 신앙을 가지고 있지 않았기 때문에, 그리스도께서는 사탄을 위해서 이적을 베풀 이유가 없었다. 그리스도께서는 제자들 앞에서 표적들을 행하셨는데(요 20:30),

특히 제자들로 하여금 그를 믿도록 하기 위하여 물로 포도주를 만드는 첫 표적을 행하셨다(요 2:11). 그러나 여기 광야에는 그리스도의 제자가 없었다. 둘째, 그리스도께서는 그의 가르침을 증명하기 위해서 이적들을 행하셨기 때문에, 말씀을 전파하기 시작할 때까지는 이적을 행하고자 하지 않으셨다. 셋째, 그리스도께서는 굶주림을 참지 못하는 듯이 보일 수도 있을 것이었기 때문에 자신을 위해서 및 자신의 쓸 것을 공급하기 위해서 이적을 행하고자 하지 않으셨다. 또한 그는 자기를 기쁘게 하기 위하여 오신 것이 아니라 다른 사람들과 똑같이 고난을 당하기 위해서 오셨기 때문에, 친구들의 위신과 편의를 위해서는 물을 포도주로 만드는 이적을 기꺼이 행하셨으나 자신이 꼭 필요한 먹을 것을 위해서는 돌을 떡으로 만드는 이적을 행하심으로써 그가 자기를 기쁘게 하지 않으신다는 것을 보여주고자 하셨다. 넷째, 그리스도께서는 자기가 하나님의 아들이라는 증거를 차후로 보류하고, 사탄에게 설득되어 부당한 일을 하기보다는 사탄으로부터 연약해서 그런 일을 할 수 없다는 비웃음을 당하는 쪽을 택하고자 하셨다. 나중에 그리스도께서는 원수들에게 스스로 십자가에서 내려와서 자기를 구원할 수 없는 자로 비웃음을 당하셨다. 그가 그렇게 하실 수 있는데도 그렇게 하지 않으신 것은 그 일은 그가 하기에 합당치 않은 일이었기 때문이었다. 다섯째, 그리스도께서는 하나님 아버지를 불신하는 것처럼 보이거나 하나님과 분리되어 행동하는 것처럼 보일 수 있는 일, 자신의 현재의 상태에 어울리지 않는 일을 하고자 하지 않으셨다. 그는 범사에 형제들과 같이 되셨기 때문에, 하나님의 다른 자녀들과 마찬가지로 하나님의 섭리와 약속에 의지해서 살고자 하셨고, 하나님이 광야에 있는 그에게 먹을 것을 공급해주시거나 비록 지금 굶주려 있지만 지난 사십 일 동안처럼 그를 연명하게 하시다가 그를 인도하사 거주할 성읍에 이르게(시 107:5-7) 하실 것을 믿으셨다.

[2] 그리스도께서는 사탄의 제안에 대해 성경에 나와 있는 말씀으로 응수하셨다: 기록된 바(4절). 이 말씀은 선지자적 직분으로 세우심을 받은 후에 그리스도께서 처음으로 하신 것으로 기록된 말씀으로서, 구약 성경에 나오는 구절을 그대로 가져온 인용문이다. 이것은 사탄이라도 변경할 수 없는 성경의 권위를 단언하고 유지시키기 위하여 그리스도께서 오셨다는 것을 보여준다. 그리스도에게는 한량 없는 성령이 계셨고, 전파해야 할 가르침과 세워야 할 종교가 있었지만, 그것은 모세 및 선지자들과 일치하는 것이었다. 그래서 그는

그들의 글을 자신의 준칙(準則)으로 삼으셨을 뿐만 아니라, 그들의 글을 무기로 삼아서 사탄과 그의 시험들에 대항할 것을 우리에게 권고해 주셨다. 하나님의 말씀은 우리의 검이고, 그 말씀에 대한 믿음은 우리의 방패이다. 그러므로 우리는 영적 싸움에서 성경 말씀으로 권능을 얻어서 그 권능으로 행하여야 하고, 성경 말씀은 우리를 유익하게 하고 우리의 교훈을 위하여 기록된 것이기 때문에, 기록된 바를 알아야 한다. 그리스도께서 여기서 사용한 성경 본문은 신명기 8:3이다: "사람이 떡으로만 사는 것이 아니다. 하나님이 광야에서 이스라엘을 위하여 하셨던 것처럼 내게도 만나를 보내셔서 나를 먹이실 수 있으시기 때문에, 나는 돌을 떡으로 만들 필요가 없다. 사람은 하나님의 모든 말씀으로, 즉 하나님이 그에게 어떻게 살도록 정해 주신 것들을 따라서 살아야 한다." 그리스도께서는 지난 사십 일 동안 어떻게 편안하게 살아오셨는가? 그는 떡으로가 아니라 하나님의 말씀으로, 그 말씀에 대한 묵상과 그 말씀과의 교제, 말씀 안에서 하나님과의 교제를 통해서 살아 왔고, 이제는 비록 주려서 배고파지기 시작하기는 했지만 아직도 여전히 동일한 방식으로 살아 있을 수 있었다. 하나님은 통상적인 방식 외에도 그의 백성에게 먹을 것을 공급해주시는 많은 방식들을 갖고 계신다. 그러므로 사람은 어느 때든지 하나님을 불신해서는 안 되고, 언제든지 자기가 가야 할 길을 가면서 하나님을 의지해야 한다. 먹을 것이 부족하다면, 하나님은 식욕을 없애주실 수도 있고, 멸망과 기근을 비웃을 수 있을 정도로 강인한 인내심을 주실 수도 있으며(욥 5:22), 채소와 물을 왕의 음식보다 더 많은 영양분이 있게 하실 수도 있고(단 1:12-13), 무화과나무가 무성하지 못할 때에도 그의 백성들이 여호와로 말미암아 즐거워하게 하실 수 있다(합 3:17). 떡이 없는 데도 하나님의 약속들을 양식으로 삼아서 식사를 하였다고 말한 그녀는 진정한 신앙인이었다.

2. 하나님의 아들로서 하나님 아버지에게서 나라를 물려받고 오직 하나님께만 충성을 맹세해야 할 그리스도에게 사탄은 그 나라를 그에게서 물려받으라고 시험하였다(5-7절). 복음서 기자는 이 시험을 두 번째에 배치하였지만, 마태는 마지막에 놓았다. 이 시험은 실제로는 마지막에 있었던 시험인 것으로 보인다. 그러나 누가는 가장 음흉하고 극단적인 이 시험에 관심이 아주 많았기 때문에 이 시험을 여기에서 서둘러 다룬 것이다. 우리의 첫 조상들을 시험할 때, 사탄은 우선 먹음직하고 또한 보암직도 한 금단(禁斷)의 열매를 그들에게 내놓

았고, 그들은 이 두 가지 매력에 그만 넘어가고 말았다. 여기서도 사탄은 먼저 돌을 떡으로 만들라고 시험했는데, 떡은 먹음직한 것이었다. 다음으로 사탄은 세상 나라들과 그 영광을 보여주었는데, 이것은 보암직한 것이었다. 그러나 이 두 가지 시험에서 그리스도께서는 사탄을 물리쳤는데, 아마도 이 점을 염두에 두고서 누가는 순서를 바꾸었던 것 같다. 좀 더 살펴보자.

(1) 사탄의 의도는 그리스도를 이겨서 자신의 부하로 만들어서 자신의 나라를 다스리는 왕으로 삼아 조공을 바치는 자로 만드는 것이었다.

[1] 사탄은 순식간에 천하 만국에 관한 전경(全景)을 공중에 제시하여서, 상상력을 최대한으로 자극하여 이 광경이 실제 모습처럼 보이게 만들었다. 사탄은 자신의 목적을 좀 더 쉽게 달성하기 위해서 그를 높은 산으로 데리고 갔다. 이 시험 후에 그리스도께서 요단 강 저편에 계신 것으로 나오기 때문에, 어떤 이들은 마귀가 그리스도를 데리고 간 곳이 모세가 가나안을 바라보았던 비스가 산 꼭대기였을 것이라고 생각한다. 그러나 공중의 권세 잡은 자인 마귀가 여기서 우리 구주에게 보여준 것은 단지 환영(幻影)이었다는 것은 누가가 기록한 정황, 즉 그것이 순식간에 행하여졌다는 사실에 의해서 확증된다. 사람이 단지 한 나라만을 둘러보고자 해도, 이곳저곳을 순차적으로 계속해서 둘러보지 않으면 안 된다. 이렇게 마귀는 거짓된 환영(幻影)을 통해서 우리 구주를 속일 수 있다고 생각하였다. 또한 마귀는 자기가 세상의 모든 나라를 그에게 보여줄 수 있다고 믿게 하여 자기가 그 모든 나라를 그에게 줄 수 있다고 생각하게 만들고자 하였다.

[2] 사탄은 대담하게도 이 나라들은 모두 그에게 넘겨진 것이기 때문에, 그 나라들과 그 모든 영광을 처분할 권한과 그것들을 자기가 원하는 자에게 넘겨줄 권한이 자기에게 있다고 주장하였다(6절). 어떤 이들은 여기서 사탄은 빛의 천사로 가장해서, 나라들을 주관하는 천사들 중의 하나로서 다른 모든 천사를 싸워 이겨서 모든 나라들을 넘겨받았는데, 이 모든 나라가 결국 그리스도께 돌아가게 되어 있는 것을 알고서는 그 나라들을 그에게 주고자 하였지만, 자기에게 무릎을 꿇고 절을 해야 한다는 조건을 달아서 일을 어렵게 만든 것이라고 생각한다. 사탄이 선한 천사였다면, 이것보다 더 좋은 것들을 보여주었다고 해도 자기에게 무릎을 꿇고 절을 해야 한다는 그러한 요구를 결코 하지 않았을 것이다(계 19:10; 22:9). 그러나 나는 마귀가 사탄으로서 이러한 권능을 주장하

였다고 본다. 이 권능은 하나님이 그에게 넘겨준 것이 아니라, 세상 나라들의 왕들과 백성이 마귀에게 그들의 권세와 영광을 넘겨준 것이었다(엡 2:2). 그렇기 때문에 사탄은 이 세상의 신이자 세상 임금으로 불린다. 하나님의 아들은 이방 나라를 그의 유업으로 받도록 약속되어 있었다(시 2:8). 마귀는 이렇게 말한다: "말도 안 돼. 이방 나라의 사람들은 나의 것이요 나의 신민들이요 나를 숭배하는 자들이다. 하지만 그들이 너의 것이 되게 하겠다. 다른 사람들이 네 앞에서 그랬듯이, 네가 내게 절하고, 그들이 내가 네게 준 상급이라고 말하며(호 2:12), 나로 말미암아, 나로부터, 내 밑에서 그들을 갖고 다스리기로 동의한다는 조건으로 내가 그들을 네게 주겠다."

[3] 사탄은 그리스도에게 충성과 경배를 요구하였다: 네가 만일 내게 절하면, 다 네 것이 되리라(7절). 첫째, 사탄은 그리스도로 하여금 스스로 자기를 경배하도록 만들고자 하였다. 사탄은 하나님을 경배하지 못하도록 하고자 하지는 않았을지라도 하나님과 더불어서 자기를 경배하도록 만들고자 하였던 것 같다. 마귀는 일단 한 자리를 확보할 수만 있다면 머지않아 온전히 독차지하게 될 것임을 알고 있었기 때문이다. 둘째, 사탄은 그리스도와 계약을 맺기를 바랐다. 즉, 약속에 따라서 그리스도가 이 세상 나라들을 소유하게 되었을 때에 나라들 안에서 종교들에 손대지 말고 지금까지 해오던 대로 나라들로 하여금 귀신에게 제사지내는 것을 허용해야 한다는 계약(고전 10:20). 그리스도가 이 세상에서의 마귀 숭배를 계속해서 허용해주기만 한다면, 세상 나라들의 모든 권력과 영광을 그에게 넘겨주겠다는 계약. 사탄은 오직 사람들의 마음과 애정과 경배를 소유하여서 불순종의 아들들 가운데서 역사할 수만 있다면, 이 땅의 부귀영화를 누리고자 하는 사람들에게 그들이 원하는 것들을 다 준다. 왜냐하면, 이것이 바로 사탄이 그들을 삼키는 방식이기 때문이다.

(2) 우리 주 예수께서는 이 시험에서 어떻게 승리하셨는가? 그는 사탄의 제안을 단호하게 물리치셨고, 강한 혐오감으로 그 제안을 거부하셨다(8절): "사탄아, 물러가라(개역에는 없음). 어림없는 소리! 무엇이 어째! 내가 섬기러 온 하나님과 사람의 원수를 경배하라고? 절대 그렇게 할 수 없지." 우리는 이와 같은 시험을 만났을 때에 생각해 보아서는 절대 안 되고, 즉각적으로 물리쳐야 한다. 그리스도께서는 곧 기록된 바 주 너의 하나님께 경배할 뿐만 아니라 다만 그를 섬기라 하였느니라는 한 말씀으로 사탄의 머리에 일격을 가하셨다. 그러

므로 그리스도께서는 사탄을 경배하지 않을 것이고, 또한 장차 하나님 아버지가 세상 나라들을 그리스도에게 넘겨주셨을 때에 거기에서 마귀 숭배는 더 이상 발붙이지 못하게 하실 것이다. 그리스도의 복음이 가는 곳마다, 마귀 숭배는 완전히 뿌리를 뽑히고 폐하여질 것이다. 그리스도께서는 사탄과 그 어떤 타협도 하지 않으실 것이다. 그리스도의 나라가 세워질 때, 다신교와 우상숭배는 무너질 수밖에 없고, 사람들은 사탄의 권세에서 하나님께로 돌아와서 마귀 숭배에서 돌이켜 유일하게 살아계시고 참된 하나님을 예배하지 않을 수 없게 된다. 장차 그리스도께서 사람들 가운데 다시 세워서 그의 거룩한 신앙을 통해서 사람들로 하여금 복종하게 할 가장 큰 거룩한 법은 오직 하나님만을 섬기고 경배하라는 것이다. 그러므로 피조물을 예배의 대상으로 세우는 자는 그 피조물이 성인이든 천사이든 동정녀 마리아이든 그리스도의 뜻을 정면으로 뒤엎는 자요 이방 종교로 되돌아가는 자이다.

3. 사탄은 하나님이 보호하실 것이라는 주제넘은 확신을 미끼로 그리스도를 자살로 이끌고자 시험하였다. 좀 더 살펴보자.

(1) 이 시험에서 사탄이 의도한 것은 무엇이었는가: 네가 만일 하나님의 아들이어든 여기서 뛰어내리라(9절). [1] 사탄은 그리스도로 하여금 그가 하나님의 아들이라는 것을 보여주는 새로운 증거를 찾도록 만들고자 하였다. 마치 하나님 아버지가 하늘로부터의 음성과 그의 위에 임한 성령을 통해서 그에게 보여준 증거가 충분하지 않았던 듯이 말이다. 그것은 하나님이 가장 적절한 방식으로 그리스도가 하나님의 아들임을 확증한 것을 부정함으로써 하나님을 욕되게 하는 것이었다. 또한 그것은 성령이 그리스도 안에 내주하신다는 것을 불신하게 만드는 것이기도 하였다. 성령의 내주는 그리스도가 하나님의 아들임을 보여주는 가장 확실하고 중요한 증거였다(히 1:8-9). [2] 사탄은 그리스도로 하여금 그가 하나님의 아들이라는 사실을 세상에 공개적으로 선포하고 널리 알리는 새로운 방법을 찾아보도록 만들고자 하였다. 사실 마귀는 그리스도가 하나님의 아들이라는 사실이 입증된 것은 후미진 구석에서 일어난 일이었고, 그리스도의 영광이 선포된 것은 요한의 세례를 받으러 왔던 한 무리의 평범한 사람들 속에서 일어난 일이었지만, 만약 그리스도가 지금 성전 예배에 참석한 온갖 지체 높은 사람들 앞에서 자기가 하나님의 아들이라고 선포한 후에 성전 꼭대기에서 뛰어내려서 털끝 하나 다치지 않음으로써 그 말을 증명한다면, 그

리스도는 즉각적으로 모든 사람들에 의해서 하늘로부터 보내심을 받은 사자(使者)로 인정받게 될 것이라고 말하고 있는 것이다. 이렇게 사탄은 그리스도로 하여금 하나님이 그에게 행하신 방법들을 무시하고 스스로 고안해낸 방식으로 영광을 구하여 예루살렘 성전에 모습을 드러내도록 만들고자 하였다. 반면에, 하나님의 계획은 그리스도를 요한의 세례를 받은 자들 가운데 드러내는 것이었는데, 이것은 그들이 제사장들보다 더 잘 그리스도의 가르침을 받아들일 것이었기 때문이었다. [3] 사탄은 비록 자기가 그리스도를 밀어서 떨어뜨릴 수는 없지만 그리스도를 스스로 뛰어내리게 만들어서 죽음에 이르게 함으로써 깨끗하게 장애물을 제거할 수 있을 것이라는 희망을 어느 정도 가지고 있었을 것이다.

(2) 사탄은 이 시험을 어떤 식으로 후원하고 강화시켰는가? 그는 기록되었으되(10절)라고 말하였다. 그리스도께서는 앞서 성경 말씀을 인용해서 사탄의 제안을 물리치셨다. 사탄은 자기가 그리스도를 넉넉히 대적할 수 있다고 생각해서, 그리스도와 마찬가지로 성경을 인용할 수 있다는 것을 보여주고자 하였다. 성경을 왜곡하고, 거룩한 글들을 가장 사악한 일에 이용하는 일은 이단자들과 유혹하는 자들에게서 늘 있어 왔던 일이다. 네가 하나님의 아들이라면, 하나님이 너를 위하여 그 사자들을 명하사 너를 지키게 하실 것이다(10절). 그리스도께서는 지금 성전 꼭대기에 있었기 때문에, 천사들에 의한 이러한 보호를 더더욱 기대할 수 있었을 것이다. 왜냐하면, 그가 하나님의 아들이라면, 성전은 그가 있어야 할 바로 그 곳이었기 때문이고(2:46), 해 아래 있는 모든 곳이 항상 천사의 보호 아래 있다고 할 때, 성전은 두말 할 필요도 없는 곳이기 때문이다(시 68:17). 사실 하나님은 우리로 하여금 그를 시험하지 말고 믿고 의지하도록 격려하기 위하여 천사들의 보호를 약속하셨다. 우리에게 하나님의 임재가 있는 한, 천사들은 우리를 수종들게 되지만, 그 이상은 아니다: "네가 너의 길이 있는 땅으로 다닐 때에는 천사들이 너를 지켜줄 것이지만, 네가 주제넘게 공중을 날고자 한다면, 그렇지 않을 것이다."

(3) 사탄은 이 시험에서 어떻게 좌절되고 패배당했는가(12절). 그리스도께서는 신명기 6:16을 인용하셨다. 거기에는 하나님이 이미 충분한 표적을 주셨는데도 하나님의 계시임을 증명해주는 다른 표적을 구함으로써 너희의 하나님 여호와를 시험하지 말라고 되어 있다. 이스라엘은 하나님이 바위에서 물을 내서

우리에게 주셨지만, 과연 고기도 주실 수 있으랴?고 말함으로써 광야에서 하나님을 시험하였다. 여기서 그리스도께서 만약 "하나님은 내게 성령을 보내주시는 큰 일을 통해서 내가 하나님의 아들이라는 것을 증명해 주셨는데, 하물며 천사를 보내어 나를 보호하시는 작은 일을 못 해주시랴?"고 말하였더라면 이스라엘처럼 하나님을 시험하는 죄를 범하게 되었을 것이다.

III. 이 싸움의 결과는 무엇이었는가(13절). 승리를 거둔 우리의 구속주께서는 자신의 땅을 지키셨고, 자기 자신만을 위해서가 아니라 우리를 위해서도 정복자가 되셨다.

1. 사탄의 화살통은 다 비워져 버렸다: 마귀가 모든 시험을 다 하였다. 그리스도께서는 사탄에게 말과 행위로 그를 공격할 수 있는 모든 기회를 주셨고, 온 갖 짓을 다 시도해보도록 허용하셨지만, 결국 사탄은 패배하고 말았다. 그리스도께서는 모든 시험이 끝날 때까지 시험을 받으시며 고난을 당하신 것처럼, 우리도 우리에게 할당된 시험의 기간이 끝나지 않았는데도 모든 시련이 다 지나가리라고 기대해서야 되겠는가?

2. 그 때에야 사탄은 전투를 그치고 그리스도를 떠났다. 그리스도를 공격해 보아야 아무 소용이 없다는 것을 그는 알았다. 사탄은 그리스도를 향하여 화살을 비오듯 쏘아보았지만 그리스도에게는 아무 일도 없었다. 그리스도에게는 맹점이나 취약점이 없었기 때문에, 사탄은 싸움을 포기할 수밖에 없었다. 우리가 마귀에게 대항하면, 마귀는 우리에게서 달아난다는 것을 명심하라.

3. 그렇지만 사탄은 그리스도에게 계속해서 적의를 가지고 있었고, 다시 공격하리라는 결심을 가지고 떠났다. 사탄은 단지 얼마 동안 그리스도를 떠났다. 때가 오면, 사탄은 지금처럼 그리스도를 범죄하게 하여 그의 머리를 치고자 한 시험하는 자로서 공격하여 완패를 당하는 것이 아니라, 박해하는 자로서 공격해서 유다 및 그가 사용할 다른 악한 도구들을 이용하여 그리스도를 고난받게 함으로써 기록된 대로(창 3:15) 그의 **발꿈치를** 상하게 할 것이다 — 이 일로 말미암아 사탄의 **머리가** 부숴지게 될 것이지만, 사탄은 이 일을 반드시 할 것이고, 또한 하고자 할 것이다. 사탄은 그리스도께서 어둠의 권세(눅 22:53)라고 부르신 때가 올 때까지 떠나 있다가, 이 세상의 임금이 다시 올 바로 그 때에 다시 등장할 것이다(요 14:30).

[14]예수께서 성령의 능력으로 갈릴리에 돌아가시니 그 소문이 사방에 퍼졌고 [15]친히 그 여러 회당에서 가르치시매 뭇 사람에게 칭송을 받으시더라 [16]예수께서 그 자라나신 곳 나사렛에 이르사 안식일에 늘 하시던 대로 회당에 들어가사 성경을 읽으려고 서시매 [17]선지자 이사야의 글을 드리거늘 책을 펴서 이렇게 기록된 데를 찾으시니 곧 [18]주의 성령이 내게 임하셨으니 이는 가난한 자에게 복음을 전하게 하시려고 내게 기름을 부으시고 나를 보내사 포로 된 자에게 자유를, 눈먼 자에게 다시 보게 함을 전파하며 눌린 자를 자유롭게 하고 [19]주의 은혜의 해를 전파하게 하려 하심이라 하였더라 [20]책을 덮어 그 맡은 자에게 주시고 앉으시니 회당에 있는 자들이 다 주목하여 보더라 [21]이에 예수께서 그들에게 말씀하시되 이 글이 오늘 너희 귀에 응하였느니라 하시니 [22]그들이 다 그를 증언하고 그 입으로 나오는 바 은혜로운 말을 놀랍게 여겨 이르되 이 사람이 요셉의 아들이 아니냐 [23]예수께서 그들에게 이르시되 너희가 반드시 의사야 너 자신을 고치라 하는 속담을 인용하여 내게 말하기를 우리가 들은 바 가버나움에서 행한 일을 네 고향 여기서도 행하라 하리라 [24]또 이르시되 내가 진실로 너희에게 이르노니 선지자가 고향에서는 환영을 받는 자가 없느니라 [25]내가 참으로 너희에게 이르노니 엘리야 시대에 하늘이 삼 년 육 개월간 닫히어 온 땅에 큰 흉년이 들었을 때에 이스라엘에 많은 과부가 있었으되 [26]엘리야가 그 중 한 사람에게도 보내심을 받지 않고 오직 시돈 땅에 있는 사렙다의 한 과부에게 뿐이었으며 [27]또 선지자 엘리사 때에 이스라엘에 많은 나병환자가 있었으되 그 중의 한 사람도 깨끗함을 얻지 못하고 오직 수리아 사람 나아만뿐이었느니라 [28]회당에 있는 자들이 이것을 듣고 다 크게 화가 나서 [29]일어나 동네 밖으로 쫓아내어 그 동네가 건설된 산 낭떠러지까지 끌고 가서 밀쳐 떨어뜨리고자 하되 [30]예수께서 그들 가운데로 지나서 가시니라

그리스도께서는 악한 영을 무찌르신 후에 자기가 얼마나 강하게 선한 영의 영향 아래 놓여 있는지를 보여주신다. 또한 그는 광야에서 마귀의 공격에 대하여 스스로를 방어하신 후에, 이제 공세를 개시하여서, 마귀가 대항하거나 물리칠 수 없었던 복음 전파와 이적들을 통해서 마귀에 대한 공격을 감행하기 시작하신다. 좀 더 살펴보자.

I. 그리스도의 복음 전파에 관한 일반적인 서술. 그리고 예루살렘에서 멀리 떨어져 있는 후미진 곳인 갈릴리에서 받았던 대접이 무엇이었는지가 나와

있다. 그리스도께서 갈릴리에서 사역을 시작하신 것은 그리스도의 겸비의 일부를 보여주는 것이었다.

그러나 1. 그리스도께서는 성령의 능력으로 오셨다. 그리스도로 하여금 선지자적 직분을 수행할 수 있는 자질을 갖추게 해주었던 동일한 성령은 그리스도에게 선지자적 직분을 감당하고자 하는 마음도 강하게 일으키셨다. 그는 사람들이 불러주기를 기다리지 않으셨다. 그의 안에는 빛과 생명이 있었기 때문이다. 2. 거기에서 그리스도께서는 그들의 회당, 즉 그들의 공예배 장소들에서 가르치셨다. 유대인들은 성전에서와는 달리 제사 의식(儀式)을 행하기 위해서가 아니라, 성경을 읽고 해설하고 적용하며, 기도하고 찬송하는 교훈과 경건의 행위들, 그리고 교회의 치리(治理)를 위해서 회당에 모였다. 바벨론 포수(捕囚) 이후에는 이런 일들이 더욱 잦아져서, 의식(儀式)을 통한 예배는 거의 사라지게 되었다. 3. 그리스도께서 회당에서 가르치심으로써 큰 명성을 얻게 되셨다. 그 소문이 사방에 퍼졌고(14절), 그것은 좋은 평판이었다. 왜냐하면, 그는 뭇 사람에게 칭송을 받으셨기 때문이다(15절). 모든 사람들이 그를 칭송하였고 환호하였다. 사람들은 지금까지 살아오면서 그런 설교를 들어본 적이 없었다. 이렇게 처음에 그리스도께서는 멸시나 반대에 부딪치지 않으셨다. 모든 사람이 그를 칭송하였고, 아직은 그를 헐뜯는 자가 없었다.

II. 그리스도께서 그가 자란 동네인 나사렛에서 말씀을 전파한 일과 거기에서 사람들이 말씀을 대한 태도 여기서 우리는 그가 나사렛에서 어떻게 말씀을 전파하셨고, 어떻게 박해를 받으셨는지에 관한 말을 듣게 된다.

1. 그리스도께서는 나사렛에서 어떻게 말씀을 전파하셨는가.

(1) 그는 기회를 만들었다:. 그는 다른 지역들에서 명성을 얻고난 후에 그를 바라보는 고향 사람들의 편견과 멸시가 적어도 어느 정도는 완화되었을 것이라는 희망을 안고 나사렛으로 가셨다. 거기에서 그는 말씀을 전파할 기회를 얻으셨다. [1] 그는 회당이라는 적절한 장소에서 말씀을 전파하셨다. 그가 공생애를 시작하기 전에 회당 예배에 참석하는 것은 늘 하시던 일이었다(16절). 우리는 기회가 있을 때마다 공예배에 참석하여야 한다. 그러나 그는 이제 공생애 사역을 시작하셨기 때문에 회당에 단순히 참석한 것이 아니라 거기에서 말씀을 전하였다. 거기에는 많은 고기들이 있었기 때문에, 이 지혜로운 어부는 그물을 던지고자 하셨다. [2] 그는 안식일이라는 적절한 때에 말씀을 전파하셨

다. 경건한 유대인들은 단순히 세상적인 노동을 쉬고 의식(儀式)을 통해서 안식을 얻고자 해서가 아니라 하나님을 예배하는 의무를 수행하면서 안식일을 지냈다. 이것은 마치 옛적에 그들이 월삭과 안식일에 선지자 학교에 참석하곤 했던 것과 같은 것이었다. 성회를 열어서 안식일을 지키는 것은 좋은 일임을 명심하라.

(2) 그는 회당을 방문하였다. [1] 그는 성경을 읽으려고 섰다. 회당에는 안식일마다 7명의 봉독자가 있었는데, 첫 번째는 제사장, 두 번째는 레위인, 나머지 다섯 명은 그 회당에 소속된 이스라엘인이었다. 우리는 흔히 그리스도께서 다른 회당들에서도 말씀을 전하셨다는 말을 듣지만, 그가 여러 해 동안 소속되어 있었던 나사렛 회당의 경우를 제외하고는 성경을 봉독하였다는 말을 결코 듣지 못한다. 이제 그는 전에도 종종 해왔던 자신의 직무를 수행하였다. 그는 선지자들의 글들 중에서 한 과를 읽었다(행 13:15). 성회에서 성경을 봉독하는 일은 매우 합당한 일이었고, 그리스도께서도 그 일이 자기에게 맡겨진 것을 위신이 손상되는 일로 생각하지 않으셨다는 것을 명심하라. [2] 회당장 또는 성경을 맡은 자(20절)가 선지자 이사야의 글을 그에게 건네준(개역에서는 드리거늘) 것이었기 때문에, 이 경우에는 그리스도가 느닷없이 끼어든 것이 아니라 정당한 직무를 수행한 것이었다. 그 날에 두 번째로 봉독할 본문은 이사야서에 나오는 것이어서, 그리스도께서는 이사야서를 건네받았다.

(3) 그는 본문을 설교하였다. 그가 성경을 읽으려고 섰다는 것은 우리에게 하나님의 말씀을 읽고 듣는 일을 존중하도록 가르치시기 위한 것이었다. 에스라가 율법서를 펴자, 모든 백성이 일어섰다(느 8:5). 그리스도께서는 여기에서 선지자들의 글을 읽으실 때에 그렇게 하셨다. 이제 이사야서가 그에게 건네지자 [1] 그는 책을 펴셨다. 구약성경의 책들은 그리스도께서 그 책들을 여실 때까지는 어떤 의미에서 닫혀져 있었다(사 29:11). 두루마리(책)를 가지시고 그 인봉을 떼기에 합당하신 분은 일찍이 죽임을 당하신 어린 양이었다. 왜냐하면, 그는 책을 여실 수 있을 뿐만 아니라 깨달음을 열어주실 수 있기 때문이다. [2] 그는 그 날 봉독하기로 되어 있던 곳을 찾으셨는데, 어느 곳을 찾으라는 다른 사람의 지시를 받을 필요는 없었다. 그는 곧 그 곳을 찾아서 봉독하셨고, 그 대목을 그의 설교 본문으로 잡으셨다. 그의 본문은 이사야 61:1-2로 정해졌는데, 그 본문은 여기에 길게 인용되어 있다(18-19절). 성경 중에서 메시야에 관하여 너무도

분명하게 말하고 있는 대목을 그 날에 봉독하도록 되어 있었던 것은 섭리였고, 이것은 안식일마다 봉독되는 선지자들의 말을 듣고도 메시야를 알지 못한 자들은 변명할 여지가 없다는 것을 보여주는 것이었다(행 13:27). 이 본문은 그리스도의 과업과 그가 세상에 와서 해야 할 일을 자세하게 설명해준다. 첫째, 그는 그 일을 위해서 어떻게 자격을 갖추었는가: 주의 성령이 내게 임하셨다. 성령의 모든 은사들과 은혜들이 그에게 부여되었는데, 다른 선지자들과는 달리 일정한 분량이 부어진 것이 아니라 한량 없이 부어졌다(요 3:34). 이제 그는 성령의 능력으로 오신 것이었다(14절). 둘째, 그는 어떻게 위임을 받으셨는가: 내게 기름을 부으시고 나를 보내셨다. 그가 비상한 자격을 갖춘 것은 위임장과 같은 것이었다. 그가 기름 부음을 받으신 것은 그가 그 일을 수행할 자격을 갖추었다는 것과 그 일로 부르심을 받았다는 것을 의미한다. 하나님은 어떤 자를 어떤 직무에 명하실 때에 그 직무를 위하여 그에게 기름을 부으신다: "그가 나를 보내셨기 때문에, 그는 성령을 보내셔서 나와 동행하게 하셨다." 셋째, 그의 일은 무엇이었는가. 그는 무엇을 위한 자격을 갖추고 위임을 받은 것인가. ① 그는 큰 선지자로 오셨다. 그는 말씀을 전파하기 위해서 기름부음을 받으셨다. 전파한다는 말이 여기에 3번이나 언급되어 있다. 왜냐하면, 바로 그 일이 그가 지금 시작하고 있는 일이었기 때문이다. 좀 더 살펴보자. (1) 그는 누구에게 전파하였는가. 가난한 자들, 즉 유대인 랍비들이 가르칠 가치가 없다고 생각하고 멸시하였던 세상에서 가난한 자들, 심령이 가난한 자들, 온유하고 겸손한 자들, 죄로 인하여 참으로 애통하는 자들에게 그는 복음을 전파하셨다: 이런 자들은 복음과 그 은혜를 영접하여서 그것을 갖게 될 것이다(마 11:5). (2) 그는 무엇을 전파하였는가. 한 마디로 말해서, 그는 복음을 전파하였다. 그는 사람들을 복음화하기(유앙겔리제스다이) 위하여 보내심을 받았다. 그는 단지 사람들에게 복음을 전할 뿐만 아니라 그 복음이 효력을 발휘하게 하기 위하여 오셨고, 복음을 단지 그들의 귀에만 전하는 것이 아니라 그들의 마음에 전해서 그들이 복음으로 재형성되도록 하기 위하여 보내심을 받았다. 그는 세 가지를 전파하였다. [1] 그는 포로 된 자에게 자유를 전파하였다. 애굽이나 바벨론에 있던 이스라엘에게 자유가 선포되었던 것처럼 복음은 자유의 선포이다. 그리스도의 공로로 말미암아 죄인들은 죄책(罪責)의 속박에서 놓여나고, 성령과 그 은혜를 통해서 타락의 굴레에서 벗어난다. 이것은 최악의 노예상태로부터 구원받는 것으로서, 그리스도를 자신의 머리로 삼고 그의 통치를 기꺼이 받고자 하는 모든 자들이 누릴 수 있는 유익이다. [2] 그는 눈먼 자에게 다시 보게 함을 전파하였다. 그는 복음의 말씀으로써 어둠에 앉아 있는 자들에게 빛을 주기 위해서 오셨을 뿐만 아니라, 은혜의 능력으로써 눈먼 자들에게 시력을 찾아주기 위해서 오셨다. 이방 세계의 사람들만이 아니라 중생하지 못한 모든 영혼은 삼손과 시드기야처럼 묶여 있을 뿐만 아니라 눈이 먼 상태에 있다. 그리스도께서는 우리에게 필요한 안약이 그에게 있다는 것을 우리에게 알려주기 위해서 오셨고, 우리는 요청만 하면 그 안약을 얻을 수 있다. 우리가 주여, 우리의 눈 뜨기를 원하나이다(마 20:33)라고 기도하기만 한다면, 그는 다시 보게 될지어다라고 응답하실 것이다. [3] 그는 주의 은혜의 해를 전파하였다(19절). 그는 세상 사람들이 거역하였던 하나님이 기꺼이 그들과 화해하시며 새로운 조건 위에서 그들을 받아들이고자 하신다는 것, 아직도 그들의 예배를 하나님께 열납될 수 있게 할 수 있는 길이 있다는 것, 지금이 하나님께서 사람들을 향하여 은혜를 베푸시는(개역에서는 하나님이 기뻐하신 사람들) 때라는 것을 알리러 오셨다. 이것은 면제년 또는 희년에 대한 암시이다. 그 해는 종들이 해방되고, 빚진 자들이 모두 빚을 탕감받으며, 땅을 저당잡힌 자들은 다시 그들의 땅을 돌려받기 때문에, 그들에게 은혜의 해였다. 그리스도께서는 희년의 나팔을 불려고 오셨다. 그리고 그 즐거운 소리를 들은 자들(개역에서는 즐겁게 소리칠 줄 아는 백성)은 복이 있다(시 89:15). 이 때는 구원의 날이었기 때문에 은혜의 때였다. ② 그리스도께서는 큰 의원으로 오셨다. 왜냐하면, 그는 상한 심령을 고치고, 고통받는 양심들을 위로하고 치유하며, 죄 때문에 괴로워하고 낮아진 자들과 죄로 인하여 그들에게 닥칠 하나님의 진노를 두려워하는 자들에게 평화를 주고, 죄책과 타락의 무거운 짐 아래에서 지친 자들에게 안식을 가져다 주기 위하여 보내심을 받았기 때문이다. ③ 그는 큰 구속자로 오셨다. 고레스 왕이 바벨론에 포로로 잡혀가 있던 유대인들에게 자유를 선포했듯이(원하는 자는 다 올라가도 좋다), 그리스도께서는 포로 된 자들에게 자유를 선포할 뿐만 아니라, 눌린 자들을 자유하게 하신다. 옛적에 그 마음이 하나님께 감동을 받은 자들이 그랬던 것처럼(스 1:5), 그는 성령을 통해서 그들로 하여금 그들에게 허락된 자유를 누리고자 하는 마음을 주시고, 또한 누릴 수 있는 능력을 주신다. 그는 하나님의 정의에 대하여 빚진 자이자 갇힌 자들인 불쌍한 죄인들을 해방시키려고 하나님의 이름으로 오셨다. 선지자들은 단지 자유를 선포할 수 있었을 뿐이지만, 그리스도께서는 권세를 지닌 자, 세상에서 죄를 사하는 권능을 지닌 자로서 사람들을 자유롭게 하기 위하여 오셨다. 그러므로 이 구절이 여기에 덧붙여져 있는 것이다. 라이트푸트 박사는 유대인들은 본문을 해설할 목적으로 성경 구절들을 서로 대조해서 볼 수 있는 자유를 성경 봉독자들에게 허용하였기 때문에 그리스도께서는 이 구절을 이사야 58:6에서 가져와서 덧붙일 수 있었던 것이라고 생각한다. 그 구절에서는 은혜의 해에 눌린 자를 자유롭게 하는 것이 의무로 되어 있고, 칠십인역이 사용한 구절도 여기에 나와 있는 것과 동일하다.

　(4) 여기서 그리스도는 이 본문을 자기 자신에게 적용하신다(21절): 그는 다 봉독하고나서 책을 덮어 다시 그 맡은 자에게 주시고 앉으셨는데, 이것은 유대인 랍비들의 관습에 따른 것이었다. 그는 날마다 성전에 앉아 가르치셨다(마 26:55). 이제 그는 이렇게 설교를 시작하였다: "이 글이 오늘 너희 귀에 응하였느니라. 이사야가 예언으로 썼던 이 글을 방금 나는 역사로 너희에게 읽어 주었다." 이 글은 그리스도께서 공생애 사역을 개시하신 것을 통해서 지금 이루어지기 시작하였고, 그들이 다른 지역들에서 그가 행하신 설교와 이적들에 관하여 들은 소문 속에서 지금 이루어지기 시작하였으며, 그가 그들 자신의 회당에서 그들에게 행하신 설교 속에서 지금 이루어지기 시작하였다. 그리스도께서는 계속해서 그가 천국이 가까이 왔다고 전파한 가르침 속에서 이 글이 이루어졌다는 것과 그것은 자유와 다시 봄과 치유 등과 같이 주의 은혜의 해의 모든 축복들을 전파하는 것이었다는 것을 보여주었을 가능성이 매우 크다. 본문에 나와 있는 해설을 시작으로 해서, 그의 입에서는 다른 많은 은혜로운 말씀들이 흘러나왔을 것이다. 왜냐하면, 복음서에는 짧게 기록되어 있다고 할지라도 그리스도께서는 흔히 긴 설교들을 하셨기 때문이다. 이 글이 오늘 너희 귀에 응하였느니라는 서두의 말씀은 다른 많은 것들을 말하기 위한 좋은 도입부다. [1] 메시야에게서 이루어지기로 되어 있던 구약의 모든 말씀들은 주 예수에게서 완전히 성취되었다. 이것은 예수가 바로 오실 그이라는 것을 풍부하게 증명해준다. [2] 하나님의 섭리 안에서 성경의 성취를 살펴보는 것은 합당한 일이다. 하나님의 역사(役事)들은 그의 비밀스런 말씀의 성취일 뿐만 아니라 그의 계시된 말씀의 성취이기도 하다. 그리고 성경과 하나님의 섭리들을 서로 비교

해 보면, 우리는 이 둘을 더 잘 이해할 수 있게 된다.

　(5) 여기에 청중들이 주목하였고 놀랍게 여겼다는 말이 나온다. [1] 그들은 주목하였다(20절): 회당에 있는 자들(아마도 아주 많은 사람들이 있었을 것이다)은 최근에 그에 관한 소문을 아주 많이 들은 터라 그가 무슨 말을 할 것인지 큰 기대감을 갖고 다 주목하여 보았다. 말씀을 들을 때에 하나님이 대언(代言)의 도구로 사용하시는 사역자를 주목하는 것은 좋은 일이다. 왜냐하면, 눈이 마음에 영향을 미쳐서, 통상적으로 마음은 눈을 따라서 방황하기도 하고 고정되기도 하기 때문이다. 정확히 말하면, 우리는 사역자를 통해서 우리에게 말씀하시는 그리스도를 주목하는 법을 배워야 한다. 내 주께서 그 종들에게 무엇이라 말씀하시는가? [2] 그들은 놀랍게 여겼다(22절): 사람들은 그가 감탄할 정도로 똑부러지게 말을 잘 하였다고 다 그를 증언하였다. 그들은 모두 그를 칭찬하였고, 그 입으로 나오는 바 은혜로운 말을 놀랍게 여겼다. 그렇지만, 이후의 서술에서 드러나듯이, 그들은 그를 믿지 않았다. 훌륭한 사역자들과 훌륭한 설교에 감탄한다고 해서 다 진정한 그리스도인들인 것은 아니라는 것을 유의하라. 좀 더 살펴보자. 첫째, 그들은 무엇을 놀라워 하였던 것인가: 그들은 그 입으로 나오는 바 은혜로운 말, 사람들의 마음을 녹이고 사로잡는 은혜로운 말, 훌륭한 말을 놀랍게 여겼다. 그리스도의 말씀은 은혜로운 말이라는 것을 명심하라. 은혜가 입술에 부어지기 때문에(개역에서는 입술에 머금으니), 그 입술에서 은혜로운 말이 쏟아지는 것이다(시 45:2). 그리고 이 은혜로운 말을 사람들은 놀랍게 여기게 된다. 그리스도의 이름은 기묘(奇妙, 경이롭다는 뜻)로서, 다른 어떤 것에서보다도 그의 은혜, 그의 은혜로운 말, 이 말들에 수반되는 능력에서 그는 경이로우셨다. 그가 우리 같이 은혜를 모르는 천한 자들에게 그러한 은혜로운 말을 하셨다는 것은 참으로 경이로운 일이 아닐 수 없다. 둘째, 무엇이 그들의 놀라워하는 반응을 증폭시켰고, 그의 출신을 생각하게 만들었던 것인가: 그들이 이르되 이 사람이 요셉의 아들이 아니냐. 그의 출신이 비천하고, 그의 교육 수준이 하찮지 않는가? 어떤 이들은 이런 생각을 하며 그의 은혜로운 말을 더욱더 놀랍게 여기면서, 사람들은 아무도 그를 가르친 적이 없다는 것을 잘 알고 있었기 때문에, 그가 하나님으로부터 가르침을 받았음에 틀림없다고 결론을 내렸을 것이다. 또 어떤 이들은 이런 생각을 하며 그들이 그의 은혜로운 말에 대하여 잠시 경이롭다고 생각했던 것을 고쳐먹고서, 그가 요셉의 아들인 것을 보

니, 그의 말에는 실제로는 경이로운 것이 없고 그렇게 보였을 뿐이라고 결론을 내렸을 것이다. 그렇게 비천한 자에게서 우리에게 경이로움을 불러일으킬 정도로 위대한 말이 나올 수 있겠는가?

(6) 그리스도께서는 청중들 중 다수가 자기를 반대할 것을 미리 아셨다. 좀 더 살펴보자.

[1] 그 반대는 무엇이었는가(23절): "너희가 반드시 의사야 너 자신을 고치라고 내게 말할 것이다. 너희는 내가 너희의 이웃인 요셉의 아들이라는 것을 알고 있기 때문에, 내가 다른 곳들에서 행하였던 이적들을 너희 가운데서도 행할 것을 기대할 것이다. 의사가 유능하다면 자기 자신만이 아니라 자기 가족과 동포들도 고칠 것이라고 사람들이 기대하는 것과 마찬가지로 말이다." 그리스도께서 베푸신 기적들 중 대부분은 치유 이적이었다. "그렇다면, 왜 너는 다른 동네들에서처럼 네 고향에서 병자들을 치유하지 않는 것이냐?" 치유 이적들의 목적은 사람들의 불신앙을 치유하는 것이었다. "불신앙이 질병이라면, 왜 너는 다른 마을들에서처럼 네 고향에서 불신앙의 질병을 치유하지 않는 것이냐?" 우리가 귀가 따갑게 들은 바 가버나움에서 행한 일을 네 고향 여기서도 행하라. 그들이 그리스도의 은혜로운 말을 기뻐한 것은 그것이 그가 곧 베풀게 될 이적들의 서막에 불과하다고 생각하였기 때문이었다. 그들은 그들의 마을에 있는 절름발이, 눈먼 자, 앓는 자, 나병환자들이 치유받고 도움을 받음으로써, 마을 사람들이 부담이 덜 수 있기를 바랐는데, 이것이 그들이 그리스도에게 주로 기대하였던 일이었다. 그들은 자기 마을이 다른 마을들처럼 이적들의 무대가 될 만한 곳이라고 생각하였다. 그리스도가 다른 마을이 아니라 바로 이 고향 땅으로 무리들을 끌어모아서 안 될 이유가 어디 있는가? 다른 마을 사람들이 아니라 그리스도의 이웃들과 친지들이 그의 설교와 이적들을 통해서 유익을 받지 말아야 할 이유가 어디 있는가?

[2] 그리스도께서는 그가 취한 조치에 대한 이러한 반대에 어떻게 대응하셨는가.

첫째, 그는 왜 그가 나사렛을 그의 본거지로 정하고자 하지 않았는지에 대하여 분명하고도 실증적인 이유를 든다(24절). 선지자가 고향에서는 환영을 받는 자가 없다는 것이 일반적으로 진실이기 때문이다. 선지자는 고향에서는 다른 마을에서보다도 적어도 잘 받아들여지지 않고, 따라서 선한 일을 베풀기도 더 어렵다. 경험이 이러한 진리를 확증해준다. 선지자들이 하나님의 긍휼을 담은 메시지와 이적들을 가지고 보내심을 받았지만, 그들의 출신과 교육 정도를 잘 알고 있는 고향 사람들 중에서는 그들을 환영한 자가 별로 없었다. 하몬드 박사도 이렇게 말한다: 익숙함이 멸시를 키운다(familiarity breeds contempt). 우리는 우리에게 익숙한 자들을 하찮게 생각하는 경향이 있다. 사인(私人)으로 있을 때에 사람들에게 잘 알려져 있던 사람이 선지자가 되면, 그는 선지자로서 제대로 대접을 받기가 힘들다. 아무리 국산이 더 우수하다고 해도, 외국에서 가져온 것이나 비싸게 주고 산 것이 더 귀한 물건으로 취급받는다. 또한 이런 경향은 대체로 이웃들이 서로에 대하여 가지고 있는 시기심으로부터 생겨난다. 따라서 사람들은 얼마 전까지만 해도 자기보다 못했던 사람이 잘된 것을 보면 배가 아프다. 이런 이유 때문에 그리스도께서는 나사렛에서 이적들을 행하거나 비상한 일을 하려고 하지 않으셨다. 고향 사람들은 그에 대하여 뿌리 깊은 편견을 가지고 있었기 때문이다.

둘째, 그는 하나님의 명령에 의해서 동포 이스라엘 백성이 아니라 이방인들 가운데서 은총을 베풀었던 구약의 가장 유명한 선지자들 중의 두 사람이 보여준 적절한 실례(實例)를 든다. ① 엘리야는 온 땅에 큰 흉년이 들었을 때에 이스라엘 공동체에 대해서 외인(外人)이었던 시돈 땅에 있는 사렙다의 한 과부에게 보내심을 받아서 그녀를 도와 주었다(25-26절). 이 이야기는 열왕기상 17:9 이하에 나와 있다. 거기에서는 하늘이 삼년 육개월 간 닫혀 있었다고 말한다. 반면에, 열왕기상 18:1에서는 제삼년에 엘리야가 아합을 찾아갔고, 그 때에 비가 내렸다고 말한다. 그러나 엘리야가 아합을 찾아간 때는 흉년이 든 지 제삼년이 아니라 엘리야가 사렙다 과부의 집에 머문 지 제삼년이 되는 해였다. 이 일을 통해서 하나님은 고아들의 아버지요 과부들의 재판장이심을 보여주심과 동시에, 그가 모든 사람, 심지어 이방인들에게도 풍성한 자비를 베푸시는 자이심을 보여주고자 하셨다. ② 엘리사는 아람 사람 나아만의 문둥병을 깨끗하게 하여 주었다. 그런데 나아만은 아람 사람으로서 이방인이었을 뿐만 아니라 이스라엘의 원수였다(27절). 선지자 엘리사 때에 이스라엘에 많은 나병환자가 있었다. 특히 네 명의 나병환자들은 아람인들이 사마리아에 대한 포위를 풀었다는 소식을 황급히 알렸고, 아람인들의 진영에서 많은 것들을 탈취하여 사마리아를 부유하게 해주었는데, 이 일은 엘리사가 한 예언이 성취된 것이었고, 엘리사 자신도 포위된 사마리아 성에 있었다(왕하 7:1, 3 이하를 보라). 그렇지만 엘리사가 그 나병환자들의 수고와 그들이 가지고 온 좋은 소식에 대한 보답으로 그들을 깨끗하게 해주었다는 말은 나오지 않는다. 엘리사는 오직 아람 사람 나아만만을 고쳐주었을 뿐이다. 왜냐하면, 나아만 외에는 아무도 선지자를 찾아가면 치유를 받을 수 있다는 믿음을 갖고 있지 않았기 때문이다. 그리스도 자신도 종종 이스라엘 사람보다 더 큰 믿음을 지닌 이방인들을 만나곤 하셨다. 그리고 그가 여기서 두 가지 사례를 언급하신 것은 그는 사적인 이유 때문이 아니라 오직 하나님의 지혜로운 뜻을 따라서 이적의 은혜를 베풀었다는 것을 보여주기 위한 것이었다. 나사렛 사람들이 그리스도에게 의사야 너 자신을 고치라고 말하였듯이, 이스라엘 백성들도 엘리야나 엘리사에게 틀림없이 그런 말을 하였을 것이다. 그리스도께서는 고향에서는 아니었지만 이스라엘 백성들 가운데서 이적을 행하셨던 반면에, 이 큰 선지자들은 이방인들 가운데서 이적을 행하였다. 성도들의 모범은 어떤 악한 행위를 선한 것으로 만들어 주지는 못하지만 선한 행위가 까다로운 사람들로부터 비난받는 것을 막는 데에 도움을 준다.

2. 그리스도께서는 나사렛에서 어떻게 박해를 받으셨는가.

(1) 하나님이 엘리야와 엘리사를 통해서 이방인들에게 은혜를 베푸셨다는 그의 말이 고향 사람들을 격분케 하였다: 회당에 있는 자들이 이것을 듣고 다 크게 화가 났는데(28절), 그들은 모두 그랬다. 이것은 그 입으로 나오는 바 은혜로운 말을 놀랍게 여겼다고 말한 22절과는 판이하게 달라진 상황이었다. 이와 같이 군중의 견해와 기호(嗜好)는 불확실하고 매우 변덕이 심하다. 만약 그들이 경이롭게 여겼던 그리스도의 은혜로운 말을 믿음으로 받아들였더라면, 그들은 그리스도께서 나중에 하신 이 말씀을 통해서 죄로 말미암아 그들에게 주어진 기회를 놓치지 않도록 주의하라는 깨우침을 받게 되었을 것이다. 그러나 그들은 단지 귀만 즐겁게 하였을 뿐이고 더 이상 나아가지 못했기 때문에, 그리스도께서 나중에 하신 말씀이 그들의 귀에 거슬렸고 그들의 부패한 심성을 자극하였던 것이다. 그들은 그리스도가 요셉의 아들이라는 것을 뻔히 알고 있는데도, 그가 자신을 저 위대한 선지자들과 비교하고, 그들을 모든 사람이 바알에게 무릎을 꿇었던 저 타락한 시대의 사람들과 비교하는 것에 격분하였다. 그

러나 특히 그들을 격분케 만든 것은 그가 하나님이 이방인들을 위해 다소간의 자비를 남겨두셨다는 뉘앙스를 풍김으로써 유대인으로서는 감히 상상할 수도 없는 생각을 넌지시 내비쳤기 때문이었다(행 22:21). 그들의 경건한 조상들은 이방인들이 교회로 들어올 것이라는 소망에 기뻐하였었다(다윗의 시편들과 이사야의 예언들이 증언해주듯이). 그러나 이 타락한 족속은 그들이 하나님과의 계약을 상실해 버린 지금에 있어서 다른 사람들이 그 자리에 대신 들어설 것이라는 생각 자체를 증오하고 있었다.

(2) 그들은 몹시 격분하여 그리스도를 죽이고자 하였다. 이것은 그가 공생애 사역을 시작한 지 얼마 안 되어서 당한 가혹한 시련이었지만, 그가 자기 백성에게 왔지만 그들이 그를 영접하지 않은 것의 한 표본이었다. [1] 그들은 회당 예배가 끝나기를 기다릴 수 없어서 자리를 박차고 일어나서 그의 설교를 중단시키고 그들의 예배도 중단시켰다. [2] 그들은 그가 아주 오랫동안 거기에 거주했음에도 불구하고 그를 그들과 함께 살 가치가 없는 자로 여겨서 동네 밖으로 쫓아내었다. 그들은 구주를 만물의 찌꺼기 같이 취급하여 그들에게서 구주와 구원을 밀쳐내었다. 그리스도께서 하늘에서 불을 내려서 그들을 몰살시켰다고 해도, 그것은 마땅한 일이었을 것이다! 그러나 지금은 그리스도께서 인내할 때였다. [3] 그들은 그를 살려두어서는 안 될 자로 여겨서 산 낭떠러지까지 끌고 가서 밀쳐 떨어뜨리고자 하였다. 그들은 그가 아주 오랜 세월 동안 그들 가운데서 아무런 해도 끼치지 않고 살아 왔었다는 것과 그의 삶이 얼마나 빛난 삶이었는지를 알고 있었고, 그에 관한 명성을 익히 들어 왔고 방금 전에도 그의 은혜로운 말을 놀랍게 여겼으며, 그에게 자신을 해명할 공정한 심문 절차와 자유를 허용하는 것이 마땅했음에도 불구하고, 그들은 군중심리에 이끌려서 광분하여 그를 급히 쫓아내고자, 아니 그를 가장 야만적인 방법으로 죽이고자 하였다. 종종 사람들은 그가 행한 선한 일들 때문에 그를 돌로 쳐서 죽이려고 하였다(요 10:32). 그런데 여기서 그들은 그에게 기대하였던 선한 일들을 행하지 않는다는 이유로 그를 죽이고자 하는 것이다. 사악함이 고조되면 폭력이 생겨나는 법이다.

(3) 그렇지만 그리스도께서는 아직 그의 때가 오지 않았기 때문에 피하셨다: 그는 털끝 하나 다치지 않은 채 그들 가운데로 지나서 가셨다. 하나님이 소돔 사람들과 아람 사람들의 눈을 멀게 하셨듯이, 그리스도께서는 그들의 눈을 멀게

하셨든지, 아니면 그들의 손을 묶어두거나 그들의 정신을 혼미하게 하심으로써, 그들은 그들이 의도한 바를 할 수 없었을 것이다. 왜냐하면, 그리스도의 사역은 방금 시작되었고 아직 끝나지 않았기 때문이다. 그의 때는 아직 오지 않았다. 그의 때가 왔을 때, 그는 흔쾌히 자신을 내어주셨다. 그들은 그를 그들로부터 몰아내었고, 그는 자기 길을 갔다. 그는 나사렛 사람들을 모으고 싶었을 것이지만, 그들은 모이고자 하지 않았다. 따라서 그들의 집은 황폐한 채 버려지게 되었다. 이 사건은 그가 나사렛 예수라는 치욕에다 나사렛은 선한 것을 기대할 수 없는 곳일 뿐만 아니라 악하고 거칠며 그에게 무자비한 곳이라는 오명(汚名)까지 더해준 사건이었다. 그렇지만 그가 나사렛 사람들에게 별로 존중받지 못한 것 속에는 섭리가 들어 있었다. 만약 나사렛 사람들이 그를 대환영했다면, 그리스도의 일은 그와 그의 오랜 친지들이 함께 결탁하여 꾸며낸 일로 비쳐질 수도 있었을 것이기 때문이다. 어쨌든 그들은 그를 영접하지 않았지만, 세상에는 그를 영접하는 사람들도 있었다.

[31]갈릴리의 가버나움 동네에 내려오사 안식일에 가르치시매 [32]그들이 그 가르치심에 놀라니 이는 그 말씀이 권위가 있음이러라 [33]회당에 더러운 귀신 들린 사람이 있어 크게 소리 질러 이르되 [34]아 나사렛 예수여 우리가 당신과 무슨 상관이 있나이까 우리를 멸하러 왔나이까 나는 당신이 누구인 줄 아노니 하나님의 거룩한 자니이다 [35]예수께서 꾸짖어 이르시되 잠잠하고 그 사람에게서 나오라 하시니 귀신이 그 사람을 무리 중에 넘어뜨리고 나오되 그 사람은 상하지 아니한지라 [36]다 놀라 서로 말하여 이르되 이 어떠한 말씀인고 권위와 능력으로 더러운 귀신을 명하매 나가는도다 하더라 [37]이에 예수의 소문이 그 근처 사방에 퍼지니라 [38]예수께서 일어나 회당에서 나가사 시몬의 집에 들어가시니 시몬의 장모가 중한 열병을 앓고 있는지라 사람들이 그를 위하여 예수께 구하니 [39]예수께서 가까이 서서 열병을 꾸짖으신대 병이 떠나고 여자가 곧 일어나 그들에게 수종드니라 [40]해 질 무렵에 사람들이 온갖 병자들을 데리고 나아오매 예수께서 일일이 그 위에 손을 얹으사 고치시니 [41]여러 사람에게서 귀신들이 나가며 소리 질러 이르되 당신은 하나님의 아들이니이다 예수께서 꾸짖으사 그들이 말함을 허락하지 아니하시니 이는 자기를 그리스도인 줄 앎이러라 [42]날이 밝으매 예수께서 나오사 한적한 곳에 가시니 무리가 찾다가 만나서 자기들에게서 떠나시지 못하게 만류하려 하매 [43]예수께서 이르시되 내가 다른

동네들에서도 하나님의 나라 복음을 전하여야 하리니 나는 이 일을 위해 보내심을 받았노라 하시고 ⁴⁴갈릴리 여러 회당에서 전도하시더라

그리스도께서는 나사렛에서 쫓겨나신 후에 갈릴리의 또 다른 동네인 가버나움으로 가셨다. 이 단락에 나오는 그의 설교와 이적들에 관한 기사는 우리가 이미 마가복음 1:21 이하에서 다룬 것들이다. 좀 더 살펴보자.

I. 그리스도의 설교 그는 안식일에 가르치셨다(31절). 우리는 하나님의 규례로서 선포되는 말씀을 들으면서 하나님을 예배하는데, 이것은 안식일들에 합당한 일이다. 그리스도의 설교는 사람들에게 큰 감화를 주었다(32절). 사람들은 그 가르치심에 놀랐다. 그가 한 모든 말에는 무게가 있었고, 그것을 통해서 사람들은 놀라운 것들을 발견하게 되었다. 그 가르침이 놀라웠던 것은 단지 그것이 고등 교육을 받지 못한 자에게서 나왔기 때문만은 아니었다. 그의 말씀에는 권위가 있었다. 그 말씀에는 강력한 힘이 있었고, 사람들의 양심을 파고드는 호소력이 있었다. 그리스도의 말씀이 성령의 나타나심과 능력으로 된 것이라는 바울의 가르침은 하나님으로부터 왔다는 것이 이것을 통해서 입증되었다.

II. 그리스도의 이적들.

1. 특히 구체적으로 서술된 두 기적은 그리스도가 누구인지를 보여준다.

(1) 그리스도는 그의 능력으로써 사탄이 사로잡고 있었던 사람들의 몸에서 사탄을 내쫓음으로써 인간 세계와 사람들의 영혼에서 사탄의 주관자요 정복자라는 것을 보여주었다. 하나님의 아들이 나타나신 것은 마귀의 일을 멸하려 하심이라(요일 3:8). 좀 더 살펴보자. [1] 귀신은 더러운 귀신(영)이기 때문에, 그의 본성은 순결하고 거룩하신 하나님의 본성과 정면으로 대립되는데, 원래의 모습에서 타락한 것이다. [2] 이 더러운 귀신은 사람들 속에서, 즉 사람들의 몸 속에서와 마찬가지로 영혼 속에서도 활동한다. [3] 회당에 있는 자들, 하나님을 예배하는 자들 중에도 사탄의 능력과 활동에 많이 눌려 있는 자들이 있을 수 있다. [4] 귀신들조차도 예수 그리스도가 하나님의 거룩한 자이고 하나님에게서 보내심을 받았으며 거룩한 자라는 것을 알기도 하고 믿기도 한다. [5] 귀신들은 그러한 것을 믿고 떤다. 이 더러운 영은 오직 무서운 마음으로 심판을 기다리는 가운데 그리스도께서 지금 그를 멸하러 오신 줄을 알아차리고서 크게 소리를 질렀다. 더러운 영들은 끊임없는 공포에 사로잡혀 있나. [6] 귀신들은 예수 그리

스도와 아무 상관이 없고, 그리스도와 상관이 있기를 바라지도 않는다. 왜냐하면, 귀신들은 천사의 본성을 지니고 있지 않기 때문이다. [7] 그리스도는 이 귀신을 제재하였다: 예수께서 꾸짖어, 잠잠하라고 말씀하셨다. 그의 말씀은 능력을 지니고 있었다. 여기서 잠잠하라로 번역된 원어는 피모데티로서 재갈을 물려서 입을 막다라는 뜻이다. 그리스도께서는 귀신에게 침묵을 명하셨을 뿐만 아니라, 그의 입을 강제로 막아버림으로써, 소리치고 싶어도 소리칠 수 없도록 만들어 버리셨던 것이다. [8] 사탄의 능력이 분쇄될 때, 정복당한 원수는 자신의 악의를 드러내었고, 정복자인 그리스도께서는 넘치는 은혜를 보여주셨다. 첫째, 귀신은 그 사람을 마치 박살내기라도 하려는 듯이 맹렬한 분노로 무리 중에 넘어뜨림으로써 그가 그 사람을 어떻게 하고자 했는지를 잘 보여주었다. 둘째, 그리스도께서는 귀신이 그 사람을 떠나지 않을 수 없게 하셨을 뿐만 아니라 귀신이 떠나면서 마지막으로 일격을 가하여 그 사람을 상하게 하지 못하도록 하심으로써 귀신을 제어하는 능력이 그에게 있다는 것을 보여주셨다. 사탄은 어떤 사람을 멸할 수 없을 경우에는 그 사람을 최대한으로 상하게 하고자 한다. 그러나 우리에게 위로가 되는 것은 그리스도께서 허용하신 한도 이상으로는 귀신은 사람들을 해칠 수 없다는 것이다. 그러므로 귀신은 사람들에게 실제적인 해악을 가하지 못한다. 귀신은 나왔고, 그 사람을 상하게 하지 못하였다. 즉, 귀신은 거기에 있던 사람들이 그 사람이 박살이 났을 것이라고 생각했을 정도로 심하게 그 사람을 쓰러뜨렸지만, 그 불쌍한 사람은 멀쩡하였던 것이다. [9] 사람들은 귀신들을 제어하는 그리스도의 능력을 인정하고 경탄하였다(36절). 아무도 이 이적의 진실성을 의심하지 않았다. 그것은 어떤 반론을 제기할 수 없을 정도로 명백하였고, 그 영광을 감소시킬 수 있는 말을 하는 것은 전혀 가능하지 않았다. 그들은 다 놀라 서로 말하여 이르되 이 어떠한 말씀인고 하였다. 사람들은 수많은 주문들과 진언(眞言)들을 통해서 귀신을 달래고 얼러서 잠잠하게 하고 잠재워 놓고는 마치 귀신을 쫓아낸 것처럼 가장한다. 그러나 그리스도께서는 권위와 능력으로 귀신들에게 명하셨고, 귀신들은 대들거나 저항할 수 없었다. 심지어 공중의 권세 잡은 자조차도 그의 종이기 때문에 그 앞에서 두려워 떤다. [10] 다른 사건들과 마찬가지로 이 사건을 통해서 그리스도는 명성을 얻었고, 그의 소문은 널리 퍼져나갔다. 오늘날의 많은 사람들은 그리스도의 능력이 나타난 이 사건을 경시하지만, 그 사건을 목격했던 사람들(그들은 바보들도 아니었고 비상한 통찰력을 지닌 자들도 아니었다)은 이 사건을 찬양하였을 뿐만 아니라 그리스도를 크게 영화롭게 한 사건으로 보았다(37절). 이 사건으로 인해서 예수의 소문이 그 근처 사방에 퍼져서, 그는 이전보다 더 명성을 얻게 되었다. 우리 주 예수께서 공생애 사역을 시작하셨던 초기에 그는 사람들의 입에 많이 오르내렸지만, 후기에는 이 신기한 일에 대한 사람들의 놀라움은 많이 잦아들었다.

(2) 그리스도께서는 병 고치는 자로서의 면모를 보여주셨다. 앞서의 이적에서 그는 인간의 참상(慘狀)의 뿌리이자 모든 불행의 근원이었던 사탄의 적개심을 공격하셨다. 여기서 그는 그 뿌리에서 자라나서 아주 무성하게 뻗은 가지들 중의 하나, 인간의 삶 속에서 가장 흔한 불행들 중의 하나인 육신의 질병을 공격하신다. 죄로 인하여 들어온 질병은 이 세상의 삶 속에서 가장 보편적이고 가시적인 죄에 대한 징벌 수단으로서 우리의 짧은 인생을 근심으로 가득 차게 만드는 데에 일조한다. 우리 주 예수께서는 질병이라는 독침을 제거하기 위해서 오셨고, 그러한 목적을 나타내시기 위하여 그가 이 땅에 오셨을 때에 질병들 자체를 제거하는 이적들을 통해서 그의 가르침을 확증하시는 방식을 택하셨다. 육신의 모든 질병들 중에서 열병보다 성인들에게 더 흔하고 치명적인 병은 없다. 열병은 느닷없이 찾아와서는 사람들의 수한(壽限)을 갑자기 잘라버린다. 열병은 순식간에 유행하여 수천 명의 사람들을 죽인다. 이제 우리는 여기서 그리스도께서 말씀 한 마디로 열병을 치유하시는 장면을 본다. 장소는 시몬의 집이었고, 병자는 시몬의 장모였다(38-39절). 좀 더 살펴보자. [1] 그리스도는 그를 환대하는 자에게 충분한 대가를 되돌려줄 줄 아는 손님이다. 그리스도를 자신의 마음과 집으로 영접하는 자들은 그리스도로 인해서 손해를 보는 법이 없다. 그리스도는 치유의 선물을 가지고 오시기 때문이다. [2] 그리스도께서 찾아오신 가정들에도 질병이 찾아올 수 있다. 그의 특별한 은혜로 축복받은 집들도 이 세상의 삶을 살아가는 자들이 공통적으로 겪는 불행들을 당할 수 있다. 시몬의 장모는 열병을 앓고 있었다. 주여, 보시옵소서, 사랑하시는 자가 병들었나이다. [3] 선한 사람들도 종종 남들보다 더 혹독한 고통을 당하고 중한 질병에 걸릴 수 있다. 시몬의 장모는 중한 열병, 곧 아주 고통이 심하고 열이 높으며 목숨을 위협하는 열병을 앓고 있었다. 아마도 열병이 머리를 덮쳐서, 그녀는 일시적으로 정신착란에 빠져 있었을 것이다. 악힌 열병도 점점

생명을 위협할 정도로 심해질 수 있다. 그러나 이번 경우는 아예 처음부터 중한 열병이었다. [4] 나이가 많다고 질병에서 면제되는 것은 아니다. 베드로의 장모는 연로했을 것인데도, 열병에 걸렸다. [5] 우리의 친척들이 아플 때, 우리는 믿음으로 그리스도에게 나아가서 그들을 위하여 기도하여야 한다. 사람들이 그녀를 위하여 예수께 구하였다. 믿음의 기도는 병든 자를 일으키리라는 구체적인 약속이 우리에게 주어져 있다. [6] 그리스도께서는 병들어 고생하고 있는 그의 백성들에게 애정어린 관심을 가지고 계신다. 그는 그녀에게 가까이 가서셨다. 이것은 그가 그녀에게 관심을 갖고 있었고 그녀의 처지를 불쌍히 여겼기 때문이다. [7] 그리스도는 육신의 질병을 다스리는 주권(主權)을 가지고 계셨고, 지금도 여전히 가지고 계신다. 그는 열병을 꾸짖으셨는데, 말씀 한 마디로 열병에게 떠나라고 명하셨고, 그러자 병이 떠났다. 그가 병들을 향하여 가라고 하면 병들이 가고, 오라고 하면 병들이 온다. 그는 지금도 여전히 아무리 중한 열병이라 할지라도 열병을 꾸짖으실 수 있다. [8] 치유가 즉각적으로 이루어졌다는 것은 그리스도에 의한 치유가 이적에 의한 것임을 증명해 준다: 여자가 곧 일어났다. [9] 병자를 질병으로부터 회복시키셔서 새 삶을 주셨을 때, 그리스도께서는 그 병자가 이전보다 더 그를 섬기고 그에게 영광을 돌리는 삶을 살므로써 진정한 새 삶을 살아가기를 원하시고 기대하신다. 그리스도의 꾸짖음으로 질병이 물러가고 병상(病床)에서 일어나면, 우리는 마땅히 예수 그리스도에게 수종드는 삶을 살기 시작해야 한다. [10] 그리스도에게 수종드는 자들은 그리스도를 인하여 그리스도의 소유가 된 모든 자들에게 수종들 준비가 되어 있어야 한다: 시몬의 장모는 그들에게 수종들었다. 즉, 자기를 고쳐주신 그리스도에게만이 아니라 그녀를 위하여 그에게 구하였던 자들에게도 수종을 들었다. 우리는 우리를 위해서 기도해 준 사람들을 고맙게 여겨야 한다.

2. 그리스도께서 행하신 동일한 종류의 다른 많은 이적들에 관한 전반적인 기사(記事).

(1) 그는 자기를 찾아온 온갖 병자들을 예외 없이 모두 고쳐주셨는데, 때는 해질 무렵, 곧 그가 회당에서 시간을 보냈던 바로 그 안식일 저녁이었다(40절). 해질 무렵까지 이런저런 선한 일들을 하면서 안식일에 해야 할 일들을 풍성하게 하는 것은 좋은 일이다 — 안식일과 그 날의 일을 즐거움이라고 부르는 자들처럼 말이다. 그는 부자든 가난한 자든 가리지 않고 온갖 병자들을 모두 고

쳐주셨다. 따라서 그가 오직 어떤 한 가지 질병을 고치는 전문가였다고 생각할 여지는 전혀 없었다. 그는 모든 병을 치유하셨다. 그가 병을 고치실 때에 사용한 몸짓은 병자들에게 손을 얹는 것뿐이었다. 그는 병자들을 위하여 손을 위로 들고 기도하지 않으셨다. 왜냐하면, 그는 권위를 지닌 자로서 병자들을 고치셨기 때문이다. 그는 자신의 능력으로 병자들을 고치셨다. 이렇게 그는 나중에 성령을 수여할 때에 사용되었던 이 몸짓에 존귀함을 부여하고자 하셨다.

(2) 그는 귀신 들린 많은 자들에게서 귀신을 쫓아내주셨다(41절). 귀신들에게서 고백들이 터져나왔다. 귀신들은 당신은 하나님의 아들이니이다라고 말하였지만, 화가 나고 악이 받쳐서 그렇게 소리 지른 것이었다. 그것은 고문에 의해서 나온 자백이었고, 따라서 증거로 받아들여지지 않았다. 그리스도께서는 그들을 꾸짖으셨고, 그들이 그가 그리스도임을 안다고 말하도록 허락하지 않으셨다(개역에서는 그들이 말함을 허락하지 아니하시니 이는 자기를 그리스도인 줄 앎이러라). 이렇게 해서, 그리스도께서 귀신들을 정복하셨다는 것과 귀신들과 협약을 맺지 않으셨다는 것이 명명백백하게 드러났다.

3. 그리스도께서 가버나움을 떠나시다(42-43절).

(1) 그는 잠시 한적한 곳으로 물러나 계셨다. 그는 잠깐 동안만 눈을 붙이셨을 뿐이었다. 이것은 시간이 별로 없었을 뿐만 아니라, 그가 잠깐 자는 것으로 만족하셨기 때문인데, 그는 결코 안일함에 빠지지 않으셨다. 날이 밝으매 그는 한적한 곳에 가셨는데, 이것은 계속해서 은둔자로 살아가기 위해서가 아니라, 종종 하나님과 더불어 홀로 있기 위해서였다. 공무(公務)에 바쁜 사람들은 이렇게 하도록 애써야 한다. 그렇게 하지 않는다면, 그들의 일은 계속되겠지만 잘 되지 못할 것이고, 결국 이렇게 홀로 있을 때보다도 더 외로워지게 될 것이다.

(2) 그는 다시 무리들이 있는 곳, 거기에서 그가 해야 할 일로 되돌아가셨다. 한적한 곳은 물러가 쉬기에는 좋은 장소일 수 있지만, 계속해서 머물러 살기에 좋은 장소는 아니다. 왜냐하면, 우리는 우리 자신을 위해서 살고 오직 우리 자신의 최고의 안락을 위해서 사는 것이 아니라 이 세대에서 하나님께 영광을 돌리고 선한 일을 행하도록 하기 위하여 이 세상에 보내심을 받은 것이기 때문이다. [1] 사람들은 그에게 가버나움에 머물러달라고 진심으로 간청하였다. 무리는 그를 무척 좋아하였다. 물론, 이것은 그가 그들에게 회개하라고 선교하였기

때문이 아니라 그들의 병자들을 고쳐주었기 때문일 것이다. 무리는 그가 어디로 갔는지를 묻고다니며 그를 찾아다녔다. 그는 한적한 곳에 있었지만, 그들은 그를 만나게 되었다. 버림받은 땅(한적한 곳의 원래의 의미)도 거기서 우리가 그리스도와 함께 하면 우리에게 더 이상 버림받은 땅이 아니다. 그들은 그가 자기들에게서 떠나시지 못하게 만류하려 하였다. 따라서 그는 사람들이 붙잡지 않아서 떠난 것이 아니었다. 오랫동안 알고 지내던 나사렛 고향 마을의 사람들은 그를 쫓아내었지만, 새로 알게 된 가버나움의 사람들은 그들과 함께 머물러 달라고 아주 끈질기게 간청하였다. 그리스도의 사역자들은 그들을 거부하는 자들이 있다고 해서 낙심해서는 안 된다. 그들과 그들의 메시지를 환영하고 받아들이는 자들도 있기 때문이다. [2] 그는 복음의 빛을 어느 한 곳에 고착시키는 것이 아니라 많은 곳들에 널리 퍼지게 하는 쪽을 택하셨다. 이것은 어느 한 교회가 나머지 교회들에 대하여 모교회인 체하지 못하게 하기 위한 것이었다. 그는 가버나움에서 환영을 받았고 거기에서 많은 선한 일을 행하셨지만, 다른 동네들에서도 복음을 전하도록 보내심을 받았다. 가버나움은 그가 거기에 머물도록 고집해서는 안 된다. 복음의 유익을 향유한 자들은 기꺼이 다른 사람들도 그 유익에 참여할 수 있도록 해야 하고, 그 유익을 독점하려는 탐욕을 부려서는 안 된다. 한 곳에서 쫓겨나지 않은 사역자들이라도 더 큰 유익을 생각해서 다른 곳으로 옮겨갈 수 있다. 그리스도께서는 가버나움 회당에서 설교를 하여 어느 정도 열매를 거두셨지만, 거기에 묶여 있지 않으시고, 갈릴리 여러 회당에서 전도하셨다(44절). 선한 것은 저절로 퍼져나간다(bonum est sui diffusivum). 우리 주 예수께서는 어느 한 장소나 사람들에게 묶이지 않으시고, 두세 사람이 그의 이름으로 모이는 곳이면 그들 가운데 계시는 것은 우리에게 축복이다. 이방의 갈릴리에서조차도 기독교 회당들에 그의 특별한 임재가 있다.

제 5 장

개요

이 장에는 다음과 같은 내용들이 나온다. I. 그리스도께서 제대로 된 강단이 없으셔서 베드로의 배에서 사람들에게 말씀을 전하심(1-3절). II. 그리스도께서 많은 물고기를 잡게 해주는 이적을 통해서 베드로의 배를 빌린 값을 보상해 주시고, 이 이적을 통해서 베드로와 그의 동업자들에게 그가 그들을 사람을 낚는 어부, 곧 사도로 삼겠다는 것을 암시하심(4-11절). III. 그리스도께서 나병환자를 깨끗하게 하심(12-15절). IV. 그리스도의 은밀한 기도와 공생애 사역에 관한 짤막한 기사(16-17절). V. 그리스도께서 중풍병자를 고치심(18-26절). VI. 그리스도께서 세리 레위를 부르시고, 그 때에 여러 세리들과 얘기를 나누심(27-32절). VII. 그리스도께서 요한의 제자들과 바리새인들만큼 자주 금식하지 않는 것에 대하여 자신의 제자들을 변호하심(33-39절).

¹무리가 몰려와서 하나님의 말씀을 들을새 예수는 게네사렛 호숫가에 서서 ²호숫가에 배 두 척이 있는 것을 보시니 어부들은 배에서 나와서 그물을 씻는지라 ³예수께서 한 배에 오르시니 그 배는 시몬의 배라 육지에서 조금 떼기를 청하시고 앉으사 배에서 무리를 가르치시더니 ⁴말씀을 마치시고 시몬에게 이르시되 깊은 데로 가서 그물을 내려 고기를 잡으라 ⁵시몬이 대답하여 이르되 선생님 우리들이 밤이 새도록 수고하였으되 잡은 것이 없지마는 말씀에 의지하여 내가 그물을 내리리이다 하고 ⁶그렇게 하니 고기를 잡은 것이 심히 많아 그물이 찢어지는지라 ⁷이에 다른 배에 있는 동무들에게 손짓하여 와서 도와 달라 하니 그들이 와서 두 배에 채우매 잠기게 되었더라 ⁸시몬 베드로가 이를 보고 예수의 무릎 아래에 엎드려 이르되 주여 나를 떠나소서 나는 죄인이로소이다 하니 ⁹이는 자기 및 자기와 함께 있는 모든 사람이 고기 잡힌 것으로 말미암아 놀라고 ¹⁰세베대의 아들로서 시몬의 동업자인 야고보와 요한도 놀랐음이라 예수께서 시몬에게 이르시되 무서워하지 말라 이제 후로는 네가 사람을 취하리라 하시니 ¹¹그들이 배들을 육지에 대고 모든 것을 버려 두고 예수를 따르니라

여기에 나오는 사건은 시간 순서상으로는 앞 장의 끝에 나왔던 두 가지 이적 사건보다 이전에 있었던 일로서, 그리스도께서 베드로와 안드레를 사람을 낚는 어부로 부르신 것에 관하여 마태와 마가가 더 짤막하게 기록한 것(마 4:18; 막 1:16)과 동일한 사건이다. 마태와 마가는 그리스도께서 제자들을 부르신 것만을 안중에 두고 있었기 때문에, 이 때에 많은 물고기들이 잡히는 이적이 있었다는 것을 언급하지 않았었다. 그러나 누가는 예수께서 제자들 앞에서 행하신 많은 표적들 중의 하나로서 이 사건에 관한 이야기를 우리에게 전해주는데, 이 이야기는 앞의 책들에 기록되지 아니한 다른 표적이다(요 20:30-31). 좀 더 살펴보자.

I. 그리스도께서 말씀을 전하실 때에는 허다한 무리가 몰려들었다 : 무리가 몰려와서 하나님의 말씀을 들었다(1절). 무리를 다 수용할 만한 집이 없었기 때문에, 그는 그들을 호숫가로 이끌어낼 수밖에 없었다. 이것은 하나님이 아브라함에게 그의 자손이 바닷가의 모래와 같게 할 것이라고 하신 약속(창 22:17)과 이스라엘 자손들의 수가 비록 바다의 모래 같을지라도 남은 자만 구원을 받으리라(롬 9:27)는 약속을 그들에게 상기시키기 위한 것이었다. 무리들은 떼지어 그의 주변에 모여들었다(원문의 의미). 그들은 그리스도의 설교를 존중하였지만, 그리스도 자신에게는 약간의 무례를 범하였는데, 워낙 많은 무리들이 그에게 몰려들었기 때문에 어쩔 수 없는 일이었다. 회당장이나 바리새인들은 누구도 그를 믿지 않은 가운데 이렇게 어중이 떠중이 같은 무리들이 그에게 몰려들어 아우성치는 것을 그의 불명예로 여긴 사람들도 있었겠지만, 그는 이런 광경을 자신의 명예로 여기셨다. 왜냐하면, 그에게는 그들의 영혼도 고관대작들의 영혼만큼이나 귀했고, 힘 있는 자들이 아니라 많은 자녀들을 하나님께로 인도하는 것이 그의 목적이었기 때문이다. 그리스도와 관련해서 그에게 모든 백성이 복종하리로다(창 49:10)라고 예언이 되어 있었다. 그리스도는 대중을 상대로 한 설교자였다. 그는 열두 살 되던 해에 율법학자들과 논쟁을 벌일 정도로 유능하였지만, 서른 살이 되자, 대중들이 알아들을 수 있는 설교를 하는 쪽을 택하셨다. 무리들이 외적으로 온갖 열악한 조건 아래에서도 선한 말씀을 얼마나 좋아하고 기뻐하였는지를 보라. 그들은 발 디딜 틈도 없이 몰려와서 서로 밀치는 가운데 하나님의 말씀을 들었다. 그들은 신적인 능력과 거기에 수반된 증거를 통해서 그리스도께서 전하시는 말씀이 하나님의 말씀임을 알아차릴 수 있

었기 때문에, 그 말씀을 듣고자 갈망하였다.

II. 그리스도께서는 아주 열악한 여건 속에서 말씀을 전하셨다. 그는 게네사렛 호숫가에 섰다(1절). 이렇게 그는 무리와 동일한 위치에 섰기 때문에, 사람들은 그를 볼 수도 없었고 그의 말씀을 들을 수도 없었다. 그는 무리 속에 파묻혔다. 모두가 기를 쓰고 그에게 가까이 다가가려고 했기 때문에, 그는 무리 속에 휩쓸려서 물 속으로 밀려들어갈 위험성도 있었다. 그는 어떻게 해야 하는가? 청중들이 그에게 말씀을 전할 수 있는 여건을 만들어줄 생각을 했던 것 같지 않다. 그런데 거기에 배 두 척이 있었다. 해변에 정박한 이 두 척의 고깃배 중 한 척은 시몬과 안드레의 것이었고, 다른 하나는 세베대와 그의 아들들의 것이었다(2절). 처음에 그리스도께서는 베드로와 안드레가 뭍에서 좀 떨어진 곳에서 고기를 잡고 있는 것을 보셨는데(마 4:18), 그들이 뭍으로 올 때까지, 어부들, 즉 종들이 배에서 나와서 그물을 씻어서 널어놓을 때까지 기다리셨다. 그리스도께서는 시몬의 소유인 배에 오르셔서, 시몬에게 강단으로 쓸 수 있도록 배를 빌려달라고 청하셨다. 그는 시몬에게 명령하실 수도 있었겠지만, 사랑의 마음으로 육지에서 조금 떼기를 청하셨다. 이렇게 하면, 무리가 그의 말을 듣는 데에는 더 나쁘겠지만, 사람들이 그를 더 잘 볼 수 있게 하고, 그가 높은 곳에 위치함으로써 사람들의 이목을 집중시키는 장점이 있었기 때문에, 그는 그렇게 하셨다. 지혜는 높은 곳에서(잠 8:2) 외친다. 이것은 그리스도께서 강력한 음성을 소유하고 계셨다는 것(죽은 자가 그의 음성을 들을 정도였으니, 그의 음성은 정말 강력한 것이었다고 할 수 있다)과 그가 자신의 편의를 도모하지 않으셨다는 것을 보여준다. 그는 거기에 앉으셔서, 여호와를 아는 선한 지식을 무리에게 가르치셨다.

III. 그리스도께서는 이 어부들을 아주 구체적으로 알고 계셨다. 이 어부들은 이전에 요한이 세례를 주던 때에 그리스도와 대화를 나눈 적이 있었다(요 1:40-41). 그들은 갈릴리 가나(요 2:2)와 유대 땅(요 4:3)에서도 그와 함께 있었다. 그렇지만 그들은 그를 좇으라는 부르심을 받지 못하였다. 그런데 여기서 우리는 그들이 부르심을 받는 것을 보게 된다. 그들이 그리스도와 좀 더 친밀한 교제를 하도록 부르심을 받은 것은 바로 이 때였다.

1. 그리스도께서는 말씀을 전하신 후에 베드로에게 다시 그의 일을 재개하도록 지시하셨다: **깊은 데로 가서 그물을 내려라**(4절). 그 날은 안식일이 아니었

기 때문에, 그는 강론을 마치신 후에 그들에게 일하도록 하신 것이다. 평일에 공적 예배로 보낸 시간은 **시간상으로** 우리에게 별로 장애가 되지 않고, 세상 일을 하는 데에 심적으로 큰 활력소가 된다. 우리가 산에서 하나님과 함께 있는 시간을 가지면서, 거기로부터 갑절의 축복을 가져와서 우리의 세상 일들을 축복하고, 말씀과 기도로써 세상 일들을 거룩하게 하였다면, 우리는 아주 기쁜 마음으로 돌아와서 세상 일들을 해나갈 수 있을 것이다! 우리의 신앙 행위들을 우리의 세상 일에 도움이 될 수 있도록 행하고, 우리의 세상 일을 우리의 신앙 행위들에 해롭지 않도록 행하는 것이 우리의 지혜이자 의무이다.

2. 베드로가 그리스도께서 말씀을 전하실 때에 함께 하였기 때문에, 그리스도께서는 베드로가 물고기를 잡을 때에 그와 동행하셨다. 베드로는 호숫가에서 그리스도와 함께 하였을 뿐인데, 이제 그리스도께서는 그와 함께 깊은 데로 가시고자 한다. 그리스도를 변함없이 좇고자 하는 자들에게 그리스도께서는 그들의 변함없는 인도자가 되실 것이다.

3. 그리스도께서는 베드로와 그의 배에 탄 선원들에게 바다에 그물을 던지라고 명하셨고, 그들은 밤새도록 수고하고도 잡은 것이 없었지만 그의 말씀에 순종해서 그대로 하였다(4-5절). 좀 더 살펴보자.

(1) 그들은 지금 무척 울적해 있었다: "선생님, 우리가 편안하게 침상에서 잠을 자야 할 시간에 밤이 새도록 수고하였지만, 아무것도 잡지 못하고 헛고생만 하였나이다." 사람들은 이 말이 그들이 설교를 듣지 못한 것에 대한 변명으로 한 말이라고 생각했을지도 모른다. 그러나 하나님의 말씀에 대한 그들의 사랑은 아주 깊어서, 하나님의 말씀을 듣고나자, 그들은 밤을 새우고 지친 상태에서 들었음에도 불구하고 단잠을 잔 사람들보다도 더 기운을 차리게 되었다. 그러나 그리스도께서 그들에게 다시 물고기를 잡으러 가라고 명하시자, 그들은 이 말을 하게 된 것이다. [1] 어떤 직업은 다른 직업들보다 훨씬 더 힘들고 위험하다. 그렇지만 하나님은 섭리를 통해서 유익한 직업에는 그 일이 아무리 힘든 일이라도 이런저런 유능한 인재들을 두심으로써 공동의 선을 도모하신다. 자신의 일을 하면서 별 힘 들이지 않고도 많은 돈을 벌어서 부유하게 되는 사람들은 뼈 빠지게 고생하며 일을 하고서도 생계를 이어가기조차 힘드는 사람들을 측은하게 여겨야 한다. 우리는 남들이 온 밤을 쉴 때에 라반의 양 떼를 지켰던 야곱처럼 **밤새도록 수고하는** 자들을 잊지 않아야 한다. [2] 아무리 힘든

직업일지라도 부지런히 일하고 최선을 다하는 모습을 보는 것은 좋은 일이다. 이렇게 애쓰고 힘쓰는 근면한 이 어부들을 그리스도께서는 그의 총애하는 자들로 선택하셨다. 그들은 역경을 견디는(개역에서는 고난을 받는) 법을 배운 자들이었기 때문에 그리스도 예수의 좋은 병사로 선택되기에 합당한 자들이었다. [3] 자기 일에 매우 부지런한 자들도 종종 실망스러운 결과들을 만나게 된다. 밤이 새도록 수고하였으되 잡은 것이 없을 수 있는 것이다. 빠른 경주자들이라고 해서 항상 선착하는 것이 아니기 때문이다. 하나님은 우리가 세상적인 성공을 자신하면서 일을 하는 것이 아니라, 순전히 하나님의 계명을 따라서 및 그의 선하심에 의지해서 부지런히 일할 것을 원하신다. 우리는 우리의 의무를 다하고, 그 결과는 하나님께 맡겨야 한다. [4] 세상 일에 지치고 세상사가 잘 풀리지 않을 때, 우리는 그리스도께 나아와서, 우리의 사정을 너무도 잘 아시는 그분 앞에 우리의 일을 펼쳐놓는 것이 좋다.

(2) 그들은 기꺼이 그리스도의 명령에 순종하였다: 그렇지마는 말씀에 의지하여 내가 그물을 내리리이다(5절). [1] 그들은 밤이 새도록 수고하였지만, 그리스도께서 명령하시자, 그들은 다시 한 번 기꺼이 수고하고자 하였다. 왜냐하면, 그들은 그리스도를 앙망하는 자는 일을 다시 착수할 수 있을 정도로 새 힘을 얻으리라는 것을 알고 있었기 때문이다. 그들은 새로운 일을 할 때마다 거기에 충분한 은혜를 매번 새롭게 공급받게 될 것이다. [2] 그들은 잡은 것이 없었지만, 그리스도께서 그물을 내려 고기를 잡으라고 명령하시자, 물고기를 어느 정도 잡을 수 있을 것이라는 소망을 갖게 되었다. 우리는 예상했던 대로 성공을 거두지 못하였다고 해서 우리가 부르심을 받은 직업을 갑자기 그만두어서는 안 된다. 복음 사역자들은 오랫동안 수고하고도 아무것도 잡지 못하였다고 하더라도 그물을 내리기를 계속하여야 한다. 우리가 성공을 거두지 못하더라도 지치지 않고 계속해서 복음 사역에 수고할 수 있는 것은 참으로 감사한 일이다. [3] 여기서 그들은 그리스도의 말씀을 주목하였고, 그 말씀에 의지하였다: "주께서 명하셨고, 주께서 격려하시기 때문에, 주의 말씀에 의지하여 내가 그물을 내리리이다." 우리가 그리스도의 말씀의 인도하심을 따르는 바로 그 때에 일은 잘 진척된다.

4. 이렇게 해서 그들이 잡은 물고기의 양은 통상적인 수준을 훨씬 뛰어넘는 것이어서 거의 이적이라 할 수 있었다(6절): 고기를 잡은 것이 심히 많아 그물이

찢어졌지만, 이상하게도 그들은 잡은 물고기를 잃지 않았다. 잡힌 물고기가 너무 많아서, 그물을 끌어올리는 데에 일손이 부족하였다. 그들은 소리를 질러도 들리지 않을 만큼 멀리 떨어져 있던 동업자들에게 손짓을 해서 와서 도와달라고 요청하지 않을 수 없었다(7절). 그러나 잡은 물고기가 엄청나게 많았다는 것을 보여주는 가장 큰 증거는 두 척의 배가 물고기로 가득 찼다는 사실이었다. 두 배는 물고기를 너무 많이 실어서, 가라앉기 시작하였고(개역에서는 잠기게 되었더라), 물고기들이 다시 물 속으로 도망갈 정도였다. 이렇게 물에서 자원을 너무 많이 끌어올리면 그 여분은 왔던 곳으로 되돌아간다. 두 척의 배가 각각 5-6톤짜리였다고 해도, 두 배에 가득할 정도, 아니 잠길 정도였다면, 물고기가 얼마나 많았을 것인가!

이렇게 물고기를 엄청나게 많이 잡게 하신 것을 통해서, (1) 그리스도께서는 자기가 뭍만이 아니라 바다까지도, 그리고 바다의 물결만이 아니라 재화까지도 지배하신다는 것을 보여주고자 하셨다. 이 일을 통해서 그는 자기가 만물을 발 아래 복종시키는 인자, 특히 바다의 물고기와 바닷길에 다니는 것(시 8:8)을 복종시키는 인자라는 것을 보여주고자 하셨다. (2) 그리스도께서는 그가 방금 베드로의 배에서 전하셨던 가르침을 확증하고자 하셨다. 호숫가에서 설교를 들었던 사람들은 설교자가 하나님이 보내신 선지자라고 생각하고서는 그가 그 다음에 무슨 행동을 하는지를 보기 위하여 거기에 머물러서 그의 행동을 주시하고 있었을 것이다. 따라서 설교 직후에 일어난 이 이적은 그들의 믿음, 적어도 그가 하나님께로부터 오신 선생이라고 믿었던 그들의 믿음에 대한 확증이 되었을 것이다. (3) 그리스도께서는 배를 빌려준 베드로에게 보답하고자 하셨다. 옛적에 오벳에돔의 집에 있었던 법궤처럼, 그리스도의 복음은 복음을 환대하는 자들에게 틀림없이 풍성한 보상을 한다. 하나님의 집에서 헛되이 문을 닫거나 불을 붙이는 자는 없을 것이다(말 1:10). 자기의 이름을 위하여 행한 섬김들에 대한 그리스도의 보상은 풍성하고 차고 넘친다. (4) 그리스도께서는 장차 이 세상에서 그의 대사(大使)들이 될 자들에게 그들의 임무가 성공할 것이라는 실례(實例), 즉 그들은 한때 특정한 곳에서는 수고를 해도 아무것도 잡지 못할 수 있지만 많은 사람을 그리스도에게로 인도하고 복음의 그물로 많은 사람을 낚아올리는 도구가 되리라는 것을 실례로 보여주고자 하셨다.

5. 많은 물고기를 잡는 이 이적이 베드로에게 준 인상은 참으로 두드러진

것이었다.

(1) 그 자리에 있던 모든 사람들이 놀랐는데, 그들이 이 이적에 연관되어 있었기 때문에 더욱 놀랐다. 배에 타고 있던 모든 선원들은 고기 잡힌 것으로 말미암아 놀랐다(9절). 그들은 모두 깜짝 놀랐다. 그들이 이 일과 이 일을 둘러싼 모든 정황들을 생각하면 할수록, 그들은 경이감에 사로잡혔다 — 아니, 벼락에 맞은 것 같았다고 말하는 것이 더 옳을 것이다. 세베대의 아들로서 시몬의 동업자인 야고보와 요한도 놀랐다(10절). 야고보와 요한은 베드로와 안드레와는 달리 이 일 이전에는 그리스도를 잘 알고 있지 않았던 것 같다. 그들이 이 이적에 더 많은 감동을 받은 이유가 두 가지가 있다.

[1] 그들은 다른 사람들보다 이 일을 더 잘 이해하였기 때문이다. 그들은 이 바다를 훤히 알고 있었고, 여러 해 동안 이 바다 위를 부지런히 왕래하였지만, 이 바다에서 이렇게 많은 물고기가 잡힌 것을 결코 본 적이 없었고, 그와 비슷한 경우도 본 적이 없었다. 그러므로 다른 사람들은 몰라도 적어도 그들만은 이번 일이 우연이라거나 언제라도 일어날 수 있었던 일이라고 치부해버림으로써 이 일의 의미를 축소할 수 없었다. 이 일을 가장 잘 알고 있었던 자들이 이 일과 관련된 이적을 가장 높게 평가하였다는 것은 그리스도의 이적을 가장 확실하게 밑받침해 주는 증거가 된다.

[2] 그들은 이 일에 가장 큰 이해관계가 있었고, 이 일에 의해서 가장 큰 이익을 얻었기 때문이다. 베드로와 그의 동업자들은 이번에 물고기를 많이 잡게 됨으로써 큰 이득을 보게 되었다. 이것은 횡재한 것이었기 때문에, 그들은 말할 수 없는 기쁨에 사로잡혀 있었고, 그들의 기쁨은 그들이 신앙을 갖는 데에 도움이 되었다. 그리스도의 놀라운 역사(役事), 특히 은혜의 역사가 우리에게 이루어질 때, 그의 가르침에 대한 우리의 믿음도 일어나게 된다.

(2) 다른 누구보다도 베드로는 너무나 놀라서 그의 배의 선미(船尾)에 앉아 있다가 예수의 무릎 아래에 엎드려 탈혼상태 또는 무아지경에 빠진 자처럼 자기가 어디에 있는지 또는 자기가 무슨 말을 하는지도 모른 채 주여, 나를 떠나소서 나는 죄인이로소이다(8절)라고 말하였다. 베드로는 자기가 죄인이기 때문에 물고기의 무게에 의해서 배가 가라앉을 것을 두려워하여 이런 말을 한 것이 아니라, 자기가 죄인이기 때문에 그리스도께서 그의 배에 왕림하신 은혜를 받을 자격이 없으므로 그리스노의 왕림은 위로가 되는 일이 아니라 두려운 일이

라고 생각하여 이런 말을 한 것이었다. 베드로가 한 말은 구약에서 하나님의 영광과 엄위하심이 비상하게 나타날 때에 너무도 두렵고 떨려서 사람들이 한 말과 같은 것이었다. 베드로의 말 속에는 그의 겸손과 자기부인(self-denial)이 드러나 있었고, 하나님의 아들, 예수여, 우리가 당신과 무슨 상관이 있나이까?라고 말한 귀신들의 어투는 조금도 들어 있지 않았다.

[1] 베드로의 고백은 매우 옳은 것이었고, 그것은 우리 모두가 마땅히 해야 할 고백이었다: 주여, 나는 죄인이로소이다. 가장 선한 사람들조차도 죄인들이기 때문에, 어떤 경우에라도 그것을 기꺼이 고백하여야 하며, 특히 상대가 예수 그리스도일 경우에는 더더욱 그렇게 고백하여야 한다. 죄악된 자들이 죄인들을 구원하기 위하여 이 세상에 오신 분 말고 다른 누구에게 이렇게 고백할 수 있겠는가?

[2] 베드로가 자기가 죄인이라는 사실로부터 추론해낸 결론은 옳은 것처럼 보일 수 있었지만, 사실은 옳지 않았다. 내가 죄악된 자라면, 나는 이렇게 말해야 한다: "주여, 내게 오시옵소서. 아니면, 나로 하여금 주께로 가게 하옵소서. 그렇지 않으면, 나는 영원히 파멸할 수밖에 없나이다." 그러나 죄악된 자들이 거룩하신 여호와 하나님 앞에서 떨며 그의 진노를 두려워할 수밖에 없다는 것을 생각하면, 베드로가 자신의 죄악되고 악한 모습을 깨닫고 돌연히 나를 떠나소서라고 외친 것은 무리가 아니라고 할 수 있다. 그리스도께서는 그와 가장 친밀한 교제를 허용하고자 하실 때에는 먼저 그들이 그와 얼마나 멀리 떨어져 있는지를 알게 하신다는 것을 명심하라. 우리는 모두 우리 자신이 죄악된 자들이라는 것을 고백하여야 하고, 따라서 예수 그리스도께서 우리를 떠나시는 것이 옳다는 것을 인정하여야 한다. 그러나 그렇기 때문에 우리는 그의 발 아래 엎드려 그가 우리를 떠나시지 말도록 기도하여야 한다. 왜냐하면, 그가 우리를 떠나시면, 구주께서 죄악된 인간을 떠나시면, 우리에게 화가 있을 것이기 때문이다.

6. 그리스도께서는 이 일을 기회로 삼아서, 먼저 베드로에게(10절), 그리고 조금 후에는 야고보와 요한에게(마 4:21), 그들을 그의 사도들, 곧 그의 종교를 이 세상에 심는 도구들로 삼겠다는 그의 의도를 암시하신다. 그는 물고기가 많이 잡힌 이적을 보고 누구보다도 가장 크게 놀랐던 시몬에게 이렇게 말씀하셨다: "너는 이보다 더 큰 일들을 보고 행하게 되리라. 무서워하지 말라. 이런 일에 놀라지 말라. 이런 은혜를 네게 주었으니 그 은혜가 너무도 커서 다시는

내가 너에게 더 이상 은혜를 주지 않을 것이라고 염려하지 말라. 결코 그렇지 않다. 이제 후로는 네가 사람을 취하리니, 복음의 그물로 사람들을 건져올리리라. 그 일은 이 일보다 구속주의 능력과 너에 대한 그의 은혜를 더 크게 나타내는 일이 되리라. 그 일은 이 일보다 더 놀랍고 비할 바 없이 더 유익한 이적이 될 것이다." 베드로의 설교로 말미암아 하루에 삼천 명이 교회에 더해졌을 때, 엄청난 수의 물고기가 잡혔던 이 예표(豫表)는 차고 넘치게 이루어졌다. 끝으로, 이 어부들은 그리스도를 좇기 위하여 그들의 직업에 작별을 고한다(11절). 그들은 이 이적을 최대한도로 활용해서 이익을 챙기기 위해 물고기를 팔 시장을 찾아간 것이 아니라, 배들을 육지에 대고 모든 것을 버려 두고 예수를 따랐다. 그들은 세상적인 이익을 추구하는 것보다 그리스도에게 유익이 되는 것을 따르는 데에 더 열심을 낸 것이다. 그들이 과거 어느 때보다도 자기 직업에서 많은 이익을 남기고 유례 없는 성공을 거두었을 때에 모든 것을 버려두고 그리스도를 따랐다는 것은 주목할 만한 일이다. 재물이 불어나서 우리가 재물에 우리의 마음을 뺏길 위험이 가장 높을 때, 그리스도를 섬기기 위하여 재물을 버리는 것은 감사한 일이다.

[12]예수께서 한 동네에 계실 때에 온 몸에 나병 들린 사람이 있어 예수를 보고 엎드려 구하여 이르되 주여 원하시면 나를 깨끗하게 하실 수 있나이다 하니 [13]예수께서 손을 내밀어 그에게 대시며 이르시되 내가 원하노니 깨끗함을 받으라 하신대 나병이 곧 떠나니라 [14]예수께서 그를 경고하시되 아무에게도 이르지 말고 가서 제사장에게 네 몸을 보이고 또 네가 깨끗하게 됨으로 인하여 모세가 명한 대로 예물을 드려 그들에게 입증하라 하셨더니 [15]예수의 소문이 더욱 퍼지매 수많은 무리가 말씀도 듣고 자기 병도 고침을 받고자 하여 모여 오되 [16]예수는 물러가사 한적한 곳에서 기도하시니라

이 단락에는 다음과 같은 내용들이 나온다.

I. 나병환자를 깨끗하게 하심(12-14절).　이 이야기는 마태복음과 마가복음에도 나왔었다. 본문에서는 이 일이 어떤 동네에서 일어난 일이라고 말한다(12절). 이 일은 가버나움에서 일어났지만, 복음서 기자는 나병환자가 어디에 있다는 것이 알려지면 그 동네가 불명예를 안게 되는 것을 고려해서 동네 이름

을 밝히지 않은 것 같다. 이 사람은 온 몸에 나병이 들려 있었다고 한다. 그의 병세는 몹시 심했는데, 이것은 죄로 인해 감염된 우리의 선천적인 더러운 모습을 아주 적절하게 보여준다. 우리는 발바닥에서 머리까지 성한 곳이 없이 온 몸에 나병이 들려 있다. 여기서 우리는 다음과 같은 것들을 배울 수 있다.

1. 우리는 우리의 영적인 나병을 알았을 때에 어떻게 해야 하는가. (1) 우리는 예수께서 어디 계신지를 수소문해서 예수를 찾아다녀서 그를 알아야 하고, 복음으로 말미암아 그리스도에 대하여 알게 된 것들을 가장 기쁘고 환영할 만한 것들로 여겨야 한다. (2) 이 나병환자가 예수를 보고 엎드렸듯이, 우리도 그의 앞에서 우리 자신을 낮추어야 한다. 우리는 거룩하신 예수 앞에서 죄에 오염된 우리의 모습을 부끄러워하고, 그 사실을 아는 자로서 그 앞에서 얼굴을 든다는 것을 부끄러워하여야 한다. (3) 우리는 죄로 인한 더러움에서 깨끗하게 되고 하나님과의 교통(交通)을 가로막는 죄라는 질병을 치유받고자 간절히 원하여야 한다. (4) 우리는 그리스도께서 우리를 깨끗하게 하시고도 남음이 있다는 것을 굳게 믿어야 한다: 주여, 비록 내가 온 몸에 나병이 들어 있지만, 주는 나를 깨끗하게 하실 수 있나이다. 그리스도의 공로와 은혜에 대하여 그 어떤 의심이 있어서도 안 된다. (5) 우리는 기도를 통해서 그리스도의 죄 사하시는 긍휼과 새롭게 하시는 은혜를 끈질기게 구하여야 한다: 나병환자는 엎드려 구하였다. 깨끗하게 되고자 하는 자들은 그것을 씨름해 볼 만한 가치가 있는 은혜로 여겨야 한다. (6) 우리는 그리스도의 선한 의지에 우리 자신을 맡겨야 한다: 주여 원하시면 하실 수 있나이다. 이것은 나병환자가 그리스도의 선한 의지를 못 미더워한다거나 불신한다는 것을 보여주는 것이 아니라, 자신의 처지를 예수 그리스도의 선한 의지에 복종시켜 자신을 거기에 맡기는 것을 보여주는 것이다.

2. 이렇게 우리 자신을 그리스도께 맡길 때에 우리는 그리스도에게서 무엇을 기대할 수 있는가. (1) 우리는 그리스도께서 매우 겸손하게 우리의 처지를 알아주신다는 것을 발견하게 될 것이다(13절): 예수께서 손을 내밀어 그에게 대셨다. 우리가 요구하거나 찾지도 않았는데, 그리스도께서는 나병 걸린 이 세상을 찾아오셨고, 선을 행하기 위하여 얼마나 낮게 몸을 굽힐 수 있는지를 몸소 보여주셨다. 그가 나병환자에게 손을 대신 것은 놀라운 겸비였다. 그러나 그가 친히 우리의 연약함을 동정(체휼)하셨다는 것은 훨씬 더 큰 겸비였다(역주

— 손을 대는 것과 체휼한다는 것을 KJV에서는 동일한 단어로 번역하였다). (2) 우리는 그리스도께서 우리를 불쌍히 여기셔서 기꺼이 우리를 구원해주신 다는 것을 발견하게 될 것이다. 그는 이렇게 말씀하셨다: "내가 원하노니, 결코 그것을 의심하지 말라. 고침을 받기 위해 내게 오는 자는 누구든지 내가 결코 내쫓지 아니하리라." 그는 나병 걸린 영혼들을 깨끗하게 될 수 있는 만큼 최대 한도로 기꺼이 깨끗하게 하시고자 한다. (3) 우리는 비록 우리가 이 구역질 나 는 나병으로 온 몸이 만신창이가 되어 있다고 할지라도 그리스도께서 넉넉히 우리를 고치시고 깨끗하게 하실 수 있다는 것을 발견하게 될 것이다. 그리스 도의 말씀 한 마디와 한 번의 손댐만으로 충분하였다: 나병이 곧 떠나니라(13 절). 그리스도께서 "내가 원하노니, 죄 사함을 받고 성결함을 받으라"고 말씀하 시면, 곧 그렇게 된다. 왜냐하면, 그는 땅에서 죄를 사하실 권세, 성령을 주실 권세를 갖고 계시기 때문이다(고전 6:11).

3. 그리스도께서는 깨끗하게 된 자들에게 무엇을 요구하시는가(14절). (1) 우리는 아주 겸손하여야 한다(14절): 예수께서 그에게 아무에게도 이르지 말라고 경고하셨다. 그리스도께서는 자신의 영광을 위해서가 아니라 나병환자를 위해 서 이 일을 아무에게도 말하지 말라고 금하신 것 같다. 그리스도에게 치유함 과 깨끗하게 함을 받은 자들은 그리스도는 아무리 큰 일을 행하셔도 결코 자 랑하지 않으신다는 것을 알아야 한다. (2) 우리는 깊이 감사해야 하고, 하나님 의 은혜에 대하여 감사의 고백을 하여야 한다: 너는 가서, 네가 깨끗하게 됨으로 인하여 예물을 드려라. 그리스도께서는 그에게 치료비를 요구하신 것이 아니라, 하나님께 감사의 예물을 바치라고 하셨다. 그리스도께서는 그의 능력을 결코 모세의 율법을 침해하는 방식으로 사용하지 않으셨다. (3) 우리는 우리의 의무 를 꼭 지켜야 한다. 제사장과 그를 수종드는 자들에게 가라. 그 후에 그리스도 께서는 나병에서 온전히 깨끗하게 된 이 사람을 성전에서 만나셨다(요 5:14). 어떤 원인으로 인해서 공예배를 드릴 수 없었던 자들은 그 원인이 제거되면 더 부지런히 공예배에 참석하여야 한다.

4. 그리스도께서는 공적으로는 사람들을 섬기셨고, 그런 후에는 물러나셔서 은밀하게 하나님과 교제를 가지셨다. 여기에서는 이 양자가 서로 결합되어서 서 로를 더 빛나게 만들어주고 있다.

(1) 그리스도만큼 한적한 곳으로 물러나 있으시는 것을 좋아하는 사람이 없었

지만, 그는 선을 행하시기 위하여 많은 시간을 무리들과 함께 보내셨다(15절). 나병환자는 그의 입을 꼭 다물었겠지만, 이 일은 숨겨질 수 없었고, 예수의 소문은 더욱 퍼졌다. 그리스도께서 겸비의 베일 속에서 스스로를 숨기려고 하면 할수록, 사람들은 더욱더 그를 주목하게 되었다. 영광은 그림자와 같아서, 그것을 추구하는 자들에게서는 도망가고(자신의 영광을 구하는 것은 영광이 아니기 때문이다), 그것을 사양하고 그것으로부터 물러가는 자들에게는 따라온다. 선한 사람이 자기 자신을 낮추어 말을 하면 할수록, 다른 사람들은 그 사람을 더욱 칭찬하게 된다. 그러나 그리스도께서는 그의 명성이 널리 퍼지는 것을 하찮은 것으로 여기셨다. 소문이 널리 퍼져서, 더욱 많은 무리가 그에게 은혜를 입으려고 찾아왔다. [1] 무리는 그의 설교를 통해서 은혜를 입기 위해서 몰려들었다. 그들은 그의 말씀을 듣고 하나님의 나라에 관한 가르침을 그에게서 받기 위하여 모여들었다. [2] 무리는 그의 이적들을 통해서 은혜를 입기 위해서 몰려들었다. 그들은 자기 병도 고침을 받고자 하여 모여들었다. 치유 사역은 무리로 하여금 그의 말씀을 들으러 오게 만들었고, 그의 가르침을 확증해 줌과 동시에 잘 받아들일 수 있게 해주었다.

(2) 그리스도께서는 그 누구보다도 공적으로 많은 선을 행하셨지만, 시간을 내어서 한적한 곳으로 물러나셔서 경건한 기도의 시간을 가지셨다: 예수는 물러가사 한적한 곳에서 기도하시니라(16절). 그리스도께서는 자기가 산만함이나 겉치레를 피할 필요가 있었기 때문이 아니라, 이 두 가지를 피하기 위하여 기도의 환경을 조성할 필요가 있는 우리에게 본을 보여주시기 위하여 이렇게 하신 것이었다. 우리의 공적인 일과 은밀한 일이 서로를 침해하거나 방해를 하지 못하도록 우리의 일을 적절하게 배치하는 것이 지혜로운 일이다. 은밀한 기도는 은밀하게 행해져야 한다는 것을 명심하라. 이 세상에서 지극히 선한 일들을 무수하게 많이 행하는 사람들이라 할지라도, 그들은 시간을 정해두고 쉬지 말고 꾸준히 기도하여야 한다.

[17]하루는 가르치실 때에 갈릴리의 각 마을과 유대와 예루살렘에서 온 바리새인과 율법교사들이 앉았는데 병을 고치는 주의 능력이 예수와 함께 하더라 [18]한 중풍병자를 사람들이 침상에 메고 와서 예수 앞에 들여놓고자 하였으나 [19]무리 때문에 메고 들어갈 길을 얻지 못한지라 지붕에 올라가 기와를 벗기고 병자를 침상째 무리

가운데로 예수 앞에 달아 내리니 [20]예수께서 그들의 믿음을 보시고 이르시되 이 사람아 네 죄 사함을 받았느니라 하시니 [21]서기관과 바리새인들이 생각하여 이르되 이 신성 모독 하는 자가 누구냐 오직 하나님 외에 누가 능히 죄를 사하겠느냐 [22]예수께서 그 생각을 아시고 대답하여 이르시되 너희 마음에 무슨 생각을 하느냐 [23]네 죄 사함을 받았느니라 하는 말과 일어나 걸어가라 하는 말이 어느 것이 쉽겠느냐 [24] 그러나 인자가 땅에서 죄를 사하는 권세가 있는 줄을 너희로 알게 하리라 하시고 중풍병자에게 말씀하시되 내가 네게 이르노니 일어나 네 침상을 가지고 집으로 가라 하시매 [25]그 사람이 그들 앞에서 곧 일어나 그 누웠던 것을 가지고 하나님께 영광을 돌리며 자기 집으로 돌아가니 [26]모든 사람이 놀라 하나님께 영광을 돌리며 심히 두려워하여 이르되 오늘 우리가 놀라운 일을 보았다 하니라

이 단락에는 다음과 같은 내용들이 나온다.

I. 그리스도께서 말씀을 전하시고 이적들을 베푸신 것에 관한 전반적인 기사(17절).

1. 그는 어느 날 가르치고 계셨는데, 그 날은 평일이었다. 물론, 안식일이었다고 하더라도 그는 그렇게 가르치셨을 것이다. 너는 엿새 동안 세상을 위해서만이 아니라 영혼과 그 잘 됨을 위해서도 힘써 네 모든 일을 행하여야 한다. 하나님의 말씀을 전하고 듣는 것은 잘만 행해진다면 안식일과 마찬가지로 한 주간의 어느 날에도 선한 일이다. 장소는 회당이 아니라 개인 집이었다. 친구들과 일상적인 담소를 나누는 곳에서 선한 가르침을 베풀고 받는 것이 부적절한 것은 아니기 때문이다.

2. 거기에서 그는 가르치기도 하셨고 고치기도 하셨다(앞의 15절에서처럼): 그들(개역에서는 병)을 고치는 주의 능력이 예수와 함께 하더라. 그것은 그들을 고치는 능력이었다. 그들을 고치는 것, 그가 가르친 자들을 고치는 것(우리는 이렇게 이해할 수 있다), 그들의 영혼을 고치는 것, 그들의 영적인 질병을 고치는 것, 그들에게 새 생명과 새 본성을 주는 것에 능력이 사용되었다. 그리스도의 말씀을 믿음으로 받는 자들은 그들을 고치는 하나님의 능력이 그 말씀을 따라다닌다는 것을 발견하게 될 것이다. 왜냐하면, 그리스도께서는 상한 심령을 고치고 위로하기 위하여 오셨기 때문이다(4:18). 주의 능력은 말씀과 함께 하고, 말씀을 위하여 기도하고 말씀에 순종하는 자들에게 함께 하며, 그들을 고

치기 위하여 함께 한다. 또는 이 본문은 몸이 병들어서 그에게 고침받으러 온 자들을 그가 고치신 것을 의미한다고 해석되기도 한다(이것이 일반적인 해석이다). 병을 고칠 때마다 그는 능력을 구할 필요가 없었다. 그에게는 병을 고치는 능력이 함께 하였기 때문이다.

3. 이 집회에는 몇몇 지체 높은 자들도 참석하였는데, 보통 때보다 더 많이 참석하였던 것 같다: 바리새인과 율법교사들이 앉아 있었다. 그들은 그리스도에게서 배우기 위하여 그의 발 앞에 앉아 있었던 것이 아니었다. 만약 그랬다면, 나는 기꺼이 다음에 나오는 구절이 그들을 가리키는 것으로 해석하고자 했을 것이다(그들을 고치는 주의 능력이 예수와 함께 하더라에서의 그들). 그리스도의 말씀이 그들의 마음에 다다르지 못할 이유가 어디 있겠는가? 그러나 이후의 구절(21절)을 보면, 그들이 고침을 받지 못하였고, 오히려 그리스도에게 트집을 잡는 모습이 드러난다. 따라서 우리는 다음에 나오는 구절이 바리새인과 율법교사들이 아닌 다른 사람들을 가리키는 것으로 볼 수밖에 없다. 그들은 그리스도의 말씀과는 아무런 상관도 없는 사람들로서 거기에 앉아 있었던 것이다. 그들은 비난하거나 고소할 빌미를 찾아내기 위해서 방관자, 검열자, 염탐꾼으로서 거기에 앉아 있었다. 집회가 열려서 복음이 한창 선포되고 있는데도 말씀 아래에 앉아 있지 않고 말씀 곁에 앉아 있는 자들이 얼마나 많은가! 그들은 하나님의 말씀을 그들에게 보내진 메시지로 받지 않고, 그들에게 들려주는 이야기로 듣는다. 그들은 우리가 그들에게 설교하는 것을 좋아하지 않고, 우리가 그들 앞에서 설교하는 것을 좋아한다. 여기에 참석한 바리새인들과 서기관들(또는 율법교사들)은 갈릴리의 각 마을과 유대와 예루살렘에서 왔다. 그들은 전국 각지에서 왔던 것이다. 아마도 그들은 그리스도라는 인물과 그의 언행에 대하여 어떤 평가를 내려야 할지를 살피기 위하여 시간과 장소를 정해서 여기에서 서로 만나기로 약속했던 것 같다. 그들은 오라, 우리가 꾀를 내어 예레미야를 치자라고 말하며, 혀로 그를 치자는 데에 동의하고, 공모를 하였다(렘 18:18). 고소하라, 우리도 고소하리라(렘 20:10). 그리스도께서는 바리새인들과 유대 교회의 율법학자들이 거기에 앉아서 그를 멸시하고 그를 올무에 걸리게 하려고 지켜보고 있다는 것을 아셨지만, 말씀을 전하고 병을 고치는 사역을 계속하셨다.

II. 중풍병자를 고치신 사건에 관한 자세한 기사.　　이 기사는 마태복음과 마가복음에서도 비슷한 내용으로 나온 것이기 때문에, 짧게 살펴보기로 하자.

1. 이 치유 이야기가 우리에게 가르치고 확증시켜 주는 가르침들.

(1) 죄는 모든 질병의 근원이고, 죄 사함은 질병으로부터의 회복을 온전하게 이루어줄 수 있는 유일한 토대라는 것. 사람들이 중풍병자를 그리스도에게 보이자, 그리스도께서는 이렇게 말씀하셨다: "이 사람아 네 죄 사함을 받았느니라(20절). 죄 사함은 네가 가장 소중히 여겨서 찾고 구하여야 할 축복이다. 네 죄가 사함받는다면, 병이 여전하다고 하여도 너는 긍휼하심 가운데 있는 것이고, 네 죄가 사함받지 못한다면, 병이 낫는다고 하여도 너는 진노하심 가운데 있는 것이기 때문이다." 죄는 환난을 가져온다.

(2) 예수 그리스도께서는 땅에서 죄를 사하시는 권세를 가지고 계시다는 것과 병 고치시는 그의 능력은 그에게 그런 권세가 있다는 것을 보여주는 확고한 증거라는 것. 그가 병을 고치신 것은 그것을 증명하시기 위한 것이었다(24절): 인자가 땅에서 비록 겸비의 상태에 있지만 죄를 사하는 권세, 복음에 의거해서 죄인들을 죄의 영원한 형벌로부터 놓아주는 권세가 있는 줄을 너희로 알게 하고 믿게 하기 위해서, 그는 중풍병자에게 말씀하시되 일어나 가라 하셨다. 그러자 중풍병자는 즉시 치유되었다. 그리스도께서 죄를 사하시는 일을 하시는 것은 만왕의 왕으로서의 대권(大權)이 그에게 있음을 주장하시는 것이기 때문에, 우리는 당연히 그가 그것을 적절하게 증명해 주실 것이라고 기대한다. 그는 이렇게 말씀하신다: "좋다, 나는 이 문제를 이렇게 결정하고자 한다. 여기에 자기 죄로 말미암아 중풍병에 걸린 한 사람이 있다. 말씀 한 마디로 그 사람의 병을 즉시 고치는 일은 자연적이거나 인위적인 의술로는 가능하지 않고 순전히 하나님의 직접적인 능력과 효험으로만 가능한 일인데, 만약 내가 말씀으로 중풍병자를 즉시 고치지 못한다면, 나는 죄를 사할 권세도 없고, 메시야도 아니며, 이스라엘의 왕이신 하나님의 아들도 아닐 것이다. 그러나 내가 중풍병자를 고친다면, 너희는 내게 죄를 사하는 권세가 있다는 것을 인정하여야 한다." 이렇게 이 문제는 공정한 심판대 위에 올려졌고, 그리스도의 말씀 한 마디는 그 문제를 결정지었다. 그는 단지 일어나 네 침상을 가지고 집으로 가라고 말씀하였을 뿐인데, 저 만성적인 질병은 즉시 치유되었다. 그 사람이 그들 앞에서 곧 일어났다. 그들은 모두 거기에 어떤 속임수나 오류가 있을 수 없다는 것을 인정하지 않을 수 없다. 중풍병자를 데리고 온 사람들은 병자가 이전에는 전혀 걸을 수 없었다는 것을 증명할 수 있었다. 지금 병자를 본 사람들은 그 병자가

침상을 집어서 들고 갈 수 있을 정도로 힘이 있고 완전히 나았다는 것을 증명할 수 있었다. 우리의 구속주이자 구주이신 예수 그리스도께서 죄를 사하는 권세를 가지고 계시다는 복음의 이 기가 막히게 기쁜 가르침이 이렇게 온전히 증명될 수 있다는 것은 우리에게 얼마나 좋은 일인가!

(3) 예수 그리스도는 하나님이시라는 것. 이것은 다음과 같은 것들을 통해서 드러난다. [1] 서기관들과 바리새인들의 생각을 아심(22절). 이 서기관들과 바리새인들은 대부분의 사람들과 마찬가지로 자기 생각을 감추고 얼굴빛을 나타내지 않는 법을 잘 알고 있었고, 특히 이번 경우에는 은밀한 곳에 엎드려 염탐하는 자들이었기 때문에 그렇게 하려고 더욱 애를 썼겠지만, 그리스도께서는 하나님의 대권으로써 그들의 생각을 아셨다. [2] 서기관들과 바리새인들이 오직 하나님만이 하실 수 있다는 것을 인정할 수밖에 없는 일을 하심(21절): 오직 하나님 외에 누가 능히 죄를 사하겠느냐?라고 그들은 말하였고, 그리스도께서는 "내가 죄를 사할 수 있다는 것을 증명해 보이겠다"고 말씀하셨다. 이후에 일어난 일은 그가 하나님이시라는 것을 증명해줄 뿐이었다. 그리스도께서 네 죄 사함을 받았느니라고 최고의 축복을 선언하셨을 때, 그들은 그가 최악의 신성모독을 범하였다고 그를 고소하였으니, 그들은 얼마나 끔찍한 악을 범한 것인가!

2. 이 이야기가 우리에게 가르치고 권면하는 의무들.

(1) 그리스도께 간구할 때에 우리는 매우 집요하고 간절해야 한다. 그것은 믿음의 증거로서, 그리스도를 매우 기쁘게 하고 설득력을 지닌다. 이 병자의 친구들은 예수 앞에 들여놓고자 하였다(18절). 그들은 일단 그러한 시도에 실패하지만 그들의 목적을 포기하지 않았다. 사람들이 너무 많아서 문을 통해서 들어갈 수 없게 되자, 그들은 지붕의 기와를 벗기고 지붕을 통해서 가엾은 중풍병자를 무리 가운데로 예수 앞에 달아 내렸다(19절). 그들의 이러한 행동 속에서 예수 그리스도는 그들의 믿음을 보셨다(20절). 여기서 그리스도께서는 그들이 보여준 말과 행동을 선의로 해석해야 한다는 것을 우리에게 가르치셨다(우리가 여기서 교훈을 얻을 수 있다면 다행한 일이다). 백부장과 가나안 여자는 병자를 데리고 올 생각은 하지 않고, 그리스도께서 멀리서도 병자를 고치실 수 있다고 믿고서, 직접 그리스도께 나아가서 병자를 고쳐 달라고 대신 간청하였는데, 그리스도께서는 그들의 믿음을 칭찬하셨다. 그러나 중풍병자를 데려온

사람들은 이와는 다른 인식을 갖고 있어서, 병자를 그리스도께로 데려가는 것이 꼭 필요하다고 생각하였던 것으로 보인다. 그렇지만 그리스도께서는 그들의 믿음이 약하다고 혹평하거나 책망하지 않으셨고, "너희는 왜 이렇게 집회를 방해하는 것이냐? 너희는 병자가 문 밖에 있으면 내가 고치지 못할 것이라고 생각할 정도로 믿음이 없느냐?"고 추궁하지 않으셨다. 그리스도께서는 그들의 행동을 극히 선의로 해석하셨고, 심지어 그들의 행동 속에서 그들의 믿음을 보셨다. 우리를 극히 선의로 해석하시고자 하는 주님을 우리가 섬기고 있다는 것은 우리에게 위로가 되는 일이다.

(2) 우리는 병이 들었을 때에 병이 낫는 것보다 우리의 죄를 사함받는 데에 더욱 신경을 써야 한다. 그리스도께서는 중풍병자에게 하신 말씀을 통해서 우리가 하나님께 건강을 구할 때에 우리의 죄를 사하여 달라고 구하는 것으로 시작해야 한다는 것을 우리에게 가르치셨다.

(3) 우리는 하나님의 위로하심을 얻었을 때에 그 긍휼하심을 찬양하여야 한다. 중풍병자는 하나님께 영광을 돌리며 자기 집으로 돌아갔다(25절). 죽음을 피하는 일은 하나님께 속한 일이기 때문에, 이 일에 대하여 하나님께 영광을 돌리는 것은 당연하다.

(4) 그리스도께서 행하신 이적들을 본 자들은 놀랐는데, 우리는 이 이적들로 말미암아 하나님께 영광을 돌려야 한다(26절). 그들은 이렇게 말하였다: "오늘 우리가 놀라운 일을 보았다. 이런 일은 우리가 전에 결코 본 적이 없고 우리의 조상들도 결코 본 적이 없었던 전혀 새로운 일이다." 그들은 그들의 나라에 이런 이적들을 베푸는 분을 보내주신 하나님께 영광을 돌렸다. 그들은 하나님에 대한 경외심으로 가득 차서 심히 두려워하였다. 그들은 이분이 메시야인데, 그가 그들의 민족에 의해서 메시야로 대우받고 있지 못하고 있는 것 — 메시야에 대한 이러한 대우는 결국 그들의 나라의 파멸을 초래하게 될 것이다 — 이라는 질투 섞인 확신을 갖게 되었다. 그들을 심히 두려워하게 만든 것은 바로 이와 같은 생각들과 그들 자신에 대한 염려였을 것이다.

[27]그 후에 예수께서 나가사 레위라 하는 세리가 세관에 앉아 있는 것을 보시고 나를 따르라 하시니 [28]그가 모든 것을 버리고 일어나 따르니라 [29]레위가 예수를 위하여 자기 집에서 큰 잔치를 하니 세리와 다른 사람이 많이 함께 앉아 있는지라 [30]비리새

인과 그들의 서기관들이 그 제자들을 비방하여 이르되 너희가 어찌하여 세리와 죄인과 함께 먹고 마시느냐 [31]예수께서 대답하여 이르시되 건강한 자에게는 의사가 쓸 데 없고 병든 자에게라야 쓸 데 있나니 [32]내가 의인을 부르러 온 것이 아니요 죄인을 불러 회개시키러 왔노라 [33]그들이 예수께 말하되 요한의 제자는 자주 금식하며 기도하고 바리새인의 제자들도 또한 그리하되 당신의 제자들은 먹고 마시나이다 [34]예수께서 그들에게 이르시되 혼인 집 손님들이 신랑과 함께 있을 때에 너희가 그 손님으로 금식하게 할 수 있느냐 [35]그러나 그 날에 이르러 그들이 신랑을 빼앗기리니 그 날에는 금식할 것이니라 [36]또 비유하여 이르시되 새 옷에서 한 조각을 찢어 낡은 옷에 붙이는 자가 없나니 만일 그렇게 하면 새 옷을 찢을 뿐이요 또 새 옷에서 찢은 조각이 낡은 것에 어울리지 아니하리라 [37]새 포도주를 낡은 가죽 부대에 넣는 자가 없나니 만일 그렇게 하면 새 포도주가 부대를 터뜨려 포도주가 쏟아지고 부대도 못쓰게 되리라 [38]새 포도주는 새 부대에 넣어야 할 것이니라 [39]묵은 포도주를 마시고 새 것을 원하는 자가 없나니 이는 묵은 것이 좋다 함이니라

마지막 절을 제외한 이 모든 내용은 이미 마태복음과 마가복음에 나온 바 있다. 이 이야기는 우리 주 예수께서 행하신 자연의 이적에 관한 이야기가 아니라, 사리(事理)를 제대로 분별하는 자들에게는 자연의 이적만큼이나 그리스도께서 하나님으로부터 보내심을 받았다는 것을 입증해 주는 설득력 있는 증거가 되는 그의 은혜의 기적들에 관한 이야기이다.

I. 그리스도께서 세리를 세관에서 불러내셔서 그를 따르는 제자로 삼으신 것은 그의 은혜의 기적이었다(27절). 그가 가난한 어부들, 즉 최하층에 속한 사람들에게 그러한 존귀함을 허락하신 것은 기적 같이 놀라운 겸양이었다. 그러나 그가 악명 높고 평판이 나쁜 사람들인 세리들에게 그러한 존귀함을 허락하신 것은 이루 말할 수 없이 놀라운 겸양이었다. 이것은 그리스도께서는 자기를 낮추시고, 죄 있는 육신의 모양으로 나타나셨다는 것을 보여준다. 이 일을 통해서 그는 스스로를 나타내셔서, 세리들과 죄인들의 친구라는 악평을 듣게 되셨다.

II. 이 부르심이 효력을 발휘하였고, 그것도 즉시 효력을 발휘하였다는 것은 그의 은혜의 기적이었다(28절). 세리라는 직업을 가진 자들은 종교나 신앙에 끌리는 법이 거의 없는데, 이 세리는 자신의 신앙을 위하여 세관에서의 좋은 자리(이 자리는 그의 생계를 위한 것이었고, 앞으로 출세할 가망도 꽤 있

없을 것이다)를 버리고 일어나 그리스도를 따랐다. 성령과 그리스도의 은혜가 역사하지 못할 심령은 없고, 죄인을 회개시키는 데에 있어서 그리스도의 능력이 감당하지 못할 난관도 없다.

III. 그리스도께서 회심한 세리를 그의 제자로 받아들이셨을 뿐만 아니라, 회심하지 않은 세리들의 영혼에 선을 행할 기회를 얻기 위하여 그들과 어울리고자 하셨다는 것은 그의 은혜의 기적이었다. 그리스도께서는 그가 이 세상에 오신 큰 목적에 따라서 이 일에서도 옳게 행하셨다. 그가 죄로 인하여 병이 나서 그 병으로 말미암아 죽게 된 영혼들의 의사가 되겠다고 나선 것(그는 직분상 의사이다, 31절), 그가 병자들, 그의 환자들인 죄인들에게 특별히 주목하셔서, 죄인들에게 의사가 필요하다는 것을 일깨우시고 확신시키신 것, 그가 죄인들, 가장 흉악한 죄인들까지도 불러서 회개하게 하시고, 그들에게 회개하면 죄 사함을 받는다는 확신을 주시기 위하여 오셨다는 것(32절)은 참으로 은혜의 기적이다. 이러한 것들은 참으로 크게 기뻐해야 할 기쁜 소식들이다.

IV. 그리스도께서 그와 그의 제자들에 대한 죄인들의 반박을 그토록 인내하며 참으셨다는 것은 그의 은혜의 기적이었다(30절). 그는 서기관들과 바리새인들이 트집잡았을 때에 분노하셨어도 되었을 것인데도 분노하지 않으셨고, 오히려 온유하심으로 이치를 따져서 그들에게 대답해주셨다. 그는 그들이 트집잡은 것을 빌미로 해서 바리새인들에 대한 불쾌감을 내보이거나 — 나중에는 그렇게 하셨다 — 되받아서 그들을 비난하지 않으시고, 오히려 이 기회를 이용해서 또 다른 종류의 죄인들이었던 가엾은 세리들을 불쌍히 여기고 격려하셨다.

V. 그리스도께서 제자들을 제자도로 훈련시키실 때에 우리의 체질을 생각하셔서, 각자의 힘과 처지, 각자가 처한 상황에 맞춰서 섬기도록 하셨다는 것은 그의 은혜의 기적이었다. 그가 그의 제자들을 바리새인들과 세례 요한의 제자들처럼 자주 금식을 시키지 않은 것이 그의 행실에 있어서의 오점으로 지적되어 비난을 받았다(33절). 그리스도께서는 긍휼이 제사보다 나은 것과 마찬가지로 영혼이 금식하고 죄를 억제하며 육(肉)을 십자가에 못 박고 자기를 부인하는 삶을 사는 것이 육체적으로 금식하고 고행하는 것보다 훨씬 더 낫다는 것을 역설하셨다.

**VI. 그리스도께서 그의 제자들이 나중에 가서야 시련을 겪을 수 있도록 배

려하신 것은 그의 은혜의 기적이었다.　제자들은 그의 은혜로 말미암아 나중에 가서는 시련들을 초기보다 훨씬 더 잘 견뎌낼 수 있도록 준비되었기 때문이다. 지금 제자들은 혼인 집 손님들과 같았다. 손님들은 신랑과 함께 있을 때에는 풍성함과 즐거움이 있기 때문에 하루하루가 잔치가 된다. 그리스도께서는 어디를 가시든지 환영을 받으셨고, 제자들도 덩달아 환영을 받았기 때문에, 그때까지는 아직 거의 배척을 받지 않았다. 그러나 이런 일이 언제까지나 지속되지는 않을 것이다. 그들이 신랑을 빼앗기는 날이 올 것이다(35절). 그리스도께서 제자들의 마음에 깊은 슬픔을, 그들의 손에는 많은 일들을, 세상에는 그들에 대한 격렬한 적대감과 분노를 담겨둔 채 그들을 떠나실 때, 그 날에는 그들이 금식하게 될 것이고, 그들은 지금처럼 잘 먹지 못하게 될 것이다. 우리는 주리고 목마르며 헐벗었다(고전 4:11). 그 날에는 그들이 지금보다 훨씬 더 많이 금식을 하게 될 것이다. 하나님이 섭리에 의해서 그들에게 그렇게 하라고 명하실 것이기 때문이다. 그 날에 그들은 금식함으로써 주를 섬기게 될 것이다(행 13:2).

Ⅶ. 그리스도께서 제자들에게 각자의 힘을 따라서 경건 생활을 하게 하신 것은 그의 은혜의 기적이었다.　그는 새 옷에서 한 조각을 찢어 낡은 옷에 붙이고자 하지 않으셨고(36절), 새 포도주를 낡은 가죽 부대에 넣고자 하지 않으셨다(37-38절). 그는 제자들을 세상에서 불러내자마자 그들에게 엄격하고 까다로운 제자도를 요구하지 않으셨다. 만약 그렇게 하였다면, 제자들은 달아나 버리고 싶은 유혹을 받았을 것이다. 하나님은 이스라엘을 애굽에서 인도해 내실 때에 그들이 전쟁을 하게 되면 마음을 돌이켜 애굽으로 돌아가고자 하는 마음이 들까봐 블레셋 사람의 땅의 길로 그들을 인도하지 않으셨다(출 13:17). 마찬가지로, 그리스도께서는 제자들을 점진적으로 훈련시키셔서 제자도의 길로 인도하고자 하셨다. 왜냐하면, 묵은 포도주를 마셔본 사람이라면 누구나 묵은 포도주에 길들여져 있어서, 돌연히 즉각적으로 새 것을 원하거나 즐기는 사람이 없고, 묵은 것이 좋다고 말할 것이기 때문이다(39절). 제자들은 그들이 부르심을 받은 이 제자도에 어느 정도 훈련을 받아서 적응이 될 때까지는 옛 생활 방식이 더 좋다는 생각이 종종 들어서 유혹을 받게 될 것이다. 또는 이렇게 표현해 볼 수도 있다: "그들에게 경건 생활에 익숙해질 수 있도록 얼마 동안 시간을 주라. 그러면 그들은 너희만큼 풍성한 경건 생활을 하게 될 것이다. 우리는 그

들에게 너무 조급해서는 안 된다." 칼빈은 이 말씀을 바리새인들에 대한 훈계, 즉 금식을 자랑하지 말고, 금식한다고 요란하게 떠들며 과시하지 말며, 그의 제자들이 그들처럼 표를 내지 않는다고 멸시하지 말라는 훈계로 해석한다. 바리새인들의 신앙 고백은 거품이 잘 일고 빛깔이 좋은 새 술처럼 화려하고 떠들썩한 것이었지만, 모든 지혜로운 자들은 묵은 것이 좋다고 말한다. 묵은 포도주는 술잔에 담겼을 때에 빛깔이 별로 좋지 않지만 배를 더 따뜻하게 하고 건강에도 더 좋다. 그리스도의 제자들은 경건의 모양은 별로 갖추고 있지 않았지만 경건의 능력은 그들보다 더 많았다.

제
— 6 —
장

개요

이 장에는 그리스도께서 도덕법에 관하여 설명하시는 내용이 나온다. 그리스도께서는 도덕법을 폐하기 위하여서가 아니라 그의 복음으로써 보충하여 완성하기 위하여 오셨다. I. 그리스도께서 안식일에 꼭 필요한 일과 긍휼에 속한 일을 행하는 것은 합당하다는 것을 증명하심. 전자는 안식일에 밀 이삭을 자른 제자들을 변호하신 것이고, 후자는 안식일에 손 마른 자를 치유한 자신을 변호하신 것임(1-11절). II. 그리스도께서 은밀하게 기도하기 위하여 물러가심(12절). III. 그리스도께서 열두 사도를 부르심(13-16절). IV. 그리스도께서 그를 찾아온 각색 병에 걸린 많은 무리를 고쳐주심(17-19절). V. 그리스도께서 제자들과 무리에게 설교하시면서 하나님에 대한 의무와 사람에 대한 의무를 가르치심(20-49절).

[1]안식일에 예수께서 밀밭 사이로 지나가실새 제자들이 이삭을 잘라 손으로 비비어 먹으니 [2]어떤 바리새인들이 말하되 어찌하여 안식일에 하지 못할 일을 하느냐 [3]예수께서 대답하여 이르시되 다윗이 자기 및 자기와 함께 한 자들이 시장할 때에 한 일을 읽지 못하였느냐 [4]그가 하나님의 전에 들어가서 다만 제사장 외에는 먹어서는 안 되는 진설병을 먹고 함께 한 자들에게도 주지 아니하였느냐 [5]또 이르시되 인자는 안식일의 주인이니라 하시더라 [6]또 다른 안식일에 예수께서 회당에 들어가사 가르치실새 거기 오른손 마른 사람이 있는지라 [7]서기관과 바리새인들이 예수를 고발할 증거를 찾으려 하여 안식일에 병을 고치시는가 엿보니 [8]예수께서 그들의 생각을 아시고 손 마른 사람에게 이르시되 일어나 한가운데 서라 하시니 그가 일어나 서거늘 [9]예수께서 그들에게 이르시되 내가 너희에게 묻노니 안식일에 선을 행하는 것과 악을 행하는 것, 생명을 구하는 것과 죽이는 것, 어느 것이 옳으냐 하시며 [10]무리를 둘러보시고 그 사람에게 이르시되 네 손을 내밀라 하시니 그가 그리하매 그 손이 회복된지라 [11]그들은 노기가 가득하여 예수를 어떻게 할까 하고 서로 의논하니라

　　여기에 나오는 두 기사는 마태복음과 마가복음에도 나온 것으로서, 거기에서 두 기사가 서로 결합되어 있는 것(마 12:1; 막 2:23; 3:1)은 두 사건은 어느 정도의 시간적 간격을 두고 일어난 일들이었지만 안식일과 관련한 서기관들과 바리새인들의 오해를 바로잡아 주기 위한 것이었기 때문이다. 서기관들과 바리새인들은 율법을 수여하신 하나님이 의도하신 것보다 몸의 안식을 지나치게 중시하여 너무 심한 엄격성을 부여하는 잘못을 저질렀다.

I. 그리스도께서는 제자들이 안식일에 배가 고파서 이삭을 자른 것은 그들에게 꼭 필요한 일을 한 것이기 때문에 정당한 일이라고 옹호하신다.　　다른 복음서 기자들과는 달리 누가는 이 사건이 일어난 날짜를 기록해 놓았다. 이 일은 첫 번째 다음의 두 번째 안식일에(개역에서는 안식일에) 있었다(1절). 휘트비 박사가 생각하듯이, 이 날은 무교절의 둘째 날 다음의 첫 번째 안식일이었음이 분명하다. 이 날부터 일곱 주간이 지나면 오순절이었다. 그들은 첫 번째 안식일을 삽바톤 듀테로프로톤, 두 번째 안식일을 삽바톤 듀테로듀테론으로 불렀다. 우리를 이런 문제에 얽매일 필요가 없게 해주신 하나님을 찬송할지로다. 이런 상황을 언급한 것이 제자들이 범한 이 안식일이 특별한 중요성을 지니고 있었다는 것을 암시하기 위한 것이었든, 아니면 단지 이 날은 맏물을 드린 후의 첫 번째 안식일이었기 때문에 밀이 거의 다 익어갈 무렵이었다는 것을 암시하기 위한 것이었든, 그런 것은 별로 중요하지 않다. 좀 더 살펴보자.　1. 그리스도의 제자들은 언제든지, 특히 안식일에는 맛있는 음식을 찾거나 음식에 관심을 가져서는 안 되고, 가장 손쉽게 얻은 것을 먹고 감사해야 한다. 제자들은 이삭을 잘라 먹었다(1절). 그들은 소량을 먹었고, 그것도 맛없는 것이었다. 2. 스스로는 극악무도한 죄들을 범하면서도 지극히 무죄하고 해롭지 않은 행위를 한 다른 사람들을 비난하는 데에는 앞장서는 자들이 많다(2절). 바리새인들은 제자들이 안식일에 하지 못할 일을 하였다고 시비를 걸었다. 이렇게 시비를 건 그들이지만, 안식일에는 다른 날들보다 더 맛있는 음식을 먹는 것이 그들의 행실이었다. 3. 예수 그리스도께서는 제자들이 부당하게 비난을 받을 때에 그들을 옳다고 하시고, 사람들이 그들에게 하지 못할 일을 했다고 지적하는 바로 그 많은 일들에서 그들을 옹호하실 것이다. 사람들이 우리의 재판관이 될 수 없다는 것과 그리스도께서 우리의 변호자가 되시리라는 것은 우리에게 얼마나 복된 일인가! 4. 의식(儀式)과 관련된 규례들은 꼭 필요한 경우에는 배제

될 수 있다. 다윗이 하나님의 섭리에 의해서 진설병을 먹지 않으면 안 될 처지에 놓였을 때에 오직 제사장만이 진설병을 먹을 수 있다는 규례는 배제되었다 (3-4절). 하나님 자신이 정하신 규례들도 이렇게 더 큰 선을 위하여 배제될 수 있을진대, 사람들의 전통은 두말 할 필요도 없다. 5. 안식일이라 할지라도 꼭 필요한 일들은 특별히 허용된다. 그러나 우리는 이 자유를 방종으로 변질시키거나 하나님의 은혜로운 양보와 겸양을 악용하여 안식일을 더럽혀서는 안 된다. 6. 예수 그리스도께서는 비록 안식일에 꼭 필요한 일들을 허용하시긴 했지만 그 날은 그의 날이기 때문에 그를 섬기고 그를 존귀하게 하는 데에 사용되어야 한다는 것을 우리에게 알게 하시고 기억하게 하셨다: 인자는 안식일의 주인이니라(5절). 구속주의 나라에서는 안식일은 주의 날로 바뀔 것이다. 몇 가지 점에서 그 날의 성격은 바뀌게 된다. 안식일이 창조주를 높이는 날이었다면(렘 16:14-15), 주의 날은 주로 구속주를 높이는 날로 지켜지게 될 것이다. 이것을 나타내기 위해서, 그 날은 주의 날이라는 새로운 이름을 갖게 될 뿐만 아니라(하지만 주의 날은 여전히 안식의 날이기 때문에 옛 이름이 잊혀진 것은 아니다), 새로운 날, 즉 한 주간의 첫째 날로 옮겨지게 될 것이다.

Ⅱ. 그리스도께서는 자기가 안식일에 다른 사람들을 위해 긍휼의 행위를 한 것은 옳다고 하신다. 1. 그는 안식일에 회당에 들어가셨다. 기회가 되는 대로 성회에 참석하여 안식일을 거룩하게 하는 것은 우리의 의무이다. 안식일에는 성회가 있어야 하고, 아주 타당한 이유가 없는 한 우리는 성회에 자리를 비워서는 안 된다. 2. 그는 안식일에 회당에서 가르치셨다. 그리스도의 교훈을 주고받는 일은 안식일이나 회당에 매우 합당한 일이다. 그리스도께서는 모든 기회를 활용하셔서 제자들만이 아니라 무리를 가르치셨다. 3. 그리스도의 환자는 그의 말씀을 듣는 자들 중 한 사람이었다. 오른손 마른 사람이 그리스도에게 배우려고 왔다. 그리스도에게 고침을 받으리라는 기대가 그에게 있었는지는 본문에 나와 있지 않다. 그러나 그리스도의 은혜로 말미암아 고침받고자 하는 자들은 그리스도의 교훈을 배우려고 하지 않으면 안 된다. 4. 그리스도의 훌륭한 가르침을 듣고 그의 영광스러운 이적들을 목격한 자들 중에는 오로지 흠을 잡으려는 의도로 온 자들이 몇몇 있었다(7절). 서기관들과 바리새인들은 도량이 넓은 대적자들이 아니었기 때문에, 그리스도가 안식일에 병을 고친 일은 제4계명에 대한 위반이라고 해석하고서도, 정당한 경고를 하지 않았다. 그

리스도께서 하신 일은 전례가 없는 일이었기 때문에(지금까지 아무도 그와 같이 한 사람이 없었다), 그들이 그런 경고를 했어야 마땅한 일이었다. 그러나 그들은 야비하게도 사자가 숨어서 먹잇감을 기다리듯이 예수를 고발할 증거를 찾아서 불시에 그를 고발하기 위해서 그가 안식일에 병을 고치시는가 엿보았다. 5. 예수 그리스도께서는 그들이 자신의 말과 행동을 반박하고 대항할 것이라는 것을 뻔히 아시면서도 그들 앞에서 그가 병자에게 은혜를 베푸는 목적을 설명하시는 것을 부끄러워하거나 두려워하지 않으셨다(8절). 그는 그들의 잘못과 그들의 의도를 아시는 가운데, 병자의 믿음과 담대함을 시험하기 위하여 병자에게 일어나 한가운데 서라고 명하셨다. 6. 그는 대적자들에게 직접 호소하셨다. 그는 안식일에 선행을 금하는 것, 사람들이 손수 해야 하고 다른 때로 미룰 수 없는 선행을 금하는 것이 제4계명의 의도인지를 대적자들의 양심에 호소하였다(9절): 안식일에 선을 행하는 것과 악을 행하는 것, 어느 것이 옳으냐? 악인들 중에서도 박해하는 자들만큼 불합리하고 터무니없이 비이성적인 자들이 없다. 그들은 사람들에게 선을 행하는 것이 아니라 악을 행하려고 애쓴다. 7. 그는 대적자들이 이 일에 분노할 뿐만 아니라 이 일을 빌미로 그를 치고자 하리라는 것을 잘 알고 계셨지만, 이 가엾은 말씀 한 마디로 병자를 치유하셔서, 오른손을 즉시 사용할 수 있도록 해주셨다(10절). 우리는 압박을 받는다고 해서 우리가 해야 할 일이나 유익한 일에서 발을 빼서는 안 된다. 8. 이 일로 인해서 그의 대적자들은 더욱더 그에게 격노하였다(11절). 그들은 이 이적을 통해서 그리스도께서 하나님으로부터 온 선생이라는 것을 확신하고, 인류에게 은혜를 베풀 자로서 그를 사랑하게 되었어야 마땅했지만, 오히려 노기가 가득하여, 그들이 그를 겁주어서 선을 행하지 못하게 하고 백성들로부터 사랑을 받지 못하게 하는 데에 실패할까봐 전전긍긍하였다. 그들은 그리스도에게 노하였고, 백성들에게 노하였으며, 자기 자신들에 대하여 노하였다. 화를 내는 것은 잠시 미치는 것이고, 악의를 품는 것은 오래 미치는 것이다. 그들의 악의는 무력한 악의, 특히 좌절감에서 나온 악의였다. 그들은 그리스도가 이적을 행하는 것을 막을 수 없게 되자, 예수를 어떻게 할까, 즉 그를 무너뜨릴 다른 방도가 없는지를 서로 의논하였다. 우리는 사람의 아들들이 이토록 악하다는 것과 하나님의 아들이 그것을 참아낼 만큼 인내심이 강하다는 것에 놀라움을 금하지 않을 수 없다.

[12]이 때에 예수께서 기도하시러 산으로 가사 밤이 새도록 하나님께 기도하시고 [13]밝으매 그 제자들을 부르사 그 중에서 열둘을 택하여 사도라 칭하셨으니 [14]곧 베드로라고도 이름을 주신 시몬과 그의 동생 안드레와 야고보와 요한과 빌립과 바돌로매와 [15]마태와 도마와 알패오의 아들 야고보와 셀롯이라는 시몬과 [16]야고보의 아들 유다와 예수를 파는 자 될 가룟 유다라 [17]예수께서 그들과 함께 내려오사 평지에 서시니 그 제자의 많은 무리와 예수의 말씀도 듣고 병 고침을 받으려고 유대 사방과 예루살렘과 두로와 시돈의 해안으로부터 온 많은 백성도 있더라 [18]더러운 귀신에게 고난 받는 자들도 고침을 받은지라 [19]온 무리가 예수를 만지려고 힘쓰니 이는 능력이 예수께로부터 나와서 모든 사람을 낫게 함이러라

이 단락에서 우리는 우리 주 예수께서 홀로 계신 모습과 그의 영적 가족과 함께 하신 모습과 무리 가운데 계신 모습을 만난다. 이 세 가지 장면 속에서 그는 한결같이 행하신다.

I. 홀로 계실 때에 그리스도께서는 하나님께 기도하셨다(12절). 이 복음서 기자는 그리스도께서 한적한 곳으로 물러나신 것을 자주 언급하는데, 이것은 우리에게 은밀한 기도의 본을 보여주기 위한 것이다. 우리는 은밀한 기도를 통해서 날마다 하나님과의 교통(交通)을 유지하여야 한다. 이러한 은밀한 기도 없이는 영혼이 잘 되는 것은 불가능하다. 그의 원수들이 노기가 가득하여 그를 어떻게 할까를 논의하고 있던 때에 그는 기도하러 산으로 가셨다. 이것은 다윗이 보여준 예표(豫表)를 응하게 하기 위한 것이었다: 나는 사랑하나 그들은 도리어 나를 대적하니 나는 기도할 뿐이라(시 109:4). 좀 더 살펴보자.

1. 그는 홀로 하나님과 함께 계셨다. 그는 마음을 산만하게 하거나 방해하는 것이 없는 산으로 기도하시러 가셨다. 이렇게 홀로 있을 때가 가장 덜 외로운 때이다. 어떤 이들이 생각하듯이 이 산 위에 기도하는 사람들이 조용히 물러나서 기도할 수 있는 시설이 세워져 있었다는 주장, 또는 여기서 헤 프로슈케 투 데우가 기도처를 의미한다는 주장은 거의 설득력이 없어 보인다. 그는 홀로 있기 위해서 산으로 가신 것이기 때문에, 다른 사람들이 자주 찾는 장소로 가지는 않으셨을 것이다.

2. 그는 혼자서 오래도록 하나님과 함께 계셨다: 그는 밤이 새도록 하나님께 기도하셨다. 우리는 골방에서 반 시간만 기도해도 많이 기도하였다고 생각하는

데, 그리스도께서는 묵상과 은밀한 기도를 밤이 새도록 계속하셨다. 우리는 은혜의 보좌 앞에서 볼 일이 많고, 우리는 하나님과의 교통(交通)을 크게 즐거워하여야 한다. 이 두 가지 때문에 우리는 종종 오래도록 기도에 몰두하게 된다.

Ⅱ. 그리스도께서는 그의 영적 가족 중에서 측근들을 지명하셨다. 그들은 늘 그의 가르침을 듣고 그의 이적들을 지켜보는 자들이 되어야 하고, 나중에는 사도들로서 세상에 사자들로 파송되어서 복음을 전파하고 그의 교회를 세워야 할 자들이 되어야 한다(13절). 그리스도께서 밤이 새도록 기도를 계속하신 후에 날이 밝자, 우리는 당연히 그가 휴식을 취하시고 잠시 주무셨을 것이라고 생각하게 된다. 하지만 그렇지 않았다. 그는 사람들이 일어나는 시간이 되자마자 제자들을 부르셨다. 하나님을 섬김에 있어서 우리가 신경을 써야 할 것은 한 가지 선한 의무를 끝낸 후에 시간을 허비하지 말고 바로 또 다른 선한 의무를 시작해야 한다는 것이다. 목회자들은 통상적으로 행해지는 엄숙한 예식을 통해서가 아니라 기도를 통해서 서임되어야 한다. 사도들의 수는 열둘이었다. 여기에 그들의 이름이 기록되어 있다. 여기에 나오는 명단은 세 번째 명단인데, 세 개의 명단 속에 나오는 이름들의 순서는 각각 다르다. 이것은 사역자들과 그리스도인들에게 누가 먼저 나오느냐 하는 것에 신경을 쓰지 말고, 그런 것은 주목할 만한 가치가 없는 하찮은 일로 여기도록 가르치려는 것이다. 마가복음에서는 다대오로, 마태복음에서는 다대오라 하는 레배오(개역에는 없음)로 나왔던 사도는 여기서는 야고보의 형제(개역에서는 아들) 유다, 곧 유다서를 쓴 바로 그 사도로 불린다. 마태복음과 마가복음에서는 가나안인으로 나왔던 시몬은 여기서 셀롯이라는 시몬으로 불리는데(셀롯은 열심당을 뜻한다), 이것은 아마도 그가 종교에 큰 열심이 있었기 때문일 것이다. 여기에 등장하는 열두 사도에 대해서 우리는 스바 여왕이 솔로몬의 신복(臣僕)들에 대하여 말했던 것처럼 복되도다 당신의 사람들이여 복되도다 당신의 이 신하들이여 항상 당신 앞에 서서 당신의 지혜를 들음이로다(왕상 10:8)라고 말할 수 있을 것이다. 열두 사도만큼 특권을 받은 자가 없었지만, 그들 중 한 사람 속에는 귀신이 들어 있었고, 결국 그는 배신자가 되었다(16절). 그렇지만, 그를 택하셨던 그리스도께서는 그에게 속지 않으셨다.

Ⅲ. 그리스도께서는 무리 가운데서 말씀을 가르치셨고 병을 고치셨다. 그는 이 두 가지 중요한 사역에 시간을 할애하셨다(17절). 그는 열두 사도와

함께 산에서 내려오셔서, 그를 찾아온 무리들을 맞기 위하여 평지에 서셨다. 곧 그의 주위에는 그를 따르던 제자의 많은 무리만이 아니라 유대 사방과 예루살렘으로부터 온 많은 백성도 모여들었다. 예루살렘에서 그리스도께서 지금 계신 갈릴리 지방까지는 수십 마일이나 되는 먼 거리였고, 예루살렘에는 명성이 자자하고 세도가 막강한 유명한 랍비들이 많이 있었지만, 그들은 그리스도의 말씀을 들으러 갈릴리로 온 것이었다. 또한 두로와 시돈의 해안에서 온 사람들도 있었다. 거기에 살던 사람들은 대개 상인들이었고, 가나안인들과 인접해 살고 있었지만, 그리스도에게 호감을 지닌 자들이 꽤 있었다. 이렇게 전국에 걸쳐서 여기저기에서 살고 있는 사람들이 그리스도에게로 모여온 것이었다.

1. 그들은 그의 말씀을 들으러 왔고, 그는 그들에게 말씀을 전하셨다. 가까운 곳에서 좋은 말씀을 듣지 못하는 사람들은 말씀 없이 지내는 것보다는 멀리 여행을 해서라도 말씀을 듣는 것이 낫다. 그리스도의 말씀을 듣기 위해서 다른 일들을 제쳐두고 먼 길을 가는 것은 가치 있는 일이다.

2. 그들은 그에게서 병 고침을 받으려고 왔고, 그는 그들을 고쳐주셨다. 어떤 이들은 몸에 있는 병으로 고생하였고, 어떤 이들은 마음에 병이 있었다. 병에 걸린 자들도 있었고, 귀신 들린 자들도 있었다. 그러나 전자든 후자든 그리스도에게 나아온 자들은 모두 고침을 받았다. 그에게는 질병과 귀신을 다루는 능력(17-18절), 그 원인과 결과들을 제어하는 능력이 있으셨기 때문이다. 또한 온 무리가 예수를 만지려고 힘썼다(19절)는 말로 보아서, 특별한 질병을 갖고 있지 않은 자들도 예수께로부터 나오는 능력으로 말미암아 엄청난 신체적인 건강과 활기를 새롭게 얻은 것으로 보인다. 건강한 사람이든 병든 사람이든, 그들은 모두 이런저런 방식으로 그리스도로 말미암아 더 나아지게 되었다: 그는 모든 사람을 낫게 하셨다. 이런저런 이유로 고침을 받을 필요가 없는 사람이 어디 있었겠는가? 그리스도 안에는 충만한 은혜가 있었고, 치유의 능력이 있었으며, 이 능력은 그에게서 나올 채비를 갖추고 있었기 때문에, 그것은 모든 사람을 낫게 하기에 충분한 것이었다.

[20]예수께서 눈을 들어 제자들을 보시고 이르시되 **너희 가난한 자는 복이 있나니 하나님의 나라가 너희 것임이요** [21]**지금 주린 자는 복이 있나니 너희가 배부름을 얻을 것임이요 지금 우는 자는 복이 있나니 너희가 웃을 것임이요** [22]**인자로 말미암아 사**

람들이 너희를 미워하며 멀리하고 욕하고 너희 이름을 악하다 하여 버릴 때에는 너희에게 복이 있도다 [23]그 날에 기뻐하고 뛰놀라 하늘에서 너희 상이 큼이라 그들의 조상들이 선지자들에게 이와 같이 하였느니라 [24]그러나 화 있을진저 너희 부요한 자여 너희는 너희의 위로를 이미 받았도다 [25]화 있을진저 너희 지금 배부른 자여 너희는 주리리로다 화 있을진저 너희 지금 웃는 자여 너희가 애통하며 울리로다 [26]모든 사람이 너희를 칭찬하면 화가 있도다 그들의 조상들이 거짓 선지자들에게 이와 같이 하였느니라

그리스도의 실제적인 설교가 여기에서 시작되어서 이 장의 끝까지 이어지는데, 그 내용의 대부분은 마태복음 5-7장의 산상수훈에 나온 것들이다. 어떤 이들은 이 설교가 산상수훈과는 다른 시간과 장소에서 행해진 것으로 생각하고, 또한 그리스도께서 동일한 내용 또는 동일한 취지로 각기 다른 때에 말씀하신 다른 사례들도 있다. 그러나 이 설교는 산상수훈을 복음서 기자가 축약시킨 것일 가능성이 크고, 마태복음에 나오는 산상수훈도 축약된 것일 것이다. 시작 부분과 결론 부분은 거의 동일하다. 산상수훈에서나 여기에서나 백부장의 종이 고침받은 이야기가 이 설교 직후에 나오지만, 그것은 중요하지 않다. 이 단락에는 다음과 같은 내용들이 나온다.

I. 세상 사람들은 고난받는 성도들을 불쌍하게 여기지만 그리스도께서는 그들을 복된 자들이라고 축복하심(20절). 예수께서 눈을 들어 제자들을 보셨는데, 열두 사도만이 아니라 제자의 많은 무리를 보셨고(17절), 그들을 향하여 이 설교를 하셨다. 그는 평지에서 병자들을 고치신 후에 말씀을 전하기 위하여 다시 산으로 올라가셨다. 그는 권세를 지닌 자로서 산 위에 앉으셨고, 제자들이 그에게 나아왔다(마 5:1). 그는 그들을 향하여 말씀을 전하셨고, 그 말씀을 그들에게 적용하셨으며, 말씀들을 그들 자신에게 적용하라고 가르치셨다. 그는 심령이 가난한 자는 복이 있다는 진리를 이미 말씀하셨기 때문에 여기에 너희 가난한 자는 복이 있다는 말씀을 덧붙이셨다. 복음의 교훈들을 스스로에게 적용하여 거기에 의지해서 살아가는 모든 신자들은 복음의 약속들을 양식으로 삼아서 살아갈 수 있다. 여기에 나오는 적용의 말씀은 제자들이 그리스도를 따르면서 만나게 될 곤경과 난관들과 관련해서 그들을 격려하고자 하는 의도가 특별히 있는 것으로 보인다.

1. "너희는 모든 것을 버려두고 나를 좇았기 때문에 가난하고, 나와 더불어 연보(捐補)로 살아가는 데에 만족하고, 나를 섬기면서 결코 세상의 영달을 바라지 않는다. 가난한 자들이 그렇듯이, 너희는 힘들게 일해야 하고 어렵게 살아가야 한다. 그러나 너희는 가난하므로 복이 있다. 가난은 너희의 행복에 아무런 영향을 주지 못할 것이다. 아니, 너희는 가난하기 때문에 복되다. 너희의 모든 손실은 풍성한 보상을 받게 될 것이다. 왜냐하면, 하나님의 나라가 너희 것이기 때문이다. 여기에서 하나님 나라의 모든 위로와 은혜들, 장차 하나님 나라의 모든 영광과 기쁨이 너희의 것이 될 것이다. 아니, 그것이 이미 너희의 것이다." 그리스도의 가난한 자들은 믿음에 부요하다(약 2:5).

2. "너희는 지금 주려 있다(21절). 너희는 남들처럼 배불리 먹지 못하고, 굶주린 채 일어나는 경우가 많고, 너희의 식사는 아주 빈약하다. 너희는 일에 너무 열중하다보니 식사할 겨를도 없어서 밀 이삭 몇 개로 한 끼를 때우고도 기뻐한다. 너희는 이 세상에서 지금 이렇게 굶주리지만, 저 세상에서는 너희가 배부름을 얻을 것이고, 더 이상 주리거나 목마르지 않을 것이다."

3. "너희는 지금 울고 있고, 회개의 눈물, 연민의 눈물 등 눈물을 흘리는 일도 많다. 너희는 시온에서 애곡하는 자들이다. 그러나 너희는 복이 있다. 너희의 현재의 슬픔은 너희의 장래의 기쁨을 방해하는 것이 아니라, 오히려 준비하는 것이다. 너희는 웃게 될 것이다. 너희는 승리를 예약해 두고 있다. 너희는 눈물로 씨를 뿌릴 뿐이지만, 곧 기쁨으로 거두게 될 것이다(시 126:5-6). 지금 하나님의 뜻대로 근심을 하는 자들은 자신을 위하여 위로들을 쌓아가고 있는 것이다. 아니, 하나님은 그들을 위해 위로들을 쌓아가고 계신다. 하나님이 웃음을 네 입에, 즐거운 소리를 네 입술에 채우실(욥 8:21) 날이 오고 있다."

4. "너희는 지금 세상의 악의로 인한 고난을 받고 있다. 너희는 너희가 그리스도를 섬기고 그를 위하여 일한다는 이유로 악의에 찬 세상이 그리스도 때문에 너희를 온갖 야비한 방법으로 괴롭힐 수 있다는 것을 각오하여야 한다. 너희는 너희의 가르침과 삶이 그들의 악함을 드러내고 정죄하기 때문에 악한 자들이 너희를 미워하리라는 것을 각오하여야 한다. 교회의 권력을 장악한 자들은 너희를 멀리해서(따돌려서) 너희로 하여금 고립되어 스스로 분파를 만들게 한 후에, 너희가 그렇게 하였다는 이유를 들어서 너희를 출교시키고, 가장 불명예스러운 비난을 너희에게 가할 것이다. 그들은 너희를 말썽만 부리는 도저

히 교정할 수 없는 범법자들로 몰아서 너희에게 파문을 선포할 것이다. 그들은 이 일을 극히 엄숙하게 진행하고 화려하고 장엄한 의식(儀式)을 갖추어서 하늘에 고함으로써, 세상 사람들은 물론이고 너희 자신조차도 이 일이 하늘에서 비준된 일이라고 믿게 만들 것이다. 이렇게 해서, 그들은 너희를 남들에게는 가증한 존재로 만들고, 너희 자신에게는 공포를 주고자 애쓸 것이다." 이것이 아포리소신 휘마스(너희를 멀리하고)의 원래의 의미인 것으로 보인다. "그리고 그렇게까지 할 권력을 쥐고 있지 못한 자들은 자기 힘이 미치는 데까지 최대한도로 그들의 악의를 발산하고자 할 것이다. 그들은 너희를 욕할 것이다. 너희는 전혀 죄가 없는데도, 그들은 너희에게 극악한 범죄를 뒤집어씌우고, 가장 극악한 오명(汚名)을 씌울 것이다. 그들은 그리스도인이라는 너희의 이름, 사도라는 너희의 이름을 악하다 하여 버릴 것이다. 그들은 이러한 이름들을 가증스러운 것으로 만들기 위해서 그들이 할 수 있는 온갖 짓을 다할 것이다." 이상은 여덟 번째 복(마 5:10-12)을 구체적으로 제자들에게 적용한 것이다.

"이와 같은 대우는 가혹한 듯이 보인다. 그러나 너희가 이런 대우를 받을 때에 너희에게 복이 있다. 그것은 너희에게서 행복을 빼앗아가기는커녕 행복을 크게 더하여 줄 것이다. 자기 주군(主君)을 섬겨서 전쟁에 참여하는 것이 용사에게 영광이 되는 것과 마찬가지로, 그런 일은 너희에게 영광이 된다. 그러므로 너희는 그 날에 기뻐하고 뛰놀라(23절). 너희는 단지 그런 일을 참아내는 것이 아니라 기뻐하고 즐거워하여야 한다." 왜냐하면, (1) "이 일로 말미암아 너희는 은혜의 나라에서 아주 고귀하게 될 것이기 때문이다. 너희는 세상 사람들에게서 이전의 선지자들처럼 대우를 받은 것이다. 그러므로 너희는 부끄러워할 필요가 없고, 오히려 기뻐하는 것이 마땅하다. 그러한 대우는 너희가 이전의 선지자들과 동일한 영과 동일한 발걸음으로 행하고 있고, 동일한 일에 참여하고 있으며, 동일한 사역을 하고 있다는 증거가 된다." (2) "너희는 이 일로 말미암아 영광의 나라에서 풍성한 상급을 받게 될 것이기 때문이다. 그리스도를 위한 너희의 섬김만이 아니라 너희의 고난도 계산될 것이다: 하늘에서 너희 상이 큼이라. 하늘에서의 영광이 이 모든 고난을 상쇄하고도 남음이 있을 것이라는 온전한 믿음 속에서 너희의 고난을 맞이하라. 그렇게 하면, 너희는 그리스도 때문에 손해를 본 자처럼 보이겠지만, 결국에는 그로 인해서 손해를 보는 자가 되지 않을 것이다."

II. 세상 사람들은 형통하는 죄인들을 부러워하지만 그리스도께서는 그들을 비참한 자들로 보시고 화를 선언하심. 마태복음에는 화(禍)를 선언하는 내용들이 나와 있지 않다. 앞에 나온 복들과 대비되는 이러한 화들에 대한 가장 좋은 해설은 부자와 나사로의 비유인 것으로 보인다. 나사로는 가난하고 주리고 우는 자들의 축복을 이제 다 소유하게 되었다. 왜냐하면, 그런 자들에게 주어진 모든 약속들이 아브라함의 품 속에서 그에게 다 이루어졌기 때문이다. 그러나 부자는 여기에서 화가 선언된 자들이 지닌 특성을 다 갖추었기 때문에 이 모든 화를 다 받게 되었다.

1. 부요한 자들, 즉 이 세상의 부를 풍족하게 소유하고 있으면서 재물을 의지하고 그것으로 하나님을 섬기는 것이 아니라 자기 욕망을 섬기는 자들에게는 화가 있다. 그들은 그들의 위로를 이미 받았기 때문이다. 그들은 재물에 행복을 두었고, 재물을 자신의 분깃으로 선택하였다(24절). 그들은 이 세상에서 사는 동안에 그들이 생각하기에 좋은 것들을 다 받아서 누렸다. 그들은 그러한 것들이야말로 최고로 좋은 것들이고, 하나님으로부터 받을 수 있는 온갖 좋은 것들이라고 생각하였다. "너희 부요한 자들은 시험에 빠져서, 미소 짓는 세상에 마음을 두고, 세상을 껴안고서, 영혼아, 평안히 쉬고 먹고 마시자. 이 곳은 나의 영원한 안식처이니 내가 여기에 거하리로다라고 말한다. 그러므로 너희에게 화 있을진저." (1) 이 세상의 물건들은 단지 사람들의 편의를 위한 것일 뿐인데도, 육신적인 속물(俗物)들은 그런 것들을 그들의 위로로 삼는 어리석음을 범한다. 그들은 그런 것들을 좋아하고 자랑하며 지상의 천국으로 삼는다. 그런 자들에게는 하나님의 위로는 작고 시시한 것이다. (2) 그들의 위로가 되는 그런 것들이 그들에게서 거두어진다는 것이 그들의 불행이다. 그들이 이러한 것들과 이별하게 될 때에 그들의 모든 위로는 끝이 나고 완전히 끝장이 나서 오직 영원한 불행과 고통 외에는 그들에게 아무것도 남지 않는다는 사실을 그들은 알아야 한다 — 비록 공포스럽다고 하더라도 말이다.

2. 배부른 자들(25절), 배불리 먹고, 소득이 마음의 소원보다 많으며(시 73:7), 이 세상의 숨겨진 재물로 배를 채우고(시 17:14), 부자라 부요하여 부족한 것이 없다 하는 자들(계 3:17)에게 화가 있다. 너희가 이미 배 부르며 이미 풍성하도다(고전 4:8). 그들은 하나님과 그리스도 없이도 스스로 배부른 자들이다. 그런 자들에게 화 있을진저. 왜냐하면, 그들은 주리게 되고, 그들이 그토록 자랑하던 모든

것들을 곧 빼앗기게 될 것이기 때문이다. 그들은 그들을 배부르게 해준 모든 것들을 이 세상에 남겨두고 떠날 때에 그들이 가게 될 저 세상에서는 결코 충족시켜주지 못할 식욕과 욕망 같은 것들만을 가지고 가게 될 것인데, 그들이 지금 그토록 배불러 있는 모든 감각의 쾌락들은 지옥에서는 거절되어서 만족을 얻을 수 없게 되고 천국에서는 폐기되어서 만족을 얻을 수 없게 될 것이다.

3. 지금 웃는 자들, 늘 즐거워하는 기질을 갖고 있고, 언제든지 즐겁게 갖고 놀 만한 것이 있으며, 육적이고 관능적인 것 외에는 다른 기쁨을 모르고, 오로지 육적이고 관능적인 쾌락에 빠져서 마음의 근심, 심지어 경건한 근심조차 잊고 살아가는 것 외에는 세상의 낙을 모르며, 항상 어리석은 자들의 웃음만을 즐기는 자들에게 화가 있다. 그런 자들에게 화 있을진저. 왜냐하면, 그들이 웃는 것은 지금뿐이며 잠시뿐이기 때문이다. 그들은 곧 애통하며 울게 될 것이고, 우는 것과 애곡하는 것, 끝없고 불안하고 어찌할 수 없는 슬픔 외에는 아무것도 존재하지 않는 세상에서 영원히 애통하며 울게 될 것이다.

4. 모든 사람에게서 칭찬을 받는 자들, 사람들의 칭찬과 박수갈채를 얻는 것을 유일한 큰 관심사로 삼고, 그러한 것들을 하나님의 은혜와 하나님에 의한 열납하심보다 더 소중히 여기는 자들에게 화가 있다(26절): "너희에게 화가 있도다. 즉, 너희가 아무도 싫어하지 않을 설교만을 한다면, 그것은 너희가 너희에게 맡겨진 일과 영혼들에 충실하지 않다는 것을 보여주는 악한 표적이 될 것이다. 왜냐하면, 사람들에게 그들의 잘못을 말해주는 것이 너희의 일이기 때문이다. 너희가 마땅히 해야 할 설교를 한다면, 너희는 결코 칭찬을 받지 못하고 욕을 먹게 될 것이다. 실제로 악할 길로 행한 너희 조상들에게 아첨하여서 부드러운 말로 예언한 거짓 선지자들은 사람들로부터 사랑을 받고 칭찬을 받았다. 만약 너희가 그들처럼 사람들의 환호를 받는다면, 너희는 그들처럼 거짓되게 행하고 있는 것이 아닌가 의심해 보아야 마땅할 것이다." 우리는 지혜롭고 선한 자들의 인정을 받고자 하여야 하고, 사람들이 우리에 대하여 무슨 말을 하는지에 대해서 무관심하지 말아야 한다. 그러나 우리는 이스라엘의 어리석은 자들의 비난이나 칭찬을 무시하고 개의치 않아야 한다.

[27]그러나 너희 듣는 자에게 내가 이르노니 너희 원수를 사랑하며 너희를 미워하는 자를 선대하며 [28]너희를 저주하는 자를 위하여 축복하며 너희를 모욕하는 사를 위

하여 기도하라 ²⁹너의 이 뺨을 치는 자에게 저 뺨도 돌려대며 네 겉옷을 빼앗는 자에게 속옷도 거절하지 말라 ³⁰네게 구하는 자에게 주며 네 것을 가져가는 자에게 다시 달라 하지 말며 ³¹남에게 대접을 받고자 하는 대로 너희도 남을 대접하라 ³²너희가 만일 너희를 사랑하는 자만을 사랑하면 칭찬 받을 것이 무엇이냐 죄인들도 사랑하는 자는 사랑하느니라 ³³너희가 만일 선대하는 자만을 선대하면 칭찬 받을 것이 무엇이냐 죄인들도 이렇게 하느니라 ³⁴너희가 받기를 바라고 사람들에게 꾸어 주면 칭찬 받을 것이 무엇이냐 죄인들도 그만큼 받고자 하여 죄인에게 꾸어 주느니라 ³⁵오직 너희는 원수를 사랑하고 선대하며 아무것도 바라지 말고 꾸어 주라 그리하면 너희 상이 클 것이요 또 지극히 높으신 이의 아들이 되리니 그는 은혜를 모르는 자와 악한 자에게도 인자하시니라 ³⁶너희 아버지의 자비로우심 같이 너희도 자비로운 자가 되라

여기에 나오는 내용은 마태복음 5:38-48의 내용와 일치한다: 너희 듣는 자에게 내가 이르노니(27절). 이것들은 보편적인 교훈들이기 때문에, 그리스도께서는 제자들만이 아니라 모든 듣는 자들을 대상으로 말씀을 전하셨다. 들을 귀 있는 자는 들을지어다. 부지런히 그리스도의 말씀에 귀를 기울이는 자들은 그리스도께서 그들에게 꼭 들어야 할 말씀들을 전해주신다는 것을 발견하게 될 것이다. 여기서 그리스도께서 우리에게 가르치시는 교훈들은 다음과 같다.

Ⅰ. 우리는 모든 사람을 그들이 당연히 받아야 할 대우로써 대우하여야 하고, 모든 거래에서 정직하고 의로워야 한다(31절).   남에게 대접을 받고자 하는 대로 너희도 남을 대접하라. 왜냐하면, 이것이 네 이웃을 네 몸과 같이 사랑하는 것이기 때문이다. 서로의 입장을 바꿔놓고 생각할 때에 다른 사람들이 정의감에서이든 자비심에서이든 우리에게 이렇게 해주었으면 하고 도리상 기대하는 것이 있는데, 우리도 바로 그렇게 다른 사람들에게 행하여야 한다. 우리는 입장을 바꿔서 우리가 그런 처지에 있다고 할 때에 우리가 당연히 바라게 될 그대로 다른 사람들을 불쌍히 여기고 도와주어야 한다.

Ⅱ. 우리는 필요로 하는 자들에게 후하게 주어야 한다(30절).   "네게 구하는 자에게 주라. 네게 남아돌아서 공급할 여력이 있거든 구제하여야 할 대상인 자, 생활필수품이 부족한 자들에게 나누어주라. 스스로의 힘으로는 어쩔 도리

가 없거나 도와줄 친척이 없는 자들에게 주라." 그리스도께서는 제자들에게 보통 때에는 힘 닿는 대로, 비상시에는 힘에 넘치도록 기꺼이 나눠주게 하셨다.

Ⅲ. 우리는 우리에게 피해를 입힌 자들을 용서하는 데에 너그러워야 한다.

1. 우리는 우리의 권리가 부정될 때에 그 권리를 요구하는 데에 극단적이어서는 안 된다: "강제로든 속여서든 네 겉옷을 빼앗는 자에게 속옷도 거절하지 말라(29절). 빼앗기지 않으려고 싸우고 폭력을 사용하느니 차라리 속옷도 그에게 주라. 그리고 네 것을 가져가는 자에게 다시 달라 하지 말라(30절). 즉, 네 것을 빌려가거나 외상으로 가져가는 자에게 억지로 받아내려고 하지 말라"(하몬드 박사는 이렇게 해석해야 한다고 생각한다). "하나님의 섭리에 의해서 그렇게 받아내지 못할 경우가 생겼다면, 법을 이용해서 받아내려고 그 사람의 목을 잡고 법정으로 끌고가기보다는 차라리 손해를 보는 편이 낫다(마 18:28). 어떤 사람이 네 빚을 갚지 않고 달아나거나 네 물건을 갖고 달아나더라도, 당황하거나 분노하지 말라."

2. 우리는 억울한 일을 당해도 보복하는 데에 철저해서는 안 된다: "너의 이 뺨을 치는 자가 있다면, 그를 고소하거나 영장을 신청하거나 법정에 끌고갈 것이 아니라, 저 뺨도 돌려대라. 이런 경우에 사람들은 보통 위신이 손상되었다는 이유로 법에 호소하고자 하겠지만, 너는 또 한 번 위신이 손상될 각오를 하고서라도 이 일을 문제삼지 말고 그냥 넘겨라. 누가 너의 뺨을 친다면, 그에게 주먹 한 방을 날리기보다는 기꺼이 그에게 뺨 한 대를 더 맞을 각오를 하라. 네 문제를 하나님께 맡기고, 모욕을 받더라도 너는 가만히 있어라." 우리가 이같이 할 때, 하나님은 우리의 모든 원수의 뺨을 치시며 악인의 이를 꺾으실 것이다(시 3:7). 왜냐하면, 하나님께서 원수 갚는 것이 내게 있다고 말씀하셨고, 우리가 원수 갚는 일을 하나님께 맡기면 하나님은 이 말씀이 사실임을 보여주실 것이기 때문이다.

3. 오히려 우리는 우리에게 악을 행하는 자들을 선대하여야 한다. 이것은 우리 구주께서 이 대목에서 그의 종교에 특유한 법(法)이자 그의 종교를 완성시키는 한 가지(branch)로서 우리에게 특히 가르치시고자 하신 것이다.

(1) 우리는 우리에게 피해를 준 자들에게 인자하여야 한다. 우리는 우리 원수를 사랑하고 그들에게 선의를 품어야 할 뿐만 아니라, 그들을 선대하여야 하고, 그들의 형편이 어려워서 우리의 손길이 필요하고 우리가 도와줄 힘이 있다면

다른 사람들에게와 마찬가지로 그들에게도 선을 기꺼이 베풀어야 한다. 기회가 된다면, 우리는 우리가 그들에게 악의나 복수할 마음을 품고 있지 않다는 것을 적극적인 행위들을 통해서 보여주도록 애써야 한다. 그들이 우리를 저주하고, 욕하며 우리가 잘못되기를 바라는가? 그들이 말과 행위를 통해서 우리를 모욕하는가? 그들이 우리를 형편없는 자나 가증스러운 자로 만들려고 애쓰는가? 우리는 그들을 축복하고, 그들을 위해 기도하며, 그들에게 선한 말을 하고, 그들, 특히 그들의 영혼이 잘 되기를 바라며, 그들을 위하여 하나님께 중보기도하는 자가 되자. 이것은 35절에서 되풀이되고 있다: 너희는 원수를 사랑하고 선대하라. 그리스도께서는 이 어려운 의무를 우리에게 권하시면서, 이 의무는 참으로 너그러운 일이자 도달하기 어려운 목표로 제시하신다. 우리를 사랑하는 자들을 사랑하는 것은 특별한 일이 아니고, 그리스도의 제자들에게 특유한 것도 아니다. 왜냐하면, 죄인들도 그들을 사랑하는 자들을 사랑할 것이기 때문이다. 거기에는 자기부인(自己否認)이라고는 전혀 없다. 그런 일은 타락한 상태에 있는 본성을 따라서도 얼마든지 할 수 있는 일이고, 그러한 본성을 쳐서 복종시키지 않고서도 얼마든지 할 수 있는 일이다(32절). 우리가 원하는 대로 말하고 행하는 자들을 사랑하는 것은 우리의 자랑거리가 되지 못한다. "너희가 만일 너희를 선대하는 자만을 선대하면, 그것은 관습과 체면과 보답의 일반 원칙에 따라서 그들의 친절에 보답하는 것일 뿐이다. 그러므로 너희가 칭찬 받을 것이 무엇이냐? 너희가 그리스도의 이름을 높이거나 영화롭게 한 것이 무엇이 있는가? 그리스도와 그의 가르침을 전혀 알지 못하는 죄인들도 이렇게 하느니라. 너희는 너희 이웃을 능가하고 죄인들이 하지 못하는 더 훌륭하고 뛰어난 일, 그들의 도덕 원칙들로는 감히 바라볼 수도 없는 일을 하는 것이 마땅하다: 너희는 악을 선으로 갚아야 한다." 칭찬은 우리의 몫이 아니다. 우리는 하나님의 이름과 찬송을 위하여 존재하는 자들이기 때문에, 찬송(칭찬)은 하나님의 몫이다.

(2) 우리는 어떤 이득도 기대할 수 없는 자들에게 인자하여야 한다(35절): 아무것도 바라지 말고 꾸어 주라. 이것은 부자는 가난한 자에게 가족의 일용할 양식을 사거나 감옥에 가지 않도록 하는 데에 꼭 필요한 돈을 빌려주라는 것이다. 그러한 경우에 우리는 꾸어 준 돈에 대한 이자를 받지 않겠다고 생각하고 돈을 꾸어 주어야 한다 — 물건을 구입하기 위해서나 장사를 하기 위해서

돈을 꾸어간 사람들에게서 이자를 받는 것은 당연하다. 그러나 이것이 전부는 아니다. 우리는 돈을 꾸어 주면 돌려받을 수 없을 것이라고 염려되는 경우에도, 너무나 가난해서 되갚을 능력이 없다는 것이 거의 확실한 그런 자들에게도 돈을 꾸어 주어야 한다. 이러한 교훈은 면제년이 임박한 때라고 할지라도 가난한 형제가 곤궁한 경우에는 그에게 돈을 꾸어 주어야 한다고 규정한 모세의 율법에 아주 잘 나타나 있다(신 15:7-10). 그리스도께서 이러한 너그러운 자선(charity)을 하라고 권하시는 데에는 두 가지 동기가 작용하고 있다.

[1] 그것은 결국 우리의 이익으로 되돌아오게 될 것이다. 왜냐하면, 우리의 상이 클 것이기 때문이다(35절). 우리가 진정한 자선의 원칙에 따라서 이 땅에서 남에게 주거나 나누어주거나 빌려주거나 손해를 본 것에 대해서 우리는 저 세상에서 말로 다 할 수 없을 정도의 이득으로 보상을 받게 될 것이다. "하나님은 너희에게 되갚아주실 뿐만 아니라 상을 주실 것인데, 아주 큰 상을 주시게 될 것이다. 너희는 너희 복 받을 자들이여 나아와 나라를 상속받으라는 말씀을 듣게 될 것이다."

[2] 그것은 결국 우리의 존귀함으로 되돌아오게 될 것이다. 왜냐하면, 이 일로 인해서 우리는 하나님의 선하심을 닮게 될 것인데, 이것은 가장 큰 영광이기 때문이다. "너희는 지극히 높으신 이의 아들이 되리니, 하나님은 너희를 자기를 닮은 아들로 인정하실 것이다." 은혜를 모르는 자와 악한 자에게도 인자하셔서, 그를 매일 격노케 하고 반역하며 그에게서 받은 은사들을 사용해서 그를 욕보이는 극악한 자들에게도 일반 섭리의 은사들을 수여하시는 것은 하나님의 영광이다. 그러므로 그리스도께서는 너희 아버지의 자비로우심 같이 너희도 자비로운 자가 되라(36절)는 추론을 펴신다. 이것은 마태복음 5:48에 나오는 하늘에 계신 너희 아버지의 온전하심과 같이 너희도 온전하라는 말씀에 대한 해설이다. 너희 아버지께서 행하시는 가장 빛나는 온전한 일들을 본받으라. 하나님의 자비로우심 같이 은혜를 모르는 자와 악한 자에게도 인자한 자들은 하나님의 온전하심 같이 온전한 자들이다. 따라서 하나님은 그것이 아무리 부족하다고 하여도 그것을 은혜로써 기뻐 받으시는 것이다. 자선(charity)은 온전하게 매는 띠(골 3:14)라 불린다. 이것은 우리로 하여금 우리의 형제들, 우리에게 해를 끼친 그런 형제들에게조차 자비로울 것을 강력히 요구한다. 하나님은 다른 사람들에게 자비로우실 뿐만 아니라, 과거에 은혜를 모르고 악한 자들이었고 지

금도 그러한 우리에게도 자비로우시기 때문이다. 우리가 불에 삼키우지 않은 것은 순전히 하나님의 자비하심 때문이다.

[37]비판하지 말라 그리하면 너희가 비판을 받지 않을 것이요 정죄하지 말라 그리하면 너희가 정죄를 받지 않을 것이요 용서하라 그리하면 너희가 용서를 받을 것이요 [38]주라 그리하면 너희에게 줄 것이니 곧 후히 되어 누르고 흔들어 넘치도록 하여 너희에게 안겨 주리라 너희가 헤아리는 그 헤아림으로 너희도 헤아림을 도로 받을 것이니라 [39]또 비유로 말씀하시되 맹인이 맹인을 인도할 수 있느냐 둘이 다 구덩이에 빠지지 아니하겠느냐 [40]제자가 그 선생보다 높지 못하나 무릇 온전하게 된 자는 그 선생과 같으리라 [41]어찌하여 형제의 눈 속에 있는 티는 보고 네 눈 속에 있는 들보는 깨닫지 못하느냐 [42]너는 네 눈 속에 있는 들보를 보지 못하면서 어찌하여 형제에게 말하기를 형제여 나로 네 눈 속에 있는 티를 빼게 하라 할 수 있느냐 외식하는 자여 먼저 네 눈 속에서 들보를 빼라 그 후에야 네가 밝히 보고 형제의 눈 속에 있는 티를 빼리라 [43]못된 열매 맺는 좋은 나무가 없고 또 좋은 열매 맺는 못된 나무가 없느니라 [44]나무는 각각 그 열매로 아나니 가시나무에서 무화과를, 또는 찔레에서 포도를 따지 못하느니라 [45]선한 사람은 마음에 쌓은 선에서 선을 내고 악한 자는 그 쌓은 악에서 악을 내나니 이는 마음에 가득한 것을 입으로 말함이니라 [46]너희는 나를 불러 주여 주여 하면서도 어찌하여 내가 말하는 것을 행하지 아니하느냐 [47]내게 나아와 내 말을 듣고 행하는 자마다 누구와 같은 것을 너희에게 보이리라 [48]집을 짓되 깊이 파고 주추를 반석 위에 놓은 사람과 같으니 큰 물이 나서 탁류가 그 집에 부딪치되 잘 지었기 때문에 능히 요동하지 못하게 하였거니와 [49]듣고 행하지 아니하는 자는 주추 없이 흙 위에 집 지은 사람과 같으니 탁류가 부딪치매 집이 곧 무너져 파괴됨이 심하니라 하시니라

여기에 나오는 그리스도의 모든 말씀들은 이미 마태복음에 나온 것들인데, 그 중 일부는 마태복음 7장에 나왔고, 다른 것들은 여러 곳에 산재해 있다. 이 말씀들은 그리스도께서 흔히 사용하셨던 말씀들이었다. 이 말씀들은 적용하기가 쉬운 것들이었기 때문에, 누가는 여기서 단지 그 말씀들을 언급하는 것만으로 충분하였다. 그로티우스는 여기서 일관성을 찾는 데에 비판적일 필요는 없다고 생각한다. 이 말씀들은 솔로몬의 잠언이나 비유들처럼 금언(金

言)들이다. 좀 더 자세하게 살펴보자.

I. 우리는 남을 비난하는 데에 아주 신중하고 공평하지 않으면 안 된다.
우리 자신이 어느 정도의 허용오차를 필요로 하기 때문이다: "그러므로 남을
비판하지 말라. 그래야, 너희도 비판을 받지 않을 것이기 때문이다. 남을 정죄하
지 말라. 그래야, 너희 자신도 정죄를 받지 않을 것이기 때문이다(37절). 악한 것
을 생각하지 아니하며 모든 것을 참으며 모든 것을 믿으며 모든 것을 바라는 그런 사
랑을 남들에게 베풀어라. 그러면, 남들도 너에게 그런 사랑을 베풀 것이다. 하
나님도 너희를 비판하거나 정죄하지 않으시는데, 사람들이 그래서는 더더욱 안
될 것이다." 남들에게 자비로운 자들은 남들도 그들에게 자비롭다는 것을 발
견하게 될 것이다.

**II. 우리가 주고자 하고 용서하고자 하는 마음을 지닌다면, 우리는 그 유
익을 스스로 거두게 될 것이다:** 용서하라 그리하면 너희가 용서를 받을 것이요.
우리가 우리에게 해를 끼친 자들을 용서한다면, 남들도 우리가 그들에게 저지
른 잘못을 용서해줄 것이다. 우리가 우리에게 죄 지은 자들을 용서하면, 하나
님은 하나님에 대하여 저지른 우리의 죄악들을 용서해주실 것이다. 그리고 하
나님은 너그러운 일들을 행하는 자들을 반드시 기억하신다: 주라 그리하면 너희에
게 줄 것이다(38절). 하나님은 섭리 가운데 그것에 대하여 너희에게 보상해주
실 것이다. 너희는 그것을 하나님께 빌려드린 것이고, 하나님은 불의하지 아니하
사 그것을 잊어버리지 아니하시고(히 6:10), 다시 갚아주실 것이다. 사람들이 그
것을 너희에게 되돌려줄 것이다. 왜냐하면, 하나님은 원수 갚는 일만이 아니라
상 주시는 일에 있어서도 흔히 사람들을 도구로 사용하시기 때문이다. 우리가
궁핍한 자들에게 올바른 방식으로 준다면, 하나님은 우리가 궁핍할 때에 다른
사람들의 마음을 움직여서 그들로 하여금 너희에게 주게 하실 것이고, 후히 되
어 누르고 흔들어 넘치도록 너희에게 안겨 주게 하실 것이다. 풍성하게 씨를 뿌리
는 자들은 풍성하게 거둘 것이다. 하나님은 보상을 해주실 때에 풍성하게 보상
해 주신다.

**III. 우리는 우리가 남에게 행한 그대로 우리도 남으로부터 받을 것이라고
기대하여야 한다:** 너희가 헤아리는 그 헤아림으로 너희도 헤아림을 도로 받을 것이
니라. 남을 가혹하게 다루는 자들은 아도니베섹처럼(삿 1:7) 하나님이 의로우
시다고 고백하지 않을 수 없게 될 것이다. 남을 가혹하세 다루는 자들은 그들

도 똑같이 다루어질 것이라고 기대해야 하고, 남을 인자하게 대하는 자들은 그들이 곤경에 처했을 때에 하나님이 그들에게 인자하게 행할 벗들을 일으키실 것이라는 소망을 가져도 좋다. 온전하고 정확한 응보(應報)는 저 세상 때까지 유보되어 있기 때문에, 하나님의 섭리가 언제나 이러한 규칙을 따라 진행되지는 않는다고 하더라도, 통상적으로 이 규칙은 우리로 하여금 모든 가혹한 행위들을 하지 못하게 하고 모든 너그러운 행위들을 권하기에 충분할 정도로는 지켜진다.

IV. 무지하고 그릇된 자들의 인도를 받는 자들은 그 인도자들과 더불어 멸망하기 쉽다(39절): 맹인이 맹인을 인도할 수 있느냐? 교만과 편견과 아집으로 눈먼 바리새인들이 백성들을 옳은 길로 인도할 수 있겠느냐? 둘이 다 구덩이에 빠지지 아니하겠느냐? 그들이 다른 무엇을 기대할 수 있겠느냐? 이 세상의 여론과 행로(行路)와 관습에 의해서 인도함을 받는 자들은 스스로 눈먼 자들이고, 눈먼 자들에 의해서 인도함을 받는 것이기 때문에, 흑암에 앉은 세상과 더불어서 멸망하게 될 것이다. 무지해서 용감하게 다수를 따라 악을 행하는 자들은 맹인을 따라서 멸망으로 인도하는 넓은 길로 가는 자들이다.

V. 그리스도를 따르는 자들은 이 세상에서 그들의 선생이 받으셨던 것보다 더 나은 대접을 기대해서는 안 된다(40절).   그들은 이 세상에서 그리스도께서 받으신 것보다 더 많은 존귀함이나 즐거움을 기대해서는 안 되고, 그리스도께서 결코 바라지 않으셨고 오히려 거절하셨던 세상적인 화려함이나 웅장함을 얻고자 해서도 안 되며, 그리스도께서 가지고자 하지 않으셨던 세상적인 권력을 좋아해서도 안 된다. 자기가 온전하고 확고한 제자라는 것을 보이고자 하는 자는 누구든지 그의 선생과 같아야 한다 ― 그의 선생처럼 세상과 그 안에 있는 모든 것에 대하여 죽고, 그의 선생처럼 수고와 자기부인의 삶을 살며, 모든 자의 종이 되고, 몸을 구푸려 수고하며, 할 수 있는 한 모든 선을 행하여야 한다. 그러면 그는 온전한 제자가 될 것이다.

VI. 남을 책망하고 바로잡고자 하는 자들은 그들 자신이 흠 없고 순전하며 책망할 것이 없는지를 살피는 데에 관심을 써야 한다(41-42절).

1. 자기 잘못은 알지 못하면서 남의 잘못을 비난하는 자들은 매우 잘못된 자들이다. 자기 눈 속에 있는 들보를 깨닫지 못할 정도로 둔감한 자들이 남의 눈 속에 있는 티 같은 작은 잘못을 찾아낼 만큼 통찰력이 있는 체하는 것은 어불

성설이다.

2. 자기 자신을 제대로 바로잡지 못하는 자들은 남들을 바로잡는 일에 전혀 도움이 되지 않는 부적격한 자들이다. 자기 눈 속에 있는 들보를 보지 못하는 자가 어떻게 민첩한 눈과 아울러 민첩한 손도 필요로 하는 일, 즉 네 형제의 눈 속에 있는 티를 빼는 일을 할 수 있겠는가?

3. 먼저 자신의 영혼에 대하여 걱정하는 자라야 남의 영혼을 도울 수 있다. 우리 형제의 눈에서 티를 빼는 일을 돕는 것은 선한 일이지만, 우리는 먼저 우리 자신의 티를 빼냄으로써 그 선한 일을 할 수 있는 자격을 갖추지 않으면 안 된다. 우리는 우리 자신의 삶을 바로잡은 데서 나오는 본보기의 영향력을 통해서 다른 사람들이 그들의 삶을 바로잡는 일에 도움을 줄 수 있다.

VII. 사람들의 말과 행위는 그들이 어떤 사람이고, 그들의 마음이 어떠하며, 그들의 생활 원리가 무엇이냐에 따라서 달라진다.

1. 마음은 나무이고, 말과 행위는 나무의 종류에 따라 열리는 열매이다(43-44절). 어떤 사람이 진정으로 선한 사람이라면, 즉 그가 마음속에 은혜의 원리를 가지고 있고, 영혼의 경향성이 하나님과 하늘을 향해 기울어져 있는 자라면, 비록 그가 풍성한 열매를 맺지 못하고, 열매 중 일부는 못 쓰게 되며, 때로는 겨울 나무 같을지라도, 그는 못된 열매를 맺지 않는다. 비록 그가 너희에게 마땅히 해야 할 모든 선을 행하지는 못한다고 하더라도, 그는 어떤 중요한 일에서 너희에게 해를 끼치지는 않을 것이다. 비록 그가 나쁜 행실을 바로잡지는 못한다고 하더라도, 그는 선한 행실을 타락시키지는 않을 것이다. 어떤 사람이 맺는 열매가 못된 열매라면, 즉 그의 성향이 마음과 말을 더럽히고 타락시키는 경향이 있고, 그의 말이 악하며, 그가 술주정뱅이이거나 간음하는 자이거나 욕을 잘 하는 자이거나 거짓말쟁이이고, 어떤 일에 있어서 불의하거나 천성을 거스르는 자이면, 그의 열매는 못된 열매이고, 너희는 그는 좋은 나무가 아니라고 확신해도 좋다. 못된 나무는 비록 푸른 잎을 낼 수는 있겠지만 좋은 열매를 맺지는 못한다. 왜냐하면, 가시나무에서 무화과를, 또는 찔레에서 포도를 따지 못하기 때문이다. 너희가 원한다면 가시나무에 무화과 열매들을 꽂아두고 찔레에 포도송이를 얹어둘 수 있지만, 그 열매들은 그 나무의 자연적인 산물이 아니고, 또한 그렇게 될 수도 없다. 마찬가지로, 너희는 악한 성품을 지닌 자들에게서 그 어떤 선한 행실도 기대할 수 없다. 열매가 좋으면, 너희는 그 나

무가 좋다고 결론을 내릴 수 있다. 행실이 거룩하고 한결같다면, 너희는 비록 그 마음을 속속들이 다 알 수는 없다고 할지라도, 그 마음이 하나님 앞에 올바른 마음일 것이라고 볼 수 있다. 왜냐하면, 나무는 각각 그 열매로 알기 때문이다. 그러나 악한 자는 악한 것을 말한다(사 32:6, 개역에서는 어리석은 자는 어리석은 것을 말하며). 이 점에서 오늘날의 사람들도 경험적으로 악은 악인에게서 난다(삼상 24:13)는 옛 속담에 동의한다.

2. 마음은 곳간이고, 말과 행위는 그 곳간에서 나오는 물건들이다(45절). 우리는 이 말씀을 마태복음 12:34-35에서 이미 살펴본 바 있다. 하나님과 그리스도의 사랑이 어떤 사람의 마음을 지배할 때에 그 사람은 선한 사람이다. 그리고 그 마음은 선이 쌓여 있는 곳간이고, 그는 거기에서 선을 낸다. 그러나 세상과 육체에 대한 사랑이 마음을 지배할 때에는 그 마음은 악이 쌓여 있는 곳간이고, 악한 자는 거기에서 끊임없이 악을 낸다. 항아리에서 떠서 그릇에 담아 보아야 그것이 물인지 포도주인지를 알 수 있듯이(요 2:8), 마음속에 무엇이 들어 있는지는 그것이 밖으로 나와보아야 알 수 있게 된다. 사람들은 마음에 가득한 것을 입으로 말함이니라. 사람들이 재미와 즐거움을 느끼면서 통상적으로 입으로 말하는 것들은 일반적으로 마음속 가장 깊은 곳에 있는 것들과 일치한다: 땅에서 난 이는 땅에 속하여 땅에 속한 것을 말하느니라(요 3:31). 선한 사람도 어쩌다 악한 말을 할 수 있고, 악한 자도 악한 목적을 위해서 선한 말을 할 수 있다. 하지만 대체로 마음은 말과 일치하기 때문에, 말이 헛되면 마음도 헛되고 말이 진실하면 마음도 진실하다. 그러므로 우리는 우리의 마음을 선으로 채울 뿐만 아니라 가득 채우는 데에 관심을 가져야 한다.

VIII. 그리스도의 말씀을 듣는 것만으로는 충분하지 않기 때문에, 우리는 말씀을 행하여야 한다. 그리스도의 종으로서 그와의 관계를 고백하는 것만으로는 충분하지 않기 때문에, 우리는 마음을 다해서 그리스도의 말씀에 순종하여야 한다.

1. 우리가 마음을 다해서 그리스도의 뜻에 순복하고 그의 나라를 섬기지도 않으면서, 마치 우리가 그의 명령을 전적으로 따르며 그를 섬기는 데에 우리 자신을 헌신이라도 하는 것처럼 그를 주여, 주여라고 부르는 것은 그리스도에 대한 모욕이다. 우리가 주여, 주여라는 소리를 입에 달고 다니면서도 우리 마음과 우리 눈이 보기에 좋은 대로 행한다면, 우리는 유대인의 왕이여, 평안할지어

다라고 비웃었던 자들과 마찬가지로 단지 그리스도를 조롱하고 있는 것이다. 그의 명령에 순종하지도 않으면서, 우리는 왜 기도하면서 주여, 주여라고 부르는 것인가(마 7:21-22을 참조하라)? 사람이 귀를 돌려 율법을 듣지 아니하면 그의 기도도 가증하니라(잠 28:9).

2. 우리가 단순히 형식적으로 신앙 고백을 하고서도 구원을 받으며 그리스도의 말씀을 듣고 행하지 않아도 천국에 갈 줄로 생각한다면, 그것은 우리 자신을 속이는 일이다. 그리스도께서는 이것을 비유로 설명해주시는데(47-49절), 이 비유는 다음과 같은 것들을 보여준다.

(1) 자기 영혼과 영원의 삶을 위해 확실한 집을 지어서 홍수 같은 시험이 올 때에 요동치 않고 견고하게 설 수 있는 자들은 제자로서 그리스도께 나아올 뿐만 아니라 그의 말씀을 듣고 행하여서 모든 것을 그의 거룩한 가르침의 정해진 규례를 따라서 생각하고 말하고 행동하는 자들이다. 그들은 반석 위에 지어진 집과 같다. 이런 자들은 신앙 생활에 수고하는 자들이다. 그들은 땅을 깊이 파서, 소망의 주추를 만세반석이신 그리스도 위에 놓는다(다른 주추를 놓아보았자 아무 소용이 없다). 이런 자들은 내세를 준비하는 자들이고, 최악의 경우를 대비하는 자들이며, 장래에 올 영원한 나라를 위하여 좋은 주추를 놓는 자들이다(딤전 6:19). 이렇게 행하는 자들이야말로 자신을 위해서 잘 하는 자들이다. 그 이유는 다음과 같다. [1] 그들은 시험과 박해의 때에도 온전한 신앙을 지킬 수 있다. 다른 사람들은 돌밭에 떨어진 씨앗처럼 실족하여 버릴 때에도, 그들은 주 안에 굳게 설 것이다. [2] 그들은 극심한 환난 가운데서도 위로와 평안과 소망과 기쁨을 유지할 수 있다. 환난의 광풍과 탁류에도 그들은 요동하지 않을 것이다. 왜냐하면, 그들의 발은 그런 것들보다 더 높은 반석, 반석을 딛고 있기 때문이다. [3] 그들에게는 영원한 복락이 확보되어 있다. 그들은 죽음과 심판에서도 안전하다. 순종하는 신자들은 믿음을 통해서 그리스도의 능력으로 말미암아 보호를 받고 구원에 이르게 되고, 결코 멸망하지 않을 것이다.

(2) 그리스도의 말씀을 단지 듣기만 할 뿐 말씀대로 살아가지도 않으면서 안심하고 있는 자들은 치명적인 실망만을 예비하고 있을 뿐이다: 듣고 행하지 아니하는 자(자신의 의무를 알지만 그 의무를 게을리하며 사는 자)는 주추없이 집을 지은 자와 같다. 그런 자는 아무런 근거도 없는 소망을 품고 즐거워하지만, 그의 소망은 그가 그 소망의 위로를 가장 필요로 하고 그 소망이 성취될 것

을 기대할 그 때에 그를 실망시킬 것이다. 탁류가 그의 집에 부딪치매, 집은 온데간데 없어져버렸다. 집이 서 있는 모래가 탁류에 떠내려가자, 집은 곧 무너져 버린 것이다. 위선자는 비록 많은 재물을 모았지만 하나님이 그의 영혼을 거두어 가실 때에 그의 소망이 이와 같다. 그의 소망은 거미줄과 같고(욥 8:14), 숨을 거두는 것과 같다(욥 11:20).

제 7 장

개요

이 장에는 다음과 같은 내용들이 나온다. I. 그리스도께서 앞 장에서 전하신 가르침을 두 가지 영광스러운 이적을 통해서 확증하심 — 백부장의 종을 멀리서 치유하신 이적(1-10절)과 나인 성 과부의 죽은 아들을 다시 살리신 이적(11-18절). II. 그리스도께서 세례 요한으로부터 받은 질문에 답하여 자신이 행한 이적들을 간략하게 설명하심으로써 옥에 갇혀 있는 세례 요한과 그의 몇몇 제자들의 믿음을 확증해 주시고(19-23절), 여기에 세례 요한에 대한 영예로운 증언, 요한과 그의 가르침에 경멸하였던 이 세대 사람들에 대한 의로운 책망을 덧붙이심(24-35절). III. 그리스도께서 죄를 슬퍼하며 눈물을 흘리면서 그에게 향유를 부은 가엾은 여자를 위로하시고, 그녀의 죄가 사함받았다고 확신시키시며, 그가 교만한 바리새인들의 트집에도 불구하고 그녀에게 은혜를 베푼 것은 옳은 일이었다고 말씀하심(36-50절).

[1]예수께서 모든 말씀을 백성에게 들려 주시기를 마치신 후에 가버나움으로 들어가시니라 [2]어떤 백부장의 사랑하는 종이 병들어 죽게 되었더니 [3]예수의 소문을 듣고 유대인의 장로 몇 사람을 예수께 보내어 오셔서 그 종을 구해 주시기를 청한지라 [4]이에 그들이 예수께 나아와 간절히 구하여 이르되 이 일을 하시는 것이 이 사람에게는 합당하니이다 [5]그가 우리 민족을 사랑하고 또한 우리를 위하여 회당을 지었나이다 하니 [6]예수께서 함께 가실새 이에 그 집이 멀지 아니하여 백부장이 벗들을 보내어 이르되 주여 수고하시지 마옵소서 내 집에 들어오심을 나는 감당하지 못하겠나이다 [7]그러므로 내가 주께 나아가기도 감당하지 못할 줄을 알았나이다 말씀만 하사 내 하인을 낫게 하소서 [8]나도 남의 수하에 든 사람이요 내 아래에도 병사가 있으니 이더러 가라 하면 가고 저더러 오라 하면 오고 내 종더러 이것을 하라 하면 하나이다 [9]예수께서 들으시고 그를 놀랍게 여겨 돌이키사 따르는 무리에게 이르시되 내가 너희에게 이르노니 이스라엘 중에서도 이만한 믿음은 만나보지 못하였노라 하시더라 [10]보내었던 사람들이 집으로 돌아가 보매 종이 이미 나아 있었더라

백부장의 종을 고친 이야기는 여기에 나오는 것과 마태복음 8:5 이하에 나오는 것 사이에 약간의 차이가 있다. 거기에서는 백부장이 그리스도께 온 것으로 되어 있지만, 여기에는 백부장이 처음에는 유대인의 장로 몇 사람을 보냈고(3절), 나중에는 벗들을 보낸 것으로 되어 있다(6절). 그러나 우리가 다른 사람을 보내서 한 일은 우리가 한 일이나 마찬가지(quod facimus per alium, id ipsum facere judicamur)라는 것이 관례이다. 마치 사람이 변호사를 통해서 그의 일을 하듯이, 백부장은 대리인들을 보내서 그의 일을 했다고 할 수 있다. 그러나 백부장은 결국 직접 그리스도께 왔을 가능성이 크고, 그리스도께서는 그에게 네 믿은 대로 될지어다(마 8:13)라고 말씀하셨다. 여기에서는 우리 주 예수께서 모든 말씀을 백성에게 들려 주시기를 마치신 후에 이 이적을 행하신 것이라고 말한다(1절). 그리스도께서는 공개적으로 말씀하셨다. 누구든지 그에게 와서 말씀을 들을 수 있었다: 내가 은밀하게는 아무것도 말하지 아니하였다(요 18:20). 이제 그는 그의 설교의 말씀이 권세가 있다는 것에 대하여 아무도 부정하지 못할 증거를 제시하기 위하여 그의 치유의 말씀이 능력과 효력이 있다는 반박할 수 없는 증거를 여기에서 제시하신다. 자연의 나라에서 질병들을 명하여 물리치실 수 있는 절대적인 지배권을 지니신 분이라면 은혜의 나라에서 사람들에게 혈과 육이 싫어하는 의무들을 명하시고 최고의 형벌을 조건으로 내걸어서 준수하게 하실 수 있는 주권을 지니고 계시다는 것은 의심의 여지가 없다. 이 이적은 가버나움에서 행해졌는데, 그리스도의 권능의 역사(役事)들 중 대부분은 가버나움에서 행하여졌다(마 11:23). 좀 더 살펴보자.

I. 백부장의 병든 종은 백부장의 사랑하는 종이었다(2절). 이 종이 부지런함과 신실함으로 주인과 그의 소유를 마치 자기 자신과 자신의 소유에 대하여 하듯이 함으로써 주인의 총애를 입게 된 것은 종이 칭찬받을 만한 일이었다. 종들은 주인에게 **사랑받는** 존재가 되도록 애써야 한다. 마찬가지로, 이 주인이 좋은 종을 두게 되었을 때에 그를 소중히 여길 줄 안 것은 주인이 칭찬받을 만한 일이었다. 오만하고 거만한 많은 주인들은 아주 좋은 종들을 욕하고 때리고 잔인하게 다루지 않는 것만으로도 충분히 은혜를 베푼 것이라고 생각한다. 하지만 주인들은 마땅히 그런 종들에게 인자하고 온유하며 그 종들이 복과 낙을 누리도록 애써야 한다.

II. 백부장은 예수의 소문을 듣고, 그에게 부탁해 보기로 마음을 먹었다

(3절). 　주인들은 병든 종들을 방치하지 말고 각별히 돌보아야 한다. 백부장은 그리스도께서 오셔서 그의 종을 구해 주시기를 간청하였다. 가족 중에 누가 병들었을 때, 오늘날 우리는 신실하고 열렬한 기도를 통해서 하늘에 계신 그리스도께 간청할 수 있고, 또한 그렇게 하여야 한다. 왜냐하면, 그리스도는 여전히 위대한 의사이시기 때문이다.

　III. 백부장은 자기가 직접 올 수도 있었지만 자기는 할례받지 않은 이방인이어서 선지자이신 그리스도께서 자기와 대화를 나누는 것을 탐탁지 않게 여기실 것이기 때문에 유대인의 장로들을 보내는 것이 그리스도를 더 존중하는 것이 되리라고 생각해서 **유대인의 장로 몇 사람을 그리스도께 보내어 사정을 설명드리고 자기를 위하여 간청하게 하였다.** 　이런 이유로 백부장은 유대인들이 하나님의 총애를 받는 자들이라는 것을 인정하고서 유대인들을 보냈는데, 그것도 평범한 유대인들이 아니라 권세 있는 자들이었던 유대인의 장로들을 보냈다. 이렇게 신분이 높은 사자들을 보냄으로써 백부장은 그리스도께 최대한의 경의를 표하고자 하였던 것이다. 모압 왕 발락은 선지자 발람에게 장로들을 사자로 보내었다.

　IV. 유대인의 장로들은 백부장을 위하여 진심으로 그리스도께 간청하였다: 그들이 예수께 나아와 간절히 구하였다(4절). 　그들은 백부장이라면 꺼내지 않았을 말을 들먹이면서 이 일을 하시는 것이 이 사람에게는 합당하니이다라고 말하며 그리스도께 간절히 청하였다. 이것은 이방인들 중에서 이런 은혜를 받을 자격이 있는 자가 있다면, 그 사람은 바로 백부장이라는 말이었다. 백부장은 내 집에 들어오심을 나는 감당하지 못하겠다(마 8:8)고 말했지만, 유대인의 장로들은 그가 병 고침을 받기에 합당한 자라고 생각하였다. 이와 같이 마음이 겸손하면 영예를 얻으리라. 타인이 너를 칭찬하게 하고 네 입으로는 하지 말라. 그들이 특히 내세웠던 것은 백부장이 비록 이방인이었지만 유대 민족과 종교가 잘 되기를 진심으로 바랐다는 것이었다(5절). 그들은 이방인이자 로마인으로서 군관이었던 백부장에 대한 편견을 제거할 필요성이 그들에게와 마찬가지로 그리스도께도 있다고 생각하였기 때문에, 이런 말을 한 것이었다. 1. 백부장은 유대 백성에게 애정을 갖고 있다는 것: 그가 우리 민족을 사랑한다(이방인들 중에는 이런 사람이 거의 없었다). 아마도 그는 구약성경을 읽었을 것이기 때문에, 다른 어느 족속보다도 하나님의 은혜를 비할 바 없이 많이 입은 유대 민족에 대한 대단한 경의(敬意)를 품게 되었을 것이다. 정복자들과 권세자들일지라도 피정복민과 피지배민에게 애정을 지녀야 마땅하다는 것을 명심하라.

2. 백부장은 유대 백성의 예배에 애정을 갖고 있다는 것: 그는 기존의 회당이 많이 낡았거나 사람들을 다 수용하기에 비좁은데도 주민들에게는 새로운 회당을 지을 만한 여력이 없다는 것을 알고서, 가버나움에 그들을 위하여 새로운 회당을 지어 주었다. 이 일을 통해서 그는 그가 이스라엘의 하나님을 경외한다는 것, 하나님이 유일하게 살아계시고 참되신 한 분 하나님임을 믿는다는 것, 다리우스 왕처럼 하나님의 백성 이스라엘의 기도를 통해서 유익을 얻고자 한다는 것(스 6:10)을 입증하였다. 백부장은 자비를 들여서 회당을 건축하였고, 수비대 소속의 군사들을 빈둥거리지 않도록 하기 위해서 이 일에 동원하였을 것이다. 예배당을 짓는 일은 매우 선한 일로서 하나님과 그의 백성에 대한 사랑을 보여주는 일이다. 그런 유의 선한 일들을 하는 이들은 배나 존경할 자들이다.

V. 예수는 그리스도는 백부장에게 기꺼이 자비를 베풀고자 하셨다. 비록 백부장은 이방인이었지만, 그리스도께서는 곧 그들과 함께 가셨다(6절). 하나님은 다만 유대인의 하나님이시나 또한 이방인의 하나님은 아니시나 진실로 이방인의 하나님도 되시기(롬 3:29) 때문이었다. 백부장은 자기가 그리스도를 직접 찾아올 자격조차 없는 자라고 생각하였지만(7절), 그리스도께서는 그를 찾아가 볼 가치가 있는 사람이라고 생각하셨다. 스스로 낮추는 자는 높아지는 법이기 때문이다.

VI. 백부장은 그리스도께서 황송하게도 자기 집으로 오고 계시다는 말을 듣자 그의 겸손과 믿음에 대한 추가적인 증거들을 보여주었다. 이렇게 성도에게 주어진 은혜들은 그리스도께서 그들에게 가까이 오심으로써 일깨워진다. 그리스도께서 그 집으로부터 멀지 아니하였을 때, 백부장은 기별을 받고서는 집을 정돈하여 그리스도를 영접할 준비를 한 것이 아니라 벗들을 보내어 다음과 같은 것들을 드러내주는 놀라운 전언(傳言)으로 그를 맞이한다.

1. 백부장의 겸손: "주여, 수고하시지 마옵소서. 나는 이방인이기 때문에 그러한 영예를 받을 가치가 없나이다." 이 말은 그가 신분이 높은 인물이었음에도 불구하고 스스로를 낮게 생각하였다는 것을 보여줄 뿐만 아니라, 그리스도의 신분이 이 세상에서 비천함에도 불구하고 그리스도를 높게 생각하였다는 것

을 보여준다. 백부장은 그리스도께서 사람들로부터 멸시와 배척을 받으셨지만 하나님의 선지자를 존귀하게 여겨야 한다는 것을 알고 있었다.

2. 백부장의 믿음: "주여, 수고하지 마옵소서. 주께서 그러실 필요가 없다는 것을 내가 아나이다. 주께서는 내 집에 들어오시지 않고서도, 무슨 계획이든지 못 이루실 것이 없는 전능하신 능력으로써 내 종을 낫게 하실 수 있나이다. 말씀만 하사 내 하인을 낫게 하소서." 백부장의 생각은 그가 내게로 나와 서서 그의 손을 그 부위 위에 흔들어 나병을 고칠 것으로 생각하였던(왕하 5:11) 나아만의 망상과는 거리가 멀었다. 백부장은 자신의 직업에서 가져온 한 가지 비유를 통해서 자신의 믿음을 설명하면서, 자기가 병사들에게 쉽게 명령을 내릴 수 있는 것과 마찬가지로 그리스도께서도 질병에게 명령을 내려서 쉽게 쫓아내실 수 있고, 자기가 병사에게 심부름을 보낼 수 있는 것과 마찬가지로 그리스도께서도 천사를 시켜서 자기의 하인을 쉽게 고치실 수 있다는 것을 확신하였다(8절). 그리스도께서는 모든 피조물과 그들의 모든 행위들을 주관하시는 주권적인 능력이 있으시고, 원하신다면 자연의 운행도 바꾸실 수 있으며, 자연의 혼돈을 바로잡으시며 사람의 몸의 이상(異常)도 회복시키실 수 있다. 하늘과 땅의 모든 권세가 그에게 주어져 있기 때문이다.

VII. 우리 주 예수께서는 백부장의 믿음을 기이히 여기시며 아주 기뻐하셨고, 그가 이방인이라는 사실에 더욱 놀라워하셨다. 백부장의 믿음이 이렇게 그리스도를 존귀하게 하였을 때, 어떻게 그리스도께서 그 믿음을 존귀하게 하셨는지를 보라(9절): 그는 놀라움을 금치 못하시고, 돌이키사, 따르는 무리에게 이르시되, 내가 너희에게 이르노니 이스라엘 중에서도 이만한 믿음은 만나보지 못하였노라 하시더라. 그리스도께서는 그를 따르는 자들에게 종종 그들 앞에서 벌어진 놀라운 믿음의 본보기들 — 특히, 직업적으로 그리스도를 따르는 자들만큼 그렇게 열심히 따르지 않는 자들 가운데서 그런 본보기가 발견될 때 — 을 주목하게 하시고 그 믿음을 환기시켜 주시는데, 이것은 우리로 하여금 그들의 강한 믿음에 견주어서 우리의 약하고 요동하는 믿음을 부끄러워하게 하기 위한 것이다.

VIII. 치유는 즉각적이고 온전하게 수행되었다(10절). 백부장에 의해서 보내심을 받은 자들은 그들의 임무를 다 했음을 알고 돌아갔는데, 백부장의 하인은 이미 나아 있었고 병의 흔적은 전혀 남아 있지 않았다. 그리스도께서는 불쌍한 종들의 고생하는 처지를 잘 아시기 때문에 그들을 기꺼이 구원할 준비가 되어 계신다. 그에게는 사람을 외모로 취하는 일이 없으시기 때문이다. 또한 이방인들이라고 하여서 그의 은혜의 유익으로부터 배제되지 않는다. 백부장의 믿음은 장차 복음이 선포될 때에 유대인들에게서보다 이방인들에게서 발견될 훨씬 더 큰 믿음의 한 표본이었다.

[11]그 후에 예수께서 나인이란 성으로 가실새 제자와 많은 무리가 동행하더니 [12]성문에 가까이 이르실 때에 사람들이 한 죽은 자를 메고 나오니 이는 한 어머니의 독자요 그의 어머니는 과부라 그 성의 많은 사람도 그와 함께 나오거늘 [13]주께서 과부를 보시고 불쌍히 여기사 울지 말라 하시고 [14]가까이 가서 그 관에 손을 대시니 멘 자들이 서는지라 예수께서 이르시되 청년아 내가 네게 말하노니 일어나라 하시매 [15]죽었던 자가 일어나 앉고 말도 하거늘 예수께서 그를 어머니에게 주시니 [16]모든 사람이 두려워하며 하나님께 영광을 돌려 이르되 큰 선지자가 우리 가운데 일어나셨다 하고 또 하나님께서 자기 백성을 돌보셨다 하더라 [17]예수께 대한 이 소문이 온 유대와 사방에 두루 퍼지니라 [18]요한의 제자들이 이 모든 일을 그에게 알리니

이 단락에는 그리스도께서 나인성 과부의 죽은 아들, 즉 죽어서 장사 지내기 위하여 운구 중에 있던 아들을 다시 살리신 사건에 관한 이야기가 나온다. 마태와 마가는 이 이야기를 언급하지 않았다. 다만, 마태는 세례 요한의 제자들에게 대답하시면서 죽은 자가 살아났다(마 11:5)고 말씀하셨다고 기록함으로써 이 사건을 간접적으로 언급하였다. 좀 더 자세하게 살펴보자.

Ⅰ. **이 이적은 언제 어디에서 행하여졌는가?** 때는 그리스도께서 백부장의 종을 고치신 그 다음 날(개역에서는 그 후에)이었다(11절). 그리스도께서는 날마다 선을 베풀고 계셨고, 하루라도 허비할 수 없으셨다. 이 이적은 가버나움에서 멀지 않은 나인이라 불린 작은 성읍의 성문 앞에서 행하여졌는데, 이 성읍은 제롬(Jerome)이 말한 나이스(Nais)라는 성읍인 것 같다.

Ⅱ. **이 이적의 목격자들은 누구였는가?** 이 이적은 성문 안이나 근처에서 마주친 두 무리가 보는 앞에서 행해졌기 때문에 그 사실성이 확실하게 입증될 수 있다. 한 무리는 그리스도를 따르는 제자들과 많은 사람들(개역에서는 많은 무리)이었고(11절), 다른 한 무리는 젊은이의 장례식에 참석한 친지들과 이웃

들이었다(12절). 이와 같이 현장에는 이 이적의 사실성을 입증하기에 충분한 수의 사람들이 있었다. 이 이적은 그리스도가 지닌 치유의 능력보다도 그가 지닌 신적인 권위를 증명해주는 사건이었다. 왜냐하면, 자연의 힘 또는 그 밖의 어떤 수단으로도 죽은 자를 다시 살리는 일은 불가능하기 때문이다.

Ⅲ. 우리 주 예수께서는 이 이적을 어떻게 행하셨는가?

1. 그리스도께서 다시 살리신 사람은 꽃을 피워보기도 전에 요절한 청년이었는데, 이것은 흔한 일이었다. 사람은 꽃과 같이 자라나서 시든다. 이 청년이 정말 죽었다는 것은 누구나 인정하였다. 이 일에 공모(共謀)란 있을 수 없었다. 왜냐하면, 그리스도께서는 성으로 들어가고(개역에서는 성으로 가실새) 계셨고, 관에 실려서 운구되어 나오는 그 청년을 이전에는 본 적도 없으셨기 때문이다. 청년은 성 밖으로 운구되고 있었다. 유대인들의 매장지는 성읍 밖에 있었고, 성에서 다소 떨어져 있었기 때문이다. 이 청년은 한 어머니의 독자였고, 그의 어머니는 과부였다. 이 어머니는 청년을 노년의 지팡이로 삼아서 의지하였지만, 청년은 결국 상한 갈대임이 드러났다. 사람은 다 어떤 나이와 처지에 있든지 간에 상한 갈대에 지나지 않는다. 이 세상에서 환난당하는 자들이 받는 환난은 얼마나 많고 다양하며 비참한가! 세상은 눈물 골짜기가 아니던가! 세상은 애곡하는 장소가 아니던가! 독자를 잃어버린 이 가엾은 어머니의 슬픔이 얼마나 컸으리라는 것은 우리가 충분히 짐작할 수 있다(독자를 잃어버린 슬픔은 가장 큰 슬픔을 표현하는 데에 사용된다, 슥 12:10). 설상가상으로 그녀가 과부였다는 점에서 슬픔은 더 깊었다. 그녀의 사는 낙은 완전히 끝장이 났다. 그 성의 많은 사람도 그녀와 함께 나오면서 그녀의 상실감을 달래주고 그녀를 위로하였다.

2. 그리스도께서는 청년을 다시 살리심으로써 그의 긍휼과 능력을 보이셨다. 이것은 인간의 구속사에서 찬란하게 빛나는 두 가지의 것의 표본을 보여주시기 위한 것이었다.

(1) 환난당하는 자들에 대한 그의 긍휼이 얼마나 따스한지를 보라(13절): 주께서 아들의 운구 행렬을 따라서 무덤으로 갖고 있던 가엾은 과부를 보시고 불쌍히 여기셨다. 여기서 그리스도께서는 그녀를 위해서 몇 마디 위로의 말씀을 해달라는 요청조차 받지 않으셨지만, 순전히 그의 선한 본성으로 인해서(ex mero motu) 그녀를 보자 마음이 몹시 아프셨다. 사정이 딱하였고, 그는 이 모

습을 연민의 마음으로 바라보셨다. 그의 눈이 그의 마음을 움직였다. 그래서 그는 그녀에게 울지 말라고 하셨다. 그리스도께서는 애통해하는 자들, 불쌍한 자들에게 관심을 가지셔서, 흔히 그의 선하심의 축복으로 그들을 보호하신다는 것을 명심하라. 그는 그의 사랑과 그의 자비로(사 63:9) 우리를 구속하시고 구원하시는 일을 담당하셨다. 주 예수의 긍휼하심과 한량없는 자비하심을 생각하면, 우리는 한없이 기뻐지고, 그것은 우리가 슬픔에 잠겨 있을 때에 큰 위로가 된다. 가엾은 과부들은 슬픈 일을 만날 때마다 그리스도께서 그들을 불쌍히 여기시고 그들의 역경을 아신다는 사실을 위로로 삼아야 한다. 다른 사람들은 그들의 슬픔을 무시할지 모르지만, 그리스도께서는 그렇지 않으시다. 그는 과부에게 울지 말라고 하셨다. 그는 울지 않아도 될 이유 — 어느 누구도 제시할 수 없는 이유 — 를 과부에게 제시할 수 있으셨다: "죽은 아들 때문에 울지 말라. 그는 곧 산 자가 될 것이다." 이것은 이 과부의 경우에만 해당된 특별한 이유였다. 그렇지만 예수 안에서 잠자는 모든 자들에게 해당되는 이유, 그들의 죽음에 대하여 터무니없이 과도하게 슬퍼하지 않아야 될 이유가 존재한다 — 그들은 다시 살아날 것이고 영광 중에 살아나리라는 것. 그러므로 우리는 소망 없는 다른 이와 같이 슬퍼하지 않아야 한다(살전 4:13). 그 자식을 위하여 애곡하는 라헬은 눈물을 멈추어야 한다. 왜냐하면, 너의 장래에 소망이 있을 것이라 너의 자녀가 자기들의 지경으로 돌아오리라고 여호와께서 말씀하셨기 때문이다(렘 31:17). 그러므로 그러한 때에 우리는 우리의 격정(passion)을 억제하고 그리스도께서 우리를 불쌍히 여기신다는 것(compassion)을 생각하고 진정하여야 한다.

(2) 그의 명령이 죽음조차도 이기는 것을 보라(14절): 그는 가까이 가서 청년의 시체가 들어 있던 관 또는 관대(棺臺)에 손을 대셨다. 왜냐하면, 그런 행위가 그를 더럽히지 못하였을 것이기 때문이다. 이렇게 손을 대심으로써 그는 관을 멘 자들에게 앞으로 더 나아가지 말라는 뜻을 표시하였다. 그에게는 죽은 청년에게 하실 말씀이 있었다. 그를 건져서 구덩이에 내려가지 않게 하라 내가 대속물을 얻었다(욥 33:24). 그러자 관을 멘 자들이 섰다. 아마도 그들은 어깨에 멘 관을 땅에 내려놓고, 관을 열었을 것이다. 그리스도께서는 사망에서 벗어나게 하는 권세를 지닌 자로서 엄숙하게 청년아 내가 네게 말하노니 일어나라고 말씀하셨다. 청년은 죽은 상태였기 때문에, 스스로의 힘으로는 일어날 수 없었

다(죄와 허물로 인하여 영적으로 죽은 자들도 마찬가지이다). 그렇지만 그리스도의 말씀에는 청년에게 생명을 주는 능력이 수반되었기 때문에, 그리스도께서 청년에게 일어나라고 명하신 것은 터무니없는 일이 아니었다. 모든 사람, 특히 청년들에 대한 복음의 부르심은 "일어나라, 죽은 자 중에서 일어나라. 그리스도께서 너희에게 빛과 생명을 주시리라"는 것이다. 그리스도께서 죽음을 지배하신다는 것은 그의 말씀이 즉각적으로 효력을 발휘한 것에 의해서 증명되었다: 죽었던 자가 일어났다(15절). 우리가 그리스도에게서 은혜를 받았는가? 우리에게 그 증거를 보여라. 청년이 살아났다는 것을 보여주는 또 하나의 증거는 그가 말하기 시작하였다는 것이다. 왜냐하면, 그리스도께서는 우리에게 영적인 생명을 주실 때마다 우리의 입술을 여서서 우리로 하여금 기도하고 찬양하게 하기 때문이다. 끝으로, 그리스도께서는 그로 인해서 새 생명을 얻은 이 청년을 승리의 트로피나 전리품으로 삼아서 데리고 다님으로써 영광을 얻고자 하지 않으셨고, 청년을 그의 제자가 되어서 그를 따라다니며 수종들어야 한다는 의무를 지우시지도 않으셨다(청년의 생명의 은인이었음에도). 그리스도께서는 어머니를 봉양하는 효자가 되도록 그를 어머니에게 주셨다. 왜냐하면, 그리스도의 이적들은 긍휼하심의 이적들이었고, 이번의 큰 긍휼하심의 이적은 과부를 위한 것이었기 때문이다. 이제 그녀는 고통을 당한 만큼, 아니 그것보다 훨씬 더 많이 위로를 받았다. 그녀는 이제 이 아들을 하나님께서 특별히 은혜를 베푸신 자로서 이전보다 더 기쁜 마음으로 바라볼 수 있게 되었기 때문이다.

IV. 이 이적은 사람들에게 어떤 영향을 주었는가(16절)? 두려움이 모든 사람에게 임하였다(개역에서는 모든 사람이 두려워하며). 죽었던 사람이 어떤 사람의 명령으로 대로상에서 살아서 관에서 나오는 모습을 보고, 사람들은 모두 겁에 질려서 두려움에 휩싸이게 되었다. 사람들은 모두 이 이적을 보고 놀라며 하나님께 영광을 돌렸다. 우리는 주님과 그의 크심뿐만 아니라 주님과 그의 선하심도 두려워하여야 한다. 이 일에서 그들이 얻은 결론은 이런 것이었다: "큰 선지자, 우리가 오랫동안 기다려 왔던 큰 선지자가 우리 가운데 일어나셨다. 이와 같이 죽은 자에게 생명을 불어넣으실 수 있는 자는 하나님의 영감을 받은 자임에 틀림없다. 우리가 기대하였던 대로, 하나님은 이 선지자를 보내어 그 백성을 돌보사 속량하셨다"(눅 1:68). 이것은 이스라엘의 위로를 기나

렸던 그들 모두에게 진실로 죽은 자 가운데서 살아난 것이었을 것이다. 이렇게 죽은 영혼들이 복음에 수반된 하나님의 능력으로 말미암아 영적인 생명으로 다시 살아날 때, 우리는 하나님께 영광을 돌리고, 그 일을 하나님께서 자기 백성을 은혜 가운데서 돌아보신 것으로 여겨야 한다.

1. 이 이적에 관한 소문은 전국에 퍼져나갔다(17절): 예수께 대한 이 소문, 그가 큰 선지자라는 소문이 아주 멀리 떨어진 온 유대와 온 갈릴리 사방에 두루 퍼져서 그의 명성이 자자하게 되었다. 대부분의 사람들이 그리스도에 관한 소문을 들었지만, 그를 믿고 그에게 헌신하는 자는 별로 없었다. 많은 사람들이 그들의 귀로 그리스도의 복음에 관한 소문을 듣지만, 그들의 영혼으로 향기를 향유하지는 않는다.

2. 특히, 이 이적에 관한 소문은 감옥에 갇혀 있던 세례 요한에게 자세히 전해졌다(18절): 요한의 제자들이 와서 이 모든 일을 그에게 알렸는데, 이것은 요한으로 하여금 그는 비록 매여 있지만 주의 말씀은 매이지 아니한다는 것을 알게 하기 위한 것이었다. 세례 요한은 일하지 못하게 되었지만, 하나님의 일은 계속되고 있었다.

[19]요한이 그 제자 중 둘을 불러 주께 보내어 이르되 오실 그이가 당신이오니이까 우리가 다른 이를 기다리오리이까 하라 하매 [20]그들이 예수께 나아가 이르되 세례 요한이 우리를 보내어 당신께 여쭈어 보라고 하기를 오실 그이가 당신이오니이까 우리가 다른 이를 기다리오리이까 하더이다 하니 [21]마침 그 때에 예수께서 질병과 고통과 및 악귀 들린 자를 많이 고치시며 또 많은 맹인을 보게 하신지라 [22]예수께서 대답하여 이르시되 너희가 가서 보고 들은 것을 요한에게 알리되 맹인이 보며 못 걷는 사람이 걸으며 나병환자가 깨끗함을 받으며 귀먹은 사람이 들으며 죽은 자가 살아나며 가난한 자에게 복음이 전파된다 하라 [23]누구든지 나로 말미암아 실족하지 아니하는 자는 복이 있도다 하시니라 [24]요한이 보낸 자가 떠난 후에 예수께서 무리에게 요한에 대하여 말씀하시되 너희가 무엇을 보려고 광야에 나갔더냐 바람에 흔들리는 갈대냐 [25]그러면 너희가 무엇을 보려고 나갔더냐 부드러운 옷 입은 사람이냐 보라 화려한 옷을 입고 사치하게 지내는 자는 왕궁에 있느니라 [26]그러면 너희가 무엇을 보려고 나갔더냐 선지자냐 옳다 내가 너희에게 이르노니 선지자보다도 훌륭한 자니라 [27]기록된 바 보라 내가 내 사자를 네 앞에 보내노니 그가 네 앞에서 네

길을 준비하리라 한 것이 이 사람에 대한 말씀이라 ²⁸내가 너희에게 말하노니 여자가 낳은 자 중에 요한보다 큰 자가 없도다 그러나 하나님의 나라에서는 극히 작은 자라도 그보다 크니라 하시니 ²⁹모든 백성과 세리들은 이미 요한의 세례를 받은지라 이 말씀을 듣고 하나님을 의롭다 하되 ³⁰바리새인과 율법교사들은 그의 세례를 받지 아니함으로 그들 자신을 위한 하나님의 뜻을 저버리니라 ³¹또 이르시되 이 세대의 사람을 무엇으로 비유할까 무엇과 같은가 ³²비유하건대 아이들이 장터에 앉아 서로 불러 이르되 우리가 너희를 향하여 피리를 불어도 너희가 춤추지 않고 우리가 곡하여도 너희가 울지 아니하였다 함과 같도다 ³³세례 요한이 와서 떡도 먹지 아니하며 포도주도 마시지 아니하매 너희 말이 귀신이 들렸다 하더니 ³⁴인자는 와서 먹고 마시매 너희 말이 보라 먹기를 탐하고 포도주를 즐기는 사람이요 세리와 죄인의 친구로다 하니 ³⁵지혜는 자기의 모든 자녀로 인하여 옳다 함을 얻느니라

요한이 사람을 보내서 예수가 메시야인지 아닌지를 물은 데서 촉발된 세례 요한에 관한 이 모든 말씀은 마태복음 11:2-19에도 대체로 비슷한 내용으로 나왔었다.

I. 여기에는 세례 요한이 그리스도에게 보낸 메시지와 그리스도께서 요한에게 보낸 답변이 나온다. 좀 더 살펴보자.

1. 우리가 그리스도에 관하여 물어보아야 할 중요한 일은 그가 죄인들을 구속하고 구원하기 위하여 오시기로 되어 있던 분인지, 아니면 우리가 다른 분을 찾아보아야 하는 것인지 하는 것이다(19-20절). 우리는 하나님이 구주, 곧 기름 부음 받은 구주를 보내시겠다고 하신 약속을 믿고, 또한 하나님은 그가 약속하신 일을 때가 되면 이루신다는 것을 믿는다. 이 예수가 하나님이 약속하신 메시야라면, 우리는 그를 영접하고 다른 이를 찾지 않을 것이다. 그러나 그렇지 않다면, 우리는 계속해서 메시야에 대한 기대를 품고, 비록 지체되더라도 그를 기다릴 것이다.

2. 세례 요한 또는 적어도 그의 제자들은 이 문제에 있어서 그들의 믿음을 확증받고자 하였다. 왜냐하면, 그리스도께서는 아직 자기가 그리스도라는 것을 공적으로 선언하지 않았을 뿐만 아니라, 그가 그리스도라는 것을 알고 있던 그의 제자들에게 그가 그리스도라는 것이 부활을 통해서 온전히 증명될 때까지는 그것을 말하지 말라고 했기 때문이다. 유대교의 지도자들은 그를 인정

하지 않았고, 그는 그의 조상 다윗의 위(位)에 앉는 일에 전혀 관심을 보이지 않았다. 사람들이 메시야에게서 기대하였던 권력이라든가 위세 같은 것은 그에게서 찾아볼 수 없었다. 그러므로 요한의 제자들이 오실 그이가 당신이오니이까라고 물은 것은 전혀 이상한 일이 아니었다. 그들은 예수께서 메시야가 아니라면 그들에게 다른 누구를 기다리라고 말해주리라는 것을 의심하지 않았다.

3. 그리스도께서는 자기에 대한 칭찬과 자기가 누구인지에 대한 판단과 그 증명하는 일을 그가 행하신 일들에 비추어서 행하도록 맡기셨다. 요한의 사자들이 그와 함께 있었을 때, 마침 그 때에 그리스도께서는 많은 이적적인 치유들을 행하셨다. 마침 그 때에(원어로는 마침 그 시간에)라는 표현은 그들이 그와 함께 있은지 한 시간 정도밖에 되지 않았다는 것을 암시해준다. 그렇다면, 그리스도께서는 짧은 시간 동안 얼마나 많은 일을 하신 것인가! 그는 몸의 질병과 고통, 마음을 미치게 하고 우울하게 만드는 악귀가 들린 자를 많이 고치시며 또 많은 맹인을 보게 하셨다(21절). 그는 많은 자들을 치유하셨기 때문에, 속임수로 의심할 수 있는 여지는 없었다. 그런 후에 그는 요한의 제자들에게 너희가 가서 보고 들은 것을 요한에게 알리라고 명하셨다(22절). 많은 무리들이 그리스도께서 오실지라도 그 행하실 표적이 이 사람이 행한 것보다 더 많으랴(요 7:31)고 말했던 것처럼, 세례 요한과 그의 제자들도 그와 같은 추론을 쉽게 할 수 있을 것이었다. 요한의 제자들이 본 예수의 치유 이적들은 그의 사명을 확증해줄 뿐만 아니라 그 사명을 설명해주는 것이기도 하였다. 메시야가 오셔야 하는 것은 병든 세상을 치유하고 흑암에 앉은 자들에게 빛과 광명을 주며 악한 영들을 제압하고 정복해야 하기 때문이다. 너희는 예수께서 백성들의 몸에 이런 일을 행하시는 것을 보았으므로, 백성들의 영혼에 이런 일을 행하러 오시기로 되어 있던 분이 바로 예수라고 결론을 내리고, 다른 이를 기다리지 않아야 한다. 예수는 자연계에서 베푼 그의 이적들에다 가난한 자에게 복음이 전파된다는 은혜의 영역에서의 이적을 덧붙이신다(22절). 요한의 제자들도 메시야가 이런 일을 행하기로 되어 있다는 것을 알고 있었다. 왜냐하면, 메시야는 가난한 자에게 아름다운 소식을 전하게 하시고(사 61:1) 가난한 자와 궁핍한 자의 생명을 구원하게 하기 위하여(시 72:13) 기름 부음을 받은 자이기 때문이다. 그러므로 너희가 과연 메시야의 특성과 그가 오시는 주된 이유에 더 부합되는 다른

이를 찾을 수 있는지의 여부를 스스로 판단하라.

4. 그리스도께서는 자기가 메시야라는 증거가 이토록 명백한 데도 불구하고 백성들이 자기에게 편견을 품을 위험성이 있다는 것을 요한의 제자들에게 암시하였다: 누구든지 나로 말미암아 실족하지 아니하는 자, 즉 나로 인하여 걸려 넘어지지 않는 자는 복이 있도다(23절). 이 땅에서 우리는 시험(試驗)과 실습 과정에 있다. 이러한 과정 속에 정직하고 사심 없이 진리를 추구하는 자들에게 진리를 확증해 주기에 충분한 변론들이 있어서 그들의 마음이 진리를 받아들일 수 있게 되는 것과 마찬가지로, 진리에 별 관심이 없고 세상적이며 육욕적인 자들이 진리를 볼 수 없도록 진리를 흐릿하게 만드는 반론들도 존재한다는 것은 너무도 당연한 일이다. 그리스도께서 나사렛에서 교육을 받으셨다는 것, 갈릴리에 거주하셨다는 것, 그의 가족과 친척이 비천하였다는 것, 그의 가난, 그를 따르는 자들이 보잘것없는 자들이었다는 것 ― 이와 같은 것들은 많은 사람들에게 걸림돌로 작용하여서, 그가 행한 모든 이적들을 보고서도 그들은 이 걸림돌을 극복할 수 없었다. 이러한 선입견들에 사로잡히지 않는 자는 복이 있다. 그는 지혜롭고 겸손하며 좋은 성품을 지닌 자이기 때문이다. 그것은 하나님이 그를 축복하셨다는 것을 보여주는 표시이다. 그는 하나님의 은혜로 말미암아 도움을 입어서 이러한 걸림돌들을 극복한 것이기 때문이다. 그런 자는 그리스도 안에서 참으로 복이 있을 것이다.

II. 여기에는 그리스도께서 세례 요한을 극찬하신 말씀이 나온다. 그가 요한의 사자들이 함께 있었을 때에는 아무 말도 안 하시다가(아첨하는 것으로 보이지 않기 위하여) 요한이 보낸 자들이 떠난 후에(24절) 이 말씀을 하신 것은 백성들에게 요한의 사역으로 말미암아 그들이 유익을 누렸고 그의 투옥으로 그 유익을 박탈당했다는 것을 알게 하기 위한 것이었다. 사람들은 이제 그들이 무엇을 보려고 광야에 나갔는지를 깊이 생각해 보아야 하고, 그들에게 많은 말을 해주었고 큰 놀라움을 불러일으켰던 세례 요한이 과연 어떤 사람이었는지를 생각해 보아야 한다. 그리스도께서는 "자, 내가 너희에게 말해주리라"고 말씀하신다.

1. 요한은 흔들리지 않는 확고부동함을 지닌 자였고 변함없이 한결같은 자였다. 그는 바람에 흔들리는 갈대, 바람이 불 때마다 이리저리 휩쓸리는 그런 자가 아니었다. 그는 갈대처럼 변덕스러운 자가 아니라 반석처럼 견고한 자였

다. 만약 그가 갈대처럼 헤롯에게 머리를 숙이고 궁중의 환심을 사고자 했다면, 그는 거기에서 헤롯 왕이 총애하는 신하가 될 수 있었을 것이다. 그러나 이런 것들은 그 어느 것도 그를 움직일 수 없었다.

2. 요한은 유례 없는 자기 부인의 사람이었고, 세상을 멸시함과 금욕의 위대한 본을 보여준 자였다. 그는 부드러운 옷 입은 사람이 아니었고, 사치하게 살지도 않았다(25절). 반대로, 그는 광야에서 지내면서 광야에서 나는 것으로 의식주를 해결하였다. 그는 몸을 치장하고 몸이 하자는 대로 그 욕망을 채워주는 대신에, 몸을 쳐서 복종시켰다.

3. 요한은 선지자였고, 사람에게서가 아니라 하나님에게서 직접 그의 사명과 지시를 받았다. 그는 나면서부터 제사장이었지만, 이 점은 별로 두드러지지 않았다. 선지자로서의 그의 영광이 제사장으로서의 그의 영광을 가렸기 때문이다. 아니, 그는 선지자보다 훌륭한 자(26절), 구약의 그 어떤 선지자보다도 훨씬 더 훌륭한 자였다. 구약의 선지자들은 멀리서 그리스도를 증거하였지만, 요한은 그리스도를 문 앞에 서 계신 자로 증거하였기 때문이다.

4. 요한은 메시야에 앞서 와서 그를 전한 선발주자이자 전령관이었고, 그 자신이 구약에 예언된 자였다(27절): 기록된 바(말 3:1) 보라 내가 내 사자를 네 앞에 보내노니 그가 네 앞에서 네 길을 준비하리라 한 것이 이 사람에 대한 말씀이라. 하나님은 주님을 보내기에 앞서 그가 오심을 백성들에게 알리고 백성들로 하여금 그를 영접할 준비를 갖추도록 하기 위하여 사자(使者)를 보내셨다. 육신적인 유대인들이 기대하였듯이, 만일 메시야가 현세적인 왕의 모습으로 등장하게 되어 있었다면, 그의 사자도 장군의 위풍당당함 또는 무장한 전령관의 화려함을 갖춘 모습으로 등장하였을 것이다. 그러나 메시야에 앞서 그의 길을 준비하게 하기 위하여 보내심을 받은 사자가 사람들에게 회개를 외치고 마음과 삶을 바꿀 것을 요구하는 설교의 말씀을 들고 등장한 것은 그리스도의 나라가 지닌 영적인 본질을 미리 충분하고 명백하게 보여주는 것이었다. 이렇게 하여 개시된 그리스도의 나라는 분명히 이 세상에 속한 나라가 아니었다.

5. 이런 점에서 요한은 너무나 위대하여, 실제로 그보다 더 큰 선지자는 없었다. 선지자들은 여자가 낳은 자들 중에서 가장 큰 자들이었고, 왕들과 방백들보다 더 존귀하였는데, 요한은 모든 선지자들 중에서 가장 큰 자였다. 세례 요한이 말씀을 전파하고 세례를 베푸는 동안, 유대 백성들은 자기 나라에 소중한

(valuable), 아니 비할 바 없이 소중한(invaluable) 인물이 활동하고 있다는 것을 깨닫지 못하였다. 그러나 하나님의 나라에서는 극히 작은 자라도 그보다 크니라(28절). 주님의 긍휼하심을 얻어서 주님의 일에 능하고 신실한 자가 된 복음 사역자, 복음을 처음으로 전파했던 자들, 사도들 가운데서 가장 작은 자들이라도 그들은 복음 시대라는 더 나은 경륜 아래에서 일하고 있는 것이기 때문에 세례 요한보다 더 영광스러운 직분을 맡아서 행하고 있는 것이다. 어린 양을 따르는 자들은 지극히 작은 자라도 그보다 앞에 살았던 자들 중에서 가장 큰 자보다 훨씬 더 크다. 그러므로 복음 시대 아래에서 사는 자들은 책임도 훨씬 더 크다.

Ⅲ. 여기에는 그리스도께서 세례 요한이나 예수 그리스도의 사역을 잘 받아들이지 않은 이 세대의 사람들을 책망하시는 말씀이 나온다.

1. 그리스도께서는 여기서 세례 요한이 말씀을 전하고 세례를 베풀면서 어떠한 멸시를 받았는지를 보여주신다.

(1) 요한에게 경의를 표한 자들은 단지 서민층의 백성들이었고, 이러한 무리가 요한을 따르는 것은 오만한 상류층 사람들이 보기에는 요한에게 명예가 아니라 수치였다(29절). 백성들은 속된 무리로 여겨져서, 율법을 알지 못하는 이 무리는 저주를 받은 자로다(요 7:49)라는 말을 들었고, 일반적으로 세리들은 실제로 품행이 나쁘거나 그런 것으로 여겨져서 평이 좋지 않았는데, 이런 자들이 요한의 세례를 받고 그의 제자들이 되었다. 그들은 하나님의 은혜를 증거하는 영광스러운 기념비들이긴 하였지만 세상 사람들의 눈에 요한을 높이는 데는 방해가 되었다. 그러나 그들은 회개와 삶의 변화를 통해서 하나님을 의롭다 하였고, 세례 요한 같은 이를 메시야의 전령관으로 임명하신 하나님의 행사(行事)와 그 지혜를 의롭다고 하였다. 이렇게 함으로써 그들은 이것이 하나님이 취하실 수 있었던 최선의 방법이었다는 것을 인정하였다. 왜냐하면, 그 일이 다른 사람들에게는 몰라도 그들에게는 결코 헛되지 않았기 때문이다.

(2) 유대 민족과 교회의 큰 자들, 곧 세상 사람들의 눈에 요한을 크게 보이게 할 수도 있었던 상류층 사람들과 정치가들은 요한에게 온갖 굴욕을 가져다 주었다. 그들은 실제로 요한의 설교를 듣기는 했지만, 그의 세례를 받지 않았다(30절). 경건과 기도로 명성이 자자했던 바리새인들, 학식, 특히 성경에 대한 지식으로 유명하였던 율법교사들은 그들 자신을 위한 하나님의 뜻을 저버렸다.

그들은 하나님의 뜻을 좌절시켰고, 요한의 세례를 통한 하나님의 은혜를 저버렸다. 그들 가운데 요한이라는 사자를 보내신 하나님은 그들에게 선을 베풀고자 하는 인자한 뜻을 가지고 계셨고 이 일을 통해서 그들을 구원하고자 원하셨다. 만약 그들이 하나님의 뜻에 응하였다면, 그것은 그들을 위한 일이었을 것이고, 그들은 영원히 좋았을 것이다. 그러나 그들은 그것을 거부하고 받아들이려 하지 않았기 때문에, 그것은 그들을 치는 일이 되었고, 그들의 파멸을 재촉하는 일이 되었다. 그들은 그들을 메시야의 나라에 합당한 자들로 만들어줄 그 치리(治理)를 거부하고 그들의 문에 빗장을 걸었기 때문에, 그들에게 의도된 유익을 받지 못했을 뿐만 아니라, 하나님의 은혜를 상실하고, 메시야의 나라에 들어가지 못하게 되었으며, 다른 사람들이 들어가는 것도 방해하게 되었다.

2. 그리스도께서는 여기서 세례 요한과 그리스도를 거슬러 트집을 잡는 이 세대 사람들의 이상한 패역함과 세례 요한과 그리스도에 대하여 그들이 품고 있던 편견들을 보여주신다.

(1) 그들은 하나님이 그들에게 선을 베푸시기 위하여 취하신 방법들을 단지 조롱의 대상으로만 삼았다(31절): "내가 이 세대의 사람을 무엇으로 비유할까? 어떻게 해야 내가 그들의 어처구니 없는 모습을 제대로 표현할 수 있을까? 그들은 장터에 앉아서 진지한 일에는 전혀 마음이 없고 오직 노는 일에만 정신이 팔린 아이들과 같다. 하나님은 그들에게 선을 베푸시기 위하여 온갖 방법을 다 동원하시지만, 그들은 장터에 앉아 노는 아이들처럼 마치 하나님이 그들과 장난을 하고 계시기라도 하는 것처럼 하나님의 그 모든 행사(行事)를 농담으로 여겨서 일축해버리고 한낱 구경거리보다도 변변치 않은 것으로 치부해 버린다." 이런 태도는 많은 사람들을 파멸시킨다. 그런 자들은 그들의 영혼과 관련된 일들에 진지하다고 할 수 없다. 산헤드린에 앉아 있는 나이 많은 자들도 장터에 앉아 있는 아이들과 같아서, 어른들이 아이들의 놀이에 무관심하듯, 그들의 영원한 평화에 속한 일들에 무관심하였다. 아, 눈 멀고 불경건한 세상의 기절초풍할 둔감함과 허영이여! 주님께서는 그들의 안일함을 일깨우신다.

(2) 그들은 여전히 트집잡을 만한 이런저런 일들을 찾아내었다. [1] 세례 요한은 말수가 적고 엄하며 많은 시간을 홀로 지낸 사람이었기 때문에, 겸손하고 소박하며 자기를 부인하는 인물로서 칭찬을 받아야 마땅하였고, 사상가와 명상가로서 그의 말은 존중을 받아 마땅하였다. 그러나 칭찬받아야 할 그의

이러한 점은 그를 혹평하는 구실로 변질되어 버렸다. 세례 요한이 와서 남들처럼 자유롭고 풍성하고 즐겁게 떡도 먹지 아니하며 포도주도 마시지 아니하매, 너희가 말하기를 "요한은 귀신이 들렸다. 그는 무덤 사이에 거처하는 귀신 들린 자처럼 그렇게 포악하지는 않지만 우울증에 걸린 자로서 귀신이 들렸다." [2] 우리 주 예수께서는 일반 사람보다 더 자유분방하게 처신하셨다. 그는 먹고 마셨다(34절). 그는 바리새인들이 그를 좋아하지 않는다는 것을 알고 계셨지만 바리새인들과 함께 식사하고자 하셨고, 세리들과 어울려 보아야 그에게 명예가 되지 않을 것임을 아시면서도 세리들과 함께 식사하셨다. 바리새인들이든 세리든 그들 모두에게 선을 베푸시고자 하는 소망에서 그는 그들 모두와 친하게 사귀셨다. 이 일을 통해서 알 수 있는 것은 그리스도의 사역자들은 서로 매우 다른 기질과 성향을 지닐 수 있고 설교와 삶의 방식이 서로 매우 다를 수 있지만 모든 것이 선하고 유익하다는 것이다. 은사는 다양하지만, 모든 은사는 유익을 위해 주어진 것이다. 그러므로 아무도 자기 자신을 모든 다른 사람들을 판단하는 기준으로 삼아서는 안 되고, 자기와 똑같이 행하지 않는 자들을 판단하는 일을 삼가야 한다. 세례 요한과 그리스도의 생활방식은 정반대였지만, 요한은 그리스도를 증거하였고, 그리스도는 요한을 칭찬하였다. 그러나 이 두 사람의 공통의 원수들은 두 사람을 모두 혹평하였다. 세례 요한이 와서 떡도 먹지 아니하며 포도주도 마시지 아니하매 그를 머리가 돈 사람이라고 하였던 바로 그 사람들은 우리 주님께서 오셔서 먹고 마시매 품행이 타락한 사람이라고 하였다: 그는 먹기를 탐하고 포도주를 즐기는 사람이다. 악의를 품은 자들은 결코 좋게 말하는 법이 없다. 악한 자들의 악의를 보라. 그들이 복음, 그리고 복음을 고백하거나 전파하는 자들과 관련된 모든 것들에 닥치는 대로 얼마나 악담을 퍼붓는지를 보라. 그들은 이렇게 해서 복음과 관련된 자들의 가치를 손상시킨다고 생각하지만, 실은 그들 자신을 파멸시키고 있는 것이다.

3. 그리스도께서는 그럼에도 불구하고 택함받은 남은 자의 구원을 통해서 하나님이 영광을 받게 되시리라는 것을 보여준다(35절): 지혜는 자기의 모든 자녀로 인하여 옳다 함을 얻느니라. 지혜의 자녀들이 있다. 그들은 하나님의 은혜로 말미암아 지혜의 행사(行事)와 통치에 순종하게 되는 자들로서, 그들로 하여금 순종하도록 이끌기 위해서 지혜가 취한 방식들을 보고 지혜를 의롭다고 하는 자들이다. 왜냐하면, 그 방식들이 그들에게 효과가 있으므로 살 선택되

었음이 드러나기 때문이다. 지혜의 자녀들은 이 점에 있어서 모두가 한결같다. 그들은 모두 하나님의 지혜가 취한 은혜의 방법들에 만족하고, 그것들이 일부 사람들에 의해서 조롱당한다고 해서 그것들을 결코 나쁘다고 생각하지 않는다.

[36]한 바리새인이 예수께 자기와 함께 잡수시기를 청하니 이에 바리새인의 집에 들어가 앉으셨을 때에 [37]그 동네에 죄를 지은 한 여자가 있어 예수께서 바리새인의 집에 앉아 계심을 알고 향유 담은 옥합을 가지고 와서 [38]예수의 뒤로 그 발 곁에 서서 울며 눈물로 그 발을 적시고 자기 머리털로 닦고 그 발에 입맞추고 향유를 부으니 [39]예수를 청한 바리새인이 그것을 보고 마음에 이르되 이 사람이 만일 선지자라면 자기를 만지는 이 여자가 누구며 어떠한 자 곧 죄인인 줄을 알았으리라 하거늘 [40]예수께서 대답하여 이르시되 시몬아 내가 네게 이를 말이 있다 하시니 그가 이르되 선생님 말씀하소서 [41]이르시되 빚 주는 사람에게 빚진 자가 둘이 있어 하나는 오백 데나리온을 졌고 하나는 오십 데나리온을 졌는데 [42]갚을 것이 없으므로 둘 다 탕감하여 주었으니 둘 중에 누가 그를 더 사랑하겠느냐 [43]시몬이 대답하여 이르되 내 생각에는 많이 탕감함을 받은 자니이다 이르시되 네 판단이 옳다 하시고 [44]그 여자를 돌아보시며 시몬에게 이르시되 이 여자를 보느냐 내가 네 집에 들어올 때 너는 내게 발 씻을 물도 주지 아니하였으되 이 여자는 눈물로 내 발을 적시고 그 머리털로 닦았으며 [45]너는 내게 입맞추지 아니하였으되 그는 내가 들어올 때로부터 내 발에 입맞추기를 그치지 아니하였으며 [46]너는 내 머리에 감람유도 붓지 아니하였으되 그는 향유를 내 발에 부었느니라 [47]이러므로 내가 네게 말하노니 그의 많은 죄가 사하여졌도다 이는 그의 사랑함이 많음이라 사함을 받은 일이 적은 자는 적게 사랑하느니라 [48]이에 여자에게 이르시되 네 죄 사함을 받았느니라 하시니 [49]함께 앉아 있는 자들이 속으로 말하되 이가 누구이기에 죄도 사하는가 하더라 [50]예수께서 여자에게 이르시되 네 믿음이 너를 구원하였으니 평안히 가라 하시니라

이 이야기에 나오는 사건이 언제 그리고 어디에서 일어났는지는 본문에 나와 있지 않다. 누가복음 기자는 다른 복음서 기자들만큼 여러 사건들의 시간적 순서를 중시하지 않는다. 이 사건은 그리스도께서 세리와 죄인의 친구라고 욕을 먹는 상황에서 일어난 것이기 때문에, 그가 그들과 교제한 것은

오직 그들의 유익을 위하고 그들을 회개시키기 위한 것이었고, 그리스도께서 그의 말씀을 듣도록 허락하신 이들은 삶이 변화되었거나 그럴 가망이 많았다는 것을 보여준다. 여기서 그리스도에게 이토록 큰 사랑을 증명해 보였던 이 여자가 누구였는지는 본문에 나오지 않는다. 흔히 이 여자가 막달라 마리아였다고 하지만, 나는 그렇게 추정할 만한 근거를 성경에서 찾아볼 수 없다: 막달라 마리아는 예수께서 일곱 귀신을 쫓아내어 주신 여자로 묘사된다(눅 8:2; 막 16:9). 그러나 여기에는 그런 말이 언급되어 있지 않기 때문에, 이 여자는 막달라 마리아가 아닐 가능성이 높다. 좀 더 자세하게 살펴보자.

I. 한 바리새인이 그리스도를 격식을 갖춘 연회에 초대하였고, 그리스도께서는 은혜롭게도 이 초대를 받아들이심(36절).   한 바리새인이 예수께 자기와 함께 잡수시기를 청하였는데, 이것은 그가 예수 같은 손님을 그의 연회에 모시는 것이 그에게 영예가 될 것이라고 생각했기 때문이거나 예수를 모시면 그는 물론이고 그의 가족과 친구들에게 즐거운 일이 될 것이라고 생각했기 때문이었을 것이다. 이 바리새인은 그리스도를 믿지 않았던 것으로 보인다. 왜냐하면, 그는 그리스도를 선지자로 인정하지 않고 있기 때문이다. 그렇지만 우리 주 예수께서는 그의 초대를 받아들여서 바리새인의 집에 들어가 식사하기 위하여 앉으셨는데, 이것은 그리스도께서 선을 베풀고자 하는 소망 속에서 세리들과 어울리셨듯이 바리새인들과도 동일하게 자유롭게 어울리실 수 있다는 것을 그들에게 보여주시기 위한 것이었다. 그리스도에 대하여 편견을 지닌 자들을 가르치고 설득하기에 충분한 지혜와 은혜를 지닌 자들은 다른 사람들보다 과감하게 그런 자들과의 사귐 속으로 더 깊이 들어갈 수 있다.

II. 그리스도께서 바리새인의 집에서 식사하실 때에 한 가엾은 죄인이 그에게 큰 경의를 표함.   그 동네에는 죄를 지은 한 여자가 있었는데, 그 여자는 이방인이었고 창기로서 파렴치한 여자로 알려져 있었다. 이 여자는 예수께서 바리새인의 집에 앉아 계심을 알았다. 이 여자는 그리스도의 설교 말씀을 통해서 과거의 악한 삶을 회개하고 돌이켰기 때문에 그리스도께 진 신세를 갚기 위해서 바리새인의 집으로 왔는데, 감사하는 마음을 달리 표현할 길이 없어서, 그리스도의 발을 씻기고 그녀가 가져온 향유를 그 발에 부었다 — 그녀는 그런 목적으로 향유를 가져왔다. 당시에는 식사하기 위해서 식탁에 앉을 때에 사람들은 발을 부분적으로 뒤쪽에 두었다. 이 여자는 감히 그리스도 앞으로 가지 못하고, 그의 뒤쪽으로 와서, 여종의 역할을 담당한 것이었다 ― 여종의 임무는 손님들의 발을 씻기고(삼상 25:41), 향유를 준비하는 것이었다.

이 선한 여자가 한 일이 어떤 의미를 지녔는지를 이제부터 자세하게 살펴보자.

1. 자신의 죄에 대한 깊은 회한. 이 여자는 그리스도의 뒷쪽에 울며 서 있었다. 그녀의 눈은 과거에는 죄가 드나드는 길목이었지만, 지금은 눈물 샘이 되었다. 과거에는 화장으로 뒤덮여 있었을 그녀의 얼굴은 지금은 눈물로 얼룩져 있었다. 과거에는 땋아서 곱게 단장하였던 그녀의 머리털은 이제 수건이 되었다. 과거에 그녀는 자신의 죄 때문에 슬퍼했었는데, 지금 그녀가 그리스도 앞에 나아오게 되자, 그 상처가 새삼스럽게 되살아났고, 그녀의 슬픔도 다시 북받쳐 올라왔던 것 같다. 회개한 자들이 그리스도께 가까이 나아와서 평안을 얻었을 때에 경건한 슬픔과 죄에 대한 회한(悔恨)이 다시 한 번 북받쳐 오르는 것은 당연한 일임을 명심하라(겔 16:63).

2. 주 예수에 대한 강렬한 흠모. 그녀의 사랑이 많다는 것은 우리 주 예수께서 특별히 언급하신 점이었다(42, 47절). 그녀가 그리스도의 발을 씻긴 것은 그리스도께 영광이 되는 일이라면 아무리 미천한 일이라도 기꺼이 나서서 할 것임을 보여주는 것이었다. 아니, 그녀는 그리스도의 발을 그녀의 눈물, 기쁨의 눈물로 적셨다. 그녀는 자기 영혼이 그토록 사랑하던 구주 옆에 이토록 가까이 있었기 때문에 황홀경에 빠져 있었다. 그녀는 자신을 연인의 자격으로 그리스도께 입맞춤 하기에는(아 1:2) 무가치한 자로 여겨서 그의 발에 입맞추었다. 그것은 흠모의 입맞춤인 동시에 경배의 입맞춤이기도 하였다. 이 여자는 그의 발을 그녀의 머리털로 닦음으로써, 오직 전적으로 그리스도의 존귀만을 생각한다는 것을 보여주었다. 그녀의 눈은 그리스도의 발을 씻기는 물을 내었고, 그녀의 머리털은 그 발을 닦는 수건이 되었다. 그녀는 그의 발에 향유를 부음으로써 그가 메시야, 곧 기름 부음 받은 자라는 것을 고백하였다. 그녀가 그의 발에 향유를 부은 것은 그의 머리에 즐거움의 기름을 부으신 하나님의 뜻에 동의한다는 것을 나타내는 것이었다. 진정으로 회개한 자들은 모두 주 예수에 대한 소중한 사랑을 간직하고 있다는 것을 명심하라.

Ⅲ. 바리새인은 그리스도께서 이 가엾은 여자가 그에게 표한 경의를 받아들인 것에 대하여 그리스도를 못마땅하게 여김(39절). 바리새인이 마음에 이르

되(그리스도께서 그가 무엇을 생각하는지를 아신다는 것을 거의 생각하지 못하고) 이 사람이 만일 선지자라면 자기를 만지는 이 여자가 죄인이며 이방인이고 좋지 못한 여자인 줄을 알았을 것이기 때문에 스스로 거룩함을 지키기 위하여 이 여자가 자기에게 가까이 오는 것을 용납하지 않았을 것이라고 하였다. 품행이 좋지 못한 여자가 가까이 다가왔는데도 마음에 아무런 동요도 일어나지 않는 자가 어떻게 선지자일 수 있는가? 교만하고 편협한 마음을 지닌 자들은 남들도 자기처럼 오만하고 비판적일 것이라고 생각하기 쉽다. 만약 이 여자가 시몬을 만졌다면, 그는 너는 네 자리에 서 있고 내게 가까이 하지 말라 나는 너보다 거룩함이라(사 65:5)고 말하였을 것이다. 그리고 그는 그리스도께서도 그렇게 말했어야 한다고 생각하였다.

IV. 그리스도께서 이 여자가 그에게 한 일을 의롭다고 하시고, 그것을 받아들이신 자기 자신도 의롭다고 하심.　　　그리스도께서는 바리새인이 마음속으로 한 말을 아셨고, 거기에 답변하셨다: 시몬아 내가 네게 이를 말이 있다(40절). 그리스도께서는 시몬이 초대한 식탁에서 융숭한 대접을 받으셨지만 그에게 잘못이 있음을 보셨을 때에 그 자리에서 그를 책망하셨고 그의 죄에 동참하지 아니하셨다. 그리스도께서는 자기에게 반대하는 자들에게 하실 말씀이 있으시다. 이것은 성령이 책망하시는 말씀이다. 시몬은 그의 말씀을 기꺼이 듣고자 한다: 선생님, 말씀하소서. 시몬은 예수가 선지자라는 것을 믿을 수 없었지만(예수는 선지자만큼 통찰력을 갖추고 있지 못하였다고 생각해서), 선생님이라는 칭호를 사용해서 예수의 비위를 맞추고자 하였다. 그는 주여, 주여라고 부르면서도 주께서 하신 말씀을 행하지 않는 자들과 같은 자였다. 이제 그리스도께서는 바리새인에게 이치를 따져서 이렇게 답변하신다: "이 여자가 죄인이었다는 것은 사실이다. 나도 그것을 안다. 그러나 그녀는 사함받은 죄인이기 때문에 회개한 죄인이라고 할 수 있다. 그녀가 나에게 한 일은 그녀의 죄를 사해준 구주에 대한 큰 사랑의 표현이었다. 그토록 큰 죄인이었던 그녀가 사함을 받았다면, 그녀가 다른 사람들보다 구주를 더 많이 사랑할 것이고 그 사랑을 남들보다 더 분명하게 증명해 보일 것은 당연한 이치이다. 이 일이 그녀의 사랑의 열매였고 죄 사함 받았다는 의식에서 흘러나온 것이라면, 내가 그것을 받아들이는 것은 당연한데도, 바리새인이 이 일을 못마땅하게 여기는 것은 잘못된 일이다." 그리스도께서 이렇게 답변하신 것 속에는 추가적인 의도가 있으셨다. 바리새인은 그리스도가 선지자인지 아닌지를 의심하였고, 아니 사실상 선지자임을 부인하였다. 그러나 그리스도께서는 자기가 선지자보다 나은 분임을 보여주신다. 그는 세상에서 죄를 사하는 권능이 있는 분이고, 회개하여 죄 사함받은 죄인들은 그분께 사랑과 감사의 고백을 하는 것이 마땅하다. 그는 바리새인에게 하신 답변을 통해서 다음과 같은 것들을 하셨다.

1. 그리스도께서는 비유를 통해서 시몬으로 하여금 이 여자는 더 큰 죄인이었기 때문에 그녀의 죄가 사함받았을 때에 예수 그리스도께 더 큰 사랑을 나타내 보일 수밖에 없었다는 것을 인정하지 않을 수 없도록 만드신다(41-43절). 어떤 사람에게 빚진 자가 둘 있었고, 둘 다 빚을 갚지 못하게 되었는데, 한 사람은 다른 사람보다 열 배나 더 많은 빚을 지고 있었다. 빚 준 사람은 아주 기꺼이 그 빚을 둘 다 탕감하여 주었고, 그들을 고소하거나 그들과 그 자녀들을 팔도록 명하지도 않았고, 그들을 옥졸들에게 넘기지도 않았다. 그러자 이 두 빚진 자들은 그들이 큰 은혜를 입은 것을 깨달았다. 그러나 둘 중에 누가 그를 더 사랑하겠느냐? 바리새인은 분명히 많이 탕감함을 받은 자일 것이라고 말한다. 여기서 바리새인은 옳게 판단하였다. 우리는 탕감받은 자들이고 탕감받기를 소망하는 자들이기 때문에 우리도 마땅히 남의 빚을 탕감해 주어야 한다. 그러므로 우리는 빚 준 자와 빚진 자 간의 도리를 여기서 배울 수 있다.

(1) 빚진 자가 만일 갚아야 할 것이 있다면 마땅히 빚 준 자에게 갚아야 한다. 그의 모든 빚을 다 갚기 전에는 그 어떤 것도 자신의 소유로 여길 수 없고, 또한 그 소유를 편안하게 향유할 수도 없다.

(2) 하나님이 섭리 가운데서 빚진 자로 하여금 그의 빚을 갚을 수 없게 하셨다면, 빚 준 자는 그에게 가혹하게 하거나 냉엄한 법에 호소할 것이 아니라, 그의 빚을 탕감해 주어야 한다. 최고로 가혹하게 적용되는 법은 최고의 불의이다(summum jus est summa injuria). 무자비한 빚 준 자는 마태복음 18:23 이하의 비유를 읽고 두려워 떨어야 한다. 긍휼을 보이지 않는 자들은 긍휼 없는 심판을 받게 될 것이기 때문이다.

(3) 빚 준 자가 긍휼을 베풀었다는 것을 안 빚진 자는 빚 준 자에게 크게 고마워하여야 하고, 달리 보답할 길이 없는 경우에는 빚 준 자를 사랑하기라도 하여야 한다. 빚을 갚지 못한 일부 빚진 자들은 그들로 인하여 손해를 본 빚 준 자들에게 고마워하기는커녕 앙심을 품고, 빚 준 자들은 손해를 보았기 때문

에 불평 정도는 할 수 있는데도 불구하고, 빚 준 자들이 불평한다는 이유만으로 그들에게 좋은 말을 하지 않는다. 그러나 이 비유에서 빚 준 자는 하나님(아니, 빚을 탕감해 주고 빚진 자에 의해서 사랑받고 있는 주 예수 자신)을 가리키고, 빚진 자들은 죄인들을 가리킨다. 따라서 우리는 여기에서 다음과 같은 것들을 배울 수 있다.

[1] 죄는 빚이고, 전능하신 하나님 앞에 죄인들은 빚진 자들이다. 피조물인 우리는 율법의 계명에 순종할 빚을 지고 있고, 그 빚을 제대로 갚지 못하였기 때문에 우리는 형벌을 받게 되어 있었다. 우리는 임대료를 내지 않았다. 아니, 우리는 우리 주님의 물건들을 써버림으로써 빚진 자들이 되었다. 하나님은 우리가 그에게 피해를 입힌 것과 그에게 행하여야 할 의무를 이행하지 않았다는 이유를 들어서 우리를 고소하신다.

[2] 어떤 자들은 죄로 인하여 남들보다 빚이 더 많다: 하나는 오백 데나리온을 졌고 하나는 오십 데나리온을 졌다. 바리새인도 빚을 덜 지긴 했지만, 자기가 스스로 생각하는 것보다 더 많은 빚을 진 자였다. 그렇지만 바리새인은 하나님이 자기에 빚을 졌다고 생각하였다(눅 18:10-11). 이 여자는 추악하고 악명높은 죄인이었기 때문에 더 큰 빚을 진 자였다. 스스로 남들보다 더 큰 빚을 진 자들도 있고, 열악한 여러 환경들 때문에 더 큰 빚을 진 자들도 있다. 그들은 노골적으로 내놓고 추악한 범죄들을 저지른 자들이고, 더 큰 빛과 지식, 더 큰 경고들, 더 큰 긍휼을 거슬러 범죄한 자들이다.

[3] 우리의 빚이 많든 적든, 그 빚은 우리가 갚을 수 없다. 그들에게는 빚을 갚을 돈이 없었다. 어떻게 일부라도 갚고 사정을 해볼 만한 여지도 없었다. 빚은 많은데, 갚을 돈은 전혀 없었기 때문이다. 은이나 금으로 우리의 빚을 갚지 못하고, 희생제물이나 제사로도 갚지 못하며, 천천의 수양으로도 빚을 갚지 못한다. 우리 자신의 의(義)로도 갚지 못하고, 우리의 회개와 장래의 순종으로도 갚지 못한다. 우리는 이미 죄에 묶여 있고, 우리 안에서 일하시는 분은 하나님이시기 때문이다.

[4] 하늘의 하나님은 불쌍한 죄인들의 빚이 아무리 크더라도 복음의 조건 위에서 기꺼이 탕감하시며 남김없이 탕감할 준비가 되어 있으시다. 우리가 회개하고 그리스도를 믿는다면, 우리는 우리의 죄로 말미암아 멸망하거나 고소당하지 않게 될 것이다. 하나님은 스스로를 은혜로우시며 긍휼히 여기시며 기꺼

이 죄를 사하여 주시는 분이라고 밝히 선포하셨다. 하나님의 아들은 회개하고 믿는 자들을 위하여 죄 사함을 값주고 사셨기 때문에, 그의 복음은 믿는 자들에게 죄 사함을 약속하고 있고, 그의 성령은 그 약속을 보증하시며 그 유익을 그들에게 주신다.

[5] 자기 죄를 **사함받은** 자들은 죄를 사하여 주신 분을 **사랑하지** 않을 수 없다. 그들의 죄를 더 많이 사함받으면 받을수록, 그들은 더 많이 그를 사랑하게 된다. 회심하기 전에 더 큰 죄인들이었던 자들은 회심 후에 더 훌륭한 성도들이 되어야 하고 더 열심히 하나님을 위하여 행하여야 하며 더 마음을 넓혀서 더욱 순종해야 한다. 그리스도인들을 박해하던 사울은 복음을 전하는 바울이 되었을 때에 더 많이 수고하였다.

2. 그리스도께서는 이 비유를 그리스도를 향한 바리새인과 죄인인 여자의 서로 다른 심정과 태도에 적용하신다. 바리새인은 그리스도를 선지자로 인정하려 들지 않았지만, 그리스도께서는 기꺼이 그를 의롭다 하시고자 하셨던 것으로 보이기 때문에, 바리새인은 비록 적게 탕감함을 받은 자이긴 했지만 어쨌든 탕감함을 받은 자였다. 바리새인은 그리스도를 자신의 집에 초대함으로써 그리스도에 대한 약간의 사랑을 실제로 보여주었지만, 이 가엾은 여자가 보여준 것에 비하면 아무것도 아니었다. 그리스도께서는 그에게 이렇게 말씀하신다: "보아라. 이 여자는 많이 탕감함을 받은 자이다. 그러므로 네 자신의 판단대로라면, 이 여자는 너보다 훨씬 더 많이 사랑을 보일 것으로 예상될 수 있고, 실제로 그렇게 되었다. 너는 이 여자를 보느냐(44절). 너는 이 여자를 경멸하고 있지만, 이 여자가 내게 너와는 비할 수 없을 정도로 친절한 친구가 아닌지 너는 곰곰이 생각해 보아야 한다. 그렇다면, 나는 너의 친절은 받아들이고 그녀의 친절은 거절해야 하느냐?"

(1) "내가 걸어서 오느라고 피곤하고 발이 더러워져 있을 때에 네가 대야에 물을 떠오라고 지시해서 내 발을 씻겨주었다면, 나는 피로가 풀리고 기분이 상쾌해졌을 것인데도, 너는 그렇게 하지 않았다. 그러나 이 여자는 너보다 훨씬 더 많은 일을 내게 해주었다: 이 여자는 눈물로, 나에 대한 사랑의 눈물, 죄로 인해 당했던 환난을 생각하며 흘린 회한의 눈물로 내 발을 적시고, 나에 대한 그녀의 큰 사랑의 표시로 그 머리털로 닦았다."

(2) "너는 내 뺨에 입맞추지도 않았지만"(이것은 친구를 진심으로 환영한다

는 애정의 표현으로서 통상적인 것이었다), "이 여자는 내가 들어올 때로부터 내 발에 입맞추기를 그치지 아니하여(45절), 겸손하고 진심어린 사랑을 표현하였다."

(3) "너는 내 머리에 부을 보통 기름도 내오지 않았지만, 그녀는 값비싼 향유를 내 발에 부었으니(46절), 내게 너보다 훨씬 더 잘해준 것이다." 일부 사람들이 열심 있는 그리스도인이 신앙의 일에 수고하고 돈을 쓰는 것을 비난하는 이유는 그들 자신은 거기까지 도달하려고 하지 않고 값싸고 편안한 신앙에 안주하고자 하기 때문이다.

3. 그리스도께서는 바리새인의 트집을 침묵시키셨다: 시몬아, 내가 네게 말하노니 그녀의 많은 죄가 사하여졌도다(47절). 그리스도께서는 그녀가 많은 죄를 지었다는 것을 인정하신다: "그러나 그녀의 많은 죄들은 사하여졌다. 그러므로 내가 그녀의 친절을 받아들이는 것은 결코 합당치 못한 일이 아니다. 그녀의 많은 죄가 사하여졌도다. 이는 그녀의 사랑함이 많음이라." 이 마지막 어구는 그러므로 그녀는 많이 사랑한 것이다로 번역되어야 한다. 왜냐하면, 그리스도께서 지금까지 하신 말씀의 취지로 보아, 그녀가 많이 사랑한 것은 그녀가 죄 사함 받은 원인이 아니라 결과임과 동시에 그녀가 죄 사함받은 것을 알고 기뻐한 결과였기 때문이다. 우리가 하나님을 사랑함은 그가 먼저 우리를 사랑하셨음이라(요일 4:19). 우리가 먼저 하나님을 사랑하였기 때문에, 하나님이 우리의 죄를 사하신 것이 아니다. "그러나 너와 같이 사함을 받은 일이 적은 자는 너와 같이 적게 사랑하느니라." 이 말씀을 통해서 그리스도께서는 그리스도에 대한 바리새인의 사랑은 너무나 적어서 정말 그가 그리스도를 진심으로 사랑하는 것인지, 또한 정말 그의 죄가 비록 적기는 하지만 사함받은 것인지 의심할 만하다는 것을 그에게 시사해주셨다. 큰 죄인들이 회개하고 그리스도로부터 긍휼하심을 얻은 것을 보면, 우리는 불평하지 말고, 그들의 본에 자극을 받아서 더욱 분발하여, 과연 우리가 죄 사함을 받은 것이고 그리스도를 사랑하는 것인지를 스스로 잘 살펴보아야 한다.

4. 그리스도께서는 이 여자의 불안을 말끔히 씻어주셨다. 이 여자는 아마도 바리새인의 몰인정한 처사로 인해서 낙심하였을 것이지만, 낙심하는 마음에 굴복해서 그 자리를 도망치지는 않았다.

(1) 그리스도께서는 그녀에게 네 죄 사함을 받았느니라(48절)고 말씀하셨다.

우리가 죄에 대하여 슬퍼하는 마음과 그리스도를 사랑하는 마음을 많이 표현하면 할수록, 우리는 우리의 죄가 사함받았다는 증거를 더욱더 분명하게 받게 된다. 왜냐하면, 우리는 우리 안에서 역사하는 은혜의 역사를 체험함으로써 우리를 위하여 역사하는 은혜에 대하여 확신을 갖게 되기 때문이다. 이 여자는 그리스도로부터 네 죄 사함을 받았느니라는 말씀을 듣고 물러나왔기 때문에 그녀의 수고와 비용에 대한 대가를 아주 톡톡히 받은 것이다. 또한 이 말씀은 그녀가 다시 예전으로 돌아가서 범죄하지 않도록 하는 데에 아주 좋은 예방책이 되었을 것이다.

(2) 거기에는 그리스도께서 죄를 사하는 권세가 있는 자처럼 죄인에게 죄 사함을 선포한 것을 마음속으로 이의를 제기하며 힐난하는 자들이 있었음에도 불구하고(49절), 그리스도께서는 개의치 않으셨다. 그리스도께서는 이전에 중풍병자를 고치심으로써 자기에게 죄를 사하는 권능이 있다는 것을 증명하셨기 때문에 사람들의 트집을 개의치 않으셨던 것과 마찬가지로(마 9:3), 여기서는 그가 죄를 사하시는 것을 기뻐하신다는 것을 보여주시고자 하셨다. 사람들의 죄를 사하여 주는 일은 그의 기쁨이었다. 그는 회개하는 자들에게 죄 사함과 평안을 말씀하시기를 기뻐하신다: 예수께서 여자에게 이르시되 네 믿음이 너를 구원하였으니 평안히 가라 하시니라(50절). 그녀가 믿음으로 의롭다 하심을 받았다는 것은 죄 사함받은 그녀의 기쁨을 더욱 확고하게 해주는 것이었을 뿐만 아니라 배가(倍加)시켜주는 것이었다. 죄를 슬퍼하고 그리스도를 사랑하는 마음을 표현하는 이 모든 것들은 믿음의 결과이자 산물들이었다. 그러므로 온갖 은혜를 주실 것을 믿는 믿음이 하나님을 가장 존귀하게 해드리듯이, 그리스도께서는 온갖 은혜를 주심으로써 믿음을 가장 존귀하게 하신다. 그들의 믿음이 그들을 구원했다는 것을 아는 자들은 평안히 갈 수 있고, 그들의 길을 즐거워하며 갈 수 있다는 것을 명심하라.

제
— 8 —
장

개요

이 장에 나오는 대부분의 내용은 마태복음과 마가복음의 여러 대목들에 산재해 있는 그리스도의 설교와 이적들을 반복해 놓은 것들이다. 이것들은 모두 반복할 만한 가치가 있는 중요한 것들이기 때문에, 두 사람의 입이 아니라 세 사람의 입에서 나온 증언을 통해서 확증하기 위하여, 여기에 반복되어 나왔다. 이 장에는 다음과 같은 내용들이 나온다. I. 그리스도의 복음전도 사역과 선한 사람들의 기부로 그 자신과 그의 많은 영적 가족이 생활할 수 있었다는 것에 관한 일반적인 기사(1-3절). II. 씨 뿌리는 자와 네 종류의 토양에 관한 비유, 그 비유에 대한 해설과 그 비유로부터의 몇 가지 적용들(4-18절). III. 그리스도께서 육신을 따른 친척들보다 그의 순종하는 제자들을 더 아끼심(19-21절). IV. 그리스도께서 말씀 한 마디로 바다의 풍랑을 잔잔케 하심(22-25절). V. 그리스도께서 귀신 들린 자에게서 군대 귀신을 쫓아내심(26-40절). VI. 그리스도께서 혈루증을 앓는 여자를 고쳐주시고, 야이로의 딸을 다시 살려주심(41-56절).

[1]그 후에 예수께서 각 성과 마을에 두루 다니시며 하나님의 나라를 선포하시며 그 복음을 전하실새 열두 제자가 함께 하였고 [2]또한 악귀를 쫓아내심과 병 고침을 받은 어떤 여자들 곧 일곱 귀신이 나간 자 막달라인이라 하는 마리아와 [3]헤롯의 청지기 구사의 아내 요안나와 수산나와 다른 여러 여자가 함께 하여 자기들의 소유로 그들을 섬기더라

이 단락에는 다음과 같은 내용들이 나온다.

I. 그리스도께서는 무엇을 평생의 과업으로 삼으셨는가? 그것은 복음을 전하는 일이었다. 이 일에 있어서 그는 지칠 줄 모르셨고, 적절한 때 또는 방법을 따라서(엔 토 카덱세스 — 순서를 따라서) 두루 다니시며 선한 일을 하셨다(1절). 그리스도께서는 일을 정해놓으시고, 두루 다니시며 그 일을 질서를 따라 행하셨다. 그는 일의 순서를 지켜서, 하나의 선한 일을 끝내신 후에 또 다른

선한 일을 시작하셨다. 좀 더 살펴보자.

1. 그리스도께서는 어디에서 전하셨는가? 그는 두루 다니셨다(디오듀에 . 라틴어로는 peragrabat). 그는 순회 전도자로서 한 곳에 머물지 않으시고 그의 빛을 두루 비추셨다. 그는 사사(judge)처럼 순회하셨는데(circumibat), 새로운 곳에서 그의 말씀이 가장 잘 받아들여진다는 것을 아셨을 것이다. 그는 각 성을 두루 다니셨기 때문에, 아무도 그의 복음을 못 들었다고 변명할 수 없었다. 이 일을 통해서 그는 제자들에게 본을 보이셨다. 그가 이스라엘의 모든 성읍을 두루 다니셨듯이, 그들도 땅의 모든 민족을 두루 다녀야 한다. 또한 그는 성들에만 다니시지 않고, 평범한 촌 사람들이 사는 마을들을 돌아다니시면서 마을 사람들에게(삿 5:11) 복음을 전하셨다.

2. 그리스도께서는 무엇을 전하셨는가? 그는 지금 그들 가운데 세워져 가고 있는 하나님의 나라를 선포하시며 그 복음을 전하셨다. 하나님의 나라에 관한 소식은 복음이고, 예수 그리스도께서 가져오셨다. 그리스도께서는 하나님께서 그에게로 돌아와서 충성을 맹세하고자 하는 모든 자들을 기꺼이 그의 보호 아래 두시고자 하신다는 것을 인류에게 전하기 위해 오신 것이었다. 삶의 변화와 화해의 소망이 존재한다는 것은 세상 사람들에게 복음, 곧 기쁜 소식이었다.

3. 그리스도와 함께 한 자들은 누구였는가? 열두 제자가 함께 하였는데, 그들은 그리스도께서 이 땅에 계시는 동안에 함께 복음을 전하기 위해서가 아니라 나중에 무엇을 그리고 어떻게 전해야 하는지를 그로부터 배우고 특별한 경우에 그리스도께서 가실 수 없는 곳들로 보내심을 받기 위하여 그리스도와 함께 하였다. 그리스도의 지혜를 들을 수 있었던 이 종들은 복된 자들이었다.

II. 그리스도께서는 생활에 꼭 필요한 물품들을 어디에서 조달하셨는가? 그는 그의 친구들의 친절을 먹고 사셨다. 그리스도의 사역을 자주 거들면서 자기들의 소유로 그를(개역에서는 그들을) 섬겼던 어떤 여자들이 있었다(2-3절). 그 여자들 중 일부는 본문에 이름이 나와 있다. 그러나 그들 외에도 다른 여러 여자들이 있었는데, 이 여자들은 그리스도의 가르침을 받고서 큰 감화를 입고 열심이 생겨서, 그들에게 은혜를 끼친 이 일을 장려하는 것이 마땅하다고 생각하여, 다른 많은 사람들도 그들처럼 그리스도의 가르침으로 말미암아 유익을 얻을 수 있도록 물질로 돕는 자들이었다.

1. 이 여자들은 대체로 과거에 그리스도의 환자들이었던 여자들로서, 그리스

도의 능력과 긍휼하심을 보여주는 기념비들이었다. 이 여자들은 악귀를 쫓아내심과 병 고침을 받은 자들이었다. 이 여자들 중에는 정신적인 고통을 당하며 우울증에 걸려 있었던 자들도 있었고, 몸의 질병으로 고통당하였던 자들도 있었는데, 그리스도께서는 이 여자들에게 능력 있는 치유자가 되셨었다. 그는 몸과 영혼을 고치시는 의사이시고, 그에게 고침을 받은 자들은 무엇을 그에게 드릴까를 생각하여야 한다. 우리는 항상 관심을 가지고 그를 수종들어야 한다. 그렇게 해야, 우리는 어쩌다 악에 빠졌을 경우에 기꺼이 그에게 도움을 청할 수 있다. 또한 우리는 우리를 구원해주신 주님과 우리를 구원하는 수단이 되었던 그의 복음을 감사함으로 섬겨야 한다.

2. 이 여자들 중 한 사람은 일곱 귀신이 나간 자 막달라 마리아였다. 일곱이라는 숫자는 많다는 것을 나타내는 숫자로 사용된 것이다. 어떤 이들은 그녀가 매우 악한 여자였다고 생각한다. 그렇다면, 앞서 7:37 이하에 나왔던 죄인인 여자가 막달라 마리아일 가능성이 있다. 라이트푸트 박사는 탈무드 저자들의 글에서 막달라 마리아가 머리를 딴 마리아를 의미한다는 내용을 발견하고서, 그녀가 추한 죄를 저지르던 시절에 단정하게 옷 입는 것과는 반대되는 땋은 머리 때문에(딤전 2:9) 그런 별명이 붙여진 것이라고 생각하였다. 그러나 그녀는 과거에는 정숙하지 못한 여자였을지라도 회개하고 삶을 변화시킴으로써 긍휼하심을 얻었고, 그리스도의 열심 있는 제자가 되었다. 아무리 큰 죄인이라도 죄 사함을 받을 수 있다는 것과 회심 이전에 악한 삶을 산 자들은 회심 후에 그리스도를 위하여 더욱 열심히 일하여야 한다는 것을 명심하라. 또는, 막달라 마리아는 심한 우울증에 걸렸던 여자였을 수도 있다. 그렇다면, 마음이 슬픈 여자였던 나사로의 누이 마리아가 막달라 마리아일 가능성이 크다. 그녀는 원래 막달라 출신이었지만 베다니로 이사한 것 같다. 이 막달라 마리아는 그리스도께서 십자가에 달려 돌아가신 곳에도 있었고, 그의 무덤에까지 찾아간 여자였다. 만약 막달라 마리아가 나사로의 누이 마리아가 아니라면, 그리스도의 특별한 친구로서 사랑을 받았던 마리아가 골고다 언덕과 무덤에 가지 않았거나 복음서 기자들이 그녀를 언급하지 않았다는 말이 되는데, 우리는 이 둘 중의 어느 경우도 상상할 수 없다. 이것은 라이트푸트 박사의 논증이다. 그렇지만 이러한 논증을 반박하는 반론이 제기될 수 있는데, 그것은 막달라 마리아가 예수를 섬기며 갈릴리에서부터 따라온 많은 여자들 중의 한 여자로 언급되고 있

다는 것이다(마 27:55-56). 반면에, 나사로의 누이 마리아는 베다니에서 살고 있었다.

3. 이 여자들 중 또 한 사람은 헤롯의 청지기 구사의 아내 요안나였다. 어떤 이들은 그녀가 전에는 구사의 아내였으나 지금은 과부가 되어서 남편의 유산으로 풍족한 생활을 하고 있었다고 생각한다. 만약 그녀가 지금도 구사의 아내라면, 우리는 그녀의 남편은 헤롯의 궁정에서 일을 하고 있었지만 복음을 받아들였고, 그의 아내가 그리스도의 제자가 되어서 물질로 섬기는 자가 되는 것을 흔쾌히 허락한 것이라고 생각할 수 있다.

4. 그 밖에도 자기들의 소유로 그리스도를 섬긴 많은 여자들이 있었다. 우리 구주께서 이 여자들의 도움을 필요로 하셨다는 것은 그가 얼마나 비천하게 스스로를 낮추셨는가를 보여주는 실례(實例)였고, 그가 이 여자들의 도움을 받아들이셨다는 것은 그의 큰 겸손와 겸비를 보여주는 실례였다. 그리스도께서는 비록 부유한 자이셨지만, 우리를 위하여 가난하게 되셨고, 연보(捐補)로 살아가셨다. 하나님의 섭리에 의해서 곤궁해진 자들이 이웃의 자선(charity)으로 살아가는 신세가 되었다고 해서, 아무도 그들을 멸시해서는 안 된다. 그런 자들은 이웃에게 자선을 베풀 것을 요청하고, 이웃이 베풀어준 자선을 은혜로 알고 감사해야 한다. 그리스도께서는 그가 전도하러 가신 성읍들과 마을들에 사는 낯선 사람들에게 부담을 지우기보다는 그가 이미 알고 있던 친구들에게 신세를 져서 자기 자신과 그의 제자들의 생계를 유지하셨다. 이 세상에서 가르침을 받는 자들은 말씀을 가르치는 자와 모든 좋은 것을 함께 하여야 한다는 것과 기쁜 마음으로 그렇게 하고자 하는 자들은 그들의 소유로 주님을 존귀하게 하고, 그들의 소유에 축복을 가져온다는 것을 명심하라.

[4]각 동네 사람들이 예수께로 나아와 큰 무리를 이루니 예수께서 비유로 말씀하시되 [5]씨를 뿌리는 자가 그 씨를 뿌리러 나가서 뿌릴새 더러는 길 가에 떨어지매 밟히며 공중의 새들이 먹어버렸고 [6]더러는 바위 위에 떨어지매 싹이 났다가 습기가 없으므로 말랐고 [7]더러는 가시떨기 속에 떨어지매 가시가 함께 자라서 기운을 막았고 [8]더러는 좋은 땅에 떨어지매 나서 백 배의 결실을 하였느니라 이 말씀을 하시고 외치시되 들을 귀 있는 자는 들을지어다 [9]제자들이 이 비유의 뜻을 물으니 [10]이르시되 하나님 나라의 비밀을 아는 것이 너희에게는 허락되었으나 다른 사람에게는 비유

로 하나니 이는 그들로 보아도 보지 못하고 들어도 깨닫지 못하게 하려 함이라 [11]이 비유는 이러하니라 씨는 하나님의 말씀이요 [12]길 가에 있다는 것은 말씀을 들은 자니 이에 마귀가 가서 그들이 믿어 구원을 얻지 못하게 하려고 말씀을 그 마음에서 빼앗는 것이요 [13]바위 위에 있다는 것은 말씀을 들을 때에 기쁨으로 받으나 뿌리가 없어 잠깐 믿다가 시련을 당할 때에 배반하는 자요 [14]가시떨기에 떨어졌다는 것은 말씀을 들은 자이나 지내는 중 이생의 염려와 재물과 향락에 기운이 막혀 온전히 결실하지 못하는 자요 [15]좋은 땅에 있다는 것은 착하고 좋은 마음으로 말씀을 듣고 지키어 인내로 결실하는 자니라 [16]누구든지 등불을 켜서 그릇으로 덮거나 평상 아래에 두지 아니하고 등경 위에 두나니 이는 들어가는 자들로 그 빛을 보게 하려 함이라 [17]숨은 것이 장차 드러나지 아니할 것이 없고 감추인 것이 장차 알려지고 나타나지 않을 것이 없느니라 [18]그러므로 너희가 어떻게 들을까 스스로 삼가라 누구든지 있는 자는 받겠고 없는 자는 그 있는 줄로 아는 것까지도 빼앗기리라 하시니라 [19]예수의 어머니와 그 동생들이 왔으나 무리로 인하여 가까이 하지 못하니 [20]어떤 이가 알리되 당신의 어머니와 동생들이 당신을 보려고 밖에 서 있나이다 [21]예수께서 대답하여 이르시되 내 어머니와 내 동생들은 곧 하나님의 말씀을 듣고 행하는 이 사람들이라 하시니라

앞 단락은 그리스도께서 열심으로 복음을 전하셨다는 것에 관한 내용으로 시작하였는데(1절), 이 단락은 사람들이 그리스도의 말씀을 열심히 들었다는 것에 관한 내용으로 시작한다(4절). 그리스도께서는 전도하기 위하여 각 성으로 가셨다. 그러므로 우리는 사람들이 그리스도께서 자기 동네에 오셨을 때에야 비로소 그의 말씀을 들었을 것이라고 생각하기 쉽다(우리는 그런 자들을 알고 있다). 그러나 사람들은 그리스도께서 그들에게로 오실 때까지 기다리지 않고 각 동네로부터 그에게로 나아왔고, 그가 그들에게 말씀을 전하신 후에 떠나시면 다시 그가 그들을 찾아올 때를 기다려서 그를 만나야 하겠다고 생각한 것이 아니라, 그가 어디를 가시든지 그를 따라다녔다. 또한 그리스도께서는 일부 사람들이 자진하여 그에게 나아왔다고 하여서, 그 사람들이 사는 성읍들에 가서 전도하지 않아도 된다고 생각하지 않으셨다. 왜냐하면, 자진하여 그에게 나아온 사람들이 일부 있었긴 하지만, 대부분의 사람들은 자진하여 그에게 나아올 정도의 열심을 갖고 있지 않았으므로, 그는 놀라운 겸비 속에서

그들을 찾아가고자 하셨기 때문이다. 그는 그를 찾지 아니하던 자에게 찾아냄이 되었다(사 65:1). 큰 무리를 이루었다는 말로 보아서, 사람들이 구름처럼 모여든 것 같다. 그물을 던져서 잡아야 할 물고기가 많았던 것이다. 그는 가르침을 받고자 열심을 내었던 사람들을 가르치실 준비가 되어 있었고, 또한 기꺼이 가르치시고자 하셨다. 이 단락에는 다음과 같은 내용들이 나온다.

I. 그리스도께서 씨 뿌리는 자의 비유 및 그 비유의 해설과 적용을 통해서 말씀을 들을 때에 꼭 필요한 훌륭한 규칙들과 주의사항들을 보여주심. 이 모든 것을 우리는 이미 앞에서 두 번이나 아주 자세하게 살펴본 바 있다. 그리스도께서 이 비유를 마치신 후에, 1. 제자들은 그 비유의 의미를 캐물었다(9절). 그들은 그에게 이 비유의 뜻을 물었다. 우리는 우리가 듣는 말씀의 참된 의도와 적용범위를 알려고 진지하게 애씀으로써, 우리의 지식에 오해나 결함이 없게 하여야 한다. 2. 그리스도께서는 외인(外人)들과는 달리 제자들이 그의 말씀의 비밀과 의미를 알게 될 기회를 가졌다는 것이 그들에게 얼마나 큰 유익이 되는지를 깨닫게 하셨다: 하나님 나라의 비밀을 아는 것이 너희에게는 허락되었다(10절). 그리스도에게서 가르침을 받고자 하는 자들은 그에게서 가르침을 받는 것이 얼마나 큰 특권이며, 다른 사람들이 어둠에 버려져 있을 그 때에 빛으로 인도하심을 받는 것이 얼마나 값진 특권인지를 알아야 한다는 것을 명심하라. 다른 사람들에게는 오직 귀를 즐겁게 해주는 비유에 불과한 것이 우리에게는 명백한 진리가 되어서, 그 진리에 의해서 우리가 빛을 받고 다스림을 받아서 그 진리 속으로 들어간다면, 우리는 복된 자들이고, 주님의 거저 주시는 은혜에 영원히 빚을 진 자들이다. 이제 비유 자체와 그 해설을 살펴보자.

(1) 씨는 하나님의 말씀이고, 씨가 뿌려지는 토양은 사람의 마음이다. 사람의 마음은 하나님의 말씀이라는 씨를 받아서 열매를 낼 수 있다. 그러나 씨가 마음속에 뿌려지지 않는다면, 마음은 소중한 것을 전혀 낼 수 없게 된다. 그러므로 우리는 씨와 토양을 결합시키지 않으면 안 된다. 성경 속에 있는 씨를 뿌리지 않고 고이 모셔두기만 한다면, 우리에게 씨가 있어 보아야 무슨 소용이 있겠는가? 우리 마음속의 토양에 씨를 뿌리지 않는다면, 우리가 마음이라는 토양을 가지고 있는 것이 무슨 소용이 있겠는가?

(2) 씨뿌림의 성공 여부는 토양의 성질에 따라 아주 큰 영향을 받기 때문에, 씨를 잘 받아들이게끔 되어 있느냐의 여부에 좌우된다. 하나님의 말씀은 우리

가 어떤 자인가에 따라서 우리에게 생명으로부터 생명에 이르는 냄새가 되기도 하고 사망으로부터 사망에 이르는 냄새가 되기도 한다.

(3) 마귀는 교묘하고 악의를 품은 원수로서, 우리가 하나님의 말씀으로부터 유익을 얻지 못하도록 방해하는 것을 자신의 업(業)으로 삼고 있는 자이다. 마귀는 안일하게 듣는 자들의 마음으로부터 말씀을 빼앗아감으로써 그들이 믿어 구원을 얻지 못하게 하려고 한다(12절). 그리스도께서 이 구절을 여기에 덧붙이신 것은 우리에게 다음과 같은 것들을 가르치시기 위한 것이다. [1] 우리는 믿지 않고서는 구원을 얻지 못한다는 것. 복음의 말씀은 믿음과 결합되지 않는다면 우리에게 구원의 말씀이 되지 못한다. [2] 그러므로 마귀는 온갖 수단을 다 동원해서 우리가 믿지 못하도록 방해하고, 우리가 말씀을 읽거나 들을 때에 우리로 하여금 말씀을 믿지 못하게 만들며, 우리가 잠시 말씀에 유념한다고 해도 우리로 하여금 곧 그 말씀을 잊어버리거나 놓치게 만들고(히 2:1), 우리가 말씀을 기억한다고 해도 그 말씀에 대한 편견들을 우리의 마음속에 만들어내거나 우리의 마음을 말씀에서 빼앗아서 다른 곳으로 방향을 돌려놓는다는 것. 이 모든 것은 우리가 믿어 구원을 얻지 못하게 하기 위한 것이고, 비록 마귀는 말씀을 믿고 두려워 떨면서도, 우리는 믿고 즐거워하지 못하게 하기 위한 것이다.

(4) 하나님의 말씀을 안일하게 듣는 곳에는 통상적으로 말씀에 대한 멸시도 있다. 이 비유를 보면, 길가에 떨어진 씨가 밟혔다는 말이 덧붙여져 있다(5절). 말씀에 대하여 의도적으로 귀를 닫는 자들은 사실상 말씀을 발로 짓밟는 것이다. 그런 자들은 주의 계명을 멸시하는 자들이다.

(5) 말씀에 의해서 약간의 감화를 받긴 했지만 깊고 지속적인 감화를 받지 못한 자들은 시련이 닥쳐오면 그들의 위선적인 모습을 드러내게 된다. 그런 자들은 바위 위에 뿌려진 씨와 같아서, 뿌리가 없다(13절). 그들은 잠깐 믿고, 그들의 신앙 고백도 효력이 있는 것처럼 보이지만, 시련을 당할 때에 배반하여 그들의 선한 출발로부터 떨어져 나간다. 세상이 미소를 지어 웃거나 찌푸리며 성난 얼굴을 해서 그들을 시험하면, 그들은 쉽게 무너지고 만다.

(6) 이생의 향락들은 다른 것들과 마찬가지로 말씀의 좋은 씨를 질식시켜 버리는 위험하고 해로운 가시떨기들이다. 이 구절(14절)은 여기에 덧붙여진 것으로서 다른 복음서에는 나오지 않는다. **이생의 염려들**에 휘밀리들시노 않았

고 재물의 유혹에 속아넘어가지도 않아서 그러한 것들에 대하여 죽었다고 자랑하는 자들은 몸에 밴 나태함, 안일과 쾌락을 좋아함으로 인해서 하늘로부터 멀어질 수 있다. 감각의 쾌락들은 아무리 합법적인 것이라고 해도 지나치게 추구하고 탐닉하면 영혼을 파멸시킬 수 있다.

(7) 열매를 내는 것만으로는 부족하고, 온전히 결실하여 다 익은 열매를 내어야 한다. 그렇지 않다면, 전혀 열매를 내지 않은 것과 마찬가지가 된다. 왜냐하면, 여기에는 온전히 결실하지 못하였다고 되어 있지만 마태복음과 마가복음에는 결실하지 못하였다고 되어 있기 때문이다. 오래 참음이 없으면 일을 완성할 수 없다(factum non dicitur quod non perseverat).

(8) 좋은 열매를 내는 좋은 땅은 가르침과 계명을 잘 받아들이는 정직하고 선한 마음을 말한다(15절). 죄악에 더럽혀지지 않고, 하나님 및 본분에 충실한 마음, 바르고 온유한 마음, 말씀을 듣고 떠는 마음이 정직하고 선한 마음인데, 토양이 씨를 받아들일 뿐만 아니라 지키기도 하는 것과 마찬가지로, 이런 마음은 말씀을 들었을 때에 그 말씀을 깨닫고(마태 본문) 받아들여서(마가 본문) 지킨다(누가 본문). 배는 음식이나 약을 받아들일 뿐만 아니라 지키기도 한다.

(9) 말씀이 잘 지켜진 곳에는 인내로써 언젠가는 열매가 맺어진다. 이 어구도 여기에 덧붙여진 내용이다. 견디는 인내와 기다리는 인내, 이 두 가지가 다 있어야 한다. 말씀으로 말미암아 일어날 수 있는 환난이나 박해를 견디는 인내. 잘 될 때까지 끝까지 지속하는 인내.

(10) 이 모든 것을 고려할 때, 우리는 어떻게 들을까 스스로 삼가야 한다(18절). 우리는 우리가 듣는 말씀을 통해서 우리가 유익을 얻는 것을 방해하는 것들을 조심해야 하고, 말씀을 들을 때에 우리의 마음을 살피고, 마음이 어그러지지 않도록 주의하여야 한다. 우리는 말씀을 안일하고 가볍게 듣지 않도록 조심하고, 어떤 이유로든 우리가 듣는 말씀에 대하여 편견을 품지 않도록 조심하여야 한다. 또한 우리는 말씀을 들은 후에는 우리의 정신 자세를 가다듬어서 우리가 얻은 유익을 잃지 않도록 하여야 한다.

Ⅱ. 말씀을 전하도록 지명된 자들과 말씀을 들은 자들에게 주어진 필요한 교훈들.

1. 은사를 받은 자들은 각각 은사를 받은 대로 서로 봉사하여야 한다. 복음을 전하도록 위임받은 목회자들과 말씀에 의해서 유익을 얻음으로써 남들에게도

동일한 유익을 끼칠 수 있는 자격을 갖춘 그리스도인들은 자기들이 불이 켜진 등경이라는 것을 알아야 한다. 목회자들은 엄숙하고 권위 있는 설교를 통해서, 평신도 그리스도인들은 형제애가 깃든 친밀한 담화(談話)를 통해서 그들의 빛을 퍼지게 하여야 한다. 등경은 그릇으로 덮거나 평상 아래에 두지 아니하여야 하기 때문이다(16절). 목회자들과 그리스도인들은 생명의 말씀을 밝혀 세상의 빛이 되어야 한다. 그들의 빛은 사람들 앞에서 빛나야 한다. 그들은 선해야 할 뿐만 아니라 선을 베풀어야 한다.

2. 우리는 지금 눈에 보이지 않는 근원으로부터 은밀하게 행하여진 일이 곧 드러나고 알려지게 되리라는 것을 알아야 한다(17절). 너희는 너희에게 은밀하게 주어진 것을 드러내야 한다. 왜냐하면, 너희의 주인이 너희에게 달란트를 준 것은 땅에 묻어 두라는 것이 아니라 장사하라고 준 것이기 때문이다. 너희는 너희에게 지금 감춰져 있는 것을 사람들로 하여금 알게 하여야 한다. 왜냐하면, 너희가 그것을 드러내지 않는다면, 그것이 너희를 거슬러 드러나서, 너희가 속였다는 것을 증명하게 될 것이기 때문이다.

3. 우리가 가진 은사들은 우리가 그 은사들을 하나님의 영광과 우리 형제들의 덕세움을 위해서 사용하느냐 하지 않느냐에 따라서 우리에게 지속되기도 하고 사라지기도 할 것이다: 누구든지 있는 자는 받으리라(18절). 은사를 가진 자가 그 은사로 선을 행하면, 그는 더 많은 은사를 갖게 될 것이지만, 자신의 달란트를 묻어두는 자는 그것까지 잃게 될 것이다. 없는 자는 그 있는 것까지 빼앗기게 될 것이다(마가 본문). 즉, 그 있는 줄로 아는 것까지도 빼앗기게 될 것이다(누가 본문). 잃어버린 은혜는 은혜처럼 보이는 것일 뿐이지 결코 참된 은혜가 아니라는 것을 명심하라. 사람들은 그들이 사용하지 않는 것을 가지고 있다고 생각하고, 또한 그런 것처럼 보일 뿐이다. 그러나 경건의 능력이 없는 경건의 모양은 사라지고 마는 법이다. 그런 것들은 우리에게 속하지 아니하였기 때문에 우리에게서 나갔다(요일 2:19). 우리는 우리에게 있는 모든 일의 뿌리인 은혜를 신실하게 간직하는 데에 온 힘을 기울여야 한다. 은혜를 간직하고 있는 자들은 결코 은혜를 빼앗기지 않을 것이다.

Ⅲ. 그리스도께서 그의 가장 가까운 혈육보다도 그의 제자들을 더 귀하게 여긴 사건을 통해서, 말씀을 행하는 자가 됨으로써 스스로 신실하게 말씀을 들은 자였음을 증명히는 자들에게 큰 격려를 주심(19-21절).   우리는 이

이야기를 앞에서 이미 두 번이나 살펴본 바 있다. 여기서 우리는 다음과 같은 것들을 볼 수 있다

1. 많은 무리가 그리스도를 좇았다. 그를 따르는 무리들이 많았기 때문에, 그에게 가까이 가는 일은 어려웠다. 비록 많은 무리들이 그에게 모여들었지만, 그는 무리들에 휩쓸려서 그의 회중에서 멀어지는 일은 없었다.

2. 그의 가장 가까운 혈육들 중 일부는 그가 전하는 말씀을 듣는 데에는 전혀 관심이 없었다. 그들은 그의 말씀을 듣기 원해서 때를 맞춰서 왔더라면 쉽게 안으로 들어갈 수 있었을 것이지만 그렇게 하지 않았고, 단지 그를 보기만을 원해서 밖에 서 있었다. 그들은 아마도 어리석은 염려 때문에 그가 너무 많은 말을 하지 않도록 하기 위하여 그를 방해해서 어떻게든 집회를 중단시키고자 하였던 것 같다.

3. 예수 그리스도께서는 그의 친구들과 교제하기보다는 열심히 그의 일을 하고자 하셨다. 그는 그의 어머니와 동생들과 이야기를 나누기 위하여 그의 설교를 중단하고자 하지 않으셨다. 왜냐하면, 그런 일을 하는 것이 그의 양식이었기 때문이다.

4. 그리스도께서는 하나님의 말씀을 듣고 행하는 자들이야말로 그의 가장 가깝고 소중한 가족이라고 말씀하기를 기뻐하셨다. 그런 자들은 그에게 그의 어머니와 동생들보다 더 소중한 자들이기 때문이었다.

[22] 하루는 제자들과 함께 배에 오르사 그들에게 이르시되 호수 저편으로 건너가자 하시매 이에 떠나 [23] 행선할 때에 예수께서 잠이 드셨더니 마침 광풍이 호수로 내리치매 배에 물이 가득하게 되어 위태한지라 [24] 제자들이 나아와 깨워 이르되 주여 주여 우리가 죽겠나이다 한대 예수께서 잠을 깨사 바람과 물결을 꾸짖으시니 이에 그쳐 잔잔하여지더라 [25] 제자들에게 이르시되 너희 믿음이 어디 있느냐 하시니 그들이 두려워하고 놀랍게 여겨 서로 말하되 그가 누구이기에 바람과 물을 명하매 순종하는가 하더라 [26] 그들이 갈릴리 맞은편 거라사인의 땅에 이르러 [27] 예수께서 육지에 내리시매 그 도시 사람으로서 귀신 들린 자 하나가 예수를 만나니 그 사람은 오래 옷을 입지 아니하며 집에 거하지도 아니하고 무덤 사이에 거하는 자라 [28] 예수를 보고 부르짖으며 그 앞에 엎드려 큰 소리로 불러 이르되 지극히 높으신 하나님의 아들 예수여 당신이 나와 무슨 상관이 있나이까 당신께 구하노니 나를 괴롭게 하

지 마옵소서 하니 [29]이는 예수께서 이미 더러운 귀신을 명하사 그 사람에게서 나오라 하셨음이라 (귀신이 가끔 그 사람을 붙잡으므로 그를 쇠사슬과 고랑에 매어 지켰으되 그 맨 것을 끊고 귀신에게 몰려 광야로 나갔더라) [30]예수께서 네 이름이 무엇이냐 물으신즉 이르되 군대라 하니 이는 많은 귀신이 들렸음이라 [31]무저갱으로 들어가라 하지 마시기를 간구하더니 [32]마침 그 곳에 많은 돼지 떼가 산에서 먹고 있는지라 귀신들이 그 돼지에게로 들어가게 허락하심을 간구하니 이에 허락하시니 [33]귀신들이 그 사람에게서 나와 돼지에게로 들어가니 그 떼가 비탈로 내리달아 호수에 들어가 몰사하거늘 [34]치던 자들이 그 이루어진 일을 보고 도망하여 성내와 마을에 알리니 [35]사람들이 그 이루어진 일을 보러 나와서 예수께 이르러 귀신 나간 사람이 옷을 입고 정신이 온전하여 예수의 발치에 앉아 있는 것을 보고 두려워하거늘 [36]귀신 들렸던 자가 어떻게 구원 받았는지를 본 자들이 그들에게 이르매 [37]거라사인의 땅 근방 모든 백성이 크게 두려워하여 예수께 떠나가시기를 구하더라 예수께서 배에 올라 돌아가실새 [38]귀신 나간 사람이 함께 있기를 구하였으나 예수께서 그를 보내시며 이르시되 [39]집으로 돌아가 하나님이 네게 어떻게 큰 일을 행하셨는지를 말하라 하시니 그가 가서 예수께서 자기에게 어떻게 큰 일을 행하셨는지를 온 성내에 전파하니라

이 단락에는 우리 주 예수의 권능을 증명해주는 두 가지 유명한 사건이 나온다 ― 바람을 다스리시는 그의 권능과 귀신들을 다스리시는 그의 권능. 우리는 이 사건들을 이미 마가복음 4장과 5장에서 살펴본 바 있다.

I. 사람들에게 무시무시한 공포의 대상이면서 ― 특히 바다에서 ― 수많은 사람들을 죽음에 몰아넣는 바람, 즉 **공중의 권세들을 다스리시는 그리스도의 권능.**   좀 더 자세하게 살펴보자.

1. 그리스도께서는 제자들에게 바다 저편으로 건너가자고 명하셨는데, 이것은 바다 위에서 풍랑을 잔잔케 하심으로써 그의 영광을 드러내시고, 바다 저편에 가셔서 귀신 들린 불쌍한 사람에게 자비를 베푸시기 위한 것이었다: 그는 제자들과 함께 배에 오르셨다(22절). 그리스도의 명령을 지키는 자들은 그리스도께서 그들과 함께 하신다는 것을 확신해도 좋다. 그리스도께서 제자들을 보내신다면, 그도 그들과 함께 가신다. 그리스도께서 함께 동행하시는 그런 자들은 안전하고 담대하게 어디든지 갈 수 있다. 그는 그들에게 이르시되 호수 저

편으로 건너가자 하셨다. 그가 거기에서 해야 할 선한 일이 있었기 때문이다. 그는 좀 더 멀기는 했겠지만 육로를 이용해서 갈 수도 있었다. 그러나 그는 그의 기이한 일들을 깊은 바다에서 보이시기 위하여 배로 가는 쪽을 택하셨다.

2. 그리스도의 말씀을 따라서 잔잔한 바다로 나간 자들은 풍랑을 각오해야 하고, 그 풍랑으로 인한 극한 상황을 각오하여야 한다. 광풍이 호수로 내리쳤다 (23절). 이 표현은 마치 다른 곳에는 풍랑이 없었고 오직 여기에만 있었다는 듯이 말하는 것 같다. 그러자 곧 배가 심하게 요동을 쳐서 배에 물이 가득하게 되어, 그들의 목숨이 위태하게 되었다. 하나님의 허락을 받아서 바람을 일으킨 공중의 권세 잡은 자인 마귀는 그리스도께서 말씀 몇 마디로 호수 저편에 있는 귀신 들린 불쌍한 사람에게서 군대 귀신을 쫓아낼 목적으로 지금 호수를 건너 가고 있는 것이라고 의심하여서, 그가 타고 있던 배를 가라앉게 만들어서 그의 승리를 막으려고 광풍으로 배를 공격하였던 것 같다.

3. 그리스도께서는 폭풍이 부는 가운데서도 주무시고 계셨다(23절). 그는 잠시 눈을 붙여서 육체적으로 다시 기운을 차릴 필요가 있었기 때문에, 그의 일에 거의 방해가 되지 않는 시간을 택하여 주무셨다. 실제로 그리스도께서는 바다에서 폭풍이 부는 가운데서도 은혜로운 임재로써 제자들과 함께 하고 계셨지만, 제자들에게 그리스도는 마치 주무시고 계시는 것처럼 보였고, 사태가 최악의 상황으로 변해가고 있는 때에도 그들을 구하기 위하여 즉시 나서지 않을 것처럼 보였다. 이렇게 하여, 그리스도께서는 제자들의 믿음과 인내심을 시험하시고, 그들로 하여금 기도로써 그를 깨워야 한다는 것을 일깨우시고, 마침내 구원이 찾아왔을 때에 그 구원을 더욱 기뻐할 수 있게 하셨다.

4. 우리의 위험과 교회가 처한 곤경을 그리스도께 탄원할 때에는 그리스도를 깨워서 우리를 위해 나서게 하는 것으로 충분하다(24절). 제자들은 주여 주여 우리가 죽겠나이다라고 소리쳤다. 우리의 두려움을 침묵시키는 길은 그 두려움을 그리스도께로 가져가서 그 앞에 내려놓는 것이다. 그리스도를 진심으로 주라고 부르고, 믿음과 열렬한 마음으로 그를 그들의 주라고 부르는 자들은 그리스도께서 그들을 죽게 내버려두지 않으실 것임을 확신할 수 있다. 죄책감과 하나님의 진노에 대한 두려움에 떠는 불쌍한 영혼들에게는 이와 같이 그리스도에게 나아가서 그를 주라고 부르며 "주께서 나를 돕지 않으시면, 내가 죽겠나이다" 라고 말하는 것 외에 다른 구제책이 없다.

5. 광풍을 일으키는 것이 사탄의 일이듯이, 광풍을 잔잔케 하는 것은 그리스도의 일이다. 그리스도는 그런 일을 하실 수 있고, 하셨으며, 그런 일을 하시기를 기뻐하신다. 왜냐하면, 그는 세상에 평화를 선포하러 오셨기 때문이다. 그는 바람과 물결을 꾸짖으시니 즉시 그쳤다(24절). 다른 경우들에서처럼 점차적이 아니라 일시에 돌연히 큰 고요함이 있었다(개역에서는 잔잔하여지더라). 이렇게 그리스도께서는 마귀가 공중에 권세 잡은 자를 자처함에도 불구하고 그를 사슬에 묶어 두고 계신다는 것을 보여주셨다.

6. 우리의 위험들이 지나가고나면, 우리는 우리가 두려워했던 것을 부끄럽게 여김과 동시에 그리스도께서 권능을 나타내신 것에 대하여 그에게 영광을 돌려야 마땅하다. 그리스도께서 광풍을 잔잔함으로 바꾸어 놓으시자, 그들이 평온함으로 말미암아 기뻐하였다(시 107:30). 그런 후에, (1) 그리스도께서는 제자들이 지나치게 두려워한 것에 대하여 책망하셨다: 너희 믿음이 어디 있느냐(25절). 참된 믿음을 가지고 있으면서도 그 믿음을 사용할 기회가 왔을 때에 그런 믿음을 구하는 자들이 의외로 많다는 것을 명심하라. 그런 자들은 자연의 현상들이 그들에게 불리해지면 낙심하고 두려워 떤다. 그들은 별것 아닌 일로도 낙담한다. 도대체 그들의 믿음은 어디로 간 것이냐? (2) 제자들은 그의 권능으로 인하여 그에게 영광을 돌렸다: 그들이 두려워하고 놀랍게 여겼다. 풍랑을 무서워하였던 제자들은 이제 그 위험이 지나가자 그 풍랑을 잔잔하게 하신 그리스도를 두려워하여, 그가 누구인가라고 서로 말하였다. 그들은 주와 같은 신이 어디 있으리이까?라고 말한 셈이었다. 왜냐하면, 바다의 설렘과 물결의 흔들림을 진정시키는 것은 하나님의 대권이기 때문이다(시 65:7).

II. 공중의 권세 잡은 자 마귀를 다스리시는 그리스도의 권능. 이 단락에 나오는 두 번째 사건에서 그리스도께서는 바람에게 명령하여 잔잔하게 하셨을 때보다도 마귀와 더 가까이서 접전을 벌이시게 된다. 풍랑이 잔잔해진 후에 곧 그들은 그들이 바라던 항구에 닿아서, 거라사인의 땅에 이르러 해변으로 갔다(26-27절). 거기에는 그리스도께서 해야 할 일이 기다리고 있었다. 그는 풍랑을 뚫고 와서 그 일을 해내야 한다고 생각하셨다.

우리는 이 이야기를 통해서 악독하고 악의에 찬 귀신들의 세계에 관하여 많은 것들을 배울 수 있다. 귀신들은 오늘날에는 통상적으로 여기에 나오는 것과 동일한 방식으로 활동하고 있지는 않지만, 우리는 언제나 귀신들에 대한 경계를 늦추어서는 안 된다.

1. 이 악의에 찬 귀신들은 그 수가 매우 많았다. 이 한 사람을 사로잡고 있던 귀신들은 스스로를 군대라고 불렀는데(30절), 이것은 많은 귀신이 들렸기 때문이었다: 이 사람은 오랫동안 귀신에 들린 자였다(27절). 오랫동안 이 사람을 사로잡고 있던 귀신들은 우리 구주께서 그들을 공격하러 오시리라는 것을 미리 알고서 풍랑을 일으켜 방해하고자 했으나 실패하자, 이번이 결정적인 전투가 될 것으로 예상해서, 구원병들을 보내었고, 구주께서 많은 귀신들을 한꺼번에 쫓아내는 것이 어려울 것이라고 내다보고, 그에게 패배를 안겨주고자 하였다. 이 귀신들은 실제로 군대였거나 적어도 깃발을 세운 군대처럼 무시무시하게 보이고자 하였을 것이다. 그들은 적어도 체스터(Chester)에 오랫동안 주둔하였던 로마군의 제12군단의 명칭인 승리의 군단(legio victrix)처럼 보이고자 하였을 것이다.

2. 이 귀신들은 인간에 대하여, 그리고 인간이 편하게 잘 사는 것에 대하여 뿌리 깊은 적대감을 지니고 있었다. 귀신들에게 사로잡혀서 오랫동안 그 영향 아래 놓여 있었던 이 사람은 옷을 입지 아니하며 집에 거하지도 아니하였다(27절) ─ 의복과 주거는 사람이 이 세상을 살아가는 데에 꼭 필요한 것들 중 두 가지인데도. 또한 사람들은 죽은 자들의 거처인 무덤에 대한 본능적인 두려움을 지니고 있다는 점을 이용해서, 귀신들은 이 사람을 강제적으로 무덤 사이에 거하게 하여서, 스스로와 주위 사람들에게 더욱 공포의 대상이 되게 하였기 때문에, 이 사람의 영혼은 어느 누구보다도 피폐해져서 사는 것조차 지겨워하게 되었고, 차라리 숨이 막히는 것과 죽는 것을 택하고자 하게 되었다.

3. 이 귀신들은 대단히 힘이 세고 난폭하여서 제어할 수 없었고, 묶어두는 것을 싫어할 뿐만 아니라 조롱하였다: 사람들은 그가 자기 자신이나 다른 사람들에게 해를 가하지 않도록 하기 위하여 그를 쇠사슬과 고랑에 매어 지켰으나, 그는 그 맨 것을 끊었다(29절). 어떤 사람의 말도 듣지 않는 자들은 사탄의 통치 아래 놓여 있는 자라는 것을 스스로 입증하는 것임을 명심하라. 이런 자들은 하나님과 그리스도, 그들의 가장 친한 친구들에 대해서도 우리가 그들의 맨 것을 끊어 버리자고 말하고, 그들이 좋아하는 것 외에는 그 어떤 속박도 받고자 하지 않는다. 이 사람은 귀신에게 끌려다녔다(개역에서는 귀신에게 몰려). 그리스도께서는 그의 통치 아래에 있는 자들을 사람의 줄, 곧 사랑의 줄로 기분 좋게

이끄시는 반면에, 마귀는 그의 통치 아래에 있는 자들을 미친듯이 광분하여 몰고 다닌다.

4. 이 귀신들은 우리 주 예수에 대하여 몹시 격분했지만, 또한 그에 대하여 큰 두려움과 공포를 갖고 있었다: 귀신들에게 사로잡혀 있던 자가 예수를 보자, 몹시 괴로워하며 울부짖고는, 그의 진노를 피해보고자 그 앞에 엎드려서, 그가 자기보다 무한히 높으시고 감히 상대할 수 없는 지극히 높으신 하나님의 아들이심을 고백하면서도, 그리스도와 자기는 그 어떤 협약이나 동맹을 맺은 적이 없는 아무 상관 없는 관계라고 항변하였다(이 항변만으로도 서기관들과 바리새인들의 신성모독적인 트집을 충분히 잠재울 수 있을 것이었다. 여기서 귀신들은 이 사람의 입을 빌려서 말하고 있는 것이다): 당신이 나와 무슨 상관이 있나이까? 귀신들은 그리스도를 섬기고자 하는 마음을 가지고 있지도 않고, 그리스도에게서 어떤 유익을 받고자 하는 기대도 가지고 있지 않다: 당신이 우리와 무슨 상관이 있나이까? 그러나 귀신들은 그의 권능과 진노를 몹시 두려워하였다: 당신께 구하노니 나를 괴롭게 하지 마옵소서. 귀신들은 당신께 구하노니 나를 구원하옵소서라고 말하는 것이 아니라, 단지 나를 괴롭게 하지 마옵소서라고 말한다. 이런 말을 하는 자들은 고통의 장소인 지옥을 두려워하기만 할 뿐이고 성결과 사랑의 장소인 천국을 원하지는 않는 자들이다.

5. 이 귀신들은 완전히 우리 주 예수의 명령과 권능 아래에 있었다. 귀신들도 그것을 알고 있었다. 왜냐하면, 그들은 그에게 무저갱으로 들어가라 하지 마시기를 간구하였기 때문이다. 그들은 그가 그들을 고통의 장소인 무저갱으로 보낼 권한을 가지고 계시고 쉽게 그렇게 하실 수 있다는 것을 인정하였다. 모든 흑암의 권세들이 주 예수의 견제와 통제 아래에 있다는 것은 주의 백성에게 얼마나 큰 위로가 되는가! 주께서는 그들에게 모두 족쇄를 채워두고 계신다. 그는 원하시기만 하면 언제든지 그들을 그들의 본향으로 보내실 수 있다.

6. 이 귀신들은 해를 끼치는 것을 기뻐한다. 그들은 이 불쌍한 사람을 놓아주는 것 외에는 다른 방도가 없다는 것을 알게 되었을 때에 돼지 떼에게 들어갈 수 있게 해달라고 간청하였다(32절). 마귀는 사람을 타락시켜서 비참한 상태로 만들어버렸을 때에 피조물 전체를 저주하고 적대감을 품었다. 그리고 여기에서 그의 이러한 광범위한 적대감의 한 예로서 마귀는 사람을 멸망시킬 수 없게 되자 돼지 떼를 멸망시키고자 하였다. 마귀는 사람들의 몸에 들어가서

사람들을 해칠 수 없을 때에는 사람들의 재물에 해를 끼치고자 한다 — 여기에서 증명된 것처럼, 재물은 종종 사람들을 그리스도에게서 멀어지게 만드는 큰 시험이다. 그리스도께서는 마귀가 마을에 얼마나 큰 재앙을 가져다줄 수 있는지를 마을 사람들에게 알게 하기 위해서 귀신들이 그 돼지에게로 들어가게 허락하셨다. 귀신들은 허락을 받자마자 돼지에게로 들어갔고, 귀신들이 들어가자마자 돼지 떼는 비탈로 내리달아 호수에 들어가 몰사하였다. 이렇게 하여, 사탄이 사로잡은 사람들이 멸망을 당하고 지옥에 떨어지지 않게 된 것이기 때문에, 이 일은 긍휼하심의 이적이었다. 이 경우를 비롯한 여러 다른 경우들은 사탄이 울부짖는 사자와 붉은 용으로서 삼킬 것과 사람을 찾고 있다는 것을 보여준다.

7. 어떤 영혼 안에 있던 마귀의 권세가 꺾이면, 그 영혼은 회복되고 제정신으로 돌아오는데, 이것은 사탄이 사로잡고 있는 자들은 그 사로잡힘에서 스스로 벗어나지 못한다는 것을 보여준다: 귀신 나간 사람이 예수의 발치에 앉아 있었다(35절). 이 사람은 마귀의 권세 아래에 있었을 때에는 예수 앞에서 도망하고자 했었지만, 이제는 그의 발치에 앉아 있다. 이것은 그가 정신이 온전하게 되었다는 것을 보여주는 것이었다. 하나님이 우리를 사로잡으시면, 하나님은 우리에게 자율적인 통치와 자아의 향유를 허용하신다. 그러나 사탄이 우리를 사로잡으면, 사탄은 우리에게 이 두 가지를 다 빼앗아 버린다. 그러므로 우리의 영혼 속에서 사탄의 권세를 몰아내고, 우리의 마음을 하나님께 드려서 하나님께서 오셔서 우리의 마음을 다스리게 하자. 왜냐하면, 우리 마음을 하나님이 다스리시는 것이 우리 자신이 직접 다스리는 것보다 훨씬 더 낫기 때문이다.

이제 이 사람에게서 군대 귀신을 쫓아낸 이 이적의 결과가 무엇이었는지를 살펴보기로 하자.

(1) 이 이적으로 인해서 돼지 떼를 잃은 이 마을 사람들은 어떤 반응을 보였는가? 돼지를 치던 자들이 그 이루어진 일을 보고 도망하여 성내와 마을에 알렸는데(34절), 아마도 그들은 그리스도에 대한 사람들의 분노를 불러일으킬 의도로 그렇게 하였던 것 같다. 그들은 귀신 들렸던 자가 어떻게 구원 받았는지를 사람들에게 고하면서(36절), 귀신들을 돼지 떼로 들어가게 함으로써 그 사람을 구원하였다고 말하였는데, 그들은 마치 그리스도께서 그 사람을 귀신들의 수중에서 구원하는 대가로 돼지 떼를 귀신들에게 넘겨주었다는 식으로 악의적인

표현을 하였을 것이다. 사람들이 그 이루어진 일을 보고 진상을 알아보기 위해서 나와서 두려워하였다(35절). 모든 백성이 크게 두려워하였다(37절). 사람들은 이 일을 보고 크게 놀랐고, 무슨 말을 해야 할지를 몰랐다. 그들은 귀신에게 고통당하던 불쌍한 이웃이 구원받은 것과 이 사람의 발광(發狂)으로 인한 공포로부터 마을 전체가 구원받은 것보다 돼지 떼가 죽은 것을 더 중시하였다. 그래서 그들은 또 어떤 재앙이 그들에게 닥칠지 모른다고 생각해서 그리스도께 떠나주시기를 간청하였다. 하지만 사실 자신의 죄악된 삶을 버리고 자신을 그리스도께 맡기고자 하는 자들은 그리스도를 두려워할 필요가 없었다. 그러나 그리스도께서는 그들의 말을 들어주셨다: 예수께서 배에 올라 돌아가셨다. 자신의 돼지를 더 사랑하는 자들은 구주 및 구주 안에서의 소망들을 잃어버리게 된다.

   (2) 이 이적을 통해서 회복된 저 불쌍한 사람은 어떻게 되었는가? 사람들은 그리스도에게 떠나달라고 간청하였던 반면에, 이 사람은 그리스도와 함께 있고자 원하였다. 악귀를 쫓아내심과 병 고침을 받은 자들(2절)과 마찬가지로, 이 사람은 그리스도에게 함께 있기를 구하였다. 그러면, 그리스도께서는 그의 보호자이자 선생이 될 수 있고, 그는 그리스도의 이름을 높이고 그리스도로 하여금 찬송을 받게 해줄 증인이 될 수 있을 것이었다. 그는 그리스도에게 떠나주기를 바랐던 저 무례하고 야비한 거라사 사람들과 함께 살기가 싫었다. 내 영혼을 죄인들과 함께 거두지 마소서! 그러나 그리스도께서는 그를 데리고 가지 않으시고 집으로 돌려보냈는데, 이것은 하나님께서 그에게 행하신 큰 일을 그를 아는 자들에게 널리 알려서, 그가 전에는 그 지방에 짐이 되었지만 이제는 축복이 되게 하기 위한 것이었다. 우리는 종종 다른 사람들의 영혼에 유익을 끼칠 기회를 얻기 위해서 우리의 영적인 유익과 위로를 얻는 것을 포기해야 할 때가 있다. 아마도 그리스도께서는 돼지 떼를 잃어버린 것에 대한 분노가 어느 정도 가시게 되면 그 지방 사람들이 이 이적을 다시금 곰곰이 생각해보고 그 사람을 이 이적에 대한 산 기념비이자 조언자로 삼게 될 소지가 많다는 것을 알고 계셨을 것이다.

[40]예수께서 돌아오시매 무리가 환영하니 이는 다 기다렸음이러라 [41]이에 회당장인 야이로라 하는 사람이 와서 예수의 발 아래에 엎드려 자기 집에 오시기를 간구하

니 [42]이는 자기에게 열두 살 된 외딸이 있어 죽어감이러라 예수께서 가실 때에 무리가 밀려들더라 [43]이에 열두 해를 혈루증으로 앓는 중에 아무에게도 고침을 받지 못하던 여자가 [44]예수의 뒤로 와서 그의 옷 가에 손을 대니 혈루증이 즉시 그쳤더라 [45]예수께서 이르시되 내게 손을 댄 자가 누구냐 하시니 다 아니라 할 때에 베드로가 이르되 주여 무리가 밀려들어 미나이다 [46]예수께서 이르시되 내게 손을 댄 자가 있도다 이는 내게서 능력이 나간 줄 앎이로다 하신대 [47]여자가 스스로 숨기지 못할 줄 알고 떨며 나아와 엎드리어 그 손 댄 이유와 곧 나은 것을 모든 사람 앞에서 말하니 [48]예수께서 이르시되 딸아 네 믿음이 너를 구원하였으니 평안히 가라 하시더라 [49]아직 말씀하실 때에 회당장의 집에서 사람이 와서 말하되 당신의 딸이 죽었나이다 선생님을 더 괴롭게 하지 마소서 하거늘 [50]예수께서 들으시고 이르시되 두려워하지 말고 믿기만 하라 그리하면 딸이 구원을 얻으리라 하시고 [51]그 집에 이르러 베드로와 요한과 야고보와 아이의 부모 외에는 함께 들어가기를 허락하지 아니하시니라 [52]모든 사람이 아이를 위하여 울며 통곡하매 예수께서 이르시되 울지 말라 죽은 것이 아니라 잔다 하시니 [53]그들이 그 죽은 것을 아는 고로 비웃더라 [54]예수께서 아이의 손을 잡고 불러 이르시되 아이야 일어나라 하시니 [55]그 영이 돌아와 아이가 곧 일어나거늘 예수께서 먹을 것을 주라 명하시니 [56]그 부모가 놀라는지라 예수께서 경고하사 이 일을 아무에게도 말하지 말라 하시니라

그리스도께서는 거라사 사람들에 의해서 쫓겨나셨다. 그들은 그리스도에게 질렸기 때문에 그를 제거하고자 하였다. 그러나 그리스도께서 호수를 건너서 갈릴리 사람들에게로 되돌아왔을 때, 그들은 그가 돌아온 것을 환영하였는데, 이것은 그들이 그가 돌아오기를 다 기다렸기 때문이었다. 그들은 그리스도께서 돌아오시자 그를 진심으로 환영하였다(40절). 그리스도께서 주시는 은총을 받아들이고자 하지 않는 사람들도 있고, 기꺼이 받아들이고자 하는 사람들도 있다. 거라사 사람들은 그리스도에게 모여들지 않았지만, 많은 사람들 가운데서 그리스도께서는 영광을 받으실 것이었다. 그리스도께서 호수 저편에서 일을 마치신 후에 돌아오셨을 때에 새로운 일이 그를 기다리고 있었다. 선을 행하고자 하는 자들이 기회가 없어서 선을 행하지 못하는 일은 없다. 곤경에 처한 자들은 항상 우리 곁에 있기 때문이다.

누가복음의 이 단락 속에는 마태복음과 마가복음에서와 마찬가지로 두 가지

이적이 서로 얽혀 있다 — 하나는 그리스도께서 야이로의 딸을 다시 살리신 이적이고, 다른 하나는 그리스도께서 야이로의 집으로 무리와 함께 가던 중에 혈루증을 앓던 여자를 고치신 이적이다. 여기에는 다음과 같은 내용들이 나온다.

I. 여기에는 야이로라는 회당장이 큰 병에 걸려서 죽어가고 있던 그의 어린 딸을 대신해서 그리스도께 한 공개적인 간청이 나온다. 그의 간청은 매우 겸손한 것이었고, 상대를 무척 존중하는 것이었다. 야이로는 회당장(ruler)이었지만 예수의 발 아래에 엎드림으로써, 예수께서 자기보다 더 위에 있는 분임을 인정하였다. 그의 간청은 매우 간곡한 것이었다. 그는 그리스도께서 자기 집에 오시기를 간구하였다. 그는 그리스도께서 멀리서 말씀만 하시면 종이 낫겠다고 하였던 백부장의 믿음을 갖고 있지 못했고, 적어도 그런 생각을 하지 못했다. 그러나 그리스도께서는 그의 간청을 수락하시고, 그와 함께 가셨다. 강한 믿음은 칭찬받을 일이지만, 약한 믿음도 거절당하지 않는다. 질병과 죽음이 있는 집에서는 그리스도를 모시는 일이 매우 바람직하다. 그리스도께서 야이로의 집으로 가고 계실 때, 무리가 그에게 밀려들었다. 어떤 이들은 그를 보고자 하는 호기심에서, 또 어떤 이들은 그를 사랑하는 마음에서 그에게 모여들었다. 우리는 우리가 해야 할 일을 하고 있고 선을 행하고 있는 동안에는 무리들이 몰려들어 소란을 떤다고 해서 불평해서는 안 된다. 하지만 그 밖의 경우에는 가급적 그런 소란을 피하는 것이 모든 지혜로운 자들의 처신이다.

II. 여기에는 혈루증을 앓고 있던 여자가 그리스도께 한 은밀한 간청이 나온다. 혈루증은 그녀의 몸을 좀먹고 있었을 뿐만 아니라 그녀의 지갑도 좀먹고 있었다. 이 여자는 자신의 모든 생활비를 의원들에게 다 썼지만, 병은 나아지지 않았다(43절). 그녀의 병은 사람들 앞에 대놓고 호소할 수 있는 그런 병이 아니었기 때문에(그 병을 대놓고 말하기를 수치스러워한 것은 여자로서 당연한 일이었다), 무리 중에 끼어서 그리스도께 다가갈 수 있는 이런 기회를 활용한 것이었다. 그녀는 사람들이 많으면 많을수록 자신의 존재를 숨길 수 있을 것이라고 생각하였을 것이다. 그녀의 믿음은 대단히 강했다. 왜냐하면, 그녀는 그의 겉옷 가를 만지기만 해도 그녀가 고침받기에 충분한 치유력이 그로부터 나올 것이고, 그는 긍휼이 차고 넘치는 샘과 같아서 자기가 몰래 병 고침을 받더라도 그가 그것을 알지 못하리라고 믿어 의심치 않았기 때문이다. 이렇게 히

다한 불쌍한 영혼들이 그리스도에 의해서 고침과 도움과 구원을 받고서 무리 가운데 휩쓸려 사라졌기 때문에, 아무도 그것을 알아차리지 못한다. 이 여자는 자기 몸이 즉시 나아지는 것을 깨달았다. 그녀의 병이 고침을 받은 것이었다(44절). 믿는 자들은 그리스도와 기분 좋은 교제를 갖는 것은 물론이고, 세상이 알지 못하는 양식과 타인이 참여하지 못하는 기쁨을 그로부터 은밀하게(incognito) 받아 누린다.

Ⅲ. 여기에는 이 은밀한 치유가 드러나서 의사와 환자가 둘 다 영광을 받는 장면이 나온다.

1. 그리스도께서는 한 사람이 고침받았다는 것을 아셨다: 내게서 능력이 나갔다(46절). 그리스도에게서 나간 능력으로 고침을 받은 자들은 그 사실을 고백하여야 한다. 그리스도께서는 그것을 아시기 때문이다. 그는 여기서 자기에게서 능력이 나감으로 인해서 자기가 약해졌다거나 해를 당했다는 식으로 불평을 말하신 것이 아니라, 오히려 흡족한 마음을 표현하셨다. 자기에게서 능력이 나가서 뭔가 선한 일이 이루어졌다면, 그것은 그가 기뻐하실 일이지, 결코 불평할 일은 아니었기 때문이다. 태양의 빛과 열과 마찬가지로, 그의 능력도 그렇게 사용되기를 그는 환영하셨다. 또한 그는 차고 넘치는 샘이시기 때문에, 그에게서 능력이 나갔다고 해서 그의 안에 있는 능력이 줄어드는 일도 없었다.

2. 이 불쌍한 환자는 자신의 사정과 병이 나은 것을 고백하였다: 여자가 스스로 숨기지 못할 줄 알고 떨며 나아와 엎드렸다(47절). 이와 같이, 우리는 아무것도 그리스도에게 숨길 수 없다는 것을 깨닫고, 우리의 마음을 그의 앞에 쏟아 놓고, 우리의 모든 죄와 근심을 내어 놓아야 한다. 그녀는 떨며 나아왔지만, 그녀의 믿음이 그녀를 구원하였다(48절). 구원하는 믿음이 있는 곳에도 떨며 두려워하는 것이 있을 수 있다. 그녀는 그를 만지면 자기가 나으리라고 믿고서 그에게 손을 대었더니 실제로 병이 나았다고, 그 손댄 이유를 모든 사람 앞에서 말하였다. 그리스도께 고침을 받은 자들은 그들의 경험을 서로 나누어야 한다.

3. 큰 의원이신 그리스도께서는 그녀가 고침을 받았다는 것을 확인해주시고, 그녀를 평안히 돌려보내셨다: 네 믿음이 너를 구원하였으니 평안히 가라(48절). 야곱은 계략을 써서 몰래 이삭에게서 축복을 얻어냈다. 하지만 속임수가 드러났을 때, 이삭은 그것을 공식적으로 인준해 주었다. 그 축복은 몰래 엉큼하게 얻어진 것이었지만, 공개적으로 당당하게 지지를 받고 보장을 받았다. 여

기에서 이루어진 치유도 그러하였다. 야곱은 축복을 받고나서 축복을 선언받게 되었듯이, 여기서도 이 여자는 고침을 받고나서 고침을 받았다고 선언받게 되었다.

IV. 여기에는 야이로에게 그의 딸이 죽었다는 소식이 전해졌고, 이 소식을 가져온 사람들이 야이로에게 선생님을 더 괴롭게 하지 마소서라고 충고하였음에도 불구하고 그리스도의 능력을 불신하지 말라는 격려가 나온다. 그리스도께서는 두려워하지 말고 믿기만 하라고 말씀하신다. 그리스도를 믿는 믿음은 그에 대한 열심도 있어야 하지만 아울러 담대하고 과감하여야 한다. 그리스도를 위하여 무슨 일을 하고자 하는 자들은 그들이 구할 수 있거나 생각할 수 있는 것을 뛰어넘어서 그리스도께서 그들을 위하여 큰 일들을 행하시도록 그를 의지하여야 한다. 환자가 죽었으니, 기도를 하거나 다른 수단을 써볼 여지가 없게 되었다. 그러나 여기에서 그리스도께서는 비록 아이가 죽었지만 믿기만 하면 모든 일이 잘 될 것이라고 말씀하신다. 사람이 죽은 후에 의사를 부르는 것(post mortem medicus)은 어리석은 짓이다. 그러나 사람이 죽은 후에 그리스도를 부르는 것(post mortem Christus)은 그렇지 않다.

V. 야이로의 딸을 다시 살리기 위한 준비들.

1. 그리스도께서는 이 이적을 보고 증언해줄 증인들을 선택하셨다. 많은 무리가 그를 따랐지만, 아마도 그들은 무례하고 시끄러웠을 것이다. 그러한 무리를 한 신자의 집, 특히 그 가족이 모두 슬픔에 잠겨 있는 그런 집에 들이는 것은 적절하지 않았다. 그래서 그는 무리들을 돌려보냈는데, 이것은 그가 베푼 이적이 무리들의 철저한 검사를 통과하지 못할 것을 염려했기 때문이 아니었다. 왜냐하면, 그는 나사로와 나인 성 과부의 아들을 공개적으로 다시 살리신 적이 있기 때문이다. 그는 그의 제자들 중에서 최측근이었던 삼인방 베드로, 야고보, 요한만을 데리고 들어가셨는데, 이것은 이 세 사람을 부모들과 더불어서 이 이적의 목격자들로 삼음으로써, 이 이적의 진실성을 입증하는 데에 충분한 인원을 확보하기 위한 것이었다.

2. 그리스도께서는 애곡하는 자들을 저지시키셨다. 모든 사람이 아이를 위하여 울며 통곡하였다. 이 아이는 매우 사랑스럽고 장래가 촉망되는 아이여서 부모들에게만이 아니라 모든 이웃들에게도 사랑을 받았던 것으로 보인다. 그러나 그리스도께서는 그들에게 울지 말라 죽은 것이 아니라 잔다고 말씀하셨다. 그이

말씀은 특별히 이 경우에 이 아이는 영원히 죽게 된 것이 아니라 이제 곧 다시 살아나서 마치 몇 시간 잠을 자다가 깨어난 것처럼 부모와 친지들에게 되돌아오리라는 것을 의미하였다. 그러나 이것은 주 안에서 죽은 모든 자에게 적용될 수 있다. 그러므로 우리는 소망 없는 자들처럼 죽은 자들에 대해 슬퍼해서는 안 된다. 그들에게 죽음은 현세의 수고로부터 안식하는 것임과 동시에 잠자는 것일 뿐만 아니라, 그들은 장차 부활이 있어서 영원의 모든 영광으로 다시 살아날 것이기 때문이다. 그리스도께서는 애곡하는 자들에게 이와 같이 기분 좋은 말씀을 하셨지만, 그들은 악하게도 그 말씀을 비웃었다. 그것은 진주를 돼지 앞에 던진 격이 되었다. 죽은 것을 잠잔다고 말했다고 해서 그것을 비웃은 자들은 구약성경에 무지한 자들이다. 그렇지만 그들의 악한 비웃음 가운데 이 선한 일이 이루어짐으로써 이 이적의 진실성은 더욱 입증되었다. 왜냐하면, 그들은 아이가 죽은 것을 알고 있었고 확신하고 있었으므로, 하나님의 능력이 아니고서는 아이를 소생시키는 일이 불가능하다는 것을 너무도 잘 알고 있었기 때문이다. 그리스도께서는 그들에게 더 이상 말씀을 하지 않으시고, 그들이 다시는 그의 말씀을 비웃지 못하도록 곧 자신의 말씀이 옳음을 행동으로 보여주셨다. 그러나 그는 그들을 모두 내보내셨다(54절, 개역에는 없음). 그들은 이 놀라운 사건의 증인들이 될 자격이 없는 자들이었다. 애곡을 하다가 그리스도께서 하신 말씀을 비웃으며 그토록 즐거워할 수 있는 성품을 지닌 자들이라면, 그리스도께서 행하신 일도 얼마든지 비웃음거리로 만들 소지가 있었기 때문에, 그들을 내보낸 것은 당연한 일이었다.

IV. 아이는 사망의 회중을 잠시 방문한 후에 소생하였다:예수께서 아이의 손을 잡고 불러(우리가 잠자는 자가 깨어나도록 도울 때에 하는 것처럼) 아이야 일어나라고 하셨다(55절). 이렇게 그의 말씀의 부르심이 효력을 발휘하도록 하기 위하여 그리스도의 은혜의 손이 수반되었다. 누가 본문에는 다른 복음서 기자들이 오직 암묵적으로 표현하였던 내용이 명시적으로 나와 있다: 그 영이 돌아왔다. 아이의 몸을 되살아나게 하기 위해서 아이의 영혼이 되돌아온 것이다. 이것은 영혼이 몸과 분리된 상태에서도 여전히 존재하고 활동하는 불멸의 존재라는 것과 죽음은 여호와의 등불인 사람의 영혼을 꺼버리는 것이 아니라 어두운 등으로부터 등불을 꺼내는 것임을 명백하게 입증해준다. 그로티우스(Grotius)가 잘 지적했듯이, 영혼은 몸과 함께 죽는 몸의 기질(크라시스) 같은 것이 아니라, 죽음 이후에 시체가 있는 곳과는 다른 곳에서 독자적으로 실재하는 그 무엇(안뒤포스타톤 티)이다. 본문에는 이 아이가 죽고나서 다시 살아날 때까지 이 아이의 영혼이 어디에 있었는지에 대해서는 언급이 없다. 아이의 영혼은 죽음 후에 모든 영혼이 되돌아가는 영들의 아버지의 손에 있었다. 아이의 영이 돌아오자, 아이는 곧 일어나 움직이고 식욕을 보임으로써 살아났다는 것을 분명하게 보여주었다. 왜냐하면, 그리스도께서는 먹을 것을 주라 명하셨기 때문이다. 갓 태어난 아기들과 마찬가지로, 새롭게 소생한 자들은 자라기 위해서 영적인 양식을 원한다. 마지막 절에 그 부모가 놀랐다는 말이 나오는 것은 결코 이상한 일이 아니다. 그러나 이 말이 그리스도를 비웃었던 다른 구경꾼들이 아니라 오직 그들만이 놀랐다는 뜻이라면, 우리는 그들의 어리석음에 놀라지 않을 수 없다. 이것이 그리스도께서 이 일을 널리 알리지 못하도록 하신 이유였던 것 같다 — 물론 이것은 그리스도의 겸손을 보여주는 일례이기도 하지만.

제
— 9 —
장

개요

이 장에는 다음과 같은 내용들이 나온다. I. 그리스도께서 열두 사도에게 한동안 나가서 복음을 전하고 이적들을 통해서 복음을 확증하도록 위임하심(1-6절). II. 우리 주 예수의 세력이 커가는 것에 대하여 헤롯이 두려워함(7-9절). III. 사도들이 그리스도께 돌아오고, 그리스도께서는 제자들과 함께 한적한 곳으로 물러나시지만, 허다한 무리들이 그들에게 모여와서, 오병이어로 오천 명을 먹이심(10-17절). IV. 그리스도께서 그들을 위하여 고난받으실 것과 그들이 그리스도를 위하여 고난받게 될 것을 제자들에게 말씀하심(18-27절). V. 그리스도의 변모(28-36절). VI. 그리스도께서 귀신 들린 아이를 고치심(37-42절). VII. 그리스도께서 장차 올 고난에 대하여 제자들에게 다시 말씀하심(43-45절). VIII. 그리스도께서 제자들의 야심(46-48절)과 귀신들을 쫓아내는 권능을 독점하고자 하는 것(49-50절)을 경고하심. IX. 그리스도께서 사마리아인들이 그에게 준 모욕에 대하여 제자들이 지나치게 분개하는 것을 책망하심(51-56절). X. 그리스도께서 몇몇 사람들이 신중하게 생각하지도 않고 열심이나 진심도 없이 그를 따르고자 하는 것에 대하여 주신 말씀(57-62절).

[1]예수께서 열두 제자를 불러 모으사 모든 귀신을 제어하며 병을 고치는 능력과 권위를 주시고 [2]하나님의 나라를 전파하며 앓는 자를 고치게 하려고 내보내시며 [3]이르시되 여행을 위하여 아무것도 가지지 말라 지팡이나 배낭이나 양식이나 돈이나 두 벌 옷을 가지지 말며 [4]어느 집에 들어가든지 거기서 머물다가 거기서 떠나라 [5]누구든지 너희를 영접하지 아니하거든 그 성에서 떠날 때에 너희 발에서 먼지를 떨어 버려 그들에게 증거를 삼으라 하시니 [6]제자들이 나가 각 마을에 두루 다니며 곳곳에 복음을 전하며 병을 고치더라 [7]분봉 왕 헤롯이 이 모든 일을 듣고 심히 당황하니 이는 어떤 사람은 요한이 죽은 자 가운데서 살아났다고도 하며 [8]어떤 사람은 엘리야가 나타났다고도 하며 어떤 사람은 옛 선지자 한 사람이 다시 살아났다고도 함이라 [9]헤롯이 이르되 요한은 내가 목을 베었거늘 이제 이런 일이 들리니 이 사람

이 누군가 하며 그를 보고자 하더라

이 단락에는 다음과 같은 내용들이 나온다.

I. 그리스도께서 복음을 널리 전파하고 그 빛을 퍼뜨리고 강화시키기 위하여 취하신 방법. 그는 친히 여기저기를 다니시면서 복음을 전하고 병을 고치셨다. 그러나 그는 한 번에 오직 한 곳에만 계실 수 있었기 때문에, 열두 제자를 여러 곳으로 파송하셨다. 제자들은 이때 쯤에는 새 시대의 경륜인 복음에 대하여 꽤 잘 가르침을 받아서, 그들이 주께 받은 것들을 다른 사람들에게 가르치고 전해줄 수 있었다. 제자들은 사방으로 흩어져서 메시야에 의해서 지금 세워져 가고 있는 하나님의 나라를 전파하여 사람들에게 그 나라의 영적인 성격과 내용을 알려서 그 나라로 들어오도록 설득하여야 했다. 그들의 가르침은 새롭고 놀라운 것이었고, 서기관들과 바리새인들이 가르친 것과 너무나 다른 것이었기 때문에, 그리고 그 성공 여부가 사람들이 그 가르침을 받아들이느냐 않느냐에 달려 있었기 때문에, 그는 그들의 가르침을 확증할 수 있도록 그들에게 이적을 행하는 능력을 주셨다(1-2절): 그는 모든 귀신을 제어하는 권위를 주셔서, 귀신들이 제아무리 수가 많고 교묘하며 포악하고 완강하다고 하더라도 제자들이 귀신들을 쫓아낼 수 있게 하셨다. 그리스도께서는 흑암의 나라를 완전히 뿌리뽑고 멸망시킬 목적으로 제자들에게 모든 귀신을 제어하는 권위를 주신 것이었다. 또한 그는 제자들에게 병을 고치며 앓는 자를 고치는 능력을 주셔서, 그들이 어디를 가든지 환영을 받아, 사람들을 설득시킬 뿐만 아니라 사람들의 사랑을 받을 수 있게 하셨다. 이상이 제자들의 임무였다. 좀 더 자세하게 살펴보자.

1. 그리스도께서는 제자들이 멀리 나가거나 오래 머물지 않으면서 이러한 임무를 수행할 때에 어떻게 하라고 지시하셨는가? (1) 제자들은 외모로 사람들의 이목을 끌고 존경을 받으려고 애써서는 안 된다. 그들은 스스로 자립하기 시작하는 지금에 있어서 옷을 가져가지 말고, 그리스도를 따르던 때와는 다른 모습을 보이려고 애써서도 안 된다: 그들은 이전의 모습 그대로 가야 하고, 옷을 바꿔입거나 새 신을 신어서도 안 된다. (2) 제자들은 그들에게 필요한 것들을 하나님의 섭리나 친구들의 친절에 의지해서 조달해야 한다. 그들은 양식이나 돈을 가져가서는 안 되고, 그들이 궁핍하지 않을 것을 믿어야 한다. 그리

스도께서는 친구들의 친절을 받아들이기를 꺼리지 말고 오히려 기대하고 기꺼이 받아들이라고 제자들에게 명하신다. 그렇지만 사도 바울은 이 규례를 따르지 않고, 자기 손으로 수고하여 다른 사람들에게 짐이 되지 않고자 하였다. (3) 제자들은 그들에게 숙식을 제공하여 대접한 자들이 그들을 지겹게 여길 것을 염려해서 그들의 숙소를 함부로 옮겨서는 안 된다. 그들은 그렇게 할 필요가 없다. 왜냐하면, 법궤는 항상 대접받은 것에 대해서 그 대가를 넘치도록 되갚아주는 손님이기 때문이다: "어느 집에 들어가든지 거기서 머물다가 거기서 떠나라(4절). 이렇게 해야, 사람들은 어디에 가야 너희를 찾을 수 있는지를 알 것이고, 너희에게 친구들은 너희가 그들을 섬기는 데에 소극적이지 않다는 것을 알 것이며, 너희의 원수들은 너희가 그들과 대면하기를 부끄러워하거나 두려워하지 않는다는 것을 알 것이다. 너희는 그 마을을 떠날 때까지 너희를 잘 영접한 사람들과 더불어 거기에 머물러야 한다."(4) 제자들은 권위를 가지고, 그들을 영접한 자들에게는 위로를 전하고 그들을 거절한 자들에게는 경고하여야 한다(8절). "너희를 영접하고자 하지 않는 곳이 있고, 그 곳의 방백이 너희를 못 들어오게 하며, 너희를 부랑자로 취급하고자 하면, 그들에게서 떠나고, 억지로 그들에게로 들어가려고 하지 말며, 그들 속에 있는 위험을 감수하지 말고, 그들을 하나님의 심판에 넘겨라. 너희 발에서 먼지를 떨어 버려 그들에게 증거를 삼으라." 제자들이 거기에 남겨 놓은 먼지는 복음의 사자들이 그들에게 은혜와 평화의 복음을 공평하게 전하기 위하여 그들 가운데 있었다는 것을 증명해줄 것이다. 따라서 이 먼지가 증거가 되어서, 그들이 마침내 불신앙으로 인하여 멸망받게 될 때, 그들의 피가 그들의 머리로 돌아가게 될 것이다(행 18:6). 너희 발에서 먼지를 떨어 버리는 것은 너희가 그들의 성읍을 포기하였기 때문에, 앞으로는 그들과 아무런 상관도 없다는 뜻이다.

2. 제자들은 이 임무를 수행하기 위해서 무엇을 하였는가(6절)? 그들은 주님 앞을 떠났다. 그렇지만 주님은 영적으로 그들과 함께 하셨고, 주님의 눈과 팔은 그들을 따라다녔다. 이렇게 주님의 도우심을 받는 가운데 그들은 지정된 경로를 따라서 각 마을에 두루 다니며 곳곳에 복음을 전하며 병을 고쳤다. 그들의 사역은 주님의 사역과 마찬가지로 영혼과 육신 둘 다에 선을 행하는 것이었다.

II. 이 일을 전해들은 헤롯은 당황하여 어찌할 바를 몰랐다. 그리스도의 이름으로 보내심을 받아서 그리스도의 권위로써 행한 자들에게 그리스도의 능력이 주어졌다는 것은 다른 어떤 것보다도 그리스도가 메시야라는 것을 보여주는 놀랍고 설득력 있는 증거였다. 그리스도께서는 스스로 이적을 행할 수 있으셨을 뿐만 아니라, 다른 사람들에게 이적을 행할 수 있는 능력을 줄 수도 있으셨다. 다른 어떤 것보다도 이 일로 인해서 그의 명성은 더욱 널리 퍼지게 되었고, 공의로운 해이신 그리스도의 빛은 비천하고 무식한 제자들에 의한 지상으로부터 반사된 빛들에 의해서 더욱 강력해졌다. 제자들은 내세우거나 기대할 만한 것이 하나도 없었고, 단지 예수와 함께 있었을 뿐이었다(행 4:13). 사람들은 예수의 이름으로 병자를 고치는 모습을 보고 경악하였다. 좀 더 살펴보자.

1. 이 일은 사람들 사이에서 온갖 추측을 불러일으켰다. 사람들은 정확한 추측을 할 수는 없었지만, 우리 주 예수를 존귀한 자로 생각할 수밖에 없었다. 그들은 그가 다른 세계에서 온 비범한 인물이거나, 하나님의 일을 하다가 최근에 박해를 받아 죽임을 당한 세례 요한이거나, 오래 전에 박해를 받아서 죽임을 당했다가 다시 살아나서 그의 고난을 예수에게 주어진 이러한 영광으로 보상받고 있는 옛 선지자 한 사람이거나, 산 채로 불병거를 타고 하늘로 올리워갔다가 하늘의 사자(使者)로 다시 나타난 엘리야일 것이라고 생각하였다(7-8절).

2. 이 일은 헤롯의 마음속에 큰 당혹감을 불러일으켰다: 헤롯이 그리스도에 의해서 행해진 이 모든 일을 들었을 때, 그의 양심의 죄책감이 얼굴로 흘러나왔고, 그는 주저없이 요한이 죽은 자 가운데서 살아났다는 결론을 내렸다. 그는 요한을 깨끗이 제거했으므로 더 이상 그로 인하여 고통을 당하지 않아도 될 것이라고 생각했지만, 오산이었다. 요한이 다시 살아난 것이거나 그의 심령과 능력을 지닌 또 다른 사람이 나타난 것이다. 왜냐하면, 하나님은 결코 자기를 증언하지 아니하시는 때가 없기 때문이다. 헤롯은 "이제 나는 어떻게 해야 하나?"라고 말하였다. "요한은 내가 목을 베었거늘, 이 사람은 누군가? 그는 요한의 사역을 이어받아서 수행하고 있는 것인가, 아니면 그는 요한의 죽음을 복수하기 위하여 온 것인가? 요한은 세례를 베풀었는데, 그는 세례를 베풀지 않는다. 요한은 이적을 행하지 않았는데, 그는 이적을 행하는 것으로 보아서, 요한보다 더 무서운 자임에 틀림없다." 하나님을 대적하는 자들은 점점 더 어쩔 줄 모르는 상태로 빠져들게 된다는 것을 명심하라. 하지만 헤롯은 그리스도가 요한을

닮았는지 아닌지를 알아보기 위해서 그를 보고자 하였다. 그러나 그는 많은 사람들이 알고 있던 사실, 즉 예수께서 요한이 참수되기 훨씬 전부터 복음을 전하고 이적들을 행하셨기 때문에 죽은 자 가운데서 살아난 세례 요한일 수 없다는 것을 알았더라면 이러한 고통에서 곧 벗어날 수 있었을 것이다. 헤롯은 그를 보고자 했는데도, 왜 가서 그리스도를 만나보지 않았을까? 아마도 헤롯은 수하를 보내어서 그리스도를 만나보게 할 생각이었던 것 같다. 헤롯은 세례 요한에게 질렸기 때문에, 죄를 책망하는 자들과는 더 이상 상관하지 않고자 하였을 것이다. 헤롯은 그리스도를 보고자 했지만, 결국 재판정에서 그리스도를 보게 되었다: 헤롯이 그 군인들과 함께 예수를 업신여기며 희롱하였다(눅 23:11). 만약 헤롯이 양심의 가책을 느꼈을 때에 곧 자신의 죄를 깨닫고 그리스도를 찾아갔더라면, 그에게 복된 변화가 일어났었을지 누가 알겠는가? 그러나 그는 그 일을 미룸으로써 마음이 완악해졌고, 결국 그리스도를 보게 되었을 때에 다른 사람들과 마찬가지로 그리스도에 대한 왜곡된 편견을 표출하게 되었다.

[10]사도들이 돌아와 자기들이 행한 모든 것을 예수께 여쭈니 데리시고 따로 벳새다라는 고을로 떠나 가셨으나 [11]무리가 알고 따라왔거늘 예수께서 그들을 영접하사 하나님 나라의 일을 이야기하시며 병 고칠 자들은 고치시더라 [12]날이 저물어 가매 열두 사도가 나아와 여짜오되 무리를 보내어 두루 마을과 촌으로 가서 유하며 먹을 것을 얻게 하소서 우리가 있는 여기는 빈 들이니이다 [13]예수께서 이르시되 너희가 먹을 것을 주라 하시니 여짜오되 우리에게 떡 다섯 개와 물고기 두 마리밖에 없으니 이 모든 사람을 위하여 먹을 것을 사지 아니하고서는 할 수 없사옵나이다 하니 [14]이는 남자가 한 오천 명 됨이러라 제자들에게 이르시되 떼를 지어 한 오십 명씩 앉히라 하시니 [15]제자들이 이렇게 하여 다 앉힌 후 [16]예수께서 떡 다섯 개와 물고기 두 마리를 가지사 하늘을 우러러 축사하시고 떼어 제자들에게 주어 무리에게 나누어 주게 하시니 [17]먹고 다 배불렀더라 그 남은 조각을 열두 바구니에 거두니라

이 단락에는 다음과 같은 내용들이 나온다.

I. 열두 제자는 그들의 사역이 성공적이었음을 주님께 보고하였다. 제자들은 오랫동안 나가 있었던 것은 아니었다. 그러나 심부름을 간 종들이 마땅

히 그래야 하는 것처럼, 사도들은 돌아와 자기들이 행한 모든 것을 예수께 여쭈었다. 그들은 혹시라도 잘못된 것이 있다면 다음 번에는 고칠 수 있도록 하기 위하여 자기들이 행한 모든 것을 주님께 고하였다.

Ⅱ. 그들은 잠시 숨을 돌리기 위해서 한적한 곳으로 물러갔다. 그리스도께서는 그들을 데리시고 따로 한적한 곳으로 떠나 가셨다. 이것은 그들이 언제나 긴장하고 있어서는 안 되기 때문에 일을 쉬고 긴장을 풀게 하기 위한 것이었다. 우리의 남종과 여종을 쉬게 하라고 정하셨던 그리스도께서는 그의 종들도 쉬게 하고자 하셨다. 공적인 일들에 종사하는 자들, 공적으로 유익을 끼치는 자들은 몸의 피로를 풀어서 원기를 회복하고 묵상을 통해서 마음을 재충전하기 위하여 종종 홀로 한적한 곳에서 시간을 보낼 필요가 있다.

Ⅲ. 무리들이 모여 들었고, 그리스도께서는 그들을 친절하게 영접하셨다. 그 곳은 한적한 곳(광야)이었지만, 사람들은 그리스도를 따라왔다. 왜냐하면, 그리스도께서 계시는 곳은 더 이상 광야가 아니기 때문이다. 사람들은 그가 자기 자신과 그의 제자들을 위하여 거기에서 계획하셨던 휴식을 방해했지만, 그리스도께서는 그들을 영접하셨다(11절). 경건한 열심으로 인한 약간의 무례함은 용서받을 수 있다는 것을 명심하라. 그리스도께서도 그렇게 하셨으니, 우리도 그렇게 하여야 마땅하다. 사람들은 적절치 않은 때에 찾아왔지만, 그리스도께서는 그들에게 그들이 원하는 것을 해주셨다. 1. 그는 하나님 나라의 일, 그들이 지켜야 할 하나님 나라의 법들과 그들에게 축복으로 주어지게 될 하나님 나라의 특권들을 이야기해 주셨다. 2. 그는 병 고칠 자들을 고쳐주셨는데, 그들로 하여금 자신의 필요를 깨닫고 그에게 병 고침을 요청하게 하셨다. 병이 의사들에 의해서 한층 더 악화되어 치료가 불가능하게 되었다고 할지라도, 그리고 환자들이 아무리 가난하고 비천하다고 할지라도, 그리스도께서는 그들을 고쳐주셨다. 영혼이든 육신이든 고침이 필요한 모든 것을 그리스도는 고쳐주신다. 그리스도께서는 육체의 질병들을 고치실 능력을 항상 가지고 계셔서, 병 고침을 필요로 하는 자들을 고쳐주신다. 종종 그는 우리가 병 고침을 받아서 육신적으로 편안해지는 것보다 우리 영혼이 잘 되기 위하여 질병이 필요하다는 것을 아신다. 그 때에는 질병 중에 답답한 상태로 있는 것이 우리에게 필요한 것이기 때문에, 우리는 기꺼이 한동안 그렇게 있어야 한다. 그러나 그리스도께서 우리가 병 고침을 받을 필요가 있다고 생각하실 때에 우리는 병

고침을 받게 될 것이다. 죽음은 그리스도의 종으로서, 성도들의 모든 질병을 치유해 준다. 그리스도께서는 그의 은혜와 위로를 통해서 영적인 질병들을 치유해주시고, 각각의 경우에 맞게 치유해주신다. 또한 그리스도는 모든 위급한 때에 구원이 되신다.

IV. 그리스도께서는 그를 따라온 무리들을 배불리 먹이셨다. 그는 떡 다섯 개와 물고기 두 마리로 오천 명을 먹이셨다. 이 이야기는 앞의 두 복음서에도 나왔었고, 앞으로 요한복음에도 나온다. 이것은 우리 구주께서 행하신 이적들 중에서 사복음서 기자들이 모두 기록한 유일한 이적이다. 누가 본문을 따라서 이 이적을 좀 더 살펴보자. 1. 자기가 해야 할 일을 하면서 그리스도를 부지런히 섬기는 자들, 하나님의 집에 대한 열심으로 인해서 자기 자신과 외적인 편의들을 잊어버리고 자기를 부인하기도 하고 드러내기도 하는 자들은 그리스도의 특별한 보호하심 아래에 놓이게 되고, 여호와 이레(여호와께서 준비하신다)를 기대할 수 있다. 그리스도를 두려워하고 신실하게 섬기는 자는 그 어떤 선한 일에도 부족함이 없을 것이다. 2. 우리 주 예수는 거저 주시고 후히 주시는 분이다. 제자들은 무리를 보내어 두루 마을과 촌으로 가서 유하며 먹을 것을 얻게 하소서라고 말하였지만, 그리스도께서는 "아니다, 너희가 먹을 것을 주라. 우리가 가진 것을 있는 대로 나누어주어서 그들로 하여금 먹게 하라"고 말씀하셨다. 이렇게 그는 사역자들과 그리스도인들에게 서로 대접하기를 원망 없이 하라(벧전 4:9)고 가르치셨다. 적게 가진 자들은 그 적게 가진 것으로 할 수 있는 일을 하라. 그것이 적은 것을 더 많게 늘리는 방법이다. 흩어 구제하여도 더욱 부하게 되는 일이 있다(잠 11:24). 3. 예수 그리스도께서는 믿음으로 그를 의지하는 모든 자들에게 치료약만이 아니라 음식도 주신다. 그는 병 고칠 자들을 고치시고 영혼의 질병들을 고치실 뿐만 아니라, 음식이 필요한 자들에게 음식을 공급해주시고 영적인 삶을 밑받침해주시며 영혼의 갈망을 채워주신다. 그리스도께서 이렇게 공급해주시는 것은 질병으로 인해서 영혼이 죽어가는 것을 구원할 뿐만 아니라 영혼에 자양분을 주어서 영원한 삶에 이르게 하시고 모든 영적인 활동을 위해 영혼을 강건하게 하기 위한 것이다. 4. 교회는 그리스도의 모든 은사들을 정해진 질서를 따라서 받아야 한다. 떼를 지어 한 오십 명씩 앉히라(14절). 그리스도께서는 음식을 더 잘 분배하고 사람들의 수를 더 쉽게 계산하기 위해서 한 떼의 수를 정하셨다. 5. 우리는 먹고 마시는 것을 받을 때에는 하늘을 우러러 보아야 한다. 그리스도께서는 우리에게 그렇게 하도록 가르치시기 위하여 그렇게 하셨다. 우리는 우리가 먹고 마시는 것들을 하나님으로부터 받는다는 것과 우리는 그것들을 받을 자격이 없다는 것, 우리가 먹고 마시는 모든 것과 그로 인한 위로가 저주를 없애시고 평화의 계약을 이루신 그리스도의 중보 덕분이라는 것, 우리는 먹고 마시는 것들이 우리에게 봉사하도록 하신 하나님의 축복을 의지하고 그 축복을 원한다는 것을 인정하여야 한다. 6. 그리스도의 축복은 작은 것으로 큰 일을 가능하게 하신다. 의인의 적은 소유가 악인의 풍부함보다 낫고, 채소를 먹으며 서로 사랑하는 것이 살진 소를 먹으며 서로 미워하는 것보다 낫다. 7. 그리스도께서는 먹여 주실 때에 배불리 먹여 주시고, 주실 때에 후히 주신다. 그리스도 안에서는 모든 사람에게 풍족함이 있을 뿐만 아니라 각 사람에게 풍족함이 있다. 그는 모든 주린 영혼을 채워주시고, 그의 집의 선한 것으로 풍족하게 채워주신다. 여기에 남은 조각을 거두나라는 말씀이 나오는데, 이것은 우리 아버지의 집에는 양식이 풍족하여 먹고도 남음이 있다는 것을 우리에게 확신시켜 주기 위한 것이다. 우리는 하나님 안에서 궁핍하거나 구차하지 않다.

[18]예수께서 따로 기도하실 때에 제자들이 주와 함께 있더니 물어 이르시되 무리가 나를 누구라고 하느냐 [19]대답하여 이르되 세례 요한이라 하고 더러는 엘리야라, 더러는 옛 선지자 중의 한 사람이 살아났다 하나이다 [20]예수께서 이르시되 너희는 나를 누구라 하느냐 베드로가 대답하여 이르되 하나님의 그리스도시니이다 하니 [21]경고하사 이 말을 아무에게도 이르지 말라 명하시고 [22]이르시되 인자가 많은 고난을 받고 장로들과 대제사장들과 서기관들에게 버린 바 되어 죽임을 당하고 제삼일에 살아나야 하리라 하시고 [23]또 무리에게 이르시되 아무든지 나를 따라오려거든 자기를 부인하고 날마다 제 십자가를 지고 나를 따를 것이니라 [24]누구든지 제 목숨을 구원하고자 하면 잃을 것이요 누구든지 나를 위하여 제 목숨을 잃으면 구원하리라 [25]사람이 만일 온 천하를 얻고도 자기를 잃든지 빼앗기든지 하면 무엇이 유익하리요 [26]누구든지 나와 내 말을 부끄러워하면 인자도 자기와 아버지와 거룩한 천사들의 영광으로 올 때에 그 사람을 부끄러워하리라 [27]내가 참으로 너희에게 이르노니 여기 서 있는 사람 중에 죽기 전에 하나님의 나라를 볼 자들도 있느니라

이 단락에는 그리스도께서 하나님의 나라에 속한 큰 일들에 관하여 제자들과 대화를 나누시는 장면이 나온다. 누가는 이 대화와 관련해서 다른 복음서들에는 나오지 않는 한 가지 상황을 기록하고 있는데, 그리스도께서 이 대화를 하실 때에 따로 기도하고 계셨고 제자들이 주와 함께 있었다는 것이다(18절). 좀 더 살펴보자. 1. 그리스도께서는 사람들을 상대로 해서 공적인 일을 많이 하셔야 했지만, 자기 자신, 하나님 아버지, 그의 제자들과 교제를 나누며 대화를 하기 위해서 시간을 내어서 은밀하게 따로 계셨다. 2. 그리스도께서는 따로 계실 때에 기도하셨다. 기도하기 위해서 홀로 있는 시간을 많이 갖는 것이 좋다. 우리가 홀로 있을 때, 우리는 홀로 있는 것이 아니라 하나님 아버지와 함께 있는 것이다. 3. 그리스도께서 홀로 기도하고 계실 때, 그의 기도에 동참하기 위하여 제자들도 주와 함께 있었다. 따라서 이것은 가족 기도회였다. 주부는 가족과 함께, 부모는 자녀와 함께, 주인은 종들과 함께, 선생은 학생들과 함께 기도하여야 한다. 4. 그리스도께서는 제자들에게 물으시기 전에 그들과 함께 기도하셨는데, 이것은 제자들을 위한 그의 기도로 말미암아 그들이 대답함에 있어서 인도(引導)와 격려를 받게 하기 위한 것이었다. 우리는 우리에게 가르침을 받는 자들을 위해서 끊임없이 기도하여야 하고, 그들과 함께 기도하여야 한다. 그리스도와 그의 제자들 간의 대화는 다음과 같은 것들에 관한 것이었다.

I. 그리스도께서는 자기 자신에 관하여 다음과 같이 물으셨다.

1. 무리가 그에 관하여 무엇이라고 말하고 있는가? 무리가 나를 누구라고 하느냐? 그리스도께서는 사람들이 자기를 무엇이라고 말하고 있는지를 제자들보다 더 잘 아셨지만, 자기에 관한 사람들의 오해를 부각시킴으로써 자기에 관한 참된 지식을 알게 된 제자들이 얼마나 복된 자들인지를 깨닫게 하고자 하셨다. 우리는 세상 사람들의 무지와 잘못을 똑똑히 알아서, 자기를 우리에게는 나타내시고 세상에는 아니하려 하신 주님께 더욱 감사하고, 세상 사람들을 불쌍히 여기며, 우리가 할 수 있는 한 그들을 돕고 가르쳐야 한다. 제자들은 사람들과 이야기하면서 들은 예수에 관한 여러 추측들을 그에게 전해드렸다. 사역자들은 어떻게 하면 일반 사람들에게 교훈과 책망과 권면을 적절히 할 수 있는지를 알고 있어야 한다. 일반 사람들과 더 자주 친밀하게 대화를 나눈다면, 사역자들은 그들의 생각을 바로잡아 주고 잘못들을 고쳐주며 편견들을 제거해

줄 수 있는 적절한 말을 더 잘 해줄 수 있게 된다. 의사가 자신의 환자와 대화를 많이 하면 할수록, 의사는 환자를 위해서 무엇을 해주어야 할지를 더 잘 알게 된다. 사람들 중에 어떤 이들은 예수를 최근에 참수당한 세례 요한이라고 했고, 어떤 이들은 엘리야, 또 어떤 이들은 옛 선지자 중의 한 사람이라고 하였다. 그러나 이러한 추측들은 다 잘못된 것들이었다.

2. 제자들은 그에 관하여 무엇이라고 말하는가? "너희는 제자로서 훈련을 받았기 때문에 유리한 입장에서 더 잘 알고 있다." 베드로가 말하였다: "그것에 대하여 우리 주님께 감사드리나이다. 우리는 주님이 하나님의 그리스도, 하나님의 기름 부음 받은 자, 약속된 메시야시라는 것을 알고 있나이다." 우리 주 예수께서 하나님의 기름 부음 받은 자시라는 것은 우리에게 말할 수 없는 위로가 된다. 왜냐하면, 주님은 그런 자격으로서 그의 일에 대하여 확실한 권세와 능력을 가지고 계시기 때문이다. 즉, 주님께서 기름 부음을 받으셨다는 것은 그가 그 일을 위해서 지명받으셨고 그 일을 하실 자격을 갖추셨다는 것을 의미하기 때문이다. 우리는 그리스도께서 이 진리를 너무도 잘 알고 있었던 제자들에게 그들이 만나는 사람들마다 이 진리를 널리 알리라고 당부하셨을 것이라고 예상해 보지만, 오히려 그리스도께서는 제자들에게 경고하사 아직 이 말을 아무에게도 이르지 말라 명하셨다. 모든 일에는 때가 있기 때문이었다. 예수께서 그리스도였다는 것을 완전히 증명한 그의 부활 후에 베드로는 이 예수를 하나님이 주와 그리스도가 되게 하셨느니라(행 2:36)고 성전이 울리도록 외쳤다. 그러나 지금은 아직 증거가 완전히 준비되지 않았기 때문에, 이 진리는 숨겨져야 했다. 이 진리가 숨겨져 있는 동안에는 이 진리에 대한 믿음이 구원에 필수적인 것은 아니었다고 해야 할 것이다.

Ⅱ. 그리스도께서는 아직까지 거의 입 밖에 꺼내시지 않으셨던 그의 수난과 죽음에 관하여 말씀하셨다. 이제 제자들이 주님이 그리스도라는 믿음 가운데 꽤 굳건히 서 있어서 수난 예고를 받을 만하게 되자, 그리스도께서는 제자들에게 그의 수난에 관한 것을 큰 확신 속에서 명시적으로 말씀하신다(22절). 제자들이 주님이 그리스도시라는 것을 아직 전파하지 말아야 하는 이유는 그의 죽음과 부활에 수반될 놀라운 일들이 그가 하나님의 그리스도라는 것을 보여줄 가장 확실한 증거가 될 것이기 때문이었다. 하나님이 오른손으로 예수를 높이시고 그가 약속하신 성령을 아버지께 받아서 부어 주심으로써 그가 그리스도

시라는 것이 온전히 선포되었다(행 2:33). 그러므로 그 일이 이루어질 때까지 기다리라.

Ⅲ. 그리스도께서는 제자들이 그를 위하여 고난당하게 될 것에 관하여 말씀하셨다. 제자들은 그리스도의 고난을 어떻게 하면 막아볼 수 있을까를 궁리해서는 안 되고, 오히려 그들 자신의 고난에 대비하여야 한다.

1. 우리는 모든 일에서 자기 부인과 인내에 익숙해져야 한다(23절). 이것이 순교를 위한 최선의 준비가 된다. 우리는 자기 부인과 금욕을 행하며 세상을 멸시하는 삶을 살아야 한다. 우리는 안락함과 욕망에 빠져서도 안 된다. 왜냐하면, 그런 것들에 빠지게 되면 그리스도를 위한 수고와 피곤함과 궁핍을 견뎌내기가 어렵기 때문이다. 우리는 날마다 고통을 당하여야 하고, 고통에 익숙해져야 하며, 고통 가운데 나타난 하나님의 뜻에 말없이 순종하여야 하고, 고통을 이겨내고 역경을 참아내는 법을 배워야 한다. 우리는 신앙의 도리를 행하는 중에 자주 십자가들을 만나게 된다. 십자가들을 일부러 우리 머리 위로 끌어올 필요는 없겠지만, 그것들이 우리에게 주어졌을 때, 우리는 그것들을 지고 그리스도를 따름으로써 그 십자가들로부터 최대한의 유익을 이끌어내어야 한다.

2. 우리는 그 어떤 세속적인 관심사보다 우리 영혼의 구원과 행복을 우선해야 한다. 이것에 대해서 좀 더 살펴보자. (1) 자신의 자유로운 생활 또는 재산, 자신의 권력이나 명예를 보존하거나 자신의 목숨을 구원하기 위하여 그리스도와 그의 진리들을 부인하고 자신의 양심을 의도적으로 왜곡하며 하나님을 거슬러 범죄하는 자는 장차 손익 계산을 하게 될 때에 이득을 보는 자가 되지 못할 뿐만 아니라 이루 말할 수 없이 손해를 보는 자가 되고 말 것이다: 누구든지 제 목숨을 구원하고자 하면 잃을 것이요, 목숨보다 무한하게 더 가치가 있는 그의 소중한 영혼도 잃게 될 것이다. (2) 또한 우리가 그리스도와 우리의 신앙을 지키기 위하여 우리의 목숨을 잃는다면 목숨을 구원할 뿐만 아니라 이루 말할 수 없는 이득을 얻게 되리라는 것을 우리는 굳게 믿어야 한다. 왜냐하면, 우리는 의인들이 부활할 때에 새롭고 영원한 생명을 다시 얻고 풍성한 보상을 받게 될 것이기 때문이다. (3) 우리가 온 천하를 얻어도 그리스도를 버리고 세상의 열락(悅樂)에 빠진다면, 우리의 영혼이 영원한 상실과 파멸을 받게 되기 때문에, 그것은 비할 바 없는 손실이 되고 말 것이다(25절). 만약 우리가 그리스

도를 부인함으로써 세상에서 온갖 부와 명예와 쾌락을 얻었다고 해도, 그렇게 함으로써 우리는 영원토록 자기를 잃거나 마침내 **빼앗기게** 될 것인데, 우리의 세상적인 열락이 우리에게 어떤 유익을 가져다주겠는가? 마태복음과 마가복음에서는 가장 무서운 것은 사람이 제 영혼(개역에서는 목숨)을 잃는 것이라고 말하고 있고, 여기에서는 자기를 잃는 것이라고 말하고 있기 때문에, 자기는 제 영혼을 가리킨다고 할 수 있다. 영혼은 **바로 그 사람이다**(animus cujusque is est quisque). 우리 영혼에 좋거나 나쁜 것은 우리에게 좋거나 나쁜 것이다. 우리 영혼이 그 죄책과 타락의 무게에 눌려서 영원히 멸망받는다면, 분명히 우리도 멸망을 받는 것이다. 저 세상에서 영혼이 비참하다면, 몸이 행복할 수 없다. 그러나 이 세상에서 비록 몸은 큰 환난을 당하고 억압을 받는다고 하여도 영혼은 행복할 수 있다. 어떤 사람이 자기를 **빼앗기게**(손상을 입게) 되거나, 그가 배반하고 버렸던 그리스도의 의로운 심판에 의해서 그가 벌을 받거나(si mulctetur — 그의 영혼에 벌금이 부과되거나), 그의 모든 좋은 것들에 대하여 몰수가 선고되어 그 집행이 이루어진다면, 그가 얻은 것은 어디에 있으며, 그의 소망은 무엇이란 말인가?

3. 그러므로 우리는 그리스도와 그의 복음, 우리가 그리스도와 그의 복음에 대하여 신실하고 충성됨으로 인하여 겪게 될 수 있는 모욕이나 질책을 결코 부끄러워 해서는 안 된다(26절). 누구든지 나와 내 말을 부끄러워하면 인자도 그 사람을 부끄러워하리라. 지당한 말씀이다. 그런 자들은 증언과 행위를 통해서 그리스도를 섬기고 영화롭게 하도록 부르심을 받았음에도 불구하고 그리스도의 일이 멸시를 받고 반대를 받는 곳에서는 어디서든지 그리스도를 부인한 자들이다. 그러므로 그들은 그리스도께서 심판하기 위하여 저 큰 날에 오실 때에 이 비겁하고 세상적이며 약삭바른 자들을 시인하기를 부끄러워하시고, "그들은 내 것이 아니니, 내게 속하지 아니하였노라"고 말씀하시리라는 것을 각오하여야 한다. 그리스도께서 겸비(낮아지심)와 승귀(높아지심)를 둘 다 겪으셨듯이, 그의 복음의 진리도 마찬가지이다. 복음의 진리가 고난을 겪을 때에 함께 기꺼이 고난을 받은 자들만이 복음의 진리가 왕노릇할 때에 함께 왕노릇하게 될 것이다. 그러나 복음의 진리가 욕을 당할 때에 진심으로 거기에 동참하지 않으며 복음의 진리가 욕을 당한다면 나는 더한 욕을 당하리라고 말하지 않는 자들은 복음의 진리가 승리할 때에 분명히 거기에 동참하지 못하게 될 것이다. 의

기서 그리스도께서 현재 욕된 상태에 있는 자기 자신과 제자들을 격려하기 위하여 그의 재림 때의 영광을 얼마나 장엄하게 묘사하고 계신지를 살펴보자. 그는 바로 그 재림의 영광을 위하여 십자가를 참으사 부끄러움을 개의치 아니하셨다. (1) 그리스도께서는 자기의 영광으로 오실 것이다. 마태와 마가는 이것을 언급하지 않았다. 그는 중보자의 영광, 하나님 아버지께서 그에게 회복시켜 주실 모든 영광, 창세 전에 하나님 아버지와 함께 가졌던 영광으로 오실 것이다. 이 영광은 그리스도께서 그의 일을 완수하기 위해 담보로 하나님께 맡겨놓은 것으로서, 그는 그의 일을 다 마치신 후에 이 영광을 다시 요구하셨다. 아버지여, 이제(개역에서는 지금도) 나를 영화롭게 하옵소서(요 17:4-5). 그는 하나님 아버지께서 그를 자기의 오른편에 앉히사 그를 만물 위에 교회의 머리로 삼으실 때에 그에게 수여하실 모든 영광, 하나님의 영광을 분명하게 드러내신 분이자 모든 성도들의 영광의 근원이 되신 분에게 합당한 모든 영광으로 오실 것이다. 이것이 자기의 영광이다. (2) 그리스도께서는 아버지의 영광으로 오실 것이다. 하나님 아버지는 그에게 모든 심판을 위임하셔서 세상을 심판하실 것이다. 그러므로 하나님은 심판 때에 그리스도가 하나님의 영광의 광채시요 그 본체의 형상이라는 것을 공개적으로 인정하실 것이다. (3) 그리스도께서는 거룩한 천사들의 영광으로 오실 것이다. 천사들은 모두 그를 따르며 수종들고, 그들이 할 수 있는 모든 것을 통해서 그의 영광을 더욱 빛나게 해줄 것이다. 찬송받으실 예수께서 그 날에 얼마나 아름다우실까! 우리가 이것을 믿는다면, 우리는 이제 그리스도나 그의 말씀을 결코 부끄러워해서는 안 된다.

끝으로, 그리스도께서는 그를 위하여 고난당하고 있는 제자들을 격려하기 위하여 하나님의 나라가 모든 반대에도 불구하고 이제 곧 세워지게 될 것이라고 그들에게 확실하게 말씀하셨다(27절). "비록 인자의 재림은 아직 멀었지만, 하나님의 나라는 이 세대 안에 능력으로 임하여서, 여기 있는 자들 중 일부는 살아 있는 동안에 그것을 보게 될 것이다." 그들은 성령이 임하고 복음이 온 세계에 전파되어서 모든 나라가 그리스도께 돌아올 때의 하나님의 나라의 시작을 보았다. 그들은 이방 나라들의 회심과 유대 나라의 멸망 속에서 하나님의 나라의 승리를 보았다.

[28]이 말씀을 하신 후 팔 일쯤 되어 예수께서 베드로와 요한과 야고보를 데리고 기도

하시러 산에 올라가사 [29]기도하실 때에 용모가 변화되고 그 옷이 희어져 광채가 나더라 [30]문득 두 사람이 예수와 함께 말하니 이는 모세와 엘리야라 [31]영광중에 나타나서 장차 예수께서 예루살렘에서 별세하실 것을 말할새 [32]베드로와 및 함께 있는 자들이 깊이 졸다가 온전히 깨어나 예수의 영광과 및 함께 선 두 사람을 보더니 [33]두 사람이 떠날 때에 베드로가 예수께 여짜오되 주여 우리가 여기 있는 것이 좋사오니 우리가 초막 셋을 짓되 하나는 주를 위하여, 하나는 모세를 위하여, 하나는 엘리야를 위하여 하사이다 하되 자기가 하는 말을 자기도 알지 못하더라 [34]이 말 할 즈음에 구름이 와서 그들을 덮는지라 구름 속으로 들어갈 때에 그들이 무서워하더니 [35]구름 속에서 소리가 나서 이르되 이는 나의 아들 곧 택함을 받은 자니 너희는 그의 말을 들으라 하고 [36]소리가 그치매 오직 예수만 보이더라 제자들이 잠잠하여 그 본 것을 무엇이든지 그 때에는 아무에게도 이르지 아니하니라

이 단락에는 그리스도의 변모에 관한 이야기가 나온다. 이 이야기는 그가 얼마 전에 얘기했던 대로 세상을 심판하러 오실 때에 받을 영광의 표본을 보여주고, 그를 위하여 고난받게 될 제자들에게 그를 결코 부끄러워하지 말라고 격려하기 위한 것이었다. 우리는 이 이야기를 마태복음과 마가복음에서 이미 살펴본 바 있지만, 하나님의 영광의 광채이자 세상의 빛이신 주 예수에 대한 우리의 믿음을 견고하게 하고, 비록 그가 육신을 입고 계시지만 그를 높고 고귀한 분으로 바라보는 생각들로 우리의 마음을 가득 채우며, 지금은 베일에 가려져 있지만 승천 때에 그가 들어가시게 될 영광을 우리로 하여금 살짝 엿보게 하고, 장차 모든 믿는 자들에게 예비된 영광에 대한 우리의 소망과 기대를 높이고 격려하기 위하여, 여기서 다시 한 번 반복해서 살펴볼 가치가 충분히 있다.

I. 여기에는 이 이야기와 관련해서 다른 두 복음서와는 다른 한 가지 상황이 나온다. 마태와 마가는 그리스도께서 수난에 관한 말씀을 하신 엿새 후에라고 말하였지만, 누가는 팔일 쯤이라고 말한다. 즉, 만 육일을 꼬박 지내고 일곱째 밤을 맞던 여덟째 날이었다는 것이다. 어떤 이들은 제자들이 잠자고 있었고 그리스도의 광채나는 모습은 밤중에 더 잘 보였을 것임을 고려하면 그리스도께서 변모된 때는 밤중이었다고 생각한다. 만약 때가 밤중이었다면, 시간 계산은 한층 더 의심스럽고 불확실하게 된다. 일곱째 날과 여덟째 날 사이의

밤, 그러니까 대략 팔일 쯤 된 때에 이 일이 일어났던 것 같다.

II. 여기에는 아주 중요한 여러 가지 상황들이 첨가되고 설명되어 있다.

1. 여기에서는 그리스도께서 기도하실 때에 변모되는 영광을 받으셨다고 말한다: 그는 늘 하시던 대로 기도하시러 산에 올라가셨고(28절), 기도하실 때에 변모되셨다. 그리스도께서 자신을 낮추서서 기도하실 때, 이렇게 높임을 받으신 것이다. 그는 이 일이 이 때에 그를 위하여 예정되어 있다는 것을 미리 아셨기 때문에, 기도로써 그것을 구하셨다. 그리스도께서도 그를 위하여 예비되고 약속된 은혜들을 거저 받은 것이 아니라 구하여 받으셨다: 내게 구하라 내가 네게 주리라(시 2:8). 이렇게 하심으로써 그리스도께서는 기도하는 일에 존귀함을 더하시고 우리에게 기도할 것을 권하고자 하셨다. 기도는 우리가 변화되고 변모되기 위해서 꼭 해야 할 일이다. 기도함으로써 우리의 마음이 고양되고 넓어져서 주의 영광을 보게 된다면, 우리는 그와 같은 형상으로 변화하여 영광에서 영광에 이르게 될 것이다(고후 3:18). 기도를 통해서 우리는 지혜와 은혜와 기쁨을 얻을 수 있고, 이것은 사람의 얼굴을 빛나게 해준다.

2. 누가는 마태와 마가가 사용한 변형되었다(메타모르포테)라는 단어 — 아마도 이 단어가 이교(異敎)에서 아주 자주 사용되었기 때문인 것 같다 — 를 사용하지 않고, 동일한 뜻을 지닌 용모가 변화되었다(토 에이도스 투 프로소푸 헤테론 — 용모가 이전과는 다른 것이었다)라는 어구를 사용한다: 그리스도의 얼굴은 산에서 내려왔을 때의 모세의 얼굴보다 훨씬 더 빛이 났다. 그리고 그의 옷은 희어져 광채가 났다: 광채가 났다는 말은 원어로 번개처럼 빛났다(엑사스트랍톤)를 뜻한다 — 이 단어는 오직 여기에서만 사용되었다. 따라서 빛이 의복인 양 그를 뒤덮고 있었기 때문에, 그는 온통 빛으로 치장하고 있는 것으로 보였다.

3. 마태복음과 마가복음에서는 모세와 엘리야가 그들에게 나타났다고 말하였지만, 여기에서는 그들이 영광 중에 나타났다고 말하는데, 이것은 우리에게 죽은 성도들이 영광 중에 있으며 영광스러운 상태 속에 있다는 것을 가르쳐주기 위한 것이다. 죽은 성도들은 영광 중에 빛난다. 그리스도께서 영광 중에 계셨기 때문에, 모세와 엘리야도 영광 중에 나타났다. 이렇게 모든 성도들도 곧 영광 중에 나타나게 될 것이다.

4. 여기에는 그리스도와 구약의 두 위대한 선지자가 나눈 대화의 주제가 무

엇이었는지가 나온다: 그들은 장차 예수께서 예루살렘에서 별세하실 것을 말하였다 ― 그의 출애굽, 그의 떠남, 즉 그의 죽음. (1) 여기에서는 그리스도의 죽음을 그의 퇴장, 그의 나감, 그가 세상을 떠남으로 표현한다. 모세와 엘리야는 그리스도께서 죽음을 친근하게 받아들이고 죽음에 대한 예견을 그의 인성으로 좀 더 편안하게 받아들이도록 하기 위하여 이와 같은 개념으로 죽음을 표현하였다. 성도들의 죽음은 출애굽, 즉 애굽 같은 이 세상에서 떠나는 것이고 종 되었던 집에서 놓여나는 것이다. 어떤 이들은 여기에서 말하는 그리스도의 떠남 속에는 그리스도의 승천이 내포되어 있다고 생각한다. 이스라엘의 출애굽은 승리의 떠남이었던 것과 마찬가지로 그리스도께서 땅에서 하늘로 떠나실 때에 그것은 그의 승리이기 때문이다. (2) 그리스도께서는 이 떠남을 이루셔야 했다(개역에는 번역이 되지 않음). 이 일은 이미 결정되어 있는 일로서, 하나님의 계획 속에서 확고하게 정해진 일이기 때문에 변경될 수 없었다. (3) 그리스도께서는 주로 갈릴리에서 사셨지만 예루살렘에서 이 일을 이루셔야 했다. 그의 가장 악의에 찬 원수들이 예루살렘에 있었고 선지자들에 대하여 재판할 권리를 갖고 있던 산헤드린이 예루살렘에 있었기 때문이다. (4) 모세와 엘리야가 이것에 관하여 말한 이유는 그리스도의 고난과 그가 그의 영광으로 들어가는 것이 모세와 선지자들이 말해 왔던 것임을 암시하기 위한 것이었다(눅 24:26-27; 벧전 1:11을 보라). (5) 우리 주 예수께서는 변형된 모습 속에서도 그의 죽음과 고난에 관하여 기꺼이 대화하고자 하셨는데, 이것은 우리가 잘된 때야말로 너무 자만하지 않기 위하여 이 세상을 떠나서 다른 세상으로 가는 것을 의미하는 죽음을 깊이 생각하기에 특히 적절한 때라는 것을 가르치시기 위한 것이다. 우리가 이 땅에서 아무리 큰 영광을 누린다고 하여도, 여기에는 영구한 도성이 없다는 것을 우리는 명심하여야 한다.

5. 여기에서는 제자들이 깊이 졸았다고 말하는데(32절), 전에는 이런 말을 우리는 듣지 못했었다. 이 환상이 처음 시작되었을 때에 베드로와 야고보와 요한은 졸고 있었고 점차 잠으로 빠져들어갔다. 밤이 깊었거나 그들이 피곤했거나 지난 밤에 잠을 제대로 자지 못한 것이 그 이유였을 수도 있고, 환상이 시작되기 전에 매혹적이고 기분 좋은 분위기가 이루어졌거나 어떤 감미로운 곡조의 소리가 들렸기 때문에, 피곤과 긴장이 풀리면서 그들이 졸게 된 것일 수도 있고, 단순히 죄악된 안일함 때문이었을 수도 있다. 그리스도께서 그들 곁

에서 기도하고 계셨을 때에 그들은 그의 기도를 주목했어야 함에도 불구하고 개의치 않았다. 그것에 대한 벌로, 그리스도께서 변모되기 시작하셨을 때, 그들은 계속 자는 상태로 방치되었고, 이로 인해서 이 놀라운 일이 어떻게 벌어지게 되었는지 볼 기회를 놓쳐버렸다. 그리스도께서 영광 중에 계실 때에 잠들어 있었던 이 세 제자는 나중에 그리스도께서 고뇌 중에 계실 때에도 마찬가지로 잠자고 있었다. 가장 훌륭한 사람들일지라도 인간의 본성은 연약하고 깨어지기 쉽기 때문에, 하나님의 은혜가 절대적으로 필요하다는 것을 명심하라. 이 제자들에게 그들의 주님의 영광과 고뇌보다 더 중요한 일은 없었을 것이고, 그것들은 그들의 최고의 관심사였지만, 그것들은 그들을 깨어 있게 하지 못하였다. 은혜를 살아나게 하고, 우리가 단지 살아 있을(alive) 뿐만 아니라 생생하게(lively) 살아 있기 위해서는 하나님께 기도하는 일이 우리에게 얼마나 필요한 것인지! 그렇지만 그들은 잠시 후에 정신을 차리고 온전히 깨어나서, 그리스도의 대적자들이 요구하였던 바로 그 하늘로부터 오는 표적에 대한 증인들이 될 수 있었다. 그들은 그 모든 영광을 정확히 보았기 때문에, 그들이 거룩한 산에 그리스도와 함께 있을 때에 일어난 모든 일을 자세하게 설명할 수 있었다(벧후 1:18).

6. 여기에서는 모세와 엘리야가 막 떠나고자 했을 때에 베드로가 주여, 우리가 여기 있는 것이 좋사오니 우리가 초막 셋을 짓게 하소서라고 말했다고 한다. 이렇게 우리는 우리에게 주어진 은총을 거의 잃을 즈음에야 그 가치를 깨닫고 그 은총을 놓치지 않으려고 애쓰는 경우가 많다. 베드로는 자기가 하는 말을 자기도 알지 못하였다. 하늘에서 성도들이 영화롭게 되어서 하늘 성전에서 더 좋은 집을 갖고 있기 때문에 하늘로 돌아가기를 원한다는 사실을 알지 못하고 그들을 위하여 이 땅에 초막을 짓자고 말하는 자들은 그들이 무슨 말을 하고 있는지를 모르는 자들이다.

7. 여기에는 구름이 와서 그들을 덮었고, 구름 속으로 들어갈 때에 그들이 무서워하였다는 내용이 덧붙여져 있다. 이 구름은 하나님의 더 특별한 임재의 표시였다. 옛적에 하나님께서 구름 가운데서 성막과 성전에 임재하셨을 때에는 구름이 회막에 덮이고 모세가 회막에 들어갈 수 없었으며(출 40:34-5), 구름이 성전을 가득 채웠을 때는 제사장들이 그 구름으로 말미암아 능히 서서 섬기지 못하였다(대하 5:14). 여기에 나오는 구름이 바로 그런 구름이었기 때문에, 제자들이

구름 속으로 들어가기를 무서워하였다는 것은 전혀 이상한 일이 아니다. 그러나 예수 그리스도와 함께라면 누구든 구름 속으로 들어가는 것을 무서워할 필요가 없다. 그리스도께서 그를 구름 속으로 안전하게 인도해주실 것이기 때문이다.

8. 여기에서는 하늘로부터 들려온 소리에 관하여 말하는데, 마가복음에 나오는 것은 마태복음에 나오는 것보다 자세하지 못하다: 이는 내 사랑하는 아들이니 너희는 그의 말을 들으라(막 9:7). 마태복음과 베드로후서에 나오는 내 기뻐하는 자라는 어구는 마가 본문에는 명시적으로 표현되어 있지는 않지만, 이는 내 사랑하는 아들이다라는 말 속에 함축되어 있다. 하나님이 사랑하는 자나 하나님이 기뻐하는 자는 매한가지이기 때문이다. 하나님은 사랑하시는 자 안에서 우리를 용납하셨다.

끝으로, 여기에서는 사도들이 이 환상을 비밀에 부쳤다고 말한다. 그들은 아무에게도 이르지 아니하고, 그리스도가 하나님의 아들이라는 증거가 성령의 강림을 통해서 완성되어서 이 가르침이 온 세상에 공표될 그 날까지 이 환상에 대한 이야기를 보류해 두었다. 말할 때가 있듯이, 침묵할 때도 있는 법이다. 모든 일은 때가 되어야 아름답고 유익하다.

[37]이튿날 산에서 내려오시니 큰 무리가 맞을새 [38]무리 중의 한 사람이 소리 질러 이르되 선생님 청컨대 내 아들을 돌보아 주옵소서 이는 내 외아들이니이다 [39]귀신이 그를 잡아 갑자기 부르짖게 하고 경련을 일으켜 거품을 흘리게 하며 몹시 상하게 하고야 겨우 떠나 가나이다 [40]당신의 제자들에게 내쫓아 주기를 구하였으나 그들이 능히 못하더이다 [41]예수께서 대답하여 이르시되 믿음이 없고 패역한 세대여 내가 얼마나 너희와 함께 있으며 너희에게 참으리요 네 아들을 이리로 데리고 오라 하시니 [42]올 때에 귀신이 그를 거꾸러뜨리고 심한 경련을 일으키게 하는지라 예수께서 더러운 귀신을 꾸짖으시고 아이를 낫게 하사 그 아버지에게 도로 주시니

마태복음과 마가복음에서 이 대목은 그리스도의 변모에 관한 이야기와 그 일 후에 그리스도께서 제자들과 나눈 대화 다음에 나온다. 그러나 누가복음에서는 변모 사건을 얘기한 후에 바로 이튿날 산에서 내려오셨다는 말이 나온다. 이것은 그리스도께서 밤중에 변모되셨다는 것을 확증해줌과 동시에 세

제자가 베드로의 제안대로 초막을 짓지는 못했지만 쉴 만한 곳을 찾아내어서 밤새 거기에서 쉬었다는 것을 말해주는 것 같다. 왜냐하면, 이튿날이 되어서야 그들은 산에서 내려왔기 때문이다. 모세가 산에서 내려왔을 때에 이스라엘 백성 가운데 있었던 소동처럼 중대한 일은 아니었지만, 그리스도께서 산에서 내려오셨을 때에 제자들 가운데 약간의 소동이 있었다. 지혜롭고 선한 자들은 한적한 곳에서 휴식할 수 있는 좋은 기회를 얻게 될 때에 그들의 공적인 지위를 감당하는 데에 그들이 부족한 것이 없는지를 살펴보아야 마땅하다.

여기에 나오는 이야기 속에서 우리는 다음과 같은 것들을 살펴볼 수 있다. 1. 그리스도께서 돌아오시자, 큰 무리가 그를 영접하였다. 다른 때에 큰 무리가 그를 따라다녔듯이, 잠시 자리를 비운 그를 큰 무리가 맞았다. 이것은 그에게 많은 무리가 모여들 것(개역에서는 그에게 모든 백성이 복종하리로다)이라는 예언 때문이기도 하였다. 2. 귀신 들린 아이의 아버지는 그리스도에게 도와 달라고 끈질기게 간청하였다(38절): 청컨대, 내 아들을 보아(개역에서는 돌보아) 주옵소서. 이것이 그의 청(請)이었는데, 아주 작은 것을 부탁한 것이었다. 그리스도께서 불쌍히 여기셔서 한 번 바라보시는 것만으로도 모든 것은 바로잡힌다. 우리 자신과 우리 자녀들을 그리스도께로 데리고 가서 그에게 보이자. 아이의 아버지는 이는 내 외아들이니이다라고 호소하였다. 많은 자녀를 둔 사람들은 한 자녀로 인해서 고통을 당해도 나머지 자녀들에게서 받는 위로로 그 고통을 상쇄시킬 수 있다. 그러나 하나밖에 없는 자녀로 인해서 당하는 고통은 우리를 위하여 독생자를 주신 하나님의 사랑으로만 상쇄될 수 있다. 3. 이 아이의 처지는 정말 비참한 것이었다(39절). 아이는 그를 잡고 있는 귀신의 지배하에 있었다. 이런 유의 병들은 단지 자연적인 원인들로 인해서 생긴 병들보다 더 비참하다. 아무런 예고도 없이 발작이 오면, 아이는 갑자기 부르짖었고, 아이의 비명소리는 그의 자애로운 아버지의 심장을 수도 없이 찔렀었다. 이 악한 귀신은 아이에게 경련을 일으켜 몹시 상하게 하고야 겨우 떠나갔다. 귀신은 아이를 반쯤 죽여놓고야 아이에게서 겨우 떠나갔다. 아, 이 세상에서 고통받는 자들의 그 고통들이여! 사탄은 사람들을 사로잡고서 얼마나 못된 짓을 하고 있는가! 그러나 그리스도와 가까이 하는 자들은 복되도다! 4. 제자들의 믿음은 많이 부족하였다. 그리스도께서 제자들에게 더러운 귀신을 제어하는 권능을 주셨지만, 그들은 이 악한 귀신을 내쫓지 못하였다(40절). 그리스도께서 이 일과 관련하여 제자들을 책망하신 것으로 보아서, 그들은 그들이 받은 권능을 믿지 않았거나 그들에게 권능이 주어졌다는 사실을 믿지 못한 것일 수도 있고, 마땅히 힘써야 했던 기도에 힘쓰지 않았던 것일 수도 있다. 믿음이 없고 패역한 세대여. 클라크(Clarke) 박사는 이 말씀을 그리스도께서 제자들을 향하여 하신 것으로 이해한다: "너희는 아직도 믿음이 없고 불신으로 가득 차 있어서 내가 너희에게 맡긴 일을 할 수 없는 것이 아니냐?" 5. 그리스도께서는 이 아이를 완벽하게 고쳐주셨다(42절). 그리스도께서는 제자들이 할 수 없는 일을 하실 수 있다: 귀신이 광분하여 아이를 거꾸러뜨리고 심한 경련을 일으키게 하자 예수께서 더러운 귀신을 꾸짖으셨다. 귀신은 마치 아이를 산산조각 내기라도 하려는 것처럼 몹시 괴롭혔다. 그러나 그리스도께서 말씀 한 마디로 아이를 낫게 하시자, 귀신이 그동안 아이에게 끼쳤던 해(害)는 멀쩡하게 없어졌다. 또한 여기에는 그리스도께서 아이를 그 아버지에게 도로 주셨다는 내용이 덧붙여져 있다. 우리의 자녀들이 질병에서 회복되었을 때, 우리는 그들을 하나님께서 우리에게 다시 주신 자들이자 죽은 자로부터 살아온 자들로 여겨서 우리가 처음에 그들을 영접했던 때처럼 영접해야 한다. 그리스도의 손에서 그들을 도로 받는 것과 그리스도께서 그들을 우리에게 다시 주시는 것을 보는 것은 기쁜 일이다: "자, 이 아이를 데려가고 감사하라. 이 아이를 데려가서 나를 위하여 키우라. 네가 이 아이를 내게서 다시 받았기 때문이니라. 이 아이를 데려가되, 이 아이에게 지나친 애착을 가져서는 안 된다." 이와 같은 훈계를 따라서, 부모들은 그리스도의 손으로부터 자녀들을 받은 것이기 때문에, 즐거운 마음으로 자녀들을 그리스도의 손에 돌려드려야 한다.

43사람들이 다 하나님의 위엄에 놀라니라 그들이 다 그 행하시는 모든 일을 놀랍게 여길새 예수께서 제자들에게 이르시되 44이 말을 너희 귀에 담아 두라 인자가 장차 사람들의 손에 넘겨지리라 하시되 45그들이 이 말씀을 알지 못하니 이는 그들로 깨닫지 못하게 숨긴 바 되었음이라 또 그들은 이 말씀을 묻기도 두려워하더라 46제자 중에서 누가 크냐 하는 변론이 일어나니 47예수께서 그 마음에 변론하는 것을 아시고 어린아이 하나를 데려다가 자기 곁에 세우시고 48그들에게 이르시되 누구든지 내 이름으로 이런 어린아이를 영접하면 곧 나를 영접함이요 또 누구든지 나를 영접하면 곧 나를 보내신 이를 영접함이라 너희 모든 사람 중에 가장 작은 그가 큰 자니라 [49]요한이 여짜오되 주여 어떤 사람이 주의 이름으로 귀신을 내쫓는 것을 우리가 보고 우리와 함께 따르지 아니하므로 금하였나이다 [50]예수께서 이르시되 금하지 말라 너희를 반대하지 않는 자는 너희를 위하는 자니라 하시니라

이 단락에는 다음과 같은 내용들이 나온다.

I. 그리스도의 이적이 그것을 본 모든 사람들에게 준 인상(43절): 사람들이 다 하나님의 위엄에 놀라니라. 사람들은 그리스도께서 행하신 모든 이적 속에서 하나님의 권능을 볼 수밖에 없었다. 하나님의 권능의 역사(役事)는 놀라운 것으로서, 주 예수의 손에 의해서 이루어진 역사들은 특히 그러하였다. 왜냐하면, 그리스도는 하나님의 능력이고, 그의 이름은 기묘(Wonderful)이기 때문이다. 일부 사람들이 놀란 것이 아니라, 모든 사람이 다 놀랐다. 사람들을 놀라게 만든 원인이 된 사건은 보편적인 것이었다: 사람들은 그 행하시는 모든 일을 보고 놀랐다. 그의 모든 행위들은 특별하고 놀랄 만한 것을 내포하고 있었다.

II. 그리스도께서 장차 그가 겪을 고난에 대하여 제자들에게 예고하심: 인자가 장차 사람들의 손에 넘겨지리라. 이 사람들은 악한 성품을 지닌 악인들로서 그들의 뜻대로 그리스도를 능욕하도록 허용될 것이다. 이 말씀 속에는 다른 복음서 기자들이 명시적으로 표현한 죽임을 당하리라는 내용이 함축되어 있다. 여기에서 특별한 점들로는 다음과 같은 것들이 있다.

1. 이 예고는 바로 앞에 나온 내용, 즉 사람들이 그리스도의 이적을 보고 놀란 것과 연관되어 있다(43절): 그들이 다 그 행하시는 모든 일을 놀랍게 여길새 예수께서 제자들에게 이르셨다. 제자들은 그리스도께서 다스릴 현세적인 나라에 대한 어리석은 망상에 사로잡혀서, 그들이 그리스도와 더불어서 세속적인 영화(榮華)와 권세로써 다스리게 될 것이라고 생각하였다. 그리고 이제 그들은 그리스도의 권능이 이 일을 쉽게 만들고, 이적들을 통해서 사람에게서 얻은 그리스도의 명성이 이 일에 도움이 될 것이라고 생각하였다. 그래서 그리스도께서는 그들이 무슨 생각을 하고 있는지를 아시고, 이 기회를 이용해서 전에 그가 그들에게 말씀하셨던 것, 즉 사람들이 그의 손에 넘어오는 것이 아니라 그가 사람들의 손에 넘겨지며, 그가 존귀함 가운데 사는 것이 아니라 욕되게 죽어야 하고, 그가 행한 모든 이적들과 사람들에게서 얻은 모든 명성도 이 일을 막을 수 없다는 것을 다시 그들에게 말씀하셨다.

2. 그리스도께서는 이 예고를 하시기 전에 엄중한 경고를 하셨다: "이 말을 너희 귀에 담아 두라. 내가 말하는 것을 특히 주목하고, 믿음으로 받아들여라. 너희는 현세적인 메시야 나라에 관한 너희의 기존의 생각을 고집함으로써 내가 하는 말에 귀를 막아서는 안 되고, 내 말을 믿지 않으려고 해서도 안 된다. 내가 말하는 것을 인정하고 순순히 받아들여라." 시리아 역본과 아랍어 역본에서는 이 말을 너희 마음에 담아 두라로 읽는다. 그리스도의 말씀은 우리의 머리와 가슴에 담아두지 않으면 우리에게 유익이 없다.

3. 그리스도의 수난 예고에 대해서 제자들은 이상할 정도로 우둔하였다. 마가복음에는 제자들은 이 말씀을 깨닫지 못하였다고 되어 있다. 그리스도께서 하신 말씀은 문자 그대로 너무도 분명한 것이었음에도 불구하고, 그 말씀이 그들의 생각과 너무도 다른 것이었기 때문에, 그들은 그 말씀을 이해하려고 하지 않았다. 그들은 그 말씀을 문자 그대로의 의미 이외의 다른 의미로 이해할 수는 없었지만, 진실을 알아버림으로써 그들의 달콤한 꿈에서 깨어날 것을 염려하여 이 말씀을 묻기도 두려워하였다. 그러나 여기에는 제자들의 믿음이 연약하였고 편견에 사로잡혀 있었기 때문에 이 말씀이 그들로 깨닫지 못하게 숨긴 바 되었다는 말이 덧붙여져 있다. 우리는 이것을 제자들이 그리스도의 고난을 예상하고 지나친 슬픔에 빠지는 것을 막기 위해서 하나님이 긍휼을 베푸셔서 이 말씀을 그들에게 숨기신 것이라고 볼 수는 없다. 오히려, 이것은 하나의 역설이었다. 왜냐하면, 제자들이 이것을 스스로 자초한 것이었기 때문이다.

Ⅲ. 그리스도께서 제자들이 누가 가장 크냐를 놓고 다툰 것에 대하여 책망하심(46-48절).　　우리는 이 이야기를 전에도 살펴본 바 있는데, 이런 이야기가 자주 나오는 것은 애석한 일이지만, 우리는 이와 비슷한 이야기를 또 다시 만나게 될 것이다. 좀 더 살펴보자.

1. 명예에 대한 야심과 최고가 되고자 하는 다툼은 우리 주 예수의 제자들이 가장 쉽게 빠져들었던 죄들이다. 이러한 죄들로 인해서 그들은 엄하게 책망을 받아 마땅하였다. 이 죄들은 그들이 다스려서 극복하고자 온갖 애를 썼던 타락한 본성으로부터 흘러나온 것들이다(46절). 이 세상에서 큰 자가 되고자 하는 자들은 보통 높은 것을 목적으로 삼지만, 그런 것은 그들이 가장 큰 자가 되는 데에 전혀 도움이 되지 못한다. 오히려, 그런 자들은 큰 유혹과 괴로움에 빠지게 된다. 작은 자, 가장 작은 자, 가장 작은 자보다 더 작은 자가 되는 것

에 만족하는 자들만이 그러한 유혹과 괴로움으로부터 안전할 수 있다.

2. 예수 그리스도는 우리 마음의 생각과 의도를 완전히 알고 계신다: 그는 그 마음에 변론하는 것을 아셨다(47절). 그리스도에게 생각은 말이고 속삭임은 큰 외침이다. 그리스도께서 우리의 생각을 세세하게 알고 계시기 때문에, 우리는 우리의 생각을 항상 엄격하게 다스리지 않으면 안 된다.

3. 그리스도께서는 제자들에게, 조용한 가운데 스스로를 낮추는 겸손에 의해서 얻어지는 명예를 구하고 소란스런 야망을 통해서 얻어지는 명예를 구하지 말라고 하신다. 그리스도께서는 어린아이 하나를 데려다가 자기 곁에 세우시고(47절), 이런 어린아이를 그들에게 본보기로 제시하셨다(그리스도께서는 어린아이들에게 항상 온유함과 인자함을 보이셨다). (1) 이런 어린아이처럼 겸손하고 조용하며 여유로운 자가 되어라. 세상의 영화(榮華)나 화려함, 높은 직위를 탐내지 말고, 이 어린아이처럼 그런 것들에 대하여 죽은 자가 되어라. 이 어린아이처럼 자신의 경쟁자에게 악의를 품지 말라. 기꺼이 가장 작은 자가 되고자 하고, 유익한 일이라면, 몸을 굽혀 가장 비천한 일을 해서 선을 베풀라. (2) 이것이 너희가 높아지는 길임을 알아야 한다. 왜냐하면, 이렇게 함으로써 너희는 형제들의 존경을 받게 될 것이기 때문이다. 그리스도를 사랑하는 자들은 그의 이름으로 너희를 영접할 것이다. 왜냐하면, 너희는 그리스도를 가장 많이 닮았기 때문이다. 또한 너희는 그리스도의 은총을 받게 될 것이다. 왜냐하면, 그리스도께서는 너희가 다른 사람들에게 베푼 자비를 그리스도 자신에게 베푼 친절로 여기실 것이기 때문이다: 누구든지 이런 어린아이, 즉 이와 같은 성품을 지닌 복음 전도자를 영접하는 자는 나를 영접하는 자이다. 누구든지 사역자를 영접함으로써 나를 영접하면 곧 나를 보내신 이를 영접하는 것이다. 하나님과 그리스도의 사자(使者)로서 사람들에게 영접받고, 하나님과 그리스도로로부터 자기로 말미암아 사람들에게서 영접받았다는 말씀을 듣는 것보다 더 큰 명예가 이 세상에 어디 있겠는가? 예수 그리스도의 모든 겸손한 제자들은 이런 명예를 얻게 될 것이기 때문에, 제자들 가운데서 가장 작은 자들이 진정으로 큰 자가 될 것이다.

IV. 그리스도를 존경하고 섬기지만 그들의 무리에 속하지 않은 자를 제재한 것에 대하여 그리스도께서 제자들을 책망하심. 이 사람은 열두 사도나 칠십 인의 제자에 속하지 않았을 뿐만 아니라, 그들과 친분이 있거나 그들을 따라다녔던 무리들 중의 한 사람도 아니었고, 단지 가끔씩 그리스도의 말씀을 듣고서 그를 믿어서 귀신들을 내쫓기 위해서 기도 속에서 그리스도의 이름을 믿음으로 사용한 사람이었다.

1. 이 사람을 제자들은 꾸짖고 제재하였다. 제자들은 이 사람이 기도하고 복음을 전파하는 것이 그리스도를 영화롭게 하고 사람들에게 선이 되며 사탄의 나라를 약화시키는 일임에도 불구하고 그가 그들과 함께 그리스도를 따르지 않는다고 해서 그 일을 금지시켰다. 이 사람은 제자들의 교회로부터 분리되어 있었고, 제자들처럼 위임을 받지도 못했으며, 제자들을 존경하지도 않았고, 제자들과 교제하지도 않았다. 여기에서 열두 제자처럼, 이 세상에서 그리스도인들의 어떤 단체가 그들에게 속하지 않은 자들을 침묵시킬 권한을 가지고 있는가?

2. 예수 그리스도께서는 이 일로 인해 제자들을 질책하셨고, 제자들 그리고 사도들의 후계자라고 공언하는 자들에게 다시는 그렇게 하지 말도록 경고하셨다: "금하지 말라(50절). 오히려, 그 사람을 격려해 주라. 그 사람이 어떤 이유로 해서 너희와 함께 따르지 않는다고 해도, 그 사람은 너희와 동일한 일을 하고 있는 것이기 때문이다. 그 사람은 동일한 길에서 너희와 동행하고 있는 것은 아니지만, 동일한 종착점에서 너희와 만나게 될 것이다. 너희가 잘 하고 있는 것은 사실이지만, 그렇다고 해서 그 사람이 잘못 하고 있는 것은 아니기 때문에, 너희가 그 사람이 하는 일을 금지시킨 것은 옳지 않다. 왜냐하면, 우리를 반대하지 않는 자는 우리를 위하는 자이기 때문이다. 그러므로 우리는 그 사람을 지지해 주어야 한다." 우리 편은 아주 적고, 적은 아주 많기 때문에, 우리는 한 명의 친구라도 잃어서는 안 된다. 그리스도를 신실하게 따르는 자들은 비록 우리와 함께 따르지 않는다고 해도 그리스도에 의해서 받아들여질 것이다. 마가복음 9:38-39을 보라. 그리스도인들이 이 사건을 제대로만 이해한다면, 그리스도와의 관계를 자랑하고 그리스도를 위하여 시기하는 체하는 자들이 교회에 끼치는 무수한 해악(害惡)은 미연에 방지될 수 있을 것이다.

[51]예수께서 승천하실 기약이 차가매 예루살렘을 향하여 올라가기로 굳게 결심하시고 [52]사자들을 앞서 보내시매 그들이 가서 예수를 위하여 준비하려고 사마리아인의 한 마을에 들어갔더니 [53]예수께서 예루살렘을 향하여 가시기 때문에 그들이 받아들

이지 아니 하는지라 [54]제자 야고보와 요한이 이를 보고 이르되 주여 우리가 불을 명하여 하늘로부터 내려 저들을 멸하라 하기를 원하시나이까 [55]예수께서 돌아보시며 꾸짖으시고 [56]함께 다른 마을로 가시니라

이 이야기는 다른 복음서에는 나오지 않는 것으로서, 바로 앞에 나온 사건과의 유사성으로 인해서 여기에 삽입된 것으로 보인다. 이 사건에서도 그리스도께서는 제자들이 그리스도를 위하여 시기한 것에 대하여 그들을 책망하신다. 앞 단락에서 제자들은 그리스도를 위한 열심이라는 명목으로 분리주의자들을 침묵시키고 제지하려고 하였고, 여기에서는 동일한 명목으로 믿지 않는 자들을 죽이고 싶어하였다. 전자에 대해서와 마찬가지로, 후자에 대해서도 그리스도께서는 제자들을 책망하셨다. 왜냐하면, 독선(獨善)과 박해의 정신은 그리스도와 기독교의 정신에 정면으로 배치(背馳)되기 때문이다. 좀 더 살펴보자.

I. 우리 주 예수께서 우리의 구속과 구원을 위한 그의 큰 일을 실행하기로 굳게 결심하심(51절).   예수께서 승천하실 기약이 차가매 예루살렘을 향하여 올라가기로 굳게 결심하셨다. 1. 우리 주 예수의 고난과 죽음을 위하여 정해진 때가 있었고, 그리스도께서는 그 때가 언제인지를 아주 잘 알고 계셨으며, 그 때를 분명하고도 확실하게 미리 내다보고 계셨지만, 그 길을 피하시기는커녕 오히려 많은 사람들 앞에 공공연히 나타나셨고, 그의 때가 얼마 남지 않은 것을 아시고 더욱 분주하게 일하셨다. 2. 그리스도께서는 그의 죽음과 고난이 다가오는 것을 보셨을 때에 그러한 것들 너머에서 기다리고 있는 영광을 바라보셨다. 그는 이 때를 그가 영광 가운데서 올려지게 될 때, 가장 높은 하늘로 올리워져서 보좌에 앉게 되시는 때로 보셨다(딤전 3:16). 모세와 엘리야는 그리스도의 죽음을 그가 이 세상을 떠나는 것이라고 말함으로써, 그의 죽음을 두렵지 않은 것으로 표현하였었다. 그러나 그리스도께서는 한 걸음 더 나아가서 그의 죽음을 그가 더 좋은 세상으로 옮겨가는 매우 바람직한 것으로 여기셨다. 모든 선한 그리스도인들은 죽음에 대하여 이러한 개념을 가져서, 죽음을 그들이 올리워져서 그리스도께서 계시는 곳에서 그와 함께 하는 것이라고 여겨야 한다. 그들이 올리워질 때가 가까우면, 그들은 그들의 구속이 가까운 것을 알고 머리를 들어야 한다. 3. 그리스도께서는 자기 앞에 놓인 즐거움을 바라보시고, 그

가 고난받고 죽어야 할 장소인 예루살렘을 향하여 올라가기로 굳게 결심하셨다. 그의 결심은 확고하고 요동할 수 없는 것이었다. 그는 자기가 할 일이 있는 예루살렘으로 곧장 가셨다. 그는 여기저기 돌아다니시지도 않았고, 우회하여 가시지도 않았다. 평소 같았으면, 그는 사마리아를 피하여 우회하여 길을 잡으셨을 것이다. 그는 예루살렘에서 그가 당할 일들을 잘 알고 계셨지만 기쁜 마음으로 용기 있게 그 곳으로 가셨다. 그는 그가 의롭다 하심을 얻을 뿐만 아니라 영광을 받으실 것이고 멸망당하지 않으실 뿐만 아니라 하늘로 올리워지실 것을 아셨기 때문에, 실망하거나 낙심하지 않고 얼굴을 부싯돌 같이 굳게 하였다 (사 50:7). 이것은 그리스도를 위하여 일하거나 고난당하기를 꺼려하는 우리를 얼마나 부끄럽게 만드는가! 우리는 우리를 구원하시는 일을 완성하기 위하여 모든 적대(敵對)에 맞서기로 굳게 결심하셨던 그리스도를 섬기기를 꺼리고, 우리의 얼굴을 다른 곳으로 돌리는 자들이다.

Ⅱ. 사마리아인들의 무례함.　그리스도께서 사마리아인들의 한 마을(이름이 나와 있지 않은데, 굳이 이름을 밝힐 필요도 없다)을 지나가게 되었는데, 사람들이 그를 받아들이려 하지도 않았고, 그 마을에서 쉬어가는 것도 허용하지 않았다. 좀 더 살펴보자. 1. 그리스도께서는 그들에게 예의를 갖추셨다: 그는 그의 일행이 거기에서 쉬어갈 수 있을지를 알아보고 쉴 곳을 정하기 위해서 제자들 중에서 사자들을 앞서 보내셨다. 왜냐하면, 그는 그의 일행이 갑자기 들이닥침으로써 마을 사람들을 불쾌하게 만드는 무례를 범하지 않고자 하셨기 때문이다. 그가 몇 사람을 사자로 보내서 그를 위하여 준비하게 하신 것은 예전을 위한 것이 아니라 편의를 위한 것이었고, 갑작스런 방문으로 마을 사람들이 놀라지 않게 하기 위한 것이었다. 2. 사마리아인들은 그에게 대단히 무례하였다(53절). 그들은 그를 받아들이지 않았고, 마을에 들이려고 하지도 않았으며, 오히려 그가 들어오지 못하도록 감시하였다. 만약 그들이 그를 영접하였다면, 그는 그들이 베푼 모든 것에 대하여 대가를 지불하셨을 것이고, 그들 가운데서 후한 손님이 되셨을 것이며, 얼마 전에 사마리아인의 다른 마을에서 그랬던 것처럼(요 4:41) 그들에게 선을 베풀고 복음을 전하셨을 것이다. 그는 그들의 마을에 가장 큰 축복이 되었을 것이지만, 그들은 그를 들이지조차 않았다. 이런 일은 그리스도의 복음과 사역자들이 자주 당해온 일이다. 그들이 그리스도를 배척한 이유는 그가 예루살렘을 향하여 가시고자 하였기 때문이었

다. 그들은 그의 행동을 보고 그가 예루살렘으로 가고 있다는 것을 알았다. 유대인들과 사마리아인들은 예배 장소를 놓고 크게 다투고 있었다 — 예루살렘이냐 그리심 산이냐(요 4:20). 이 대립은 워낙 심해서, 유대인들은 사마리아인들과 상종하지 않으려 했고, 사마리아인들도 마찬가지였다(요 4:9). 그렇지만 사마리아인들은 유대인들이 절기를 지키기 위해서 예루살렘으로 올라가는 경우가 아니라면 자기 마을에서 숙박하는 것을 굳이 금하지는 않은 것 같다. 만약 사마리아인들이 무조건적으로 계속해서 유대인들의 숙박을 금하였다면, 그리스도께서 사마리아로 지나가려고 하지도 않으셨을 것이고, 갈릴리 사람들은 사마리아를 통과하지 않는 다른 길을 통해서 예루살렘으로 올라가는 데에 큰 애로를 겪었을 것이기 때문이다. 사마리아인들은 널리 알려진 유명한 선생이었던 그리스도께서 예루살렘에 있는 성전을 인정하고 고집하는 것에 대하여 특히 분개하였던 것으로 보인다. 예루살렘 성전의 제사장들은 그리스도와 아주 심한 적대관계에 있다는 것을 알고 있던 사마리아인들은 그리스도를 그들의 성전으로 와서 예배드리도록 하여 그들의 성전이 명성을 얻게 하고자 하였다. 그러나 그들의 이러한 계획에도 불구하고, 그리스도께서 예루살렘을 향하여 가려고 하는 것을 알고, 그들은 이전에 그리스도께서 전도하기 위하여 사마리아 마을들로 오셨을 때에 그들이 베풀었던 환대를 지금은 그에게 베풀려고 하지 않았다.

III. 이런 모욕에 대한 야고보와 요한의 분개(54절). 이러한 전갈을 들은 두 제자는 즉시 불 같이 화를 내면서, 이 마을을 소돔처럼 멸망시키는 것 외에는 이 마을에 해줄 것이 없다고 생각해서, 이렇게 말하였다: "주여, 우리가 불을 명하여 하늘로부터 내려 그들을 놀라게 해줄 뿐만 아니라 그들을 멸하도록 허락해 주소서."

1. 본문을 보면, 두 제자에게도 뭔가 칭찬할 만한 점이 있었다. (1) 그들은 예수 그리스도에게서 받은 능력에 대한 큰 확신을 보여주었다. 비록 이 일이 그들에게 위임된 일에 특별히 언급되어 있지는 않았지만, 그들은 말 한 마디로 불을 하늘로부터 내려오게 할 수 있다고 믿었다. 우리가 그런 말을 하기를 주께서 원하신다면, 그 일은 이루어질 것이다. (2) 그들은 주님의 명예를 위한 큰 열심을 보여주었다. 그들은 가시는 곳마다 선을 베푸시고 진심어린 환대를 받으셨던 주님께서 몇몇 하찮은 사마리아인들이 가로막음으로 인해서 자유롭게

통행하지 못하게 되신 것을 무척 못마땅하게 생각하였다. 그들은 주님이 이렇게 모욕당하는 것을 보고 분개하지 않을 수 없었다. (3) 그럼에도 불구하고, 그들은 주님의 선한 뜻에 순종하였다. 그들은 그리스도께서 허락하지 않으신다면 그런 일을 하지 않겠다고 하였다: 그들은 "우리가 그렇게 하기를 원하시나이까"라고 여쭈었던 것이다. (4) 그들은 그들에 앞서 활동하였던 선지자들의 모범을 존중하였다. '이렇게 하는 것이 엘리야처럼(개역에는 없음) 하는 것이 아닙니까?' 만약 엘리야가 그를 잡으러 온 군사들에게 두 번이나 이런 일을 한 전례(前例)가 없었다면(왕하 1:10, 12), 그들은 이런 생각을 하지도 않았을 것이다. 그들은 이 전례가 그들의 생각이 옳다는 것을 보장해준다고 생각하였다. 우리도 경우가 서로 다른데도 훌륭한 사람들의 모범을 잘못 적용하여서, 우리의 잘못된 처신을 정당화하려고 하기가 쉽다.

2. 그러나 그들이 한 말에는 옳은 점도 없지 않지만, 잘못된 점이 훨씬 더 많았다. (1) 우리 주님께서 이렇게 많은 사람들에 의해서 모욕을 당한 것은 이번이 처음은 아니었다. 나사렛인들은 그를 밀치며 그들의 마을에서 나가라고 위협하였고, 거라사인들은 그가 그들의 마을에서 떠나주기를 바랐다. 그렇지만 그는 그들에게 심판을 내리겠다고 하지 않으셨고, 그 모욕을 끝까지 참아 내셨다. (2) 사마리아인들에게서 환대받으리라고 생각했다면, 그것은 오산이었다. 아마도 그들은 그리스도께서 제자들에게 사마리아인의 고을에 들어가는(마 10:5) 것을 금지하신 것을 들어서 알고 있었을 것이다. 그러므로 사마리아인들은, 그리스도에 대하여 더 많이 알고 그로부터 많은 은혜를 받은 자들이 그를 배척한 것만큼 그에게 악하게 대한 것은 아니었다. (3) 그리스도께서 이 마을에 오신다는 것을 알고 있었거나 그에게 무례한 전갈을 보낸 자들은 마을 사람들 중에서 일부에 지나지 않았을 것이다. 마을 사람들 중에는 그리스도께서 오신다는 말을 들었다면 마중나가서 그를 환영하였을 자들이 많았을 것이다. 소수의 악인들 때문에 마을 전체를 잿더미로 만드는 것이 과연 옳은 일인가? 악인들과 더불어서 의인들을 멸망시키는 것이 옳은 일인가? (4) 주님께서는 어떤 경우에도 하늘로부터의 불로 사람들을 심판하고자 하신 적이 없으셨고, 바리새인들이 하늘로부터 오는 표적을 요구하였을 때에도 그 요구를 거절하셨다(마 16:1-2). 그런데 왜 두 제자는 하늘로부터 불을 내려오게 하여서 마을 사람들을 벌하여야 하겠다는 생각을 하게 된 것일까? 야고보와 요한은 그

리스도께서 보아너게, 곧 우레의 아들이라고 부르셨던 두 제자였다(막 3:17). 그들은 우레로 충분하지 않은 경우에는 번개의 아들도 되었을 것이다. (5) 엘리야의 모범은 이 경우에는 맞지 않는 것이었다. 엘리야는 율법의 무서움을 나타내고, 그 증거를 보여주며, 아합 궁정의 우상숭배자들과 악인들을 담대하게 책망하는 자로 보내심을 받았다. 따라서 그가 자신의 사명을 하늘에서 내려온 불을 통해서 증명한 것은 합당한 일이었다. 그러나 그리스도께서 지금 전파하고 계신 것은 은혜의 복음이었기 때문에, 하늘에서 불을 내려서 무시무시한 심판을 행하는 것은 전혀 어울리지 않는 일이었다. 틸롯슨(Tillotson) 대주교는 엘리야가 하늘에서 불을 내렸던 사마리아의 그 장소에 가까이 오자 그들은 그 일을 떠올리게 되었을 것이라고 말한다. 그러나 장소는 동일했을지라도 때가 바뀌었다.

IV. 야고보와 요한의 분노에 찬 열심을 그리스도께서 책망하심(55절).   그리스도께서는 언짢은 표정으로 돌아보시고 그들을 꾸짖으셨다. 그는 사랑하시는 자를 꾸짖고 징계하시기 때문이다. 그리스도를 위한 열심이라는 미명 아래에서 그들이 부당하고 잘못된 일을 행할 때에 특히 그러하다.

1. 그리스도께서는 그들의 잘못을 구체적으로 지적해주셨다: 너희는 너희가 어떤 정신에 속하여 그런 말을 한 것인지를 알지 못하는도다(개역에는 없음). 즉, (1) "너희는 너희가 악한 정신에 속하여 악한 품성으로 그런 말을 한 것인지를 인식하지 못하고 있다. 너희의 말 속에는 주님을 위한 열심이라는 미명 아래에 오만과 분노와 사적인 복수심이 감취어져 있다." 선한 사람들의 마음속에도 부패한 것들이 숨어 있고, 또한 가끔씩 드러나기도 하지만, 그들 자신은 그런 것을 깨닫지 못한다. (2) "너희는 너희가 이 악한 정신과 반대되는 선한 정신에 속하여 있다고 생각하지 말아야 한다. 너희는 비록 오랫동안 그리스도와 기독교의 정신이 무엇인지를 배워 왔지만 분명히 아직도 더 배워야 한다. 너희는 원수들을 사랑하고 너희를 저주하는 자들을 축복하며 그들을 위하여 하늘로부터 오는 불이 아니라 하늘로부터 오는 은혜를 빌라고 배우지 않았더냐? 너희는 너희가 한 말 속에 나타난 품성이 너희가 전하기로 되어 있는 복음의 정신에 얼마나 정면으로 위배되는지를 알지 못한다. 너희는 이제 종살이, 공포, 죽음의 법 아래 있는 것이 아니라 사랑과 자유와 은혜의 법 아래 있다. 이 법은 땅에서 하나님이 기뻐하신 사람들 중에 평화가 선포됨으로써 시작된 것으로서, 너

희는 이 법을 따라서 살아가야 하고, 너희가 한 말과 같은 저주의 말을 해서는 안 된다."

2. 그리스도께서는 복음의 큰 목적과 성격을 그들에게 보여주셨다(56절): 인자는 사람들의 생명을 멸망시키기 위해서가 아니라 구원하기 위해서(개역에는 없음) 오셨고, 또한 이런 목적으로 너희를 보내신다. 그는 불과 칼, 피와 살육을 통해서가 아니라 사랑과 즐거움 같이 사람들을 끌고 사람들에게 사랑받을 만한 모든 것들을 통해서 그의 거룩한 복음을 전파하고자 하셨다. 또한 그는 이스라엘이 애굽에서 나올 때와 같이 역병들과 멸망의 이적들을 통해서가 아니라 치유의 이적들을 통해서 복음을 전파하고자 하셨다. 그리스도께서는 모든 적대감을 없애서서 다시는 그런 것이 생겨나지 않도록 하시기 위하여 오셨다. 자기 생각과 뜻에 맞지 않는 모든 자들, 양심 때문에 자기가 말하는 대로 말하지 않고 자기가 행하는 대로 행하지 않는 모든 자들을 저주하고 폭력과 박해를 통해서 뿌리뽑고자 하는 자들은 분명히 복음의 정신이 결여된 자들이다. 그리스도께서는 사람들의 영혼만이 아니라 생명도 구원하러 오셨다. 죽을 수밖에 없었던 수많은 병자들을 그가 치유하기 위하여 베푸신 많은 이적들이 그것을 증명해준다. 이러한 치유의 이적들을 비롯해서 수많은 다른 은혜의 역사(役事)들을 통해서 그리스도께서는 제자들에게 그들의 힘이 닿는 데까지 모든 사람에게 선을 행하고, 아무도 해치지 말며, 사람들을 폭력의 몽둥이나 혀의 채찍으로 몰아서 교회를 채우지 말고, 사람의 줄, 곧 사랑의 줄로 사람들을 교회로 이끌도록 가르치셨다.

V. 그리스도께서 사마리아인들의 마을에서 물러가심. 그리스도께서는 그에게 무례하게 행한 사마리아인들을 벌하고자 하지도 않으셨고, 그 길로 통행할 수 있는 자신의 권리를 주장하지도 않으셨으며(이 길은 누구나 지나갈 수 있는 길이었다), 억지로 그 길로 지나가려고 하지도 않으셨고, 그렇게 까다롭거나 편협하게 나오지 않는 다른 마을로 가서서, 쉬셨다가 계속해서 갈 길을 가셨다. 반대의 물결이 강할 때에는 대항하기보다는 그 길을 피해가는 것이 상책이다. 만일 어떤 사람들이 매우 무례하다면, 우리는 거기에 대항하여 복수하려고 하지 말고, 우리를 더 예의바르게 대해 줄 사람들이 있는지를 찾아보아야 한다.

57길 가실 때에 어떤 사람이 여짜오되 어디로 가시든지 나는 따르리이다 58예수께서 이르시되 여우도 굴이 있고 공중의 새도 집이 있으되 인자는 머리 둘 곳이 없도다 하시고 59또 다른 사람에게 나를 따르라 하시니 그가 이르되 나로 먼저 가서 내 아버지를 장사하게 허락하옵소서 60이르시되 죽은 자들로 자기의 죽은 자들을 장사하게 하고 너는 가서 하나님의 나라를 전파하라 하시고 61또 다른 사람이 이르되 주여 내가 주를 따르겠나이다마는 나로 먼저 내 가족을 작별하게 허락하소서 62예수께서 이르시되 손에 쟁기를 잡고 뒤를 돌아보는 자는 하나님의 나라에 합당하지 아니하니라 하시니라

이 단락에는 그리스도를 따르겠다고 나선 세 부류의 사람들과 그리스도께서 그들 각자에게 주신 대답에 관한 내용이 나온다. 앞의 두 사람에 관한 이야기는 우리가 이미 마태복음 19:21에서 살펴본 바 있다.

I. 한 사람은 그리스도를 즉시 따르겠다고 극히 저돌적으로 나선 사람이다. 그는 너무 성급하고 경솔하며 별 생각도 없이 나선 것처럼 보이고, 그리스도를 따를 때에 치르게 될 희생을 고려하거나 계산하지도 않은 것으로 보인다.

1. 이 사람은 그리스도를 따르면 한 몫을 단단히 챙길 수 있다고 생각하였다(57절): 그리스도께서 처음으로 영광받으시기로 되어 있던 예루살렘을 향하여 그들이 길을 가고 있을 때(개역에서는 길 가실 때에), 어떤 사람이 그에게 어디로 가시든지 나는 따르리이다라고 말하였다. 이것은 정말 그리스도의 제자가 되고자 하는 모든 자들의 결심이어야 한다. 그리스도의 제자들은 그 곳이 불 속이든 물 속이든, 감옥이든 죽음이든, 어린 양이 어디로 인도하든지 따라가는 자들이다(계 14:4).

2. 그리스도께서는 이 사람에게 꼭 필요한 주의, 즉 그를 따르면 이 세상에서 뭔가 한 몫을 단단히 잡을 수 있다고 생각해서는 안 되고, 오히려 반대로 가난과 비천함 속에서 살아가야 할 것을 염두에 두어야 한다고 따끔하게 충고하셨다. 왜냐하면, 인자는 머리 둘 곳이 없기 때문이다.

우리는 이 말씀을 다음과 같이 해석할 수 있다. (1) 이 말씀은 우리 주 예수께서 이 세상에서 아주 비천한 상태에 계셨다는 것을 보여주는 것이다. 그리스도께서는 왕들이 통상적으로 누렸던 많은 낙(樂)들과 화려한 장식들을 원하지 않으시고, 단지 여우나 공중의 새와 같이 생활에 꼭 필요한 거처만을 원하

셨다. 우리 주 예수께서는 그의 대속(代贖)의 가치와 공로를 더 크게 하고 그의 가난함으로 말미암아 우리를 부요하게 하시려는(고후 8:9) 더 큰 은혜를 주시기 위하여 저 깊은 가난을 마다하지 않으셨다. 만물을 만드신 그는 자기를 위한 거처나 그의 머리를 둘 곳을 만들지 않으시고, 여기저기 돌아다니시며 다른 사람들에게 신세를 지셨다. 여기서 그는 자기를 인자, 살과 피를 지닌 아담의 아들이라고 부르셨다. 그는 인간의 본성을 입으시는 데까지 낮아지셨을 뿐만 아니라, 그 가장 비천한 상태에까지 낮아지신 것을 기뻐하셨다. 이것은 우리에 대한 그의 사랑을 증언해 주는 것이고, 우리에게 이 세상과 그 안에 있는 좋은 것들을 멸시하고 끊임없이 저 세상을 바라보도록 가르치신 것이다. 이렇게 그리스도께서 가난해지신 것은 그의 백성들에게 가난은 부끄러운 것이 아니기 때문에 싫어하지 말고 잘 받아들이라고 본을 보이신 것이다. 사도들은 확실한 거처가 없었다(고전 4:11). 그들은 주님도 거처가 없으셨다는 것을 알고 있었기 때문에 그런 처지를 더 잘 견뎌낼 수 있었을 것이다. 사무엘하 11:11을 보라. 우리는 그리스도께서 사셨던 것처럼 살아가는 것에 만족하는 것이 당연하다. (2) 이 말씀은 그의 제자가 되고자 하는 자들이 깊이 생각해보도록 하기 위하여 제시되었다. 그리스도를 따르고자 한다면, 우리는 세상에서 뭔가 큰 일을 하겠다는 생각을 내려놓아야 하고, 그 어떤 것도 우리의 신앙에 속한 일보다 더 크게 여겨서도 안 되고, 우리의 신앙에 속하지 않은 일에 마음을 뺏겨서도 안 된다. 우리는 기독교에 대한 신앙 고백을 세속적인 이익과 결부시키려고 해서는 안 된다. 그리스도께서 그것들을 분리시키셨기 때문에, 우리는 그것들을 결합시키려고 생각해서는 안 된다. 반대로, 우리는 하늘 나라에 들어가기 위해서 많은 환난을 거치고 자기를 부인하고 자기 십자가를 질 각오를 하여야 한다. 그리스도께서는 이 사람에게 그를 따르고자 한다면 춥고 불편한 데서 자고 곤궁함 속에서 멸시를 받으며 살아갈 것을 각오하여야 한다고 말씀하셨다. 그럴 수 없다면, 그는 그리스도를 따를 수 없을 것이다. 이 말씀을 듣고 그 사람은 되돌아간 것으로 보인다. 그러나 그리스도와 하늘 나라에는 이러한 삶을 상쇄하고도 남는 축복이 있다는 것을 아는 자들에게는 이 말씀이 낙심되는 말은 아닐 것이다.

II. 한 사람은 그리스도를 따르기로 결심한 듯이 보이기는 한데 하루의 말미를 달라고 하였다(59절).　　그리스도께서는 이 사람에게 나를 따르라고 먼저 부르셨다. 앞서 그리스도를 따르겠다고 자원하고 나선 사람은 거기에 수반되는 어려움들을 듣고나서 도망가 버렸다. 그러나 그리스도께서 먼저 부르신 이 사람은 처음에는 주저하였지만 나중에는 그 부르심에 순종하였던 것 같다. 그리스도의 부르심은 아주 진실한 것이었다. 너희가 나를 택한 것이 아니요 내가 너희를 택하여 세웠다(요 15:16). 부르심을 주시고 그 부르심을 이루는 것은 앞서의 사람의 경우처럼 원하는 자로 말미암음도 아니요 달음박질하는 자로 말미암음도 아니요, 여기에 나오는 이 사람의 경우처럼 오직 긍휼히 여기시는 하나님으로 말미암는다. 좀 더 살펴보자.

1. 이 사람이 내놓은 핑계: "나로 먼저 가서 내 아버지를 장사하게 허락하옵소서. 내게는 늙은 아버지가 집에 계시는데, 오래 사시지 못할 것이지만, 사시는 동안 내가 필요하나이다. 내가 가서 돌아가실 때까지만 아버지를 보살피게 해 주옵소서. 마지막으로 아버지께 효도를 하고나서는, 내가 무슨 일이라도 하겠나이다." 여기에는 그리스도를 따르지 못하도록 방해하는 세 가지 시험이 나오는데, 우리는 그러한 시험들을 경계하여야 한다: (1) 우리는 제자의 삶을 살아가는 도중에 쉬고 싶은 시험을 받는다. 이 시험에 빠지면, 우리는 제대로 마무리를 할 수 없게 되고, 면밀하게 일을 할 수 없게 되며, 엄격하고 변함없는 헌신이 불가능해진다. (2) 우리는 제자로서의 의무를 행하는 것을 미루고 다른 때로 연기하고자 하는 시험을 받는다. 우리는 생활의 걱정과 어려움을 해결하고 일을 성공적으로 끝마쳐서 출세를 하게 된 후에야 신앙을 생각하기 시작한다. 따라서 우리는 현재의 시간에 속임을 당함으로써 모든 시간에 속임을 당하게 된다. (3) 우리는 혈육에 대한 의무를 다하는 것을 그리스도에 대한 의무를 면제받는 핑곗거리로 삼고자 하는 시험을 받는다. 사실 이것은 그럴 듯한 핑계이다: "나로 먼저 가서 내 아버지를 장사하게 허락하옵소서. 나는 내 가족을 돌보고 내 자녀들을 길러놓은 다음에, 그리스도를 섬기는 일을 생각해 보겠나이다." 하지만 우리는 하나님의 나라와 그 의를 먼저 생각하고 구하여야 한다.

2. 그리스도의 대답(60절): "죽은 자들로 자기의 죽은 자들을 장사하게 하라. 죽은 자들 또는 나이가 많고 거의 죽은 것이나 다름 없어서 아무 일도 할 수 없는 자들로 하여금 그들의 죽은 자들을 장사하게 하라는 말은 어불성설이지만, 너에게는 해야 할 다른 일이 있다. 너는 가서 하나님의 나라를 전파하라." 그리스도께서는 그의 제자들이나 사역자들에게 비인간적인 자들이 되라고 하신 것이

아니다. 우리의 신앙은 우리에게 혈육에게 인자하고 선하여야 한다고 가르치고, 자기 집에서 효를 행하여 부모에게 보답하라고 가르친다. 그러나 우리는 가족으로서의 이러한 도리를 하나님에 대한 우리의 의무를 행하지 않는 핑계로 삼아서는 안 된다. 만약 세상에서 가장 가깝고 사랑하는 혈육이 우리가 그리스도를 따르는 것에 방해가 된다면, 우리에게는 레위가 그랬던 것처럼(신 33:9) 부모를 잊을 정도의 열심이 필요하다. 이 사람은 사역자로 부르심을 받았기 때문에, 자기 생활에 얽매이지 않아야 한다(딤후 2:4). 그리스도께서 어떤 일로 우리를 부르실 때에 혈육과 의논하지(갈 1:15-16) 말아야 하는 것이 원칙이다. 그리스도의 부르심에 즉각적으로 순종하는 것 외에는 그 어떤 핑계나 변명도 용납되지 않는다.

Ⅲ. 한 사람은 그리스도를 기꺼이 따르고자 하지만 친구들과 의논할 약간의 시간을 달라고 하였다. 좀 더 살펴보자.

1. 작별할 시간을 달라는 이 사람의 요구(61절). 그는 이렇게 말하였다: "주여, 내가 주를 따르겠나이다. 나는 다른 뜻이 없고, 나는 그렇게 하기로 결심하였나이다. 그러나 나로 먼저 내 가족을 작별하게 허락하소서." 이 말은 타당한 듯이 보였다. 이것은 엘리야로부터 부름을 받았을 때에 엘리사가 한 말이었다. 나를 내 부모와 입맞추게 하소서. 엘리사의 요구는 허락되었다. 그러나 복음의 사역은 단호한 결단이 요구되고, 선지자들의 사역보다 더 긴급하다. 그래서 이 사람의 요구는 허락되지 않았다. 어떤 이들은 이 본문을 "나로 가서 집안 일을 정리하게 하시고, 집안 일과 관련해서 지시를 해놓을 수 있게 해주소서"라는 의미로 이해한다. 이 사람이 한 말 속에서 잘못된 것들은 다음과 같은 것들이다. (1) 이 사람은 그리스도를 따르는 일을 서글프고 괴롭고 위험한 일로 여겼다. 이 일은 이 사람에게 마치 죽으러 가는 것으로 생각되었기 때문에, 그는 그가 아는 모든 사람들을 기쁜 일로는 다시는 볼 수 없을 것으로 생각해서 그들과 작별 인사를 하고자 하였다. 하지만 그리스도를 따름으로써 그는 그들과 함께 있을 때보다도 그들에게 더 큰 기쁨과 축복이 될 수 있을 것이었다. (2) 이 사람은 그리스도의 제자로서의 그의 의무에 충실하고자 하는 것보다도 세상적인 일에 마음을 더 많이 쓴 것으로 보인다. 그는 혈육에 대한 애착을 끊지를 못하여서 그들과 쉽게 헤어지지를 못하고 그들에게 연연해한 것으로 보인다. 그는 이미 작별 인사를 한 번 하였으나, 헤어지기가 싫어서 다시 한 번 작별

인사를 하고자 했던 것 같다. 왜냐하면, 친지들이 그의 집에 여전히 있었기 때문이다. (3) 이 사람은 그리스도를 따르고자 하는 그의 뜻과 관련해서 시험에 빠져들고 있었다. 그의 집에 있는 가족과 친지들에게 작별 인사를 하러 가는 것은 그리스도를 따르고자 하는 그의 결심을 흔들어놓을 수 있는 가장 강력한 유혹이 될 것이었다. 왜냐하면, 가족과 친지들은 모두 그의 결심에 반대해서 그들을 버리지 말라고 애원하며 간청할 것이기 때문이다. 그가 그러한 시험 속으로 자신을 밀어넣는 것은 주제넘은 짓이다. 주님과 함께 하고 구속주를 따르고자 결심한 자들은 그들에게 유혹이 될 만한 자들과 어울리지 않겠다고 단단히 결심하여야 한다.

2. 이러한 요청을 한 사람을 그리스도께서 책망하심(62절): "손에 쟁기를 잡고 밭을 가는 선한 일을 하고자 하는 자는 뒤를 돌아보아서는 안 된다. 왜냐하면, 그가 쟁기질을 잘 못함으로써, 그가 간 땅이 씨를 뿌리기에 합당치 못하게 되기 때문이다. 마찬가지로, 나를 따름으로써 선한 유익들을 거두고자 결심한 네가 다시 세속적인 삶을 돌아보고 갈망하여, 롯의 아내가 소돔을 돌아본 것처럼 — 이것이 본문에 암시되어 있는 것으로 보인다 — 행한다면, 너는 하나님의 나라에 합당하지 아니하니라." (1) "네가 완전히가 아니라 이런 식으로 반쯤 갈아진다면, 너는 하나님 나라의 좋은 씨를 받기에 적합하지 않은 땅이 되고 말 것이다." (2) "네가 끝까지 쟁기를 잡을 수 없다면, 너는 하나님 나라의 좋은 씨를 뿌리기에 적합한 씨 뿌리는 자가 되지 못할 것이다." 쟁기질을 하는 것은 씨를 뿌리기 위한 것이다. 자신의 묵은 땅을 먼저 갈아엎지 않은 자들이 하나님의 위로가 뿌려지기에 적합하지 않은 것과 마찬가지로, 쟁기를 손에 잡고 수시로 뒤를 돌아보며 쟁기질을 그만둘 생각을 하는 자들은 묵은 땅을 잘게 부수는 법을 모르는 자들이기 때문에 씨뿌리는 일에 사용하기에 적합하지 않다. 하나님의 일을 시작하는 자들은 그 일을 계속할 결심을 하여야 한다. 그렇지 않는 자들은 하나님의 일을 이루지 못할 것이다. 뒤를 돌아보면 물러나게 되고, 물러나서 도달하게 되는 곳은 지옥이다. 얼굴을 하늘로 향하고 뒤를 돌아보는 자들은 하늘 나라에 합당하지 않다. 그러나 끝까지 견디는 자, 오직 그만이 구원을 받으리라.

제
— 10 —
장

개요

이 장에는 다음과 같은 내용들이 나온다. I. 그리스도께서 칠십인의 제자들에게 복음을 전하고 이적을 통해서 복음을 확증하도록 위임하심. 그리스도께서 그들이 이 일을 수행할 때에 어떻게 해야 하는지를 자세하게 가르치시고 크게 격려하심(1-16절). II. 칠십인의 제자들이 성공적으로 일을 수행했음을 주님께 보고하고, 주님께서 거기에 대하여 말씀하심(17-24절). III. 그리스도께서 하늘 나라에 이르는 길에 관해서 율법교사에게 하신 말씀과 자비를 베풀거나 받아야 할 대상인 모든 사람을 이웃으로 여겨야 한다는 것을 비유를 통해서 그에게 가르치심(25-37절). IV. 그리스도께서 마르다의 집에서 대접을 받으실 때에 세상적인 염려를 한 마르다를 책망하시고 영혼에 관심을 가진 마리아를 칭찬하심(38-42절).

¹그 후에 주께서 따로 칠십 인을 세우사 친히 가시려는 각 동네와 각 지역으로 둘씩 앞서 보내시며 ²이르시되 추수할 것은 많되 일꾼이 적으니 그러므로 추수하는 주인에게 청하여 추수할 일꾼들을 보내 주소서 하라 ³갈지어다 내가 너희를 보냄이 어린 양을 이리 가운데로 보냄과 같도다 ⁴전대나 배낭이나 신발을 가지지 말며 길에서 아무에게도 문안하지 말며 ⁵어느 집에 들어가든지 먼저 말하되 이 집이 평안할지어다 하라 ⁶만일 평안을 받을 사람이 거기 있으면 너희의 평안이 그에게 머물 것이요 그렇지 않으면 너희에게로 돌아오리라 ⁷그 집에 유하며 주는 것을 먹고 마시라 일꾼이 그 삯을 받는 것이 마땅하니라 이 집에서 저 집으로 옮기지 말라 ⁸어느 동네에 들어가든지 너희를 영접하거든 너희 앞에 차려놓는 것을 먹고 ⁹거기 있는 병자들을 고치고 또 말하기를 하나님의 나라가 너희에게 가까이 왔다 하라 ¹⁰어느 동네에 들어가든지 너희를 영접하지 아니하거든 그 거리로 나와서 말하되 ¹¹너희 동네에서 우리 발에 묻은 먼지도 너희에게 떨어버리노라 그러나 하나님의 나라가 가까이 온 줄을 알라 하라 ¹²내가 너희에게 말하노니 그 날에 소돔이 그 동네보다 견디기 쉬우리라 ¹³화 있을진저 고라신아, 화 있을진저 벳새다야, 너희에게 행한

모든 권능을 두로와 시돈에서 행하였더라면 그들이 벌써 베옷을 입고 재에 앉아 회개하였으리라 14심판 때에 두로와 시돈이 너희보다 견디기 쉬우리라 15가버나움아 네가 하늘에까지 높아지겠느냐 음부에까지 낮아지리라 16너희 말을 듣는 자는 곧 내 말을 듣는 것이요 너희를 저버리는 자는 곧 나를 저버리는 것이요 나를 저버리는 자는 나 보내신 이를 저버리는 것이라 하시니라

이 단락에는 그리스도께서 칠십인의 제자들로 하여금 복음을 전하고 그리스도께서 방문하기로 되어 있는 곳들에서 이적을 행하여 그리스도를 맞을 준비를 해놓도록 하기 위하여 둘씩 짝을 지어 각처로 파송하신 내용이 나온다. 다른 복음서 기자들은 이 기사를 기록하지 않았지만, 여기에서 칠십인의 제자들에게 주어진 지시들은 열두 제자에게 주어진 지시와 거의 동일하다. 좀 더 살펴보자.

I. 전도대의 수. 그들은 칠십 명이었다. 그리스도께서 열두 족장, 열두 지파, 각 지파를 다스릴 열두 왕을 생각하고 열두 사도를 택하신 것과 마찬가지로, 여기서는 이스라엘의 칠십인의 장로들을 생각하셨던 것 같다. 칠십인의 장로들은 모세 및 아론과 함께 산에 올라서, 이스라엘의 하나님의 영광을 보았고(출 24:1, 9), 나중에는 모세를 도와서 백성을 다스리도록 택함을 받았는데, 그러한 목적으로 예언의 영이 그들에게 임하였다(민 11:24-25). 엘림에 있던 물 샘 열둘과 종려나무 일흔 그루는 열두 사도와 칠십인의 제자를 상징하는 것이었다(출 15:27). 애굽 왕 프톨레마이오스(Ptolemy)는 구약성경을 헬라어로 번역하기 위하여 유대인의 칠십인의 장로를 사용하였기 때문에, 이 역본은 칠십인역으로 불리게 되었다. 산헤드린도 칠십인으로 구성되어 있었다.

1. 그리스도께서 파송하기에 적합한 이토록 많은 제자들을 가지고 계셨다는 것은 기쁜 일이다. 많은 반대에도 불구하고 그의 수고는 헛되지 않았다. 그리스도의 세력은 증가하고 있었고, 그를 따르는 자들은 애굽에 있던 이스라엘처럼 고통을 받았지만 번성하고 있었다. 이 칠십인의 제자들은 열두 사도만큼 항상 가까이서 그리스도를 모시지는 않았지만 그의 가르침을 끊임없이 듣고 그의 이적들을 보아서 그를 믿은 자들이었다. 앞 장의 끝부분에 언급된 세 사람은 진지하게 부르심에 응하였다면 이 칠십인에 속하였을지도 모른다. 이 칠십인은 베드로가 말한 대로 주 예수께서 우리 가운데 출입하실 때에 항상 우리와 함

께 다니던 사람들이었고, 사도행전 1:15과 21에 언급된 백이십인 중의 일부였다. 사도행전과 서신서들에서 사도들과 동행한 것으로 나오는 사람들 중 다수는 이 칠십인의 제자들에 속하였을 것이다.

2. 이렇게 많은 사역자들을 필요로 할 만큼 일이 있었고, 이렇게 많은 전도자들을 필요로 할 만큼 청중들이 있었다는 것은 기쁜 일이다: 겨자씨 한 알은 자라서 이렇게 되었고, 누룩 한 덩이가 이렇게 반죽에 퍼져서 전체를 부풀린 것이다.

II. 전도대의 활동. 그리스도께서는 그들을 둘씩 보내심으로써, 그들이 서로에게 힘과 격려가 될 수 있게 하셨고, 한 사람이 넘어지면, 다른 한 사람이 일으켜줄 수 있게 하셨다. 그는 열두 제자를 이스라엘의 모든 동네로 파송하셨던 것과는 달리, 칠십인의 제자들을 선발대로서 오직 친히 가시려는 각 동네와 각 지역으로 파송하셨다(1절). 본문에는 기록되어 있지 않지만, 그리스도께서는 칠십인의 제자들을 파송하셨던 모든 곳을 뒤이어 곧 방문하셨을 것이다 — 비록 한 곳에 잠시밖에는 머물지 못하셨겠지만. 칠십인의 제자들은 그리스도께서 가신 곳마다 행하신 일, 즉 두 가지 일을 하도록 지시를 받았다: 1. 그들은 예수의 이름으로 병자들을 고쳐야 했는데(9절), 이것은 사람들로 하여금 그 이름만으로도 능력이 있는 예수를 보고 싶어하고 기꺼이 영접하게 만들고자 한 것이었다. 2. 그들은 하나님의 나라가 그들에게 가까이 왔다는 것을 널리 전파해야 했다: "사람들에게 하나님의 나라가 너희에게 가까이 왔으니, 너희 주변을 둘러보기만 한다면 너희는 거기에 들어갈 기회를 얻을 수 있다. 지금은 너희가 보살핌 받는 날이니, 그것을 알고 깨달아야 한다고 말하라." 우리가 기회를 포착하여 유익을 얻기 위해서는 그 기회와 유익을 아는 것이 중요하다. 하나님의 나라가 우리에게 가까이 왔을 때, 우리는 나가서 그 나라를 맞아야 한다.

III. 그리스도께서 전도대에게 주신 지시들.

1. 그들은 기도로 출발하여야 한다(2절). 기도를 통해서 (1) 그들은 그들의 도움을 필요로 하는 자들의 영혼이 무엇을 필요로 하는지를 잘 알아야 한다. 그들은 여기저기를 둘러봄으로써 추수할 것이 얼마나 많은지, 복음을 듣기를 원하고 복음을 기꺼이 받아들이고자 하는 사람들이 얼마나 많은지, 이때쯤 해서 메시아와 그의 나라의 도래에 대한 기대가 얼마나 사람들 사이에서 고조되

었는지를 알아야 한다. 추수할 일꾼이 부족해서 거두어지지 못하고 버려지는 곡식이 있다. 사역자들은 귀한 영혼들에 대한 깊은 관심을 가지고 맡은 일에 헌신하여야 하고, 그 영혼들을 그리스도께 드릴 이 세상의 보화처럼 여겨야 한다. 또한, 그들은 일꾼이 적다는 것에 관심을 가져야 한다. 사실 유대인 선생들은 많았지만, 그들은 일꾼들이 아니었다. 그들은 영혼들을 거두어서 하나님의 나라로 인도하지 않았고, 그들 자신의 이익을 위하고 그들의 파당을 위하여 영혼들을 거두어 들인 것이었다. 훌륭한 사역자들은 더 많은 훌륭한 사역자들이 있기를 바란다. 해야 할 일이 많기 때문이다. 장사하는 사람들은 동일한 업종에 종사하는 장사꾼이 적다고 해서 걱정하지 않는다. 그러나 그리스도께서는 그의 포도원에서 일하는 일꾼이 적을 때에 지금 거기에서 일하는 일꾼들로 하여금 일꾼이 적으니 더 보내달라고 요청하도록 하셨다. (2) 그들은 추수할 일꾼들을 보내주시는 추수의 주인이신 하나님께 그들을 보내실 뿐만 아니라 다른 사람들도 보내주시라고 간절히 소원하여야 한다. 왜냐하면, 하나님께서 그들에게 사명을 주셔서 보내신다면, 그들은 하나님이 그들과 함께 하셔서 그들의 일을 성공으로 이끄실 것을 기대할 수 있기 때문이다. 그러므로 그들은 이사야 선지자처럼 내가 여기 있나이다 나를 보내소서라고 말하여야 한다(사 6:8). 우리는 하나님으로부터 사명을 받아야 한다. 그래야만 우리는 담대하게 나아갈 수 있다.

2. 그들은 환난과 박해를 예상하고 출발해야 한다: "내가 너희를 보냄이 어린 양을 이리 가운데로 보냄과 같도다. 그러나 가서, 최선을 다해라. 너희의 대적들은 이리 같이 포악하고 잔인해서 너희를 갈가리 찢고자 할 것이다. 그들은 울부짖는 이리처럼 위협하고 욕하며 너희를 두렵게 할 것이다. 그들은 노략질하는 이리처럼 너희를 박해하며 물어뜯을 것이다. 그러나 너희는 그들의 먹잇감이 된다고 해도 어린 양처럼 온순하고 인내하여야 한다." 그리스도께서 칠십 인의 제자들에게 그의 정신과 용기를 불어넣어주지 않으셨다면, 이리 가운데 어린 양으로 그들을 보내는 일은 매우 어려웠을 것이다.

3. 그들은 장기간의 여행을 하는 자들처럼 거추장스럽게 많은 것들을 준비해서 가져가서는 안 되고, 하나님과 그들의 친구들을 의지해서 그들에게 필요한 것들을 공급받아야 한다: "돈을 넣을 전대나 옷과 양식을 넣을 배낭이나 새 신발을 가지고 가지 말라(앞서 열두 제자의 경우처럼, 9:3). 길에서 아무에게도

문안하지 말라." 이것은 엘리사가 수넴 여인의 죽은 아들을 살펴보라고 그의 사환을 보내면서 한 명령이었다(왕하 4:29). 그리스도께서 이런 지시를 하신 것은 그의 사역자들이 버릇없고 무뚝뚝하며 예의가 없는 자가 되라고 하신 것이 아니라, 다음과 같은 것들을 말씀하기 위한 것이었다.

(1) 그들은 **바쁜** 사람들처럼 가야 한다. 그들은 각자 정해진 곳으로 가서 복음을 전해야 하기 때문에, 불필요하고 의례적인 행위들로 인해서 방해받거나 지체됨이 없이 정해진 곳으로 곧장 가야 한다.

(2) 그들은 일을 맡은 사람들처럼 가야 한다. 그들은 저 세상과 관련된 일에 전념해야 하기 때문에, 속된 일들에 관한 대화에 말려들어서는 안 된다. 너희는 말씀의 일꾼이니, 너희의 직분에 충실하라.

(3) 그들은 큰 일을 당해서 슬픔에 빠져 있는 사람들처럼 가야 한다. 곡하는 사람들은 처음 칠일 동안은 아무에게도 문안하지 않는 것이 관습이었다(욥 2:13). 그리스도께서는 슬픔의 사람이셨고, 슬픔을 잘 알고 계셨다. 그의 사자(使者)들은 이 점과 다른 여러 가지 점에서 그를 닮는 것이 마땅하다. 따라서 그들은 그들이 구해주고자 하는 사람들의 비참한 처지를 공감하고 그들의 감정에 동참하고 있다는 것을 보여주어야 한다.

4. 그들은 만나는 모든 사람들에게 그들의 호의만이 아니라 하나님의 호의를 보여주고, 그 결과와 성공 여부는 사람의 마음을 아시는 분께 맡겨야 한다(5-6절).

(1) 그들에게 주어진 지시는 어느 집에 들어가든지 이 집이 평안할지어다라고 말하라는 것이었다. [1] 그들은 개인 집에 들어가서 전도한 것으로 보인다. 그들은 회당에 들어가는 것이 허용되지 않았기 때문에, 마음대로 들어갈 수 있는 곳으로 가서 전도할 수밖에 없었다. 그들의 공적인 전도가 각 집으로 파고들은 것과 마찬가지로, 그들은 각 집에서 전도를 수행하였다. 그들은 주님과 마찬가지로 가는 곳마다 각 집에서 전도하였다(행 5:42; 20:20). 처음에 그리스도의 교회는 가정 교회였다. [2] 그들은 "이 지붕 아래 있는 모든 사람, 이 가족, 이 집에 속한 모든 사람에게 이 집이 평안할지어다"라고 말하도록 지시를 받았다. 네게 평안이 있을지어다는 유대인들 사이에서 행해진 일상적인 인사였다. 하지만 이 인사말은 길에서 만난 사람들에게 의례적으로 인사할 때에는 사용하지 않고, 어느 집으로 들어가서 그 집에 있는 사람들에게 공손하게 인사할

때에만 사용하는 것이 그들의 관습이었다: "길에서 의례적으로 아무에게도 문안하지 말고, 너희가 들어가는 집에 있는 사람들에게 진심으로 너희에게 평안이 있을지어다라고 말하라. 이 인사말은 결코 의례적인 것이 아니기 때문이다." 그리스도의 사역자들은 온 세상으로 나가서 그리스도의 이름으로 너희에게 평안이 있을지어다라고 말해야 한다. 첫째, 우리는 모든 사람에게 평안을 전파하고, 예수 그리스도로 말미암아 화평의 복음을 전하며, 평화의 복음, 평화의 계약, 땅에서의 평화를 선포하고, 모든 사람들에게 와서 이 은혜를 받으라고 초청하여야 한다. 둘째, 우리는 모든 사람에게 평안을 빌어주어야 한다. 우리는 우리가 전도하는 사람들의 영혼이 구원받기를 진심으로 소원하고, 그러한 소원을 기도를 통해서 하나님께 아뢰어야 한다. 이렇게 해서 그들로 하여금 우리가 그들을 위하여 기도하며 주님의 이름으로 그들을 축복하고 있다는 것을 알게 하는 것이 좋다.

(2) 성공 여부는 그들이 전도하고 기도해준 사람들의 태도에 따라서 달라진다. 전도를 받은 사람들 중에는 평안을 받을 사람들이 있는가 하면 그렇지 않는 자들도 있기 때문에, 그들이 빌어준 평안이 그 집에 머물 수도 있고 그렇지 않을 수도 있다. 받는 자의 자질이 받는 것의 내용을 결정한다(recipitur ad modum recipientis). [1] "너희는 평안을 받은 사람들을 만나게 될 것이다. 그들은 하나님의 은혜의 역사(役事)에 의해서 하나님의 정하신 뜻에 따라 복음의 말씀, 곧 복음의 빛과 사랑을 받아들일 준비가 되어 있는 자들이고, 복음을 받아들일 수 있을 정도로 그 마음이 밀랍처럼 부드럽게 되어 있는 자들이다. 그들은 선한 은혜의 역사를 통하여 복음의 위로들을 받아들일 자격을 갖춘 자들이다. 그러므로 너희의 평안이 그들을 찾아내서 그들에게 머물 것이다. 그들을 위한 너희의 기도는 응답되고, 복음의 약속들이 그들에게 확증되며, 복음의 특권들이 그들에게 수여되고, 이 두 가지 열매가 그들에게 머물러서 **빼앗기지 않을 좋은 것으로** 남게 될 것이다." [2] "너희는 한 집 전체에 너희가 전하는 말을 들으려고도 하지 않고 주의를 기울이려고도 하지 않는 사람들만 있고 평안을 받을 사람이 한 사람도 없는 집도 만나게 될 것이다." 분명히 우리의 평안은 그들에게 임하지 않을 것이고, 그들은 전혀 평안에 참여하지 못하게 될 것이다. 평안을 받을 사람들에게 임하는 축복은 벨리알의 아들들에게는 결코 임하지 않을 것이고, 하나님과의 계약 관계 아래로 오고자 하지 않는 자들은 결코 그

계약의 축복들을 기대할 수 없다. 그러나 그 평안은 너희에게로 돌아올 것이다. 즉, 우리는 하나님에 대한 우리의 의무를 다하고 우리에게 맡겨진 책임을 다했다는 위로를 받게 될 것이다. 우리의 기도들은 다윗의 기도처럼 우리의 품으로 돌아올 것이고(시 35:13), 우리는 그 일을 계속하라는 위임을 받게 될 것이다. 우리의 평안은 우리에게 다시 돌아와서, 우리 자신이 누릴 뿐만 아니라, 우리가 다음 번에 만나는 평안을 받을 사람들에게 전달될 것이다.

5. 그들은 그들을 영접하고 환영하는 자들의 친절을 받아들여야 한다(7-8절). "복음을 영접하는 자들은 그 복음을 전하는 너희를 영접하고 환대할 것이다. 너희는 지위가 높아졌다고 생각하지 말고, 다만 그들에게 의지하여 너희의 생계를 해결해야 한다."

(1) "주저하지 말라. 우리를 환영하는 것을 의심하지 말며, 폐를 끼칠까봐 염려하지 말고, 주는 것을 잘 먹고 마시라. 왜냐하면, 그들이 너희에게 어떠한 친절을 베풀든지, 그것은 너희가 그들에게 평안의 복음을 전해준 친절에 대한 작은 보답에 지나지 않기 때문이다. 너희는 그런 대접을 받을 자격이 있다. 일꾼이 그 삯을 받는 것이 마땅하기 때문이다. 목회의 일을 하는 일꾼도 그가 진정으로 일꾼이라면 그런 대접을 받는 것이 마땅하다. 가르침을 받는 자가 말씀을 가르치는 자와 모든 좋은 것을 함께 하는 것은 자선 행위가 아니라 당연한 도리이다."

(2) "너희에게 주어진 음식에 대해서 까다롭게 굴거나 호기심을 갖지 말라: 주는 것을 먹고 마시며(7절), 너희 앞에 차려놓는 것을 먹으라(8절). 소박한 음식이라도 감사하고, 제대로 차려지지 않고 맛이 없다고 해도 불평하지 말라." 그리스도의 제자들이 맛있는 음식을 탐하는 것은 합당하지 않다. 그리스도께서는 제자들을 바리새인들의 미신적인 금식에 얽매이게 하지 않으셨던 것과 마찬가지로, 제자들에게 미식가들의 호화스런 잔치도 허락하지 않으셨다. 아마도 그리스도께서는 여기서 상 차림에 관한 장로들의 전통을 언급하고 계신 것 같다. 상 차림에 관한 그들의 전통은 너무도 까다롭고 복잡해서, 만약 그리스도의 제자들이 한 가지 음식을 그들 앞에 내놓는다면, 내놓기가 무섭게 그들에게서 이런저런 흠집을 잡히게 되어 있었다. 그러나 그리스도께서는 제자들에게 그런 것들을 상관하지 말고, 그들에게 주어진 것을 양심을 위하여 묻지 말고 먹으라고 하신다.

6. 그들은 그들과 그들의 메시지를 거부하는 사람들에게 하나님의 심판을 통고하여야 한다: "너희가 어느 동네에 들어가든지, 사람들이 너희를 영접하지 아니하고, 거기에 너희가 전하는 말씀에 귀를 기울이려고 하는 사람이 없다면, 거기를 떠나라(10절). 또한 사람들이 그들의 집으로 너희를 영접하지 아니하면, 너희는 거리로 나와서 그들에게 경고하여야 한다." 그리스도께서는 열두 사도들에게 지시하신 일(9:5)을 칠십인의 제자들에게도 하라고 지시하신다: "분노와 경멸하는 마음과 적개심이 아니라 멸망해가는 그들의 불쌍한 영혼들에 대한 연민과 그들이 자초하고 있는 파멸에 대한 거룩한 두려움을 가지고, 그들에게 너희 동네에서 우리 발에 묻은 먼지도 너희에게 떨어버리노라고 말하라(11절). 그들로부터 어떤 친절도 받지 말고, 그들에게 어떤 신세도 지지 말라. 벧엘의 한 선지자로부터 한 끼 식사를 대접받은 여호와의 선지자는 비싼 대가를 치렀느니라(왕상 13:21, 22). 그들의 동네의 먼지조차도 너희가 묻혀 가지 않겠노라고 그들에게 말하라. 먼지를 그들에게 떨어버려라. 왜냐하면, 그들은 먼지이기 때문이다." 그 먼지는 그리스도의 사자(使者)들이 거기에서 주님의 지시를 따라서 행하였다는 것을 증언해주는 증인이 될 것이다. 받아들이느냐 거절하느냐는 동네 사람들이 선택할 일이었다. 그러나 그 먼지는 동네 사람들이 그리스도의 사자들을 영접하지 아니하였고 발 씻을 물조차 주지 않았기 때문에 그리스도의 사자들이 발에 묻은 먼지를 떨어버리지 않을 수 없었다는 것을 증언해줄 것이다. "그러나 그들에게 하나님의 나라가 가까이 온 줄을 알라고 분명하게 말해주고 알게 하라. 너희에게는 공정한 선택의 기회가 주어졌다. 너희가 복음의 유익을 얻지 못한다면, 그것은 너희 자신의 잘못이다. 복음은 너희 문 앞에 이르렀다. 너희가 복음을 거절하고 문을 닫아버린다면, 너희의 피는 너희 자신의 머리로 돌아갈 것이다. 지금 하나님의 나라가 너희에게 가까이 왔다. 너희가 그 나라를 영접하고 거기로 들어가고자 하지 않는다면, 너희의 죄는 변명할 수 없는 것이 되고, 너희의 파멸은 피할 수 없는 것이 될 것이다." 우리가 그리스도에 의한 은혜와 생명으로의 초대를 공정하게 받았으면 받았을수록, 우리가 그 초대를 멸시하고 거절하였다면, 우리는 심판의 큰 날에 더욱더 큰 책임을 지게 될 것이다: 그 날에 소돔이 그 동네보다 견디기 쉬우리라(12절). 실제로 소돔 사람들은 롯이 그들에게 준 경고를 거절하였다. 그러나 복음을 거절하는 것은 더 흉악한 범죄이기 때문에 그 날에 상응한 벌을 받게

될 것이다. 그 날은 심판의 날을 의미하지만(14절), 그리스도께서는 강조하기 위해서 그 날이라는 표현을 사용하셨다. 왜냐하면, 그 날은 최후의 날이자 큰 날이고, 우리가 살아온 모든 세월의 나날들이 결산되어서 영원의 날들에서의 우리의 상태가 결판나는 날이기 때문이다.

이 기회를 이용해서 누가복음 기자는 다음과 같은 것들을 다시 기록하였다.

(1) 그리스도께서 대부분의 권능들을 베푸셨던 성읍들인 고라신, 벳새다, 가버나움의 특별한 운명 — 우리는 이것을 마태복음 11:20 이하에서 이미 살펴보았다. 이 성읍들은 모두 그리스도께서 잘 알고 계셨던 갈릴리 바다에 접해 있었다. [1] 이 성읍들은 더 큰 특권들을 누렸다. 그리스도의 권능의 역사들이 거기에서 행해졌고, 그 권능의 역사들은 모두 은혜와 긍휼의 역사들이었다. 이것을 통해서 이 성읍들은 지위가 높아지고 명예를 얻었을 뿐만 아니라 축복된 길로 나아가서 하늘에까지 높아졌다. 이 성읍들은 외적인 수단을 통해서 할 수 있는 한 최대한도로 하늘 가까이로 올리워졌다. [2] 하나님께서 이 성읍들에 이렇게 은총을 베푸신 것은 그들로 하여금 그들이 저질러왔던 죄들을 부끄러워하고 하나님의 통치에 겸손하게 순순히 복종하여, 베옷을 입고 재에 앉아 회개하고 삶을 고치게 하기 위한 것이었다. [3] 그들은 하나님의 뜻을 저버렸고, 그들에게 주어진 하나님의 은혜는 헛된 것이 되고 말았다. 그들은 회개하지 않았다는 말이다. 그들은 그리스도의 온갖 이적들에도 불구하고 그리스도께 더 영광을 돌리고 죄를 더 미워하게 되지 않았다. 그들은 그들이 누린 유익들에 걸맞는 열매를 맺지 못하였다. [4] 만약 그리스도께서 이방 성읍들인 두로와 시돈에 가서, 이스라엘의 이 성읍들에서 하셨던 것과 동일한 말씀을 그들에게 전하고 동일한 이적들을 그들 가운데서 행하였더라면, 그들은 벌써 — 그들의 회개가 아주 신속했을 것이라는 말이다 — 베옷을 입고 재에 앉아 — 그들의 회개가 아주 철저했을 것이라는 말이다 — 회개하였을 것이라는 말씀은 실제로 일리가 있다. 거절하는 자들에게는 은혜의 방편을 주시고 원하는 자들에게는 주시지 않는 하나님의 지혜를 이해하기 위해서는 우리는 모든 것이 밝히 드러나는 저 큰 날까지 기다려야 할 것이다. [5] 하나님의 은혜를 헛되게 한 자들의 운명은 정말 끔찍할 것이다. 그들은 이렇게 높임을 받았지만 결국 음부에까지 낮아져서 수치와 망신을 당하게 될 것이다. 그들은 신앙을 지킨 무리들 틈에 끼어서 하늘 나라에 들어가고자 애쓸 것이지만, 헛수고가 되고 말 것이다. 그들

은 가장 낮은 음부(지옥)에까지 낮아져서 영원토록 슬픔과 절망 속에 있게 될 것이다. 지옥은 그들에게 정말 지옥이 될 것이다. [6] 심판의 날에 두로와 시돈은 이러한 성읍들보다 한결 형편이 낫고 견디기 쉬울 것이다.

(2) 그리스도께서 사람들이 그의 사역자들을 대하는 것과 관련하여 정하신 일반적인 원칙: 그리스도께서는 사람들이 그의 사역자들을 대하는 것을 그리스도 자신을 대하는 것으로 여기시겠다고 말씀하신다(16절). 사자(使者)를 대하는 행동은 곧 그 사자를 보낸 왕을 대하는 행동이 된다. [1] "너희 말을 듣는 자, 너희가 말하는 것에 주의를 기울이는 자는 내 말을 듣는 것이요 나를 존귀하게 대하는 것이다." 그러나 [2] "너희를 저버리는 자는 실제로 나를 저버리는 것이요 나를 모욕하는 자이다. 그리고 그런 자는 나 보내신 이를 저버리는 것이다." 기독교를 멸시하는 자들은 실제로는 자연적인 신앙을 멸시하는 자들이다. 기독교 신앙은 자연적인 신앙의 완성판이기 때문이다. 그리스도의 신실한 사역자들을 멸시하여(개역에서는 저버리는), 그들을 미워하고 박해하지는 않지만 그들을 하찮게 여기고 코웃음치며 그들의 사역에 등을 돌리는 자들은 하나님과 그리스도를 멸시하는 자들로 여김을 받게 될 것이다.

[17]칠십 인이 기뻐하며 돌아와 이르되 주여 주의 이름이면 귀신들도 우리에게 항복하더이다 [18]예수께서 이르시되 사탄이 하늘로부터 번개 같이 떨어지는 것을 내가 보았노라 [19]내가 너희에게 뱀과 전갈을 밟으며 원수의 모든 능력을 제어할 권능을 주었으니 너희를 해칠 자가 결코 없으리라 [20]그러나 귀신들이 너희에게 항복하는 것으로 기뻐하지 말고 너희 이름이 하늘에 기록된 것으로 기뻐하라 하시니라 [21]그 때에 예수께서 성령으로 기뻐하시며 이르시되 천지의 주재이신 아버지여 이것을 지혜롭고 슬기 있는 자들에게는 숨기시고 어린아이들에게는 나타내심을 감사하나이다 옳소이다 이렇게 된 것이 아버지의 뜻이니이다 [22]내 아버지께서 모든 것을 내게 주셨으니 아버지 외에는 아들이 누구인지 아는 자가 없고 아들과 또 아들의 소원대로 계시를 받는 자 외에는 아버지가 누구인지 아는 자가 없나이다 하시고 [23]제자들을 돌아 보시며 조용히 이르시되 너희가 보는 것을 보는 눈은 복이 있도다 [24]내가 너희에게 말하노니 많은 선지자와 임금이 너희가 보는 바를 보고자 하였으되 보지 못하였으며 너희가 듣는 바를 듣고자 하였으되 듣지 못하였느니라

그리스도께서는 초막절에 예루살렘으로 올라가시면서 칠십인의 제자들을 앞서 보내셨다. 그는 나타내지 않고 은밀히 올라가셨지만(요 7:10), 그를 따라다니던 무리들 중에서 이렇게 많은 수를 각처로 보내셨다. 라이트푸트 박사는 이 때는 그리스도께서 명절에서 돌아오시기 전, 즉 아직 예루살렘 또는 베다니에 계실 때였을 것이라고 생각한다. 하지만 칠십인의 제자들 또는 그 일부가 그리스도께 돌아왔다고 되어 있는 것으로 보아서 이러한 주장은 받아들이기 어렵다(38절에서는 그리스도께서 베다니에 계신 것으로 되어 있다). 좀 더 살펴보자.

I. 칠십인의 제자들은 전도 여행이 성공적이었다고 그리스도께 보고함. 칠십인이 기뻐하며 돌아왔다 (17절). 그들은 여행으로 인한 피로, 그들이 겪었던 반대와 낙심을 불평하지 않았고, 그들의 성공, 특히 더러운 귀신들을 내쫓은 것을 기뻐하였다: 주여, 주의 이름이면 귀신들도 우리에게 항복하더이다. 그들에게 위임된 것에는 오직 병자를 고치는 것만 언급되어 있지만(19절), 틀림없이 귀신을 내쫓는 것도 거기에 포함되어 있었을 것이고, 이 일에서 그들은 놀라운 성공을 거두었다.

1. 그들은 이 일에 대하여 그리스도께 영광을 돌렸다: 이 일은 주의 이름으로 말미암은 것이다. 사탄에 대한 우리의 모든 승리는 예수 그리스도로부터 나오는 능력에 의해서 얻어진다. 우리는 그리스도의 이름으로 우리의 영적 원수들과 싸워야 하고, 우리가 어떤 유익을 얻든지, 그리스도께 모든 영광과 찬송을 돌려야 한다. 어떤 일이 그의 이름으로 된 것이라면, 그 영광은 그의 이름에 돌리는 것이 마땅하다.

2. 그들은 이 일이 주는 위로로 만족하였다. 그들은 큰 기쁨으로 이 일에 대하여 말하였다: 저 강력한 원수들인 귀신들도 우리에게 항복하더이다. 사탄에 대한 승리만큼 성도들에게 큰 기쁨과 만족을 주는 승리가 어디 있겠는가. 귀신들이 우리에게 항복한다면, 무엇이 우리를 대적할 수 있겠는가?

II. 그리스도께서 그들의 보고를 기쁘게 받으심.

1. 그리스도께서는 그들이 말한 것이 그가 직접 본 것과 일치한다고 확증해 주셨다(18절): "나의 마음과 눈은 너희와 함께 하였다. 나는 너희가 거둔 성공을 지켜보았고, 사탄이 하늘로부터 번개 같이 떨어지는 것을 보았노라." 복음이 전파되면, 사탄과 그의 나라는 무너진다. 그리스도께서는 "나는 너희가 땅을 차

지할 때에 마귀가 어떻게 땅을 잃었는지를 보았다"고 말씀하셨다. 사탄은 아주 갑작스럽게 눈에 보이게 회복할 수 없을 정도로 하늘로부터 떨어지는 번개같이 떨어졌기 때문에, 모든 사람이 그것을 알았을 것이고 "사탄의 나라가 얼마나 비틀거리는지를 보고, 그 나라가 얼마나 무서워 떠는지를 보라"고 말하였을 것이다. 그들은 사람들의 몸에서 귀신들을 내쫓은 일을 의기양양해하며 기뻐하였다. 그러나 그리스도께서는 사람들의 영혼을 장악한 마귀, 하늘에 있는 마귀의 세력(엡 6:12)이 떨어진 것을 보시고 기뻐하셨다. 그는 이 일을 이제 곧 이루어질 일이자 이미 시작된 일, 즉 우상숭배가 근절됨으로써 세상에서 사탄의 나라가 멸망하고 열방들이 그리스도를 믿는 신앙으로 돌아오게 되는 일의 전조(前兆)일 뿐임을 아셨다. 사탄은 사람들의 마음속에 있는 보좌로부터 떨어짐으로써 하늘로부터 떨어진 것이다(행 26:18). 그리고 그리스도께서는 복음이 번개처럼 날아서 온 세상에 전파될 때에 복음이 들어가는 곳마다 사탄의 나라가 무너지게 되리라는 것을 내다보셨다. 이 세상의 임금이 쫓겨나리라. 어떤 이들은 이 본문을 다르게 해석하여서, 이 구절은 제자들이 성공적인 전도 활동으로 인하여 교만하여지지 않도록 하기 위하여 주의를 줄 목적으로 천사들의 타락을 상기시킨 것이라고 본다: "나는 교만으로 인해서 천사들이 귀신들로 변하는 것을 보았다: 나는 원래 빛의 천사였던 사탄이 교만의 죄 때문에 하늘로부터 떨어지는 것을 보았다. 내가 이 말을 하는 것은 너희가 교만하여져서 마귀를 정죄하는 그 정죄에 빠지지(딤전 3:6) 않도록 하기 위한 것이다. 마귀는 교만으로 인해서 떨어졌다."

2. 그리스도께서는 그들이 위임받았다는 것을 되풀이하여 말씀하시고 재가(裁可)하시며, 위임의 범위를 더욱 확장시키셨다(19절): 내가 너희에게 뱀을 밟을 권능을 주었다(19절). 가지고 있는 것을 잘 사용하는 자에게는 더 많은 것이 주어질 것이다. 그들은 그들이 받은 능력을 사탄을 대적하여 싸우는 일에 최선을 다해서 사용하였기 때문에, 이제 그리스도께서는 그들에게 더 큰 능력을 위임하셨다. (1) 그리스도께서는 공격을 위한 능력, 뱀과 전갈을 밟을 권능, 귀신들과 악한 영들, 옛 뱀을 밟을 권능을 그들에게 주셨다: "너희는 첫 번째 약속을 따라서(창 3:15) 내 이름으로 그들의 머리를 상하게 할 것이다. 너희의 발을 이 원수들의 목에 올려놓아라. 너희는 사자와 독사를 밟으며 발로 누르게 될 것이다(시 91:13). 너희는 원수의 모든 능력을 제어하게 될 것이고, 도처에서 마귀

의 나라의 폐허더미 위에 메시야의 나라가 세워질 것이다. 귀신들이 지금 너희에게 항복하였듯이, 앞으로도 그럴 것이다.” (2) 그리스도께서는 방어를 위한 능력도 그들에게 주셨다: “너희를 해칠 자가 결코 없으리라. 만약 너희가 뱀이나 전갈에게 물리거나 그런 것들을 풀어놓은 감옥이나 지하토굴 속으로 던져진다고 해도, 뱀이나 전갈이 너희를 해치지 못할 것이다. 너희는 치명적인 독을 지닌 것들을 만나도 해를 입지 않을 것이다.” 이것은 사도 바울이 겪은 일이었고(행 28:5), 마가복음 16:18에서 약속된 것이다. “너희에게 뱀 같은 악인들이 있고, 너희가 전갈 같은 자들 가운데 산다면(겔 2:6), 그들의 포악한 짓을 무시하고 밟아 버려라. 너희는 그런 것 때문에 불안해 할 필요가 없다. 왜냐하면, 위로부터 주어진 것 외에는 너희를 대적할 것은 아무것도 없기 때문이다. 그것들은 쉿쉿거리며 겁을 줄 수는 있겠지만, 너희를 해칠 수는 없다.” 너희는 독사의 구멍에서 장난해도 괜찮다. 해됨도 없고 상함도 없을 것이기 때문이다(사 11:8-9; 25:8).

3. 그리스도께서는 그들에게 무엇이 진정으로 기뻐해야 할 것인지를 알려 주셨다(20절): “귀신들은 지금도 너희에게 항복하였고, 앞으로도 그럴 것이니, 귀신들이 너희에게 항복하는 것으로 기뻐하지 말라. 이 일을 통해서 너희의 명예가 올라갔고, 너희의 사명이 확인되었으며, 너희가 다른 선한 사람들보다 조금 더 높아진 것을 기뻐하지 말라. 오직 또는 주로 그런 이유로 이 일을 기뻐하지 말고, 너희 이름이 하늘에 기록된 것으로 기뻐하라. 왜냐하면, 너희는 영생을 위하여 하나님으로부터 택함을 받았고, 믿음으로 말미암아 하나님의 자녀들이 되었기 때문이다.” 하나님의 계획을 알고 계셨던 그리스도께서는 그들의 이름이 하늘에 기록된 것을 그들에게 말씀해주실 수 있었다. 왜냐하면, 그들의 이름이 기록되어 있는 곳은 바로 어린 양의 생명책이기 때문이다. 모든 믿는 자들은 은혜로 말미암아 자녀로서 상속을 받을 자격이 주어졌고, 양자가 되었으며, 상속받을 유업의 보증이신 양자의 영을 받아서 그리스도의 가족으로 등록되었다. 그러므로 우리는 이것을 귀신들을 쫓아낸 것보다 더 기뻐해야 하고 진정으로 기뻐해야 한다. 우리는 하나님의 자녀가 된 권세를 이적들을 행하는 권세보다 더 소중히 여겨야 한다. 왜냐하면, 유다와 같이 그리스도의 이름으로 귀신을 내쫓았지만 저 심판의 큰 날에 그리스도께서 부인하실 자들이 있기 때문이다. 그러나 그 이름이 하늘에 기록된 자들은 결코 멸망하지 않을 것이다.

그들은 그리스도의 양들이기 때문에, 그리스도께서는 그들에게 영생을 주실 것이다. 우리는 구원의 은혜를 영적인 은사들보다 더 기뻐해야 한다. 거룩한 사랑은 방언을 말하는 것보다 더 나은 길이자 가장 좋은 길이다.

4. 그리스도께서는 그의 제자들 같이 보잘것없는 사람들을 이렇게 고귀하고 영광스러운 일에 써주신 것에 대하여 하나님 아버지께 진심으로 감사를 드리셨다(21-22절). 우리는 이 기사를 이미 앞에서 살펴본 바 있지만(마 11:25-27), 오직 여기에만 그 때에 예수께서 기뻐하시며라는 구절이 앞부분에 덧붙여져 있는데, 그 때라는 표현에 특별히 주목할 필요가 있다. 왜냐하면, 그리스도는 슬픔의 사람이셨기 때문에 이렇게 기뻐하신 적은 매우 드물었기 때문이다. 그리스도께서는 사탄이 떨어지는 것을 보시고 그의 사역자들이 성공적으로 일을 하였다는 것을 들으셨던 바로 그 때에, 그는 기뻐하셨다. 복음이 활발하게 널리 퍼져나가서 영혼들이 그리스도께 돌아와 회심함으로써 사탄의 땅을 점령해 들어가는 것만큼 주 예수의 마음을 기쁘게 해드리는 일은 없다는 것을 명심하라. 그리스도의 기쁨은 속이 꽉 찬 견고한 기쁨, 내적인 기쁨이었다: 그는 영으로 기뻐하셨다(개역에서는 예수께서 성령으로 기뻐하시며). 그러나 그의 기쁨은 깊은 물을 닮아서 소란하지 않다. 그것은 타인이 끼어들 수 없는 기쁨이었다. 그리스도께서는 아버지께 감사를 드리기 전에 스스로 기쁨으로 충만해 계셨다. 감사의 찬송은 거룩한 기쁨의 진정한 표현인 것과 마찬가지로, 거룩한 기쁨은 감사의 찬송의 뿌리이자 원천이기 때문이다. 그는 두 가지 것에 대하여 하나님께 감사를 드린다:

(1) 아버지께서 아들을 통하여 나타내신 것에 대하여: 천지의 주재이신 아버지여 감사하나이다(21절). 우리는 하나님을 찬양할 때마다 하나님이 천지의 창조주이심과 우리 주 예수 그리스도의 아버지 — 그리고 그리스도 안에서 우리의 아버지 — 시라는 것을 염두에 두어야 한다. 그리스도께서 감사하신 것은 다음과 같은 것들이었다. [1] 하나님께서 인간을 자기와 화해시키고자 하시는 계획을 몇몇 사람들에게 나타내셔서 다른 사람들에게도 가르칠 수 있게 하신 것. 하나님은 그의 아들을 통하여 이 모든 것을 우리에게 말씀하셨고, 그의 성령으로 그것들을 우리 안에 나타내셨다. 하나님은 창세로부터 감추어졌던 것을 나타내셨다. [2] 하나님께서 그의 성령으로 그들의 능력을 높여주시고 그들에게 참된 지식과 그 지식을 전달할 수 있는 능력을 공급해주실 때까지는 비천한 자

들로서 능력도 없고 문벌이나 학식으로는 기대할 것이 없으며 지혜에 어린아이였던 자들에게 그 계획을 나타내신 것. 우리는 하나님께서 이렇게 어린아이들을 영광스럽게 해주신 것뿐만 아니라, 어린아이들을 연약한 가운데서 강하게 하심으로써 하나님께서 받으신 영광으로 인해서 하나님께 감사를 드려야 한다. [3] 하나님께서 이 계획을 어린아이들에게는 나타내시고 지혜롭고 슬기 있는 자들, 이방의 철학자들과 유대의 랍비들에게는 숨기신 것. 하나님은 복음에 속한 일들을 그에게 나타내지도 않으셨고, 하나님의 나라를 전파하는 일에 그들을 사용하지도 않으셨다. 하나님께서 사도들을 상아탑에서 뽑아오지 않으신 것을 감사하라. 왜냐하면, 첫째로 그런 자들은 자기들의 지식을 그리스도의 복음과 혼합시켜서 복음을 혼잡하게 해서 변질시키기 쉬웠기 때문이다. 이것이 사실이라는 것은 실제로 나중에 증명되었다. 기독교는 초기에는 플라톤 철학에 의해서, 후기에는 아리스토텔레스의 소요학파에 의해서 많이 변질되었고, 기독교가 뿌리를 내리던 초창기에는 유대화주의자들에 의해서 많이 변질되었다. 둘째로, 만약 랍비들과 철학자들이 사도들이 되었더라면, 복음의 성공은 그들의 학식과 지혜, 그들의 추론 능력과 웅변의 힘 때문이었다고 생각되었을 것이다. 그러므로 주님께서는 그런 자들이 스스로의 공로를 지나치게 과대평가하거나 다른 사람들이 그런 자들을 지나치게 과대평가하는 것을 막기 위해서 그런 자들을 사용하지 않으셨다. 하나님께서 기드온의 군대 중에서 임무를 수행할 사람들을 뽑으실 때에도 앞에서와 동일한 이유로 그런 자들이 제외되었다: 백성이 아직도 많다(삿 7:4). 바울은 사실 지혜롭고 슬기로운 자들 속에서 학자로 길러졌다. 그러나 그는 사도가 되자 어린아이가 되었고, 설득력 있는 지혜의 말을 버렸으며, 그런 것들을 모두 잊었고, 예수 그리스도와 그가 십자가에 못 박히신 것 외에는 아무것도 알지 아니하기로 작정하였다(고전 2:2, 4). [4] 하나님께서 이 일을 주권적으로 행하신 것: 이렇게 된 것이 아버지의 뜻이니이다. 하나님께서 그의 은혜 및 그의 아들을 아는 지식을 전도를 잘 할 수 있을 것 같은 사람들에게는 주시지 않고 전도를 잘 못할 것 같은 사람들에게는 주신다면, 이것은 합당한 일이다: 하나님의 생각은 우리의 생각보다 무한히 높기 때문에, 하나님은 그렇게 하시기를 기뻐하신다. 하나님은 인간적인 기교로 복음을 장식하고 돋보이게 하고자 하는 자들이 아니라 하나님이 주신 힘으로 복음을 전파하고자 하는 자들의 손에 복음 전파의 일을 맡기시고자 하셨다.

(2) 아버지와 아들의 비밀스런 관계에 대하여(22절). [1] 아버지는 아들을 무한히 신뢰하심: 내 아버지께서 모든 것을 내게 주셨다. 택하신 남은 자들에게 예비된 모든 지혜와 지식, 모든 능력과 권세, 모든 은혜와 위로를 하나님은 그리스도에게 주셨다. 모든 것이 주 예수의 손에 주어졌다. 그리스도 안에는 모든 충만이 거하고, 모든 것이 그리스도로부터 나온다: 그리스도는 하나님의 나라에 관한 모든 일을 관리하도록 위임받은 분이다. [2] 아버지와 아들은 서로를 너무도 잘 알고 계셨고, 그들의 서로에 대한 지식에는 아무도 끼어들 수 없다: 그 조화의 시작 곧 태초에 일하시기 전에 나를 가지신(잠 8:22) 아버지 외에는 아들이 누구인지, 아들의 마음이 어떠한지를 아는 자가 없다. 또한 영원 전부터 하나님의 품 속에 계셨고 하나님의 곁에 있어서 창조자가 되어 날마다 그의 기뻐하신 바가 되신(잠 8:30) 아들과 또 아들의 소원대로 성령을 통해서 계시를 받는 자 외에는 아버지가 누구인지 아는 자가 없다. 복음은 예수 그리스도의 계시이고, 우리가 우리의 구원을 위한 하나님의 뜻에 대하여 알게 된 모든 것들은 다 그리스도 덕분이다. 여기서 그는 그 모든 것을 하나님으로부터 위임받았다고 말씀한다. 그것은 그리스도께 큰 기쁨이었기 때문에, 그는 아버지께 진심으로 감사하였다.

5. 그리스도께서는 제자들에게 이러한 일들이 그들에게 계시된 것이 얼마나 복된 일인지를 말씀하셨다(23-24절). 아버지를 향하여 말씀을 마친 후에, 그리스도께서는 제자들을 돌아보셨는데, 이것은 그들이 하나님 나라의 비밀을 알게 된 것과 다른 사람들에게 그 비밀을 알리는 데에 쓰임받게 된 것이 그들에게 얼마나 복된 일이며 하나님께 얼마나 큰 영광과 존귀가 되는지를 알게 하기 위한 것이었다. (1) 제자들에게는 구원을 향한 훨씬 더 좋은 여건이 주어졌다. 하나님 나라의 비밀을 단순히 안다고 해서 구원을 받는 것은 아니지만, 그러한 지식은 우리를 구원의 길로 이끌어준다: 너희가 보는 것을 보는 눈은 복이 있도다. 이렇게 하나님은 그들에게 복을 주셨고, 그들이 거부하지 않는 한, 그 복은 그들에게 영원한 복이 될 것이다. (2) 제자들은 가장 위대한 성도들과 하나님으로부터 가장 은혜를 입은 자들을 비롯해서 그들보다 앞서 살았던 사람들이 볼 수 없었던 것을 보게 되었다: "많은 선지자와 의인(마 13:17), 많은 선지자와 임금(눅 10:24)이 너희가 매일처럼 친숙하게 보는 바와 듣는 바를 보고자 하고 듣고자 하였으나 보지 못하고 듣지 못하였다." 구약의 선지자들과 임금들

이 아무리 많은 은혜를 받았을지라도, 그들이 누린 영광과 축복은 신약의 성도들에 비하면 아무것도 아니다. 메시야의 나라의 은혜와 영광에 관하여 주어진 암시들을 통해서 그것에 대한 개략적인 인식만을 갖고 있었던 구약의 성도들은 그들의 운명이 달려 있는 저 복된 날들을 보고자 하고, 그들이 희미한 그림자로만 보았던 것들의 본체(本體)를 보고자 하여, 얼마나 이 날을 기다려 왔는지 모른다. 구약 시대에 살았던 사람들보다 신약 시대에 사는 우리가 너무도 큰 은혜와 혜택을 입고 있다는 것을 생각해서, 우리는 그 은혜를 활용하는 데에 더욱 열심을 내야 한다. 그렇지 않으면, 그 은혜를 활용하지 않은 것으로 인한 우리에 대한 정죄는 더욱 무거운 것이 될 것이다.

[25]어떤 율법교사가 일어나 예수를 시험하여 이르되 선생님 내가 무엇을 하여야 영생을 얻으리이까 [26]예수께서 이르시되 율법에 무엇이라 기록되었으며 네가 어떻게 읽느냐 [27]대답하여 이르되 네 마음을 다하며 목숨을 다하며 힘을 다하며 뜻을 다하여 주 너의 하나님을 사랑하고 또한 네 이웃을 네 자신 같이 사랑하라 하였나이다 [28]예수께서 이르시되 네 대답이 옳도다 이를 행하라 그러면 살리라 하시니 [29]그 사람이 자기를 옳게 보이려고 예수께 여짜오되 그러면 내 이웃이 누구니이까 [30]예수께서 대답하여 이르시되 어떤 사람이 예루살렘에서 여리고로 내려가다가 강도를 만나매 강도들이 그 옷을 벗기고 때려 거의 죽은 것을 버리고 갔더라 [31]마침 한 제사장이 그 길로 내려가다가 그를 보고 피하여 지나가고 [32]또 이와 같이 한 레위인도 그 곳에 이르러 그를 보고 피하여 지나가되 [33]어떤 사마리아 사람은 여행하는 중 거기 이르러 그를 보고 불쌍히 여겨 [34]가까이 가서 기름과 포도주를 그 상처에 붓고 싸매고 자기 짐승에 태워 주막으로 데리고 가서 돌보아 주니라 [35]그 이튿날 그가 주막 주인에게 데나리온 둘을 내어 주며 이르되 이 사람을 돌보아 주라 비용이 더 들면 내가 돌아올 때에 갚으리라 하였으니 [36]네 생각에는 이 세 사람 중에 누가 강도 만난 자의 이웃이 되겠느냐 [37]이르되 자비를 베푼 자니이다 예수께서 이르시되 가서 너도 이와 같이 하라 하시니라

이 단락에서 우리는 그리스도께서 양심에 관한 몇 가지 문제를 놓고 율법교사와 대화하시는 것을 보게 된다. 이 문제들은 우리 모두가 올바르게 알아야 할 것들인데, 율법교사는 이 문제들을 선한 의도로 제기한 것은 아니

었지만, 그리스도께서는 여기에서 이 문제들에 관하여 올바른 답을 제시하신다.

I. 영생을 얻기 위해서 현세에서 어떠한 선을 행하여야 하느냐 하는 것은 우리가 알고자 하는 관심사이다. 어떤 율법교사 또는 서기관이 우리의 구주로부터 가르침을 받고자 해서가 아니라 단지 그를 시험하기 위해서 이러한 취지의 질문을 던졌다(25절). 율법교사는 일어나서, 선생님, 내가 무엇을 하여야 영생을 얻으리이까?라고 물었다. 만약 그리스도께서 이 문제에 대하여 특이한 처방을 가지고 있다면, 이 질문을 통해서 율법교사는 그것을 끄집어내고 드러내어서, 그리스도를 곤경에 빠뜨릴 수 있을 것이었다. 만약 그리스도께서 그런 것을 가지고 있지 않다면, 율법교사는 그들이 이미 알고 있는 것 외에 복을 얻는 다른 방법을 제시하지 못하는 그리스도의 가르침은 아무 쓸데 없는 것이라고 공격할 수 있을 것이었다. 하지만 이 율법교사는 일부 서기관들과는 달리 그리스도에 대하여 악의적인 의도를 가지고 있지 않았고, 신자들이 목사의 설교를 듣기 위해서 교회에 가듯이, 단지 그리스도와 얘기를 좀 나누어보고자 한 것일 가능성도 없지는 않다. 어쨌든 내가 무엇을 하여야 영생을 얻으리이까?라는 질문은 훌륭한 질문이었다. 그러나 이 질문은 악의적이거나 매우 비열한 의도로 제기됨으로써 그 모든 좋은 점을 상실하고 말았다. 하나님의 일에 관하여 말하고 묻는 것만으로는 충분하지 않고, 그러한 것들이 올바른 마음가짐으로 행해져야 한다는 것을 명심하라. 만약 우리가 영생과 영생을 얻는 길을 단지 한담거리, 특히 논쟁거리로 삼아서 무성의하게 이야기한다면, 우리는 여기에 나오는 율법교사와 마찬가지로 하나님의 이름을 망령되게 부르는 꼴이 되고 만다. 좀 더 살펴보자.

1. 그리스도께서는 율법교사에게 하나님의 율법을 상기시키시면서, 그 율법의 지시(指示)를 따르라고 하셨다. 그리스도께서는 비록 율법교사의 생각과 의도를 아셨지만, 그런 것들을 문제삼아서 대답을 피하신 것이 아니라, 그가 제기한 질문이 지혜롭고 선한 것임을 감안하셔서 거기에 대하여 답변하셨다. 그리스도께서는 율법교사의 질문에 질문으로 대답하셨다(26절): 율법에 무엇이라 기록되었으며, 네가 어떻게 읽느냐? 율법교사는 질문을 통해서 그리스도를 시험하여 알아보고자 하여 왔다. 그러나 그리스도께서는 질문을 통해서 그를 시험하여 그로 하여금 스스로를 알게 만들고자 하셨다. 그리스도께서는 율법

교사를 율법에 정통한 자로 여기고 말씀하셨다: 율법교사는 율법 연구를 전문으로 하는 자니, 마땅히 율법을 알고 있을 것이다. 그가 알고 있는 것을 실천에 옮긴다면, 그는 영생을 얻지 못할 것이 없다. 율법에 무엇이라 기록되었느냐 하는 것과 율법을 우리가 어떻게 읽느냐 하는 것은 우리가 하늘 나라로 가는 길에서 대단히 중요한 문제라는 것을 명심하라. 우리는 그리스도의 율법인 성경에 의지해서, 거기에서 보여주는 길을 따라서 행하여야 한다. 우리가 기록된 율법(성경)을 갖게 된 것은 하나님의 큰 은총이다. 율법이 기록됨으로써 율법은 확실성을 지니게 되었고, 더 멀리 전파되고, 더 오래 보존될 수 있게 되었기 때문이다. 율법이 기록되어 있기 때문에, 율법을 읽고 이해하여 간직하는 것은 우리의 의무이다. 그렇게 해서 우리는 필요한 때에 율법에 무엇이라 기록되었는가와 우리가 어떻게 읽느냐를 말할 수 있어야 한다. 우리는 율법을 최종적인 판단기준으로 삼아야 한다. 우리는 율법을 기준으로 삼아서 교리들을 시험하고 논쟁들을 해결하여야 한다. 율법은 우리의 신탁(神託), 우리의 시금석, 우리의 잣대, 우리의 지침이 되어야 한다. 율법에 무엇이 기록되어 있는가? 우리는 어떻게 읽는가? 우리 안에 빛이 있다면, 율법은 이 빛에 감응(感應)될 것이다.

　2. 율법 교사는 영생을 얻기 위해서 꼭 지켜야 할 율법, 즉 율법의 큰 계명들을 잘 설명하였다. 그는 앞에 나왔던 어떤 바리새인과는 달리 장로들의 전통에 대하여 말하지 않았고, 성경 본문에 충실한 자처럼 영생을 얻기 위해서 가장 엄격하게 지켜져야 하고 다른 모든 계명을 포괄한다고 생각되는 율법의 두 가지 큰 계명을 포착해내었다(27절). (1) 우리는 마음을 다하여 하나님을 사랑하여야 한다. 우리는 하나님을 모든 존재들 중에서 가장 좋고 무한히 완전하며 가장 훌륭한 존재로 여겨야 하고, 우리가 가장 큰 빚을 지고 있는 분으로서 감사와 관심을 보여야 할 분으로 여겨야 한다. 우리는 하나님을 소중히 여기고, 그분과의 관계를 기준으로 우리를 평가해야 하며, 하나님을 기뻐하고, 하나님께 전적으로 헌신하여야 한다. 하나님에 대한 우리의 사랑은 진실하고 마음에서 우러나온 것이어야 하며 열렬해야 한다. 그것은 최고의 사랑, 죽음만큼 강한 사랑이어야 하지만, 사랑의 근거와 이유를 잘 설명할 수 있는 지성적인 사랑이어야 하고, 완전한 사랑이어야 한다. 우리는 우리의 영혼 전체를 드려야 하고, 우리 안에 있는 모든 것으로 섬겨야 한다. 우리는 하나님 외에 아무것도 사랑해서는 안 되고, 오직 하나님만 사랑하고 오직 그에게만 복종하여야 한다.

(2) 우리는 이웃을 우리 자신 같이 사랑하여야 한다. 우리가 하나님을 우리 자신보다 더 사랑한다면, 이것은 쉬운 일이 될 것이다. 우리는 모든 사람에게 선을 행하고자 하고 그 누구에게도 악을 행하지 않아야 하며, 이 세상에서 우리가 할 수 있는 모든 선을 행하고 아무에게도 해를 끼치지 않아야 하고, 다른 사람들이 우리에게 해주기를 바라는 대로 우리가 다른 사람들에게 해주어야 한다는 것을 우리의 행동준칙으로 삼아야 한다. 이것이 이웃을 우리 자신 같이 사랑하는 것이다.

3. 그리스도께서 율법교사의 대답이 옳다고 하심(28절). 그리스도께서는 비록 율법교사가 그를 시험하러 왔지만 그의 대답이 훌륭하다고 칭찬하셨다: 네 대답이 옳도다. 그리스도께서도 친히 이 두 가지를 율법의 두 가지 큰 계명이라고 지목하셨었다(마 22:37). 이 점에서 있어서 두 사람은 일치하였다. 옳은 말을 한 자들은 칭찬받기 위해서는 그들이 말한 대로 행하여야 한다. 율법교사가 한 말은 옳았다. 그러나 그에게는 가장 어려운 일이 아직 남아 있었다: "이를 행하라. 그러면 살리라. 그리고 영생을 유업으로 얻으리라."

4. 율법교사는 그를 옥죄어오는 단죄를 피하고자 애썼다. 그리스도께서 이를 행하라 그러면 살리라고 말씀하시자, 율법교사는 그리스도께서 자기가 이를 행하지 않았다는 것을 시인하고서 자신의 죄를 용서받기 위해서 어떻게 해야 하느냐고 묻도록 유도하고 계심을 알아차리기 시작하였다. 또한 율법교사는 장래에도 자신의 힘으로는 이를 행할 수 없다는 것을 시인하고서 그것을 행할 수 있는 힘을 어디에서 얻을 수 있는지를 묻도록 유도하고 계심을 알아차리기 시작하였다. 그러나 율법교사는 자기를 옳게 보이려고 하였기 때문에, 대화를 그런 식으로 풀어나가려 하지 않고, 앞서 나온 부자 청년과 마찬가지로, 사실상 이 모든 것을 내가 어려서부터 지키었나이다(마 19:20)라고 말하였다. 사람들은 보통 진실을 알기 위해서가 아니라 자기가 옳다는 것을 입증하기 위하여, 또한 자기가 무엇이 잘못되었는지를 알기 위해서가 아니라 자신의 장점을 과시하기 위해서 좋은 질문들을 던진다.

II. 두 번째의 큰 계명에 따라서 우리가 사랑해야 하는 이웃이 누구인지를 아는 것은 우리의 관심사이다.　　이것이 율법교사가 던진 또 하나의 질문이었다. 그러나 그는 자신을 옳게 보이려고 작심한 상태였기 때문에, 첫 번째 질문에 관한 것을 계속 말하다가는 스스로를 정죄할 수밖에 없는 사태에 직면하게 될 것이라고 판단해서, 화제를 돌리기 위하여 이 질문을 던진 것이었다. 하나님을 사랑하는 것에 대해서 율법교사는 더 이상 말하고 싶지 않았다. 그러나 그는 자기가 주변 사람들에게 항상 매우 친절하고 정중하였기 때문에 이웃과 관련해서는 계명을 제대로 지켰다고 확신하고 있었다. 좀 더 살펴보자.

1. 이 문제와 관련해서 유대 랍비들의 잘못된 생각은 무엇이었는가? 이것에 대해서 라이트푸트 박사는 랍비들 자신의 말을 인용한다: "너는 이웃을 사랑하여야 하지만, 모든 이방인들은 제외된다. 왜냐하면, 이방인들은 우리의 이웃이 아니고, 우리 민족과 종교에 속한 자들만이 우리의 이웃이기 때문이다." 그들은 이스라엘 사람이 이방인을 죽였을 경우에는 그에게 살인죄를 적용하여 사형에 처하지 않는다. 이방인은 그의 이웃이 아니기 때문이다. 그들은 실제로 전시(戰時)가 아니면 이방인을 죽여서는 안 된다고 말하지만, 죽을 위험에 처해 있는 이방인을 보았을 때에 그를 도와서 그의 목숨을 구할 의무는 없다고 생각하였다. 그들은 하나님께서 그들을 선택하셔서 그들과 특별한 계약을 맺었다는 선민 사상으로부터 이러한 악한 결론들을 도출해내었는데, 이렇게 하나님의 계약을 악용함으로써 그들은 선민으로서의 지위를 상실하였다. 하나님은 유대인들에게서 계약의 은총들을 빼앗아서, 일반 은총을 부정하였던 이방인들에게 주셨다.

2. 그리스도께서는 비유를 통해서 우리가 친절을 베풀어주어야 할 필요가 있는 모든 사람들과, 우리에게 필요한 친절을 우리에게 기꺼이 베풀어주는 모든 사람들을 우리는 우리의 이웃으로 여겨야 한다는 것을 보여주심으로써 이러한 비인간적인 사고를 교정해 주셨다. 그러므로 우리는 우리 민족과 종교에 속하지 않는다고 해도 우리의 친절을 필요로 하는 모든 자들을 우리의 이웃으로 여겨서 그들에게 친절을 베풀어야 한다. 좀 더 살펴보자.

(1) 이 비유는 곤경에 처한 한 가엾은 유대인이 선한 사마리아인에 의해서 구조받는 내용으로 되어 있다.

[1] 이 사람은 그의 원수들에 의해서 어떻게 학대를 받았는가? 이 정직한 사람은 일을 보기 위해서 예루살렘에서 여리고로 가는 대로를 따라서 평화롭게 길을 가고 있었다(30절). 구체적인 지명들을 언급하고 있는 것으로 보아서, 이 이야기는 사실 비유가 아니라 실제로 일어난 일이었던 것으로 보인다. 아마도 이 일은 최근에 일어난 것 같다. 하나님의 섭리를 따라서 일어난 일들은 우리

가 그것들을 주의 깊게 살피기만 한다면 우리에게 많은 선한 교훈들을 주는데, 교훈을 주기 위한 목적으로 만들어낸 비유들 이상으로 감동적일 수 있다. 이 가엾은 사람은 강도들을 만났다. 이 강도들이 약탈해서 먹고 사는 아랍인들이었는지, 이스라엘 사람들 중에서 악당들이나 건달들이었는지, 엄격한 군기(軍紀)에도 불구하고 이러한 악행을 저지른 로마 군인들이었는지는 본문에 나와 있지 않지만, 강도들은 매우 야만적이었다. 그들은 이 유대인의 돈을 빼앗아갔을 뿐만 아니라, 그의 옷도 벗겨갔고, 그가 추격해오지 못하도록 하기 위해서 또는 단지 잔인한 심성을 만족시키기 위해서(그렇지 않았다면, 피를 보아서 무슨 이득이 있었겠는가?) 때려서 거의 죽게 만들어 놓은 후에 버리고 갔다. 우리는 여기서 모든 인간성을 상실한 자들, 잡아서 없애야 하는 야수들과 같은 자들인 노상강도들에 대하여 의분을 품지 않을 수 없고, 이와 동시에 이러한 악하고 이성 없는 사람들의 손아귀에 걸려든 자들을 불쌍하게 여겨서 힘 닿는 데까지 기꺼이 도와야 한다. 우리를 강도의 위험에서 보호해주신 하나님께 감사를 드리자!

[2] 이 사람은 당연히 그의 친구가 되어 주었어야 할 자들에 의해서 철저하게 무시당하였다. 그들은 이 사람과 동일한 민족과 종교에 속한 사람들이었을 뿐만 아니라, 한 사람은 제사장, 다른 한 사람은 레위인으로서 둘 다 공인(公人)으로서의 신분을 지니고 있던 자들이었다. 또한 그들은 사람들에게 온정과 동정을 베풀 의무를 지니고 있던 성직자들이었다(히 5:2). 그들은 다른 사람들에게 이와 같은 경우에 죽어가는 자들을 구해주는 것이 마땅한 도리라고 가르쳤을 것임에 틀림없다. 그렇지만 그들은 그렇게 하려고 하지 않았다. 라이트 푸트 박사는 각각의 반차(班次)에 속한 다수의 제사장들이 여리고에 거주하고 있었고, 그들은 자신의 순번이 되었을 때에 예루살렘으로 올라갔다가 일을 마치면 다시 여리고로 내려오곤 하였기 때문에, 제사장들과 그들을 수행한 레위인들이 이 길을 많이 지나다녔다고 말한다. 그들은 그 길로 내려가다가 큰 부상을 당하고 쓰러져 있던 이 가엾은 사람을 보았다. 그들은 그의 신음소리를 들었을 것이고, 누군가의 도움을 받지 않으면 그가 곧 죽게 될 것임을 알 수 있었을 것이다. 레위인은 그를 보았을 뿐만 아니라, 그에게 다가가서 그를 살펴보기(개역에는 없음)까지 하였다(32절). 그러나 그들은 피하여 지나갔다. 그의 곤경을 보았을 때, 마치 우리는 보지 못했다고 말하려고 하는 듯이, 그들은

될 수 있는 한 멀리 그를 피해서 지나갔다. 자비의 모범이 되어야 할 자들이 잔인함의 극치를 보이고, 하나님의 긍휼하심을 나타내서 다른 사람들에게 동정을 베풀어야 할 자들이 그들의 마음을 닫아버리는 것은 슬픈 일이다.

[3] 이 사람은 유대인들이 가장 경멸하고 싫어하여 상종도 하지 않으려고 하였던 외인, 즉 어떤 사마리아 사람에 의해서 구조받고 구출되었다. 이 사마리아인은 어느 정도 인간성을 지니고 있었다(33절). 제사장은 자기 민족에 속한 사람에게 마음을 닫았지만, 사마리아인은 다른 민족에 속한 사람에게 마음을 열었다. 사마리아인은 그를 보고 불쌍히 여겼고, 그가 어느 나라 사람인지는 전혀 고려하지 않았다. 그는 유대인이었지만, 사람이었고 곤경에 처한 사람이었다. 이 사마리아인은 모든 사람을 존중하여야 한다는 것을 알고 있었다. 그는 자기도 언제 이 강도 만난 사람과 같은 처지가 될지 알 수 없었기 때문에, 이 경우에 다른 사람들이 그에게 해주기를 원하는 대로 이 사람을 불쌍히 여겼다. 우리는 그리스도께서는 이렇게 큰 사랑이 사마리아인에게서 발견된 것을 로마 백부장이나 가나안 여자에게서 보았던 큰 믿음만큼이나 기이한 것으로 여기셨을 것이라고 생각할지 모른다. 그러나 실제로는 그렇지 않았다. 왜냐하면, 동정(同情)은 사람의 일이지만, 믿음은 하나님의 은혜의 역사(役事)이기 때문이다. 이 사마리아인의 동정은 헛된 동정이 아니었다. 그는 "고침을 받아라, 도움을 받아라"고 말하는 것만으로는 충분하지 않다고 생각하였다(약 2:16). 그는 말만 한 것이 아니라, 그의 심정을 동하여 곤경에 처한 이 가엾은 사람에게 손을 내밀었다(사 58:7, 10; 잠 31:20). 이 선한 사마리아인이 얼마나 친절했는지를 보라. 첫째, 그는 제사장과 레위인이 피해 지나갔던 이 가엾은 사람에게 가까이 갔다. 그리고 틀림없이 그는 어떻게 해서 이런 통탄스런 지경에 이르게 되었는지를 그 사람에게 묻고는 위로하였을 것이다. 둘째, 그는 임시로 그 사람에게 응급조치를 해주었다. 그는 붕대를 사용해서 상처를 싸매고, 그가 지니고 있던 기름과 포도주를 그 상처에 부었다. 포도주는 상처를 씻기 위한 것이었고, 기름은 상처를 완화시켜주고 아물게 하기 위한 것이었다. 그는 강도 만난 사람과 동일한 심정이 되어 같이 아파하면서, 상처의 고통을 없애주고 상처가 악화되는 것을 방지하는 데에 최선을 다하였다. 셋째, 그는 그 사람을 자기 짐승에 태우고 자기는 걸어서 주막으로 데리고 갔다. 여행길에 주막을 만나는 것은 참으로 다행한 일이다. 거기에서 우리는 돈을 주고 음식을 비롯

한 모든 것을 공급받을 수 있다. 이 사마리아인은 이 사람을 만나지 않았더라면 그 날 밤에 목적지에 도착했을 것이고, 주막에 머물 필요가 없었을 것이다. 그러나 그는 이 강도 만난 사람을 불쌍히 여겨서 곧 주막을 찾았다. 어떤 이들은 제사장과 레위인은 예루살렘에서의 성전 봉사 때문에 급히 가야 해서 이 강도 만난 사람을 도울 여유가 없었을 것이라고 생각한다. 사마리아인도 일 때문에 그 길을 지나갔을 것이다. 그러나 그는 이와 같은 자비의 일이 그의 볼 일이나 하나님에 대한 제사보다 우선이라고 생각하였다. 넷째, 그는 주막에서 그 사람을 침대에 눕히고 적절한 음식을 주는 등 그를 돌보아 주었는데, 곁에 있으면서 그 사람과 함께 기도도 했을 것이다. 다섯째, 이튿날 아침에 그 사람을 남겨두고 떠나야 했을 때, 그는 마치 강도 만난 사람이 그의 자녀나 자기가 돌보아주어야 할 사람이라도 되는 양, 주막 주인에게 얼마간의 돈을 맡기며 그 사람을 위해 사용해 달라고 부탁한 것은 물론이고, 자기가 없는 동안 더 많은 비용이 들어갔다면 돌아와서 갚겠다고 약속하기도 하였다. 데나리온 둘은 당시의 화폐가치로는 큰 금액이었을 것이다. 하지만 그 돈은 사마리아인이 없는 동안 주막 주인이 강도 만난 자를 돌보면서 들어간 비용 전체에 대한 보증금으로 주어진 것이었다. 이 모든 것은 친구나 형제로부터나 기대할 수 있는 친절이며 관용이었다. 그런데 이 모든 일을 한 사람은 한 낯선 이방인이었다.

그런데 이 비유는 본래의 의도 외에 다른 목적으로도 사용될 수 있다. 이 비유는 죄악되고 비참한 인간을 향한 우리 구주 하나님의 자비와 사랑을 탁월하게 표현해 주고 있다. 우리는 곤경에 처한 이 불쌍한 여행자와 같았다. 우리의 원수인 사탄은 우리를 약탈하고 우리의 옷을 벗겨갔으며 우리에게 상처를 입혔다. 그러한 것들은 죄가 우리에게 입힌 해악(害惡)이다. 본래 우리는 죄와 허물로 인해서 거의 죽은 것보다 더 한 자들, 두 번 죽은 자들이었고, 힘이 없어서 스스로는 어찌 할 수 없는 철저하게 무력한 자들이었다. 율법의 사역자들인 제사장과 레위인으로 비유된 모세 율법은 우리를 보았지만, 우리를 불쌍히 여기지도 않았고 우리를 구해주지도 않았다. 율법은 우리를 불쌍히 여기지도 않고 도울 힘도 없기 때문에 피해 지나갔다. 그러나 이 때에 찬송받으실 예수, 저 선한 사마리아인(유대인들은 예수를 사마리아인이라고 부르며 비난하였다)이 오셔서, 우리를 불쌍히 여기시고, 피가 흐르는 우리의 상처를 싸매어 주시며(시 147:3; 사 61:1), 포도주와 기름이 아니라 그러한 것들보다 무한히 더 귀한 그의 피를 부어주셨다. 그리스도께서는 우리를 돌보아 주시고, 우리의 치료를 위해서 드는 모든 비용을 그에게 맡기라고 우리에게 명하신다. 그는 우리보다 무한히 위에 계신 분이지만 스스로를 낮추셔서 우리와 같이 되시기를 기뻐하셨고, 그렇게 낮은 곳으로 오셔서 이 모든 일을 우리에게 해주신다. 이것으로 말미암아 그리스도의 사랑의 부요함은 더욱 증폭되었고, 우리 모두는 "우리는 얼마나 많은 빚을 지고 있으며, 우리는 무엇으로 갚아야 하나?"라고 말하지 않을 수 없게 되었다.

　(2) 이 비유의 적용. [1] 그리스도께서는 이 비유 속에 담긴 진리를 율법교사가 스스로의 입으로 고백하게 만드셨다: "이제 내게 말하라. 네 생각에는 제사장, 레위인, 사마리아인, 이 세 사람 중에 누가 강도 만난 자의 이웃이 되겠느냐(36절). 이 세 사람 중에 누가 이웃의 역할을 한 것이냐?" 이 질문에 대하여 율법교사는 "말할 것도 없이 사마리아인이니이다"라고 대답했어야 마땅했지만, 그는 그렇게 대답하고 싶지 않아서, 자비를 베푼 자니이다라고 대답하였다: "그는 강도 만난 자에게 선한 이웃이었고, 진정한 이웃이었지만, 정직한 유대인을 죽음에서 구한 것은 선한 일이었다고밖에는 말할 수 없나이다." [2] 그리스도께서는 이 비유에서 추론되는 도리를 행하라고 율법교사의 양심을 강하게 압박하셨다: 가서 너도 이와 같이 하라. 인간 관계의 의무는 상호적이다. 친구, 형제, 이웃이라는 명칭들은 그로티우스(Grotius)의 말을 빌면 양쪽을 동일하게 구속한다 : 모든 계약이 그러하듯이, 한 쪽에게 구속력이 있는데 다른 쪽에게 구속력이 없는 일은 있을 수 없다. 사마리아인이 곤경에 처한 유대인을 도와주었는데, 유대인이 곤경에 처한 사마리아인을 동일한 방식으로 도와주지 않는다면, 그 유대인은 분명히 잘못하는 것이다. 친절은 보답되어야 한다 (petimusque damusque vicissim). "그러므로 너는 가서 기회가 있을 때마다 이 사마리아인이 했던 것처럼 행하라. 너의 도움을 필요로 하는 자들에게 긍휼을 베풀고, 비록 네 민족이나 네 종교, 네 종파에 속하지 않은 자들이라고 해도, 관심과 연민을 가지고 그들에게 긍휼을 베풀어라. 이웃을 사랑하라는 큰 계명을 지켜왔다고 자랑하기 전에 이렇게 너의 자비를 널리 베풀어라." 이 율법교사는 그가 가진 학식과 율법에 대한 지식을 무척 높이 평가하고 있었기 때문에, 그리스도를 충분히 당혹스럽게 할 수 있을 것이라고 생각하였다. 그러나 그리스도께서는 그를 사마리아인에게 사사를 받아서 그가 마땅히 해야

할 의무와 도리가 무엇인지를 배우라고 명하신다: "가서 그와 같이 하라." 우리가 처한 곳에서 우리의 능력이 닿는 대로 곤경에 처한 모든 자들을 구해주고 도와주는 것은 우리들 각자의 의무이고, 특히 율법교사의 의무이다. 이 점에서 우리는 제사장이나 레위인이라는 것을 자랑하는 많은 사람들보다 훨씬 더 낫게 행하도록 애써야 한다.

[38]그들이 길 갈 때에 예수께서 한 마을에 들어가시매 마르다라 이름하는 한 여자가 자기 집으로 영접하더라 [39]그에게 마리아라 하는 동생이 있어 주의 발치에 앉아 그의 말씀을 듣더니 [40]마르다는 준비하는 일이 많아 마음이 분주한지라 예수께 나아가 이르되 주여 내 동생이 나 혼자 일하게 두는 것을 생각하지 아니하시나이까 그를 명하사 나를 도와 주라 하소서 [41]주께서 대답하여 이르시되 마르다야 마르다야 네가 많은 일로 염려하고 근심하나 [42]몇 가지만 하든지 혹은 한 가지만이라도 족하니라 마리아는 이 좋은 편을 택하였으니 빼앗기지 아니하리라 하시니라

우리는 이 이야기 속에서 다음과 같은 내용들을 볼 수 있다.

I. 마르다가 자기 집에서 그리스도와 그의 제자들을 대접함(38절).

좀 더 살펴보자.

1. 그리스도께서 마르다가 사는 마을에 오심: 그들이 길 갈 때에 한 마을에 들어갔다(그리스도와 그의 제자들이 함께). 이 마을은 그리스도께서 지금 올라가시고 있는 예루살렘 가까이 있던 베다니였고, 그는 길 가는 도중에 이 마을을 들르신 것이었다. (1) 우리 주 예수께서는 여기저기 두루 다니시며 선한 일을 행하심으로써(행 10:38), 세상의 참 빛인 그의 은혜의 빛줄기와 감화를 퍼뜨리셨다. (2) 그리스도께서 가시는 곳마다 그의 제자들이 그와 동행하였다. (3) 그리스도께서는 사람들이 많고 큰 성읍들만이 아니라, 시골 마을들에도 가셔서 은혜를 베푸심으로써 영화롭게 하셨다. 왜냐하면, 그는 은밀하게 행하시는 것을 좋아하셨듯이, 가난에 대하여 호의를 가지셨기 때문이었다.

2. 그리스도께서 마르다의 영접을 받으심: 마르다라 이름하는 한 여자가 그를 자기 집으로 영접하더라. 마르다는 집 주인으로서 그리스도를 영접하였다. (1) 우리 주 예수께서는 이 땅에 계실 때에 아주 가난하셔서 친구들의 도움을 받아서 생계를 유지하셔야 했다. 그는 시온의 왕이셨지만, 예루살렘이나 그 근

방에 자기 집을 갖고 있지 않으셨다. (2) 그리스도의 특별한 친구들이 몇 사람 있었는데, 그리스도께서는 그들을 어느 누구보다도 사랑하셨고 더 자주 방문하셨다. 그는 마르다의 가족을 사랑하셨고(요 11:5), 자주 그들을 찾아가셨다. 그리스도의 방문은 그의 사랑의 표시였다(요 14:23). (3) 그리스도께서 이 땅에 계실 때에 그를 자기들의 집으로 친절하게 영접한 사람들이 있었다. 본문에 나오는 이 집은 마르다의 집이라 불렸다. 아마도 마르다는 과부였고 이 집의 주인이었을 것이기 때문이다. 그리스도께서는 혼자 오신 것이 아니라 제자들을 동반하였기 때문에, 그의 일행을 대접하는 데에는 비용이 많이 들었겠지만, 마르다는 비용을 개의치 않았다. (우리는 그리스도를 섬기는 일 외에 우리가 좋아하는 일에 많은 돈을 기꺼이 쓰고 있지 않은가!) 이 때에 특히 예루살렘 근처에서 그리스도를 영접하는 것은 위험스런 일이었지만, 마르다는 그리스도를 위하여 일함으로써 당하게 될지도 모르는 위험을 개의치 않았다. 많은 사람들이 그리스도를 배척하고 대접하고자 하지 않는 가운데서도 그를 환영하는 한 사람이 있었다. 그리스도께서는 도처에서 배척을 받으셨으나, 그를 사랑하고 또한 그가 사랑하는 남은 자들이 있었다.

II. 마르다의 동생 마리아가 그리스도의 말씀을 경청함(20절).

1. 마리아는 그의 말씀을 들었다. 우리 주 예수께서는 마르다의 집에 오시자마자 대접을 받으시기도 전에 복음을 전하셨던 것으로 보인다. 마리아가 그의 말씀을 들으려고 앉았기 때문에, 그는 곧 정식으로 의자에 앉으셨다. 이것은 말씀이 오래 계속되었다는 것을 보여준다. 집에서 이루어졌다고 해서 좋은 설교가 더 나빠지는 것은 결코 아니다. 친구들의 집에 방문하는 것이 그들이 영적인 유익을 얻을 수 있는 기회가 되도록 하는 것이 좋다. 마리아는 보화가 그의 수중에 들어오자, 언제 그런 기회가 다시 올지 모른다는 생각에, 그 기회를 붙잡기 위해서 그리스도 앞에 앉았다. 그리스도께서 말씀하시고자 할 때, 우리는 듣는 데에 신속하여야 한다.

2. 마리아는 듣기 위해서 앉았는데, 이것은 말씀을 들으려고 집중했다는 것을 보여준다. 마리아는 차분한 마음으로 말씀을 듣는 데에 몰두하였다: 그녀는 그리스도의 말씀 한두 마디를 띄엄띄엄 듣는 것이 아니라, 그리스도께서 전하시는 모든 말씀을 다 귀담아듣고자 한 것이었다. 문도(門徒)들이 강의를 들을 때에 선생의 발 앞에 앉는 것처럼, 마리아는 주의 발치에 앉았다. 그래서

바울은 자기가 가말리엘의 문하에서 배웠다는 것을 가말리엘의 발 앞에서 교육받았다고 표현하였다(행 22:3). 우리가 그리스도의 말씀을 듣기 위해서 그 발 앞에 앉았다는 것은 그리스도의 말씀을 받을 준비가 되어 있고 그 말씀에 복종하여 우리 자신을 전적으로 포기하고 말씀의 인도하심을 받을 준비가 되어 있다는 것을 의미한다. 우리는 그리스도의 발 앞에 앉든지, 그의 발등상이 되든지 하여야 한다. 그러나 우리가 지금 그의 발 앞에 앉아서 그와 함께 있다면, 우리는 곧 그의 보좌에 그와 함께 앉게 될 것이다.

Ⅲ. 마르다는 집안 일을 돌봄. 그러나 마르다는 준비하는 일이 많아 마음이 분주하였다(40절). 이것이 마르다가 마리아처럼 그리스도의 말씀을 듣기 위해서 그 발 앞에 앉아 있지 못했던 이유였다. 마르다는 그리스도 및 그의 일행을 대접하기 위하여 준비하고 있었다. 아마도 마르다는 그리스도께서 오신다는 연락을 미리 받지 못했기 때문에 준비를 해두지는 못했지만 극진하게 대접하기 위해서 정성을 다하였던 것 같다. 이런 손님은 날이면 날마다 오는 것이 아니었기 때문이다. 큰 잔치를 준비하려면 얼마나 신경이 쓰이고 분주한지를 주부들은 잘 안다. 좀 더 살펴보자.

1. 마르다에게는 칭찬받을 점들이 있었다는 것을 우리는 간과해서는 안 된다. (1) 마르다가 우리 주 예수에 대하여 보인 경의는 칭찬받을 만한 것이었다. 그녀가 그리스도의 일행을 대접하기 위하여 정성을 다해서 준비한 것은 단순한 겉치레가 아니라 그리스도에 대한 진정한 사랑을 증명하는 것이었다고 우리는 보아야 하기 때문이다. 그리스도를 진정으로 사랑하는 자들은 그리스도의 영광을 위하여 행한 것을 잘한 일이라고 생각할 것이다. (2) 마르다가 집안 일을 돌본 것은 칭찬받을 만한 것이었다. 유대인들이 이 가족을 존경하였다는 것을 생각하면(요 11:19), 이 가족은 명문가였던 것 같다. 그렇지만 마르다는 어떤 일이 있을 때에 가족을 섬기기 위하여 손수 일하는 것을 창피하다고 생각하지 않았다. 집안 일을 잘 보살피는 것은 가족을 책임진 자들의 의무이다. 위신을 중시하고 안일함을 사랑해서 가족을 소홀히 하는 사람들이 많다.

2. 마르다에게는 책망받을 점들이 있었다는 것도 우리는 주목하여야 한다. (1) 마르다는 준비하는 일이 많았다. 그녀는 요란하고 거창한 대접, 아주 많고 다양하며 격식을 제대로 차린 음식들을 준비하는 데에 온통 정신이 팔려 있었다. 그녀는 많이 차리는 것에 신경을 썼다. 많은 음식을 차리는 것이나 산해진미

를 좋아하는 것은 그리스도의 제자에게 합당한 일이 아니다. 조촐한 식사로 충분한데, 많이 차리는 것이 무슨 필요가 있단 말인가? (2) 마르다는 식사를 차리는 일 때문에 마음이 분주하였다. 여기서 마음이 분주하였다는 원어는 페리에스파토로서 정신이 산란하였다는 뜻이다. 하나님의 섭리에 의해서 어떤 걱정거리가 우리에게 닥쳐와도, 우리는 그런 일들 때문에 마음이 분주하거나 불안해하고 당황해서는 안 된다. 돌보는 것은 선한 일이고 의무이지만, 마음이 분주함은 죄이고 어리석은 것이다. (3) 마르다는 그리스도의 발 앞에 앉아서 그의 말씀을 들어야 했던 때에 준비하는 일이 많아 마음이 분주하였다. 세상적인 일은 우리가 하나님을 섬기고 우리의 영혼이 유익을 얻는 것을 방해하는 그 때에는 우리에게 덫이 된다.

Ⅳ. 마르다는 그의 동생 마리아가 집안 일을 돕지 않는다고 그리스도께 불평을 함(40절). "주여, 나와 마찬가지로 대접하는 일에 신경을 써야 할 내 동생이 나 혼자 일하게 두는 것을 생각하지 아니하시나이까? 그러니 주님 곁에 있는 마리아에게 가서 나를 도우라고 말해 주소서."

1. 마르다의 이 불평은 그녀의 속된 마음을 드러낸 것이라고 할 수 있다. 이 불평은 그녀가 지나치게 염려하고 안달하고 있음을 보여주는 표현이었다. 그녀는 그의 동생 마리아에게 격한 감정을 갖고 있었다. 그렇지 않았다면, 그녀는 이 문제로 그리스도를 성가시게 하지 않았을 것이다. 세상적인 일들에 대한 지나친 염려와 추구는 흔히 가정 불화와 혈육들 간의 다툼의 원인이 된다. 게다가 세상적인 일들에 열심인 자들은 그렇지 않은 자들을 비난하고 욕하기 쉽다. 그런 자들은 세상적인 가치관을 지닌 자신들이 옳다고 여기고, 세상적인 일들의 추구에 있어서 도움이 되는지의 여부를 가지고 사람들을 판단하기 때문에, 경건 생활에 몰두하는 자들이 사람으로서의 우선적인 도리를 저버리고 있다고 단죄한다. 동생에게 화가 난 마르다는 그리스도에게 자신의 처지를 호소해서, 그녀가 화내는 것이 정당하다는 말을 그에게서 듣고 싶어하였다. 주여, 내 동생이 나 혼자 일하게 두는 것을 생각하지 아니하시나이까? 아마도 그리스도께서는 종종 마르다에 대한 애정어린 관심를 표명하셔서 힘들고 어렵게 살아가는 그녀를 위로하고 편안하게 해주셨던 것 같다. 그래서 마르다는 이번에도 그리스도께서 마리아에게 언니를 도와주라고 명하실 것으로 기대하였던 것 같다. 마르다는 자신의 걱정에 마리아와 그리스도를 포함한 모든 사람을 끌이

들여야 직성이 풀릴 것이었다. 하나님 앞에 나아와서 아주 적극적으로 호소하는 사람들이 언제나 옳은 것은 아니다. 그러므로 우리는 그리스도께서 우리의 부당하고 근거 없는 불평을 편들어주시리라고 기대하지 않도록 언제나 조심하여야 한다. 그리스도께서 우리에게 맡기신 걱정거리들은 우리가 기꺼이 그것들을 들고 그리스도께 나아갈 수 있지만, 우리가 어리석게 자초한 걱정거리들에 그리스도께서도 동참해주시라고 호소하는 것은 합당하지 않은 일이다. 그리스도는 기꺼이 가난하고 상처받은 자들의 후원자가 되시고자 하지만, 소동을 일으키고 남에게 해를 끼치는 자들의 후원자가 되고자 하지는 않으신다.

2. 마르다의 불평은 마리아의 경건과 헌신을 방해하였다고 할 수 있다. 마르다는 마리아의 처신을 칭찬하고, 마리아가 잘 하고 있다고 말했어야 했다. 그러나 마르다는 그렇게 하지 않았고, 오히려 마리아가 자신의 의무를 다하지 못하고 있다고 정죄하였다. 신앙 생활에 열심인 자들이 주변 사람들로부터 방해를 받고 욕을 먹는 것은 이상한 일이 아니다. 그들은 원수들로부터 배척받을 뿐만 아니라 친구들로부터도 비난과 책망을 받는다. 다윗이 금식한 것과 법궤 앞에서 춤춘 것은 비난의 대상이 되었다.

V. 그리스도께서 마르다의 지나친 걱정을 책망하심(41절). 마르다는 그리스도께 호소하였으나, 그리스도께서는 도리어 마르다를 책망하셨다: 마르다야 마르다야, 네가 많은 일로 염려하고 근심하나 한 가지만이라도 족하니라.

1. 그리스도께서는 비록 손님으로 이 집에 오셨지만 집 주인인 마르다를 책망하셨다. 마르다가 범한 잘못은 그리스도를 대접하려고 지나치게 걱정한 것이었다. 마르다는 그리스도를 잘 대접함으로써 자기를 옳게 보이려고 생각하였지만, 그리스도께서는 그 점에 대하여 마르다를 공개적으로 질책하셨다. 무릇 그리스도께서는 사랑하시는 자를 책망하여 징계하신다는 것을 명심하라. 그리스도께서 사랑하시는 자들이라도 어떤 잘못이 있다면 무엇이 잘못되었는지를 기꺼이 들어야 한다. 그럼에도 불구하고 너를 책망할 것이 있다.

2. 그리스도께서는 마르다를 책망하실 때에 마르다야라고 그녀의 이름을 부르셨다. 왜냐하면, 책망은 나단이 다윗에게 당신이 그 사람이라고 말했던 것처럼 구체적인 사람과 경우에 적용되어서 아주 구체적인 것이 될 그 때에 가장 효과적이기 때문이다. 그리스도께서는 마르다야 마르다야라고 그녀의 이름을 반복해서 부르셨다. 그는 그녀가 잘 되는 것에 진심으로 깊은 관심을 가진 자

로서 말씀하고 있는 것이다. 이 세상에서의 삶의 염려들에 얽혀져 있는 자들은 거기에서 쉽게 풀려나지 못한다. 우리는 그런 자들에게 거듭거듭 온 땅이여 땅이여 땅이여 주의 말씀을 들으라고 소리쳐야 한다.

3. 그리스도께서 마르다를 책망하신 것은 그녀가 많은 일로 염려하고 근심한 것 때문이었다. 그리스도께서는 마르다가 화려하고 풍성한 대접을 통해서 그를 기쁘게 해드려야 하겠다고 생각한 것과 그러한 접대를 준비하느라고 어쩔 줄 모르는 것을 기뻐하지 않으셨다. 반면에, 그리스도께서는 그런 일들을 함에 있어서 감각을 만족시키는 방향으로 일하거나 다른 사람들을 괴롭히는 방향으로 이기적이어서는 안 된다는 것을 우리에게 가르치고자 하셨다. 그리스도께서는 두 가지 점에 대해서 마르다를 책망하셨다. 하나는 그녀의 지나친 염려였고("너는 이 일로 인해서 염려하고 근심하며 어쩔 줄 모르고 있다"), 다른 하나는 폭넓은 염려였다: "너는 많은 일들을 염려하고, 많은 좋은 것들을 잡으려고 하기 때문에, 많은 실망에 괴로운 것이다. 가엾은 마르다야, 그렇게 야단법석을 떨 필요가 없는데도, 너는 많은 일을 벌여서 그것 때문에 안절부절못하고 유머를 잃어버렸다." 이 세상의 많은 일들에 대한 지나친 염려와 걱정은 그리스도의 제자들 사이에서 흔히 볼 수 있는 잘못이다. 이것은 그리스도를 매우 실망시키는 일이고, 이 일 때문에 그들은 흔히 하나님의 책망을 받는다. 정당한 이유 없이 안절부절못하는 사람들은 그리스도께 책망을 받는 것이 마땅하다.

4. 마르다의 염려가 죄이고 어리석은 짓이라는 것을 더욱 강화시킨 것은 한 가지만으로 충분했던(개역에서는 한 가지만이라도 족하니라) 상황이었다는 것이다. 어떤 이들은 이 구절이 한 가지 음식만으로 충분한 상황이었는데도 마르다는 많은 음식을 차리느라고 염려한 것을 가리킨 것이라고 해석한다. 오직 한 가지만 필요하다. 우리가 이 해석을 받아들인다면, 이 구절은 진수성찬을 좋아하지 말고, 한 끼 식사에 한 가지 음식으로 만족하라는 절제의 원칙을 우리에게 가르치고 있는 것이라 할 수 있다(잠 23:1-3). 몇몇 옛 사람들은 이 구절을 "정신을 분산시키지 말고 오직 하나에 집중하라"는 의미로 해석한다. 마르다처럼 일에 분주해서 마음이 나뉘어 있는 것이 아니라, 한 마음으로 말씀을 경청하는 것이 필요하다. 꼭 필요한 한 가지 일은 마리아가 선택한 것, 즉 그리스도의 발 앞에 앉아서 그의 말씀을 듣는 것을 의미한다. 마르다는 한 가지 일에 전념했어야 했던 때에 많은 일들로 분주하고 걱정하였다. 경건은 마음을 하나

로 모아주고, 세상은 마음을 나뉘게 한다. 마르다가 신경을 쓰며 걱정하였던 많은 일들은 불필요한 일들이었고, 그녀가 무시했던 한 가지 일은 꼭 필요한 일이었다. 마르다가 한 염려와 일은 적절한 때와 장소에서 행하여졌다면 선한 일이었을 것이다. 그러나 지금은 마르다가 해야 할 다른 일이 있었다. 그 일은 너무도 명확하게 더 필요한 일이었기 때문에, 마르다는 그 일을 먼저 그리고 가장 마음을 써서 해야 했다. 마르다는 그리스도께서 그녀와 같이하지 않은 마리아를 책망하실 것이라고 생각하였지만, 그리스도께서는 오히려 마리아와 같이하지 않은 그녀를 책망하셨다. 우리는 그리스도의 판단이 진리를 따라 된 것임을 확신한다. 마르다가 마리아와 같이 그리스도의 발 앞에 앉지 않았던 일을 후회할 날이 올 것이다.

Ⅵ. 그리스도께서 마리아의 진실한 경건을 인정하고 칭찬하심: 마리아는 이 좋은 편을 택하였다. 마리아는 자신을 변호하는 말을 한 마디도 하지 않았다. 마르다가 주님께 호소하였기 때문에, 마리아는 이 문제를 기꺼이 주님께 맡기고 그의 처분을 기다렸다.

1. 마리아는 가장 가치 있는 것을 올바르게 선택하였다. 마리아는 꼭 필요한 한 가지 일, 곧 그리스도의 인도하심에 자신을 맡기고 그의 입에서 나오는 율법을 받는 일을 하였다. 꼭 필요한 일은 진실한 경건이고, 그것만이 꼭 필요한 한 가지 일이라는 것을 명심하라. 왜냐하면, 이것 외에 그 어떤 것도 우리로 하여금 이 세상에서 진정한 선을 행할 수 있게 해줄 수 없고, 이것 외에 그 어떤 것도 우리를 저 세상으로 데려다 줄 수 없기 때문이다.

2. 마리아는 자기를 위해서 지혜롭게 잘 처신하였다. 그리스도께서는 마르다의 비난에 대하여 마리아가 옳다고 하셨다. 우리가 우리의 경건과 열심으로 인해서 사람들로부터 비난과 정죄를 당한다고 할지라도, 우리 주 예수께서는 우리 편이 되어주실 것이다: 그러나 주여, 당신은 내 편이 되어 주실 것이라. 그리스도께서 우리를 대적하지 않으시도록, 우리는 다른 사람의 경건한 열심을 정죄하지 말자. 또한 우리가 우리의 경건한 열심으로 인해서 비난받는다고 해도 결코 낙심하지 말자. 그리스도께서 우리를 위하실 것이기 때문이다. 머지않아 마리아의 선택은 옳다고 인정을 받게 될 것이고, 그러한 선택을 해서 그 선택을 견지한 모든 자들은 옳다고 인정을 받게 될 것이다. 그러나 이것이 전부가 아니었다. 그리스도께서는 마리아의 지혜를 칭찬하셨다. 마리아는 이 좋은 편을

택하였다. 왜냐하면, 마리아는 그리스도와 함께 있고 그리스도의 편이 되는 것을 선택하였기 때문이다. 마리아는 마르다가 자기 집에서 그리스도를 대접하기 위하여 식사를 준비하는 일보다 더 좋은 일, 더 복된 일, 즉 그리스도의 말씀을 마음으로 받음으로써 그리스도를 영화롭게 하고 기쁘게 해드리는 더 좋은 길을 택하였다. (1) 그리스도와 함께 하는 것이 좋은 몫(개역에서는 좋은 편)이다. 그것은 영혼과 영원을 위한 몫이고, 그리스도와 함께 참여한 자들(히 3:14)이자 그리스도와 함께 한 상속자들(롬 8:17)인 그의 사랑하는 자들(요 13:8)에게 그리스도께서 주시는 몫이다(요 13:8). (2) 그것은 결코 빼앗기지 않을 몫이다. 이 세상에서 우리가 가진 분깃은 아무리 늦어도 우리가 세상을 떠나게 될 때에는 빼앗기게 된다. 그러나 우리를 그리스도의 사랑과 그 사랑 안에서의 우리의 몫에서 끊을 것은 아무것도 없다. 사람들이나 귀신들은 그것을 우리로부터 빼앗아갈 수 없고, 하나님과 그리스도는 그것을 우리로부터 빼앗아가지 않으실 것이다. (3) 이 좋은 편을 택하여, 하나님을 섬기는 일을 우리의 일로 삼고, 하나님의 은혜를 우리의 행복으로 삼으며, 이 둘을 위하여 그리스도에게 관심갖는 것을 택하는 것은 우리 각자의 지혜이자 의무이다. 매사에 우리는 경건에 유익한 것을 선택하여야 하고, 우리의 영혼에 가장 좋은 것을 우리에게 가장 좋은 것으로 여겨야 한다. 마리아는 마르다의 일을 도와서 훌륭한 주부라는 칭찬을 받을 것인가, 아니면 그리스도의 발 앞에 앉아서 열심 있는 제자라는 인정을 받을 것인가를 선택하여야 했다. 그리스도께서는 이 경우에 있어서 마리아의 선택에 비추어서 그녀의 전반적인 선택을 판단하신다. (4) 이 좋은 편을 택한 자들은 저 큰 날에 그들이 선택한 것을 갖게 될 뿐만 아니라, 그들의 선택에 대하여 칭찬도 받게 될 것이다.

제
— 11 —
장

개요

이 장에는 다음과 같은 내용들이 나온다. I. 그리스도께서 제자들에게 기도하는 법을 가르쳐주시고, 기도를 자주 간절하고 끈질기게 하라고 일깨워주시고 격려하심(1-13절). II. 그리스도께서 귀신들의 왕 바알세불과 동맹을 맺어서 귀신들을 쫓아낸다고 비난한 바리새인들의 신성모독적인 누명에 대하여 자세하게 답변하시고, 그러한 비난이 터무니없고 악하다는 것을 보여주심(14-26절). III. 그리스도께서 육신의 어머니보다 순종하는 제자들이 더 위대하다는 것을 보여주심(27-28절). IV. 그리스도께서 모든 수단을 동원해서 확신을 갖도록 전도하였음에도 불구하고 마음이 완악하여 믿지 않은 이 세대의 사람들을 책망하심(29-36절). V. 그리스도께서 바리새인들과 그들을 따르는 자들을 호되게 책망하시고, 그들의 악함을 증언한 자들을 미워하고 박해한 것에 대하여 그들을 책망하심(37-54절).

¹예수께서 한 곳에서 기도하시고 마치시매 제자 중 하나가 여짜오되 주여 요한이 자기 제자들에게 기도를 가르친 것과 같이 우리에게도 가르쳐 주옵소서 ²예수께서 이르시되 너희는 기도할 때에 이렇게 하라 아버지여 이름이 거룩히 여김을 받으시오며 나라가 임하시오며 ³우리에게 날마다 일용할 양식을 주시옵고 ⁴우리가 우리에게 죄 지은 모든 사람을 용서하오니 우리 죄도 사하여 주시옵고 우리를 시험에 들게 하지 마시옵소서 하라 ⁵또 이르시되 너희 중에 누가 벗이 있는데 밤중에 그에게 가서 말하기를 벗이여 떡 세 덩이를 내게 꾸어 달라 ⁶내 벗이 여행중에 내게 왔으나 내가 먹일 것이 없노라 하면 ⁷그가 안에서 대답하여 이르되 나를 괴롭게 하지 말라 문이 이미 닫혔고 아이들이 나와 함께 침실에 누웠으니 일어나 네게 줄 수가 없노라 하겠느냐 ⁸내가 너희에게 말하노니 비록 벗 됨으로 인하여서는 일어나서 주지 아니할지라도 그 간청함을 인하여 일어나 그 요구대로 주리라 ⁹내가 또 너희에게 이르노니 구하라 그러면 너희에게 주실 것이요 찾으라 그러면 찾아낼 것이요 문을 두드리라 그러면 너희에게 열릴 것이니 ¹⁰구하는 이마다 받을 것이요 찾는 이는 찾

아닐 것이요 두드리는 이에게는 열릴 것이니라 ¹¹너희 중에 아버지 된 자로서 누가 아들이 생선을 달라 하는데 생선 대신에 뱀을 주며 ¹²알을 달라 하는데 전갈을 주겠느냐 ¹³너희가 악할지라도 좋은 것을 자식에게 줄 줄 알거든 하물며 너희 하늘 아버지께서 구하는 자에게 성령을 주시지 않겠느냐 하시니라

기도는 자연 종교의 위대한 법칙들 중의 하나이다. 결코 기도하지 않고, 조물주에게 영광을 돌리지도 않으며, 조물주의 은총을 느끼지도 못하고, 자기가 조물주를 의지한다고 고백하지도 않는 그런 사람은 짐승이고 괴물이다. 그러므로 기독교의 한 가지 큰 목적은 기도 안에서 우리를 돕고, 우리에게 기도의 의무를 강제하며, 기도 안에서 우리를 가르치고, 우리로 하여금 기도에 의한 유익을 기대하도록 격려하는 것이다.

I. 본문에서 우리는 그리스도께서 어떤 한 곳에서 기도하시는 모습을 보게 된다. 그리스도께서는 기도하시러 그 곳에 자주 가신 것 같다(1절). 그리스도께서는 하나님으로서 기도를 받으셨고, 인간으로서 기도하셨다. 그는 비록 성자이셨지만 이러한 순종을 배우셨다. 누가복음 기자는 다른 복음서 기자들보다 더 자주 그리스도께서 기도하시는 모습을 언급한다: 그리스도께서는 세례를 받으실 때에 기도하셨고(3:21), 물러가사 한적한 곳에서 기도하셨으며(눅 5:16), 기도하시러 산으로 가사 밤이 새도록 하나님께 기도하셨고(눅 6:12), 따로 기도하셨으며(눅 9:18), 조금 후에 기도하시러 산에 올라가사 기도하실 때에 용모가 변화되기도 하셨다(눅 9:28-29). 그리고 이제 여기서 그리스도께서는 한 곳에서 기도하셨다. 이렇게 다윗의 진정한 아들답게 그리스도께서는 기도할 뿐이셨다(시 109:4). 여기서 그리스도께서 혼자 기도하고 계셨고 제자들은 그가 기도하고 계신다는 것만 알고 있었던 것인지, 아니면 그리스도께서 제자들과 함께 기도하셨는지는 확실하지 않다. 제자들과 함께 기도하였을 가능성이 높은 것으로 보인다.

II. 제자들은 기도하는 법을 가르쳐달라고 그리스도께 요청하였다. 그리스도께서 기도하고 계실 때, 제자들은 주여, 우리에게 기도를 가르쳐주옵소서라고 말하였다. 다른 사람들이 은사와 은혜를 받는 것을 보면, 우리도 그러한 것들을 받기 위해서 열렬하게 사모하여야 한다는 것을 명심하라. 다른 사람들의 열심을 보면, 우리도 거룩한 모방심과 경쟁심을 가져야 한다. 다른 사람들이

하는데, 왜 우리라고 못하겠는가? 그리스도께서 기도를 마치시매, 제자들은 이 요청을 하기 위해서 그에게 왔다. 왜냐하면, 그것이 아무리 좋은 일이라고 하더라도, 제자들은 그 일로 그리스도께서 기도하시는 것을 방해하고 싶지 않았기 때문이다. 모든 일은 적절한 때에 행하여야 아름다운 법이다. 제자 중 하나가 나머지 제자들의 위임을 받아서 주여, 우리에게 가르쳐 주옵소서라고 말했던 것 같다. 그리스도께서는 비록 가르쳐 주고 싶은 마음이 있으시더라도, 제자들이 요청할 때까지 기다리신다. 그래야만 제자들이 그의 가르침을 경청할 것이기 때문이다.

1. 그들의 요청은 이런 것이었다: "주여, 우리에게 기도를 가르쳐 주옵소서. 기도할 때에 따라야 할 원칙이나 모범을 우리에게 주셔서, 우리가 직접 기도할 수 있게 해주옵소서." 그리스도의 제자들은 기도를 가르쳐 달라고 그리스도께 요청하는 것이 합당한 일임을 명심하라. 주여, 우리에게 기도를 가르쳐 주옵소서라는 말 자체가 좋은 기도이고 매우 필요한 기도이다. 왜냐하면, 기도를 잘 한다는 것은 어려운 일이고, 어떻게 기도해야 하는지를 말씀과 성령을 통해서 우리에게 가르치실 수 있는 분은 오직 예수 그리스도뿐이기 때문이다. "주여, 기도하는 것이 무엇인지를 내게 가르쳐주소서. 주여, 내게 기도의 사명을 일깨워주소서. 주여, 무엇을 위하여 기도해야 하는지를 알도록 나를 인도해 주소서. 주여, 내가 기도로써 하나님을 섬길 수 있도록 기도할 수 있는 은혜를 내게 주옵소서. 주여, 합당한 말들로 기도할 수 있도록 나를 가르치소서. 내가 마땅히 해야 할 말을 할 수 있도록 내게 기도할 수 있는 입과 지혜를 주옵소서. 내가 무엇을 말해야 하는지를 내게 가르치소서."

2. 그들이 제시한 이유는 요한도 자기 제자들에게 기도를 가르쳐 주었다는 것이었다. "우리에게 그들보다 더 훌륭한 선생님이 계시니, 요한의 제자들이 이 필수적인 의무를 요한에게서 가르침을 받았듯이, 우리도 가르침을 받고 싶나이다." 라이트푸트(Lightfoot) 박사는 유대인들의 기도는 일반적으로 하나님에 대한 경배와 찬송, 송영들이었던 반면에 요한은 그의 제자들에게 간구와 요청들이 많이 들어가 있는 기도를 가르쳤다고 말한다. 왜냐하면, 누가복음 5:33을 보면, 그들은 기도하였다(데에세이스 포이운타이)고 되어 있는데, 여기서 사용된 단어는 간구를 중심으로 한 기도를 의미하기 때문이다. "주여, 이제 우리가 어릴 때부터 익숙하게 해왔던 하나님의 이름에 의지한 축복 기도들 외

에 그런 기도를 우리에게 가르쳐주소서." 이러한 해석에 의하면, 그리스도께서는 온전히 간구들로 이루어진 기도를 제자들에게 가르쳐주셨는데, 여기에서는 기도 끝에 첨부되는 송영(頌詠)과 감사를 말할 때에 화답을 위해서 통상적으로 사용되었고(고전 14:16) 시편들에서는 오직 송영들에만 첨가되어 있는 아멘도 생략되었다. 사실 제자들은 굳이 세례 요한의 모범을 들먹일 필요가 없었다. 그리스도께서는 세례 요한보다 더 기꺼이 기도를 가르쳐 주시고자 하셨고, 특히 세례 요한이 그의 제자들에게 가르쳤거나 가르칠 수 있는 것보다 더 훌륭한 기도를 가르쳐 주셨다.

III. 그리스도께서는 전에 산상수훈에서 제자들에게 가르쳐 주셨던 것과 거의 동일한 기도를 가르쳐주신다(마 6:9).   우리는 제자들이 그 기도를 잊어버린 것이라고 생각할 수는 없다. 그들은 더 자세하고 온전한 가르침을 받아야 했지만, 그런 가르침을 받을 준비가 되어 있지 않았다. 성령이 위로부터 그들에게 부어질 때, 그들은 그들의 모든 간구가 이 몇 마디 말로 된 주기도문 속에 다 포함되어 있다는 것을 알게 될 것이고, 그 때가 되면 주기도문의 내용을 그들 자신의 말로 잘 풀어서 기도할 수 있게 될 것이었다. 마태복음에는 너희는 이렇게 기도하라(마 6:9)로 되어 있는 반면에, 여기에는 너희는 기도할 때에 이렇게 하라로 되어 있다. 이것은 주기도문이 개인 기도의 한 형태로도 사용되고 예전용으로도 사용되도록 의도되었음을 보여주는 것이다.

1. 주기도문의 마태 판본과 누가 판본 사이에는 몇 가지 차이점들이 있다. 이것은 우리가 주기도문의 자구(字句)에 얽매이지 않아야 한다는 것이 그리스도의 뜻임을 보여준다. 만약 자구가 중요하였다면, 그리스도께서는 두 판본 사이에 어떠한 차이도 없게 하셨을 것이기 때문이다. 세 번째 간구와 관련해서는 원본에서는 아무런 차이도 없지만, 번역문에서는 한 가지 차이가 있다: 하늘에서 이루어진 것 같이 땅에서도 이루어지이다. 사용된 단어들은 마태복음에서와 동일하고, 어순도 동일하다. 그러나 네 번째 간구에는 차이가 있다. 마태복음에는 "오늘 우리에게 일용할 양식을 주시옵고"로 되어 있는 반면에, 누가복음에는 "우리에게 날마다(카드 헤메란)) 일용할 양식을 주시옵고"로 되어 있다. 날마다라는 말은 "우리 몸에 필요한 떡을 매일 우리에게 주소서"라는 뜻이지, "다가올 많은 날을 위한 떡을 오늘 우리에게 주소서"라는 뜻은 아니다. 하나님께서 이스라엘 백성에게 매일 만나를 주셨듯이, "오늘 필요한 떡을 오늘

우리에게 주시고, 내일 필요한 떡은 내일 주시라"는 뜻이다. 이렇게 하여야, 우리는 어린아이가 부모를 의지하듯이 하나님을 지속적으로 의지할 수 있게 되고, 하나님께서 우리에게 매일 새롭게 주시는 자비를 받을 수 있으며, 그 날에 필요한 것을 따라서 하나님께서 우리에게 그 날에 공급해주신 것에 맞춰서 그 날에 필요한 의무를 따라 새로운 사명을 발견할 수 있게 된다. 다섯 번째 간구에도 약간의 차이가 있다. 마태복음에는 우리가 우리에게 죄 지은 자를 사하여 준 것 같이 "우리 빚을 사하여 주시옵고"(개역에서는 "죄")로 되어 있는 반면에, 누가복음에는 "우리 죄도 사하여 주시옵고"로 되어 있다. 이것은 우리의 죄가 우리의 빚이라는 것을 말해준다. "우리가 용서하오니." 우리가 우리에게 죄 지은 자들을 용서해 주는 것은 하나님으로부터 우리가 용서받을 수 있게 해주는 공로가 될 수도 없고, 하나님으로 하여금 우리를 용서해 주시도록 유인하는 공로가 될 수도 없다(하나님은 자신의 이름과 성자의 이름으로 우리의 죄를 용서하신다). 그것은 우리가 하나님으로부터 용서받는 데에 매우 필요한 자격요건일 뿐이다. 하나님께서 우리 안에 우리에게 죄 지은 자들을 용서할 마음을 주셨다면, 우리는 우리의 죄를 용서해 달라는 우리의 간구에 대하여 은혜를 베풀어 주실 것을 탄원할 수 있다: "주여, 주께서 우리에게 다른 사람들을 용서해 주고자 하는 마음을 일으키셨사오니, 우리를 용서하여 주옵소서." 누가복음에는 또 한 가지 추가된 내용이 있다. 마태복음에서는 우리가 "우리에게 빚진 자들"을 사하여 준다는 일반적인 표현을 사용하고 있는 반면에, 누가복음에서는 우리가 "우리에게 빚진 모든 사람을" 예외 없이 "용서한다고 고백한다"는 구체적인 표현을 사용함으로써, "우리는 그 누구에게도 악의나 나쁜 마음을 품지 않고 모두에게 예외 없이 참 사랑을 품고서 우리에게 빚진 자들을 용서한다"는 의미를 나타낸다. 또한 누가복음에는 끝부분에 송영이 완전히 생략되어 있고, 아멘도 없다. 이것은 그리스도께서 사람들로 하여금 다윗의 시편들에 나오는 이런저런 송영을 자유롭게 사용하도록 허용하신 것이거나, 나중에 성부, 성자, 성령에게 영광을 돌리는 기독교 특유의 송영으로 채우도록 하기 위하여 이 대목을 공백으로 남겨두신 것이다.

2. 주기도문의 마태 판본과 누가 판본은 실질적으로 동일하다. 그러므로 우리는 여기서 주기도문이 우리에게 주는 몇 가지 일반적인 교훈들만을 살펴보기로 한다.

(1) 기도할 때에 우리는 자녀가 아버지에게 나아가듯이 하나님께 자녀로서 나아가야 한다. 하나님은 우리와 온 인류의 아버지이시지만, 예수 그리스도의 모든 제자들에게는 특별한 방식으로 아버지가 되신다. 그러므로 우리는 다른 사람들과 우리 자신을 위하여 간구할 때에 성부의 능력과 선하심을 믿고 겸손과 담대함으로 성부께 나아가야 한다.

(2) 우리 자신을 위하여 하나님께 간구하는 바로 그 때에 우리는 우리와 동일한 하나님의 피조물들인 모든 사람을 위하여서도 기도하여야 한다. 주기도문은 보편적인 자비와 기독교적으로 성화된 인류라는 확고한 원칙을 구현하는 방식으로 표현되어 있기 때문에, 우리는 이 원칙을 항상 염두에 두어야 한다.

(3) 우리 생활의 전 과정 속에서 우리를 움직이고 지배하여야 하는 하늘 나라 중심의 사고를 확고하게 자리잡게 하기 위해서, 우리는 모든 기도 속에서 믿음의 눈을 가지고 하늘을 바라보고, 우리가 기도 드리는 하나님을 하늘에 계신 우리 아버지로 바라보아야 한다. 이렇게 하여야, 우리는 윗 세계에 더 친근해질 수 있고, 장래를 위하여 더 잘 준비할 수 있게 된다.

(4) 우리의 삶의 행로 속에서와 마찬가지로 기도할 때에도 우리는 하나님의 이름, 그의 거룩한 이름에 존귀를 돌리고, 그의 통치, 즉 그의 섭리에 의한 세상의 통치와 그의 은혜에 의한 교회의 통치에 능력을 돌림으로써 먼저 하나님의 나라와 그의 의를 구하여야 한다. 이렇게 하여야, 전자와 후자는 더 분명해질 수 있고, 우리와 다른 사람들은 더 분명하게 둘 모두에 복종할 수 있게 된다.

(5) 윗 세계, 즉 보이지 않는 세계의 원리들과 실제들(따라서 우리는 오직 믿음으로만 이것들을 알 수 있다)은 원형들이기 때문에, 우리는 다른 사람들과 우리 자신 속에서 이 아랫 세계의 원리들과 실제들을 윗 세계의 원리들과 실제들과 맞춰질 수 있도록 소원하여야 한다. 뜻이 하늘에서 이루어진 것 같이 땅에서도 이루어지이다라는 말씀은 앞에 나온 세 가지 간구 전체에 걸린다: "아버지여, 저 하늘에서 당신에 대한 섬김이 온전히 이루어지고 있는 것과 마찬가지로, 지금은 당신에 대한 섬김에서 소외되어 있는 이 땅에서도 당신의 이름이 거룩히 여김을 받으시오며 당신의 나라가 임하옵시며 당신의 뜻이 이루어지게 하옵소서."

(6) 하나님의 나라와 그 의를 신실하고 진실되게 구하는 자들은 무한한 지혜이신 하나님께서 보시기에 선하신 대로 이 모든 것을 그들에게 더하실 것을

겸손하게 소망하면서, 그것들을 위하여 믿음으로 기도할 수 있게 된다. 만일 우리의 첫 번째 소원과 관심이 하나님의 이름이 거룩히 여김을 받고 그의 나라가 임하며 그의 뜻이 이루어지는 것이라면, 우리는 우리의 일용할 양식을 위하여 담대하게 은혜의 보좌로 나아갈 수 있게 되고, 우리가 하나님께 거룩하게 되고 하나님이 우리에 의해서 거룩히 여김을 받으실 때에 일용할 양식도 우리에게 거룩하게 될 것이다.

(7) 현세적인 축복들을 위하여 기도할 때에 우리는 우리의 소원을 절제하여야 하고, 꼭 필요한 것으로 제한하여야 한다. 여기서 사용된 날마다라는 표현은 일용할 양식이라는 말과 서로 중복되기 때문에, 어떤 이들은 날마다로 번역된 에피우시오스를 다르게 번역하여야 한다고 생각해서, 우리에게 필요한 양식, 우리 본성에 적합한 양식, 흙으로 만들어지고 흙에 속한 우리 몸을 위해서 땅에서 난 소산물(시 104:14)을 의미하는 것으로 해석한다.

(8) 우리는 매일 죄라는 빚을 지고 있기 때문에 우리는 죄를 사하여 달라고 매일 기도하지 않으면 안 된다. 우리는 매일 우리가 해야 할 의무를 소극적으로 빼먹고 하지 않음(omissions)으로써 빚이 쌓여가고 있을 뿐만 아니라, 매일 적극적으로 범죄함(comissions)으로써 우리의 계약을 파기하고 율법의 형벌을 자초하고 있다. 우리의 죄는 매일 쌓여가는데, 우리가 매일 범하는 죄와 허물을 사함받으려고 기도하기 위하여 은혜의 보좌로 날마다 나아갈 수 있는 용기를 갖게 된다는 것은 긍휼의 이적이다. 하나님은 일곱 번씩 일흔 번이라도 용서해 주신다.

(9) 만일 우리가 우리를 모욕하였거나 우리에게 해를 끼친 자들을 진정한 기독교적인 자비의 원칙에 따라서 진심으로 용서하지 않는다면, 우리는 하나님께서 우리가 그분께 범한 죄들을 사하여 주실 것이라고 기대할 수도 없고, 확신을 가지고 기도할 수도 없다. 우리가 입술로는 하나님께 우리에게 죄 지은 모든 자를 용서한다는 기도를 하나님께 드린다고 해도, 마음으로는 여전히 형제들에 대한 악의와 복수심을 품고 있다면, 우리의 기도는 받아들여지지 않을 것이고, 평안의 응답을 기대할 수도 없을 것이다.

(10) 우리는 죄에 대한 유혹을 죄로 인한 멸망만큼이나 두렵게 여기고 그런 유혹(시험)에 빠지지 않게 해달라고 간구하여야 한다. 우리 안에 있는 죄의 권세를 깨뜨리는 일은 우리의 죄책을 사함받는 것만큼이나 우리의 관심사와

기도 제목이 되어야 한다. 유혹이 매력적이고 아양을 떨며 아첨하며 우리에게 다가온다고 하여도, 우리는 시험에 들지 않게 해달라고 하나님께 진심으로 간구하여야 한다. 시험에 들게 되면, 우리는 범죄하게 되고, 범죄함으로써 파멸에 이르게 되기 때문이다.

(11) 우리는 모든 악에서 건짐을 받기 위해 하나님을 의지하여야 하고 하나님께 구하여야 한다. 우리는 악에 빠지지 않도록 해달라고 기도할 뿐만 아니라, 사탄이 우리에게 해악을 끼치지 않도록 해달라고 기도하여야 한다. 라이트푸트 박사는 이 구절을 악한 자, 즉 마귀에게서 구해 달라는 간구로 이해해서, 우리는 마귀에게 사로잡히지 않도록 특별히 기도해야 한다고 말한다. 제자들은 귀신들을 내쫓는 데에 쓰임받았기 때문에, 마귀가 그들에게 품고 있음이 분명한 특별한 앙심으로부터 지켜달라고 하나님께 기도하지 않으면 안 되었다.

IV. 그리스도께서는 다음과 같은 것들을 보여주심으로써, 기도는 끈질기게 열심히 지속적으로 하여야 한다는 것을 일깨워주셨다.

1. 끈질긴 간청은 사람들과의 거래에서 큰 효과를 거두게 된다(5-8절). 어떤 사람이 갑작스럽게 사정이 생겨서 자기 자신을 위해서가 아니라 느닷없이 찾아온 그의 친구를 위해서 사람들이 다 자고 있는 한밤중에 이웃집에 떡 한두 덩이를 빌리러 갔다고 하자. 문 두드리는 소리에 잠에서 깬 이웃은 화가 나서 여러 가지 핑계를 대면서 그의 청을 들어주고자 하지 않을 것이다: 문이 이미 닫혀 있고, 아이들이 자기와 같은 방에서 자고 있어서, 소음을 낸다면 아이들이 잠에서 깨어날지도 모른다. 하인들도 자고 있고, 그들을 불러도 듣지 못할 것이다. 만약 그가 일어나서 나간다면, 감기에 걸릴지도 모른다. 그러나 이웃은 딱 잘라서 거절한 것이 아니기 때문에, 이 사람은 계속해서 문을 두드리면서, 청을 들어줄 때까지 문을 두드리겠노라고 말한다. 그래서 이웃은 어쩔 수 없이 그 사람의 청을 들어줄 수밖에 없다: 그는 그 간청함을 인하여 일어나 그 요구대로 주리라. 그리스도께서는 18:1에서 말씀하신 것과 동일한 취지로 이 비유를 말씀하셨다: 항상 기도하고 낙심하지 말아야 한다. 하나님은 간청 때문에 움직이시는 분이 아니다. 우리는 하나님께 부담을 줄 수 없을 뿐더러, 그렇게 함으로써 그의 뜻을 바꿀 수도 없다. 사람들은 우리가 간청하는 것이 짜증이 나고 싫어서 우리의 청을 들어주지만, 하나님은 우리가 간청히는 깃을 기뻐하

신다. 이 비유는 우리에게 다음과 같은 점에서 유익하다.

(1) 이 비유는 우리에게 기도할 때의 지침을 제시해준다. [1] 이 사람이 그에게 친절을 베풀어줄 것이라고 생각해서 이웃 또는 친구의 집으로 갔듯이, 우리는 우리에게 필요한 것들을 얻기 위하여 담대함과 확신을 가지고 하나님께 나아가야 한다. [2] 우리는 양식을 얻기 위하여 하나님께 나아가야 한다. 양식은 우리의 생존에 꼭 필요한 것이기 때문이다. [3] 우리는 우리 자신을 위해서와 마찬가지로 다른 사람들을 위해서 기도하기 위하여 하나님께 나아가야 한다. 이 사람은 자기 자신을 위해서가 아니라 그의 친구를 위해서 이웃집에 갔다. 하나님께서는 욥이 그의 친구들을 위하여 기도하였을 때에 욥의 기도를 들어주셨다(욥 42:10). 우리가 우리를 찾아온 사람들을 선대(善待)하고 대접하며 덕을 세우고, 우리의 입술로 많은 사람을 먹일 수 있도록 은혜를 달라고 하나님께 나아가는 것보다 더 기분 좋은 심부름은 없다. [4] 우리는 우리의 어리석음과 경솔함으로 인해서 자초한 곤경이 아니라 하나님께서 섭리에 의해서 우리를 몰아넣은 곤경 속에 있을 때에는 더욱 담대하게 하나님께 나아갈 수 있다. 이 사람은 그의 친구가 느닷없이 찾아오지 않았다면 이웃집에 떡을 얻으러 갈 필요가 없었을 것이다. 하나님께서 섭리에 의해서 우리에게 짊어지워 주신 짐이라면, 우리는 기쁜 마음으로 그 짐을 하나님께 돌려드릴 수 있다. [5] 우리는 즉시 계속해서 기도하여야 하고, 이와 동시에 참을성 있게 오래 기다려야 한다.

(2) 이 비유는 우리에게 기도할 용기를 준다. 우리가 이렇게 끈질기게 간청하는 것을 짜증내고 화를 내는 사람이 우리의 간청에 어쩔 수 없이 우리의 청을 들어줄 수밖에 없다면, 우리에게 비할 바 없이 무한히 자비하시고 기꺼이 선을 베풀기를 원하시며 우리의 끈질긴 간청에 화를 내지 않으시고 오히려 받아주시는 하나님은 우리가 영적인 은혜들을 끈질기게 간청할 때에 그 청을 얼마나 더 잘 들어주시겠는가. 하나님께서는 우리의 기도를 당장에 들어주시지는 않지만, 우리가 계속해서 기도한다면, 적절한 때에 들어주실 것이다.

2. 하나님은 우리가 구하는 것을 우리에게 주시겠다고 약속하셨다. 하나님의 본성이 선하시다는 것만이 아니라 하나님이 하신 말씀도 우리에게 큰 의지(依支)가 된다(9-10절): "구하라 그러면 너희에게 주실 것이요. 너희가 구한 바로 그것이나 그것과 동등한 것이 주어질 것이다. 하나님은 육체의 가시를 없애주시든지, 은혜가 족하다고 응답해주실 것이다" — 우리는 이것을 앞서 마태복

음 7:7-8에서 살펴보았다. 내가 또 너희에게 이르노니. 이 말씀은 성부의 마음을 아시는 그리스도, 그 안에서는 모든 약속이 예와 아멘이 되는 그리스도의 입에서 나온 말씀이다. 우리는 구할 뿐만 아니라 수단들을 사용해서 찾아야 한다. 우리는 우리의 노력들을 통해서 우리의 시도를 보조해야 한다. 우리가 구하고 찾으면서 동일한 문을 계속해서 간절하게 두드릴 때, 우리는 우리의 합심 기도에 의해서만이 아니라 우리 자신의 기도에 의해서 마침내 응답을 받게 될 것이다: 구하는 이마다 받을 것이요. 아무리 미약한 성도라도 믿음으로 구하면 받게 될 것이다. 이 곤고한 자가 부르짖으매 여호와께서 들으셨도다(시 34:6). 우리가 그리스도께서 여기서 우리에게 명하신 것들, 즉 하나님의 이름이 거룩히 여김을 받으시고 그의 나라가 임하시며 그의 뜻이 이루어지기를 하나님께 구할 때, 우리는 끈질기게 간청하여야 하고, 주야로 쉬지 말아야 한다. 우리는 여호와께서 예루살렘을 세워 세상에서 찬송을 받게 하시기까지 잠잠하지 말아야 하고, 여호와로 쉬지 못하시게 하여야 한다(사 62:6-7).

V. 그리스도께서는 하나님이 우리의 아버지라는 사실을 토대로 우리에게 기도할 것을 가르치시고 격려하셨다.　좀 더 살펴보자.

1. 육신의 아버지들의 심정을 예로 드심: "너희 중에 아버지 된 자로서 아버지의 심정을 알고 자녀를 사랑하고 보살피는 아버지의 마음을 아는 자라면 아들이 조반으로 떡을 달라 하는데 떡 대신에 돌을 줄 자가 누가 있겠으며, 점심으로 생선을 먹는 날에 생선을 달라 하는데 생선 대신에 뱀을 주어서 그를 물어 죽게 할 자가 누가 있겠으며, 저녁으로 알을 먹고 자기 위해서 알을 달라 하는데 전갈을 줄 자가 누가 있겠느냐? 너희는 너희가 자녀들에게 그렇게 비정할 수 없다는 것을 잘 알고 있다(11-12절)."

2. 이 예를 우리의 하늘 아버지의 축복들에 적용하심(13절): 너희가 악할지라도 좋은 것을 자식에게 줄 줄 알거든 하물며 너희 하늘 아버지께서 구하는 자에게 성령을 주시지 않겠느냐. 하나님은 좋은 것을 주실 것이다. 마태복음에도 이렇게 되어 있다. 좀 더 살펴보자.

(1) 그리스도께서는 우리에게 무엇을 기도해야 하는지를 가르쳐주셨다. 우리는 성령을 구하여야 한다. 성령은 우리가 기도를 잘 하기 위해서만 필요한 것이 아니라, 우리가 기도를 통해서 구하게 될 모든 좋은 것을 포괄하고 계시기 때문에 필요하다. 우리는 복되기 위해서 성령 이외의 다른 것을 필요로 하지

않는다. 왜냐하면, 성령은 우리에게 영적인 삶을 조성해주는 일꾼이고, 우리에게 영생을 보장해주는 보증이기 때문이다. 성령이라는 선물은 우리 모두가 기도로써 지속적으로 열심히 구하여야 할 선물이라는 것을 명심하라.

(2) 그리스도께서는 이 기도가 속히 이루어질 것이라는 소망을 주셔서 우리를 격려하신다: 너희 하늘 아버지께서 주시지 않겠느냐? 성령을 주는 것은 하나님의 능력 안에 있다. 하나님은 우리에게 주실 모든 좋은 것을 바로 그 좋은 것, 즉 성령 안에 두셨다. 뿐만 아니라, 하나님은 성령이라는 선물을 그의 약속 안에, 그의 계약 안에 두셨다(행 1:33, 38). 본문에서는 이것을 부모가 적절한 때에 자녀들의 필요들을 채워주고 그들의 소원들을 들어줄 준비를 하고 있다는 예(例)로부터 추론해낸다. 만약 자녀가 뱀이나 전갈을 요구한다면, 아버지는 자녀가 필요한 것을 구한 것이 아니기 때문에 그의 요구를 거절할 것이다. 하나님의 자녀들이 성령을 구하였다면, 그것은 실제로 양식을 구한 것이다. 왜냐하면, 성령은 생명의 양식이고, 영혼의 생명의 창시자이기 때문이다. 육신의 부모들이 비록 악하고 연약할지라도 잘 분별해서 가장 좋은 것을 가장 좋은 때에 자녀에게 줄 줄 알거든, 하물며 육신의 아버지들보다 지혜나 선하심에 있어서 비할 바 없이 뛰어나신 우리의 하늘 아버지께서 우리에게 그의 성령을 주시지 않겠는가? 육신의 부모들이 그들의 유산을 물려받을 자녀들에게 교육을 시키려고 애를 쓰는데, 하물며 하늘 아버지께서는 그의 유업을 받기로 예정되어 있는 모든 자들에게 아들의 영을 주시지 않겠는가?

[14]예수께서 한 말 못하는 귀신을 쫓아내시니 귀신이 나가매 말 못하는 사람이 말하는지라 무리들이 놀랍게 여겼으나 [15]그 중에 더러는 말하기를 그가 귀신의 왕 바알세불을 힘입어 귀신을 쫓아낸다 하고 [16]또 더러는 예수를 시험하여 하늘로부터 오는 표적을 구하니 [17]예수께서 그들의 생각을 아시고 이르시되 스스로 분쟁하는 나라마다 황폐하여지며 스스로 분쟁하는 집은 무너지느니라 [18]너희 말이 내가 바알세불을 힘입어 귀신을 쫓아낸다 하니 만일 사단이 스스로 분쟁하면 그의 나라가 어떻게 서겠느냐 [19]내가 바알세불을 힘입어 귀신을 쫓아내면 너희 아들들은 누구를 힘입어 쫓아내느냐 그러므로 그들이 너희 재판관이 되리라 [20]그러나 내가 만일 하나님의 손을 힘입어 귀신을 쫓아낸다면 하나님의 나라가 이미 너희에게 임하였느니라 [21]강한 자가 무장을 하고 자기 집을 지킬 때에는 그 소유가 안전하되 [22]더 강한

자가 와서 그를 굴복시킬 때에는 그가 믿던 무장을 빼앗고 그의 재물을 나누느니라 ²³나와 함께 하지 아니하는 자는 나를 반대하는 자요 나와 함께 모으지 아니하는 자는 헤치는 자니라 ²⁴더러운 귀신이 사람에게서 나갔을 때에 물 없는 곳으로 다니며 쉬기를 구하되 얻지 못하고 이에 이르되 내가 나온 내 집으로 돌아가리라 하고 ²⁵가서 보니 그 집이 청소되고 수리되었거늘 ²⁶이에 가서 저보다 더 악한 귀신 일곱을 데리고 들어가서 거하니 그 사람의 나중 형편이 전보다 더 심하게 되느니라

이 단락에 나오는 실질적인 내용을 우리는 마태복음 12:22 이하에서 이미 살펴본 바 있다. 그리스도께서는 여기서 사탄을 제압하는 그의 능력을 보여주는 구체적인 증거를 통해서 그의 사명이 무엇인지를 나타내시고, 그가 이 땅에 오신 목적이 마귀의 일을 멸하기 위한 것임을 증거하신다. 또한 여기에는 그리스도의 그러한 사명이 성공적으로 진행되고 있다는 전조(前兆)가 나타나 있다. 그리스도께서는 여기서 한 가엾은 귀신 들린 사람을 말 못하게 만들어버린 귀신을 쫓아내신다. 마태복음에서는 그 사람이 눈멀고 말 못하는 자였다고 말한다. 그리스도의 말씀에 의해서 귀신이 강제로 쫓겨나자, 그 말 못하는 사람은 즉시 말하게 되었고, 하나님을 찬송하도록 그 입술이 열렸다.

I. 어떤 이들은 이 이적에 감동을 받았다. 무리들은 놀랍게 여겼다. 그들은 하나님의 능력에 놀랐고, 특히 그 능력이 이토록 보잘것없는 자의 손에 의해서 행해졌다는 것과 메시야의 일을 행한 자에게서 그들이 기대했던 화려한 메시야의 모습을 거의 찾아볼 수 없었다는 것에 놀랐다.

II. 어떤 이들은 이 이적을 보고 비난하였다. 그들은 불신앙을 정당화하기 위해서 그리스도께서 귀신들의 왕인 바알세불과 손잡고 이 이적을 행한 것이라고 주장하였다(15절). 마귀의 나라에는 대장들도 있고 졸개들도 있는가 보다. 이 사람들은 그리스도와 마귀 사이에는 묵계(默契)가 있고, 이 묵계에서 마귀가 주도권을 쥐고 있고 결국에는 승리할 것인데, 그 목적을 위하여 마귀가 그리스도에게 주도권을 넘겨주고 물러가는 경우도 있다고 생각하였던 것 같고, 또한 그렇게 말하였던 것 같다. 이 사람들 중 일부는 그러한 주장을 밑받침하기 위하여 그리스도의 이러한 이적의 능력과는 달리 시내 산에서 율법이 주어질 때와 같이 구름을 타고 나타남으로써 그의 가르침을 확증해 줄 수 있는 하늘로부터 오는 표적(16절)을 보여달라고 두전하였다. 그들은 히늘로부터

오는 표적이라면 그들의 지혜로써 반박할 수도 없고, 귀신을 쫓아내는 일과는 달리 모든 능력과 표적과 거짓 기적으로 역사하는 공중의 권세 잡은 자와 손을 잡고 행할 수도 없는 것이라고 생각하였던 것 같다. 아니, 그들은 그리스도께서 하늘로부터 오는 표적을 보인다고 하여도 그리스도에 대한 사람들의 편견은 전혀 달라지지 않을 것이라고 생각하였을 것이다. 완악한 불신자들은 자신들을 변명하기 위하여 참으로 천박하고 어처구니 없는 말들을 늘어놓으면서도 눈 하나 깜짝하지 않는 법이다. 이제 그리스도께서는 그들의 이러한 트집에 대하여 단도직입적으로 온전한 대답을 주신다.

1. 사탄 같이 그렇게 교활한 왕이 그의 나라가 해를 입고 그가 권좌에서 쫓겨나는 결과를 가져오게 될 계약을 맺을 것이라고 생각하는 것은 말도 되지 않는 일이다(17-18절). 사람들은 그리스도를 반대하면서도 그리스도에게 반박을 당해서 여지없이 무너질 것이 두려워서 자신들의 생각을 밖으로 드러내지 않고 마음속에 간직해 두었다. 그러나 예수께서는 사람들이 애써 그들의 생각을 감추려고 했어도 그들의 생각을 아시고 이렇게 말씀하셨다: "너희 자신도 이러한 비난이 근거 없다는 것과 악의로 가득 차 있다는 것을 인정하지 않을 수 없을 것이다. 왜냐하면, 스스로 분쟁하는 것이 결코 설 수 없다는 것은 매일의 체험에 의해서 확증된 공인된 격언이기 때문이다. 스스로 분쟁하면, 나라의 공적인 목적이나 집 또는 한 가정의 사적인 목적은 달성될 수 없다. 나라이든 집이든, 스스로 분쟁하면 설 수 없다. 만약 사탄이 나와 손을 잡은 것이라면, 그는 스스로에게 불리한 짓을 한 것이 될 것이다. 사람들의 몸을 사로잡고 있던 사탄을 쫓아내는 것을 통해서만이 아니라, 이적을 통해서 설명되고 확증된 것, 즉 사람들의 마음속에서 사탄의 근거지를 파괴하는 데에 직접적인 효력을 지닌 가르침에 의해서 죄를 억제하고 사람들을 변화시켜 하나님을 섬기게 함을 통해서, 사탄은 파멸되고 있다. 만약 사탄이 스스로 분쟁한다면, 그는 자신의 파멸을 재촉할 뿐이다. 그런데도 너희는 그의 나라를 세우려고 그토록 교활하게 행하고 그의 나라가 설 수 있도록 하기 위하여 그토록 열심을 내는 원수 마귀가 그런 어리석은 짓을 하리라고 생각하느냐?"

2. 다른 유대인들이 귀신을 쫓아내는 일을 했을 때에는 박수갈채를 보내고 찬사를 늘어놓던 사람들이 그리스도께서 귀신을 쫓아내자 사탄과 손잡고 한 일이라고 누명을 뒤집어씌운 것은 매우 편파적이고 심술궂은 짓이었다(19절):

"너희 아들들은 누구를 힘입어 쫓아내느냐? 너희와 같은 유대인들 중 일부, 아니 너희와 같은 바리새인들 중 일부는 이스라엘의 하나님의 이름으로 귀신들을 쫓아냈지만, 그들은 결코 나처럼 사탄과 손을 잡았다는 비난을 받은 적이 없었다." 우리에게 아첨하는 자들에 대해서는 용납하면서 우리를 책망하는 자들에 대해서는 정죄하는 것은 큰 위선이다.

3. 이 이적이 주는 깨우침을 거절하고 반대함으로써 사람들은 스스로에게 원수가 되었고, 그들 자신의 복을 가로막았으며, 그들 자신의 문을 닫고 빗장을 걸었다. 왜냐하면, 그들은 하나님의 나라를 스스로 밀쳐낸 것이기 때문이다(20절): "너희 스스로 확신할 수 있듯이, 내가 만일 하나님의 손을 힘입어 귀신을 쫓아낸다면 하나님의 나라가 이미 너희에게 임하였느니라. 메시야의 나라와 그 모든 축복이 너희에게 제시되고 있다. 너희가 그것을 받아들이지 않는다면, 너희는 멸망받게 될 것이다." 마태복음에는 하나님의 성령을 힘입어로 되어 있지만, 여기에는 하나님의 손을 힘입어로 되어 있다. 성령은 여호와의 팔(사 53:1)이다. 하나님의 가장 크고 능하신 일들은 그의 성령에 의해서 수행되었다. 여기에서 성령을 하나님의 손가락(개역에서는 손)이라고 한 것은 아마도 그리스도께서 사탄을 얼마나 쉽게 정복하였고 또한 정복할 수 있는지를 암시해주는 것 같다. 그리스도에게 사탄을 쫓아내는 일은 하나님의 손가락을 까딱 하고 움직여서 할 수 있을 만큼 쉬운 일이었다. 하나님은 그의 영원하신 팔을 쓰실 필요조차 없으셨다. 하나님은 원하시기만 한다면 울부짖는 사자도 손가락 하나로 이끼처럼 부숴뜨리실 수 있다. 아마도 이 구절은 파라오의 요술사들이 그들의 술법이 좌절되자 했던 고백을 암시하고 있는 것으로 보인다(출 8:19): 이것은 하나님의 손가락이니이다(개역에서는 권능). "지금 하나님의 나라가 이런 일을 통해서 너희에게 임하고 있는데, 너희가 하나님의 나라를 이런 식으로 트집잡고 모독한다면, 하나님의 나라는 너희가 그 앞에 설 수 없는 강력한 세력으로 너희에게 임하게 될 것이다."

4. 그리스도께서 귀신들을 쫓아내신 것은 사실 귀신들과 그들의 세력을 멸하시는 것이었다. 왜냐하면, 축귀(逐鬼) 자체가 마귀의 나라를 파멸시키는 데에 직접적인 효력을 지니고 있던 그리스도의 가르침을 확증하는 것이었기 때문이다(21-22절). 아마도 귀신들의 왕인 바알세불과 손을 잡고 잡귀들을 쫓아내었던 사람들이 있었던 것 같다. 그러나 그런 일은 사탄과 그의 나라에 어떤

실질적인 타격을 주지 않는다. 사탄은 하나를 잃은 대신에 다른 하나를 얻은 셈이 되기 때문이다. 마귀와 퇴마사들은 서로 짜고 사람들은 속인다. 마귀의 군대에서 탈영병들은 땅을 빼앗기고, 주력 부대는 땅을 차지한다. 이 일을 통해서 사람들의 영혼 속에서 사탄의 세력은 조금도 약화되지 않는다. 그러나 그리스도께서 귀신들을 쫓아내실 때는 귀신들과 손을 잡을 필요가 없다. 왜냐하면, 그리스도는 귀신들보다 더 강하셔서 강제로 귀신들을 쫓아내실 수 있으시기 때문이다. 그리스도께서는 죄의 권세를 깨뜨리는 말씀과 은혜를 통해서 사탄의 주력 부대를 섬멸하고 그의 모든 무장을 빼앗고 그의 재물을 나눔으로써 사탄의 세력을 무너뜨리고 그의 큰 음모를 분쇄하시기 위하여, 이와 같이 귀신들을 쫓아내는 일을 하신 것이다 ― 이런 일들은 한 귀신이 다른 귀신에게 절대로 하지 않은 일이고 하려고도 하지 않는 일이다. 그리스도께서는 복음을 전파할 때에 수반되는 저 능력을 통해서 세상 및 사람들의 마음속에서 사탄을 정복하여 승리를 거두심으로써 이런 일을 행하셨고, 또한 지금도 행하고 계신다. 따라서 우리는 여기에서 다음과 같은 것들을 살펴볼 수 있다.

(1) 회개하지 않은 죄인의 비참한 상태. 그리스도의 거처가 되어야 할 그의 심령은 마귀의 궁궐이 되어 버렸다. 이 영혼의 모든 능력과 재능들은 마귀의 소유가 되어서 죄를 섬기는 데에 사용되고 있다. [1] 모든 회개하지 않은 죄인의 심령은 마귀의 궁궐이기 때문에, 거기에서 마귀는 거처하며 지배한다. 마귀는 불순종의 아들들 속에서 역사한다. 심령은 궁궐, 고상한 거처이다. 그러나 성별되지 못한 심령은 마귀의 궁궐이다. 그런 자는 마귀의 뜻에 복종하고 마귀의 이익에 봉사하며, 전권이 마귀의 수중에 있다. 마귀는 그런 자의 영혼의 보좌를 찬탈한다. [2] 강한 자인 마귀는 무장을 하고 이 궁궐을 지키고 있고, 그리스도에 대항하여 이 궁궐을 지켜내기 위해서 할 수 있는 한 모든 방비를 갖추어서 궁궐을 요새화한다. 마귀가 진리와 거룩을 거슬러서 사람들의 마음을 완악하게 만들기 위하여 심어주는 모든 편견들은 그의 궁궐을 지키기 위해서 마귀가 세워 놓은 요새들이다. 이 궁궐은 그의 주둔지이다. [3] 무장한 강한 자인 마귀가 궁궐을 지키고 있는 동안에는 회개하지 않은 영혼의 궁궐에는 다소 평안이 있기도 한다. 이 죄인은 자기 자신을 좋게 평가하고, 매우 안정되어 있고 즐거우며, 자신의 상태가 좋다는 것에 대해서 어떤 의심도 갖고 있지 않고, 다가올 심판을 두려워하지도 않는다. 이 사람은 스스로 우쭐해하며, 자기는 평안하다

고 큰소리를 친다. 그리스도께서 오시기 전까지는 모든 것이 조용하였다. 왜냐하면, 모든 것이 한 길로 통했기 때문이다. 그러나 복음이 선포되자 마귀의 궁궐의 평안은 깨졌다.

(2) 회심할 때에 일어나는 놀라운 변화. 회심은 그리스도께서 이 찬탈자를 이기고 승리하신 것을 뜻한다. 사탄은 무장한 강한 자이다. 그러나 하나님이자 중보자이신 우리 주 예수는 사탄보다 더 강한 자이시다. 힘에 대해서 말하자면, 주님은 강하시다. 주님은 우리를 대적하실 때보다도 우리와 함께 하실 때에 더 강하시다. [1] 그리스도께서 승리하시는 방식: 그리스도께서는 마귀가 그 소유가 안전하다고 여겨서 그것이 영원히 그의 소유라고 생각할 때에 기습적으로 오셔서 마귀를 굴복시키신다. 한 영혼이 회개하고 하나님께 돌아오는 것은 그리스도께서 그 사람의 영혼 속에 있는 마귀와 그의 세력을 이기시고 승리하여 그 영혼에게 자유를 회복시켜주고 영혼의 통치권을 회복시켜주는 것이다. [2] 그리스도께서 승리하신 증거들. 첫째, 그리스도께서는 마귀로부터 그가 믿던 무장을 빼앗으신다. 마귀는 자신만만한 대적이다. 파라오가 그의 강들을 믿고 의지하였듯이(겔 29:3), 마귀는 그의 무장을 믿고 의지한다. 그러나 그리스도께서는 마귀의 무장을 해제시키신다. 영혼 속에 있던 죄와 타락의 세력이 분쇄되고, 잘못된 것들이 바로잡히며, 눈이 열리고 마음이 낮아져서 변화되어 진실하고 영적인 자가 되면, 사탄의 무장은 해제된다. 둘째, 그리스도께서는 그의 재물(전리품들)을 나누신다. 그는 전리품들을 그의 것으로 소유하시는 것이다. 이전에 죄와 사탄을 섬기기 위하여 사용되었던 마음과 몸의 모든 재능들, 재물, 힘, 관심은 이제 방향이 바뀌어서 그리스도를 섬기는 데에 사용된다. 그렇지만 이것이 전부가 아니다. 그리스도께서는 전리품들을 그의 제자들에게 나누어 주시는데, 사탄을 정복한 후에는 모든 신자들에게 그 승리의 혜택을 나누어 주신다. 그래서 그리스도께서는 그의 가르침과 이적들의 목적은 인류의 큰 원수인 마귀의 세력을 멸하는 것이었기 때문에 자기와 함께 하고 자기의 인도를 따르며 자기의 복음을 받아서 진심으로 복음의 유익을 위하여 일하는 것이 모든 사람의 의무라고 말씀하신다. 왜냐하면, 그렇게 하지 않는 자들은 원수의 편에 서는 것이 되기 때문이다: 나와 함께 하지 아니하는 자는 나를 반대하는 자요(23절). 그러므로 그리스도의 가르침을 거부하고 그의 이적들을 멸시한 자들은 마귀 편에 서서 일하는 자로서 그리스도의 대적들로 여겨졌다.

5. 협약에 의해서 귀신이 나가는 것과 능력으로 귀신을 쫓아내는 것은 큰 차이가 있다. 그리스도께서 쫓아내신 귀신은 다시 그 사람에게로 들어오지 못하였다. 왜냐하면, 그리스도께서 그렇게 명하셨기 때문이다(막 9:25). 반면에, 자발적으로 나간 귀신은 원한다면 언제든지 다시 그 사람에게로 들어온다. 왜냐하면, 그것이 자발적으로 어떤 목적을 가지고 사람에게서 나간 귀신의 행태이기 때문이다(24-26절). 귀신들의 왕은 가엾은 영혼을 속여서 불시에 기습하기 위하여 그의 군대에게 후퇴하도록, 아니 후퇴하는 척하라고 명령을 내릴 수 있다. 그러나 그리스도께서는 원수를 완전히 그리고 최종적으로 물리치신다. 답변의 이 부분에서 그리스도께서는 추가적인 의도를 지니고 계셨는데, 그것은 그리스도로부터 공정하게 초대를 받았지만 그 초대를 거절한 자들의 상태를 묘사하는 것이었다. 하나님은 그들 속에서 마귀의 권세를 깨뜨리고 그의 나라를 뒤집어엎는 일을 시작하셨지만, 그들은 하나님의 뜻을 거절하고, 다시 사탄에게 복종하는 상태로 되돌아갔다. 여기에는 다음과 같은 내용들이 나온다.

(1) 잠정적인 위선자의 상태, 그의 밝은 면과 어두운 면. 그의 심령은 귀신의 집이다. 귀신은 그의 심령을 자기 집이라고 부르고, 그의 심령을 장악하고 있다. 그런데 [1] 더러운 귀신이 나갔다. 이 귀신은 회개케 하는 은혜의 권능에 의해서 쫓겨난 것이 아니었다. 천국을 확장시키는 침노가 거기에는 전혀 없었다. 그러나 귀신은 나갔고 잠시 물러갔다. 그래서 이 사람은 이전처럼 사탄의 세력하에 놓여 있거나 사탄의 유혹을 받지 않는 것처럼 보였다. 사탄은 나갔다. 또는 사탄은 자기를 광명의 천사로 가장하였다. [2] 아합이나 파라오가 거짓으로 회개하고 헤롯이 부분적으로 삶을 변화시킨 것처럼, 이 사람은 억지로 죄를 고백함으로써 세상의 더러운 것들로부터 그 집이 청소되었다. 세상의 더러움을 피하였지만 여전히 이 세상의 신의 지배하에 있는 자들이 있다(벤후 2:20). 집은 청소되었지만, 씻어지지는 않았다. 그리스도께서는 내가 너를 씻어 주지 아니하면 네가 나와 상관이 없느니라고 말씀하셨다. 집은 씻어져야 한다. 그렇지 않으면, 그 집은 그리스도의 것이 아니다. 청소를 통해서 느슨한 먼지들은 제거되었지만, 죄인에게 달라붙어서 괴롭히는 죄, 본질적인 죄는 건드려지지도 않았다. 세상 사람들의 눈에 보이는 더러운 것들은 청소되었지만, 은밀하게 숨어 있는 더러운 것들이 샅샅이 치워진 것은 아니었다(마 23:25). 집은 청소되었으나, 묵은 때는 그대로 있어서 언젠가는 드러나게 될 것이다. [3] 집은 일반 은총과 은

사로 수리되었다. 집은 참된 은혜로 채워진 것이 아니라, 온갖 은총의 모양들을 사용해서 수리되었다. 시몬 마구스는 신앙으로, 발람은 선한 소원으로, 헤롯은 세례 요한에 대한 존경으로, 바리새인들은 수많은 외적인 행위들로 집을 수리하였다. 집은 수리되었지만, 싸구려 은을 입힌 토기 같은 것이었고, 온통 페인트칠과 니스칠을 해놓았을 뿐이지, 참된 것과 영원한 것은 거기에 없었다. 집은 수리되었지만, 소유권은 변경되지 않았다. 그 집은 그리스도께 넘겨지지도 않았고 성령이 거하지도 않았다. 그러므로 우리는 우리에게 있는 것으로 안주하지 말고 무엇이 부족한지를 살피는 데에 주의를 기울여야 한다.

　(2) 최종적인 배교자의 상태. 귀신은 그에게서 나갔다가 다시 그에게로 돌아왔다: 귀신은 이에 가서 저보다 더 악한 귀신 일곱을 데리고 왔다(26절). 막달라 마리아에게서 일곱 귀신이 나갔다고 표현한 것처럼, 일곱이라는 숫자는 많은 것을 나타낼 때에 사용된 숫자이다. 악한 귀신 일곱은 하나님의 일곱 영(계 3:1)과 대비된다. 본문에서는 이 일곱 귀신들이 원래의 귀신보다 더 악하였다고 말한다. 귀신들이라고 해서 모두 다 똑같은 정도로 악한 것은 아닌가 보다. 아마도 귀신들의 악한 정도는 그들이 타락하기 전에 거룩했던 정도에 비례하는 것으로 보인다. 귀신은 가장 효과적으로 해악을 끼치고자 할 때에 자기보다 더 악한 귀신들을 사용한다. 이 귀신들은 그 어떤 어려움이나 저항도 없이 그 사람에게 들어갔다. 그들은 환영을 받았고, 거기에 거하였다. 귀신들은 거기에서 일하고 거기에서 지배하였다. 그 사람의 나중 형편이 전보다 더 심하게 되었다. [1] 위선은 배교에 이르는 지름길이다. 심령이 죄와 사탄의 지배하에 있다면, 온갖 겉치레들과 겉모습들은 아무 소용이 없게 될 것이다. 그런 상태를 올바르게 바로잡지 않는다면, 그런 겉치레들은 오랫동안 견고하게 서지 못할 것이다. 외적인 신앙 고백의 가면 아래에서 죄가 은밀하게 계속해서 출몰하는 곳에서는 양심이 타락하게 되고, 하나님은 죄를 억제하는 은혜를 거두어가신다. 은밀한 위선자는 보통 공개적인 배교자이다. [2] 죄와 형벌이라는 관점에서 볼 때에 그런 자의 나중 형편은 전보다 더 심하게 된다. 통상적으로 배교자들은 사람들 중에서 가장 사악한 자들이고 가장 헛되고 더러운 자들이며 가장 뻔뻔스러운 자들이다. 그들의 양심은 마비되었고, 그들의 죄는 다른 어떤 죄보다도 가장 극악무도한 죄이다. 하나님은 종종 이 세상에서도 그런 자들에게 진노를 내리시고, 저 세상에서 그들은 더 엄중한 심판을 받게 될 것이다. 그러므로 우리는 두

려운 마음으로 우리의 신앙에 흠이 없는지를 살펴서 우리의 온전한 신앙을 굳게 붙들어야 한다.

[27]이 말씀을 하실 때에 무리 중에서 한 여자가 음성을 높여 이르되 당신을 밴 태와 당신을 먹인 젖이 복이 있나이다 하니 [28]예수께서 이르시되 오히려 하나님의 말씀을 듣고 지키는 자가 복이 있느니라 하시니라

이 단락은 다른 복음서들에는 나오지 않는 기사로서, 그리스도를 만나서 애기하러 어머니와 동생들이 온 것에 관한 기사에 덧붙여진 내용으로 보는 하몬드 박사의 견해는 적절치 않지만(누가복음 기자는 이 기사를 8:19에서 언급하였기 때문에), 돌발적인 사태가 일어나고 그것을 교훈을 위한 기회로 삼고 있다는 점은 그 기사와 비슷하다.

1. 한 여자가 우리 주 예수의 훌륭한 말씀을 듣고서 그에게 보낸 애정어리고 정직하며 호의에 가득찬 찬사. 서기관들과 바리새인들은 그리스도의 말씀을 멸시하고 모독하였지만, 이 선한 여자(그녀는 신분이 높은 여자였던 것 같다)는 그리스도께서 지혜와 능력으로 말씀하신 것에 찬사를 보냈다. 그리스도께서 설득력 있고 분명하게 이 말씀을 하실 때에(27절) 무리 중에서 한 여자가 그리스도께서 바리새인들을 당황하게 만들고 부끄럽게 하며 꼼짝못하게 만들어서 그들의 악하고 심술궂은 비난에서 벗어나는 것을 보고 이렇게 외치지 않을 수 없었다: "당신을 밴 태가 복이 있나이다. 이분은 얼마나 존경할 만하고 얼마나 훌륭한 분인가! 여자에게서 난 사람 중에 이분보다 더 위대하고 훌륭한 사람은 분명히 결코 없으리이다. 이분을 아들로 둔 여자는 참으로 복되나이다. 내가 사람이 결코 말한 적이 없는 방식으로 말씀하는 분, 하늘의 은혜를 충만히 입으시고 이 땅에 무수한 축복이 되시는 분의 어머니였다면, 얼마나 복될 것인가." 그리스도의 가르침을 듣고 그리스도에 대한 높은 존경심을 표현한 이 말은 지극히 옳은 말이었다. 또한 그리스도의 어머니인 동정녀 마리아에게 경의를 표한 것도 잘못된 것이 아니었다. 왜냐하면, 그것은 마리아 자신이 만세에 나를 복이 있다 일컬으리로다(눅 1:48)라고 말한 것과 일치하기 때문이다. 악한 이 세대 가운데서도 일부 사람들은 마리아를 복이 있다고 한 것이었다. 그리스도의 말씀을 믿는 모든 자에게 그리스도는 귀한 보배이다(벧전 2:7). 그렇

지만 우리는 이 선한 여자처럼 그리스도의 자연적인 혈육을 지나치게 높임으로써 그리스도를 육신을 따라 알지 않도록 주의해야 하고, 그리스도를 이제부터는 그같이 알지 아니하도록 주의하여야 한다.

2. 그리스도께서는 이 기회를 이용해서 자기를 낳아주고 길러준 어머니보다 자기에게 신실하게 순종하는 자들이 더 복이 있다고 선포하심. 그리스도께서는 이 여자가 말한 것을 부정하지 않으셨고, 자신과 어머니에 대한 그녀의 존경심도 거절하지 않으셨지만, 그러한 생각에서 더 옳은 생각, 그녀에게 더 절실한 생각으로 그녀를 인도하셨다: 오히려 하나님의 말씀을 듣고 지키는 자가 복이 있느니라(28절). 그리스도께서는 하나님의 말씀을 듣고 지키는 자들이 복이 있다고 생각하셨고, 그리스도께서 그렇게 말씀하셨기 때문에 정말 그들은 복이 있는 것이며, 우리도 그리스도의 이 마음을 품어야 한다. 그리스도께서 이 말씀을 하신 의도는 한편으로는 이 여자가 그의 육체적인 존재와 인간적 본성을 지나치게 높이는 것을 저지하기 위한 것이었고, 다른 한편으로는 이 여자가 하나님의 말씀을 듣고 지키면 그녀가 그토록 부러워하는 그의 어머니처럼 복될 수 있다고 격려하기 위한 것이었다. 하나님의 말씀을 듣는 것은 큰 특권이지만, 하나님의 말씀을 듣고 지키며 마음에 새기고 그 말씀을 삶의 지침으로 삼아서 실천하는 자들만이 진정으로 복이 있고 주님으로부터 복을 받는다.

[29]무리가 모였을 때에 예수께서 말씀하시되 이 세대는 악한 세대라 표적을 구하되 요나의 표적 밖에는 보일 표적이 없나니 [30]요나가 니느웨 사람들에게 표적이 됨과 같이 인자도 이 세대에 그러하리라 [31]심판 때에 남방 여왕이 일어나 이 세대 사람을 정죄하리니 이는 그가 솔로몬의 지혜로운 말을 들으려고 땅 끝에서 왔음이거니와 솔로몬보다 더 큰 이가 여기 있으며 [32]심판 때에 니느웨 사람들이 일어나 이 세대 사람을 정죄하리니 이는 그들이 요나의 전도를 듣고 회개하였음이거니와 요나보다 더 큰 이가 여기 있느니라 [33]누구든지 등불을 켜서 움 속에나 말 아래에 두지 아니하고 등경 위에 두나니 이는 들어가는 자로 그 빛을 보게 하려 함이라 [34]네 몸의 등불은 눈이라 네 눈이 성하면 온 몸이 밝을 것이요 만일 나쁘면 네 몸도 어두우리라 [35]그러므로 네 속에 있는 빛이 어둡지 아니한가 보라 [36]네 온 몸이 밝아 조금도 어두운 데가 없으면 등불의 빛이 너를 비출 때와 같이 온전히 밝으리라 하시니라

이 단락에 나오는 그리스도의 말씀은 두 가지를 보여준다.

I. 우리의 믿음을 확증하기 위하여 우리가 하나님께로부터 기대할 수 있는 표적은 무엇인가? 사람들에게 이미 주어진 많은 표적들 외에, 그리스도께서 하나님으로부터 보내심을 받았다는 것을 보여주는 가장 중요하고 설득력 있는 증거는 장차 이루어질 죽은 자로부터의 그리스도의 부활이었다. 좀 더 살펴보자.

1. 그리스도께서 이미 많은 표적들을 보여주셨음에도 불구하고 다른 표적을 요구하는 자들을 책망하심: 무리가 모였다(21절). 큰 무리가 구름 같이 몰려든 것은 그리스도의 말씀으로 가르침을 받아서 그들의 양심이 변화받기 위한 것이 아니라 그리스도께서 베푸시는 이적들을 통해서 그들의 호기심을 채우기 위한 것이었다. 그리스도께서는 무엇이 이토록 큰 무리를 불러왔는지를 알고 계셨다. 그들은 표적을 구하러 왔다. 그들은 구경거리를 보기 위해서, 그리고 집으로 돌아가서 할 얘깃거리를 얻기 위해서 왔다. 이렇게 이 세대는 어떤 것으로도 일깨워 주거나 죄를 깨닫게 해줄 수 없는 악한 세대였고, 하나님의 능력과 선하심을 아무리 뚜렷하게 그들에게 보여준다고 해도 변화될 수 없는 악한 세대였다.

2. 그리스도께서 지금까지 그들에게 보여준 표적들과는 다른 한 가지 표적, 즉 요나의 표적을 보여주겠다고 약속하심. 마태복음에서는 이 표적이 그리스도의 부활을 의미한다고 설명한다. 요나가 바다에 던져져서 거기에 사흘 동안 있다가 다시 살아나서 니느웨 사람들에게 회개하라고 외쳤고 니느웨 사람들이 이것을 듣고 악한 길에서 돌이킨 것과 마찬가지로, 그리스도께서 죽으셨다고 다시 부활하시고 그 직후에 그의 복음이 이방 세계에 전파되는 것이 유대 민족에 대한 마지막 경고가 될 것이다. 만일 그들이 이 일을 보고 거룩한 질투를 일으킨다면 다행한 일이 되겠지만, 이 일이 그들에게 어떤 변화도 불러일으키지 못한다면 그들에게는 오직 철저한 파멸만이 기다리게 될 것이다: 인자도 이 세대에 표적이 되리라(30절). 인자는 이 세대에게 뭔가를 말해주는 표지판, 그들을 쳐서 말하는 표지판이 될 것이다.

3. 그리스도께서 그들에게 이 표적을 잘 깨달으라고 경고하심. 왜냐하면, 그들이 이 표적을 보고도 깨닫지 못한다면 그들은 파멸을 당하게 될 것이기 때문이었다. (1) 심판 때에 남방 여왕이 일어나 이 세대 사람을 정죄할 것이다(31절).

남방 여왕은 이스라엘 나라에 대하여 외인(外人)이었지만 이스라엘의 한 왕의 영화(榮華)에 관한 보고를 서슴없이 믿었기 때문에, 외국인에 대하여 품기 쉬운 편견들에도 불구하고, 그녀의 호기심을 충족시키기 위해서만이 아니라 참 하나님에 대한 지식과 그 하나님에 대한 예배를 통해서 그녀의 마음을 변화시키기 위하여 솔로몬의 지혜로운 말을 들으려고 땅 끝에서 왔는데, 이것이 그녀를 존귀하게 만들었다고 본문은 기록하고 있다. 그런데 솔로몬보다 더 큰 이가 여기 있다. 즉, 하몬드 박사의 말을 빌리면, 그리스도는 솔로몬의 모든 말과 글에 나타난 것보다 더한 지혜와 더 하늘에 속한 가르침을 베푸신 분이다. 그렇지만 이 악한 유대인들은 그리스도께서 그들 가운데 계셨음에도 불구하고 그리스도께서 그들에게 하신 말씀에 전혀 관심을 기울이려 하지 않았다. (2) 심판 때에 니느웨 사람들이 일어나서 그들을 쳐서 그들이 회개하지 않은 것을 정죄하게 될 것이다(32절): 그들은 요나의 전도를 듣고 회개하였다. 그러나 그리스도께서 요나보다 훨씬 더 뛰어나고 강력하며 우리의 심령을 일깨워주고 니느웨에 예고된 것보다 훨씬 더 심각한 파멸을 경고해주는 말씀을 전하셨음에도 불구하고, 니느웨 사람들과는 달리 이 세대 사람들은 누구도 그 말씀에 깜짝 놀라서 두려워하며 그들의 악한 길에서 돌이키지 않았다.

II. 우리의 믿음을 증명하기 위하여 하나님께서 우리에게 기대하시는 표적은 무엇인가? 그 표적은 우리가 믿는다고 고백하는 저 신앙을 진실하게 실천하는 것이고, 뚜렷한 증거를 통해서 우리에게 전해진 하나님의 모든 진리들을 기꺼이 받아들이는 것이다. 좀 더 살펴보자.

1. 그들에게는 그들이 바라는 모든 유익을 지닌 등불이 있었다. 왜냐하면, 하나님은 복음의 등불을 켜서 움 속에나 말 아래에 두지 않으셨기 때문이다. 그리스도께서는 후미진 곳에서 복음을 전하신 것이 아니었다. 사도들은 모든 사람에게 복음을 전하라고 명령을 받았다. 그리스도와 그의 사역자들, 즉 지혜와 그 종들은 사람들이 북적거리는 시끄러운 길목에서 소리를 지르셨다(33절). 복음의 빛이 등경 위에 두어져 있어서, 들어가는 자마다 모두 그 빛을 볼 수 있고, 어디에 있든지 어디로 가든지 그 빛을 통해서 무엇이 참되고 확실하며 유일하게 복된 길인지를 볼 수 있게 된 것은 큰 은혜이다.

2. 그들에게는 빛이 있기 때문에 그들은 보는 데에 관심을 가져야 했다. 그렇지 않다면, 그들에게 빛이 있다는 것이 무슨 수용이 있겠는가? 사물이 아무

리 뚜렷하다고 하더라도, 우리 몸의 기관이 제대로 되어 있지 않다면, 우리는 물체를 뚜렷하게 볼 수가 없다: 몸의 등불은 눈이라(34절). 사람이 방에 들어오게 되면, 눈이 등불의 빛을 받아들인다. 영혼의 빛은 이해력과 판단력, 즉 선과 악, 진리와 거짓을 분별하는 영혼의 능력이다. 이렇게 해서 하나님의 계시의 빛이 우리에게 들어오고, 그것을 통해서 우리는 유익을 얻게 된다. 그 빛은 생명에서 생명에 이르는 향기가 되든지 죽음에서 죽음에 이르는 향기가 된다.

(1) 만일 이 영혼의 눈이 성해서, 사물을 있는 그대로 뚜렷하게 보고, 사물에 대하여 공평하게 판단하고, 오직 진리만을 목표로 진리를 추구하고, 그 어떤 불순하고 악한 동기나 의도도 가지지 않는다면, 온 몸, 즉 영혼 전체는 빛으로 가득 차서(개역에서는 밝아서), 복음을 받아들여 영접하게 될 것이고, 복음은 영혼에게 지식과 기쁨을 가져다 줄 것이다. 이것은 말씀을 받고 깨달은 좋은 땅의 상태와 동일한 것을 말해준다. 만약 우리의 마음이 복음의 충만한 빛을 받아들인다면, 복음의 빛은 우리의 영혼을 채울 것이고, 차고 넘치도록 채울 것이다. 만약 영혼이 이렇게 복음의 빛으로 채워져서 조금도 어두운 데가 없으면, 즉 영혼의 모든 힘과 재능이 복음의 지배와 감화를 받아서 어느 것도 거룩하게 되지 않은 것이 없다면, 영혼 전체가 밝아져서 빛으로 충만하게 될 것이고 거룩함과 복락으로 충만하게 될 것이다. 영혼 자체는 원래 어둠이었지만, 이제는 주님 안에서 등불의 빛이 너를 비춤으로써 온전히 밝게 되었다(36절). 복음은 복음을 받아들이기 위해서 그 문들과 창문들을 활짝 열어젖힌 영혼들 속으로 들어간다는 것을 명심하라. 그리고 복음이 들어갈 때, 복음은 빛을 가지고 들어간다. 그러나

(2) 만일 영혼의 눈이 나뻐서, 마음의 타락하고 악한 성향들, 교만과 시기, 세상과 육체적인 쾌락에 대한 사랑으로 인해서 판단력이 비뚤어지고 편향되어 있고, 이해력이 편견으로 가득 차서 하나님의 진리들을 거스르며, 진리들이 아무리 뚜렷한 증거를 지닌 것이라고 할지라도 그 진리들을 받아들이려 하지 않는다면, 온 몸, 온 영혼이 어두워서 어둠으로 가득 차게 된다는 것은 이상한 일이 아니다(34절). 복음에 대하여 의도적으로 눈을 감은 자들이 어떻게 복음으로부터 교훈과 지식과 인도와 복락을 얻을 수 있겠는가? 그들을 고칠 수 있는 방도가 어디 있겠는가? 그러므로 그 결론은 네 속에 있는 빛이 어둡지 아니한가 보

라(35절)는 것이다. 마음의 눈이 편협한 생각과 편견과 죄악된 목표들로 인해서 멀어 있지는 않은지 잘 살펴보라는 말이다. 진지하게 진리를 추구하고, 진리의 빛과 사랑과 능력을 기꺼이 받아들이라. 이 세대의 사람들처럼 되지 말라. 그리스도께서 그들에게 복음을 전하였으나, 그들은 하나님의 뜻을 진지하게 알고자 원하지 않았고, 그 뜻을 행할 의향도 없었다. 그러므로 그들이 흑암 중에 왕래하며 끝없이 방황하다가 영원히 멸망당한 것은 이상한 일이 아니다.

[37]예수께서 말씀하실 때에 한 바리새인이 자기와 함께 점심 잡수시기를 청하므로 들어가 앉으셨더니 [38]잡수시기 전에 손 씻지 아니하심을 그 바리새인이 보고 이상히 여기는지라 [39]주께서 이르시되 너희 바리새인은 지금 잔과 대접의 겉은 깨끗이 하나 너희 속에는 탐욕과 악독이 가득하도다 [40]어리석은 자들아 겉을 만드신 이가 속도 만들지 아니하셨느냐 [41]그러나 그 안에 있는 것으로 구제하라 그리하면 모든 것이 너희에게 깨끗하리라 [42]화 있을진저 너희 바리새인이여 너희가 박하와 운향과 모든 채소의 십일조는 드리되 공의와 하나님께 대한 사랑은 버리는도다 그러나 이 것도 행하고 저것도 버리지 말아야 할지니라 [43]화 있을진저 너희 바리새인이여 너희가 회당의 높은 자리와 시장에서 문안 받는 것을 기뻐하는도다 [44]화 있을진저 너희여 너희는 평토장한 무덤 같아서 그 위를 밟는 사람이 알지 못하느니라 [45]한 율법교사가 예수께 대답하여 이르되 선생님 이렇게 말씀하시니 우리까지 모욕하심이니이다 [46]이르시되 화 있을진저 또 너희 율법교사여 지기 어려운 짐을 사람에게 지우고 너희는 한 손가락도 이 짐에 대지 않는도다 [47]화 있을진저 너희는 선지자들의 무덤을 만드는도다 그들을 죽인 자도 너희 조상들이로다 [48]이와 같이 그들은 죽이고 너희는 무덤을 만드니 너희가 너희 조상의 행한 일에 증인이 되어 옳게 여기는도다 [49]그러므로 하나님의 지혜가 일렀으되 내가 선지자와 사도들을 그들에게 보내리니 그 중에서 더러는 죽이며 또 박해하리라 하였느니라 [50]창세 이후로 흘린 모든 선지자의 피를 이 세대가 담당하되 [51]곧 아벨의 피로부터 제단과 성전 사이에서 죽임을 당한 사가랴의 피까지 하리라 내가 너희에게 이르노니 과연 이 세대가 담당하리라 [52]화 있을진저 너희 율법교사여 너희가 지식의 열쇠를 가져가서 너희도 들어가지 않고 또 들어가고자 하는 자도 막았느니라 하시니라 [53]거기서 나오실 때에 서기관과 바리새인들이 거세게 달려들어 여러 가지 일을 따져 묻고 [54]그 입에서 나오는 말을 책잡고자 하여 노리고 있더라

그리스도께서는 여기서 식탁에서의 사적인 대화를 통해서 한 바리새인과 그의 손님들에게 많은 것들을 말씀하신다. 나중에 그는 여기에 나오는 내용들을 성전에서 공적으로 말씀하셨다(마 23장). 그리스도께서 공적으로 말씀하신 것이나 사적으로 말씀하신 것은 매일반이었다. 그리스도께서는 큰 회중에게 공개적으로 되풀이해서 말씀하지 않으실 내용은 사적인 자리에서도 말씀하지 않으신다. 또한 그리스도께서는 특정한 죄인을 만나서 하시지 않을 책망이라면 그런 부류의 죄인들이 많이 모인 자리에서 그런 책망을 하지 않으신다. 왜냐하면, 그리스도는 과거에나 현재에나 신실한 증인이시기 때문이다. 좀 더 살펴보자.

I. 그리스도께서 그를 집으로 정중히 초대한 한 바리새인과 식사하기 위해서 가심(37절). 예수께서 말씀하실 때에, 즉 그가 아직 말씀하고 계실 때에, 한 바리새인이 중간에 끼어들어서 자기와 함께 점심 잡수시기를 청하였는데, 이것은 때가 점심 식사 때였기 때문이었다. 우리는 이 바리새인이 그리스도의 말씀에 깊은 감동을 받아서 그에게 존경을 표시하고 더 많은 시간을 그와 함께 보내기 위해서 그를 초대하였고 또한 진심으로 환영했던 것이기를 바란다. 그렇지만 우리는 이 바리새인이 그리스도께서 사람들에게 전하고 있던 말씀을 도중에 중단시키고자 한 목적과 그를 덫에 걸리게 할 기회를 잡아서 그에게서 고소나 비난할 꼬투리를 잡아내고자 한 목적 등과 같은 악한 의도를 지니고 있었다고 의심할 만한 근거를 가지고 있다(53-54절). 우리는 이 바리새인의 마음을 알지 못하지만, 그것이 무엇이었든 그리스도께서는 그것을 아셨다. 만약 이 바리새인이 나쁜 의도를 지니고 있었다면, 그는 그리스도께서 그를 두려워하지 않는다는 것을 알게 될 것이었다. 만약 그가 좋은 의도를 지니고 있었다면, 그는 그리스도께서 그에게 선을 베풀기를 원하고 계신다는 것을 알게 될 것이었다. 그래서 그리스도께서는 들어가 앉으셨다. 그리스도의 제자들은 그리스도에게서 무뚝뚝하지 않고 사교적인 모습을 배워야 한다. 우리는 우리가 어떤 무리와 어울리고 있는지를 살펴서 조심할 필요가 있지만, 융통성 없이 경직되어 있거나 세상과 멀리해서는 안 된다.

II. 바리새인이 그리스도께서 잡수시기 전에 손 씻지 아니하심을 보고 불쾌하게 여김(38절). 바리새인들은 전에도 종종 그리스도의 제자들이 손을 씻지 않고 먹는 것에 대하여 비난하곤 하였었다. 이 바리새인은 그리스도께서 성인이며 선지자이고 그토록 깊은 경건을 지니고 엄격한 말씀을 전한 사람이면서도 먼저 손을 씻지 않은 채로 식사하기 위하여 앉는 것을 보고 이상하게 여겼다. 특히 지금은 많은 무리들 틈에 있다가 집에 들어온 것이었고, 이 곳은 바리새인의 식사하는 곳이라 결례를 위한 모든 설비가 잘 갖추어져 있어서 손을 씻는 일이 신경쓰이는 일이 아니었는데도 말이다. 이 바리새인과 그의 다른 모든 손님들은 틀림없이 손을 씻었을 것이기 때문에, 그리스도는 유별나게 보였을 것이다. 그는 왜 손을 씻지 않은 것일까? 손을 씻는다고 해서 특별히 해로울 것이 없지 않은가? 이 결례는 유대교의 규례로 엄격하게 명령되어 있지 않은가? 사실 그랬다. 그리고 사실 그런 이유 때문에 그리스도께서는 이 결례를 행하지 않으신 것이었다. 그는 바리새인들이 그들에게 명하지도 않은 것을 신앙의 의무로 강제하는 권한을 가지고 있는 것처럼 행동하는 것에 대하여 그 잘못을 지적하고 계신 것이었다. 의식법(儀式法)에는 여러 가지 씻는 것(결례들)이 규정되어 있었지만, 손을 씻는 것은 그러한 결례들 중의 하나가 아니었기 때문에, 그리스도께서는 손을 씻는 일을 하지 않으셨다. 그는 손을 씻음으로써 그를 초대한 바리새인에게 잘 보이려고 하지도 않으셨고, 비난을 받을 것임을 아셨으면서도 손을 씻지 않으셨다.

III. 이 때에 그리스도께서는 바리새인의 손님으로 와 계신 것이었지만 바리새인에게 양해조차 구하지 않으시고 바리새인을 호되게 책망하심. 왜냐하면, 우리는 악한 일에 대해서는 아무리 친한 친구에게라도 아부해서는 안 되기 때문이다.

1. 그리스도께서는 바리새인들이 신앙 생활의 중점을 오직 외적이고 사람들의 눈에 좋게 보이는 것들에만 두고 영혼과 관련되고 하나님의 눈에 좋게 보이는 것들을 미룰 뿐만 아니라 아예 말살해 버린 것에 대하여 책망하셨다 (39-40절). 좀 더 살펴보자. (1) 바리새인들이 저지른 어처구니없는 범죄: "너희 바리새인은 오직 겉을 깨끗이 해서, 너희의 손을 물로 씻지만, 너희 마음에서 악독을 씻어내지는 않는구나. 너희 마음은 탐욕과 악의, 남의 재산을 노리는 탐욕과 선한 사람들을 해치고자 하는 악의로 가득하도다." 주인이 마신 잔이나 주인이 먹은 대접의 겉만을 씻을 뿐이고 음식에 직접적으로 영향을 미치는 속을 씻지 않는 종들은 깨끗하다고 할 수 없다. 하나님을 섬기는 모든 일들에 있어서 마음의 상태는 잔과 대접의 속에 해당한다. 마음의 더러움은 그기 섬기

는 일들을 더럽힌다. 그러므로 겉으로 드러나는 추악한 죄들로부터는 자신을 지키면서도 마음으로는 악한 것을 품고 살아간다면, 그것은 하나님을 크게 욕되게 하는 것으로서, 어떤 종이 겉은 깨끗하게 씻었지만 속은 거미줄과 거미들로 가득찬 잔을 주인에게 주는 것과 같다. 탐욕과 악독, 즉 사람들이 보통 은밀하게 감추어두는 세상적인 마음과 앙심을 품은 마음은 잔의 겉을 씻어서 더 중대하고 추악하며 변명할 수 없는 죄들인 음란과 술취함으로부터 깨끗케 된 많은 사람들이 범하는 위험스럽고 파멸적인 죄들이다. (2) 바리새인들이 저지른 어처구니없는 범죄의 한 구체적인 예: "어리석은 자들아, 겉을 만드신 이가 속도 만들지 아니하셨느냐(40절). 너희는 결례들을 행함으로써 스스로 의롭다고 자부하고 있지만, 모세의 율법을 통해서 여러 가지 결례들을 명하신 그 하나님이 또한 너희에게 너희의 마음을 깨끗이 하고 정화시키라고 명하신 것이 아니더냐? 겉을 위한 율법들을 만드신 하나님이 그 규례들 속에서조차 속을 더 깨끗이 하라고 하시지 않았느냐? 또한 하나님은 만약 사람들이 마음을 깨끗이 하지 않는다면 그들이 몸을 깨끗이 하는 것과 몸의 더러움을 없애는 것을 하나님께서 얼마나 하찮게 여기시는지를 다른 율법들을 통해서 보여주시지 않았느냐?" 이와 같이, 마음을 깨끗하게 하는 것만이 율법을 제정하신 분이실 뿐만 아니라 창조주이기도 하신 하나님에 대한 예의가 될 것이다(본문의 말씀은 이러한 취지를 지닌 것으로 보인다). 우리에게 몸들(두려울 정도로 기이하게 만들어진 몸들)을 주신 하나님이 또한 몸보다 더 두려울 정도로 기이하게 만들어진 이 영혼들을 우리에게 주신 것이 아니더냐? 이 두 가지를 모두 만드신 하나님은 분명히 우리가 이 두 가지 모두를 돌보기를 기대하신다. 그러므로 우리는 하나님께서 만들어주신 몸을 씻고 손을 깨끗하게 씻어서 하나님께 영광을 돌릴 뿐만 아니라, 영혼을 씻고 — 하나님은 영혼의 아버지이시다 — 마음속의 더러움을 씻어서 하나님께 영광을 돌려야 한다.

그리스도께서는 여기에 우리가 음식을 깨끗하게 만드는 법을 추가적으로 말씀하셨다(41절): "너희가 식사하러 가기 전에 손을 씻는 것 대신에, 너희가 가진 것들(타 에논타 — 너희 앞에 놓여 있는 것들, 너희에게 있는 것들. 개역에서는 그 안에 있는 것)로 구제하라." "너희가 가진 것들을 가난한 자들에게 나누어주어라. 그리하면, 모든 것이 너희에게 깨끗하리라. 그리고 너희는 너희가 가진 것들을 마음 편하게 사용할 수 있게 될 것이다." 이것은 분명히 땅의 소산(所産)

중 일정 부분을 레위인, 나그네, 고아, 과부에게 나누어 주라고 규정한 모세의 율법을 간접적으로 암시하고 있는 말씀이다. 그렇게 하였을 때, 그들의 몫으로 사용하기 위하여 남겨둔 것이 그들에게 깨끗한 것이 되어서, 그들은 믿음으로 하나님께서 그것들에 축복해 주시기를 기도할 수 있었다(신 26:12-15). 우리는 아무것도 준비하지 못한 자에게 나누어 줄(느 8:10) 바로 그 때에야 하나님의 풍성한 축복의 선물들을 마음 편하게 누릴 수 있게 된다. 욥은 혼자 떡덩이를 먹지 않고 고아에게 그 조각을 먹였기 때문에(욥 31:17) 그 떡덩이는 그에게 깨끗한 것이 되었다. 깨끗하게 되었다는 것은 마음 편하게 사용할 수 있도록 허락되고 허용되었다는 것이다. 우리가 가진 것 중에서 하나님께서 자신의 몫을 가져가지 않으시면, 우리가 가진 것은 우리의 소유가 아니다. 우리는 가난한 자들에게 후하게 나누어줌으로써 우리의 음식을 깨끗케 하여 그 음식을 자유롭게 먹을 자유를 확보하게 된다.

2. 그리스도께서는 율법의 사소한 것들을 중시하면서 율법의 중요한 것들을 소홀히 한 것에 대해서 바리새인들을 책망하셨다(42절). (1) 바리새인들은 오직 신앙의 방편들과 관련된 율법들, 특히 제사장들의 생활 유지를 위한 율법들을 아주 철저하게 지켰다: 너희가 박하와 운향의 십일조는 드리되. 그들은 물품에 대한 십일조를 종류대로 온전하게 드렸고, 일부만 드림(modus decimandi)으로써 제사장들을 곤혹스럽게 만들지도 않았다. 이로 인해서 그들은 백성들로부터 율법을 철저하게 지키는 자들이라는 명성을 얻었고, 제사장들을 도와서 그들을 이롭게 한 적이 많았기 때문에, 제사장들과 바리새인들이 서로 손을 잡고 세력을 강화하려고 애쓴 것은 이상한 일이 아니었다. 그리스도께서는 십일조를 철저하게 드린 것에 대하여 그들을 책망하신 것이 아니라(너희는 이러한 것들도 마땅히 행하여야 한다), 십일조를 철저하게 드리기만 하면 더 크고 중요한 의무들을 소홀히 해도 괜찮다고 생각하는 것에 대하여 그들을 책망하신 것이었다. (2) 바리새인들은 신앙의 본질들과 관련된 율법들을 무시하였다: 공의와 하나님께 대한 사랑은 버리는도다. 너희는 사람들에게 그들의 정당한 몫을 주고 하나님께 너희의 마음을 드리는 것에는 전혀 신경을 쓰지 않는다.

3. 그리스도께서는 바리새인들의 교만과 허영, 높은 자리와 사람들의 칭찬을 좋아하는 것을 책망하셨다(43절): "너희가 회당(또는 장로들이 모임을 가졌

던 당회실)의 높은 자리를 기뻐하는도다. 너희는 그런 자리에 앉지 못하면 거기에 앉으려고 탐내며, 그런 자리에 앉으면 그 자리에 앉은 것을 자랑하는구나. 그리고 너희는 시장에서 문안 받는 것을 기뻐하는도다. 너희는 사람들로부터 각듯이 인사받는 것과 그들이 모자를 벗고 무릎을 굽혀 인사하는 것을 기뻐하는구나." 바리새인들이 책망을 받은 것은 높은 자리에 앉았거나 사람들로부터 인사를 받았기 때문이 아니라 그런 것을 기뻐하였기 때문이었다.

4. 그리스도께서는 바리새인들의 위선, 즉 악한 마음과 삶을 겉보기에 아름다운 것들로 색칠한 것에 대하여 책망하셨다(44절): "너희는 평토장한 무덤 같아서, 그 위를 밟는 사람이 알지 못하느니라. 그래서 무덤에 접촉하면 부정(不淨)하게 된다는 율법에 따라서 사람들은 너희로 인해서 부정하게 된다." 바리새인들의 속은 부패한 시체가 들어 있는 무덤처럼 탐욕과 시기와 악의 등과 같은 가증스런 것들로 가득 차 있었다. 그렇지만 그들은 경건한 겉모습으로 아주 교묘하게 그것을 은폐하여서 그들의 실상이 드러나지 않게 하였기 때문에, 그들과 어울리며 그들의 가르침을 따른 사람들은 죄로 더럽혀졌고 그들의 부패한 것들과 악한 교훈들에 감염되었지만, 그들이 경건의 모양을 가장하고 있기 때문에, 그들이 위험스럽다는 것을 전혀 의심하지 않았다. 이러한 감염은 서서히 자기도 모르는 사이에 이루어졌기 때문에, 감염된 자들은 자기가 감염되었다고 결코 생각하지 않았다.

IV. 그리스도께서 율법교사들 또는 서기관들도 책망하심. 바리새인들의 임무가 장로들의 전통을 따라서 율법을 지키는 것이었다면, 율법교사들의 임무는 장로들의 전통을 따라서 율법을 해설해주고 가르치는 것이었다.

1. 그리스도께서 바리새인들을 책망하시는 말씀을 듣고 분개한 한 율법교사가 있었다: "선생님, 이렇게 말씀하시니 서기관들인 우리까지 모욕하심이니이다. 그러니까 우리도 위선자들이란 말씀이나이까?" 교만한 죄인들이 책망하는 말을 비난하고 모욕을 주는 말로 받아들이는 것은 흔한 일이다. 자신의 죄를 고쳐서 바로잡고자 하는 자들은 남들이 악의로 비난하고 모욕하는 말을 선용해서 책망의 말로 바꾸어 듣는 것이 지혜로운 일이다. 우리가 이런 식으로 해서 우리의 잘못들을 깨닫고 고치는 것은 좋은 일이다. 그러나 죄를 사랑해서 죄를 놓지 않으려고 하는 자들은 어리석게도 남들이 사랑으로 하는 진실되고 우정어린 충고를 비난하고 모욕하는 말로 받아들여서 격분하여 충고하는 자

들에게 대들며 자기에게는 잘못된 것이 없다고 하면서 충고를 거부한다. 그래서 선지자는 이렇게 한탄하였다: 여호와의 말씀을 그들이 자신들에게 욕으로 여기고 이를 즐겨 하지 아니하니(렘 6:10). 이 율법교사는 바리새인들을 옹호함으로써, 스스로 바리새인들의 죄에 동참하는 자가 되어 버렸다.

2. 그래서 우리 주 예수께서는 율법교사들을 책망하셨다: 화 있을진저 또 너희 율법교사여(46절). 그리고 52절에서도 다시, 화 있을진저 너희 율법교사여. 율법교사들은 백성들로부터 명성을 얻고 있었기 때문에 스스로 축복받은 자들로 여겼고, 백성들은 율법교사들이 율법을 연구하고 항상 율법을 얘기하며 율법의 지식으로 사람들을 가르치는 영광을 지니고 있었기 때문에 그들을 복된 사람들로 생각하였다. 그러나 그리스도께서는 율법교사들에게 화 있을진저라고 말씀하셨다. 왜냐하면, 그리스도께서 보시는 것은 사람이 보는 것과 달랐기 때문이다. 율법교사가 보인 반응은 바리새인들을 편드는 것이었고, 바리새인들을 책망하셨다고 하여 그리스도께 시비를 걸고 다투는 것이었다. 다른 사람들을 책망하는 것에 대하여 시비를 걸고 그 책망이 자기들에 대한 것이 아닌가 하고 의심하는 자들은 그렇게 함으로써 스스로 화를 자초하게 될 뿐이다.

(1) 율법교사들은 신앙 생활에 있어서 스스로는 하나님께서 명하신 것보다 더 쉬운 짐을 지고 다른 사람들에게는 더 무거운 짐을 지운 것에 대하여 책망을 받았다(46절): "너희는 너희의 권위를 보여주고 사람들을 항상 두렵게 하기 위하여 너희의 전통들을 따라서 지기 어려운 짐을 사람에게 지우고, 하나님께 그들에게 허용하신 많은 자유를 그들로부터 빼앗아서 그들을 구속하며, 하나님이 그들에게 결코 명하지 않으신 많은 짐들로 그들을 구속하는구나. 그러면서도 너희는 한 손가락도 이 짐에 대지 않는도다."

[1] "너희는 그러한 짐들을 지려고 하지도 않고, 너희가 다른 사람들에게 지운 그 무거운 짐들에 의해서 스스로 구속받으려 하지 않는도다." 율법교사들은 율법을 보호하기 위하여 만들었다고 하는 울타리 같은 장로들의 전통들로 말미암아서 율법을 철저하게 지키는 듯이 보였다. 그러나 사람들이 그들이 행하는 것들을 볼 수 있었다면, 사람들은 그들이 그런 울타리 같은 전통들을 무시할 뿐만 아니라 율법 자체도 무시한다는 것을 알게 될 것이었다. 가톨릭 교회의 고해신부들이 고해하러 온 자들에게 하는 짓이 바로 이런 것이다.

[2] "너희는 너희에게 맡겨진 자들의 짐을 가볍게 해주려고 하지 않는다. 니

희는 한 손가락도 이 짐에 대지 않으려 한다. 즉, 너희는 짐이 사람들에게 무겁고 버겁다는 것을 알고서도 그 짐을 없애주거나 덜어주려고 하지 않는다." 율법교사들은 하나님의 명령을 전달하기 위해서는 두 손으로 나오지만, 장로들의 엄격한 전통을 완화시켜 주기 위해서는 손가락 하나도 까딱하지 않으려 한다.

(2) 율법교사들은 그들의 조상들이 죽인 선지자들을 기리며 공경하는 척한 것에 대하여 책망을 받았다(47-49절). 사실 율법교사들은 동일한 심부름을 하기 위해서 그들에게 보내심을 받은 자들, 즉 그들에게 회개하라고 외치고 그들을 그리스도께로 인도하기 위하여 보내심을 받은 자들을 미워하여 박해한 자들이 아니던가.

[1] 경건의 모양을 갖춘 이 위선자들은 선지자들의 무덤을 만들었다. 즉, 그들은 아마도 선지자들의 무덤 앞에 그들의 위대한 공적을 기리는 장문의 글이 새겨진 비문들을 세웠던 것 같다. 그들은 선지자들의 유물을 성물(聖物)로 여겨서 소중히 보존하거나 순교자들의 무덤 앞에서 기도를 드리면 하나님께서 더 잘 받아주실 것이라고 생각할 만큼 미신적이지 않았다. 그들은 죽은 선지자들에게 분향하거나 기도하지 않았고, 선지자들의 공로를 들먹이며 하나님께 호소하지도 않았다. 그들은 그러한 죄를 그들의 위선에 추가하지 않았다. 그러나 그들은 마치 그들이 선지자들의 자녀, 상속자, 후계자라도 되는 양 선지자들을 경건하게 기리는 척하며 비석들을 성스럽게 수선하고 아름답게 꾸몄다.

[2] 그럼에도 불구하고, 율법교사들은 당시에 이러한 선지자들의 정신과 능력으로 그들에게 온 자들에 대하여 뿌리깊은 적대감을 품고 있었다. 그들은 아직 그 적대감을 표출할 기회를 얻지 못했지만, 조만간 그런 기회를 얻게 될 것이었다. 왜냐하면, 하나님의 지혜가 일렀기 때문이다. 즉, 그리스도께서 그들이 그들에게 보내심을 받은 선지자들과 사도들을 죽이며 박해할 것이라고 지금 예언하셨기 때문이다. 하나님의 지혜는 그들에게 선지자들을 보내어서 그들의 죄를 책망하며 그들에게 하나님의 심판을 경고하심으로써 그들을 시험하며 그들의 가증스러운 위선을 드러낼 것이었다. 이 선지자들은 표적과 기적과 성령의 은사들을 통해서 그들이 하늘로부터 보내심을 받은 사도들 또는 사자(使者)들이라는 것을 증명할 것이다. "사도라는 이름으로 내가 선지자들을 그들에게 보내리니, 사도들은 옛적의 선지자들과 같은 권세를 행하리라. 사람들은 사도들을 반대하고 배척할 뿐만 아니라 죽이고 박해할 것이다." 그리스도께서는

이것을 미리 아셨지만, 하나님의 지혜로서 마땅히 사도들을 보내셔야 했다. 왜냐하면, 그는 장래에 저 세상에서 박해한 자들과 박해받은 자들에게 예비된 응보(應報)를 통해서 이것과 관련하여 자신이 어떻게 영광을 받게 될 것인지를 아셨기 때문이다.

[3] 그러므로 하나님께서 율법교사들이 선지자들의 무덤을 만든 것을 그들이 생각한 것과는 다르게 해석하실 것은 당연한 일이다. 하나님은 그것을 너희가 너희 조상의 행한 일에 증인이 되어 옳게 여기는(45절) 것으로 해석하실 것이다. 그들의 현재의 행동들로 보아서 그들은 선지자들을 진정으로 소중하게 여기지 않는다는 것이 드러났기 때문에, 그들이 그들의 조상들이 여기로 가져다가 급하게 대충 묻어 놓은 선지자들의 무덤을 만들어서 비석을 세우고 기리고자 결심한 것은 이런 의미로밖에는 해석될 수 없을 것이었다. 선지자들을 진정으로 소중히 여겼던 요시야는 하나님의 사람의 무덤을 건드리지 않고 그대로 두는 것이 최선이라고 생각하여, 그의 뼈를 옮기지 말라고 명하였다(왕하 23:17-18). 율법교사들이 여기에서 더 나아가서 선지자들의 무덤을 만든다면, 그것은 배신자의 입맞춤과 같이 선지자들에 대한 적의(敵意)를 감추기 위한 포장으로서 악한 흉계가 있는 것으로 의심받을 만한 과잉행위가 된다. 이른 아침에 큰 소리로 자기 이웃을 축복하면 도리어 저주 같이 여기게 되리라(잠 27:14).

[4] 율법교사들은 박해의 분량을 다 채우는 자들로 여겨졌다(50-51절). 그들은 대(代)를 이어서 공동체로서 이 일을 해왔기 때문에, 아벨의 피로부터 시작해서 사가랴의 피에 이르기까지, 그리고 앞으로 유대 나라가 멸망할 때까지 창세 이후로 흘린 모든 선지자들의 피에 대한 공동체의 빚들에 대하여 책임을 져야 한다. 그 책임은 유대인들의 이 마지막 세대, 즉 이 세대가 담당하게 될 것이다. 그리스도의 사도들을 박해한 이 세대의 죄는 그들의 조상들이 저질렀던 그 어떤 죄보다도 훨씬 더 큰 것이기 때문에, 노하심이 가장 극렬하게(개역에서는 끝까지) 그들에게 임할 것이다(살전 2:15-16). 그들은 로마군에 의해서 너무도 끔찍하게 멸망받았기 때문에, 그 일은 하나님께서 선지자들을 박해한 이 민족에 대하여 복수하신 것이라고 여겨진다.

(3) 율법교사들은 그리스도의 복음을 배척하고, 모든 수단을 다 동원해서 복음의 진보와 성공을 방해한 것에 대하여 책망을 받았다(52절).

[1] 그들은 메시야를 예언한 구약 성경의 본문들을 자신의 본분과 의무를 따

라서 백성들에게 성실하게 해설하며 가르쳐주지 않았다. 율법교사들이 백성들에게 올바르게 가르치고 인도하였더라면, 백성들은 쉽게 메시야와 그의 가르침을 받아들였을 것이다. 그러나 그들은 그렇게 하지 않았고, 오히려 성경 본문들을 왜곡시키고, 본문에 잘못된 설명을 붙여 해설함으로써 백성들을 혼미하게 만들었는데, 여기에서는 이것을 지식의 열쇠를 가져갔다고 표현하였다. 그들은 이 열쇠를 백성들을 위하여 사용함으로써 백성들이 그 열쇠를 바르게 사용하는 것을 돕지 않고, 오히려 백성들 앞에서 그 열쇠를 감추었는데, 마태복음에서는 이것을 천국 문을 사람들 앞에서 닫았다고 표현하였다(마 23:13). 지식의 열쇠를 가져가는 자들은 천국 문을 닫는 자들임을 명심하라.

[2] 그들은 구약 성경을 잘 알고 있었기 때문에 때가 찼고 하나님의 나라가 가까이 왔다는 것을 알았을 것이지만 그리스도의 복음을 받아들이지 않았다. 그들은 그 예언들이 우리 주 예수께서 세우고 계시는 그 나라를 통해서 성취되고 있는 것을 보았지만, 스스로 거기에 들어가고자 하지 않았다. [3] 또한 그들은 그들의 지도나 도움 없이 하나님의 나라에 들어가고 있었던 사람들을 회당에서 쫓아내겠다고 위협하는 등 온갖 수단을 동원해서 방해하고 낙심케 하였다. 계시를 싫어하고 반대하는 것은 나쁜 일이지만, 계시를 가로막는 것은 훨씬 더 나쁜 일이다.

끝으로, 이 장의 끝부분에서 우리는 서기관들과 바리새인들이 얼마나 앙심을 품고 악의적으로 그리스도를 함정에 빠뜨리려고 애썼는지를 볼 수 있다(53-54절). 그들은 그리스도께서 그들에게 하신 통렬한 책망을 옳다고 시인하였어야 하는데도 그 책망을 참을 수 없었다. 그러나 그리스도께서 구체적으로 그들을 쳐서 책망하신 말씀 속에는 소송을 제기할 만한 내용이 들어 있지 않았기 때문에, 그들은 그 말씀을 근거로 형사 소송을 제기할 수도 없었다. 그래서 그들은 그리스도를 격앙시켜서 온건한 책망이 아니라 거침 없이 험한 감정과 말을 쏟아내게 함으로써 틈을 보일 수 있도록 하기 위하여 그에게 거세게 달려들어 위험스런 질문들을 해대며 여러 가지 일을 따져 물으면서 그리스도께서 백성들이나 나라의 지도자들에게 밉게 보일 어떤 말을 하기를 기다렸다. 이렇게 그들은 종일 그의 말을 곡해했던(시 56:5) 다윗의 원수들과 마찬가지로 그리스도를 칠 기회를 노렸다. 악인들은 찾아내어서 악을 행한다. 진실되게 죄를 책망하는 자들은 그들에게 많은 대적들이 있을 것임을 예상하고, 그들의 입을 막기 위해서 지켜보는 감시자들 때문에 그들의 입에 보초를 세워둘 필요가 있다. 이사야 선지자는 그의 시대에 송사로 사람에게 죄를 씌우며 성문에서 판단하는 자를 올무로 잡듯 하는(사 29:21) 자들이 있다고 한탄하였다. 이런 유의 시험들을 인내로써 견뎌내고 지혜롭게 극복할 수 있기 위하여 우리는 죄인들이 이같이 자기에게 거역한 일을 참으신 이를 생각하여야 한다.

제
— 12 —
장

개요

이 장에는 우리 구주께서 여러 경우들에 행하신 여러 가지 훌륭한 말씀들이 나오는데, 그것들 중 다수는 우리가 마태복음에서 보았던 말씀들과 동일한 취지를 말하고 있다. 우리 주 예수께서는 여러 모임들에서 여러 차례에 걸쳐 동일한 교훈을 전하시고 동일한 의무들을 강조하셨으며, 복음서 기자들은 각자 그리스도께서 서로 다른 때에 전하신 것들 중 하나를 택하여 기록한 것이라고 우리는 생각할 수 있다. 이렇게 우리는 교훈에 교훈을 더하고 경계에 경계를 더할 필요가 있다. I. 그리스도께서 제자들에게 위선을 조심하고, 기독교 신앙을 고백하거나 복음을 전파하는 것을 겁내지 말라고 경계하심(1-12절). II. 그리스도께서 유산 문제와 관련하여 탐욕스러운 요청이 들어오자 이 기회에 탐욕을 조심하라고 경고하시고, 세상적인 계획과 희망으로 한껏 부풀어 있다가 죽음으로 모든 것이 갑자기 끝나버린 한 부자에 관한 비유를 그 예로 드심(13-21절). III. 그리스도께서 제자들에게 모든 근심을 하나님께 맡기고 하나님의 섭리에 의지해서 편히 살라고 격려하시고, 신앙을 본업으로 삼으라고 권면하심(22-34절). IV. 그리스도께서 제자들에게 주인이 돌아왔을 때에 충성된 자로 발견된 자들이 받을 상과 충성되지 못한 자로 발견된 자들이 받을 벌을 생각해서 깨어 기다리도록 깨우치심(35-48절). V. 그리스도께서 제자들에게 환난과 박해를 각오하라고 명하심(49-53절). VI. 그리스도께서 무리들에게 때를 잘 살펴서 활용하고, 때가 늦기 전에 하나님과 화해하라고 경고하심(54-59절).

[1]그 동안에 무리 수만 명이 모여 서로 밟힐 만큼 되었더니 예수께서 먼저 제자들에게 말씀하여 이르시되 바리새인들의 누룩 곧 외식을 주의하라 [2]감추인 것이 드러나지 않을 것이 없고 숨긴 것이 알려지지 않을 것이 없나니 [3]이러므로 너희가 어두운 데서 말한 모든 것이 광명한 데서 들리고 너희가 골방에서 귀에 대고 말한 것이 지붕 위에서 전파되리라 [4]내가 내 친구 너희에게 말하노니 몸을 죽이고 그 후에는 능히 더 못하는 자들을 두려워하지 말라 [5]마땅히 두려워할 자를 내가 너희에게 보이리니 곧 죽인 후에 또한 지옥에 던져 넣는 권세 있는 그를 두려워하라 내가 참으로

너희에게 이르노니 그를 두려워하라 ⁶참새 다섯 마리가 두 앗사리온에 팔리는 것이 아니냐 그러나 하나님 앞에는 그 하나도 잊어버리시는 바 되지 아니하는도다 ⁷너희 에게는 심지어 머리털까지도 다 세신 바 되었나니 두려워하지 말라 너희는 많은 참새보다 더 귀하니라 ⁸내가 또한 너희에게 말하노니 누구든지 사람 앞에서 나를 시인하면 인자도 하나님의 사자들 앞에서 그를 시인할 것이요 ⁹사람 앞에서 나를 부인하는 자는 하나님의 사자들 앞에서 부인을 당하리라 ¹⁰누구든지 말로 인자를 거역하면 사하심을 받으려니와 성령을 모독하는 자는 사하심을 받지 못하리라 ¹¹사 람이 너희를 회당이나 위정자나 권세 있는 자 앞에 끌고 가거든 어떻게 무엇으로 대답하며 무엇으로 말할까 염려하지 말라 ¹²마땅히 할 말을 성령이 곧 그 때에 너희 에게 가르치시리라 하시니라

이 단락에는 다음과 같은 내용들이 나온다.

I. 그리스도의 말씀을 듣기 위해서 허다한 무리가 모여듬.   서기관들과 바리 새인들은 그리스도를 고소하여 해악을 가하고자 빌미를 찾고 있었다. 그러나 그 들과는 달리 편견과 시기심에 사로잡혀 있지 않았던 백성들은 여전히 그리스 도를 칭송하며, 그를 따라다녔고, 그를 존귀하게 여겼다. 그 동안에(1절), 즉 그 리스도께서 한 바리새인의 집에서 식사하시다가 그를 함정에 빠뜨리고자 하 는 자들과 논쟁을 하고 계신 동안에, 무리들은 오후 설교를 듣기 위해서 모여 들었다. 즉, 이 설교는 그리스도께서 바리새인의 집에서 있은 점심 식사 후에 하신 설교였다. 그리스도께서는 무리들을 실망시키고 싶지 않으셨다. 무리가 구름 같이 모였을 때에(눅 11:29) 하신 아침 설교에서 그리스도께서는 무리들을 표적을 구하는 악한 세대라고 호되게 질책하셨지만, 무리들은 다시 그에게 모여 들었다. 무리들은 바리새인들보다 책망을 훨씬 더 잘 참아낼 수 있었던 것 같 다. 바리새인들이 백성들을 그리스도에게서 떼어놓으려고 애쓰면 애쓸수록, 그리스도에게는 더 많은 무리들이 모여들었다. 본문에서는 무리 수만 명이 모 여 서로 밟힐 만큼 되었다고 말한다. 그들은 말씀을 더 잘 듣기 위해서 서로 앞 자리로 오려고 애썼다. 이렇게 사람들이 그들의 영혼에 좋은 기회를 놓치지 않으려고 말씀을 잘 듣기 위해 불편함과 위험을 무릅쓰고 앞다투어 앞자리를 찾는 모습은 보기 좋은 광경이다. 이렇게 비둘기들이 그 보금자리로 날아가는 것 같이 날아오는 이런 자들은 누구냐(사 60:8)? 이토록 많은 물고기가 있는 곳에

서 그물을 던진다면, 얼마 정도의 물고기는 잡히게 될 것이다.

Ⅱ. 그리스도께서 무리들이 듣는 가운데 그의 제자들에게 주신 교훈들.

1. 그리스도께서는 외식(위선)을 주의하라는 말씀으로 시작하셨다. 그는 이 말씀을 먼저 제자들에게 하셨다 — 즉, 열두 사도 또는 칠십인의 제자들에게. 이 사람들은 그리스도의 특별한 보호 아래 있던 자들, 그의 가족, 그의 문도(門徒)였기 때문에, 그리스도께서는 그의 사랑하는 아들들인 그들에게 특별히 경계하셨다. 그들은 다른 사람들보다 더 큰 신앙을 고백하였기 때문에, 그 점에 있어서 외식은 그들이 가장 경계해야 할 죄였다. 그들은 다른 사람들에게 말씀을 전해야 할 자들이었다. 만약 그들이 말씀을 얼버무리며 왜곡시키고 거짓되게 전한다면, 그들의 외식은 다른 사람들보다 더 심하게 될 것이다. 게다가 그들 가운데는 외식하는 자였던 유다라는 자가 있었다. 그리스도께서는 그것을 아시고 계셨기 때문에, 이 말씀을 통해서 그를 화들짝 놀라게 하여 정신을 차리게 하거나 변명할 수 없게 하고자 하셨을 것이다. 그리스도의 제자들은 세상에서 가장 선한 사람들이었을 것이지만, 그들조차 외식을 조심하라는 경고를 들을 필요가 있었다. 그리스도께서는 제자들과 함께 은밀하게 계실 때가 아니라 큰 무리가 듣는 가운데 이 말씀을 제자들에게 하셨는데, 이것은 이 경고의 말씀에 무게를 더하고, 세상 사람들로 하여금 그리스도께서는 그의 제자들에게조차 외식을 용납하지 않으신다는 것을 알게 하기 위한 것이었다. 좀 더 살펴보자.

(1) 그리스도께서 제자들에게 조심하라고 경계하신 외식(위선)의 죄에 대한 설명: 외식은 바리새인의 누룩이다. [1] 외식은 누룩이다. 외식은 누룩처럼 퍼져서, 그 사람 전체와 그가 행하는 모든 것 속으로 스며든다. 외식은 누룩처럼 부풀게 하고 시게 만든다. 왜냐하면, 외식은 사람들을 교만하게 하여 부풀어오르게 만들고, 악의를 품게 하여 쓰게 만들며, 그들의 섬김을 하나님께 열납되지 못하게 만들기 때문이다. [2] 외식은 바리새인들의 누룩이다: "외식은 대부분의 바리새인들에게서 발견되는 죄이다. 그들을 본받지 않도록 주의하라. 너희는 그들의 정신에 동화되어서는 안 된다. 그들이 유대교 신앙을 가장하듯이, 너희는 기독교 신앙을 가장하지 말라. 그들처럼 너희는 너희의 신앙을 악의를 감추는 포장으로 삼지 말라."

(2) 외식하지 말아야 하는 이유: "감추인 것이 드러나지 않을 것이 없고 숨긴 것

이 알려지지 않을 것이 없다(2-3절). 진리는 조만간에 드러날 것이기 때문에, 가장해 보아야 아무 소용이 없다. 거짓 혀는 잠시 동안만 있을 뿐이다. 너희가 너희에게 합당치 않고 너희의 공개적인 신앙 고백에 어울리지 않는 것을 어두운 데서 말한다면, 그것은 광명한 데서 들리게 될 것이다. 그것은 이런저런 방식으로 밝혀지게 되고, 공중의 새가 그 소리를 전할(전 10:20) 것이어서, 너희의 어리석음과 거짓된 모습이 드러나게 될 것이다." 경건의 모양을 통해서 은폐되어 있던 죄악은 유다와 시몬 마구스의 경우처럼 이 세상에서 드러나게 될 것이고, 최소한 저 심판의 큰 날에, 즉 하나님이 모든 은밀한 일을 선악 간에 심판하시게(전 12:14; 롬 2:16) 될 그 날에 드러나게 될 것이다. 사람들이 신앙을 갖고 있다고 하면서도 그들의 마음의 악함이 극복되고 치유되지 않았다면, 그 신앙은 허울에 불과한 것이 되고 만다. 외식하는 자들에게서 무화과의 잎사귀들을 다 벗겨낼 그 날이 장차 올 것이다.

2. 그리스도께서는 제자들에게 그가 그들에게 둔 신뢰에 충실하고 비겁함이나 비열한 두려움으로 인해서 신뢰를 저버리는 일이 없도록 하라고 당부하시는 말씀을 덧붙이셨다. 어떤 이들은 2-3절의 말씀을 그리스도께서 제자들에게 그들이 가르침 받았고 세상에 널리 알리도록 위임받은 것들을 감추어두지 말라고 하신 경고로 해석한다. "사람들이 듣든지 아니 듣든지, 받아들이든지 말든지 상관하지 말고, 너희는 사람들에게 진리, 온전한 진리, 오직 진리만을 전하라. 골방에서 너희가 들었고 너희 가운데서 은밀하게 얘기되었던 것을 누가 뭐라든 공개적으로 전파하라. 왜냐하면, 만일 너희가 사람들을 기쁘게 한다면, 너희는 그리스도의 종이 아니고 그리스도를 기쁘게 해드릴 수 없기 때문이다(갈 1:10)." 그러나 이것이 제자들이 복음을 전파할 때에 당하게 되는 일들의 최악의 경우는 아니었다: 복음을 전파하는 자들은 죽지는 않는다고 해도 고난을 당하는 일은 비일비재할 것이기 때문이었다. 그러므로 제자들은 용기로 무장하지 않으면 안 되었다. 그리스도께서는 제자들을 그들의 일과 관련하여 강철 같이 단단한 거룩한 결단을 갖도록 하기 위하여 여기서 여러 가지 말씀을 들려주신다. 좀 더 살펴보자.

(1) "너희 원수들의 권세는 제한된 권세이다(4절): 내가 내 친구 너희에게 말하노니(그리스도의 제자들은 그의 친구들이고, 그리스도께서는 그들을 친구라고 부르시며 이 우정어린 조언을 하신다) 두려워하지 말라. 인간의 권세와 분노에

대한 두려움으로 불안해하거나 괴로워하지 말라." 그리스도께서 그의 친구들이라고 부르는 자들은 그 어떤 원수들도 두려워할 필요가 없다. "몸을 죽이는 자들을 두려워하지 말라. 조롱하는 자들과 살인자들의 위세에 눌려서 너희의 일을 그만두는 일이 없도록 하라. 죽음을 이기는 법을 안 너희는 그들이 몸은 죽일지라도 그 후에는 능히 더 못하는 자들임을 알기 때문이다. 불멸의 영혼은 그들을 아랑곳하지 않고 여전히 살아 있고 복되며 하나님과의 교제를 누린다." 몸만을 죽일 수 있는 자들은 그리스도의 제자들에게 그 어떤 실질적인 해악도 가할 수 없기 때문에, 그런 자들을 두려워할 필요가 없다. 왜냐하면, 그들은 단지 그리스도의 제자들을 좀 더 빨리 안식처로 보내고 그 영혼을 희락이 있는 곳으로 보낼 뿐이기 때문이다.

(2) 하나님은 가장 권세 있는 사람들보다도 더 두려워하여야 할 분이다: "마땅히 두려워할 자를 내가 너희에게 보이리니(5절), 이것은 너희로 하여금 사람을 두려워하지 말고 하나님을 두려워하도록 하기 위한 것이다. 모세는 눈에 보이지 아니하는 분을 바라봄으로써 파라오 왕의 노함에 대한 두려움을 극복하였다. 너희는 그리스도를 시인함으로써 사람들의 분노를 살지도 모르지만, 사람들은 너희를 죽이는 것 이상의 일을 할 수 없다(또한 하나님의 허락이 없이는 그들이 너희를 죽일 수도 없다). 그러나 너희가 그리스도를 부인하고 거부하면, 너희를 지옥으로 보낼 권세를 지니신 하나님의 진노를 사게 될 것이고, 그 진노에 저항할 방법은 없다. 이제 이 두 가지 화(禍) 중에서 너희는 작은 쪽을 선택해야 하고, 사람과 하나님 중에서 너희는 더 큰 자를 두려워하여야 한다. 그러므로 내가 참으로 너희에게 이르노니 그를 두려워하라." 순교자 후퍼(Hooper) 주교는 이렇게 말한다: "삶은 달고 죽음은 쓰다는 말은 진실이다. 그러나 영원한 생명은 더 달고 영원한 죽음은 더 쓰다."

(3) 선한 그리스도인들과 선한 사역자들의 생명은 하나님의 섭리 안에서 특별한 보호하심 아래에 있다(6-7절). 환난과 위기의 때에 용기를 잃지 않기 위해서 우리는 신앙의 첫 번째 원리들에 의지해서 그 원리들의 토대 위에 우리의 신앙을 구축하여야 한다. 하나님의 보편적인 섭리에 관한 가르침에 대한 확고한 믿음만 지닌다면, 우리는 어떤 위험에 처해 있을 때에도 평안할 수 있고, 하나님을 신뢰하는 가운데 용기를 내어서 우리의 본분을 다할 수 있게 될 것이다. [1] 하나님은 참새 같은 미물에 대해서조차 알고 계신다. "참새는 다섯

마리가 두 앗사리온에 팔릴 정도로 지극히 하찮은 존재이지만, 하나님은 참새한 마리도 잊어버리지 아니하시고, 먹을 것을 주시며, 그 죽음도 눈여겨 보신다. 너희는 많은 참새보다 더 귀하니라. 그러므로 너희는 감옥에 갇히고 추방당하며 너희 친구들에게서 잊혀진다고 해도, 하나님은 결단코 너희를 잊지 않으신다는 것을 확실할 수 있다. 경건한 자들의 죽음은 여호와께서 보시기에 참새들의 죽음보다 말할 수 없이 더 귀중하다." [2] 하나님은 그리스도의 제자들에 관한 아주 사소한 것까지도 다 아신다: "너희에게는 심지어 머리털까지도 다 세신 바되었다(7절). 그런데 하물며 너희의 한숨과 눈물, 너희가 그리스도의 이름을 위하여 흘린 핏방울이 세신 바 되지 않겠는가. 하나님은 너희가 입은 모든 손실들을 말할 수 없이 풍성하게 보상해주시기 위하여 다 장부에 기록해두신다."

　(4) "지금 너희가 그리스도를 시인하느냐 부인하느냐에 따라서 그리스도께서 저 심판의 큰 날에 너희를 시인하거나 부인하시게 될 것이다(8-9절)." [1] 우리가 그리스도께 한결같이 충성함으로써 어떤 손실과 고난을 당하고 어떤 값비싼 희생을 치른다고 하여도, 우리로 하여금 사람들 앞에서 그리스도를 시인하도록 하기 위해서, 그리스도께서는 우리에게 지금 그리스도를 시인하는 자들은 저 큰 날에 하나님의 사자들 앞에서 그에 의해서 시인을 받아서 영원한 복락과 존귀를 누리게 될 것이라고 확언하신다. 예수 그리스도께서는 그가 그들을 위하여 고난당하셨다는 것과 그들이 그의 고난의 유익을 받게 되었다는 것을 시인하실 뿐만 아니라, 그들이 그를 위하여 고난당하였다는 것과 그들의 고난으로 말미암아 이 땅에서 그의 나라와 세력이 확장되었다는 것을 시인하실 것이다. 그들에게 이것보다 더 큰 영광이 어디 있겠는가? [2] 우리가 그리스도를 부인하고 비겁하게도 그의 진리를 저버리는 일을 막기 위해서, 그리스도께서는 여기서 그리스도를 부인하고 배반하여 그를 떠난 자들이 그 대가로 생명이든 나라든 그 무엇을 얻었든지 그들은 결국 하나님의 사자들 앞에서 부인을 당함으로써 모든 것을 잃는 자들이 되고 말 것임을 확언하신다. 그리스도께서는 그들을 모른다고 하실 것이고, 그들을 시인하지 않으실 것이며, 그들에게 어떤 은총도 베풀지 않으실 것이기 때문에, 그들은 영원한 두려움에 떨며 영원한 멸시를 받게 될 것이다. 여기서 하나님의 사자들 앞에서 시인을 받거나 부인을 당하는 것이 강조되고 있는 것으로 보아서, 기록한 천사들의 공경을 받으며 당당

히 서게 될 뿐만 아니라 높이 서게 되는 것이 영화롭게 된 성도들이 받는 복의 중요한 부분인 것으로 보인다. 천사들은 그리스도의 종들인 영화롭게 된 성도들을 사랑하고 공경하고 시인하게 될 것이다. 이 성도들은 천사들과 같은 종들이기 때문에, 천사들은 영화롭게 된 성도들을 그들의 동료로 여길 것이다. 이와는 반대로, 거룩한 천사들로부터 버림을 받고, 여기에 나오는 것처럼 천사들 앞에서 수치를 당하는 것을 천사들이 기뻐하게 되며, 거룩한 천사들 앞에서 고난을 받을(계 14:10) 때에 천사들로부터 건짐을 받지 못하게 되는 것은 저 주받은 죄인들의 비참한 처지의 중요한 부분이 될 것이다.

(5) 곧 보내심을 받게 될 제자들이 수행하여야 할 임무는 그들이 보내심을 받은 사람들에게 최고로 중요한 것이었다(10절). 제자들은 담대하게 복음을 전하여야 한다. 왜냐하면, 지금 그리스도를 거부하고 배척한 자들보다 사람들의 죄를 깨우칠 최후의 수단이 될 성령이 제자들에게 부어진 후에 보내심을 받게 될 제자들을 거부한 자들의 운명은 더 혹독하고 엄중할 것이기 때문이다: "너희는 그보다 큰 일도 하리니, 너희 안에 계신 성령의 은사들과 역사(役事)들을 모독하는 자들에 대한 형벌은 더 엄중할 것이다. 누구든지 말로 인자를 거역하는 자, 인자의 초라한 외모를 보고서 걸려넘어져서 그를 헐뜯고 악의에 찬 말을 한 자는 사하심을 받을 여지가 있다: 아버지, 저들을 사하여 주옵소서. 자기들이 하는 것을 알지 못함이니이다. 그러나 성령이 부어져서 그리스도께서 영광을 받으셨다는 것(행 2:33; 5:32)을 증거하신 후에 성령을 모독하고 그리스도의 가르침을 모독하며 악의적으로 배척하는 자는 죄 사함을 받지 못하고 그리스도와 그의 복음에 의한 그 어떤 유익도 받지 못하게 될 것이다. 너희는 그렇게 하는 자들에 대해서는 너희 발의 먼지를 떨어버려서, 그들을 구제불능인 자들로 여기고 포기하여야 한다. 그리스도께서는 회개와 죄 사함을 주시기 위하여 높이 들림을 받으셨고 너희는 그것들을 전파하도록 위임받았지만, 그들은 그것들을 상실하고 말았다." 교회 안에서 믿지 아니하는 자들을 위하는 표적(고전 14:22)으로서 성령의 비상한 은사들과 역사들이 지속되고 있던 동안에 이렇게 성령을 모독하는 죄는 한층 대담한 죄였기 때문에, 그런 죄를 범한 자의 운명은 더욱 비참한 것이었다. 성령의 은사들과 역사들을 통해서 처음에는 죄를 깨닫지 못했다고 하더라도 그러한 것들을 사모한 자들에게는 소망이 있었지만, 그러한 것들을 모독한 자들은 버림을 받았다.

(6) 제자들은 어디로 끌려가서 재판을 받든지 간에, 그 때에 대답할 말이 그들에게 충분히 주어질 것이고, 그 재판을 영광스럽게 극복하게 될 것이다(11-12절). 충성된 순교자는 그리스도를 위하여 고난을 겪을 뿐만 아니라 선한 증언을 잘 수행하는 데에 관심을 갖는데, 이것은 그는 비록 그리스도의 복음을 위하여 고난을 당하지만 그리스도의 복음은 손상을 입지 않게 하기 위한 것이다. 그리고 그가 이 일에 관심을 쏟는다면, 그는 이 일을 하나님께 맡겨야 한다: "사람들이 너희를 회당이나 교회의 치리자들, 유대교의 법정 앞에, 또는 위정자나 권세 있는 자, 이방인 통치자들 앞에 끌고 가서, 너희가 너희의 가르침이 무엇이며 그 증거가 무엇인지를 심문받을 때, 너희는 어떻게 무엇으로 대답하며 무엇으로 말할까 염려하지 말라." [1] "너희는 어떻게 하면 목숨을 건질 수 있을까 생각하지 말라. 어떤 방법이나 변론으로 너희의 재판관들을 회유할 수 있는지, 법의 어떤 교묘한 장치들을 이용해서 이 위기를 벗어날 수 있는지를 궁리하지 말라. 너희가 풀려나는 것이 하나님의 뜻이고, 너희의 죽을 때가 아직 이르지 않았다면, 하나님께서 그 일을 효과적으로 처리하실 것이다." [2] "너희는 어떻게 하면 너희의 주님을 섬길 수 있을까 염려하지 말라. 이것을 염두에 두되, 어떻게 해야 할지를 놓고 고민하지 말라. 왜냐하면, 지혜의 영이신 성령께서 하나님의 영광과 복음을 위하여 마땅히 할 말을 너희에게 가르치실 것이기 때문이다."

[13]무리 중에 한 사람이 이르되 선생님 내 형을 명하여 유산을 나와 나누게 하소서 하니 [14]이르시되 이 사람아 누가 나를 너희의 재판장이나 물건 나누는 자로 세웠느냐 하시고 [15]그들에게 이르시되 삼가 모든 탐심을 물리치라 사람의 생명이 그 소유의 넉넉한 데 있지 아니하니라 하시고 [16]또 비유로 그들에게 말하여 이르시되 한 부자가 그 밭에 소출이 풍성하매 [17]심중에 생각하여 이르되 내가 곡식 쌓아 둘 곳이 없으니 어찌할까 하고 [18]또 이르되 내가 이렇게 하리라 내 곳간을 헐고 더 크게 짓고 내 모든 곡식과 물건을 거기 쌓아 두리라 [19]또 내가 내 영혼에게 이르되 영혼아 여러 해 쓸 물건을 많이 쌓아 두었으니 평안히 쉬고 먹고 마시고 즐거워하자 하리라 하되 [20]하나님은 이르시되 어리석은 자여 오늘 밤에 네 영혼을 도로 찾으리니 그러면 네 준비한 것이 누구의 것이 되겠느냐 하셨으니 [21]자기를 위하여 재물을 쌓아 두고 하나님께 대하여 부요하지 못한 자가 이와 같으니라

이 단락에는 다음과 같은 내용들이 나온다.

I. 무리 중 한 사람이 가족의 재산 상속 문제와 관련해서 그와 그의 형 사이에서 중재해 달라고 그리스도께 매우 부적절한 청을 함(13절): "선생님, 내 형은 당신이 하시는 말씀을 존중할 것이니, 선지자이자 왕으로서 권세 있게 내 형을 명하여 유산을 나와 나누게 하소서."

1. 어떤 이들은 이 사람의 형이 이 사람에게 잘못했고 법률에 호소하려면 비용이 많이 들 것이기 때문에 그리스도께 형을 바로잡아 달라고 호소한 것이라고 생각한다. 이 사람의 형은 유산 중에서 자기 몫만이 아니라 동생의 몫까지도 챙겨가서는 동생에게는 강압적으로 유산에 손도 못대게 한 자로서 유대인들이 벤 하메센(폭력의 아들)이라고 불렀던 그런 자들 중의 하나였다. 이 세상에는 자연적인 공평이나 혈육 간의 애정 따위는 아랑곳하지 않고 그들이 마땅히 보호하고 돌보아 주어야 할 자들을 먹잇감으로 삼아서 희생시키자들이 있다. 그렇게 억울한 일을 당한 자들에게는 호소할 곳, 곧 억압당하는 모든 자를 위하여 심판하시며 공의를 베푸시는 하나님이 계신다.

2. 어떤 이들은 이 사람이 그의 형에게 못된 짓을 할 마음을 품고서 그리스도를 자기 편으로 끌어들여서 이용하고자 한 것이라고 생각한다. 율법은 장자에게 두 몫을 주도록 규정하고 있었고, 아버지라도 이 규정을 어겨가며 자신의 소유를 처분할 수 없었기 때문에(신 21:16-17), 이 사람은 그리스도께서 그 율법 규정을 고쳐서, 그리스도의 제자였을 그의 형에게 유산을 동생과 똑같은 비율로 반분해 가지도록 해주시기를 청하였던 것 같다. 나는 후자의 견해가 맞을 것이라고 본다. 왜냐하면, 그리스도께서는 이 기회를 잡아서 하나님께서 우리에게 주신 것 이상으로 더 많은 것을 갖고자 하는 욕망인 탐심(플레오넥시아)을 물리치라고 경고하시기 때문이다. 그리스도께서 경고하신 것은 자신의 몫을 갖고자 하는 합법적인 욕망이 아니라 자신의 몫 이상의 것을 챙기고자 하는 죄악된 욕망이었다.

II. 그리스도께서 이 문제에 개입하기를 거절하심(14절): 이 사람아, 누가 나를 너희의 재판장이나 물건 나누는 자로 세웠느냐? 이런 성격의 문제들에 있어서 그리스도께서는 정해진 상속법을 고치는 입법권이나 상속에 관한 분쟁들을 결정하는 사법권을 행사하고자 하지 않으셨다. 그리스도께서는 의사 역할을 하셨듯이 재판관이나 변호사의 역할을 맡으셔서, 질병을 치유하시듯이 송사(訟

事)들을 잘 처리하실 수 있으셨다. 그러나 이 일은 그에게 위임된 일이 아니었기 때문에, 그는 이 일을 처리하고자 하지 않으셨다: 누가 나를 재판장으로 세웠느냐? 아마도 그리스도께서는 모세가 애굽에서 그의 형제들에게 당한 수모를 간접적으로 암시하신 것 같은데, 스데반도 이 일로 유대인들을 질책하였다(행 7:27, 35). "만일 내가 이 일을 처리하겠다고 나선다면, 너희는 너희의 조상들이 모세에게 했듯이 내게도 누가 너를 재판장이나 물건 나누는 자로 세웠느냐고 비아냥거릴 것이다." 그리스도께서는 이 사람이 무엇이 잘못되었는지를 지적해 주시고, 그의 청을 들어주시지 않고, 그의 청구를 기각하셨다 — 이 사람의 청은 참된 재판장이신 그리스도 앞에 가져올 일(coram non judice)이 아니었기 때문이다. 만약 이 사람이 하늘의 유업을 받는 것과 관련하여 그리스도께 와서 도움을 청하였다면, 그리스도께서는 기꺼이 최선을 다해서 그를 도와주셨을 것이다. 그러나 이 일은 그리스도와 아무런 상관이 없는 일이었다: 누가 나를 재판장으로 세웠느냐? 예수 그리스도는 재판장을 참칭하지 않으셨다. 그는 그에게 주어진 것 외에는 어떠한 존귀나 권세도 취하지 않으셨다(히 5:5). 그는 무슨 일을 하시든지 자기가 무슨 권세로 그 일을 하셨는지, 누가 그에게 그러한 권세를 주셨는지를 말씀하실 수 있으셨다. 이것은 우리에게 그리스도의 나라의 성격과 본질이 무엇인지를 잘 보여준다. 그 나라는 이 세상에 속한 나라가 아니라 영적인 나라이다. 1. 그리스도의 나라는 세속 권력에 개입하지 않고, 세속 권력에게서 왕의 권세를 빼앗지도 않는다. 기독교는 세속적인 문제들을 세속 권력에게 맡겨둔다. 2. 그리스도의 나라는 세속적인 권리들에 참견하지 않고, 모든 사람으로 하여금 정해진 공평의 원칙을 따라서 정당하게 행하도록 한다. 세속적인 통치권은 은혜를 토대로 세워진 것이 아니다. 3. 그리스도의 나라는 우리의 신앙을 이용해서 세상적인 이익을 얻을 수 있다는 기대를 불러일으키지 않는다. 만약 이 사람이 그리스도의 제자가 되고자 하였고, 이 점을 고려해서 그리스도께서 그에게 형의 재산을 주실 것이라고 기대했다면, 그것은 큰 오산이다. 그리스도의 제자들이 받을 상급은 그런 것과는 다른 성격의 것이기 때문이다. 4. 그리스도의 나라는 우리가 형제들과 경쟁하고 다투거나 우리의 요구를 철저하게 관철시키는 것을 권장하지 않고, 도리어 화평을 위하여 우리의 권리를 양보할 것을 권고한다. 5. 그리스도의 나라는 사역자들이 자기 생활에 얽매이는(딤후 2:4) 것과 하나님의 말씀을 제쳐 놓고 접대를 일삼는 것을 허락하지 않는다. 각자의 일꾼에게는 그가 해야 할 고유한 일이 있다 (tractent fabrilia fabri).

III. 그리스도께서 이 기회에 청중들에게 반드시 주의하고 명심해야 할 것을 경고하심. 그리스도께서는 사람들의 재산을 나누어 주는 자가 되기 위하여 오신 것이 아니라, 재산에 관한 사람들의 마음가짐을 지휘하는 자가 되기 위하여 오셨기 때문에, 일만 악의 뿌리인 탐심을 품지 말라고 경고하신다. 좀 더 살펴보자.

1. 경고의 내용: 삼가 모든 탐심을 물리치라(15절). "탐심이 너희 마음속으로 몰래 들어오지 않도록 너희 자신을 살피고 너희 마음을 빈틈없이 감시하라. 탐심이 너희 마음을 장악하고 지배하지 않도록 너희 자신을 지키고 너희 마음을 단단히 동여 매라." 탐심은 우리가 끊임없이 경계하여야 할 죄이기 때문에, 우리는 자주 탐심에 대하여 경고를 받아야 한다.

2. 경고의 이유 또는 경고를 강화하기 위한 논증: 사람의 생명이 그 소유의 넉넉한 데 있지 아니하니라. 즉, "우리의 복락은 우리가 이 세상의 재물을 많이 가지고 있는 것에 달려있지 않다." (1) 영혼의 생명이 세상의 재물에 달려있지 않다는 것은 너무도 분명한 것이다. 영혼은 곧 그 사람이다. 세상의 재물은 영혼의 본성과 맞지 않아서, 영혼에게 필요한 것들을 공급해 주지도 못하고, 영혼이 원하는 것들을 충족시켜 주지도 못하며, 영혼만큼 오래 지속되지도 않는다. (2) 육신의 생명과 행복조차도 세상 재물의 넉넉한 데에 있지 않다. 왜냐하면, 적은 재물을 가지고 있으면서도 아주 만족스럽고 여유 있는 삶을 살아가고 세상살이를 아주 편안하게 하는 사람들이 많고(거룩한 사랑이 있으면 나물 반찬만 있는 식사가 기름진 것들로 베푼 연회보다 더 낫다), 반면에 세상 재물을 많이 가지고 있으면서도 아주 불행하게 살아가는 사람들도 많기 때문이다. 그들은 넉넉한 재물을 가지고 있으면서도 그 재물로부터 아무런 위로도 얻지 못한다. 그들은 영혼의 낙을 빼앗긴 것이다(전 4:8). 아합이나 하만처럼 넉넉한 재물을 가지고 있으면서도 만족하지 못하고 초조해하는 자들이 많다. 그렇다면, 그들의 넉넉한 재물이 그들에게 무슨 유익이란 말인가?

3. 비유를 통한 설명. 이 비유의 요지(要旨)는 세상의 속물들이 살아갈 때에 범하는 어리석음과 그들이 죽을 때에 맞는 비참한 운명을 보여주는 것이다. 이 비유는 자신의 영혼과 저 세상에 대해서는 전혀 관심을 갖지 않은 채 재산

상속 문제로 그리스도를 찾아온 사람을 제지하기 위한 것만이 아니라, 우리 모두에게 꼭 필요한 경고, 즉 탐심을 물리치라는 경고를 강화시키기 위한 것이다. 이 비유는 우리에게 한 부자의 삶과 죽음을 제시함으로써, 우리로 하여금 그가 과연 행복한 자였는지를 판단하도록 만들어준다.

(1) 여기에 부자가 세상적으로 부유하고 넉넉했다는 설명이 나온다(16절): 한 부자가 그 밭에 소출이 풍성하였다. 여기서 밭으로 번역된 코라(라틴어로는 regio)는 고을, 지방을 의미한다. 이 부자는 한 고을 전체 또는 한 지방 전체에 걸친 땅을 소유하고 있던 대지주였다. 그는 소군주, 즉 한 고을의 왕이었던 것이다. 그의 재원(財源)은 주로 밭의 소출에 있었다는 것을 주목하라. 왕도 밭의 소산을 받느니라(전 5:9). 그는 무척 넓은 땅을 소유하고 있었고, 그의 밭에서는 소출이 풍성하였다. 땅이 많으면 더 많은 소출을 낼 수 있었고, 그 풍성한 소출로 그는 더 많은 땅을 가지게 되었다. 땅의 소출이 풍성한 것은 큰 축복이지만, 그것은 하나님께서 흔히 악인들에게 주시는 축복으로서, 악인들에게는 그런 것이 오히려 올무가 되는데, 이것은 우리로 하여금 우리의 소유를 기준으로 하나님이 우리를 사랑하시나 미워하시나를 판단하지 않도록 하기 위한 것이다.

(2) 여기에 소출이 풍성해졌을 때에 부자의 마음의 움직분들에 관한 설명이 나온다. 우리는 여기서 부자가 심중에 무엇을 생각하였는지에 대해서 들을 수 있다(17절). 하늘의 하나님은 우리가 심중에 무슨 생각을 하는지를 아시며 눈여겨 보시고, 우리는 그것에 대하여 하나님께 책임을 져야 한다는 것을 명심하라. 하나님은 마음의 생각과 의도를 분별하시는 분이자 심판하시는 분이다. 마음속으로 하는 생각들은 감추어져 있고 드러나지 않기 때문에 자유롭게 생각할 수 있다고 우리가 여긴다면, 그것은 오산이다. 좀 더 살펴보자.

[1] 부자는 무엇에 신경을 쓰고 관심을 가졌는가? 부자는 자기 밭의 소출이 엄청나게 많은 것을 보았을 때에, 그것에 대하여 하나님께 감사하거나 더 많은 선을 행할 수 있는 기회가 그에게 주어진 것을 기뻐한 것이 아니라, 내가 곡식 쌓아 둘 곳이 없으니 어찌할까라고 고민하였다. 부자는 몹시 당황해서 어쩔 줄 몰라 하는 자처럼 이렇게 말한다: 내가 어찌할까? 한 끼의 식사를 어디에서 해결해야 할지 몰랐던 그 지방에서 가장 가난한 거지라도 이것보다 더 걱정스러운 말을 할 수는 없었을 것이다. 불안과 염려는 이 세상에서 넉넉한 재물에 공통

적으로 따라다니는 열매이고, 풍부한 재물을 지닌 자들의 공통적인 흠이다. 사람들은 재물이 많으면 많을수록, 그 재물을 어찌 해야 할지를 몰라서 더 많이 고민하게 되고, 어떻게 하면 가진 재물을 지키고 늘려갈 수 있는지, 재물을 어떻게 아끼고 어떻게 써야 하는지를 놓고 더욱 염려하게 된다. 따라서 부자들의 넉넉한 재산이 그들에게 편안한 잠을 가져다 주지 않는다. 그들은 그들이 가진 재산으로 무엇을 해야 하고 그 재산을 어떻게 처분해야 할지를 생각하느라고 밤잠을 자지 못하기 때문이다. 이 부자는 한숨을 쉬면서 내가 어찌할까라고 말하는 것 같다. "도대체 무엇이 문제요?"라는 질문을 받는다면, 부자는 틀림없이 자기가 재물이 넉넉하고 넘쳐나는데 그것을 쌓아둘 곳이 마땅치 않은 것이 문제라고 대답할 것이다. 그의 문제는 그것이 전부였다.

[2] 부자는 어떤 것들을 계획하였는가? 그가 계획한 것들은 그가 염려한 것들의 결과였는데, 그의 염려들과 마찬가지로 터무니 없고 어리석은 것들이었다 (18절): "내가 이렇게 하리라. 내가 할 수 있는 가장 지혜로운 선택은 너무 협소한 내 곳간을 헐고 더 큰 곳간을 지어서 내 모든 곡식과 물건을 거기 쌓아 두는 것이리라. 그러면 내가 안심해도 되리라." 첫째, 부자가 땅의 소출을 그의 곡식이자 그의 물건라고 한 것이 어리석은 짓이었다. 부자는 내 곡식, 내 물건이라고 말하며 기쁨을 만끽했던 것으로 보인다. 하지만 우리에게 있는 모든 것은 하나님께서 우리에게 쓰라고 빌려주신 것이기 때문에 그 소유권은 여전히 하나님께 있다. 우리는 주님의 물건을 관리하는 청지기이자 주님의 땅을 경작하는 소작인일 뿐이다. 하나님께서는 내 곡식, 내 포도주라고 말씀하신다(호 2:8-9). 둘째, 부자가 그가 가진 것들을 쌓아두고서 잘 보관해 두었다고 생각한 것이 어리석은 짓이었다. 나는 거기에 모든 것을 보관하고자 한다. 부자는 가난한 자나 그의 가족, 레위인들과 나그네, 고아와 과부 중 그 누구에게도 주지 않고, 모든 것을 거대한 곳간 안에 보관해두고자 하였다. 셋째, 밭의 소출이 풍성해졌다는 조건 때문에 부자가 덩달아서 부풀어오른 마음을 지닌 것이 어리석은 짓이었다. 부자는 자기 땅이 평소보다 더 많은 소출을 내자, 내년에도 이와 같이 소출이 많을 뿐만 아니라 더 풍성해질 줄 생각하고, 더 큰 곳간을 짓겠다고 말하였다. 하지만 그 큰 곳간은 올해에는 너무 작았듯이 내년에는 너무 큰 것이 될 수도 있다. 애굽에서 흔히 그랬듯이, 풍년 뒤에는 보통 흉년이 오는 법이기 때문이다. 그러므로 큰 곳간을 짓기보다는 흉년을 대비해서 그의

곡식 중 나머지를 밖에 임시로 쌓아두는 편이 더 나을 것이었다. 넷째, 부자가 새 곳간들을 지으면 걱정이 없어질 것이라고 생각한 것이 어리석은 짓이었다. 왜냐하면, 곳간들을 짓느라 그의 걱정이 늘어날 것이기 때문이다. 건물을 짓는다는 것이 무엇인지를 조금이라도 아는 사람들은 이 점을 잘 알 것이다. 지나친 걱정을 치유하기 위해 하나님께서 처방하신 방법은 확실한 성공을 거두지만, 세상의 방법은 지나친 걱정을 치유하기는커녕 오히려 걱정이 더 늘어나게 만든다. 게다가 부자가 곳간을 짓는 일을 마치고 나면 또 다른 걱정들이 더해질 것이었다. 곳간들이 크면 클수록, 걱정도 더 커지기 때문이다(전 5:10). 다섯째, 부자가 이 모든 일을 아무런 단서 없이 절대적으로 확고하게 계획하고 밀어부친 것이 어리석은 짓이었다. 내가 이렇게 하리라: 내가 나의 곳간을 헐고 더 큰 곳간을 지으리라. 부자는 주의 뜻이면이라는 꼭 필요한 단서를 달지 않았다(약 4:13-15). 독단적인 계획은 어리석은 계획이다. 왜냐하면, 우리의 시간은 우리의 수중이 아니라 하나님의 수중에 있고, 우리는 내일 일을 알지 못하기 때문이다.

[3] 부자는 이러한 계획을 다 이루고난 후에는 어떤 즐거운 소망과 기대가 그를 기다리고 있을 것이라고 생각하였는가? "그런 후에 하나님이 뭐라고 하시든 나는 내 영혼에게 이르되 영혼아 이 곳간들에 여러 해 쓸 물건을 많이 쌓아 두었으니 평안히 쉬고 먹고 마시고 즐거워하자 하리라(19절)." 여기에는 재물을 추구하였던 것과 마찬가지로 재물을 향유함에 있어서도 부자의 어리석음이 드러난다. 첫째, 넉넉한 재물을 얻은 낙(樂)을 그 재물을 안전하게 보관하고자 한 그의 계획이 완성될 때까지 미룬 것이 부자의 어리석음이었다. 부자는 더 큰 곳간들을 짓고 거기에 소출을 가득 채운 후에야(이렇게 하는 데에는 상당한 시간이 걸릴 것이다) 평안히 쉬게 될 것이다. 부자가 지금은 평안히 쉴 수 없었던 것일까? 여기서 그로티우스(Grotius)는 피로스(Pyrrhus)에 관한 이야기를 인용한다. 피로스는 많은 전투를 벌여서 시칠리아, 아프리카를 비롯한 여러 지역을 다스리는 통치자가 될 계획을 세웠다. 그의 친구 키네아스(Cyneas)가 "그런 후에 우리는 뭘 해야 하지?"라고 묻자, 그는 "그런 후에 우리는 살아야지(postea vivemus)"라고 대답하였다. 그러자 키네아스는 "우리가 원한다면 지금이라도 우린 살 수 있을 텐데(at hoc jam licet)"라고 말하였다고 한다. 둘째, 새로 지을 큰 곳간들이 전에 있던 것들보다 더 안전해서 그의 물건들을 여

러 해 쓸 물건을 많이 쌓아둘 수 있을 것이라고 확신한 것이 부자의 어리석음이었다. 벼락이 떨어져서 사람의 힘으로 어쩔 수 없는 불이 일어나서 곳간들과 거기에 쌓아둔 곡식들이 한 시간도 채 되지 않아서 잿더미로 변해버릴 수도 있는 일이었다. 수년이라는 기간은 큰 변화가 있을 수 있는 기간이다. 좀과 동록이 해하며, 도둑이 구멍을 뚫고 도둑질할 것이다. 셋째, 세상의 풍족한 재물 속에는 사람들을 불안하게 만들 수 있는 많은 것들이 도사리고 있음에도 불구하고, 세상 재물을 넉넉하게 쌓아두면 평안히 쉴 수 있다고 생각한 것이 부자의 어리석음이었다. 한 마리의 죽은 파리 때문에 값비싼 향수 전체가 못쓰게 되고, 가시 하나가 새털 이불 전체를 못쓰게 만들 수 있다. 세상 재물을 많이 가지고 있는 자라도 육체의 고통과 질병, 친척 간의 불화, 특히 양심의 가책으로 인해서 마음의 평안은 쉽게 깨지고 만다. 넷째, 자신의 넉넉한 재물로 그저 먹고 마시고 즐거워하는 것 외에는 다른 용도를 생각하지 못한 것이 부자의 어리석음이었다. 부자는 하나님과 이웃을 더 잘 섬기고 다른 사람들에게 선을 베풀려는 생각은 추호도 없이, 마치 사람이 살기 위해서 먹는 것이 아니라 먹기 위해서 살고, 사람의 행복은 오직 육체의 정욕을 최대한도로 충족시키는 것에 있다는 듯이, 육욕에 빠져서 육체의 정욕을 만족시키는 일에 풍족한 재물을 쓰고자 한 것이었다. 다섯째, 부자가 이 모든 것을 그의 영혼에게 얘기한 것이 무엇보다도 가장 큰 어리석음이었다. 만약 부자가 "몸아, 여러 해 동안 쓸 막대한 재물을 쌓아놓았으니 이제 편안히 쉬어라"고 말했다면, 그 말에는 좀 일리가 있었을 것이다. 그러나 부자는 몸과는 상관 없는 불멸의 존재로 여겨지는 영혼, 곡식으로 가득 찬 곳간이나 금으로 가득 찬 금궤 같은 것에는 아무런 관심도 없는 영혼을 향하여 그렇게 말하였던 것이다. 만약 부자가 돼지의 영혼을 지녔다면, 그는 먹고 마시는 것이 충족된 것을 기뻐할 수 있었을지도 모른다. 그러나 먹고 마시는 것으로는 결코 채워질 수 없는 절박한 필요들과 욕구들을 지닌 사람의 영혼에게 그런 것이 무슨 소용이란 말인가? 이 세상 사람들이 범하는 가장 어리석은 짓은 그들의 영혼에게 세상 재물과 육체의 쾌락을 안겨주는 것이다.

(3) 여기에 이 모든 것에 대한 하나님의 선고가 나온다. 우리는 하나님의 심판이 진리를 따라 이루어진다는 것을 확신한다. 부자는 스스로 그의 영혼에게 평안히 쉬라고 말하였다. 만약 하나님께서도 그렇게 말씀하셨다면, 하나님의

영이 믿는 자들의 영을 평안하게 지켜 주어서, 이 사람은 행복하였을 것이다. 그러나 하나님은 전혀 다르게 말씀하셨다. 우리가 서고 넘어지는 것은 우리 자신에 대한 우리의 판단에 의해서가 아니라 우리에 대한 하나님의 판단에 의해서이다(고전 4:3-4). 이웃들은 이 부자를 복되다고 하고(시 10:3), 스스로에게 잘하였다고 그를 칭찬하였을지라도(시 49:18), 하나님은 부자가 스스로에게 잘못하였다고 말씀하신다: 어리석은 자여, 오늘 밤에 네 영혼을 도로 찾으리라(20절). 하나님이 그에게 말씀하셨다. 즉, 하나님은 부자의 영혼을 오늘 밤에 도로 찾아가겠다고 정하셨고, 그의 양심이나 사건을 통해서 이 사실을 부자에게 알리셨다. 부자가 풍족할 때에 말씀이 임하였다(욥 20:22). 부자는 잠에서 깨어나면서부터 곳간을 늘릴 계획으로 여념이 없었는데, 풍성한 소출에 맞춰서 곳간을 한두 개 늘릴 계획을 세운 것이 아니라(이것은 적절한 것이었으리라), 그의 환상을 충족시키기 위하여 기존의 곳간을 완전히 허물어 버리고 더 큰 새 곳간을 짓고자 계획하였다. 부자가 이러한 구상을 완료한 후에 앞으로 여러 해 동안 풍족한 삶을 누릴 것을 꿈꾸며 달게 잠자리에 들었을 그 때에 하나님은 그에게 이것을 말씀하셨다. 이렇게 벨사살도 술잔치를 벌이며 희희낙락하던 중에 손가락이 나타나 벽에 쓴 글귀를 보고 대경실색하였다. 하나님이 무엇이라고 말씀하셨는지를 살펴보자.

[1] 하나님이 부자에게 붙여주신 명칭: 어리석은 자여. 하나님은 나발에 관한 이야기를 간접적으로 암시하시면서 나발 같은 자라고 말씀하신 것이다. 나발은 그의 양털 깎는 자들 덕분에 그의 소유가 풍족해졌다고 즐거워하였던 바로 그 때에 나쁜 소식을 듣고 몸이 돌처럼 굳어져서 곧 죽고 만 어리석은 자였다. 세상의 속물들은 어리석은 자들임을 명심하라. 하나님이 그들을 "어리석은 자여"라고 부르시고, 그들도 자신을 어리석은 자라고 부르게 될 그 날이 다가오고 있다.

[2] 하나님이 부자에게 내리신 선고, 즉 사망선고: 오늘 밤에 네 영혼을 도로 찾으리라. 원문대로 해석하면, 그들이 네 영혼을 요구하리라. 그러면 네 준비한 것이 누구의 것이 되겠느냐? 부자는 자신의 재물을 여러 해 동안 지닐 수 있을 것이라고 생각하였지만, 오늘 밤에 그 재물과 작별해야 한다. 부자는 자신의 재물로 자기가 즐거움을 누릴 것이라고 생각하였지만, 자기도 모르는 엉뚱한 자에게 그 재물을 넘겨주어야 한다. 세상 사람들의 죽음은 그 자체가 비참한 일이

고, 그들 자신에게도 공포스러운 일로 여겨진다.

첫째, 그것은 강제로 연행되어 가는 것이다. 그것은 어리석은 짓을 하고 있는 자의 영혼을 도로 찾아가는 것이다. 영혼을 선한 데에 사용하지 못하는 너에게 영혼이 있어서 무엇하겠느냐? 너의 영혼을 도로 찾아가리라. 이것은 그가 영혼을 떠나보내는 것을 몹시 싫어한다는 것을 보여준다. 이 세상으로부터 마음이 떠난 선한 자는 죽을 때에 그의 영혼을 기꺼이 내어준다. 그러나 세상적인 사람은 끝까지 버티다가 그의 영혼을 강제로 빼앗긴다. 이 세상을 떠난다는 것이 그에게는 공포스러운 일이기 때문이다. 그들이 네 영혼을 요구하리라. 하나님이 그 영혼을 요구하실 것이다. 하나님은 영혼의 결산(決算)을 요구하실 것이다. "사람아, 너는 네 영혼으로 무엇을 했느냐? 네 영혼이 지금까지 한 일을 결산하라." 그들은 이렇게 요구하리라. 즉, 하나님의 공의의 사자들인 악한 천사들이 그렇게 요구할 것이다. 선한 천사들이 은총을 입은 영혼들을 받아서 기쁨이 넘치는 곳으로 안내하듯이, 악한 천사들은 악한 영혼들을 받아서 형벌을 받을 곳으로 이끌어간다. 악한 천사들은 죄악된 영혼을 벌하기 위하여 그 영혼을 요구할 것이다. 마귀는 너의 영혼을 자기 것인 양 요구한다. 왜냐하면, 사실상 너는 너의 영혼을 그에게 주었기 때문이다.

둘째, 그것은 예기치 않게 불시에 집행되는 강제연행이다. 그것은 밤중에 이루어지는데, 공포스러운 일이 밤중에 일어날 때에 그 공포는 극대화된다. 선한 자에게는 죽음의 때는 낮이요 아침이 된다. 그러나 세상의 속물에게 죽음의 때는 밤이요 캄캄한 밤중이 된다. 그는 고통이 있는 곳에 눕게 된다. 그에게 죽음은 오늘 밤에, 바로 오늘 밤에 지체 없이 임한다. 보석금을 내고 연기할 수도 없고, 하루를 늦추어 달라고 애걸해도 소용없다. 네가 앞으로 다가올 장밋빛 미래를 꿈꾸고 있는 기분 좋은 오늘 밤에 너는 죽어야 하고 심판을 받으러 가야 한다. 네가 앞으로 너에게 있을 수많은 즐거운 날과 즐거운 밤, 즐거운 파티를 생각하며 즐거운 공상에 잠겨 있는 바로 그 때에 모든 것을 끝장낼 죽음이 너에게 임한다(사 21:4).

셋째, 그것은 지금까지 많은 수고와 염려를 통해서 애써서 마련해 놓았고 장래를 위하여 비축해 놓은 모든 것들을 떠나는 것이다. 그들은 그들의 행복과 소망과 기대를 걸었던 모든 것을 뒤에 남겨두고 떠나야 한다. 그가 죽으매 가져가는 것이 없고 그의 영광이 그를 따라 내려가지 못함이로다(시 49:17). 그들은 이 세상에 왔을 때와 마찬가지로 벌거벗은 채로 세상을 떠나게 될 것이고, 그들이 지금까지 세상에서 쌓아놓은 것들은 그들이 죽을 때나 심판을 받을 때나 그들이 처하게 될 영원한 운명 속에서 아무런 도움도 되지 못할 것이다.

넷째, 그것은 그들이 가진 모든 것을 그들이 알지 못하는 자에게 넘겨주는 것이다: "그러면, 네 준비한 것이 누구의 것이 되겠느냐. 너의 것이 되지 않으리라는 것은 분명하다. 그리고 너는 네가 원하는 자들, 즉 네 자녀들과 혈육들이 네 재산을 제대로 쓸 수 있을지, 과연 그들이 지혜로울지 어리석을지(전 2:18-19), 그들이 네 재산으로 인하여 너를 기릴지 아니면 저주할지, 그 재산이 네 가족에게 유익이 될지 해가 될지, 그들이 네가 남겨준 재산으로 사람들에게 선을 행할지 해를 끼칠지, 네 재산을 잘 보존할지 허비해 버릴지를 알지 못한다. 또한 너는 네가 네 재산을 넘겨주기로 한 자들이 그 재산을 받아 누리지 못하고 네가 생각지도 못한 다른 사람에게 그 재산이 넘어가게 될지 어떨지도 알지 못한다. 너는 네 재산을 물려받을 자가 누구라는 것은 알겠지만, 결국 그 재산이 누구의 손으로 넘어가게 될 것인지는 알지 못한다." 사람들 중에는 자기가 죽은 후에 자기 집이 누구에게 넘어갈 것인지를 알 수 있다면 집을 아름답게 꾸미는 것이 아니라 집을 불태워 버리려고 할 자들이 많을 것이다.

다섯째, 그것은 그들의 어리석음이 드러나는 것이다. 세상적인 사람들은 살아 있는 동안에도 어리석은 자들이다: 이것이 바로 어리석은 자들의 길이다(시 49:13). 그러나 그들의 어리석음은 죽을 때에 가장 극명하게 드러나게 된다: 불의로 치부하는 자는 자고새가 낳지 아니한 알을 품음 같아서 그의 중년에 그것이 떠나겠고 마침내 어리석은 자가 되리라(렘 17:11). 왜냐하면, 그들이 지금까지 고생하면서 아등바등대며 이 세상에 쌓아둔 재물을 그들이 이제 서둘러 가야 할 저 세상에 가지고 갈 수 없다는 것이 죽을 때에는 아주 분명해지기 때문이다.

끝으로, 여기에 이 비유의 적용이 나온다(21절): 자기를 위하여 재물을 쌓아 두고 하나님께 대하여 부요하지 못한 자, 어리석은 자, 하나님이 보시기에 어리석은 자, 최고로 어리석은 자는 이와 같으니라. 이것이 그와 같은 자에게 정해진 길이요 말로(末路)이다. 좀 더 살펴보자.

1. 세상적인 사람에 대한 묘사: 그는 자기를 위하여, 몸을 위하여, 세상을 위하여, 하나님과 반대되는 자기 자신을 위하여, 부인되어야 하는 자기를 위하여 재물을 쌓아 둔다. (1) 마치 몸이 사람인 양, 그의 육체를 자기 자신으로 여긴 것

이 그의 잘못이다. 오직 참된 그리스도인만이 자기를 올바르게 이해하여 자기를 위하여 재물을 쌓아둠으로써 자기를 위하여 지혜로울 수 있다(잠 9:12). (2) 자기를 위하여 재물을 쌓아둔다고 하면서 실제로는 육체를 위하여 쌓아둔 것이 그의 잘못이다. 그의 모든 수고는 다 자기의 입을 위한 것이었고(전 6:7), 육체를 위한 것이었다. (3) 이렇게 세상과 몸과 현세의 삶을 위해서 쌓아둔 것들을 자신의 보화로 여긴 것이 그의 잘못이다. 그는 이 재물을 의지하였고 허비하였으며 이 재물에 애정을 쏟았다. (4) 무엇보다도 가장 큰 잘못은 그가 하나님께 대하여 부요하게 되는 것, 우리를 부요하게 하실 수 있는 하나님과의 결산에서 부요하게 되는 것(계 2:9), 하나님의 일들과 믿음에 부요해지는 것(약 2:5), 선한 일들과 의의 열매들에 부요해지는 것(딤전 6:18), 은혜들과 위로들과 영적인 은사들에 부요해지는 것에 관심을 갖지 않은 것이다. 이 세상의 재물로 부요한 자들 중에는 그들의 영혼을 부요하게 해주고 그 영혼을 하나님에 대하여 부요하게 해주며 영원한 세계를 위하여 부요하게 해주는 것이 완전히 결여되어 있는 자들이 많다.

2. 세상적인 사람의 어리석음과 비참함: 그런 자는 이와 같으니라. 일의 결국이 어떻게 될지를 아시는 우리 주 예수 그리스도께서는 여기에서 우리에게 그런 자의 결국이 무엇일지를 말씀해 주셨다. 영혼과 영원한 삶을 위한 저 세상에서의 부요함보다 단지 잠시 동안 몸을 위하여 이 세상에서의 부요함에 마음을 두고 추구하는 것은 대부분의 사람들이 범하는 이루 말할 수 없이 어리석은 짓이라는 것을 명심하라.

²²또 제자들에게 이르시되 그러므로 내가 너희에게 이르노니 너희 목숨을 위하여 무엇을 먹을까 몸을 위하여 무엇을 입을까 염려하지 말라 ²³목숨이 음식보다 중하고 몸이 의복보다 중하니라 ²⁴까마귀를 생각하라 심지도 아니하고 거두지도 아니하며 골방도 없고 창고도 없으되 하나님이 기르시나니 너희는 새보다 얼마나 더 귀하냐 ²⁵또 너희 중에 누가 염려함으로 그 키를 한 자라도 더할 수 있느냐 ²⁶그런즉 가장 작은 일도 하지 못하면서 어찌 다른 일들을 염려하느냐 ²⁷백합화를 생각하여 보라 실도 만들지 않고 짜지도 아니하느니라 그러나 내가 너희에게 말하노니 솔로몬의 모든 영광으로도 입은 것이 이 꽃 하나만큼 훌륭하지 못하였느니라 ²⁸오늘 있다가 내일 아궁이에 던져지는 들풀도 하나님이 이렇게 입히시거든 하물며 너희일

까보냐 믿음이 작은 자들아 ²⁹너희는 무엇을 먹을까 무엇을 마실까 하여 구하지 말며 근심하지도 말라 ³⁰이 모든 것은 세상 백성들이 구하는 것이라 너희 아버지께서는 이런 것이 너희에게 있어야 할 것을 아시느니라 ³¹다만 너희는 그의 나라를 구하라 그리하면 이런 것들을 너희에게 더하시리라 ³²적은 무리여 무서워 말라 너희 아버지께서 그 나라를 너희에게 주시기를 기뻐하시느니라 ³³너희 소유를 팔아 구제하여 낡아지지 아니하는 배낭을 만들라 곧 하늘에 둔 바 다함이 없는 보물이니 거기는 도둑도 가까이 하는 일이 없고 좀도 먹는 일이 없느니라 ³⁴너희 보물 있는 곳에는 너희 마음도 있으리라 ³⁵허리에 띠를 띠고 등불을 켜고 서 있으라 ³⁶너희는 마치 그 주인이 혼인 집에서 돌아와 문을 두드리면 곧 열어 주려고 기다리는 사람과 같이 되라 ³⁷주인이 와서 깨어 있는 것을 보면 그 종들은 복이 있으리로다 내가 진실로 너희에게 이르노니 주인이 띠를 띠고 그 종들을 자리에 앉히고 나아와 수종들리라 ³⁸주인이 혹 이경에나 혹 삼경에 이르러서도 종들이 그같이 하고 있는 것을 보면 그 종들은 복이 있으리로다 ³⁹너희도 아는 바니 집 주인이 만일 도둑이 어느 때에 이를 줄 알았더라면 그 집을 뚫지 못하게 하였으리라 ⁴⁰그러므로 너희도 준비하고 있으라 생각하지 않은 때에 인자가 오리라 하시니라

우리 주 예수께서는 여기에서 제자들에게 꼭 필요한 몇 가지 유익한 교훈을 다시 반복해서 말씀해 주신다. 주님께서는 앞에서도 이 교훈들을 말씀하신 바 있고, 이후에도 이 교훈들을 다시 역설하신다. 왜냐하면, 제자들은 교훈에 교훈을, 경계에 경계를 되풀이해서 받을 필요가 있었기 때문이다: "탐심과 이 세상 재물에 대한 지나친 욕심으로 인해서 멸망받는 자들이 너무도 많기 때문에, 그러므로 내가 나의 제자들인 너희에게 이르노니, 내가 하는 말을 주의해서 잘 들어라." 너 하나님의 사람아, 그리고 세상 사람아, 이것들을 피하라(딤전 6:11).

I. 그리스도께서는 살아가는 데에 꼭 필요한 것들에 대하여 걱정하고 염려하거나 고민하지 말라고 제자들에게 분부하셨다: 너희 목숨을 위하여 염려하지 말라(22절). 앞의 비유에서 그리스도께서는 세상의 부자들이 빠지기 쉬운 탐심의 한 측면, 즉 이 세상에서 풍족한 재물을 가지고 육체적인 향락에 빠져서는 안 된다는 것을 우리에게 경고하셨었다. 제자들은 그들에게는 많은 재물이 없기 때문에 그런 위험에 빠질 염려가 없다고 생각하였을 것이다. 그래서 그

리스도께서는 여기서 제자들과 같이 이 세상 재물을 거의 가지지 않은 자들이 빠지기 쉬운 탐심의 또 다른 측면에 대해서 제자들에게 경계하신다. 제자들은 원래 가진 것이 별로 없던 데다가 모든 것을 버리고 그리스도를 좇았기 때문에 살아가기가 빠듯해서, 살아가는 데에 꼭 필요한 것들을 놓고 매일 걱정하고 염려하였을 것이다: "너희 목숨을 위하여, 위험에 처해 있을 때에 너희 목숨을 보존하기 위해서나 먹을 것과 입을 것 등과 같이 너희 목숨을 위해 필요한 것들을 마련하기 위해서 무엇을 먹을까 무엇을 입을까 염려하지 말라." 이것은 그리스도께서 마태복음 6:25 이하에서 이미 역설하셨던 말씀이다. 여기에서 사용된 논증들도 거의 동일한 것으로서, 우리의 모든 염려를 하나님께 맡기라고 권고하기 위한 것인데, 이것은 우리가 염려로부터 벗어나서 평안하게 살 수 있는 올바른 방법이다. 좀 더 살펴보자.

1. 우리를 위해 큰 일을 해주신 하나님께서 우리에게 작은 일도 해주실 것을 우리는 믿고 의지할 수 있다. 하나님은 우리가 계획하거나 생각한 것도 아닌데 우리에게 목숨과 몸을 주셨다. 그러므로 우리는 목숨을 유지하기 위해 필요한 음식과 몸을 보호하는 데에 필요한 의복을 하나님께서 공급해 주시도록 기꺼이 맡길 수 있다.

2. 보잘것없는 피조물들을 먹이시고 입히시는 하나님께서 선한 그리스도인들을 먹이고 입히실 것을 우리는 믿고 의지할 수 있다. "먹을 것을 하나님께 의지하라. 왜냐하면, 하나님은 까마귀도 먹이시는 분이기 때문이다(24절). 까마귀들은 심지도 아니하고 거두지도 아니한다. 그것들은 무엇을 먹을까 미리 걱정하거나 수고하지 않아도, 하나님이 먹이시기 때문에, 먹을 것이 없어서 굶어죽지 않는다. 너희가 새보다, 까마귀보다 얼마나 더 귀한지를 생각해 보라. 입을 것을 하나님께 의지하라. 왜냐하면, 하나님은 백합화를 입히시는 분이기 때문이다(27-28절). 백합화는 그것들이 입을 옷을 준비하지 않는다. 그것들은 실도 만들지 않고 짜지도 아니하며, 땅에 박힌 뿌리는 벌거벗어서 아무런 치장도 없지만, 꽃이 피어나면, 기가 막히게 아름다운 옷을 입는다. 잠시 있다가 사라질 들풀도 하나님이 이렇게 입히시거든, 하물며 너희에게는 너희에게 꼭 맞는 옷으로 훨씬 더 잘 입히지 않겠느냐?" 하나님께서 광야에서 이스라엘을 만나로 먹이셨을 때에 그들에게 입을 것도 해결해 주셨다. 하나님은 그들에게 새 옷을 주지지는 않았지만, 그들이 입은 옷들이 해어지지 않게 해주셨다(신 8:4) 하나

님은 영적인 이스라엘도 이렇게 입히실 것이다. 그러므로 그들은 믿음이 적은 자들이 되어서는 안 된다. 지나친 염려는 믿음이 약한 데서 오는 것임을 명심하라. 하나님께는 모든 것이 풍성하다는 것, 하나님께서 우리와 계약을 맺으셔서 우리의 아버지가 되셨다는 것, 특히 현세 및 내세와 관련된 하나님의 귀한 약속들에 대한 굳건하고도 실천적인 믿음은 이와 같이 마음을 불안하게 하고 어쩔 줄 모르게 만드는 염려라는 요새들을 무너뜨릴 만큼 강력하기 때문이다.

3. 우리가 하는 염려는 쓸데없고 헛되며 하찮은 것이기 때문에, 그런 염려에 빠지는 것은 어리석은 짓이다. 염려하고 걱정한다고 해서 바라는 것이 이루어지는 것이 아니기 때문에, 우리는 염려로 인해서 평정(平靜)을 잃어서는 안 된다(25절): "너희 중에 누가 염려함으로 그 키를 한 자 또는 한 치라도 더할 수 있으며, 그 나이를 한 살 또는 한 시간이라도 더할 수 있느냐? 너의 키를 한 치라도 더할 수 없고, 가장 작은 일도 하지 못하면서, 너희는 어찌 너희 힘이 닿지 않고 하나님의 섭리에 맡겨야만 하는 다른 일들을 염려하느냐." 우리의 키와 마찬가지로 우리의 처지도 있는 그대로 받아들여서 거기에서 최선을 다하는 것이 지혜로운 일이다. 조바심치고 화내며 불평하고 염려한다고 해서 바뀌는 것은 아무것도 없을 것이기 때문이다.

4. 아무리 꼭 필요한 것들이라고 해도 이 세상의 것들을 얻으려고 지나치게 염려하는 것은 그리스도의 제자들에게 전혀 합당치 않다(29-30절): "다른 사람들이 어떻게 하든지간에, 너희는 무엇을 먹을까 무엇을 마실까 하여 구하지 말라. 고민과 염려로 너희 자신을 괴롭히지 말고, 끊임없는 수고로 너희 자신을 지치게 하지 말라. 먹을 것을 찾아 유리한(시 59:15) 다윗의 원수들 또는 멀리서 먹이를 살피는(욥 39:29) 독수리처럼, 너희는 무엇을 먹을까 무엇을 마실까 염려하여 이리 내달리고 저리 내달리지 말라. 그리스도의 제자들은 이렇게 그들이 먹을 양식을 구하러 다니는 것이 아니라, 하나님께 매일 일용할 양식을 구하는 것이 마땅하고, 근심하지 말아야 한다. 근심하지 말라의 원어인 메 메테오리제스데는 바람이 불 때마다 이리저리 날리는 공중의 티끌들처럼 되지 말라는 뜻이다. 티끌처럼 날아올랐다가 꺼지는 일을 반복하지 말고, 항상 일관되게 평정심을 유지하며, 한결같고 견실하고, 마음을 일정하게 하여라. 염려로 마음을 조리며 살지 말라. 괴로운 순간이 닥칠 때에라도 너희의 마음이 수망과 두려운 사

이에서 끊임없이 헤매이게 하지 말라." 하나님의 자녀들은 불안해해서는 안 되는데, 그 이유는 다음과 같다.

(1) 염려와 걱정은 하나님의 자녀들을 이 세상 사람들과 같이 만들어 버린다: "이 모든 것은 세상 백성들이 구하는 것이라(30절). 세상 사람들은 오직 몸만을 돌볼 뿐 영혼은 돌보지 않으며, 오직 이 세상만을 생각할 뿐 저 세상은 생각하지 않고, 먹고 마시는 것 이외에는 아무것도 구하지 않는 자들로서, 그들에게는 모든 것에 부요하신 하나님을 구하고 의지하는 것이 없기 때문에, 이러한 것들에 대한 걱정과 염려를 스스로 다 짊어진다. 그러나 그렇게 하는 것이 너희에게는 합당치 않다. 세상에서 나와서 거룩하게 살도록 부르심을 받은 너희는 세상에 영합하여 이 백성의 길로 가서는(사 8:11-12) 안 된다." 지나친 염려가 우리에게 덮칠 때, 우리는 이렇게 반문해 보아야 한다: "나는 무엇인가? 그리스도인인가 이교도인가? 세례받은 자인가 세례받지 않은 자인가? 내가 그리스도인이고 세례를 받은 자라면, 이방인들과 같이 되어서 그들처럼 그들이 구하는 것을 구해서야 되겠는가?"

(2) 하나님의 자녀들이 삶에 꼭 필요한 것들에 대하여 걱정하고 염려하는 것은 쓸데없는 짓이다. 왜냐하면, 그들에게는 그들을 돌보시고, 또한 돌보아 주시고자 하시는 아버지가 하늘에 계시기 때문이다: "너희 아버지께서는 이런 것이 너희에게 있어야 할 것을 아시고, 영광 가운데 그 풍성한 대로 너희 모든 쓸 것을 채우실 것이다. 하나님은 너희가 살아가는 데에 그런 것들이 필요하도록 만드신 너희의 아버지이시기 때문에, 그런 것들을 너희에게 공급해 주실 것이고, 하나님은 너희를 기르시며 교육하시고 너희를 위하여 유업을 마련하시는 너희의 아버지이시기 때문에, 너희에게 좋은 것이 부족하지 않도록 돌보실 것이다."

(3) 하나님의 자녀들에게는 그들이 마음을 쓰고 추구해야 할 더 좋은 것들이 있다(31절): "너희는 하나님의 나라를 구하고 거기에 마음을 써라. 나의 제자들인 너희는 하나님의 나라를 전할 자들이다. 너희의 사명에 마음을 두고, 어떻게 하면 그 사명을 잘 감당할 수 있을지에 너희의 마음을 쏟아라. 그러면 너희는 세상 일들에 대한 지나친 염려로부터 벗어나게 될 것이다. 그리고 영혼을 지닌 모든 자들로 하여금 하나님의 나라를 구하여 구원을 받게 하라. 그들은 오직 하나님의 나라 안에서만 안전할 수 있다. 하나님의 나라로 들어가고자 하

고, 하나님 나라 안에서 진보를 이루라. 은혜의 나라를 구하고, 그 나라의 신민 (臣民)이 되기를 구하라. 영광의 나라를 구하고, 그 나라에서 왕들이 되기를 구하라. 그러면, 하나님께서 이런 것들을 너희에게 더하시리라. 너희 영혼의 일들에 정성을 다해서 마음을 쓰고, 너희의 다른 모든 일들을 하나님께 맡겨라."

(4) 하나님의 자녀들에게는 그들이 기대하고 바라는 더 좋은 것들이 있다: 적은 무리여, 무서워 말라(32절). 지나친 염려를 없애기 위해서는 두려움을 억누를 필요가 있다. 앞으로 다가올 재난을 감지하고 두려움에 사로잡히게 되면, 결국 나중에 그것이 우리의 상상의 산물로서 기우에 지나지 않았다는 것이 판명될 때까지는, 우리는 어떻게 하면 그 재난을 피할까 하고 계속해서 염려하게 된다. 그래서 그리스도께서는 적은 무리여 무서워 말고 끝까지 소망을 가지라고 말씀하신다. 왜냐하면, 너희 아버지께서 그 나라를 너희에게 주시기를 기뻐하시기 때문이다. 이 위로의 말씀은 마태복음에는 나오지 않았다. [1] 이 세상에서 그리스도의 무리는 적은 무리이다. 그의 양 떼는 적고 연약하다. 이 세상이라는 광야에 비해 교회는 포도원, 동산, 작은 구역에 불과하다. 이러한 모습은 이스라엘 자손은 두 무리의 적은 염소 떼와 같고 아람 사람은 그 땅에 가득하였던(왕상 20:27) 것과 같다. [2] 그리스도의 무리는 적은 무리이고 원수들에 비해서 수적으로 절대적으로 열세여서 원수들에 의해서 압도당할 위험성이 있지만, 그럼에도 불구하고 그들이 무서워하지 않는 것이 그리스도의 뜻이다: "적은 무리여 무서워 말고, 위대하고 선한 목자의 보호하심과 인도하심 아래에서 너희가 안전하다는 것을 깨닫고 안심하라." [3] 하나님은 그리스도의 적은 무리에 속한 모든 자들을 위해서 세상의 왕들과 각 도의 진귀한 보화들보다 훨씬 귀한 영광의 면류관(벧전 5:4), 권세의 보좌(계 3:21), 이루 헤아릴 수 없는 부요가 있는 나라를 예비해 놓으셨다. 오른편에 있는 양들은 와서 그 나라를 상속받으라는 부르심을 받게 될 것이다. 그 나라는 영원히 그들의 나라이다. 각자에게 한 나라가 맡겨질 것이다. [4] 그 나라는 아버지의 기뻐하심을 따라서 주어진다. 그것은 너희 아버지의 기뻐하시는 바이다. 하나님께서 너희에게 어떤 빚을 져서 그 빚을 갚으려고 그 나라를 주시는 것이 아니라, 은혜, 거저 주시는 은혜, 주권적인 은혜로 너희에게 주시는 것이다. 그럴지라도 아버지께서 그렇게 하시는 것은 그것이 아버지께 선하게 여겨졌기 때문이다. 그 나라는 하나님의 것이다. 하나님께서 자기의 것을 자기 마음대로 못하시겠는가? [5] 그 나라를 소망

하고 기대하는 믿음이 이 세상에서 가지게 될 수 있는 그리스도의 적은 무리
의 두려움을 침묵시키고 사라지게 만든다. "환난을 무서워 말라. 왜냐하면, 비
록 환난이 닥쳐온다고 해도, 그 환난이 너희와 그 나라를 갈라놓지는 못할 것
이기 때문이다. 그 나라는 확실하고, 또한 가까이 왔다." (우리를 하나님의 사
랑에서 끊어놓을 수 없는 환난은 우리가 두려워 떨 만한 것이 아니다.) "너희
에게 필요한 어떤 것이 없다고 해서 겁내지 말라. 너희 아버지께서 그 나라를 너희
에게 주시기를 기뻐하시므로, 너희는 아버지께서 거기로 가는 너희의 비용도 부
담해 주실 것을 의심할 필요가 없기 때문이다."

**II. 그리스도께서는 제자들에게 그들의 보화를 하늘에 쌓아둠으로써 그들
의 영혼에 확실하게 좋은 일을 하라고 분부하셨다(33-34절).**   이렇게 한 자들
은 무슨 일을 당해도 아주 평안할 수 있다.

1. "이 세상과 이 세상에서 너희의 모든 소유에 마음을 두지 말라: 너희 소유를
팔아 구제하라. 즉, 너희에게 정말 필요한 것들로 구제하라는 것이 아니라, 너희
의 소유 중에서 너희 가족을 부양하고 남는 여분의 것들을 팔아서 그것을 가난
한 자들에게 주라는 것이다. 너희 소유가 그리스도를 섬기는 데에 방해가 되거
나 거추장스럽게 여겨진다면, 너희 소유를 팔아라. 너희가 예수를 증거했다는
이유로 벌금을 물거나 감옥에 갇히거나 추방을 당하게 되어서 조상으로부터 물
려받은 재산을 팔 수밖에 없게 되었다고 해도, 너희 자신이 망했다고 생각하지
말라. 너희 소유를 파는 것은 돈을 저축해 두기 위한 것이거나 이자놀이를 해
서 돈을 불리기 위한 것이 아니라, 구제하기 위한 것이다. 올바르게 구제하는
것은 가장 안전하게 가장 높은 이자로 저축하는 것이다."

2. "너희의 마음을 다른 세상에 두고, 너희의 기대를 저 세상에 두라. 낡아지지
아니하는 배낭, 결코 비워지지 않는 배낭, 금으로 채워진 것이 아니라 마음속의
은혜와 삶 속의 선행들로 채워진 배낭을 만들라. 이러한 배낭들은 영구적인
배낭들이다." 은혜는 영혼 속에 짜여져 일체가 되기 때문에 저 세상으로 우리
와 함께 가게 될 것이다. 그리고 우리의 선행들도 우리를 따를 것이다. 하나님은
불의하지 아니하사 선행들을 잊어버리지 아니하시기 때문이다. 이러한 것들이야
말로 우리를 영원히 부요하게 만들어줄 하늘에 둔 보물이 될 것이다. (1) 그것
은 고갈되지 않을 보물이다. 우리는 그 보물을 영원토록 사용하겠지만, 아무리
사용해도 그 보물은 전혀 줄어들지 않을 것이다. 바닥이 드러날까 걱정하지

쌓아도 된다. (2) 그것은 도둑맞을 걱정을 할 필요가 없는 보물이다. 왜냐하면, 거기에는 도둑도 가까이 하는 일이 없기 때문이다. 하늘에 쌓아둔 보물은 원수들의 손이 미치지 못한다. (3) 그것은 쌓아둔다고 해서 썩지도 않고 쓴다고 해서 소모되지도 않을 보물이다. 우리가 지금 입고 있는 의복들처럼 좀이 먹는 일도 없다. 우리가 비록 여기에 살고 있지만 우리의 마음이 거기에 가 있다면(34절), 우리가 하늘 나라를 많이 생각하며 그 나라를 계속해서 바라본다면, 우리가 그 나라에 대한 소망으로 깨어 있고 혹시나 그 나라에 들어가지 못하지는 않을까 하여 항상 두려운 마음을 지니고 있다면, 이로써 우리가 우리의 보물을 하늘에 쌓아두고 있다는 것이 드러난다. 그러나 너희가 이 땅과 거기에 있는 것들에 마음을 두고 있다면, 너희는 너희의 보물과 분깃을 땅에 쌓아두고 있는 것이고, 너희가 이 땅을 떠날 때에 그 모든 것이 무(無)로 돌아갈 것이다.

III. **그리스도께서는 제자들에게 그리스도께서 다시 오실 날을 대비하여 항상 깨어 있으라고 분부하셨다.**　　그 날에 하늘에 보물을 쌓아둔 모든 자들은 그 나라의 즐거움에 참여하게 될 것이다(35절 이하).

1. 그리스도는 우리의 주인이시고, 우리는 그의 종들이다. 우리는 일하는 종들일 뿐만 아니라 기다리는 종들, 그를 기다렸다가 시중을 들므로써 그에게 영광을 돌리기 위한 종들이다: 사람이 나를 섬기려면 나를 따르라. 어린 양이 어디로 인도하든지 따르라. 그러나 이것이 전부는 아니다: 그들은 그를 기다리며 그의 재림을 기대하는 것을 통해서 그에게 영광을 돌려야 한다. 우리는 밤늦게까지 밖에서 돌아오지 않는 주인을 기다리며 그를 영접할 준비를 갖추고 늦게까지 깨어서 기다리고 있는 종들과 같아야 한다.

2. 우리 주인이신 그리스도는 밖에서 성대하게 혼례를 치르기 위하여 우리에게서 떠나셨지만 그 혼례를 집에서 마무리하기 위하여 다시 돌아오실 것이다. 그리스도의 종들은 지금 그들의 주인이 영광스러운 모습으로 나타나실 것을 기대하면서 그 기대 속에서 모든 것을 행하는 상태에 있다. 그리스도께서는 오셔서 그의 종들이 한 일들을 살펴보실 것인데, 그 날은 결판의 날이 될 것이다. 종들은 그 날에 이루어질 심판에 따라서 그리스도와 함께 머물게 되거나 문 밖으로 쫓겨나게 될 것이다.

3. 우리 주님이 언제 돌아오실지는 확실하지 않다. 그 때는 그가 돌아오시

는 것이 많이 지체되어서 많은 사람들이 그를 기다리다 지쳐버린 밤중, 아마도 한밤중, 자정 직전인 이경이거나 자정 직후인 삼경일 것이다(38절). 그가 우리에게 오시는 때, 곧 우리의 죽음의 때는 불확실하고, 많은 사람들에게 그것은 전혀 예기치 않게 불시에 찾아올 것이다. 왜냐하면, 너희가 생각하지 않은 때에 사전에 그 어떤 예고도 없이 인자가 올 것이기 때문이다(40절). 이것은 그가 오실 때가 불확실하다는 것만을 말해주는 것이 아니라, 그가 오실 때에 대다수의 사람들은 그들에게 주어진 예고들을 완전히 무시한 채 아무런 생각 없이 안심하고 있을 것임을 말해준다! 그렇기 때문에, 그가 언제 오시든 그 때는 그들이 생각하지 않은 때일 것이다.

4. 주님이 종들에게 기대하고 요구하는 것은 그들이 그가 언제 오시든 곧 열어주려고 기다리는 것, 그를 영접할, 아니 그의 영접을 받아들일 만반의 준비를 갖추고 있는 것이다. 종들은 주인이 어디로 보내든 가고 무엇을 명하든 할 수 있도록 허리에 띠를 띠고 있어야 하고, 긴 옷은 어떤 일을 하는 데에 거추장스럽고 방해가 되기 때문에 긴 옷을 걷어부치고 있어야 하며, 등불을 주인 앞에 비추어 집으로 모셔들이고 침실까지 안전하게 안내해 드리기 위하여 등불을 켜고 서 있어야 한다.

5. 주님께서 오셨을 때에 만반의 준비를 다 갖추고 흐트러지지 않은 모습을 하고 있는 종들은 복이 있을 것이다(37절): 오랫동안 기다리면서도 계속 흐트러짐 없는 자세로 기다렸다가 마침내 주님이 와서 문을 두드리자마자 그 소리를 듣고 맞이하러 나가는 종들은 복이 있으리로다. 38절에도 그 종들은 복이 있으리로다는 말씀이 나오는데, 이것은 그 때가 그 종들이 영광을 받게 될 때이기 때문이다. 그들에게는 사람들 사이에서 좀처럼 찾아보기 어려운 영광이 주어질 것이다: 주인이 띠를 띠고 그 종들을 자리에 앉히고 나아와 수종들리라. 식탁에서 신랑이 신부에게 시중드는 것은 이상한 일이 아니지만, 신랑이 그의 종들에게 시중드는 것은 사람들의 방식이 아니다. 그렇지만 예수 그리스도께서는 섬기는 자로 제자들 가운데 계셨고, 한 번은 그의 겸비를 보여주시기 위해서 수건을 가져다가 허리에 두르시고 제자들의 발을 씻으시기도 하셨다(요 13:4-5). 이것은 주 예수께서 제자들을 다른 세상으로 영접하실 때에 그들에게 있을 기쁨을 의미하는 것이었다. 주님은 아버지께서 그들을 귀히 여기시리라(요 12:26)고 말씀하셨고, 그들을 영접할 준비를 하시기 위해서 먼저 가셨다.

6. 그러므로 우리는 그가 언제 오실지 그 정확한 때를 모르기 때문에 항상 깨어서 준비하고 있어야 한다. 어떤 사람이 적의 공격이 언제 있을지를 사전에 미리 알고서 그 공격에 대비하였다면, 그것은 별로 칭찬할 일이 아니다. 집주인이 아무리 부주의한 자라고 할지라도, 만일 도둑이 어느 때에 이를 줄 알았더라면, 깨어 있다가 도둑을 물리쳤을 것이다(39절). 그러나 우리는 어느 때에 경보(警報)가 울릴지 알지 못하고 있기 때문에, 항상 경계를 늦추지 말고 깨어서 기다려야 한다. 또한 이것은 이 큰 일을 믿지 않고 부주의한 자들이 당하게 될 불행을 암시하는 것이기도 하다. 집주인이 어느 날 밤에 도둑이 올 것임을 알았다면, 그는 앉아서 기다렸다가 그의 집을 지켰을 것이다. 그러나 우리는 안일함에 빠져서 안심하고 있는 모든 죄인들을 당황하게 하고 멸망시키기 위하여 주님이 밤중에 도둑처럼 오실 것임을 알고 있으면서도, 깨어서 준비하고 있지 않는다. 세상 사람들은 자기 집을 지키는 데에 그렇게 주의를 기울이고 관심을 가지지만, 우리는 우리의 영혼을 지키는 데에 그렇게 지혜로워야 한다. 도둑이 어느 때에 이를 줄 알고 있는 집주인처럼, 너희도 준비하고 있으라.

[41]베드로가 여짜오되 주께서 이 비유를 우리에게 하심이니이까 모든 사람에게 하심이니이까 [42]주께서 이르시되 지혜 있고 진실한 청지기가 되어 주인에게 그 집 종들을 맡아 때를 따라 양식을 나누어 줄 자가 누구냐 [43]주인이 이를 때에 그 종이 그렇게 하는 것을 보면 그 종은 복이 있으리로다 [44]내가 참으로 너희에게 이르노니 주인이 그 모든 소유를 그에게 맡기리라 [45]만일 그 종이 마음에 생각하기를 주인이 더디 오리라 하여 남녀 종들을 때리며 먹고 마시고 취하게 되면 [46]생각하지 않은 날 알지 못하는 시각에 그 종의 주인이 이르러 엄히 때리고 신실하지 아니한 자의 받는 벌에 처하리니 [47]주인의 뜻을 알고도 준비하지 아니하고 그 뜻대로 행하지 아니한 종은 많이 맞을 것이요 [48]알지 못하고 맞을 일을 행한 종은 적게 맞으리라 무릇 많이 받은 자에게는 많이 요구할 것이요 많이 맡은 자에게는 많이 달라 할 것이니라 [49]내가 불을 땅에 던지러 왔노니 이 불이 이미 붙었으면 내가 무엇을 원하리요 [50]나는 받을 세례가 있으니 그것이 이루어지기까지 나의 답답함이 어떠하겠느냐 [51]내가 세상에 화평을 주려고 온 줄로 아느냐 내가 너희에게 이르노니 아니라 도리어 분쟁하게 하려 함이로라 [52]이후부터 한 집에 다섯 사람이 있어 분쟁하되 셋이 둘과, 둘이 셋과 하리니 [53]아버지가 아들과, 아들이 아버지와, 어머니가 딸과, 딸이 어머니

와, 시어머니가 며느리와, 며느리가 시어머니와 분쟁하리라 하시니라

이 단락에는 다음과 같은 내용들이 나온다.

I. 베드로가 앞의 비유를 듣고 그리스도께 던진 질문(41절): "주께서 이 비유를 언제나 주님을 따라다니고 있는 사역자들인 우리에게 하심이니이까, 아니면 주님으로부터 가르침을 받고자 온 모든 사람, 모든 청중들, 모든 그리스도인들에게 하심이니이까?" 베드로는 전에도 종종 그랬듯이 여기서도 제자들의 대변자로 나섰다. 이와 같이 앞에 나서서 사람들의 입장을 대신 말해주는 사람이 있다는 것은 다행스런 일이다. 하지만 그런 역할을 하는 자들은 교만하지 않도록 주의하여야 한다. 지금 베드로는 그리스도께서 앞의 비유를 누구를 대상으로 말씀하셨는지를 직접 설명해주시기를 원하고 있다. 베드로는 앞에서 그리스도께서 하신 말씀을 비유(parable)라고 불렀다. 왜냐하면, 그 말씀이 단지 비유적(figurative)이었을 뿐만 아니라 무게 있고 견고하며 교훈적이었기 때문이었다. 베드로는 "주여, 이 비유가 우리를 향한 것입니까, 아니면 모든 사람을 향한 것입니까?"라고 물었다. 이 질문에 대해서 그리스도께서는 직설적으로 대답하셨다: 내가 너희에게 하는 이 말은 모든 사람에게 하는 말이니라(막 13:37). 그렇지만 여기에서 그리스도께서는 이 비유가 일차적으로 사도들을 대상으로 하신 것임을 보여주시는 것 같다. 우리는 그리스도께서 하신 말씀이 우리를 위하여 무슨 의도로 말씀하신 것인지를 살피는 데에 관심을 가져야 한다: 주께서 이 말씀을 우리에게 하심이니이까? 내게 말씀하신 것입니까? 주여, 말씀하옵소서. 주의 종이 듣겠나이다. 이 말씀이 나를 향한 것입니까? 내 심중에 말씀하옵소서.

II. 이 질문에 대하여 그리스도께서 베드로를 비롯한 제자들에게 대답하심. 그리스도께서 앞서 하신 말씀이 특별히 제자들에게만 국한하여 하신 것이 아니라 그의 종들로서 항상 깨어서 그리스도의 다시 오심을 기다려야 하는 모든 그리스도인들에게도 하신 것이라면, 여기에 나오는 말씀은 그리스도의 집에서 청지기 역할을 하는 사역자들을 특히 염두에 둔 것이다. 이제 우리 주 예수께서 그들에게 어떤 말씀을 하셨는지를 살펴보자.

1. 청지기로서 그들의 의무는 무엇이고, 그들에게 맡겨진 일은 무엇인가? (1) 그들은 집주인인 그리스도 아래에서 하나님의 권속을 다스리는 자들이다. 사역

자들은 복음을 전하고 그리스도의 성례전들을 집례하며 은혜의 계약의 표지들을 적용하는 권세를 그리스도로부터 받은 자들이다. (2) 그들의 일은 하나님의 자녀들과 종들에게 양식을 적절하게 나누어 주고, 자신에게 맡겨진 자들에게 죄를 깨닫게 하고 위로를 주는 것이다 ― 모든 사람에게 각자에 맞게(suum cuique). 이것은 진리의 말씀을 옳게 분별하는 것이다(딤후 2:15). (3) 그들은 때를 따라, 즉 그들에게 맡겨진 자들의 성질과 형편에 맞는 시기와 방식을 따라 양식 ― 지친 자에게 시기적절한 말씀 ― 을 나누어 주어야 한다. (4) 이렇게 함으로써 그들은 스스로 지혜롭고 신실하다(개역에서는 지혜 있고 진실한)는 것을 입증해야 한다. 그들은 이와 같이 큰 일을 맡기신 주님께 신실해야 하고, 그들에게 맡겨진 큰 일을 통해서 유익을 얻게 될 동료 종들에게 신실해야 한다. 또한 그들은 지혜롭게 행함으로서 주님께 영광을 돌리고 하나님의 권속들을 섬길 기회를 잘 활용하여야 한다. 사역자들은 노련함과 동시에 신실해야 한다.

2. 그들이 스스로 신실하고 지혜롭다는 것을 입증했을 때에 그들의 복은 무엇인가(43절)? 그 종은 복이 있으리로다. 그 종은 어떤 종인가? (1) 게으르거나 안일함에 빠져 있지 않고 행하고 있는 종. 하나님의 권속을 다스리는 자들일지라도 행하여야 하고, 스스로 모든 사람의 종이 되어야 한다. (2) 마땅히 해야 할 일을 행하고 있는 종, 즉 공적인 설교와 개인적인 적용을 통해서 하나님의 권속들에게 양식을 나누어 주는 종. (3) 주님께서 오실 때에 그렇게 행하고 있다는 것이 발견되는 종. 중도에 만날 수 있는 온갖 어려움들에도 불구하고 끝까지 참고 견디는 종. 이제 이런 종의 복은 주인이 작고 보잘것없는 일에 충성한 청지기에게 자신의 모든 소유를 맡기는 큰 영광을 주는 것을 통해서 예시된다. 이런 청지기에게는 더 크고 중요한 일이 맡겨지게 될 것이다(44절): 주인이 그 모든 소유를 그에게 맡기리라. 이것은 파라오의 왕궁에서 요셉에게 일어난 일이었다. 주님으로부터 신실했다는 평가를 받은 사역자들은 주님의 날에 그들의 신실함에 대한 상을 풍성하게 받게 되는 추가적인 긍휼을 얻게 될 것이다.

3. 그들이 기대에 어긋나게 신실하지 않았을 때에 어떤 두려운 심판이 그들을 기다리고 있는가(45-46절)? 종이 싸움을 일삼고 권한을 남용하기를 밥 먹듯이 한다면, 그 종은 결산하러 불려가서 혹독한 벌을 받게 될 것이다. 우리는 이미 마태복음에서 이것을 모두 살펴보았기 때문에, 여기서는 다음과 같은 것

들만을 살펴보기로 하자. (1) 우리는 그리스도의 재림을 아주 먼 일로 여기기 때문에, 재림을 생각할 때에 너무도 끔찍한 온갖 난잡한 행위들을 범하게 된다: 그 종은 마음에 생각하기를 주인이 더디 오리라 한다. 그리스도의 오래 참으심은 그리스도께서 더디 오시는 것으로 너무도 자주 잘못 해석되어서, 이로 인해서 그의 백성들은 낙심하고 그의 원수들은 고무된다. (2) 하나님의 백성을 박해하는 자들은 보통 무사안일함과 방탕에 빠지게 된다. 수산 성이 어지러울 때에 왕과 하만이 함께 앉아 마셨던 것과 마찬가지로, 그런 자들은 남녀 종들을 때리며 먹고 마시고 취한다. 이렇게 그들은 그들의 마음에 와서 정면으로 꽂히는 양심의 소리를 침묵시키고 좌절시키기 위해서 술을 마신다. (3) 죽음과 심판은 모든 악한 자들에게 너무도 끔찍한 일이겠지만, 악한 사역자들에게는 특히 그럴 것이다. 그러한 것은 그들에게 불시에 임할 것이다 — 생각하지 않은 날 알지 못하는 시각에. 그 날에 그들은 영원한 형벌을 선고받고서 영원히 고통받게 될 것이다. 그들은 따로 분리되어서 믿지 않는 자들(개역에서는 신실하지 아니한 자)이 받는 벌에 처해지게 될 것이다.

4. 자기가 할 일을 알면서도 행하지 않은 자들의 죄와 형벌은 무엇이 가중되는가(47-48절)? 주인의 뜻을 알고도 준비하지 아니하고 그 뜻대로 행하지 아니한 종은 많이 맞을 것이요 — 그는 더 중한 벌을 받게 될 것이다. 알지 못하고 맞을 일을 행한 종은 적게 맞으리라 — 그의 벌은 사정을 감안해서 경감될 것이다. 여기에는 알지 못하고 지은 죄와 알고도 지은 죄를 구분해서 벌하는 율법(레 5:15; 민 15:29-30)과 죄의 성격에 따라서 죄수에게 태형을 가하는 또 다른 율법(신 25:2-3)이 간접적으로 암시되어 있는 것 같다. (1) 우리가 해야 할 일을 알지 못한 경우에는 죄가 경감된다. 부주의나 무관심 때문에 주인의 뜻을 알지 못했거나 다른 사람들처럼 주의 뜻을 알게 되는 기회를 갖지 못한 자가 맞을 일을 행했다면, 그는 자기가 해야 할 일을 알 수 있었는데도 자신의 잘못으로 알지 못한 것이기 때문에 맞을 것이지만, 적게 맞으리라. 몰랐다는 것은 약간의 변명은 되겠지만, 그 책임이 완전히 면제되지는 않는다. 유대인들은 이렇게 알지 못하여서 그리스도를 죽였고(행 3:17; 고전 2:8), 그리스도께서는 그들이 무지해서 그런 것이라고 하나님께 그들의 죄를 사하여 주실 것을 탄원하셨다: 자기들이 하는 것을 알지 못함이니이다. (2) 우리가 해야 할 일을 알았다면 우리의 죄는 더 무거워진다: 주인의 뜻을 알고도 그 뜻대로 행하지 아니하고 자기 뜻

대로 한 종은 많이 맞을 것이다. 하나님께서 주신 지식이라는 방편을 잘못 사용한 자는 더 큰 벌을 받는 것이 마땅하다. 왜냐하면, 하나님께서 그 지식을 다른 사람들에게 주었더라면 그들은 그 지식을 더 잘 사용했을 것이고, 또한 알고서도 죄를 지은 것은 고의적으로 하나님을 경멸한 정도가 심한 것이기 때문이다. 그런 자들은 많은 양심의 가책을 받을 뿐만 아니라 얼마나 중한 벌을 받게 될 것인가! 아들아, 명심하라. 그러므로 다음과 같은 말씀이 첨가된 것은 당연하다: 무릇 많이 받은 자에게는 많이 요구할 것이요 많이 맡은 자에게는 많이 달라 할 것이니라. 특히 그것이 그에게 맡겨진 것일 때에는 그는 장차 그것에 대하여 결산하고 책임을 져야 한다. 다른 사람들보다 더 많은 마음의 능력들을 지닌 자들, 더 많은 지식과 학식을 지닌 자들, 성경에 대하여 더 많이 알고 정통한 자들은 많이 받은 자들이기 때문에 책임도 클 것이다.

III. 그리스도께서 장차 당하시게 될 고난과 그의 제자들이 살아가면서 겪게 될 고난에 관한 추가적인 말씀.　내가 불을 땅에 던지러 왔다(49절). 어떤 이들은 이 구절을 복음을 전파하며 거룩한 불인 성령을 부어주시는 것을 의미하는 것으로 이해한다. 그리스도께서는 이 불을 세상에 던져서 세상을 정화시키고 그 더러운 찌꺼기를 제거하며 그 가라지를 태워없애기 위하여 오셨고, 그 불은 이미 붙었다. 복음은 전파되기 시작하였다. 성령을 부어주심에 대한 몇몇 전조들이 있었다. 그리스도께서는 성령과 불로 세례를 베푸셨다. 이 성령은 불의 혀 같은 모양으로 임하였다. 그러나 뒤에 나오는 말씀에 비추어 볼 때에 이 구절을 박해의 불로 이해하는 편이 더 나은 것 같다. 이 불은 그리스도로부터 시작되는 것이 아니다. 이 불을 지르는 죄를 범하는 자들은 박해자들이다. 그러나 그리스도께서는 그 불을 허용하실 뿐만 아니라, 박해받는 자들을 시련을 통해서 단련시키도록 그 불을 붙이는 것을 박해자들에게 위임하신다. 이 불은 그리스도와 그의 제자들에 대한 육적인 유대인들의 적대감 속에서 이미 붙었다. "이 불이 붙도록 내가 무엇을 하리요? 너희가 하고자 하는 일을 속히 하라. 이 불이 이미 붙었는데, 내가 무엇을 하리요. 내가 그 불이 꺼지기를 기다려야 할까? 아니다. 그 불은 나 자신과 모두에게 닥쳐야 한다. 그래야 그 불은 하나님의 영광을 더하게 될 것이다."

1. 그리스도께서는 스스로 많은 고난을 당하셔야 한다. 그는 이미 붙은 이 불을 통과해야 한다(50절): 나는 받을 세례가 있다. 환난들은 불과 물에 비유되

는데(시 66:12; 69:1, 2), 그리스도의 고난도 이 두 가지에 비유되었다. 그리스도께서는 고난을 세례라고 부르신다(마 20:22). 왜냐하면, 이스라엘이 구름에서 세례를 받았듯이 그도 고난으로 뿌림을 받았으며, 이스라엘이 바다에서 세례를 받았듯이 그도 고난에 깊이 적셔지셨기 때문이다(고전 10:2). 그리스도는 그 자신의 피와 그의 원수들의 피로 뿌림을 받으셔야 한다(사 63:3). (1) 그리스도께서 자기가 고난당하실 것을 미리 아심. 그는 자기가 무슨 일을 겪을 것인지와 그 일을 반드시 겪어야 한다는 것을 아셨다: 나는 받을 세례가 있다. 그는 자기가 받을 고난을 그 고난을 경감시키는 이름으로 부른다 ― 그것은 대홍수가 아니라 세례이고, 나는 그 고난에 빠져 죽는 것이 아니라 잠시 잠길 뿐이다. 그는 자기가 받을 고난을 그 고난을 성화시키는 이름으로 부른다 ― 세례는 거룩한 예식이기 때문에 고난을 성화시키는 이름이다. 그리스도께서는 그의 고난을 통해서 아버지의 영광을 위하여 자기 자신을 바치셨고, 자기 자신을 영원한 제사장으로 성별시키셨다(히 7:27-28). (2) 그리스도께서 고난을 향하여 앞장 서서 나아가심: 그것이 이루어지기까지 나의 답답함이 어떠하겠느냐! 그는 그의 고난이 가져올 영광스러운 결과를 바라보는 가운데 그가 고난을 받고 죽어야 할 때가 어서 오기를 갈망하였다. 그것은 해산하는 여자의 심정과 흡사한 것이었다. 해산하는 여자는 아기가 빨리 태어나기를 원해서 해산할 때의 고통을 기꺼이 받아들이고, 산고(産苦)의 시간이 짧도록 하기 위해서 그 고통이 심하기를 바란다. 그리스도의 고난은 그의 영혼의 산고였다. 그가 이 산고를 기꺼이 감당하고자 하는 것은 이 산고를 통해서 그의 씨를 보고자 하기 때문이다(사 53:10-11). 이와 같이 그리스도의 마음은 인간의 구속과 구원에 집중되어 있었다.

2. 그리스도께서는 제자들에게 그들도 역경과 난관들을 견뎌내야 한다고 말씀하신다(51절): "내가 세상에 화평을 주려고 온 줄로 아느냐? 내가 너희에게 이 땅에서 편안히 살고 풍족한 재물로 잘 살아가도록 하기 위해서 온 줄로 아느냐?" 이것은 제자들이 그와 같은 생각을 품고 있었음을 암시해준다. 즉, 그들은 복음이 보편적으로 환영을 받을 것이고, 사람들이 복음을 누구나 이의 없이 받아들임으로써 복음을 전하는 자들은 잘 나가는 큰 인물들이 될 것이며, 그리스도께서는 그들에게 외관상의 화려함과 권력을 주시지는 않더라도 적어도 화평은 주실 것이라고 생각하고 있었다. 또한 제자들은 메시야의 나라에서 이

루어질 화평 — 그들은 이 화평을 외적인 화평으로 이해하고자 하였다 — 에 관하여 말하는 구약의 여러 구절들에 의해서 고무되어 있었다. 그리스도께서는 이렇게 말씀하신다: "그러나 너희의 생각은 오산이 될 것이다. 결과는 정반대가 될 것이니, 헛된 기대를 가지고 괜히 좋아하지 말라. 너희는 다음과 같은 것들을 알게 될 것이다."

(1) "복음 전파의 결과는 분쟁이 될 것이다." 복음의 목적과 그 본래적인 성향은 거룩한 사랑 안에서 사람들을 서로 연합시키고 한데 묶어주는 것이기 때문에, 모든 사람이 복음을 받아들인다면, 복음 전파의 결과는 그런 것이 될 것이다. 그러나 세상에는 복음을 받아들이려 하지 않을 뿐만 아니라 심지어 배척하는 많은 자들이 있어서, 그런 자들은 복음 전파로 인해서 그들의 죄악된 모습이 뚜렷하게 드러나는 것을 보고, 복음을 받아들이는 자들에게 분노하기 때문에, 결국 복음의 전파가 분쟁을 촉발시키는 원인이지는 않지만 실마리가 된다. 이방 세계에서는 강한 자가 무장을 한 채 자기 궁궐을 지키기만 하면, 그의 소유는 무사할 수 있었다. 모두가 한 길을 갔기 때문에, 모든 것이 조용하였다. 여러 학파에 속한 철학자들도 대체로 서로 잘 통하였고, 여러 다른 신들을 섬기는 자들도 그러하였다. 그러나 복음이 전파되고, 많은 사람이 복음에 의해서 깨우침을 받아서, 사탄의 권세에서 벗어나 하나님께로 돌아오게 되자, 소리가 나고 움직이며(겔 37:7) 소란이 발생하였다. 어떤 이들은 복음을 받아들여서 스스로를 성별하였고, 또 어떤 이들은 그렇게 한 사람들에 대하여 분노하였다. 또한 복음을 받아들인 사람들 가운데서도 사소한 일들에 대하여 서로 다른 견해를 보인 것이 분쟁의 실마리가 되기도 하였다. 그리스도께서는 그리스도인들이 서로를 용납하고 인내하는 법을 배우고 실천하도록(롬 14:1-2) 거룩한 목적을 위하여 그것을 허용하셨다(고전 11:18).

(2) "이러한 분쟁은 각 개인의 가정에까지 미칠 것이고, 복음의 전파로 인해서 가장 가까운 혈육 가운데서도 불화가 생겨날 것이다"(53절): 한 쪽이 그리스도인이 되고 다른 쪽이 그렇지 않았을 때, 아버지가 아들과, 아들이 아버지와 분쟁하리라. 왜냐하면, 그리스도인이 된 쪽은 다른 쪽도 그리스도인이 되도록 하기 위하여 말과 행동으로 열심히 설득할 것이기 때문이다(고전 7:16). 바울도 회심하자마자 변론하였다(행 9:29). 믿는 쪽이 그의 신앙과 순종을 통해서 믿지 않는 쪽의 불신앙과 불순종이 잘못되었음을 증거하고 징죄하면, 불신앙

을 계속해서 고집하는 쪽은 분노하여 믿는 쪽을 미워하고 박해하게 될 것이다. 완고함과 박해의 영은 혈육과 천륜이라는 가장 강력한 유대도 깨뜨려 버릴 것이다. 마태복음 10:35. 24:7을 보라. 어머니와 딸도 종교 문제로 갈라설 것이다. 믿지 않는 자들은 어떤 사람이 아무리 친하고 사랑스럽다고 해도 그가 믿는 자인 경우에는 기꺼이 피에 굶주린 박해자들의 손에 넘겨줄 정도로 포악하고 잔인해질 것이다. 우리는 사도행전 속에서 복음이 들어가는 곳마다 박해가 일어난 것을 볼 수 있다. 복음은 어디서든지 반대를 받았고(행 28:22), 이도로 말미암아 적지 않은 소동이 있었다(행 19:23). 그러므로 그리스도의 제자들은 세상에서 화평을 누릴 줄로 생각하지 말아야 한다. 왜냐하면, 그들은 이리 가운데로 보내진 양들이기 때문이다.

[54]또 무리에게 이르시되 너희가 구름이 서쪽에서 이는 것을 보면 곧 말하기를 소나기가 오리라 하나니 과연 그러하고 [55]남풍이 부는 것을 보면 말하기를 심히 더우리라 하나니 과연 그러하니라 [56]외식하는 자여 너희가 천지의 기상은 분간할 줄 알면서 어찌 이 시대는 분간하지 못하느냐 [57]또 어찌하여 옳은 것을 스스로 판단하지 아니하느냐 [58]네가 너를 고발하는 자와 함께 법관에게 갈 때에 길에서 화해하기를 힘쓰라 그가 너를 재판장에게 끌어 가고 재판장이 너를 옥졸에게 넘겨 주어 옥졸이 옥에 가둘까 염려하라 [59]네게 이르노니 한 푼이라도 남김이 없이 갚지 아니하고서는 결코 거기서 나오지 못하리라 하시니라

그리스도께서는 앞 단락에서 제자들을 향하여 그들에게 합당한 교훈을 하신 후에 이제 여기에서는 무리들을 향하여 그들에게 합당한 교훈을 하신다(54절). 그는 무리에게 이르셨다: 그는 목회자들에게(ad clerum) 설교하신 것과 마찬가지로 무리들에게(ad populum) 설교하셨다. 전체적으로 보아서, 그리스도께서는 무리들에게 그들의 외적인 생활에서와 마찬가지로 그들의 영혼의 문제에서도 지혜롭게 처신하도록 교훈하셨다. 그는 특별히 두 가지 문제를 지적하셨다.

I. 그들은 그들을 향한 하나님의 길을 분별하고 거기에 따라서 준비하는 법을 배워야 한다. 그들은 날씨를 잘 알아맞추는 자들이었기 때문에, 바람과 구름의 움직분을 보고서 언제 소나기가 오며 언제 심히 더울지를 미리 알 수 있었

다(54-55절). 또한 그들은 날씨가 어떨지를 예견한 것에 따라서 건초나 곡식을 창고에 들여놓거나 밖에 내놓기도 하고, 여행 준비를 하기도 하였다. 날씨의 변화와 관련해서조차 하나님은 장차 어떻게 될지를 우리에게 경고해 주시고, 기압을 측정하는 인간의 기술도 날로 진보되어 왔다. 여기에 언급된 날씨 예측은 일련의 여러 원인들에 대한 반복적인 관찰을 통해서 얻어졌다: 우리는 지금까지 되어진 일을 보고서 앞으로 될 일을 예측한다. 경험은 유익하다. 주어진 예고를 살핌으로써 우리는 앞으로 될 일을 예고할 수 있다. 이와 같이 관찰해서 배우는 자는 지혜로운 자이다. 좀 더 살펴보자.

1. 예측의 실례(實例)들: "너희가 구름이 서쪽에서(히브리인들은 바다에서라고 말한다) 이는 것을 보면, 그것이 처음에는 사람의 손 만한 작은 구름일지라도(왕상 18:44), 너희는 곧 말하기를 소나기가 오리라 하나니 과연 그러하다. 또 너희가 남풍이 부는 것을 보면 말하기를 심히 더우리라 하나니 과연 그러하니라(아프리카의 더운 나라들이 유대 땅 남쪽으로 멀지 않은 곳에 있기 때문에)." 그렇지만 자연은 그러한 틀에 매여 있는 것이 아니어서, 종종 우리의 예측은 빗나간다.

2. 예측 활동으로부터의 교훈(56절): "지혜로운 척하지만 실제로는 지혜롭지 못하고 메시야와 그의 나라를 기다리는 척하지만(유대인들이 대체로 그랬기 때문에) 결코 그 나라를 받아들이거나 영접하고자 하지 않는 외식하는 자여, 너희가 어찌 이 시대는 분간하지 못하느냐? 너희는 구약의 예언들을 통해서 주어진 표지(標識)들에 비추어서 지금이 메시야가 나타날 때이고 메시야에 관한 묘사에 비추어서 내가 메시야라는 것을 어찌하여 분간하지 못하는 것이냐? 어찌하여 너희는 너희에게 지금 하나님의 나라에 참여하여 그 나라의 특권들을 얻을 수 있는 기회가 주어지고 있다는 것을 깨닫지 못하느냐? 이런 기회는 오랫동안 지속되지 않을 것이고 다시는 결코 오지 않을 것이다." 지금은 은혜 받을 만한 때요, 이런 기회는 지금이 아니면 다시는 결코 주어지지 않을 것이다. 자기의 시기를 알지 못하는(전 9:12) 것이 인간의 어리석음이자 불행이다. 하나님께서 그들을 찾아오신 날(개역에서는 보살핌 받는 날)을 알지 못한(눅 19:44) 것이 그 세대 사람들이 멸망한 원인이었다. 그러나 지혜로운 자는 때와 심판을 분간한다. 이것이 잇사갈 자손들이 지닌 지혜였다. 그들은 시세(때)를 알았다(대상 12:32). 그리스도께서는 이런 말씀을 덧붙이신다. "요란한 경보가

울리지 않았다고 해도, 너희는 어찌하여 옳은 것을 스스로 판단하지 아니하느냐 (57절). 너희는 순전히 하늘의 계시에 속한 일들에 둔감하고 아랑곳하지 않으며 너희에게 주어진 단서들을 받아들이지 않을 뿐만 아니라, 자연의 빛과 법칙 자체가 알려주는 것에도 둔감하다." 기독교는 이치(理致)에 맞고 자연스러운 양심에 맞는다. 무엇이 옳은지를 자유롭게 판단할 수 있는 자들이라면, 그들은 그리스도께서 하신 모든 말씀들이 옳다는 것과 그 말씀들에 순복하고 그 말씀들의 지배를 받는 것보다 그 자체로 더 정당하고 더 합당한 것은 없다는 것을 곧 발견하게 될 것이다.

II. 그들은 너무 늦기 전에 서둘러서 하나님과 화해하여야 한다(58-59절). 우리는 마태복음 5:25-26에서 여기에서와는 다른 상황 속에서 이 말씀을 살펴본 바 있다.

1. 세상사에 있어서도 우리가 다툴 수 없는 자들과는 우리의 권리가 배제되고 엄격한 법의 심판대 앞에 서게 되기 전에 우리를 고발하고자 하는 자와 화해해서 가장 좋은 조건으로 합의를 보는 것이 현명한 일이다: "네가 너를 고발하는 자와 함께 법관에게 갈 때에 그가 너를 상대로 소송을 제기하는 경우에 그가 유리하여 네가 패소할 위험성이 크다는 것을 안다면, 그와 너 사이에서 이 일을 매듭짓는 것이 가장 현명한 처사라는 것을 너는 알고 있다. 재판을 받고 법에 따른 형벌을 받지 않으려면, 너는 길에서 화해하기를 힘써서 놓여날 수 있도록 해야 한다." 지혜로운 자들은 분쟁을 극단적으로 몰고 가지 않고, 적절한 때에 화해를 시도한다.

2. 우리는 우리 영혼의 문제와 관련해서 이와 같이 하여야 한다. 우리는 죄로 말미암아 하나님을 우리의 대적, 우리를 고발하는 자로 만들었고, 우리를 향한 그의 진노를 격발시켰기 때문에, 정당한 권리와 힘이 모두 하나님께 있다. 따라서 법정에서든 몸싸움에서든 끝까지 하나님과 싸워보리라고 생각하는 것은 무모한 일이다. 모든 심판의 권한을 위임받으신 그리스도는 법관이시고, 우리가 그 앞에 서야 할 날이 속히 다가오고 있다: 우리가 그리스도의 심판대 앞에 서서 우리가 옳다고 고집한다면, 재판은 분명히 우리에게 불리하게 진행되어서, 재판장은 판결을 집행하는 관리인 옥졸에게 우리를 넘겨줄 것이고, 옥졸은 우리를 지옥이라는 감옥에 가둘 것이며, 우리는 모든 빚을 다 갚기 전에는 거기에서 나오지 못하게 될 것이다. 우리는 우리가 진 빚을 다 갚을 수 없

는데도, 한 푼이라도 남김이 없이 갚을 때까지 빚을 갚으라고 요구받을 것이지만, 우리는 영원히 그 빚을 갚을 수 없을 것이다. 그리스도의 고난은 짧았지만, 그 고난의 가치는 우리의 모든 빚을 다 갚아줄 수 있을 정도로 큰 것이었다. 저주받은 죄인들은 그리스도의 고난의 가치를 덧입지 못하기 때문에 그들이 진 빚을 영원토록 고통으로 보상하지 않으면 안 된다. 이것을 생각할 때, 우리는 우리를 고발하는 자로서의 하나님의 손에서 벗어나서 우리의 아버지이신 하나님의 손을 붙잡으려고 힘써야 하는데, 우리는 이 일을 길에서 하여야 한다 — 여기에서는 우리가 이 화해를 길에서 이루도록 힘써야 한다는 점을 강조한다. 길에서라는 말은 우리가 살아 있는 동안을 의미한다. 그리고 지금이 너무 늦기 전에 그리스도(법관이자 중보자)로 말미암은 회개와 믿음을 통해서 분쟁을 끝낼 때이다. 이렇게 하나님은 그리스도 안에서 세상을 자기와 화목하게 하셨고, 우리에게 화해하자고 간청하신다. 우리는 이러한 은혜를 주시려고 뻗으신 주님의 손을 붙잡음으로써 하나님과 화해를 이루어야 한다(사 27:4-5). 왜냐하면, 우리가 서로 한 뜻이 될 때까지 우리는 함께 걸을 수 없기 때문이다.

제
— 13 —
장

개요

이 장에는 다음과 같은 내용들이 나온다. I. 최근에 빌라도에 의해서 예루살렘 성전에서 제사를 드리고 있던 갈릴리 사람들이 학살되었다는 소식을 들으신 후에 그리스도께서 주신 교훈(1-5절). II. 앞 단락에서 그리스도께서 우리에게 요구하신 그 회개에 합당한 열매를 맺어야 한다고 경고하는 열매 맺지 못하는 무화과 나무에 대한 비유(6-9절). III. 그리스도께서 안식일에 가엾은 병든 여자를 고치시고, 그 일이 옳음을 말씀하심(10-17절). IV. 겨자씨 비유와 누룩 비유의 반복(18-22절). V. 그리스도께서 구원받을 자의 수에 관한 질문에 대답하심(23-30절). VI. 그리스도께서 헤롯의 악의와 위협을 무시하시고, 예루살렘의 파멸을 선포하심(31-35절).

[1] 그 때 마침 두어 사람이 와서 빌라도가 어떤 갈릴리 사람들의 피를 그들의 제물에 섞은 일로 예수께 아뢰니 [2] 대답하여 이르시되 너희는 이 갈릴리 사람들이 이같이 해 받으므로 다른 모든 갈릴리 사람보다 죄가 더 있는 줄 아느냐 [3] 너희에게 이르노니 아니라 너희도 만일 회개하지 아니하면 다 이와 같이 망하리라 [4] 또 실로암에서 망대가 무너져 치어 죽은 열여덟 사람이 예루살렘에 거한 다른 모든 사람보다 죄가 더 있는 줄 아느냐 [5] 너희에게 이르노니 아니라 너희도 만일 회개하지 아니하면 다 이와 같이 망하리라

이 단락에는 다음과 같은 내용들이 나온다.

I. 최근에 빌라도가 어떤 갈릴리 사람들을 죽여서 그들의 피를 그들의 제물에 섞은 소식이 그리스도께 전해짐(1절). 좀 더 살펴보자.

1. 이 비극적인 이야기는 무엇이었는가? 이 이야기는 여기에만 짤막하게 언급되어 있을 뿐이고, 당시의 어떤 역사가들의 기록에도 나오지 않는다. 요세푸스(Josephus)는 빌라도가 어떤 종파의 지도자의 인솔하에 사마리아인들의 성전이 있는 그리심 산으로 떠들썩하게 올라가고 있던 몇몇 사마리아인들을

죽였다고 언급한다. 그러나 우리는 그 이야기를 여기에 나오는 이야기와 동일한 것이라고 결코 여길 수 없다. 어떤 이들은 본문에 나오는 갈릴리 사람들이 가이사의 권위를 부정하고 그에게 공세를 바치기를 거부하였던 갈릴리 사람 유다(행 5:37)로도 불렸던 유다 가울로니타(Judas Gaulonita)의 파당에 속한 자들이었을 것이거나 갈릴리 지역에 통치권이 미치지 않아서 유다와 연루된 자들을 색출해낼 수 없었던 빌라도가 이 사람들이 갈릴리 사람들이라는 것을 빌미 삼아서 유다의 파당에 속한 것으로 의심하여 야만적으로 학살한 것이었다고 생각한다. 갈릴리 사람들은 헤롯의 신민(臣民)들이었기 때문에, 빌라도가 자행한 이 사건으로 인해서 23:12에 언급된 헤롯과 빌라도 간의 불화가 생겨난 것일 가능성이 높다. 학살된 갈릴리 사람들의 수는 본문에 정확히 언급되어 있지 않고, 단지 몇몇(개역에서는 어떤)이라고만 되어 있는데, 아마도 빌라도는 이 몇몇 갈릴리 사람들에 대하여 특별히 반감을 품고 있었던 것 같다(그래서 요세푸스는 이 이야기를 기록하지 않았을 것이다). 그러나 본문에 언급된 정황을 보면, 빌라도는 성전 뜰에서 어떤 갈릴리 사람들의 피를 그들의 제물에 섞었다. 그들은 빌라도가 그들에게 품고 있던 악감을 두려워할 이유가 있었음에도 불구하고, 그러한 두려움을 핑계 삼아서 예루살렘으로 안 가려고 하지 않았다. 율법에 의하면, 그들은 예루살렘으로 가서 희생제사를 드려야 했기 때문이다. 라이트푸트 박사는 그들이 희생제물들을 스스로 잡아서 죽이면서(제사장의 직무는 피를 뿌리는 것으로부터 시작되었기 때문에 희생제물을 잡는 일은 예배자들에게 허용되었다) 방심하고 있을 때에(갈릴리 사람들은 보통 때에는 혈기왕성한 자들이었고 일반적으로 잘 무장되어 있었다) 빌라도의 군사들이 불시에 들이닥쳐서 그들을 죽여서 희생제사를 드리는 자들의 피와 희생제물의 피를 섞었을(마치 그런 것을 하나님이 열납하기라도 하실 것처럼) 것이라고 생각한다. 거룩한 장소나 거룩한 일은 하나님을 두려워하지 않고 사람을 무시하는 불의한 재판장의 광분(狂奔)으로부터 그들을 보호해 주지 못하였다. 성스러운 피난처였던 제단은 이제 덫과 함정의 장소, 위험과 살육이 도사린 장소가 되었다.

2. 왜 이 때에 이 소식이 우리 주 예수께 전해졌는가? (1) 사람들은 그리스도께서 이 소식을 아직 듣지 못하였을 것이라고 생각하였고, 또한 이 소식을 듣고 그들이 애통해했듯이 그리스도께서도 애통해하실 것이라고 믿었을 것이

다. 갈릴리 사람들은 그들의 동향 사람들이었기 때문이다. 우리는 하나님의 섭리에 의해서 일어난 슬픈 사건들도 잘 살펴보고 다른 사람들에게 알려서, 그들과 우리가 그 사건들에 적절하게 반응하고 거기로부터 좋은 교훈을 얻을 수 있도록 하여야 한다. (2) 이 소식은 그리스도께서 앞 장의 끝부분에서 옥졸에게 넘겨져서(즉, 죽어서) 옥에 갇힘으로써 합의를 하기에 너무 늦게 되기 전에 적절한 때에 하나님과 화해하여야 한다고 말씀하신 것을 확증해 주는 것으로 의도된 것 같다: 사람들은 "주님, 여기에 갑자기 옥졸에게 넘겨진 자들, 예기치 않은 죽음을 맞은 자들에 관한 최근의 예가 있는 것으로 볼 때에 우리도 모두 준비를 하고 있어야 할 것입니다"라고 말하였다. 하나님의 말씀을 해설하는 것과 하나님의 섭리를 목격함으로써 그 말씀을 우리 자신에게 강화시키는 것은 둘 다 유익한 일이다. (3) 사람들은 그리스도께서 갈릴리 사람이고 선지자이며 고향에 큰 관심을 가지고 있음을 알고서, 그를 부추겨서, 갈릴리 사람들을 죽인 빌라도에게 복수할 길을 찾고자 한 것일 수도 있다. 혹시 그들이 이런 유의 생각을 하고 있었다면, 그것은 큰 오산이었다. 왜냐하면, 그리스도는 지금 빌라도의 손에 넘겨져서, 그의 피가 그의 희생제물에 섞이는 것이 아니라 자기 자신이 곧 희생제물이 되기 위해서 예루살렘으로 올라가시고 있던 중이었기 때문이다. (4) 사람들은 그리스도께서 예배하기 위하여 예루살렘으로 올라가는 것을 막고자 하는 의도에서 이 소식을 전했을 수도 있다(22절). 사람들은 빌라도가 흉계를 꾸며서 어떤 갈릴리 사람들을 죽였던 것과 마찬가지로 그리스도의 일행을 압살롬처럼 희생제사를 빙자해서 **반란**을 획책한 것으로 몰아부쳐서 자신의 폭정을 정당화하기라도 하려는 듯이 그리스도를 해칠지도 모른다고 생각했기 때문이었다. 지금은 약간 누그러져 있는 빌라도를 다시 건드려서 화나게 하지 않으려면, 그리스도께서 당분간 예루살렘으로 가서 모습을 드러내는 일이 없도록 하는 것이 상책이라고 사람들은 생각하였다. (5) 그리스도의 대답으로 보건대, 사람들은 이 소식을 악의적으로 **빈정거리며** 그리스도께 전했던 것으로 보인다. 사람들의 생각은 이랬던 것 같다: 비록 빌라도가 갈릴리 사람들을 죽인 것은 불의한 일이지만, 그 갈릴리 사람들도 분명히 남모르게 나쁜 짓을 저지른 악한 사람들이었을 것이다. 그렇지 않다면, 빌라도가 그들을 이렇게 야만적으로 죽이도록 하나님이 허락하지 않으셨을 것이다. 이런 생각은 대단히 괘씸하고 못된 것이었다. 갈릴리 사람들은 희생제사를 드리다가 죽임을 당하였고, 그들의 경건으로 인해서 희생을 당했을 것임에도 불구하고, 사람들은 그들을 순교자로 여기려 하지 않고, 오히려 그 어떤 증거도 없이 그들을 행악자들로 간주해 버린 것이다. 사람들이 그렇게 생각한 데는 아마도 그 갈릴리 사람들이 그들의 파당이나 종파에 속하지 아니하였고, 그들과 다르고 차이가 있었다는 것 외에 다른 이유가 없었을 것이다. 사람들은 의로울 뿐만 아니라 영광스러운 평가를 받아야 했던 갈릴리 사람들의 죽음을 아무런 근거도 없이 하나님이 그들에게 내린 의로운 심판으로 여긴 것이다.

II. 이 소식을 전해 들으신 그리스도의 반응.

1. 그리스도께서는 이 사건을 해석하시면서, 이와 비슷한 사건, 즉 이스라엘 사람들이 갑작스런 참사를 당하여 죽은 또 다른 사건을 보조적으로 인용하셨다. 실로암 망대가 무너져서 열여덟 사람이 깔려 죽은 사건이었다. 라이트푸트 박사는 이 망대는 벳새다 연못이라고도 불렸던 실로암 못과 붙어 있어서, 못 옆에 있던 망대의 입구인 현관에는 병자들이 물의 움직분을 기다리고 있었는데, 무너진 망대에 깔려서 죽은 사람들은 바로 이들이었거나 성전 예배를 위해서 성전에서 가까웠던 이 못에서 몸을 씻기 위해 온 사람들이었을 것이라고 추측한다. 그들이 누구였든지 간에 그것은 슬픈 사건이었다. 그렇지만 우리는 그러한 슬픈 사건들을 자주 듣는다: 분명히 사람은 자기의 시기도 알지 못하나니 물고기들이 재난의 그물에 걸리고 새들이 올무에 걸림 같이 인생들도 재앙의 날이 그들에게 홀연히 임하면 거기에 걸리느니라(전 9:12). 안전을 위해서 세워진 망대들이 사람들을 죽게 만드는 일이 종종 있다.

2. 그리스도께서는 청중들에게 이와 같은 사건들을 악용하거나 이런 기회를 틈타서 큰 고통을 당한 자들이 마치 큰 죄인들이라도 되는 양 비난하는 일이 없도록 주의를 주셨다: 너희는 희생제사를 드리다가 죽은 이 갈릴리 사람들이 이같이 해 받으므로 다른 모든 갈릴리 사람보다 죄가 더 있는 줄 아느냐? 너희에게 이르노니 아니라(2-3절). 아마도 그리스도께 빌라도에게 죽은 갈릴리 사람들에 관한 이야기를 전해준 사람들은 유대인들이었을 것이고, 그들은 갈릴리 사람들을 비방할 만한 거리가 되는 이야기들을 즐겨 하던 자들이었을 것이다. 그래서 그리스도께서는 갑작스럽게 죽음을 맞이하게 된 예루살렘에 거하는 사람들에 관한 이야기로 그들에게 응수하셨다. 왜냐하면, 우리가 헤아리는 그 헤아림으로 우리가 헤아림을 받을 것이기 때문이다. "너희는 실로암 못가에서 병 고

침 받기를 기대하며 있다가 실로암 망대가 무너져서 죽음을 맞이한 열여덟 사람이 예루살렘에 거한 다른 모든 사람보다 하나님의 심판을 받아 마땅한 죄인들인 줄 아느냐? 너희에게 이르노니 아니라." 이 세상에서 받는 고통과 고난에 비추어서 사람들의 죄를 판단할 수 없다는 것은 우리에게 유리하든 불리하든 우리가 명심해야 할 법칙이다. 왜냐하면, 많은 사람들이 타서 없어져야 할 찌꺼기나 가라지가 아니라 정련되어야 할 금으로서 용광로에 던져지기 때문이다. 그러므로 욥의 친구들이 욥을 비난하여 더 큰 고통을 안겨주었듯이, 우리는 남들보다 더한 고통을 당하는 자들을 비난하는 가혹한 짓을 해서는 안 된다. 이것은 혹시 우리가 의인의 세대를 정죄하는 잘못을 범하지 않기 위함이다(시 72:14). 우리가 남을 심판하고자 한다면, 우리는 이미 스스로 심판받기에 충분한 짓을 하고 있는 것이다. 또한 사실 사랑을 받을는지 미움을 받을는지 사람이 알지 못하는 것은 모두 그들의 미래의 일들임이니라. 모든 사람에게 임하는 그 모든 것이 일반이라(전 9:1-2). 만약 이 세상에서 고통을 당하는 것이 자신의 죄 때문이라면, 우리는 권력을 쥐고 영화를 누리는 빌라도 같은 압제자들은 위대한 성인들이고, 눈물로 세월을 보내며 위로자도 없고 제단을 수종드는 제사장들이나 레위인들도 없는 압제받는 자들, 특히 갈릴리 사람들은 가장 큰 죄인들이라고 결론을 내려야 할 것이다. 우리는 다른 사람들을 비난할 때에 입장을 바꿔놓고 생각해 보아야 한다. 왜냐하면, 우리가 비판하는 그 비판으로 우리도 비판을 받게 될 것이기 때문이다: 비판을 받지 아니하려거든 비판하지 말라(마 7:1).

3. 그리스도께서는 이 이야기들을 토대로 각각의 이야기 끝에 너희에게 이르노니 아니라 너희도 만일 회개하지 아니하면 다 이와 같이 망하리라(3, 5절)는 경고의 말씀을 덧붙여서 회개를 촉구하신다. (1) 이 말씀은 만약 우리가 거룩하게 드리는 성물과 관련된 죄에 따라서 처벌을 받았다면 우리는 모두 그들과 마찬가지로 멸망받아 마땅한 자들로서 오래 전에 하나님의 심판에 의해서 우리의 피가 우리의 희생제물에 섞였을 것임을 보여준다. 우리는 죄인들일 뿐만 아니라 그들처럼 큰 죄인들이고, 그들에게 큰 죄가 있었다면 우리에게도 그 만큼 큰 죄가 있다는 것을 명심하고, 남들에 대한 비판을 자제하여야 한다. (2) 그러므로 우리는 모두 우리가 지금까지 저지른 잘못들을 회개하고 가슴 아파해야 하며, 더 이상 그런 잘못을 저지르지 않도록 애써야 한다. 다른 사람들에 대한

하나님의 심판은 우리에게 회개하라고 촉구하는 큰 외침이다. 그리스도께서는 그가 오신 저 큰 목적, 즉 우리의 회개를 위하여 모든 것들을 활용하셔서 우리에게 기회를 주시고 회개하라고 간곡하게 청하신다. (3) 회개는 멸망받는 것을 피할 수 있는 유일한 길이고, 확실한 길이다: 오직 회개하면, 죄가 너희의 파멸이 되지 않을 것이다. (4) 만약 우리가 회개하지 않는다면, 우리도 우리 이전의 다른 사람들과 마찬가지로 분명히 멸망받게 될 것이다. 어떤 이들은 이와 같이라는 말에 강조점을 두고서, 이 말이 유대 백성들, 특히 예루살렘에 임할 멸망을 암시하는 것으로 해석한다. 유대 백성들은 유월절에 로마군에 의해서 멸망당했고, 여기에 나오는 갈릴리 사람들과 마찬가지로 그들의 피가 그들의 희생제물에 섞여졌다. 그리고 예루살렘과 여러 성읍들에 살던 많은 백성들은 실로암 망대가 무너져 죽은 사람들과 마찬가지로 성벽과 건물이 무너져내려서 거기에 깔려 죽었다. 그러나 이러한 견해는 분명히 너무 나간 것이다. 어쨌든 회개하지 않는다면, 우리는 그들이 이 세상에서 멸망받은 것과 마찬가지로 영원히 멸망받게 될 것이다. 하나님의 나라가 가까이 왔기 때문에 회개하라고 우리에게 외치셨던 예수께서는 우리가 멸망받지 않으려면 회개하라고 우리에게 명하신다. 이렇게 하여 주님께서는 우리 앞에 생명과 죽음, 선과 악을 놓으시고, 우리에게 선택하도록 하셨다. (5) 다른 사람들을 심판하는 일에 아주 가혹했던 자들이 회개하지 않고 멸망받을 때에 그들이 받을 형벌은 특히 무거울 것이다.

⁶이에 비유로 말씀하시되 한 사람이 포도원에 무화과나무를 심은 것이 있더니 와서 그 열매를 구하였으나 얻지 못한지라 ⁷포도원지기에게 이르되 내가 삼 년을 와서 이 무화과나무에서 열매를 구하되 얻지 못하니 찍어버리라 어찌 땅만 버리게 하겠느냐 ⁸대답하여 이르되 주인이여 금년에도 그대로 두소서 내가 두루 파고 거름을 주리니 ⁹이후에 만일 열매가 열면 좋거니와 그렇지 않으면 찍어버리소서 하였다 하시니라

이 비유는 앞서의 경고의 말씀을 강화하기 위한 것이다: "너희도 만일 회개하지 아니하면 다 이와 같이 망하리라. 너희의 삶을 고치지 않는다면, 너희는 열매를 맺지 못하여 찍어버려지는 무화과 나무처럼 멸망받게 될 것이다."

I. 이 비유는 일차적으로 유대 나라 및 민족과 관련되어 있다. 하나님은 그들을 자기 백성으로 택하셔서 그와 가까이 있게 하셨고, 다른 어느 민족보다도 그를 알고 섬길 수 있는 특권을 주시고서, 그들로부터 합당한 의무를 행하고 순종할 것을 기대하셨다. 만약 그들이 이 기대를 저버리지 않고 행하였다면, 하나님은 그것을 열매로 여기셔서, 그들이 그를 찬양하고 그에게 영광을 돌린 것으로 여기셨을 것이다. 그러나 그들은 그의 기대를 저버렸다: 그들은 그들의 의무와 본분을 다하지 않았다. 그들은 그들의 신앙 고백을 영예롭게 한 것이 아니라 욕되게 하였다. 그러자 하나님은 당연히 그들을 버리고 끊어내며, 그들에게서 하나님의 교회이자 백성으로서의 특권들을 박탈하시고자 결심하셨다. 그러나 옛적에 모세가 중보기도를 하였던 것처럼 그리스도께서 중보기도를 하시자, 하나님은 그들에게 회개할 수 있는 시간을 주시는 긍휼을 베푸셨다. 하나님은 그들 가운데 사도들을 보내셔서 그들에게 회개를 촉구하고 회개하는 경우에는 그리스도의 이름으로 죄 사함을 주실 것임을 전하게 하심으로써 한 해를 더 두고 보셨다. 그들 가운데 일부는 회개하고 열매를 맺게 되었는데, 그것은 정말 잘 된 일이었다. 그러나 유대 민족의 대다수는 계속해서 회개하지 않고 열매를 맺지 못하였기 때문에, 돌이킬 수 없는 파멸이 그들에게 임하게 되었다. 40년 후에 그들은 세례 요한이 말한 대로(마 3:10) 도끼로 찍혀서 베어져서 불 속에 던져졌다. 이 비유는 세례 요한이 한 말을 확장한 것이다.

II. 그렇지만 이 비유는 의심할 여지 없이 추가적인 의도를 지니고 있다. 그것은 은혜의 방편들과 눈에 보이는 교회의 특권들을 향유한 모든 자들에게 그들의 마음의 성향과 삶의 진로가 그들의 신앙 고백과 그들에게 주어진 기회들에 합당한 것이 되어야 한다는 것 — 그것이 바로 하나님이 요구하신 열매이기 때문에 — 을 일깨우기 위한 것이다. 좀 더 살펴보자.

1. 이 무화과 나무가 지니고 있었던 이점들. 이 무화과 나무는 좋은 땅인 포도원에 심겨져 있었다. 이 무화과 나무는 포도원(포도 나무를 심기 위한 땅)에 심겨져 있었기 때문에 보통 길가(마 21:19)에서 자라는 다른 무화과 나무들과는 달리 포도원지기가 정성껏 공을 많이 들여서 돌보아주었다. 이 무화과 나무는 한 사람의 소유여서, 가꾸느라고 비용도 많이 들었다. 하나님의 교회는 다른 평범한 포도원들과는 구별되게 울타리가 쳐져 있는 하나님의 포도원이라

는 것을 명심하라(사 5:1-2). 우리는 세례를 받아서 이 포도원에 심겨진 무화과 나무들이다. 우리는 눈에 보이는 교회 안에서 자신의 자리와 이름을 지니고 있는데, 이것이 우리의 특권이자 복이다. 그것은 특별한 은총이다. 하나님은 다른 민족들을 그렇게 대우하지 않으셨다.

2. 주인이 이 무화과 나무에 걸었던 기대: 주인은 와서 그 열매를 구하였다. 그가 열매를 기대한 것은 당연한 일이었다. 주인이 사람을 보내지 않고 직접 왔다는 것은 그가 열매를 얻기를 얼마나 바랐는지를 보여준다. 그리스도께서는 열매를 구하기 위하여 이 세상에 오셨고, 자기 백성인 유대인들에게 오셨다. 하늘의 하나님은 그의 포도원에 한 자리를 차지하고 있는 모든 자들에게 열매를 요구하시고 기대하신다는 것을 명심하라. 하나님은 복음을 향유한 자들이 과연 복음에 합당한 삶을 사는지를 지켜 보고 계신다. 하나님은 그들이 향유한 은혜의 방편들을 통해서 점점 더 선한 삶을 살아가고 있음을 보여주는 증거들을 찾으신다. 잎사귀들이 주여, 주여라고 부르짖어 보았자 아무 소용이 없을 것이다. 잘 피어 있고 장래 열매를 맺을 가망성이 큰 꽃들도 아무 소용이 없을 것이다. 열매라야만 한다. 우리의 생각과 말과 행동이 복음과 빛과 사랑에 의한 것이어야 한다.

3. 주인의 실망: 주인은 단 한 개의 무화과 열매도 얻지 못하였다. 복음의 특권들을 누리면서도 하나님의 영광을 위하여는 아무것도 하지 않고 그들에게 그러한 특권들을 맡긴 목적에 합당한 삶을 살아가지 못하는 사람들이 너무도 많다는 것은 슬픈 일이다. 이것은 하나님에게는 실망이고, 사람들에게 은혜를 전해주는 성령에게는 큰 슬픔이 아닐 수 없다.

(1) 주인은 여기서 열매를 얻지 못하자 포도원지기에게 한탄한다: 나는 열매를 구하고자 왔지만 실망하였다. 나는 하나도 얻지 못하였다. 내가 포도를 구하였으나, 들포도뿐이로다. 주인은 이러한 상황을 몹시 서글퍼하였다.

(2) 다음과 같은 두 가지 이유 때문에 주인의 실망은 더욱 컸다: [1] 주인이 오랫동안 기다렸는데도 헛수고가 되고 말았다는 것. 주인은 많은 열매가 아니라 단지 열매 맺기만을 기대하였을 만큼 그의 기대 수준은 그리 높지 않았기 때문에, 서둘지 않고 해마다 삼년을 왔다. 이것을 유대인들에게 적용한다면, 주인은 포로기 이전에 한 번, 그 이후에 한 번, 세례 요한과 그리스도의 복음 전파를 통해서 한 번, 이렇게 세 번을 오셨다는 것이 된다. 또는, 이것은 이제 끝

나가고 있었던 그리스도의 공생애 사역의 3년이라는 기간을 암시하는 것일 수도 있다. 어쨌든 이 비유는 일반적으로 우리에게 하나님이 복음을 향유하고 서도 열매를 맺지 못하는 많은 자들에게 얼마나 오래 참고 계시는가를 가르쳐 준다. 우리가 이 오래 참으심을 악용한다면, 하나님의 진노는 우리에게 훨씬 더 엄중하게 임하게 될 것이다. 하나님께서 우리에게 삼년을 오셔서 열매를 구하였지만 얻지 못하거나 거의 얻지 못한 것이나 다름없거나 얻지 못한 것보다 더 나쁜 상황을 겪으신 적이 얼마나 많은가! [2] 이 무화과 나무는 열매를 맺지 못하였을 뿐만 아니라 주인에게 해를 끼쳤다는 것. 이 무화과 나무는 땅을 버려놓았다. 이 나무는 열매를 맺을 나무가 들어설 자리를 차지하고서는 그 주변의 모든 나무들에게 해를 끼쳤다. 선을 행하지 않는 자들은 일반적으로 그들의 악한 본보기를 통해서 다른 사람들에게 영향을 미침으로써 해악을 끼친다는 것을 명심하라. 그런 자들은 선한 자들을 슬프게 하고 낙심시킨다. 그런 자들은 악한 자들을 고무시키고 더욱 완악하게 만든다. 그 나무가 크고 높고 사방으로 퍼진 나무이고 수명이 긴 나무라면, 그 해악은 더욱 클 것이고, 땅도 더 많이 황폐해질 것이다.

4. 이 무화과 나무에 내려진 심판. 찍어버리라. 주인은 포도원지기인 그리스도, 모든 심판을 위임받은 그리스도, 그리스도의 이름으로 이러한 심판을 선고할 수 있는 사역자들에게 이렇게 말씀하셨다. 열매를 맺지 못하는 나무들은 찍어버리는 것 외에 다른 것을 기대할 수 없다는 것을 명심하라. 열매를 내지 못하는 포도원이 울타리가 헐리고 아무나 들어오도록 내버려지는 것과 마찬가지로(사 5:5-6), 포도원에서 열매를 맺지 못하는 나무들은 포도원 밖으로 내던져져서 말라죽게 된다(요 15:6). 믿지 않는 유대인들은 하나님의 심판, 특히 영적인 심판을 받고 찍어버려진다(사 6:9-10). 그들은 죽음에 의해서 찍어버려져서 지옥의 불 속으로 던져진다. 땅을 버리게 하는 나무를 그냥 둘 이유가 어디 있는가? 그런 나무를 포도원에서 자리를 차지하도록 내버려둘 이유가 어디 있는가?

5. 이 무화과 나무를 위한 포도원지기의 중보기도. 그리스도는 위대한 중보자이시다. 그는 항상 살아계셔서서 우리를 위하여 중보기도를 하신다. 사역자들은 중보기도자들이다. 포도원을 돌보는 그들은 포도원을 위해서 중보기도를 하여야 한다. 우리는 우리가 복음을 전하는 대상인 사람들을 위하여 기도하여야

한다. 왜냐하면, 우리는 우리 자신을 하나님의 말씀과 기도에 의탁하여야 하기 때문이다. 좀 더 살펴보자.

(1) 포도원지기는 무엇을 기도하였나? 그것은 유예 기간을 달라는 것이었다: 주인이여, 금년에도 그대로 두소서. 그는 "주인이여, 그 나무를 결코 찍어버리지 마옵소서"라고 기도한 것이 아니라, "주여, 지금은 아니오니, 포도원지기를 해고하지 마시고, 이슬을 거두지 마시며, 그 나무를 뽑아버리지 마옵소서"라고 기도하였다. [1] 열매 맺지 못하는 나무는 얼마쯤 두고 보는 것이 바람직하다. 하나님께서 옛적 세상에 120년의 기간을 주어서 하나님과 화해하게 하셨던 것과 마찬가지로, 회개의 은혜를 받지 못한 자들에게 회개할 말미를 주는 것이 긍휼이다. [2] 열매 맺지 못하는 나무들이 즉시 찍혀서 버려지지 않는 것은 위대한 중보자이신 그리스도 덕분이다. 그리스도의 중보가 없었더라면, 온 세상은 아담의 죄로 인해서 이미 찍혀서 버려지고 말았을 것이다. 그리스도께서는 하나님께 주인이여, 그대로 두소서라고 말씀하셨다. 그리스도는 만물을 붙들고 계시는 분이다. [3] 우리도 열매 맺지 못하는 무화과 나무들에게 긍휼을 베푸셔서 말미를 주시라고 하나님께 기도할 용기를 얻는다: "주여, 그들을 그대로 두소서. 얼마 동안 말미를 주셔서 그들을 살펴보옵소서. 그들에게 좀 더 참으시고, 은혜를 입기까지 기다려 주옵소서." 이렇게 우리는 하나님의 진노를 돌려놓기 위하여 중간에 서서 기도하여야 한다. [4] 긍휼하심에 의한 유예 기간도 잠시뿐이다. 금년에도 그대로 두소서. 일년은 짧은 시간이지만, 시험해 보기에는 충분한 시간이다. 하나님께서는 오랫동안 참으셨을 때, 우리는 하나님이 좀 더 참아주실 것을 소망할 수 있지만, 하나님이 언제까지나 참으실 것을 기대해서는 안 된다. [5] 우리를 위한 다른 사람들의 기도를 통해서 기간 유예는 가능할 수 있지만, 죄 사함은 다른 사람들의 기도로는 안 된다. 죄 사함이 있기 위해서는 반드시 우리의 믿음, 회개, 기도가 있어야 한다. 그렇게 하지 않고서는 죄 사함은 없다.

(2) 포도원지기는 이 유예 기간을 어떻게 활용하겠다고 약속하였는가? 내가 두루 파고 거름을 주리이다. [1] 일반적으로 우리의 기도들은 언제나 우리의 노력에 의해서 밑받침되어야 한다. 포도원지기는 이렇게 말하는 것으로 보인다: "주인이여, 아무래도 내가 맡은 일을 충실하게 하지 못한 것 같나이다. 그러나 금년에도 그대로 두소서. 그러면 내가 열매가 맺히도록 전보다 더 많은 노력

을 하겠나이다." 이렇게 우리는 기도를 통해서 하나님의 은혜를 구하면서 우리의 의무를 다하겠다는 겸손하면서도 결연한 의지를 보여야 한다. 그렇게 하지 않는다면, 우리는 하나님을 조롱하는 것이 되고, 우리가 기도한 긍휼하심을 받기에 합당하지 않은 자들이 될 것이다. [2] 특히 우리 자신이나 다른 사람들에게 은혜를 베풀어 달라고 하나님께 기도할 때, 우리는 기도한 대로 은혜의 방편들을 열심으로 활용하여야 한다. 포도원지기는 자기가 할 본분을 다 하겠다고 다짐하였는데, 이것은 사역자들에게 그들의 본분을 다하도록 가르치는 것이다. 그는 그 무화과 나무 주위를 두루 파고 거름을 주겠다고 하였다. 우리는 열매 맺지 못하는 그리스도인들을 묵은 땅을 갈 듯이 율법의 엄중함을 통해서 각성시키고, 그런 후에 나무를 잘 자라게 하기 위하여 거름 역할을 하는 복음의 약속들로 격려하여야 한다. 이 두 가지 방법은 모두 시도되어야 한다. 전자는 후자를 위한 준비이다.

(3) 포도원지기는 어떤 조건 위에서 이 문제를 떠맡았는가? "우리가 일년만 더 힘껏 시도해 보았으면 하나이다. 그래서 이후에 만일 열매가 열면 좋을 것이옵니다(9절). 열매가 맺힐 가능성이 있고, 소망이 있나이다." 이러한 소망 속에서 주인은 무화과 나무에게 다시 한 번 기대를 걸고서 일년을 참기로 하고, 포도원지기는 무화과 나무에 다시 한 번 정성과 수고를 쏟고자 하였다. 만약 이 일이 원한 대로의 성공을 거둔다면, 두 사람은 이 무화과 나무를 찍어 버리지 않은 것을 기뻐하게 될 것이다. 잘 되었다(개역에는 좋거니와)라는 말은 원문에 나오지 않기 때문에, 이 구절의 표현은 완성되지 않고 끝나버린다: 만일 열매가 열면! — 복음서 기자는 주인과 포도원지기가 이루 말할 수 없이 기뻐하는 모습을 표현하는 말을 보충해 넣는 일을 독자들에게 맡긴다. 이 무화과 나무가 열매를 맺는다면, 그것은 즐거워할 이유가 될 것이다. 우리는 우리가 갖고자 한 것을 갖게 된 것이다. 여기에 보충해 넣을 말로는 잘 되었다라는 말보다 더 나은 것은 없는 것 같다. 신앙을 고백한 자들이 오랫동안 열매를 맺지 못하다가 결국 회개하고 삶을 고쳐서 열매를 맺게 되었다면, 그들은 모든 것이 잘 되었다는 것을 알게 될 것이다. 이 일로 인해서 하나님도 찬양받으실 것이기 때문에 기뻐하실 것이고, 사역자들은 더욱 힘을 얻을 뿐만 아니라, 그렇게 회개하여 열매를 맺은 자들은 여기에서는 그들의 기쁨이 될 것이고, 장래에는 그들의 면류관이 될 것이다. 또한, 이 일로 인해서 하늘에서도 기쁨이 있을 것

이다. 땅은 더 이상 못 쓰게 되는 것이 아니라 더 비옥해지고, 포도원은 아름다워지며, 좋은 나무들은 더 풍성한 열매를 맺게 될 것이다. 이 무화과 나무에게도 이 일은 잘 된 일이다. 이 무화과 나무는 찍혀서 버려지지 않게 되었을 뿐만 아니라, 하나님께 복을 받게(히 6:7) 되었고, 농부이신 성부께서 가지를 쳐주셔서, 더 많은 열매를 맺게(요 15:2) 될 것이며, 마침내 이 땅의 포도원에서 하늘의 낙원으로 옮겨 심겨지게 될 것이다. 그러나 포도원지기는 그렇지 않으면 찍어버리소서라는 말을 덧붙였다. 좀 더 살펴보자. [1] 하나님은 오래 참으시는 분이지만 열매 맺지 못하는 신앙인들을 언제까지나 참고자 하지는 않으신다. 마침내 하나님의 인내가 끝이 날 때, 하나님의 오래 참으심을 악용한 자들에게는 끝없는 진노가 임하게 될 것이다. 열매 맺지 못하는 나무들은 결국 찍혀서 불 속으로 던져질 것이다. [2] 하나님의 기다림이 길어지면 길어질수록, 하나님께서 그들에게 쏟은 희생은 더욱 클 것이기 때문에, 그들에 대한 심판도 더 중하게 될 것이다: 그들에 대한 모든 기대들, 그들을 놓고 벌인 논쟁들, 그들을 위한 관심들이 다 지나간 후에 그들이 찍혀서 버려지는 것은 참으로 서글픈 일이고, 그들은 더 중한 심판을 받게 될 것이다. [3] 찍어버리는 일은 비록 결국에는 실행되어야 할 일이기는 하지만 하나님이 기뻐하시는 일이 아닌데, 이것은 주인과 포도원지기의 대화 속에 드러난다: 주인이 포도원지기에게 "땅만 버리니, 찍어버리라"고 말하자, 포도원지기는 "결국 그렇게 해야 한다면, 내 손에 맡기지 마시고 손수 찍어버리소서"라고 말하였다. [4] 열매 맺지 못하는 나무들을 위해서 지금 중보기도하며 애쓰는 자들도 그들이 계속해서 열매를 맺지 못하면 그들이 찍혀서 내버려지는 것을 보고 만족해하며 더 이상 그들을 위해서 한 마디도 기도하지 않을 것이다. 또한 그들의 가장 친한 친구들도 저 큰 날에 하나님의 의로운 심판을 묵묵히 인정하고 갈채를 보내게 될 것이다(계 15:3-4).

[10]예수께서 안식일에 한 회당에서 가르치실 때에 [11]열여덟 해 동안이나 귀신 들려 앓으며 고부라져 조금도 펴지 못하는 한 여자가 있더라 [12]예수께서 보시고 불러 이르시되 여자여 네가 네 병에서 놓였다 하시고 [13]안수하시니 여자가 곧 펴고 하나님께 영광을 돌리는지라 [14]회당장이 예수께서 안식일에 병 고치시는 것을 분 내어 무리에게 이르되 일할 날이 엿새가 있으니 그 동안에 와서 고침을 받을 것이요 안식

일에는 하지 말 것이니라 하거늘 [15]주께서 대답하여 이르시되 외식하는 자들아 너희가 각각 안식일에 자기의 소나 나귀를 외양간에서 풀어내어 이끌고 가서 물을 먹이지 아니하느냐 [16]그러면 열여덟 해 동안 사탄에게 매인 바 된 이 아브라함의 딸을 안식일에 이 매임에서 푸는 것이 합당하지 아니하냐 [17]예수께서 이 말씀을 하시매 모든 반대하는 자들은 부끄러워하고 온 무리는 그가 하시는 모든 영광스러운 일을 기뻐하니라

이 단락에는 다음과 같은 내용들이 나온다.

I. 그리스도께서 오랫동안 귀신 들려서 앓던 여자를 이적을 통해서 고치심. 우리 주 예수께서는 안식일들을 여러 회당들에서 보내셨다(10절). 우리도 기회가 되는 대로 그렇게 하도록 애써야 하고, 집에서 좋은 책을 읽으며 안식일을 보내는 것도 괜찮은 일이라고 생각해서는 안 된다. 성회들은 비록 두세 사람이 모인다고 해도 하나님께서 정하신 것이기 때문에, 우리가 반드시 참석하여야 한다. 그리고 그리스도께서는 안식일에 회당에 계시면서 가르치셨다. 여기에는 지속적인 행위를 나타내는 표현이 사용되었다. 그는 지속적으로 백성에게 지식을 가르치셨다. 가르치는 것은 그의 본분이었다. 이제 그리스도께서는 그의 가르침이 믿을 만하며 전적으로 받아들일 가치가 있다는 것을 확증하기 위하여 긍휼하심의 이적을 행하셨다.

1. 그리스도께서 자비를 베푸신 대상은 회당에 있었던 열여덟 해 동안이나 귀신 들려 앓던 여자였다(11절). 이 여자는 하나님의 허락하에서 악한 귀신이 가져다준 질병을 앓고 있었는데, 강력한 경련으로 말미암아 꼬부라져 조금도 펴지 못하는 상태에 있었다. 이런 상태가 너무도 오랫동안 지속되어서, 이 병은 불치병이 되었다. 똑바로 서는 것은 만물의 영장인 인간의 특권으로 여겨져 왔는데, 이 여자는 그러한 특권을 박탈당하고 있었다. 이 여자는 이 병 때문에 기형적이고 흉한 모습을 갖게 되었을 뿐만 아니라 움직이기에도 매우 고통스러웠을 것이지만, 안식일에 회당에 나왔다. 육체적인 질병에 걸렸다고 해도 그 상태가 매우 중한 것이 아니라면, 우리는 안식일에 공예배를 빠져서는 안 된다. 왜냐하면, 하나님은 우리의 기대 이상으로 우리를 도우실 수 있기 때문이다.

2. 고쳐주시라고 요청하지도 않은 자를 그리스도께서 이렇게 고쳐주신 것

은 그리스도의 선도적인 자비와 은혜를 보여준다: 이 여자를 예수께서 보시고 부르셨다(12절). 이 여자는 그리스도게 어떤 청을 하였다거나 기대를 가지고 있었던 것 같지 않다. 그러나 이 여자가 요청하기 전에 그는 응답하셨다. 이 여자는 가르침을 받고 그녀의 영혼을 잘 되게 하기 위해서 그리스도게 갔고, 그리스도께서는 그녀의 질병을 고쳐주셨다. 자신의 영혼을 가장 중요하게 생각해서 돌보는 자들은 자신의 몸의 진정한 유익을 가장 잘 도모하는 자들이라는 것을 명심하라. 왜냐하면, 영혼을 돌보는 자들에게 하나님은 다른 것들도 더하실 것이기 때문이다. 그리스도께서는 그의 복음을 통해서 영적인 질병으로 고생하는 자들에게 자기에게 와서 고침을 받으라고 초청하신다. 그가 우리를 부르신다면, 우리가 그에게 갈 때에 그는 반드시 우리를 도와주실 것이다.

3. 즉각적이고도 완전하게 이루어진 병 고침은 그리스도의 전능하신 능력을 보여준다. 그리스도께서는 여자에게 안수하시고, "여자여, 네가 네 병에서 놓였다"고 하셨다. 즉, "네가 오랫동안 병으로 고생하였지만, 너는 마침내 그 병에서 놓여났다"고 말씀하신 것이다. 만성적인 질병으로 오랫동안 고생해온 사람들은 절망해서는 안 된다. 하나님은 결국 그들을 고쳐주실 것이다. 그러므로 조금 지체가 된다고 하여도 하나님을 바라보고 기다릴 필요가 있다. 이 여자를 장악하고 있던 자는 질병의 영, 악한 귀신이었지만, 그리스도는 사탄보다 더 힘센 분, 더 우월한 힘을 갖고 계신 분이다. 이 여자는 몸을 스스로는 조금도 펼 수 없었지만, 그리스도께서는 그녀의 몸을 펴주셨고 그녀가 스스로 몸을 펼 수 있게 해주셨다. 몸이 꼬부라져 있었던 이 여자가 즉시 곧바로 펼 수 있게 됨으로써 성경 말씀이 성취되었다(시 146:8): 여호와께서 꼬부라진(개역에서는 비굴한) 자들을 일으키시는도다. 이 치유의 이적은 다음과 같은 것들을 통한 사람들의 영혼에 대한 그리스도의 은혜의 역사(役事)를 나타낸다. (1) 죄인들의 회심. 거룩함을 입지 못한 심령들은 이러한 질병의 영(개역에서는 귀신들려 앓으며)의 지배하에 있다. 그 심령들은 왜곡되어 있고, 영혼의 기능들은 제자리를 벗어나서 제멋대로 활동한다. 그것들은 땅에 속한 것들을 향하여 꼬부라져 있다. 오, 땅의 것을 향하여 굽어져 있는 자들이여!(O curvae in terram animae!) 그들은 하나님과 하늘을 향하여 조금도 펼 수 없는 자들이다. 꼬부라진 영혼은 자연적인 상태와는 정반대의 모습이다. 그렇게 꼬부라진 영혼들은 그리스도를 찾지 않는다. 그러나 그리스도께서는 그들을 부르셔서, 능력과

은혜의 손으로 그들에게 안수하시고, 그들에게 치유의 말씀을 발하셔서, 그들을 병에서 놓임받게 하시고, 그들의 영혼을 똑바르게 하여 질서를 찾아주셔서, 세상적인 것들을 뛰어넘어서 하늘을 바라보며 하늘의 것들을 사모하게 하신다. 하나님께서 굽게 하신 것을 사람이 능히 곧게 할 수 없지만(전 7:13), 하나님의 은혜는 인간의 죄로 말미암아 굽어진 것을 곧게 펴실 수 있다. (2) 선한 자들에 대한 위로하심. 하나님의 자녀들 가운데는 오랫동안 질병의 영, 종의 영의 지배하에 있는 자들이 많다. 그런 자들 안에서 그들의 영혼은 극심한 슬픔과 두려움으로 인해서 의기소침하여 불안해한다. 그들은 아프고, 심히 구부러졌으며, 종일토록 슬픔 중에 다닌다(시 38:6). 그러나 그리스도께서는 때가 되면 양자의 영을 통해서 그들을 이러한 질병으로부터 놓여나게 하셔서 일으켜 세우신다.

4. 이 치유가 이 여자의 몸뿐만이 아니라 영혼에 가져온 즉각적인 결과. 이 여자는 하나님께 영광을 돌렸다. 그녀는 찬송을 받으시기에 합당하신 분에게 자기를 고쳐주신 것에 대하여 찬송을 드렸다. 꼬부라진 영혼들이 곧게 펴지게 되면, 그들은 하나님께 영광을 돌림으로써 그러한 사실을 증거하게 된다.

II. 회당장이 우리 주 예수께서 이 불쌍한 여자를 고침으로써 무슨 극악무도한 죄를 범하기라도 한 것인 양 이 일을 보고 분노함. 회당장은 이 일이 안식일에 이루어졌다는 것을 빌미로 이 일에 대하여 분을 내었다(14절). 이 이적을 보고 회당장은 마땅히 그리스도의 말씀을 확신하여야 했고, 비록 이 일이 안식일에 이루어졌다고 하더라도, 그런 사정 때문에 이 확신이 흔들리는 일은 마땅히 없어야 했다. 그리스도와 그의 복음을 적대하는 완악함의 영이 사람들의 눈을 가리지 못하게 하기 위해서는 얼마나 뚜렷하고 강렬한 빛이 필요하단 말인가? 회당장이 속한 회당에 그리스도께서 지금 하신 일만큼 영광스러운 일이 다시는 없을 것인데도, 회당장은 이 일을 보고 화를 내었다. 회당장은 사실 그리스도와 다툴 만큼 무모하지는 않았지만, 그리스도께서 하신 말씀을 비꼬아서 일할 날이 엿새가 있으니 그 동안에 와서 고침을 받을 것이요 안식일에는 하지 말 것이니라고 무리에게 말하였다. 여기서 회당장이 그리스도께서 행하신 이적을 마치 언제라도 할 수 있는 일상적인 일이고 돌팔이 의사들도 누구나 할 수 있는 일인 양 얼마나 하찮은 것으로 여기고 있는지가 잘 드러난다: "너희는 평일에 언제라도 와서 고침을 받을 수 있다." 회당장은 그리스도의 치유 이적들을 값싸고 흔한 일들로 치부해 버린 것이다. 또한 회당장은 안식일에 병을 고치거나 안수 또는 말씀을 통해서 치유하는 것이 금지된 일이라고 말함으로써 율법의 의도 또는 올바른 해석에서 터무니 없이 벗어난 말을 하였다. 이 치유의 이적은 분명히 하나님의 역사였다. 하나님은 안식일에 우리에게 일하지 말라고 우리를 묶어두셨지만, 하나님 자신도 거기에 묶여 계시는가? 히브리어에서는 "경건한"이라는 뜻과 "자비로운"이라는 뜻을 나타내는 데에 헤세드라는 동일한 단어를 사용한다. 이것은 긍휼과 자비를 베푸는 일들은 어떤 의미로는 경건의 일들이기 때문에(딤전 5:4) 안식일에 당연히 해야 할 일들임을 암시한다.

III. 그리스도께서 자기가 한 일이 옳다고 하심(15절): 주께서 대답하여 이르시되. 그리스도께서는 그를 트집잡는 자들에게 하셨듯이 여기서도 외식하는 자들아라는 말씀으로 대답을 시작하셨다. 그리스도께서는 사람들의 마음을 아셨기 때문에 위선자라고 불릴 만한 자들을 외식하는 자들이라고 부르실 수 있었다. 하지만 우리는 외적인 모습만을 보고 판단할 수밖에 없기 때문에 관대하게 판단하여야 한다. 그리스도께서는 회당장이 실제로는 그와 그의 복음에 대하여 적대감을 가지고 있으면서 그 적대감을 안식일에 대한 위장된 열심으로 포장하여 표출하고 있다는 것과 회당장이 사람들에게 안식일 외의 엿새 동안 와서 고침을 받으라고 말하였지만 실은 그 어느 날에도 고침받는 것을 허락하지 않을 것임을 잘 알고 계셨다. 그리스도께서는 회당장의 위선된 모습을 단도직입적으로 말씀하실 수도 있으셨지만, 이것을 놓고 그와 논쟁하지 않으셨다.

1. 그리스도께서는 안식일에 행하여졌으면서도 유대인들 사이에서 결코 금지되지 않았던 관례, 즉 안식일에 가축에게 물을 먹이는 관례를 근거로 제시하셨다. 사람들은 우리 안에 갇혀 있던 가축들을 안식일에 외양간에서 풀어내어 이끌고 가서 물을 먹이곤 하였다. 만약 그렇게 하지 않는다면, 그것은 잔인한 짓이 될 것이다. 왜냐하면, 의인은 자기의 가축, 그의 일을 해주는 가축의 생명을 돌보는 것이 마땅하기 때문이다(잠 12:10). 니느웨 사람들이 금식할 때에 그들의 가축들에게도 먹지도 말고 물도 마시지 말도록 한 것과 마찬가지로(욘 3:7), 율법이 명한 대로 가축들을 안식일에 쉬게 하는 것은 차라리 일을 시키는 것보다 더 나쁜 짓이 될 것이다.

2. 그리스도께서는 이 관례를 현재의 상황에 적용시기셨다(16절): "너희가

안식일에 소와 나귀에게도 자비를 베풀어서 안식일마다 시간을 내어 가축들을 우리에서 끌어내어 꽤 먼 길을 마다하지 않고 끌고가서 물을 먹이고는 다시 돌아오는 큰 수고를 하면서도, 단지 손 한 번 대고 말 한 마디 하는 것으로써 이 여자를, 하루 동안 우리에 가둬놓고 물을 주지 않았을 때에 가축들이 겪는 고통보다 훨씬 더 심한 고통에서 풀어주는 일은 안 되는 말이냐? 다음과 같은 것들을 생각해 보라." (1) "이 여자는 아브라함의 딸이고, 너희는 모두 너희가 아브라함의 자손임을 그토록 자랑스러워 하지 않느냐? 이 여자는 너희의 자매인데, 너희가 안식일을 엄격히 지킨다는 미명하에 소나 나귀에게도 베푸는 자비를 이 여자에게 베풀지 않는 것이 과연 옳은 일이냐? 이 여자는 아브라함의 딸이기 때문에, 메시야의 축복들, 자녀들에게 속한 떡을 먹을 자격이 있다." (2) "이 여자는 사탄에게 매인 바 된 자이다. 사탄은 그녀를 장악하고 괴롭혀 왔다. 그러므로 마귀의 권세를 깨뜨리고 그의 계획을 좌절시키는 것은 이 불쌍한 여자에게 자비의 행위가 될 뿐만 아니라 하나님께도 경건의 행위가 된다." (3) "이 여자는 이와 같이 비참한 상태로 열여덟 해 동안이나 있어 왔고, 이제 그녀를 건져줄 기회가 왔는데도, 너희가 주장하는 대로 고치는 일을 하루라도 미루는 것이 과연 옳은 일이냐? 너희는 열여덟 해 동안 그녀가 겪은 고통이 얼마나 끔찍했을 것인지를 너무도 잘 알고 있지 않느냐?"

IV. 그리스도의 말씀을 듣고서 청중들이 보인 엇갈린 반응. 그리스도께서 안식일에 이 불쌍한 여자를 고친 일이 율법에 맞는 일일 뿐만 아니라 지극히 당연하고도 합당한 일이라는 것을 이렇게 회당에서 공개적으로 충분히 밝히신 것은 그들이 모두 이 이적의 증인들이 되게 하기 위한 것이었다. 좀 더 살펴보자.

1. 그리스도를 반대했던 자들은 크게 당황하였다: 예수께서 이 말씀을 하시매 모든 반대하는 자들은 부끄러워하였다(17절). 그들은 입을 다물 수밖에 없었고, 너무도 난처해져서 그들을 변명하는 말을 한 마디도 할 수 없었다. 그들은 부끄러워하였지만, 이 부끄러움은 회개가 아니라 분노를 불러오는 수치심이었다. 그리스도와 그의 교훈, 그의 이적들에 반대하는 모든 대적자들은 조만간에 부끄러워하게 될 것임을 명심하라.

2. 그리스도의 편에 선 사람들의 믿음은 더욱 견고해졌다: 백성의 지도자들보다도 사물을 더 잘 분별하고 더 공평하게 판단할 줄 알았던 온 무리는 그가

하시는 모든 영광스러운 일을 기뻐하였다. 그리스도의 대적들의 부끄러움은 그리스도를 따르는 자들의 기쁨이었다. 그리스도께서 득세하자, 대적들은 당황하였고, 그를 따르는 자들은 의기양양하였다. 그리스도께서 하신 일들은 영광스러운 일들이었다. 그가 하신 모든 일들이 영광스러운 일들이었기 때문에, 지금은 비록 구름에 가리어져 있다고 하더라도 곧 그러하다는 것이 밝혀질 것이다. 그러므로 우리는 그 일들을 기뻐하여야 한다. 그리스도께 영광이 되는 모든 일은 그리스도인들에게는 위로가 된다.

[18]그러므로 예수께서 이르시되 하나님의 나라가 무엇과 같을까 내가 무엇으로 비교할까 [19]마치 사람이 자기 채소밭에 갖다 심은 겨자씨 한 알 같으니 자라 나무가 되어 공중의 새들이 그 가지에 깃들었느니라 [20]또 이르시되 내가 하나님의 나라를 무엇으로 비교할까 [21]마치 여자가 가루 서 말 속에 갖다 넣어 전부 부풀게 한 누룩과 같으니라 하셨더라 [22]예수께서 각 성 각 마을로 다니사 가르치시며 예루살렘으로 여행하시더니

이 단락에는 다음과 같은 내용들이 나온다.

I. 그리스도께서 복음의 진보를 두 가지 비유를 통해서 말씀하심. 우리는 이 비유들을 마태복음 13:31-33에서 이미 살펴본 바 있다. 메시야의 나라는 하나님의 나라이다. 왜냐하면, 그것은 하나님의 영광을 가져오기 때문이다. 그렇지만 이 나라는 하나의 신비였고, 사람들은 일반적으로 어둠 속에 갇혀서 이 나라에 대하여 여러 가지로 잘못 생각하고 있었다. 어떤 것에 대하여 그것을 전혀 모르는 사람들에게 설명하려면, 우리는 비유를 통해서 설명할 수밖에 없다. "너희는 그 사람을 알지 못하지만, 내가 너희에게 그 사람이 누구와 같은지를 말해주겠다." 마찬가지로, 그리스도께서는 여기서 하나님의 나라가 무엇과 같을까를 보여주고자 하신다(18절): "내가 하나님의 나라를 무엇으로 비교할까(20절). 그 나라는 너희가 생각하는 것과는 전혀 다르고, 또한 전혀 다른 방식으로 활동하여 그 목적을 이루게 될 것이다."

1. "너희는 그 나라가 크고 굉장한 모습으로 나타날 것이며 완성된 모습으로 돌연히 출현하게 될 것이라고 생각한다. 그러나 그건 오산이다. 그 나라는 아주 작은 겨자씨 한 알과 같아서, 아주 작은 자리만을 치지하며, 볼품도 별로

없고, 기대할 만한 것도 별로 없는 모습으로 시작될 것이다. 그렇지만 좋은 땅에 뿌려질 때에 그 나라는 큰 나무로 자란다(19절)." 복음의 시작은 너무나 미미하기 때문에, 많은 사람들은 복음에 대하여 좋지 않은 선입관을 갖고서 복음에 순종하기를 꺼린다. 사람들은 그리스도에 대하여 이 사람이 어떻게 우리를 구원하겠느냐라고 서슴없이 말하였고, 그의 복음에 대해서는 이것이 과연 무슨 일을 해낼 수 있을까라고 반문하였다. 이제 그리스도께서는 그 시작은 미약하였으나 나중은 심히 창대하게 되어서 많은 사람들이 구름떼처럼 몰려와서 느부갓네살의 나무에 붙은 가지들보다 더 큰 안전과 만족을 주는 그 가지들에 깃들게 될 것임을 그들에게 확신시킴으로써 그러한 선입견을 제거하시고자 하신다.

2. "너희는 그 나라가 나라들을 복속시키고 군대들을 쳐부수는 등 외적인 수단들을 통해서 임할 것이라고 생각하지만, 그 나라는 누룩 같이 눈에 보이지 않게 조용히 임할 것이고 무력이나 폭력을 사용하지 않을 것이다(21절). 적은 누룩이 반죽 전체를 부풀어오르게 만든다. 이렇게 그리스도의 가르침은 기이하게도 온 세상으로 퍼져나가게 될 것이다. 우리의 생각을 뛰어넘어 각처에서 그리스도를 아는 냄새가 퍼져서 그 나라가 승리하게 될 것이다(고후 2:14). 그러나 복음이 온 세상에 전파되기까지는 어느 정도 시간이 필요하다. 그 때가 되면, 너희는 복음이 기이한 일들을 행하여 사람들의 영혼을 근본적으로 변화시켜 놓은 것을 발견하게 될 것이다. 반죽이 누룩을 받아들여서 전체가 부풀게 되는 것과 마찬가지로, 영혼 전체가 점점 부풀어오르게 될 것이다."

II. 그리스도께서 예루살렘을 향하여 점점 나아가심: 예수께서 각 성 각 마을로 다니사 가르치시며 예루살렘으로 여행하셨다(22절). 여기서 그리스도는 겨울에 있을 수전절을 지키기 위하여 예루살렘을 향하여 여행하고 있는 순회 전도자의 모습으로 묘사된다. 여행길은 불편한 것이었지만, 그리스도께서는 아버지의 일을 행하고자 하셨다. 그래서 그는 예루살렘으로 가는 길에 있는 성읍과 마을들에 들러서 그 마을이 크든 작든 복음을 전하셨다. 하나님의 섭리에 의해서 우리가 어디로 가든, 우리는 복음을 전하는 데에 최선을 다하여야 한다.

[23]어떤 사람이 여짜오되 주여 구원을 받는 자가 적으니이까 그들에게 이르시되 [24]좁은 문으로 들어가기를 힘쓰라 내가 너희에게 이르노니 들어가기를 구하여도 못하

는 자가 많으리라 ²⁵집 주인이 일어나 문을 한 번 닫은 후에 너희가 밖에 서서 문을 두드리며 주여 열어 주소서 하면 그가 대답하여 이르되 나는 너희가 어디에서 온 자인지 알지 못하노라 하리니 ²⁶그 때에 너희가 말하되 우리는 주 앞에서 먹고 마셨으며 주는 또한 우리를 길거리에서 가르치셨나이다 하나 ²⁷그가 너희에게 말하여 이르되 나는 너희가 어디에서 왔는지 알지 못하노라 행악하는 모든 자들아 나를 떠나 가라 하리라 ²⁸너희가 아브라함과 이삭과 야곱과 모든 선지자는 하나님 나라에 있고 오직 너희는 밖에 쫓겨난 것을 볼 때에 거기서 슬피 울며 이를 갈리라 ²⁹사람들이 동서남북으로부터 와서 하나님의 나라 잔치에 참여하리니 ³⁰보라 나중 된 자로서 먼저 될 자도 있고 먼저 된 자로서 나중 될 자도 있느니라 하시더라

이 단락에는 다음과 같은 내용들이 나온다.

I. 우리 주 예수께 던져진 질문. 이 질문을 한 자가 그리스도의 친구였는지 아니면 적이었는지는 언급이 없다. 왜냐하면, 그리스도께서는 누구에게든 그에게 질문할 수 있도록 하셨고, 질문한 자의 마음의 생각과 의도에 따라서 대답을 해주셨기 때문이다. 질문은 구원을 받는 자가 적으니이까?(23절)라는 것이었다 : "구원을 받는 자가 적으니이까? 주님, 주께서 그렇게 말씀하셨다고 내가 들었는데, 그게 정말입니까?"

1. 이 질문은 말꼬리를 잡고 늘어지는 질문이었을 수 있다. 이 사람이 질문을 던진 것은 그리스도를 시험하여 그를 올무에 걸리게 하고 그의 명성을 훼손시키기 위한 것이었다. 만약 그리스도께서 많은 사람이 구원을 받게 될 것이라고 대답한다면, 그리스도는 너무 헐렁해서 구원을 값싼 것으로 만들고 있다는 비난을 받게 될 것이다. 만약 구원받을 자가 적다고 대답하면, 그리스도는 까다롭고 엄격하다는 비난을 받게 될 것이다. 유대인 랍비들은 모든 이스라엘 사람은 장차 올 세상에서 한 자리를 차지하게 될 것이다라고 말하였는데, 그리스도는 과연 그 말을 정면으로 부정할 것인가? 그릇된 생각에 빠져 있는 자들은 자신의 그릇된 생각을 모든 사람들을 판단하는 기준으로 삼는 데에 주저하지 않는다. 다른 사람들의 구원 여부에 대한 판단을 통해서 사람들은 그들의 무지와 오만과 편견을 가장 잘 드러낸다.

2. 이 질문은 호기심에 의한 질문이었을 수 있다. 이 사람은 최근에 이 문제를 놓고 동료들과 논쟁을 벌이다가 그리스도께 여쭈어보자는 데에 의견을 모

아서 이 질문을 한 것일 수 있다. 구원을 받기 위해서 어떻게 해야 하는지에 대해서보다는 누가 구원을 받고 누가 못받게 될지에 대해서 더 궁금해하는 사람들이 많다. 사람들은 흔히 "누구누구가 구원받을 수 있을까요?"라고 질문한다. 그러나 그런 것을 몰라도 당연히 우리는 구원받을 수 있다.

3. 이 질문은 감탄에서 나온 질문이었을 수 있다. 이 사람은 그리스도의 법이 얼마나 엄격하고 세상이 얼마나 악한지를 깨닫고서는, 이 둘을 서로 비교해서, "구원받을 자가 얼마나 적을 것인가!"라고 소리친 것일 수 있다. 구원의 말씀을 들은 자들은 많지만 실제로 구원받는 자들은 아주 적다는 것은 이상한 일이다.

4. 이 질문은 알고 싶어서 던진 질문이었을 수 있다: "구원을 받는 자가 적다면, 도대체 우리는 어떻게 해야 하나요? 그것이 내게는 어떤 영향을 미치나요?" 우리는 구원을 받을 자가 적다는 이 진리를 진지하게 받아들일 필요가 있다.

II. 이 질문에 대한 그리스도의 대답. 그리스도께서는 대답을 통해서 우리에게 이 진리를 어떻게 활용해야 하는지를 가르쳐 주신다. 우리 구주께서는 질문에 대하여 직접적인 대답을 하지 않으셨다. 왜냐하면, 그리스도께서는 사람들의 호기심을 충족시켜 주시기 위해서가 아니라 사람들의 양심을 올바르게 인도하시기 위하여 오셨기 때문이다. "얼마나 많은 사람이 구원을 받을까요?"라고 묻지 말고, 구원받을 자가 많든 적든 상관 없이, "내가 구원받을 자들 중의 한 사람일까요?"라고 물어라. "누구누구가 어떻게 되며, 이 사람이 어떻게 해야 할까요?"라고 묻지 말고, "내가 어떻게 해야 하며, 나는 어떻게 될까요?"라고 물어라. 이제 그리스도의 대답을 살펴보자.

1. 정신이 번쩍나게 하는 권면과 지시: 좁은 문으로 들어가기를 힘쓰라. 이 말씀은 질문을 한 그 사람에게만이 아니라 우리 모두에게 하신 말씀이기 때문에, 이인칭 복수형으로 되어 있다: 너희는 힘쓰라. (1) 구원받고자 하는 자들은 좁은 문으로 들어가야 한다. 즉, 다시 태어나는 것 못지않게 사람은 전인적으로 변화되어야 하고, 엄격한 훈련을 받아야 한다. (2) 좁은 문으로 들어가고자 하는 자들은 들어가기를 힘써야 한다. 천국에 도달하는 일은 몹시 어려운 일이고, 아주 많이 애쓰고 고통하며 많은 난관을 뚫고 부지런히 힘쓰지 않으면 성취할 수 없는 일이다. 우리는 야곱처럼 기도로써 하나님께 나아가기를 힘써야 하고, 죄와 사탄을 이기기 위해 힘써야 한다. 우리는 신앙의 모든 의무를 잘 감

당하기 위하여 힘써야 한다. 우리는 온 마음을 다하여 힘써야 한다. 아고니제스데 ─ "몸부림을 쳐라. 상을 얻기 위해서 뛰는 자들처럼 힘써라. 전력을 다해서 애써라."

　2. 이 권면을 강화하기 위한 여러 가지 일깨우는 말씀들. 우리 모두가 이 말씀들을 통해서 일깨움을 받아 정신을 차릴 수 있다면 얼마나 좋겠는가! 여기에 나오는 말씀들은 구원을 받는 자가 적으니이까라는 질문에 대한 대답 역할을 하는 말씀이다.

　(1) 얼마나 많은 사람들이 구원을 얻기 위해 조금 애를 쓰다가 충분히 애를 쓰지 않아서 멸망받게 되는지를 생각하라. 그러면 너희는 구원을 받는 자가 적다는 것과 힘쓰는 것이 얼마나 중요한지를 알게 될 것이다: 들어가기를 구하여도 못하는 자가 많으리라. 그들은 들어가기를 구하지만 힘쓰지는 않는다. 많은 사람들이 은혜와 영광에 이르지 못하는 이유는 그들이 힘쓰고 애쓰지 않으면 얻지 못할 것을 안이하고 나태하게 구하기 때문이라는 것을 명심하라. 그들은 복을 얻고자 하는 마음과 거룩을 향한 마음을 가지고 있고, 이 두 가지를 향하여 어느 정도 걸음도 내디딘다. 그러나 그들의 확신은 약하다. 그들은 그들이 알고 믿는 것에 대하여 심각하게 생각하지 않기 때문에, 결과적으로 그들의 열망은 식어지고, 그들의 노력은 시들해지며, 그들의 결단을 유지시켜 줄 힘이나 끈기가 없다. 이렇게 그들은 적극적으로 밀어부치는 것이 없기 때문에 상을 놓치고 만다. 그리스도께서는 자신의 말씀으로 이 점을 단언하신다: 내가 너희에게 이르노니. 우리는 그리스도의 말씀에 의지해서 이 점을 받아들여야 한다. 왜냐하면, 그리스도께서는 하나님의 계획과 사람들의 마음을 아시기 때문이다.

　(2) 장차 있을 판별의 날과 그 날에 내려질 판정을 생각하라. 그러면 너희는 구원을 받는 자가 적다는 것과 우리가 힘쓰는 데에 관심을 기울여야 한다는 것을 알게 될 것이다: 집 주인이 일어나 문을 닫을 것이다(25절). 그리스도는 집 주인으로서 그의 집을 자주 드나들던 모든 자들과 그 집의 권속들을 알아보실 것이고, 오고가는 모든 자들을 살펴보실 것이다. 지금은 그리스도께서 모든 것들을 대체로 내버려두시는 것처럼 보인다. 그러나 그 날이 오면, 그는 일어나 문을 닫을 것이다. 이 문은 어떤 문인가? [1] 판별의 문. 지금은 교회라는 성전 안에 바깥 마당에서 예배를 드리는 육신적인 신앙인들과 휘장 안에서 예배를

드리는 영적인 신앙인들이 공존한다. 지금은 그들 사이에 문이 열려 있어서, 그들은 뒤섞여서 겉보기에 동일한 예배를 드린다. 그러나 집 주인이 일어나 그들 사이에 있던 문이 닫히면, **바깥 마당에 있던 자들**은 휘장 안으로 들어오지 못하고 밖에 있은 채로 이방인에게 **짓밟히게**(계 11:2) 될 것이다. 부정한 자들에게도 문이 닫혀서, 그들은 영원히 부정한 자들로 있게 될 것이다. 휘장 안에 있던 자들은 그 안에서 보호를 받아서, 거룩한 자들은 영원히 거룩한 자들로 있게 될 것이다. 문이 닫히는 것은 의인들과 악인들을 갈라놓아서 죄인들이 더 이상 의인의 회중에 들지 못하게 하기 위한 것이다. 그 때에는 너희가 그들을 분명하게 구별하게 될 것이다. [2] 부인과 배제의 문. 긍휼과 은혜의 문이 그들에게 오랫동안 열려 있었지만, 그들은 그 문을 통해서 들어오려고 하지 않았고, 열린 문의 은총을 받아들이려 하지 않았다. 그들은 다른 길로 올라가고자 하였고, 그들 자신의 공로를 통해서 하늘 나라에 이르고자 하였다. 그러므로 집 주인이 장차 일어나서 그들에게 문을 닫아버리는 것은 합당한 일이다. 그들은 이 문을 통해서 들어오고자 하지 않았기 때문에, 그들 자신의 방법을 따라서 들어오도록 내버려진 것이다. 이렇게 노아가 안전하게 방주로 들어오자, 하나님은 다가올 홍수를 피하기 위하여 나름대로의 피난처를 찾았던 모든 자들을 배제하기 위해서 문을 닫으셨다.

(3) 얼마나 많은 사람들이 구원받을 것이라고 자신만만해 했다가 심판 날에 거부를 당하여 자신의 확신에 속게 될 것인지를 생각하라. 그러면 너희는 구원을 받는 자가 적다는 것과 우리 모두가 구원받기를 힘쓰는 데에 관심을 기울여야 한다는 것을 알게 될 것이다. 좀 더 살펴보자.

[1] 그들은 천국에 들어갈 것을 너무도 분명하게 확신하였고, 그러한 소망을 가지고 천국 문에까지 왔다. 거기에서 그들은 서서 문을 두드렸다. 그들은 마치 자기 집이라도 온 것인 양 너무도 당당하게 문을 두드리며 말하였다: "주여, 열어 주소서. 우리는 들어갈 자격이 있다고 생각하나이다. 우리로 하여금 들어가서 **구원받은 자들**과 합류하게 해주옵소서. 왜냐하면, 우리는 그들과 함께 있었기 때문이니이다." 많은 사람들이 잘못된 근거 위에서 천국에 대한 소망을 가짐으로써 멸망받게 된다는 것을 명심하라. 그들은 잘못된 근거 위에 세워진 그들의 소망을 추호도 의심하지 않기 때문에 그들이 천국에 들어가기에 합당할 만큼 선하다는 것을 결코 의심하지 않는다. 그들은 마치 그들이 그리스도

의 종들이라도 되는 것처럼 그리스도를 주여라고 부른다. 또한 주여, 주여라고 두 번 부른 것은 그들의 끈질김을 보여주는 것이다. 그들은 이전에는 경시하였던 바로 그 문을 통해서 들어가고자 하고 있고, 이전에는 속으로 경멸했던 그런 진실한 그리스도인들 속에 끼고자 하고 있다.

[2] 그들이 이런 확신을 갖게 된 근거들. 그들이 제시한 근거들이 무엇인지를 살펴보자(26절). 첫째, 그들은 그동안 그리스도의 손님들로서 그와 친밀한 교제를 나누었고 그의 은총을 받아 왔다: 우리는 주의 상에서 주 앞에서 먹고 마셨나이다. 가룟 유다는 그리스도와 함께 떡을 먹었고, 그와 함께 접시에 손을 넣었다. 외식하는 자들은 외적인 신앙 고백의 가면을 쓴 채 마치 하나님의 자녀들인 양 성찬을 받으며 자녀들의 떡을 함께 떼어 먹는다. 둘째, 그들은 그동안 그리스도의 청중들로서 그로부터 가르침을 받아 왔고 그의 교훈과 법을 잘 알고 있었다: "주는 우리를 길거리에서 가르치셨나이다 — 이것은 다른 사람들이 별로 받지 못한 특별한 은총이기 때문에 분명히 지금 우리가 받을 특별한 은총의 보증으로 여겨질 수 있을 것입니다. 주께서는 우리를 가르치시기만 하고 우리를 구원하고자 하지는 않으시는 것입니까?"

[3] 그들의 확신은 헛된 것이 되고, 그들이 제시한 모든 근거들은 소용없는 것들로 여겨져서 거부될 것이다. 그리스도께서는 그들에게 나는 너희가 어디에서 온 자인지 알지 못하노라(25절)고 하실 것이고, 또한 나는 너희가 어디에서 왔는지 알지 못하노라 행악하는 모든 자들아 나를 떠나 가라(27절)고 하실 것이다. 그리스도께서는 그들이 근거로 제시한 일들이 실제로 사실이라는 것을 부인하지 않으신다. 그들은 주 앞에서 먹고 마셨다. 그러나 그들은 떡을 먹고나서는 이내 그리스도를 박해하는 자들로 돌변하였다. 그리스도께서는 그들을 길거리에서 가르치셨다. 그러나 그들은 그의 가르침을 멸시하였고 거기에 복종하고자 하지 않았다. 그러므로 그들이 다음과 같은 취급을 받은 것은 당연한 일이었다. 첫째, 그리스도께서는 그들을 부인하신다: "나는 너희를 알지 못하노라. 너희는 내 가족에 속한 자들이 아니다." 주께서는 그의 가족에 속한 자들을 아신다. 그러나 주님은 그의 가족에 속하지 않은 자들을 알지 못하시고, 그들과 아무런 상관도 없으시다: 나는 너희가 어디에서 온 자인지 알지 못하노라. 너희는 내게 속한 자들도 아니고, 위로부터 난 자들도 아니며, 내 집의 권속도 아니고, 내 포도나무의 가지들도 아니다." 둘째, 그리스도께서는 그들을 버리신다: 나

를 떠나 가라. 그리스도를 떠나는 것은 지옥 중의 지옥으로서 저주받은 자들이 처할 비참한 처지의 중요한 부분이다. "내 문 앞에서 떠나라. 여기는 너희에게 줄 것이 아무것도 없다 — 물 한 방울조차도." 셋째, 그리스도께서는 그들을 그러한 멸망을 당하기에 합당한 자들에게 주어지는 명칭으로 부르신다: 행악하는 모든 자들아. 이것이 그들이 멸망을 당해야 할 이유였다. 그들은 경건의 탈을 쓰고 은밀하게 범죄 행각을 일삼아 왔고, 그리스도의 옷을 입고서 마귀의 충복(忠僕) 노릇을 해왔다.

[4] 그들이 받을 벌은 끔찍한 것이 될 것이다(28절): 거기서 슬피 울며 이를 갈리라. 이것은 가장 극심한 슬픔과 가장 극렬한 분노를 나타낸다. 그들이 이런 모습을 보이는 원인은 그들이 구원받은 자들의 복된 모습을 눈으로 보게 될 것이기 때문이다: 너희는 족장들과 선지자들이 하나님 나라에 있고 오직 너희는 밖에 쫓겨난 것을 보게 될 것이다. 좀 더 살펴보자. 첫째, 구약 시대의 성도들은 하나님의 나라에 있게 될 것이다. 메시야가 오시기 전에 죽은 자들도 메시야의 덕을 보게 될 것이다. 왜냐하면, 그들은 멀리서 그의 날을 보았고, 그것으로 인하여 위로를 받았기 때문이다. 둘째, 신약 시대의 죄인들은 하나님의 나라 밖으로 쫓겨날 것이다. 이것은 그들이 하나님의 나라 안으로 들어가고자 하였고 반드시 들어갈 것이라고 자신하였지만 결국 들어가지 못하였다는 것을 암시한다. 그들은 하나님의 나라에서 그 어떤 분깃도 가지고 있지 않기 때문에 쫓겨나는 수치를 당하게 될 것이다. 셋째, 성도들의 영광을 보게 됨으로써 죄인들의 비참한 처지는 더욱 증폭될 것이다. 이렇게 그들은 멀리서 하나님의 나라를 보게 될 것인데, 거기에서 그들이 미워하고 멸시하였던 선지자들을 보게 될 것이고, 그 나라에 들어갈 것이라고 철석같이 믿었던 그들 자신은 쫓겨나 있는 것을 보게 될 것이다. 이것이 그들이 이를 갈게 되는 원인이다(시 112:10).

(4) 그럼에도 불구하고, 구원을 받을 자들이 누구인가를 생각하라: 사람들이 동서남북으로부터 와서 하나님의 나라 잔치에 참여하리라(29절). 나중 된 자로서 먼저 될 자도 있고 먼저 된 자로서 나중 될 자도 있느니라(30절).

[1] 그리스도께서 하신 말씀에 비추어 볼 때, 우리가 생각하기에 구원받을 것이라고 생각했던 사람들, 구원을 받기에 가장 합당한 자들이라고 생각된 사람들 중에는 구원을 받을 자가 적을 것으로 보인다. 그렇다고 해서 복음을 전파한 것이 헛되었다고 말하지 말라. 이스라엘이 모이지 않더라도, 그리스도께서

는 영광을 받으실 것이기 때문이다. 이방 세계의 모든 곳으로부터 많은 사람들이 와서 이 세상에서는 은혜의 나라로, 저 세상에서는 영광의 나라로 들어가게 될 것이다. 따라서 분명한 것은 우리가 하늘 나라에 갔을 때에 우리가 거기에서 만나리라고는 거의 생각하지 못했던 아주 많은 사람들을 만나게 될 것이고, 우리가 거기에서 꼭 만나리라고 생각하였던 아주 많은 사람들을 만나지 못하게 되리라는 것이다.

[2] 하나님의 나라 잔치에 참여하는 자들은 거기까지 오느라고 많은 수고를 한 자들이다. 왜냐하면, 그들은 아주 멀리서 왔기 때문이다 — 동서남북으로부터. 그들은 비바람과 혹한과 더위 등 온갖 기후들을 뚫고 왔고, 수많은 난관들과 장애들을 넘어서 왔다. 이것은 하나님의 나라에 들어가고자 하는 자들은 솔로몬의 지혜로운 말을 들으려고 땅 끝에서 온 남방 여왕처럼 힘쓰지 않으면 안 된다는 것을 보여준다. 지금 여기에서 하나님을 섬기며 경건의 삶을 사는 여행을 시작한 자들은 머지않아 하나님의 나라에 앉아 편히 쉬게 될 것이다.

[3] 천국에 들어가기에 합당한 것으로 보인 많은 사람들이 상을 받지 못하고, 그 길에서 뒤처져서 길 밖으로 내던져진 것으로 보인 사람들이 오히려 상을 얻게 될 것이다. 그러므로 우리는 들어가기를 힘써야 한다. 바울이 유대인들에게 그러기를 바랐던 것처럼, 우리도 이방인들의 열심과 적극성에 도전을 받아서 그들과 거룩한 경쟁을 해야 한다(롬 11:14). 내가 나보다 어린 자들에게 추월당해서야 되겠는가? 천국에 들어갈 것 같지 않았던 자들이 거기에 들어가는데, 먼저 출발해서 천국에 가장 가까이 있던 내가 천국에 들어가지 못해서야 되겠는가? 힘써서 될 일이라면, 내가 힘쓰지 않을 이유가 어디 있겠는가?

[31]곧 그 때에 어떤 바리새인들이 나아와서 이르되 나가서 여기를 떠나소서 헤롯이 당신을 죽이고자 하나이다 [32]이르시되 너희는 가서 저 여우에게 이르되 오늘과 내일은 내가 귀신을 쫓아내며 병을 고치다가 제삼일에는 완전하여지리라 하라 [33]그러나 오늘과 내일과 모레는 내가 갈 길을 가야 하리니 선지자가 예루살렘 밖에서는 죽는 법이 없느니라 [34]예루살렘아 예루살렘아 선지자들을 죽이고 네게 파송된 자들을 돌로 치는 자여 암탉이 제 새끼를 날개 아래에 모음 같이 내가 너희의 자녀를 모으려 한 일이 몇 번이냐 그러나 너희가 원하지 아니하였도다 [35]보라 너희 집이 황폐하여 버린 바 되리라 내가 너희에게 이르노니 너희가 주의 이름으로 오시는 이

를 찬송하리로다 할 때까지는 나를 보지 못하리라 하시니라

　이 단락에는 다음과 같은 내용들이 나온다.

　I. 헤롯의 관할구역인 갈릴리에 계실 때에 그리스도께서 헤롯이 그를 죽이려 한다는 소식을 접하심(31절): 어떤 바리새인들(그들은 온 나라 곳곳에 퍼져 있었기 때문에)이 그리스도께 나아와서 친한 척하며 그의 안전을 염려하는 듯이 "헤롯이 세례 요한에게 했듯이 당신을 죽이고자 하기 때문에 이 곳을 나가서 여기를 떠나소서"라고 말하였다. 어떤 이들은 이 바리새인들은 전혀 근거 없는 말을 했다고 생각한다. 헤롯은 그런 말을 전혀 한 적이 없었는데, 그들이 이러한 거짓말을 꾸며내서 그리스도를 갈릴리에서 몰아내고자 했다는 것이다. 그들은 점점 더 큰 세력을 얻고 있었던 그리스도를 갈릴리에서 몰아내어서 유대 땅으로 가게 하고자 하였는데, 이것은 유대 땅에는 그리스도의 목숨을 노리는 자들이 있다는 것을 그들이 알았기 때문이라고 한다. 그러나 그리스도의 대답이 헤롯에게 향해 있다는 것을 볼 때, 바리새인들이 한 말은 어느 정도 근거가 있는 말이었고, 헤롯은 실제로 그리스도에 대하여 분노하여 그를 해칠 계획을 하고 있었던 것으로 보인다. 왜냐하면, 그리스도께서 세례 요한을 높이 추켜세웠고 요한이 전파한 회개를 높이 평가하였기 때문이었다. 헤롯은 그리스도를 자신의 통치구역 밖으로 몰아내고자 하였다. 헤롯은 그리스도를 감히 직접 죽이지는 못하더라도 그에게 사람을 보내어 위협적인 메시지를 전함으로써 겁을 주어 멀리 쫓아버리고자 하였다.

　II. 그리스도께서 헤롯과 바리새인들의 광분(狂奔)을 무시하심.　그리스도께서는 헤롯도 바리새인들도 두려워하지 않으셨다: 너희는 가서 저 여우에게 이르라(32절). 그는 헤롯을 여우라고 부름으로써 헤롯이 어떤 인물인지를 드러내셨다. 헤롯은 술수, 속임수, 비열함, 자신의 굴에서 아주 먼 곳에 있는 짐승을 잡아먹는 것으로 유명한 여우처럼 교활한 자였다. 여우는 음흉하고 추악한 짐승이었지만, 그리스도께서 헤롯을 여우라 부르신 것은 온당치 못한 일도 아니었고, 너의 백성의 관리를 비방하지 말라는 율법을 어기신 것도 아니었다. 왜냐하면, 그리스도는 선지자이셨기 때문이다. 선지자들은 왕들과 높은 사람들을 책망하는 말을 할 수 있었다. 더구나 그리스도는 선지자 이상의 분이셨다. 그는 왕이셨고, 만왕의 왕이셨기 때문에, 아무리 위대한 인간이라 할지라도

그에게 책임을 져야 한다. 그러므로 그가 이 교만한 왕을 여우라고 부르신 것은 지극히 합당한 일이었다. 그러나 우리는 그런 식으로 말하거나 행동해서는 안 된다. "가서 저 여우에게 말하고, 이 여우에게도 말하라"(이것이 원문의 의미이다 — 테 알로페키 타우테). "이 말을 내게 귀띔해준 바리새인아, 나는 그를 두려워하지 않으며 그의 위협을 개의치도 않는다는 것을 그에게 알려라." 그 이유는 다음과 같다.

1. "나는 내가 죽어야 하고, 곧 죽게 될 것임을 잘 알고 있다. 나는 나의 죽음이 제삼일, 즉 매우 빨리 오리라고 생각하고 있으며, 그 날을 헤아리고 있다. 나의 때가 가까이 오고 있다." 죽음과 친해지고 죽음을 예상하며 죽음과 대화를 나누고 죽음이 문 앞에 와 있다고 생각하는 것이 죽음과 죽일 권세를 지닌 자들에 대한 두려움을 극복하는 데에 큰 도움이 된다는 것을 명심하라. "헤롯이 나를 죽인다고 해도, 그 일은 내게 전혀 의외의 일이 아니기 때문에, 나는 놀라지 않을 것이다."

2. "나는 죽음이 내게 꺼려야 할 일이 아니라 내가 기꺼이 달게 받아야 할 일이라는 것을 잘 알고 있다. 그러므로 내가 그를 두려워하지 않는다고 그에게 말하라. 나는 죽음으로써 완전하여지리라. 죽음으로써 나는 나의 사명 중에서 가장 힘든 부분을 완수하게 되어, 나의 일을 마치게 될 것이다"(텔레이우마이 — 나는 성별되어서 봉헌될 것이다). 그리스도의 죽음은 그리스도께서 스스로를 거룩하게 하시는 일이다. 그는 자신의 제사장 직분을 위해서 자신의 피로써 스스로를 성별하셨다.

3. "나는 내 일을 다 마칠 때까지는 헤롯이든 누구든 나를 죽일 수 없다는 것을 잘 알고 있다. 너희는 가서, 나는 그의 헛된 광분을 개의치 않는다고 그에게 전하라. 헤롯의 모든 위협에도 불구하고, 오늘과 내일은, 즉 지금과 앞으로 어느 정도의 기간 동안에는 내가 귀신을 쫓아내며 병을 고칠 것이다. 나는 갈 길, 즉 정해진 여행을 계속해서 가야 한다. 그의 힘으로 나를 방해할 수는 없다. 나는 지금까지 해 왔던 것처럼 오늘과 내일과 모레에 여기저기 다니면서 복음을 전하고 병을 고쳐야 한다." 우리 앞에 남아 있는 시간이 길어야 이삼일 정도로 얼마 남아 있지 않다고 생각하는 것이 우리에게 좋다. 그렇게 생각하면, 우리는 정신을 바짝 차려서 그 날 할 일을 그 날에 할 수 있을 것이다. 그리고 원수들의 권세 및 악의와 관련해서는 하나님께서 우리에게 맡기신 일이 있는 한 그

들이 우리를 어쩔 수 없다는 것은 우리에게 위로가 된다. 증인들은 증언을 다 마칠 때까지는 죽임을 당하지 않았다.

4. "나는 내 때가 아직 이르지 아니하였을 뿐만 아니라 내가 죽기로 예정되어 있는 곳은 헤롯의 관할지역 밖에 있는 예루살렘이기 때문에 헤롯이 나를 해칠 수 없다는 것을 잘 알고 있다: 선지자가 예루살렘 밖에서는 죽는 법이 없느니라." 예루살렘에서 참 선지자는 거짓 선지자로 단죄되어 죽임을 당하였다. 당시에는 언제나 예루살렘에 자리잡고 있던 공회(산헤드린) 외에는 아무도 선지자들을 심문하여 재판할 수 없었다. 이 문제는 하급 법원들이 다룰 수 있는 문제가 아니었기 때문에, 선지자가 죽임을 당한다면, 그 곳은 예루살렘일 수밖에 없었다.

III. 그리스도께서 예루살렘을 위하여 애통해 하시고, 예루살렘에 대하여 진노하여 규탄하심(34-35절).   우리는 이 말씀을 마태복음 23:37-39에서 이미 살펴본 바 있다. 그리스도께서 이 말씀을 지금 갈릴리에서 하신 것 같지는 않다. 그러나 복음서 기자는 이 말씀을 원래의 위치에 두지 않고, 그리스도께서 자기가 예루살렘에서 죽을 것이라고 언급하신 이 대목에 삽입하는 것이 적절하다고 여겨서 여기에 둔 것으로 보인다. 좀 더 살펴보자.

1. 다른 어느 지역보다도 하나님에 대한 신앙이 더 깊다고 자부할 수 있는 지역의 사람들이 악하다는 사실이 특히 주 예수를 분노하게 만들었고 서글프게 만들었다. 저 거룩한 도성의 죄와 파멸에 관하여 말씀하실 때에 그리스도의 심정은 얼마나 애절하셨을까! 예루살렘아 예루살렘아!

2. 은혜의 방편들을 풍성하게 향유한 자들이 그 방편들이 주는 유익을 얻지 못한다면, 풍성하게 향유하고 있다는 사실이 흔히 그들에게 더욱 불리하게 작용한다. 그들은 선지자들의 말에 귀 기울이려 하지 않았고, 하나님이 그들에게 보내신 자들을 영접하고자 하지 않았으며, 오히려 그들을 죽이고 돌로 쳤다. 사람들의 타락한 심성이 극복되지 않는 한, 사람들은 선지자들에 대하여 언제나 그럴 것이다.

3. 예수 그리스도께서는 그에게 나아오는 불쌍한 심령들을 기꺼이 영접하여 그의 보호 아래에 두셨다: 암탉이 제 새끼를 날개 아래에 모음 같이, 정성과 온유함으로 내가 너희의 자녀를 모으려 한 일이 몇 번이나!

4. 병아리들은 암탉의 보호를 받는데 죄인들은 주 예수의 보호를 받고 보살

핌을 받지 못하는 이유는 그들이 원하지 않기 때문이다: 나는 몇 번이라도 하고자 하였지만, 너희가 원하지 아니하였도다. 그리스도께서 적극적으로 원하시자, 죄인들은 더욱더 원하지 않았고, 결국 그들의 피는 그들의 머리로 돌아가게 되었다.

5. 그리스도께서 떠나버린 집은 황폐하여 버린 바 된다. 아무리 화려하게 장식되고 아무리 많은 사람들이 빈번하게 드나드는 성전일지라도 그리스도께서 버리시고 떠나버리면 그 성전은 황폐해지고 만다. 그리스도께서는 성전을 그들에게 버려두신다. 그들은 성전을 우상으로 만들어서 그들의 것으로 삼아 그들의 이익을 위하여 성전을 최대한 활용하고 있지만, 그리스도께서는 더 이상 성전에 간섭하지 않으실 것이다.

6. 그리스도께서 그를 몰아낸 자들로부터 물러나시는 것은 당연한 일이다. 그들은 그리스도 곁으로 모이고자 하지 않았다. 그러므로 파라오가 모세에게 "다시는 내 앞에 나타나지 말라"고 하였을 때에 모세가 파라오에게 대답하였던 것처럼(출 10:29), 그리스도께서는 "너희는 나를 보지 못하고, 더 이상 나의 말을 듣지 못하리라"고 말씀하셨다.

7. 저 큰 날의 심판 때에 가서야 불신자들은 그들이 지금 믿지 못하던 것들을 비로소 믿게 될 것이다: "그 때에야 너희는 주의 이름으로 오시는 이를 찬송하리로다라고 말하게 될 것이다. 즉, 너희는 그렇게 말하는 자들 가운데 너희가 끼여 있는 것을 기뻐하겠지만 이미 때는 늦었다. 너희는 때가 너무 늦어 버린 그 때까지는 내가 메시야라는 것을 알지 못하리라."

제
— 14 —
장

개요

이 장에는 다음과 같은 내용들이 나온다. I. 그리스도께서 안식일에 수종병 든 사람을 고치시고, 안식일에 그런 일을 하였다고 비난하는 자들을 향해 자기가 옳다고 하심(1-6절). II. 그리스도께서 높은 자리에 앉고자 하는 자들에게 겸손을 가르치심(7-11절). III. 그리스도께서 부자들만 잔치에 초청하고 가난한 자들을 초청하지 않은 자들에게 자비를 가르치심(12-14절). IV. 그리스도께서 잔치에 초대받은 손님들에 관한 비유를 통해서 유대인들과 이 세상에 마음을 둔 모든 자들은 복음을 거부하고, 이방인들과 그리스도로 배부르고자 하여 오는 모든 자들은 복음을 영접할 것임을 말씀하심(15-24절). V. 그리스도께서 제자가 되고자 하는 모든 자들이 명심해야 하고 특히 사역자들이 맛을 유지하기 위해서 염두에 두어야 할 제자도의 큰 법칙을 말씀하심(25-35절).

[1]안식일에 예수께서 한 바리새인 지도자의 집에 떡 잡수시러 들어가시니 그들이 엿보고 있더라 [2]주의 앞에 수종병 든 한 사람이 있는지라 [3]예수께서 대답하여 율법교사들과 바리새인들에게 이르시되 안식일에 병 고쳐 주는 것이 합당하냐 아니하냐 [4]그들이 잠잠하거늘 예수께서 그 사람을 데려다가 고쳐 보내시고 [5]또 그들에게 이르시되 너희 중에 누가 그 아들이나 소가 우물에 빠졌으면 안식일에라도 곧 끌어내지 않겠느냐 하시니 [6]그들이 이에 대하여 대답하지 못하니라

이 단락에는 다음과 같은 내용들이 나온다.

I. 인자는 와서 먹고 마시며 온갖 부류의 사람들과 친밀하게 교제하셨다. 인자는 평판이 나쁜 세리들이나 그에게 악감을 품고 있던 바리새인들을 거부하지 않으셨고, 이 두 부류의 무리들이 그를 호의적으로 초대하면 기꺼이 받아들여서, 가능한 한 그들 모두에게 선을 베풀고자 하셨다. 본문을 보면, 그리스도께서는 한 바리새인 지도자의 집에 떡 잡수시러 들어가셨는데(1절), 이 바리새인은 아마도 그 지역을 다스리는 방백이었을 것이다. 안식일, 곧 하나님을 위

해 구별된 날에도 우리에게 음식을 먹고 힘을 차릴 수 있는 시간을 허락해주시는 하나님의 은혜는 참으로 크시다. 그러나 우리는 그러한 은혜를 악용하거나 방종의 기회로 삼지 않도록 주의하여야 한다. 안식일에 그리스도께서는 기운을 차리는 데에 꼭 필요한 떡만을 잡수시기 위하여 가신 것이었다. 우리는 안식일에 온갖 진수성찬을 차려놓고 식사를 하지 않도록 특별히 주의하여야 한다. 안식일에 우리는 모세와 이드로처럼 하나님 앞에서 떡을 먹어야(출 18:12) 하고, 초대 그리스도인들처럼 주의 날에 안식하는 데에 합당치 않은 자들이 될까봐 안식하러 가기 전에 다시 기도하는 심정으로 먹고 마셔야 한다.

II. 그리스도께서는 두루 다니시며 선한 일을 행하셨다. 그는 길에서 우연히 만난 자들에게만 선한 일을 하신 것이 아니라, 가시는 곳마다 선한 일을 행할 기회를 일부러 찾으셨다. 주의 앞에 수종병 든 한 사람이 있었다(2절). 이 사람이 그리스도를 스스로 찾아 왔다거나 그의 친구들이 그를 그리스도께 데리고 온 것 같지는 않다. 그리스도께서 먼저 그에게 은혜를 베푸셨고, 그가 부르기 전에 그에게 응답하셨다. 우리가 그리스도 앞에 나서지는 않는다고 해도, 우리가 그리스도께서 계신 곳에 있고 그리스도 앞에 있다는 것 자체가 복된 일임을 명심하라. 이 사람은 수종병을 심하게 앓고 있었고, 따라서 몹시 부은 모습을 하고 있었을 것이다. 그는 이 식사에 초대받은 손님이었다기보다는 이 바리새인의 친척으로서 이 집에 머무르고 있었을 가능성이 더 높다.

III. 그리스도께서는 죄인들이 자기에게 거역한 일을 참으셨다. 그들이 엿보고 있더라(1절). 이 바리새인은 그를 해칠 수 있는 어떤 빌미를 찾아내기 위해서 그를 초대하였던 것으로 보인다. 만약 그랬다면, 그리스도께서는 그것을 알고 계셨으면서도 가신 것이 된다. 그리스도께서는 아주 교활한 바리새인을 상대로 어떻게 싸워야 할지를 알고 계셨고, 엿보고 있는 자들 앞에서 어떻게 처신해야 할지를 알고 계셨다. 감시를 당하고 있는 자들은 방심하지 말고 신중하게 처신해야 한다. 하몬드 박사의 말처럼, 어떤 사람을 손님으로 초대해 놓고서 그를 해칠 구실을 찾는 것은 대접하는 자의 도리가 아니다. 왜냐하면, 초대한 자는 자기가 초대한 자를 보호할 의무가 있기 때문이다. 여기에 나오는 율법교사들과 바리새인들은 새들을 덮치려고 숨어 기다리는 새 사냥꾼처럼 침묵을 지키는 가운데 아주 은밀하게 음모를 진행시키고 있었다. 그리스도께서 그들에게 안식일에 병 고쳐 주는 것이 합당하냐 아니하냐고 물었을 때(그리스도께서는 이렇게 물으심으로써 그들의 생각에 대하여 대답하셨다고 할 수 있는데, 이것은 그들의 생각은 예수 그리스도께는 말이나 다름없는 것이었기 때문이다), 그들은 예 또는 아니오라고 말하고자 하지 않았다. 왜냐하면, 그들의 목적은 그에게서 가르침을 받는 것이 아니라 그를 칠 수 있는 빌미를 찾는 것이었기 때문이다. 그들이 병 고쳐 주는 것이 합당하다고 말하고자 하지 않은 것은 그렇게 말해 버리면 그들이 이 일을 범죄로 규정해서 그리스도를 걸고 넘어질 구실로 삼을 수 없게 될 것이기 때문이었다. 그렇다고 그들이 합당하지 않다고 말할 수도 없었던 것은 이 일이 합당하다는 것이 너무도 자명한 상황에서 아무리 그들이 철면피라고 할지라도 정면으로 그것을 부정할 수는 없었기 때문이었다. 선한 사람들은 흔히 그들을 박해하는 자들조차도 일말의 양심으로 합당하고 선하다는 것을 인정할 수밖에 없는 일들을 행함으로써 박해를 받아 왔다는 것을 명심하라. 그리스도께서는 많은 선한 일을 행하셨고, 이 때문에 그들은 그리스도와 그의 이름에 돌을 던졌다.

IV. 죄인들이 아무리 반대와 거역을 한다고 해도 그리스도께서 선한 일을 행하시는 것을 막을 수는 없다. 그리스도께서는 그 사람을 데려다가 고쳐 보내셨다(4절). 그리스도께서 그 사람을 다른 방으로 데리고 가서 거기에서 그를 고쳐주셨는데, 그가 자신을 공개적으로 나타내지 않으신 것은 그의 겸손을 보여주는 것이고, 대적들을 자극하지 않으신 것은 그의 지혜, 그의 지혜의 온유함을 보여주는 것이다. 우리는 대적들의 악의적인 방해가 있다고 해서 우리가 마땅히 해야 할 일에서 손을 떼는 일이 없어야 하지만, 대적들을 될 수 있으면 자극하지 않는 방식으로 여건을 조성해서 일을 해나가는 것도 중요하다는 것을 명심하라. 또한, 본문을 그리스도께서 그 사람에게 안수하여서 고치신 것으로 해석하는 것도 가능하다. 에피라보메노스 — 그 사람을 끌어 안으셨다. 그 사람은 몸을 가누기 어려울 정도로 비대하게 부어 있었는데(수종병에 걸린 사람들은 일반적으로 이렇게 된다), 그리스도께서 팔로 그 사람을 안으셔서 원래의 모습으로 회복시켜 주셨다. 다른 질병들도 마찬가지이지만 수종병은 점진적으로 치료된다. 그렇지만 그리스도께서는 그런 질병조차도 순식간에 완전히 고쳐 주셨다. 그런 후에 그리스도께서는 그 사람을 보내셨는데, 이것은 비록 그 사람이 순전히 수동적이었다고 해도 바리새인들이 그가 고침받은 것에 대하여 그에게 해를 가할 것을 우려하셨기 때문이다. 바리새인들과 같이 죄로 물든 자들이 무슨 터무니없는 짓인들 못하겠는가?

V. 우리 주 예수께서는 옳지 않은 일은 조금도 하지 않으셨기 때문에, 그에게 시비를 걸었던 자들은 자신들의 잘못이 드러나자 당혹해하였다(5-6절). 그리스도께서는 계속해서 그들의 생각에 대하여 대답하시면서, 그들이 그를 정죄한 그 정죄가 스스로를 정죄한 것이었음을 보여주기 위해서 자주 그러셨듯이 그들의 관습과 행실을 근거로 들어서 말씀하심으로써, 지금까지는 은밀하게 교활한 술수를 진행하기 위해서 침묵을 지켰던 그들을 이제는 수치스러워서 침묵을 지킬 수밖에 없도록 만드셨다: 너희 중에 누가 그 아들이나 소가 실수로 우물에 빠졌으면 안식일이 지날 때까지 기다리면 죽게 될 것이기 때문에 안식일에라도 곧 끌어내지 않겠느냐? 그들이 그렇게 하는 것은 가엾은 짐승을 불쌍히 여기는 마음 때문이 아니라 그들의 이익을 위해서이다. 그들은 돈이 되는 그들 소유의 소와 그들 소유의 나귀를 잃지 않으려고 안식일의 율법을 어기면서까지도 그것들을 구해내는 것이다. 이것은 그들의 위선을 보여주는 증거였다. 그들이 그리스도께서 안식일에 병을 고치신 것에 대하여 트집을 잡은 것은 그들이 진정으로 안식일을 거룩하게 지키고자 하는 의도에서 나온 것이 아니라 그들이 그리스도께서 행하신 이적에 의한 선한 일들과 이 이적들을 통해서 그가 하나님께로서 보내심을 받은 자임이 증명되고 백성들 사이에서 세력을 얻게 된 것에 대하여 화가 났기 때문이었다. 많은 사람들이 자신의 이익을 위해서는 어떤 것을 너무도 쉽게 포기하지만, 하나님의 영광과 형제들의 유익을 위해서는 결코 포기하지 않는다. 그리스도께서 하신 질문은 그들을 침묵시켰다: 그들이 이에 대하여 대답하지 못하니라(6절). 그리스도께서 말씀하시면, 그의 옳음이 드러나기 때문에, 그 앞에서 모든 입이 다물어질 수밖에 없다.

[7]청함을 받은 사람들이 높은 자리 택함을 보시고 그들에게 비유로 말씀하여 이르시되 [8]네가 누구에게나 혼인 잔치에 청함을 받았을 때에 높은 자리에 앉지 말라 그렇지 않으면 너보다 더 높은 사람이 청함을 받은 경우에 [9]너와 그를 청한 자가 와서 너더러 이 사람에게 자리를 내주라 하리니 그 때에 네가 부끄러워 끝자리로 가게 되리라 [10]청함을 받았을 때에 차라리 가서 끝자리에 앉으라 그러면 너를 청한 자가 와서 너더러 벗이여 올라 앉으라 하리니 그 때에야 함께 앉은 모든 사람 앞에서 영광이 있으리라 [11]무릇 자기를 높이는 자는 낮아지고 자기를 낮추는 자는 높이지리

라 [12]또 자기를 청한 자에게 이르시되 네가 점심이나 저녁이나 베풀거든 벗이나 형제나 친척이나 부한 이웃을 청하지 말라 두렵건대 그 사람들이 너를 도로 청하여 네게 갚음이 될까 하노라 [13]잔치를 베풀거든 차라리 가난한 자들과 몸 불편한 자들과 저는 자들과 맹인들을 청하라 [14]그리하면 그들이 갚을 것이 없으므로 네게 복이 되리니 이는 의인들의 부활시에 네가 갚음을 받겠음이라 하시더라

우리 주 예수께서는 여기서 우리가 친구들과 함께 식사를 할 때에 나눌 수 있는 서로의 덕을 세워주는 유익한 대화가 어떤 것인지 그 본보기를 보여주신다. 우리는 그리스도께서 그의 권속인 제자들과 식사를 하시면서 나누신 말씀은 덕을 세우는 데 소용되는 말씀인 것을 발견한다. 또한 그리스도께서는 그를 엿보는 대적들과 계실 때에는 기회만 있으면 그들이 저지른 잘못들을 책망하시며 교훈하시고자 하셨다. 악인들이 내 앞에 있었지만, 그리스도께서는 잠잠하여 선한 말을 하지 아니하신(다윗과는 달리, 시 39:2) 것이 아니었다. 왜냐하면, 대적들의 도발에도 불구하고, 그리스도의 마음은 속에서 뜨거워지지도 않으셨고, 그의 마음이 격분하지도 않으셨기 때문이다. 우리는 연회에서 망령되이 조롱하는 자들 같이 식탁에서 저속한 대화를 금해야 할 뿐만 아니라, 일상적인 한담을 넘어서서, 하나님의 은혜로 기회를 만들어서 하나님을 찬양하는 말들을 하고 평범한 일들에서 영적인 교훈을 얻는 법을 배워 나가야 한다. 그렇게 하면, 의인들의 입술은 여러 사람을 교육할 수 있게 된다. 우리 주 예수께서는 지체 높은 사람들 가운데 계셨으나, 그런 사람들을 아랑곳하지 않으셨다.

I. 그리스도께서는 이 기회를 빌려서 청함을 받은 사람들이 높은 자리를 앞다투어 차지하려고 하는 것을 보시고 책망하심으로써, 우리에게 겸손의 교훈을 주신다.

1. 그리스도께서는 이 율법교사들과 바리새인들이 높은 자리를 좋아하여 얼마나 식탁의 상좌를 차지하고자 하는지를 말씀하셨다(7절). 그는 전에도 이런 부류의 사람을 일반적으로 책망하신 적이 있으셨지만(11:43), 여기에서는 잔치에 참석한 특정한 사람들을 대상으로 구체적으로 책망을 하셨다. 왜냐하면, 그는 각 사람에게 구체적으로 교훈하고자 하셨기 때문이다. 그리스도께서는 그들이 높은 자리 택함을 보셨다. 누구나 할 것 없이 들어오면 가장 좋은 자리에 앉고자 하였다. 평범한 일상 생활에서도 그리스도께서는 우리를 지켜보고 계

신다는 것을 명심하라. 그는 우리가 교회의 모임들에서만이 아니라 식탁에서 어떻게 행하는가를 지켜보시고, 거기에 대하여 논평하신다.

2. 그리스도께서는 이렇게 높은 자리에 앉은 자들이 어떻게 낮은 자리로 쫓겨가는 수모를 당하게 되고, 스스로를 낮추어서 가장 낮은 자리에 앉았던 자들이 그 겸손으로 인해서 높임을 받게 되는지를 말씀하셨다.

(1) 가장 높은 자리를 차지한 자들은 더 높은 사람에게 자리를 내주고 내려갈 수밖에 없게 될 것이다(8-9절). 우리는 세상적인 지위에서만이 아니라 인격적인 소양과 업적에서도 우리보다 더 높은 사람들이 많다는 것을 생각하고, 우리 자신을 높이는 마음을 억제하여야 한다. 우리는 아주 많은 사람들이 우리에게 자리를 양보하는 것을 보고 교만해지는 것이 아니라, 우리가 자리를 양보해야 할 사람들이 많다는 것을 알고 겸손해져야 한다. 잔치를 베푼 주인은 손님들의 자리를 배정할 것이고, 더 높은 사람이 그에게 합당한 자리에 앉지 못한 것을 보면, 주제넘게 그 자리에 앉은 사람을 더 낮은 자리로 내려가게 하고, 그 자리를 더 높은 사람에게 앉게 할 것이다: 이 사람에게 자리를 내주라. 그렇게 되면, 주제넘게 높은 자리에 앉아 있던 사람은 모든 사람들이 보는 앞에서 창피를 당하게 될 것이다. 교만은 부끄러움을 불러올 뿐만 아니라 마침내 추락을 불러올 것이다.

(2) 가장 낮은 자리에 앉은 자들은 더 높은 자리로 가게 될 것이다(10절): "너를 초대한 네 친구가 부른 다른 손님들이 너보다 더 지체가 높은 자들일 것이라는 것을 당연한 것으로 받아들여서, 끝자리에 앉으라. 그러면 실상은 그렇지 않아서, 주인이 와서 너에게 벗이여 올라 앉으라고 말할 것이다. 잔치를 베푼 주인은 의롭기 때문에, 네가 겸손해서 식탁의 낮은 자리에 앉았다고 해서 그 자리에 그냥 있도록 내버려두지 않을 것이다." 높아지는 길은 낮은 데서 시작하는 것이다. 그렇게 하면, 그 사람은 주위 사람들로부터 칭찬을 받게 된다: "너는 너와 함께 앉은 자들 앞에서 높임과 존경을 받게 될 것이다. 그들은 너를 그들이 처음에 생각했던 것보다 더 높은 사람이라고 여기게 될 것이다. 감춰져 있던 사람이 빛을 발하게 되면, 그 사람의 존귀함은 더욱 빛나게 된다. 또한 그들은 너를 겸손한 사람으로 보게 될 것인데, 이것은 무엇보다도 가장 큰 영광이다. 여기서 우리 구주께서는 솔로몬이 한 충고를 언급하신다(잠 25:6-7): 대인들의 자리에 서지 말라. 이는 사람이 네게 이리로 올라오라고 말하는 것이 네 눈에

보이는 귀인 앞에서 저리로 내려가라고 말하는 것보다 나음이니라." 라이트푸트 박사는 한 랍비가 말한 이와 비슷한 내용의 비유를 인용한다: "세 사람이 잔치에 초대를 받았다. 한 사람은 나는 방백이라고 말하며 가장 높은 자리에 앉았고, 한 사람은 나는 현자라고 말하며 그 다음 자리에 앉았으며, 한 사람은 나는 하찮은 사람이라고 말하며 가장 낮은 자리에 앉았다. 왕은 그 겸손한 사람을 가장 높은 자리에 앉혔고 방백을 가장 낮은 자리에 앉혔다."

3. 그리스도께서는 이 말씀을 일반적으로 풀어서 설명하셔서, 우리 모두가 높은 데 마음을 두지 말고 도리어 낮은 데 처하며 보잘것없는 것들로 만족하는 법을 배워야 한다고 가르치신다(11절). 왜냐하면, 교만과 야망은 사람들 앞에서 부끄러움을 당할 것이고(무릇 자기를 높이는 자는 낮아지리라), 겸손과 자기 부인은 사람들 앞에서 높임을 받을 것이기 때문이다(자기를 낮추는 자는 높아지리라). 우리는 다른 사례들에서도 사람이 교만하면 낮아지게 되겠고 마음이 겸손하면 영예를 얻으리라는 것과 겸손은 존귀의 길잡이라는 것을 보게 된다.

II. 그리스도께서는 이 기회를 빌려서 잔치를 베푼 주인이 많은 부자들을 초대한 것을 책망하셨다. 부자들은 평소에서도 집에서 잘 차려 먹기 때문에, 오히려 주인은 좋은 음식을 차려 먹을 처지가 되지 못하는 가난한 자들을 초대하였거나 먹을 것이 없는 자들에게 음식을 나누어 주어야 했다. 느헤미야 8:10을 보라. 우리 구주께서는 여기서 우리에게 우리의 소유를 잔치를 베풀거나 집을 호화스럽게 꾸미는 것에 쓰는 것보다 자선 사업에 쓰는 것이 더 낫고 나중에 더 좋은 상을 받게 될 것임을 가르치셨다.

1. "부자들을 대접하는 데에 열을 내지 말라. 벗이나 형제나 친척이나 부한 이웃을 초대하지 말라(12절)." 이것은 그러한 사람들을 대접하는 것을 금지하는 것이 아니다. 친척들과 이웃들 간에 친목을 도모하기 위해서 잔치를 열어서 초대하는 것이 필요할 때도 있기 때문이다. 그러나 (1) "그런 일을 상습적으로 하지 말라. 그런 일에 쓰는 비용은 최소화해서, 너희의 소유가 구제하는 일 등과 같이 훨씬 더 좋은 일에 사용될 수 있게 하여야 한다. 너희는 잔치를 벌이는 것이 얼마나 비용이 많이 들고 부담스럽다는 것을 알고 있을 것이다. 부자들을 위하여 잔치를 한 번 베푸는 비용으로 가난한 자들은 몇 달 동안을 살 수 있다." 솔로몬은 부자에게 주는 자는 가난하여질 뿐이니라(잠 22:16)고 말하였다. "네 친구에게 주되, 네 도움이 필요치 않은 친구가 아니라 가난한 친구에게 주

라"(플리니우스의 서신 중에서). (2) "자랑하기 위해서 그런 일을 하지 말라." 많은 사람들은 아하수에로 왕처럼(에 1:3-4) 오직 과시하기 위해서 잔치를 베푼다. 그들은 지체 높은 사람들과 식사를 같이 하며 어울려야 위신이 선다고 생각해서, 그들의 그러한 유치한 망상을 만족시키기 위하여 가산을 탕진한다. (3) "네가 잔치를 베풀어 대접한 사람들로부터 똑같이 대접받으려고 하지 말라." 이것이 우리 구주께서 이런 잔치를 베푸는 자들을 책망하시는 이유이다: "너희는 너희가 잔치를 베풀어 대접한 사람들이 그 보답으로 너희를 불러 대접해주기를 바라고 사람들을 잔치에 초대한다. 너희는 너희가 친구들에게 대접했던 것과 똑같은 진수성찬으로 대접을 받고서야 만족해할 것인데, 이것은 너희의 육욕과 사치만을 만족시킬 뿐이고, 결국 너희에게 아무런 이득도 가져다 주지 못할 것이다."

　2. "자원해서 가난한 자들을 초대하라(13-14절): 너희가 잔치를 베풀거든, 귀하고 값진 음식들을 차리지 말고 비싸지는 않지만 수수하면서도 건강에 좋은 음식들을 많이 차려 놓고서, 먹고 살 것도 없고 생계를 위해서 일할 수도 없는 가난한 자들과 몸 불편한 자들과 저는 자들과 맹인들을 초대하라. 이런 사람들이 바로 우리가 자선을 베풀고 구제해야 할 사람들이다. 그들에게는 살아가는 데에 꼭 필요한 것들조차 없다. 그들을 대접하라. 그러면, 그들은 기도로써 너희에게 보답할 것이다. 부자들은 경멸할지도 모르는 그런 대접에도 그들은 감사할 것이다. 잔치가 끝난 후에 부자들은 집에 가서 너희를 욕하겠지만, 그들은 집에 가서 너희의 대접에 대하여 하나님께 감사할 것이다. 너희는 많은 돈을 들여서 잔치를 베풀었는데, 그들이 갚을 것이 없으므로, 너희가 손해를 보게 되었다고 말하지 말라. 결코 그렇지 않다. 너희는 가장 안전한 투자를 한 것이고 최고의 이익을 보장받게 된 것이다. 왜냐하면, 의인들의 부활시에 네가 갚음을 받겠음이라. "장차 의인들의 부활이 있을 것이다. 저 세상에는 의인들을 위하여 준비된 복된 삶이 있다. 우리는 의인들의 부활이 있을 때에 자선을 베풀고 구제한 자들이 기억될 것임을 확신할 수 있다. 왜냐하면, 구제는 의이기 때문이다. 자선 행위들은 이 세상에서 보상을 받지 못할 수 있다. 이 세상의 것들은 가장 좋은 것들이 아니어서, 하나님은 가장 선한 자들에게 그런 것들로 보상해 주시고자 하지 않기 때문이다. 그러나 그들은 그들의 상을 결코 잃지 않을 것이다. 그들은 부활시에 보상을 받게 될 것이다. 자선을 베푼 자들이 마침내 부활시까

지 연기된 보상을 받게 될 때, 가장 오랫동안 자선과 구제를 베풀어 온 자들이 가장 풍성한 보상을 받게 된다는 것과 그들이 손해본 자들이 아니라 이루 말할 수 없이 이익을 본 자들이라는 것이 드러나게 될 것이다.

[15]함께 먹는 사람 중의 하나가 이 말을 듣고 이르되 무릇 하나님의 나라에서 떡을 먹는 자는 복되도다 하니 [16]이르시되 어떤 사람이 큰 잔치를 베풀고 많은 사람을 청하였더니 [17]잔치할 시각에 그 청하였던 자들에게 종을 보내어 이르되 오소서 모든 것이 준비되었나이다 하매 [18]다 일치하게 사양하여 한 사람은 이르되 나는 밭을 샀으매 아무래도 나가 보아야 하겠으니 청컨대 나를 양해하도록 하라 하고 [19]또 한 사람은 이르되 나는 소 다섯 겨리를 샀으매 시험하러 가니 청컨대 나를 양해하도록 하라 하고 [20]또 한 사람은 이르되 나는 장가 들었으니 그러므로 가지 못하겠노라 하는지라 [21]종이 돌아와 주인에게 그대로 고하니 이에 집 주인이 노하여 그 종에게 이르되 빨리 시내의 거리와 골목으로 나가서 가난한 자들과 몸 불편한 자들과 맹인들과 저는 자들을 데려오라 하니라 [22]종이 이르되 주인이여 명하신 대로 하였으되 아직도 자리가 있나이다 [23]주인이 종에게 이르되 길과 산울타리 가로 나가서 사람을 강권하여 데려다가 내 집을 채우라 [24]내가 너희에게 말하노니 전에 청하였던 그 사람들은 하나도 내 잔치를 맛보지 못하리라 하였다 하시니라

이 단락에는 우리 구주께서 그가 초대받으신 잔치를 영적인 진리를 설명하는 데에 사용하셔서 들려주신 또 하나의 말씀이 나오는데, 이것은 그리스도께서 일상적인 일들을 빌려서 진리를 보여주신 또 하나의 좋은 예이다.

I. 그리스도께서 잔치를 베푸는 것과 관련하여 여러 가지 교훈을 말씀하심. 그것을 듣고서 손님들 중의 한 사람이 그에게 무릇 하나님의 나라에서 떡을 먹는 자는 복되도다라고 말한 것이 계기가 되었다(15절). 어떤 이들은 이 말이 랍비들 사이에서 흔하게 사용되었던 말이었다고 주장한다.

1. 그렇다면 이 사람이 여기서 그런 말을 꺼낸 의도는 무엇이었는가? (1) 이 사람은 그리스도께서 먼저 손님들을 책망하시고 이어서 집 주인을 질책하시는 것을 보고, 거기에 모인 사람들이 언짢아 할 것을 염려해서, 화제를 다른 것으로 돌리기 위해서 이 말을 꺼냈던 것일 수 있다. 아니면, (2) 이 사람은 그리스도께서 방금 제시하신 겸손과 자선에 관한 선한 법칙들을 감탄하면서도

현세의 타락한 상태에서 사람들이 그 법칙들에 따라 살아가지 못하는 모습에 실망하여서, 그와 같은 선한 법칙들이 그대로 행해지는 하나님의 나라를 갈망하면서, 그 나라에 살게 될 자들은 복되도다고 말한 것일 수 있다. 아니면, (3) 이 사람은 그리스도께서 의인들의 부활을 언급하시면서 그 때에 가난한 자들에게 자선을 베푼 일들이 보상을 받게 될 것이라고 말씀하자 거기에 다음과 같은 뜻으로 맞장구를 친 것일 수 있다: "주님, 그렇습니다. 의인들의 부활시에 보상을 받게 될 자들은 하나님의 나라에서 떡을 먹게 될 것인데, 그것은 이 땅에서 가장 큰 자의 식탁에 다시 초대를 받는 것보다 더 큰 보상이 될 것입니다." 아니면, (4) 이 사람은 그리스도께서 하시는 교훈의 말씀을 너무도 기쁘게 잘 듣고 있다가 그리스도께서 말씀을 마치시고 입을 다무시자 계속해서 말씀을 하시도록 하기 위하여 이런 말을 꺼낸 것일 수 있다. 그는 하나님의 나라를 거론하는 것보다 그리스도의 관심을 더 끌 만한 것은 없다는 것을 알고 있었다. 스스로 선한 말들을 계속해서 이어갈 수 있는 능력이 없는 자들일지라도 간간이 한 마디씩 말을 하여서 선한 말들이 계속되도록 힘을 보태는 것이 좋다.

2. 이 사람이 말한 것은 누구나 인정하는 자명한 진리였고, 사람들이 음식을 먹으며 앉아 있는 때에 이 말이 나온 것은 참으로 적절하였다. 우리도 일상적인 일들을 보고서 하늘에 속한 영적인 일들을 생각하고 말할 수 있어야 한다. 바로 그것이 성경에서 일상적인 일들로부터 비유를 가져와서 영적인 진리들을 말하는 한 이유이기도 하다. 또한 우리가 하나님의 섭리에 의한 선물들을 받고 있을 때에도 그것들을 통하여 더 좋은 것들인 하나님의 은혜의 선물들을 사모하는 것이 우리를 위하여 유익할 것이다. 우리가 식사를 하면서 무릇 하나님의 나라에서 떡을 먹는 자는 복되도다고 생각하는 것은 지극히 적절하고 바람직하다. (1) 이제 곧 임할 것으로 기대되고 있는 은혜의 나라, 메시야의 나라에서. 그리스도께서는 제자들에게 그들이 그의 나라에서 그와 함께 먹고 마시게 될 것이라고 약속하셨다. 성찬에 참여하는 자들은 하나님의 나라에서 떡을 먹고 있는 것이다. (2) 부활의 때에 영광의 나라에서. 천국에서 복을 누리는 것은 영원한 잔치이다. 그 식탁에 앉게 될 자들은 복되다. 그들은 다시는 거기에서 일어나지 않아도 된다.

II. 이 기회를 빌려서 우리 주 예수께서 비유로 말씀하심(16절 이하)　그리스도께서는 이 사람이 한 말에 동조하신다: "메시야의 나라에서 누릴 특권들에 참여하게 될 자들이 복되다는 것은 사실이다. 그러나 그러한 특권을 향유하게 될 자들은 과연 누구인가? 그 특권을 독점하고 있다고 생각하고 있는 너희 유대인들은 그 특권을 거부하게 될 것이고, 이방인들이 대부분 그 특권에 참여하게 될 것이다." 그리스도께서는 이것을 비유를 통해서 보여주신다. 그리스도께서 단도직입적으로 이 사실을 말씀하셨다면, 바리새인들은 가만있지 않았을 것이다. 이 비유를 좀 더 자세하게 살펴보자.

1. 그리스도의 복음 속에서 빛나는 하나님의 거저 주시는 은혜와 긍휼.

(1) 하나님은 가난한 영혼들이 잘 먹고 기운을 차릴 수 있도록 진수성찬을 차려놓으셨다(16절): 어떤 사람이 큰 잔치를 베풀었다. 그리스도와 복음의 은혜 속에는 자신의 분수를 아는 사람의 영혼, 자신의 부족함과 비참한 처지를 아는 죄인의 영혼을 위한 음식과 잔치가 될 만한 것이 있다. 이 잔치를 저녁 만찬(supper)이라고 부르는 이유는 당시에 하루 일과를 끝낸 후의 저녁 시간이 잔치를 베푸는 주된 시간이었기 때문이다. 복음의 은혜가 세상에 베풀어진 것은 세상의 기나긴 역사 속에서 저녁에 해당하는 때였다. 그리고 천국의 풍성한 은혜는 우리 일생의 저녁 때를 위하여 준비되어 있다.

(2) 이 잔치에 와서 참여하라는 우리에게 주어진 은혜로운 초대. [1] 일반적인 초대가 주어짐: 그는 많은 사람을 청하였다. 그리스도께서는 그의 복음이 주는 유익들에 참여하라고 유대 나라 전체와 모든 유대 백성들을 초대하셨다. 아무리 많은 사람이 오더라도 모자라지 않을 충분한 음식이 마련되어 있다. 이 잔치는 만민을 위하여 베풀어지는 연회가 될 것이라고 예언되어 있었다(사 25:6). 그리스도께서는 복음을 통해서 좋은 집을 마련해 두고 계실 뿐만 아니라 그 집을 열어 두고 계신다. [2] 잔치 시간이 다가오자, 구체적인 지시가 주어짐. 주인은 종을 보내어 여기저기 돌아다니면서 사람들에게 잔치에 와주시라고 주의를 환기시키도록 하였다: 오소서 모든 것이 준비되었나이다. 성령이 부어지고, 복음 교회가 심어졌을 때, 전에 초대를 받았던 자들은 곧 오도록 독촉을 받았다: 이제 모든 것이 준비되었다. 이제 복음의 신비가 온전히 드러났고, 복음의 모든 성례들이 제정되었으며, 그리스도인들의 공동체가 구체적으로 형성되었고, 무엇보다도 성령이 주어졌다. 이것이 지금 우리에게 주어진 부르심이다: "모든 것이 준비되었고, 지금은 은혜 받을 때이다. 오래 전부터 있어온 것이 아

니라 바로 지금이고, 앞으로 오래 있게 될 것이 아니라 바로 지금이다. 지금은 은혜의 때이지만 곧 지나갈 것이다. 그러므로 지금 오라. 지체하지 말라. 초대에 응하라. 너희가 환영받을 것임을 믿으라. 나의 친구들아 먹으라 나의 사랑하는 사람들아 많이 마시라."

2. 사람들이 복음의 은혜를 냉대함. 초대받았던 손님들은 잔치에 오기를 거절하였다. 그들은 가고 싶지 않다고 솔직하게 말하지 않고, 다 일치하게 사양하였다(18절). 이와 같이 간곡하게 초대를 받았다면, 그들은 마땅히 다 일치하게 이 풍성한 잔치에 와야 했다: 그런 초대를 거절할 사람이 누가 있겠는가? 그렇지만 그들은 모두 어떤 핑계를 대거나 자리를 피해 버렸다. 이것은 유대 백성들이 전체적으로 그리스도의 부르심에 응하기를 꺼렸고 그의 은혜의 초대를 받아들이지 않았으며 그의 초대를 경멸했다는 것을 보여주는 것이다. 또한 이것은 대부분의 사람들이 복음의 부르심에 응하기를 주저한다는 것을 보여주는 것이기도 하다. 그들은 체면 때문에 대놓고 초대를 거절할 수는 없었지만, 핑계를 대고 가지 않으려 하였다: 그들은 모두 한결같이(아토 미아스― 개역에서는 다 일치하게) 핑계를 대고 사양하였다 ― 어떤 이들은 이 본문에 즉시(호라스)라는 말을 보충해 넣기도 한다. 그들은 특별히 핑곗거리를 찾거나 궁리할 필요도 없이 즉석에서 대답할 수 있었다 ― 어떤 이들은 이 본문에 한 목소리로(그노메스)라는 말을 보충해 넣기도 한다.

(1) 여기에 물건을 산 두 사람이 나온다. 그들은 자기가 산 물건들을 보러 가는 일이 급해서 잔치에 갈 시간이 없었다. 한 사람은 밭을 샀다. 그는 좋은 조건으로 나와 있던 밭 한 뙈기를 샀는데, 그 밭이 과연 좋은지 어떤지를 살펴보기 위해서 가보아야 했다. 그래서 그는 청컨대 나를 양해하도록 하라고 말하였다. 그의 마음은 재산을 늘리는 데에 온통 쏠려 있었기 때문에, 그는 친구에게 예의를 지키거나 자신에게 유익한 일을 할 여유가 없었다. 마음이 온통 세상 것들로 가득 차 있고 집들과 밭들을 늘려가는 것을 좋아하는 자들은 복음의 초대에 귀를 막고 있는 자들이라는 것을 명심하라. 그가 댄 핑계는 참으로 어처구니없는 것들이었다! 새로 산 밭을 보러가는 일은 얼마든지 이튿날로 미루어도 될 일이었다. 하루를 미룬다고 해서 그 밭이 어디로 가는 것도 아니지 않는가. 또 한 사람은 밭을 가는 데에 필요한 가축을 샀다. "나는 밭을 갈기 위해서 소 다섯 겨리를 샀으매, 지금 그 소들이 괜찮은지 어떤지를 시험하러 가야 한다. 그

러니 이번만 나를 양해하도록 하라." 앞 사람은 세상 속에서 지나치게 안일하게 살아가는 사람이라면, 뒷 사람은 세상에 대하여 지나치게 걱정하고 염려하는 사람인데, 이런 유의 사람들은 그리스도와 그의 복음을 받아들일 수 없다. 이 두 사람은 영혼보다는 육체를, 영원에 속한 것들보다는 세상에 속한 일시적인 것들을 추구하는 자들이다. 누가 우리에게 어떤 의무를 행하도록 주의를 환기시켰을 때에 우리가 그 의무를 무시한 것에 대하여 핑계를 늘어놓는 것은 참으로 괘씸한 짓이다. 그것은 우리가 의무를 알고 있었음에도 불구하고 그 의무를 이행할 마음이 없었다는 것을 보여주는 징표이기 때문이다. 여기서 두 사람이 내세운 핑계들은 어떤 성격을 지닌 것들인지를 살펴보자. [1] 그것들은 크게 중요하지도 않은 사소한 일들이었다. 오히려 그들은 "나는 하나님의 나라에서 떡을 먹으라는 초대를 받았기 때문에, 밭이나 소를 보러가는 일은 부득이 미루어야 되겠어"라고 말했어야 했다. [2] 그것들은 정당한 일들이었다. 그 자체로는 정당한 일이라고 해도 거기에 지나치게 마음을 쏟게 되면, 그 일들은 신앙 생활에 치명적인 장애가 된다(licitus perimus omnes). 우리의 영적인 추구에 방해가 되지 않도록 세상 일들을 관리하는 일은 힘든 문제이다. 하지만 우리는 그렇게 하는 데에 큰 관심을 가져야 한다.

(2) 여기에 갓 결혼한 사람이 나온다. 그는 부인을 남겨두고 잔치에 갈 수 없다고 하였다(20절): 나는 장가 들었으니 그러므로 가지 못하겠노라. 그는 갈 수 없다고 말하였지만, 사실은 가고 싶지 않은 것이었다. 이렇게 신앙 생활의 의무들을 이행하는 것이 싫어졌을 때에 자기가 그 의무를 이행할 수 없는 것처럼 가장하는 사람들이 많다. 그는 장가 들었다. 결혼한 남자는 율법에 의해서 일년 동안은 전쟁에 나가는 것이 면제되었다는 것은 사실이지만(신 24:5), 과연 그것이 모든 남자들이 해마다 참석해야 했던 여호와의 절기들을 지키러 올라가지 못할 핑계가 될 수 있는 것인가? 하물며, 그것은 그 모든 절기의 원형(原型)인 복음 잔치에 참석하지 못할 핑계는 더더욱 되지 않을 것이다. 혈육이나 가까운 사람들에 대한 애정이 종종 하나님에 대한 의무를 이행하는 데에 장애가 될 수 있다는 것을 명심하라. 아담이 하나님이 주셔서 나와 함께 있게 하신 여자 그가 그 나무 열매를 내게 주므로 내가 먹었나이다라고 변명하였다면, 이 사람은 이 여자가 내게 잔치에 가지 말라고 하였나이다라고 변명한 셈이다. 그는 부인을 데리고 함께 잔치에 갔어야 했다. 그랬다면, 두 사람은 모두 환영을 받았을 것

이다.

3. 종이 잔치를 베푼 주인에게 가져온 소식은 무례한 것이었다. 초대받은 친구들은 여러 가지 핑계를 대고 초대를 거절함으로써 주인에게 무례를 범하였다(21절): 종이 돌아와 주인에게 그대로 고하였다. 종은 주인 혼자 식사를 해야 할 판이라고 걱정하며 고하였다. 왜냐하면, 초대받은 손님들은 잔치 날짜를 사전에 여유 있게 통보를 받아서 다른 일들을 잘 정리하였겠지만 어쨌든 지금은 다른 볼 일들이 생겨서 오지 못하게 되었기 때문이다. 종은 과장하거나 숨기지 않고, 사실 그대로를 고하였다. 사역자들은 그들의 사역의 결과를 주님께 보고해야 한다는 것을 명심하라. 그들은 지금 은혜의 보좌 앞에서 그렇게 해야 한다. 그들이 자기 영혼의 수고한 것을 보면, 그들은 감사를 가지고 하나님께 나아가야 하고, 그들의 수고가 헛되었다면, 탄식을 가지고 하나님께 나아가야 한다. 또한 사역자들은 나중에 그리스도의 심판대 앞에서 그렇게 하게 될 것이다. 그들은 불신앙을 고집하여 멸망받게 된 자들에게 불리한 증언을 하는 자들로서 불려나가서, 그들도 공정하게 복음의 초대를 받았었다는 것을 증언하고, 부르심을 받아들인 자들을 위해서는 보소서 나와 주께서 내게 주신 자녀들이니이다라고 유리한 증언을 하게 될 것이다. 사도들은 이런 이유를 들어서 사람들이 사역자들에 의해서 그들에게 주어지는 하나님의 말씀에 귀를 기울여야 한다고 강권하였다. 그들은 너희 영혼을 위하여 경성하기를 자신들이 청산할 자인 것 같이 하느니라(히 13:17).

4. 이러한 무례에 대한 주인의 당연한 진노: 집 주인이 노하였다(21절). 그들이 복음의 초대를 업신여기고, 또한 그렇게 행함으로써 하늘의 하나님을 멸시한 것은 하나님의 큰 진노를 불러일으켰는데, 여기서 하나님께서 노하신 것은 당연한 일이었다. 긍휼하심을 악용하면 무서운 진노가 뒤따른다. 하나님께서 그들에게 내리신 심판은 전에 청하였던 그 사람들은 하나도 내 잔치를 맛보지 못하리라는 것이었다. 이것은 약속의 땅을 멸시하였던 배은망덕한 이스라엘에게 내려진 판결과 같은 것이었다: 하나님께서는 진노하사 맹세하여 가라사대 그들이 그의 안식에 들어오지 못하리라 하셨다. 은혜를 멸시하면, 에서가 장자권을 잃은 것처럼 은혜를 잃게 된다. 그리스도를 영접할 수 있을 때에 영접하고자 하지 않는 자들은 나중에 그리스도를 영접하고자 할지라도 영접하지 못하게 될 것이다. 잔치에 청함을 받았던 자들이라고 할지라도 그 초대를 경홀히 여기면

거기서 한 걸음 더 나아간다.

[1] 선한 사람이라면 누구나 자신의 혈육을 사랑한다. 그렇지만 그리스도의 제자가 되고자 하는 자는 야곱이 레아를 미워하고 라헬을 더 사랑했듯이 상대적으로 혈육을 미워하고 혈육을 그리스도보다 덜 사랑해야 한다. 혈육을 미워해야 한다는 말이 결코 아니다. 레위가 레위인으로서의 직분을 수행하기 위하여 그의 부모에게 대하여 이르기를 내가 그들을 보지 못하였다고 말하며 자기 부모보다 레위인의 직분을 우선시한 것과 마찬가지로(신 33:9), 혈육에 대한 우리의 애정과 만족이 그리스도에 대한 우리의 사랑 안에 포섭되어야 한다는 말이다. 부모에 대한 의무와 그리스도에 대한 분명한 의무가 충돌하는 경우에 우리는 그리스도를 우선해야 한다. 그리스도를 부인하느냐 아니면 가족과 친족들로부터 추방을 당하느냐 둘 중의 하나를 선택해야 하는 상황이라면(많은 초대 교인들이 겪었던 상황), 우리는 그리스도의 사랑을 잃느니 차라리 혈육을 잃는 편을 택해야 한다.

[2] 사람은 누구나 자기 목숨을 사랑하고, 아무도 자기 목숨을 미워하지 않는다. 그러나 우리가 우리 자신의 목숨보다 그리스도를 더 사랑해서, 그리스도의 영광을 가리거나 그의 진리와 그의 길에서 떠나느니 차라리 우리의 목숨이 잔혹한 굴레에 매여서 고초를 당하거나 잔혹하게 죽임을 당하는 편을 택하지 않는다면, 우리는 그리스도의 제자가 될 수 없다. 영적인 삶의 즐거움들을 경험하고 영생에 대한 소망과 기대를 갖고 있을 때에 이 실천하기 힘든 말씀도 가볍게 될 것이다. 말씀으로 인해서 환난과 박해가 일어날 때, 우리에게 오는 가장 힘든 시험은 그리스도를 더 사랑하느냐 아니면 혈육과 우리의 목숨을 더 사랑하느냐 하는 것이다. 심지어 평온한 시기에도 이 문제는 종종 우리에게 시험으로 다가온다. 혈육이나 친구와 의가 상하거나 고객을 잃는 것이 두려워서 그리스도를 섬기기를 거절하고 그리스도와 교제할 기회들을 거절하는 자들은 그들이 그리스도보다 혈육이나 친구 또는 고객을 더 사랑한다는 의심을 받기에 충분하다.

(2) 그들은 아주 무거운 것을 기꺼이 져야 한다(27절): 누구든지 십자가 형의 선고를 받고 사형 집행을 예상하고서 자기 십자가를 지고 내가 이끄는 대로 나를 따르지 않는 자는 능히 내 제자가 되지 못하리라. 즉, 그는 내게 도움이 되지 않는다(하몬드 박사의 표현에 따르면). 나를 섬기는 일은 반드시 박해가 뒤따르기

때문에 그에게 도움이 되지 못할 것이다. 그리스도의 제자들이라고 해서 모두 십자가에 못 박혀 죽는 것은 아니지만, 그들은 모두 마치 십자가 형의 선고를 받은 자들인 양 자신의 십자가를 져야 한다. 그들은 악평을 듣고 오명과 치욕을 기꺼이 감내하여야 한다. 왜냐하면, 교수대를 진 자(furcifer)라는 말보다 더 치욕스러운 말은 없기 때문이다. 제자는 자기 십자가를 지고 그리스도를 따라야 한다. 즉, 제자는 자신의 의무를 수행하는 길에 십자가가 놓여 있을 때마다 그 십자가를 져야 한다는 말이다. 그리스도께서 십자가를 지라고 하시면, 제자는 그 십자가를 져야 하고, 십자가를 진 가운데 그리스도를 바라봄으로써, 그로부터 힘을 얻고, 그에게서 받을 상급을 소망하며 살아야 한다.

2. 그리스도께서는 무리들에게 이 점을 염두에 두고 잘 생각해 보라고 명하셨다. 그리스도께서 우리가 그를 따를 때에 만나게 될 어려움들을 솔직하게 다 말씀하심으로써 우리에게 공명정대하게 행하셨기 때문에, 우리는 제자가 되겠다고 고백하기 전에 이 문제를 진지하게 숙고해봄으로써 우리 자신에게 공명정대해야 한다. 여호수아도 백성들이 여호와를 섬기겠다고 약속하였을 때에 그들의 약속이 무엇을 의미하는지를 다시 한 번 잘 생각해 보라고 강권하였다 (수 24:19). 중도에서 그만둘 것이면 아예 처음부터 시작하지 않는 편이 더 낫다. 그러므로 우리는 일을 시작하기 전에 그 일을 끝까지 완수할 수 있는지를 심사숙고하여야 한다. 이것이 사려 깊게 행동하는 것이고, 다른 경우들에서와 마찬가지로 인간으로서 우리에게 합당한 일이다. 그리스도의 진리는 아무리 철저하고 치밀한 조사를 한다고 해도 그 조사를 넉넉히 견뎌낼 수 있을 만큼 견고하다. 사탄은 가장 좋은 것만을 보여주고 가장 나쁜 것을 숨긴다. 왜냐하면, 사탄은 그가 가진 가장 좋은 것으로 그가 가진 가장 나쁜 것을 상쇄할 수 없기 때문이다. 그리스도께서 가지신 가장 좋은 것은 그가 가지신 가장 나쁜 것을 충분히 상쇄하고도 남는다. 그리스도를 따른다는 것이 무엇인지를 심사숙고해야만 특히 고난의 때에 신앙을 지킬 수 있다. 우리 구주께서는 여기서 두 가지 비유를 통해서 그렇게 해야 할 필요성을 예시하신다. 첫 번째 비유는 신앙을 지키기 위해서 치러야 할 비용들을 잘 생각해 보아야 한다는 것을 보여주고, 두 번째 비유는 신앙이 가져올 위험들을 잘 생각해 보아야 한다는 것을 보여준다.

(1) 신앙을 갖기로 작정한 자는 **망대를** 세우고자 하는 지와 같기 때문에, 그

비용을 계산하지 않으면 안 된다(28-30절): 너희 중의 누가 망대를 세우고자 하거나 자신의 저택을 짓고자 한다면, 먼저 앉아 그 비용을 계산하지 아니하겠느냐? 그는 일꾼들이 말하는 비용보다 훨씬 더 많은 액수를 비용으로 계산해야 한다. 기초만 쌓고 능히 이루지 못함으로써 사람들로부터 비웃음을 당하지 않으려면, 그는 자기가 가진 돈과 공사에 들 비용을 비교해 보아야 한다.

[1] 신앙을 갖기로 작정한 자들은 모두 망대를 세우고자 결심한 자들이다. 그 망대는, 하늘에 대항하여 쌓았기 때문에 결국 미완성으로 끝나고만 바벨탑이 아니라, 하늘에 순종함으로 쌓아서 마지막 돌까지 쌓아지게 될 망대이다. 낮은 데에서 시작하여, 깊이 파서 반석 위에 기초를 놓고, 차곡차곡 쌓아가서 하늘만큼 높게 망대를 세우는 것이다.

[2] 이러한 망대를 세우고자 하는 자들은 먼저 앉아서 그 비용을 계산하여야 한다. 그들은 죄를 이기기 위해서 가장 좋아하던 정욕들조차 희생시켜야 할 것이고, 자기를 부인하고 깨어 있어서 항상 거룩한 의무들을 수행해 나가는 삶을 살아야 할 것이며, 사람들 사이에서 쌓아올린 명성, 자신의 재물과 자유들, 이 세상에서 그들에게 소중했던 모든 것들, 심지어 목숨까지도 희생해야 할 것이다. 우리가 치러야 할 이 모든 비용을 그리스도께서 우리에게 신앙의 유익들을 값없이 주시기 위하여 치러야 하셨던 비용과 비교해 보라. 과연 어떠한가?

[3] 망대를 세우기 시작한 자들 중에서 그 일을 계속해 나가지 못하거나 망대를 지켜나가지 못하는 자들이 많은데, 그것은 어리석은 일이다. 그들에게는 용기와 결단력이 없고 깊이 뿌리박은 확고한 원칙도 없기 때문에, 그들은 결국 일을 이루지 못하는 것이다. 사실 이 망대를 완성시킬 만한 힘을 갖고 있는 자는 우리 가운데 아무도 없다. 그러나 그리스도께서는 내 은혜가 네게 족하도다고 말씀하셨기 때문에, 우리가 그 은혜를 구하고 사용하기만 한다면 우리 중 누구에게도 은혜가 부족한 일은 없을 것이다.

[4] 신앙 생활을 잘 시작했다가 중도에서 그만두는 것만큼 창피한 일은 없다. 당연히 사람들은 한결같이 그가 인내심이 부족해서 지금까지 그가 한 모든 수고를 날려버렸다고 그를 조롱할 것이다. 그것은 그가 일한 것을 잃게 된(요이 1:8) 것이고, 그가 행하고 고난받았던 모든 것이 헛된 것이 되고만 것이다(갈 3:4).

(2) 그리스도의 제자가 되고자 하는 자는 전쟁을 위해서 싸우러 가는 자와 같기 때문에, 승산이 과연 있는지와 전쟁에서 마주칠지 모르는 난관들을 잘 생각해 보아야 한다(31-32절). 이웃 나라에 선전포고를 하고자 하는 임금은 전쟁을 승리로 이끌 만한 힘이 자기에 있는지를 잘 생각해 보아야 하고, 만약 그렇지 않다면, 전쟁을 벌일 생각을 아예 버려야 할 것이다. [1] 이 세상에서 그리스도인이 처한 상태는 전쟁 상태이다. 그리스도인의 삶은 그 자체가 전쟁이 아니던가? 우리의 인생 행로에는 칼로써 헤쳐나가야 할 많은 관문들이 기다리고 있다. 우리의 영적인 원수들은 끊임없이 공격을 해오기 때문에, 우리는 매 걸음마다 싸우지 않으면 안 된다. [2] 우리는 그리스도의 깃발 아래 들어가기 전에 예수 그리스도의 선한 군사가 당연히 각오해야 하는 곤경을 견뎌낼 수 있는지, 이만 명의 세력으로 우리를 맹공격해 오는 지옥과 세상의 권세와 맞서 이겨낼 수 있는지를 먼저 잘 생각해 보아야 한다. [3] 세상을 버린 체하다가 나중에 말씀으로 인하여 환난과 박해가 일어날 때에 세상으로 되돌아가는 것보다는 할 수 있는 한 최선의 조건으로 세상과 화해하는 것이 더 낫다. 그리스도를 위하여 자신의 소유를 포기할 마음이 없다는 것을 안 부자 청년이 진심을 숨기고 그리스도와 함께 머물러 있기보다는 근심하며 그리스도를 떠난 것은 더 나은 일이었다.

우리는 이 비유를 다른 식으로 해석해서, 신앙을 가지려면 신중하게 생각하느라 망설이지 말고 신속하게 시작하라는 것을 우리에게 가르치기 위한 것으로 볼 수도 있다. 이렇게 해석하면, 이 비유는 마태복음 5:25과 동일한 의미를 갖게 된다: 너를 고발하는 자와 급히 사화하라. 첫째, 죄 속에 머물러 있기를 고집하는 자들은 하나님에 대항하여 가장 부자연스럽고 옳지 않은 전쟁을 벌이고 있는 것이다. 하나님은 완전하게 의롭고 선하게 다스리고 계심에도 불구하고, 그들은 그들의 합법적인 통치자에 대항하여 반기를 들고 있다. 둘째, 제아무리 오만하고 무모한 죄인이라 할지라도 하나님의 적수가 될 수는 없다. 그 힘의 불균형은 본문에 나와 있는 만 명과 이만 명의 차이보다 훨씬 더 크다. 우리가 주를 노여워하시게 하겠느냐? 우리가 주보다 강한 자냐? 분명히 그렇지 않다. 누가 주의 분노의 힘을 알겠는가? 이것을 생각할 때, 그와 화친하는 것이 상책이다. 우리는 화해의 조건들을 제시해 달라고 요청할 필요가 없다. 우리의 유익을 최대한으로 보장하고 있는 조건들이 우리에게 이미 제시되어 있고, 그 조건들은 예외가 있을 수 없다. 우리는 그 조건들을 숙지하고 화친하여야 한다. 때가 늦기 전에 그가 아직 멀리 있을 때에 화친하라. 왜냐하면, 이러한 경우에 화친을 미루는 것은 대단히 위험한 일이고, 미루었다가 나중에 화친을 시도하는 경우에는 어려움에 봉착할 것이기 때문이다.

그러나 본문에서는 이 비유로부터 우리가 신앙 생활을 시작할 때에는 먼저 심사숙고를 해야 한다는 교훈을 이끌어내고 있다(33절). 솔로몬은 지략을 가지고서(개역에서는 베풀고) 전쟁할지니라(잠 20:18)고 말한다. 왜냐하면, 칼을 뽑은 자는 칼집을 내던지고 승부가 날 때까지 싸워야 하기 때문이다. 마찬가지로, 우리는 너희 중의 누구든지 자기의 모든 소유를 버리지 아니하면 능히 내 제자가 되지 못하리라는 지략을 가지고서 신앙 생활에 임하여야 한다. 즉, 모든 것을 버릴 생각을 하고 그렇게 하는 것에 동의하지 않는다면, 제자가 될 수 없다. 무릇 그리스도 예수 안에서 경건하게 살고자 하는 자는 박해를 받을 것이고, 그런 가운데서 계속해서 경건하게 살아야 하기 때문이다.

3. 그리스도께서는 무리들에게 배교(背敎)와 진정으로 기독교적인 정신과 성품으로부터의 마음의 타락을 통해서 철저하게 쓸모 없는 자들이 되어 버리지 않도록 경고하셨다(34-35절). (1) 선한 그리스도인들, 특히 사역자들은 세상의 소금이다(마 5:13). 이 소금은 좋은 것이고 대단히 유용하다. 그들은 가르침과 모범을 통해서 그들이 교제하는 모든 자들을 부패하지 못하게 하고 일깨우며 맛을 간직하게 만든다. (2) 세상에서 가지고 있는 것들을 버리기는커녕 도리어 신앙 생활을 포기하고 정욕적이고 세상적이 되어서 기독교적인 정신을 찾아볼 수 없는 타락한 그리스도인들은 그 맛을 잃은 소금과 같고, 화학자들이 증류 찌꺼기(caput mortuum)라고 부르는 것, 즉 이 세상에서 가장 쓸모 없는 것인 소금을 증류해서 남은 찌꺼기와 같다. 그런 자들에게는 미덕이나 선한 품성이 전혀 없다. [1] 맛 잃은 소금은 결코 회복될 수 없다: 무엇으로 짜게 하리요? 맛을 잃은 소금을 다시 짜게 할 방법은 없다. 이것은 배교자를 회복시키는 것이 지극히 어렵고 거의 불가능하다는 것을 암시한다(히 6:4-6). 기독교가 사람들의 세상적인 마음과 정욕을 치유하는 데에 효과를 나타내지 못하고, 치유를 시도하였지만 헛일이 되고 말았다면, 사람들의 안일함은 결국 절망적인 결과로 끝날 수밖에 없을 것이다. [2] 맛 잃은 소금은 아무짝에도 소용이 없다. 맛 잃은 소금은 땅에 거름으로 사용하기에 적합한 똥만도 못할 뿐더러, 거

름더미에 놓아두어 부패시키려고 해도 더 나아지지 않는다. 맛 잃은 소금으로부터는 얻을 것이 하나도 없다. 마음과 행실이 부패한 신앙인은 가장 밋밋한 짐승이다. 그가 꽤 알고 있는 하나님에 관한 일들을 말해도, 그 말은 너무도 어설퍼서 그 말을 듣고 아무도 더 나아지지 않는다: 그의 말은 미련한 자의 입의 잠언이다. [3] 맛 잃은 소금은 버려진다: 사람들은 맛 잃은 소금을 더 이상 어쩔 도리가 없기 때문에 내어 버린다. 그러한 추악한 신앙인들은 교회 밖으로 내쫓아야 마땅하다. 그들은 교회의 지체로서의 모든 명예와 특권을 상실하였을 뿐만 아니라, 다른 지체들도 그들에 의해서 물들 위험이 있기 때문이다. 우리 구주께서는 모두가 이것을 명심하고 주의할 것을 당부하시는 것으로 말씀을 마치신다: 들을 귀가 있는 자는 들을지어다. 그리스도의 말씀, 특히 우리에게 있는 배교의 위험성과 우리가 배교에 의해서 빠져들 수 있는 위험에 대하여 경고하시는 말씀을 듣는 데에 우리의 귀를 사용하는 것보다 귀가 더 잘 사용될 수 있는 곳이 과연 있을까?

제
— 15 —
장

개요

나쁜 행실들이 좋은 규범을 낳는다. 이렇게 이 장에서는 세리들과 죄인들에게 보이신 그리스도의 은혜와 사랑에 대하여 서기관들과 바리새인들이 불평한 것이 계기가 되어서 그 은혜가 어떠한 것인가에 대하여 더욱 자세하게 살필 수 있게 되었다. 이 장에 나오는 세 가지 비유는 모두 하나님께서 구약에서 말씀하시고 맹세하셨던 것, 즉 하나님은 죄인들의 죽음과 멸망을 기뻐하지 않으신다는 것만이 아니라 죄인들이 돌아와 회개하면 하나님은 크게 기뻐하시고 그들을 은혜로 영접하신다는 것을 보여주기 위한 목적을 지니고 있다. I. 그리스도께서 죄인들 및 세리들과 교제하시며 그들에게 복음을 전하시는 것을 보고 바리새인들이 화를 내고 불쾌해함(1-2절). II. 그리스도께서 그들에게 복음을 전하셔서 그들로 하여금 회개하고 삶을 고치게 하는 것보다 하나님을 더 기쁘시게 하고 열납되는 섬김은 없다고 하심으로써 자신의 일이 옳다고 하시면서, 세 가지 비유를 통해서 그것을 보여주심. 1. 잃은 양을 다시 찾아서 집으로 데려왔을 때의 기쁨에 관한 비유(4-7절). 2. 잃은 드라크마를 다시 찾았을 때의 기쁨에 관한 비유(8-10절). 3. 탕자였던 잃은 아들이 아버지의 집으로 다시 돌아왔을 때에 아버지는 큰 기쁨으로 맞았지만, 큰 아들은 서기관들과 바리새인들처럼 화를 내고 불쾌해함(11-32절).

[1]모든 세리와 죄인들이 말씀을 들으러 가까이 나아오니 [2]바리새인과 서기관들이 수군거려 이르되 이 사람이 죄인을 영접하고 음식을 같이 먹는다 하더라 [3]예수께서 그들에게 이 비유로 이르시되 [4]너희 중에 어떤 사람이 양 백 마리가 있는데 그 중의 하나를 잃으면 아흔아홉 마리를 들에 두고 그 잃은 것을 찾아내기까지 찾아다니지 아니하겠느냐 [5]또 찾아낸즉 즐거워 어깨에 메고 [6]집에 와서 그 벗과 이웃을 불러 모으고 말하되 나와 함께 즐기자 나의 잃은 양을 찾아내었노라 하리라 [7]내가 너희에게 이르노니 이와 같이 죄인 한 사람이 회개하면 하늘에서는 회개할 것 없는 의인 아흔아홉으로 말미암아 기뻐하는 것보다 더하리라 [8]어떤 여자가 열 드라크마가 있는데 하나를 잃으면 등불을 켜고 집을 쓸며 찾아내기까지 부지런히 찾지 아니하겠

느냐 ⁹또 찾아낸즉 벗과 이웃을 불러 모으고 말하되 나와 함께 즐기자 잃은 드라크마를 찾아내었노라 하리라 ¹⁰내가 너희에게 이르노니 이와 같이 죄인 한 사람이 회개하면 하나님의 사자들 앞에 기쁨이 되느니라

이 단락에는 다음과 같은 내용들이 나온다.

I. 세리들과 죄인들이 그리스도께서 계신 곳을 부지런히 찾아다니며 말씀을 들음. 유대인들의 수많은 무리가 예수와 함께 갔다(눅 14:25). 이 유대인들은 하나님의 나라에 당연히 들어가리라는 확신을 지니고 있었기 때문에, 그리스도께서는 그들의 헛된 소망을 흔들어 놓는 말씀을 전할 필요가 있음을 아셨다. 또한 세리들과 죄인들의 무리가 그리스도께 나아왔는데, 그들은 그리스도께서 그들을 거부하지나 않을까 하는 조심스러운 두려움을 지니고 있었기 때문에, 그리스도께서는 그들을 격려하는 말씀을 전할 필요가 있음을 아셨다. 거기에는 세리들과 죄인들에 대하여 눈살을 찌푸리는 오만불손한 자들이 일부 있었기 때문에 더욱 그럴 필요가 있었다. 세금을 거두어서 로마인들에게 바친 세리들 가운데는 실제로 악한 사람들도 더러 있었겠지만, 세리들 모두가 악명을 얻게 된 것은 세리라는 직업에 대한 유대 백성들의 편견 때문이었다. 세리들은 종종 창녀들과 함께 언급되는데(마 21:32), 여기에서는 명백하게 악하다는 의미를 지닌 죄인들과 함께 언급되어 있다. 공개적으로 방탕한 자들인 창녀들은 흔히 죄인들로 지칭되었다. 어떤 이들은 그리스도께서는 지금 요단 건너편, 즉 이방의 갈릴리에 계셨기 때문에, 여기서 죄인들은 이방인들을 의미한다고 생각한다.

세리들과 죄인들은 그리스도를 따르던 유대인들의 무리가 앞 장의 끝부분에 나온 그의 말씀을 듣고 떨어져나간 후에 그에게 가까이 나아왔다. 이것은 나중에 유대인들이 사도들을 거부한 후에야 이방인들이 사도들이 전하는 복음을 들을 기회를 얻게 된 것과 마찬가지이다. 하지만 그들은 가까이 나아오기는 했지만, 그리스도께서 전하시는 말씀을 겨우 들을 수 있는 곳까지만 나아왔을 뿐이고 그 이상 더 가까이 다가가는 것을 두려워하였다. 또한 그들은 병 고침을 받기 위해서가 아니라 그리스도의 놀라운 가르침을 듣기 위해서 가까이 나아온 것이었다. 우리가 그리스도께 나아가는 것은 말씀을 들으러 나아가는 것임을 명심하여야 한다. 우리는 그리스도께서 우리에게 주시는 가르침과 우리

의 기도들에 대한 그의 응답을 듣기 위해서 그에게 나아간다.

II. 이것을 본 서기관들과 바리새인들이 화를 내고 불쾌해함. 그들은 수군거리며, 우리 주 예수께 비난의 화살을 돌렸다: 이 사람이 죄인을 영접하고 음식을 같이 먹는다(2절).

1. 그들은 그들에게만 허용된 줄 알았던 은혜의 수단들이 세리들과 이방인들에게도 주어져서, 회개하라는 부르심을 받고, 회개하면 죄 사함을 받을 것이라고 권고받는 것을 보고 화가 났다. 왜냐하면, 선지자들은 이방 나라들에게 회개를 선포했고 특히 다니엘은 느부갓네살 왕에게 회개를 촉구하긴 했지만, 그들은 이방인들이 회개하는 것은 거의 불가능에 가까운 것으로 여겼으므로, 오직 유대인들만이 회개하고 죄 사함 받는 특권을 향유하고 있다고 생각하였기 때문이다.

2. 그들은 그리스도께서 그런 부류의 사람들을 친구로 맞아서 친하게 지내며 음식을 같이 먹는 것은 그리스도의 위신을 손상시키는 일로서 그의 위엄과 맞지 않는 일이라고 생각하였다. 그들이 가장 격분한 것은 그리스도께서 그런 자들에게 말씀을 전하는 것이었지만, 그들은 체면상 차마 그 일을 비난할 수는 없었다. 그래서 그들은 장로들의 전통에 좀 더 명백하게 어긋나는 일이었던 그런 자들과 음식을 같이 먹는 것을 트집잡아서 그리스도를 비난한 것이었다. 가장 고결하고 가장 훌륭한 사람들만이 아니라 가장 고결하고 가장 훌륭한 행위들에도 비난이 쏟아지는 법이기 때문에, 우리는 이런 일을 이상하게 생각하지 말아야 한다.

III. 그리스도께서는 자신의 설교를 듣고 사람들이 회개하였다면 그 사람들이 악하면 악할수록 하나님은 더 큰 영광을 받으실 것이고 하늘에는 더 큰 기쁨이 있게 될 것임을 보여주심으로써 자기가 한 일이 옳다는 것을 말씀하심. 유대인들이 참 하나님을 예배하는 것도 기뻐할 일이지만, 이방인들이 그렇게 하는 것은 하늘에서 더욱 기뻐할 일이고, 서기관들과 바리새인들이 진리를 따라서 정숙한 삶을 사는 것도 기뻐할 일이지만, 세리들과 죄인들이 그런 삶을 사는 것은 하늘에서 더욱 기뻐할 일이다. 그리스도께서는 여기서 이것을 동일한 취지를 지닌 두 가지 비유를 통해서 설명하신다.

1. 잃은 양에 관한 비유. 우리는 이미 마태복음 18:12 이하에서 이와 비슷한 내용을 살펴본 바 있는데, 거기에서 이 비유의 목적은 하나님께서 성도들을

보존하기 위하여 얼마나 마음을 쓰고 계시는지를 보여줌으로써 우리가 성도들을 실족케 해서는 안 된다는 것을 말해주기 위한 것이었다면, 여기서 이 비유의 목적은 죄인들이 회개하고 돌아올 때에 하나님께서 얼마나 기뻐하시는지를 보여줌으로써 우리가 죄인들이 회개하는 것을 기뻐해야 한다는 것을 말해주기 위한 것이다. 좀 더 살펴보자.

(1) 죄악된 길로 계속해서 행하는 죄인의 처지. 그는 잃은 양이고 길 잃은 양과 같다. 그는 하나님께 잃어버린 바 되었기 때문에, 하나님은 그에게서 영광과 섬김을 받으실 수 없게 되었다. 그는 무리들에게도 잃어버린 바 되었기 때문에, 무리들은 그와 친교를 나눌 수 없게 되었다. 그는 자기 자신에게도 잃어버린 바 되었기 때문에, 자기가 어디에 있는지를 모르고, 끊임없이 방황하며, 목자의 보호와 푸른 풀밭을 떠나서 늘 맹수의 위협에 노출되어 있고 공포와 불안에 시달린다. 또한 그는 우리로 되돌아오는 길을 혼자 힘으로 찾아낼 수 없다.

(2) 하늘의 하나님께서 불쌍하게 방황하는 죄인들을 돌보심. 하나님은 길을 잃지 않은 양들을 계속해서 돌보신다. 양들은 들에서 안전하다. 그러나 잃은 양에 대해서는 특별한 돌보심이 있다. 백 마리나 되는 큰 양 떼가 있지만, 하나님은 그 한 마리를 잃으려 하지 않으시기 때문에, 잃은 양을 찾으러 쫓아가는 등 특별하고도 풍성한 돌보심을 보여주신다. [1] 찾아내심. 하나님은 잃은 양을 찾을 때까지 쫓아가서 수소문하고 여기저기를 뒤지신다. 하나님은 타락한 죄인들을 쫓아가셔서 그의 말씀에 의한 부르심과 성령의 역사를 통해서 일하셔서 그들로 하여금 마침내 돌아올 생각을 하게 만드신다. [2] 집으로 데려오심. 잃은 양이 방황으로 인해서 지쳐 있고 괴로워하며 녹초가 되어 있어서 집으로 올 힘조차 없다고 해도, 하나님은 "이런 양은 집에 데리고 올 가치도 없다"고 말씀하시고 그 양이 죽도록 내버려두시는 것이 아니라, 어깨에 메고 많은 수고를 들여서 즐거운 마음으로 우리로 데리고 오신다. 이것은 우리를 구속하신 큰 일에 그대로 적용될 수 있다. 인류는 길을 잃었다(사 53:6). 하나님에게 인류 전체의 가치는 백 마리 양을 가진 목자에게 있어서 한 마리 양이 지닌 가치 정도밖에 안 되는 것이었다. 인류 전체가 멸망하다고 해서, 하나님께 무슨 손해가 있을 것인가? 하나님께는 아흔아홉 마리의 양 같은 거룩한 천사들의 무리가 있지 않은가? 그렇지만 하나님은 잃어버린 자를 찾아 구원하려고 그의

아들을 보내셨다(눅 19:10). 그리스도께서는 어린 양들을 그 팔로 모아 품에 안으셔서 데려오신다고 하는데, 이것은 불쌍한 죄인들을 향한 그리스도의 연민과 애정을 보여주는 것이다. 여기서는 그리스도께서 어깨에 메고 오신다고 말하는데, 이것은 그리스도께서 그들을 지지해주고 지탱해주신다는 것을 보여주는 것이다. 그리스도께서 우리를 어깨에 메고 집으로 가실 때에 우리는 결코 멸망받지 않는다.

(3) 죄인들이 회개하고 돌아온 것을 하나님이 기뻐하심. 하나님은 잃은 양을 찾으러 다닌 수고가 헛되지 않은 것을 즐거워하며, 그 양을 어깨에 멘다. 더욱 기쁜 일은 잃은 양을 찾을 가망이 없었는데도 찾았다는 것이다. 하나님은 벗과 이웃, 즉 그와 함께 인근에서 양 떼를 치는 목자들을 불러 모으고 말하되 나와 함께 즐기자고 하신다. 목자들이 자주 불렀던 목가(牧歌)들 중에는 아마도 이런 경우에 불렀던 노래가 있었던 것 같고, 나와 함께 즐기자 나의 잃은 양을 찾아내었노라는 그 노래의 후렴구였을 것이다. 하지만 목자들은 나와 함께 즐기자 내가 양을 한 마리도 잃지 않았노라고 노래하지는 않았다. 하나님은 비록 길을 잃고 헤매고 있는 양일지라도 그 양을 "나의 양"이라고 부르고 있음을 주목하라. 하나님은 그렇게 부르실 권리를 가지고 계시고(모든 영혼이 다 내게 속한지라), 자신의 양에 대한 권리를 주장하시고 그 권리를 회복하고자 하신다. 그러므로 하나님은 직접 잃은 양을 찾아나선다: 나의 잃은 양을 찾아내었노라. 하나님은 종을 보내신 것이 아니라, 그의 아들, 위대하고 선한 목자를 보내셨다. 이 목자는 하나님이 찾으시는 자들을 찾아내실 것이고, 하나님을 찾지 않는 자들에게도 나타나실 것이다.

2. 잃은 드라크마에 관한 비유.

(1) 여기서 드라크마를 잃어버린 자는 어떤 여자로 되어 있다. 잃어버린 자는 여자였기 때문에 남자인 경우보다 드라크마를 잃어버렸을 때에 더 심하게 슬퍼하였고 다시 찾았을 때에는 더 기뻐했을 것이다. 따라서 여자가 등장한 것은 이 비유의 목적에 더 잘 부합한다. 여자는 열 드라크마가 있었는데 그 중의 하나만을 잃어버렸다. 이것은 우리로 하여금 하나님의 선하심을 깊이 생각하게 만든다. 인류의 죄악과 참상에도 불구하고 하나님의 피조물 중에는 그 순전성을 유지하고서 하나님께 찬송을 돌리며 결코 하나님을 욕되게 하지 않는 것들이 열에 아홉이 있다는 것, 앞의 비유에 의하면 백에 아흔아홉이 있다는

것은 하나님의 선하심이 얼마나 큰 것인가를 보여주는 것이기 때문이다. 창조의 법칙과 목적에서 벗어나지도 않고 잃어버려지지도 않은 존재들이 무수하게 존재한다!

(2) 여자가 잃어버린 것은 은전 한 닢, 곧 한 세겔의 1/4에 해당하는 한 드라크마였다. 인간의 영혼은 고유의 가치를 지닌 은이다. 영혼은 철이나 납 같은 천한 금속이 아니라 은이다. 은 광산은 왕실 소유의 광산이다. 히브리어로 은은 탐나는 것이라는 말에서 유래하였다. 여기서 은은 드라크마라는 은전을 가리킨다. 드라크마에는 하나님의 형상과 글이 새겨져 있기 때문에, 하나님께 드려져야 한다. 그렇지만 돈으로서의 가치는 비교적 적어서 단지 7.5페니에 불과하였다. 이것은 죄인들을 멸망당하도록 내버려둔다고 해도, 하나님은 손해날 것이 없다는 것을 보여준다. 이 은전이 오물 구덩이 속에서 어디론가 사라져서 잃어져 버렸다. 세상에 빠져서 세상을 사랑하고 돌보는 일에 몰두하는 영혼은 오물 구덩이 속의 은전과 같다. 누구에게 물어보아도 영혼이 그런 곳에 있다는 것은 너무도 불쌍한 일이라고 말할 것이다.

(3) 잃어버린 드라크마를 찾기 위해서 여자는 많은 관심과 수고를 쏟았다. 여자는 등불을 켜고 문 뒤와 탁자 아래를 비롯해서 집안 구석구석을 찾아볼 뿐만 아니라, 집을 쓸며 찾아내기까지 부지런히 찾는다. 이것은 하나님께서 잃은 영혼들을 찾으시기 위해서 사용하는 갖가지 수단들과 방법들을 나타낸다. 하나님은 우리를 찾아오시는 길을 밝히기 위해서가 아니라 우리에게 하나님을 찾아가는 길을 보여주시기 위해서 등불을 켜셨다. 하나님께서 집을 쓸었다는 것은 말씀을 전하셔서 죄를 자각하게 하신 것을 가리킨다. 하나님은 잃은 영혼들을 돌아오게 하는 일에 마음을 집중하시고 부지런히 찾으신다.

(4) 드라크마를 찾았을 때에 큰 기쁨이 있었다: 나와 함께 즐기자 잃은 드라크마를 찾아내었노라(9절). 즐거워하는 자들은 다른 사람들도 자기와 마찬가지로 즐거워하기를 바란다. 유쾌해하는 자들은 다른 사람들을 자기와 마찬가지로 유쾌하게 만들고자 한다. 여자는 함께 즐기기 위해서 그녀가 부른 사람들을 대접하느라 잃었다가 되찾은 돈을 다 써버릴 것임에도 불구하고 잃은 드라크마를 찾았다는 것 자체를 기뻐하였다. 잃은 돈을 생각지도 못하게 찾았다는 기쁨이 그녀를 잠시 동안 황홀경 속으로 몰아 넣었다. 휴레카 휴레카(찾았노라 찾았노라)는 기쁨을 표현하는 언어이다.

3. 이 두 가지 비유는 동일한 취지로 설명된다(7, 10절): 회개할 것 없는 의인 아흔아홉에 대해서보다도 이와 같이 죄인 한 사람이 회개하면, 즉 세리들과 죄인들 중 일부가 회개하면(그들 중 한 사람이라도 회개한다면, 그리스도께서는 그가 이 땅에 오기를 잘했다고 여기실 것이다) 하나님의 사자들 앞에 기쁨이 되느니라. 좀 더 살펴보자.

(1) 이 땅에서 일어나는 죄인들의 회개와 회심은 하늘에 기쁨을 가져다준다. 아무리 흉악한 죄인들일지라도 회개에 이르는 것은 가능하다. 생명이 있는 곳에는 소망이 있기 때문에, 우리는 최악의 경우에도 절망해서는 안 된다. 아무리 흉악한 죄인이라도 회개하고 돌이킨다면 얼마든지 긍휼을 입을 수 있다. 그렇지만 그것이 전부는 아니다. [1] 하나님은 죄인들에게 긍휼을 베푸시기를 기뻐하시고, 죄인들이 회개하고 돌아오는 것만으로도 하나님이 그들에게 쏟으신 모든 수고의 대가로 충분하다고 여기신다. 하늘에는 언제나 기쁨이 있다. 하나님은 그의 모든 역사를 기뻐하시지만, 특히 그의 은혜의 역사(役事)들을 기뻐하신다. 하나님은 회개하는 죄인들에게 마음과 정성을 다하여 선을 베풀기를 기뻐하신다. 하나님은 교회들과 나라들이 회심하는 것만이 아니라 단 한 사람일지라도 죄인 한 사람이 회개할 때에 기뻐하신다. [2] 천사들은 죄인들에게 긍휼이 베풀어지는 것을 불평하기는커녕 오히려 기뻐할 것이다. 물론 계속해서 범죄하여 멸망당하게 된 죄인들에게는 그 어떤 긍휼도 베풀어지지 않을 것이고, 회개한 죄인들은 그들이 전에는 아무리 비천하고 악하였다고 할지라도 회개함으로 인해서 천사들과 교제하게 되고 곧 천사들과 같이 되며 동등하게 될 것이다. 죄인들의 회심은 천사들의 기쁨이다. 천사들은 회개한 영혼들을 잘 되게 하기 위하여 기꺼이 수종든다. 인류의 구속(救贖)은 천사들에게 기쁜 일이었기 때문에, 천사들은 지극히 높은 곳에서는 하나님께 영광이요(눅 2:14)라고 노래하였다.

(2) 죄인 한 사람이 회개하여 극히 악하고 패역한 삶에서 돌이켜 경건한 삶을 살게 되었을 때는 회개할 것 없는 의인 아흔아홉으로 말미암아 기뻐하는 것보다 더한 기쁨이 있다. [1] 천사들이 항상 신앙을 지켜서 회개할 필요가 없이 믿음에 견고한 것보다도 타락한 인간이 구속되고 구원받는 것이 더 기쁜 일이다. [2] 바리새인들을 비롯하여 스스로 의롭게 여기는 유대인들이 그들은 회개할 필요가 없다고 생각하여 하나님이 그들을 무척 기뻐하신다고 여기며 그들이야

말로 하나님의 영광이라고 자랑하면서 "하나님이여 감사합니다"라고 고백하며 온갖 찬송과 기도를 올리는 것보다 이방인들과 세리들 같은 죄인들이 지금 그리스도께서 전하신 말씀을 듣고 회개하는 것이 더 기쁜 일이다. 그리스도께서는 바리새인들의 생각과는 정반대로 하나님은 서기관들과 바리새인들이 자신들에게는 아무런 잘못도 없다고 여기고서 길게 기도하는 것보다 그들로부터 멸시받고 미움받는 죄인들 중 하나가 애통해하며 회개하는 것을 더 칭찬하시며 기뻐하신다고 말씀한다. [3] 항상 예의바르고 점잖게 행동해 왔기 때문에 상대적으로 회개할 필요가 없고 큰 죄인들과는 달리 삶을 전체적으로 고칠 필요도 없는 자의 의례적인 회개보다 바리새인이었던 바울처럼 큰 죄인 하나가 회개하는 것이 더 기쁜 일이다. 물론, 타락하여 어그러진 길로 가지 않는 것이 가장 좋은 일이다. 그러나 하나님의 은혜는 어그러진 길로 간 적이 없는 자들을 인도하는 일에서보다도 큰 죄인들을 회개시키는 일에서 더 크고 뚜렷한 힘을 발휘한다. 실제로 회개하기 전에 큰 죄인이었던 자들이 회개 후에 특별한 열심을 보여주는 경우가 많다. 바울이 그 한 예인데, 그렇기 때문에 하나님은 바울로 말미암아 큰 영광을 받으셨다(갈 1:24). 사람들의 예를 따라 말한다면, 많이 용서를 받은 자들이 많이 사랑하게 되는 법이다. 늘 가지고 있으면서 누리던 것을 계속해서 향유하는 데서 오는 기쁨보다는 잃어버렸던 것을 다시 찾았을 때의 기쁨이 더 큰 법이고, 아프지 않고 늘 건강할 때의 기쁨보다도 아픈 후에 건강을 되찾았을 때의 기쁨이 더 큰 법이다. 그것은 마치 죽은 자 가운데서 살아나는 것과 같다. 늘 꾸준하게 신앙 생활을 해나가는 것도 귀하지만, 어떤 사람이 죄의 악한 길에서 갑자기 돌이킨 것을 볼 때에 더욱 놀라운 기쁨이 생겨난다. 죄인들이 회개할 때에 이처럼 하늘에서 기뻐하는데도, 하늘의 뜻을 전혀 모르는 바리새인들은 있는 힘을 다해서 그것을 훼방할 뿐만 아니라, 다른 모든 사람들이 하나님께 진심으로 감사하는 일을 하고 계신 그리스도에게도 격분하였다.

[11]또 이르시되 어떤 사람에게 두 아들이 있는데 [12]그 둘째가 아버지에게 말하되 아버지여 재산 중에서 내게 돌아올 분깃을 내게 주소서 하는지라 아버지가 그 살림을 각각 나눠 주었더니 [13]그 후 며칠이 안 되어 둘째 아들이 재물을 다 모아 가지고 먼 나라에 가 거기서 허랑방탕하여 그 재산을 낭비하더니 [14]다 없앤 후 그 나라에

크게 흉년이 들어 그가 비로소 궁핍한지라 [15]가서 그 나라 백성 중 한 사람에게 붙여 사니 그가 그를 들로 보내어 돼지를 치게 하였는데 [16]그가 돼지 먹는 쥐엄 열매로 배를 채우고자 하되 주는 자가 없는지라 [17]이에 스스로 돌이켜 이르되 내 아버지에게는 양식이 풍족한 품꾼이 얼마나 많은가 나는 여기서 주려 죽는구나 [18]내가 일어나 아버지께 가서 이르기를 아버지 내가 하늘과 아버지께 죄를 지었사오니 [19]지금부터는 아버지의 아들이라 일컬음을 감당하지 못하겠나이다 나를 품꾼의 하나로 보소서 하리라 하고 [20]이에 일어나서 아버지께로 돌아가니라 아직도 거리가 먼데 아버지가 그를 보고 측은히 여겨 달려가 목을 안고 입을 맞추니 [21]아들이 이르되 아버지 내가 하늘과 아버지께 죄를 지었사오니 지금부터는 아버지의 아들이라 일컬음을 감당하지 못하겠나이다 하나 [22]아버지는 종들에게 이르되 제일 좋은 옷을 내어다가 입히고 손에 가락지를 끼우고 발에 신을 신기라 [23]그리고 살진 송아지를 끌어다가 잡으라 우리가 먹고 즐기자 [24]이 내 아들은 죽었다가 다시 살아났으며 내가 잃었다가 다시 얻었노라 하니 그들이 즐거워하더라 [25]맏아들은 밭에 있다가 돌아와 집에 가까이 왔을 때에 풍악과 춤추는 소리를 듣고 [26]한 종을 불러 이 무슨 일인가 물은대 [27]대답하되 당신의 동생이 돌아왔으매 당신의 아버지가 건강한 그를 다시 맞아들이게 됨으로 인하여 살진 송아지를 잡았나이다 하니 [28]그가 노하여 들어가고자 하지 아니하거늘 아버지가 나와서 권한대 [29]아버지께 대답하여 이르되 내가 여러 해 아버지를 섬겨 명을 어김이 없거늘 내게는 염소 새끼라도 주어 나와 내 벗으로 즐기게 하신 일이 없더니 [30]아버지의 살림을 창녀들과 함께 삼켜 버린 이 아들이 돌아오매 이를 위하여 살진 송아지를 잡으셨나이다 [31]아버지가 이르되 얘 너는 항상 나와 함께 있으니 내 것이 다 네 것이로되 [32]이 네 동생은 죽었다가 살아났으며 내가 잃었다가 얻었기로 우리가 즐거워하고 기뻐하는 것이 마땅하다 하니라

이 단락에는 탕자의 비유가 나오는데, 그 취지는 앞에 나온 두 비유와 동일한 것으로서, 죄인들, 특히 큰 죄인들의 회개가 하나님을 얼마나 기쁘시게 하는지와 하나님은 죄인들이 회개할 때에 얼마나 기꺼이 받아주고 영접할 준비가 되어 계시는지를 보여준다. 그러나 이 비유 속에 나타나는 여러 정황들은 앞서의 두 비유보다 훨씬 더 광범위하게 자세하게 복음의 은혜가 지닌 풍성함을 보여준다. 세상이 존재하는 한, 이러한 풍성함은 불쌍한 죄인들이 회개하고 하나님께 돌아오도록 격려하고 힘을 주는 데에 이루 말할 수 없이

유용하였고 앞으로 유용할 것이다.

I. 이 비유에서는 하나님을 온 인류, 즉 아담의 자손 전체의 공통의 아버지로 묘사한다. 우리는 모두 하나님의 소생이다. 우리 모두에게는 한 아버지가 계시고, 한 하나님께서 우리를 지으셨다(말 2:10). 우리는 하나님으로부터 존재를 부여받았고, 지금도 여전히 하나님 안에서 존재하며, 하나님으로부터 존재를 유지해 나갈 힘을 받는다. 하나님은 우리의 아버지이시기 때문에, 우리를 가르치시며 우리에게 분깃을 정해주시고, 장래에는 우리가 하나님의 착실한 자녀인지 아닌지에 따라서 그의 유언에 우리를 넣기도 하시고 빼기도 하실 것이다. 이 비유를 통해서 우리 구주께서는 저 교만한 바리새인들에게 그들이 그토록 멸시하는 이 세리들과 죄인들은 그들의 형제들이요 그들과 동일한 성정(性情)을 지닌 자들이기 때문에 그들에게 자비가 베풀어지는 것을 기뻐하여야 마땅하다는 것을 넌지시 일러주신다. 하나님은 다만 유대인의 하나님이신 것이 아니라 또한 이방인의 하나님도 되신다(롬 3:29): 한 분이신 주께서 모든 사람의 주가 되사 그를 부르는 모든 사람에게 부요하시도다.

II. 이 비유에서는 사람들이 모두 하나님을 공통의 아버지로 모시고 있지만 서로 다른 개성을 지니고 있는 것으로 묘사한다. 두 아들이 있었는데, 맏아들은 듬직하고 근엄하며 말수가 적고 엄격하며 항상 반듯한 삶을 살아가는 젊은이였지만 결코 주위 사람들에게 사근사근하지는 않았다. 그런 사람은 교육받은 대로 충실하게 따라서 행하는 자로서 쉽게 거기에서 이탈하지 않는다. 그러나 둘째 아들은 자유분방하고 즉흥적이며 구속받는 것을 참지 못하며 방랑벽이 있고 모험을 좋아하는 젊은이여서, 좋은 교육을 받았더라도 나쁜 길로 빠지면 부랑아가 되기 쉬웠다. 이 둘째 아들은 그리스도께서 회개시키려고 애쓰고 계시는 세리들과 죄인들, 장차 주님으로부터 보내심을 받은 사도들로부터 회개의 말씀을 전해 듣게 될 이방인들을 나타낸다. 맏아들은 일반적으로는 유대인들, 그 중에서도 특히 바리새인들을 나타내는데, 지금 그리스도께서는 죄인들에게도 하나님의 은혜가 주어질 수 있다는 것을 바리새인들에게 납득시키려고 애쓰고 계시는 중이었다.

둘째 아들은 탕자로 묘사되는데, 여기서 탕자의 모습은 죄인의 모습, 자연 상태에 있을 때의 우리 모두, 특히 몇몇 사람들의 모습을 나타내기 위한 것이다. 이제 둘째 아들의 모습에 대해서 살펴보자.

1. 탕자로서 둘째 아들이 보여준 방종함과 분방함, 그리고 그가 빠져든 방탕한 삶과 비참한 삶.

(1) 둘째 아들이 아버지에게 요구한 것은 무엇이었는가(12절)? 그는 오만하고도 건방지게 아버지에게 말하였다: "아버지여 내게 주소서" — 그는 "저에게 주시기를 비옵나이다"라든가 "아버님께서 원하신다면 제게 주옵소서"라고 좀 더 공손하게 말씀드릴 수도 있었지만, 오만불손하게 아버지에게 요구하였다. "재산 중에서 내게 돌아올 분깃을 내게 주소서. 아버지께서 내게 할당해 주는 것이 합당하다고 생각하는 몫이 아니라 당연히 내 몫으로 돌아올 것을 주소서." 여기서 명심해야 할 것은 사람들이 하나님께서 우리에게 주시는 선물들을 마치 하나님이 우리에게 빚지고 있는 것으로서 당연히 주셔야 하는 것으로 여겨서 "내 몫, 아들로서 당연히 내게 떨어지는 몫을 주소서"라고 말하는 것은 악한 것이며, 더 악한 것으로 나아가는 출발점이라는 것이다. 이것은 "작은 것을 내게 맡기셔서 나를 시험해 보셔서, 과연 내가 잘 관리할 수 있나를 알아보신 후에, 내게 더 많은 것을 맡겨주소서"라고 말한 것이 아니라, "이후에는 한 푼도 더 상속받을 생각을 하지 않겠으니, 지금 당장에 내 몫을 모두 내게 주소서"라고 말한 것이다. 죄인들이 범하는 큰 어리석음이자 그들을 파멸로 몰아가는 것은 그들의 손에 쥐어진 몫을 가지는 것으로 만족하고 지금 이 세상에서 삶을 사는 동안에 좋은 것들을 누리는 데에 만족하는 것임을 명심하라. 그들은 오직 눈에 보이는 일시적인 것들만을 바라보고, 현재의 욕구를 충족시켜 주는 것들만을 탐할 뿐, 그런 것들이 다 지나가고 난 다음에 올 장래의 삶 속에서의 지극한 복에 대해서는 아무런 관심도 없다. 어째서 둘째 아들은 자신의 몫을 당장에 자신의 수중에 갖고자 했던 것일까? 그는 장사에 뛰어들어서 자신의 재산을 더 많이 불리고자 했던 것일까? 아니다. 그는 그럴 생각이 전혀 없었다. 오히려 [1] 그는 아버지의 통치, 즉 아버지가 가족의 질서를 잡고 훈육하는 것에 대하여 싫증을 느꼈고, 소위 자유를 갈망하였는데, 자유라고 잘못 불린 이것은 진정한 자유가 아니라 죄 지을 자유이기 때문에 실제로는 가장 무서운 종살이를 의미하는 것이었다. 많은 젊은이들이 저지르는 어리석음을 보라. 그들은 신앙적으로 교육을 받지만 그들이 교육받은 것에 묶여 있는 것을 참지 못하고, 스스로를 자신의 주인이라고 생각하여, 하나님이 묶어 놓으신 줄을 모두 끊어서 내버리고, 대신에 자신의 정욕의 줄로 스스로를 묶는다. 바로 이것이

죄인들이 하나님을 떠나서 배교하게 되는 원인이다. 그들은 하나님의 통치의 법에 묶이고자 하지 않는다. 그들은 스스로 신들처럼 행동하여 자신들이 좋아하는 것이 곧 선이라고 생각하고자 한다. [2] 그는 아버지의 보살핌에서 벗어나고자 하였다. 왜냐하면, 아버지의 보살핌은 그에게 늘 거추장스러운 것이었고, 자주 그를 제약하였기 때문이다. 악인들의 사악함의 밑바탕에는 하나님을 부끄러워하여 꺼리며 하나님의 전지(全知)하심을 불신하는 마음이 깔려 있다. [3] 그는 아버지의 경영을 불신하였다. 그는 아버지가 그의 장래를 위해서 저축하고자 해서 그가 현재 지출하는 것을 제한하는 것이 싫어서 자기 몫을 미리 챙겨야 하겠다고 생각한 것이었다. [4] 그는 자신에 대하여 자만하였고, 자신의 풍족함에 대하여 큰 자부심을 가지고 있었다. 그는 자신의 몫을 수중에 넣기만 한다면 그것으로 아버지보다 더 잘 경영을 해서 성공을 거둘 수 있을 것이라고 생각하였다. 세상에는 정욕보다는 교만으로 인해서 파멸하는 젊은이들이 더 많다. 우리의 첫 조상도 하나님과 관계를 끊고 독립하고자 하는 어리석은 야망 때문에 그들 자신과 후손들을 망쳐 놓았다. 독자적으로 존재하고자 하는 것, 바로 이것이 끈질기게 죄를 고집하는 죄인들의 밑바탕에 깔려 있다.

(2) 아버지는 둘째 아들에게 한없이 자비하셨다: 아버지가 그 살림을 각각 나눠 주었다. 아버지는 두 아들에게 어떻게 재산을 분배해 주어야 하는지를 계산해서, 둘째 아들에게 그의 몫을 주었고, 맏아들에게도 그의 몫으로 정해진 두 몫을 주었다. 그러나 맏아들은 그의 몫을 아버지가 계속해서 맡아주기를 원하였던 것으로 보인다. 이렇게 함으로써 맏아들이 무엇을 얻게 되었는지는 31절에 나와 있다: 내 것이 다 네 것이로다. 그는 아버지에게 자신의 몫을 맡겨둠으로써 모든 것을 얻었다. 아버지는 둘째 아들에게 그가 요구하는 것을 주었기 때문에, 둘째 아들은 아버지가 재산을 잘못 분배해 주었다고 불평할 수 없었다. 둘째 아들은 기대했던 만큼, 아니 그보다 더 많이 받았다. [1] 아버지의 이러한 자비는 둘째 아들로 하여금 아버지가 얼마나 그를 위해 주며 편안하게 해주기를 바랐는지, 그가 집을 떠날 때에 아버지가 비정하다는 것을 핑계로 삼았던 것이 얼마나 잘못된 것이었는지를 나중에 깨닫게 해주는 역할을 하였다. [2] 아버지의 이러한 자비는 둘째 아들로 하여금 자기가 생각했던 것과는 달리 자기는 지혜로운 경영자가 아니라는 것을 조만간에 깨닫고 자신의 어리석음을 볼 수 있게 해주는 역할을 하였다. 하나님은 모든 자녀들에게 자비하

신 아버지여서, 그들 모두에게, 심지어 악하고 감사할 줄 모르는 자들에게까지 생명과 호흡과 모든 것들을 주신다는 것을 명심하라 ─ 하나님은 그들에게 생명을 나누어 주셨다. 하나님께서 우리에게 생명을 주셨기 때문에 우리는 하나님을 섬기고 영화롭게 할 수 있게 되었다.

(3) 그는 자신의 몫을 수중에 넣었을 때에 어떻게 사용하였는가? 그는 될 수 있는 대로 가장 신속하게 자신의 재물을 다 써버리려고 애를 썼고, 탕자들이 일반적으로 그러하듯이, 얼마 가지 않아서 거지가 되었다: 그 후 며칠이 안 되어 (13절). 하나님께서 우리에게 아주 조금이라도 재물을 넘겨주신다면, 오래지 않아서 우리는 하나님을 떠나게 될 것임을 명심하라. 우리를 제어하는 은혜의 고삐가 벗겨지면, 우리는 곧 하나님을 떠나버리고 만다. 둘째 아들은 즉시 떠나기로 결심하였고, 그렇게 하기 위해서 재물을 다 모았다. 하나님을 떠나는 죄인들은 그들이 가진 모든 것을 걸고 모험을 떠나는 것이다.

이제 탕자의 허랑방탕한 모습은 타락한 인간이 처한 죄악된 상태, 비참한 상태를 우리에게 보여준다.

[1] 죄악된 상태는 하나님을 떠나서 멀리 있는 상태이다. 첫째, 배교, 곧 하나님을 배신한 것이 죄가 지닌 죄성이다. 둘째 아들은 아버지의 집을 떠났다. 죄인들은 하나님으로부터 도망친다. 그들은 바람이 나서 하나님을 버리고 떠나가는 것이다. 그들은 도망치는 노예나 남편을 배신하고 떠나는 아내처럼 하나님에 대한 충성 맹세를 저버리고, 하나님께 "헤어집시다"라고 말하고는, 가능한 한 하나님으로부터 멀리 떠난다. 이 세상은 그들이 거처로 택한 먼 나라이고, 그들에게는 집처럼 편한 곳이다. 그들은 세상에서 즐기며 놀아나다가 그들이 가진 모든 것을 탕진한다. 둘째, 모든 선(善)의 원천이신 하나님으로부터 멀리 떨어져 있고 점점 더 멀어져 가고 있는 것이 죄인들의 비극이다. 하나님으로부터 멀리 떨어져 있는 것이 지옥이 아니면 무엇이 지옥이겠는가?

[2] 죄악된 상태는 낭비하는 상태이다: 세상에서 둘째 아들은 허랑방탕하여 그 재산을 낭비하였고(13절), 창녀들과 놀아나느라 재물을 허비하여서(30절), 얼마 안 가서 다 없애버렸다(14절). 그는 좋은 옷들을 사 입었고, 재산을 금세 탕진하도록 부추긴 무리들과 어울려 술과 고기로 주연을 베푸느라 많은 재물을 허비하였다. 세상적으로 보아도, 가진 재물을 허랑방탕하게 써버리는 자들은 자기 자신과 가족의 생계를 위하여 써야 할 재물을 그들의 욕망을 채우기 위하

여 써버린 것에 대한 대가를 톡톡히 치르게 될 것이다. 그러나 이것은 영적으로 해석되어야 한다. 제멋대로 행하는 고집센 죄인들은 조상으로부터 물려받은 가산(家産)까지 다 허비해 버린다. 왜냐하면, 그들은 지성(知性)을 비롯한 영혼의 모든 능력들을 잘못 사용하고, 그들에게 주어진 시간과 기회들을 잘못 사용하며, 그들의 주인인 하나님의 영광을 위하여 장사하도록 맡겨진 그들의 재능들을 파묻어 놓을 뿐만 아니라 횡령하기까지 하기 때문이다. 또한 그들은 하나님을 섬기고 선한 일을 하라고 주어진 하나님의 선물들을 그들의 욕망을 채우는 재료와 연료로 사용한다. 세상이나 육신을 위해서 노예처럼 단조롭고 지루한 일을 쉴새없이 하게 되어진 영혼은 허랑방탕하여 그 재물을 낭비하는 것이다. 죄인 한 사람이 많은 선을 무너지게 하느니라(전 9:18). 그가 무너뜨리고 있는 선은 소중한 것이고, 그 자신의 것도 아니다. 그가 낭비하고 있는 것은 주님의 재물이기 때문에, 그는 마땅히 그것에 대하여 책임을 져야 한다.

[3] 죄악된 상태는 결핍된 상태이다: 둘째 아들이 창녀들과 놀아나느라 모든 것을 다 없앤 후에 창녀들은 다른 먹이를 찾기 위해서 그를 떠났다. 그리고 그 나라에 크게 흉년이 들어서, 모든 것이 귀해졌고, 그는 비로소 궁핍해졌다(14절). 제멋대로 낭비하게 되면 결국 처참한 궁핍이 찾아온다는 것을 명심하라. 한 때의 허랑방탕한 삶은 얼마 안 가서 한 조각의 떡도 귀하게 만든다. 특히 어려운 시절이 닥쳐오면, 살림을 잘 꾸려온 사람들은 거기에 잘 대처하겠지만, 살림을 형편없이 해온 사람들은 그 대가를 톡톡히 치르게 된다. 이것은 자기에게 주어진 은혜들, 하나님의 은총, 그리스도 안에서의 유익, 성령의 역사들, 양심의 훈계를 내팽개치고 살아온 죄인들의 참상을 나타낸다. 그들은 말초적인 쾌락과 세상의 부귀를 누리기 위하여 그런 것들을 포기하였고, 그런 후에 그런 것들이 없어서 망하게 될 지경에 이르렀다. 죄인들은 그들의 영혼을 위해 꼭 필요한 것들을 원하지만, 그들의 영혼에게 필요한 먹을 것이나 입을 것이 없고, 장래를 위한 준비도 전혀 되어 있지 않다. 죄악된 상태란 크게 흉년이 든 땅과 같다. 왜냐하면, 하늘은 놋쇠와 같고(하나님의 은총과 축복의 이슬이 걷히면, 우리에게는 좋은 것들이 없어서 궁핍하게 된다), 땅은 철과 같이(좋은 것들을 내야 할 죄인들의 마음이 메마른 불모지가 되어서 그 안에 선한 것이 없게 된다) 되기 때문이다. 죄인들은 지독하고 비참하게 가난한데, 더욱 비참한 것은 그들이 그러한 상태를 자초했고, 또한 하나님이 주시고자 하시는 것들을 거부함

으로써 계속해서 그 상태에 머물러 있다는 것이다.

[4] 죄악된 상태는 지독한 노예 상태이다. 이 젊은이는 그의 허랑방탕한 생활 때문에 결국 먹고 살기 위해서 종살이를 하지 않을 수 없게 되었다: 그는 가서 그 나라 백성 중 한 사람에게 붙여 살았다(15절). 동일한 악한 삶이 전에는 허랑방탕한 삶으로 묘사되었지만 이제는 노예 같은 삶으로 묘사된다. 죄인들은 곧 노예들이기 때문이다. 그 나라 백성 중 한 사람은 마귀를 가리킨다. 마귀는 도시에나 시골에나 다 있기 때문이다. 죄인들은 마귀에게 빌붙어서, 마귀를 섬기면서 마귀가 시키는 대로 마귀의 일을 하며, 마귀에게 의지하여 목숨을 연명해 나간다. 죄를 범하는 자들은 죄의 종이다(요 8:34). 마귀를 주인으로 섬기며 살아가게 되었을 때에 이 젊은 신사는 자기 자신을 얼마나 자학하며 괴로워하였겠는가! 주인은 이 젊은이를 들로 보내었는데, 이것은 양 떼를 치게 하기 위한 것(양을 치는 일은 그래도 괜찮은 일이었다. 야곱, 모세, 다윗도 양을 쳤다)이 아니라 돼지를 치게 하기 위한 것이었다. 마귀의 종들이 하는 일은 정욕을 위하여 육신의 일을 도모하는 것이기 때문에, 게걸스럽고 더러우며 시끄러운 돼지를 치는 것과 다름없는 일이다. 도리를 아는 불멸의 영혼에게 이보다 더한 수치가 어디 있겠는가?

[5] 죄악된 상태는 지속적인 불만족의 상태이다. 탕자는 궁핍해지자 종살이를 해서 먹고 살아야 하겠다고 생각하였다. 그는 집에서 주는 따뜻한 밥이 아니라 들에서 나는 것을 먹는 것으로 만족해야 했지만, 그것은 형편없는 것이었다: 그는 기꺼이 돼지가 먹는 쥐엄 열매로 배를 채워서 허기를 메우고 육신을 지탱하였다(16절). 이 젊은 신사가 돼지와 같은 신세로 전락하다니 얼마나 기가 막힌 노릇인가! 하나님을 떠났을 때에 죄인들은 만족스러운 장밋빛 미래를 꿈꾸지만 결국 그들에게 돌아오는 것은 실망뿐이다. 그들은 배부르게 하지 못할 것을 위하여 수고하고 있는 것이다(사 55:2). 그들이 하는 일들은 능히 그 심령을 족하게 하거나 그 창자를 채우지 못하고 오직 죄악의 걸림돌이 될 뿐이다(겔 7:19). 쥐엄 열매는 돼지의 먹이지 사람을 위한 음식이 아니다. 세상의 부귀와 육신의 쾌락은 몸을 위한 것이다. 그러나 그런 것들이 고귀한 영혼에게는 무슨 소용이 있단 말인가? 그런 것들은 영혼의 본성에도 맞지 않고, 영혼이 원하는 것들을 채워주지도 못하며, 영혼이 필요로 하는 것들을 공급해주지도 못한다. 그런 것들에 열중하는 자는 바람을 먹는(호 12:1) 것이고, 재를 먹는(사 44:20)

것이다.

[6] 죄악된 상태는 다른 어떤 피조물로부터도 구조를 기대할 수 없는 상태이다. 탕자는 일을 해서 먹고 살 수 없게 되자 구걸하러 나섰지만, 주는 자가 없었다. 사람들은 그가 이 모든 비극을 스스로 자초했다는 것을 알았고, 그가 방탕한 생활을 함으로써 모든 사람들의 심기를 건드렸기 때문이었다. 이렇게 해서 불쌍하게 된 자들은 거의 동정을 받지 못한다. 이것은 하나님을 떠난 자들은 다른 어떤 피조물에 의해서도 도움을 받을 수 없다는 것을 보여준다. 세상과 육신(우리가 섬겨온 신들)을 향하여 부르짖어 봐야 아무 소용이 없다. 세상과 육신은 영혼에게 독이 되는 것은 가지고 있지만, 영혼을 먹이고 기르는 데에 필요한 것은 전혀 가지고 있지 않다. 당신이 하나님의 도우심을 거절한다면, 그 어떤 피조물이 무슨 까닭으로 당신을 도우려 하겠는가?

[7] 죄악된 상태는 죽음의 상태이다: 이 내 아들은 죽었다(24, 32절). 죄인들은 사형 선고를 받아서 법적으로 죽어 있을 뿐만 아니라, 실제로도 영적인 생명이 결여된 채 죄와 허물 가운데 죽어 있다. 죄인들은 그리스도와의 연합이 없고 영적인 지각이 작동하지 않으며 하나님에 대하여 살아 있지 않기 때문에 죽은 것이다. 몸에서 떨어져나간 사지(四肢)나 나무에서 떨어져나간 가지가 결국 죽는 것과 마찬가지로, 탕자는 먼 나라로 가서 아버지와 가족으로부터 끊어져서 죽어 있었고, 그것은 그가 자초한 결과였다.

[8] 죄악된 상태는 잃어버려진 상태이다: 이 내 아들은 잃어버려졌다 ― 선한 모든 것, 모든 미덕과 존귀함, 아버지의 집에 대하여 잃어버려졌다. 그것들 속에는 그가 좋아하는 것이 없었다. 하나님을 떠난 영혼들은 잃어버려진 영혼들이다. 그들은 길을 잃은 여행자처럼 잃어버려진 자들이고, 하나님의 무한한 긍휼하심이 막아주시지 않는다면, 바다에 침몰한 배처럼 곧 돌이킬 수 없이 잃어버려지게 될 것이다.

[9] 죄악된 상태는 광기와 착란의 상태이다. 이것은 스스로 돌이켜(17절)라는 표현 속에 암시되어 있다. 이 표현은 그가 제정신이 아니었다는 것을 보여주는 것이다. 아버지의 집을 떠난 것은 분명히 제정신이 아닌 짓이었고, 먼 나라 백성 중의 한 사람에게 빌붙어서 살게 된 것은 더더욱 제정신이 아닌 짓이었다. 성경에서는 광기가 죄인들의 마음에 있다고 말한다(전 9:3). 사탄은 영혼을 장악한다. 군대 귀신이 들린 사람은 얼마나 지독하게 광기를 부렸던가! 죄인들

은 미친 사람들처럼 어리석은 욕망들로 스스로를 파멸시킴과 동시에 어리석은 소망들로 스스로를 속인다. 모든 병자들 가운데서 특히 그들은 그들 자신이 그들의 치유에 있어서 최대의 걸림돌이다.

2. 탕자가 허랑방탕한 삶에서 돌이켜서 회개하고 다시 아버지께로 돌아옴. 둘째 아들은 갈 데까지 간 후에야 비로소 집으로 돌아가는 것이 얼마나 좋은 일인가를 생각해냈다. 최악의 경우에도 우리는 절망해서는 안 된다는 것을 명심하라. 생명이 있는 한 소망이 있기 때문이다. 하나님의 은혜는 아무리 굳어진 마음도 부드럽게 만들 수 있고, 극심한 타락의 물결에도 새로운 전기(轉機)를 마련해 주실 수 있다. 좀 더 살펴보자.

(1) 탕자가 회개하고 돌아오기로 결심하게 된 계기는 무엇이었는가? 그것은 그가 겪은 환난이었다. 그는 궁핍을 겪게 되면서 정신을 차리게 되었다. 환난은 하나님의 은혜에 의해서 거룩해진 경우에는 죄인들을 잘못된 길에서 돌아오게 하는 복된 수단이 된다는 것을 명심하라. 환난으로 말미암아 귀가 열려서 훈계를 듣게 되고, 마음이 열려서 가르침들을 받아들이게 된다. 또한 환난은 세상이 헛되다는 것과 죄가 재난을 가져다준다는 것을 보여주는 생생한 증거들이다. 이것을 영적으로 해석해 보자. 우리는 피조물들이 우리를 행복하게 해주지 못한다는 사실을 알고, 온갖 수단과 방법을 다 동원해도 우리의 불쌍한 영혼을 구원하는 데에는 아무 소용 없다는 것을 깨닫게 되었을 때에 그제서야 하나님께로 돌아갈 생각을 하게 된다. 우리는 죄책(罪責)과 죄의 권세 아래에서 신음하는 영혼에게는 그리스도 외에는 그 어떤 위로자도 소용없고 그 어떤 의사도 쓸데없으며, 우리가 필요로 하는 것을 그 어떤 사람도 우리에게 주지 못한다는 것을 알았을 때에야 비로소 우리 자신을 예수 그리스도께 맡기게 된다.

(2) 탕자는 돌아올 결심을 하기 전에 어떤 준비과정을 거쳤는가? 그것은 곰곰이 생각해 보는 것이었다. 그는 제정신을 차리게 되자 내 아버지에게는 양식이 풍족한 품꾼이 얼마나 많은가를 속으로 생각하게 되었다. 곰곰이 생각해 보는 것이야말로 회심을 향한 첫 번째 걸음이라는 것을 명심하라: 그가 스스로 헤아리고 그 행한 모든 죄악에서 돌이켜 떠났으니 반드시 살고 죽지 아니하리라(겔 18:28). 스스로 헤아리는 것, 곰곰이 생각해 보는 것은 자신 속으로 물러가서 자신에 대하여 깊이 성찰하고 이런저런 것들을 비교해 본 후에 결심하는 것이

다. 그가 곰곰이 생각해 본 것이 과연 무엇이었는지를 살펴보자.

[1] 그는 그의 처지가 얼마나 나쁜지를 생각하였다: 나는 여기서 주려 죽는구나. 그는 "나는 배가 고프다"고 말한 것이 아니라 "살아날 길이 전혀 보이지 않으니, 내가 주려 죽겠구나"라고 말하였다. 죄인들은 죄를 섬기다가 거의 죽게 될 지경에 이르러서야 비로소 그리스도를 섬기러 돌아온다. 우리가 죽게 되었다는 것에 생각이 미치면, 우리는 그리스도께로 돌이키지 않을 수 없게 된다. 주여, 구원하소서 우리가 죽겠나이다. 우리가 이렇게 상황에 몰려서 어쩔 수 없이 그리스도께 돌아온다고 해도, 그리스도께서는 우리를 거부하시거나 불쾌하게 여기시지 않으며, 오히려 절망적인 상황에서 우리가 그를 찾아온 것을 기뻐하신다.

[2] 그는 집으로 돌아가기만 한다면 처지가 얼마나 더 좋아질지를 생각하였다: 내 아버지 집에는 가솔 중에서 가장 미천한 자들인 품꾼이라도 양식이 풍족하지 않던가! 첫째, 아버지의 집에는 모든 식구를 위한 양식이 마련되어 있다. 성소의 거룩한 상(床) 위에 각 지파마다 떡 한 덩이씩 항상 놓여 있던 열두 덩이의 진설병이 이것을 가르쳐준다. 둘째, 아버지의 집에는 모든 권속이 먹고도 남을 뿐만 아니라 구제를 하고도 남을 만큼 풍족한 양식이 있다. 아직도 자리가 있나이다(14:22). 그의 상에서 떨어지는 부스러기들이 있어서, 그것만으로도 많은 사람들이 기뻐하고 감사할 수 있다. 셋째, 하나님의 집에서는 품꾼들일지라도 양식이 풍족하다. 하나님의 집에서 하나님의 일을 하고 하나님으로부터 보수를 받아서 생활하는 자들은 가장 미천한 품꾼이라고 할지라도 양식이 풍족할 것이다. 넷째, 이러한 것을 곰곰이 생각하게 되면, 하나님을 떠났던 죄인들이 용기를 얻어서 다시 돌아갈 생각을 하게 된다. 따라서 간음한 여자는 새로운 애인들에게 실망했을 때에 마음속으로 이렇게 생각하게 되었다: 내가 본 남편에게로 돌아가리니 그 때의 내 형편이 지금보다 나았음이라(호 2:7).

(3) 탕자가 집으로 돌아가고자 하였을 때에 결정한 것은 무엇이었는가? 그는 곰곰이 생각하다가 그의 처지가 지금 너무 나쁜데 아버지께로 돌아가면 더 나아질 것이라는 데에 생각이 미치자, 마침내 다음과 같은 결론을 내린다: 내가 일어나 아버지께 가리라. 선한 결정을 하는 것도 좋은 일이지만, 선한 결정을 실행에 옮기는 것은 더할 나위 없이 좋은 일임을 명심하라.

[1] 그는 무엇을 할지를 결정하였다: 내가 일어나 아버지께 가리라. 그는 오랫

동안 궁리하며 시간을 끈 것이 아니라, 즉시 일어나서 가고자 하였다. 비록 아버지의 집에서 아주 멀리 떨어진 먼 나라에 있었고, 돌아갈 길도 아주 멀었지만, 그는 돌아가기로 결심하였다. 하나님께로 돌아가기 위해서는 하나님으로부터 멀어져 왔던 모든 걸음들을 다시 되짚어서 돌아가야 한다. 그는 그 나라 백성 중의 한 사람에게 붙여 살고 있었지만, 그와의 관계를 끊는 데에 주저하지 않았다. 우리는 육신에게 빚진 자들이 아니다. 우리는 애굽의 십장들 밑에서 그들의 감독을 받으며 살 의무가 없고, 언제든지 우리가 원한다면 종살이를 그만둘 자유가 있다. 탕자의 단호한 태도를 주목하라: "내가 일어나 아버지께 가리라. 나는 여기에 머물러서 굶어죽느니 차라리 그 결과가 어찌 될지는 모르겠지만 아버지께 가리라."

[2] 그는 무슨 말을 할지를 결정하였다. 참된 회개는 일어나서 하나님께 가는 것이다: 보소서, 우리가 주께 나아왔나이다. 그러나 우리는 무슨 말을 가지고 나아가야 하는가? 그는 여기서 무슨 말을 할지를 곰곰이 생각한다. 우리가 하나님께 말씀드리고자 할 때에는 우리의 사정을 조리있게 말씀드리고 변론할 말을 우리의 입에 채우기 위해서 미리 무슨 말을 할 것인지를 곰곰이 생각해 보는 것이 좋다. 우리에게 말할 자유가 있지만, 우리는 그 자유를 어떻게 하면 최대한 유익하게 사용하고 남용하지 않을 수 있는지를 진지하게 생각해 보아야 한다. 이제 탕자가 무슨 말을 하기로 결심하였는지를 살펴보자.

첫째, 그는 자신의 잘못과 어리석음을 고백하기로 결심하였다: 내가 죄를 지었나이다. 우리는 모두 죄를 지었기 때문에, 우리가 죄를 지었다고 고백하는 것은 마땅하고 합당하다는 것을 명심하라. 평안과 죄 사함의 필수적인 조건으로서 죄의 고백은 꼭 필요하다. 우리가 죄가 없다고 항변한다면, 우리는 죄 없을 것을 요구하는 율법 계약에 의해서 시험을 받아서 반드시 정죄를 당하게 될 것이다. 그러나 회개하고 통회하며 순종하는 마음으로 죄가 있다고 고백하면, 우리는 우리 자신을 죄를 고백하는 자들에게 죄 사함을 수여하는 은혜의 계약에 맡기게 되어, 죄 사함을 받게 될 것이다.

둘째, 그는 자기가 저지른 잘못에 대하여 경감(輕減)받고자 한 것이 아니라 마땅히 자기가 받아야 할 벌을 달게 받고 그 벌로 인해서 그에게 지워질 짐을 지기로 결심하였다: 내가 하늘과 아버지께 죄를 지었나이다. 육신의 부모께 도리를 다하지 못하는 자들은 그들이 하늘과 하나님께 죄를 짓고 있다는 것을 알아야 한다. 부모에게 잘못하는 것은 하나님께 잘못하는 것이다. 우리 모두는 부모에게 잘못하는 것은 지극히 큰 죄를 범하는 것이고 거기에 대해 몹시 후회하게 될 것임을 명심하여야 한다. ① 죄는 우리에 대한 하나님의 권위를 멸시하는 데서 비롯된다: 우리가 하늘에 죄를 지었나이다. 여기서는 하나님이 우리 위에 높이 계시다는 것과 우리를 다스리고 계시다는 것을 나타내기 위하여 하나님을 하늘이라고 표현하였다. 죄의 악의는 하늘을 겨냥한다. 죄는 하늘에 대한 것이다. 성경에서는 오만방자한 죄인들이 그들의 입으로는 하늘을 욕하고 그들의 혀는 땅에 두루 다닌다(시 73:9)고 말한다. 그렇지만 그것은 무력한 악의이다. 우리는 하늘을 해할 수 없기 때문이다. 또한 그것은 어리석은 악의이다. 하늘을 향해서 침을 뱉으면 그 침은 다시 그의 머리로 되돌아올 것이다(시 7:16). 죄는 하늘의 하나님을 모욕하는 것이고, 하늘의 영광과 기쁨들을 상실하는 것이며, 하늘 나라의 목적에 반대하는 것이다. ② 죄는 하나님께서 우리를 감찰하고 계시다는 것을 멸시하는 데서 비롯된다: "하늘을 거슬러서 하나님 앞에서 하나님이 지켜 보시는 가운데 죄를 저지른 것"보다 하나님에게 더 큰 모욕은 없을 것이다.

셋째, 그는 자신의 잘못에 대하여 스스로 심판하고 정죄하고서, 자기가 가족으로서의 모든 특권을 상실했다는 것을 인정하기로 결심하였다: 지금부터는 아버지의 아들이라 일컬음을 감당하지 못하겠나이다(19절). 그는 부자관계(이것은 그가 의지해야 했던 모든 것이었다)를 부정한 것은 아니었지만, 아버지가 그러한 관계를 부정해서 자기를 받아들이지 않고 문을 닫아 건다고 해도 그것은 정당한 일이라고 인정하였다. 그는 자신의 요구대로 자신의 몫을 다 받았기 때문에 더 이상 요구할 수 없었다. 죄인들은 자기가 하나님으로부터 그 어떠한 은총을 받을 자격이 없다는 것을 인정하고서 하나님 앞에서 스스로를 낮추고 겸비한 태도를 취하는 것이 합당하다는 것을 명심하라.

넷째, 그는 가장 미천한 자리라도 좋으니 아버지의 집에 받아달라고 간청하기로 결심하였다: "나를 품꾼의 하나로 보소서. 그것만으로도 내게는 더할 나위 없이 만족입니다." 진정으로 회개하는 자들은 하나님의 집과 거기에서의 특권들을 아주 소중히 여기기 때문에, 그 집에 있을 수만 있다면 문지기 같은 미천한 자리라도 기뻐하게 된다(시 84:10). 만약 그에게 종들과 함께 생활하는 치욕을 강제하더라도, 그는 기꺼이 거기에 슈복하고자 할 뿐만 아니라, 그의 현재의 처지와 비교해서 훨씬 더 나아졌다고 여길 것이다. 하나님께 반기를 들었다가 다시 돌아온 자들은 어떤 식으로든 하나님을 위하여 쓰임받기를 원하고, 하나님을 섬기고 영화롭게 하는 일을 할 수 있게 되기를 소원하지 않을 수 없다: "나를 품꾼의 하나로 보소서. 내가 품꾼이 되어서, 이전에 경시하였던 아버지의 집을 내가 얼마나 사랑하는지를 보여드리고 싶나이다."

다섯째, 이 모든 것을 통해서 그는 자기 아버지를 아버지로서 바라보게 되었음이 드러난다: "내가 일어나 아버지께 가서 아버지여라고 말하자." 하나님을 아버지, 곧 우리의 아버지로 바라볼 수 있게 되면, 우리가 회개하고 하나님께 돌아가는 일은 훨씬 수월해진다. 그것은 우리로 하여금 죄에 대하여 진정으로 슬퍼하게 만들고, 다시는 죄를 짓지 말자는 결심을 강하게 해주며, 죄 사함에 대한 소망을 복돋아준다. 하나님은 회개하는 자들이나 간구하는 자들에게서 아버지라고 불리는 것을 기뻐하신다. 에브라임은 나의 사랑하는 아들이 아니냐?

(4) 탕자는 이 결심을 어떻게 실행하였는가? 그는 일어나 아버지께 갔다. 그는 선한 결심을 지체 없이 실행에 옮겼다. 그는 쇠뿔을 단김에 빼고자 하였고, 좀 더 좋은 기회가 올 때까지 미루지 않았다. 확신이 들면 즉시 실행하는 것이 좋다는 것을 명심하라. 일어나 가겠다고 말하였다면, 당장에 일어나서 가라. 그는 중간쯤에 와서 지쳐서 더 이상 갈 수 없는 척하지 않았고, 비록 지치고 연약해져 있었지만 끝까지 밀어부쳤다. 이스라엘아, 네가 돌아오려거든 내게로 돌아오고, 처음 행위를 가지라.

3. 아버지가 탕자를 맞아들이고 잔치를 베풂: 그는 아버지께로 돌아갔다. 과연 탕자는 환영을 받았을까? 그렇다, 진심으로 환영을 받았다. 이것은 어리석고 불순종하는 자녀들을 둔 부모들에게 좋은 본보기이다. 자녀들이 뉘우쳐서 고개를 숙이고 돌아올 때, 부모들은 그들을 야단치고 엄하게 대하지 말고, 위로부터 오는 지혜로써 온화하고 상냥하게 대하여야 한다. 이렇게 부모들은 하나님을 본받는 자가 되어서 하나님처럼 자비로워야 한다. 그러나 여기서의 본문의 주된 의도는 회개하고 돌아온 죄인들에 대한 하나님의 은혜와 긍휼, 그 죄인들을 기꺼이 용서해주시고자 하는 하나님의 마음을 보여주기 위한 것이다. 좀 더 살펴보자.

(1) 둘째 아들을 맞아들인 아버지의 큰 사랑과 애정: 아직도 거리가 먼데 아버

지가 그를 보았다(20절). 아들이 자신의 회개를 표현하기도 전에 아버지는 자신의 자비를 표현하셨다. 이렇게 하나님은 우리에게 그의 선하심의 축복들을 먼저 주시기를 원하신다. 우리가 부르기도 전에 하나님은 응답하신다. 하나님은 우리의 마음이 어떠한지를 아시기 때문이다. 내가 이르기를 내 허물을 여호와께 자복하리라 하였는데 곧 주께서 내 죄악을 사하셨나이다. 여기에 묘사된 이미지들은 얼마나 생생한가! [1] 여기에는 긍휼히 여기는 눈, 재빨리 보는 눈이 있었다: 다른 식구들은 아무도 볼 수 없었지만, 아직도 거리가 먼데 아버지가 그를 보았다. 아버지는 마치 높은 망대 꼭대기에 올라가서 '저 쪽에서 내 불쌍한 아들이 집으로 돌아오는 모습을 볼 수 있었으면' 하고 바라는 마음으로 아들이 떠나갔던 그 길을 항상 바라보고 있었던 사람 같았다. 이것은 하나님께서 죄인들이 회개하기를 몹시 바라고 계신다는 것과 그에게 나아오는 자들을 맞이할 준비가 되어 있다는 것을 보여준다. 하나님은 사람들이 그를 떠나면 그들이 그에게 돌아올지를 보기 위해서 그들을 지켜보시고, 사람들 속에서 그에게 돌아오고자 하는 마음이 생긴 그 첫 순간을 아신다. [2] 여기에는 연민어린 마음, 소용돌이치는 연민의 정과 아들을 보고자 하는 열망이 있었다: 아버지는 측은히 여겼다. 비참함은 그것이 죄인의 비참함일지라도 동정의 대상이다. 비록 죄인이 그 비참함을 스스로 자초했다고 하더라도, 하나님은 측은히 여기신다. 이스라엘의 곤고로 말미암아 나의 긍휼이 온전히 불붙듯 하도다(호 11:8; 삿 10:16). [3] 여기에는 긍휼의 발, 빠른 발길이 있었다: 아버지는 달려갔다. 이것은 하나님께서 긍휼을 보이시는 데에 얼마나 민첩하신지를 보여준다. 탕자는 부끄러움과 두려움이라는 무거운 짐 때문에 천천히 걸어왔지만, 자비로운 아버지는 아들을 격려해 주기 위해서 달려나가서 맞았다. [4] 여기에는 긍휼의 팔이 있어서, 아버지는 그 팔을 뻗어서 아들을 끌어안았다: 아버지는 아들의 목을 안았다. 아들은 죄를 지어서 맞아도 시원치 않은 자였고 최근까지 돼지를 치다가 왔기 때문에 더러워서 아버지로서 불쌍히 여기는 강렬한 연민의 정이 없는 사람이라면 만지기도 싫어할 그런 자였지만, 아버지는 그 아들을 팔로 끌어안고 그의 품에 안았다. 이렇게 진정으로 회개하는 자들은 하나님께 사랑을 받고 주 예수께 환영을 받는다. [5] 여기에 긍휼의 입술, 꿀처럼 달콤한 입술이 있었다: 아버지는 입을 맞추었다. 이 입맞춤은 아들에게 그가 환영받고 있다는 것을 확신시켜 주었을 뿐만 아니라 그가 용서받았다는 것을 보장해 주는 것이었다. 그가 이전에 저질렀던 모든 어리석은 짓들은 다 용서받았고, 그를 꾸짖는 말이나 안 좋은 말은 한 마디도 없을 것이었다. 이것은 다윗이 압살롬에게 입맞춤한 것과 같은 것이었다(삼하 14:33). 그리고 이것은 아버지의 뜻을 따라 주 예수께서 회개하고 돌아오는 불쌍한 죄인들을 얼마나 기꺼이 너그럽고 적극적으로 맞아들이며 영접하실 것인지를 보여준다.

(2) 불쌍한 탕자가 아버지께 참회하며 복종함(21절): 아들이 이르되 아버지 내가 죄를 지었나이다. 탕자가 회개를 표현하기도 전에 아버지가 자비를 보인 것이 좋은 일인 것과 마찬가지로, 아버지가 그토록 많은 자비를 보인 후에 탕자가 회개를 표현한 것은 좋은 일이다. 아들은 그가 용서받았다는 것을 보장해 주는 아버지의 입맞춤을 받았으면서도, 아버지 내가 죄를 지었나이다라고 말하였다. 죄 사함을 받았고 그 죄 사함으로 말미암아 편안해진 사람들일지라도 이미 용서받은 죄에 대한 진정한 통회함이 마음속에 있어야 하고, 입으로는 그 죄에 대한 회개의 고백을 하여야 한다. 다윗은 나단에게서 주께서 네 죄를 없이 하셨으니 네가 죽지 않으리라는 말을 들은 후에도 시편 51편을 썼다. 아니, 우리가 죄 사함으로 인하여 편안한 마음을 갖게 되었다면, 그 죄에 대한 우리의 슬픔은 더욱 커질 것이다. 죄 사함 받은 것을 생각할 때에 커지게 되는 죄에 대한 슬픔이야말로 진정으로 복음적인 슬픔이다. 에스겔 16:63을 보라: 이는 내가 네 모든 행한 일을 용서한 후에 네가 기억하고 놀라고 부끄러워하게 하려 함이니라. 우리가 하나님께서 기꺼이 우리의 죄를 용서하고자 하시는 것을 보면 볼수록, 우리가 우리 자신을 용서하는 일은 더욱 어려워진다.

(3) 이 자비로운 아버지가 돌아온 탕자를 위해서 베푼 놀라운 환대. 아들은 복종하는 마음으로 왔지만, 그가 아버지에게 한 말들 중에는 원래 하기로 결심했던 말들(19절) 가운데서 나를 품꾼의 하나로 보소서라는 말이 나오지 않는다(21절). 우리는 그가 이 말을 잊었다고 생각할 수 없고, 하물며 마음이 변했다거나 처음 결심했던 때와는 달리 가족 중에 있거나 품꾼이 되고 싶은 마음이 없어졌다고 생각할 수도 없다. 아버지는 아들의 말을 가로막고서 아들이 그런 말을 하는 것을 미리 차단하였던 것이다: "아들아, 더 이상 네가 쓸데없는 자라는 식으로 말하지 말아라. 나는 너를 진심으로 환영한다. 비록 네가 아들이라 일컬음을 감당하지 못하겠다고 하더라도, 나는 너를 사랑하는 아들, 내가 기뻐하는 아들로 대우할 것이다." 이렇게 처음부터 환대를 받았기 때문에, 탕

자는 자기를 품꾼으로 삼아달라고 할 필요가 없었다. 에브라임이 스스로 슬퍼하자, 하나님은 에브라임을 위로하셨다(렘 31:18-20). 이상한 것은 여기에 책망은 한 마디도 없다는 것이다: "왜 너는 창녀들과 놀아났고 돼지 떼를 친 것이냐? 이렇게 매를 맞고서야 집으로 돌아올 생각을 한 것이냐?" 여기에는 그와 같은 말이 나오지 않는다. 이것은 하나님께서 진심으로 회개하는 자들의 죄를 용서하실 때에 그 죄를 잊어버리시고 다시는 기억하지 않으신다는 것을 보여준다: 그 범죄한 것이 하나도 기억함이 되지 아니하리라(겔 18:22). 그러나 그것이 전부가 아니다. 여기에는 둘째 아들이 태어나면서부터 지니고 있었던 신분에 맞춰서 그가 기대하였거나 기대할 수 있었던 것을 훨씬 뛰어넘는 놀랍고 극진한 환대가 기다리고 있었다. 이 아들은 아버지가 그를 알아보고는 부엌에 가서 종들과 함께 식사하라고 명하셨더라도 감지덕지했을 것이었다. 그러나 하나님은 본래의 자리로 돌아와서 자기 자신을 하나님의 긍휼하심에 맡기는 자들에게 그들이 구하거나 생각할 수 있는 것보다 이루 말할 수 없이 풍성한 대접을 해주신다. 탕자는 거절당하지나 않을까 하는 두려움과 그래도 받아들여 주시겠지 하는 희망이 교차하는 마음으로 집에 왔다. 그러나 아버지는 아들이 두려워했던 것 이상으로 잘해주셨을 뿐만 아니라 아들이 희망했던 것 이상으로 잘해주셨다 — 즉, 그를 받아주셨을 뿐만 아니라 극진히 환대하셨다.

[1] 탕자는 누더기를 걸치고 집으로 돌아왔지만, 아버지는 그에게 옷을 입혀주었을 뿐만 아니라 그를 단장시켰다. 아버지는 아들이 온 것을 알고서 주인의 하명을 기다리고 있던 종들에게 제일 좋은 옷을 내어다가 입히라고 분부하였다. 아버지가 집에서 가장 낡은 옷을 그에게 주었어도 그는 감지덕지하였을 것이다. 그러나 아버지는 겉옷이 아니라 왕자들과 대인들이나 입는 의상인 예복, 그것도 제일 좋은 예복을 내오라고 종들에게 명하였다. 여기에서는 이중적인 강조법이 사용되고 있다: "그 예복, 그 제일 좋은 예복. 너희는 내가 무슨 옷을 말하는지 알고 있다." 처음에 입던 예복(원문을 이렇게 해석할 수도 있다). 이 아들이 집을 나가기 전에 입었던 바로 그 예복. 타락한 자들이 회개하고 돌아와서 처음 행위들을 회복할 때, 그들은 그들이 처음에 입던 예복을 받아서 입게 될 것이다. "그 예복을 이리로 가져와서 그에게 입혀라. 그는 그 옷을 입기를 부끄러워할 것이고, 더러운 누더기를 걸치고 집으로 온 자기에게 그 옷이 합당치 않다고 생각할 것이지만, 그 옷을 그에게 건네주시만 하시 말고 직접 입

혀주어라. 그리고 가족의 일원이라는 것을 표시해주는 인장(印章)인 가락지를 손에 끼워주라." 부자들은 가락지를 끼었다. 아들에게 가락지를 끼워줌으로써 아버지는 아들이 자신의 몫을 다 써버렸지만 회개하고 돌아왔기 때문에 그에게 또 다른 몫을 주고자 한다는 것을 보여주었다. 아들은 맨발로 집에 왔고, 먼 여행길에 발이 부르텄을 것이다. 그래서 아버지는 "그의 발에 신을 신겨서 그를 편하게 해주라"고 명하였다. 이렇게 진정으로 회개한 자들에게는 하나님의 은혜가 예비되어 있다. 첫째, 그들이 입게 되는 예복, 제일 좋은 옷은 그리스도의 의이다. 그들은 주 예수 그리스도로 옷 입고, 의의 해로 옷 입는다. 의의 옷은 구원의 옷이다(사 61:10). 새로운 성품은 이 제일 좋은 옷이다. 진정으로 회개한 자들은 이 옷을 입고 완전히 거룩해진다. 둘째, 손에 끼워진 가락지는 우리를 구속의 날까지 인쳐주시는 성령의 보증이다. 너희의 믿음을 따라서 너희는 인침을 받았다. 요셉이 파라오에게서 반지를 받은 것처럼, 거룩하게 된 사람들은 아름답게 치장되고 높임을 받으며 권세를 받는다. "아버지의 인자하심을 항상 기억하고 잊어버리지 않도록 손에 가락지를 끼워 주어라." 셋째, 발에 신겨진 신은 평안의 복음이 준비한 것(엡 6:15)을 가리키는데, 이것은 하나님께서 진정으로 회개한 자들에게 은혜를 베푸심으로써 다른 사람들도 그들의 가르침 또는 적어도 그들의 모범을 따라서 회개하고 돌아오게 하시는 것을 의미한다 (Grotius). 다윗은 죄 사함을 받은 후에 범죄자들에게 하나님의 도를 가르쳤고, 베드로는 회개한 후에 형제들의 신앙을 견고하게 해주는 일을 하였다. 또는 이것은 사람이 맨발일 때보다 발에 신을 신고 있을 때에 잘 갈 수 있듯이 그들이 신앙의 길을 즐겁고 견고하게 걸어가게 될 것임을 보여주는 것일 수도 있다.

[2] 탕자는 굶주려서 집에 왔지만, 아버지는 그를 먹이셨을 뿐만 아니라 그에게 잔치를 베풀어 주었다(23절): "특별한 때에 사용하기 위해서 오랫동안 외양간에서 길렀던 살진 송아지를 끌어다가 잡으라. 내 아들이 제일 좋은 것을 먹고 배부를 수 있게 하라." 찬 음식이나 먹다 남은 음식을 내와도 되었을 것이지만, 아들은 새로 한 따뜻한 음식으로 대접을 받게 되었고, 살진 송아지를 잡는 극진한 대접을 받게 되었다. 일어나서 하나님께 오는 모든 자들을 위해서 하늘 아버지께서는 놀라운 음식을 준비해 놓으셨다는 것을 명심하라. 그리스도 자신이 생명의 떡이다. 그의 살은 참된 양식이고, 그의 피는 참된 음료이다. 그

리스도 안에는 영혼들을 위한 잔치, 살진 짐승들을 잡아서 준비한 잔치가 있다. 조금 전까지만 해도 쥐엄 열매로 배를 채우고자 했던 탕자에게 이것은 엄청난 변화였다. 피조물 속에서 만족을 찾으려고 헛수고 하였던 자들에게 새 언약이 공급해주는 것들과 그 복락의 향취는 얼마나 감미로울 것인가! 이제서야 아들은 내 아버지의 집에 양식이 풍족하다는 자신의 말이 사실이었음을 실감한다.

(4) 탕자가 돌아옴으로 인하여 생겨난 큰 기쁨과 즐거움. 살진 송아지를 잡은 것은 둘째 아들을 위하여 잔치를 벌이기 위해서만 아니라 가족 전체를 위한 축제를 벌이기 위한 것이었다: "오늘은 기쁜 날이니, 우리가 먹고 즐기자. 이 내 아들은 죽었다가 다시 살아났다. 아들이 허랑방탕하게 산 때는 그가 죽은 것이고, 다시 돌아온 것은 죽은 자로부터 살아난 것이다. 그에게서 오랫동안 소식이 없어서 우리는 그가 죽은 것이라고 생각했지만, 보라 그는 살아 있다. 우리는 그를 잃었다고 생각해서 포기하고 다시는 소식을 듣지 못하리라 여겼는데, 우리가 그를 다시 얻었노라."

[1] 한 영혼이 죄로부터 돌이켜서 회개하고 하나님께 돌아온 것은 그 영혼이 죽은 자 가운데서 살아 돌아온 것이고, 잃어버린 것을 다시 찾은 것이다: 이것은 크고 놀라우며 복된 변화이다. 죽은 것이 살아난 것이고, 하나님과 그의 교회가 잃어버린 것을 찾은 것이며, 무익하던 것이 유익하게 된 것이다(몬 1:11). 그것은 마치 봄이 돌아왔을 때에 대지에 일어나는 변화와 같다.

[2] 죄인들의 회개는 하늘의 하나님을 크게 기쁘시게 하는 일이기 때문에, 하나님의 권속에 속한 모든 자들은 그것을 기뻐하여야 마땅하다. 하늘에서 기뻐하면, 땅에 있는 자들도 기뻐하는 것이 마땅하다. 가장 먼저 기뻐하셨던 분도 아버지였고, 다른 모든 사람들에게 기뻐하라고 하신 분도 아버지였다는 것을 주목하라. 그러므로 우리는 죄인들의 회개를 기뻐하여야 한다. 죄인들의 회개는 하나님의 계획을 성취하는 것으로서 성부께서 그리스도 안에서 영원히 영광받으시려고 주신 자들을 그리스도께 데려오는 것이다. 우리는 우리 하나님 앞에서 너희로 말미암아 모든 기쁨으로 기뻐하노니(살전 3:9), 우리의 기쁨이 무엇이냐 그가 강림하실 때 하나님의 권속의 주인이신 우리 주 예수 앞에 너희가 아니냐(살전 2:19). 권속들은 주인의 말을 따랐다: 그들이 즐거워하더라. 하나님의 자녀들과 종들은 하나님이 기뻐하시는 일을 기뻐하여야 한다는 것을 명심하

라.

4. 맏아들이 불평하고 시기함. 이것은 세리들과 죄인들이 회개하고 돌아온 것과 그리스도께서 그들에게 은총을 베푸신 것을 못마땅하게 여김으로써 어리석고 악한 모습을 드러낸 서기관들과 바리새인들을 책망하기 위한 목적으로 묘사되었다. 그리스도께서 이것을 사태를 더 악화시키는 방식으로 묘사하는 것이 아니라, 그들이 여전히 맏아들로서의 특권을 지니고 있다는 식으로 묘사한다: 이방인들에게 은혜가 허용되기는 하지만, 유대인들은 그러한 특권을 지니고 있기 때문에, 복음의 전파는 예루살렘에서 시작되어야 한다. 그리스도께서는 그들의 잘못을 책망하실 때에도 그들에게 가까이 다가가서 온유하게 타일러서, 그들이 마음을 누그러뜨리고 불쌍한 세리들에게 잘 대해줄 것을 권하신다. 맏아들의 모습을 통해서 우리는 진정으로 선해서, 어려서부터 선하게 살아왔고, 결코 악한 삶의 길로 빠지지 않았기 때문에, 상대적으로 회개할 필요가 없는 자들의 모습을 본다. 이 비유의 끝부분에 나오는 "애 너는 항상 나와 함께 있으니"라는 말은 바로 그런 자들에게 별 어려움 없이 적용될 수 있지만, 서기관들과 바리새인들에게는 적용될 수 없다. 이제 맏아들에 대해서 살펴보자.

(1) 맏아들은 돌아온 동생을 위해서 베푼 잔치를 보고 어리석게도 화를 냈고 혐오감을 드러내었다. 동생이 왔을 때, 형은 밭에 나가 있었던 것 같다. 그가 집으로 돌아왔을 때는 이미 요란한 잔치가 시작되어 있었다. 그는 집에 가까이 왔을 때에 풍악과 춤추는 소리를 들었다(25절). 이 때는 아마도 잔치 음식을 차리고 있는 중이었거나 사람들이 식사를 다하고 배부른 후였을 것이다. 그는 이 무슨 일인가 하고 물었고(26절), 동생이 돌아왔다는 것과 아버지가 동생이 집에 돌아온 것을 환영하여 잔치를 베풀었다는 것과 동생이 무사히 건강하게 — 이 것은 원문에는 휘기아이논타라는 한 단어로 표현되어 있는데, 몸과 마음이 모두 건강한 상태로라는 뜻이다 — 돌아온 것으로 인해서 큰 기쁨이 있다는 것을 전해 들었다(27절). 둘째 아들은 몸만 건강한 것이 아니었고, 지난 날의 악한 마음과 방탕한 기질을 회개하고 바른 마음으로 돌아와서 마음도 건강해져서 돌아왔기 때문에, 아버지의 집에 잘 받아들여질 수 있었다. 만약 그렇지 않았다면, 본문에서는 둘째 아들이 무사히 건강하게 돌아왔다고 말하지 않았을 것이다. 그런데 이것이 맏아들을 극도로 분노하게 만들었다: 그가 노하여 들어가

고자 하지 아니하였다(28절). 맏아들이 이렇게 한 것은 단지 잔치에 참여하지 않기로 결심했기 때문만이 아니라 이 일에 대한 자신의 불편한 심기를 드러냄으로써 아버지에게 동생을 집에서 쫓아내어야 한다는 무언의 메시지를 던지고자 했기 때문이었다. 우리는 이러한 모습을 도처에서 본다.

[1] 사람들의 가정에서. 부모에게 늘 위안이 되어준 사람들은 은연중에 그들이 부모의 총애를 독점해야 한다고 생각해서, 잘못을 한 사람들을 지나치게 몰아부치고 부모가 그들에게 잘해주는 꼴을 못보고 불평하기 쉽다.

[2] 하나님의 가정에서. 상대적으로 죄를 짓지 않는 자들은 회개하는 자들을 불쌍히 여기는 법을 거의 알지 못한다. 맏아들이 한 말 속에 그런 모습이 드러난다(29-30절). 이것을 기록한 것은 하나님의 은혜로 말미암아 추악한 죄를 짓지 않고 고결하고 정숙한 삶을 살아온 자들이 맏아들과 같은 죄를 짓지 않도록 경고하기 위한 것이다. 이것에 대해서 좀 더 자세하게 살펴보자.

첫째, 맏아들은 자기 자신과 자신의 덕과 아버지께 순종해 온 삶을 자랑하였다. 그는 아버지의 집에서 뛰쳐나간 동생과는 달리 그 집에서 오랫동안 종으로 일해 왔다: 내가 여러 해 아버지를 섬겨 명을 어김이 없었다. 다른 사람들보다 더 나은 사람들은 그 나은 것을 자랑하고, 심지어 마치 하나님도 그것으로 인해서 그들에게 빚을 지고 있기라도 한 것처럼 하나님 앞에서조차 자랑하는 일이 허다하다. 나는 맏아들이 아버지의 명을 어김이 없었다고 자랑한 것이 과장된 것이라고 생각한다. 왜냐하면, 맏아들의 말이 진실이라면 그는 지금 아버지가 간청하는데 이렇게 완강하게 버티지 않았을 것이기 때문이다. 하지만 우리는 맏아들의 말이 상대적으로 옳다는 것을 인정하여야 한다. 그는 동생처럼 그렇게 불순종한 적은 없었을 것이기 때문이다. 선한 사람들은 교만을 정말 주의할 필요가 있다. 교만은 다른 타락들이 다 불살라져서 잿더미가 되었을 때에 그 잿더미에서 생겨나는 타락이다. 오랫동안 하나님을 섬기면서 큰 죄악에 빠진 적이 없는 사람들은 그렇게 해주신 것에 대하여 하나님께 겸손하게 감사해야 할 많은 것들을 가지고 있는 것이기는 하지만, 교만하게 자랑할 것은 아무 것도 가지고 있지 않다.

둘째, 맏아들은 자기는 할 도리를 다했기 때문에 아버지가 마땅히 그에게 잘해주었어야 하는데도 그렇게 해주지 않았다는 듯이 아버지에 대하여 불만을 터뜨렸다: 아버지는 내게는 염소 새끼라도 주어 나와 내 벗으로 즐기게 하신 일이 없었다. 맏아들은 지금 화가 나있었다. 그렇지 않았다면, 그는 이렇게 불평하지 않았을 것이다. 왜냐하면, 그가 어느 때라도 그렇게 해달라고 요청했더라면, 그 말을 꺼내자마자 아버지가 그의 요청을 들어주었을 것은 두말 할 필요도 없었기 때문이다. 맏아들은 아버지가 자기에게 염소 새끼라도 잡아서 잔치를 열어주기를 바랐던 것이라기보다는 돌아온 탕자를 위해서 살진 송아지를 잡은 것으로 인하여 심사가 뒤틀렸던 것뿐이었다. 사람이 감정에 휩싸이게 되면 평상시라면 하지 않았을 생각을 하기가 쉽다. 맏아들은 아버지의 식탁에서 먹고 자랐으며, 아버지를 비롯해서 가족들과 즐거운 시간들을 많이 가졌었다. 그러나 아버지는 살진 송아지와 비교해서 작은 사랑의 표시에 불과한 염소 새끼 한 마리도 그를 위해 잡아준 적이 없었다. 자기 자신과 자신의 섬김들을 대단하게 생각하는 사람들은 주인을 나쁘게 생각하고 주인이 베풀어준 은혜들을 하찮게 생각하기 쉽다. 우리는 하나님께서 우리에게 합당하다고 생각하지 않으시는 은혜들은 말할 것도 없고 합당하다고 여기셔서 주신 은혜들조차 받을 자격이 전혀 없다고 고백하여야 마땅하기 때문에, 불평할 이유가 전혀 없다. 맏아들은 아버지가 밖에 있는 벗들을 불러서 즐기도록 해주기 위해서 자기에게 염소 새끼 한 마리를 잡아준 적이 없었다고 말하지만, 그가 그토록 불평한 살진 송아지를 아버지가 잡은 것은 밖에 있는 벗들과 즐기기 위한 것이 아니라 집에서 가족과 함께 기쁨을 나누기 위한 것이었다: 하나님의 자녀들의 잔치는 그들의 아버지 및 그 권속과 함께 하는 것, 즉 하나님 및 그의 성도들과 교제하기 위한 것이지, 결코 다른 벗들과 즐기기 위한 것이 아니다.

셋째, 맏아들은 동생에 대해서 매우 기분이 상해 있었고, 동생에 대해서 생각하거나 말하는 것이 냉정하였다. 선한 사람들은 이런 잘못을 저지르기 쉽다 — 아니, 너무도 자주 그런 잘못에 빠진다. 그들은 칭찬받을 가치가 없다고 여겨지는 사람들을 경멸의 눈길로 바라보고, 그런 사람들이 회개와 변화된 삶의 아주 분명한 증거를 보이더라도 그런 사람들을 못마땅하게 여기고 시큰둥하게 생각한다. 이것은 그리스도의 영이 아니라 바리새인들의 영이다. 맏아들의 이런 모습들을 좀 더 자세하게 살펴보자.

① 맏아들은 아버지가 동생을 내치지 않는다면 집에 들어가지 않고자 하였다. 그는 동생과 한 집에서 살고자 하지 않았다 — 그 집은 자기 집이 아니라 아버지의 집이었는데도. 이런 투의 말은 바리새인의 말투였다: 너는 네 자리에 서 있

고 내게 가까이 하지 말라 나는 너보다 거룩함이라(사 65:5). 하나님이여 나는 다른 사람들과 같지 아니하고 이 세리와도 같지 아니함을 감사하나이다(눅 18:11). 우리는 물들 위험이 있는 죄인들의 무리를 피해야 하지만, 우리에게 유익을 가져다줄 회개한 죄인들의 무리를 꺼려서는 안 된다. 맏아들은 아버지가 동생을 안으로 데리고 들어가는 것을 보았지만, 동생을 보기 위해서 안으로 들어가고자 하지 않았다. 만약 우리에게 하나님께서 받아들이신 자들을 받아들여서 하나님께서 그들에게 은혜를 베푸시고 교제하시는 것처럼 우리도 그들에게 호의와 우정을 베풀며 교제를 하고자 하는 마음이 없다면, 우리 자신이 너무 자고(自高)한 것임을 명심하라.

② 맏아들은 자기 동생을 동생이라고 부르지 않고 당신의 이 아들이라고 불렀다. 이것은 오만하기 짝이 없는 말로서 아버지를 전혀 배려하지 않은 언사였다. 그것은 마치 아버지가 둘째 아들의 응석을 받아주는 바람에 그가 탕자가 되어 버렸다고 말하는 것이나 다름없는 것이었다: "그는 당신의 아들, 당신이 총애하는 아들이다." 우리 형제들에 대한 우리의 도리를 게을리하고 그 도리에 어긋나는 짓들을 하는 것의 밑바탕에는 형제로서의 관계를 망각하고 부정하는 마음이 깔려 있다. 우리는 육신의 형제들이나 주 안에서의 형제들을 그들에게 합당한 칭호로 불러야 한다. 부자들은 가난한 자들을 형제들이라고 불러야 하고, 순결한 자들은 참회하는 자들을 형제들이라고 불러야 한다.

③ 맏아들은 동생의 잘못들을 과장하고 부풀려서 더 나쁘게 만들므로써 동생에 대한 아버지의 화를 돋구고자 하였다: 그는 아버지의 살림을 창녀들과 함께 삼켜 버린 당신의 아들이니이다. 동생이 자신의 몫을 너무도 어리석게 탕진해 버린 것은 사실이지만(창녀들과 함께였는지 아닌지는 앞에서 나오지 않기 때문에, 아마도 이 말은 형의 시기와 악의에서 나온 표현인 것 같다), 동생이 아버지의 모든 살림을 삼켜 버렸다는 것은 거짓이었다. 아버지는 여전히 상당한 재산을 가지고 있었다. 이것은 우리가 형제들을 비난할 때에 모든 일을 악화시키고 가장 나쁜 쪽으로 몰고가기가 얼마나 쉬운지를 보여준다. 우리는 그런 대접을 받고 싶어하지 않고, 또한 하늘의 아버지께서도 우리를 그런 식으로 대접하여 우리의 죄악들을 극단적으로 규정하지 않으시는데도 말이다.

④ 맏아들은 아버지가 동생에게 보여준 인자하심에 대하여 불평하였다: "아버지는 마치 둘째 아들을 위해서 당연하다는 듯이 살진 송아지를 잡으셨나이다."

회개한 자들에게 주시는 하나님의 은혜를 시기하거나 하나님이 선하신 것에 대하여 눈살을 찌푸리는 것은 잘못된 것임을 명심하라. 극악무도한 죄인들에게도 하나님의 일반 은총이 있다는 것을 시기해서는 안 되는 것과 마찬가지로 (네 마음으로 죄인의 형통을 부러워하지 말라), 우리는 극악무도한 죄인이었던 자들이 회개하여 계약의 사랑의 은혜를 받았다고 해서 그들을 시기해서도 안 된다. 우리는 그들의 죄 사함, 평화, 위로 등과 같이 하나님께서 그들을 받으실 만하거나 유익하게 만드시기 위하여 그들에게 주시는 놀라운 은혜들을 시기하지 말아야 한다. 회심하기 전에 바울은 탕자였었고, 교회를 박해함으로써 하늘 아버지의 살림을 삼켜 버렸었다. 그렇지만 회심한 후에 그는 다른 사도들보다 더 많은 은혜와 영광을 받았다. 사도들은 바울이 그리스도를 박해하고 있었을 때에 그리스도를 섬기고 있었고 언제라도 그리스도의 명령을 거스르지 않았던 형들이었지만, 바울에게 주어진 비전들과 계시들, 또는 바울이 그들보다 더 많이 쓰임받는 것에 대하여 시기하지 않았고, 오히려 여기에 나오는 맏아들과는 반대로 바울로 인하여 하나님께 영광을 돌렸는데, 우리는 사도들의 이런 모습을 우리의 모범으로 삼아야 한다.

(2) 맏아들이 이렇게 불쾌해하고 화를 내었을 때에 아버지는 맏아들에 대하여 호의적이고 인자한 태도를 보였다. 이것은 맏아들의 태도만큼이나 놀라운 일이다. 내 생각으로는, 그리스도 안에서 우리 하나님의 긍휼하심과 은혜는 아버지가 앞서 둘째 아들로 대표된 회개하고 돌아온 죄인들을 맞아들이신 것에서와 마찬가지로 맏아들로 대표된 투정부리는 성도들에 대하여 온유하고 부드러운 태도를 보이신 것에서도 밝게 빛나는 것으로 보인다. 그리스도의 제자들도 많은 약점들을 지니고 있었고, 다른 사람들과 마찬가지로 감정에 빠지기 쉬운 사람들이었지만, 그리스도께서는 아이들을 키우는 유모처럼 그들을 잘 참아주셨다. 데살로니가전서 2:7을 보라.

[1] 맏아들이 집으로 들어오려고 하지 않자, 아버지가 나와서 가까이 다가가 좋은 말로 부드럽게 권하여 그가 들어오기를 바랐다. 아버지가 이렇게 말하였어도 맏아들은 할 말이 없었을 것이다: "들어오려고 하지 않는다면, 밖에 서 있도록 내버려두고, 문을 잠궈 버려라. 그에게 다른 데로 가서 거처할 곳을 찾아보라고 해라. 이 집은 나의 집이 아니냐? 내가 내 집에서 하고 싶은 대로 할 수 없단 말이냐? 살진 송아지도 내 것이 아니냐? 내가 그 송아지를 내가 하고

싶은 대로 할 수 없단 말이냐?"

그러나 아버지는 그렇게 하지 않았고, 둘째 아들을 맞으러 나갈 때와 마찬가지로 이번에도 맏아들을 맞이하러 나갔다. 그는 종을 보내서 맏아들에게 자신의 말을 전하게 하지 않고, 직접 나갔다. 첫째, 이것은 우리에게 하나님의 선하심을 보여주기 위한 것이다. 이상할 정도로 고집세고 짜증나게 하는 사람들에게 하나님은 지금까지 이상할 정도로 얼마나 온유하시고 사근사근하셨던가! 하나님은 가인에게 네가 분하여 함은 어찌 됨이냐고 차분히 물으셨고, 광야에서 이스라엘의 소행을 참으셨다(행 13:18). 하나님은 안달하였던 엘리야에게 사근사근하게 물으셨으며(왕상 19:46), 여기에 나온 맏아들처럼 니느웨가 회개하고 은혜를 받을까봐 마음을 조렸던 요나에게 다가가서 온유하게 설득하셨다. 네가 성내는 것이 옳으냐와 내가 어찌 니느웨를 아끼지 아니하겠느냐라는 하나님의 반문은 여기에서 아버지가 맏아들에게 한 충고와 비슷하다. 둘째, 이것은 아랫 사람들이 잘못을 저지르고도 자기가 옳다고 빡빡 우길 때 — 이것보다 더 우리를 화나게 하는 일은 없을 것이다 — 조차도 윗 사람들은 아랫 사람들을 온유하고 사근사근하게 대해야 한다는 것을 가르치는 것이다. 그런 경우에라도 아버지들은 자녀들의 화를 더 돋구지 말아야 하고, 상전들도 위협을 그쳐서, 둘 다 모두 온유함을 보여야 한다.

[2] 아버지는 맏아들에게 자기가 동생을 환대했다고 해서 맏아들에게 손해가 돌아가는 일은 없을 것임을 확신시켰다(31절): "이 일로 인해서 네가 피해가 가거나 손실을 보는 일은 없을 것이다. 애, 너는 항상 나와 함께 있지 않느냐. 동생을 받아들였다고 해서 너를 배척하는 것이 아니고, 동생에게 얼마를 썼다고 해서 네게 주기로 되어 있던 몫이 줄어드는 것도 아니다. 너는 여전히 두 몫(유대 율법에서는 이렇게 부른다) — 영국법에서는 '파르스 에니티아'(pars enitia) — 을 받을 권리가 있다. 너는 상속자(haeres ex asse — 로마법에서는 이렇게 불렀다)로서 내 것이 다 네 것이 될 것이다." 아버지는 맏아들에게 염소 새끼라도 주어 그의 벗으로 즐기게 하신 일은 없었지만, 언제나 아버지의 식탁에서 먹을 수 있게 하였었다. 이 세상에서 벗과 함께 즐기는 것보다 하늘에서 우리 아버지와 더불어 복락을 누리는 것이 더욱 좋은 일이다. 첫째, 하나님의 모든 자녀들의 지극한 행복은 아버지의 집을 떠나지 않고 현재에 있어서나 장래에 있어서나 항상 아버지와 함께 있는 것임을 명심하라. 그들은 이 세상에서 믿

음으로 그렇게 하고 있고, 저 세상에서는 이 땅에서의 열매로 말미암아 그렇게 될 것이다. 하나님의 것은 모두 그들의 것이다. 왜냐하면, 자녀이면 또한 상속자(롬 8:17)이기 때문이다. 둘째, 그러므로 우리는 다른 사람들에게 하나님의 은혜가 주어진다고 해서 그들을 시기해서는 안 된다. 그들이 은혜에 참여한다고 해서 우리의 몫이 줄어드는 것은 아니기 때문이다. 우리가 참된 신자들이라면, 하나님의 것은 모두 우리의 것이다. 또한 다른 사람들이 참된 신자들이 되었다면, 하나님의 것은 모두 그들의 것이기도 하다. 하지만 우리의 몫은 줄어들지 않는데, 이것은 어떤 사람이 햇빛과 따스함 등과 같이 태양이 주는 모든 혜택을 누리고 살아가는데, 다른 사람들도 태양의 그러한 혜택을 누릴 수 있게 되었다고 해서, 그 사람의 몫이 줄어드는 것이 아님과 마찬가지이다. 교회에서의 그리스도는 몸 속에서의 영혼과 같기 때문이다: 그리스도는 전체 속에서도 전체로(tota in toto) 계실 뿐만 아니라 각각의 부분에서도 전체로(tota in qualibet parte) 계신다.

[3] 아버지는 맏아들에게 이 일이 왜 가족의 경사인지 그 이유를 설명해 주었다: 우리가 즐거워하고 기뻐하는 것이 마땅하다(32절). 아버지는 가장으로서의 권위를 가지고 "가족 모두가 즐거워하고 기뻐해야 한다는 것이 내 뜻이다"라고 주장할 수도 있었다 ─ 내가 그것을 원한다는 것이 내가 댈 수 있는 이유이다(Stat pro ratione voluntas). 그러나 권위를 지닌 자들이라고 해도 매사에 권위를 내세워서 단언하고 주장하는 것은 합당치 않고 오히려 권위를 값싸고 천한 것으로 만들어버리기 때문에, 여기서 아버지와 마찬가지로 설득력 있는 이유를 제시하는 것이 더 좋다. 착한 아들이 성실하게 살아가는 것보다 탕자가 다시 돌아온 것을 기뻐하는 것이 마땅하고 합당한 일이다. 왜냐하면, 전자는 장기적으로 가족에게 더 큰 축복이긴 하지만, 후자는 일시적으로는 더 크게 다가오는 기쁨이기 때문이다. 어느 가정에서든 여러 자녀들이 건강하게 살아가는 것보다 죽은 자녀가 살아났다든지 죽을 병에서 자녀가 회복되었을 때에 훨씬 더 큰 기쁨을 느낄 것이다. 장차 하나님의 말씀이 옳다는 것이 드러나게 될 것이고, 모든 육체는 조만간에 하나님 앞에서 잠잠하게 될 것임을 명심하라. 맏아들은 아버지의 말씀에 어떤 말로도 대꾸하지 못한 것 같다. 이것은 맏아들이 아버지의 뜻에 전적으로 만족하고 아무 말 없이 따랐고, 탕자였던 동생과도 화해했다는 것을 암시해준다. 아버지는 이 네 동생이라고 말함으로써 맏아

들에게 탕자가 그의 동생이라는 것을 상기시켜 주었다.

선한 사람이라고 해서 항상 자기를 절제해서 화를 참을 수 있는 것은 아니지만 하나님의 은혜로 말미암아 이성을 되찾게 된다는 것을 명심하라. 그는 넘어지나 아주 엎드러지지 아니함은 여호와께서 그의 손으로 붙드심이로다. 그러나 그리스도께서는 일차적으로 서기관들과 바리새인들이 그들의 죄를 깨닫도록 하기 위하여 이 비유를 드셨음에도 불구하고, 그들은 이방 죄인들과 그들에게 전파된 그리스도의 복음에 대하여 이전과 마찬가지로 여전히 불만을 지니고 있었던 것으로 보인다.

제
— 16 —
장

개요

그리스도께서 이 장에서 가르치신 말씀들의 취지는 이 세상과 이 세상에서 우리가 소유하고 향유하고 있는 모든 것들을, 저 세상에서 우리를 해롭게 하는 방식이 아니라 이롭게 하는 방식으로 선용하고 결코 남용하지 말도록 우리 모두를 일깨우며 각성시키고자 하는 것이다. 왜냐하면, 그것들은 우리가 지금 여기에서 그것들을 어떻게 사용하느냐에 따라서 저 세상에서 우리를 이롭게 하기도 하고 해롭게 하기도 할 것이기 때문이다. I. 우리가 그것들을 선용하여, 경건과 자선의 행위들에 우리의 소유를 쓴다면, 우리는 내세에서 그 유익을 거두게 될 것이다. 이것을 그리스도께서는 주인의 재산을 잘 요리한 덕분에 청지기직에서 쫓겨났을 때에도 편안한 여생을 보낼 수 있었던 불의한 청지기에 관한 비유를 통해서 보여주신다. 비유 자체(1-8절). 비유에 대한 설명과 적용(9-13절). 바리새인들이 그리스도의 가르침을 비웃은 것과 그것에 대하여 그리스도께서 바리새인들을 책망하신 것, 여기에 덧붙여진 그 밖의 몇몇 중요한 말씀들(14-18절). II. 세상에서 우리가 향유하고 있는 것들을 선용하지 않고, 그것들을 우리의 욕망들과 사치와 감각적 쾌락의 재료와 연료로 사용하며, 가난한 자들을 구제하지 않는다면, 우리는 분명히 영벌에 처해질 것이고, 우리가 이렇게 남용한 이 세상의 것들은 우리에게 비참함과 고통만을 더해주게 될 것이다. 이것을 그리스도께서는 부자와 나사로에 관한 비유를 통해서 보여주시는데, 이 비유는 또 다른 의도, 즉 저 세상에서 직통으로 오는 메시지를 기대하지 말고 기록된 말씀을 통해서 우리에게 주어진 경고를 잘 받아들이도록 우리 모두를 일깨우고자 하는 의도를 지니고 있다(19-31절).

[1]또한 제자들에게 이르시되 어떤 부자에게 청지기가 있는데 그가 주인의 소유를 낭비한다는 말이 그 주인에게 들린지라 [2]주인이 그를 불러 이르되 내가 네게 대하여 들은 이 말이 어찌 됨이냐 네가 보던 일을 셈하라 청지기 직무를 계속하지 못하리라 하니 [3]청지기가 속으로 이르되 주인이 내 직분을 빼앗으니 내가 무엇을 할까 땅을 파자니 힘이 없고 빌어 먹자니 부끄럽구나 [4]내가 할 일을 알았도다 이렇게 하면

직분을 빼앗긴 후에 사람들이 나를 자기 집으로 영접하리라 하고 [5]주인에게 빚진 자를 일일이 불러다가 먼저 온 자에게 이르되 네가 내 주인에게 얼마나 빚졌느냐 [6]말하되 기름 백 말이니이다 이르되 여기 네 증서를 가지고 빨리 앉아 오십이라 쓰라 하고 [7]또 다른 이에게 이르되 너는 얼마나 빚졌느냐 이르되 밀 백 석이니이다 이르되 여기 네 증서를 가지고 팔십이라 쓰라 하였는지라 [8]주인이 이 옳지 않은 청지기가 일을 지혜 있게 하였으므로 칭찬하였으니 이 세대의 아들들이 자기 시대에 있어서는 빛의 아들들보다 더 지혜로움이니라 [9]내가 너희에게 말하노니 불의의 재물로 친구를 사귀라 그리하면 그 재물이 없어질 때에 그들이 너희를 영주할 처소로 영접하리라 [10]지극히 작은 것에 충성된 자는 큰 것에도 충성되고 지극히 작은 것에 불의한 자는 큰 것에도 불의하니라 [11]너희가 만일 불의한 재물에도 충성하지 아니하면 누가 참된 것으로 너희에게 맡기겠느냐 [12]너희가 만일 남의 것에 충성하지 아니하면 누가 너희의 것을 너희에게 주겠느냐 [13]집 하인이 두 주인을 섬길 수 없나니 혹 이를 미워하고 저를 사랑하거나 혹 이를 중히 여기고 저를 경히 여길 것임이니라 너희는 하나님과 재물을 겸하여 섬길 수 없느니라 [14]바리새인들은 돈을 좋아하는 자들이라 이 모든 것을 듣고 비웃거늘 [15]예수께서 이르시되 너희는 사람 앞에서 스스로 옳다 하는 자들이나 너희 마음을 하나님께서 아시나니 사람 중에 높임을 받는 그것은 하나님 앞에 미움을 받는 것이니라 [16]율법과 선지자는 요한의 때까지요 그 후부터는 하나님 나라의 복음이 전파되어 사람마다 그리로 침입하느니라 [17]그러나 율법의 한 획이 떨어짐보다 천지가 없어짐이 쉬우리라 [18]무릇 자기 아내를 버리고 다른 데 장가 드는 자도 간음함이요 무릇 버림당한 여자에게 장가드는 자도 간음함이니라

그리스도의 가르침과 거룩한 경건의 목적이 신적인 비밀들에 관한 말들로 우리를 즐겁게 해주거나 신의 자비들에 관한 말들로 우리에게 위안을 주는 것이라고 생각한다면, 그것은 오산이다. 하나님께서 이 두 가지를 복음을 통하여 계시하신 것은 우리를 일깨워서 그리스도인으로서의 의무들, 특히 우리가 가진 것 또는 우리가 할 수 있는 것을 필요로 하는 자들에게 은혜를 베풀고 선을 행하는 의무를 실천하게 하고자 하기 위한 것이다. 우리 구주께서는 여기에서 우리는 단지 하나님의 여러 가지 은혜를 맡은 선한 청지기일 뿐이라는 것을 상기시켜 주심으로써 우리에게 그렇게 행할 것을 강권하시고 계신다.

우리는 그동안 여러 모로 충성되게 행하지 않아서 우리 주님의 은총을 상실하였기 때문에, 어떻게 하면 우리가 이 세상에서 가지고 있는 것을 우리의 형편을 만회하는 데에 사용할 수 있는지를 생각해 보는 것은 지혜로운 일이다. 비유들은 그 원래의 의도를 벗어나서 억지로 해석되어서는 안 되기 때문에, 우리는 비록 우리가 주님의 진노 아래에 있다고 하더라도 누구라도 우리 편이 될 수 있다고 추론해서는 안된다. 오히려 일반적으로, 우리가 가진 것을 경건과 자선의 일들에 사용하여 죽음과 무덤의 저편에서 다시 복락으로 되돌려받을 수 있도록 계획해야 한다. 세상 사람들이 이 곳에서 친구들을 사귀고 세상적인 이익들을 얻기 위해서 세상에서의 이익을 극대화시키는 방식으로 재물을 사용하는 것과 마찬가지로, 우리의 장래의 영원한 복락을 극대화하기 위하여 우리의 재물을 경건과 자선의 행위들에 부지런히 그리고 꾸준하게 쓰는 것이 지혜로운 일이다(Clarke 박사의 말). 좀 더 살펴보자.

I. 비유 자체에서는 모든 사람들을 이 세상에서 그들이 가진 것을 관리하는 청지기들로 묘사한다.　　우리는 단지 청지기들일 뿐이다. 우리가 무엇을 가지고 있든, 그 소유권은 하나님께 있다. 우리는 오직 우리의 소유를 우리의 크신 주님의 명령을 따라서 및 주님의 영광을 위해서만 사용할 뿐이다. 라이트푸트 박사에 의하면, 랍비 김치(Kimchi)는 이렇게 말했다: "이 세상은 집이다. 하늘은 지붕이고, 별들은 등불이며, 땅과 그 과실들은 차려진 식탁이다. 이 집의 주인은 찬송받으실 거룩한 하나님이시고, 사람은 집 안의 재물을 맡은 청지기이다. 사람이 잘 처신하면 주님의 은혜를 입게 될 것이고, 잘못 처신하면 청지기직에서 쫓겨나게 될 것이다."

1. 청지기의 부정. 그는 주인의 소유를 낭비하였다. 즉, 그는 주인의 재산을 착복하였고, 잘못 사용하였으며, 경솔한 관리로 말미암아 손해를 끼쳤다. 이 때문에 그는 주인에게 고발되었다(1절). 우리도 모두 이런 고발을 받아 마땅하다. 우리는 하나님이 이 세상에서 우리에게 맡겨주신 일들을 잘 운용하지 못했고, 오히려 그 뜻을 거슬러 잘못 사용하였다. 따라서 이 일로 인해서 주님의 심판을 받지 않으려면, 우리는 우리 자신을 잘 살피지 않으면 안 된다.

2. 청지기직에서 쫓겨남. 주인은 그를 불러 "나는 네가 잘 해주기를 바랐는데, 내가 네게 대하여 들은 이 말이 어찌 됨이냐고 다그쳤다. 주인은 청지기가 자기를 실망시킨 것에 대하여 어쩔 수 없이 그를 해고할 수밖에 없는 것을 유감

스럽게 생각한다는 투로 말한다. 주인은 이 일에 대하여 전해 듣고 괴로웠지만, 청지기가 그 사실을 부인할 수 없었기 때문에, 어쩔 도리 없이 그에게 책임을 물어서 얼마간 말미를 준 후에 청지기직에서 물러나도록 하지 않을 수 없었다(2절). 이것은 우리에게 다음과 같은 것들을 가르치기 위한 것이다.

(1) 우리는 모두 얼마 안 있어서 이 세상에서의 청지기직으로부터 벗어나게 되어 있다. 우리는 우리가 지금 향유하고 있는 것들을 앞으로도 영원히 향유할 수 있는 것이 아니다. 죽음이 찾아와서, 우리에게서 청지기직을 박탈하고, 지금 우리에게 주어진 선행을 할 수 있는 능력과 기회들을 빼앗을 것이며, 다른 사람들이 우리의 자리를 차지하고 우리가 가졌던 것들을 갖게 될 것이다.

(2) 죽음이 이르러서 우리의 청지기직을 박탈하는 것은 의롭고 마땅한 일이다. 왜냐하면, 우리는 주님의 재물을 허비함으로써 배임(背任)의 죄를 저질렀으므로 어떤 처벌을 받아도 할 말이 없을 것이기 때문이다.

(3) 청지기직에서 해고되었을 때, 우리는 주님께 지금까지 우리가 청지기로서 해온 일에 대하여 셈하여야 한다: 죽음 후에는 심판이 있다. 우리는 우리가 청지기직에서 해고될 것과 결산을 통해서 책임져야 할 것에 대하여 미리 경고를 듣고 있으며, 따라서 그것들에 대하여 자주 생각하여야 한다.

3. 청지기의 뒤늦은 지혜. 이제 청지기는 내가 무엇을 할까(3절)를 곰곰이 생각하기 시작하였다. 그가 충성하지 못한 것으로 인하여 좋은 자리에서 쫓겨나는 너무도 어리석은 짓을 범하기 전에 이런 생각을 했었더라면 좋았을 것이지만, 어쨌든 늦게라도 이런 생각을 한 것은 잘한 일이다. 우리는 모두 조만간에 청지기직을 내놓아야 한다는 통지를 받은 상태이기 때문에 그 때에 우리가 무엇을 할지를 생각해야 한다. 그는 살아야 한다. 그는 어떻게 해야 생계를 유지할 수 있을까?

(1) 이 청지기는 자기가 노동을 해서 생계를 꾸려나갈 만한 근면함이 없다는 것을 알고 있었다: "땅을 파자니 내게는 그럴 힘이 없다. 나는 노동을 해서 먹고 살 수 없다." 왜 그는 땅을 팔 수 없었을까? 그는 늙었다거나 불구자였던 것 같지는 않다. 사실 그는 게을렀던 것이다. 힘이 없다는 것은 마음이 없다는 것이었다. 그가 노동할 수 없었던 것은 자연적인 무능이 아니라 도덕적 무능 때문이었다. 만약 주인이 그를 청지기직에서 해고하고서, 품꾼으로 계속해서 일하게 하고 그 위에 감독자를 세워 두었다면, 그는 땅을 파는 일을 했을 것이

다. 그가 땅을 팔 수 없었던 것은 땅 파는 일을 해본 적이 없었기 때문이었다. 이것은 우리가 이 세상을 위해 수고하고 일하는 것으로는 우리의 영혼을 먹여 살릴 수 없고, 우리 자신의 능력으로는 우리 영혼에게 유익한 그 어떤 일도 할 수 없다는 것을 보여준다.

(2) 이 청지기는 자기가 구걸을 해서 생계를 꾸려나갈 만한 겸손함이 없다는 것을 알고 있었다: 빌어먹자니 부끄럽구나. 앞에서 한 말이 그의 나태함을 보여 주는 것이었다면, 여기 나오는 말은 그의 교만을 보여주는 것이다. 하나님의 섭리로 인해서 스스로 살아갈 수 없는 자들은 다른 사람들에게 도움을 받아 살아가는 것을 부끄러워해서는 안 된다. 이 청지기는 구걸하는 것보다 주인을 속이는 것을 더 부끄러워했어야 한다.

(3) 그래서 이 청지기는 주인에게 빚진 자들이나 소작료를 연체해서 채무각서를 썼던 소작인들에게 잘해주어서 친구로 만들기로 결심하였다: "내가 할 일을 알았도다(4절). 주인은 나를 그의 집에서 쫓아낼 것인데, 내게는 갈 집이 없다. 나는 주인의 소작인들을 잘 알고, 그들에게 여러 번 좋은 일을 해 왔는데, 이제 내가 그들에게 다시 한 번 좋은 일을 한다면, 그들은 나를 그들의 집으로 영접해서 최고의 대접을 하지 않을 수 없을 것이다. 그러면 내가 살아 있는 한, 적어도 내가 스스로 자립할 수 있을 때까지는 나는 그들의 집에 이 집 저 집 옮겨다니면서 살 수 있을 것이다." 청지기가 그들을 친구로 만들기 위해서 사용한 방법은 그들이 주인에게 진 빚 중에서 상당 부분을 탕감해 주어서 실제보다 훨씬 적은 양을 채무증서에 기록하는 것이었다. 따라서 그는 주인에게 기름 백 말(소작료로 지불해야 할 분량)을 빚진 자를 불러다가 여기 네 증서를 가지고 빨리 앉아 오십이라 쓰라고 하여서(6절), 그의 채무를 절반으로 줄여 주었다. 우리는 이 청지기가 이 일을 재빨리 서둘러서 처리하였다는 것을 주목 해야 한다: "들키거나 의심받지 않도록, 빨리 앉아 쓰라." 또 그는 주인에게 밀 백 석을 빚진 자를 불러다가 1/5을 감해 주어서 채무증서에 팔십 석으로 쓰라고 했다(7절). 아마도 이 청지기는 장차 그들에게 기대할 수 있는 것을 고려해서 채무를 탕감해주는 정도를 조절하면서 다른 사람들에게 그렇게 해주었을 것이다. 이 세상에서 우리의 소유가 얼마나 불확실한 상태에 놓여 있는지를 보라. 이것은 재물을 많이 가지고 있는 사람들에게는 더욱 그러하다. 그들은 자신의 재물을 관리하는 일을 다른 사람들에게 맡기고, 일일이 자기 눈으로

감독하는 것이 귀찮아서, 그들을 속일 권한까지 다른 사람들에게 맡겨버린다. 또한 이렇게 남의 재산을 관리하는 책임을 맡은 자들이 주인을 속이는 일이 얼마나 비일비재하게 일어나는가! 신뢰하고 재산을 맡길 수 있는 사람을 발견하는 일은 얼마나 어려운 일인가! 사람은 다 거짓되되 오직 하나님은 참되시다. 이 청지기는 부정한 짓을 했다는 것이 탄로났지만 여전히 그렇게 하고 있다. 사람들은 자기가 한 잘못 때문에 벌을 받지만, 그 잘못을 고치는 사람은 별로 없다.

4. 청지기의 처신에 대한 주인의 칭찬: 주인이 이 옳지 않은 청지기가 일을 지혜 있게 하였으므로 칭찬하였다(8절). 여기서 청지기의 부정행위에 대해서 진노할 수밖에 없었지만 그가 자기 자신을 위해서 기가 막힌 방책을 생각해낸 것을 기뻐하였다는 말은 청지기의 주인이 한 말이었다. 그러나 이 절의 후반부는 우리 주님의 말씀임에 틀림없기 때문에, 나는 이 비유 전체가 주님의 의중을 담고 있는 것이라고 생각한다. 그리스도께서는 이렇게 말씀하신 것이다: "나는 어떻게 하는 것이 자기 자신을 위해서 잘 하는 것인지, 어떻게 하는 것이 현재의 기회를 잘 활용하는 것인지, 어떻게 하는 것이 장래를 대비하는 것인지를 알고 있는 이 청지기 같은 사람을 칭찬하노라." 그리스도께서는 이 청지기가 주인에게 그릇되게 행한 것을 칭찬하시는 것이 아니라 청지기가 자기 자신을 위하여 지혜롭게 행한 것을 칭찬하시는 것이다. 그렇지만 이렇게 함으로써 청지기는 주인에게도 잘 한 것이고 소작인들에게도 잘 한 것일 가능성도 있다. 청지기는 소작인들과 무리한 소작료를 내도록 계약을 맺었기 때문에 그들이 소작료를 낼 수 없었는데도 조금도 탕감해주지 않고 다 내도록 함으로써 소작료가 밀리게 되었고 소작인들과 그들의 가족은 파산할 지경에 몰리게 되었다는 것을 알고 있었다. 이것을 고려해서 청지기는 이제 떠나는 마당에 소작인들에게 밀린 소작료의 일부를 탕감해주고 앞으로 낼 소작료를 낮추어주는 등 정의와 인정상 당연히 해야 할 일들을 하였다. "너는 얼마나 빚졌느냐"는 말은 "너는 소작료 때문에 얼마나 많은 빚더미에 올라 앉아 있느냐? 오라, 네가 꼭 갚아야 하는 것 이하로는 안 되겠지만, 내가 너의 부담을 덜어주겠다"는 것을 의미할 수 있다. 그는 지금까지는 완전히 주인 편에 서서 일을 해왔지만, 이제는 주인의 호의를 잃은 후에 그들의 호의를 얻기 위해서 소작인들의 처지를 고려하기 시작한 것이다. 그들의 소작료를 감해 주는 것은 단순히 밀린 소작료를

감해 주는 것보다 더 지속적인 은혜를 베푸는 것으로서 그들의 마음을 더 끌 수 있었을 것이다. 이 청지기가 이 세상에서의 안락한 삶을 위해서 이렇게 준비하는 것을 생각할 때, 저 세상을 위하여 제대로 준비하지 못하고 있는 우리의 모습은 얼마나 부끄러운 것인가! 이 세상을 선택해서 이 세상에서 자신의 분깃을 가지고 있는 이 세대의 아들들은 자기 시대에 있어서는, 복음을 향유하며 자신의 영혼과 영원에 관심을 두는 빛의 아들들보다 더 지혜롭고, 더 사려 깊게 행동하며, 세상적인 이익을 더 잘 챙긴다.

(1) 우리는 이 세상의 일들과 관련하여 세상 사람들이 보여주는 지혜를 우리의 영혼의 일들과 관련하여 본받아야 한다: 그들의 행동원리는 주어진 기회를 잘 활용하는 것, 가장 필요한 일을 제일 먼저 하는 것, 여름과 추수철에 겨울을 대비하는 것, 기회가 있을 때마다 유리한 협상을 하는 것, 신실한 자들을 신뢰하고 거짓된 자들을 신뢰하지 않는 것이다. 우리가 영적인 일들에서 이렇게 지혜롭다면 얼마나 좋겠는가!

(2) 빛의 자녀들은 보통 이 세상의 자녀들에게 진다. 이 세상의 자녀들이 진짜 지혜로워서 그런 것이 아니다. 오직 자기 시대에서만 그들은 빛의 자녀들을 이긴다. 그러나 이 점에서 그들은 빛의 아들들보다 더 지혜롭다. 왜냐하면, 우리는 조만간에 청지기직에서 나와야 한다는 말을 듣고서도 마치 우리가 항상 그 자리에 머물며 이 세상 이후에 다른 삶이 없을 것처럼 아무런 대비도 하지 않고, 장래를 대비하면서 이 청지기가 보여주었던 그런 열심도 내지 않기 때문이다. 복음이 가져다준 영원한 생명을 지닌 빛의 아들들로서 우리 앞에 또 다른 세상이 있다는 것을 알면서도 우리는 그 세상을 준비하지 않고, 그 세상을 위하여 최선의 노력과 애정을 아끼지 않아야 하는데도 그렇게 하지 않는다.

II. 이 비유의 적용과 결론들(9절): "내가 너희에게, 나의 제자들인 너희에게 말하노니"(이 비유는 그들을 향한 것이기 때문에, 1절). "너희는 이 세상에서 비록 가진 것이 없지만, 그 적게 가진 것으로 어떻게 선을 행할 수 있을까를 생각하라." 좀 더 살펴보자.

1. 우리 주 예수께서 여기서 우리에게 권면하시는 것은 무엇인가? 이 세상에서 우리가 소유하고 향유하고 있는 것들을 잘 사용함으로써 저 세상에서 복된 삶을 살 수 있도록 준비하라는 것: "청지기가 주인의 재물로 주인의 소작인들을 자신의 친구들로 만든 것처럼, 불의의 재물로 친구를 사귀라." 돈을 잘 운

용해서 단순히 현재의 이익만이 아니라 장래의 이익도 추구하는 것이 이 세상 사람들의 지혜이다. 그래서 그들은 자신이 가진 돈으로 이자를 놓고 땅을 사며 이런저런 신탁을 해서 돈을 불린다. 우리는 그들이 이 세상에서 장래의 이익을 도모하는 것처럼 장래에 저 세상에서 더 복된 삶을 살 수 있도록 우리의 돈을 사용하는 법을 그들에게서 배워야 한다. 너는 네 떡을 물 위에 던져라 여러 날 후에 도로 찾으리라(전 11:1). 우리의 경우를 보자. 우리가 가지고 있는 것은 무엇이든지 다 우리 주님의 소유이긴 하지만, 우리가 우리 주님의 소작인들에게 그 소유를 그들을 위하여 처분한다면, 그것은 우리 주님께 잘못한 일이 되기는커녕 우리 자신을 위한 좋은 방책일 뿐만 아니라 주님께도 우리가 할 도리를 제대로 하는 것이다.

(1) 이 세상의 것들은 불의의 재물 또는 거짓된 재물이다. 그것은 단지 세상 재물이 속임수와 불의에 의해서 얻어지기 때문만이 아니라 그 재물을 의지하여 만족과 행복을 추구하는 자들은 반드시 속임을 당할 것이기 때문이다. 재물은 사라져서 없어지는 것이기 때문에 재물에 기대를 거는 자들은 반드시 실망하게 된다.

(2) 이 불의의 재물을 의지한다고 해서 행복할 수 있는 것은 아니지만, 우리는 우리의 영원한 행복을 추구하는 데에 도움이 되는 방향으로 이 재물을 활용하여야 한다. 우리는 재물 속에서 참된 만족을 발견할 수 없고 또한 발견하려고 해서도 안 되지만, 구입하거나 공로를 쌓는 방식이 아니라 호감을 갖게 하는 방식으로 재물을 사용함으로써 친구를 사귈 수 있다. 따라서 우리는 하나님과 그리스도를 우리의 친구로 만들 수 있고, 천사들과 성도들을 우리의 친구로 만들 수 있으며, 가난한 자들을 우리의 친구로 만들 수 있다. 장차 하나님의 나라에서의 결산을 위하여 이렇게 친구를 사귀어 두는 것은 바람직한 일이다.

(3) 죽을 때에 우리에게 맡겨진 재물은 없어진다(호탄 에클리페테 — 너희가 망할 때). 죽음으로 인해서 우리는 망한다. 상인은 파산했을 때에 **망했다**고 말한다. 우리도 모두 이와 같이 조만간에 망할 수밖에 없다. 죽음으로 가게문은 닫히고 봉인된다. 이 땅에서 우리가 누리던 낙들과 즐거움들은 모두 사라져 버릴 것이다. 육신도 마음도 사라진다.

(4) 죽음으로 **망할 때**에 우리가 반드시 하늘에 있는 영주할 처소로 영접되어 들어갈 수 있도록 하는 데에 우리는 큰 관심을 쏟아야 한다. 하늘에 있는 처소

는 영주할 처소로서, 손으로 지은 것이 아니고 영원한 집이다(고후 5:1). 그리스도께서는 자기 백성의 처소를 준비하기 위하여 앞서 가셔서, 거기에서 그들을 영접할 준비를 하고 기다리고 계신다. 아브라함의 품은 그들을 맞을 준비가 되어 있고, 천사들의 무리가 그들을 거기로 데려가면, 천사들의 합창대가 거기에서 그들을 맞을 준비를 하고 기다리고 있다. 가난하게 살다가 영광의 나라로 먼저 간 성도들은 이 세상에서 그들에게 필요한 것을 나누어 주었던 자들을 반갑게 맞이해 줄 것이다.

(5) 이것이 우리가 이 세상에서 가지고 있는 것들을 하나님의 영광과 우리 형제들의 유익을 위하여 사용함으로써 장래에 자기를 위하여 좋은 터를 쌓아 두어야 하는 이유이다. 여기에 나오는 본문을 잘 설명해 주고 있는 디모데전서 6:17-19을 보라.

2. 그리스도께서 여러 말씀으로써 경건과 자선의 일을 풍성하게 행할 것을 힘주어 권고하심.

(1) 우리가 하나님의 섭리에 의한 선물들을 올바르게 사용하지 않는다면, 어떻게 우리가 하나님의 영적인 은혜의 선물들인 현재와 장래의 복락들을 하나님으로부터 기대할 수 있겠는가? 우리 구주께서는 여기서 이 두 가지를 비교하시면서, 우리가 이 세상의 것들을 충성되게 사용했다고 해서 그것이 하나님으로부터 은혜를 받을 만한 공로가 되는 것은 아니지만 우리가 이 세상의 것들을 사용할 때에 충성되지 못하였다면 우리를 영광의 나라로 데려다 주는 데에 꼭 필요한 은혜를 상실하게 된다는 것을 보여주신다. 바로 이것이 우리 구주께서 여기에서 보여주시고 하시는 것이다(10-14절).

[1] 이 세상의 재물은 작은 것이고, 은혜와 영광은 큰 것이다. 만약 우리가 작은 것에 충성되지 못하여 이 세상의 재물을 원래 우리에게 주어진 것 이외의 다른 목적에 사용한다면, 하나님의 은혜의 선물들을 받아도 우리가 그렇게 할 것이라고 염려하는 것은 당연한 일이다. 따라서 하나님은 은혜의 선물들을 우리에게 주어도 소용없다고 생각하셔서 그 선물들을 주시지 않게 될 것이다: 지극히 작은 것에 충성된 자는 큰 것에도 충성되니라. 자신의 돈으로 하나님을 섬기며 선을 행하는 자에게 더 고상하고 값진 지혜와 은혜의 달란트들, 영적인 은사들, 하늘에 속한 것들이 주어지면, 그는 그것들로도 하나님을 섬기고 선을 행하게 될 것이다. 그러나 한 **달란트**에 불과한 이 세상의 재물을 받고서도

그것을 땅에 묻어두는 자는 다섯 달란트나 되는 영적인 부(富)를 받더라도 그것을 결코 잘 사용하지 못할 것이다. 하나님은 탐욕스럽고 세상적인 사람들을 우리보다 더 잘 알아내셔서 그의 은혜를 보류하신다.

[2] 이 세상의 재물은 속이는 것이고 불확실한 것이다. 그것들은 불의한 재물로서 우리로부터 신속하게 도망치기 때문에 그것들로부터 어떤 유익을 얻으려면, 우리는 신속하게 움직이지 않으면 안 된다. 그렇게 하지 않는다면, 어떻게 우리가 하나님께서 유일하게 참된 것인 영적인 부를 우리에게 맡길 것을 기대할 수 있겠는가(11절)? 진정한 부자들, 최고의 부자들은 믿음에 부요하고 하나님을 향하여 부요하며 그리스도와 약속들과 하늘에 속한 것들에 부요한 자들이라는 것을 우리는 굳게 확신하여야 한다. 그러므로 우리는 우리의 보화를 하늘에 쌓아두고, 하늘로부터의 우리의 분깃을 기대하며, 무엇보다도 먼저 하나님의 나라와 그 의를 생각하여야 하고, 그런 후에 다른 것들이 우리에게 더하여진다면, 그것들을 영적인 방식으로(in ordine ad spiritualia) 잘 사용함으로써 참된 부를 더욱 견고하게 쌓아서 하나님으로부터 더 많은 은혜를 받을 수 있게 하여야 한다. 왜냐하면, 하나님은 그가 기뻐하시는 자, 즉 후하게 자비를 베푸는 자에게 지혜와 지식과 희락을 주시기 때문이다(전 2:26). 곧, 불의한 재물에 충성하는 자에게 하나님은 참된 것을 주신다.

[3] 이 세상의 재물은 남의 것이다. 그것들은 우리의 것이 아니라 남의 것이다. 왜냐하면, 그것들은 영혼에 낯설고 이질적인 것들로서 영혼의 본성과 이익에 맞지 않기 때문이다. 그것들은 우리 자신의 것이 아니다. 왜냐하면, 그것들은 하나님의 것이기 때문이다. 그것들에 대한 하나님의 권리는 우리의 권리보다 우선하고 우월하다. 소유권은 여전히 하나님께 있고, 우리는 단지 사용자들일 뿐이다. 그것들은 남의 것이다. 우리는 다른 사람들로부터 그것들을 가지게 되었고, 다른 사람들을 위해서 그것들을 사용한다. 재산이 많아지면 먹는 자들도 많아지나니 그 소유주들은 눈으로 보는 것 외에 무엇이 유익하랴. 우리는 그것들을 곧 우리가 모르는 다른 사람들에게 넘겨주어야 한다. 그러나 영적이고 영원한 부는 우리 자신의 것이고 분리되지 않는다(그것들은 영혼 속으로 들어가서 영혼의 소유가 된다). 그것들은 우리의 일부가 되기 때문에, 우리는 그것들을 결코 빼앗기지 않게 된다. 우리가 그리스도를 우리의 것으로 삼고, 약속들과 하늘을 우리의 것으로 삼는다면, 진정으로 우리의 것이라고 부를 수 있는 것을 갖

게 된다. 그러나 우리가 청지기로서 우리에게 맡겨진 우리의 세상적인 재물로 하나님을 섬기지 않는다면, 우리가 어떻게 하나님께서 그러한 참된 것으로 우리를 부요하게 하실 것이라고 기대할 수 있겠는가?

(2) 우리가 하나님의 종임을 스스로 입증하는 길은 우리가 세상에서 얻은 모든 재물을 하나님을 섬기는 데에 사용함으로써 우리 자신을 버리고 하나님을 온전히 섬기는 길밖에 없다(13절): 집 하인이 두 주인을 섬길 수 없다. 하나님과 재물의 명령이 서로 다른 것과 마찬가지로, 두 주인의 명령은 서로 다를 것이기 때문이다. 세상을 사랑하여 거기에 집착하는 자는 하나님을 미워하고 경히 여길 수밖에 없다. 그는 신앙 생활과 관련된 모든 겉치레들을 세속적인 이익과 목적을 위하여 활용하고자 할 것이고, 하나님의 것들을 세상을 섬기고 추구하는 방편으로 이용하고자 할 것이다. 그러나 반대로 하나님을 사랑하고 하나님께 충성하는 자는 상대적으로 세상을 미워하고(하나님과 세상이 서로 부딪칠 때마다) 경히 여기며 세상에서의 그의 모든 일과 성공을 신앙의 일을 촉진시키는 데에 이런저런 방식으로 활용하고자 할 것이고, 세상의 일들을 하나님을 섬기고 구원을 이루어내는 방편으로 이용하고자 할 것이다. 본문에서는 이 문제를 아주 명백하게 우리 앞에 제시한다: 너희는 하나님과 재물을 겸하여 섬길 수 없느니라. 이 둘의 이해관계는 서로 분명하게 갈라지기 때문에, 이 둘을 겸하여 섬기는 일은 불가능하다. 그러므로 하나님을 섬기기로 작정했다면, 우리는 세상을 섬기는 일을 단호하게 버려야 한다.

3. 바리새인들은 그리스도의 이러한 가르침을 어떻게 받아들였으며, 그리스도께서는 그들을 무엇이라고 책망하셨는가?

(1) 바리새인들은 사악하게도 그리스도를 조소하였다(14절). 바리새인들은 돈을 좋아하는 자들이라 이 모든 것을 듣고 그리스도의 말씀을 반박할 수는 없었지만 비웃었다. [1] 그들의 비웃음은 그들의 죄, 그들을 지배하고 있던 죄인 탐욕의 열매였다. 거창한 신앙 고백을 하고 경건 생활에 관한 지식도 많으며 기도도 많이 하는 자들 가운데 세상을 사랑하는 것 때문에 망하는 사람이 많다는 것을 명심하라. 세상을 사랑하는 것만큼 그리스도의 말씀에 대하여 마음을 굳어지게 하는 것은 없다. 이 탐욕스러운 바리새인들은 그들의 들릴라이자 그들이 좋아하는 욕망이었던 돈 문제가 건드려지는 것을 참을 수가 없었다. 그래서 그들은 그리스도를 조롱하였다 ― 그들은 그리스도를 향하여 코를 킁킁거리며

비웃었다. 또는 콧방귀를 뀌었다. 이것은 사람이 상상할 수 있는 것 중에서 가장 심한 경멸과 조롱의 표현이다. 여호와의 말씀을 그들이 자신들에게 욕으로 여겼다(렘 6:10). 그리스도께서 세상의 방식과는 정반대로 말씀하시고 그들이 굳게 붙잡기로 작정한 죄에서 그들을 돌이키려고 하시자, 그들은 그리스도를 비웃었다. 하나님의 말씀에 복종하지 않기로 작정한 자들이 그 말씀을 조롱하는 일은 흔한 일임을 명심하라. 그러나 그들은 장차 하나님의 말씀을 그런 식으로 조롱해서는 안 되었다는 것을 결국 깨닫게 될 것이다. [2] 그들의 비웃음은 주님의 고난이었다. 우리 주 예수께서는 죄인들의 배척만이 아니라 그들의 멸시도 참아내셨다. 그들은 온종일 그리스도를 조롱하였다. 하나님의 아들이신 그리스도께서도 말씀을 하셨을 때에 바리새인들로부터 조롱을 받으셨다는 것을 생각할 때, 그리스도의 충성스러운 사역자들은 그들의 설교가 부당하게 조롱을 받는다고 하여도 낙심하지 말아야 한다. 어떤 사람에게 있어서 비웃음을 당하는 것은 수치가 아니고, 비웃음을 당할 만한 것이 그에게 있을 때에만 수치가 된다. 그리스도의 사도들도 조롱을 당하였는데, 이것은 결코 이상한 일이 아니다. 제자는 스승보다 더 크지 못하다.

(2) 그리스도께서는 바리새인들을 꾸짖으셨다. 이것은 그들이 그를 조롱해서가 아니라(그는 욕을 무시하는 법을 아셨다), 경건의 능력에는 무지하면서도 경건의 모양과 빛깔로 스스로를 속이고 있었기 때문이었다(15절). 좀 더 살펴보자.

[1] 바리새인들의 그럴 듯한 겉모습. 아니, 그것은 차라리 화려한 겉모습이었다. 첫째, 그들은 사람 앞에서 스스로 옳다 하는 자들이었다. 그들은 사람들, 심지어 그리스도께서 직접 그들의 잘못을 지적해도 전혀 받아들이려 하지 않았다. 그들은 사람들이 마땅히 그들을 특출난 거룩과 경건을 갖춘 사람들로 보아야 한다고 주장하였고, 그들의 그러한 주장은 옳은 것이라고 말하였다: "너희는 사람들 앞에서 잘 보이려고 온갖 짓을 다하는 자들로서 세상 사람들 앞에서 스스로 옳다고 하는 자들이다. 너희는 그런 자들로 악명이 높다." 둘째, 그들은 사람 중에 높임을 받는 자들이었다. 사람들은 바리새인들이 마땅히 받아야 했던 그 어떤 비난도 면제해 주었을 뿐만 아니라, 그들에게 박수갈채를 보내고 그들을 선한 사람들이자 최고의 사람들로 추켜세워서 공경하였다. 바리새인들의 의견은 신탁(神託)으로 존중받았고, 그들의 지시는 율법이 되었으

며, 그들의 관습은 범할 수 없는 규례가 되었다.

[2] 바리새인들의 추악한 내면. 하나님은 그 내면을 보셨다: "하나님은 너희의 마음을 아시나니, 너희의 마음은 하나님 앞에 미움을 받는 것이니라. 왜냐하면, 너희의 마음은 온갖 악한 것들로 가득 차 있기 때문이다." 첫째, 사람 앞에서 스스로 옳다 하는 것은 어리석은 짓이다. 또한 사람들이 우리의 악함을 모른다는 사실이 저 큰 날의 심판에서 우리를 지지해 주고 건져주리라고 생각하는 것은 어리석은 짓이다. 왜냐하면, 사람들이 아무도 우리의 악함을 모른다고 해도 하나님은 우리의 마음을 아시고 우리의 악함을 다 아시기 때문이다. 하나님은 우리의 마음을 아신다는 사실을 생각할 때, 우리는 우리 자신에 대한 스스로의 평가와 우리 자신에 대한 스스로의 확신을 점검해 보고, 거기에 얼마나 많은 허위(虛僞)가 있는지를 살펴보지 않을 수 없다. 우리는 마땅히 우리 자신을 낮추어 보아야 하고, 신뢰하지 않아야 하기 때문이다. 둘째, 시류(時流)에 편승하여 사람들의 평가를 따라서 사람과 사물을 판단하는 것은 어리석은 짓이다. 사람들은 외모를 따라서 판단하기 때문에, 사람 중에 높임을 받는 것이 하나님이 보시기에 가증스러운 것(개역에서는 하나님 앞에 미움을 받는 것)이 될 수 있다. 하나님은 모든 것을 있는 그대로 보시고, 하나님의 판단은 진리를 따라 이루어진다. 반대로, 사람들에게는 멸시받고 정죄당하지만 하나님으로부터는 인정받고 칭찬받는 자들도 있다(고후 10:18).

(3) 그리스도께서는 탐욕과 자만으로 가득 찬 바리새인들에게서 눈을 돌려서 그들보다 그의 복음을 더 잘 받아들일 수 있는 세리들과 죄인들을 향하셨다(16절): "율법과 선지자는 사실 요한의 때까지였다. 너희 유대인들에게 한정되었던 구약 시대는 세례 요한이 등장할 때까지 계속되었는데, 그 때까지 너희는 의와 구원에 대한 독점권을 가지고 있는 듯이 보였으며, 너희가 율법과 선지자에 정통한 자들이라는 것 때문에 너희는 우쭐하였고 사람들 가운데서 존경을 받았다. 하지만 세례 요한이 등장한 이후로 하나님 나라가 전파되어 신약 시대가 시작되어서, 사람들은 율법에 정통하냐를 따라서 평가받지 않고, 이방인이든 유대인이든 사람마다 복음의 나라로 침입하느니라. 따라서 이제는 아무도 자신의 공로를 앞세워서 하나님의 나라에 들어가야 한다거나 관원들과 바리새인들이 이끌어줄 때까지 기다려야 한다고 생각하지 않아야 한다. 신약 시대는 구원이 유대인의 것이었던 구약 시대와는 달리 정치적이고 민족적인 제도

가 아니라, 개개인을 대상으로 한다. 그러므로 영혼의 구원과 영원한 세계를 믿는 자들은 누구든지 안일하게 생각하여 세상에 영합하여 살다가 낭패를 당하는 일이 없도록 하나님의 나라에 들어가기를 힘써야 한다." 일부 사람들이 하나님의 나라를 안일하게 생각하고 있었다. 그들은 그리스도를 조롱하였고, 그리스도께서 세상 재물을 경멸하라고 말씀하시는 것을 비웃었다. 오히려, 그들은 율법과 선지자 속에는 부(富)를 비롯하여 그 밖의 다른 세상의 좋은 것들에 대한 많은 약속들이 있지 않느냐고 반문하였다. 아브라함과 다윗 같은 하나님의 많은 최고의 종들도 큰 부자였지 않느냐? 그리스도께서는 이렇게 말씀하신다: "그건 사실이다. 이제까지는 그랬다. 그러나 하나님의 나라가 전파되기 시작하면서부터 사정은 완전히 달라졌다. 이제는 가난한 자들, 애통하는 자들, 박해받는 자들이 복이 있다." 바리새인들은 백성들이 그들을 존경해 주는 것에 대한 보답으로 백성들에게 값싸고 쉬우며 형식적인 신앙을 허용하였다. 그리스도께서는 이렇게 말씀하신다: "그러나 이제 복음이 전파되면서 백성들의 눈은 열렸기 때문에, 백성들은 바리새인들에 대한 존경심을 이전처럼 가질 수 없게 된 것과 동시에 그들이 길들여져 왔던 냉랭한 신앙으로는 더 이상 만족할 수 없게 되어서, 거룩한 폭력으로써 하나님의 나라로 침입해 들어가고 있다." 천국에 들어가고자 하는 자들은 고통을 참아내야 하고, 시류(時流)에 맞서 싸워야 하며, 반대의 길로 가고 있는 무리들을 뚫고 나아가야 한다.

(4) 그렇지만 그리스도께서는 율법을 무효화하고자 하는 그 어떤 기도(企圖)에도 반대하신다(17절): 율법의 한 획이 떨어짐보다 천지가 없어짐이 쉬우리라 — 아주 견고하게 세워진 땅의 기초들과 하늘의 기둥들이 떠받치고 있는 천지가 없어지는 것(파렐데인)이 더 쉬운 일이다. 그리스도께서는 율법의 한 획도 떨어지지 않을 것이라고 말씀하심으로써 도덕법(道德法)을 다시 한 번 확고하게 재확인해 주신다. 율법이 명하고 있는 의무들은 여전히 의무이고, 율법이 금하고 있는 죄들은 여전히 죄이다. 율법의 명령들은 복음에 의해서 설명되고 강화되며 한층 영적인 모습을 띠게 된다. 의식법(儀式法)은 복음적인 채색 속에서 완성된다. 율법의 한 획도 떨어지지 않는다. 왜냐하면, 율법이 법으로서의 힘을 상실했다고 하더라도 모형(type)으로서의 모습은 여전히 매우 밝게 빛을 발하면서 복음 속에 판박이가 되어 있기 때문이다 — 히브리서는 이 짐을 잘 증언해 준다. 이전에는 율법이 너 큰 해악을 막기 위해서 묵인해 주었

던 몇 가지 것들이 있었다. 복음은 그러한 묵인들을 제거하였는데, 이것은 율법을 손상시키거나 얕보는 것이 결코 아니었다. 왜냐하면, 이러한 묵인들을 제거한 것은 우리가 마태복음 5:32과 19:9에서 이미 본 바 있는 이혼의 경우에 있어서처럼(18절) 율법의 원래의 의도를 회복한 것이었기 때문이다. 그리스도께서 이혼을 허용하지 않으신 것은 인간의 타락한 욕망과 정욕의 쓴 뿌리를 쳐서 죽여서 뿌리째 뽑아버리는 것이 그의 복음의 의도였으므로 이혼에 대한 묵인이 계속될 경우에는 사람들이 욕망과 정욕에 더욱 빠져들어서 그것들이 더욱 세차고 거침없이 자라나게 될 것이었기 때문이었다.

[19]한 부자가 있어 자색 옷과 고운 베옷을 입고 날마다 호화롭게 즐기더라 [20]그런데 나사로라 이름하는 한 거지가 헌데 투성이로 그의 대문 앞에 버려진 채 [21]그 부자의 상에서 떨어지는 것으로 배불리려 하매 심지어 개들이 와서 그 헌데를 핥더라 [22]이에 그 거지가 죽어 천사들에게 받들려 아브라함의 품에 들어가고 부자도 죽어 장사되매 [23]그가 음부에서 고통중에 눈을 들어 멀리 아브라함과 그의 품에 있는 나사로를 보고 [24]불러 이르되 아버지 아브라함이여 나를 긍휼히 여기사 나사로를 보내어 그 손가락 끝에 물을 찍어 내 혀를 서늘하게 하소서 내가 이 불꽃 가운데서 괴로워하나이다 [25]아브라함이 이르되 얘 너는 살았을 때에 좋은 것을 받았고 나사로는 고난을 받았으니 이것을 기억하라 이제 그는 여기서 위로를 받고 너는 괴로움을 받느니라 [26]그뿐 아니라 너희와 우리 사이에 큰 구렁텅이가 놓여 있어 여기서 너희에게 건너가고자 하되 갈 수 없고 거기서 우리에게 건너올 수도 없게 하였느니라 [27]이르되 그러면 아버지여 구하노니 나사로를 내 아버지의 집에 보내소서 [28]내 형제 다섯이 있으니 그들에게 증언하게 하여 그들로 이 고통 받는 곳에 오지 않게 하소서 [29]아브라함이 이르되 그들에게 모세와 선지자들이 있으니 그들에게 들을지니라 [30]이르되 그렇지 아니하니이다 아버지 아브라함이여 만일 죽은 자에게서 그들에게 가는 자가 있으면 회개하리이다 [31]이르되 모세와 선지자들에게 듣지 아니하면 비록 죽은 자 가운데서 살아나는 자가 있을지라도 권함을 받지 아니하리라 하였다 하시니라

탕자의 비유가 우리 앞에 복음의 은혜를 제시함으로써 우리 모두를 격려해준 것처럼, 여기에 나오는 비유는 우리를 경성(警醒)시킬 목적으로 우

리 앞에 장차 임할 진노를 제시한다. 이 비유를 통해서 깨어나지 않는 자들은 죄 가운데서 너무도 깊이 잠들어 있는 것이다. 바리새인들은 세상적인 욕심을 추구하지 말라는 그리스도의 설교를 비웃었다. 이제 이 비유는 그러한 조롱하는 자들을 진지하고 심각하게 만들고자 하는 의도를 지니고 있다. 그리스도의 복음이 지닌 의도는 우리를 가난 및 환난과 잘 화해시킴과 동시에 세상적인 욕심과 육정(肉情)의 유혹들에 대항할 수 있도록 우리를 무장시키는 데에 있다. 이제 이 비유는 가리어져 있던 막을 열어서 저 세상에서 이 두 가지 삶의 결국(結局)이 무엇인지를 우리로 하여금 보게 해줌으로써 앞에서 말한 두 가지 큰 의도를 매우 힘있게 수행한다. 이 비유는 그리스도의 다른 비유들과 다르다. 씨 뿌리는 자와 씨의 비유(양과 염소의 비유는 제외하고), 탕자의 비유, 그리고 실제로 여기에 나오는 비유를 제외한 나머지 모든 비유들은 세상의 일들에서 빌려온 직유들을 통해서 영적인 것들을 표현하고 있지만, 이 비유는 이 세상과 저 세상에서 좋은 처지와 나쁜 처지가 서로 뒤바뀌는 현상에 관한 이야기 또는 서술을 통해서 영적인 것들 자체를 표현하고 있다. 우리는 이 비유를 역사상에서 실제로 일어난 하나의 구체적인 사건으로 생각할 필요는 없지만, 가난하지만 경건한 사람들이 이 세상에서 사람들에게 무시당하고 짓밟히다가 죽음으로 비참한 처지를 벗어나서 천국에 가서 지극히 복되고 기쁜 삶을 누리게 되었는데, 이 세상에서 그들이 겪은 서글픔들로 인해서 천국에서의 삶이 그들에게 더욱 즐거운 것이 된 반면에, 이 세상에서 사치스럽게 살며 가난한 자들에게 무자비하다가 죽어서 지옥으로 가서 참을 수 없는 고통을 당하게 되었는데, 이 세상에서 그들이 살았던 쾌락의 삶 때문에 지옥의 고통이 더욱 괴롭고 끔찍한 것이 되었다는 이야기는 인간 세계에서 매일 일어나는 실제적인 사건이다. 이 이야기는 비유인가? 이 이야기 속에는 어떤 직유가 들어 있는 것인가? 아브라함과 부자가 나눈 대화는 욥기에서 하나님과 사탄이 나눈 대화와 마찬가지로 이 이야기에 좀 더 호소력을 부여하기 위해서 도입된 예화(例話)일 뿐이다. 우리 구주께서는 우리에게 저 세상에 대하여 알게 하시고 이 세상이 저 세상을 기반으로 하고 있다는 것을 보여주시기 위하여 이 땅에 오셨는데, 이 이야기를 통해서 바로 그렇게 하고 계신다. 이 이야기를 좀 더 살펴보자.

I. 이 세상에서 악한 부자와 경건한 가난한 자의 서로 다른 처지. 오늘날의

일부 사람들과 마찬가지로 옛적의 유대인들도 번창하고 잘 사는 것을 참된 교회, 선한 사람, 하늘로부터 은총을 받은 자의 표지들 중의 하나로 보았기 때문에, 그들은 가난한 자에 대하여 호의적일 수 없었다. 그리스도께서는 이러한 잘못된 생각을 기회가 있을 때마다 올바르게 잡아주셨고, 여기에서도 아주 자세하게 그 점을 시정해 주신다.

1. 영원히 고통당하여 비참하게 될 악인이 최고의 부를 누리며 살아감(19절): 한 부자가 있었다. 라틴어 본문을 따라서 우리는 보통 그를 디베스(부자)라고 부른다. 틸롯슨(Tillotson) 주교는 이 이야기에 나오는 가난한 자의 이름은 등장하는데 이 부자의 이름이 나오지 않는 것은 이와 같은 이야기에서 특정한 부자의 이름을 언급하게 되면 불공평한 것으로 여겨져서 악감을 살 수 있었을 것이기 때문이라고 말한다. 그러나 어떤 이들은 그리스도께서 부자의 이름을 불러주는 영광을 주고자 하지 않으신 것이라고 말한다 — 부자는 자기 땅에 자기 이름을 붙여서 부른다면 자기가 죽어서 그 이름이 땅 속에 묻혀버린다고 해도 이 이야기 속에 보존되어 있는 거지의 이름만큼이나 오래 갈 것이라고 생각했겠지만. 이제 이 부자에 대해서 살펴보자.

(1) 부자는 자색 옷과 고운 베옷을 입었는데, 이것이 그가 단장한 모습이었다. 그는 쾌락을 위해서 고운 베옷을 입었다. 의심할 여지 없이, 그 베옷은 매일 세탁되었을 것이며, 그는 밤낮으로 고운 베옷을 갈아 입었을 것이다. 그는 신분을 과시하기 위해서 자색 옷을 입었다. 왜냐하면, 자색 옷은 왕들이 입는 옷이었기 때문이다. 어떤 이들은 이 표현 속에서 그리스도께서 헤롯을 염두에 두고 계셨던 것이라고 추측한다. 부자는 밖에 나갈 때마다 아주 위엄있고 호화스럽게 차려 입었다.

(2) 부자는 날마다 호화롭게 즐겼다. 그의 식탁은 각양각색의 온갖 산해진미로 차려졌고, 보조 식탁은 금으로 장식되어 있었으며, 고급스러운 제복을 입은 하인들이 식탁 시중을 들었고, 또한 그는 자리를 빛내줄 것이라고 생각된 인물들만을 식탁 손님들로 초대하였을 것은 말할 나위도 없다. 그런데 이 모든 것이 도대체 왜 나쁘다는 것인가? 이것들 속에 무슨 해악이 있단 말인가? 부자라는 것은 죄가 아니고, 자색 옷과 고운 베옷을 입는 것도 죄가 아니며, 재산이 넉넉해서 풍성한 식탁을 차리는 것도 죄가 아니다. 또한 이 부자가 사기나 압제나 수탈을 통해서 재산을 모았다는 얘기도 없고, 그가 취했다거나

다른 사람들을 취하게 하였다는 말도 없다. 그러나 [1] 그리스도께서는 여기에서 사람이 이 세상에서 엄청난 부를 가지고 그 부를 과시하며 세상의 낙을 누릴 수 있지만 그는 여전히 하나님의 진노와 저주 아래 놓여 있고 영원히 멸망하게 될 것임을 보여주시고자 하신다. 우리는 부자들의 삶으로부터 하나님이 그를 사랑하셔서서 그토록 많은 부를 주신 것인지, 아니면 하나님이 그들에게 그토록 많은 부(富)를 주셨기 때문에 그들이 하나님을 사랑하는 것인지를 따질 필요가 없다. 복은 그러한 것들에 있지 않기 때문이다. [2] 풍요와 쾌락은 하나님과 저 세상을 잊어버리게 함과 동시에 사치와 육욕(肉慾)에 빠지게 만드는 매우 위험스럽고 치명적이기까지 한 유혹이다. 이 부자는 차라리 그에게 큰 재산과 향락들이 없었더라면 복되었을 것이다. [3] 육신에 빠져서 그 편안함과 쾌락을 좇게 되면, 영혼은 파멸하게 되고 영혼에 유익한 것들은 없어지게 된다. 좋은 음식을 먹고 좋은 옷을 입는 것은 사실 나쁜 일이 아니지만, 그것들이 흔히 교만과 사치의 양식과 연료가 되어서 우리를 죄로 이끄는 것도 사실이다. [4] 우리 자신과 우리의 친구들을 위해서 잔치를 열면서 가난하고 헐벗은 자들을 잊는 것은 하나님을 매우 노하시게 하는 것이고 영혼을 망치는 것이다. 이 부자의 죄는 잘 입고 잘 먹은 것에 있었다기보다는 오직 자신만이 잘 먹고 잘 입었다는 것에 있었다.

2. 영원한 복을 누리게 될 경건한 사람이 깊은 곤경과 고난 속에서 살아감 (20절): 나사로라 이름하는 한 거지가 있었다. 매우 경건했지만 큰 고난 속에 있었던 나사로라는 거지는 당시에 선한 사람들 가운데서 잘 알려져 있었던 것 같다: 엘르아살 또는 나사로라는 이름을 지닌 한 거지. 어떤 이들은 엘르아살이라는 이름이 가난한 자에게 더 어울리는 이름이라고 생각한다. 엘르아살은 다른 도움들을 받을 수 없었던 가난한 자들이 유일하게 의지할 수 있는 하나님의 도우심을 의미하기 때문이었다. 이 가난한 사람은 외적으로 볼 때에 이 세상에서 사람이 생각할 수 있는 것 중에서 가장 비참한 처지에 놓여 있었다.

(1) 그의 몸은 욥처럼 헌데 투성이였다. 육신이 병들고 약한 것은 큰 고통이다. 그러나 종기(헌데)는 병자에게는 더욱 고통스럽고 주변 사람들에게는 더욱 혐오스럽다.

(2) 그는 먹고 살기 위해 구걸하여야 했고, 부자집 문전에서 얻을 수 있는 음식 찌꺼기로 연명할 수밖에 없었다. 그는 헌데 투성이였고 다리를 절었기

때문에 스스로 걸을 수 없었지만, 어떤 동정적인 손길 또는 그 밖의 다른 방식으로 옮겨져서 이 부자의 대문 앞에 버려졌다. 지갑을 열어서 가난한 자들을 도울 수 없는 자들은 수고로 그들을 돕는 것이 마땅하다는 것을 명심하라. 가난한 자들에게 동전 하나도 빌려줄 수 없는 자들은 그들에게 손 하나라도 빌려주어야 한다. 가난한 자들에게 스스로 도움을 줄 형편이 못되는 자들은 그들을 도울 수 있는 자들에게 그들을 데려다 주어야 한다. 곤경에 처한 나사로에게는 먹고 살 것이 없었고, 찾아갈 친척도 없었으며, 그를 돌보아줄 교구도 없었다. 나사로 같은 경건한 사람이 꼭 필요한 양식이 없어서 굶어죽게 되었다는 것은 당시의 유대 교회의 타락상을 보여주는 한 예이다. 좀 더 살펴보자.

[1] 나사로는 부자의 식탁에 기대를 걸었다: 그는 그 부자의 상에서 떨어지는 것으로 배불리려 하였다(21절). 나사로는 부자의 식탁에 차려진 음식들 중에서 한 접시의 음식을 바란 것이 아니었다 — 사실, 부자는 마땅히 나사로에게 좋은 음식으로 대접했어야 했지만. 나사로는 상 밑으로 떨어지는 부스러기들, 부자가 먹다 남긴 음식 찌꺼기, 아니 그 부잣집 개가 먹다 남은 것이라도 감지덕지하였을 것이다. 가난한 자들은 구걸을 하고, 사람들이 주는 대로 감사하고 먹을 수밖에 없다. 나사로에 관하여 이 말을 한 것은 다음과 같은 것들을 보여주기 위한 것이다. 첫째, 가난하고 불쌍한 나사로의 곤경은 무엇이었고, 그 심정은 어떠했는가? 그는 가난하였지만, 심령이 가난한 자였기 때문에 가난에 만족하였다. 그는 부자의 대문 앞에서 불평하고 울부짖으며 소동을 피운 것이 아니라 부자의 상에서 떨어지는 것으로 배불릴 수 있기를 바라며 조용히 얌전하게 누워 있었다. 이 불쌍하고 비참한 사람은 선한 자였고 하나님의 은혜를 입은 자였다. 악한 자들은 큰 부를 이루어 떵떵거리며 잘 사는 반면에, 하나님의 성도들과 종들 중에서 가장 귀한 자들 가운데는 이 세상에서 큰 환난을 당하는 것이 그들의 운명인 경우가 종종 있다는 것을 명심하라: 시편 73:7, 10, 14을 보라. 진노의 자식이자 지옥의 상속자는 집 안에 앉아서 호화롭게 지내는데, 사랑의 자녀이자 하늘의 상속자는 대문 앞에 누워서 굶주림에 죽어가고 있다. 우리는 사람들의 영적인 상태를 그들의 외적인 조건에 의거해서 판단해서는 안 된다. 둘째, 가난하고 불쌍한 나사로에 대한 부자의 태도는 무엇이었는가? 부자가 나사로를 학대했다거나 대문 앞에 있지 못하게 하였다거나 어떤 해악을 가하였다는 말은 없지만, 본문 속에는 부자가 나사로를 무시하였고 그

에게 어떠한 관심도 보이지 않았으며 전혀 돌보아 주지 않았다는 것이 암시되어 있다. 여기에 자선을 받아야 할 진정한 대상이 있었고, 그의 모습은 보기만 해도 저절로 자선을 베풀어야 하겠다는 생각이 우러나올 만한 그런 대상이었다. 그런 대상이 그의 집 문 앞에 와 있었다. 이 가난하고 불쌍한 자는 착한 성품과 선한 행실 등 사람들로부터 칭찬받을 만한 모든 것을 갖추고 있었다. 부자가 작은 것을 베풀었어도 그것은 나사로에게 큰 자비가 되었을 것이지만, 부자는 나사로의 처지를 아랑곳하지 않았고, 그를 데려다가 헛간 같은 곳에서 기거할 수 있게 해주라고 하인에게 명하지도 않았으며, 그저 나사로가 대문 앞에 누워 있도록 내버려 두었다. 가난한 자들을 억누르거나 짓밟지 않는 것만으로는 충분치 않다는 것을 명심하라. 우리가 가난한 자들을 구제하고 돕지 않는다면, 우리는 저 큰 날에 우리 주님의 재물을 잘못 관리한 충성되지 못한 청지기들이었음이 드러나게 될 것이다. 가장 무서운 징벌을 받게 되는 이유는 내가 주릴 때에 너희가 먹을 것을 주지 아니하였다는 것이다. 나는 그리스도의 복음을 읽고 믿은 부자들이 곤경과 궁핍에 처한 가난한 자들에게 어쩌면 그렇게 무관심할 수 있는지 의아해한다.

[2] 나사로가 개들에게서 받은 대우. 개들이 와서 그 헌데를 핥더라. 부자는 한 떼의 사냥개들 또는 다른 종류의 개들을 심심풀이나 취미 삼아서 기르면서, 가난한 나사로가 먹고 살 음식조차 없어서 죽어갈 때에 그 개들을 배불리 먹였다. 개들은 잘 기르면서 가난한 자들에게는 무관심한 자들은 나중에 저 세상에서 책임을 질 것이 많음을 명심하라. 곤경에 처한 많은 선한 그리스도인들에게 꼭 필요한 양식을 해결해 줄 수 있고 그들의 마음을 기쁘게 해줄 수 있는 것들을 심심풀이나 취미 같은 어리석은 일들에 쏟아 버리는 몰인정으로 인해서 많은 부자들이 더 중한 벌을 받게 될 것이다. 개나 말들은 배불리 먹이면서도 가난한 이웃들을 굶어 죽도록 내버려두는 자들은 인류를 거스르는 자들로서 하나님의 진노를 사게 된다. 그런데 이 개들이 와서 가엾은 나사로의 헌데를 핥았다. 이것은 다음과 같이 해석될 수 있다. 첫째, 우리는 이것을 나사로의 비참함을 가중시킨 것으로 해석할 수 있다. 개들이 나사로에게 와서 핥은 것은 그의 헌데에서 피가 흘러나왔기 때문인데, 이것은 개들이 나봇과 아합의 피를 핥아 먹은 것과 같은 것이었다(왕상 21:19). 성경에는 개들의 혀가 원수들의 피에 잠겼다는 말이 나온다(시 68:23). 개들은 나사로가 아직 살아 있는데

도 마치 그가 이미 죽은 것처럼 그를 공격하였지만, 나사로에게는 개들을 물리칠 힘이 없었고, 그 부잣집에는 개들을 쫓아줄 사람다운 하인이 한 명도 없었던 것 같다. 개들은 주인을 닮아서, 사람의 핏덩이를 맛있게 즐기면서 호화스럽게 살아보아야 하겠다는 심산이었는가 보다. 둘째, 우리는 이것을 나사로의 비참함을 덜어준 것으로 해석할 수도 있다. 본문에 나오는 알라 카이라는 표현은 주인은 나사로에 대하여 냉혹하였지만 개들은 와서 헌데를 핥아줌으로써 상처의 고통을 완화시켜 주고 그를 편안하게 해주었다는 것을 나타내는 것일 수 있다. 본문에서는 개들이 헌데를 빨아먹었다고 표현하지 않고 핥았다고 표현하고 있는데, 헌데를 핥아 주는 것은 좋은 것이었다. 주인보다 개들이 나사로에게 더 자비하였다.

II. 죽을 때 및 죽음 이후에 이 경건한 가난한 자와 악한 부자의 엇갈린 운명. 이제까지는 악인이 유리한 듯이 보였다. 그러나 잠시 기다렸다가 그 결국을 보자

1. 둘 다 죽었다(22절): 거지가 죽고, 부자도 죽었다. 죽음은 부자나 가난한 자, 경건한 자나 경건치 아니한 자를 가리지 않고 모든 사람의 공통된 운명이다. 그 지점에서 사람들은 함께 만난다. 어떤 사람은 기운이 충실한 채로 죽고, 어떤 사람은 마음에 고통을 품고 죽는다. 하지만 이 둘은 매 한 가지로 흙 속에 눕는다(욥 21:26). 죽음은 재물이 많다고 해서 부자를 편들거나 빈곤하다고 해서 가난한 자를 편들지 않는다. 성도들은 죽어서 고통을 마감하고 영원한 기쁨으로 들어가게 되고, 죄인들은 죽어서 그들의 행위에 책임을 지고 형벌을 받으러 가야 한다. 부자나 가난한 자나 죽음을 준비하는 데에 관심을 가져야 한다. 죽음은 둘 다를 기다리고 있기 때문이다. 죽음은 제왕의 홀과 농부의 삽을 섞어 놓는다(Mors sceptra ligonibus aequat).

> 공평한 운명은 동일한 발걸음으로 찾아와서
> 초가집 문도 두드리고 왕궁도 두드린다

2. 거지가 먼저 죽었다. 하나님은 흔히 경건한 자들을 세상에서 데려가시고, 악인들은 여전히 세상에서 잘 먹고 잘 살도록 내버려두신다. 비참한 삶이 이렇게 신속하게 끝나게 된 것은 거지에게 좋은 일이었다. 그는 세상에서 다른 피난처나 쉴 곳을 찾을 수 없었기 때문에, 지친 자들이 안식하는 곳인 무덤에 숨

었다.

3. 부자도 죽어 장사되었다. 가난한 나사로가 장사되었다는 말은 나오지 않는다. 사람들은 아무데나 구덩이를 파서, 어떤 장례 절차도 없이 나사로의 시신을 거기에 던져넣었을 것이다. 그는 나귀 같이 매장함을 당하였다. 개들이 그의 헌데를 핥는 것도 방치한 그들이었으므로 개들이 그의 뼈를 갉아먹도록 버려두지 않은 것만도 다행스러운 일이었다. 그러나 부자는 으리으리한 관에 위엄있게 누워서 성대한 장례식을 가졌고, 수많은 조문객의 행렬이 무덤까지 따라왔으며, 무덤에는 거창한 비석이 세워졌다. 아마도 이 부자가 베푼 잔치에 참석하곤 했던 자들 중에서 한 사람이 부자의 너그러운 삶과 그가 수없이 베푼 훌륭한 식탁 등을 언급하며 그를 기리는 추도사를 했을 것이다. 사람들은 악인을 아주 조용히 무덤으로 메어 가서 무덤에 누이리니 악인은 골짜기의 흙덩이를 달게 여기리라고 성경은 말한다(욥 21:32-33). 장례식은 그 사람의 진정한 행복과는 아무런 상관이 없다!

4. 거지는 죽어서 천사들에게 받들려 아브라함의 품에 들어갔다. 거지가 천사들의 호위를 받으며 안식에 들어간 것의 영광은 부자가 화려하고 웅장한 장례식 속에서 무덤으로 들어간 것의 영광과는 비할 바 없이 큰 것이었다! 좀 더 살펴보자. (1) 그의 영혼은 육신과는 분리된 상태로 존재하였다. 그의 영혼은 육신과 더불어서 죽거나 잠들지 않았다. 그의 등불은 그의 육신과 더불어서 꺼진 것이 아니라, 살아서 활동하였고, 무엇을 하고 있으며 자기에게 무슨 일이 일어나는지를 알고 있었다. (2) 그의 영혼은 다른 세상, 곧 영들의 세계로 옮겨갔다. 원래 있던 곳이자 고향이었던 하나님께로 돌아간 것이다. 이것은 "받들려"라는 표현 속에 함축되어 있다. 사람의 영은 위로 올라간다. (3) 천사들은 그의 영혼을 보살폈다. 그의 영혼은 천사들에게 받들려 옮겨졌다. 천사들은 구원받을 자들이 살아 있을 때나 죽을 때나 그들을 수종들고, 그들이 하늘에서 이 땅으로 올 때나 이 땅에서 하늘로 갈 때뿐만 아니라 하늘에 있는 영원한 집으로 가는 큰 여행길에서도 그들을 손으로 받들어 미지의 안전치 못한 지역들을 통과할 때에 인도자와 보호자가 되어주는 책임을 맡고 있다. 사람의 영혼은 이 땅에 얽매어서 무거워진 거룩하게 되지 못한 영혼들을 제외하면 그 자체가 탄력을 가지고 있어서 육신에서 벗어나자마자 곧 위를 향하여 솟아오른다. 그러나 그리스도께서는 그의 백성이 혼자 그렇게 하도록 내버려두지 않으시

고, 그들을 자기에게로 데려올 특별한 사자(使者)들을 보내신다. 우리가 생각하기에는 한 천사만으로도 충분할 것 같은데도, 엘리야를 위해서 많은 천사들이 보내심을 받았듯이, 여기에도 나사로를 위해서 많은 천사들이 등장한다. 애굽의 왕 아마시스(Amasis)는 그의 병거를 왕들이 끌게 하였다. 그러나 나사로가 받은 영광에 비하면 애굽 왕의 영광은 아무것도 아니다. 성도들은 그리스도의 승천을 힘입어서 승천한다. 천사들의 호위는 위엄과 품위를 더하기 위한 것이다. 성도들은 안전할 뿐만 아니라 영광스럽게 본향으로 모셔질 것이다. 부자의 상여를 멘 자들은 일류급의 사람들이었겠지만, 그들을 나사로의 상여를 멘 천사들과 어떻게 비교할 수 있겠는가? 천사들은 나사로를 만지기를 꺼려하지 않았다. 나사로의 몸에 난 종기들은 그의 영혼에는 없었기 때문이다. 나사로의 영혼은 티나 주름 잡힌 것이나 이런 것들이 없이 하나님께 드려졌다. 한 선한 사람이 숨을 거두면서 "자, 복된 천사들이여, 이제 오셔서 당신들의 직무를 행하시오"라고 말했다고 한다. (4) 그의 영혼은 아브라함의 품에 들어갔다. 유대인들은 의인들이 죽을 때의 복을 세 가지로 표현하였다: 그들은 에덴 동산으로 간다. 그들은 가서 영광의 보좌 아래 있게 된다. 그들은 아브라함의 품으로 간다 ― 우리 구주께서는 여기에서 이 표현을 사용하셨다. 아브라함은 믿는 자들의 조상이다. 믿는 자들의 영혼은 아브라함에게 가게 되고, 아브라함은 자애로운 아버지로서 천국에 처음으로 오는 그들을 맞아서 품에 누여서, 이 세상의 슬픔과 피곤함을 씻어준다. 나사로는 아브라함의 품에 안겼다. 즉, 그는 아브라함과 더불어 잔치에 참여하기 위하여 데려가졌다. 왜냐하면, 잔치에서 손님들은 서로의 가슴에 기대는 자세를 취하기 때문이다. 그리고 하늘의 성도들은 아브라함, 이삭, 야곱과 더불어 앉는다. 아브라함은 위대하고 부한 사람이었지만, 하늘에서 나사로를 그의 품에 안는 것을 싫어하지 않는다. 부한 성도들과 가난한 성도들은 하늘에서 서로 만난다. 이 가난하고 불쌍한 나사로는 이 세상에서는 부자의 대문 안에도 들어가는 것이 허용되지 않았지만 하늘의 궁정에서는 거실과 침실로 안내되었다. 그리고 이 세상에서 탐욕스러운 부자가 개만도 못하게 취급하며 경멸하였던 그가 아브라함의 품 속에 안겼다.

5. 부자가 죽어서 장사된 후에 우리가 그에 관하여 듣게 되는 다음 소식은 그가 음부에서 고통 중에 눈을 들었다(23절)는 것이다.

(1) 그의 처지는 정말 비참하게 되었다. 그는 분리된 영혼의 상태로 음부에

있고, 극도의 비참함과 고통 속에 있다. 믿는 자들의 영혼이 육신의 짐에서 놓여난 후에 즉시 기쁨과 지복(至福)의 상태 속에 있게 되는 것과 마찬가지로, 거룩하게 되지 못한 악한 영혼은 죽음에 의해서 육신의 쾌락으로부터 떼어내지자마자 돌이킬 수 없고 발버둥쳐 보아야 아무 소용 없는 끝없는 비참함과 고통 속에 있게 되는데, 이 고통은 부활의 때에 한층 더 증대되고 극대화될 것이다. 이 부자는 자신을 감각의 세계의 쾌락에 다 바쳤고, 거기에 완전히 사로잡혀 있었으며, 그 쾌락들을 자신의 분깃으로 여겼기 때문에, 영들의 세계의 즐거움들을 누리기에 전적으로 부적합하게 되어 버렸다. 이 부자와 같은 육적인 마음에는 영적인 세계의 즐거움들이 아무런 즐거움도 될 수 없었고, 부자는 거기에서 아무런 흥취도 느낄 수 없었기 때문에, 자동적으로 부자는 그러한 즐거움들에서 배제될 수밖에 없었다. 그렇지만 이것이 전부는 아니었다. 부자는 하나님의 자녀인 가난한 자들에게 냉혹하였기 때문에, 하나님의 자비로부터 단절되어 있을 뿐만 아니라, 긍휼 없는 심판을 받고서, 전에 즐기던 육체적인 쾌락을 누릴 수 없는 상실의 형벌과 아울러 끝없이 고통을 당하는 감각의 형벌까지 받게 된다.

(2) 부자가 처한 비참한 처지는 나사로가 누리게 된 복을 알게 됨으로써 더욱 가중되었다: 그는 눈을 들어 멀리 아브라함과 그의 품에 있는 나사로를 보았다. 고통중에 있는 것은 그의 영혼이었고, 그가 든 것은 마음의 눈이었다. 그는 이제 나사로가 어떻게 되었는지를 생각하기 시작하였다. 그는 자기가 있는 곳에서 나사로를 발견하지 못하였고, 나사로가 저 멀리 아브라함의 품 속에 있는 것을 마치 육안으로 보는 것처럼 뚜렷하게 볼 수 있었다. 저주받은 자들의 비참함이 이처럼 가중되는 상황을 우리는 이미 앞에서 본 바 있다(13:28): 너희가 아브라함과 이삭과 야곱과 모든 선지자는 하나님 나라에 있고 오직 너희는 밖에 쫓겨난 것을 볼 때에 거기서 슬피 울며 이를 갈리라. [1] 그는 멀리 아브라함을 보았다. 아브라함을 본다는 것은 분명 즐거운 일임에 틀림없다. 그러나 아브라함을 멀리서 본다는 것은 무척 괴로운 일이다. 그의 주변에는 온통 귀신들과 저주받은 자들과 무시무시한 광경들과 고통스러워 하는 자들이 득실거리고 있는데, 부자는 저 멀리에 있는 아브라함을 보았다. 지옥에서는 보는 것마다 고통을 더할 뿐임을 명심하라. [2] 그는 아브라함의 품에 있는 나사로를 보았다. 부자는 그가 처다볼 가치조차 없다고 여겨서 그도록 멸시하고 조소하였던 바로

그 나사로가 천국에서 복된 모습을 하고 있는 것을 보고 부러워할 수밖에 없었다. 나사로를 보자 부자는 그를 잔인하고 야만적으로 대했던 것이 생각났고, 나사로의 복된 모습을 보자 그의 비참함은 한층 가중되었다.

Ⅲ. 부자와 아브라함이 서로 분리된 상태에서 주고 받은 대화. 두 사람은 서로로부터 분리되어 있었고, 두 사람은 모두 이 세상으로부터 분리되어 있었다. 영광을 입은 성도들과 저주받은 죄인들 사이에 어떤 대화가 오가는 일은 현재나 장래에나 없을 것이지만, 양쪽의 마음과 심정이 무엇인지를 표현하기 위하여 이러한 대화를 빌려 서술하는 것은 연민의 정을 자아내고 감동을 주기 위한 목적에 매우 적합하고 이야기들에서 통상적으로 사용되는 것이기도 하다. 또한 성경에는 저주받은 죄인들이 어린 양 앞에서 불과 유황으로 고난을 받을 것이라는 말(계 14:10)과 하나님의 신실한 종들이 계약을 범한 자들이 벌레가 죽지 아니하며 그 불이 꺼지지 아니하는 곳에 있는 것을 굽어보게 될 것이라는 말(사 66:23-24)이 나오는 것으로 비추어 보아서, 여기에 나오는 것과 같은 대화를 상정하는 것은 부조리하지 않다. 이 대화 속에는 다음과 같은 내용들이 나온다.

1. 부자가 그의 현재의 극심한 고통을 덜어달라고 아브라함에게 애원함(24절). 그는 저 멀리 있는 아브라함을 보자, 극심한 고통과 아픔을 견딜 수 없어서 거의 비명에 가까운 큰 소리를 질러서 절박하게 간청함으로써 동정심을 유발시키고자 하였다. 큰 소리로 명령하던 자가 이제는 나사로가 그의 대문 앞에서 했던 것보다 더 큰 소리로 애걸하고 있다. 술 마시고 떠들며 흥청거리고 부르던 노래들은 이제 모두 탄식으로 바뀌었다. 좀 더 살펴보자.

(1) 부자가 아브라함을 부른 호칭: 아버지 아브라함이여. 지옥에는 육신을 따라서 아브라함의 자손들이기 때문에 아브라함을 아버지라고 부를 수 있는 자들이 많고, 또한 명목상으로만 하나님께서 아브라함과 맺으신 계약의 자녀들인 자들이 많다는 것을 명심하라. 아마도 이 부자는 이 세상에서 육체의 향락에 빠져 있었던 때에는 아브라함과 그에 관한 이야기를 비웃었을 것이다 — 후일에 그리스도를 비웃고 있는 자들처럼. 그러나 이제 부자는 아브라함을 아버지 아브라함이라는 존칭을 사용하여 부른다. 악인들이 지금은 의인들을 멸시하지만 장차 의인들과 친분이 있다는 것을 어떻게든 내세워 보고자 할 날이 다가오고 있음을 명심하라. 이 이야기에서 아브라함은 그리스도를 나타낸다.

왜냐하면, 모든 심판이 그리스도에게 위임되어 있고, 아브라함이 여기서 말하고 있는 내용이 바로 그리스도의 마음이기 때문이다. 지금 그리스도를 가볍게 보고 무시하던 자들이 머지않아 주여 주여 하며 그리스도께 애걸하게 될 것이다.

(2) 부자가 자신의 현재의 통탄스러운 처지를 아브라함에게 설명함: 내가 이 불꽃 가운데서 괴로워하나이다. 그가 하소연하는 것은 그의 영혼이 겪는 고통이고, 여기 나오는 불은 영혼에 작용하는 불, 죄 지은 양심을 옥죄는 하나님의 진노의 불, 자신을 고발하고 정죄하는 마음의 무시무시한 책망의 불이다. 불로 고통받는 것보다 육신에 더 고통스럽고 끔찍한 것은 없다. 그러므로 그리스도께서는 저주받은 영혼들의 극심한 고통과 고뇌를 이러한 표현을 통해서 나타내셨다.

(3) 부자는 아브라함에게 자신의 이러한 비참한 처지를 감안해 달라고 요청함: 나를 긍휼히 여기소서. 하나님의 긍휼하심을 멸시한 자들이 그 긍휼하심을 애걸복걸할 날이 오고 있다는 것을 명심하라. 긍휼의 시대가 끝나고나서는 아무리 긍휼을 베풀어 달라고 애걸하여도 더 이상 긍휼은 주어지지 않을 것이다. 부자는 지난 날에 나사로를 긍휼히 여기지 않았으면서도 나사로가 그에게 긍휼을 베풀어 주기를 기대한다. 그의 이러한 기대는 '나사로가 예전의 나보다 더 성품이 좋다'는 생각에 토대를 둔 것이었다. 그가 아브라함에게 베풀어 달라고 구걸한 구체적인 은총은 "나사로를 보내어 그 손가락 끝에 물을 찍어 내 혀를 서늘하게 하소서"라는 것이었다. [1] 여기서 그는 마치 그가 죄에 대한 징벌로서 몸의 다른 부분보다도 혀가 더 큰 고통을 당하고 있다는 듯이 특히 혀의 고통을 하소연한다. 혀는 말하는 기관들 중의 하나로서, 혀의 고통은 그에게 그가 하나님과 사람을 거슬러 했던 악한 말들, 저주하는 말과 맹세들, 하나님을 모독했던 말들, 그의 모든 완악한 말들과 더러운 말들을 상기시켜 주었을 것이다. 그는 자기가 한 말들에 의해서 정죄를 받아서 혀에 고통을 당하고 있는 것이다. 또한 혀는 맛보는 기관들 중의 하나로서, 혀의 고통은 그가 예전에 그의 혀 밑에서 굴렸던 감각적인 쾌락들을 지나치게 즐겼던 것을 그에게 상기시켜 주었을 것이다. [2] 그는 그의 혀를 서늘하게 해줄 한 방울의 물을 원하였다. 그는 "아버지 아브라함이여, 나를 이 비참함에서 놓여나게 하시고 나를 도우셔서 이 구덩이에서 빠져나가게 해주소서"라고 말하지 않았다. 그린 것

은 꿈도 꾸지 못할 일인 줄을 그도 알고 있었기 때문이다. 따라서 그는 들어줄 수 있을 법한 작은 것, 곧 그의 혀를 잠시나마 서늘하게 해줄 한 방울의 물을 요청한 것이었다. [3] 여기서 그는 나사로가 물을 가지고 그에게 다가오면 나사로가 다시는 아브라함의 품으로 돌아가지 못하게 하려고 한 악한 의도를 가지고 있었던 것일 수 있다. 하나님에 대한 분노로 가득 차 있는 자는 하나님의 백성들에 대한 분노로도 가득 차 있다. 그러나 아무리 저주받은 죄인이라 할지라도 관대하게 보아주는 것이 좋을 것이기 때문에, 부자는 여기서 나사로를 이제는 기쁘게 의지할 자로 여겨서 나사로에 대한 존경심을 보여준 것이었다고 볼 수 있다. 그는 나사로의 이름을 언급하였다. 그는 나사로를 알고 있었고, 나사로가 옛정을 생각해서 그에게 좋은 일을 해주기를 꺼리지 않을 것이라고 생각했기 때문이다. 그로티우스(Grotius)는 여기서 악인들의 영혼이 당하는 고통을 묘사하는 플라톤의 글을 인용해서 특히 다음과 같은 내용을 우리에게 들려준다: 그들은 자기들이 죽였거나 어떤 식으로든 해를 끼친 자들을 끊임없이 입에 올려서 지껄이면서 자기들이 저지른 잘못들을 용서해 달라고 그들을 부른다는 것이다. 지금은 하나님의 백성을 미워하고 멸시하는 자들이 그들로부터 오는 자비를 기쁘게 받고자 할 날이 오고 있다는 것을 명심하라.

2. 부자의 이러한 애원에 대한 아브라함의 답변. 간단히 말해서, 아브라함은 그것을 허락하지 않았다. 그는 부자에게 그의 혀를 서늘하게 해줄 한 방울의 물을 허락하고자 하지 않았다. 저주받은 자들이 지옥에서 받는 고통은 조금도 감해지거나 완화되지 않을 것임을 명심하라. 우리에게 아직 기회가 있을 때를 잘 활용한다면, 우리는 긍휼의 강물에서 언제라도 마음껏 마시게 되겠지만, 그 기회를 가볍게 여긴다면, 지옥에서는 단 한 방울의 긍휼을 기대해도 아무 소용이 없게 될 것이다. 부자는 남에게 자기가 한 그대로 지금 당하고 있다. 음식 부스러기를 주기를 거절했던 부자는 지금 한 방울의 물을 거절당하고 있다. 그리스도께서는 구하라 그러면 너희에게 주실 것이요라고 말씀하셨다. 그러나 우리에게 주어진 때를 놓쳐 버리면, 구한다고 해도 받지 못하게 될 것이다. 그러나 이것이 전부는 아니다. 만약 아브라함이 단지 "아무것도 너의 고통을 감해 주지 못할 것이다"라고만 말했다고 해도, 그것은 서글픈 말이었을 것이다. 그런데 아브라함은 여기에 그의 고통을 한층 가중시킬 큰 일을 말함으로써 불꽃을 더욱 뜨겁게 만든다. 지옥에서는 모든 것이 고통일 뿐이기 때문이

다.

(1) 아브라함은 부자를 인자하고 호의적인 얘(또는 아들아)라는 호칭으로 불렀지만, 여기서 이 호칭은 아브라함이 아버지로서의 연민의 마음을 끊고 부자의 애원을 거절하는 것이 가져다주는 참담함을 가중시키는 역할만을 할 뿐이다. 부자는 아들이었지만 패역한 아들이었고, 지금은 상속권을 박탈당한 버려진 아들이다. 여기에서 아브라함이 지금 지옥에 있는 자, 앞으로도 영원히 지옥에 있게 될 것으로 보이는 자를 아들이라고 부른다는 것을 생각하면, 아브라함이 우리 조상이라는 사실을 의지하는 자들은 얼마나 어리석은 자들인가!

(2) 아브라함은 살았을 때에 부자의 처지와 나사로의 처지가 어떠했는지를 상기시킨다: 얘 너는 이것을 기억하라. 이것은 폐부를 찌르는 말이다. 생전의 기억들은 저주받은 영혼들을 고통스럽게 만들 것이다. 살았을 때와는 달리 그 때에는 양심이 깨어나서 본연의 임무를 다하게 될 것이기 때문이다. 얘 너는 이것을 기억하라는 말보다 지옥의 불꽃에 더 많은 기름을 붓는 것은 없을 것이다. 지금 이 세상에서도 죄인들은 기억할 것을 요구받지만, 그들은 그렇게 하지도 않고, 그렇게 하려고 하지도 않으며, 오직 피할 길을 찾을 뿐이다. "아들아, 너의 창조자, 너의 구속자를 기억하라. 너의 종국(終局)을 기억하라." 그들은 이러한 기억들에 귀를 막고 그들의 기억 속에 있는 것들을 잊어버리고자 하고, 또한 그럴 수 있다. 그러나 지옥에서 그들은 기억들에 귀를 막을 수 없을 것이기 때문에, 아들아, 기억하라는 말은 그들에게 영원한 고통을 불러일으키게 될 것이다. 우리의 귀에 다음과 같은 말이 들릴 때에 그것은 얼마나 두려운 울림이 되겠는가: "아들아, 이 고통스러운 곳에 오지 않도록 하기 위해서 너에게 많은 경고들이 주어졌지만 너는 그 경고들을 귀담아 듣고자 하지 아니하였다는 것을 기억하라. 영원한 생명과 영광을 얻으라고 공평하게 기회가 주어졌는데도 너는 그것을 받아들이려고 하지 않았다는 것을 기억하라." 아브라함은 여기서 부자에게 다음과 같은 것들을 상기시킨다. [1] 너는 살았을 때에 좋은 것을 받았다. 아브라함은 부자가 좋은 것들을 악용하였다고 말하지 않고 받았다고 말한다: "하나님께서 네게 얼마나 풍성한 은혜를 베푸셨고, 얼마나 기꺼이 네게 선을 베푸셨나를 기억해 보라. 그러므로 너는 하나님께서 너에게 단 한 방울의 물도 빚졌다고 말할 수 없다. 너는 하나님이 너에게 주시는 것을 모두 받았고, 그것으로 끝이었다. 너는 하나님께 그것들을 받았다는 영수증도 드리

지 않았고, 감사하다는 인사도 하지 않았으며, 네가 받은 것들에 대하여 감사의 보답을 하거나 그것들을 잘 선용(善用)한 일은 더더욱 없었다. 너는 하나님의 축복들이 들어가서 매장되어 버리는 무덤이었고, 아무리 씨를 뿌려도 싹을 내지 않는 밭이었다. 너는 너의 좋은 것들을 받았다. 너는 그것들을 받아서, 마치 그것들이 네 자신의 것이라도 되기나 하는 것처럼, 따라서 나중에 그것들에 대하여 전혀 결산할 필요가 없는 것처럼 여기고 다 써버렸다. 그것들은 네가 너를 만족시키고 너의 분깃으로 삼을 만한 좋은 것들이자 최고의 것들로 선택한 것들이었다. 너는 가장 좋고 가장 풍성한 양식과 마실 것과 옷을 가졌고, 너는 그러한 것들 속에서 행복을 찾았다. 그것들은 네 상급이요 네 위로였으며, 네가 동의하고 선택한 상급이었고, 너는 그것을 가졌다. 너는 살았을 때에 좋은 것들을 원하였고, 장차 내세에서 주어질 더 좋은 것들에는 마음이 없었다. 그러므로 너는 더 좋은 것들을 기대할 수 없다. 너의 좋은 것들의 날은 다 지나가 버렸고, 지금은 네 모든 악행들에 대한 응보의 날, 너의 나쁜 것들(개역에서는 고난)의 날이 왔다. 너는 네 몫으로 할당된 긍휼의 대접에서 이미 마지막 한 방울까지 다 마셔 버렸기 때문에, 아무것도 섞이지 않은 진노의 대접만이 너에게 남아 있을 뿐이다." [2] "나사로가 받은 고난을 기억해 보아라. 너는 지금 그의 행복을 부러워하고 있지만, 그가 살았을 때에 얼마나 비참한 삶을 살았었는지를 생각해 보아라. 너는 악한 자의 몫이라고 생각할 수 없을 정도로 최고의 좋은 것을 가졌었고, 나사로는 선한 자의 몫이라고 생각할 수 없을 정도로 최악의 나쁜 것을 가졌었다. 나사로는 그의 나쁜 것들을 받았다. 나사로는 욥과 마찬가지로 하나님으로부터 그것들을 받아서 잘 참아내었다(욥 2:10, 우리가 하나님께 복을 받았은즉 화도 받지 아니하겠느냐). 그는 그것들을 영혼의 질병들을 치료하는 약으로 받았고, 그의 영혼은 치유되었다." 악한 자들이 오직 이 세상에서만 좋은 것들을 누리다가 죽어서 모든 좋은 것들과 영원히 헤어지듯이, 경건한 자들은 오직 이 세상에서만 나쁜 것들을 겪다가 죽어서 영원히 그것들로부터 벗어난다. 지금 아브라함은 이 두 경우 모두를 부자에게 상기시킴으로써 그의 양심을 일깨워서, 그가 좋은 것들로 흥청거리고 있었고 나사로가 나쁜 것들(개역에서는 고난) 아래에서 신음하고 있던 때에 나사로를 어떻게 대하였는지를 기억나게 하고 있다. 그 때에 그가 나사로를 돕지 않았다는 것을 너무도 생생하게 기억할 수 있는 그가 어떻게 나사로에게 도움을 받기를 기대할 수 있겠는가? 만약 살았을 때에 나사로가 나중에 부자가 되었고 이 부자는 가난하게 되었다면, 나사로는 부자가 전에 자기에게 냉정했던 일을 질책하지 않고, 당연히 부자를 도와주었을 것이다. 그러나 지금 이 세상에서 마땅히 받아야 할 대우 이상으로 하나님과 사람에 의해서 대우받고 있는 자들은 상급과 응보(應報)가 이루어질 그 날에는 각 사람의 행위대로 보응받으리라는 것을 알아야 한다.

(3) 아브라함은 나사로의 현재의 지극히 복된 모습과 부자의 비참한 처지를 상기시킨다: 이제 두 사람의 처지는 백팔십도 달라졌고, 두 사람은 그렇게 달라진 처지로 영원히 살아야 한다. 그는 여기서 위로를 받고 너는 괴로움을 받느니라. 부자는 자기가 괴로움을 받고 있다는 말을 들을 필요가 없었다. 왜냐하면, 그는 몸으로 직접 그 고통을 겪고 있었기 때문이다. 또한 그는 아브라함의 품에 있는 나사로가 거기에서 위로를 받고 있다는 것도 잘 알고 있었다. 그렇지만 아브라함은 이 둘을 비교함으로써 하나님의 백성으로 환난을 받게 하는 자들에게는 환난으로 갚으시고 환난을 받는 자들에게는 안식으로 갚으시는 것이 하나님의 공의라는 것을 부자에게 깨닫게 해주기 위하여 이것을 상기시켜 준 것이다(살후 1:6-7). 좀 더 살펴보자. [1] 천국은 위로이고, 지옥은 괴로움이다: 천국은 기쁨이고, 지옥은 울며 통곡하는 것이요 완전한 고통이다. [2] 영혼은 죽어서 잠을 자거나 연옥으로 가는 것이 아니라, 육신을 떠나자마자 즉시 위로 또는 괴로움을 받기 위하여 천국이나 지옥으로 간다. [3] 천국은 이 세상에서 온갖 환난을 통과한 자들에게 진정으로 천국이 될 것이다. 은혜 안에서 살았지만 이 세상에서 위로를 거의 받지 못한(그들의 영혼이 위로받기를 거절한) 자들이 그리스도 안에서 잠자게 되었을 때, 우리는 그들에 대해 진정으로 다음과 같이 말할 수 있을 것이다: "이제 그들은 위로를 받게 되었다. 그들의 모든 눈물은 씻김을 받았고, 그들의 모든 두려움은 사라졌다." 천국에는 영원한 위로가 있다. 반면에, 지옥은 이 세상에서 온갖 연락(宴樂)과 쾌락을 즐기다가 거기로 간 자들에게 진정으로 지옥이 될 것이다. 그 고통은 이 세상에서 온유하고 연약한 부녀 곧 온유하고 연약하여 자기 발바닥으로 땅을 밟아 보지도 아니하던(신 28:56) 부녀들에게 재앙이 닥쳤을 때처럼 그들에게 한층 더 심할 것이다.

(4) 아브라함은 나사로의 도움으로 고통에서 벗어나 보겠다고 생각하는 것은 부질없는 짓임을 부자에게 알려준다. 그뿐 아니라 너희와 우리 사이에 큰 구렁

텅이, 건널 수 없는 큰 균열이 놓여 있어서 영화롭게 된 성도들과 저주받은 죄인들 사이에 왕래하는 일이 불가능하기 때문이다(26절). [1] 천국에 있는 가장 자비로운 성도라도 세상에서 그의 친구였던 자를 위로하고 구조하기 위하여 저주받은 무리들에게로 건너갈 수 없다. "여기서 너희에게 건너가고자 하되 갈 수 없다. 천국에 있는 자들은 너에게 물을 갖다주기 위해서 아버지의 영광을 바라보는 일과 그의 보좌에 관한 일을 멈출 수 없다. 너에게 물을 갖다주는 일은 그들이 할 일이 아니다." [2] 지옥에 있는 가장 용감한 죄인이라도 아무리 힘을 써도 그 감옥을 벗어날 수 없고 큰 구렁텅이를 건널 수 없다. 거기서 우리에게 건너올 수도 없게 하였느니라. 긍휼의 문이 닫혔고, 다리도 거두어졌기 때문에, 그런 일은 기대할 수 없다. 단 한 시간도 가석방이나 보석을 통해서 거기서 풀려날 수도 없다. 이 세상에서는 자연의 상태와 은혜의 상태 사이에 구렁텅이가 없어서, 우리는 한 쪽에서 다른 쪽으로, 죄에서 하나님에게로 건너갈 수 있다. 그러나 죄 가운데서 죽으면, 우리는 멸망의 구덩이에 던져지게 되고, 거기에서 다시는 나올 수 없게 된다. 그 곳은 물도 없고 빠져나올 수도 없는 구덩이이다. 하나님께서 영(令)을 내리셔서 이 구렁텅이를 만들어 놓으셨기 때문에, 아무도 이 구렁텅이를 없애지 못한다. 이것은 이 비참한 부자를 절망으로 내몬다. 지금은 그의 처지를 변화시키거나 고통을 조금이라도 덜어주기에는 때가 너무 늦었다: 이 세상에서는 그런 일을 미연에 방지할 수 있었겠지만, 지금 영원한 세계에서는 그런 일을 돌이키는 것은 불가능하다. 저주받은 죄인들의 상태는 돌이킬 수 없고 변경할 수 없는 선고에 의해서 확정되어 버렸다. 다시는 굴려낼 수 없는 돌 하나가 이 지옥의 구덩이의 문을 막아서고 있는 것이다.

3. 아브라함이 한 방울의 물도 줄 수 없다고 했을 때, 부자는 말문이 막혔고 아무런 할 말도 없었지만, 아버지 아브라함에게 자기 자신을 위한 것이 아닌 또 다른 부탁을 함. 저주받은 죄인들은 그들이 받은 선고가 정당하다는 것을 알게 되기 때문에, 그들의 비참함을 경감시켜 달라고 항변할 수가 없다. 부자는 혀를 서늘하게 해줄 한 방울의 물을 얻을 수 없었기 때문에, 하나님의 진노의 대접이 쏟아졌을 때에 사람들이 그랬던 것처럼 아파서 혀를 깨물었을(계 16:10) 것이고, 소름끼칠 정도로 비명을 지르고 악을 썼을 것이다. 그러나 아브라함에게 말을 할 수 있는 기회를 갖게 되자, 그는 자신을 위해서는 아무것

도 할 수 없었기 때문에 세상에 남겨둔 그의 혈육들을 위해서 그 기회를 사용하고자 하였다. 이제 이것에 대해서 살펴보자.

　(1) 부자는 나사로를 그의 아버지의 집에 보내달라고 애걸한다: 그러면 아버지여 구하노니(27절). 그는 아브라함을 다시 불러서, 끈질기게 간청한다: "제발 비오니(개역에서는 구하노니) 이번에는 거절하지 마소서." 그가 이 세상에서 살 때에 기도했더라면 응답을 받았을 것이지만, 이제는 기도해 보아야 헛일이다. "당신이 나의 첫 번째 요청을 거절하였기 때문에, 그러므로(개역에서는 그러면) 긍휼이 많으신 당신께서 이번에는 거절하지 않으실 것으로 믿나이다." 또는, "여기에는 큰 구렁텅이가 있어서 한번 들어오면 다시는 나갈 수 없기 때문에, 그러므로 나사로를 보내서 그들이 여기에 오는 것을 사전에 막아 주소서." 또는, "당신들과 나 사이에는 큰 구렁텅이가 있지만, 당신들과 그들 사이에는 그런 구렁텅이가 없으니, 나사로를 내 아버지의 집에 보내소서. 나사로는 그 집에 수없이 갔었고 상에서 떨어지는 부스러기를 무수하게 거절당한 적이 있기 때문에 그 집이 어디에 있는지를 잘 알 겁니다. 또한 나사로는 그 집에 내 형제 다섯이 있다는 것도 알 것이고, 그가 나타나면, 내 형제들도 그를 알아보고, 그가 한 말을 믿을 겁니다. 그들은 나사로가 정직한 사람이라는 것을 알고 있기 때문입니다. 그로 하여금 그들에게 증언하게 하소서. 그로 하여금 내가 어떤 처지에 있는지, 사치와 쾌락만 탐하고 가난한 자들에게 냉정했다가 내가 이 지경이 된 것을 그들에게 말해 주게 하소서. 그로 하여금 내 전철을 밟지 말고 내가 살아온 길들로 따라오지 말며 그 길들을 떠나라고 경고하게 하셔서, 그들로 이 고통 받는 곳에 오지 않게 하소서(28절)." 어떤 이들은 부자가 형제 다섯만을 언급한 것에 대해서 부자에게는 자녀가 없었다고 추론한다. 만약 그에게 자녀가 있었다면, 그는 자녀를 언급했을 것이다. 부자가 자녀를 두지 않았다는 것은 그가 얼마나 몰인정한 자였는지를 새삼 일깨워준다. 이제 부자는 그의 형제들이 죄악된 삶을 그만두게 하고자 한다. 그는 "내가 가서 그들에게 증언할 수 있게 해주소서"라고 말하지 않았다. 왜냐하면, 그는 큰 구렁텅이가 놓여 있다는 것을 알고 있었고, 그런 부탁을 들어줄 리 만무하다는 것도 알고 있었기 때문이다. 그가 가면 형제들은 기절초풍을 하게 될 것이다. 대신에, 부자는 "나사로를 보내시면, 그들이 덜 무서워할 것이지만 그의 증언을 듣고 정신을 바짝 차려서 죄에서 돌이킬 것입니다"라고 말하였다. 이제 부자는 혈육

에 대한 애정으로써 형제들의 파멸을 미연에 막아주고자 하는 그들을 향한 배려를 지니고 있었다. 그는 그들의 기질, 그들이 잘 빠지는 유혹들, 그들의 무지함, 그들의 불신앙, 그들의 사려 깊지 않음을 알고 있었고, 그들이 파멸을 향하여 달려가는 것을 막아주기를 원하였다. 그러나 한편으로 그것은 자기 자신을 위한 배려이기도 하였다. 왜냐하면, 형제들이 이 고통받는 곳에 온다면, 나사로의 모습을 보는 것이 그의 고통을 가중시켰던 것과 마찬가지로, 그것은 여기로 오는 길을 그들에게 가르쳐 주었던 부자의 고통을 더욱 가중시키는 일이 될 것이기 때문이었다. 함께 죄를 지은 자들이 함께 고통을 받게 된다면, 그것은 다발로 묶여서 불에 던져진 가라지들처럼 서로에게 끔찍한 일이 될 것이다.

(2) 아브라함은 이번에도 부자의 청을 거절한다. 지옥에서는 그 어떤 청도 허락되지 않는다. 부자가 아브라함에게 청한(기도한) 것을 근거로 삼아서 죽은 성도들에게 기도하는 것을 정당화시키는 자들이 있다. 그들은 자신들의 필요에 따라서 여기에 나오는 저주받은 한 죄인이 아브라함에게 기도한 것은 모범으로서 소중하게 평가하고 증거로 삼는 데에 열심을 보이지만, 그 죄인의 모든 기도들이 아무 소용이 없는 헛된 일이었다는 사실에는 눈을 감아 버린다. 아브라함은 부자의 형제들을 사람들로 하여금 죄를 깨닫고 회심하게 하는 통상적인 수단인 모세와 선지자들의 증언에 맡긴다. 그들에게는 기록된 말씀이 있기 때문에, 그들은 그 말씀을 읽고 들으면 된다. "하나님은 은혜의 통상적인 통로를 통해서 그들에게도 은혜를 주실 것이기 때문에, 그들로 하여금 더 확실한 예언을 경청하게 하여라." 그들에게 주어진 특권은 그들에게 모세와 선지자들이 있다는 것이고, 그들이 해야 할 일은 "그들에게 듣는 것, 믿음을 합하여 그들의 말을 듣는" 것이다. "그러면, 그들은 이 고통받는 곳에 넉넉히 오지 않게 될 것이다." 이 말씀을 통해서 구약성서, 즉 모세와 선지자들(예언서) 속에는 그 말씀들을 사심 없이 듣고자 하는 자들에게 내세가 있다는 것과 선한 자들과 악인들에 대한 상벌이 있다는 것을 확신시켜 줄 충분한 증거들이 존재한다는 것이 드러난다. 이것이 부자가 그의 형제들에게 확신시켜 주고자 했던 것이다. 그러므로 그들은 모세와 선지자들에게 가야 한다.

(3) 부자는 또 다른 이유를 들어서 자신의 요청을 들어줄 것을 간청한다(30절): "그렇지 아니하니이다 아버지 아브라함이여, 나사로를 보내야 할 이유를 나

로 하여금 조금만 더 설명할 기회를 주소서. 그들에게 모세와 선지자들이 있고, 그들이 모세와 선지자들의 말씀을 귀 기울여서 듣는다면 그것으로 충분하리라는 것은 사실입니다. 그러나 그들은 그렇게 하지 않고 있고, 앞으로도 그렇게 하지 않을 겁니다. 하지만 만일 죽은 자에게서 그들에게 가는 자가 있으면 그것이 그들에게 눈에 보이는 증거가 되어서 회개하리이다. 그들은 모세와 선지자들에게는 익숙해져 있어서, 그들의 말씀에 귀 기울이지 않습니다. 그러나 죽은 자가 가서 그들에게 말한다면, 그것은 새 일이고 놀라운 일이 될 겁니다. 그렇게 하면, 분명히 그들은 회개하고 악한 습관과 삶의 방식을 고치게 될 것입니다." 어리석은 자들은 사람들을 회개시키기 위하여 하나님께서 선택하셔서 정해 놓으신 방법보다 더 나은 다른 방법이 있다고 생각한다.

(4) 아브라함은 결정적인 이유를 들어서 부자의 청을 단호하게 거절한다(31절): "그들이 모세와 선지자들에게 듣지 아니하고 그들의 증언을 믿으려 하지도 않고 그들의 경고를 받아들이려 하지도 않는다면, 비록 죽은 자 가운데서 살아나는 자가 있을지라도 권함을 받지 아니하리라. 이적들에 의해서 확증된 공적인 계시를 받아들이려 하지 않는다면, 그들은 그들에게 주어진 사적인 증언을 통해서도 변화되지 않을 것이다." [1] 사람들에게 시련이 닥쳤을 때에 하나님이 하늘로부터 직접 사자들을 보내서가 아니라 모세와 선지자들을 통해서 말씀하신다는 것은 오래 전부터 확증되어 있는 사실이다. 이스라엘 백성은 시내 산에서 하나님의 직접적인 현현이 주는 두려움을 감당할 수 없었기 때문에 그 방법을 선택하였다. [2] 죽은 자 가운데서 살아난 자가 사자(使者)로 온다고 해도 그는 성경에 나와 있는 것 이상으로 말할 수 없고, 또한 성경보다 더한 권위를 가지고 말할 수도 없다. [3] 성경을 속임수이자 망상이라고 의심하는 자는 다른 일들에 대해서는 더욱더 의심을 하게 될 것이다. 한 경우에서 의심하는 자들은 다른 경우에서도 틀림없이 의심을 하게 될 것이기 때문이다. [4] 사람들에게서 기록된 말씀에 대한 확신을 부숴버리는 저 타락의 힘은 분명히 죽은 자에게서 들은 증언에 의한 확신도 부숴버리고 말 것이다. 그리고 설령 죄인이 처음에는 죽은 자에게서 증언을 듣고 깜짝 놀라서 두려움을 가졌을지라도, 그 두려움이 진정된 후에 그는 곧 완악한 마음으로 되돌아가게 될 것이다. [5] 성경은 지금 하나님께서 그의 마음을 우리에게 알려주시는 통상적인 방법이고, 또한 그것으로 충분하다. 우리가 그 밖의 다른 어떤 방법을 규정하

는 것은 주제넘은 짓이고, 우리가 하나님이 정하신 방법을 통해서 은혜를 얻지 못했을 때에 그것말고 다른 방식으로 우리에게 은혜를 내려달라고 기도하거나 기대할 근거는 전혀 없다. 우리 구주께서 여기에서 말씀하신 것이 사실이라는 것은 곧 믿지 않는 유대인들에게서 증명되었다. 그들은 모세와 선지자들, 그리스도와 사도들을 말을 들으려 하지 않았으며, 그후에 나사로가 죽은 자 가운데서 살아났지만(그리스도께서는 여기에서 이 나사로를 염두에 두고 거지의 이름을 나사로라고 이름 붙였던 것 같다) 그리스도를 믿지 않았고, 도리어 그를 죽이고자 모의하였으며, 나중에 그리스도께서 죽은 자 가운데서 살아나셨지만 믿음으로 돌아오지 않았다. 유두고가 바울의 설교를 듣다가 창 밖으로 떨어져서 죽은 것을 바울이 다시 살렸을 때, 거기에 있던 사람들은 유두고에게 뭔가를 물어본 것이 아니라 계속해서 바울의 설교를 들었다(행 20:10-11). 그러므로 우리는 환상과 유령들을 보기를 바라지 말고, 죽은 자들에게 묻지도 말고, 율법과 증거의 말씀(사 8:20)만을 구하여야 한다. 오직 그것만이 우리가 의지할 수 있는 확실한 예언의 말씀이기 때문이다.

제
— 17 —
장

개요

이 장에는 다음과 같은 내용들이 나온다. I. 그리스도께서 제자들에게 주신 몇 가지 구체적인 가르침들. 여기에서 그리스도께서는 제자들에게 성도들을 실족하게 하는 일이 없도록 하라고 경계할 것과 그들에게 죄를 범한 자들을 용서할 것을 가르치시고(1-4절), 믿음을 더하기 위해서 기도할 것을 권고하시며(5-6절), 그들이 하나님을 위하여 어떤 일을 하였든지 간에 겸손할 것을 가르치신다(7-10절). II. 그리스도께서 나병환자 열 명을 깨끗하게 해주셨고, 그들 중 오직 한 명만이 돌아와서 감사하였는데, 그는 사마리아인이었음(11-19절). III. 하나님의 나라가 언제 임하느냐고 바리새인들이 물은 것을 계기로 그 문제에 대하여 그리스도께서 제자들과 대화를 나누심(20-37절).

[1]예수께서 제자들에게 이르시되 실족하게 하는 것이 없을 수는 없으나 그렇게 하게 하는 자에게는 화로다 [2]그가 이 작은 자 중의 하나를 실족하게 할진대 차라리 연자 맷돌이 그 목에 매여 바다에 던져지는 것이 나으리라 [3]너희는 스스로 조심하라 만일 네 형제가 죄를 범하거든 경고하고 회개하거든 용서하라 [4]만일 하루에 일곱 번이라도 네게 죄를 짓고 일곱 번 네게 돌아와 내가 회개하노라 하거든 너는 용서하라 하시더라 [5]사도들이 주께 여짜오되 우리에게 믿음을 더하소서 하니 [6]주께서 이르시되 너희에게 겨자씨 한 알만한 믿음이 있었더라면 이 뽕나무더러 뿌리가 뽑혀 바다에 심기어라 하였을 것이요 그것이 너희에게 순종하였으리라 [7]너희 중 누구에게 밭을 갈거나 양을 치거나 하는 종이 있어 밭에서 돌아오면 그더러 곧 와 앉아서 먹으라 말할 자가 있느냐 [8]도리어 그더러 내 먹을 것을 준비하고 띠를 띠고 내가 먹고 마시는 동안에 수종들고 너는 그 후에 먹고 마시라 하지 않겠느냐 [9]명한 대로 하였다고 종에게 감사하겠느냐 [10]이와 같이 너희도 명령 받은 것을 다 행한 후에 이르기를 우리는 무익한 종이라 우리가 하여야 할 일을 한 것뿐이라 할지니라

이 단락에서는 다음과 같은 것들을 우리에게 가르친다.

I. 실족하게 하는 것은 우리 각자가 피해야 하고 아주 조심해야 하는 큰 죄이다(1-2절).   우리는 사람의 본성이 뒤틀려 있고 고집스럽다는 것을 생각할 때에 실족하게 하는 일이 생기지 않을 것을 기대할 수는 없지만, 실족하게 하는 것들을 통해서까지도 자신의 일을 이루어 가시고 악으로부터 선을 이루시는 하나님의 지혜로운 계획과 모략을 기대할 수는 있다. 실족하게 하는 것이 없을 수는 없기 때문에, 우리는 적절하게 대비하는 데에 관심을 가져야 한다. 그러나 실족하게 하는 자에게는 화로다(2절). 그가 받을 벌은 무거워서, 중죄를 지어 바다에 던져질 운명에 처한 중죄인들이 받는 벌보다 더 끔찍할 것이다. 왜냐하면, 그는 연자맷돌보다 더 무거운 죄책(罪責)의 짐을 지고 그 아래에서 멸망해갈 것이기 때문이다. 이러한 화(禍)는 다음과 같은 자들에게 적용된다. 1. 그리스도의 작은 자들 중에서도 가장 작은 자들에게 말이나 행동을 통해서 해를 끼치는 박해자들. 이러한 박해자들 때문에 성도들은 낙심하여 그리스도를 섬기거나 성도로서의 본분을 다 하지 못하게 되고, 신앙을 떠날 위험에 처하기도 한다. 2. 그리스도의 진리와 그의 규례들을 타락시켜서 제자들의 마음을 괴롭게 하는 유혹자들. 그들이야말로 실족하게 하는 자들이다. 3. 그리스도인이라는 이름만 지닌 채 추악한 삶을 살므로써 하나님 백성의 연합을 약화시키고 마음을 슬프게 만드는 자들. 실족하게 하는 일이 없을 수 없다고 해도, 그들의 죄책이나 그들에 대한 형벌은 감해지지 않을 것이다.

II. 우리를 실족하게 한 자를 용서하는 것은 우리 각자가 마음에 새겨야 할 큰 의무이다(3절): 너희는 스스로 조심하라. 이것은 앞에서 말한 것을 가리키는 것으로 해석할 수도 있고 뒤에 나오는 말을 가리키는 것으로 해석할 수도 있다: 전자로 해석하면, 너희는 이 작은 자 중의 하나를 실족하게 하지 않도록 조심하라는 뜻이 된다. 사역자들은 믿음이 약한 그리스도인들을 낙심하게 할 수 있는 말이나 행동을 삼가도록 매우 조심하여야 한다. 이런 일이 일어나지 않도록 하기 위하여 정말 조심할 필요가 있고 매우 신중하고 사려 깊게 말하고 행동할 필요가 있다. 후자로 해석하면, 다음과 같은 뜻이 된다: "만일 네 형제가 죄를 범하거든, 즉 네게 어떤 해를 입히거나 너를 멸시하고 모욕하거나 네 재산이나 명성에 손실을 끼쳤거든, 네가 분노하거나 이성을 잃고 말을 함부로 내뱉거나 복수하겠다고 성급하게 맹세하지 않도록 스스로 조심하라: 그가 내게 행함 같이 나도 그에게 행하여 그가 행한 대로 그 사람에게 갚겠다(잠 24:29). 그러한 때에 네가 말실수를 하지 않도록 무슨 말을 할지를 조심하라."

1. 어떤 사람이 네게 잘못을 했을 때, 네가 그를 책망할(개역에서는 경고하고) 수 있는 위치에 있다면, 너는 그렇게 하여야 한다. 분노는 억지로 참고 묻어두지 말고, 발산하라. 그에게 그의 잘못을 말해주되, 그가 네게 무슨 잘못을 했는지를 그에게 말해주라. 어쩌면 네가 그를 오해한 것이거나 그가 한 일이 너에 대한 범죄 또는 의도적인 것이 아니라 단순한 실수였다는 것이 밝혀질 수도 있는데, 그 때에는 네가 그를 오해한 것에 대하여 사과해야 할 것이다(수 22:30-31).

2. 그가 잘못을 뉘우치거든 너는 반드시 그를 용서하여야 하고 그와 완전하게 화해해야 한다: 회개하거든 용서하라. 네게 행한 해악을 잊어버리고, 다시는 그것을 생각하지 말며, 그 일로 인해서 그를 힐책하는 일은 더더욱 없어야 한다. 그가 뉘우치지 않더라도, 너는 그에게 악감을 품지 말아야 하고, 복수할 생각을 하지도 말아야 한다. 그러나 적어도 그가 회개한다고 말하지 않는다면, 너는 예전처럼 그와 속을 터놓고 친하게 지낼 의무는 없다. 만일 그가 자기가 속한 그리스도인 공동체를 실족하게 하는 큰 죄를 범했다면, 너희는 그의 죄에 대하여 그를 엄하면서도 온유하게 책망하여야 하고, 그가 회개하면 그를 다시 성도들의 교제로 받아들여야 한다. 이것을 바울 사도는 용서라고 말한다(고후 2:7).

3. 어떤 사람이 매번 잘못을 저지르고 회개할 때마다 너희는 몇 번이고 그를 용서하여야 한다(4절). "어떤 사람이 너무 조심성이 없거나 염치가 없어서 하루에 일곱 번이라도 죄를 짓고, 그 때마다 와서 자신의 잘못을 뉘우치며 다시는 그 같은 죄를 짓지 않겠다고 약속한다면, 너희는 그를 용서하라." 잘못을 범하는 것이 사람이다(Humanum est errare). 그리스도인들은 용서의 정신을 가져서, 기꺼이 모든 사람이 가장 잘 되도록 힘쓰고, 모든 것을 관대하게 받아들이며, 사람들의 잘못을 부풀리지 않고 경감시키는 데에 적극적이어야 한다. 세상 사람들이 자기가 받은 해악에 대하여 적대감을 나타내는 것만큼이나 그리스도인들은 자기가 받은 해악에 대하여 용서하는 모습을 보여주도록 애써야 한다.

Ⅲ. 우리는 모두 우리의 믿음을 굳게 할 필요가 있다. 믿음의 은혜가 성장하면, 다른 모든 은혜가 더해지기 때문이다. 우리가 그리스도의 가르침을

더 굳게 믿고, 그리스도의 은혜를 더 견고하게 의지하면 할수록, 우리의 모든 일은 더 잘 되어나갈 것이다. 좀 더 살펴보자.

1. 제자들이 그리스도께 그들의 믿음을 강하게 해달라고 요청함(5절). 여기서 제자들은 사도들이라고 불린다. 그들은 비록 그리스도의 나라에서 총리들이었지만 그들의 믿음이 연약하고 부족하다는 것을 자인(自認)하고, 믿음을 굳게 하기 위해서는 그리스도의 은혜가 그들에게 필요하다는 것을 알았다. 그래서 그들은 주님께 "우리에게 믿음을 더하시고, 우리의 믿음에 부족한 것들을 채워서 완전하게 해주소서"라고 청하였다. 믿음으로 발견하는 것들은 더 뚜렷해야 하고, 믿음의 소원들은 더 강렬해야 하며, 믿음을 의지하는 것은 더 견고하여야 하고, 믿음의 헌신들은 더 온전하고 결연해야 하며, 믿음으로 인한 기쁨들은 더 기뻐하여야 한다. 우리의 믿음이 커지기를 우리는 간절하게 원하여야 하고, 그러한 소원을 하나님께 기도로 아뢰어야 한다는 것을 명심하라. 어떤 이들은 그리스도께서 제자들에게 형제들이 범한 죄들을 용서할 의무를 역설하시자 "우리에게 믿음을 더하소서. 그렇지 않으면, 우리는 결코 그와 같은 어려운 의무를 감당할 수 없을 것입니다"라고 그리스도께 기도를 드린 것이라고 생각한다. 우리들의 죄를 용서하시는 하나님의 긍휼에 대한 믿음이 있으면, 우리는 우리가 형제들의 죄를 용서하는 길에 놓여 있는 아무리 어려운 난관들도 극복할 수 있게 되리라는 것이다. 또 어떤 이들은 사도들이 이 말을 한 때는 그들이 이적을 행하려다가 실패하고나서 그리스도로부터 그들의 믿음이 약하다는 책망을 들었을 때(마 17:16 이하)였다고 생각한다. 사도들은 그들을 책망하셨던 그리스도께 은혜를 베푸셔서 그들을 고쳐달라고 청할 수밖에 없었다. 그들은 그리스도께 주여, 우리에게 믿음을 더하소서라고 부르짖는다.

2. 그리스도께서는 제자들에게 참된 믿음의 놀라운 능력을 확신시켜 주심(6절): "너희에게 겨자씨 한 알만한 믿음, 즉 겨자씨 같이 아주 작은 믿음(그렇지만, 너희의 믿음은 가장 작은 겨자씨만도 못하다), 또는 겨자씨처럼 매섭고 너무도 자극적이어서 동물들의 정신을 번쩍 들게 하는 것처럼(그래서 중풍병에 사용된다) 다른 모든 은혜들을 촉발시키는 믿음이 있었더라면, 너희는 지금보다 훨씬 놀라운 일들을 행할 수 있을 것이고, 하나님의 영광을 위하고 너희가 전하는 말씀을 확증하는 데에 합당한 일은 비록 그것이 땅에 있는 나무를 바다에 옮겨 심는 일이라 할지라도 너희에게 어려운 일은 하나도 없을 것이다." 마태

복음 17:20을 보라. 하나님에게는 능히 하지 못할 일이 없으신 것처럼, 믿는 자에게는 능히 하지 못할 일이 없다.

IV. 우리는 그리스도를 섬겨서 무슨 일을 하든지 아주 겸손해야 한다. 할 일을 다한 후에는 자기가 그리스도의 은혜를 받을 만한 공로를 세웠다거나 그리스도께서 자기에게 빚을 지고 있다고 생각해서는 안 된다. 어느 누구보다도 그리스도를 위하여 많은 일을 했던 사도들조차도 그리스도께서 그들에게 빚을 졌다고 생각해서는 안 되었다. 1. 우리는 모두 하나님의 종들이고(사도들과 사역자들은 특별한 의미에서 종들이다), 종으로서 하나님의 영광을 위하여 우리가 할 수 있는 모든 것을 해야 한다. 우리의 모든 힘과 시간은 하나님을 위하여 사용되어야 한다. 왜냐하면, 우리는 우리 자신의 것이 아니어서, 우리 마음대로가 아니라 주님의 뜻대로 사용되어야 하기 때문이다. 2. 하나님의 종들인 우리는 우리의 시간을 모두 우리에게 맡겨진 의무를 행하는 데에 쓰는 것이 합당하고, 우리에게는 하나님께서 맡겨주신 여러 가지 일들이 있다. 어떤 한 가지 일을 끝냈다면, 우리는 즉시 다음 일을 시작해야 한다. 밭을 갈거나 양을 치거나 한 종이 밭에서 돌아오면 그에게는 밤에 집에서 해야 할 일이 기다리고 있다. 그는 식탁에서 시중을 들어야 한다(7-8절). 우리가 신앙적인 교제의 의무를 행하였다고 해서 기도를 해야 할 의무로부터 면제되는 것은 아니다. 우리는 하나님을 위한 일을 한 후에도 계속해서 하나님을 수종드는 일을 하여야 한다. 3. 여기서 우리가 명심해야 할 것은 우리는 우리에게 맡겨진 의무를 행할 뿐이고, 그 의무를 행한 데서 오는 복락을 주님께서 우리에게 언제 그리고 어떻게 주실지는 주님께 맡겨야 한다는 것이다. 주인이 종에게 와 앉아서 먹으라고 말하는 법은 없다. 우리가 그 날의 일을 다 마친 때가 바로 우리가 먹을 때이다. 우리는 우리에게 맡겨진 일을 끝내는 데, 그리고 그 일을 잘 완수하는 데에 신경을 써야 한다. 그러면, 그 일에 대한 상급은 때가 되면 주어지게 될 것이다. 4. 그리스도께서 우리보다 먼저 식사를 하시는 것이 마땅한 일이다: 내 먹을 것을 준비한 후에 먹고 마시라. 의심하는 그리스도인들은 그들이 아직 그리스도의 사랑의 위로를 받은 적이 없기 때문에 그 사랑으로 인하여 마땅히 드려야 할 영광을 그리스도께 돌릴 수 없다고 말한다. 그러나 이 말은 잘못된 것이다. 우리는 먼저 그리스도께 합당한 영광을 돌리고, 찬송으로 그를 수종들어야 한다. 그런 후에야 우리는 그 사랑의 복락 속에서 먹고 마시게 될 것이고,

잔치가 벌어지게 될 것이다. 5. 그리스도의 종들은 그를 수종들 때에 띠를 띠고 있어야 하고, 그들을 얽어매고 거추장스럽게 만드는 모든 일로부터 벗어나서 오직 그들에게 맡겨진 일에만 집중하여 끝까지 잘 해낼 수 있는 자세를 갖추고 있어야 한다. 그들은 마음의 허리를 동여야 한다. 그리스도께서 먹을 것을 준비한 후에 우리는 띠를 띠고 그리스도께서 잡수시는 동안에 그를 수종들어야 한다. 이것은 종들이 할 일인데, 그리스도께서는 우리에게 그렇게 할 것을 요구하시지만, 강요하지는 않으신다. 그리스도께서는 제자들 가운데서 섬기는 자로 계셨고, 다른 주인들과는 달리 거드름을 피우며 섬김을 받으려 함이 아니라 도리어 섬기려고 오셨다. 예를 들면, 그리스도께서 제자들의 발을 씻겨주신 것이 바로 그 증거이다. 6. 그리스도의 종들이 그를 섬겨서 무슨 일을 했더라도 그들은 그의 감사를 받을 자격이 없다: "명한 대로 행하였다고 주인이 종에게 감사하겠느냐? 그것 때문에 주인이 종에게 빚을 졌다고 생각하겠느냐? 결코 아니다." 우리가 아무리 선한 일을 하여도 그것은 하나님 앞에서 공로가 될 수 없다. 우리가 하나님의 은혜를 바랄 수 있는 것은 우리가 그를 섬김으로써 그를 우리에게 빚진 자로 만들었기 때문이 아니라 그가 자신의 언약을 통해서 자신의 영광을 위하여 스스로 빚진 자가 되셨기 때문이다. 따라서 우리는 하나님께 은혜를 간구할 수는 있지만, 우리의 공로를 내세워서(quantum meruit) 은혜를 청구할 수는 없다. 7. 우리가 그리스도를 위하여 무슨 일을 하였든, 또한 다른 사람들보다 더 많은 일을 하였더라도, 그것은 우리가 마땅히 해야 할 일을 한 것에 지나지 않는다. 우리가 명령 받은 것을 다 행하였다고 하더라도 — 하지만 슬프게도 우리는 우리가 명령 받은 많은 일들을 제대로 해내지도 못한다 — 우리가 마땅히 하여야 할 일 이상으로 한 것은 아무것도 없다. 그것은 단지 모든 것을 포괄하는 계명인 마음을 다하고 뜻을 다하여 하나님을 사랑하라는 크고 첫째 가는 계명을 행한 것일 뿐이다. 8. 그리스도를 가장 잘 섬긴 가장 훌륭한 종들일지라도 그들은 무익한 종이라고 겸손하게 인정하여야 한다. 물론 그들은 자신의 달란트를 묻어두어서 장차 캄캄한 어둠 속으로 쫓겨나게 될 종들 같은 무익한 종들은 아니지만, 그들의 섬김이 그리스도께 그 어떤 유익도 될 수 없다는 점을 감안하면, 그들은 무익한 종이라 할 수 있다. 우리의 선함이 하나님께 무엇을 드리겠으며, 우리가 의로운들 그것이 어찌 하나님을 유익하게 하겠느냐(시 16:2; 욥 22:2; 35:7). 하나님은 우리의 섬김으로 인해서 이득을 얻는 것이 없으시기 때문에, 우리의 섬김으로 인해서 빚진 자가 되실 수 없다. 하나님은 우리를 필요로 하지 않으시고, 우리의 섬김이 하나님의 완전하심에 그 어떤 보탬도 될 수 없다. 그러므로 우리 자신을 무익한 종이라고 부르고, 하나님이 하시는 일은 유익한 일이라고 말하는 것이 우리에게 합당한 일이다. 왜냐하면, 하나님은 우리가 없어도 복되시지만, 우리는 하나님이 없이는 아무것도 아니기 때문이다.

[11]예수께서 예루살렘으로 가실 때에 사마리아와 갈릴리 사이로 지나가시다가 [12]한 마을에 들어가시니 나병환자 열 명이 예수를 만나 멀리 서서 [13]소리를 높여 이르되 예수 선생님이여 우리를 불쌍히 여기소서 하거늘 [14]보시고 이르시되 가서 제사장들에게 너희 몸을 보이라 하셨더니 그들이 가다가 깨끗함을 받은지라 [15]그 중의 한 사람이 자기가 나은 것을 보고 큰 소리로 하나님께 영광을 돌리며 돌아와 [16]예수의 발 아래에 엎드리어 감사하니 그는 사마리아 사람이라 [17]예수께서 대답하여 이르시되 열 사람이 다 깨끗함을 받지 아니하였느냐 그 아홉은 어디 있느냐 [18]이 이방인 외에는 하나님께 영광을 돌리러 돌아온 자가 없느냐 하시고 [19]그에게 이르시되 일어나 가라 네 믿음이 너를 구원하였느니라 하시더라

이 단락에는 나병환자 열 명이 고침받은 이야기가 나오는데, 다른 복음서들에는 이 이야기가 나오지 않는다. 유대인들은 나병을 하나님께서 어떤 구체적인 죄에 대한 징벌로 가하시는 병으로서 다른 어떤 질병보다도 하나님의 진노의 표시라고 보았다. 그러므로 세상 죄를 없이 하시고 진노를 제거하기 위해서 오신 그리스도께서는 길 가시는 도중에 만난 나병환자들을 특별한 관심을 가지고 깨끗하게 해주셨다. 그리스도께서는 지금 예루살렘으로 가는 길이었고, 그 중간쯤 되는 지점에 도착하셨다. 이 곳은 예루살렘이나 갈릴리에 비해서 그에게 생소한 곳이었다. 그리스도께서는 지금 고된 여행길에서 사마리아와 갈릴리의 접경지대에 계셨다. 그리스도께서 이 길로 가신 것은 이 나병환자들을 만나서 고쳐주시기 위한 것이었다. 왜냐하면, 그는 그를 찾지 아니하던 자들에게 찾아냄이 되신 분이기 때문이다. 좀 더 살펴보자.

I. 나병환자들이 그리스도께 한 말. 그들은 열 명이 함께 무리를 이루고 있었다. 왜냐하면, 그들은 비록 다른 사람들과의 교제로부터는 단절되어 있었

지만 나병에 걸린 사람들끼리는 서로서로 얼마든지 사귈 수 있었기 때문이다. 동일한 병을 앓는 자들끼리의 사귐은 그들에게 어느 정도 위로가 되었을 것이고, 서로 정보를 교환하고 서로 위로하는 기회도 되었을 것이다. 좀 더 살펴보자. 1. 그들은 그리스도께서 한 마을에 들어가실 때에 그를 만났다. 그들은 그리스도께서 마을에 도착해서 얼마 동안 쉬시면서 여독(旅毒)을 푸시고 기운을 차리실 때까지 기다린 것이 아니라, 마을에 들어오셔서 여전히 피곤한 상태로 계신 그리스도를 만났다. 그렇지만 그리스도께서는 그들을 물리치지도 않으셨고 그들이 요청한 일을 미루시지도 않으셨다. 2. 그들은 성한 사람들과는 떨어져서 거리를 두어야 한다는 율법의 규정을 알고 있었기 때문에 멀리 서 있었다. 영적으로 나병에 걸려 있는 우리도 그리스도께 가까이 다가갈 때마다 스스로를 극히 낮추지 않으면 안 된다. 우리가 누구관대, 지극히 순결하신 주님께 가까이 갈 수 있겠는가? 우리는 부정한 자들이다. 3. 그들의 간청은 한결같았고 매우 끈질겼다(13절): 그들은 멀리 서서 소리를 높여 예수 선생님이여 우리를 불쌍히 여기소서라고 부르짖었다. 그리스도로부터 도움을 얻고자 하는 자들은 그를 선생님으로 모시고 그의 명령을 따라야 한다. 그는 선생님인 동시에 예수, 곧 다름 아닌 구주시다. 그들은 그들의 나병을 고쳐달라고 구체적으로 간청하지 않고, 우리를 불쌍히 여기소서라고만 말하였다. 그들의 간청은 응답되었다. 우리를 불쌍히 여기시는 그리스도의 마음에 호소하는 것만으로도 충분하다. 그들은 예수의 명성을 들었기 때문에(비록 예수는 그 지방을 잘 알지 못하셨지만), 용기를 내어서 그에게 간청할 수 있었다. 그들 중 한 명이 너무도 평범한 말로 호소를 시작하자, 그들 모두가 거기에 동참하였을 것이다.

II. 그리스도께서는 그들에게 나병에 관한 판단을 맡은 제사장에게 가서 검사를 받으라고 하셨다. 그리스도께서는 그들이 고침을 받을 것이라고 적극적으로 말씀하신 것이 아니라, 그들에게 가서 제사장들에게 너희 몸을 보이라고 명하시기만 하셨다(14절). 이것은 그들이 순종하나 안 하나를 시험하신 것이었고, 나아만 장군의 경우와 마찬가지로 이렇게 시험하신 것은 합당한 일이었다: 너는 가서 요단 강에 몸을 씻으라. 그리스도의 은혜를 바라는 자들은 그리스도께서 정하신 길과 방법을 따라야 한다는 것을 명심하라. 아마도 이 나병환자들 중에는 그리스도의 명령에 트집을 잡고서 "고쳐주든가, 아니면 못 고치겠다고 말을 하든가 하지, 쓸데없이 제사장들에게로 가라고 하는 것은 무슨 경우인가"라고 불평한 사람도 몇 명 있었을 것이다. 그러나 여기에 찬성한 나머지 사람들의 위세에 눌려서 그들은 모두 제사장에게 갔다. 의식법(儀式法)이 아직 유효한 때였기 때문에, 그리스도께서는 율법을 지키고 율법에 대한 백성들의 평판을 보존하며 제사장들의 직무를 존중하고자 하신 것이겠지만, 아마도 제사장으로 하여금 나병환자들이 완전히 고침받았다는 것을 판단하고 증언하게 하고자 한 또 다른 목적이 있었던 것으로 보인다. 또한 이것은 제사장들로 하여금 각성해서 육체의 질병들을 다스리는 그러한 권세를 지닌 분이 누구신지에 대하여 묻게 하기 위한 것이기도 하였을 것이다.

Ⅲ. 그들이 가다가 깨끗함을 받았다. 그래서 그들은 제사장에게 그들의 몸을 보이고, 제사장으로부터 그들이 깨끗해졌다는 확인을 받을 수 있는 입장이 되었다. 우리가 해야 할 일을 묵묵히 하고 있을 바로 그 때에 하나님께서는 긍휼하심으로 우리를 만나주신다는 것을 명심하라. 우리는 우리가 할 수 있는 일을 하면 된다. 하나님은 우리가 할 수 없는 일을 우리에게 요구하시지 않는다. 가서 정해진 규례들을 따라서 행하라. 가서 기도하고 성경을 읽으라. 가서 제사장들에게 너희 몸을 보이라. 가서 신실한 사역자에게 네 사정을 털어놓아라. 그러한 수단들이 저절로 너를 고쳐주는 것은 아니지만, 네가 그러한 수단들을 부지런히 활용하는 중에 하나님은 너를 고쳐주실 것이다.

Ⅳ. 나병환자들 중 오직 한 사람만이 돌아와 하나님께 영광을 돌렸다 (15절). 이 사람은 자기가 나은 것을 보았을 때에 제사장에게로 곧장 달려가서 깨끗하다는 선언을 받고 고립된 삶에서 벗어나려고 서두른 것 — 다른 나머지 나병환자들은 그렇게 하였다 — 이 아니라 자기를 고쳐준 분에게 되돌아왔다. 그는 고침받은 것의 혜택을 누리기 전에 자기를 고쳐준 분에게 감사하고 영광을 돌리기를 원하였던 것이다. 그는 진심으로 온 마음을 다하여 감사했던 것으로 보인다. 그는 큰 소리로 하나님께 영광을 돌리며 자기를 고치신 분이 하나님이시라는 것을 고백하였다. 그는 앞서 그리스도께 간구할 때에 그랬던 것처럼 여기에서 감사와 찬양을 드릴 때에도 소리를 높였다(13절). 하나님으로부터 은혜를 받은 자들은 그 사실을 다른 사람들에게 널리 알려서, 그것으로 인해서 다른 사람들도 하나님을 찬양하고 믿을 수 있도록 하여야 한다. 그런데 이 사람은 그리스도께 구체적으로 감사의 말을 하였다(16절): 예수의 발 아래에 엎드리어, 주 가장 겸손하게 우러르는 자세를 취하고 감사히였다. 우리는 그리스도

께서 우리에게 주신 은혜, 특히 병을 고쳐주신 은혜에 대해서 감사해야 하고, 감사와 찬송을 돌리되 신속하게 하고 미루지 말아야 한다는 것을 명심하라. 시간이 지나면 감사하는 마음이 엷어지기 때문이다. 또한 우리는 기도를 드릴 때와 마찬가지로 감사할 때에도 매우 겸손하여야 한다. 하나님의 은혜를 구할 때와 마찬가지로 은혜를 받았을 때에도 자기는 하나님의 은혜를 조금도 받을 자격이 없는 자라는 것을 고백하는 것이 야곱의 자손에게 합당한 일이다.

V. 그리스도께서는 이렇게 특출난 이 사람을 주목하셨다. 왜냐하면, 나머지 나병환자들은 유대인들이었던 반면에 이 사람은 사마리아 사람이었기 때문이다(16절). 사마리아인들은 유대 교회에서 분리되어 나간 자들이었고, 유대인들이 가지고 있었던 하나님에 대한 순수한 지식과 예배를 갖고 있지 못하였다. 그렇지만 유대인들이 하나님께 영광을 돌리는 것을 잊어버리거나 그렇게 하기를 거부하고 있을 때에 하나님께 영광을 돌린 자는 바로 이 사마리아 사람이었다. 좀 더 살펴보자.

1. 그리스도께서는 돌아와서 감사를 드린 이 사람, 그 사람과 함께 은혜를 받고서도 배은망덕했던 자들을 특별히 주목하셨다 ― 이스라엘에 대하여 이방인이었던 한 사람만이 하나님께 영광을 돌리러 돌아온 유일한 자였다는 것(17-18절). (1) 그리스도께서는 선을 베푸시는 일에서 지극히 풍성하시다: 열 사람이 다 깨끗함을 받지 아니하였느냐? 그리스도께서는 말씀 한 마디로 전부를 고쳐주셨다. 그리스도의 피에는 아무리 많은 수의 병자라도 전부를 고쳐주기에 충분한 정도로 풍성한 치유하고 깨끗케 하는 능력이 있다는 것을 명심하라. 여기에서도 열 사람이 한 번에 깨끗케 하심을 받았다. 우리가 다른 사람들보다 은혜를 덜 받는 일은 결코 없을 것이다. (2) 우리는 감사를 드리는 데에 지극히 인색하다: "그 아홉은 어디 있느냐? 왜 그들은 돌아와서 감사를 하지 않는 것이냐?" 이것은 감사하지 않는 것이 매우 흔한 죄라는 것을 보여준다. 하나님의 은혜를 받는 자들은 많은데도 그들에게 베풀어진 은택을 따라서 올바른 방식으로 돌아와서 감사하는 자들은 적고 극히 소수이다(열 명 중 한 명도 채 안 된다). (3) 가장 감사하지 않을 것으로 보고 별로 기대하지 않았던 자들이 실제로는 가장 감사하는 경우가 흔하다. 사마리아 사람은 감사를 했지만, 유대인은 감사하지 않았다. 이와 같이 계시된 신앙을 고백하는 자들 중에서 많은 수가 도덕적인 면에서만이 아니라 경건과 헌신에 있어서도 자연 종교에 의해서

지배받는 일부 사람들보다 더 못하다는 것은 정말 부끄러운 일이다. 여기서 그리스도께서 자기가 베푼 은혜를 무시한 일은 매우 나쁜 일이라고 보심으로써 여기에 나오는 유대인들의 배은망덕한 태도는 더욱 뚜렷하게 부각된다. 그리고 이것은 너무도 많은 것을 베풀어 주셨는데도 감사하다는 말을 거의 듣지 못하신 그리스도께서 인간들의 배은망덕에 대하여 진노하시는 것이 얼마나 합당한 것인가를 보여준다.

2. 그리스도께서 이 나병환자를 크게 격려하심(19절). 나머지 나병환자들도 병 고침을 받았고, 그들 앞에 어떻게 감사해야 하는지에 대한 훌륭한 본보기가 있었음에도 불구하고 감사하지 않았다. 그들의 감사하지 않는 태도로 보아서는 병이 재발하도록 하는 것이 마땅했겠지만, 그리스도께서는 그렇게 하지 않으셨다. 하지만 사마리아인 나병환자는 그리스도로부터 네 믿음이 너를 구원하였느니라는 칭찬을 통해서 그의 병이 나은 것에 대하여 특별히 확증을 받았다. 나머지 나병환자들은 그리스도께서 그들의 고통을 불쌍히 여기시고 그들의 기도에 응답하셨기 때문에 고침을 받았다. 그러나 사마리아인 나병환자는 믿음으로 고침받았고, 그리스도께서는 이 점이 그가 다른 나병환자와 다르다고 보셨던 것이다. 우리가 현세적인 은혜들을 믿음의 기도로써 받아서 믿음의 찬송과 감사를 돌릴 때, 바로 그 때에 그 은혜들은 우리에게 갑절로 유익하게 된다는 것을 명심하라.

[20]바리새인들이 하나님의 나라가 어느 때에 임하나이까 묻거늘 예수께서 대답하여 이르시되 하나님의 나라는 볼 수 있게 임하는 것이 아니요 [21]또 여기 있다 저기 있다고도 못하리니 하나님의 나라는 너희 안에 있느니라 [22]또 제자들에게 이르시되 때가 이르리니 너희가 인자의 날 하루를 보고자 하되 보지 못하리라 [23]사람이 너희에게 말하되 보라 저기 있다 보라 여기 있다 하리라 그러나 너희는 가지도 말고 따르지도 말라 [24]번개가 하늘 아래 이쪽에서 번쩍이어 하늘 아래 저쪽까지 비침같이 인자도 자기 날에 그러하리라 [25]그러나 그가 먼저 많은 고난을 받으며 이 세대에게 버린 바 되어야 할지니라 [26]노아의 때에 된 것과 같이 인자의 때에도 그러하리라 [27]노아가 방주에 들어가던 날까지 사람들이 먹고 마시고 장가 들고 시집 가더니 홍수가 나서 그들을 다 멸망시켰으며 [28]또 롯의 때와 같으리니 사람들이 먹고 마시고 사고 팔고 심고 집을 짓더니 [29]롯이 소돔에서 나가던 날에 하늘로부터 불과 유황이

비오듯 하여 그들을 멸망시켰느니라 [30]인자가 나타나는 날에도 이러하리라 [31]그 날에 만일 사람이 지붕 위에 있고 그의 세간이 그 집 안에 있으면 그것을 가지러 내려가지 말 것이요 밭에 있는 자도 그와 같이 뒤로 돌이키지 말 것이니라 [32]롯의 처를 기억하라 [33]무릇 자기 목숨을 보전하고자 하는 자는 잃을 것이요 잃는 자는 살리리라 [34]내가 너희에게 이르노니 그 밤에 둘이 한 자리에 누워 있으매 하나는 데려감을 얻고 하나는 버려둠을 당할 것이요 [35]두 여자가 함께 맷돌을 갈고 있으매 하나는 데려감을 얻고 하나는 버려둠을 당할 것이니라 [36](없음) [37]그들이 대답하여 이르되 주여 어디오니이까 이르시되 주검 있는 곳에는 독수리가 모이느니라 하시니라

우리는 여기에서 그리스도께서 하나님의 나라, 즉 메시야의 나라에 관하여 하신 말씀을 듣게 된다. 하나님의 나라는 이제 곧 세워질 것이었고, 사람들은 그 나라를 몹시 기대하고 있었다.

I. 바리새인들이 하나님의 나라에 관하여 질문한 것을 계기로 그리스도께서 이 말씀을 하심. 그들은 하나님의 나라가 어느 때에 임하나이까라고 물었는데, 이것은 하나님의 나라를 유대 나라가 이 땅의 열방들 위에 뛰어나게 될 현세적인 나라로 보는 개념이었다. 그들은 그 나라가 가까이 왔다는 소식을 듣기를 학수고대하고 있었다. 아마도 그들은 그리스도께서 제자들에게 하나님의 나라가 임하기를 기도하라고 가르치신 것과 제자들이 오랫동안 그 나라가 가까이 왔다고 전파한 것을 알고 있었을 것이다. 그래서 바리새인들은 "그 영광스러운 광경이 언제 펼쳐져서, 우리가 그토록 오랫동안 기다려 왔던 나라를 언제 보게 되겠느냐?"고 물은 것이었다.

II. 이 질문에 대하여 그리스도께서 먼저는 바리새인들을 향해서, 다음으로는 하나님의 나라를 어떻게 이해해야 할지를 더 잘 알고 있었던 그의 제자들을 향해서 대답하심(22절). 그리스도께서 바리새인들과 제자들에게 하신 말씀은 곧 우리에게 하신 말씀이기도 하다.

1. 메시야의 나라는 영적인 나라이지 현세적이고 밖으로 드러나는 나라가 아니다. 바리새인들은 그 나라가 언제 임할 것인지를 물었다. 그리스도께서는 "너희는 뭘 알지도 못하고 묻는데, 그 나라가 와도 너희는 그것을 알지 못할 것이다"라고 말씀하신다. 왜냐하면, 그 나라는 세상 나라들과 달리 외형적인 모습을 가지고 있지 않기 때문이다. 세상 나라의 출현과 발전, 혁명 같은 것들

은 땅의 열방들이 다 볼 수 있고, 신문 지상을 가득 채운다. 그래서 바리새인들은 하나님의 나라도 그렇게 되기를 기대하였다. 그리스도께서는 "아니다"라고 말씀하신다.

(1) "하나님의 나라는 화려한 모습이나 요란한 소리 없이 조용히 등장할 것이다. 하나님의 나라는 볼 수 있게(메타 파라테레세오스) 임하는 것이 아니다." 바리새인들은 그들의 초미의 관심사였던 하나님의 나라가 임하는 때를 알고자 했으나, 그리스도께서는 거기에 대해서는 대답하지 않으시고, 하나님 나라의 성격에 관한 그들의 잘못된 인식을 바로잡아 주고자 하셨다: "하나님 나라가 임할 때와 시기는 너희가 알 바 아니니, 그것은 너희에게 속하지 않은 감추어진 일이다. 하나님 나라의 큰 목적만이 너희에게 계시된 나타난 일이다." 세상의 왕이 자신의 영토를 순방할 때에는 왕이 있는 곳에 시종들이 있기 때문에 사람들이 금세 알아보고 왕이 여기 있다거나 저기 있다고 말할 수 있는 것과는 달리, 왕이신 메시야가 그의 나라를 세우기 위하여 임하실 때는 아무도 여기 있다 저기 있다고 말하지 못할 것이다. 그리스도께서 임하실 때에는 그런 소리가 들리지 않을 것이다. 하나님의 나라는 어느 특정한 곳에 세워지지 않을 것이다. 그 나라의 시종들이 여기 있거나 저기 있지 않을 것이다. 그 나라는 여기 있거나 저기 있어서 사람들이 그 나라로부터 더 가까이 있거나 더 멀리 있게 되는 일은 벌어지지 않을 것이다. 기독교와 교회를 이 장소 또는 저 분파로 국한시키는 자들은 여기 있다 저기 있다고 외치지만, 그러한 짓보다 보편적 기독교(catholic Christianity)가 지향하는 의도와 정면으로 어긋나는 짓은 없다. 그런 자들은 그들이 참 교회라는 것을 과시하고자 외관상의 화려함과 번영을 내세운다.

(2) "그 나라는 영적인 감화력이 있다: 하나님의 나라는 너희 안에 있느니라." 그 나라는 이 세상에 속해 있지 않다(요 18:36). 그 나라의 영광은 사람들의 헛된 공상을 만족시켜 주는 것이 아니라 사람들의 영에 감화를 주고, 그 권능은 사람들의 영혼과 양심에 미친다. 그 나라는 사람들로부터 충성맹세를 받지만, 단순히 육신의 충성만을 받는 것이 아니다. 하나님의 나라는 사람들의 외적인 조건이 아니라 사람들의 마음과 삶을 변화시킨다. 교만하고 허영이 많고 육적이던 사람들이 겸손하고 진지하며 하늘에 속한 자들이 되었을 때, 세상과 짝하던 사람들이 세상과 결별한 자들이 되었을 때, 바로 그 때에 하나님의 나

라는 임한 것이다. 그러므로 세상 나라의 혁명이 아니라 마음의 혁명 속에서 하나님의 나라를 찾으라. 어떤 이들은 하나님의 나라는 너희 가운데 있다고 해석하기도 한다. "너희는 하나님의 나라가 언제 임하느냐고 묻는데, 그 나라가 너희 가운데서 이미 세워지기 시작하였다는 것을 알지 못하고 있구나. 복음이 전파되고 있고, 이적들에 의해서 확증되고 있으며, 많은 사람들이 복음을 받아들이고 있다. 따라서 그 나라는 너희의 마음속에는 없지만 너희의 나라 가운데는 있다." 많은 사람들이 그들이 구하는 것이 이미 그들 가운데 와 있는 것을 모르고서 그것이 오는 때가 언제냐고 묻는 어리석음을 범하고 있음을 명심하라.

2. 하나님의 나라를 세우는 일은 수많은 반대와 훼방을 만나게 될 일이었다(22절). 제자들은 하나님 나라를 세우는 모든 일을 그들이 감당할 것이라고 생각하였고, 그들이 하는 일마다 성공을 거둘 것으로 기대하였다. 그러나 그리스도께서는 그렇지 않을 것이라고 그들에게 말씀하신다: "너희가 너희의 증언을 마치고 너희의 일을 다 하기 전에 때가 이르리니 너희가 인자의 날 하루(우리가 지금 가지고 있는 바로 그러한 한 날), 복음이 번성하여 뻗어나가는 날의 하루를 보고자 하되 보지 못하리라. 사실 처음에는 너희가 놀라운 성공을 거두게 될 것이다(실제로 하루에 수천 명이 교회에 더해졌다). 그러나 언제나 그리리라고 생각하지 말라. 너희는 박해를 받고 흩어지며, 말도 못하고 감옥에 갇혀서, 지금처럼 아무런 두려움 없이 복음을 전할 기회들을 갖지는 못하게 될 것이다. 사람들은 한동안은 복음을 달갑게 받아들이겠지만, 점차 복음에 대하여 냉담하게 될 것이기 때문에, 너희는 처음과 같이 많은 영혼들이 그리스도께 모여드는 그러한 수확을 거두지 못하게 될 것이고, 비둘기들이 그 보금자리로 날아드는 것 같이 많은 무리들이 그리스도께 모여오는 일도 없게 될 것이다." 이것은 그리스도께서 나중에 제자들이 맞게 될 상황을 미리 내다보시고 말씀하신 것이다. 그들은 많은 좌절을 각오해야 한다. 복음을 자유롭게 전파하고 성공을 거두는 일이 항상 지속되지는 않을 것이다. 사역자들과 교회들은 종종 외적인 제한 아래 놓이게 될 것이다. 교사들은 외딴 곳으로 유배되고, 회중들은 흩어질 것이다. 그 때에 그들은 그들이 이전에 누렸던 날들, 곧 안식일들, 성례전의 날들, 설교의 날들, 기도의 날들을 보기를 원할 것이다. 이런 날들은 우리가 그리스도에게서 말씀을 듣고 그와 교제하는 인자의 날들이다. 우리가

그러한 날들을 원하여도 이룰 수 없는 때가 올 것이다. 하나님은 우리에게 그러한 은혜들이 끊어지는 경험을 통해서 그 은혜들의 소중함을 알 수 있게 하신다. 우리는 은혜들이 지속되는 동안에 그 은혜들을 잘 선용하고 풍족한 때에 기근의 때를 위하여 비축해 두는 데에 관심을 가져야 한다. 사역자들과 교회들은 종종 내적인 제한 아래 놓이게 되어서, 이전에 그들이 가졌던 것과 같은 인자의 임재의 표징들을 갖지 못하게 될 것이다. 그들에게서 성령이 떠나시고, 그들은 표적들을 보지 못하며, 천사는 물을 동하게 하기 위하여 내려오지 않고, 사람들의 자녀들 가운데는 큰 우둔함이 있으며 하나님의 자녀들 가운데는 뜨겁지도 차갑지도 않은 미적지근함이 있을 것이다. 그 때에 그들은 그들이 전에 종종 보았던 인자의 승승장구의 날들, 즉 그리스도께서 활을 메고 면류관을 쓰신 채 말을 타고 돌진하여 거듭거듭 승리하셨던 바로 그런 날들을 보기를 원할 것이지만, 보지 못할 것이다. 우리는 그리스도의 교회와 복음이 항상 똑같이 가시적인 왕성함을 보이지 않는다고 해서 소멸되어 버렸다고 생각해서는 안 된다는 것을 명심하라.

3. 그리스도와 그의 나라는 어느 특정한 장소에서 찾아서는 안 된다. 그리스도께서는 일시에 모든 장소에서 모든 사람들이 볼 수 있게 나타나실 것이다 (23-24절): "사람이 너희에게 말하되 보라 저기 있다 보라 여기 있다 하리라: 여기에 압제하는 로마인들로부터 유대인들을 건져낼 자가 있다거나 저기에 압제하는 유대인들로부터 그리스도인들을 건져낼 자가 있다고 할 것이며, 여기에 메시야가 있다거나 저기에 그의 선지자가 있다고 할 것이고, 여기 이 산에 또는 저기 예루살렘에 참된 교회가 있다고 할 것이다. 그러나 너희는 가지도 말고 따르지도 말라. 그런 말들에 귀 기울이지 말라. 하나님의 나라는 단지 한 백성의 영광을 위한 것이 아니라 이방인들에게 빛을 주기 위한 것이다. 번개가 하늘 아래 이쪽에서 번쩍이어 순식간에 하늘 아래 저쪽까지 비침같이 인자도 자기 날에 그러하리라." (1) "유대 나라를 멸하고 황폐케 하며 그리스도인들을 그들로부터 건져낼 심판은 온 나라 전체에 번개처럼 임하여, 한 쪽 끝에서 다른 쪽 끝까지 전체를 황폐케 만들 것이고, 멸망받기로 되어 있는 자들은 번개의 번쩍임을 피할 수 없는 것과 마찬가지로 그 심판을 피할 수도 가로막을 수도 없을 것이다." (2) "이 세상에 그리스도의 나라를 세우게 될 복음은 만국 전체에 번개처럼 전파될 것이다. 메시야의 나라는 지역적인 나라가 되는 것이 아니라, 온 땅의 지

면에 광범위하게 퍼지게 될 것이다. 그 나라는 예루살렘으로부터 온 땅의 구석구석까지 삽시간에 빛을 발하게 될 것이다. 세상 나라들은 그들이 깨닫지도 못한 사이에 복음이라는 누룩에 의해서 부풀어오르게 될 것이다." 그리스도의 승전 기념비들은 마귀의 나라의 폐허 위에 세워질 것이고, 로마에 의해 정복당한 적이 한 번도 없었던 나라들에도 그 기념비는 세워질 것이다. 하나님께서 그리스도의 나라를 세우고자 하시는 목적은 한 민족을 위대하게 만드는 데에 있는 것이 아니라 모든 열방 — 적어도 그들 중 일부 — 을 선하게 만드는 데에 있다. 이방 나라들이 분노하며 세상의 군왕들이 나서서 온 힘을 합쳐서 대항한다고 할지라도, 이 목적은 반드시 이루어지게 될 것이다.

4. 메시야는 세상을 다스리기 전에 고난을 받아야 한다(눅 17:25): "그가 먼저 많은 고난을 받으며 많은 역경을 겪고 이 세대에게 버린 바 되어야 할지니라. 그가 이런 대우를 받을진대, 그의 제자들도 그를 위하여 고난을 받으며 버린 바 될 각오를 해야 한다." 제자들은 하나님의 나라가 외적으로 화려하고 장엄한 위용을 갖추어 세워질 것이라고 생각하였다. 그러나 그리스도께서는 "아니다"라고 말씀하신다: "우리는 십자가를 거쳐서 면류관으로 나아가야 한다. 인자는 많은 고난을 받아야 한다. 많은 고난이란 고통, 수치, 죽음 같은 것을 말한다. 인자는 믿는 이방인들이라는 또 다른 세대에 의해서 환영을 받기 전에 먼저 믿지 않는 유대인들로 이루어진 이 세대에게 버린 바 되어야 한다. 그의 복음은 가장 환영을 했어야 마땅한 자들로부터의 극심한 배척을 이기고서야 승리하는 영광을 얻게 될 것이다. 이렇게 해서 복음의 위대한 권능이 사람으로부터가 아니라 하나님으로부터 온 것임이 드러나게 될 것이다. 왜냐하면, 이스라엘은 모여오지 않았지만, 인자는 땅끝까지 영광을 받게 될 것이기 때문이다."

5. 메시야의 나라가 세워지면, 유대 나라의 멸망이 시작될 것인데, 그 때에 유대 나라는 노아 시대의 옛 세상과 롯 시대의 소돔처럼 안일함의 깊은 잠과 방탕함에 빠져 있다는 것이 드러날 것이다(26절 이하). 좀 더 살펴보자.

(1) 전에 죄인들은 어떻게 행하였고, 그들에게 하나님의 심판이 어떻게 임하였는가? 이 일에 대해서 유대인들은 경고를 받았고, 이제 그 일은 마침내 그들에게 닥치게 될 것이다. 모든 혈육 있는 자들의 행위가 부패하였고 온 땅이 부패하여 포악함이 땅에 가득했던 저 옛 세상을 되돌아보라. 조금 더 내려와서, 여호와 앞에 악하며 큰 죄인이었던 소돔 사람들이 어떠했는지를 생각해 보라. 이 두

시대의 사람들에 대하여 좀 더 살펴보자. [1] 그들은 그들의 죄로 말미암아 그들에게 임할 파멸에 대해서 경고를 받았다. 노아는 옛 세상의 사람들에게 의를 전파하는 자였고, 롯은 소돔 사람들에게 그러한 자였다. 이 둘은 당시 사람들에게 그들의 악한 삶의 결국이 무엇일지와 그 종말이 멀지 않았다는 것을 시의적절하게 알려 주었다. [2] 당시 사람들은 그들에게 주어진 경고를 무시하고 신뢰하지 않았으며 귀를 기울여 듣지도 않았다. 그들은 너무도 안일하여서 경고를 아랑곳하지 않고 그들의 세상 일을 계속해 나갔다. 사람들은 먹고 마시며 쾌락에 빠져서 정욕을 위하여 육신의 일을 도모하는 것 외에는 다른 일에는 전혀 관심을 두지 않았고, 그들의 현재의 번성함이 영원히 계속될 것으로 생각해서 가문을 이루기 위하여 장가 들고 시집 갔다. 그들은 모두 매우 즐거웠다. 소돔 사람들도 마찬가지였는데, 게다가 매우 바쁘기까지 했다: 사람들이 사고 팔고 심고 집을 지었다. 이런 일들은 지극히 정상적인 일들이었다. 그러나 그들의 잘못은 그들이 이런 일들에 지나치게 몰두하여 그들의 마음을 그런 일들에 온통 쏟아버려서 장차 있을 심판을 준비할 겨를이 없었다는 데에 있었다. 그들은 다가올 심판에 대한 경고를 받고나서 니느웨 사람들처럼 금식하고 기도하며 회개하고 삶을 고쳐야 했음에도 불구하고, 하나님께서 통곡하며 애곡하라고 명하셨는데도 그들은 여전히 안일하게 생각하여 고기를 먹고 포도주를 마셨다(사 22:12-13). [3] 그들은 그들이 경고를 받았던 심판이 임하는 그 날까지 안일함과 방탕함에 빠져 있었다. 노아가 방주에 들어가던 날까지, 그리고 롯이 소돔에서 나가던 날까지 이 두 사람이 말과 행동으로 아무리 경고했어도 아무 소용이 없었고, 사람들은 정신을 차리거나 경각심을 갖지 않았다. 죄악된 삶을 살아가는 죄인들의 둔감함은 변명할 여지가 없는 일이기도 하고 이상한 일이기도 하지만, 우리는 그것을 이상하다고 생각해서는 안 된다. 왜냐하면, 앞에서 말한 바와 같이 역사상에 그 본보기들이 없지 않기 때문이다. 그것은 악인들이 밟던 옛적 길로서, 그 악인들은 그들이 졸고 있는 동안에는 저주의 심판도 졸고 있기라도 하는 것처럼 생각하여 졸고 있다가 지옥에 간 자들이다. [4] 하나님은 그를 믿고 경외하는 자들, 경고를 듣고서 다른 사람들에게도 그 경고를 전하는 자들을 지켜 주셨다. 노아는 방주에 들어갔고, 거기서 그는 안전하였다. 롯은 소돔에서 나감으로써 해악을 받지 않았다. 몇몇 사람들이 앞뒤 가리지 않고 경솔하게 멸망의 길로 달려간다고 해도, 그것은 다른 믿는 자들의 구원에 장애가 되지 않는다. [5] 사람들은 경고를 받고도 두려워하지 않았던 바로 그 파멸을 갑자기 맞아서 말할 수 없는 공포와 경악 가운데서 그 파멸에 삼키운 바 되었다. 홍수가 나서 옛 세상의 죄인들을 다 멸망시켰다. 하늘로부터 불과 유황이 비오듯 하여 소돔의 모든 죄인들을 멸망시켰다. 하나님은 화살통에 많은 화살들을 가지고 계시다가, 패역한 자들을 징벌하는 데에 효과적으로 사용하신다. 그러나 여기서 특별히 의도되고 있는 것은 안일하고 방탕하게 살아가는 자들에게 얼마나 무시무시한 멸망이 불시에 임하는지를 보여주는 것이다.

(2) 죄인들에게 장차 어떤 일이 일어나게 될 것인가? 인자가 나타나는 날에도 이러하리라(30절). 그리스도께서 로마 군대를 동원해서 유대 나라를 멸망시키고자 하실 때에도 유대인들은 대부분 앞에서 말한 것과 같은 안일함과 둔감함에 빠져 있을 것이다. 옛 세상의 죄인들이 노아와 롯으로부터 경고를 들었던 것과 마찬가지로, 유대인들은 지금은 그리스도로부터 경고를 듣고 있고, 나중에는 사도들로부터 경고를 듣게 될 것이다. 그러나 이 모든 경고가 헛 일이 되고 말 것이다. 모든 그리스도인들이 그들 가운데서 빠져나가서 안전한 피난처로 가버리고 없을 때까지 그들은 계속해서 안일하며, 계속해서 그리스도와 그의 복음을 무시하고 배척할 것이다. 하나님은 모든 그리스도인들을 요단 저편의 피난처로 옮기신 후에, 심판의 홍수를 보내어 믿지 않는 유대인들을 덮치게 하여 그들을 모두 멸하실 것이다. 우리는 우리 구주께서 많은 사람들 앞에서 공개적으로 하신 이 말씀이 세상으로 퍼져나가서 이내 유대인들이 정신을 차리게 되었을 것이라고 생각하기 쉽다. 그러나 사람들의 마음이 완악해서 멸망으로 치닫고 있었기 때문에, 그렇게 되지 않았다. 마찬가지로, 예수 그리스도께서 종말에 세상을 심판하러 오실 때에 죄인들은 여전히 다가올 심판은 아랑곳하지 않은 채 예전과 동일한 안일함과 무신경한 태도로 살고 있을 것이고, 따라서 그들에게 심판이 덫처럼 임하게 될 것이다. 마찬가지로, 모든 세대의 죄인들은 그들의 악한 삶에 안주하여 계속해서 안일하게 살아가고, 후일에 일어날 일이나 그들이 해야 할 결산(決算)을 생각하지 않는다. 화 있을진저 시온에서 마음이 든든한 자들이여.

6. 그리스도의 제자들과 그를 따르는 자들은 당시의 믿지 않는 유대인들과는 달리 깨어 있다가 주어진 신호에 따라서 유대인들과 그들의 도성과 촌락을 떠나 주어진 방향으로 도망하여야 한다. 노아가 방주로, 롯이 소알로 간 것처

럼, 그들은 외진 곳으로 물러나 있어야 한다. 너희는 옛적의 바벨론에 대해서와 마찬가지로 예루살렘을 치료하려 하여도 낫지 아니한즉 버리고 거기서 도망하여 나와서 각기 생명을 구원하라(렘 51:6, 9). (1) 너희는 예루살렘으로부터 신속하게 도망해야 하고, 세상 일들을 돌보느라고 지체해서는 안 된다(31절): "경보가 울렸을 때에 사람이 지붕 위에 있고 그의 세간이 그 집 안에 있으면 그것을 가지러 내려가지 말 것이다. 그렇게 하면, 많은 시간이 허비되고, 세간을 챙겨서 도망하느라고 거추장스럽고 시간이 지체될 것이기 때문이다." 자신의 목숨을 전리품으로 받게 되는 것(즉, 목숨을 건지는 것)이 기적이나 다름없는 그러한 때에는 세간에 신경을 써서는 안 된다. 세간에 신경을 쓰다가 지체하여 믿지 않는 자들과 함께 죽는 것보다는 세간을 버리는 편이 더 나을 것이다. 너희는 하나님께서 롯과 그의 가족에게 명하신 대로 해야 한다: 도망하여 생명을 보존하라. 너희가 이 패역한 세대에서 구원을 받으라.   (2) 너희는 도망할 때에 뒤를 돌아보아서는 안 된다(32절): "롯의 처를 기억하라. 롯의 처를 경계로 삼아서 이 소돔(예루살렘은 그렇게 불렸다, 사 1:10)으로부터 도망할 뿐만 아니라 부지런히 도망하고 뒤돌아보지 말라. 멸망받기로 작정된 곳을 떠나는 것에 미련을 두지 말고, 너희에게 소중했던 사람이나 물건들은 무엇이든 버리고 가라." 자연 상태를 뜻하는 소돔을 떠난 자들은 곧장 앞으로 전진하여야 하고, 거기에 미련이 남아 있는 듯이 다시 뒤돌아보는 일이 없어야 한다. 되돌아가고 싶은 유혹을 받지 않도록 하기 위하여 뒤돌아보지 말라. 뒤돌아보는 것은 적어도 마음에 미련이 남아 있다는 증거이니, 마음이 되돌아가는 것을 방지하기 위해서도 뒤돌아보지 말라. 롯의 처는 소금 기둥이 되어서, 영으로 시작했다가 육으로 마치는 배교자들을 하나님이 얼마나 싫어하시는지를 보여주는 영원한 기념물이 되었다. (3) 유대인들을 떠나는 것 외에는 목숨을 건질 다른 방도가 없을 것이다. 너희들이 서로 연합해서 뭉치면 살 수 있을 것이라고 생각하는 것은 오산이라는 것이 곧 드러날 것이다(33절): "기독교 신앙을 버리고 유대인들에게 영합함으로써 자기 목숨을 보전하고자 하는 자는 유대인들과 함께 그 목숨을 잃을 것이요 그들을 덮친 재앙 속에서 죽게 될 것이다. 그러나 동일한 처지에 있는 그리스도인들과 운명을 같이하고 생사고락을 같이하겠다고 각오한 자는 살리라. 왜냐하면, 그는 반드시 영생을 얻게 될 것이고, 게다가 그 때에 유대인들에게 빌붙어서 목숨을 부지하고자 하는 자들보다 실제로 목숨을 건지게 될 가능성이 더 많을 것이기 때문이다." 자기가 할 일을 다 하면서 하나님을 의지하는 자들이야말로 최선의 길을 가고 있는 것임을 명심하라.

7. 모든 선한 그리스도인들은 분명히 그 멸망을 피하게 될 것이지만, 그들 중 다수는 아주 가까스로 멸망을 면하게 될 것이다(34-36절). 하나님께서는 심판에 의해서 모든 것을 황폐하게 하실 때에 그의 백성들을 그들과 아주 가까웠던 자들로부터 구별하시는 놀라운 섭리를 통해서 보전하시는 효과적인 방법을 사용하실 것이다: 둘이 한 자리에 누워 있으매 하나는 데려감을 얻고 하나는 버려둠을 당할 것이요. 하나님은 한 사람을 심판의 불구덩이에서 낚아채서 안전한 곳으로 데려가시고, 또 한 사람은 거기에서 멸망받도록 내버려두신다. 칼은 이 사람이든 저 사람이든 다 집어삼키고, 모든 일이 모든 사람에게 똑같이 임하는 것처럼 보이지만, 하나님께서는 그의 백성인 자들과 아닌 자들을 아시고, 천한 것들에서 귀한 것들을 어떻게 꺼내는지도 아신다는 것이 조만간 밝혀지게 된다는 것을 명심하라. 우리는 세상을 심판하시는 이가 정의를 행하실 것을 확신한다. 그러므로 하나님은 그의 아들을 십자가에 못 박아 죽인 자들에게 복수하기 위하여 심판하실 때에, 그리스도를 영화롭게 하고 그의 십자가를 자랑하였던 자들에게는 단 한 사람에게도 그 심판이 미치지 않도록 하실 것이다.

8. 구별하고 나누고 갈라내는 일은 하나님의 나라가 임한 모든 곳에서 이루어질 것이다(37절). 주여 어디오니이까? 바리새인들은 하나님 나라가 임할 때에 관하여 물었지만, 그리스도께서는 그 때에 관한 정보를 통해서 그들의 호기심을 만족시켜 주고자 하지 않으셨다. 그래서 그들은 또 다른 질문으로 그를 시험하였다: "주여 어디오니이까? 데려감을 당하는 자들이 가게 될 그 안전한 곳은 도대체 어디에 있나이까? 버려짐을 당하는 자들은 어디에서 죽게 되는 겁니까?" 이 질문에 대한 그리스도의 대답은 속담 형태로 주어지는데, 이 질문의 각각의 측면에 대하여 대답하신 것으로 설명될 수 있다: 주검 있는 곳에는 독수리가 모이느니라.

(1) 지옥에 떨어지기로 작정되어 있는 악인들이 어디에 있든, 하나님은 그들을 반드시 찾아내어서 심판하실 것이다. 이것은 마치 시체가 있는 곳에는 육식조들이 그 냄새를 맡고 찾아와서 그 시체를 먹이로 삼는 것과 같다. 유대인들은 스스로 죽어 부패한 시체가 되어서 하나님의 거룩하심에 대하여 가증스럽고 그 공의에 대하여 밉살스러운 자들이 되어 버렸기 때문에, 이 믿지 않는

세대에 속한 자가 있는 곳마다, 마치 독수리들이 먹이에게 덮치듯이 하나님의 심판이 그들에게 덮치게 될 것이다: 그들이 별 사이에 깃들일지라도(옵 1:4) 왕의 손이 왕의 모든 원수들을 찾아내리라(시 21:8). 로마 병사들은 모든 은신처와 요새를 뒤져서 유대인들을 찾아내어 죽일 것이기 때문에, 피할 자가 아무도 없을 것이다.

(2) 보전받도록 작정된 경건한 자들이 어디에 있든, 그들은 그리스도께서 주시는 복락을 누리게 될 것이다. 도처에서 유대 교회가 해체될 것과 마찬가지로, 도처에 기독교회가 세워지게 될 것이다. 그리스도께서 계시는 곳마다, 독수리들이 먹잇감 주위에 모여들듯이 믿는 자들이 그 길을 지시받지 않고서도 그들이 입은 새 사람의 본을 따라서 떼지어 모여들어서 그를 만나게 될 것이다. 그리스도는 그의 복음, 그의 성례전들, 그의 교회가 있는 곳에 계신다: 두세 사람이 내 이름으로 모인 곳에는 나도 그들 중에 있느니라. 따라서 다른 사람들도 거기로 그리스도께 모여들게 될 것이다. 예루살렘이 유대 교회에서 모든 유대인들이 자주 드나드는 총본산이었던 것과는 달리, 메시야의 나라에서는 어느 특정한 장소를 총본산으로 삼지 않고, 주검 있는 곳에, 즉 복음이 전파되고 성례전들이 집행되는 곳에 경건한 자들이 거기로 모여들어서, 그리스도를 만나서 그와 함께 믿음으로 잔치를 베풀게 될 것이다. 그리스도께서는 그의 이름을 두신 곳이면 어디에서든 그의 백성을 만나주시고 축복해주실 것이다(요 4:21 이하; 딤전 2:8). 많은 훌륭한 해석자들은 이 본문을 성도들이 영광의 나라에서 그리스도에게 다 함께 모여드는 것을 가리키는 것으로 이해한다: "그 시체가 어디 있을 것인지, 어떻게 찾아낼 수 있을지를 묻지 말라. 너희는 정확한 지시를 받게 될 것이기 때문이다. 성도들을 일깨우는 살아 있는 머리이자 성도들을 하나로 묶는 중심인 분에게 그 백성들이 모여들게 될 것이다."

제
― 18 ―
장

개요

이 장에는 다음과 같은 내용들이 나온다. I. 끈질긴 과부의 비유를 들어서, 우리에게 열성적으로 기도해야 함을 가르치심(1-8절). II. 바리새인과 세리의 비유를 들어서, 우리에게 기도할 때에 겸손해야 할 것과 자신의 죄를 부끄러워 해야 할 것을 가르치심(9-14절). III. 그리스도께서 사람들이 그에게 데려온 아이들을 기뻐하심(15-17절). IV. 그리스도께서 그를 따르고자 하는 마음을 가진 한 부자에게 그리스도와 재물 중 어느 쪽을 더 사랑하는지를 시험하셨는데, 부자가 그 시험을 통과하지 못하자, 이 경우에 대하여 제자들에게 말씀하심(18-30절). V. 그리스도께서 그의 죽음과 고난을 미리 예고하심(31-34절). VI. 그리스도께서 한 소경의 눈을 뜨게 해주심(35-43절). 이 네 가지 기사는 우리가 이미 마태복음과 마가복음에서 살펴본 바 있다.

[1]예수께서 그들에게 항상 기도하고 낙심하지 말아야 할 것을 비유로 말씀하여 [2]이르시되 어떤 도시에 하나님을 두려워하지 않고 사람을 무시하는 한 재판장이 있는데 [3]그 도시에 한 과부가 있어 자주 그에게 가서 내 원수에 대한 나의 원한을 풀어 주소서 하되 [4]그가 얼마 동안 듣지 아니하다가 후에 속으로 생각하되 내가 하나님을 두려워하지 않고 사람을 무시하나 [5]이 과부가 나를 번거롭게 하니 내가 그 원한을 풀어 주리라 그렇지 않으면 늘 와서 나를 괴롭게 하리라 하였느니라 [6]주께서 또 이르시되 불의한 재판장이 말한 것을 들으라 [7]하물며 하나님께서 그 밤낮 부르짖는 택하신 자들의 원한을 풀어 주지 아니하시겠느냐 그들에게 오래 참으시겠느냐 [8]내가 너희에게 이르노니 속히 그 원한을 풀어 주시리라 그러나 인자가 올 때에 세상에서 믿음을 보겠느냐 하시니라

이 비유의 열쇠는 문에 걸려 있어서, 그 취지와 의도가 서두에 제시되어 있다. 그리스도께서는 항상 기도하고 낙심하지 말아야 할 것(1절)을 우리에게 가르치기 위하여 이 비유를 말씀하셨다. 이 비유는 하나님의 모든 백성은 기

도하는 백성이라는 것을 전제한다. 하나님의 모든 자녀들은 하나님과 언제든지 그리고 때를 따라 교신할 수 있고, 정기적으로 또는 비상시에 하나님과 교신할 수 있다. 우리가 기도할 수 있다는 것은 우리의 특권이자 영광이다. 기도는 우리의 의무이기 때문에, 우리는 기도하여야 한다. 기도를 게을리하는 것은 죄다. 기도는 우리가 늘 해야 할 일이기 때문에, 우리는 항상 기도하여야 한다. 기도는 매일 해야 하는 의무이다. 우리는 기도해야 하고, 기도하는 데에 지쳐서는 결코 안 되며, 장차 영원한 찬송을 주님께 드리기 전까지는 기도하는 일을 쉬어서는 안 된다.

그러나 그리스도께서 여기서 특별히 의도하고 계신 것은 우리 자신이나 하나님의 교회와 관련하여 우리가 영적인 은혜들을 구할 때에 인내심을 가지고 꾸준히 기도하라고 우리에게 가르치는 것이다. 우리의 영적인 원수들, 우리의 가장 흉악한 원수들인 정욕과 부패에 맞서 싸울 힘을 달라고 기도할 때에 우리는 꾸준히 계속해서 기도해야 하고, 기도하되 낙심하지 말아야 한다. 왜냐하면, 하나님의 얼굴을 구하는 것은 결코 헛되지 않을 것이기 때문이다. 따라서 우리는 하나님의 백성을 박해자들과 압제자들의 손에서 건져달라고 기도할 때에도 마찬가지로 꾸준히 낙심하지 말고 기도하여야 한다.

I. 그리스도께서는 비유를 통해서 사람들 사이에서 끈질긴 간청이 지닌 힘을 보여주신다. 다른 어떤 것으로도 움직이지 않던 사람이라고 할지라도 끈질기게 간청하면 의롭고 옳은 일을 하게 할 수 있다. 그리스도께서는 불의한 재판장 앞에서 공평이나 연민이 아니라 끈질긴 간청의 힘에 호소해서 정직한 송사를 성공으로 이끈 한 사례를 우리에게 제시하신다. 좀 더 살펴보자.

1.어떤 도시에 있던 재판장의 악한 성품. 그는 하나님을 두려워하지 않고 사람을 무시하는 자였다. 그는 양심이나 평판 따위에는 관심이 없었다. 그는 하나님의 진노나 사람들의 비난도 두려워하지 않았다: 즉, 그는 하나님이나 사람들에 대한 그의 도리를 다하는 데에 관심이 없었다. 그는 경건이나 명예와는 담을 쌓은 자로서, 그런 것들에 대한 개념조차 갖고 있지 않았다. 창조주를 전혀 경외하지 않는 자들이 그들과 같은 동료 피조물들을 완전히 무시하는 것은 이상한 일이 아니다. 하나님을 경외함이 없는 곳에서는 선(善)도 기대할 수 없다. 그러한 불경건과 비인간성은 어떤 사람에게 있더라도 나쁜 일이지만, 특히 권력을 손에 쥔 재판장, 경건과 정의의 원칙에 따라서 지무를 수행하여야

할 재판장이 그런 성품을 지니고 있다면, 그는 자신의 권력으로 선을 행하는 것이 아니라 사람들에게 해악을 끼칠 것이기 때문에 한층 더 나쁜 일이 된다. 재판하는 곳에 있는 악은 솔로몬이 해 아래에서 본 가장 가슴아픈 악들 중의 하나였다(전 3:16).

2. 권력과 위세를 동원한 어떤 자에 의해서 피해를 본 후에 이 재판장에게 호소할 수밖에 없었던 한 불쌍한 과부의 기막힌 사연. 그녀의 호소는 명백히 옳은 것이었다. 그러나 그녀는 자신의 옳음을 호소함에 있어서 법적인 절차에 얽매이지 않고, 날마다 재판장의 집 앞에서 내 원수에 대한 나의 원한을 풀어 주소서, 즉 내 원수에 대한 나의 정당한 송사를 제대로 판결해 달라고 부르짖으며 자신의 사정을 개인적으로 호소하였던 것으로 보인다. 그녀는 자기에게 해를 끼친 자에 대한 그녀의 원한을 재판장이 갚아주기를 바란 것이 아니라, 자기가 입은 손해를 원상복구해 주고 다시는 자기가 압제받는 일이 없도록 해달라고 재판장에게 호소하였다. 불쌍한 과부들을 등쳐먹는 원수들이 예로부터 많이 있어 왔다. 그들은 의지할 곳 없고 힘없는 과부들의 약점을 야비하게 악용하여서 그녀들의 권리를 침해하며 그녀들이 갖고 있는 얼마 안 되는 재산을 사기를 쳐서 갈취한다. 그래서 방백들에게는 과부를 학대하지(렘 22:3) 말아야 할 뿐만 아니라 고아를 위하여 신원하며 과부를 위하여 변호하고(사 1:17), 그들의 후원자와 보호자가 되어야 할 특별한 책무가 부여되어 있다. 그러므로 하나님이 고아의 아버지시며 과부의 재판장이시듯이(시 68:5), 방백들도 그러하다.

3. 과부가 송사를 하면서 겪은 어려움과 실망: 재판장은 얼마 동안 듣지 아니하였다. 늘 하던 식으로 그는 과부에게 눈살을 찌푸리며 그녀의 호소를 들으려 하지도 않은 채, 그녀의 원수가 저지른 온갖 악행들을 그냥 묵인하고자 하였다. 왜냐하면, 그녀에게는 그에게 뇌물을 줄 형편도 되지 못하였고, 그가 두려워할 만한 자가 그녀를 변호해 주는 것도 아니었기 때문이다. 따라서 그에게는 그녀의 억울한 일을 해결해 줄 마음이 전혀 없었다. 그는 자기가 과부의 송사를 질질 끌며 미루는 이유를 스스로 잘 알고 있었기 때문에, 자기가 하나님을 두려워하지 않고 사람을 무시한다는 것을 속으로 인정할 수밖에 없었을 것이다. 사람이 자기가 너무도 잘못되어 있다는 것을 알면서도 그것을 고치려는 생각을 전혀 하지 않는다는 것은 정말 슬픈 일이다.

4. 과부는 이 불의한 재판장을 끊임없이 귀찮게 함으로써 자신의 목적을 이

룸(5절): "이 과부가 나를 번거롭게 하고 나를 끊임없이 괴롭게 하니, 내가 그녀의 호소를 들어주어서 재판을 통해 그녀의 원한을 풀어주리라. 그것은 그녀가 내게 시끄럽게 항의함으로써 내 평판이 나빠질 것이 두려워서가 아니라 그녀가 내게 시끄럽게 호소하는 것으로 인해서 내가 피곤하지 않고자 하는 것이다. 그녀는 자신의 호소가 받아들여질 때까지 나를 가만두지 않고 계속해서 괴롭히기로 작정하였기 때문에, 나는 더 이상 괴롭힘을 당하지 않기 위해서 그 호소를 들어주리라. 그래야 누이 좋고 매부 좋으리라." 이렇게 과부는 끈질기게 계속해서 간청함으로써 억울함을 풀게 되었다. 그녀는 재판장의 집 문 앞에서나 길거리에서 그를 따라다니며 애걸하고, 공개적인 재판정에서 간청하면서, 끊임없이 내 원수에 대한 나의 원한을 풀어 주소서라고 부르짖었기 때문에, 재판장은 그녀가 물러가도록 하기 위하여 그녀의 호소를 들어줄 수밖에 없었다. 그는 비록 악한 자이기는 하였지만 양심상 법정모독죄로 그녀를 감옥에 보낼 수는 없었을 것이다.

Ⅱ. 그리스도께서는 이 비유를 들어서, 하나님의 기도하는 백성에게 믿음과 열심으로 기도하되 끈질기게 인내하며 기도하라고 격려하신다.

1. 그리스도께서는 제자들에게 하나님이 결국에는 그들에게 은혜를 베푸시리라는 것을 보장하신다(6절): 불의한 재판장이 말한 것을 들으라. 이 재판장이 끈질긴 간청 때문에 과부의 호소를 들어줄 수밖에 없었다고 스스로 고백한 말을 들어보라. 하물며 하나님께서 택하신 자들의 원한을 풀어 주지 아니하시겠느냐? 좀 더 살펴보자.

(1) 하나님의 백성들이 바라고 기대하는 것은 무엇인가? 하나님께서 택하신 자들의 원한을 풀어 주시는 것. [1] 세상에는 하나님의 백성인 자들, 그의 택하신 자들, 하나님이 친히 택하신 자들, 택함 받은 백성이 있다. 하나님은 그들을 위하여 행하시는 모든 일에서 이 점을 염두에 두고 계신다. 왜냐하면, 그들은 하나님의 택하신 자들이고, 그들을 택하신 것은 하나님 자신이기 때문이다. [2] 하나님이 친히 택하신 자들은 이 세상에서 많은 고난과 배척을 당한다. 그들을 거슬러 싸우는 많은 원수들이 있다. 사탄은 그들의 큰 원수이다. [3] 택하신 자들이 원하고 기다리는 것은 하나님이 그들을 지켜 주시고 보호해 주시는 것, 하나님이 그들 가운데서 역사하시는 것, 하나님이 이 세상에서 교회의 세력을 확보해 주시고 성도들의 마음속에 그의 은혜를 확보해 주시는 것이다.

(2) 하나님의 백성들이 바라고 기대하는 것을 얻기 위해서 해야 할 일은 무엇인가? 그들은 하나님께 밤낮으로 부르짖어야 한다. 하나님은 충고를 필요로 하지도 않으시고 항의나 탄원에 의해서 움직이지도 않으시지만, 그의 백성들로 하여금 밤낮으로 부르짖도록 하셨고, 그렇게 할 때에 은혜를 베푸시겠다고 약속하셨다. 우리는 사도 바울이 그랬던 것처럼 특히 우리의 영적인 원수들에 대항하여 기도하여야 한다: 이것이 내게서 떠나가게 하기 위하여 내가 세 번 주께 간구하였다. 또한 우리는 이 과부처럼 끈질기게 기도하여야 한다: 주여, 이 부패한 마음을 고쳐주소서. 주여, 이 시험을 이길 수 있도록 힘을 주소서. 우리는 박해받고 압제받는 교회들에 관심을 갖고, 하나님께서 교회들을 신원하여 주시고 안전하게 해달라고 기도하여야 한다. 이렇게 기도할 때에 우리는 아주 간절해야 하고, 열심으로 부르짖어야 하며, 기도는 반드시 응답된다고 믿는 사람들로서 밤낮으로 부르짖어야 하고, 하나님의 축복이 얼마나 소중한지를 아는 자들로서 하나님과 씨름해야 한다. 그리하면 하나님은 반드시 이루어 주실 것이다. 하나님의 기도하는 백성들은 하나님으로 쉬지 못하시게 하라(사 62:6-7)는 명령을 듣는다.

(3) 하나님의 백성들이 기도하면서 만나게 되는 낙심. 하나님은 그들에게 오래 참으실 수 있고, 자기 백성들의 기도에 곧장 응답하지 않으실 수 있다. 하나님은 자기 백성의 원수들을 향하여 인내심을 발휘하셔서 그들에게 원수를 갚지 않으시고, 자기 백성의 인내심을 훈련시키기 위하여 그들의 청을 들어주지 않으신다. 하나님은 이스라엘이 그들을 압제한 애굽인들의 죄에 대하여 부르짖는 소리를 오래 참으셨듯이 압제받는 자들의 근심으로 인한 부르짖음을 오래 참으신다.

(4) 하나님 백성들의 기도는 비록 더디더라도 결국은 응답될 것이다. 그리스도께서는 이것을 불의한 재판장이 한 말을 통해서 밑받침하신다: 과부가 끈질긴 간청을 통해서 자신의 호소를 관철시킬 수 있었다면, 하물며 하나님은 그 택하신 자들의 기도를 얼마나 더 잘 들어주시겠는가. [1] 과부와 재판장은 아무런 관계도 없는 모르는 사이였다. 그러나 하나님의 기도하는 백성들은 하나님이 친히 택하신 자들이기 때문에, 하나님은 그들을 아시고 사랑하시며 기뻐하시고 언제나 그들을 돌보는 데에 관심을 가지고 계신다. [2] 과부는 혼자였지만, 하나님의 기도하는 백성들은 많다. 또한 그들은 모두 동일한 목적으

로 하나님께 나아가며, 그들이 간청하는 바도 일치한다(마 18:19). 하늘의 성도들이 영광의 보좌를 둘러싸고 한 목소리로 찬송을 드리는 것과 마찬가지로, 이 땅의 성도들도 은혜의 보좌를 둘러싸고 한 목소리로 기도를 드린다. [3] 과부는 재판장에게 나아왔지만, 재판장은 과부에게 일정한 거리를 두도록 명령하였다. 우리는 아버지께 나아가는데, 아버지는 우리에게 담대히 나아오라고 명하시고 아바 아버지라고 부르짖도록 가르치신다. [4] 과부는 불의한 재판장에게 나아왔다. 우리는 의로우신 아버지(요 17:25)께 나아가는데, 아버지는 자신의 영광과 그의 불쌍한 피조물들, 특히 과부들과 고아들 같은 딱한 처지에 있는 자들의 복락을 중시하시는 분이다. [5] 과부는 순전히 자신의 문제로 재판장을 찾아온 것이지만, 하나님은 우리가 간구하는 문제에 직접 연루되어 있으시다. 그래서 우리는 하나님이여 일어나 주의 원통함을 푸소서라고 기도하며, 주의 크신 이름을 위하여 어떻게 하시려 하나이까라고 말할 수 있는 것이다. [6] 과부에게는 그녀를 위해서 변호해주고 그녀의 탄원에 힘을 보태주며 그녀를 위하여 영향력을 행사할 수 있는 친구가 없었다. 그러나 우리에게는 아버지 앞에서 우리를 위한 대언자, 항상 살아 계셔서 우리를 위하여 간구하시는 성자(聖子), 하늘에서 막강한 영향력을 지닌 성자가 계신다. [7] 과부에게는 성공하리라는 가망성도, 송사를 제기하여 호소하라는 격려도 없었다. 그러나 우리에게는 하나님께서 내밀고 계신 금 규가 있고(에 4:11), 구하면 주시겠다는 약속이 있다. [8] 과부는 몇몇 정해진 시간에만 재판장에게 나아갈 수 있었다. 그러나 우리는 밤낮으로 온 종일 하나님께 부르짖을 수 있기 때문에, 끈질긴 간청을 통해서 응답을 받을 수 있는 희망이 더 많다고 할 수 있다. [9] 과부의 끈질긴 간청은 재판장의 화를 돋구는 것이었기 때문에, 재판장은 과부에게 오히려 더 불리한 조치를 취할 위험도 있었다. 그러나 우리가 끈질기게 간구하는 것은 하나님을 기쁘시게 하는 일이다. 의인들의 기도는 하나님께서 기뻐하시는 것이기 때문에, 그 기도가 제대로 된 열심 있는 기도라면, 그 기도가 응답될 가망성은 훨씬 클 것이다.

2. 그리스도께서는 제자들에게 그럼에도 불구하고 그들이 주님을 기다리는 데에 지치기 시작할 것임을 암시하신다(8절): "그러나 하나님께서 그의 택하신 자들의 원한을 풀어주시리라는 약속이 주어져 있지만, 인자가 올 때에 세상에서 믿음을 보겠느냐?" 인자는 그의 택하신 자들의 원한을 풀어 주시고, 유대인

들에게 박해받는 그리스도인들을 변호하시기 위해서 오실 것이다. 인자는 각 세대에서 그의 상처받은 백성들을 변호하기 위하여 그의 섭리 안에서 오실 것이고, 저 큰 날에는 시온의 논쟁들을 결판내기 위하여 마지막으로 오실 것이다. 인자가 오실 때에 과연 인자는 이 땅에서 믿음을 보실 수 있을 것인가? 이 반문은 강한 부정을 내포하고 있다: 아니다, 인자는 믿음을 보지 못할 것이다. 그리스도께서는 이것을 내다보고 계신다.

(1) 이것은 믿음이 필요한 것은 오직 이 땅에서 뿐이라는 것을 보여준다. 왜냐하면, 지옥에 있는 죄인들은 그들이 이 땅에서 믿으려 하지 않았던 것을 실감하고 있고, 하늘에 있는 성도들은 이 땅에서 그들이 믿었던 것을 누리고 있을 것이기 때문이다.

(2) 이것은 믿음이야말로 예수 그리스도께서 찾으시는 가장 중요한 것임을 보여준다. 그리스도께서는 사람들을 굽어보시며 "죄 없는 자가 있느냐?"고 물으시는 것이 아니라 "믿음이 있느냐?"고 물으신다. 그는 병 고침을 받기 위해서 그를 찾아온 자들에게 믿음이 있는지를 살피셨다.

(3) 이것은 아주 작은 것이라 하더라도 믿음이 있기만 한다면 그리스도께서 그 믿음을 발견해서 찾아내실 것임을 보여준다. 그는 가장 약하고 희미한 믿음을 가진 자도 주목하신다.

(4) 그리스도께서는 자기 백성을 변호하러 오실 때에 기대하셨던 것에 비해서 거의 믿음을 찾아볼 수 없으리라는 것을 미리 말씀하신다. [1] 일반적으로는 선한 자들, 진정으로 선한 자들이 극소수일 것이다. 경건의 모양을 지닌 자들은 많겠지만, 진실되고 정직한 믿음을 지닌 자들은 거의 없을 것이다. 즉, 그 때에 인자는 사람들 가운데서 충성된 자를 거의 보지 못하실 것이다. 충실한 자들이 인생 중에 없어지나이다(시 12:1-2). 종말에 이르기까지 이런 상황은 계속될 것이다. 세상은 종말로 나아가면서 결코 더 나아지지 않을 것이다. 세상은 지금도 악하고, 장래에도 악할 것이며, 그리스도께서 오시기 직전에 가장 악해질 것이고, 그 악함은 종말에 가장 극심할 것이다. [2] 구체적으로는 그리스도께서 다시 오실 것을 믿는 믿음을 지닌 자들이 거의 없을 것이다. 그리스도께서는 그의 택하신 자들의 원한을 풀어 주시기 위해 오셨을 때에 자기가 도와주고 붙잡아줄 믿음이 어디에 있는가를 살펴보고서, 그러한 믿음이 하나도 없는 것을 이상하게 여기실 것이다(사 59:16; 63:5). 이것은 그리스도께서 자기

백성들을 구원하기 위하여 때때로 오실 때에나 종말에 자기 백성을 신원하기 위하여 오실 때에나 더디 오실 것임을 암시한다. 이렇게 그리스도의 오심이 지체되면, 첫째로 악한 자들은 그리스도의 재림에 도전해서 주께서 강림하신다는 약속이 어디 있느냐(벧후 3:4)고 말하기 시작할 것이다. 그들은 주께서 다시 오신다는 약속에 이의를 제기하며 도전할 것이다(사 5:10; 암 5:19). 주께서 더디 오실수록 그들은 더욱 마음이 완악해지고 악해질 것이다(마 24:48). 둘째로, 하나님의 백성들조차도 실망하기 시작해서, 그들이 계산한 시기를 넘겼기 때문에 주님은 결코 오시지 않을 것이라고 결론을 내리게 될 것이다. 하나님이 그의 백성에게 나타나시는 때는 상황이 최후의 극단에 이르러서 시온이 주께서 나를 버리셨도다라고 말하기 시작할 때이다. 이사야 49:14; 40:27을 보라. 그러나 정한 때가 되면 인간의 불신앙은 하나님의 약속을 무효로 만들지 못하였다는 것이 밝혀지리라는 것이 우리에게는 큰 위로가 된다.

[9]또 자기를 의롭다고 믿고 다른 사람을 멸시하는 자들에게 이 비유로 말씀하시되 [10]두 사람이 기도하러 성전에 올라가니 하나는 바리새인이요 하나는 세리라 [11]바리새인은 서서 따로 기도하여 이르되 하나님이여 나는 다른 사람들 곧 토색, 불의, 간음을 하는 자들과 같지 아니하고 이 세리와도 같지 아니함을 감사하나이다 [12]나는 이레에 두 번씩 금식하고 또 소득의 십일조를 드리나이다 하고 [13]세리는 멀리 서서 감히 눈을 들어 하늘을 쳐다보지도 못하고 다만 가슴을 치며 이르되 하나님이여 불쌍히 여기소서 나는 죄인이로소이다 하였느니라 [14]내가 너희에게 이르노니 이에 저 바리새인이 아니고 이 사람이 의롭다 하심을 받고 그의 집으로 내려갔느니라 무릇 자기를 높이는 자는 낮아지고 자기를 낮추는 자는 높아지리라 하시니라

이 비유의 대상도 앞에서와 마찬가지로 서두에 제시되어 있어서, 우리는 그리스도께서 누구를 겨냥해서 이 비유를 말씀하셨고 누구를 염두에 두고 말씀하셨는지를 알 수 있다(9절). 그리스도께서 이 비유를 들려주신 것은 자기를 의롭다고 믿고 다른 사람을 멸시하는 자들을 깨우치시기 위한 것이었다.

1. 그들은 스스로에 대해서와 자신의 선함에 대해서 대단한 자부심을 지니고 있는 자들이었다. 그들은 스스로를 더할 나위 없이 거룩하고 다른 모든 사람들보다 더 거룩하며 모든 사람의 모범이 될 수 있을 만큼 거룩하다고 생각

하였다. 그러나 그것이 전부가 아니었다. 2. 그들은 하나님 앞에서도 자신만 만해서, 그들 자신의 의를 대단히 높이 평가하였을 뿐만 아니라, 하나님께 기도하여 무엇을 구할 때마다 이러한 그들의 의를 내세워서 들어주실 것을 요구하였다: 그들은 자기를 의롭다고 믿었다. 그들은 하나님이 그들에게 빚을 지고 있기 때문에 무엇이든지 하나님께 요구하여 받을 수 있다고 생각하였다. 3. 그들은 다른 사람들을 멸시하였고, 그들을 자신들과 비교할 가치가 없는 자들로 여겨서 경멸하였다. 이제 그리스도께서는 이 비유를 통해서 그들의 어리석음, 즉 그들의 그러한 태도와 행위로 인해서 그들이 하나님께 열납되는 길을 스스로 차단하고 있다는 것을 보여주시고자 하셨다. 이 예화는 그 속에 비유(similitude)가 될 만한 것이 없는데도 불구하고 비유(parable)로 불린다. 오히려 이 예화는 교만하게 자기를 의롭다고 하는 자들과 겸손하게 자신의 죄를 인정하는 자들의 서로 다른 성품과 말, 그리고 하나님 앞에서 그들의 서로 다른 태도에 관한 묘사이다. 이런 일은 우리의 삶 속에서 매일 비일비재하게 일어나는 일이다.

I. 여기에 같은 장소에서 같은 때에 기도의 의무를 수행하고 있는 두 사람이 나온다(10절): 두 사람이 기도하러 성전에 올라갔다(성전이 언덕 위에 있었기 때문에). 그 때는 공적인 기도 시간이 아니었지만, 이 두 사람은 당시에 선한 자들이 흔히 하던 대로 개인적으로 기도를 드리기 위해서 거기로 올라갔다. 당시에 성전은 예배의 처소였을 뿐만 아니라 예배의 매체였고, 하나님은 솔로몬의 기도에 대한 응답으로서 성전 안에서와 성전을 향해서 올바르게 기도를 드리면 응답해 주시겠다고 약속해 주셨었다. 그리스도는 우리의 성전이시기 때문에, 우리는 하나님께 나아갈 때마다 그리스도를 바라보아야 한다. 바리새인과 세리는 둘 다 기도하러 성전에 올라갔다. 눈에 보이는 교회에서 하나님을 예배하는 자들 중에는 선한 자들과 악한 자들, 하나님의 응답을 받는 자들과 그렇지 못한 자들이 섞여 있다. 이것은 가인과 아벨이 동일한 제단에 그들의 제물을 가져왔던 때로부터 그러하였다. 바리새인은 교만하였지만 자기는 기도하지 않아도 된다고 생각하지 않았고, 세리는 겸손하였지만 기도의 은택으로부터 자기가 배제되었다고 생각하지 않았다. 그러나 이 두 사람은 서로 다른 생각으로 기도하러 올랐다는 것은 틀림없다.

1. 바리새인이 기도하러 성전에 간 것은 성전은 길거리의 모퉁이보다 더 많

은 사람들이 붐비는 공적인 장소여서 많은 사람들이 그가 길게 기도하는 모습을 보고 그를 칭찬할 것이기 때문이었다. 그리스도께서 바리새인들은 그들의 모든 행위를 사람에게 보이고자 한다고 하신 말씀에 비추어 볼 때, 우리의 이러한 추측은 별로 틀리지 않을 것이다. 외식하는 자들(위선자들)은 오직 칭찬을 얻기 위해서 외적인 경건의 행위들을 계속해 나간다는 것을 명심하라. 우리가 성전에서 날마다 보던 사람들 중에서 저 큰 날에 그리스도의 우편에서 보이지 않을 자들이 많을까 염려된다.

2. 세리가 성전에 간 것은 성전이 만민이 기도하는 집으로 정해져 있었기 때문이었다(사 56:7). 바리새인은 사람들에게 잘 보이기 위해서 성전에 갔고, 세리는 기도하기 위해서 성전에 갔다. 바리새인은 자신을 과시하기 위해서 갔고, 세리는 간구하기 위해서 갔다. 하나님은 우리가 거룩한 규례들 속에서 어떠한 마음과 의도를 가지고 하나님을 섬기는지를 보시고, 거기에 따라서 장차 우리를 심판하시리라는 것을 명심하라.

II. 여기에 바리새인이 하나님께 한 말이 나온다(이것은 기도라고 할 수 없다): 그는 서서 이렇게 기도하였다(11-12절). 어떤 이들은 이 본문을 따로 서서 이렇게 기도하였다로 해석하기도 한다. 그는 전적으로 자기 자신에게 열중하여, 자기 자신과 자신을 찬양하는 것 외에는 눈에 보이는 것이 없었고, 하나님께 영광 돌리는 일도 안중에 없었다. 또는, 그는 사람들의 눈에 잘 띄는 곳에 서서 위풍당당하고 거룩한 자세를 취하고 기도하였다고 해석할 수도 있다. 그가 여기에서 말한 내용은 다음과 같은 것들을 보여준다.

1. 그는 자기가 의롭다고 굳게 믿고 있었다. 그는 자기가 한 수많은 선행들을 늘어놓는데, 우리는 그것들이 사실이라고 생각해야 할 것이다. 그는 추악하고 중대한 죄들을 범한 적이 없었다. 그는 토색을 하지 않았고, 고리대금업자도 아니었으며, 채무자나 소작인들을 압제한 자도 아니었고, 오히려 그를 의지해서 살아가는 모든 사람들에게 공정하고 인자하였다. 그는 어떤 일에서도 불의를 저지르지 않았다. 그는 누구에게도 해악을 끼치지 않았다. 그는 사무엘처럼 내가 누구의 소를 배앗았느냐 누구의 나귀를 배앗았느냐 누구를 속였느냐라고 반문할 수 있었다. 그는 간음을 하지도 않았고, 거룩함과 존귀함으로 자기의 아내 대할 줄을 아는 자였다. 하지만 이것이 전부가 아니었다. 그는 이레에 두 번씩 금식하였는데, 이것은 부분적으로 사람들에게 보이기 위한 것이었고, 부

분적으로는 경건의 행위였다. 바리새인들과 그 제자들은 일주일에 두 번씩 월요일과 목요일에 금식하였다. 이렇게 이 바리새인은 그의 몸으로 하나님께 영광을 돌렸다. 그렇지만 이것이 전부가 아니었다. 그는 율법에 따라서 소득의 십일조를 드림으로써 세상적인 재물로써 하나님께 영광을 돌렸다. 이 모든 것은 매우 잘한 일이었고 칭찬받을 만한 일이었다. 이 바리새인의 의에도 미치지 못하는 자들의 처지는 참으로 한심한 것이다. 그렇지만 이 바리새인은 하나님께 열납되지 못하였다. 왜 그는 열납되지 못하였는가? (1) 그가 이것에 대하여 하나님께 감사를 드린 것은 그 자체로 좋은 일이었지만 단지 형식적인 것에 지나지 않았던 것으로 보인다. 그는 바울처럼 내가 나 된 것은 하나님의 은혜로 된 것이라고 말하지 않고, 그것을 약간 바꾸어서, 자기 자신을 과시하고 강한 자부심을 드러내는 교만한 말을 포장하기 위한 그럴 듯한 도입어인 하나님이여 감사하나이다라고 말한다. (2) 그는 마치 성전에서 그가 볼 일은 전능하신 하나님이 그가 얼마나 선한 자인지를 확인해 주는 것이 전부인 것처럼 자신의 선행들을 자랑하고 계속해서 그 주제를 들먹이며 흐뭇해한다. 그는 이사야서에 나오는 외식하는 자들처럼 우리가 금식하되 어찌하여 주께서 보지 아니하시나이까(58:3)라고 말할 준비가 되어 있는 자였다. (3) 그는 자기가 한 일들을 의(義)라고 믿고 그런 것들에 대해서 말을 꺼냈을 뿐만 아니라, 마치 그의 선행으로 말미암아 하나님이 그에게 빚진 자가 되기라도 한 것처럼 그 공로를 내세웠다. (4) 그가 한 말 속에는 기도는 한 마디도 없다. 그는 기도하러 성전에 올라 갔지만, 자신의 용건은 잊어버리고, 자기 자신에게 몰두하여 자기가 선하다는 생각에 도취되어서, 아무것도, 심지어 하나님의 은총과 은혜까지도 구할 필요가 없다고 생각하였다.

2. 그는 다른 사람들을 멸시하였다. (1) 그는 자기 자신을 제외한 다른 모든 사람들을 천하게 여겼다: 나는 다른 사람들과 같지 아니함을 감사하나이다. 그는 마치 모든 인류 중에서 자기가 다른 누구보다도 더 낫다는 듯이 말한다. 물론, 우리가 정말 악하고 야비한 몇몇 사람들과 같지 아니한 것을 하나님께 감사할 이유는 있을 것이다. 그러나 마치 우리만이 선하고 우리를 제외한 다른 모든 사람은 패역한 자들인 것처럼 말하는 것은 사람들을 도매금으로 판단하는 것으로서 우리가 해서는 안 될 일이다. (2) 구체적으로 그는 성전에 들어와서 이방인들의 뜰에 떨어뜨려 놓았던 세리와 그가 속한 무리들을 천하게 여겼다.

그는 자기와 함께 성전에 온 자가 세리라는 것을 알았기 때문에, 그 자가 토색, 불의를 비롯해서 온갖 나쁜 짓을 하는 자라고 아주 무자비하게 단정하였다. 이 모든 것이 사실이었고, 그가 그것을 알고 있었다고 해도, 그가 기도하면서 구태여 그것을 언급할 필요가 과연 있었을까? 그는 이웃들을 비난하는 일 말고는 그의 기도(기도는 바리새인들이 하는 일의 전부였다) 속에서 할 말이 그리도 없었던 말인가? 또한 이것은 그가 하나님이여 감사하나이다라고 감사한 것의 일부였던 것인가? 그리고 그는 자기가 선하다는 것만큼이나 세리가 악하다는 것을 기뻐하였던 것인가? 바리새인에게 겸손과 자비가 결여되어 있었을 뿐만 아니라 교만과 악의가 그를 지배하고 있었다는 것을 이것만큼 더 분명하게 보여주는 증거는 없을 것이다.

Ⅲ. 여기에 세리가 하나님께 드린 말이 나온다. 그것은 교만과 허례허식에 가득 차 있었던 바리새인의 말과는 정반대로 겸비와 자괴감으로 가득 차 있다. 바리새인의 말은 자기 자신과 자신의 의로움 및 부족함이 없는 것에 대한 자부심으로 꽉 차 있었던 것과는 반대로, 세리의 말은 죄에 대한 회개와 하나님을 향한 간절한 심정으로 가득 차 있다.

1. 세리는 자신의 행동을 통해서 회개와 자괴감을 표현하였다. 그가 기도를 드릴 때에 취한 자세는 매우 진실하고 겸손한 마음을 그대로 표현한 것으로서 통회하고, 참회하며, 순종하는 마음을 그대로 드러내 주는 겉모습이었다. (1) 세리는 멀리 서서 기도하였다. 바리새인도 서서 기도하였지만, 가능한 한 사람들보다 더 높이 우뚝 서기 위해서 성전 뜰의 맨윗쪽에 가서 섰다. 세리는 자기가 하나님께 가까이 나아갈 자격이 없다고 여겨서 멀찍이 떨어져 있었는데, 아마도 세리는 자기를 경멸의 눈길로 주시하던 이 바리새인의 신경을 건드려서 그의 기도를 방해하지 않기 위해서 멀찍이 떨어져 있었던 것 같다. 이렇게 함으로써 세리는 하나님께서 자기를 멀찍이 두셔서 영원히 가까이 하지 않으셔도 합당한 일인데도, 자기가 이렇게 가까이 갈 수 있도록 허용해 주신 것만도 큰 은총이라고 고백한 셈이다. (2) 세리는 유대인들이 기도할 때에 보통 그러하듯이 하늘을 향하여 손을 들기는커녕 감히 눈을 들어 하늘을 쳐다보지도 못하였다. 그는 거룩한 소원을 가지고 자신의 마음을 들어서 하늘에 계신 하나님을 바라보았지만, 밀려오는 부끄러움과 자괴감으로 인해서 거룩한 확신과 용기로써 눈을 들지는 못하였다. 그의 죄악들이 무거운 짐으로 그의 머리를 짓누르고 있

없었기 때문에, 그는 우러러볼 수 없었다(시 40:12). 그의 표정이 우울한 것은 자신의 죄를 생각할 때에 밀려오는 마음속의 우울함이 겉으로 표현된 것이다. (3) 세리는 자기가 저지른 죄로 인하여 자기에 대한 거룩한 분노로 가슴을 쳤다: "나의 이 악한 가슴, 모든 죄악의 물결이 흘러나오는 이 독이 든 샘을 이렇게 쳐야만 나는 그 실상을 깨달을 수 있을 것 같아." 죄인의 마음이 먼저 회개하며 죄인을 책망한다. 다윗은 그의 마음에 자책하였다(삼하 24:10). 죄인아, 너는 어쩌자고 이런 짓을 하였느냐? 그러면 죄인은 참회와 회한 가운데서 가슴을 치게 되는 것이다: 오호라 나는 곤고한 사람이로다. 에브라임은 뉘우친 후에 그의 볼기를 쳤다고 한다(렘 31:19). 몹시 슬퍼하며 애곡하는 자들은 가슴을 치는 것으로 묘사된다(나 2:7).

2. 세리는 자신의 말을 통해서 회개와 자괴감을 표현하였다. 그의 기도는 짧았다. 그는 두려움과 부끄러움으로 인해서 많은 말을 할 수 없었다. 한숨과 탄식으로 인해 말이 나오지 않았다. 그러나 그가 말한 내용은 아주 적절한 것이었다: 하나님이여 불쌍히 여기소서 나는 죄인이로소이다. 그런데 하나님께 감사한 것은 이 기도가 응답받은 기도로 성경에 기록되었다는 것이다. 그리고 우리는 이 기도를 드린 세리가 의롭다 하심을 얻고서 집으로 돌아갔을 것이라고 확신한다. 따라서 우리도 그렇게 기도하면 예수 그리스도로 말미암아 그렇게 될 것이다: "하나님이여 불쌍히 여기소서 나는 죄인이로소이다. 무한한 긍휼을 지니신 하나님이여 나를 불쌍히 여기소서 그렇지 않으면, 나는 영원히 멸망받게 되고 영원히 비참하리이다. 하나님이여 나를 불쌍히 여기소서 나는 지금까지 나 자신에 대하여 잔인하게 대해 왔나이다." (1) 세리는 하나님 앞에서 본성적으로 죄인일 뿐만 아니라 실제의 행위들을 통해서 죄를 지었다는 것을 고백한다. 보소서 나는 비천하오니 무엇이라 주께 대답하리이까? 바리새인은 자기가 죄인이라는 것을 부인하였다. 그의 이웃 사람들 중에서 아무도 그가 어떤 죄를 지었다고 고소할 수 없었고, 바리새인 자신도 어떤 잘못으로 자신을 고소할 이유를 찾지 못하였다. 그는 정한 자였고, 죄에서 깨끗한 자였다. 그러나 세리는 아무리 살펴보아도 자기가 죄인, 곧 하나님의 법정에서 유죄선고를 받은 범죄자로밖에는 보이지 않았다. (2) 세리는 하나님의 긍휼 외에는 의지할 것이 없었기 때문에, 오직 그것만을 의지하였다. 바리새인은 그가 한 금식들과 그가 낸 십일조의 공로를 내세웠었다. 그러나 이 불쌍한 세리는 자신의 공로에

대해서는 아예 생각조차 할 수 없었기 때문에, 하나님의 긍휼이라는 도피성으로 달려가서, 그 제단의 뿔을 부여잡을 뿐이었다. "율법으로 말하면, 나는 정죄를 받아 죽을 수밖에 없사오니, 내가 살 길은 오직 긍휼, 긍휼뿐입니다." (3) 세리는 그 긍휼하심을 받기 위하여 진심으로 기도하였다: "하나님이여 나를 불쌍히 여기소서. 내게 자비를 베푸셔서 내 죄를 사하여 주옵소서. 나로 하여금 하나님과 화목하게 하옵시고, 내게 은총을 베푸시며, 나를 은혜로 받아주시고, 나를 있는 그대로 사랑해 주옵소서." 세리는 거의 굶어 죽게 된 거지가 먹을 것을 구걸하는 심정으로 하나님께 나아왔다. 아마도 그는 이러한 기도를 간절한 심정으로 되풀이하고, 동일한 취지의 기도를 여러 가지로 표현하여 간구하며, 자신의 죄들을 구체적으로 고백하고, 자기가 원하는 구체적인 긍휼을 말하며, 하나님의 응답을 기다렸을 것이다. 그러나 그가 드린 모든 기도의 요지는 하나님이여 불쌍히 여기소서 나는 죄인이로소이다라는 것이었다.

Ⅳ. 세리의 기도가 하나님께 열납되었다. 우리는 이제까지 두 사람이 하나님께 얼마나 다른 기도를 드렸는지를 살펴보았다. 이제 과연 그들의 기도가 하나님께 열납되었는지를 살펴볼 차례이다. 바리새인을 소리 높여서 칭찬한 사람들이 있어서 바리새인은 흐뭇한 기분으로 집에 돌아갔을 것이고, 흐느끼는 천한 세리의 모습을 비웃는 눈초리로 바라본 사람들도 있었을 것이다. 그러나 모든 자들의 마음을 훤히 다 아시고 모든 자들이 무엇을 원하는지도 아시며 모든 사람의 비밀을 낱낱이 다 아시고 하늘의 법정에서 일어나는 모든 일들도 완벽하게 알고 계시는 우리 주 예수께서는 저 바리새인이 아니라 이 불쌍한 세리, 참회하며 통회하는 심령을 지닌 세리가 의롭다 하심을 받고 그의 집으로 내려갔다고 말씀하신다. 바리새인은 둘 중의 한 사람만이 의롭다 하심을 받을 것이며, 분명히 그 사람은 세리가 아니라 자기일 것이 틀림없다고 생각하였다. 그러나 그리스도께서는 이렇게 말씀하신다: "아니라, 내가 너희에게 이르노니, 곧 내가 모든 것을 걸고 단언하노니, 의롭다 하심을 받은 자는 바리새인이 아니라 세리니라." 교만한 바리새인은 하나님에게서 거절당하고 총총걸음으로 사라졌다. 바리새인이 드린 감사는 하나님 앞에 열납되기는커녕 가증스러운 것이었다. 그는 의롭다 하심을 받지 못하였고, 그의 죄는 사함받지 못하였으며, 그는 정죄함에서 건지심을 받지 못하였다. 그는 자기가 보기에 의로웠기 때문에 하나님이 보시기에 의로운 자로 열납되지 못한 것이다. 그러나

세리는 자기를 낮추고 겸비한 태도로 하나님께 기도 드림으로써 죄 사함을 받았다. 이 바리새인은 세리를 자기 집의 개들만도 못한 자로 여겼지만, 하나님은 이 세리를 그의 집의 자녀로 대우하셨다. 일이 이렇게 된 이유는 하나님은 교만한 자를 대적하시되 겸손한 자들에게는 은혜를 주시기 때문이다. 1. 스스로를 높이는 교만한 자들은 하나님과 경쟁하는 자들이기 때문에 반드시 낮아지게 될 것이다. 하나님은 욥과 말씀하시면서 모든 교만한 자를 발견하여 낮아지게 하는(욥 40:12) 근거로서 그가 하나님이라는 사실을 제시하신다. 2. 스스로를 낮추는 겸손한 자들은 하나님께 복종하는 자들이기 때문에 높아지게 될 것이다. 하나님은 그들이 높아지는 것을 은혜로 받아들이는 자들을 위해서는 높아짐을 준비해 두고 계시지만, 그들이 높아지는 것을 당연한 것으로 여겨서 마치 빚쟁이처럼 요구하는 자들을 위해서는 높아짐을 준비해 두고 계시지 않으신다. 겸손한 자는 높아져서 하나님의 사랑 속으로 들어가서 하나님과 친교를 나누게 될 것이고, 모든 것이 충족한 상태로 높아질 것이며, 결국에는 들어올려져서 천국에 들어가게 될 것이다. 죄를 짓는 자는 합당한 형벌을 받는다: 자기를 높이는 자는 낮아지리라. 도리를 다한 자는 합당한 보상을 받는다: 자기를 낮추는 자는 높아지리라. 또한 악을 선으로 바꾸시는 하나님의 은혜를 보라. 세리는 큰 죄인이었지만, 큰 죄에서 큰 회개가 나왔다. 먹는 자에게서 먹는 것이 나왔다(삿 14:14). 이와는 반대로, 선을 악으로 바꾸는 사탄의 악의를 보라. 바리새인이 토색하거나 불의를 저지른 자가 아니었다는 것은 선한 것이었다. 그러나 마귀는 그를 이것으로 인하여 교만하게 만들어서 파멸로 이끌었다.

¹⁵사람들이 예수께서 만져 주심을 바라고 자기 어린 아기를 데리고 오매 제자들이 보고 꾸짖거늘 ¹⁶예수께서 그 어린아이들을 불러 가까이 하시고 이르시되 어린아이들이 내게 오는 것을 용납하고 금하지 말라 하나님의 나라가 이런 자의 것이니라 ¹⁷내가 진실로 너희에게 이르노니 누구든지 하나님의 나라를 어린아이와 같이 받아들이지 않는 자는 결단코 거기 들어가지 못하리라 하시니라

이 이야기는 우리가 이미 마태복음과 마가복음에서 살펴본 바 있다. 세리에 관한 비유 직후에 그 비유를 통해서 예시된 진리, 즉 스스로를 낮추고 겸비한 자들이 하나님께 열납되어 영광을 받으며 그들을 위하여 그리스도께

서는 최고의 축복들을 준비해 두고 계신다는 진리를 확증해 주는 것으로서 이 이야기가 나오는 것은 매우 적절하다. 좀 더 살펴보자.

1. 그리스도 안에서 복을 받은 자들은 자녀들도 그리스도 안에서 복을 받게 되기를 원하여야 한다. 이렇게 하는 것은 그들이 그리스도를 진정으로 높여서 그에게 영광을 돌리고자 하는 마음이 있다는 것과 자녀들의 영혼에 대한 관심을 가짐으로써 자녀들을 진정으로 사랑한다는 것을 보여주는 증거가 된다. 그들은 어린 아기들, 즉 어떤 이들이 생각하는 것처럼 너무 어려서 걷지도 못하는 젖 먹는 아기들을 그리스도께 데려왔다. 그리스도께서는 그를 섬길 수 없는 자들에게도 어떻게 인자하심을 베풀지를 아시기 때문에, 아무리 작고 어리더라도 그리스도께 데려오지 못할 아이는 없다.

2. 그리스도께서 한 번만 사랑스럽게 어루만져 주셔도 어린아이들은 기뻐한다. 사람들은 예수께서 만져 주심을 바라고 자기 어린 아기를 데리고 왔다. 그리스도께서 만져 주시는 것은 그의 은혜와 성령을 주신다는 표시였다. 왜냐하면, 성령은 그리스도의 축복의 통로였고, 사람들은 그것을 알고 있었기 때문이다. 이사야 44:3을 보라: 나는 나의 영을 네 자손에게, 그런 후에 나의 복을 네 후손에게 부어 주리라.

3. 사람들이 자기 자신이나 자신의 자녀들을 위하여 예수 그리스도께 호소하러 나왔다가 심지어 그들의 편이 되어 주고 격려해 주어야 할 자들로부터 낙심되는 말을 듣게 되는 것은 이상한 일이 아니다. 제자들은 이 일을 보았을 때에 이런 일을 허용한다면 주님이 끊임없이 성가시게 될 것이라고 생각해서 사람들을 꾸짖고 눈쌀을 찌푸렸다. 이것은 아가서에서 배우자가 사랑하는 자를 찾아 헤매다가 성 안을 순찰하는 자들을 만나서 그들에게 불평하는 격이었다(아 3:3). 7절을 보라.

4. 제자들이 꾸짖은 자들을 주님은 초청하신다. 제자들의 저지를 받고 물러나려고 하던 어린아이들을 주님은 **부르셨다**. 그들은 제자들이 저지한다고 주님께 호소한 것이 아니었지만, 주님께서는 그들이 거절당한 것을 알고 계셨다.

5. 어린아이들을 그에게 가까이 오게 하셔서 그들을 그의 영광을 위한 산 제물로 삼고자 하시는 것이 그리스도의 마음이었다: "어린아이들이 내게 오는 것을 용납하고 금하지 말라. 어린아이들이 오는 것을 방해하는 짓을 아무것도 하지 말고, 그들을 다른 사람들처럼 환영하라." 이 약속은 우리와 우리 자녀에게 하

신 것이다. 그러므로 약속된 축복들을 나누어 주시는 주님께서는 우리에게 그 분께로 오는 어린아이들을 환영하라고 명하신다.

6. 자유인들의 자녀가 자유인들인 것과 마찬가지로, 하나님의 나라에 속한 자들의 자녀는 그 나라에 속한 자들이다. 부모가 눈에 보이는 교회의 지체들이면, 그 자녀들도 그러하다. 뿌리가 거룩하면 가지들도 거룩하기 때문이다.

7. 어린아이들이 그리스도께서 환영을 받았듯이, 어린아이의 성품을 가장 많이 가진 성인들이 그리스도께 가장 많이 환영을 받는다(17절): 누구든지 하나님의 나라를 어린아이와 같이 받아들이지 않는 자는 결단코 거기 들어가지 못하리라. 즉, 바리새인처럼 자신의 공로를 내세우는 자가 아니라 세리처럼 값없이 거저 주시는 은혜에 자기가 빚졌다고 기쁘게 고백하며 겸비와 감사로써 하나님 나라의 은택들을 받아들이는 자만이 그 나라에 들어가게 될 것이다. 사람이 이와 같이 자신을 부인하는 태도를 갖지 않는다면, 그는 그 나라에 결단코 들어가지 못하리라. 사람들은 하나님의 나라를 어린아이들처럼 받아들여야 한다. 즉, 그 나라를 돈을 주고 구입하는 것이 아니라 유업(遺業)으로 받고 그 유업을 아버지의 선물이라고 해야 한다.

[18]어떤 관리가 물어 이르되 선한 선생님이여 내가 무엇을 하여야 영생을 얻으리이까 [19]예수께서 이르시되 네가 어찌하여 나를 선하다 일컫느냐 하나님 한 분 외에는 선한 이가 없느니라 [20]네가 계명을 아나니 간음하지 말라, 살인하지 말라, 도둑질하지 말라, 거짓 증언 하지 말라, 네 부모를 공경하라 하였느니라 [21]여짜오되 이것은 내가 어려서부터 다 지키었나이다 [22]예수께서 이 말을 들으시고 이르시되 네게 아직도 한 가지 부족한 것이 있으니 네게 있는 것을 다 팔아 가난한 자들에게 나눠 주라 그리하면 하늘에서 네게 보화가 있으리라 그리고 와서 나를 따르라 하시니 [23]그 사람이 큰 부자이므로 이 말씀을 듣고 심히 근심하더라 [24]예수께서 그를 보시고 이르시되 재물이 있는 자는 하나님의 나라에 들어가기가 얼마나 어려운지 [25]낙타가 바늘귀로 들어가는 것이 부자가 하나님의 나라에 들어가는 것보다 쉬우니라 하시니 [26]듣는 자들이 이르되 그런즉 누가 구원을 얻을 수 있나이까 [27]이르시되 무릇 사람이 할 수 없는 것을 하나님은 하실 수 있느니라 [28]베드로가 여짜오되 보옵소서 우리가 우리의 것을 다 버리고 주를 따랐나이다 [29]이르시되 내가 진실로 너희에게 이르노니 하나님의 나라를 위하여 집이나 아내나 형제나 부모나 자녀를 버린 자는 [30]

현세에 여러 배를 받고 내세에 영생을 받지 못할 자가 없느니라 하시니라

이 단락에는 다음과 같은 내용들이 나온다.

I. 그리스도께서 천국 가는 길에 대하여 그에게 지도를 받고자 한 선한 마음을 지닌 한 관원과 대화를 나누심. 좀 더 자세하게 살펴보자.

1. 세상에서 신분이 높은 자가 그와 같은 신분에 있는 다른 사람들과는 달리 자신의 영혼과 내세에 관하여 관심을 갖고 있는 것을 보는 것은 복된 일이다. 누가는 그가 관원이었다는 것을 특별히 언급한다. 관원들 중에서 그리스도를 존경한 자는 거의 없었는데, 여기에 나오는 관원은 그리스도를 존경하는 자였다. 그가 유대 교회에서 신분이 높았는지 아니면 유대 나라의 관원이라는 신분을 지니고 있었는지는 본문에 나와 있지 않지만, 어쨌든 그는 권세를 지닌 자였다.

2. 어떻게 하여야 천국에 갈 수 있느냐 하는 것은 우리 모두가 묻고 싶은 중요한 일이다: 내가 무엇을 하여야 영생을 얻으리이까. 이 말은 무신론자나 불신자가 갖고 있지 않은 것, 즉 영생에 대한 신앙을 보여주는 것이고, 아무 생각 없이 살아가는 무신경한 세상 사람들이 갖고 있지 않은 것, 즉 어떻게든 영생을 얻어야 하겠다는 관심을 보여주는 것이며, 세상과 육체에만 온 마음을 쏟는 자들이 갖고 있지 않은 것, 즉 영생을 얻기 위해서는 무슨 일이라도 하겠다는 의지를 보여주는 것이다.

3. 영생을 유업으로 받고자 하는 자들은 그들의 선생님, 그들을 가르치시는 선생님 ─ 여기에서 디다스칼레는 이런 뜻이다 ─ 이자 그들을 다스리시는 선생님이신 예수 그리스도께 자기 자신을 의탁해야 한다. 그러면 그들은 반드시 그를 찾게 될 것이다. 천국에 가는 길은 오직 그리스도의 학교에서 천국에 스스로 들어가서 계속해서 머물고 있는 자들에게서 배우는 길밖에는 없다.

4. 그리스도를 선생님으로 모시고자 나아온 자들은 그리스도께서 하나님께로부터 사명을 받으신 자이실 뿐만 아니라 하나님으로서의 선하심을 지니신 자라는 것을 믿어야 한다. 그리스도께서는 이 관원에게 그가 그리스도를 선하다고 말한 것을 제대로 이해하고 있었다면 그리스도를 하나님이라고 불렀어야 했고 실제로 그리스도가 하나님이라는 것을 알게 하고자 하셨다(19절): 네가 어찌하여 나를 선하다 일컫느냐? 네가 아는 바와 같이, 하나님 한 분 외에는 선한 이

가 없느니라. 그렇다면, 너는 나를 하나님으로 보는 것이냐? 네가 그렇게 보았다면, 너는 옳다."

5. 우리의 선생님이신 그리스도께서는 그가 오시기 전에 있었던 천국 가는 길을 변경하신 것이 아니라, 단지 그 길을 더 분명하고 쉽고 편안한 길로 만드시고, 우리가 잘못된 길로 접어들 경우에 대비해서 우리를 구할 길을 마련해 놓으신 것이었다. 네가 계명을 안다. 그리스도께서는 율법과 선지자를 폐하기 위해서가 아니라 더 굳게 세우기 위하여 오셨다. 네가 영생을 유업으로 받고자 하느냐? 네 자신을 계명들로 다스려라.

6. 우리가 행복해지고자 한다면, 우리는 십계명의 두 번째 돌판에 적힌 의무들을 성실하게 지키지 않으면 안 된다. 우리는 아무리 훌륭한 그 어떤 경건의 행위로도 두 번째 돌판에 적힌 의무들을 대신할 수 없다는 것을 명심하여야 한다. 이 계명들을 중대하게 범하지 않은 것으로 충분한 것이 아니다. 우리는 이 계명들을 알되, 그리스도께서 산상수훈을 통해서 설명해 주신 대로 그 계명들의 범위와 영적인 성격을 알아서, 그대로 지켜야 한다.

7. 사람들이 스스로를 무죄하다고 생각하는 것은 무지하기 때문이다. 여기에 나오는 관원도 마찬가지로 그랬다. 그는 이 모든 것들은 내가 어려서부터 다 지키었나이다(21절). 그는 앞에 나온 바리새인과 마찬가지로 자기가 악하다는 것을 알지 못하였다(11절). 그는 자기가 어려서부터 덕을 행하는 길을 따라 살기 시작하여서, 이 날까지 계속하여 왔고, 한 번도 계명을 범한 적이 없었다는 것을 자랑하였다. 만약 그가 하나님의 율법이 미치는 범위와 그 영적인 성격, 그의 마음의 작용들을 알고 있었다면, 즉 그가 잠시라도 그리스도의 제자가 되어서 그리스도에게서 배웠다면, 그는 다음과 같이 정반대로 말하였을 것이다: "이 모든 것들을 나는 어려서부터 생각과 말과 행동으로 범하여 왔나이다."

8. 우리의 영적인 상태를 알려주는 중요한 시금석은 그리스도와 우리의 형제들, 이 세상과 저 세상에 대한 우리의 애정이 어떠한가 하는 것이다. 그리스도께서는 이 시금석으로 관원을 시험하셨다. (1) 그가 그리스도에 대한 진정한 애정을 지니고 있다면, 그는 어떤 대가를 치르고서라도 와서 그를 따르며, 그의 가르침에 귀 기울이고, 그의 훈육에 복종하고자 할 것이다. 기꺼이 주 예수와 운명을 같이하고 어린 양이 어디로 가시든지 그를 따르고자 하지 않는 자는 영생을 유업으로 받지 못할 것이다. (2) 그가 그의 형제들에 대한 진정한 애정을

지니고 있다면, 그는 기회가 있을 때마다 하나님을 대신해서 우리의 재물 중에서 하나님의 몫을 받는 자들인 가난한 자들에게 나눠주고자 할 것이다. (3) 그가 이 세상을 천하게 여긴다면, 그는 하나님의 가난한 자들을 구제하는 데에 꼭 필요한 경우에 그에게 있는 것을 다 파는 데에 주저하지 않을 것이다. (4) 그가 저 세상을 귀하게 생각한다면, 그는 하늘에 있는 보화 이외의 것을 원하지 않을 것이고, 하늘에 쌓여 있는 보화를 그가 이 세상에서 하나님을 위하여 버리고 손해보며 썼던 모든 것에 대한 충분하고도 풍성한 보상으로 여길 것이다.

9. 세상에는 아주 칭찬받을 만한 것을 많이 가지고 있으면서도 한 가지 부족한 것 때문에 멸망받는 자들이 많다. 여기에 나오는 관원도 그랬다. 그는 그리스도께서 제시한 다른 모든 조건들을 흔쾌히 받아들였지만, 그의 재물과 갈라서라는 그리스도의 명령 때문에 그리스도와 갈라섰다: "용서하십시오, 그것만은 안 되겠나이다." 만약 그것이 조건이라면, 협상은 끝났다.

10. 세상에는 그리스도를 떠나기 싫어하면서도 결국에 그를 떠나는 자들이 많다. 그들 속에서 자신의 죄에 대한 자각과 부패성 간의 오랜 싸움 끝에 결국 부패성이 승리를 거두게 된다. 그들은 하나님과 재물을 동시에 섬길 수 없는 것을 매우 유감스럽게 여기면서도, 어느 한 쪽을 버려야 하는 경우에는 세상 재물이 아니라 하나님을 버린다.

II. 그리스도께서 이 기회에 제자들에게 말씀하심. 좀 더 살펴보자.

1. 재물은 많은 사람들에게 천국으로 가는 길에서 커다란 장애가 된다. 그리스도께서는 이 부자가 그를 떠나면서 보인 주저하고 서운해하는 모습을 주목하셨다. 그리스도께서는 심히 근심하는 것을 보시고, 그를 애석히 여기셨다. 그를 애석히 여기는 마음에서 그리스도께서는 재물이 있는 자는 하나님의 나라에 들어가기가 얼마나 어려운지(24절)라고 말씀하신다. 이 관원이 베드로, 야고보, 요한처럼 세상에서 가진 것이 별로 없었다면, 십중팔구 그는 그들처럼 자신의 재물을 버리고 그리스도를 좇았을 것이다. 그러나 큰 재산을 가지고 있었던 것이 그에게 큰 영향을 미쳐서, 그는 그의 전재산을 팔아서 가난한 자들에게 나눠주느니 차라리 그리스도를 떠나는 쪽을 택하였다. 그리스도께서는 부자가 구원받는 것이 어렵다는 것을 매우 강한 어조로 말씀하신다: 낙타가 바늘귀로 들어가는 것이 부자가 하나님의 나라에 들어가는 것보다 쉬우니라(25절). 이

것은 너무도 어렵다는 것을 나타내기 위해서 사용된 속담투의 표현이다.

2. 모든 사람의 마음속에는 이와 같이 이 세상과 거기에 속한 것들에 대한 애착이 있는데, 그리스도께서는 구원을 받기 위해서는 이 세상에 대한 애착을 끊어야 한다고 말씀하셨기 때문에, 천국에 들어가는 것이 참으로 매우 어려운 것이다. 우리가 있는 것을 다 팔든가 아니면 그리스도와 관계를 끊든가 해야 한다면, 도대체 누가 구원을 얻을 수 있나이까(26절). 제자들은 그리스도께서 요구하신 것이 어렵고 불합리하다고 트집을 잡고 있는 것이 아니다. 저 세상에서의 영원한 행복을 기대하는 자들이 그 기대 속에서 이 세상에서 그들에게 소중한 모든 것을 기꺼이 버려야 하는 것은 지극히 합당한 일이다. 그러나 대부분의 사람들의 마음은 이 세상에 대한 애착이 무척 강해서 그것을 버리는 것은 거의 불가능에 가깝다는 것을 제자들은 알고 있다.

3. 우리의 구원의 길에는 전능하신 하나님, 모든 피조된 능력과 지혜에 뛰어나신 하나님의 은혜가 아니면 결코 극복할 수 없는 난관들이 존재한다. 무릇 사람이 할 수 없는 것들(사람이 마음을 세상으로부터 하나님께로 돌리는 것은 바다를 갈라지게 하거나 요단 강을 뒤로 물러나게 하는 것과 같이 전적으로 불가능하다)을 하나님은 하실 수 있느니라. 하나님의 은혜는 사람의 영혼에 역사하여, 굽어지고 비뚤어진 것들을 바로잡으셔서, 처음과는 정반대의 성품을 갖게 하신다. 우리에게 소원을 두고 행하게 하시는 분은 하나님이시다.

4. 우리 속에는 우리가 그리스도를 위하여 버리고 잃은 것, 행하고 고난받은 것에 대하여 떠벌리고자 하는 속성이 있다. 이 속성이 베드로에게 나타났다: 보옵소서 우리가 우리의 것을 다 버리고 주를 따랐나이다(28절). 베드로가 이런 식으로 그리스도를 따르기 위하여 모든 것을 버렸다고 말한 것은 그리스도에 대한 자기 자신과 그의 형제들의 애정을 과장하고 자랑하는 것이 될 수밖에 없었다. 그러나 우리는 그리스도를 따르기 위하여 모든 것을 버렸다고 자랑하기는커녕, 도리어 그런 것은 입 밖에 꺼낼 가치도 없는 일임을 인정하고, 혹시나 모든 것을 버림에 있어서 후회나 주저함이 있지나 않았는지, 또한 버린 재산에 대한 동경심이 나중에 생기지는 않았는지 부끄러워해야 한다.

5. 우리가 그리스도를 위하여 버리거나 바친 것이 무엇이든, 우리의 연약한 점들에도 불구하고, 이 세상과 내세에서 우리에게 풍성한 상급이 분명히 있게 될 것이다(29-30절): 하나님의 나라를 섬기거나 그 나라를 누리는 일에 방해

되지 않도록 하나님의 나라를 위하여 재산이나 혈육으로부터 오는 낙(樂)을 버린 자는 하나님의 성령의 은혜와 위로들, 하나님과의 교통의 즐거움, 선한 양심의 즐거움 등 현세에 여러 배를 받고, 그러한 것들을 귀하게 여겨서 활용하는 자들에게는 그들의 모든 손실을 상쇄하고도 남음이 있는 유익들을 받게 될 것이다. 그렇지만 그것이 전부가 아니다. 내세에서 그들은 이 관원이 염원하였던 것으로 보이는 바로 그것, 즉 영생을 받지 못할 자가 없을 것이다.

[31]예수께서 열두 제자를 데리시고 이르시되 보라 우리가 예루살렘으로 올라가노니 선지자들을 통하여 기록된 모든 것이 인자에게 응하리라 [32]인자가 이방인들에게 넘겨져 희롱을 당하고 능욕을 당하고 침 뱉음을 당하겠으며 [33]그들은 채찍질하고 그를 죽일 것이나 그는 삼 일 만에 살아나리라 하시되 [34]제자들이 이것을 하나도 깨닫지 못하였으니 그 말씀이 감취었으므로 그들이 그 이르신 바를 알지 못하였더라

이 단락에는 다음과 같은 내용들이 나온다.

I. 그리스도께서 그의 고난과 죽음이 가까이 다가왔다는 것과 그 후의 영광스러운 결과에 대하여 제자들에게 미리 알려주심. 그리스도께서는 이러한 일들을 미리 완전히 알고 계셨고, 나중에 제자들이 놀라고 두려워하는 것을 완화시켜 주시기 위하여 미리 알려둘 필요가 있다고 생각하셨다. 여기에는 다른 복음서들에는 기록되어 있지 않은 두 가지 내용이 더 나온다.

1. 여기에서는 그리스도의 고난이 성경을 성취하는 것이라고 말한다. 그리스도께서는 이것을 염두에 두고 고난을 기꺼이 당하고자 하셨다: 인자에 관하여 선지자들을 통하여 기록된 모든 것, 특히 인자가 겪어야 할 고난이 응하리라. 구약의 선지자들 속에 계신 그리스도의 영이 그 받으실 고난과 후에 받으실 영광을 미리 증언하였다(벧전 1:11). 이것은 성경이 하나님의 말씀이라는 것을 입증해 준다. 왜냐하면, 성경은 정확하고 온전하게 성취되었기 때문이다. 또한 이것은 예수 그리스도가 하나님에게서 보내심을 받았다는 것을 입증해 준다. 왜냐하면, 성경이 그리스도 안에서 성취되었기 때문이다. 그리스도는 오실 자였다. 왜냐하면, 메시아에 관하여 예언된 모든 것은 그리스도 안에서 이루어졌기 때문이다. 그리스도께서는 성경의 일점일획도 땅에 떨어지지 않도록 성경을 성취하기 위하여 모든 일에 순종하시고자 한다. 이것은 십자가의 걸림돌이 제거되게

만들고, 십자가에 영광을 부여한다. 이같이 그리스도가 고난을 받을 것이 기록되었으니, 그리스도께서 고난을 받는 것이 합당한 일이었다.

2. 여기에서는 그리스도께서 고난받으시면서 당하신 모욕과 수치를 매우 강조한다. 다른 복음서 기자들은 그가 능욕을 당할 것이라고만 기록하였었다. 그러나 여기에는 인자가 침 뱉음을 당하겠다(휘브리스데세타이)는 것, 즉 그가 모욕과 멸시 등 온갖 치욕을 다 당하게 되리라는 것이 추가되어 있다. 이것은 우리가 죄로 말미암아 하나님의 영광을 손상시킨 것에 대한 하나님의 공의를 그리스도께서 영적인 방식으로 대신 갚으시기 위하여 당하신 그의 고난의 일부였다. 여기에 그리스도께서 당하신 모욕의 구체적인 예로서 침 뱉음을 당하셨다는 것이 나오는데, 이것은 이사야 50:6에 구체적으로 예언되어 있는 것이었다. 그러나 다른 곳에서와 마찬가지로 여기에서도 그리스도께서는 그의 고난과 죽음에 관하여 말씀하시면서 동시에 그의 고난의 두려움과 치욕을 상쇄시키고도 남음이 있는 그의 부활을 예언하셨다: 그는 삼 일만에 살아나리라.

II. 수난 예고를 들은 제자들이 혼란에 빠짐. 그리스도께서 말씀하신 수난 예고는 제자들이 메시야와 그의 나라에 관하여 갖고 있었던 생각들과 정반대되는 것이었고, 그들이 주님으로부터 기대한 것들을 좌절시키는 것이었으며, 그들의 모든 척도를 깨는 것이었기 때문에, 제자들은 이것을 하나도 깨닫지 못하였다(34절).그들의 선입관은 너무도 강했기 때문에 그들은 수난 예고를 문자 그대로 이해하고자 하지 않았고, 또한 다르게 이해할 수도 없었기 때문에 그들은 수난 예고를 전혀 이해하지 못했던 것이다. 수난 예고는 제자들에게 불가사의한 일이었고 수수께끼였는데, 사실 그러했다. 그들은 그리스도께서 하신 말씀이 메시야의 영광과 존귀, 그의 나라를 세우는 것과 조화될 수 없다고 생각하였다. 이 말씀은 그들에게 감춰어진 비밀이었기 때문에, 그들은 그 말씀을 받아들일 수 없었다. 제자들은 구약성서를 수없이 읽어 보았었지만, 메시야의 수치와 죽음을 통해서 뭔가가 성취되리라는 내용을 결코 볼 수가 없었다. 그들은 메시야의 영광에 관하여 말한 예언들에 몰두하였기 때문에, 메시야의 고난에 관하여 말한 예언들을 간과해 버린 것이다. 서기관들과 율법 교사들은 백성들에게 메시야의 고난에 관한 예언들도 주목하게 하여야 했고, 신조들과 요리문답 속에 다른 것들과 마찬가지로 고난에 관한 예언들을 집어넣어야 마땅했지만 그렇게 하지 않았고, 그들의 도식에 맞지 않는다고 여겨서 배제시켜

버렸다. 그러므로 백성들은 성경을 반쪽만 읽고 율법에서와 마찬가지로 예언서들에서도 부분적으로 읽었기 때문에 잘못된 길로 빠져들었다는 것을 명심하라. 그들은 오직 부드러운 말만을 좋아하였던 것이다(사 30:10). 이와 같이 우리도 앞으로 이루어질 예언들을 읽으면서 후일에 교회가 영광스러운 모습으로 될 것에 관한 예언들만을 읽어서 우리의 기대를 부풀게 하기가 너무나 쉽다. 그러면서 우리는 교회가 광야에서 베옷을 입고 있는 모습에 관한 예언들을 간과하고, 그런 것은 다 지나간 일로 제멋대로 치부해 버리고자 하며, 우리에게는 오직 평화롭고 좋은 날들만이 기다리고 있다고 생각해 버린다. 그러므로 우리가 하나님의 나라에 들어가려면 많은 환난을 겪어야 할 것이라는 말씀을 분명하게 들었음에도 불구하고, 환난과 박해가 일어날 때에 우리는 왜 그런 일들이 일어난 것인지를 이해하지 못하고 알지 못한다.

[35]여리고에 가까이 가셨을 때에 한 맹인이 길 가에 앉아 구걸하다가 [36]무리가 지나감을 듣고 이 무슨 일이냐고 물은대 [37]그들이 나사렛 예수께서 지나가신다 하니 [38]맹인이 외쳐 이르되 다윗의 자손 예수여 나를 불쌍히 여기소서 하거늘 [39]앞서 가는 자들이 그를 꾸짖어 잠잠하라 하되 그가 더욱 크게 소리 질러 다윗의 자손이여 나를 불쌍히 여기소서 하는지라 [40]예수께서 머물러 서서 명하여 데려오라 하셨더니 그가 가까이 오매 물어 이르시되 [41]네게 무엇을 하여 주기를 원하느냐 이르되 주여 보기를 원하나이다 [42]예수께서 그에게 이르시되 보라 네 믿음이 너를 구원하였느니라 하시매 [43]곧 보게 되어 하나님께 영광을 돌리며 예수를 따르니 백성이 다 이를 보고 하나님을 찬양하니라

그리스도께서는 어두운 세상에 빛을 가져다주셔서 우리로 하여금 사물들을 볼 수 있게 해주시기 위해서만이 아니라, 눈먼 영혼들의 눈을 뜨게 하셔서 시각 기관을 고쳐주심으로써 사물들을 볼 수 있게 해주시기 위해서 오셨는데, 그리스도께서 육신적으로 눈먼 자들을 많이 고쳐주신 것이 그 증거이다. 여기에는 그리스도께서 여리고 근방에서 맹인의 눈을 뜨게 해주신 사건에 관한 기사가 나온다. 마가복음에도 그리스도께서 여리고에서 나가실 때에 이름이 나와 있는 한 맹인을 고쳐주신 사건에 관한 기사가 나온다(막 10:46). 또한 마태복음에서도 그리스도께서 여리고를 지나가실 때에 맹인 두 사람을 고치신

것에 관하여 말한다(마 20:30). 누가는 여리고에 가까이 가셨을 때에 이 일이 일어난 것으로 말하는데, 이것은 그리스도께서 여리고로부터 나오시고 있던 때로 볼 수도 있고 여리고로 들어가시고 있던 때로 볼 수도 있다. 좀 더 살펴보자.

I. 이 불쌍한 맹인은 길 가에 앉아 구걸하고 있었다(35절). 그는 눈이 멀었을 뿐만 아니라 가난해서 먹고 살 것이 없었고, 도와줄 친척도 없었던 것으로 보인다. 그리스도께서는 인간 세상을 고치고 구원하기 위하여 오셨는데, 이 맹인은 인간 세상의 적나라한 모습을 보여주는 아주 적절한 상징이었다. 인간들은 가난하고 눈 멀었기 때문에 곤고하고 가련하다(계 3:17). 이 맹인은 눈이 멀었기 때문에 일해서 생계를 꾸려나갈 수 없었으므로 앉아서 구걸하고 있었다. 구제를 통해서 도움을 받아야 할 자들은 하나님의 섭리로 인해서 어떻게 해서도 스스로 먹을 양식을 마련할 수 없는 자들이라는 것을 명심하라. 길거리에 있는 그러한 구제 대상을 우리는 그냥 지나쳐서는 안 된다. 그리스도께서는 여기서 한 평범한 걸인에게 자비로운 눈길을 보내셨다. 그러한 걸인들 중에는 가짜들도 있겠지만, 우리는 그들 모두가 가짜들이라고 생각해서는 안 된다.

II. 무리가 지나가는 소리를 듣고 맹인은 이 무슨 일이냐고 물었다(36절). 우리는 이렇게 물은 예를 앞에서는 본 적이 없다. 이것은 무엇을 꼬치꼬치 캐묻는 일은 좋은 것이고, 그렇게 하는 자들은 언젠가는 그렇게 물은 일의 유익을 얻게 되리라는 것을 우리에게 가르친다. 시력이 없거나 나쁜 자들은 청력을 최대한 활용해야 하고, 자신의 눈으로 볼 수 없는 자들은 질문을 함으로써 다른 사람들의 눈을 활용하여야 한다. 이 맹인은 바로 그렇게 함으로써 나사렛 예수께서 지나가신다는 것을 알게 되었다(37절). 그리스도께서 지나가시는 길에 있는 것은 좋은 일이다. 우리 자신을 그리스도께 의탁할 기회가 왔을 때, 우리는 그 기회를 놓치지 말아야 한다.

III. 맹인의 기도 속에는 믿음과 열심이 가득하였다: 다윗의 자손 예수여 나를 불쌍히 여기소서(38절). 그는 그리스도가 다윗의 자손, 즉 약속된 메시야이신 것을 고백한다. 그는 그리스도가 예수, 즉 구주라는 것을 믿었다. 그는 그리스도께서 그를 돕고 구원해 주실 수 있다고 믿고, 그리스도의 은총을 간절하게 구한다: "나를 불쌍히 여기소서. 내 죄를 사하시고, 내 비참한 처지를 불쌍히 여기소서." 그리스도는 긍휼에 풍성하신 왕이시다. 다윗의 자손인 그리스도께 자신을 의탁하는 자들은 그리스도께서 과연 그러하다는 것을 알게 될 것이고, 이 때에 나를 불쌍히 여기소서라고 기도하게 될 것이다. 왜냐하면, 그리스도께서 우리를 불쌍히 여기시면, 모든 것이 해결되기 때문이다.

IV. 그리스도의 은총과 축복을 간절히 구하는 자들은 비록 반대와 힐책을 당한다고 하더라도 그들이 구하는 바를 그만두지 않을 것이다. 그리스도와 함께 길을 가던 자들은 맹인이 시끄럽게 당치 않은 말로 주님을 괴롭히고 있다고 생각해서 그를 꾸짖으며 잠잠하라고 명하였다. 그러나 맹인은 간구를 계속하였다. 오히려 그에게 가해진 제지는 넘쳐흐르는 강물을 막아선 댐과 같은 역할을 해서, 물결은 한층 더 거세지게 되었다. 그가 더욱 크게 소리 질러 다윗의 자손이여 나를 불쌍히 여기소서 하는지라. 기도의 응답을 받고자 하는 자들은 끈질기게 기도하여야 한다. 이 장의 끝에 나오는 맹인에 관한 이 이야기는 이 장의 처음에 나온 과부에 관한 비유와 마찬가지로 항상 기도하고 낙심하지 말아야 할 것을 우리에게 가르쳐 준다.

V. 그리스도께서는 사람들이 눈쌀을 찌푸리는 불쌍한 걸인들을 격려하시고, 자기에게 오라고 초청하시며, 그들을 기꺼이 영접하시고 환영하실 준비가 되어 계신다. 그리스도께서는 명하여 데려오라 하셨다. 그리스도께서는 곤경에 처하여 간구하는 자들에 대하여 온유한 마음과 불쌍히 여기시는 마음을 그를 따르는 어떤 사람들보다도 더 많이 갖고 계신다는 것을 명심하라. 그리스도께서는 비록 길을 가고 계시는 중이었지만 멈춰 머물러 서서 사람들에게 명하여 데려오라 하셨다. 맹인을 저지하던 자들은 이제 그에게 손을 내밀어서 그를 그리스도께 인도하지 않을 수 없었다.

VI. 그리스도께서는 우리가 무엇을 원하는지를 알고 계시지만 우리로부터 직접 그것을 알아내고자 하신다(41절): 네게 무엇을 하여 주기를 원하느냐? 우리는 우리가 원하는 것이나 괴로운 것을 구체적으로 진술해서 하나님 앞에 우리의 사정을 펼쳐 놓음으로써 우리가 구하고 있는 하나님의 긍휼이 얼마나 소중한 것인지를 스스로에게 가르치게 된다. 우리는 반드시 우리가 원하는 것을 구체적으로 아뢰어야 한다. 그렇지 않으면, 우리는 그것을 받기에 합당치 않은 자가 된다. 이 맹인은 그리스도 앞에서 자신의 목숨을 쏟아놓으며 주여 보기를 원하나이다라고 말하였다. 이렇게 우리는 구체적인 문제를 놓고 기도할 때에는 구체적으로 기도하여야 한다.

VII. 그리스도께서 우리를 격려하시며 주신 약속들에 의거해서 드려진 믿음의 기도는 결코 헛되지 않을 것이다. 그러한 기도는 평안의 응답만이 아니라 영광의 응답도 받게 될 것이다(42절). 그리스도께서는 보라 네 믿음이 너를 구원하였느니라고 말씀하셨다. 참된 믿음은 기도의 열심을 낳고, 이 믿음과 열심이 합쳐져서 그리스도의 풍성한 은총의 열매를 받게 될 것이다. 우리가 믿음으로 말미암아 구원을 받게 될 때에 그러한 은총이 동시에 주어지면, 그리스도의 은혜로 인한 기쁨은 갑절이 된다.

VIII. 그리스도의 은혜를 받은 자는 감사히 여겨서 하나님께 영광을 돌려야 한다(43절). 1. 이 불쌍한 맹인은 다시 보게 되자 하나님께 영광을 돌리며 예수를 따랐다. 그리스도께서는 아버지께 영광을 돌리는 것을 자신의 일로 삼으셨다. 하나님께서 그리스도를 찬양하고 그에게 영광을 돌리는 자들을 가장 기뻐하신 것과 마찬가지로, 그리스도께서는 그가 고쳐준 자들이 하나님을 찬양할 때에 가장 기뻐하셨다. 왜냐하면, 우리가 그리스도께서 주님이신 것을 고백하는 것은 하나님 아버지께 영광을 돌리는 것이기 때문이다. 그리스도로 말미암아 눈을 뜬 자들이 그리스도를 따르고자 했듯이, 우리가 그리스도를 따른다면 그것은 하나님께 영광을 돌리는 것이 된다. 2. 이를 본 백성들은 인자(Son of Man)에게 그러한 권능을 주셔서 사람의 아들들(sons of men)에게 은총을 베풀게 하신 하나님을 찬양하지 않을 수 없었다. 우리는 하나님께서 우리 자신에게 베푸신 은혜만이 아니라 다른 사람들에게 베푸신 은혜에 대해서도 하나님께 찬양을 드려야 한다는 것을 명심하라.

제
— 19 —
장

개요

이 장에는 다음과 같은 내용들이 나온다. I. 여리고에서 세리 삭개오가 회심함(1-10절). II. 왕이 그의 종들에게 므나를 맡긴 것과 반역한 백성들에 관한 비유(11-27절). III. 그리스도께서 나귀를 타시고 예루살렘으로 승리의 입성을 하시고(이것은 말 그대로 승리의 개선이었다), 도성의 멸망을 내다보시며 우심(28-44절). IV. 그리스도께서 성전에서 가르치시고, 매매하는 자들을 성전에서 쫓아내심(45-48절).

¹예수께서 여리고로 들어가 지나가시더라 ²삭개오라 이름하는 자가 있으니 세리장이요 또한 부자라 ³그가 예수께서 어떠한 사람인가 하여 보고자 하되 키가 작고 사람이 많아 할 수 없어 ⁴앞으로 달려가서 보기 위하여 돌무화과나무에 올라가니 이는 예수께서 그리로 지나가시게 됨이러라 ⁵예수께서 그 곳에 이르사 쳐다 보시고 이르시되 삭개오야 속히 내려오라 내가 오늘 네 집에 유하여야 하겠다 하시니 ⁶급히 내려와 즐거워하며 영접하거늘 ⁷뭇 사람이 보고 수군거려 이르되 저가 죄인의 집에 유하러 들어갔도다 하더라 ⁸삭개오가 서서 주께 여짜오되 주여 보시옵소서 내 소유의 절반을 가난한 자들에게 주겠사오며 만일 누구의 것을 속여 빼앗은 일이 있으면 네 갑절이나 갚겠나이다 ⁹예수께서 이르시되 오늘 구원이 이 집에 이르렀으니 이 사람도 아브라함의 자손임이로다 ¹⁰인자가 온 것은 잃어버린 자를 찾아 구원하려 함이니라

복음서들에 기록되어 있지 않은 많은 사람들이 그리스도를 믿는 신앙으로 회심하였다는 것은 의심의 여지가 없다. 복음서들은 삭개오의 경우처럼 몇몇 특별한 사람들의 회심만을 기록하였다. 그리스도께서는 여리고를 지나가고 계셨다(1절). 여리고는 저주 아래에서 세워졌지만, 그리스도께서는 자신의 임재를 통해서 이 성을 존귀하게 하셨다. 왜냐하면, 복음은 저주를 제거하기 때문이다. 이 성은 세워지지 않았어야 했지만, 그렇다고 해서 일단 이 성이

세워진 후에는 거기에서 사는 것은 죄가 아니었다. 그리스도께서는 죽은 나사로를 살리기 위해서 요단 저편에서 예루살렘 근방의 베다니로 가고 계셨다. 그는 한 가지 선한 일을 하러 가시는 도중에도 많은 선한 일을 하고자 계획하셨다. 그는 사람들의 영혼과 육신에 선한 일을 하셨다. 여기에는 전자의 예가 나온다. 좀 더 살펴보자.

I. 삭개오는 누구였고 무엇을 하는 사람이었는가? 그의 이름은 그가 유대인이었다는 것을 보여준다. 삭개오, 즉 '작카이'는 유대인들 가운데서 흔한 이름이었고, 그 무렵에 한 유명한 랍비도 이 이름을 지니고 있었다.

1. 삭개오의 직업과 직위: 그는 세리장, 즉 세리들의 우두머리였다. 다른 세리들은 그의 밑에 있는 직원들이었다. 어떤 이들은 그가 로마인들로부터 세관 업무를 위탁받은 징세 도급인이었다고 생각한다. 우리는 복음서에서 세리들이 그리스도께 나아온 것에 관한 기사들을 종종 접하게 된다. 하지만 권세 있는 세리장으로서 그리스도께 나아온 자는 삭개오 한 사람뿐이다. 하나님께서는 온갖 부류의 사람들 중에 그의 남은 자들을 두신다. 그리스도께서는 세리장조차 구원하기 위하여 오셨다.

2. 세상에서 삭개오는 매우 유력한 위치에 있었다: 그는 부자였다. 하급 세리들은 보통 빈털터리들로서 세상에서 가난한 하층민들이었지만, 세리장이었던 삭개오는 큰 재산을 모았다. 얼마 전에 그리스도께서는 부자가 하나님의 나라에 들어가는 것이 얼마나 어려운지를 보여주셨지만, 여기서 잃어버렸지만 다시 찾은 한 부자, 탕자와 같이 모든 것을 탕진해 버리기 전에 다시 찾은 한 부자에 관한 예를 보여주신다.

II. 삭개오는 그리스도께서 지나가시는 길목에 어떻게 오게 되었고, 그리스도와 대면하게 된 계기는 무엇이었는가?

1. 삭개오는 예수에 관한 소문을 많이 들었기 때문에 예수께서 어떠한 사람인가 하여 보고자 하는 큰 호기심을 가지고 있었다(3절). 명성이 자자한 사람들에게는 뭔가 특별한 것이 있을 것이라고 생각해서 그들을 보고 싶어하는 것은 자연스러운 일이다. 어쨌든 보고나면, 적어도 우리는 나중에 우리가 이러이러한 위인들을 본 적이 있다고 말할 수 있을 것이다. 그러나 눈은 보아도 족함이 없다. 우리는 이제 믿음의 눈으로 예수를 보려고 힘써야 하고 그가 누구신지를 보려고 힘써야 한다. 우리는 우리가 예수를 보고자 하나이다라는 심정으로 거룩

한 성례들에 참여하여야 한다.

2. 삭개오는 키가 작고 무리들은 많아서 그리스도를 보고자 하는 자신의 호기심을 충족시킬 수 없었다. 그리스도께서는 스스로를 나타내려고 애쓰지 않으셨기 때문에, 모든 사람들이 그를 볼 수 있도록 하기 위하여 가마에 타서 사람들로 가마를 메게 하는 일(교황이 행차할 때에는 이렇게 한다) 같은 것은 하지 않으셨다. 그리스도 또는 그의 나라는 눈으로 볼 수 있게 임하지 않는다. 그리스도께서는 왕들이 타는 덮개가 없는 병거를 타지 않으셨기 때문에, 보통 사람들처럼 무리 중에 가리어 보이지 않으셨다. 왜냐하면, 지금은 그리스도께서 자신을 낮추시어 굴욕을 받으셔야 하는 낮아지신 때였기 때문이다. 삭개오는 키가 작아서 주변 사람들에 의해서 가리어졌기 때문에 예수를 볼 수 없었다. 키가 작은 사람들 중에는 영혼이 크고 생기 있는 정신을 가진 사람들이 많다. 사울은 주위 사람들보다 머리 하나만큼 더 키가 컸지만, 누구나 다 사울이 되느니 차라리 삭개오가 되려고 하지 않겠는가? 키가 작은 사람들은 키를 조금이라도 더 키워야 하겠다고 생각하지 말라.

3. 삭개오는 그리스도를 보아야 하겠다는 자신의 호기심을 참을 수가 없어서 세리장으로서의 근엄함을 잊어버리고, 소년처럼 앞으로 달려가서 그리스도를 보기 위하여 돌무화과나무에 올라갔다. 진심으로 그리스도를 보고자 하는 자들은 그를 볼 수 있게 해줄 적절한 수단을 활용해야 하고, 상당한 정도의 난관과 반대를 뚫고 나가야 하며, 그를 보기 위한 수고와 아픔을 기꺼이 견뎌야 한다는 것을 명심하라. 그리스도를 보려고 하는데 자기가 키가 작다고 생각하는 자들은 모든 수단을 동원해서 그리스도를 볼 수 있을 정도로 키를 높여야 하고, 그러한 수단들이 자기에게 필요하다는 것과 그리스도를 보기에는 자기의 키가 너무 작다는 것을 인정하기를 부끄러워하지 말아야 한다. 비록 키 작은 난쟁이라고 하더라도 절망하지 말고, 도움을 잘 받아서 목표를 높이 잡고 높은 곳에 도달하여야 한다.

III. 그리스도께서 삭개오를 주목하시고, 더 가깝게 사귀어 보자고 부르셨는데(5절), 그 부르심의 결과는 무엇이었는가(6절)?

1. 그리스도께서는 자청해서 삭개오의 집으로 가셨는데, 거기에서 삭개오가 그를 진심으로 환영할 것을 의심하지 않으셨다. 그리스도께서는 가시는 곳마다 사람들에게 환대를 베푸시기 때문에 사람들은 그를 환영하지 않을 수 없다

고 해야 할 것이다. 그리스도께서는 사람들의 마음을 여셔서, 그를 영접할 마음이 내키게 하신다. 그리스도께서는 나무 위를 쳐다 보시고 삭개오를 보셨다. 삭개오는 그리스도를 보고자 하여서 왔고, 그리스도를 자세히 보고자 결심하였지만, 그리스도께서 자기를 주목하시리라고는 거의 생각지도 못했다. 그것은 그가 도저히 꿈도 꿀 수 없었던 너무도 큰 영광이었고 그에게는 너무도 과분한 영광이었다. 그리스도께서는 그의 선하심을 좇아 먼저 삭개오에게 축복을 베푸셨고, 삭개오가 기대했던 것 이상으로 축복하셨다. 또한 그리스도께서는 아주 미약한 싹을 격려하시고 도우셔서 앞으로 쭉 뻗어나가게 하셨다. 그리스도를 알고자 하는 마음을 지닌 자를 그는 먼저 알아보실 것이고, 그리스도를 단지 보고자 하는 마음을 지닌 자를 그는 자기와 교제하도록 허락하실 것이다. 그리스도께서는 작은 것에 충성한 자들에게 더 큰 것을 맡기실 것임을 명심하라. 그리고 종종 삭개오처럼 단지 호기심으로 그리스도의 말씀을 들으러 온 자들도 그들이 생각했던 것 이상으로 양심의 일깨움을 받고 심령의 변화를 받게 된다. 그리스도께서는 삭개오야라고 그 이름을 부르셨다. 왜냐하면, 그리스도께서는 그의 택하신 자들의 이름을 아시기 때문이다. 그들은 그의 책에 있지 않은가? 삭개오는 나다나엘처럼(요 1:48) 어떻게 나를 아시나이까라고 물었을지도 모른다. 그러나 삭개오가 뽕나무에 올라가기 전부터 그리스도께서는 그를 보았고 아셨다. 그리스도께서는 삭개오에게 속히 내려오라고 명하셨다. 그리스도의 부르심을 받은 자들은 내려와야 한다. 즉, 자신의 의를 내세워서 하늘로 오를 생각을 하지 말고, 스스로를 낮추어 겸비하여야 한다는 말이다. 그리고 속히 서둘러서 내려와야 한다. 지체하는 것은 위험하기 때문이다. 삭개오는 주저하지 않았고 서둘렀다. 그는 그리스도 같은 훌륭한 손님을 자기 집을 모셔야 하는지는 깊이 생각해 볼 필요가 없는 문제라는 것을 알고 있었다. 그는 내려와야 했다. 왜냐하면, 그리스도께서는 오늘 그의 집에 들러서 한두 시간 머무를 의도이셨기 때문이다. 볼지어다 내가 문 밖에 서서 두드리노라.

2. 삭개오는 자기 집에 그런 영광이 임한 것을 몹시 기뻐하였다(6절): 그는 급히 내려와 즐거워하며 영접하였다. 그가 그리스도를 그의 집으로 영접한 것은 그가 그리스도를 그의 마음속에 영접했음을 보여주는 표시였다. 그리스도께서 우리를 부르실 때에 우리는 속히 그의 부르심에 응답하여야 하고, 그리스도께서 우리에게 오실 때에 우리는 그를 즐거워하며 영접하여야 한다. 문들아, 너희

머리를 들지어다. 우리는 모든 선한 것들을 가져오시는 그리스도를 즐거워하며 영접하는 것이 마땅하다. 그리스도께서 우리 영혼을 차지하시면, 거기에서 기쁨의 샘이 열려서 영원토록 흘러넘칠 것이다. 우리가 연인으로서 변명을 늘어놓을 때면 그리스도께서 얼마나 자주 내게 문을 열어다오(아 5:2-3)라고 우리에게 말씀하셨던가! 삭개오가 적극적으로 그리스도를 영접한 것을 보면, 우리는 부끄러움을 느끼지 않을 수 없다. 지금 우리는 그리스도를 우리 집으로 모셔 들여서 대접할 수는 없지만, 그의 제자들을 대접할 수는 있다. 그리스도께서는 우리가 그의 제자들에게 베푼 것을 그리스도 자신에게 베푼 것으로 여기신다.

Ⅳ. 그리스도와 삭개오 간의 이러한 다정한 인사를 보고 백성들은 화를 냄. 마음이 편협하고 남을 비판하기를 좋아하는 이 유대인들은 수군거리며, 저가 죄인의 집에 유하러 들어갔도다고 말하였다. 그들 자신은 죄인들이 아니었단 말인가? 죄인들을 찾아서 구원하시는 것이 그리스도께서 이 세상에 오신 목적이 아니었던가? 그러나 사람들은 삭개오를 여리고에 사는 모든 사람들 중에서 가장 큰 죄인, 상종 못할 죄인이라고 생각하였다. 어쨌든 그리스도께서 그의 집에 가신 것을 비난하는 것은 매우 부당한 일이었다. 그 이유는 다음과 같다.

1. 삭개오는 세리였고 세리들 중 다수는 나쁜 사람들이었지만, 그렇다고 해서 세리들이 모두 나쁜 사람들이라고 결론을 내리는 것은 잘못된 것이다. 우리는 사람들을 도매금으로 또는 통상적인 평판을 따라서 정죄하지 않도록 조심하여야 한다. 왜냐하면, 하나님의 법정에서는 각 사람이 자기가 행한 대로 심판을 받게 될 것이기 때문이다.

2. 삭개오는 전에는 죄인이었지만, 그렇다고 해서 그가 지금도 예전처럼 나쁜 사람이라고 결론을 내리는 것은 잘못된 것이다. 사람들은 삭개오의 과거의 삶이 나쁘다는 것을 알고 있었지만, 그리스도께서는 그의 현재의 삶이 선하다는 것을 아셨을 것이다. 하나님은 사람들에게 회개의 여지를 허용하시기 때문에, 우리도 그렇게 해야 한다.

3. 삭개오가 지금 죄인이라고 하더라도, 사람들은 그리스도께서 그의 집에 가시는 것을 비난해서는 안 된다. 왜냐하면, 그리스도께서는 죄인에게 손해를 입거나 다칠 위험이 없을 뿐만 아니라 도리어 죄인에게 선을 행하실 가능성이 크기 때문이다. 의사가 병자에게 가지 않으면 어디로 가겠는가? 질한 일이 어

떻게 잘못 해석될 수 있는지를 보라.

V. 삭개오는 자기가 과거에는 죄인이었지만 지금은 진정으로 회개하고 회심한 자가 되었다는 증거들을 공개적으로 보여줌(8절).　삭개오는 자기가 행한 일들을 자랑했던 저 바리새인과는 달리 자신의 행위를 내세워서 의롭다 하심을 받고자 기대하지 않았고, 하나님의 은혜로 말미암아 된 그의 믿음과 회개의 진실성을 자신의 선행들을 통해서 입증하고자 하였다. 여기서 삭개오는 자기가 어떤 결심을 하였는지를 선언한다. 그는 그리스도께서 그의 집에 오시는 것을 보고 수근거렸던 백성들이 보고 들을 수 있도록 하기 위해서 서서 이러한 선언을 하였다. 삭개오는 믿음만이 아니라 회개도 입으로 시인하였다. 그가 서서 말하였다는 것은 그가 말한 것은 진지하고 엄숙한 것으로서 하나님에 대한 서약의 성격을 띠었다는 것을 보여준다. 삭개오는 그리스도께 이 서약을 하였다. 그는 백성들(이들은 그의 재판장이 될 수 없었다)에게가 아니라 하나님께 서약하였고, 하나님의 법정에서 하는 것처럼 서서 하였다. 우리도 선한 일을 행할 때에는 하나님께 하는 것처럼 하여야 한다. 우리는 우리의 결백과 우리의 모든 선한 의도와 결심을 하나님께 호소해서 하나님으로부터 인정을 받아야 한다. 삭개오는 그의 삶에 변화가 있음을 보여줌으로써 그의 마음에 변화가 있다는 것(이것이 회개이다)을 드러내었다. 그가 한 결심들은 십계명의 두 번째 돌판에 속한 의무들과 관련된 것들이었다. 그리스도께서는 언제나 그러한 의무들을 매우 강조하셨다. 그리고 그 의무들은 삭개오의 처지에 어울리는 것들이었다. 이 의무들을 행함으로써 우리는 우리의 회개가 진실되다는 것을 가장 잘 드러낼 수 있다.

1. 삭개오는 많은 재산을 가지고 있었다. 그는 지금까지는 자기 자신을 위하여 보화를 쌓아둠으로써 자기 자신을 해치고 있었다. 하지만 이제 그는 전적으로 하나님을 바라보는 가운데 그 재산으로 다른 사람들에게 선을 행하기로 결심한다: 주여 보시옵소서 내 소유의 절반을 가난한 자들에게 주겠나이다. 그는 "내가 죽을 때에 유언을 통해서 내 소유를 주겠다"고 말한 것이 아니라 "내 소유를 지금 주겠다"고 말한 것이다. 아마도 그는 앞서 그리스도께서 부자 관원에게 그의 소유를 전부 팔아서 가난한 자들에게 주라는 시험(試驗) 성격을 띤 명령을 하셨고 그 부자 관원이 그것 때문에 그리스도에게서 떠났다는 것을 전해 들었던 것 같다(마 19:21). 삭개오는 말한다: "그러나 나는 그렇게 하지

않을 겁니다. 나는 그 말씀이 나오자마자 거기에 동의할 겁니다. 내가 지금까지는 가난한 자들에게 냉정하였지만, 이제는 그들을 구제할 것이고, 지금까지 못했던 것을 보상하는 차원에서 내 소유의 절반을 가난한 자들에게 주겠나이다." 소유의 절반은 경건과 자선의 사업에 내놓는 재산치고는 무척 큰 액수였다. 유대인들은 매년 수입의 1/5을 경건한 용도를 위하여 내놓는 것이 아주 적절하다고 흔히 말하였고, 율법도 그 정도의 액수를 바치도록 규정하였다. 그러나 삭개오는 이것보다 훨씬 더 많은 액수인 소유의 절반을 가난한 자들에게 주겠다고 했는데, 그러기 위해서는 모든 것을 절약하지 않을 수 없게 될 것이었다. 이렇게 절약하고 검소하게 살아야만 남는 돈으로 그는 많은 사람들을 구제할 수 있을 것이다. 우리가 좀 더 절제하고 극기하는 삶을 살아간다면, 우리는 더 많은 구제를 할 수 있게 될 것이다. 우리가 적은 것으로 만족할 수 있다면, 우리는 궁핍한 사람들에게 더 많은 것을 줄 수 있게 될 것이다. 삭개오는 그의 회개의 열매로서 이런 말을 하였다. 하나님께 회심한 자들은 가난한 자들을 구제하는 것이 합당한 일이라는 것을 명심하라.

2. 삭개오는 자신의 모든 소유를 정직하고 정당하게 얻은 것이 아니라 일부는 정직하지 않은 부당한 방법으로 얻은 것임을 스스로 시인하고, 그러한 방법으로 얻은 것들에 대해서는 배상을 하겠다고 약속한다: "만일 누구의 것을 속여 빼앗은 일이 있으면, 또는 내가 세리로서 내 일을 하는 과정에서 어떤 사람에게 정해진 세보다 더 많이 거두어들이는 잘못을 했다면, 네 갑절이나 갚겠나이다." 네 갑절은 도둑질한 사람이 배상해야 할 액수였다(출 22:1). (1) 삭개오는 자기가 잘못했다는 것을 솔직하게 시인한 것으로 보인다. 세리로서의 그의 직책은 그에게 정부의 비위를 맞추기 위해서 상인들에게 세금을 강제로 부과하여 나쁜 짓을 할 기회를 주었다. 진정으로 회개한 자들은 하나님 앞에서 자기가 죄인임을 고백할 뿐만 아니라, 그들이 구체적으로 범했던 죄악들, 세상에서 사업이나 직업상으로 늘 저질러왔던 죄악들을 반성하여야 한다. (2) 삭개오는 사람들을 속여 빼앗는(거짓 송사를 통해서 사람들의 재물을 빼앗는) 잘못을 저질렀었다. 이것은 세례 요한이 특별히 지적하였던 죄로서 세리들이 흔히 빠지기 쉬운 유혹이었다(3:14). 세리들은 정치가 어떻게 돌아가는지를 잘 알고 있어서, 수입을 올리기 위해서는 수단방법을 가리지 않았기 때문에, 그런 것들을 악감을 품은 자에게 복수하는 기회로 삼기도 하였다. (3) 삭개오는 자

기가 누구의 것을 속여 빼앗은 일이 생각나거나 장부를 뒤져서 찾아낸다면 네 갑절로 갚겠다고 약속한다. 그는 "내가 소송을 당해서 배상을 해야 한다면 배상하겠나이다"(어떤 사람들은 도저히 발뺌할 수 없을 때가 되면 정직해진다)라고 말하지 않았다. 그는 자발적으로 그렇게 하겠다고 말한다: 내가 먼저 나서서 적극적으로 배상하겠다는 말이다. 잘못했다고 확신하는 자들은 배상하는 것 외에는 그들의 회개의 진실성을 증명할 수 없다는 것을 명심하라. 삭개오는 자기 소유의 절반을 가난한 자들에게 주는 것으로 그가 지금까지 해왔던 잘못을 보상할 수 있다고 생각하지 않았다. 하나님은 번제를 드리기 위하여 강탈하는 것을 미워하시기 때문에, 우리는 먼저 정의를 행하고, 그런 후에 자비를 사랑해서 구제해야 한다. 우리의 것이 아닌 것으로 구제하는 것은 자선이 아니라 위선이다. 우리가 정직하게 벌지 않은 재물을 우리의 것으로 생각해서는 안 되고, 우리의 모든 빚을 갚거나 잘못을 해서 배상하는 데에 사용되어야 하는 재물을 우리의 것으로 생각해서는 안 된다.

VI. 그리스도께서 삭개오의 회심을 인정하시고 받아들이심으로써 죄인의 집에 간다는 비난에서 벗어나심(9-10절).

1. 삭개오는 이제 복된 자로 선언된다. 이제 그는 죄에서 돌이켜서 하나님께로 돌아왔다. 이제 그는 그리스도를 자기 집으로 영접하였고, 정직하고 자비로우며 선한 자가 되었다: 오늘 구원이 이 집에 이르렀도다. 그는 회심함으로써 실제로 구원받았는데, 그의 죄들과 죄책과 죄의 권세로부터 구원받았다. 구원의 모든 은택들이 이제 그의 것이 되었다. 그리스도께서 그의 집에 오셨다. 그리스도께서 오실 때에는 항상 구원을 가져다 주신다. 그리스도는 삭개오처럼 그를 시인하는 모든 자들에게 영원한 구원의 근원이 되신다. 그렇지만 이것이 전부가 아니다. 구원이 오늘 이 집에 이르렀다. (1) 삭개오는 회심함으로써 이전보다 더 그의 집에 복이 될 것이다. 그는 그의 집에 은혜와 구원을 가져다 줄 것이다. 왜냐하면, 그는 이제 진정으로 아브라함의 자손이 되어서, 아브라함처럼 그의 가솔들에게 여호와의 법도를 지키도록 가르칠 것이기 때문이다. 자기 집을 위하여 부당한 이익을 취하는 자는 자기 집에 화를 가져오는 자이지만(합 2:9), 가난한 자들에게 구제하는 자는 자기 집에 유익을 행하는 자로서, 적어도 현세에서는 자기 집에 복과 구원을 가져다 준다(시 112:3). (2) 삭개오가 그리스도께 나아옴으로써, 그의 가족도 그리스도와 관계를 맺게 되었고, 그의 자

녀들은 그리스도의 교회의 지체들로 받아들여져서, 구원이 그의 집에 이르른 것이다. 삭개오는 아브라함의 자손이 되었기 때문에 아브라함에게 주신 하나님의 언약의 적용을 받아서, 아브라함의 그 복이 믿음으로 말미암아 이방인들이나 다름없는 세리들에게 임하여, 하나님은 그들에게와 그들의 자녀들에게 하나님이 되실 것이었다. 그러므로 간수장이 주 예수를 믿으라 그리하면 너와 네 집이 구원을 받으리라(행 16:31)는 말씀을 들었던 것과 마찬가지로, 삭개오가 믿었을 때에 구원이 그의 집에 임하였다. 삭개오는 나면서부터 아브라함의 자손이었지만, 세리였기 때문에 이방인 취급을 받았다. 세리와 이방인은 동일하게 취급되었던 것이다(마 18:17). 그래서 유대인들은 삭개오와 교제하기를 꺼렸고, 그리스도께서도 그렇게 하셔야 한다고 그들은 생각하였다. 그러나 삭개오는 자기가 진정으로 회개함으로써 마치 이전에 결코 세리가 된 적이 없었던 자처럼 법정에서 아브라함의 자손으로 인정을 받게(rectus in curia) 되었다는 것을 보여주었다. 그러므로 삭개오를 비난하는 것은 더 이상 합당하지 않았다.

2. 그리스도께서 특히 삭개오를 복된 자로 만들기 위하여 행하신 일은 그가 세상에 오신 목적과 일치하는 것이었다(10절). 그리스도께서는 전에도 이와 동일한 근거를 들어서 세리들과 교제하는 것이 옳다는 것을 말씀하신 적이 있으셨다(마 9:13). 거기서 그는 자기가 죄인을 불러 회개시키러 왔다고 하셨는데, 여기서는 잃어버린 자를 찾아 구원하기 위해 왔다고 말씀하신다. (1) 사람의 아들들의 통탄스러운 상황: 그들은 잃어버린 자들이다. 여기서는 인류 전체를 한 몸으로 보고 말한다. 인류의 세계 전체는 타락으로 인해서 잃어버린 세계가 되어 버렸다. 그것은 반란군들이 반란을 일으켜 한 도시가 혼란스러운 것과 같고, 여행자가 광야에서 길을 잃어버린 것과 같으며, 병자가 불치병에 걸린 것과 같고, 죄수가 사형선고를 받은 것과 같은 것이었다. (2) 하나님의 아들의 은혜로운 계획: 그는 찾아 구원하러 오셨다. 찾는 것은 구원하기 위한 것이다. 그는 잃어버린(길을 잘못 들어서 헤매는) 자를 찾아서 데려가려고, 즉 길을 잃어버리고 죽어가는 자, 어떤 식으로든 멸망을 받아 끊어진 자를 구원하기 위해서 하늘에서 땅으로 긴 여정을 거쳐서 오셨다(마 18:11-12). 그리스도께서는 잃어버린 자들을 위해서 나서서, 하나님과 모든 선함에 대하여 잃어버려진 자들을 자기에게로 데려오는 일에 착수하셨다. 그리스도께서는 잃어버린 지를 찾아

서 구원하러 이 잃어버려진 세상에 오셨다는 것을 명심하라. 그리스도의 목적은 다른 이에게는 구원이 없는 때에 잃어버린 자를 구원하는 것이었다. 이러한 목적을 이루기 위하여 그리스도께서는 그 구원을 가져다 줄 수 있는 온갖 수단들을 다 동원하여서 잃어버린 자를 찾으셨다. 그는 굳이 찾을 가치가 없는 자들을 찾으신다. 그는 여기에 나오는 삭개오처럼 그를 찾지 않았고 그에게 도움을 요청하지 않은 자들도 찾으신다.

[11]그들이 이 말씀을 듣고 있을 때에 비유를 더하여 말씀하시니 이는 자기가 예루살렘에 가까이 오셨고 그들은 하나님의 나라가 당장에 나타날 줄로 생각함이더라 [12]이르시되 어떤 귀인이 왕위를 받아가지고 오려고 먼 나라로 갈 때에 [13]그 종 열을 불러 은화 열 므나를 주며 이르되 내가 돌아올 때까지 장사하라 하니라 [14]그런데 그 백성이 그를 미워하여 사자를 뒤로 보내어 이르되 우리는 이 사람이 우리의 왕 됨을 원하지 아니하나이다 하였더라 [15]귀인이 왕위를 받아가지고 돌아와서 은화를 준 종들이 각각 어떻게 장사하였는지를 알고자 하여 그들을 부르니 [16]그 첫째가 나아와 이르되 주인이여 당신의 한 므나로 열 므나를 남겼나이다 [17]주인이 이르되 잘하였다 착한 종이여 네가 지극히 작은 것에 충성하였으니 열 고을 권세를 차지하라 하고 [18]그 둘째가 와서 이르되 주인이여 당신의 한 므나로 다섯 므나를 만들었나이다 [19]주인이 그에게도 이르되 너도 다섯 고을을 차지하라 하고 [20]또 한 사람이 와서 이르되 주인이여 보소서 당신의 한 므나가 여기 있나이다 내가 수건으로 싸 두었었나이다 [21]이는 당신이 엄한 사람인 것을 내가 무서워함이라 당신은 두지 않은 것을 취하고 심지 않은 것을 거두나이다 [22]주인이 이르되 악한 종아 내가 네 말로 너를 심판하노니 너는 내가 두지 않은 것을 취하고 심지 않은 것을 거두는 엄한 사람인 줄로 알았느냐 [23]그러면 어찌하여 내 돈을 은행에 맡기지 아니하였느냐 그리하였으면 내가 와서 그 이자와 함께 그 돈을 찾았으리라 하고 [24]곁에 섰는 자들에게 이르되 그 한 므나를 빼앗아 열 므나 있는 자에게 주라 하니 [25]그들이 이르되 주여 그에게 이미 열 므나가 있나이다 [26]주인이 이르되 내가 너희에게 말하노니 무릇 있는 자는 받겠고 없는 자는 그 있는 것도 빼앗기리라 [27]그리고 내가 왕 됨을 원하지 아니하던 저 원수들을 이리로 끌어다가 내 앞에서 죽이라 하였느니라

우리 주 예수께서는 지금 최후의 유월절을 지키시고 거기서 고난을

당하시고 죽으시기 위하여 예루살렘으로 가시는 중이셨다. 이 단락에는 다음과 같은 내용들이 나온다.

I. 이 때에 제자들의 기대는 한껏 고양되어 있었다: 그들은 하나님의 나라가 당장에 나타날 줄로 생각함이더라(11절). 바리새인들도 이 무렵에 그런 기대를 가지고 있었고(17:20), 그리스도의 제자들도 그랬던 것으로 보인다. 그러나 바리새인들이나 제자들의 생각은 오산이었다. 바리새인들은 그리스도가 아닌 세상의 어떤 다른 왕이나 권력자가 하나님의 나라를 세울 것임에 틀림없다고 생각하였다. 제자들은 주님이 그것을 이루리라고 생각하였지만, 화려하고 장엄한 겉모습과 권능으로 그 나라를 세우실 것이라고 생각하였다. 제자들은 그리스도께서 이적들을 행하실 때의 권능을 보아 왔던 터였으므로 그가 언제라도 마음만 먹는다면 그러한 왕 같은 화려함과 권세를 입을 수 있다는 것을 알고 있었다. 제자들은 예루살렘은 그의 나라가 들어설 도읍지가 될 것임에 틀림없다고 결론을 내리고 있었기 때문에, 그리스도께서 지금 예루살렘으로 곧장 가고 계시는 것으로 보아서 얼마 안 있어서 그가 예루살렘에서 보좌에 오르는 모습을 볼 수 있을 것을 의심하지 않았다. 선한 사람들조차도 그리스도의 나라를 오해하여 잘못된 생각을 갖고서 그 나라가 종말이 아니라 당장에 나타날 줄로 생각하기 쉽다는 것을 명심하라.

II. 그리스도께서 제자들의 기대를 제지하시고 그러한 기대의 토대가 된 잘못된 생각들을 바로잡아 주심. 그리스도께서는 세 가지를 통해서 이 일을 행하셨다.

1. 제자들은 그리스도께서 지금 당장에 영광 중에 나타나시리라고 기대하였지만, 그는 꽤 오랫동안 그의 나라에서 공개적으로 즉위하지 않을 것이라고 그들에게 말씀하신다. 그리스도는 어떤 귀인(안드로포스 티스 유게네스 — 지체 높은 가문에서 태어난 사람)과 같다. 왜냐하면, 그리스도는 하늘로부터 오신 주님이시고, 나면서부터 그 나라가 주어졌기 때문이다. 그러나 그는 왕위를 받아 가지고 오려고 먼 나라로 간다. 그리스도께서는 이 땅에서 성령을 부어서 그의 나라를 세우고 이방 세계에 그를 위한 교회를 세우기 위해서 먼저 하늘로 가서 아버지 우편에 앉아 아버지로부터 존귀와 영광을 받지 않으면 안 된다. 그는 그 나라를 받고나서 그 후에 돌아와야 한다. 성령이 부어지고, 예루살렘이 멸망당하여 그리스도께서 친구로든 원수로든 친히 만나셨던 그 세대의 사람

들이 완전히 죽어 없어져서 결산하기 위하여 하나님 앞에 가게 되었을 때, 그리스도께서는 돌아오신 것이다. 그러나 여기서 말하는 것은 그리스도께서 우리가 아직도 기다리고 있는 저 큰 날에 다시 오시는 것이다. 제자들은 그 나라가 당장에 나타날 줄로 생각했지만, 그리스도께서는 하늘로 올려지신 이 예수는 하늘로 가심을 본 그대로 오시리라고 제자들에게 말씀하신다. 사도행전 1:11을 보라.

2. 제자들은 그리스도의 사도들과 측근들이 영광을 얻고 존귀하게 되어 모두 방백들과 귀족들, 고문관들과 재판관들이 되어서 궁정과 도시의 온갖 부귀영화를 누리게 될 것이라고 기대하였다. 그러나 그리스도께서는 여기서 그가 그들에게 기대하는 것은 그들이 장사하는 사람들이 되는 것이라고 말씀하신다. 그들은 이 세상에서 장사하는 것 이외의 다른 특권을 기대해서는 안 된다. 그리스도께서는 그들에게 사람들 가운데서 그리스도와 그의 나라를 섬기는 데에 쓰도록 얼마간의 자금을 맡기실 것이다. 이것이 그리스도인과 사역자에게 주어진 참된 영광으로서, 우리가 이 영광을 참으로 열망한다면, 우리는 세상의 모든 영광을 멸시할 수 있게 될 것이다. 사도들은 현재는 그들이 수고하고 사람들로부터 멸시를 받고 있지만 그의 나라에서 그의 우편에 앉아서 안락함과 영광을 누리게 될 것을 꿈꿔 왔고, 그 꿈을 인하여 기뻐하고 있었다. 그러나 그리스도께서는 그들이 실상을 제대로 이해한다면 그들의 머리가 부푼 열망으로 가득 차는 것이 아니라 걱정과 근심, 심각한 생각으로 가득 차게 될 비유를 그들에게 말씀하신다.

(1) 제자들에게는 이제부터 해야 할 큰 일이 있다. 주님은 그의 나라를 받기 위하여 그들을 떠나실 것이고, 떠나시면서 그들 각자에게 한 므나씩을 주실 것이다. 므나는 여기에 나오는 것과 비슷한 달란트 비유(마 25장)에서 달란트와 같은 것으로서, 그리스도의 사도들이 부여받은 온갖 은사들, 정도 차이는 있지만 사역자들과 그리스도인들이 이 세상에서 그리스도의 유익을 위하여 섬길 때에 사용할 수 있는 장점들과 능력들을 가리킨다. 그러나 이 비유에서 달란트 대신 므나를 사용한 것은 제자들을 더 겸손하게 만들기 위한 것인 것 같다. 이 세상에서 제자들이 지닌 영광은 장사하는 자들로서의 영광뿐인데, 게다가 그들은 장사 밑천이 두둑한 거상(巨商)들이 아니라 보잘것없는 밑천을 가지고 많은 수고를 하고 고통을 겪어야 하는 소상인들이다. 그리스도께서 종

들에게 므나를 주시면서 하신 말씀은 그들이 기대했던 대로 훌륭한 정장 — 예복보다는 훨씬 못하겠지만 — 을 사 입고 번쩍거리는 마차를 사서 멋지게 꾸며 보라는 것이 아니었고, 내가 돌아올 때까지 장사하라는 것이었다 — 이 본문은 원문의 의미대로 내가 돌아올 때까지 바쁘게 움직여서 장사하라로 번역하는 것이 훨씬 나을 것이다. "너희는 이 세상에 복음을 전파하여 그리스도를 위한 교회를 세우며 모든 족속을 믿어 순종하게 하고 믿음 안에서 세우기 위하여 보내심을 받았다. 오직 성령이 너희에게 임하시면 너희가 성령으로 충만하게 되어서 권능을 받으리라(행 1:8)." 그리스도께서 열한 제자들을 향하사 숨을 내쉬며 성령을 받으라고 말씀하셨을 때에 그리스도께서는 그들에게 열므나를 주신 것이다. 그리스도께서는 이렇게 말씀하신다: "자, 너희가 할 일을 명심하고, 장사를 너희의 업으로 삼아서, 열심을 가지고 시작해서 악착같이 장사하라. 너희 자신을 다 바쳐서, 사람들의 영혼에 너희가 할 수 있는 한 모든 선을 행하고, 그들을 그리스도께 인도하여 모아들이라." [1] 모든 그리스도인들, 특히 사역자들은 이 세상에서 그리스도를 위하여 장사를 해야 한다. 그리스도인들이 세례를 받고 사역자들이 안수를 받은 것은 하는 일 없이 빈둥거리기 위해서가 아니다. [2] 그리스도를 위하여 장사하도록 부르심을 받은 자들에게 그리스도께서는 그들이 장사하는 데에 필요한 은사들을 채워주신다. 또한 그리스도로부터 능력을 받은 자들에게서 그리스도께서는 섬김을 기대하신다. 그는 므나를 주시면서 "가서 일하라" 또는 "가서 장사하라"고 명하신다. 각 사람에게 성령을 나타내심은 유익하게(장사를 해서 이득을 남기게) 하려 하심이라(고전 12:7). 각각 은사를 받은 대로 하나님의 여러 가지 은혜를 맡은 선한 청지기 같이 서로 봉사하라(벧전 4:10). [3] 우리는 우리 주님이 돌아오실 때까지 어떤 어려움이나 반대를 만나더라도 계속해서 우리가 맡은 장사에 골몰하여야 한다. 끝까지 견디는 자들만이 구원을 받으리라.

(2) 제자들은 머지않아 총결산을 하여야 한다. 그리스도께서는 종들이 각각 어떻게 장사하였는지를 알고자 하여 그들이 그들에게 주어진 은사를 어떻게 사용하였는지, 그리스도를 어떻게 섬겼는지, 사람들의 영혼에 어떤 선한 일을 하였는지를 보기 위하여 그들을 부르실 것이다. [1] 그리스도를 섬겨서 부지런히 신실하게 장사한 자들은 이문을 남긴 자들이 될 것이다. 우리는 이 세상의 장사에 대해서는 그렇게 말할 수 없다. 열심히 수고하여 장사를 해도 손해를

보는 상인들이 많다. 그러나 그리스도를 위하여 장사하는 자들은 이문을 남긴 자들이 될 것이다. 이스라엘이 모이지 않더라도 그들은 영광스럽게 될 것이다. [2] 영혼들이 회심하는 것은 영혼들을 얻는 것이다. 진정으로 회개하는 자들은 모두 예수 그리스도께 이문을 남겨드리는 것이다. 사역자들은 그리스도를 위하여 장사하는 대리상들이기 때문에, 그들이 복음의 그물로 어떤 물고기를 낚았는지, 어떤 손님들을 설득해서 혼인잔치에 오도록 하였는지, 즉 그들이 장사를 해서 어떤 이문을 남겼는지를 그리스도께 설명하여야 한다. 좀 더 살펴보자.

첫째, 종들 중 몇몇은 좋은 결산을 하였고, 주님은 그들을 칭찬하셨다. 본문에는 두 종의 경우가 소개되어 있다(16, 19절). 1. 두 종은 상당한 이문을 남겼지만, 동일한 정도로 이문을 남긴 것은 아니었다. 장사를 해서 한 종은 열 므나를 남겼고 다른 종은 다섯 므나를 남겼다. 부지런하고 신실하게 그리스도를 섬기는 자들은 보통 그들이 살고 있는 곳에 축복들을 가져다 주는 복을 받는다. 그들은 자기 영혼의 수고한 것을 볼 것이고, 그들의 수고가 헛되지 않게 될 것이다. 그렇지만 똑같이 신실한 모든 자들이 똑같은 정도로 성공하는 것은 아니다. 두 종은 모두 신실하였지만, 그들 중 한 종은 다른 종보다 더 고통을 겪으면서 심혈을 기울여서 장사에 몰두하여 더 많은 성공을 거둘 수 있었을 것이다. 복된 바울은 분명히 다른 사도들이 남긴 것보다 갑절이나 되는 열 므나를 남긴 종이었다. 왜냐하면, 그는 모든 사도보다 더 많이 수고하여 그리스도의 복음을 편만하게 전하였기 때문이다. 2. 두 종은 주님께서 그들에게 그를 섬길 수 있는 능력과 기회를 주신 것이 다 주님의 덕택임을 고백하였다: "주여, 열 므나를 남긴 것은 내가 열심히 일한 덕분이 아니라 당신이 주신 한 므나 덕분입니다." 우리는 우리가 이문을 남긴 것에 대한 모든 영광을 하나님께 돌리지 않으면 안 된다는 것을 명심하라. 영광은 우리에게가 아니라 하나님께 돌려져야 한다(시 115:1). 열 므나를 남겼던 바울은 이렇게 고백한다: 내가 모든 사도보다 더 많이 수고하였으나 내가 나 된 것과 내가 한 일은 내가 한 것이 아니요 오직 나와 함께 하신 하나님의 은혜로라(고전 15:10). 바울은 자기가 한 일을 말하는 것이 아니라, 하나님께서 나를 통하여 역사하신 것을 말한다(롬 15:18). 3. 두 종은 그들이 보여준 충성과 신실함에 대하여 칭찬을 받았다: 잘하였다 착한 종이여(17절). 그리고 다른 종도 동일한 말씀을 들었다(19절). 선한 일을 행하는 자들은 동일한 칭찬을 듣게 될 것임을 명심하라. 잘하라. 그러면 그리스도께서 그대에게 잘하였다고 말씀하실 것이다: 그리스도께서 잘하였다고 말씀하시면, 다른 사람들이 뭐라고 하든 그런 것들은 그리 중요한 것이 아니다. 창세기 4:7을 보라. 4. 두 종은 그들이 남긴 이문에 비례해서 승진하였다: "네가 이렇게 적은 밑천을 가지고 뭘 할 수 있겠는가 한 므나를 가지고 장사하러 가느니 차라리 가만히 앉아 있는 것이 낫겠다고 말하지 않고 겸손하게 정직하게 이문을 남기는 데에 몰두하여 지극히 작은 것에 충성하였으니 열 고을 권세를 차지하라." 낮은 데서 시작하는 것에 만족하는 자들은 성공할 가망이 많다는 것을 명심하라. 집사의 직분을 잘한 자들은 아름다운 지위를 얻느니라(딤전 3:13). 사도들에게는 두 가지가 약속되어 있다: (1) 사도들이 많은 교회를 세우느라 수고하고 애쓰면, 그들은 그 교회들을 주재하며 다스리는 보람과 영광을 얻게 되고, 교회들로부터 큰 존경을 받고 선한 그리스도인들로부터 사랑과 존경을 받게 될 것이다. 무화과 나무를 지키는 자는 그 과실을 먹겠고, 말씀과 가르침에 수고하는 이들은 배나 존경할 자로 여김을 받을 것이다. (2) 사도들이 그리스도의 뜻을 따라서 그들 세대의 사람들을 섬기면, 그들은 비록 이 세상에서는 멸시받고 짓밟히며 능욕과 박해를 받겠지만, 저 세상에 가서는 그리스도와 더불어 왕노릇하며 그의 보좌에 그와 함께 앉아서 만국을 다스리는 권세를 갖게 될 것이다(계 2:26). 선한 사역자 또는 그리스도인에게 주어지는 천국의 행복은 가난한 상인이 사력을 다해서 열 므나를 모아 열 고을을 다스리는 자가 된 것보다 훨씬 더 큰 승진일 것이다. 다섯 므나를 남긴 자는 다섯 고을을 다스리게 되었다. 이것은 천국에서 사람들마다 영광의 정도가 다를 것임을 보여준다. 모든 그릇이 다 똑같이 찼다고 해서, 그 크기까지 똑같은 것은 아니다. 그런데 천국에서의 영광의 정도는 이 땅에서 쓰임을 받은 정도에 비례하게 될 것이다.

둘째, 종들 중 한 명은 좋지 못한 결산을 하였고, 주님은 이 게으르고 신실하지 못한 종을 벌하셨다(20절 이하). 1. 이 종은 그에게 맡겨진 므나로 장사를 하지 않았다는 것을 시인하였다(20절): "주인이여 보소서 당신의 한 므나가 여기 있나이다. 내가 한 므나로 이문을 남기지 않은 것은 사실이지만, 손실을 보지도 않았나이다. 나는 한 므나를 수건으로 싸서 고히 보관해 두었나이다." 이것은 은사를 가지고 있으면서도 그 은사를 사용하여 선을 행하지 않은 자들의 무관심한 삶을 보여준다. 그리스도의 나라의 일들이 흥하든 망하든, 전진하든 후퇴하든, 그런 것은 그들에게는 매한가지로서 그들의 관심 밖에 있다. 그들은 그리스도의 나라의 일들에 아무런 관심도 없고 그 나라와 관련하여 아무런 수고나 희생을 하지 않으며 그 어떤 위험도 무릅쓰지 않으려 한다. 세상에서 선을 행한 것은 없지만 적어도 해를 끼치는 일은 하지 않은 것만으로도 충분하다고 생각하는 자들은 그들에게 맡겨진 므나를 수건에 싸둔 종들이다. 2. 이 종은 이문을 남기지는 않았지만 손해도 보지 않았다는 변명을 하며, 아무 일도 안 한 자신을 정당화하였다(21절): 이는 당신이 엄한 사람인 것(안드로포스 아우스테로스 에이)을 내가 무서워함이라. 아우스테로스는 가혹한 것을 의미한다: 당신은 두지 않은 것을 취하나이다. 이 종은 주인이 그에게 므나를 맡기면서 이문을 남길 것을 요구하고 기대한 것을 자기에게 어려운 일을 맡겨서 곤경에 빠뜨린 것으로 생각하였고, 심지 않은 것을 거두는 것이라고 생각하였다. 그러나 사실 그것은 주인이 심은 것을 거두는 것이었고, 농부처럼 자기가 뿌린 것에 비례해서 이문을 기대한 것이었다. 이 종은 주인이 엄하다는 것을 무서워하거나 주인의 기대를 탓할 이유가 없었다. 그런 것은 자신의 게으름을 감추고자 한 근거 없는 천박한 핑계요 단지 둘러대는 말에 불과한 것이었다. 게으른 신앙인들이 나중에 결산할 때에 둘러대는 핑계는 그들이 옳다는 것을 입증해 주는 것이 아니라 오히려 그들의 부끄러움을 더 드러낼 뿐이라는 것을 명심하라. 3. 이 종의 변명은 주인이 그를 판단하는 근거가 되었다: 악한 종아 내가 네 말로 너를 심판하노라(22절). 이 종은 그의 범죄에 의해서 정죄받을 것이었지만, 자신의 변명을 통해서 스스로를 정죄한 셈이 되었다. "장사를 하면 더 많은 이문을 남길 것이어서 내가 네게 장사를 해서 이문을 남기기를 기대했는데, 네가 그것을 가혹한 일로 여겼다면, 너는 나의 이익을 생각해서 내 돈을 은행에 넣어두어서, 나로 하여금 비록 장사해서 남긴 이문보다는 적겠지만 어쨌든 얼마라도 이자와 함께 내 원금을 찾아갈 수 있게 해 주었어야 했다." 이 종은 원금을 잃고 주인에게 책임을 져야 할 것이 두려워서 감히 장사를 하지 못한 것처럼 말하지만, 그것은 원금을 안전한 은행에 맡겨서 이자를 불리지 못한 것에 대한 변명은 되지 못한다. 게으른 신앙인들이 그들의 나태함을 변명하기 위하여 무슨 이유를 둘러대든지, 그 나태함의 진정한 이유는 그리스도와 그의 나라의 이익에 대한 무관심과 냉담함이라는 것을 명심하라. 그들은 신앙이 흥하든 망하든 그런 것에는 관심이 없기 때문에, 안일하게 살아갈 수 있는 것이다. 4. 이 종은 자신의 므나를 빼앗겼다(24절). 은사를 사용하고자 하지 않는 자들에게서 은사를 빼앗고, 은사를 잘못 사용하는 자들에게 더 이상 은사를 맡기지 않아야 하는 것은 당연한 일이다. 주님께서 맡기신 은사를 가지고 주님을 섬기려 하지 않는 자들이 그 은사로 자신의 이익을 취하게 내버려둘 이유가 어디 있겠는가? 그에게서 그 한 므나를 빼앗아라. 5. 이 종에게서 빼앗은 므나는 열 므나를 가진 종에게 주어졌다. 곁에 서 있던 자들이 열 므나를 가진 종은 이미 아주 많은 것을 가지고 있다는 이유를 들어서 그렇게 하는 것에 반대하자(주여 그에게 이미 열 므나가 있나이다, 25절), 무릇 있는 자는 받으리라(26절)는 대답이 돌아왔다. 그것이 공의의 법칙이다. (1) 가장 부지런히 애쓴 자들을 가장 크게 격려하고, 선한 일을 행하는 데에 가장 진력한 자들에게 선한 일을 할 수 있는 기회들을 더 늘려주어서 더 귀하고 광범위한 영역에서 쓰임을 받도록 해주는 것이 공의이다. 있는 자에게는 더 많은 것이 주어질 것인데, 이것은 그로 하여금 더 많은 이문을 남길 수 있게 하기 위한 것이다. (2) 은사를 갖고 있는데도 마치 은사를 가지고 있지 않은 것처럼 은사를 사용해서 선한 일을 하지 않고 쓸데없이 은사를 갖고 있는 자들에게서 은사를 빼앗는 것이 공의이다. 자기가 가진 은혜를 더 늘리려고 애쓰는 자들에게 하나님은 더 많은 은혜를 부어주실 것이고, 자기가 가진 은혜를 경시하고 쓸모 없게 만들어 버리는 자들에게서는 하나님은 그 은혜를 빼앗아 버리실 것이다. 그리스도께서 제자들에게 이러한 꼭 필요한 경고를 하신 것은 그들이 이 땅에서 영광 받기를 탐내다가 그들에게 맡겨진 일을 경시하여 천국에서 복을 받지 못하게 되는 일이 없도록 하기 위한 것이었다.

3. 제자들이 또 한 가지 기대한 것은 하나님의 나라가 나타날 때에 유대 민족의 나라는 거기에 흡수되고 병합되어서 그리스도와 그의 복음에 대한 유대인들의 반감이 즉시 사라지게 되리라는 것이었다. 그러나 그리스도께서는 그가 떠난 후에 유대인들 중 대부분이 완악함과 패역함을 고집하다가 결국에 멸망받게 되리라는 것을 제자들에게 말씀하신다.

(1) 귀인이 떠난 후에 그의 백성들이 보낸 메시지(14절). 백성들은 귀인이 무명으로 있는 동안에도 그를 배척했을 뿐만 아니라, 귀인이 그의 나라를 받으려고 영광으로 들어가시자 계속해서 그에 대한 적대감을 드러내어서 그가 통치하는 것에 항의하며 우리는 이 사람이 우리의 왕 됨을 원하지 아니하나이다라고 하였다. [1] 이것은 그리스도께서 승천하시고 복음의 나라를 세우신 후에

유대인들 중 대부분이 보여준 불신앙 속에서 성취되었다. 그들은 그의 멍에를 메고자 하지 않았고, 그의 통치에도 순복하려고 하지 않았다. 그들은 우리가 그의 맨 것을 끊어 버리자고 말하였다(시 2:1-3; 행 4:26). [2] 이 말은 모든 불신자들이 하는 말이다. 그들은 그리스도께서 그들을 구원하신다는 것에는 만족해 할 수 있지만, 그리스도께서 그들의 왕이 되어서 다스리게 하고자 하지는 않는다. 하지만 그리스도는 그를 왕으로 모시고 그에게 기꺼이 순종하고자 하는 자들에게만 구주가 되신다.

(2) 귀인이 돌아와서 그들에게 내린 선고: 저 원수들을 이리로 끌어다가 내 앞에서 죽이라(27절). 그는 그의 신실한 종들을 승진시키고 상을 주고나서 그의 원수들에게 복수하실 것이다 — 여기에는 특히 유대 나라의 파멸이 예고되어 있다. 그리스도께서는 그의 복음의 나라를 세우시고 복음 사역을 흥왕하게 하신 후에 유대인들과 결산하기 위하여 오실 것이다. 여기에서 귀인의 왕권을 부정하며 항의하였듯이, 유대인들은 가이사 외에는 우리에게 왕이 없나이다라고 말하며 그리스도를 그들의 왕으로 시인하고자 하지 않았다. 그들은 가이사만을 왕으로 인정하여 그에게 상소하였으므로 가이사에게 가게 될 것이고, 가이사는 그들을 멸망시킬 것이다. 그 때에 하나님의 나라가 임하여, 그리스도와 그의 통치에 반대하였던 불구대천의 원수들에 대한 복수가 행해져서, 그들은 끌려나와서 그 앞에서 죽임을 당하게 될 것이다. 유대 전쟁만큼 그토록 많은 사람들이 도륙을 당한 전쟁은 결코 없었다. 유대 나라는 기독교가 그들의 적대와 배척에도 불구하고 이방 세계에서 승승장구하는 것을 본 후에 찌끼처럼 버려졌다. 그리스도의 극렬한 진노가 그들에게 임하였고(살전 2:15-16), 그들의 멸망은 그리스도의 영광과 교회의 평화에 크게 이바지하였다. 그러나 이것은 불신앙을 고집하다가 불신앙 속에서 멸망하게 될 다른 모든 자들에게도 적용된다. [1] 그리스도를 반대한 모든 원수들의 몫은 틀림없이 철저한 파멸이 될 것이다. 원수 갚는 날에 그들은 모두 끌려나와서 그리스도 앞에서 죽임을 당하게 될 것이다. 저 원수들을 이리로 끌어다가 성도들과 천사들 앞에 구경거리가 되게 하라. 여호수아 10:22, 24을 보라. 저 원수들을 이리로 끌어다가 그들이 그토록 미워하고 박해하던 그리스도와 그를 따른 자들의 영광과 행복을 보게 하라. 저 원수들을 이리로 끌어다가 그들이 둘러댄 천박한 변명들을 무시하고 그들이 한 짓에 따라서 심판을 받게 하라. 사무엘 앞에서 아각을 죽인 것처럼, 그들을

끌어다가 내 앞에서 죽이라. 그들이 멸시하였던 구주께서는 옆에 서서 그들이 죽은 것을 바라보고 계실 뿐 그들을 위하여 나서지 않으실 것이다. [2] 그리스도께서 자기에게 왕노릇하게 하고자 하지 않는 자들은 그의 원수들로 다루어지게 될 것이다. 우리는 기독교를 박해했거나 조소한 자들 외에는 아무도 그리스도의 원수가 아니라고 생각하기 쉽다. 그러나 구원을 받는 데에 필요한 조건들을 싫어하여 그리스도의 멍에를 메지 않고 스스로를 자신의 주인으로 삼고자 하는 자들은 그리스도의 원수들로 여겨질 것이다. 그리스도의 은혜에 의해서 다스림을 받고자 하지 않는 자들은 누구나 그리스도의 진노에 의해서 반드시 멸망당하게 될 것임을 명심하라.

[28]예수께서 이 말씀을 하시고 예루살렘을 향하여 앞서서 가시더라 [29]감람원이라 불리는 산쪽에 있는 벳바게와 베다니에 가까이 가셨을 때에 제자 중 둘을 보내시며 [30]이르시되 너희는 맞은편 마을로 가라 그리로 들어가면 아직 아무도 타 보지 않은 나귀 새끼가 매여 있는 것을 보리니 풀어 끌고 오라 [31]만일 누가 너희에게 어찌하여 푸느냐 묻거든 말하기를 주가 쓰시겠다 하라 하시매 [32]보내심을 받은 자들이 가서 그 말씀하신 대로 만난지라 [33]나귀 새끼를 풀 때에 그 임자들이 이르되 어찌하여 나귀 새끼를 푸느냐 [34]대답하되 주께서 쓰시겠다 하고 [35]그것을 예수께로 끌고 와서 자기들의 겉옷을 나귀 새끼 위에 걸쳐 놓고 예수를 태우니 [36]가실 때에 그들이 자기의 겉옷을 길에 펴더라 [37]이미 감람 산 내리막길에 가까이 오시매 제자의 온 무리가 자기들이 본 바 모든 능한 일로 인하여 기뻐하며 큰 소리로 하나님을 찬양하여 [38]이르되 찬송하리로다 주의 이름으로 오시는 왕이여 하늘에는 평화요 가장 높은 곳에는 영광이로다 하니 [39]무리 중 어떤 바리새인들이 말하되 선생이여 당신의 제자들을 책망하소서 하거늘 [40]대답하여 이르시되 내가 너희에게 말하노니 만일 이 사람들이 침묵하면 돌들이 소리 지르리라 하시니라

이 단락에는 그리스도께서 나귀를 타고 예루살렘으로 승리의 입성(사실이 그러하였다)을 하신 것에 관한 기사가 나오는데, 우리는 이미 마태복음과 마가복음에서 이와 동일한 기사를 살펴본 적이 있다. 그러므로 여기에서는 다음과 같은 것들만을 간략하게 살펴보기로 하자.

I. 예수 그리스도께서는 우리를 위하여 고난당하고 죽으시기 위하여 기꺼이

적극적으로 나서셨다.   그리스도께서는 거기서 무슨 일을 당할는지를 뻔히 아시면서 심령에 매여 예루살렘으로 가셨는데, 예루살렘을 향하여 앞서서 가셨다(28절). 그는 마치 그 고난의 자리에 서기를 열망하며 전투에 참여하여 접전을 벌이기를 열망이라도 하는 듯이 무리들보다 앞장서서 가셨다. 그리스도께서는 우리를 위하여 고난당하고 죽으시기 위하여 이렇게 앞장서서 가셨는데, 우리는 그리스도를 위하여 우리가 할 수 있는 일에서 뒤로 물러나서야 될 말인가?

Ⅱ. **그리스도께서 죽으시기 조금 전에 예루살렘으로 공공연하게 입성하신 것은 그의 겸비 또는 그의 낮아지신 현재의 상태와 조금도 모순되지 않는 일이었다.**   이렇게 하심으로써 그는 자신을 사람들에게 더 주목받게 하셔서 그의 죽음의 치욕이 더 크게 하셨다.

Ⅲ. **그리스도께서는 모든 피조물들을 다스릴 자격이 있으시고, 원하시는 대로 그것들을 사용하실 수 있다.**   사물들에 대하여 그리스도를 배제한 사람의 소유권은 존재하지 않고, 그리스도의 소유권이 가장 우선적이고 우월하다. 그리스도께서는 나귀와 나귀 새끼가 필요하게 되자 그 짐승들의 임자와 주인의 구유로부터 그것들을 끌고 오도록 사람을 보내셨다. 왜냐하면, 삼림의 모든 짐승이 그의 것이고, 집에서 기르는 가축들도 그의 것이기 때문이다.

Ⅳ. **그리스도께서는 모든 사람의 마음을 손바닥 들여다보듯 훤히 꿰뚫고 계시고 수중에 넣고 움직이신다.**   그는 나귀와 나귀 새끼의 임자들의 마음을 움직이셔서, 주님께서 쓰시겠다는 말을 듣자마자 그 짐승들을 끌고 가는 것을 허락하게 하셨다.

Ⅴ. **그리스도의 심부름을 하는 자들은 신속하게 해야 한다**(32절): 보내심을 받은 자들이 가서 그리스도께서 말씀하신 짐승들과 그 짐승들을 기꺼이 주고자 한 임자들을 만났다. 주님께서 필요하신 것을 가져오도록 보내심을 받고서 그것을 가져오는 것은 그리스도의 사자들에게 큰 기쁨이다.

Ⅵ. **제자들은 그리스도께서 필요로 하는 것을 그들이 갖고 있지 않아서 다른 사람들로부터 가져오는 것으로 충분하다고 생각하지 말고, 그들 자신이 무엇을 가지고 있든 그것으로 그리스도를 섬기고 영화롭게 할 수 있다면 기꺼이 그것으로 그리스도를 섬겨야 한다.**   자기에게 있는 것으로 그리스도를 섬기는 것에는 별 관심이 없고 다른 사람들의 것을 희생해서 그리스도를 섬기고자 하는 자들이 많다. 그러나 여기서 제자들은 그리스도를 위하여 나귀 새끼를

끌어왔을 뿐만 아니라, 자기들의 겉옷을 나귀 새끼 위에 걸쳐 놓고 그들의 겉옷이 안장으로 사용되는 것을 기뻐하였다.

Ⅶ. 그리스도의 승리의 입성은 그의 제자들이 찬양하는 계기가 되었다. 그리스도께서 예루살렘에 가까이 오셨을 때에 하나님은 갑자기 열두 사도만이 아니라 대체로 제자들이었던 더 많은 무리, 곧 제자의 온 무리의 마음속에 기뻐하며 하나님을 찬양하고자 하는 마음을 집어넣으셨다(37절). 그리고 그들이 자기의 겉옷을 길에 편(36절) 것은 장막절 때에 사람들이 흔히 기쁨을 표현하는 방식이었다. 좀 더 살펴보자.

1. 그들이 기뻐하고 찬양하게 된 계기는 무엇이었는가? 그들은 자기들이 본 바 모든 능한 일로 인하여, 즉 그리스도께서 그동안 행하신 모든 이적들, 특히 요한복음 12:17-18에 언급된 나사로를 살리신 이적으로 인하여 하나님을 찬양하였다. 새로운 이적과 긍휼을 볼 때에 사람들은 이전의 것들을 떠올리는 법이기 때문에, 나사로를 살리신 사건은 그리스도께서 이전에 행하셨던 모든 이적들을 사람들에게 상기시켜 주었다.

2. 그들은 기쁨과 찬양을 어떻게 표현하였는가? 찬송하리로다 주의 이름으로 오시는 왕이여(38절). 그리스도는 왕이시다. 그는 하나님의 권세를 옷입고 하늘로부터 평화의 법을 전하도록 위임받고서 주의 이름으로 오셨다. 그는 찬송받으실 자이시다. 그를 찬양하라. 하나님이여, 그를 형통하게 하소서. 그는 영원토록 찬송받으실 자이시고, 우리는 그를 찬양하게 될 것이다. 하늘에는 평화로다. 하늘의 하나님은 그리스도께서 하시는 일을 평탄케 하시며 형통하게 하실 것이기 때문에, 가장 높은 곳에는 영광이 있을 것이다. 그것은 지극히 높으신 하나님의 영광에 이바지하게 될 것이다. 윗 세계의 영광스러운 거민들인 천사들은 이 일에 대한 영광을 하나님께 돌릴 것이다. 여기에 나오는 이 땅에서의 성도들의 노래를 2:14에 나온 천사들의 노래와 비교해 보라. 이 두 노래는 지극히 높은 곳에 계시는 하나님께 영광을 돌린다는 점에서 서로 일치한다. 두 찬양의 중심은 거기에 있다. 천사들은 이 땅의 사람들이 그리스도로 말미암아 누리게 되는 은택을 기뻐하며 땅에는 평화로다라고 말하고, 성도들은 천사들이 그리스도로 말미암아 누리게 되는 은택을 기뻐하며 하늘에는 평화로다라고 말한다. 천사들은 땅에서의 평화를 기뻐하고 우리는 하늘에서의 평화를 기뻐함으로써 우리와 거룩한 천사들이 서로 교통하는데, 이 평화는 땅에 있는 것이나 하

늘에 있는 것이나 만물을 자기와 화목하게 하신 그리스도 안에서 하나님이 높은 곳에서 베푸신(욥 25:2) 평화이다.

VIII. 그리스도의 승리의 입성과 제자들의 기쁜 찬양은 그리스도와 그의 나라에 원수들인 교만한 바리새인들을 당혹스럽게 하였다. 무리들 중에는 무리들과 어울려서 하나님을 찬양하기는커녕, 오히려 무리들에게 화를 내며, 그리스도는 겸손의 모범이 되는 분이라고 생각해서 무리들의 이와 같은 환호를 용납하지 않고 제자들을 책망할 것을 기대한 몇몇 바리새인들이 있었다(39절). 그러나 교만한 자들의 경멸을 무시하시고 겸손한 자들의 찬양을 받으시는 것이 그리스도께 영광이 된다.

IX. 사람들이 그리스도를 찬양하든 안 하든, 그리스도께서는 찬양받으실 것이고, 또한 마땅히 찬양받으셔야 한다(40절): 만일 이 사람들이 메시야의 나라를 찬양하지 않고 침묵하면 그리스도께서 찬양을 받지 못하시는 것이 아니라 돌들이 소리 지르리라. 이것은 십자가에 못 박히신 그리스도를 사람들이 찬양하지 않고 도리어 욕을 하고 제자들은 철저히 침묵 속으로 빠져들었을 때에 땅이 진동하며 바위가 터짐으로써 문자 그대로 성취되었다. 바리새인들은 그리스도를 찬양하는 소리를 침묵시키고자 하였으나 그들이 목적한 바를 이룰 수 없었다. 왜냐하면, 하나님은 능히 돌들로도 아브라함의 자손이 되게 하실 수 있는 것과 마찬가지로 그 자손들의 입에서 나오는 말들을 완벽한 찬양이 되게 하실 수 있으시기 때문이다.

[41]가까이 오사 성을 보시고 우시며 [42]이르시되 너도 오늘 평화에 관한 일을 알았더라면 좋을 뻔하였거니와 지금 네 눈에 숨겨졌도다 [43]날이 이를지라 네 원수들이 토둔을 쌓고 너를 둘러 사면으로 가두고 [44]또 너와 및 그 가운데 있는 네 자식들을 땅에 메어치며 돌 하나도 돌 위에 남기지 아니하리니 이는 네가 보살핌 받는 날을 알지 못함으로 인함이라 하시니라 [45]성전에 들어가사 장사하는 자들을 내쫓으시며 [46]그들에게 이르시되 기록된 바 내 집은 기도하는 집이 되리라 하였거늘 너희는 강도의 소굴을 만들었도다 하시니라 [47]예수께서 날마다 성전에서 가르치시니 대제사장들과 서기관들과 백성의 지도자들이 그를 죽이려고 꾀하되 [48]백성이 다 그에게 귀를 기울여 들으므로 어찌할 방도를 찾지 못하였더라

하늘로부터 오신 특명대사이신 그리스도께서는 여기에서 존경을 받

으시기 위해서가 아니라 사람들에게서 버린 바 되시기 위해서 이제 예루살렘으로 공공연하게 입성하신다. 그는 자기가 독사의 소굴에 뛰어들고 있다는 것을 잘 알고 계셨다. 하지만 여기서 그는 두 가지 사건을 통해서 바로 그 곳에 대한 자신의 사랑과 관심을 보여주신다.

I. 그리스도께서는 예루살렘의 멸망이 가까움을 인하여 눈물을 흘리셨다: 그는 가까이 오사 성을 보시고 우셨다(41절). 아마도 이 때는 그가 감람산에서 내려오실 때였던 것 같다. 감람산에서는 도성의 대부분과 그 안에 있는 많은 웅장한 구조물들을 한 눈에 볼 수 있었기 때문에, 그의 눈이 그의 마음에 영향을 미쳤고, 다시 그의 마음이 그의 눈에 영향을 미쳤다. 좀 더 살펴보자.

1. 그리스도께서는 다정다감한 심성을 갖고 계셨다. 성경에는 그리스도께서 웃으셨다는 기록은 없지만, 우셨다는 기록은 종종 나온다. 그리스도의 조상인 다윗 및 그와 함께 한 자들은 비록 전사들이었지만 바로 이 곳에서 울었다. 때로는 용감무쌍한 자들이 눈물을 흘리는 것이 수치스럽지 않은 경우들이 있다.

2. 그리스도께서는 한창 승리의 개가를 올리실 때에 우셨고, 주위의 모든 사람들이 기뻐하고 있을 때에 우셨다. 이것은 그가 사람들의 박수갈채나 환호 따위에 마음이 높아지는 분이 아님을 보여주는 것이다. 이것을 통해서 그리스도께서는 우리에게 두렵고 떨리는 마음으로 마치 기뻐하지 않는 자처럼 기뻐하라는 것을 가르치고자 하셨다. 승리의 기쁨은 하나님의 섭리에 의해서 금방 사라지거나 우리에게 닥친 슬픈 일들로 인하여 사라지는 법이기 때문이다.

3. 그리스도께서는 예루살렘을 보시고 우셨다. 세상에는 우리가 바라보고 울어야 할 성들이 많지만, 예루살렘만큼 애곡의 대상이 될 만한 성은 없다. 예루살렘은 지금 비록 타락했지만 거룩한 도성이었고 온 땅의 기쁨이었다. 그리스도께서는 예루살렘을 보시고 왜 우셨던 것일까? 그가 '저기에 내가 배신당하여 묶인 채 채찍질과 침 뱉음을 받으며 결국 정죄되어 십자가에 못 박힐 성이 있구나' 라고 생각하셨기 때문이었을까? 아니다. 그리스도께서는 그가 눈물을 흘린 이유를 우리에게 직접 밝히신다.

(1) 예루살렘은 기회가 아직 있을 때를 잘 활용하지 못하였다. 그리스도께서는 복음이 전파되어 구원의 손길이 뻗쳐지고 있는 동안에 너도 오늘 평화에 관한 일을 알았더라면 좋을 뻔하였다고 말씀하며 우셨다. 네가 너의 평화에 관한

일, 하나님과 화목을 이루는 일, 네 자신의 영적이고 영원한 복을 얻는 일을 심사숙고해서 깨달았다면 얼마나 좋았을까 — 그러나 너는 네가 보살핌 받는 날(하나님께서 너를 권고하시는 날)을 알지 못하였다(44절). 그리스도께서는 말씀을 잘 잇지를 못하셔서, 말씀들이 중간에 뚝뚝 끊긴다. 어떤 이들은 본문을 네가 알았더라면! 오, 네가 알았더라면!으로 해석한다. 이런 말투는 오, 내 백성이 내 말을 들었더라면!(시 81:13; 사 48:18)이라는 표현과 같은 말투이다. 또는 무화과나무 비유에 나오는 표현(13:9)과 같이 네가 알았더라면, 좋았을 텐데!로 해석할 수도 있다 — 그랬더라면 네가 얼마나 복되었을까! "네가 알았더라면, 너는 네 자신을 위하여 울었을 것이고, 나는 너를 위해 우는 것이 아니라 오히려 기뻐했을 텐데." 그리스도께서 하신 말씀은 예루살렘의 임박한 파멸의 모든 책임을 예루살렘 자신에게 돌리고 있다.

[1] 우리의 평화에 관한 일들이 있는데, 우리는 모두 그 일들을 알고 깨닫는 데에 관심을 가져야 한다 — 평화를 가져오는 방법, 평화와 관련하여 제시된 제안들, 평화의 유익을 얻기 위해서 우리에게 제시된 조건들. 우리의 평화에 관한 일들은 우리의 현재와 미래의 복락과 관련되어 있는 일들이다. 우리는 이러한 일들을 알려고 몰두하여야 한다.

[2] 우리는 하나님께서 우리를 권고하시는 날(개역에서는 보살핌 받는 날)에 때를 맞춰서 우리의 평화에 관한 일들을 알아야 한다. 그 때가 지나면 알아보아야 아무 소용이 없다. 우리가 은혜를 풍성하게 누리고, 하나님의 말씀이 우리에게 강력하게 주어지며, 성령이 우리에게 역사하여 우리의 양심이 각성되어 깨어날 때, 바로 그 때가 하나님께서 우리를 권고하시는 날이고, 우리는 그 때를 잘 활용하여야 한다.

[3] 하나님께서 그들을 권고하시는 때를 오랫동안 무시해 온 자들이라고 하더라도 마침내 마지막으로 주어진 권고하심을 심사숙고 끝에 받아들여서 그들의 눈이 열렸다면, 모든 것이 잘 될 것이다. 제십일시에 포도원으로 일하러 온 자들도 거절당하지 않을 것이기 때문이다.

[4] 은혜의 수단들을 향유한 채 하나님께서 그들을 권고하시는 기회를 활용하지 못하는 것은 무리들에게 놀랄 만큼 어리석은 짓이고 그들에게 치명적인 결과를 가져다 줄 것이다. 그들의 평화에 관한 일들이 그들에게 계시되었지만, 그들은 거기에 마음을 쓰지도 않고 거들떠보지도 않는다. 그 일들은 마치 쳐

다볼 가치도 없는 것들인 양 그들의 눈에 숨겨졌다. 그들은 은혜 받을 만한 때와 구원의 날을 알지 못하고, 안일하게 그 기회를 놓쳐버리고 멸망해 가고 있는 것도 알지 못한다. 보고자 하지 않는 자들만큼 눈먼 자는 없다. 그들의 평화에 관한 일들에 등을 돌리는 자들만큼 그 일들을 보지 못하는 자는 없다.

[5] 복음의 은혜를 고집스럽게 멸시하는 자들의 죄와 어리석음은 주 예수께 큰 슬픔이었기 때문에, 우리도 그것을 큰 슬픔으로 여겨야 한다. 그리스도께서는 계속해서 회개하지 않고 멸망을 향하여 치닫고 있는 잃어버린 영혼들을 눈물을 머금은 눈으로 바라보신다. 그리스도께서는 어느 누구도 멸망하기를 바라지 않으시기 때문에 그들이 계속해서 고집을 부리다가 죽는 것이 아니라 돌이켜서 살기를 바라셨다.

(2) 예루살렘은 멸망의 날을 피할 수 없었다. 예루살렘의 평화에 관한 일들은 지금 그들의 눈에 가리어져 있는 상태였고, 시간은 얼마 남지 않았다. 이후에 사도들에 의해서 복음이 그들에게 전파되어서, 이스라엘 온 집이 그리스도께서 그들의 평화인 것을 확실하게 알도록 촉구되었고(행 2:36), 무리들은 이 말씀을 믿고 회심하였다. 그러나 유대 민족의 다수, 그들의 지도층은 불신앙 속에서 요지부동이었다. 하나님은 그들에게 혼미한 심령을 주셨던 것이다(롬 11:8). 그들은 복음에 질색하고 싫어하며 분노하였고, 하나님의 은혜로 말미암은 이적 (바울을 회심하게 했던 것과 같은 은혜의 이적)으로 인해서 복음을 받아들인 자는 극소수에 불과하였다. 유대 민족의 다수 속에서 그러한 이적이 일어나는 것은 기대할 수 없는 일이었기 때문에, 그들에게 눈멂과 완악함이라는 하늘의 징벌이 내린 것은 어쩔 수 없는 일이었다. 평화에 관한 일들은 몇몇 사람들의 눈에는 숨겨지지 않았다. 그러나 유대인들이 하나의 민족으로서 그리스도를 받아들여서 기독교 국가가 되기에는 때가 너무 늦어 버렸다. 그러므로 그들의 멸망은 작정된 것이었다. 그리스도께서는 여기서 그들의 멸망이 그리스도를 버린 결과라는 것을 내다보시고 미리 말씀하신다. 큰 구원을 무시하는 백성은 종종 현세에서 심판을 받는다는 것을 명심하라. 그리스도께서 여기서 예루살렘에 대하여 말씀하신 모든 것은 사십 년이 채 못되어서 그대로 이루어졌다. [1] 로마군은 도성을 포위하고, 토둔을 쌓고 성을 둘러 그 거민들을 사면으로 가두었다. 요세푸스는 티투스(Titus)가 아주 짧은 기간 동안에 성을 둘러서 토둔을 쌓아 도피로를 다 차단하였다고 기록하고 있다. [2] 로마군은 성을 평평하게

만들어 버렸다. 티투스는 군사들에게 성을 파헤치라고 명하여서, 세 개의 망대를 제외하고는 성내 전체를 평평하게 만들어 버렸다. 요세푸스가 유대 전쟁에 관하여 쓴 역사서인 『유대 전쟁기』 5.356-360. 7.1을 보라. 로마군은 도성만이 아니라 그 거민들도 잔혹하게 살육하여 평평하게 만들어 버렸고(네 자식들을 땅에 메어치며), 거의 돌 하나도 돌 위에 남기지 아니하였다. 이것은 유대인들이 그리스도를 십자가에 못 박은 것에 대하여 치른 대가였다. 이것은 그들이 하나님께서 그들을 권고하신 날을 알지 못하였기 때문이었다. 다른 성읍들과 나라들은 이것을 그들에게 주어진 경고로 받아들여야 한다.

II. 그리스도께서는 성전을 당장에 깨끗하게 하시는 열심을 보여주셨다. 성전은 머지않아 파괴될 것이었지만, 그렇다고 해서 그동안에 성전을 돌보지 말아야 하는 것은 아니다.

1. 그리스도께서는 성전을 더럽히는 자들을 쫓아내심으로써 성전을 깨끗하게 하셨다. 그는 성전으로 곧장 가셔서 장사하는 자들을 내쫓으시기 시작하셨다(45절). 이 일을 통해서 그리스도께서는, 성전에 있는 봉헌물과 금고를 거룩한 것으로 여겨서 소중히 아꼈던 자들보다 성전을 더 진실하게 사랑한다는 것을 나타내셨다(이 일로 인해서 그는 성전에 적대하는 원수로 취급되었고, 대제사장 앞에서 범죄한 것으로 고소되었지만). 왜냐하면, 성전의 영광은 부(富)가 아니라 정결함에 있는 것이기 때문이다. 그리스도께서는 자기가 성전의 상인들을 몰아내신 이유를 말씀하셨다(46절). 성전은 하나님과의 교통을 위하여 성별된 기도하는 집이다. 장사하는 자들은 성전에서 부정(不正)한 거래를 일삼음으로써 성전을 강도의 소굴로 만들어 버렸다. 성전에서 장사하는 일은 거기에 기도하러 오는 사람들의 정신을 산란하게 만들기 때문에 있어서는 안 되는 일이었다.

2. 그리스도께서는 날마다 성전에서 가르치심으로써(47절) 성전을 원래의 용도대로 가장 잘 사용하셨다. 한 교회의 부패들을 척결하는 것만으로는 충분하지 않고, 복음을 전파하는 일이 장려되어야 한다는 것을 명심하라. 이제 그리스도께서 성전에서 복음을 전하셨을 때에 어떤 일이 있었는지를 살펴보자. (1) 교회 지도자들은 그리스도에 대하여 앙심을 품었고, 그를 죽일 기회 또는 구실을 잡기 위해서 애썼다(47절): 산헤드린을 구성하고 있던 자들인 대제사장들과 서기관들과 백성의 지도자들은 마땅히 그리스도의 가르침을 받고 백성들

에게도 그의 가르침을 받도록 권면해야 했음에도 불구하고 도리어 그를 죽이려고 꾀하였다. (2) 평범한 백성들은 그리스도를 존경하였다. 그들은 다 그에게 귀를 기울여 들었다. 그리스도께서는 대부분의 시간을 촌에서 보내시며 성전에서 말씀을 전하지 않으셨지만, 일단 성전에서 전하시자, 백성들은 그에게 더 큰 존경을 보냈고, 부지런히 그의 말씀에 귀를 기울였으며, 빠짐없이 참석해서 주의 깊게 경청하여 한 마디도 놓치지 않고자 하였다. 어떤 이들은 이 본문을 모든 백성이 그의 말을 듣고 그의 편을 들었다로 해석한다. 이러한 해석은 그의 원수들이 그를 죽일 어찌할 방도를 찾지 못하였던 이유를 잘 설명해준다. 그들은 그들이 그리스도에게 폭력을 행사한다면 백성들이 정면으로 대들리라는 것을 알았다. 그리스도의 때가 올 때까지 그에 대한 평범한 백성들의 존경이 그를 보호해 주었던 것이다. 그러나 그의 때가 오자, 평범한 백성들에 대한 대제사장들의 영향력이 힘을 얻어서 그는 넘겨지게 된다.

제
— 20 —
장

개요

이 장에는 다음과 같은 내용들이 나온다. I. 대제사장들이 그의 권세에 관하여 질문하자 그리스도께서 답변하심(1-8절). II. 불의하고 배역한 농부들에게 세준 포도원에 관한 비유(9-19절). III. 가이사에게 세(稅)를 바치는 것이 합당하냐는 질문에 대한 그리스도의 대답(20-26절). IV. 그리스도께서 사두개인들의 어리석은 트집을 물리치시고 죽은 자의 부활과 장래의 상태에 관한 유대교와 기독교의 중요한 기본 교리를 옹호하심(27-38절). V. 그리스도께서 메시야가 다윗의 자손이라는 문제를 가지고 서기관들을 당혹스럽게 하심(39-44절). VI. 그리스도께서 서기관들을 삼가라고 제자들에게 주의시키심(45-47절). 이 모든 기사들은 우리가 이미 마태복음과 마가복음에서 살펴본 바 있기 때문에, 여기에서는 다른 곳에 나오지 않은 세부적인 내용들을 제외하고는 장황하게 설명할 필요가 없을 것이다.

¹하루는 예수께서 성전에서 백성을 가르치시며 복음을 전하실새 대제사장들과 서기관들이 장로들과 함께 가까이 와서 ²말하여 이르되 당신이 무슨 권위로 이런 일을 하는지 이 권위를 준 이가 누구인지 우리에게 말하라 ³대답하여 이르시되 나도 한 말을 너희에게 물으리니 내게 말하라 ⁴요한의 세례가 하늘로부터냐 사람으로부터냐 ⁵그들이 서로 의논하여 이르되 만일 하늘로부터라 하면 어찌하여 그를 믿지 아니하였느냐 할 것이요 ⁶만일 사람으로부터라 하면 백성이 요한을 선지자로 인정하니 그들이 다 우리를 돌로 칠 것이라 하고 ⁷대답하되 어디로부터인지 알지 못하노라 하니 ⁸예수께서 이르시되 나도 무슨 권위로 이런 일을 하는지 너희에게 이르지 아니하리라 하시니라

이 단락에 나오는 내용은 대체로 우리가 다른 복음서에서 살펴본 것으로서 추가된 것이 없다. 오직 1절에만 다른 곳들에는 나오지 않는 다음과 같은 내용이 기록되어 있다.

Ⅰ. 그리스도께서는 지금 성전에서 백성을 가르치시며 복음을 전하고 계셨다.
그리스도께서는 그의 복음을 직접 전하는 분이셨다는 것을 명심하라. 그는 우리를 위하여 구원을 이루셨을 뿐만 아니라 우리에게 널리 알리셨다. 이것은 복음이 참되다는 것을 확증해 주신 것으로서 우리에게 복음을 받아들일 수 있는 큰 용기를 주신 것이다. 왜냐하면, 그것은 그리스도께서 사람들이 복음을 받아들이도록 하는 데에 마음을 많이 쓰셨다는 것을 보여주는 표시이기 때문이다. 또한 이것은 복음을 전하는 자들이 헛된 세상에 의해서 아무리 많은 멸시를 받는다고 해도 그들 및 그들의 직분과 사역에 영광을 부여하신 것이다. 그것은 복음을 널리 전하는 자들에게 영광을 수여하신 것이다. 그리스도께서는 복음을 전하실 때에 백성들의 눈높이에 맞춰서 그들을 가르치셨다. 또한 우리가 주목할 것은 그리스도께서 백성에게 복음을 전하실 때에 훼방을 받으셨다는 것이다. 사탄과 그의 졸개들은 백성에게 복음이 전파되는 것을 온갖 수단을 다 동원해서 방해한다는 것을 명심하라. 왜냐하면, 복음이 전파되는 것보다 사탄의 나라의 세력을 더 약화시키는 것은 없기 때문이다.

Ⅱ. 그리스도의 원수들이 그에게 가까이 왔다(에페스테산). 오직 여기에서만 사용된 이 단어는 다음과 같은 것들을 보여준다.

1. 그들은 갑작스러운 질문으로 그리스도를 당황하게 만들고자 하였다. 그들은 그리스도께 한 번도 생각해 보지 않았을 것 같은 질문을 던짐으로써 그가 답변이 채 준비되지 않아 당황할 것이라고 생각하고서 갑자기 그에게 가까이 왔다.

2. 그들은 그들이 던진 질문에 그리스도께서 겁을 집어먹을 것이라고 생각하였다. 그들은 떼를 지어서 위세를 부리며 그에게 가까이 왔다. 그러나 사람들의 분노를 억제해서 그것을 그에 대한 찬양으로 바꾸실 수 있는 능력을 지니신 그리스도께서 어떻게 사람들의 분노에 겁을 집어먹고 무서워하시겠는가? 이 이야기 속에서 우리는 다음과 같은 것들을 배울 수 있다.

(1) 너무도 명백하게 드러나 있는 것조차도 눈이 가리어져서 빛을 볼 수 없는 자들에게는 의심스러운 것으로서 논란거리가 되고 의문이 제기되는 것은 전혀 이상한 일이 아니다. 그리스도의 이적들은 그가 무슨 권위로 이런 일을 하는지를 명백하게 보여 주었고, 그가 하나님으로부터 보내심을 받았다는 것을 확증해 주었다. 그런데도 그들은 여기서 바로 그것을 심문하고 있다.

(2) 가장 분명하고 명백한 신앙 원리들을 스스로 자문해 보기만 해도, 그리스도의 권위를 의심하는 자들이 얼마나 어리석은지는 만천하에 드러나게 될 것이다. 그리스도께서는 아무리 미천한 백성이라도 쉽게 대답할 수 있는 질문, 곧 요한의 세례에 관한 질문으로 이 제사장들과 서기관들에게 답변하셨다: 요한의 세례가 하늘로부터냐 사람으로부터냐? 그들은 모두 그것이 하늘로부터 왔다는 것을 알고 있었다. 요한의 세례는 모든 것이 거룩하고 하늘에 속한 것으로서 거기에는 이 땅의 속된 냄새를 풍기는 것이라고는 아무것도 없었다. 그래서 이 질문은 그들을 곤혹스럽게 만들어서, 그들의 계획은 수포로 돌아갔고, 그들은 백성들 앞에서 망신만 당하고 말았다.

(3) 세상 사람들의 평판과 세속적인 이익에 얽매여 사는 자들이 여기에 나오는 제사장들과 서기관들처럼 너무도 분명한 진리들을 은폐하고 너무도 강력한 깨달음을 질식시켜서 죽이는 일이 비일비재하다는 것은 전혀 이상한 일이 아니다. 이 제사장들과 서기관들은 그들의 평판과 신망을 잃지 않기 위해서 요한의 세례가 하늘로부터 왔다고 시인하고자 하지 않았고, 또한 백성들을 두려워해서 사람으로부터 왔다고 말하지도 않았다. 그러한 정신을 가진 사람들에게 어떻게 선한 것을 기대할 수 있겠는가?

(4) 지금 가지고 있는 지식을 파묻어 두고 있는 자들에게 추가적으로 더 지식을 가르쳐주기를 거부하는 것은 정당한 일이다. 요한의 세례가 하늘로부터 왔다는 것을 알고 있으면서도 요한을 믿으려 하지도 않았고 그 사실을 알고 있었음을 시인하려고도 하지 않는 자들에게 그리스도께서 자신의 권세가 어디로부터 왔는지를 설명하기를 거부하신 것은 정당한 일이었다(7-8절).

[9]그가 또 이 비유로 백성에게 말씀하시기 시작하시니라 한 사람이 포도원을 만들어 농부들에게 세로 주고 타국에 가서 오래 있다가 [10]때가 이르매 포도원 소출 얼마를 바치게 하려고 한 종을 농부들에게 보내니 농부들이 종을 몹시 때리고 거저 보내었거늘 [11]다시 다른 종을 보내니 그도 몹시 때리고 능욕하고 거저 보내었거늘 [12]다시 세 번째 종을 보내니 이 종도 상하게 하고 내쫓은지라 [13]포도원 주인이 이르되 어찌할까 내 사랑하는 아들을 보내리니 그들이 혹 그는 존대하리라 하였더니 [14]농부들이 그를 보고 서로 의논하여 이르되 이는 상속자니 죽이고 그 유산을 우리의 것으로 만들자 하고 [15]포도원 밖에 내쫓아 죽였느니라 그런즉 포도원 주인이 이 사

람들을 어떻게 하겠느냐 [16]와서 그 농부들을 진멸하고 포도원을 다른 사람들에게 주리라 하시니 사람들이 듣고 이르되 그렇게 되지 말아지이다 하거늘 [17]그들을 보시며 이르시되 그러면 기록된 바 건축자들의 버린 돌이 모퉁이의 머릿돌이 되었느니라 함이 어찜이냐 [18]무릇 이 돌 위에 떨어지는 자는 깨어지겠고 이 돌이 사람 위에 떨어지면 그를 가루로 만들어 흩으리라 하시니라 [19]서기관들과 대제사장들이 예수의 이 비유는 자기들을 가리켜 말씀하심인 줄 알고 즉시 잡고자 하되 백성을 두려워하더라

그리스도께서는 그의 권위가 하늘로부터 왔다는 것을 보여주는 증거가 너무도 분명하고 완전하며 설득력이 있는데도 그것을 인정하지 않기로 결심한 자들을 이 비유를 말씀하심으로써 질책하셨다. 이 비유는 그들이 그리스도의 권위를 문제삼음으로써 그들 자신의 권위를 상실하였다는 것을 보여주는 매우 시의적절한 것이었다. 그들이 포도원 주인의 권위를 인정하지 않은 것은 포도원에 대한 그들의 임차권을 부정한 것이자 포도원과 관련된 그들의 모든 자격을 포기한 것이었다.

I. 여기 나오는 비유 자체에는 우리가 이미 마태복음과 마가복음에서 살펴본 것에 추가된 내용이 하나도 없다. 이 비유의 목적은 유대 백성이 선지자들을 박해하다가 결국에는 그리스도까지 박해함으로써 하나님의 진노를 사서 교회로서의 모든 특권을 빼앗기고 멸망당하게 되었다는 것을 보여주는 데에 있다. 이 비유는 우리에게 다음과 같은 것들을 가르친다.

1. 눈에 보이는 교회의 특권들을 누리는 자들은 포도원을 빌려서 소작료를 내고 경작하는 소작인들이나 농부들과 같다. 하나님은 이 세상에 종교를 계시하시고 질서들을 세우심으로써 포도원을 만드신 후에 그의 장막을 두신 백성에게 세를 주셨다(9절). 백성들은 포도원 일을 하게 되어 있다. 이 일은 꾸준하게 꼭 해야 할 일이지만 이문이 남는 즐거운 일이다. 인간은 죄로 말미암아 땅을 경작하도록 정죄를 받았지만, 교회의 지체가 된 자들은 그 정죄에서 벗어나서 아담이 죄 짓기 전에 했던 일, 곧 동산을 경작하며 지키는 일을 하게 된다. 왜냐하면, 교회는 낙원이고, 그리스도는 그 안에 있는 생명 나무이기 때문이다. 또한 그들은 포도원 소출을 포도원 주인에게 바치게 되어 있다. 그들은 소작료를 내야 하고 일을 해야 한다. 그것들은 그들이 빌린 토지의 가치에 비례

하는 것은 아니지만, 그들은 반드시 소작료를 내야 하고 일을 해야 한다.

2. 그리스도의 사역자들이 해야 할 일은 교회의 특권들을 누리는 자들에게 그것에 걸맞는 소출을 내도록 촉구하는 것이다. 사역자들은 포도원 주인이신 하나님을 대신하여 소작료를 거두는 자들로서 농부들에게, 그들에게 할당된 소작료를 상기시켜 주어야 한다. 사역자들은 농부들에게, 보고를 듣기를 원하시고 그들이 그에게 신세를 지고 있으며 그에게 해야 할 의무들이 있다는 것을 인정하기를 원하시는 주인이 계시다는 것을 일깨워주어야 한다(10절). 구약의 선지자들은 유대교에 대하여 이 심부름을 하여 그들에게 하나님께 마땅히 해야 할 의무와 순종을 요구하도록 보내심을 받았다.

3. 하나님의 신실한 종들은 흔히 소작인들에게 비참하게 학대받는 것이 그들의 운명이었다. 소작인들은 그들을 몹시 때리고 능욕하여서 빈손으로 거저 보내었다. 하나님께 마땅히 해야 할 일을 하지 않기로 결심한 자들은 그 일을 하도록 요구받는 것을 참지 못한다. 이 때문에 이 세상에서 가장 훌륭한 사람들 중 일부는 그들의 가장 훌륭한 섬김으로 인해서 가장 혹독한 취급을 받아 왔다.

4. 하나님께서는 그의 아들을 세상에 보내셔서 선지자들이 하였던 일, 곧 하나님을 위하여 포도원 소출을 거두는 일을 하게 하셨다. 사람들은 이 아들이 세상에 와서 존경을 받고 영접을 받았을 것이라고 생각할지도 모른다. 선지자들은 종의 자격으로 주께서 말씀하시되라고 말하였지만, 그리스도께서는 아들이셨기 때문에 진실로 내가 너희에게 이르노니라고 말씀하신다. 하나님께서 아들을 직접 보내시는 영광을 농부들에게 주었으므로, 사람들은 농부들이 거기에 승복하였을 것이라고 생각할지 모른다.

5. 그리스도의 사역자들을 거부하는 자들은 그리스도께서 친히 그들에게 오더라도 거부할 것이다. 왜냐하면, 그리스도의 종들인 선지자들을 박해하고 죽인 자들이 그리스도도 박해하고 죽였다는 것은 이미 밝혀진 사실이기 때문이다. 그들은 이는 상속자니 죽이자라고 말하였다. 그들이 종들을 죽이자, 하나님은 다른 종들을 보내셨었다. "그러나 우리가 이 아들을 죽인다면, 또 다른 아들이 없을 것이므로, 우리는 더 이상 소작료를 내라는 요구에 시달리지 않아도 될 것이고, 포도원을 쥐도 새도 모르게 완전히 우리의 소유로 만들어 버릴 수 있을 것이다." 서기관들과 바리새인들은 그리스도를 없애 버리고 그들

이 유대 교회에서 영원토록 주인 노릇을 하기로 결심하였다. 그래서 그들은 대담하게도 그리스도를 포도원 밖에 내쫓아 죽였다.

6. 그리스도를 죽임으로써 유대인들의 죄악의 분량이 다 찼고, 그들에게 돌이킬 수 없는 파멸이 임하게 되었다. 하나님께서는 그 악한 농부들을 진멸하실 도리밖에 없었다. 농부들은 소작료를 내지 않는 것으로부터 시작해서, 주인이 보낸 종들을 때리고 죽이는 데까지 나아갔다가, 결국에는 주인의 아들까지 죽였다. 하나님에 대한 의무를 무시하고 사는 자들은 그들의 죄가 어느 정도 깊어져 있는지, 그들이 어느 정도나 깊은 멸망으로 치닫고 있는지를 알지 못한다는 것을 명심하라.

II. 비유의 적용 부분에는 다른 복음서들에 나오지 않았던 내용, 즉 사람들이 그러한 멸망이 임하지 않기를 탄원하였다는 내용이 추가되어 있다(16절): 사람들이 듣고 이르되 그렇게 되지 말아지이다 하였다. 그들은 그러한 죄에 대해서는 그러한 형벌이 마땅하다는 것을 시인할 수밖에 없었지만 막상 그런 말을 듣고 보니 견딜 수가 없었다. 죄인들은 그들의 죄악된 길의 끝에는 멸망이 기다리고 있다는 것을 미리 예견하고 두려워하면서도 그 죄악된 길을 계속해서 끈질기게 걸어가는데, 이것이 죄인들의 어리석음과 우둔함의 한 면모라는 것을 명심하라. 그들은 자신의 멸망을 미연에 방지하기 위한 일을 스스로는 하나도 하지 않으면서 그렇게 되지 말아지이다라는 방관자적인 말 한 마디로 멸망을 피하겠다고 생각했으니, 이것은 그들이 얼마나 스스로를 속이고 있는 것인가? 이 말이 그들에게 닥칠 멸망을 막아줄 수 있겠는가? 결코 그렇지 않다. 그들은 장차 하나님의 말씀과 그들의 말 중 어느 쪽이 이루어질지를 알게 될 것이다. 그러면 이제 그들이 이와 같이 유치하게 탄원한 것에 대한 답변으로서 그리스도께서 무슨 말씀을 하셨는지를 살펴보자.

1. 그리스도께서는 그들을 보셨다. 이것은 누가복음 기자만이 언급하고 있는 내용이다(17절). 그리스도께서는 그들이 이런 식의 얕은 꾀를 써서 그들의 멸망을 면해 보려고 하는 모습을 보시고 서글퍼지셔서, 동정과 연민의 마음으로 그들을 쳐다 보셨다. 그리스도께서는 그들이 자신의 어리석음에 얼굴을 붉히는지를 보시기 위해서, 또는 그들의 표정 속에서 마음이 누그러지는 기미를 찾을 수 있는지를 보시기 위해서 그들을 쳐다 보셨다.

2. 그리스도께서는 그들에게 성경을 근거로 대셨다: "그러면 기록된 바 건축

자들의 버린 돌이 모퉁이의 머릿돌이 되었느니라 함이 어찜이냐. 너희가 멸시하고 버린 자가 높아지는 때에 너희에게 임할 하나님의 심판을 어떻게 너희가 피할 수 있겠느냐?" 주 예수께서는 높아지셔서, 아버지의 우편에 앉게 되실 것이다. 하나님께서는 모든 심판과 모든 권세를 그리스도께 위임하셨다. 그리스도는 교회의 모퉁잇돌이요 머릿돌이시다. 그러므로 그의 원수들은 멸망당할 수밖에 없다. 그리스도를 멸시하거나 그리스도로 인하여 걸려 넘어지거나 죄를 짓는 자들도 깨어져서 멸망당할 것이다. 그러나 유대인들처럼 그리스도를 거부할 뿐만 아니라 미워하고 박해하기까지 한 자들에게는 그리스도께서 그들에게 떨어져서 그들을 산산조각 내어서 가루로 만들어 버릴 것이다. 양심을 품고 박해를 한 자들에 대한 정죄는 안일한 생각에서 믿지 않은 자들에 대한 정죄보다 훨씬 더 무거울 것이다.

끝으로, 대제사장들과 서기관들은 이 비유를 듣고 격분하였다(19절): 그들은 이 비유가 자기들을 가리켜 말씀하심인 줄 알았다. 그리고 사실이 그랬다. 죄를 짓고 가책을 느끼는 양심에는 고발자가 필요없다. 그러나 그들은 양심의 가책에 굴복하지 않고, 도리어 그들의 마음속에서 잠자고 있던 사자를 깨워주신 그리스도께 격분하여, 즉시 잡고자 하였다. 그들의 부패한 마음이 그들의 양심의 가책에 반기를 들어서 승리를 거둔 것이었다. 그들이 당장 그에게 달려들어서 그의 목을 조르지 못한 것은 그들에게 하나님이나 하나님의 진노를 두려워하는 마음이 조금이라도 남아 있었기 때문이 아니라 단지 백성을 두려워하였기 때문이었다. 그들은 그리스도께서 비유를 통해서 하신 말씀을 실행에 옮길 준비가 되어 있었다: 이는 상속자니 죽이자. 사람들이 악을 행하고자 하는 마음을 단단히 먹으면, 그들이 곧 범하게 될 죄악과 그 죄악이 만들어낼 결과들에 대하여 아무리 공정한 경고를 해주어도, 그 경고가 그들에게 전혀 먹히지 않는다는 것을 명심하라. 그리스도께서는 그들이 하나님의 아들에게 입맞추기보다는 그를 죽일 것이라고 그들에게 말씀하신다. 그들은 마땅히 당신의 개 같은 종이 무엇이기에 이런 경고를 해주시는 것이냐고 감사의 말을 했어야 했다. 하지만 그들은 사실상 이렇게 말한 것이다: "그래, 우리는 그렇게 할 것이다. 이제 그를 해치우자." 그들은 그들의 죄에 대한 형벌을 내리지 말아달라고 탄원했지만, 그 다음 순간에 그를 해치울 범죄를 계획하고 있는 것이다.

[20]이에 그들이 엿보다가 예수를 총독의 다스림과 권세 아래에 넘기려 하여 정탐들을 보내어 그들로 스스로 의인인 체하며 예수의 말을 책잡게 하니 [21]그들이 물어 이르되 선생님이여 우리가 아노니 당신은 바로 말씀하시고 가르치시며 사람을 외모로 취하지 아니하시고 오직 진리로써 하나님의 도를 가르치시나이다 [22]우리가 가이사에게 세를 바치는 것이 옳으니이까 옳지 않으니이까 하니 [23]예수께서 그 간계를 아시고 이르시되 [24]데나리온 하나를 내게 보이라 누구의 형상과 글이 여기 있느냐 대답하되 가이사의 것이니이다 [25]이르시되 그런즉 가이사의 것은 가이사에게, 하나님의 것은 하나님께 바치라 하시니 [26]그들이 백성 앞에서 그의 말을 능히 책잡지 못하고 그의 대답을 놀랍게 여겨 침묵하니라

이 단락에는 그리스도께서 그의 원수들이 세금에 관한 질문을 제기함으로써 그를 걸리게 하려고 쳐놓은 덫을 피하신 것에 관한 이야기가 나온다. 우리는 이 이야기를 이미 마태복음과 마가복음에서 살펴본 바 있다.

I. 이 사건은 그리스도를 죽이기 위한 음모였는데, 복음서들에서 앞서 나온 것보다 더 자세하게 서술되어 있다. 이 음모는 예수를 총독의 다스림과 권세 아래에 넘기는(20절) 것이었다. 그들이 율법에 의거해서 직접 그를 죽인다면, 백성들의 소요가 일어날 것이기 때문에, 그들은 그렇게 할 수 없었다. 따라서 그들이 그리스도를 직접 재판하는 것은 불가능했기 때문에, 그들은 그를 재판할 수 있는 권한을 지닌 총독이 반길 만한 정보를 알아내고자 하였다. 그들은 총독으로 하여금 그리스도에 대하여 격분하게 만들어서 그들의 목적을 달성하고자 하는 계획을 세운 것이었다. 세속의 권력을 그들의 악한 뜻을 이루는 도구로 이용해서 세상의 군왕들로 하여금 악역을 감당하지 않을 수 없게 만드는 것은 교회의 지도자들을 박해하는 자들이 흔히 사용해온 수법이었다. 대제사장들과 서기관들이 그리스도를 그에게 끌고오기 전까지 빌라도가 그랬던 것처럼, 세상의 군왕들은 충동질을 받지 않았다면 사람들을 조용히 살도록 내버려 두었을 것이다. 그러나 이렇게 해서 자기가 이방인의 손에 넘겨질 것이라던 그리스도의 말씀이 그들의 가증스러운 술책에 의해서 성취되었다.

II. 그들은 사람들을 고용하였다. 마태와 마가는 고용된 자들이 바리새인의 제자들과 일부 헤롯당원이었다는 것을 우리에게 말해준다. 여기에는 정탐들은 스스로 의인인 체하였다는 말이 덧붙여져 있다. 악한 자들이 의인인 체하며

아주 악한 음모를 아주 그럴 듯한 모습으로 은폐하는 일은 새삼스러운 일이 아니다. 마귀는 자기를 광명의 천사로 가장할 수 있고, 바리새인은 그리스도의 제자 같은 모습을 하고 제자 같이 말을 할 수 있다. 정탐이 가장(假裝)을 하는 것은 당연한 일이다. 이 정탐들은 그리스도의 판단을 하나님의 말씀으로 받들어서 소중히 여기는 체하면서, 양심의 문제에 있어서 그리스도의 조언을 구한다. 사역자들은 의인인 체하는 자들을 주의하고, 독사와 전갈의 자식들 가운데 있을 때에는 뱀처럼 지혜로워야 한다는 것을 명심하라.

Ⅲ. 그들은 그리스도를 덫에 걸리게 하기 위하여 그에게 질문을 던졌다.

1. 그들이 서두에 꺼낸 말은 대단히 공손하고 예의를 갖춘 것이었다: 선생님이여 우리가 아노니 당신은 바로 말씀하시고 가르치시나이다(21절). 그들은 이렇게 그리스도께 아첨함으로써 그들에 대한 경계심을 풀고 마음을 열게 하여, 그들이 바라던 약점을 잡아내려고 하였다. 교만하고 칭찬받기를 좋아하는 자들은 그들에게 아첨하고 친절하게 말하는 자들을 위해서라면 무슨 일이라도 하려고 들 것이다. 그러나 그러한 술책이 겸손하신 예수에게 먹혀 들 것이라고 여긴 그들의 생각은 한참이나 잘못된 것이었다. 그리스도께서는 그러한 위선자들의 증언을 기뻐하지 않으셨고, 그런 증언으로 자기가 영광을 받았다고 생각하지도 않으셨다. 그리스도께서 사람을 외모로 취하지 아니하신다는 것은 사실이지만, 모든 사람의 마음을 아시는 그리스도께서 그들의 마음도 아셨고, 비록 그들이 듣기 좋은 말을 했지만 그들의 마음속에 일곱 가지 가증한 것이 있음을 아셨다는 것도 사실이다. 그리스도께서 오직 진리로써 하나님의 도를 가르치신 것은 분명한 사실이었다. 그러나 그리스도께서는, 그의 말에 붙잡히기 위해서가 아니라 그의 말을 책잡기 위해서 온 자들에게는 가르침을 베풀 가치가 없다는 것을 아셨다.

2. 그들이 제기한 질문은 아주 훌륭한 것이었다: "우리(이 표현은 누가복음에서 추가된 것이다), 곧 유대인인 우리, 아브라함의 자손으로서 자유인인 우리, 여호와께 세를 바치는 우리가 가이사에게 세를 바치는 것이 옳으니이까?" 그들은 교만하고 탐욕스러워서 세금 내는 것이 싫었기 때문에, 이 기회에 그것이 옳은 일인지 아닌지를 물은 것이었다. 그런데 그리스도께서 옳다고 말씀한다면, 백성들이 싫어할 것이었다. 왜냐하면, 백성들은 메시야로 세우심을 받은 자가 가장 먼저 할 일은 로마의 멍에로부터 유대인들을 해방시켜서 가이

사에게 세를 바치지 않게 하는 일일 것이라고 기대하고 있었기 때문이다. 그러나 원수들이 예상한 대로 그리스도께서 옳지 않다고 말씀한다면(그가 그렇게 하지 않는다면, 그는 백성들로부터 예전처럼 그렇게 사랑받을 수 없을 것이기 때문에), 그들은 그들이 원하던 대로 그를 총독에게 고소할 빌미를 얻게 될 것이었다.

Ⅳ. 그리스도께서 그들이 쳐놓은 덫을 피하심: 예수께서 그 간계를 아셨다(23절).   그리스도와 그의 복음을 해하고자 하는 자들이 온갖 짓을 다해서 아주 교묘한 간계를 꾸밀지라도, 그 간계를 그리스도께서 모르시도록 은폐하는 것은 불가능하다. 그는 아무리 교활하게 위장해도 그것을 꿰뚫어 보실 수 있기 때문에, 가장 위험한 덫도 깨뜨리실 수 있다. 새가 보는 데서 그물을 치면 헛일이 된다. 그는 그들에게 직접적인 답변을 하지 않으시고, 간계를 부리는 것에 대하여 그들을 꾸짖으신(어찌하여 너희가 나를 시험하느냐) 후에, 상인들이 당시에 사용하던 동전 한 닢을 가져오라고 하셔서(데나리온 하나를 내게 보이라), 동전이 누구의 돈이며 누구의 형상과 글이 새겨져 있고 누가 그 동전을 주조하였는지를 그들에게 물으셨다. 그들이 "그 동전은 가이사의 것이니이다"라고 말하자, 그리스도께서는 이렇게 말씀하신다: "너희는 가이사의 돈을 너희 가운데서 주고 받으며 거래의 수단으로 사용하고 있는 것이 옳은지를 먼저 물었어야 했다. 그러나 너희는 너희 자신의 행동으로써 이미 합의하에 가이사의 돈을 거래의 수단으로 사용하고 있으니, 너희에게 거래의 편의를 제공해 주고 거래를 보호해 주며 자신의 권위로써 돈의 가치를 보장해 준 자에게 세를 바치는 것이 마땅하다. 그러므로 너희는 가이사의 것을 가이사에게 바쳐야 한다. 세속적인 일들에 있어서 너희는 세속 권력에 복종하여야 하기 때문에, 가이사가 법률과 사법 제도를 통해서 너희의 세속적인 권리를 보호해 준다면, 너희는 당연히 그에게 세를 바쳐야 한다. 그러나 거룩한 일들에 있어서는 오직 하나님만이 너희의 왕이시다. 너희는 가이사의 종교에 매여서는 안 된다. 너희는 하나님의 것은 하나님께 바쳐야 한다. 너희는 오직 하나님만을 예배하고 경배하여야 하고, 가이사가 세운 금 우상에게 절해서는 안 된다." 우리는 하나님께서 정하신 방식으로만 하나님을 예배하고 경배하여야 하고, 가이사가 정한 방식을 따라서는 안 된다. 내 아들아, 네 마음을 내게 다오라고 말할 수 있는 분은 오직 하나님뿐이시다.

V. 그들이 당황함(26절).

1. 그들이 쳐놓은 덫은 허사가 되고 말았다. 그들이 백성 앞에서 그의 말을 능히 책잡지 못하였다. 그들은 총독이나 백성들을 그리스도에 대하여 격분할 수 있도록 만들 수 있는 어떤 시빗거리를 잡아내지 못하였다.

2. 그리스도께서는 영광을 받으셨다. 인간의 분노까지도 그리스도를 찬양하는 데에 사용되었다. 그들은 그의 대답을 놀랍게 여겼다. 그의 대답은 너무도 사려 깊고 더할 나위 없이 훌륭하였으며, 그의 얼굴에 광채가 나게 할 만큼 지혜롭고 진실하였다.

3. 그들은 말문이 막혀서 아무 말도 하지 못하였다. 그들은 침묵하였다. 그들은 그의 대답에 이의를 제기할 수 없었고, 수치를 당하고 간계가 탄로날까봐 감히 다른 것을 그에게 묻지도 못하였다.

[27]부활이 없다고 주장하는 사두개인 중 어떤 이들이 와서 [28]물어 이르되 선생님이여 모세가 우리에게 써 주기를 만일 어떤 사람의 형이 아내를 두고 자식이 없이 죽으면 그 동생이 그 아내를 취하여 형을 위하여 상속자를 세울지니라 하였나이다 [29]그런데 칠 형제가 있었는데 맏이가 아내를 취하였다가 자식이 없이 죽고 [30]그 둘째와 셋째가 그를 취하고 [31]일곱이 다 그와 같이 자식이 없이 죽고 [32]그 후에 여자도 죽었나이다 [33]일곱이 다 그를 아내로 취하였으니 부활 때에 그 중에 누구의 아내가 되리이까 [34]예수께서 이르시되 이 세상의 자녀들은 장가도 가고 시집도 가되 [35]저 세상과 및 죽은 자 가운데서 부활함을 얻기에 합당히 여김을 받은 자들은 장가 가고 시집 가는 일이 없으며 [36]그들은 다시 죽을 수도 없나니 이는 천사와 동등이요 부활의 자녀로서 하나님의 자녀임이라 [37]죽은 자가 살아난다는 것은 모세도 가시나무 떨기에 관한 글에서 주를 아브라함의 하나님이요 이삭의 하나님이요 야곱의 하나님이시라 칭하였나니 [38]하나님은 죽은 자의 하나님이 아니요 살아 있는 자의 하나님이시라 하나님에게는 모든 사람이 살았느니라 하시니

이 단락에서 그리스도께서 사두개인들에게 하신 말씀은 다른 복음서들에도 그대로 나온다. 하지만 그리스도께서 장래의 삶에 관하여 말씀하신 내용은 여기에서 조금 더 자세하고 폭넓게 기록되어 있다. 좀 더 살펴보자.

I. 어느 시대에나 계시 종교의 근본 원리들을 뒤집어엎고자 한 부패한 심령

을 지닌 자들이 있어 왔다. 오늘날에도 자칭 자유 사상가들이라고 하지만 사실은 거짓된 사상가들인 이신론자들(deists)이 있는 것과 마찬가지로, 우리 구주께서 활동하신 시대에도 사두개인들이 있었는데, 죽은 자의 부활과 내세의 삶에 관한 교리가 엄연히 구약성서에 계시되어 있었고 유대교 신앙의 조목(條目)들이었음에도 불구하고, 그들은 그러한 교리를 비웃었다. 사두개인들은 부활(아나스타니스)과 그에 따른 장래의 삶이 있다는 것을 부정하였다. 그들은 생명에 육체가 다시 돌아온다는 것을 부정하였을 뿐만 아니라, 영혼이 계속해서 산다는 것, 영들의 세계, 육체로 행한 일들에 대하여 받는 상이나 벌로서의 내세의 삶을 부정하였다. 이것을 빼버리면, 신앙은 완전히 무너지고 만다.

II. 하나님의 진리를 훼손하고자 하는 자들이 그 진리를 혼란스럽게 만들고 여러 가지 난점들을 그 진리에 덧씌우는 것은 흔한 일이다. 여기에 나오는 사두개인들도 그랬다. 그들은 부활 교리에 대한 백성들의 믿음을 약화시키려고, 부활을 전제하는 한 어떤 식으로도 만족스럽게 답변할 수 없는 문제를 제기하였다. 그들이 제기한 사례는 아마도 실제 있었던 일인 것 같은데, 적어도 일곱 명의 남편을 차례로 둔 여자는 실제 인물이었을 것이다. 그들은 이 여자가 부활 때에 누구의 아내가 되리이까라고 물었다. 그러나 이 여자가 누구의 아내가 되느냐 하는 것은 전혀 문제가 안 되는 것이었다. 왜냐하면, 사람이 죽으면 그것으로 부부관계도 끝나게 되고 저 세상에서 다시 재개되지 않기 때문이다.

III. 이 땅에서의 사람의 자녀들의 상태와 하늘에서의 하나님의 자녀들의 상태는 큰 차이가 있고, 이 세상과 저 세상은 엄청나게 다르다. 이 감각의 세계에서 우리가 현재 누리고 있는 것들을 통해서 저 영들의 세계를 파악하고 그 세계에 관한 개념을 형성하고자 하는 것은 잘못된 것으로서 그리스도의 진리를 그르치는 짓이다.

1. 이 세상에서 사람의 자녀들은 장가도 가고 시집도 간다. 이 세대의 자녀들은 선한 자든 악한 자든 스스로도 결혼을 하고 자녀들도 결혼시킨다. 이 세상에서 우리가 하는 일의 많은 부분은 가정을 꾸려서 세워나가며 가정에 필요한 것들을 공급하는 것이다. 이 세상에서 우리의 즐거움 중 많은 부분은 우리의 혈육들, 즉 아내 및 자녀들과 관련되어 있다. 본능적으로 그렇게 된다. 결혼은 몸을 지닌 우리가 이 세상에서 인간으로 살아가는 낙(樂)을 누리기 위한 목석

으로 제정되었다. 또한 결혼은 간음을 막는 수단이기도 해서, 본능적인 욕구들을 막무가내로 표출하지 못하도록 통제하는 역할을 하기도 한다. 이 세상의 자녀들은 죽어서 무대에서 사라지기 때문에 스스로 결혼을 하고 또한 자녀들을 결혼시킨다. 이렇게 함으로써 그들은 인간 세상에 필요한 사람들을 새롭게 보충하고, 한 세대가 가더라도 또 다른 세대가 오게 하며, 그들의 수고의 열매를 물려줄 자손들을 얻고, 특히 장차 하나님의 택하신 자들이 될 자들을 태어나게 한다. 결혼이 추구하는 것은 경건한 자손(말 2:15), 여호와를 섬길 자손, 장차 여호와에 속한 세대를 이루게 될 자손이기 때문이다.

2. 내세는 현세와 전혀 다르다. 본문에서는 강조를 위해서 및 탁월성을 표현하기 위해서 내세를 저 세상이라고 부른다. 하나의 세상, 현재의 세상 외에 다른 세상이 있다는 것을 명심하라. 눈에 보이는 현재의 세상이 있고, 눈에 보이지 않는 장래의 세상이 있다. 우리는 모두 이 세상과 저 세상을 비교해서 우리의 마음을 쏟을 가치가 있는 쪽에 우선권을 부여하여야 한다. 좀 더 살펴보자.

(1) 누가 저 세상의 거민들이 될 것인가? 저 세상을 얻기에 합당히 여김을 받게 될 자들, 즉 우리를 위하여 저 세상을 값주고 사신 그리스도의 공로를 받아들이고 우리 안에서 역사하시는 성령을 통해서 저 세상에 합당하도록 준비된 자들. 그들이 합당히 여김을 받게 되는 토대가 되는 가치는 그들 안에 있는 어떤 것이나 그들이 행한 어떤 일로 인한 법적 가치가 아니라, 그리스도께서 그 얻으신 것을 속량하시기(엡 1:14) 위하여 지불하신 헤아릴 수 없는 대가로 인한 복음적 가치다. 그것은 우리를 의롭다 하심을 얻게 한 전가된 의(義)이자 우리를 영화롭게 한 전가된 가치이다. 그들은 저 세상에 어울리는 자들이 된다. 부패한 성품 속에 존재하는 어울리지 않는 요소들은 제거되고, 영혼의 성품들은 하나님의 은혜로 말미암아 저 세상의 삶에 알맞도록 바뀐다. 그들은 은혜로 말미암아 저 세상을 얻기에 합당히 여김을 받게 된다. 이것은 저 세상을 얻으려고 추구하는 데에는 어느 정도의 난관과 거기에 미치지 못할 위험성이 존재한다는 것을 암시해 준다. 따라서 우리는 저 세상을 얻을 수 있도록 경주하지 않으면 안 된다. 그들은 죽은 자 가운데서 부활함, 즉 복된 부활을 얻게 될 것이다. 왜냐하면, 심판의 부활(그리스도께서는 요 5:29에서 이렇게 부르신다)은 죽음으로부터의 부활이 아니라 죽음으로의 부활, 둘째 사망, 영원한 죽음이기 때문이다.

(2) 저 세상의 거민들의 복된 상태가 어떤 것일지를 우리는 말로 표현하거나 마음으로 생각할 수 없다(고전 2:9). 그리스도께서 이것에 대하여 여기서 어떻게 말씀하셨는지를 살펴보자.

[1] 그들은 장가 가고 시집 가는 일이 없다. 주님과 기쁨을 함께 하게 된 자들은 온통 그 기쁨에 사로잡혀서, 신부와 함께 하는 신랑의 기쁨을 필요로 하지 않는다. 사랑의 세계인 저 세상에서의 사랑은 지고지순해서, 우리가 이 감각의 세상에서 경험하는 가장 순수하고 기쁜 사랑도 그 앞에서는 빛을 잃는다. 몸 자체가 영적인 몸이 되고, 감각의 쾌락들은 모두 없어질 것이다. 거기에는 완전한 거룩함이 존재하기 때문에, 죄를 예방하는 수단으로서의 결혼은 존재할 필요가 없다. 부정하고 더러운 것들은 새 예루살렘으로 들어가지 못한다.

[2] 그들은 다시 죽을 수도 없다. 이것은 그들이 결혼하지 않는 이유로 제시된다. 죽음이 있는 이 세상에서는 죽음으로 인한 공백들을 메우기 위하여 결혼이 필요하다. 그러나 장사지내는 일이 없는 저 세상에서는 결혼할 필요가 없다. 거기에는 더 이상 죽음이 없다는 것은 저 세상의 복락 중에서 최고의 절정이다. 왜냐하면, 죽음이라는 것은 이 세상의 모든 아름다운 것들을 훼손시키고 모든 복락들을 시들어 버리게 하기 때문이다. 이 세상에서는 죽음이 지배하고 있지만, 저 세상에서는 죽음이 영원히 배제된다.

[3] 그들은 천사와 동등이다. 다른 복음서들에서는 천사들과 같다고 말하고 있지만, 여기에서는 천사와 동등이다. 즉 천사들과 동류라고 말한다. 그들은 거룩한 천사들이 누리는 것과 비교해서 조금도 뒤떨어지지 않는 영광과 지복(至福)을 누리게 된다. 그들은 거룩한 천사들과 동일한 것들을 보고, 동일한 일에 쓰임받으며, 동일한 즐거움들에 참여하게 될 것이다. 성도들은 천국에 가게 되면 거기에 귀화되어서, 비록 본성적으로는 이방인들이지만, 그리스도께서 그들을 위하여 돈을 많이 들여 확보하신 이 시민권을 얻었기 때문에, 천국에서 태어난 자들, 즉 천국의 원주민들인 천사들과 모든 면에서 동등한 특권들을 지니게 된다. 그들은 천사들과 동료가 되어, 그들을 진정으로 사랑하는 저 복된 영들 및 믿음, 소망, 사랑 가운데 먼저 온 수많은 무리들과 교제하게 될 것이다.

[4] 그들은 하나님의 자녀들이기 때문에, 하나님의 아들들로 불리는 천사들과 동등하게 된다. 양자 됨은 아들로서의 유업을 받음으로써 완성될 것이다. 그런

까닭에 성경에서는 믿는 자들이 양자 될 것, 곧 몸의 속량을 기다린다(롬 8:23)고 말한다. 왜냐하면, 몸이 죽음으로부터 속량될 때까지는 양자 됨은 완성되지 않기 때문이다. 우리가 지금은 하나님의 자녀라(요일 3:2). 우리는 아들로서의 본성과 성품을 지니고 있지만, 그것은 우리가 천국에 갈 때까지는 완전해지지는 않을 것이다.

[5] 그들은 부활의 자녀들이다. 즉, 그들은 장래의 삶을 향유하며 누릴 수 있는 위치에 있다. 그들은 저 세상으로 태어났고, 저 세상의 가족에 속하며, 여기에서 저 세상을 위한 교육을 받았고, 그들의 유업은 저 세상에 있다. 그들은 부활의 자녀들이기 때문에 하나님의 자녀들이다. 하나님은 부활의 자녀인 자들, 위로부터 태어나서 영들의 세계와 연합되어 있고 저 세상을 위하여 준비된 자들, 저 세상의 가족에 속한 자들만을 그의 자녀로 시인하신다는 것을 명심하라.

Ⅳ. 현세에서의 삶 이후에 또 다른 삶이 있다는 것은 의심할 수 없는 진리이고, 교회의 초창기에 이 진리에 대한 탁월한 발견이 있었다(37-38절): 모세도 가시나무 떨기에 관한 글에서 주를 아브라함의 하나님이요 이삭의 하나님이요 야곱의 하나님이시라 칭함으로써 죽은 자가 살아난다는 것을 보여주었다. 모세 당시에 아브라함, 이삭, 야곱은 이 세상에서 죽은 자들이었다. 그들은 오래 전에 이 세상을 떠났고, 그들의 시신은 막벨라 동굴에서 재로 변해 있었다. 그런데도 어찌하여 하나님은 내가 아브라함의 하나님이었다가 아니라 내가 아브라함의 하나님이다라고 말씀하실 수 있었을까? 만약 이 족장들이 저 무덤 속에 있는 한 줌의 재와 같은 모습 그대로 보통의 흙과 다름없이 되어서 더 이상 존재하지 않는 자들이었다면, 생명의 근원이신 살아계신 하나님께서 계속해서 자기가 그들의 하나님이라고 말씀하신 것은 우스꽝스러운 일일 것이다. 그러므로 우리는 이 족장들이 모세 당시에 또 다른 세상에 가 있었다고 결론을 내리지 않을 수 없다. 왜냐하면, 하나님은 죽은 자의 하나님이 아니요 살아 있는 자의 하나님이시기 때문이다. 누가는 여기에서 하나님에게는 모든 사람이 살았느니라는 말을 첨가한다. 즉, 이 족장들과 같이 진정으로 믿는 모든 자들은 하나님에 대하여 살아 있다는 말이다. 그들은 비록 죽었지만 살아 있다. 그들의 영은 그것을 주신 하나님께로 돌아가서(전 12:7), 영들의 아버지이신 하나님에 대하여 살아 있고, 그들의 몸은 종말에 하나님의 권능에 의해서 다시 살아나게 될 것이다. 왜

냐하면, 하나님은 없는 것을 있는 것처럼 부르시는 분이시고, 죽은 자를 살리시는(롬 4:17) 분이기 때문이다. 그러나 여기에는 또 다른 의미가 있다. 하나님이 자신을 이 족장들의 하나님이라고 하신 것은 하나님이 그들의 지복(至福)이자 분깃이라는 것, 그들에게 하나님 한 분만으로 충분하다는 것(창 17:1), 하나님이 그들의 지극히 큰 상급(창 15:1)이라는 것을 의미하는 것이었다. 하지만 이 족장들의 살아온 이력(履歷)을 보면, 하나님께 저 큰 약속의 진정한 의도와 온전한 분량에 걸맞는 것을 이 세상에서 그들에게 결코 해주신 적이 없다는 것은 너무도 분명하다. 그러므로 이 세상에서의 삶 이후에 또 다른 삶이 있어서 거기에서 하나님이 저 큰 약속에 걸맞는 모든 것을 그들에게 해주실 것이 틀림없다 ─ 하나님은 그들에게 하나님이 되셔서, 모두가 그에 대하여 살 수 있게 해주실 것이고, 그렇게 하심으로써 그에 대하여 살아 있는 모든 영혼을 행복하게 해주실 것인데, 그 때에 모든 영혼은 각자가 다 충분히 행복하게 될 것이다.

[39]서기관 중 어떤 이들이 말하되 선생님 잘 말씀하셨나이다 하니 [40]그들은 아무것도 감히 더 물을 수 없음이더라 [41]예수께서 그들에게 이르시되 사람들이 어찌하여 그리스도를 다윗의 자손이라 하느냐 [42]시편에 다윗이 친히 말하였으되 주께서 내 주께 이르시되 [43]내가 네 원수를 네 발등상으로 삼을 때까지 내 우편에 앉았으라 하셨도다 하였느니라 [44]그런즉 다윗이 그리스도를 주라 칭하였으니 어찌 그의 자손이 되겠느냐 하시니라 [45]모든 백성이 들을 때에 예수께서 그 제자들에게 이르시되 [46]긴 옷을 입고 다니는 것을 원하며 시장에서 문안 받는 것과 회당의 높은 자리와 잔치의 윗자리를 좋아하는 서기관들을 삼가라 [47]그들은 과부의 가산을 삼키며 외식으로 길게 기도하니 그들이 더 엄중한 심판을 받으리라 하시니라

서기관들은 율법을 연구하고 백성들에게 해설해 주는 학자들로서 지혜로 평판이 높은 존경받는 자들이었지만, 그들 중 대다수는 그리스도와 그의 복음을 반대하는 원수들이었다. 여기에서는 서기관들 중 몇 사람이 그리스도의 집회에 참석해서 생긴 일들을 다루고 있는데, 서기관들과 관련된 네 가지 내용을 기록하고 있다. 이것들에 대해서 우리는 이미 다른 복음서들에서 살펴본 바 있다.

I. 서기관들은 그리스도께서 부활에 관하여 사두개인들에게 답변하신 말씀

을 칭찬한다: 서기관 중 어떤 이들이 말하되 선생님 잘 말씀하셨나이다 하였다(39절). 그리스도께서는 대적자들로부터 그가 잘 대답하였다는 증언을 들으신 것이다. 그렇지만 서기관들은 여전히 그의 원수들이었다. 왜냐하면, 그리스도께서는 장로들의 전통에 동의하신 것이 아니라, 그가 신앙의 기본적인 원리들이 옳다는 것을 증명하시고 옹호하셨고, 이것에 대하여 서기관들조차도 그의 답변을 옳다고 시인하며 칭찬한 것이었기 때문이다. 스스로 그리스도인이라 자처하는 자들 중에는 여기서 서기관들이 보여준 정신에도 미치지 못하는 사람들이 많다.

Ⅱ. 서기관들은 그리스도의 지혜와 권위에 대하여 경외심을 갖게 된다(40절): 그들은 아무것도 감히 더 물을 수 없었다. 그들은 그리스도가 그들이 다투기에는 너무도 힘겨운 상대라는 것을 알았기 때문이다. 제자들은 비록 연약하였지만 그의 가르침을 받고자 했기 때문에 그에게 어떤 질문이라도 할 수 있었다. 그러나 사두개인들은 그의 가르침에 딴지를 걸고 반박하고자 했기 때문에 그에게 더 이상 감히 물을 수 없었다.

Ⅲ. 서기관들은 메시야에 관한 문제로 인해서 당혹해하고 말문이 막혀 버렸다(41절). 그리스도께서 다윗의 자손이라는 것은 성경의 많은 구절을 통해서 아주 분명하였다. 저 맹인조차도 이 사실을 알고 있었다(18:39). 그렇지만 다윗이 메시야를 그의 주(42, 44절), 그의 주인, 그의 통치자, 그에게 은혜를 베푸시는 자라고 부른 것도 마찬가지로 분명하였다: 주께서 내 주께 이르셨다. 이것은 하나님께서 메시야에게 하신 말씀이었다(시 110:1). 만약 메시야가 그의 자손이라면, 왜 다윗은 메시야를 그의 주라고 부르고 있는 것이냐? 만약 메시야가 그의 주라면, 왜 우리는 메시야를 그의 자손이라고 부르고 있는 것이냐? 그리스도께서는 이 문제를 서기관들에게 생각해 보라고 남겨두셨지만, 그들은 이러한 모순을 해결할 수 없었다. 하지만 감사하게도 우리는 이 모순을 해결할 수 있다. 그리스도는 하나님으로서는 다윗의 주셨지만, 사람으로서는 다윗의 자손이셨다. 그리스도는 다윗의 뿌리이자 자손이셨다(계 22:16). 인성으로 보자면, 그리스도는 다윗의 자손, 다윗 가문의 자손이었다. 하지만 신성으로 보자면, 그리스도는 다윗의 뿌리여서, 다윗은 그리스도로부터 자신의 출생과 삶, 온갖 은혜를 공급받았다.

**Ⅳ. 서기관들은 악한 인물들로 묘사되어 있고, 그리스도께서는 제자들에게

그들을 주의하라고 공개적으로 주의를 주셨다(45-47절).　　마가복음 12:38에 나오는 것은 여기에 나오는 것과 같고, 마태복음 23장에 나오는 것은 여기에서보다 좀 더 자세하다. 그리스도께서는 제자들에게 서기관들을 삼가라고 명하신다. 좀 더 살펴보자.

1. "그들로 인해서 죄 속으로 끌려들어 가거나 그들의 생활 방식을 배우거나 그들의 사고방식을 좇지 않도록 주의하라. 그들을 지배하고 있는 정신을 주의하라. 너희는 기독교회에서 그들이 유대 교회에서 하던 식으로 하지 말라."

2. "사람들을 조심하라 그들이 너희를 공회에 넘겨 주리라(마 10:17)고 전에 말했던 것 같이, 그들로 인해서 곤경에 처하게 되는 일이 없도록 주의하라. 서기관들을 조심하라. 그들이 그렇게 할 것이기 때문이다. 서기관들은 다음과 같은 자들이기 때문에, 너희는 그들을 조심해야 한다."

(1) "그들은 교만하고 오만하다. 그들은 한량들처럼(일하는 자들은 허리를 동이고 다닌다) 거드름을 피우고 지체 높은 자 행세를 하며 긴 옷을 입고 거리를 다니는 것을 원한다" ― 팔을 다 덮는 치렁치렁한 긴 옷(cedant arma togae). 그들은 그들이 사람들로부터 얼마나 존경받고 있는지를 과시하기 위해서 시장에서 문안받는 것을 좋아하였고, 많은 사람들이 모이는 곳에서 그들에게 높은 자리가 주어지는 것을 매우 자랑스러워 하였다. 그들은 회당의 높은 자리와 잔치의 윗자리를 좋아하였는데, 그러한 자리에 앉아서는 그들 자신에 대해서는 큰 자부심을 지녔고, 주변 사람들을 크게 멸시하였다. 그들은 왕의 자리에 앉기라도 한 듯이 군림하는 태도를 지녔다.

(2) "그들은 탐욕스럽고 남들을 압제하는 자들로서 신앙을 범죄를 은폐하는 수단으로 삼는다." 그들은 과부의 가산을 삼키는 자들로서 과부의 가산을 대신 맡아서 관리해주는 척하면서 흉계를 꾸며 그들의 소유로 만들어 버리거나 과부들에게 기대어 살면서 그 가산을 삼켜 버린다. 과부들은 그들에게 손쉬운 먹잇감이다. 왜냐하면, 과부들은 그들의 그럴 듯한 외양에 속아넘어가기가 쉽기 때문이다. 그들은 외식으로 길게 기도한다. 아마도 그들은 과부들이 슬픔에 잠겨 있을 때에 마치 그들을 동정할 뿐만 아니라 그들에 대하여 경건한 관심이 있는 것처럼 그들과 더불어 길게 기도를 해서 환심을 산 후에 과부들의 가산을 그들의 수중에 넣어 버렸을 것이다. 분명히 과부들은 이런 경건해 보이는 자들에게 돈을 세어보지도 않고 맡겼을 것이고, 서기관들은 그 금액을 적당히

둘러댔을 것이다.

그리스도께서는 서기관들의 운명을 몇 마디로 예고하신다: 그들이 더 엄중한 심판을 받으리라. 그들은 갑절의 심판, 즉 불쌍한 과부들의 가산을 삼켜 버린 죄에 대한 심판과 세상적이고 악한 술수를 효과적으로 수행하기 위하여 신앙, 특히 기도를 은폐 수단으로 활용한 죄에 대한 심판을 받게 될 것이다. 왜냐하면, 가장된 경건은 갑절이나 벌 받을 죄이기 때문이다.

제
— 21 —
장

개요

이 장에는 다음과 같은 내용들이 나온다. I. 그리스도께서 한 가난한 과부가 헌금함에 두 렙돈을 넣는 것을 보시고 칭찬하심(1-4절). II. 그리스도께서 제자들의 질문에 답하여 장래에 일어날 일들에 관하여 예언하심(5-7절). 1. 당시와 예루살렘의 멸망의 때 사이에 일어나게 될 일에 대하여 — 거짓 그리스도들이 일어남, 피 흘리는 전쟁들, 그리스도를 따르는 자들에 대한 박해(8-19절). 2. 예루살렘의 멸망에 대하여(20-24절). 3. 예수 그리스도께서 세상을 심판하기 위하여 당시의 모습 그대로 다시 오실 것에 대하여(25-33절). III. 주의(注意)와 권면을 통한 이 예언의 실제적 적용(34-36절)과 그리스도께서 가르치시고 백성들이 그 말씀을 들었다는 기사(37-38절).

[1]예수께서 눈을 들어 부자들이 헌금함에 헌금 넣는 것을 보시고 [2]또 어떤 가난한 과부가 두 렙돈 넣는 것을 보시고 [3]이르시되 내가 참으로 너희에게 말하노니 이 가난한 과부가 다른 모든 사람보다 많이 넣었도다 [4]저들은 그 풍족한 중에서 헌금을 넣었거니와 이 과부는 그 가난한 중에서 자기가 가지고 있는 생활비 전부를 넣었느니라 하시니라

이 짤막한 이야기를 우리는 마가복음에서 이미 살펴본 바 있다. 이 이야기가 이렇게 두 번 기록된 것은 우리에게 다음과 같은 것들을 가르치기 위한 것이다.

1. 가난한 자들에 대한 자선 또는 구제는 신앙에 있어서 주된 일이다. 우리 주 예수께서는 기회 있을 때마다 이것을 칭찬하시고 권장하셨다. 방금 전에 그리스도께서는 가난한 과부들의 가산을 삼킨 서기관들의 만행을 언급하셨었다(20장). 그렇기 때문에 아마도 이 이야기는 가난한 과부들이 서기관들에게 처분권이 있었던 교회의 기금들에 가장 크게 기여한 자들이었다는 것을 지적함으로써 서기관들이 악행을 더 부각시키기 위한 것일 수 있다.

2. 예수 그리스도께서는 우리를 보고 계시며, 우리가 가난한 자들에게 무엇을 주는지, 우리가 경건과 자선의 일에 무엇을 기여하는지를 지켜 보신다. 그리스도께서는 전도하는 일에 집중하시긴 했지만 눈을 들어 사람들이 헌금함에 헌금 넣는 것을 보셨다(1절). 그는 우리가 가진 것에 비례해서 후하게 드리고 있는지, 아니면 우리가 가진 것에 비해서 하잘것없는 금액을 남몰래 헌금함에 넣는지를 지켜 보고 계신다. 또한 더 나아가서 그는 우리가 자원하는 마음으로 후하게 드리는지, 아니면 마지못해서 인색하게 드리는지를 지켜 보신다. 이것은 우리로 하여금 헌금 문제에 있어서 혹시나 우리가 제대로 하지 못하고 있지는 않은지 두려워하게 만든다. 사람들은 그리스도께서 헌금 문제를 사소한 것으로 취급하실 것이라고 핑계를 댐으로써 스스로를 속일 수 있다. 그러나 이 이야기는 우리에게 사람들이 알아주기를 바라지 말고 헌금을 후하게 할 것을 권한다. 그리스도께서 우리를 알아주시면, 그것으로 충분하다. 그는 은밀하게 보시고, 공개적으로 갚아 주신다.

3. 그리스도께서는 가난한 자들이 행하는 자선을 특히 주목하시고 열납하신다. 줄 것이 없는 자들은 가난한 자들의 시중을 들어주고 도와 주며, 스스로 어찌할 수 없고 스스로 구걸할 수 없는 자들을 대신해서 구걸해 줌으로써 많은 자선을 행할 수 있다. 그러나 여기에는 스스로 가난하면서도 자기가 가진 작은 것을 헌금함에 넣은 자가 등장한다. 헌금 액수는 정말 보잘것없는 단돈 두 렙돈이었다. 그러나 그리스도께서는 이 헌금을 그 밖의 다른 모든 자선보다 가장 훌륭한 자선이라고 크게 칭찬하셨다: 이 과부는 자기가 가지고 있는 생활비 전부를 넣었느니라. 그리스도께서는 이 과부가 먹고 살 것도 없는데 헌금한 것에 대해서 분별 없는 짓이었다고 책망하시거나 부자들 틈에 끼어서 주제넘게 헌금을 한 것이 허영심에 의한 것이었다고 책망하지도 않으셨고, 오히려 과부가 자발적으로 하나님의 영광을 위하여 자신의 적은 소유로 참여하고자 한 것을 칭찬하셨다. 과부의 이러한 마음은 하나님께서 자기를 돌보아 주실 것을 믿고 의지한 데서 나온 것이었다. 여호와께서 준비하시리라(여호와 이레).

4. 하나님께 드리는 헌금이라고 할 수 있는 것은 무엇이 되었든지 간에, 우리가 존중해야 하고, 우리의 힘이 닿는 대로, 아니 우리의 힘에 지나도록 즐거운 마음으로 드려야 한다. 사람들은 헌금을 넣었다. 사역과 복음, 신앙을 전파하고 널리 알리는 일, 청소년 교육, 죄수들의 석방, 과부들과 나그네들을 구제

하는 일, 가난한 가정들의 구제를 위하여 드려지는 것은 하나님께 드려진 헌금이기 때문에, 하나님께서는 그것을 열납하시고 장차 후히 갚아주실 것이다.

⁵어떤 사람들이 성전을 가리켜 그 아름다운 돌과 헌물로 꾸민 것을 말하매 예수께서 이르시되 ⁶너희 보는 이것들이 날이 이르면 돌 하나도 돌 위에 남지 않고 다 무너뜨려지리라 ⁷그들이 물어 이르되 선생님이여 그러면 어느 때에 이런 일이 있겠사오며 이런 일이 일어나려 할 때에 무슨 징조가 있사오리이까 ⁸이르시되 미혹을 받지 않도록 주의하라 많은 사람이 내 이름으로 와서 이르되 내가 그라 하며 때가 가까이 왔다 하겠으나 그들을 따르지 말라 ⁹난리와 소요의 소문을 들을 때에 두려워하지 말라 이 일이 먼저 있어야 하되 끝은 곧 되지 아니하리라 ¹⁰또 이르시되 민족이 민족을, 나라가 나라를 대적하여 일어나겠고 ¹¹곳곳에 큰 지진과 기근과 전염병이 있겠고 또 무서운 일과 하늘로부터 큰 징조들이 있으리라 ¹²이 모든 일 전에 내 이름으로 말미암아 너희에게 손을 대어 박해하며 회당과 옥에 넘겨 주며 임금들과 집권자들 앞에 끌어 가려니와 ¹³이 일이 도리어 너희에게 증거가 되리라 ¹⁴그러므로 너희는 변명할 것을 미리 궁리하지 않도록 명심하라 ¹⁵내가 너희의 모든 대적이 능히 대항하거나 변박할 수 없는 구변과 지혜를 너희에게 주리라 ¹⁶심지어 부모와 형제와 친척과 벗이 너희를 넘겨 주어 너희 중의 몇을 죽이게 하겠고 ¹⁷또 너희가 내 이름으로 말미암아 모든 사람에게 미움을 받을 것이나 ¹⁸너희 머리털 하나도 상하지 아니하리라 ¹⁹너희의 인내로 너희 영혼을 얻으리라

I. 어떤 사람들이 성전의 화려하고 웅장한 외관상의 모습을 보고 감탄하였다. 그들은 그리스도의 제자들이었기 때문에, 그리스도께 성전을 가리켜 그 아름다운 돌과 헌물로 꾸민 것을 말하였다(5절). 성전의 외부는 고급스러운 돌들로 쌓았고, 성전의 내부는 사람들이 바친 헌물들로 아름답고 풍성하게 장식되어 있었다. 그들은 주님께서도 그들처럼 그러한 것들에 감명을 받았을 것이고, 또한 그들처럼 그러한 것들이 파괴되는 것을 안타깝게 여기실 것이라고 생각하였다. 우리가 성전을 가리켜 말할 때에는 그 안에 있는 하나님의 임재, 그 안에서 거행되는 하나님의 성례전들, 거기에서 하나님과 그의 백성 사이에서 이루어지는 교통에 대하여 말하여야 한다. 우리가 교회에 대하여 말할 때에 교회의 회려히고 웅장한 외관, 많은 수입, 교회 직원들과 다스리는 자들의

위엄과 권세를 화제로 삼는 것은 불행한 일이다. 왜냐하면, 궁중에서 모든 영화를 누리는 것은 왕의 딸이기 때문이다(시 45:13).

Ⅱ. 그리스도께서는 성전의 화려한 겉모습들을 멸시하셨고, 그것들이 모두 매우 신속하게 황폐화될 것을 단언하셨다(6절): "너희 보는 이것들, 너희가 그토록 감탄하고 좋아하는 이 아름다운 것들이 날이 이르면 돌 하나도 돌 위에 남지 않고 다 무너뜨려지는 것을 지금 살아 있는 너희 중 몇몇은 보게 될 것이다. 너희가 세상에서 생각할 수 있는 그 어떤 것보다도 가장 아름다워 보이는 이 성전 건물은 애석하게도 무너지게 될 것이고, 너희가 그 누구도 무너뜨릴 수 없을 것이라고 생각할 만큼 튼튼해 보이는 이 성전 건물은 완전히 파괴될 것이다. 복음 교회의 영적 성전(예루살렘 성전은 이 영적 성전의 그림자였다)이 세상에서 흥왕하기 시작하자마자, 이런 일이 일어나게 될 것이다." 모든 외적인 영화가 마르고 시들 것을 믿음으로 내다볼 수 있는 우리는 그러한 것을 볼 수 없고 보고자 하지 않는 자들처럼 그런 것에 마음을 두어서는 안 된다.

Ⅲ. 제자들은 성전이 파괴되는 그 때가 언제인지가 궁금해서 그리스도께 물어 보았다: 선생님이여, 어느 때에 이런 일이 있사오리이까(7절). 우리가 장래의 일들에 비추어서 우리가 마땅히 해야 할 일이 무엇이고 어떻게 그 일들을 대비해야 하는지 ― 우리는 이러한 것을 알아야 한다 ― 에 대하여 관심을 갖고서, 그 장래의 일들이 무엇이고 그 때가 언제가 될지 ― 우리는 이것을 알지 못한다 ― 를 알고자 하는 것은 자연스러운 일이다. 제자들은 이런 일이 일어나려 할 때에 무슨 징조가 있사오리이까라고 묻는다. 그들은 그리스도께서 말씀하신 예언 자체가 사실임을 확인하고 믿기 위해서 현재적인 징조를 요구한 것이 아니라(그리스도의 말씀이라는 사실만으로 그들에게는 믿기에 충분한 것이었다), 장래에 그 예언이 성취될 시기가 가까워질 때에 어떤 징조들이 있을 것인지를 물어서 기억해 두고자 한 것이었다. 그리스도께서는 그러한 때의 징조들을 살피라고 제자들에게 가르치신 바 있었다.

Ⅳ. 그리스도께서는 제자들의 질문에 대하여 그들이 마땅히 해야 할 일들을 아는 데에 꼭 필요한 정도로 아주 명확하고 상세하게 대답해 주셨다. 모든 지식은 실천을 위한 것일 때에만 바람직한 것이 되기 때문이다.

1. 거짓 그리스도들과 거짓 선지자들이 나타나서 거짓 예언들을 하게 될 것이다(8절): 많은 사람이 내 이름으로 오리라. 예수로부터 보내심을 받았다고 사

칭한 자들이 몇몇 있긴 하였지만(행 19:13), 여기서 이 말씀은 거짓 그리스도들이 예수의 이름으로 온다는 것을 의미하는 것이 아니라 메시야라는 칭호와 인물을 참칭한다는 것을 의미한다. 많은 이들이 자기가 유대 교회와 유대 민족을 로마인들로부터 구원해 낼 자임을 자처하고서는 그 구원의 때가 언제일지를 예언하였는데, 많은 무리들이 이 함정에 빠져서 멸망을 당하였다. 그들은 호티 에고 에이미(내가 그라 또는 나는 스스로 존재하는 자다)라고 말함으로써, 마치 하나님께서 이스라엘 백성을 애굽에서 구원해 내기 위하여 오셨을 때에 스스로 밝히셨던 말로 표현할 수 없는 이름, 즉 나는 스스로 있는 자니라라는 이름을 그들이 지니고 있는 체할 것이다. 또한 그들은 백성들로 하여금 그들을 따르게 하기 위하여 "이스라엘 나라가 회복될 때가 가까이 왔고, 나를 따르는 모든 자들은 거기에 참여하게 되리라"는 말을 덧붙일 것이다. 그래서 그리스도께서는 이것과 관련해서 제자들에게 반드시 주의해야 될 것을 말씀해 주신다.

(1) "미혹을 받지 않도록 주의하라. 내가 세상 나라들의 보좌를 차지하기 위해서 외적인 영광 속에서 친히 다시 올 것이라고 생각하지 말라. 너희는 그런 생각일랑은 아예 하지를 않아야 한다. 왜냐하면, 내 나라는 이 세상에 속한 나라가 아니기 때문이다." 제자들이 염려가 되어서 간절하게 선생님이여 어느 때에 이런 일이 있사오리이까라고 물었을 때, 그리스도에게서 맨먼저 나온 말씀은 미혹을 받지 않도록 주의하라였다. 하나님의 일들에 대하여 무척 알려고 하는(물론, 이것은 매우 좋은 일이긴 하지만) 자들은 속아 넘어갈 위험성이 매우 크기 때문에, 특별히 주의하지 않으면 안 된다.

(2) "그들을 따르지 말라. 너희는 메시야가 이미 왔다는 것을 알고 있으니, 다른 메시야를 찾아나서서는 안 된다. 그러므로 그런 자들의 말에 귀를 기울이지 말고, 그런 자들과 상종하지도 말라." 예수께서 그리스도이심을 확신하고, 그의 가르침이 복음이며 하나님께로부터 온 것임을 확신한다면, 우리는 다른 그리스도와 다른 복음의 온갖 꼬임에 귀를 막아야 한다.

2. 나라들에 큰 난리와 소요가 있겠고, 유대인들과 그 이웃 나라들에 대한 많은 무시무시한 심판들이 행해질 것이다.

(1) 피비린내 나는 전쟁들이 있을 것이다(10절): 민족이 민족을 대적하여 일어날 것이다. 즉, 유대 민족 내부에서 씨움이 일어니기나 유대 민족 진체가 로마인

들을 대항하여 싸우게 될 것이다. 거짓 그리스도들의 선동에 의해서 유대 백성들은 로마의 세력에 무력으로 대항함으로써 로마의 멍에를 벗어던지고자 하는 악한 짓을 할 것이다. 그들은 그리스도께서 주시고자 하셨던 자유를 거부하고, 죄악된 방식으로 정치적 자유를 얻고자 제멋대로 행동할 것이지만, 결코 성공하지 못할 것이다.

(2) 곳곳에 큰 지진들이 일어나서, 백성들을 놀라게 할 뿐만 아니라, 성읍들과 가옥들을 파괴하고, 그 폐허더미 아래에 많은 사람들을 묻어버릴 것이다

(3) 전쟁의 결과로 기근과 전염병이 발생할 것이다. 전쟁으로 인하여 땅의 소산들이 파괴됨으로써, 사람들은 악천후에 노출되고 제대로 먹지를 못해서 전염병에 걸리게 된다. 하나님은 죄를 짓고 하나님께 도발하는 백성을 여러 가지 다양한 방식으로 벌주신다. 구약의 선지자들이 입이 아프게 말해준 심판의 네 가지 유형은 신약의 선지자들에 의해서도 그대로 반복된다. 왜냐하면, 복음 시대에 이르러서는 영적인 심판을 가하는 것이 더 흔한 일이 되었기는 하지만, 하나님께서는 여전히 시공간 속에서의 심판들도 사용하시기 때문이다.

(4) 무서운 일과 하늘로부터 큰 징조들, 즉 구름과 혜성들에 나타나는 기이한 현상들이 있어서, 그것을 보는 사람들이 놀라게 될 것이다. 이런 일들은 언제나 뭔가 나쁜 일에 대한 불길한 징조로 여겨져 왔다. 이런 일들과 관련해서 그리스도께서 제자들에게 주의를 주신 내용은 이런 것이었다: "두려워하지 말라. 다른 사람들은 그런 일들을 보고 놀랄 것이지만, 너희는 놀라지 말라(9절). 무서운 일들을 보더라도, 너희는 눈에 보이는 하늘들 위로 가장 높은 하늘에서 다스리시는 하나님의 보좌를 바라보는 자들이기 때문에, 두려워할 필요가 없다. 이방 사람들은 하늘의 징조를 두려워하거니와 너희는 그것을 두려워하지 말라(렘 10:2). 기근과 전염병도 두려워하지 말라. 너희는 하나님의 수중에 있고, 하나님은 그의 소유인 자들에게 그들은 기근의 날에도 풍족할 것이며 심한 전염병에서 그들을 건지시겠다고 약속하셨다. 그러므로 하나님을 신뢰하고, 두려워하지 말라. 전쟁의 소문이 들릴 때, 밖으로는 전쟁들이 있고 안으로는 두려움들이 있을 때, 너희는 두려워하지 말라. 너희는 이러한 심판들 중 그 어느 것도 너희를 해칠 수 없다는 것을 알고 있다. 그러므로 그런 것들을 두려워하지 말라." [1] "너희는 현재의 상태에서 최선을 다하는 데에 관심을 가져야 한다. 왜냐하면, 너희가 아무리 두려워해도 상황은 바뀌지 않을 것이기 때문이다: 이

런 일들이 먼저 있어야 한다. 이런 일들이 일어나는 것을 막을 방법은 전혀 없다. 그런 일들을 작정된 일로 받아들여서 편안하게 마음을 먹는 것이 지혜로운 일이 될 것이다." [2] "이런 일들 뒤에 더 나쁜 일들이 닥쳐올 것이다. 이런 일들이 곧 끝날 것이라고 제멋대로 생각해서 기뻐하지 말라. 심판은 너희가 생각하는 것만큼 그렇게 빨리 끝나지 않을 것이기 때문이다: 끝은 곧 되지 아니 하리라. 두려워하지 말라. 너희가 그토록 빨리 낙심하기 시작한다면, 어떻게 너희가 앞으로 벌어질 일들을 참고 견디어내겠는가?"

3. 이스라엘 안에서 징조들과 기사들이 있을 것이다. 그들이 박해를 받는 것이 그리스도께서 이미 예언하신 예루살렘 도성과 성전의 멸망에 대한 전조(前兆)가 될 것이다. 이것은 도성과 성전의 멸망이 가까이 다가왔음을 보여주는 첫 번째 징조가 될 것이다: "이 모든 일 전에 사람들이 너희에게 손을 댈 것이다. 심판은 하나님의 집에서 시작될 것이다. 하나님께서는 사람들에게 경고하시기 위하여 너희를 먼저 심판하고 벌을 내리실 것이다. 생각이 있는 사람들이라면, 그들은 하나님께서 푸른 나무에게 이렇게 하셨을진대 마른 나무에게는 어떻게 하시겠는가라고 생각할 것이다(벧전 4:17-18). 그러나 이것이 전부는 아니다. 이것은 박해받는 자들의 고난일 뿐만 아니라 박해하는 자들의 죄이기도 하다. 하나님의 심판이 그들에게 임하기 전에 그들은 너희에게 손을 댐으로써 그들의 죄의 분량을 다 채우게 될 것이다." 한 백성의 파멸은 언제나 그들의 죄 때문이라는 것을 명심하라. 박해의 죄보다 더 확실하고 혹독한 파멸을 불러오는 것은 없다. 하나님의 종들에 대한 한 민족의 분노가 극에 달했다는 것은 하나님의 극렬한 진노가 그 민족에 곧 임하게 될 것임을 보여주는 징조이다.

(1) 그리스도께서는 제자들이 그의 이름으로 인하여 많은 힘들을 겪고 고난을 받아야 할 것이라고 말씀하시는데, 이것은 그가 처음으로 그들을 제자로 부르셨을 때에 하신 말씀과 거의 동일한 것이다(마 10장): 그들은 고난의 상급을 알아서, 앉아 그 비용을 계산할 수 있어야 한다. 현재는 제자들 틈에 끼여 있지 않았지만 모든 제자들 중에서 가장 많이 수고하고 고난을 겪은 사도 바울은 그리스도 자신으로부터 그가 내 이름을 위하여 얼마나 고난을 받아야 할 것(행 9:16)인지를 들었다. 그리스도 예수 안에서 경건하게 살고자 하는 모든 자들은 반드시 박해를 받을 각오를 하여야 한다. 그리스도인들은 원래 유대인들이었고 여전히 구약성서와 유대교의 모든 중요한 것들을 숭상하는 마음을 유대

인과 동등한 정도로 견지하고 있었으며 단지 예식에 있어서만 달랐을 뿐이기 때문에 유대인들과 동등한 대우를 기대하고 있었을 것이다. 그러나 그리스도께서는 제자들에게 그런 것을 기대하지 말라고 명하신다: "유대인들은 가장 앞장서서 너희를 박해할 것이다." [1] "그들은 유대 교회에서 그들이 지닌 권력을 사용해서 너희를 박해할 것이다: 그들은 너희를 회당에 넘겨주어, 거기에서 채찍질하며 이단으로 낙인찍어서 파문을 할 것이다." [2] "그들은 방백들에게 너희에 대하여 참소하여 나쁘게 말할 것이고, 너희를 옥에 넘겨주고, 내 이름으로 말미암아 임금들과 집권자들 앞에 끌어 가서 처벌할 것이다." [3] "너의 혈육과 친지들, 곧 부모와 형제와 친척과 벗도 너를 배신할 것이다(16절). 따라서 너희는 누구를 믿어야 할지, 어디에 가야 안전할지를 모르게 될 것이다." [4] "너희의 신앙이 사형에 해당하는 범죄가 될 것이지만, 너희는 피를 흘리기까지 대항하여야 한다. 그들은 너희 중의 몇을 죽게 할 것이다. 너희는 사람들로부터 존경과 부를 기대할 수 없을 뿐만 아니라 가장 끔찍한 형태의 죽음, 겉보기에 너무도 무시무시한 모습의 죽음만을 기대할 수 있을 뿐이다." [5] "너희가 내 이름으로 말미암아 모든 사람에게 미움을 받을 것이다." 이것은 죽음보다 더 고통스러운 일로서, 사도들이 죽이기로 작정된 자 같이 되었을 뿐만 아니라 세계 곧 천사와 사람에게 구경거리가 되고 세상의 더러운 것과 누구나 싫어하는 만물의 찌꺼기 같이 되었을 때에 성취되었다(고전 4:9, 13). 그들은 모든 사람, 즉 복음의 빛을 견딜 수 없어서(그 빛은 그들의 악한 행실들을 드러냈기 때문에) 그 빛을 가져온 자들을 미워하여 정면으로 달려들어서 박살을 내고자 한 모든 악한 자들에게 미움을 받았다. 변화되기를 싫어하는 악한 세상은 위대한 개혁자이신 그리스도를 미워하였고, 그를 인하여 그의 소유된 모든 자들을 미워하였다. 유대 교회의 지도자들은 복음이 유대인들 사이에서 힘을 얻게 되면 그들이 찬탈하고 남용한 권세가 끝장이 날 것임을 너무도 잘 알고 있었기 때문에 그들이 지닌 모든 힘을 동원해서 복음에 반대하였고, 복음에 대하여 악평을 하여서, 백성들의 마음속에 복음에 대한 편견들을 가득 채워서, 복음을 전하거나 고백하는 자들을 백성들에게 미움을 받게 만들었다.

(2) 그리스도께서는 제자들에게 그들이 어떤 배척을 받더라도 시련과 고난을 잘 견디며 그들에게 맡겨진 일을 계속해 나가도록 권면하신다.

[1] 하나님은 제자들의 고난을 통해서 스스로 영광을 받으시고 제자들에게

도 영광을 주실 것이다: "이 일이 도리어 너희에게 증거가 되리라(13절). 너희가 이렇게 표적으로 세워져서 공개적으로 박해를 받게 되면, 너희는 더욱 사람들로부터 주목을 받게 되고, 사람들은 너희의 가르침과 이적들에 더 많은 관심을 갖고 묻게 될 것이다. 너희가 임금들과 집권자들 앞에 끌려가게 되면, 너희는 그렇지 않았다면 한 번도 복음을 들을 수 없었을 그들에게 복음을 전할 기회를 얻게 될 것이다. 너희가 그러한 혹독한 일들을 겪고 가장 악한 생활을 하는 아주 악랄한 자들에게 그토록 미움을 받는다는 것 자체가 너희가 선하다는 것을 보여주는 증거가 될 것이다. 너희가 선하지 않다면, 그러한 악한 자들이 너희의 원수가 되지 않을 것이기 때문이다. 너희가 고난을 받으면서도 용기와 기쁨을 잃지 않고 변함없는 태도를 지닌다는 것은 너희가 스스로 전한 것을 믿고 있다는 것과 너희가 하나님의 능력에 의해서 밑받침을 받고 있다는 것과 하나님의 성령과 영광이 너희 위에 임하여 있다는 증거가 될 것이다."

[2] "너희가 고난을 당할 때에 하나님께서는 너희 곁에 계시고, 너희를 시인하며, 너희를 도우실 것이다. 너희는 하나님의 대변인들이기 때문에, 하나님은 너희에게 모든 것을 지시하실 것이다(14-15절). 너희는 회당에서나 법정에서 너희에게 쏟아질 고소와 고발들, 정보와 기사들, 심문들에 대하여 뭐라고 답변할까에 마음을 쓰지 말고, 오히려 어떻게 해야 그들에게 강한 인상을 심어주고 그들을 설득시킬 수 있을까 하여서 변명할 것을 미리 궁리하는 일이 없어야 한다는 것을 명심하여야 한다. 너희 자신의 재치와 지혜, 너희 자신의 분별력과 방책을 의지하지 말고, 하나님의 은혜의 직접적이고도 이례적인 도우심들을 불신하거나 포기하지 말라. 마치 너희 자신의 일을 처리하듯이 그리스도의 일을 하나님의 섭리에 따른 통상적인 작용을 따라서 너의 생각으로 쉽게 처리하려고 생각하지 말고, 하나님의 은혜의 특별한 도우심을 기대하라: 내가 구변과 지혜를 너희에게 주리라." 이것은 그리스도께서 하나님이심을 증명해 준다. 왜냐하면, 지혜를 주는 것은 하나님의 대권이고, 사람의 입을 지으신 분도 하나님이시기 때문이다. 첫째, 구변과 지혜, 이 두 가지가 함께 갖추어져 있을 때에 사람들은 섬김과 고난을 온전히 수행할 수 있다 — 무엇을 말해야 할지를 아는 지혜와 그 지혜를 가장 효과적으로 표현하여 말할 수 있게 해주는 구변. 하나님께 영광을 돌리고 선한 일을 할 수 있게 해주는 내용물과 말들을 지니고 있다는 것은 너무도 복된 일이다. 마음속에 새 것과 옛 것이 잘 갖추어져 있는

곳간을 가지고 있고, 그 곳간에서 물건들을 꺼낼 수 있게 해주는 말문이 있다는 것은 너무도 복된 일이다. 둘째, 그리스도의 일을 변론하는 자들은 그들이 변론을 해야 할 때마다, 특히 그리스도의 이름으로 말미암아 방백들 앞에 끌려갔을 때에 그리스도께 구변과 지혜를 주시도록 그를 의지하여야 한다. 그리스도께서는 하늘로부터 천사를 보내어서 그들 대신에 대답하게 하실 수도 있지만 그렇게 하시겠다고 말씀하지 않으시고, 제자들이 직접 대답할 수 있도록 그들에게 구변과 지혜를 주셔서, 그들로 하여금 더 큰 영광을 얻게 하시고, 그리스도께서 그들에게 주신 은사들과 은혜들을 사용함으로써 하나님께 더 많은 영광을 돌리게 하시고자 하신다. 하나님은 어린아이들과 젖먹이들의 입으로 원수들과 보복자들을 잠잠하게 하신다. 셋째, 그리스도께서 그를 증거하는 자들에게 구변과 지혜를 주실 때, 그들은 그리스도와 그들 자신을 위하여 모든 대적이 능히 대항하거나 변박할 수 없는 말을 할 수 있기 때문에, 대적들은 잠잠해지고 혼란에 빠지게 된다. 이것은 성령 강림 직후에 주목할 만한 정도로 성취되었다. 사도들이 제사장들과 관원들 앞에 끌려갔을 때, 그리스도께서는 성령을 통해서 제자들에게 구변과 지혜를 주셨고, 제자들의 대답은 그들을 부끄럽게 만들었다(행 4, 5, 6장).

[3] "그들이 너희에게 온갖 시련과 고난을 당하게 할 것이지만, 너희는 전혀 해를 입지 않을 것이다(18절): 너희 머리털 하나도 상하지 아니하리라." 그리스도께서 앞에서는 그들 중 일부가 머리를 잃을 것(죽음을 의미한다)이라고 말씀해 놓고서, 여기서는 머리털 하나도 상하지 아니할 것이라고 하신 것은 무슨 의미인가? 이것은 사람이 상상할 수 있는 것 중에서 가장 안전하다는 것을 나타내는 격언적인 표현이다. 이 표현은 구약과 신약에서 그런 의미로 자주 사용된다. 어떤 이들은 이 말씀을 유대인들이 로마군에 의해서 살육당할 때에 모든 그리스도인들은 목숨을 보존하게 되리라는 것을 의미하는 것으로 해석한다. 역사가들은 예루살렘의 멸망 때에 그리스도인은 한 명도 죽지 않았다는 것을 우리에게 말해준다. 또 어떤 이들은 이 말씀을 그리스도로 말미암아 죽은 자들이 있다는 사실과 조화시키기 위해, 비유적으로 해석해서 그리스도께서 나를 위하여 자기 목숨을 잃는 자는 얻으리라고 하신 말씀과 동일한 의미라고 본다. "너희 머리털 하나도 상하지 아니하리라." 첫째, "나는 머리털 하나도 알고 있다." 이러한 취지로 그리스도께서는 너희에게는 머리털까지 다 세신 바

되었다(마 10:30)고 말씀하신 적이 있다. 하나님께서는 그들의 머리털을 다 세셨기 때문에, 하나님께서 그 머리털을 버리시지 않는 한 머리털 하나도 상하지 않을 것이다. 둘째, "나는 머리털 하나도 소중히 여긴다." 우리가 어떤 것을 좋은 목적을 위하여 사용해서 장차 좋은 결과로 돌아오게 될 것이라면, 우리는 그것을 상하였다고 보지 않는다. 우리가 그리스도의 이름을 위하여 우리의 몸을 잃었다면, 그것은 상한 것이 아니라 잘 드려진 것이다. 셋째, "나는 머리털 하나에 대해서도 풍성하게 갚아줄 것이다. 너희가 손익을 계산해 볼 때, 너희는 잃은 것은 아무것도 없고 오히려 현재의 복락들, 특히 영원한 삶의 기쁨들을 누리는 큰 이득을 얻었다는 것을 알게 될 것이다." 따라서 비록 우리가 그리스도를 위하여 손해 보는 자들 같이 보일지라도, 우리는 결국 그리스도로 말미암아 손해를 보는 자들이 되지 않을 것이고, 그렇게 될 수도 없다.

[4] "그러므로 너희 자신이나 민족이 고난을 받을 때에 진실한 마음과 거룩한 평정(平靜)을 견지하는 것이 너희가 해야 할 도리이고 힘써야 할 일이다 — 그러면 너희는 언제나 편안한 마음을 지키게 될 것이다(19절): 너희의 인내로 너희 영혼을 얻으리라. 너희 영혼을 얻고 지키라." 어떤 이들은 이 말씀을 하나의 약속으로 이해해서, "너희는 너희의 영혼을 얻게 되리라"로 해석하지만, 의미는 동일하다. 첫째, 우리가 언제나, 특히 위험스러운 시험의 때에 해야 할 도리이자 힘써야 할 일은 우리 자신의 영혼을 얻는 것이다. 우리는 우리의 영혼이 영원히 멸망받거나 잃어지지 않도록 해야 할 뿐만 아니라, 현세에 있어서 이상이 생기지 않게 하여야 하며 영혼에 대한 우리의 장악력이 방해를 받거나 차단되는 일이 없도록 하여야 한다. "너희 영혼을 얻으라. 스스로 견고하게 서라. 제대로 된 분별력의 권위와 지배권을 계속 유지시켜라. 정념(情念)의 소동들을 통제해서, 슬픔이나 두려움이 너희를 지배하거나 분별력을 잃지 않게 하라." 다른 어떤 것도 지켜낼 수 없는 어려운 때에 우리는 확실하게 지켜낼 수 있는 것을 지켜서 우리의 영혼을 얻어야 한다. 둘째, 우리가 우리 자신의 영혼을 얻는 것은 인내, 그리스도인으로서의 인내를 통해서이다. "고난의 때에는 인내를 너희의 영혼을 지키는 파수꾼으로 삼아라. 인내로써 너희의 영혼이 흐트러지지 않고 좋은 모습을 유지할 수 있게 하고, 너희를 교란해서 분별력을 잃게 할 수 있는 모든 것들을 멀리 하라."

[20]너희가 예루살렘이 군대들에게 에워싸이는 것을 보거든 그 멸망이 가까운 줄을 알라 [21]그 때에 유대에 있는 자들은 산으로 도망갈 것이며 성내에 있는 자들은 나갈 것이며 촌에 있는 자들은 그리로 들어가지 말지어다 [22]이 날들은 기록된 모든 것을 이루는 징벌의 날이니라 [23]그 날에는 아이 밴 자들과 젖먹이는 자들에게 화가 있으리니 이는 땅에 큰 환난과 이 백성에게 진노가 있겠음이로다 [24]그들이 칼날에 죽임을 당하며 모든 이방에 사로잡혀 가겠고 예루살렘은 이방인의 때가 차기까지 이방인들에게 밟히리라 [25]일월 성신에는 징조가 있겠고 땅에서는 민족들이 바다와 파도의 성난 소리로 인하여 혼란한 중에 곤고하리라 [26]사람들이 세상에 임할 일을 생각하고 무서워하므로 기절하리니 이는 하늘의 권능들이 흔들리겠음이라 [27]그 때에 사람들이 인자가 구름을 타고 능력과 큰 영광으로 오는 것을 보리라 [28]이런 일이 되기를 시작하거든 일어나 머리를 들라 너희 속량이 가까웠느니라 하시더라

그리스도께서는 이후 대략 38년쯤 되는 동안에 일어나게 될 일들을 제자들에게 말씀하신 후에 여기서는 그 모든 일 후에 마침내 일어나게 될 사건, 즉 예루살렘이 멸망하고 유대 민족이 뿔뿔이 흩어지게 될 것임을 보여주신다. 이 사건은 어느 정도 심판의 날이라고 할 수 있고, 그리스도의 재림의 날이 어떤 날이 될지를 비유적으로 보여주는 모형이 될 것이다. 이 점은 다른 병행 본문(마 24장)에서와는 달리 여기서는 자세하게 설명되지 않고 얼핏 언급될 뿐이다. 왜냐하면, 예루살렘의 멸망은 예루살렘에 온 마음이 매여 있는 자들에게는 세상의 멸망이나 다름없는 것이기 때문이다.

I. 그리스도께서는 제자들에게 예루살렘이 포위되는 것, 군대들, 즉 로마군에게 에워싸이는 것(20절)을 보게 될 것이라고 말씀하신다. 제자들은 이것을 보면 그 멸망이 가까운 줄을 알아야 한다. 왜냐하면, 포위 기간이 비록 길어지기는 하겠지만, 결국 예루살렘은 함락될 것이기 때문이다. 하나님께서는 긍휼을 베푸실 때와 마찬가지로 심판을 하실 때에도 한번 시작하시면 반드시 그 끝을 보신다는 것을 명심하라.

II. 그리스도께서는 이러한 징조가 나타나면 각자 안전하게 피하라고 제자들에게 경고하신다(21절): "그 때에 유대에 있는 자들은 그 지역을 떠나서 산으로 도망갈 것이며, 예루살렘 성내에 있는 자들은 도성이 봉쇄되고 적들이 참호들을 파기 전에 나가야 한다. 촌에 있는 자들은 성내가 안전하다고 생각해서 성

으로 들어가서는 안 된다. 너희는 하나님께서 버리셔서 파멸당하게 내버려두신 성을 떠나야 한다. 내 백성아, 거기서 나오라.”

Ⅲ. 그리스도께서는 유대 민족이 당할 끔찍한 참화(慘禍)를 예언하신다 (22절). 이 날들은 구약의 선지자들이 누누이 말했던 징벌의 날로서, 하나님을 진노케 한 백성이 완전히 멸망하게 될 날이 될 것이다. 선지자들이 했던 모든 예언들이 이제 이루어져야 하고, 구약의 모든 순교자들의 피가 이제 신원을 받아야 한다. 기록된 모든 것이 마침내 이루어져야 한다. 하나님께서 오랫동안 참으셨던 나날들을 무시한 자들에게 이제 징벌의 날이 올 것이다. 왜냐하면, 집행을 유예해 준 것은 형벌을 면제해 준 것이 아니기 때문이다. 그 멸망이 얼마나 대단할 것인지가 설명되어 있다. 1. 멸망의 원인이 나와 있는데, 모든 것을 삼키고 태워버리는 불을 점화시키는 것은 이 백성에 대한 진노, 하나님의 진노이다. 2. 아이 밴 자들과 젖먹이는 자들에게는 특히 큰 화가 있을 것이다. 그들에게 화가 있는 것은 그들이 남보다 더 많이 겁을 집어먹고 안전한 곳으로 쉽게 피할 수 없기 때문만이 아니라, 애써 가져서 키워 놓은 아이들이 죽어가는 것이 그들에게는 생각하기도 싫을 만큼 너무나 끔찍한 고통이 될 것이기 때문이다. 3. 전반적인 혼란이 모든 나라를 휩쓸게 될 것이다. 땅에 큰 고뇌(개역에서는 환난)이 있을 것이다. 왜냐하면, 사람들은 어떤 조치를 취해야 할지, 어떻게 해야 할지를 모를 것이기 때문이다.

Ⅳ. 그리스도께서는 유대인들과 로마군 간의 싸움의 결말과 결국 그들이 어떻게 될 것인지를 설명하신다. 간단히 말해서, 1. 유대인들 중 많은 수가 칼날에 죽임을 당할 것이다. 당시 유대 전쟁을 통해서 유대인들 중에서 110만 명 이상이 칼에 의해 죽었다고 한다. 예루살렘을 포위한 것은 사실상 군대를 동원한 사형 집행이었다. 2. 유대인들 중 나머지는 이방에 사로잡혀 갈 것이다. 그들이 과거에 갈대아인들에 의해서 사로잡혀 갔을 때는 한 나라로 끌려갔기 때문에 그들끼리 서로 뭉칠 기회가 있었지만, 이제는 모든 이방으로 끌려가서 서로 뭉치기는커녕 연락조차 할 수 없게 될 것이다. 3. 예루살렘은 이방인들에게 밟힐 것이다. 로마인들은 예루살렘을 정복하고나서, 예로부터 그 중에서 항상 반역하는 일을 행하여 왕들과 각 도에 손해가 된 패역한 성읍으로 여기고, 가증스럽게 생각하여 완전히 초토화시켜 버렸다.

Ⅴ. 그리스도께서는 사람들이 전반적으로 큰 공포에 사로잡히게 되리라는

것을 말씀하신다. 하늘의 일월 성신에는 징조가 있겠고, 여기 땅에서는 이전에는 들어본 적이 없는 통상적인 자연 현상을 벗어난 무시무시한 폭풍과 태풍 등으로 인한 바다와 파도의 성난 소리가 있을 것이다. 그 결과 땅에서는 도처에 큰 혼란과 소동이 일어나서, 민족들이 혼란한 중에 곤고하리라(25절). 하몬드 박사는 여기서 민족들은 유대 민족의 몇몇 소국(小國)들인 유대, 사마리아, 갈릴리를 의미하는 것으로 이해한다. 이 민족들은 최후를 맞이하게 될 것이다. 사람들이 무서워하므로 기절하리라(26절) — 사람들이 무서워서 몹시 낙담하여 혼이 빠져 정신을 잃고 거의 죽을 지경이 되리라. 이렇게 그들은 그리스도의 사도들이 그랬던 것처럼 종일 죽임을 당하게 될 것이다(롬 8:36). 즉, 그들은 그들 위에 닥친 일들 때문에 낙담하는 가운데, 사태가 더 악화될 것을 두려워하여 떨면서, 세상에 임할 일을 생각하고는 온종일 죽음의 공포에 시달리게 될 것이다. 심판은 하나님의 집에서 시작되어서 거기에서 끝나지 않을 것이며, 이 심판으로 인해서 온 세상은 마치 갈기갈기 찢어놓은 모습으로 바뀔 것이다. 그 때에 안전한 곳이 어디 있을 수 있겠는가? 하늘의 권능들이 흔들릴 것이기 때문에, 땅을 떠받치고 있는 기둥들도 요동할 수밖에 없다. 이렇게 현재의 유대인들의 공동체, 종교, 율법, 정부는 일련의 유례 없는 재앙들과 거기에 수반된 극심한 혼란으로 인해서 완전히 다 무너지고 말 것이다(이상은 클라크 박사의 해석이다). 그러나 우리 구주께서 이러한 비유적인 표현들을 사용하시는 것은 종말의 때에 그러한 것들이 문자 그대로 실현되어서, 하늘들이 두루마리 같이 말리고 하늘의 모든 권능들이 흔들릴 뿐만 아니라 떨어지며 땅과 그 중에 있는 모든 일이 타서 없어질 것이기 때문이다(벧후 3:10, 12). 예루살렘의 멸망의 날은 믿지 않는 유대인들에게 공포와 멸망의 날이었다고 한다면, 저 큰 심판의 날은 모든 믿지 않는 자들에게 그런 날이 될 것이다.

VI. 그리스도께서는 이 일이 일종의 인자의 출현이라고 말씀하신다: 그 때에 사람들이 인자가 구름을 타고 능력과 큰 영광으로 오는 것을 보리라(27절). 예루살렘의 멸망은 특별한 방식으로 이루어진 그리스도의 심판 행위, 인자에게 맡겨진 심판의 행위였다. 그리스도의 종교는 성전의 파괴, 레위인의 제사장직의 폐지가 없이는 결코 완전하게 정립될 수 없었다. 그런데도 회심한 유대인들과 많은 이방인들은 그들이 멸망받을 때까지도 여전히 그러한 것들에 집착하고 있었다. 따라서 이 심판을 인자가 능력과 큰 영광으로 오는 것으로 보는 것은 옳을 것이다 — 하지만 눈에 보이는 모습으로가 아니라 구름 속에서(개역에서는 구름을 타고). 왜냐하면, 이와 같은 심판들을 집행할 때에 구름과 흑암이 그를 두르기 때문이다. 1. 예루살렘의 멸망은 메시야께서 이미 한 번 오셨다는 것을 보여주는 증거가 된다(어떤 이들은 그렇게 이해한다). 그 때에 믿지 않는 유대인들은 이미 때가 늦긴 했지만 예수께서 메시야였다는 것을 비로소 깨닫게 될 것이다. 그리스도께서 그들을 구원하시기 위하여 은혜의 권능으로 오셨다는 것을 인정하고자 하지 않는 자들은 장차 그리스도께서 그들을 멸하시기 위하여 진노의 권능으로 오시는 것을 보게 될 것이다. 그리스도께서 그들의 왕이 되어 다스리시게 하고자 하지 않는 자들은 장차 그리스도께서 그들을 정복하시는 것을 보게 될 것이다. 2. 예루살렘의 멸망은 그리스도의 재림의 전조이다. 그 때에 그 날의 무시무시한 일들 속에서 사람들은 인자가 구름을 타고 오시는 것과 마지막 날의 온갖 두려운 일들을 보게 될 것이다. 그들은 마지막 날의 견본, 마지막 날과 어렴풋하게 닮은 일들을 보게 될 것이다. 이것이 그토록 무시무시할진대, 마지막 날은 어떠하겠는가?

VII. **그리스도께서는 그 날의 두려운 일들과 관련해서 모든 신실한 제자들을 격려하신다**(28절): "이런 일이 되기를 시작하거든, 즉 예루살렘이 포위되고 유대인들을 멸망시키려는 온갖 일들이 일어나기 시작하거든, 너희는 일어나 머리를 들라. 다른 사람들이 아래를 볼 때에 너희는 믿음과 소망과 기도 속에서 하늘을 보고, 기쁨과 확신을 가지고 머리를 들라. 너희 속량이 가까웠느니라." 1. 그리스도께서 유대인들을 멸하러 오셨을 때에 그들에 의해서 박해받고 압제받았던 그리스도인들을 속량하기 위하여 오셨다. 그리하여 교회가 평안하니라. 2. 그리스도께서 마지막 날에 세상을 심판하러 오실 때에 그의 소유된 백성들을 모든 슬픔에서 건지실 것이다. 따라서 그 날을 미리 내다보는 것이 모든 선한 그리스도인들에게는 즐거운 일이겠지만, 악하고 경건치 않은 자들에게는 끔찍한 일일 것이다. 그들의 죽음도 또한 그럴 것이다. 선한 그리스도인들은 그 날이 다가오는 것을 볼 때에 그들의 속량이 가까웠고 그들이 구속주께 가게 될 것임을 알기 때문에 기쁨으로 머리를 들 수 있다.

VIII. **유대 민족의 멸망에서 한 걸음 더 나아간 듯이 보이는 이해하기 어려운 예언의 말씀이 여기에 나온다**(24절): 예루살렘은 이방인의 때가 차기까지 이방인들에게 밟히리라. 1. 어떤 이들은 이 이 본문을 이미 과거에 일어난 일에 관한 것으로 이해하는데, 하몬드 박사의 해석이 그렇다. 예루살렘을 정복한 이방인들은 계속해서 도성을 점령할 것이고, 이방인의 때가 찰 때까지, 즉 이방 세계의 대부분이 기독교화 될 때까지 예루살렘은 순전히 이방인들의 것이 될 것이다. 그런 후에 아드리아누스 황제가 모든 유대인들을 배제한 채 예루살렘을 재건한 후에, 많은 유대인들이 그리스도인이 되어서, 이방 그리스도인들과 힘을 합쳐 예루살렘에 교회를 세우게 될 것이고, 그 교회는 오랫동안 거기서 흥왕할 것이다. 2. 어떤 이들은 이 본문을 장차 있을 일에 관한 것으로 이해하는데, 휘트비 박사의 해석이 그렇다. 아직 믿음이 없는 이방 나라들이 기독교 신앙을 받아들여서, 이 세상의 나라들이 그리스도의 나라들이 될 때까지 예루살렘은 이런저런 이방인들에 의해서 점령될 것이고, 그런 후에 모든 유대인들이 회심하여 그리스도께로 돌아오게 될 것이다. 이렇게 해서 예루살렘에는 다시 유대인들이 살게 되고, 그들이나 그들의 도성은 더 이상 이방인들에게 짓밟히지 않게 될 것이다.

[29]이에 비유로 이르시되 무화과나무와 모든 나무를 보라 [30]싹이 나면 너희가 보고 여름이 가까운 줄을 자연히 아나니 [31]이와 같이 너희가 이런 일이 일어나는 것을 보거든 하나님의 나라가 가까이 온 줄을 알라 [32]내가 진실로 너희에게 말하노니 이 세대가 지나가기 전에 모든 일이 다 이루어지리라 [33]천지는 없어지겠으나 내 말은 없어지지 아니하리라 [34]너희는 스스로 조심하라 그렇지 않으면 방탕함과 술취함과 생활의 염려로 마음이 둔하여지고 뜻밖에 그 날이 덫과 같이 너희에게 임하리라 [35]이 날은 온 지구상에 거하는 모든 사람에게 임하리라 [36]이러므로 너희는 장차 올 이 모든 일을 능히 피하고 인자 앞에 서도록 항상 기도하며 깨어 있으라 하시니라 [37]예수께서 낮에는 성전에서 가르치시고 밤에는 나가 감람원이라 하는 산에서 쉬시니 [38]모든 백성이 그 말씀을 들으려고 이른 아침에 성전에 나아가더라

그리스도의 강론의 끝부분인 이 단락에는 다음과 같은 내용들이 나온다.

I. 그리스도께서는 제자들에게 때의 징조들을 잘 살피라고 지시하신다. 나무에 싹이 나면 여름이 가까운 줄을 알듯이, 앞서 그리스도께서 하신 말씀들을 명심하면 때의 징조들을 확실하게 알아낼 수 있고 확신할 수 있다(29-31

절). 자연계에 인과(因果)의 법칙이 존재하여서 자연 현상들이 서로 맞물려 있듯이, 섭리의 세계에도 일련의 사건들은 서로 맞물려 있다. 우리가 한 민족이 그들의 죄악의 분량을 다 채운 것을 볼 때, 우리는 그들의 멸망이 가까이 왔다고 결론을 내릴 수 있다. 박해하던 세력이 급격하게 무너지기 시작하면, 우리는 하나님의 나라가 가까이 왔다는 것과 그 반대 세력이 제거되어서 하나님의 나라가 견고히 서게 되리라는 것을 알 수 있다. 자연 현상들이 바뀌기 시작하면 계절의 변화를 감지할 수 있는 것과 마찬가지로, 하나님께서 그의 거룩한 처소에서 일어나시면(슥 2:13) 우리는 뭔가 이례적인 사건이 일어나리라는 것을 기대할 수 있다. 그 때에는 가만히 서서 여호와께서 행하시는 구원을 보라.

II. 그리스도께서는 제자들에게 이런 일들을 의심스럽거나 머나먼 일로 여기지 말고 확실하고 매우 가까운 일로 여기라고 당부하신다. 왜냐하면 당시에 제자들은 이 말씀을 제대로 파악하지 못하였을 것이기 때문이다. 1. 유대 민족의 멸망은 가까웠다(32절): 이 세대가 지나가기 전에 모든 일이 하면다 이루어지리라. 지금 살아 있는 자들, 이 예언을 지금 들은 자들 중에는 그것이 성취되는 것을 볼 자들도 있었다. 2. 유대 민족의 멸망은 확실한 일이었다. 선고는 번복될 수 없었다. 그것은 이미 작정된 파멸이었다. 영(令)은 내려졌다(33절): "천지는 나의 어떤 말보다도 더 빨리 없어지겠고 반드시 없어지겠지만, 내 말은 없어지지 아니하리라. 사람들이 받아들이든 아니든, 나의 말은 효력을 발휘할 것이고, 하나도 땅에 떨어지지 않을 것이다(삼상 3:19)."

III. 그리스도께서는 제자들에게 안일함과 방탕함에 빠지지 말라고 주의를 주신다. 안일함과 방탕함에 빠지게 되면, 그들은 장차 다가올 시련의 때에 대비하지 못하게 되고, 그 시련의 때가 그들에게 예기치 않은 때에 두려운 일로 엄습하게 될 것이다(34-35절): 너희는 스스로 조심하라. 이것은 그리스도의 모든 제자들에게 주어진 명령의 말씀이다: "유혹들에 넘어가고 너희의 부패한 심성에게 속아 넘어가지 않도록 스스로 조심하라." 안일하게 살아간다면, 우리는 결코 안전할 수 없다는 것을 명심하라. 우리는 늘 조심해야 하지만, 특히 조심할 때가 있다.

1. 우리가 처할 수 있는 위험성은 무엇인가? 그것은 우리가 예상하지도 않았고 준비되지도 않은 때에 죽음과 심판의 날이 뜻밖에 우리에게 임하는 것이다 — 우리가 주님을 만나도록 부르심을 받을 때에 언제나 우리 마음에 아주 가까

이 있어야 할 것이 우리의 생각에서 가장 먼 곳에 있어서, 그 날이 덫과 같이 우리에게 임할 위험성이 우리에게 있다. 왜냐하면, 그 날은 온 지구상에 거하는 대부분의 사람들, 즉 오직 땅의 일을 생각하고 하늘과 아무런 교통이 없는 자들에게 덫과 같이 임할 것이기 때문이다. 그 날은 그런 사람들에게 덫과 같은 것이 될 것이다. 전도서 9:12을 보라. 그 날은 그들에게 두려운 일이자 멸망이 될 것이다. 그 날은 그들에게 말로 표현할 수 없는 공포를 가져다주고, 그들을 더 공포스러운 파멸로 이끌어갈 것이다.

2. 이러한 위험성에 직면해서 우리가 마땅히 해야 할 일은 무엇인가? 우리는 마음이 둔하여지지 않도록 조심하여야 한다. 우리는 땅의 일들로 인해서 너무 많은 부담을 안고 살아감으로써 죽음과 심판에 대비해서 우리가 마땅히 해야 할 일들을 할 수 없게 되지 않도록 조심하여야 한다. 우리 마음이 그러한 것들로 둔하여지는 것을 막으려면, 우리는 두 가지를 경계하여야 한다: (1) 육체가 좋아하는 것들에 빠지고 감각의 쾌락들을 지나치게 탐닉하는 것: 너희는 방탕함과 술취함, 무절제하게 먹고 마시는 것 때문에 마음이 둔하여지지 않도록 조심하라. 그런 것들은 그로 인하여 죄악들을 짓게 될 뿐만이 아니라 그러한 육체적 삶의 무질서가 마음에 악영향을 끼침으로써 마음을 둔하게 만든다. 그런 것들은 사람들을 그들이 마땅히 해야 할 일에 대하여 둔감하고 무기력하게 만들고 그들이 마땅히 해야 할 일을 전혀 인식하지 못하고 무관심하게 만들어 버린다. 그런 것들은 양심을 둔하게 만들어서, 가장 민감해야 할 일들에 대해서 마음이 무감각하게 되는 일이 벌어진다. (2) 이 세상의 좋은 것들을 과도하게 추구하는 것. 마음은 생활의 염려로 둔하여진다. 앞서 말한 것들은 쾌락을 추구하는 자들이 걸리는 덫이라면, 이것은 부자가 되고자 하는 사업가들이 걸리는 덫이다. 우리는 죽음이 찾아올 때만이 아니라 언제라도 우리의 마음이 이렇게 둔하여져 있지는 않은지 항상 경계하여야 한다. 우리가 늘 한결같이 해야 할 일은 죄를 짓지 않도록 조심하는 일과 우리 자신의 영혼을 돌보는 일이다.

Ⅳ. 그리스도께서는 제자들에게 이 큰 날을 위해 준비하고 있을 것을 권면하신다(36절).

1. 우리의 목표는 무엇이어야 하는가? 우리가 장차 올 이 모든 일을 능히 피하기에 합당한 자들로 여겨지는 것; 하나님의 심판이 시행될 때에 우리가 그 혹독한 심판으로부터 보존되는 것; 다른 사람들이 당하는 재앙을 우리는 당하지

않게 되고, 다른 사람들의 운명이 우리의 운명이 되지 않게 되는 것. 죽음의 날에 우리가 그 사망의 독침, 곧 하나님의 진노와 지옥의 저주를 피하게 되는 것. 그렇지만 우리의 목표는 이 모든 일을 능히 피할 뿐만 아니라 인자 앞에 서는 것, 우리의 재판장이신 그리스도 앞에 서서 무죄방면을 받고(시 1:5) 그리스도의 날에 담대함을 지닐 뿐만 아니라(이것은 우리가 이 모든 일을 능히 피할 수 있다는 것 속에 전제되어 있다), 우리 주님이신 그리스도 앞에 모셔 서는 것, 그의 보좌 앞에 늘 서서 그의 성전에서 밤낮으로 그를 섬기는 것(계 7:15), 천사들과 마찬가지로 항상 그의 얼굴을 뵈옵는 것(마 18:10)이어야 한다. 앞에서(20:35)와 마찬가지로 여기서도 성도들은 이 모든 일들을 피하기에 합당한 자들로 여기심을 받게 될 것이라고 말한다. 하나님께서는 성도들 안에서의 은혜의 선한 역사(役事)를 통해서 성도들을 이러한 복을 받기에 합당한 자들로 만드시고, 성도들을 향한 은혜의 선한 뜻으로 말미암아 성도들을 이러한 복을 받기에 합당한 자들로 여기신다. 그러나 그로티우스(Grotius)가 여기서 말하고 있듯이, 우리가 합당한 자들로 여기심을 받는 주된 이유는 우리가 우리 자신의 무가치함과 합당하지 않음을 인정하고 고백한 것에 있다.

2. 이러한 목표를 위해서 우리는 어떻게 행하여야 하는가? 항상 기도하며 깨어 있으라. 깨어 있는 것과 기도하는 것은 함께 가야 한다(느 4:9). 장차 임할 진노를 피하고 기쁨을 얻고자 하는 자들은 깨어서 기도해야 하는데, 항상 그렇게 해야 하고, 일생 동안 꾸준히 그렇게 해야 한다. (1) 스스로를 지키기 위하여. "죄를 짓지 않도록 깨어 있고, 모든 해야 할 일들을 다 하고 선한 일을 할 수 있는 모든 기회를 놓치지 않도록 깨어 있으라. 주님께서 오실 것이라고 생각해서 항상 깨어 있으라. 그러면 너희는 채비를 갖춘 상태에서 주님을 영접할 수 있게 될 것이다." (2) 하나님과의 교통을 계속 유지하기 위하여: "항상 기도하라. 기도하는 것이 습관이 되어 있어야 한다. 시간을 정해 놓고 항상 기도하라. 기도하는 일에 풍성하라. 모든 일에 기도하라." 이 세상에서 기도의 삶을 사는 자들은 저 세상에서 찬양의 삶을 살기에 합당한 자들로 여기심을 받게 될 것이다.

V. 마지막 두 절에는 그리스도께서 나귀를 타고 예루살렘으로 승리의 입성을 하신 때로부터 그가 붙잡히신 밤까지 3-4일 동안 어떻게 지내셨는지에 관한 기사가 나온다.

1. 그리스도께서는 낮에는 성전에서 가르치셨다. 그는 안식일과 마찬가지로 평일에도 전도하셨다. 그는 지칠 줄 모르는 설교자였다. 그는 대적자들의 면전에서, 그를 죽일 빌미를 찾고 있던 자들 앞에서 전도하셨다.

2. 그리스도께서는 밤에는 도성을 빠져나가서 성내에서 2km 가량 떨어진 감람원에 있는 한 친구의 집에서 머무르셨다. 성내에도 그를 기꺼이 묵게 해 줄 여러 친구들이 있었을 것이지만, 그는 그의 때가 가까웠으므로 저녁에는 성내의 소란을 피하여서 한적한 곳으로 물러가셔서, 은밀한 기도의 시간을 더 많이 가지고자 하셨던 것 같다.

3. 그리스도께서는 아침 일찍 성전에 다시 나오셔서, 그의 말씀을 들으려고 모인 사람들에게 아침 강의를 하셨다. 그는 적극적으로 전도하셨고, 백성들은 그의 말씀을 듣는 데에 적극적이었다(38절): 모든 백성이 그 말씀을 들으려고 이른 아침에 성전에 나아가더라. 대제사장들과 서기관들이 그리스도에 대하여 온갖 비방을 늘어놓았지만, 백성들은 비둘기들이 그 보금자리로 날아가는 것 같이 성전으로 무리를 지어 몰려들었다. 진지하고 정직하고 솔직한 백성들이 좋은 설교를 듣고 얻는 맛과 향취가 재치 있고 학식 있는 자들, 권세를 지닌 자들의 견해보다 더 소중한 때가 종종 있다.

제 22 장

개요

각각의 복음서에는 기록하지 않고 뺀 기사들이 있지만, 그리스도의 죽음과 부활에 대해서는 모든 복음서 기자들이 자세하게 서술한다. 왜냐하면, 그리스도께서는 우리의 죄를 위하여 죽으셨고 우리를 의롭다 하시기 위하여 다시 살아나셨기 때문이다. 이 복음서 기자도 이 기사를 다른 기자들과 마찬가지로 아주 자세하게 기록하고 있을 뿐만 아니라 다른 복음서들에는 나오지 않았던 많은 정황들과 내용들을 추가하여 놓았다. 이 장에는 다음과 같은 내용들이 나온다. I. 예수를 잡고자 하는 음모와 유다가 거기에 가담함(1-6절). II. 그리스도께서 제자들과 함께 유월절 만찬을 드심(7-18절). III. 성만찬의 제정(19-20절). IV. 그리스도께서 만찬 후에 몇 가지 얘기를 나누심(21-38절). V. 그리스도께서 겟세마네 동산에서 고뇌하심(39-46절). VI. 유다의 배신으로 그리스도께서 붙잡히심(47-53절). VII. 베드로가 그리스도를 부인함(54-62절). VIII. 그리스도께서 그를 붙잡은 자들에게 당하신 수모, 유대교의 법정에서 이루어진 재판과 단죄(63-71절).

[1]유월절이라 하는 무교절이 다가오매 [2]대제사장들과 서기관들이 예수를 무슨 방도로 죽일까 궁리하니 이는 그들이 백성을 두려워함이더라 [3]열둘 중의 하나인 가룟인이라 부르는 유다에게 사탄이 들어가니 [4]이에 유다가 대제사장들과 성전 경비대장들에게 가서 예수를 넘겨 줄 방도를 의논하매 [5]그들이 기뻐하여 돈을 주기로 언약하는지라 [6]유다가 허락하고 예수를 무리가 없을 때에 넘겨 줄 기회를 찾더라

하나님의 계획 속에서 영원 전부터 확정되어 있었고 이스라엘의 위로를 기다리던 자들이 오랫동안 기다려 왔던 구속의 해가 이제 이르렀다. 수많은 세월이 돌고 돈 후에 마침내 그 해가 온 것이다(사 63:4). 여기서 우리가 볼 수 있는 것은 구속이 이루어진 것은 그 해의 첫째 달이라는 것이다. 구속주께서는 그 일이 이루기까지 답답하셨기 때문에 서둘러서 그 일을 이루고자 하셨

다. 첫째 달은 하나님께서 모세를 통해서 이스라엘을 애굽에서 불러내신 바로 그 달이었다(달의 시작, 출 12:2). 이렇게 하나님이 시기를 동일하게 하신 것은 출애굽이라는 모형(type)과 그 모형이 나타내는 원형인 그리스도에 의한 출애굽이라는 대형(Antitype)이 서로 대응되게 하시기 위한 것이었다. 무교절이 다가오매(1절), 그리스도께서는 넘겨지셨다. 무교절보다 훨씬 이전부터 준비되어 온 것이긴 했지만, 여기서 우리의 유월절 양이 우리를 위하여 드려질 준비가 완료되었다.

I. 그리스도의 불구대천의 원수들이 음모를 꾸밈(2절). 성직자들인 대제사장들과 학자들인 서기관들이 무력을 사용하거나 속임수를 써서 예수를 무슨 방도로 죽일까 궁리하였다. 그들은 마음만 먹었다면 더 일찍 이 일을 처리할 수도 있었지만, 백성들을 두려워해서, 또한 백성들이 그의 설교를 들으려고 부지런히 몰려드는 것을 보고 더욱 이 일의 실행을 미루게 된 것이었다.

II. 가룟인이라 불리는 유다가 이 음모에 가담해서 그들을 돕게 됨. 본문은 그를 열둘 중의 하나라고 소개한다. 그는 고귀한 숫자인 열둘에 포함되어 있는 인물이었다. 우리는 모든 사람을 아시는 그리스도께서 어떻게 배신자를 열둘에 포함시키셨는지, 열둘에 속한 자라면 분명히 그리스도를 알았을 터인데 어떻게 그리스도를 배신하는 비열한 짓을 할 수 있었는지 의아해하지 않을 수 없다. 그러나 그리스도께서 유다를 제자로 삼으신 데에는 지혜롭고 거룩한 목적이 있었다. 또한 그리스도를 그토록 잘 알고 있던 자가 어떻게 배신하게 되었는지에 대해서는 본문이 우리에게 말해준다: 유다에게 사탄이 들어갔다(3절). 그것은 마귀의 역사(役事)였다. 이렇게 함으로써 마귀는 그리스도의 사업을 망쳐 놓고 그의 머리를 부술 수 있다고 생각하였다. 그러나 마귀의 이러한 시도는 결국 그리스도의 발꿈치만을 상하게 하는 것으로 끝났다. 누가 그리스도 또는 그의 진리들이나 길들을 배신한다면, 그로 하여금 그렇게 하도록 만든 것은 바로 사탄이다. 유다는 대제사장들이 그리스도를 그들의 수중에 넣고자 얼마나 안달하고 있는지, 자기처럼 그리스도께서 물러나 쉬시는 곳을 아는 자의 도움 없이는 그들이 그 일을 성공적으로 수행해낼 수 없다는 것을 잘 알고 있었다. 그래서 유다는 자진해서 그들에게 갔고, 그들에게 거래를 제의하였다(4절). 그리스도의 나라에 더 많은 해악을 끼치는 것이 공공연한 원수들의 힘과 계략인지, 아니면 겉으로는 친구인 척하면서 자기 욕심을 차리는 배신자의 행위인지를 말하기는 어렵다. 하지만 배신자 없이는 원수들은 그들이 의도한 목적을 이룰 수 없다. 유다가 대제사장들과 의논을 할 때에 그리스도를 해치고자 하는 음모가 꾸며지고 있었다는 것은 분명하다. 그들은 결코 선한 일 때문에 함께 머리를 맞대고 있는 것이 아니었다.

Ⅲ. 유다와 대제사장들 간의 거래. 1. 유다는 그리스도를 그들에게 넘겨주기로 하였다. 그는 아무런 소동 없이 그리스도를 붙잡을 수 있는 장소로 그들을 데려다 주기로 하였는데, 그들은 이것을 기뻐하였을 것이다. 2. 그들은 이 일을 하는 대가로 유다에게 일정 금액의 돈을 주기로 하였는데, 그는 이것을 기뻐하였을 것이다(5절): 그들이 돈을 주기로 언약하는지라. 협상을 마친 후에 유다는 그리스도를 넘겨줄 기회를 찾았다. 아마도 유다는 교활하게도 자기보다 주님과 더 친밀했던 베드로와 요한에게 주님이 언제 어디에 계시는지, 유월절 식사 후에는 어디로 물러가실 것인지를 물었을 것이고, 그들은 유다를 별로 의심하지 않았을 것이다. 어쨌든 유다는 어렵지 않게 곧 자기가 원했던 정보를 얻어서, 무리가 없을 때에 소동 없이 이 일을 해치울 수 있는 때와 장소를 정하였다.

⁷유월절 양을 잡을 무교절날이 이른지라 ⁸예수께서 베드로와 요한을 보내시며 이르시되 가서 우리를 위하여 유월절을 준비하여 우리로 먹게 하라 ⁹여짜오되 어디서 준비하기를 원하시나이까 ¹⁰이르시되 보라 너희가 성내로 들어가면 물 한 동이를 가지고 가는 사람을 만나리니 그가 들어가는 집으로 따라 들어가서 ¹¹그 집 주인에게 이르되 선생님이 네게 하는 말씀이 내가 내 제자들과 함께 유월절을 먹을 객실이 어디 있느냐 하시더라 하라 ¹²그리하면 그가 자리를 마련한 큰 다락방을 보이리니 거기서 준비하라 하시니 ¹³그들이 나가 그 하신 말씀대로 만나 유월절을 준비하니라 ¹⁴때가 이르매 예수께서 사도들과 함께 앉으사 ¹⁵이르시되 내가 고난을 받기 전에 너희와 함께 이 유월절 먹기를 원하고 원하였노라 ¹⁶내가 너희에게 이르노니 이 유월절이 하나님의 나라에서 이루기까지 다시 먹지 아니하리라 하시고 ¹⁷이에 잔을 받으사 감사 기도 하시고 이르시되 이것을 갖다가 너희끼리 나누라 ¹⁸내가 너희에게 이르노니 내가 이제부터 하나님의 나라가 임할 때까지 포도나무에서 난 것을 다시 마시지 아니하리라 하시고 ¹⁹또 떡을 가져 감사 기도 하시고 떼어 그들에게 주시며 이르시되 이것은 너희를 위하여 주는 내 몸이라 너희가 이를 행하여 나를

기념하라 하시고 [20]저녁 먹은 후에 잔도 그와 같이 하여 이르시되 이 잔은 내 피로 세우는 새 언약이니 곧 너희를 위하여 붓는 것이라

그리스도께서 무교절 동안에 칠 일 동안 계속해서 성전에서 백성들을 가르치심으로써 많은 선한 일을 하셨고, 백성들은 매일 아침 일찍 와서 그리스도의 말씀을 귀 기울여서 경청하였다는 것을 들었을 때에 우리는 희망에 찬 앞날을 기대하였다! 그러나 그리스도께서는 여기서 가르치시는 일에 종지부를 찍으셨다. 그는 또 다른 일에 착수하셔야 한다. 이제 그리스도께서 하시고자 하시는 또 다른 일은 다른 어떤 일보다도 선한 일이 될 것이다. 왜냐하면, 그리스도나 그의 교회가 당한 고난의 날들은 결코 허송세월한 나날들이 아니기 때문이다.

I. 율법에 따라서 유월절 양을 잡을 무교절날에 그리스도께서 제자들과 함께 유월절 식사를 하시기 위한 준비(7절). 그리스도께서는 율법 아래 나셨고, 율법의 규례들, 특히 유월절의 규례를 지키셨는데, 이것은 우리도 마찬가지로 복음의 규례들, 특히 성찬의 규례를 지키고 소홀히 하지 않도록 가르치시기 위한 것이었다. 아마도 그리스도께서는 아침에 성전으로 가르치시러 가시면서, 그동안에 베드로와 요한을 다른 길로 성내에 들어가서 유월절을 준비하게 하신 것 같다. 자신을 위하여 세속적인 일을 수행하도록 하려고 시종들을 둔 사람들은 모든 것을 시종들에게 맡겼으므로 자기는 게을러도 된다고 생각해서는 안 되고, 오히려 그 남는 시간을 이용해서 영적인 일 또는 백성을 섬기는 일에 진력하여야 한다. 그리스도께서는 심부름을 위해서 택한 제자들에게 그들이 어디로 가야 할지를 지시하셨다(9-10절): 너희가 성내로 들어가면 물 한 동이를 가지고 가는 사람을 만나리니, 그가 너희를 집으로 안내하리라. 그리스도께서는 제자들에게 그 집을 찾아갈 수 있는 길을 설명해 주실 수 있었다. 아마도 그 집은 제자들이 알고 있던 집이었을 것이기 때문에, 그리스도께서는 그저 "아무개네 집으로 가라"든지 "이정표를 따라서 어느 거리에 있는 어떤 집으로 가라"는 식으로 말씀하실 수도 있었을 것이다. 그러나 그리스도께서 이런 식으로 제자들에게 지시하신 것은 제자들에게 하나님의 섭리의 인도하심을 의지하여 한 걸음 한 걸음 따라가도록 가르치시기 위한 것이었다. 그들은 어디로 가야 하는지 또는 누구를 따라가야 하는지를 알지 못한 채 갔다. 집

에 도착했을 때에 그들이 집주인에게 방을 보여달라고 하면(11절), 집주인은 흔쾌히 방을 보여줄 것이다(12절). 그 집이 친구의 집이었는지, 아니면 여관이었는지는 본문에 나와 있지 않다. 그러나 제자들은 그리스도께서 그들에게 말씀해 주신 대로 안내자를 만나서 집으로 가서 방을 보았다(13절). 그리스도의 말씀을 의지해서 행하는 자들은 일이 이루어지지 않을까 염려할 필요가 없다. 제자들은 그들에게 주어진 지시를 따라서 유월절을 지키기 위한 모든 준비를 완료하였다(11절).

II. 율법에 따라서 유월절을 엄숙하게 지킴. 유월절 식사를 할 때가 이르매, 예수께서 사도들과 함께 앉으셨는데, 아마도 예수는 식탁의 끝머리에 앉으셨고, 유다도 제외되지 않았을 것이다. 왜냐하면, 그 마음이 사탄과 온갖 악한 것으로 가득 차 있는 자들이라고 할지라도 계속해서 그럴듯한 신앙 고백을 할 수 있고 외적인 예배 의식에 참여할 수 있고, 또한 그것이 아직 마음속에만 있고 외적인 범죄로 표출되지 않는 한, 그런 자들에게 외적인 신앙 고백으로 인한 외적인 특권들을 부정할 수는 없기 때문이다. 유다는 이미 배신이라는 공공연한 행위를 통해서 범죄한 상태였지만 그것이 공개적으로 드러나지 않았기 때문에 그리스도께서는 그가 나머지 제자들과 더불어서 유월절 식탁에 앉는 것을 허용하셨다. 좀 더 살펴보자.

1. 그리스도께서는 이 유월절 식사를 고대하셨는데, 이것은 우리도 마찬가지로 그의 유월절, 곧 성찬을 고대하고 간절한 마음으로 성찬에 나아가도록 가르치시기 위한 것이었다(15절): "내가 고난을 받기 전에 너희와 함께 이 유월절 먹기를 원하고 원하였노라." 그리스도께서는 이것이 그의 고난의 서막(序幕)이 될 것을 아셨다. 그래서 그는 그것을 그토록 원하셨다. 왜냐하면, 그의 고난은 아버지의 영광과 인간의 구속을 위한 것이었기 때문이다. 그는 중보자로서의 그에 대한 하나님의 뜻 중에서 이 고난의 부분조차도 행하기를 기뻐하셨다. 그런데 우리가 우리의 구원을 위하여 이토록 적극적이셨던 그리스도를 섬기는 일에 주저하며 소극적이어서야 될 말인가? 그리스도께서 그의 제자들에 대하여 가지셨던 사랑이 어떠하셨는지를 보라. 그는 다른 사람들을 제외하고 오직 제자들과 시간을 함께 가지면서 은밀한 대화를 나누시기 위하여 그들과 함께 유월절 식사를 하기를 원하셨다. 이 때가 아니면 그런 기회는 예루살렘에서 다시는 없을 것이었기 때문이다. 그는 이제 곧 그들을 떠날 것이었지

만, 고난을 받기 전에 그들과 함께 이 유월절 먹기를 원하고 원하였다. 그는 마치 제자들과 함께 한 식사에서 받은 위로를 가지고 기쁘고 편안한 마음으로 고난을 받으시고자 하는 것 같았다. 우리가 믿음으로 예수 그리스도와 함께 먹는 복음의 유월절은 고난과 시련과 죽음을 가장 잘 준비할 수 있는 것이 된다는 것을 명심하라.

2. 그리스도께서는 성찬을 통해서 모든 유월절들과 작별을 고하셨다. 이것은 그가 율법의 모든 규례들을 폐하셨다는 것을 보여주는 것이다 — 유월절은 율법의 규례들 중에서 가장 오래되고 가장 중요한 규례들 중의 하나였다(16절): "이 유월절이 하나님의 나라에서 이루기까지 나는 다시 먹지 아니하겠고, 내 제자들도 더 이상 유월절을 지키지 아니하리라." (1) 유월절은 우리의 유월절 양 곧 그리스도께서 우리를 위하여 희생되셨을(고전 5:7) 때에 완성되었다. 그러므로 모형이자 그림자였던 것은 폐하여졌다. 왜냐하면, 하나님의 나라에서 그 실체가 실현되었기 때문이다. (2) 유월절은 성찬으로 완성되었다. 성찬은 복음의 나라의 규례로서, 거기에서 유월절이 완성되었다. 사도행전 2:42, 46에서 볼 수 있듯이, 제자들은 성령 강림 이후에 성찬을 자주 거행하였다. 그들은 성찬에 참여하여 먹었고, 그리스도께서도 그들과 함께 먹으셨다. 왜냐하면, 그들과 그리스도는 성찬이라는 성례 속에서 영적인 교통을 이루기 때문이다. 그리스도께서는 그들과 더불어 먹고 그들은 나와 더불어 먹으리라(계 3:20). 그러나 (3) 해방을 기념하는 그러한 예식의 온전한 성취는 하나님의 모든 영적 이스라엘이 사망과 죄에게 종살이 하는 것에서 놓여나서 약속의 땅을 얻게 될 영광의 나라에서 이루어질 것이다. 그리스도께서는 유월절 양을 먹으며 하신 말씀을 유월절 포도주, 축복의 잔, 감사의 잔을 마실 때에도 되풀이하신다 — 유월절 식사 자리에 모인 모든 사람들은 식사의 맨마지막에 이 잔을 마시면서 이 절기의 주인이신 분에게 충성을 맹세하였다. 그리스도께서는 관습을 따라서 이 잔을 받으사 이스라엘을 애굽에서 건져주신 것과 이스라엘의 장자들을 보호해 주신 것에 대하여 감사 기도 하신 후에, 이것을 갖다가 너희끼리 나누라고 말씀하셨다(17절). 나중에 그리스도께서는 이 유월절의 잔보다 훨씬 더 중요하고 가치가 있었고 내 피로 세우는 새 언약이었던 성례전의 잔에 대해서는 이렇게 말씀하지 않으셨다 — 그는 이 교훈을 제자들이 각자의 영혼에 구체적으로 적용하도록 가르치시기 위하여 성례전의 잔을 제자들 각자의 손에 일일이 줘

어주셨을 것이다. 그러나 곧 폐하여질 유월절의 잔에 대해서는 다음과 같이 말씀하시는 것으로 충분하였다: "이것을 갖다가 너희끼리 나누라. 이 잔에 대해서는 너희가 마음대로 하라. 우리는 이 잔과 더 이상 상관이 없기 때문이다(18 절). 내가 이제부터 하나님의 나라가 임할 때까지, 성령이 강림하여서 너희가 성찬을 통해서 훨씬 더 영광스러운 구속을 기념하게 될 때까지 포도나무에서 난 것을 다시 마시지 아니하리라 ― 애굽으로부터의 구원과 그것을 기념하는 유월절은 이 구속의 모형들이자 비유들이었다. 하나님의 나라가 세워질 날이 가까이 왔기 때문에, 너희는 그 날이 올 때까지 더 이상 유월절 식사를 먹고 마실 필요가 없을 것이다." 그리스도께서는 다음 날 죽으심으로써 그 나라를 여셨다. 그리스도께서 영적이고 성례전적인 복음의 규례들을 위하여 율법의 모든 절기들(유월절도 당연히 포함된다)과 아주 기쁜 마음으로 결별하셨던 것과 마찬가지로, 선한 그리스도인들은 장차 전투하는(militant) 교회로부터 승리의 (triumphant) 교회로 옮겨가도록 부르심을 받을 때에 영원한 잔치를 위하여 그들이 지닌 기존의 영적인 양식들, 성례전적인 규례들을 기쁜 마음으로 버리게 될 것이다.

Ⅲ. 성찬의 제정(19-20절).　　유월절과 애굽으로부터의 구원은 장차 오실 그리스도, 죽으심으로써 우리를 죄와 사망, 사탄의 폭정에서 건져내실 그리스도에 대한 모형론적이고 예언적인 징표들이었다. 그러나 사람들은 더 이상 애굽 땅에서 우리를 인도하여 내신 여호와의 사심을 두고 맹세하노니라고 말하지 않을 것이다. 그 구원은 훨씬 더 큰 구원으로 인해서 빛이 바래게 될 것이다. 그러므로 성찬은 이미 오셔서 죽음으로써 우리를 건져내신 그리스도를 기념하는 예식으로 제정되었다. 따라서 이 성례전이 우리에게 특별한 방식으로 보여주는 것은 그리스도의 죽음이다.

1. 우리를 위한 희생제물이신 그리스도의 몸이 찢기신 것은 여기서 떡을 떼는 것에 의해서 기념된다. 율법 아래에서 희생제물들은 우리 하나님의 떡(개역에서는 음식)으로 불렸다(레 21:6, 8, 17): 이것은 너희를 위하여 주는 내 몸이라. 성찬은 이 희생제물 위에서 제정되었고, 우리는 성찬을 통해서 그리스도의 몸을 우리에게 적용하여 그 은택과 복락을 가져올 수 있다. 우리를 위하여 주신 이 떡은 우리의 영혼을 위한 양식으로서 우리에게 주어진다. 그리스도께서 우리의 죄를 속하신 것에 관한 가르침과 그 속죄를 통한 우리의 유익에 대한 확신

만큼 우리 영혼에 자양분을 공급하고 우리 영혼을 만족시켜 주는 것은 아무것도 없다. 우리의 죗값을 치르기 위하여 떼어지고 우리를 위하여 주어진 이 떡은 우리 영혼의 소원을 만족시키기 위하여 떼어지고 우리에게 주어진다. 그리고 우리는 떡을 떼는 것을 통해서, 그가 우리를 위하여 죽으신 때에 그가 우리를 위하여 하신 일을 기념하고, 우리 자신이 그에게 동참하여 그와 더불어 영원한 계약에 참여하는 것이 무엇을 의미하는지를 기억한다 — 여호수아가 증거로 세운 돌과 마찬가지로(수 24:27).

2. 속죄를 이루기 위하여 그리스도께서 피를 흘리신 것(내가 피로 너희의 생명을 위하여 속죄하게 하였나니, 레 17:11)은 잔에 담긴 포도주로 표현되었다. 이 포도주의 잔은 그리스도께서 우리에게 세우신 새 언약 또는 새 계약의 상징이며 징표이다. 그것은 그리스도의 피로 세운 계약을 기념하고, 그리스도 안에서 모두 예와 아멘이 되는 그 계약의 약속들을 확증하는 것이다. 이것은 마음을 기쁘게 하는 포도주처럼 우리 영혼을 새롭게 하고 활력을 불어넣어 줄 것이다. 우리가 그리스도의 피 흘리심을 기념할 때에 주목해야 할 것은 그 피가 우리를 위하여 흘려진 피라는 사실이다. 우리는 그 피를 필요로 했고, 그 피를 얻었으며, 그 피로 인한 은택을 얻고자 한다. 그리스도께서는 나를 사랑하사 나를 위하여 자기 자신을 버리셨다. 그리고 우리가 새 언약을 생각할 때에 주목해야 할 것은 그 새 언약을 탄생시켰고 새 언약의 모든 약속들을 우리에게 보증해 주는 그리스도의 피이다. 그리스도의 피가 없었다면, 우리에게는 새 언약이 결코 없었을 것이고, 새 언약이 없었다면, 우리는 결코 그리스도께서 흘리신 피의 의미를 알지 못하였을 것이다.

21그러나 보라 나를 파는 자의 손이 나와 함께 상 위에 있도다 22인자는 이미 작정된 대로 가거니와 그를 파는 그 사람에게는 화가 있으리로다 하시니 23그들이 서로 묻되 우리 중에서 이 일을 행할 자가 누구일까 하더라 24또 그들 사이에 그 중 누가 크냐 하는 다툼이 난지라 25예수께서 이르시되 이방인의 임금들은 그들을 주관하며 그 집권자들은 은인이라 칭함을 받으나 26너희는 그렇지 않을지니 너희 중에 큰 자는 젊은 자와 같고 다스리는 자는 섬기는 자와 같을지니라 27앉아서 먹는 자가 크냐 섬기는 자가 크냐 앉아서 먹는 자가 아니냐 그러나 나는 섬기는 자로 너희 중에 있노라 28너희는 나의 모든 시험 중에 항상 나와 함께 한 자들인즉 29내 아버지께서 나라를 내게 맡기신 것 같이 나도 너희에게 맡겨 30너희로 내 나라에 있어 내 상에서 먹고 마시며 또는 보좌에 앉아 이스라엘 열두 지파를 다스리게 하려 하노라 31시몬아, 시몬아, 보라 사탄이 너희를 밀 까부르듯 하려고 요구하였으나 32그러나 내가 너를 위하여 네 믿음이 떨어지지 않기를 기도하였노니 너는 돌이킨 후에 네 형제를 굳게 하라 33그가 말하되 주여 내가 주와 함께 옥에도, 죽는 데에도 가기를 각오하였나이다 34이르시되 베드로야 내가 네게 말하노니 오늘 닭 울기 전에 네가 세 번 나를 모른다고 부인하리라 하시니라 35그들에게 이르시되 내가 너희를 전대와 배낭과 신발도 없이 보내었을 때에 부족한 것이 있더냐 이르되 없었나이다 36이르시되 이제는 전대 있는 자는 가질 것이요 배낭도 그리하고 검 없는 자는 겉옷을 팔아 살지어다 37내가 너희에게 말하노니 기록된 바 그는 불법자의 동류로 여김을 받았다 한 말이 내게 이루어져야 하리니 내게 관한 일이 이루어져 감이니라 38그들이 여짜오되 주여 보소서 여기 검 둘이 있나이다 대답하시되 족하다 하시니라

이 단락에는 그리스도께서 만찬 후에 제자들과 함께 나누신 말씀이 나오는데, 그 내용 중 많은 부분은 다른 공관복음서들에는 나오지 않는 새로운 것들이고, 요한복음에도 또 다른 추가적인 내용들이 나온다. 우리는 그리스도께서 하신 것을 본받아서, 식탁에서 듣는 자들에게 은혜를 끼칠 수 있는 선하고 덕을 세우는 데에 유익한 대화를 통해서 우리의 가족과 친구들을 즐겁게 하고 덕을 세워야 한다. 특히, 우리가 성찬에 참여한 후에 서로를 적절하게 세워줄 수 있는 기독교적인 회의를 통해서 서로의 덕을 세워 주는 것이 좋을 것이다. 그리스도께서 여기에서 말씀하신 문제들은 중요하고 시의적절한 것들이었다.

I. 그리스도께서는 그 자리에 함께 있는 자들 중에서 한 사람이 자기를 팔 것에 관하여 제자들에게 말씀하심.

1. 그리스도께서는 그를 팔 자가 지금 그들 가운데 있다는 것을 암시하신다 (21절). 마태복음과 마가복음과는 달리 여기에서는 그리스도께서 이 말씀을 성찬의 제정 후에 하신 것으로 배치하고 있는 것으로 보아서, 유다가 성찬에 참여하여 그 떡을 먹고 그 잔을 마신 것은 분명해 보인다. 왜냐하면, 이 예식이 끝난 후에 그리스도께서 보라 나를 파는 자의 손이 나와 함께 상 위에 있도다라고 말씀하셨기 때문이다. 그리스도와 함께 떡을 먹었으면서도 그를 팔 지들이 괴

거부터 지금까지 있어 왔다.

2. 그리스도께서는 그를 팔 자의 음모가 이루어질 것이라고 예언하신다(22 절): 인자는 이미 작정된 대로 그가 배신당할 그 곳으로 갈 것이다. 왜냐하면, 그는 하나님께서 미리 세워 놓으신 계획에 따라서 원수들에게 넘겨지는 것이기 때문이다. 그렇지 않았다면, 유다는 그를 원수들에게 넘겨줄 수 없었을 것이다. 그리스도께서는 내몰려서 고난을 받으신 것이 아니라, 기쁜 마음으로 자진하여 원수들에게 가셨다. 그리스도께서는 하나님이여 보시옵소서 하나님의 뜻을 행하러 왔나이다라고 하셨다(히 10:7).

3. 그리스도께서는 그를 팔 자에게 경고하신다: 그를 파는 그 사람에게는 화가 있으리로다. 성도들이 고난을 잘 견뎌내고, 또 성도들이 당한 고난이 하나님의 계획에 의한 것이라 하더라도 그런 것이 성도들을 박해하거나 고난에 몰아넣은 자들의 행위를 정당화시키는 구실이 되지는 않는다는 것을 명심하라. 하나님이 그리스도가 팔리게 될 것을 예정하셨고 그리스도 자신도 기쁜 마음으로 거기에 복종하셨다고 하더라도, 유다의 죄 또는 형벌은 결코 줄어들지 않는다.

4. 그리스도께서 그들 가운데 그를 팔 자가 있다고 말씀하시고는 그 이름을 대지 않으셨기 때문에, 제자들은 깜짝 놀라서 자기가 아닌가 의심하게 되었다 (23절): 그들이 서로 묻되 우리 중에서 이 일을 행할 자, 이토록 선하신 주님에게 이토록 비열한 짓을 할 자가 누구일까 하더라. 제자들이 물은 것은 너나 또는 그나가 아니라 난가였다.

II. 제자들 가운데서 누가 가장 큰 자인지를 놓고 논쟁이 벌어짐.

1. 제자들이 무엇을 두고 논쟁을 벌였는지를 보라: 그들 사이에 그 중 누가 크나 하는 다툼이 난지라. 성령이 제자들에게 부어지기 전에 제자들 사이에서 지위를 놓고 많은 다툼이 있었는데, 이것은 교회들에서 성도들이 성령을 격동시켜서 성령이 그들을 떠난 후에 지위를 사랑하여 자리를 놓고 다툼을 벌이게 된 일들에 대한 서글픈 전조(前兆)였다. 제자들의 이러한 모습은 바로 앞 절에서의 그들의 모습과 얼마나 모순되는가! 거기에서 그들은 그리스도를 팔 자가 자기가 아닌가 의심하였는데, 여기서는 누가 왕이 될 것인가를 놓고 다투고 있다. 어떻게 아주 겸비한 모습과 아주 교만하고 허영심에 찬 모습이 동일한 사람들 속에 거의 동시에 존재할 수 있었을까? 이것은 단 물과 쓴 물이 동일

한 샘에서 동시에 나오는 것과 같은 것이다. 인간의 기만적인 마음은 얼마나 자기모순적인가!

2. 그리스도께서 이 논쟁에 대하여 무엇이라 말씀하셨는지를 보라. 그는 예상과는 달리(그는 이런 일이 생길 때마다 제자들을 책망하시곤 하셨다) 제자들을 호되게 질책하지 않으시고, 그러한 논쟁이 죄요 어리석은 짓이라는 것을 온유하게 보여주셨다.

(1) 이런 논쟁을 하는 것은 세상의 화려함과 세상의 권력을 탐하는 이방인의 임금들과 똑같은 짓을 하는 것이다(25절). 이방의 임금들은 백성과 신하들을 주관하고, 선하기는 하지만 자기만큼 강하지는 않다고 생각되는 주변의 임금들을 주관하고자 하는 일도 종종 있다. 주관한다는 말은 그리스도의 사역자들이 아니라 이방인의 임금들에게 더 잘 어울리는 말이라는 것을 명심하라. 그러나 권력을 휘두르고 법을 제정하는 집권자들은 은인이라 칭함을 받는데, 이것은 그들이 스스로를 그렇게 부르기 때문에, 그들에게 아부하거나 빌붙어서 이득을 챙기는 자들이 그들을 그렇게 부르는 것이다. 그들은 은인으로 행동해 온 척하면서, 그러한 이유를 들어서 그들에게 통치권이 맡겨져야 한다고 말하고, 그들은 은인으로서 권세를 사용하는 것이라고 말한다. 아무리 그들이 실제로는 자신의 이익을 위해서 일한다고 할지라도, 그들은 사람들로부터 나라를 위해 일한다는 말을 듣고 싶어한다. 프톨레마이오스 왕조에는 유에르게테스(은인)라는 별명을 지닌 왕이 있었다. 이제 우리 구주께서는 이것을 논평하시면서 다음과 같은 것들을 말씀하신다. [1] 선을 행하는 것은 크게 보이는 것보다 훨씬 더 존귀하다. 왜냐하면, 용사들의 두려움이었던 임금들은 그렇게 불리기를 원치 않았고 곤궁한 자들의 은인으로 불리기를 원하였기 때문이다. 따라서 그들 스스로가 고백한 것처럼, 나라에 은혜를 베푼 은인은 나라를 다스리는 통치자보다 훨씬 더 소중하다. [2] 선을 행하는 것은 큰 자가 되는 가장 확실한 길이다. 그렇지 않았다면, 통치자가 되고자 한 자들이 사람들로부터 은인으로 불리기를 그토록 간절하게 원하지 않았을 것이다. 그러므로 그리스도께서는 제자들에게 이 세상에서 그들이 최선을 다해서 선을 행하는 것만이 더 큰 영광을 얻는 것임을 믿게 하고자 하셨다. 그들은 세상에 복음을 전해줌으로써 세상에 대한 진정한 은인이 되어야 한다. 진정으로 은인이라 불리기에 합당한 자가 되고자 하는 자들은 그 명칭에 걸맞는 일을 하라. 그러면 그들은 누가 가장 크냐

를 놓고 논쟁할 필요가 없게 될 것이다. 왜냐하면, 그들은 모두 백성들을 주관하는 땅의 임금들보다 인류에게 더 큰 축복들이 될 것이기 때문이다. 은인이 되는 더 큰 영광을 얻고자 하는 자들은 통치자가 되는 보다 작은 영광을 하찮게 여겨 버려야 한다.

(2) 이런 논쟁을 하는 것은 그리스도의 제자들답지 않은 것이고 그리스도를 닮지 않은 자들이 되는 것이다: "너희는 그렇지 않을지니라"(26-27절). "나는 결코 너희가 진리와 은혜의 힘 외의 다른 것으로 다스리도록 말한 적이 없었고, 오직 너희가 섬기기만을 바랐을 뿐이다." 교회 지도자들이 외적인 화려함과 권세를 좋아해서 세속적인 유익과 영향력을 지닌다면, 그것은 그들의 직분을 남용하는 것이고, 그들에게 왕이신 여호와가 계심에도 불구하고 주변 나라들처럼 왕을 갖고자 했던 이스라엘의 타락상과 같은 것이다. 여기서 우리는 다음과 같은 것들을 볼 수 있다. [1] 그리스도께서 제자들에게 주신 통치권은 무엇인가? 너희 중에 큰 자, 나이로 인해서 우선권이 있는 연장자는 수고하는 것이나 일만이 아니라 낮은 자리에 앉는다는 점에서도 젊은 자와 같이 행하여야 한다(자신을 낮추어서 젊은 자들과 함께 앉고, 그들과 허물 없이 얘기하고 친해야 한다). 세상 사람들은 젊은 자들은 일하게 하고 나이 든 자들은 공경을 받게 하라(juniores ad labores, seniores ad honores)고 말한다. 그러나 나이 든 자들은 젊은 자들과 마찬가지로 수고하고 일해야 한다. 나이가 먹고 공경을 받는다는 것은 편히 쉬어도 된다는 것이 아니라 갑절로 일하라는 것이다. 다스리는 자 — 무리의 우두머리 — 는 섬기는 자와 같아야 — 집사와 같아야 — 한다. 그는 기회가 있을 때마다 몸을 굽혀서 공동체의 유익을 위하여 아주 천하고 고된 일들을 통해서 섬겨야 한다. [2] 그리스도께서 이러한 법칙에 대한 예로 드신 것은 무엇이었나? 앉아서 먹는 자가 크냐 섬기는 자가 크냐? 식탁에서 시중을 드는 자가 크냐, 시중을 받는 자가 크냐? 지금 그리스도께서는 그의 제자들 가운데서 식탁에서 시중을 드는 자처럼 하고 계셨다. 그는 거드름을 피우며 점잔을 빼고 앉아서 제자들에게 시중을 들라고 명하신 것이 아니라, 제자들을 섬기는 일이라면 어떤 일도 하실 채비를 하고 계셨다. 그가 제자들의 발을 씻겨 주신 것이 그 증거이다. 주님께서 종의 모습을 취하셨는데(개역에서는 종의 형체를 가지사), 그를 따른다고 자처하는 자들이 어떻게 임금의 모습을 취할 수 있겠는가?

(3) 제자들은 세상적인 영광과 존귀를 구하여서는 안 된다. 왜냐하면, 그리스도께서는 그들 각자를 위해서 세상의 것과는 다른 성격의 더 나은 영광들, 즉 나라와 잔치와 보좌를 마련해 두고 계시고, 제자들은 모두 거기에 동일하게 참여하게 될 것이며, 거기에서는 더 높은 자리를 놓고 다툴 필요도 없을 것이기 때문이다(28-30절). 좀 더 살펴보자.

[1] 그리스도께서 제자들이 그에게 충성한 것에 대하여 칭찬하심. 이것만으로도 그들에게는 너무도 큰 영광이었기 때문에, 그들은 더 큰 자가 되기 위해서 다툴 필요가 없었다. 그리스도께서는 제자들을 칭찬하시고 갈채를 보내는 어조로 이렇게 말씀하신다: "너희는 나의 모든 시험 중에 항상 나와 함께 한 자들이다. 너희는 다른 사람들이 나를 버리고 내게 등을 돌렸을 때에 내 곁에서 내게 충성을 다한 자들이다." 그리스도께서는 여러 시험들을 받으셨다. 그는 사람들로부터 멸시를 받으시고 배척당하셨으며, 수모와 욕을 당하셨고, 죄인들이 자기에게 거역한 일을 참으셨다. 그러나 그의 제자들은 계속해서 그와 함께 있으면서, 그의 모든 환난들에 동참하였다. 그들이 그에게 줄 수 있는 도움이나 그를 위해 할 수 있는 봉사는 보잘것없는 것이었다. 그럼에도 불구하고, 그는 그들이 항상 그와 함께 해준 것을 고맙게 생각하시고 여기서 그 고마움을 표시하셨다 — 그들이 항상 그와 함께 있게 된 것도 그의 은혜의 도우심으로 인한 것이었지만. 그리스도의 제자들은 그들의 의무를 수행하면서 실수가 많았다. 우리는 그들이 저지른 많은 실수들과 약점들을 도처에서 찾아볼 수 있다. 그들은 대단히 둔감했고 매우 잘 잊어버렸으며 자주 큰 실수를 범하였지만, 주님께서는 그 모든 것을 눈감아주고 잊어버리셨다. 그는 그들의 부족함과 연약함을 탓하신 것이 아니라, 너희는 항상 나와 함께 한 자들이라는 영원히 기억될 찬사를 그들에게 보내셨다. 이렇게 그가 헤어지는 마당에 그들을 칭찬하신 것은 얼마나 그가 마음이 정직한 그의 제자들을 최대한으로 배려하고자 하셨는지를 보여준다.

[2] 그리스도께서 제자들의 충성에 대한 보답으로 준비하신 것: 내가 너희에게 나라를 맡기리라 — 즉, 물려주겠다(디아티데마이). 내 아버지께서 나라를 내게 맡기신 것 같이 나도 너희에게 맡겨 너희로 내 나라에 있어 내 상에서 먹고 마시게 하려 하노라. 이 말씀의 의미는 다음과 같다. 첫째, 그리스도께서 이 세상에서 제자들을 위하여 마련해 두신 것. 하나님은 그의 아들에게 사람들 가운데서의 한

나라, 즉 복음 교회를 주셨는데, 그리스도는 이 교회를 일깨우고 다스리시는 살아 있는 머리이시다. 그리스도께서는 이 나라를 그의 사도들 및 복음 사역을 계승하는 자들에게 맡기셔서, 그들로 하여금 복음의 위로들과 특권들을 누리며, 복음의 성례전들을 통해서 그러한 것들을 다른 사람들에게 전하고, 교회의 직분자로서 보좌에 앉아서 아직도 믿지 않는 이스라엘 열두 지파를 선포와 권면을 통해서 다스리며 그들에게 하나님의 진노를 선포하고, 온유함과 사랑으로 교회의 치리를 통해서 복음적 이스라엘, 즉 영적 이스라엘을 다스릴 수 있게 하실 것이다. 이것이 너희를 위하여 예비된 영광이다. 둘째, 그리스도께서 제자들을 위하여 저 세상에서 마련해 두신 것 — 이 말씀의 강조점은 주로 여기에 두어져 있다. 제자들은 이 세상에서 섬김의 일을 계속하여야 한다. 그러면 그들의 상급이 저 세상에서 있게 될 것이다. 하나님은 그들에게 그 나라를 주실 것이다. 거기에서 그들은 다음과 같은 것들을 확실하게 얻게 될 것이다. ① 진수성찬. 왜냐하면, 그들은 그리스도께서 말씀하신 바로 그 나라에 있어 그리스도의 상에서 먹고 마시게 될 것이기 때문이다(16, 18절). 그들은 그들이 그리스도를 섬기며 고난을 당한 일들에 대한 보상으로 주어지는 즐거움과 기쁨들에 참여하게 될 것이다. 그들은 하나님이 기뻐하시는 모습 속에서 영혼의 완전한 만족을 얻게 될 것이다. 거기에서 그들은 잔치에서처럼 완전한 사랑이 있는 최고의 사귐을 갖게 될 것이다. ② 최고의 위엄: "너희는 마치 다윗의 상에 앉은 므비보셋처럼 왕의 식탁에 앉게 될 뿐만 아니라 왕의 보좌에 앉게 될 것이다. 너희는 내 보좌에 나와 함께 앉게 될 것이다(계 3:21). 저 큰 날에 너희는 배석 판사들로서 그리스도와 함께 보좌에 앉아서, 그리스도께서 이스라엘 열두 지파를 심판하시는 것을 시인하며 칭송하게 될 것이다." 성도가 세상을 판단할진대(고전 6:2), 하물며 교회가 세상을 심판하지 못하겠는가.

Ⅲ. 그리스도께서 베드로가 그를 부인한 것에 대하여 말씀하심.

이 부분에서 우리는 다음과 같은 것들을 살펴볼 수 있다.

1. 그리스도께서 그와 그의 사도들에 대한 마귀의 계략에 대하여 베드로에게 개략적으로 일러주심(31절): 시몬아, 시몬아, 내가 말하는 것을 주의해서 들어라. 사탄이 너희 모두를 장악하기 위해서 너희를 밀 까부르듯 하려고 요구하였다. 그리스도께 무슨 말씀을 드릴 때에 제자들의 입 노릇을 하곤 했던 베드로가 여기서는 제자들의 귀 노릇을 하고 있다. 여기서 그리스도께서는 모든 제

자들에게 경고하시고자 하신 말씀(너희가 다 나를 버리리라)을 베드로에게 하신다. 왜냐하면, 베드로는 특별한 방식으로 시험하는 자의 공격을 받게 될 자로서 이 경고의 말씀의 주된 대상이었기 때문이다: 사탄이 너희를 요구하였다. 아마도 사탄은 욥을 고소하였던 것과 마찬가지로 이 세상에서 자신의 세력을 넓힐 목적으로 제자들이 돈 때문에 그리스도를 따르는 것이라고 고소하였을 것이다. 그러자 하나님은 "아니다, 그들은 정직한 자들이고 흠 없는 자들이다"라고 말씀하셨고, 사탄은 "내게 그들, 특히 베드로를 시험할 기회를 주소서"라고 요구하였을 것이다. 사탄은 그들을 밀 까부르듯 하여서 그들이 알곡이 아니라 쭉정이인 것을 보이고자 하였다. 이제 제자들에게 다가오고 있는 시련은 그들 속에 무엇이 있는지를 시험하기 위하여 까부르는 것(sifting)이었다. 그러나 이것이 전부는 아니었다. 사탄은 시험들을 통해서 그들을 까부르고자 했고, 그러한 시련들을 통해서 그들로 하여금 죄를 짓게 하여 당황하여 떨어져 나가게 만들고자 하였다 — 마치 키질을 해서 쭉정이를 제일 위로 모으거나 알곡을 모두 떨어내고 쭉정이만 남기듯이. 사탄도 하나님의 허락 없이는 그들을 까부를 수 없었다는 것을 유의하라. 사탄은 욥을 시험할 수 있게 허락해 달라고 하나님께 청하였듯이 여기서도 그들을 요구하였다. 엑세테사토—"너희가 위선자들의 무리이며 특히 너희 중에서 가장 앞서 나간 자인 베드로가 위선자라는 것을 증명해 보이겠다고 사탄이 너희에게 도전장을 던졌다." 어떤 이들은 제자들이 누가 가장 크냐를 놓고 다툰 벌로서 사탄이 그들을 까부를 수 있도록 허락을 요구하였고, 그 논쟁에서 베드로가 아마도 가장 열을 올린 자였을 것이라고 주장한다: "그 일에 대한 벌로 그들을 까부를 수 있도록 내게 그들을 맡겨 주십시오."

2. 이 시험과 관련해서 그리스도께서 베드로를 특별히 격려하심: "사탄은 제자들 모두를 시험에 걸려 넘어지게 하고자 하지만 특별히 네게 가장 강력한 공격을 하도록 허락을 받았기 때문에, 내가 너를 위하여 네 믿음이 떨어지지 않기를 기도하였다. 너는 가장 격렬한 공격을 받을 것이지만, 네가 완전히 넘어지지 않도록, 내가 너를 위하여 네 믿음이 떨어지지 않기를 기도하였다." (1) 시험을 받을 때에 비록 넘어질지라도 믿음을 유지한다면, 우리는 완전히 쓰러지지는 않을 것이다. 믿음은 사탄의 불화살을 잘 막아낼 것이다. (2) 참된 신자들의 경우에 비록 넘어지는 일이 많다고 하더라도 그 믿음을 완전히 잃어버리는 일

은 없다. 믿음은 그들 속에 남아 있는 씨앗이자 뿌리이다. (3) 제자들의 믿음이 애석하게도 때로는 흔들리기도 하지만 완전히 무너지지 않는 것은 예수 그리스도의 중보와 기도 덕분이다. 만약 그리스도께서 제자들을 홀로 내버려둔다면, 그들은 넘어지고 말 것이다. 그러나 그들은 하나님의 능력과 그리스도의 기도로 보호하심을 받고 있다. 그리스도의 중보기도는 모든 믿는 자들을 위한 것이기도 하지만, 특정한 신자들을 위한 것이기도 하다(내가 너를 위하여 기도하였다). 이것은 우리 자신을 위해서만이 아니라 다른 사람들을 위해서도 기도하라고 우리에게 권면하시는 것이다.

3. 그리스도께서 베드로에게 하나님의 도움을 받은 후에 다른 사람들을 도우라고 명령하심: "너는 돌이킨 후에 네 형제를 굳게 하라. 네가 하나님의 은혜로 돌이켜서 회개한 후에는 다른 형제들을 돌이키는 데에 네가 할 수 있는 일을 다 해라. 네가 다른 형제들의 믿음이 떨어지지 않았음을 발견했다면, 그 형제들의 믿음을 굳게 하고 그들을 세우는 일에 진력해라. 네가 하나님으로부터 긍휼하심을 얻었다는 것을 알았다면, 다른 형제들에게 그들도 긍휼하심을 얻게 될 것이라는 소망을 가지도록 격려하라." (1) 죄에 빠진 자들은 죄에서 돌이켜야 한다. 곁길로 간 자들은 되돌아 와야 한다. 처음 사랑을 버린 자들은 처음 행위를 가져야 한다. (2) 은혜로 말미암아 죄에서 돌이킨 자들은 형제들을 굳게 하여 넘어지지 않도록 하는 데에 최선을 다해야 한다. 시편 51:11-13; 디모데전서 1:13을 보라.

4. 베드로가 어떤 대가를 치르더라도 그리스도를 따르겠다고 호언장담함(33절): 주여, 내가 주와 함께 옥에도, 죽는 데에도 가기를 각오하였나이다. 이것은 굉장한 말이었다. 그렇지만 나는 베드로가 당시에 실제로 그런 마음을 지니고 있었고 실제로 그럴 생각이었을 것이라고 믿는다. 유다는 그리스도를 부인할 것이라는 경고를 자주 들었지만 베드로와는 달리 거기에 결코 항변하지 않았다. 왜냐하면, 베드로의 마음은 악에 대항하였지만, 유다의 마음은 악을 온전히 받아들이고 있었기 때문이다. 그리스도의 모든 참된 제자들은 그가 어디로 가시든지 또는 그가 어디로 인도하시든지, 그 곳이 감옥이든 세상 밖이든 진심으로 따라가고자 한다는 것을 명심하라.

5. 그리스도께서 베드로가 그를 세 번 부인할 것을 분명하게 예고하심(34절): "베드로야, 내가 네게 말하노니(너는 네 자신의 마음을 알지 못하지만, 내가

당분간 너를 내버려 두는 것은 네가 네 자신의 마음을 모른다는 것을 알고는 다시는 네 마음을 의지하지 않도록 하기 위한 것이다) 오늘 닭 울기 전에 네가 세 번 나를 모른다고 부인하리라." 그리스도께서는 우리를 우리 자신보다 더 잘 아시고, 우리 속에 있는 악, 우리 자신도 모르게 우리에 의해서 행해지게 될 악을 아신다. 그리스도께서 우리가 어디에서 약한지, 우리가 어디로 가야할지를 우리 자신보다 더 잘 알고 계시다는 것, 시험이 어느 정도까지 우리를 넘어뜨리게 될지와 시험이 여기까지 오고 더 넘어가지 못하리라고 말씀하실 때가 언제인지를 알고 계시다는 것은 우리에게 복된 일이다.

IV. 모든 제자들의 형편에 관하여.

1. 그리스도께서는 제자들에게 그들이 지금까지 어떻게 지내왔는지를 상기시키신다(35절). 앞서 그는 제자들이 그에게 충성스러운 종들이었다는 것을 인정하셨었다(28절). 이제 그는 헤어지는 마당에 그들이 모든 것을 버리고 그를 따른 이래로 그가 그들에게 인자하고 세심한 주인이었다는 것을 그들이 인정해 주기를 기대하신다: 내가 너희를 전대와 배낭과 신발도 없이 보내었을 때에 부족한 것이 있더냐? (1) 그는 그들을 파송할 때에 그 전도여행이 멀리 가는 것도 아니고 오래 계속될 것도 아니었기 때문에 돈도 없이 맨발로 매우 열악한 상태로 보냈다는 것을 인정하신다. 이것은 그들에게 하나님의 섭리를 의지하고, 그 섭리 안에서 그들의 벗들의 도움에 의지할 것을 가르치시기 위한 것이었다. 하나님께서 이렇게 우리를 세상 속으로 보내신다면, 우리는 우리가 이렇게 낮은 자리에서 시작하는 것이 더 낫다는 것을 명심하여야 한다. (2) 그렇지만 그는 그들로부터 이런 열악한 상태에도 불구하고 그들에게 부족한 것이 없었다는 고백을 듣고 싶어하신다. 그 때에 그들은 여느 때와 마찬가지로 풍족하고 편안하게 살았다. 그래서 그들은 기꺼이 그렇다고 인정하였다: "없었나이다. 내겐 모든 것이 풍족하나이다." [1] 우리의 인생 여정을 이끌어 오신 하나님의 섭리들을 때때로 돌아보고, 어떻게 우리에게 닥친 역경들과 난관들을 헤쳐나왔는지를 살펴보는 것은 우리에게 좋은 일이다. [2] 그리스도는 선한 주인이시고, 그의 보살핌은 부족함이 없는 보살핌이다. 왜냐하면, 그의 종들이 종종 몰락하여도 그는 그들을 도우시고, 비록 그들을 시험하실지라도 버리지는 않으시기 때문이다. 여호와 이레. [3] 우리가 호의호식을 하지 못하고, 그날 벌어서 그날 먹고 살거나 친구들의 도움으로 살아간다고 할지라도, 우리에

게 일용할 양식만 있다면, 우리는 다행으로 여기고 불평하기보다는 감사해야 한다. 제자들은 다른 사람들의 헌물(獻物)에 의존해서 살았지만, 생계가 위태위태하다고 불평한 것이 아니라, 부족한 것이 없었다고 인정하여 주님께 영광을 돌렸다. 그들에게는 부족함이 없었다.

2. 그리스도께서는 제자들에게 이제부터 그들의 상황이 크게 달라지게 될 것이라고 말씀하신다. (1) 그들의 주인되시는 그리스도께서 전에 종종 예고하신 대로 이제 그는 고난에 들어가야 한다(37절): "기록된 바 그는 불법자의 동류로 여김을 받았다 한 말이 내게 이루어져야 하리니, 나는 범죄자로 취급되어 가장 흉악한 범죄자들과 함께 고난을 받고 죽어야 한다. 이 일은 다른 모든 일들 후에 이루어질 일로서, 그 일이 이루어지면, 내게 관한 일, 나에 관하여 기록된 일이 끝이 나게 될 것이다. 그 때에 나는 다 이루었다고 말하게 될 것이다." 고난받는 그리스도와 마찬가지로 고난받는 그리스도인들에게도 그들의 고난이 예언되어 있고 하늘의 계획 속에서 결정되어 있으며 곧 끝나서 하늘의 기쁨으로 바뀌게 되리라는 것은 큰 위로가 아닐 수 없다. 그들의 고난은 그들에 관하여 기록된 것으로서 곧 끝나게 되어 있으며, 그 끝은 영원한 복이 될 것이다. (2) 그러므로 그들은 고난을 예상하고, 이제부터는 예전과 같은 편안한 생활을 기대해서는 안 된다. 곧 사정이 달라질 것이다. 그들은 이제 어느 정도 그들의 주님과 함께 고난을 받아야 한다. 주님이 가시고나면, 그들은 그와 같이 고난을 받을 것을 예상하여야 한다. 종은 주인보다 낫지 못한 법이다. [1] 그들은 이제 그들의 친구들이 예전처럼 그들에게 친절하고 관대할 것이라고 생각해서는 안 된다. 그러므로 전대 있는 자는 그 전대를 가지고 다녀야 한다. 왜냐하면, 전대가 필요할 경우가 있을 수 있고, 또한 규모 있는 씀씀이가 필요하기 때문이다. [2] 그들은 원수들이 예전보다 더 지독하게 그들을 못살게 굴 것을 예상해야 하기 때문에, 먹을 양식과 호신용 무기도 필요하게 될 것이다. 강도와 자객으로부터 자신을 보호하는 데에 필요한(고후 11:26) 검이 없는 자는 검이 대단히 필요하다는 것을 알게 될 것이고, 따라서 조만간에 자신의 겉옷을 팔아서 검을 사고자 할 것이다. 이 말씀을 하신 이유는 누구나 검을 지니고 다니지 않으면 안심이 안 될 정도로 매우 위태로운 시절이 곧 오게 될 것임을 보여주시기 위한 것일 뿐이다. 진정으로 그리스도의 제자들이 지니고 다녀야 할 검은 성령의 검이다. 그리스도께서 우리를 위하여 이미 육체의 고난을 받으셨으니

우리도 같은 마음으로 갑옷을 삼아야(벧전 4:1) 한다. 우리는 고난을 당할 각오로써 무장을 해서 고난이 닥쳐온다고 해도 놀라지 않도록 해야 하고, 고난 중에 우리 자신을 하나님의 뜻에 온전히 맡김으로써 우리 속에 고난을 배척하는 마음이 생기지 않도록 하여야 한다. 그렇게 할 때에 우리는 겉옷을 팔아서 검을 사는 것보다 더 나은 대비를 하게 되는 것이다. 그러자 제자들은 그들에게 어떤 무기들이 있는지를 살펴보고, 그들 가운데 검 둘이 있다는 것을 알았는데(38절), 그 중 하나는 베드로의 것이었다. 갈릴리 사람들은 일반적으로 여행을 할 때에 검을 지니고 다녔다. 그리스도께서는 검을 지니시지 않았지만, 제자들이 검을 지니고 다니는 것을 금하지 않으셨다. 그러나 그가 족하다고 말씀하신 것은 제자들에게 검을 의지하라고 하실 의도가 거의 없으셨다는 것을 보여준다. 어떤 이들은 족하다는 말씀을 반어법적인 의미로 이해하기도 한다: "열두 사람에 검이 둘이라! 너희의 원수들은 지금 한 사람이 검 하나씩을 들고 큰 무리를 지어서 너희를 해치려고 돌진해 오고 있는데, 너희는 참으로 겁이 없구나!" 그렇지만 검이 필요없는 자들에게는 두 개의 검만으로도 충분하다. 왜냐하면, 하나님이 그들을 돕는 방패시요 그들의 영광의 칼이시기 때문이다(신 33:29).

³⁹예수께서 나가사 습관을 따라 감람 산에 가시매 제자들도 따라갔더니 ⁴⁰그 곳에 이르러 그들에게 이르시되 유혹에 빠지지 않게 기도하라 하시고 ⁴¹그들을 떠나 돌 던질 만큼 가서 무릎을 꿇고 기도하여 ⁴²이르시되 아버지여 만일 아버지의 뜻이거든 이 잔을 내게서 옮기시옵소서 그러나 내 원대로 마시옵고 아버지의 원대로 되기를 원하나이다 하시니 ⁴³천사가 하늘로부터 예수께 나타나 힘을 더하더라 ⁴⁴예수께서 힘쓰고 애써 더욱 간절히 기도하시니 땀이 땅에 떨어지는 핏방울 같이 되더라 ⁴⁵기도 후에 일어나 제자들에게 가서 슬픔으로 인하여 잠든 것을 보시고 ⁴⁶이르시되 어찌하여 자느냐 시험에 들지 않게 일어나 기도하라 하시니라

이 단락에는 그리스도께서 잡히시기 직전에 감람산에서 고뇌하시는 모습에 관한 경외심을 불러일으키는 이야기가 나오는데, 다른 복음서 기자들도 이 이야기를 자세하게 다루고 있다. 감람산에서의 고뇌를 통해서 그리스도께서는 그의 사명 중에서 이제 그가 막 시작하려고 하는 일, 즉 그의 영혼을 속

건제물로 드리는 일을 수행할 마음의 준비를 다 갖추시게 되었다. 그가 갚아야 할 인간의 죄에 대한 슬픔이 그의 영혼을 괴롭혔고, 인간이 죄로 말미암아 받아야 할 하나님의 진노를 희생제물인 자기가 받게 되어 있는 상태에서 그 제물이 열납되었다는 것을 보여주는 가장 확실한 증거로서 하늘로부터 내려온 불이 제물을 사르는 것을 받아들여야 한다고 생각하니, 그에게 참으로 그것은 끔찍한 일이었다. 이 고뇌를 통해서 그리스도께서는 어둠의 세력들과의 접전에 들어갔고, 그들에게 유리한 모든 고지를 다 내주었지만, 결국 그들을 정복하셨다.

I. 이 단락에서 우리가 다른 복음서들에서 이미 살펴본 내용들로는 다음과 같은 것들이 있다.

1. 그리스도께서는 밤중인데도 밖으로 나가 먼 길을 걸으셨고, 제자들(유다는 슬그머니 빠져나갔기 때문에 열한 명의 제자)은 그를 따라갔다. 그들은 이제까지 그가 시험을 당하실 때에 항상 함께 하였던 자들이었기 때문에 지금도 그를 떠나려 하지 않았다.

2. 그리스도께서는 습관을 따라 항상 은밀하게 기도하러 가셨던 곳으로 가셨다. 이것은 그가 흔히 홀로 한적한 곳으로 가셔서 기도하시는 것이 습관화되어 있었음을 보여주는 것으로서, 우리도 자유롭게 하나님 및 우리 자신의 마음과 교제하기 위하여 그렇게 해야 한다는 것을 가르쳐준다. 그에게는 동산 외에는 물러나 있을 만한 곳이 없었지만, 그는 한적한 곳으로 물러나셨다. 이것은 우리가 성찬에 참여한 후에 특히 해야 할 일이다. 성찬 후에 우리가 해야 할 일이 있는데, 그 일은 우리에게 한적한 곳에서 은밀하게 행할 것을 요구한다.

3. 그리스도께서는 제자들에게 시험이 닥쳐오는 것을 피할 수는 없지만 그 시험으로 인해서 범죄의 유혹에 빠지지 않아야 한다고 권면하셨다. 즉, 그들이 너무도 두렵고 위험한 일에 처한다고 해도 그리스도를 버릴 생각을 하거나 그런 행동을 해서는 안 된다는 것이다: "너희가 범죄하지 않게 해달라고 기도하라."

4. 그리스도께서는 제자들로부터 떨어져서 홀로 기도하셨다. 은혜의 보좌 앞에서 제자들의 일과 그리스도의 일은 서로 달랐다. 그러므로 그들이 연합해서 해야 할 일이 있을 때에는 함께 기도해야 하지만, 때로는 각기 떨어져서 기도하는 것이 합당하다. 그는 동산 쪽으로 돌 던질 만큼 — 어떤 이들은 50-60

보 정도라고 본다 — 가서 맨땅에 무릎을 꿇고 기도하셨다. 그러나 다른 복음서 기자들은 얼굴을 땅에 대시고, 이 고난의 잔, 이 쓴 잔이 그에게서 지나가게 하는 것이 하나님의 뜻인지 아닌지를 기도하셨다고 기록한다. 이것은 고난에 대한 본능적인 두려움에서 나온 말이었다. 그는 진정으로 인간이셨기 때문에 그러한 두려움을 지니고 계시지 않을 수 없었다.

5. 그리스도께서는 자기가 고난을 받고 죽어야 한다는 것과 그것이 우리의 구속과 구원을 위하여 꼭 필요한 일이라는 것이 성부 하나님의 뜻이라는 것을 아셨을 때에 그 간구를 즉시 거두셨고, 끈덕지게 조르신 것이 아니라 자신을 하늘 아버지의 뜻에 맡기셨다: "그러나 내 원대로 마시옵고, 즉 내 인간 본성의 뜻대로 마시옵고, 성경에 나를 가리켜 기록된 하나님의 뜻을 따라서(시 40:7-8) 아버지의 원대로 되기를 원하나이다."

6. 그리스도께서 기도하고 계시는 동안에 제자들은 마땅히 기도하고 있었어야 하지만 실제로는 잠들어 있었다(45절). 그는 기도 후에 일어나, 제자들이 그의 슬픔에는 아랑곳하지 않은 채 잠든 것을 보셨다. 그러나 여기에는 다른 복음서들에는 기록되지 않았던 호의적인 해석이 덧붙여져 있다: 그들은 슬픔으로 인하여 잠들어 있었다. 그들은 이 저녁에 주님께서 그들에게 하신 서글픈 고별사를 듣고 큰 슬픔에 빠져서 기력을 다 소진하여 심신이 몹시 지쳐 있었던 데다가 늦은 시간이었기 때문에 잠이 들 수밖에 없었다. 이것은 우리에게 형제들의 약점을 항상 최고의 선의(善意)로 해석할 것과 형제들의 약점과 관련해서 더 좋은 이유가 있다면 그 이유를 들어서 너그럽게 관용할 것을 가르친다.

7. 그리스도께서는 제자들을 깨워서 기도하라고 권면하셨다(46절): "너희는 어찌하여 자느냐? 너희가 자는 것이 말이 되느냐? 일어나 기도하라. 기도하기에 합당하도록 너희의 졸음을 떨쳐 버리려고, 너희의 졸음을 떨쳐 버릴 수 있는 은혜를 주시라고 기도하라." 이것은 폭풍우가 몰아치자 선장이 요나에게 했던 요청과 같은 것이었다(욘 1:6): 일어나서 네 하나님께 구하라. 외적인 환경이나 내적인 기질로 인해서 시험에 들려고 하면, 우리는 마땅히 일어나 "주여 이 어려울 때에 나를 도우소서"라고 기도해야 한다.

II. 이 단락에는 우리가 다른 복음서들에서 살펴보지 않았던 세 가지 내용이 추가되어 있다.

1. 그리스도께서 고뇌하실 때에 천사가 하늘로부터 그에게 나타나 힘을 더하였다(43절). (1) 우리 주 예수께서 천상의 도움을 필요로 하셨다는 것과 그 도움을 허락하셨다는 것은 그의 겸비, 즉 그가 얼마나 낮아지셨는지를 보여주는 한 예이다. 이 때에는 하나님께서 그의 신성(神性)의 능력을 잠시 거두셨기 때문에, 인성만을 지닌 그는 얼마 동안 천사들(개역에서는 하나님)보다 조금 못한 상태에 계셔서 천사들의 도움을 받으실 수 있었다. (2) 그는 고통으로부터 건짐을 받으신 것은 아니었지만 천사들의 도움으로 힘을 얻으셔서 그 고통을 견뎌내실 수 있으셨다. 하나님은 우리의 어깨에 짐을 지워 주시는 동시에 그 짐을 질 수 있는 힘도 주시기 때문에, 우리는 하나님이 우리에게 무엇을 지워 주시든 불평할 이유가 전혀 없다. 다윗은 환난 날에 하나님이 그의 영혼에 힘을 주어 그를 강하게 하신 것이 그의 기도에 대한 충분한 응답이었다고 고백하는데(시 138:3), 다윗의 자손도 그러하였다. (3) 천사들은 고통 중에 있는 주 예수께 수종들었다. 그는 천사들의 군대를 동원해서 자기를 구해내실 수도 있었다. 또한 그는 그렇게 하실 수 있으셨을 뿐만 아니라, 그를 잡으러 온 무리들을 추격하여 정복하실 수도 있으셨다. 그러나 그는 오직 그의 힘을 더하는 데에만 천사를 사용하셨다. 원수들을 깨어 있고 친구들은 잠들어 있는 상황에서 슬픔 중에 있는 그를 천사가 방문한 것 자체가 그에 대한 하나님의 은총을 시의적절하게 보여준 것으로서 그에게 큰 힘이 되었을 것이다. 그렇지만 그것이 전부는 아니었다. 천사는 그의 힘을 더하기 위하여 그에게 **뭔가를** 말해 주었을 가능성이 크다. 천사는 그의 고난이 아버지의 영광, 그 자신의 영광, 그에게 주어진 자들, 즉 그 앞에 기쁨이 되고 그가 장차 보게 될 씨의 구원을 위한 것임을 상기시켜 주었을 것이다. 이와 같은 말들을 통해서 천사는 그에게 기쁜 마음으로 계속해서 일을 수행해 나갈 것을 격려하였을 것이다. 위로하는 것이 곧 힘을 더하는 것이다. 아마도 천사는 그의 힘을 더하기 위하여 **뭔가를 했을** 것이다. 천사는 그의 땀과 눈물을 씻어 주었을 수도 있고, 그의 시험 후에 그랬던 것처럼 정성스럽게 그에게 수종들거나 기진맥진한 그의 팔을 잡고 부축해서 땅에서 일으켜 세워 주었을 수도 있다. 이와 같은 천사의 수종을 통해서 성령은 그에게 힘을 넣어 주었다. 정말 여호와께서 그에게 상함을 받게 하시기를 원하셨다. 그렇지만 하나님은 큰 권능을 가지시고 그와 더불어 다투신 것인가? 그렇지 않았다. 도리어 하나님은 약속하신 대로(시 89:21; 사 49:8; 50:7) 그에게 힘

을 넣어 주셨다(개역에서는 그의 말을 들으시리라, 욥 23:6).

2. 그리스도께서는 힘쓰고 애써 더욱 간절히 기도하셨다(44절). 슬픔과 괴로움이 커질수록, 그는 더욱 기도에 매달리셨다. 전에는 그의 기도가 냉랭했다거나 성의가 없었다는 말이 아니라, 지금 그가 기도할 때에 그의 목소리와 몸짓에서는 어느 때보다 더 큰 열렬함이 묻어나왔다는 말이다. 기도할 때가 따로 있는 것은 아니지만 우리가 괴로움을 겪고 있을 때는 특히 기도해야 할 때라는 것을 명심하라. 우리의 괴로움이 클수록, 우리의 기도는 더욱 간절하게 드려져야 하고 자주 드려져야 한다. 그리스도께서는 심한 통곡과 눈물로 간구와 소원을 올렸고 그의 경건하심으로 말미암아 들으심을 얻었는데(히 5:7), 야곱이 천사와 씨름했듯이 그는 하나님을 경외하는 가운데 하나님과 씨름하셨다.

3. 이와 같은 괴로움 속에서 땀이 땅에 떨어지는 핏방울 같이 되었다. 땀은 죄로 말미암아 온 것으로서 저주의 일부였다(창 3:19). 그러므로 그리스도께서는 우리의 죄를 대신 지시고 저주를 받으셨을 때에 고통스럽게 땀을 흘리셨다. 그의 얼굴에 흐르는 땀으로 말미암아 그는 우리의 모든 고난들을 가볍게 해 주실 수 있었고, 우리는 떡을 먹을 수 있게 되었다. 여기서 땀을 핏방울과 비교한 것을 놓고 학자들 사이에서는 해석이 갈린다. 어떤 이들은 평소보다 땀구멍이 더 크게 열려서 보통 때 흘린 땀방울보다 훨씬 더 두터웠다는 것을 의미한다고 말하고, 어떤 이들은 모세 혈관이 터져서 흘러나온 진짜 피가 땀과 섞여서 핏빛이 된 것이기 때문에 피땀이라고 부를 수 있었다는 것을 의미한다고 말한다. 하지만 이 문제는 그리 중요하지 않다. 어떤 이들은 이것을 그리스도께서 우리를 위하여 그의 피를 흘리셨던 때들 중의 하나였다고 생각한다. 피흘림이 없은즉 사함이 없기 때문이다. 그의 모든 땀구멍에는 피가 맺혀 있었고, 그의 옷은 온통 피로 물들었다. 이것은 그의 영혼이 얼마나 수고했는지(개역에서는 자기 영혼의 수고한 것)를 보여주는 것이었다. 그는 지금 쌀쌀한 날씨에 야외로 나와서 깊은 밤중에 찬 땅바닥에 엎드려 있었기 때문에, 그런 상황에서 땀을 흘린다는 것은 거의 상상할 수 없는 일이었다. 그런데도 지금 그가 땀으로 흠뻑 젖어 있다는 것은 그의 고뇌가 얼마나 심했는지를 잘 보여준다.

[47]말씀하실 때에 한 무리가 오는데 열둘 중의 하나인 유다라 하는 자가 그들을 앞장서 와서 [48]예수께 입을 맞추려고 가까이 하는지라 예수께서 이르시되 유다야 네가

입맞춤으로 인자를 파느냐 하시니 ⁴⁹그의 주위 사람들이 그 된 일을 보고 여짜오되 주여 우리가 칼로 치리이까 하고 ⁵⁰그 중의 한 사람이 대제사장의 종을 쳐 그 오른쪽 귀를 떨어뜨린지라 ⁵¹예수께서 일러 이르시되 이것까지 참으라 하시고 그 귀를 만져 낫게 하시더라 ⁵²예수께서 그 잡으러 온 대제사장들과 성전의 경비대장들과 장로들에게 이르시되 너희가 강도를 잡는 것 같이 검과 몽치를 가지고 나왔느냐 ⁵³내가 날마다 너희와 함께 성전에 있을 때에 내게 손을 대지 아니하였도다 그러나 이제는 너희 때요 어둠의 권세로다 하시더라

사탄은 우리 주 예수에게 겁을 주어서 정신이 없게 만들려고 했던 시도들이 수포로 돌아갔음을 알고서, 힘과 무력을 사용하기로 작정하고(그가 늘 하던 대로), 그를 잡기 위해 한 무리를 동산으로 데려오는데, 그들 가운데에 사탄이 있었다.

I. 유다가 누가 그리스도인지를 알려줌. 많은 수의 무리가 그 곳에 나타났는데, 유다는 예수를 잡으러 온 무리들의 안내자였기 때문에 무리의 선두에 있었다. 그들은 어디에 가야 그리스도를 찾을 수 있는지를 알지 못하였으나, 유다가 그들을 그리스도가 있는 장소로 데려왔다. 그들은 그 곳에 와서도 누가 그리스도인지를 알지 못했지만, 유다는 그들에게 그가 입맞추는 자가 바로 그리스도라고 말해 주었다. 그래서 유다는 평소에 우리 주 예수께서 제자들에게 격식 없는 자유로운 친밀감을 표현하게 하신 것을 이용해서 그리스도께 입을 맞추려고 가까이 왔다. 누가는 다른 복음서들에는 기록되어 있지 않은 내용, 즉 그리스도께서 유다에게 던진 질문을 주목해서 기록해 놓았다: 유다야 네가 입맞춤으로 인자를 파느냐(48절). 이것이 무슨 일이냐? 이것이 나를 잡으라는 신호냐? 너는 마치 네가 진행하는 일이 인자에게 들키지 않을 것처럼 인자를 팔고, 인자가 눈치채지 못하리라는 생각으로 나를 파는 음모를 진행하는 것이냐? 너는 마치 인자가 제자들에게 못되고 냉혹한 스승 노릇을 해와서 제자들의 손에 의해서 죽을 자라도 되는 것처럼 인자를 파는 것이냐? 너는 입맞춤으로 인자를 파느냐? 너는 우정의 표시인 입맞춤을 배신의 도구로 사용하는 것이냐? 사랑의 표시가 이렇게 남용되고 악용되어도 되는 것이냐? 주 예수께는 그에 대한 신앙과 사랑을 고백했던 자들에 의해서 입맞춤을 통해서 배신당하는 것보다 더 큰 모욕이나 슬픔은 없을 것이다. 그리스도의 영광을 위하여 열

심이 있는 체하면서 그의 종들을 박해하는 자들, 거저 주시는 은혜에 감격하는 체하면서 거룩하고 순전한 교제를 뿌리째 뒤흔들어 버리는 자들이 바로 그런 자들이다. 경건의 능력은 없으면서 경건의 모양만 있는 자들에 의해서 그리스도께서 입맞춤을 통해서 배신당한 예는 수없이 많다. 그런 자들의 양심이 그런 자들에게 그리스도께서 여기서 유다에게 던지신 것과 같은 질문을 던진다면, 그것은 다행한 일이 될 것이다: 네가 입맞춤으로 인자를 파느냐? 그가 그것에 진노하지 않으시겠느냐? 그가 그것에 복수하지 않으시겠느냐?

II. 그리스도를 보호하고자 한 제자들의노력(49절):그의 주위 사람들이 그 된 일, 즉 무장한 무리들이 그를 잡으려고 온 것을 보고, 이렇게 말하였다: "주여 우리가 칼로 치리이까. 주께서는 우리에게 검 두 개를 가지는 것을 허락하셨는데, 우리가 지금 그 검들을 사용해야 하지 않나요? 앞으로는 검을 쓸 기회가 없나이다. 검을 쓰지 않을 것이라면, 우리가 검을 가지고 다닐 이유가 어디 있나이까?" 그들은 마치 주님의 허락 없이는 검을 빼지 않을 것처럼 말하였지만, 너무나 다급한 상황이었는데다가 매우 흥분한 상태였기 때문에 주님의 대답을 기다릴 여유가 없었다. 베드로는 대제사장의 한 종의 머리를 겨냥해서 검을 휘둘렀지만 빗나가서 그 종의 오른쪽 귀만 떨어뜨렸다. 그리스도께서 그를 잡으러 온 자들을 땅에 엎드러지게 하심으로써(요 18:6) 그가 마음만 먹는다면 어떤 일도 하실 수 있다는 것을 보여주셨듯이, 베드로는 이와 같은 일을 통해서 주님께서 허락하기만 하신다면 복음을 위해서 무슨 일도 할 수 있다는 것을 보여주었다. 다른 복음서들에는 그리스도께서 이 일로 인해서 베드로를 책망하신 말씀이 기록되어 있다. 누가는 여기서 우리에게 다음과 같은 것들을 말해준다. 1. 그리스도께서는 이 일을 사과하셨다: 이것까지 참으라(51절). 휘트비 박사는 그리스도께서 그를 잡으러 온 원수들에게 이렇게 말씀하신 것은 그들을 진정시켜서 그들이 흥분해서 그가 보존하고자 해 왔던 제자들을 덮쳐서 해치는 것을 막기 위한 것이었다고 생각한다: "이와 같은 불상사를 묵인해 달라. 이 일은 내 허락 없이 된 것이었고, 다시는 이런 일이 없을 것이다." 그리스도께서는 그들을 쳐서 무찌르고 죽일 힘을 갖고 계셨지만 그들에게 정중하게 말씀하면서 제자들 중 하나가 그들을 공격한 것에 대하여 용서해 줄 것을 청하고 계시는데, 이것은 우리에게 원수들에게조차도 좋은 말을 하도록 가르치시기 위한 것이다. 2. 그리스도께서는 상처를 고쳐 주셨다. 이것은 상처를 봉합하는 것 이상의 치유였다: 그 귀를 만져 낫게 하시더라(51절). 그리스도께서 대제사장의 종의 귀를 고쳐주신 것은 비록 그가 그럴 만하다고 할지라도 낙인이 찍힌 채 돌아가지 않도록 하기 위한 것이었다. 이 일을 통해서 그리스도께서는 무리들에게 다음과 같은 것들을 증명하여 보여주셨다. (1) 그리스도의 권능. 종의 잘린 귀를 고치실 수 있는 그는 마음만 먹는다면 얼마든지 그들을 죽이실 수도 있었다. 따라서 그들은 마땅히 그리스도께 복종했어야 했다. 만약 그들이 베드로에게 반격을 가했더라도, 그리스도께서는 즉시 베드로를 고치셨을 것이다. 제자들은 작은 군대였지만, 이렇게 아프고 상처난 자들을 즉각적으로 도울 수 있는 의사를 보유하였으니 무슨 일인들 하지 못하겠는가? (2) 그리스도의 긍휼하심과 선하심. 그리스도께서는 여기서 우리를 미워하는 원수를 사랑하며 우리를 박해하는 자를 위하여 기도하라는 그의 원칙에 대한 생생한 모범을 보여주셨다. 악을 선으로 갚는 자들은 그리스도께서 하신 것 같이 행하는 것이다. 그리스도께서 베푸신 이러한 자비로움과 너그러움으로 인해서 그들의 머리 위에 쌓인 숯불들이 그들을 녹여서, 그들이 스스로 은혜를 베푸는 자임을 입증한 그리스도를 범죄자로 잡아가지 않았을 법하지만, 그들의 마음은 이미 완악해져 있었다.

Ⅲ. 그리스도께서 그를 체포하러 온 무리들 중 경비대장들에게 이렇게 폭도들을 몰고 소란을 피우며 그를 잡으러 온 것이 얼마나 부조리한 짓인지를 보여주시기 위하여 충고를 하심(52-53절).   마태는 그리스도께서 이 말씀을 무리에게 하셨다고 말하지만, 누가는 대제사장들과 성전의 경비대장들에게 하신 것이라고 말한다. 경비대장들은 몇 개 반열의 제사장들을 지휘하는 자들이었기 때문에 여기서 대제사장들과 장로들 중간에 언급되어 있다. 그들은 모두 성전에서 봉사하는 성직자들인데도 이와 같은 가증스러운 일에 사용되었다. 또한 최고 계급의 성직자들도 거기에 끼여 있을 정도로 타락하였다. 좀 더 살펴보자.

1. 그리스도께서 그들이 하고 있는 짓에 대해서 이치를 따져서 그들을 추궁하심. 그들이 한밤중에 검과 몽치를 가지고 나올 이유가 과연 있었는가? (1) 그들은 그가 저항하지 않을 것이며 무리들을 선동해서 폭동을 일으키지 않을 것임을 알고 있었다. 그는 그와 같은 일을 한 번도 하신 적이 없었다. 그런데도 왜 너희는 강도를 잡는 것 같이 검과 몽치를 가지고 나왔느냐? (2) 그들은 그가 도망가

지 않을 것을 알고 있었다. 왜냐하면, 그는 날마다 성전에서 그들과 함께 및 그들 가운데 있었고, 한 번도 은신하고자 한 적이 없었지만, 그들은 그에게 손을 대지 않았기 때문이다. 그의 때가 오기 전에는 그를 잡겠다고 생각한 것이 어리석은 일이었지만, 그의 때가 왔을 때에는 그들이 그를 잡으려고 야단법석을 떠는 것이 어리석은 일이었다.

2. 그리스도께서 그를 잡고자 하는 그들의 요구에 순순히 응하심. 전에는 그리스도께서 이런 말씀을 하신 적이 없으셨다: 그러나 이제는 너희 때요 어둠의 권세로다. 앞으로 내게 닥칠 일들이 아무리 힘들고 어려워도, 나는 순순히 따를 것이다. 그 일은 이미 결정되어 있는 일이기 때문이다. 지금은 나를 해치고자 하는 너희의 뜻이 허락된 때이다. 지금은 내가 이 일을 받아들이도록 정해진 때이다. 지금은 어둠의 권세, 이 세상 어둠의 주관자인 사탄이 발악을 하여 여자에게서 난 후손의 발꿈치를 상하게 하도록 허락된 때이다. 그러므로 나는 묵묵히 따르고자 한다. 사탄으로 하여금 발악을 하도록 내버려두라. 주께서 그를 비웃으시리니 그의 날이 다가옴을 보심이로다(시 37:13). 교회의 원수들이 기승을 부리면 너희는 잠잠하라. 다음과 같은 것들을 생각해서 우리는 그들의 얼마 남지 않은 때에 잠잠히 있어야 한다. (1) 지금은 우리의 대적자들의 승리가 허락된 때, 짧고 한정된 때이다. (2) 지금은 그들이 그들의 힘을 시험해보도록 허락된 그들의 때이다. 하지만 그들의 몰락을 통해서 전능하신 하나님은 더욱 영광을 받게 되실 것이다. (3) 지금은 어둠의 권세가 기승을 부릴 때이다. 하지만 어둠은 빛에 길을 내어주어야 하고, 어둠의 권세는 빛의 왕에게 굴복하지 않으면 안 된다. 그리스도께서는 그의 싸움이 완료될 때까지 기꺼이 개선을 미루셨다. 우리도 그렇게 해야 한다.

[54]예수를 잡아 끌고 대제사장의 집으로 들어갈새 베드로가 멀찍이 따라가니라 [55]사람들이 뜰 가운데 불을 피우고 함께 앉았는지라 베드로도 그 가운데 앉았더니 [56]한 여종이 베드로의 불빛을 향하여 앉은 것을 보고 주목하여 이르되 이 사람도 그와 함께 있었느니라 하니 [57]베드로가 부인하여 이르되 이 여자여 내가 그를 알지 못하노라 하더라 [58]조금 후에 다른 사람이 보고 이르되 너도 그 도당이라 하거늘 베드로가 이르되 이 사람아 나는 아니로라 하더라 [59]한 시간쯤 있다가 또 한 사람이 장담하여 이르되 이는 갈릴리 사람이니 참으로 그와 함께 있었느니라 [60]베드로가 이르

되 이 사람아 나는 네가 하는 말을 알지 못하노라고 아직 말하고 있을 때에 닭이 곧 울더라 [61]주께서 돌이켜 베드로를 보시니 베드로가 주의 말씀 곧 오늘 닭 울기 전에 네가 세 번 나를 부인하리라 하심이 생각나서 [62]밖에 나가서 심히 통곡하니라

이 단락에는 베드로가 주님을 부인하는 슬픈 이야기가 나온다. 주님은 대제사장과 그 일당들 앞에서 심문을 받고 계셨는데, 그들은 날이 새자마자 산헤드린 앞에서 그를 고소할 증거를 찾기 위해서 혈안이 되어 있었다(66절). 누가는 다른 복음서 기자들과는 달리 그리스도께서 대제사장 앞에서 심문받고 계셨다는 것을 언급하지는 않고 단지 대제사장의 집으로 끌려가셨다는 것만을 언급한다(54절). 그러나 그 표현방식은 주목할 필요가 있다. 그들은 예수를 잡아 끌고 대제사장의 집으로 들어갔다. 내 생각에 이 표현방식은 사울에 관한 표현과 비슷하다: 사울이 발길을 돌려 내려갔다(삼상 15:12). 이것은 그들이 바라던 먹잇감을 사로잡긴 했지만 무척 당황해하였고, 백성들이 두려워서 또는 그들이 지금까지 듣고 본 것들로 인하여 내적인 공포에 사로잡혀서 그를 먼 길로 우회해서 데려왔거나 마음이 조급해서 어느 길로 그를 데려가야 빨리 호송할 수 있는지를 제대로 판단하지 못했다는 것을 보여준다. 좀 더 살펴보자.

I. 베드로가 넘어짐.

1. 베드로의 실족은 슬금슬금 들어온 것에서 시작되었다. 그는 잡혀 가시는 그리스도를 따라갔다. 이것은 주님에 대한 관심을 보여준 것으로서 잘한 일이었다. 그러나 그는 위험에서 벗어날 만큼의 거리를 유지하기 위해서 멀찍이 따라갔다. 그는 기회주의적인 태도를 취하여, 양심을 지키기 위해서 그리스도를 따르기는 하되 평판을 유지하면서도 무사하기 위해서 멀찍이 따르기로 생각한 것이었다.

2. 베드로의 실족은 그가 주님의 코 앞에 있어야 할 때에 여전히 거리를 두고 멀리서 대제사장의 종들과 어울림으로써 더욱 진행되었다. 종들이 뜰 가운데 불을 피우고 그 밤의 모험담을 서로 얘기하기 위해서 함께 앉았다. 아마도 베드로에게 귀가 잘렸던 말고도 거기 있었을 것이고, 베드로도 마치 자기도 그들의 일원이기라도 한 것처럼 — 적어도 그렇게 보이려고 — 그 가운데 앉았다. 자기가 곤경과 위험에 처해 있다고 해서 그리스도를 전혀 모른다고 하고 그와의 관계를 부인하며 그를 모른다고 한 것이 베드로의 실족이었다. 대제사장의

집의 하찮은 여종이 베드로를 큰 소동의 장본인인 예수의 패거리 중 한 사람이라고 지목하였다. 여종은 베드로가 그녀가 지금까지 본 적이 없었던 낯선 사람이었기 때문에 불빛을 향하여 앉은 그를 주목하여 보고서, 밤중의 이 시각에 이 사건과 아무런 연관이 없는 자가 나와 있을 턱이 없다고 생각하고, 그가 대제사장의 종이 아닌 것을 알고 있었기 때문에, 그가 예수의 패거리 중 한 명이라고 결론을 내렸거나, 아니면 언젠가 성전에서 예수를 보았을 때에 거기에서 그의 시중을 드는 베드로도 보고 그를 기억해냈을 것이다. 그래서 여종은 이 사람도 그와 함께 있었느니라고 말하였다. 그러자 베드로는 여종의 말을 인정할 용기도 없었고 적당히 둘러대서 곤경을 피해 나갈 재치와 마음의 여유도 없었기 때문에 단호하게 부인하고 만 것이었다: 이 여자여 내가 그를 알지 못하노라.

4. 베드로의 실족은 두 번째에도 그대로 되풀이되었다(58절): 조금 후에, 베드로가 정신을 가다듬기도 전에, 다른 사람이 보고 이렇게 말하였다: "너도 그 도당이라. 그런데도 너는 교활하게 대제사장의 종들 가운데 앉아 있구나." 그러자 베드로는 이 사람아 나는 아니로라고 말하였다. 세 번째 실족은 한 시간쯤 있다가(왜냐하면, 시험하는 자는 "그가 쓰러지면 내버려 두었다가 다시는 일어서지 못할 때까지 연속적으로 타격을 가하라"고 말하기 때문이다) 찾아왔다. 또 한 사람이 장담하여 이렇게 말하였다: "이 자는 참으로 그와 함께 있었느니라. 우리는 모두 네가 갈릴리 사람이라는 것을 다 알 수 있으니 부인해 봐야 소용없다." 그러나 한 번 거짓말을 한 자는 그 거짓말을 고집하고자 하는 강력한 유혹을 받는 법이다. 죄의 시초는 물꼬를 터놓는 것과 같다. 베드로는 이제 자기가 그리스도의 제자라는 것을 부인할 뿐만 아니라 자기가 그리스도에 대해서 아는 바가 전혀 없다고까지 말한다(60절): "이 사람아 나는 네가 하는 말을 알지 못하노라. 나는 예수에 대해서 들어본 적도 없다."

II. 베드로가 다시 일어섬. 그가 다시 회복된 것, 아니 하나님께서 그를 회복시키신 것은 얼마나 다행스러운 일인가. 이 일이 어떻게 일어났는지를 보라.

1. 베드로가 그리스도를 모른다고 세 번째로 부인하고 있는데 닭이 울었다. 베드로는 깜짝 놀라서 깊이 생각하게 되었다. 사소한 일들이 큰 결과들을 가져올 수 있다는 것을 명심하라.

2. 주께서 돌이켜 베드로를 보셨다. 이 장면은 다른 복음서들에는 기록되어 있지 않은 내용이지만 대단히 주목할 만한 장면이다. 여기서 그리스도는 주로 불린다. 왜냐하면, 여기에는 하늘의 지혜와 능력과 은혜가 드러나 있기 때문이다. 그리스도께서는 베드로에게 등을 돌린 채로 심문을 받고 계셨지만(그는 뭔가를 곰곰이 생각하고 계셨을 것이다) 베드로가 무슨 말들을 했는지를 다 알고 계셨다는 것을 주목하라. 그리스도께서는 우리가 생각하는 것 이상으로 우리가 말하고 행동하는 모든 것을 주목하고 계신다는 것을 명심하라. 베드로가 그리스도를 부인하였을 때, 그리스도께서는 그를 내치고 다시는 그를 쳐다보지도 않으며 아버지 앞에서 그를 부인하실 수도 있었지만 그를 부인하지 않으셨다. 우리가 그리스도를 대우하는 대로 그리스도께서 우리를 대우하시지 않는 것은 우리에게 다행스러운 일이다. 그리스도께서는 베드로가 곧 깨닫게 될 것임을 의심하지 않으시고 베드로를 보셨다. 왜냐하면, 그는 베드로가 입술로는 그를 부인했지만 그의 눈은 여전히 그를 향하고 있다는 것을 아셨기 때문이다. 베드로는 지금 엄청난 진노를 불러올 큰 죄를 저질렀지만 그리스도께서는 그를 부끄럽게 하거나 수치를 당하지 않게 하기 위해서 그를 부르시지 않고, 단지 그에게 눈길만 주셨다. 이 눈길은 오직 베드로만이 그 의미를 이해할 수 있었던 눈길로서 그 안에 많은 것을 담고 있었다.

(1) 그것은 죄를 깨닫게 하는 눈길이었다. 베드로는 자기가 그리스도를 알지 못한다고 말하였다. 그리스도께서는 돌이켜 베드로를 보셨는데, 이것은 마치 "베드로야, 네가 정말 나를 모르느냐? 내 얼굴을 똑바로 보고 내게 그렇게 말해 보라"고 말씀하시는 것 같았다. (2) 그것은 꾸짖는 눈길이었다. 그리스도께서는 베드로를 보고 찡그리셨거나 어떤 식으로든 불쾌감을 표시하였을 것이다. 우리가 범죄하였을 때에 그리스도께서 화난 얼굴로 우리를 바라보시는 모습을 생각해 보자. (3) 그것은 훈계하며 질책하는 눈길이었다: "베드로야, 지금 내게 와서 나를 위해 증언하여야 할 네가 나를 부인하다니 이것이 어찌된 일이냐? 네가 과연 내 제자냐? 내가 하나님의 아들이시라고 가장 자신 있게 고백하였고 결코 나를 부인하지 않겠다고 엄숙하게 약속했던 네가 아니냐?" (4) 그것은 연민어린 눈길이었다. 그리스도께서는 베드로를 따뜻한 눈길로 바라보셨다. "가엾은 베드로야, 네 마음이 이렇게 약하다니! 내가 너를 돕지 않는다고 해서, 네가 이렇게 쉽게 넘어지고 말다니!" (5) 그것은 뭔가를 지시하는 눈

길이었다. 그리스도께서는 베드로에게 저 형편없는 무리들에게서 빠져나와 홀로 물러나서 잠시 곰곰이 생각해 보면 그가 무엇을 해야 할지를 곧 알게 될 것이라고 눈짓으로 그를 인도하셨다. (6) 그것은 의미심장한 눈길이었다. 그것은 은혜가 베드로의 마음에 전달되어서 그가 회개할 수 있게 되었다는 것을 의미한다. 닭이 울었다고 해도 주님의 눈길이 없었다면 베드로는 회개하지 못했을지도 모른다. 특별한 효력을 지닌 은혜가 없이는 외적인 수단은 아무것도 아니게 된다. 이 눈길을 따라 권능이 나가서, 베드로는 마음이 변화되고 제정신을 차려서 바른 마음으로 회복되었다.

3. 베드로가 주의 말씀이 생각났다. 하나님의 은혜는 하나님의 말씀 안에서 및 말씀을 통해서 역사하는데, 말씀을 마음에 가져다주고, 양심에 안착시켜서, 영혼을 복되게 변화시킨다는 것을 명심하라. 성경 말씀을 집어서 읽어라(tolle et lege).

4. 베드로는 밖에 나가서 심히 통곡하였다. 그리스도의 한 번의 눈길이 베드로를 녹여서, 그는 죄를 슬퍼하며 눈물을 흘렸다. 촛불이 방금 전에 꺼졌지만, 이제 작은 일이 그 촛불을 다시 밝혔다. 그리스도께서는 대제사장들을 바라보셨지만, 그들에게는 베드로와 같은 일이 일어나지 않았다. 베드로에게는 거룩한 씨앗이 남아 있어서 촛불이 다시 붙을 수 있었다. 베드로를 회복시키고 바로잡아준 것은 그리스도의 눈길이 아니라 그 눈길에 수반된 하나님의 은혜였다.

[63]지키는 사람들이 예수를 희롱하고 때리며 [64]그의 눈을 가리고 물어 이르되 선지자 노릇 하라 너를 친 자가 누구냐 하고 [65]이 외에도 많은 말로 욕하더라 [66]날이 새매 백성의 장로들 곧 대제사장들과 서기관들이 모여서 예수를 그 공회로 끌어들여 [67]이르되 네가 그리스도이거든 우리에게 말하라 대답하시되 내가 말할지라도 너희가 믿지 아니할 것이요 [68]내가 물어도 너희가 대답하지 아니할 것이니라 [69]그러나 이제부터는 인자가 하나님의 권능의 우편에 앉아 있으리라 하시니 [70]다 이르되 그러면 네가 하나님의 아들이냐 대답하시되 너희들이 내가 그라고 말하고 있느니라 [71]그들이 이르되 어찌 더 증거를 요구하리요 우리가 친히 그 입에서 들었노라 하더라

여기에는 앞서 다른 복음서들과 마찬가지로 다음과 같은 내용들이 나온다.

I. 우리 주 예수께서는 대제사장의 종들에게 수모를 당하셨다. 무례하고 야만적인 종들이 다 모여서 그를 대적하였다. 그가 법정에 설 때까지 지키는 사람들이 그를 희롱하고 때리며(63절), 지난 밤에 한잠도 자지 못한 그를 단 한순간도 쉬도록 내버려 두지 않았고, 곧 있을 재판에 대비하여 마음을 가다듬고 준비할 여유도 주지 않았다. 그들은 그를 희롱하였다. 그에게는 괴롭고 슬픈 이 밤이 그들에게는 즐겁고 유쾌한 밤이 되었다. 찬송받으실 예수께서는 삼손처럼 놀잇감이 되셨다. 그들은 어린아이들이 잘 하던 놀이를 본떠서 그의 눈을 가리고 얼굴을 때리고는 누가 때렸는지를 알아맞출 때까지 이 놀이를 계속하였는데(64절), 이것은 그가 선지자라고 하는 것과 그가 가지고 있다고 하는 은밀한 일들을 아는 능력을 조롱하기 위한 것이었다. 그렇지만 그는 아무 말도 하지 않고 모든 것을 참으셨다. 생지옥 같은 상황이었지만, 그는 어떤 수모도 다 견뎌내셨다. 찬송받으실 예수께 이보다 더한 수모는 없으셨을 것이지만, 이것은 많은 수모 중의 한 예에 지나지 않았다. 왜냐하면, 그들은 이 외에도 많은 말로 욕하였기 때문이다(65절). 신성모독을 하였다고 그를 정죄한 그들이야말로 가장 흉악하게 신성모독을 행한 자들이었다.

II. 그리스도께서는 백성의 장로들, 대제사장들과 서기관들로 구성된 산헤드린에 의해서 심문을 받고 정죄되셨다. 그들은 이 문제를 처리하기 위해서 날이 새자마자 일찌감치 아침 5시경에 모두 모였다. 그들은 침상에서 죄를 꾀하며 악을 꾸미고, 날이 밝자마자 그것을 행하는 자들이었다(미 2:1). 그들은 어떤 좋은 일이 있더라도 그렇게 빨리 일어나지 않았을 것이다. 본문은 그리스도께서 공회에서 심문받으신 것에 관해서는 짧게 기록한다.

1. 그들은 그에게 네가 그리스도냐라고 물었다. 그를 따르던 자들은 대체적으로 그를 그리스도라고 믿었지만, 그들은 그가 그런 말을 했다는 것을 증명할 수 없었기 때문에, 여러 말로(totidem verbis) 물어서 그가 자백하도록 강요하였다(67절). 만약 그들이 그가 그리스도라는 것을 인정할 마음이 있다거나 그가 그리스도라는 것에 대한 충분한 증거를 대는 경우에는 그의 말이 사실임을 인정하겠다는 마음으로 그에게 질문한 것이었다면, 그것은 다행스러운 일이었을 것이고, 영원히 그들에게 좋은 일이었을 것이다. 그러나 그들은 그를

믿고자 하는 마음에서가 아니라 그를 옭아맬 빌미를 찾아내기 위한 의도로 이러한 질문을 한 것이었다.

2. 그리스도께서는 그들이 자기를 불공정하고 부당하게 대우하고 있다고 비난하셨다(67-68절). 그들은 모두 유대인으로서 메시야를 기다리고 있었고, 이 때에도 메시야를 기다린다고 고백하였다. 예수를 제외하고는 메시야로 자처한 자는 지금까지 아무도 나타나지 않았다. 메시야의 자리를 놓고 그와 겨루고자 한 자는 없었고, 앞으로도 없을 것이었다. 그는 자기에게 하늘의 권능이 있다는 것을 입증해 주는 놀라운 증거들을 지금까지 보여주었기 때문에, 그것만으로도 그들은 그의 주장을 편견 없이 공정하게 조사해 보는 것이 지극히 마땅한 일이었다. 이 백성의 지도자들은 그를 범죄자로 취급하여 법정에 세우는 것이 아니라 그를 메시야 후보자로서 공회에 모셔와서 심사를 벌이는 것이 합당한 일이었다. 그리스도께서는 이렇게 말씀하신다. (1) "그러나 내가 말할지라도, 즉 내가 너희에게 내가 그리스도라는 설득력 있는 증거들을 제시한다고 할지라도, 너희는 이미 믿지 않기로 작정하고 있으니, 너희가 믿지 아니할 것이다. 너희가 이 일에 관한 판단을 이미 가지고서 이 일이 옳든 그르든 상관 없이 짓밟아서 정죄하기로 작정한 마당에, 내가 너희에게 변론을 할 필요가 어디 있겠느냐?" (2) "내가 너희에게 왜 내가 제시하는 증거들을 배척하는 것이냐고 물어도, 너희가 대답하지 아니할 것이니라." 여기서 그리스도께서는 전에 그가 그들에게 질문을 던졌을 때에 그들이 그리스도의 권세가 하늘로부터 온 것임을 인정하지 않을 수 없게 되자 침묵을 지켰던 것을 상기시키고 계신 것이다(20:5-7). 그들은 공정한 재판관도 공정한 논쟁자도 아니었다. 그들은 그들이 반박하지 못할 주장으로 인해서 궁지에 몰리게 되면 자신의 잘못을 시인하는 것이 아니라 침묵을 지키려 하였다: "너희는 내게 대답도 하지 않으려 하고 나를 내보내려 하지도 않는다(KJV). 내가 그리스도가 아니라면, 너희는 내가 제시하는 증거들에 대하여 대답을 해야 하고, 내가 그리스도라면, 너희는 나를 내보내야 한다. 그러나 너희는 어느 쪽도 하고자 하지 않는다."

3. 그리스도께서는 그들이 그가 그리스도라는 증거를 받아들이려 하지 않았기 때문에 그들의 잘못을 깨우치기 위해서 그의 재림이 그가 그리스도라는 것을 온전히 증명해 줄 것이라는 당혹스러운 말씀을 그들에게 하셨다(69절): "이제부터는 인자가 하나님의 권능의 우편에 앉아 있을 것이고, 너희가 장차 그것

을 보게 되리니, 너희는 그가 그리스도인지 아닌지를 물을 필요가 없게 될 것이다."

4. 그러자 그들은 그가 하나님의 아들로 자처하고 있는 것으로 생각하여서, 그에게 과연 그러한지를 물었다(70절): 그러면 네가 하나님의 아들이냐? 그는 하늘 구름을 타고 와서 옛적부터 항상 계신 이에게 나아가 그 앞으로 인도되는 인자에 관한 다니엘의 환상(단 7:13-14)에 의거해서 자신을 인자라 부르셨다. 그들은 그가 인자라면 하나님의 아들이기도 하다는 것을 알고 있었기 때문에, 네가 하나님의 아들이냐고 물은 것이었다. 이것으로 보건대, 유대교에서는 메시야는 인자이자 하나님의 아들이라고 믿고 있었던 것으로 보인다.

5. 그리스도께서는 자기가 하나님의 아들이심을 시인하셨다: 너희들이 내가 그라고 말하고 있느니라. 즉, "너희가 말한 대로, 나는 하나님의 아들이다." 마가복음 14:62과 비교해 보라: 예수께서 이르시되 내가 그니라. 이것은 그리스도께서 자신에 관하여 자기가 하나님의 아들이라고 증언하신 것과 그가 이것을 주장하면 고난을 받게 되리라는 것을 아시면서도 이 주장을 고수하셨다는 것을 확증해 준다.

6. 이것으로써 그들은 그리스도를 정죄할 빌미를 얻게 되었다(71절): 어찌 더 증거를 요구하리요? 그들은 그가 하나님의 아들이라고 말하는 것을 친히 그 입에서 들었기 때문에 그가 그런 말을 했다는 것에 대한 더 이상의 증거가 필요하지 않다는 것은 사실이었다. 그러나 그들이 그가 하나님의 아들이라고 말했다는 이유로 그를 신성모독을 범한 자로 정죄하려면, 정말 그가 하나님의 아들이 아니라는 것을 그들은 증명할 필요가 있지 않았을까? 그가 정말 하나님의 아들일 가능성이 있고, 그 경우에 그를 죽이는 것이 얼마나 끔찍한 죄를 범하는 것인지를 그들은 몰랐던 것일까? 그렇다. 그들은 알지 못했고, 깨닫지도 못했다. 그들은 그에게서 언제나 하늘의 권능과 은혜가 너무도 뚜렷하게 나타난다고 하더라도 그들이 기대한 대로 세상적으로 화려하고 장엄한 모습으로 나타나지 않는다면 그가 메시야일 가능성은 없다고 생각하였다. 그들의 눈은 세상의 화려한 영광에 대한 동경심으로 멀어 있었기 때문에, 그들은 전쟁터로 달려가는 말처럼 그리스도를 죽이고자 하는 이 위험스러운 일을 맹렬히 밀어붙친다.

$$제\ 23\ 장$$

개요

이 장으로 그리스도의 고난과 죽음에 관한 이야기가 끝난다. I. 그리스도께서 로마 총독 빌라도 앞에서 심문을 받으심(1-5절). II. 그리스도께서 갈릴리의 분봉왕이었던 헤롯 앞에서 심문을 받으심(6-12절). III. 빌라도가 예수를 놓아주려고 백성들과 갈등을 빚으면서 예수가 무죄하다는 것을 거듭 증언하지만 결국 백성들의 끈질긴 요구에 굴복해서 예수를 십자가에 못 박도록 내어줌(13-25절). IV. 로마 군병들이 예수를 십자가에 못 박기 위하여 데려갈 때에 생긴 일과 예수께서 따르던 자들에게 하신 말씀(26-31절). V. 처형 장소에서 생긴 일과 예수께 가해진 수모들(32-38절). VI. 그리스도께서 십자가에 달려 계실 때에 한편 강도가 회심함(39-43절). VII. 그리스도의 죽으심과 거기에 수반된 불가사의한 사건들(44-49절). VIII. 그리스도께서 장사됨(50-56절).

[1]무리가 다 일어나 예수를 빌라도에게 끌고 가서 [2]고발하여 이르되 우리가 이 사람을 보매 우리 백성을 미혹하고 가이사에게 세금 바치는 것을 금하며 자칭 왕 그리스도라 하더이다 하니 [3]빌라도가 예수께 물어 이르되 네가 유대인의 왕이냐 대답하여 이르시되 네 말이 옳도다 [4]빌라도가 대제사장들과 무리에게 이르되 내가 보니 이 사람에게 죄가 없도다 하니 [5]무리가 더욱 강하게 말하되 그가 온 유대에서 가르치고 갈릴리에서부터 시작하여 여기까지 와서 백성을 소동하게 하나이다 [6]빌라도가 듣고 그가 갈릴리 사람이냐 물어 [7]헤롯의 관할에 속한 줄을 알고 헤롯에게 보내니 그 때에 헤롯이 예루살렘에 있더라 [8]헤롯이 예수를 보고 매우 기뻐하니 이는 그의 소문을 들었으므로 보고자 한 지 오래였고 또한 무엇이나 이적 행하심을 볼까 바랐던 연고러라 [9]여러 말로 물으나 아무 말도 대답하지 아니하시니 [10]대제사장들과 서기관들이 서서 힘써 고발하더라 [11]헤롯이 그 군인들과 함께 예수를 업신여기며 희롱하고 빛난 옷을 입혀 빌라도에게 도로 보내니 [12]헤롯과 빌라도가 전에는 원수였으나 당일에 서로 친구가 되니라

우리 주 예수께서는 종교 법정에서 하나님을 모독한 자로 정죄받으셨고, 그 법정은 주님께 악의를 갖고 재판하였지만 너무도 실제로는 무력하였다. 왜냐하면, 그들은 주님을 정죄하였지만 사형에 처할 수는 없어서 다른 조치를 취할 수밖에 없었기 때문이다.

I. 그들은 그리스도를 빌라도 앞에서 고발하였다. 그들의 법정에서 더 이상 그리스도를 어떻게 할 수 없다는 것을 안 무리가 다 일어나, 그 날은 재판이나 심리가 열리는 날이 아닌데도, 그를 빌라도에게 끌고 갔다. 그들은 하나님을 모독한 자가 아니라(이것은 빌라도가 심리할 수 있는 범죄가 아니었기 때문에) 로마의 통치에 불만을 가진 자로 그를 재판해 줄 것(사실 그들은 마음속으로는 이것을 전혀 범죄로 여기지 않았고, 만약 그것이 범죄였다면, 예수가 아니라 그들이 고발당해야 마땅하였다)을 요구하였다. 그들은 단지 그들이 지닌 악의를 달성하기 위한 수단으로 이것을 이용한 것뿐이었다. 로마에 반역하였다는 없는 범죄를 꾸며서 그리스도를 죽이는 데에 로마 권력을 이용하였던 그들은 나중에 오래지 않아서 로마에 반역하는 진짜 범죄를 저질러서 로마 권력에 의해 멸망당하였다는 것은 주목할 만하다.

1. 그리스도에 대한 고발(2절). 그들은 빌라도의 비위를 맞추기 위해서 가이사에게 충성하는 체하였지만, 그것은 그리스도를 해치려는 악의 외에 다른 것이 아니었다. (1) 그들은 그리스도가 가이사에게 반역하도록 백성들을 선동하였다고 거짓으로 고발하였다. 로마의 멍에 아래에서 백성들 사이에서는 전체적으로 불만이 퍼져 있었고, 그 멍에를 떨쳐버릴 기회만을 노리고 있었다는 것은 사실이었고, 빌라도도 그것을 알고 있었다. 그래서 그들은 이 예수가 백성들 사이에 퍼져 있던 그러한 불만을 적극적으로 선동하였다는 것을 빌라도로 하여금 믿게 하고자 하였다 — 하지만 사실 백성들의 불만을 조장하고 부추긴 자들은 바로 그들이었다: 우리가 이 사람을 보매 우리 백성을 미혹하였다. 그들은 마치 그리스도께서 백성들을 회심시켜서(convert) 하나님께로 돌아와 통치를 받게 한 것을 백성들을 미혹해서(pervert) 로마 정부로부터 멀어지게 한 것처럼 말하였다. 그러나 사실 그리스도의 신실한 제자가 되는 것보다 사람들을 선한 신민(臣民)으로 만드는 것은 없다. 특히 그리스도께서는 가이사에게 세금을 바치는 것에 대하여 반감을 지닌 백성들이 있다는 것을 알고 계셨지만 가이사에게 세를 바쳐야 한다고 가르치셨다. 그런데도 그들은 여기서

그를 가이사에게 세금 바치는 것을 금한 것으로 거짓 고발하고 있다. 결백함은 비방과 중상모략을 막아주는 울타리가 되지 못한다. (2) 그들은 그리스도께서 스스로를 가이사와 경쟁 상대로 자처하였다고 거짓으로 고발하였다. 그러나 그들이 그리스도를 배척하고 메시야로 인정하지 않은 주된 이유는 그가 세상적인 위엄과 권능으로 나타나지 않았고 세상의 왕으로 등극하지도 않았으며 가이사에 대적하라고 말하지도 않았다는 데에 있었다. 그런데도 그들은 예수께서 자칭 왕 그리스도라고 말했다고 그를 고발하고 있는 것이다. 그는 자기가 그리스도이고, 따라서 왕이라고 말씀하시긴 했지만, 가이사에게 도전하여 소동을 일으킬 가능성이 있는 그런 종류의 왕은 아니었다. 그는 수많은 이적들을 통해서 그가 가이사와 경쟁하고자 마음만 먹었다면 가이사는 그의 상대도 되지 못했으리라는 것을 보여주셨지만, 그를 따르던 자들이 그를 왕으로 삼고자 하였을 때에 그는 그것을 거절하셨다(요 6:15).

2. 고발에 대한 그리스도의 변론: 빌라도가 예수께 물어 이르되 네가 유대인의 왕이냐(3절). 그러자 그리스도께서는 네 말이 옳도다라고 대답하셨다. 즉, "네가 말한 대로, 나는 유대 민족을 통치할 자격이 있는 왕이다. 그러나 나는 신앙 문제와 관련해서 백성들을 압제하고 있는 서기관들과 바리새인들에게 대적하는 왕이지, 세속적인 문제들만을 통치하는 가이사에게 대적하는 왕이 아니다." 그리스도의 나라는 전적으로 영적인 것으로서 가이사의 관할권에 개입하지 않는다. 또는, "네 말이 옳도다. 그러나 너는 그것을 증명할 수 있는가? 너는 그것을 입증해 주는 어떤 증거를 가지고 있는가?" 그리스도를 아는 모든 사람들은 정반대의 사실, 즉 그리스도께서는 최고 권력자인 가이사나 그가 보낸 총독들에 반대하여 유대인의 왕을 자처한 적이 없었고, 오히려 그 반대였다는 것을 잘 알고 있었다.

3. 빌라도가 그의 무죄를 선포함(4절): 빌라도는 대제사장들 및 그들과 힘을 합쳐서 그리스도를 고발한 것으로 보인 무리에게 이렇게 말하였다: "내가 보니 이 사람에게 죄가 없도다. 그가 너희 율법 중의 어떤 것을 어겼는지는 내가 알 바가 아니지만, 나는 우리의 법정에서 처벌할 만한 죄를 그에게서 찾을 수 없다."

4. 고발자들의 끈질긴 성화와 소란(5절). 그리스도께서 죄가 없다는 빌라도의 선언을 통해서 이성을 되찾아 무죄한 자의 피를 흘리게 함으로써 그 피를

자신들에게 돌리고 있는 것은 아닌지 마땅히 심사숙고해 보아야 했음에도 불구하고, 그들은 더욱 격분하고 더 강하게 자신들의 요구를 관철하고자 하였다. 그들은 그리스도를 고발할 만한 어떤 구체적인 사실도 제시할 수 없었고, 그리스도의 범죄를 증명해 줄 만한 그 어떤 증거는 더더욱 가지고 있지 않았지만, 소란을 피우며 배짱으로 밀어부칠 태세로 이렇게 말하였다: 그가 온 유대에서 가르치고 갈릴리에서부터 시작하여 여기까지 와서 가이사에게 반기를 들라고 백성을 소동하게 하나이다. 그리스도께서 백성을 소동하게 한 것은 사실이지만, 그것은 파당을 가르거나 선동하기 위한 것이 아니라 덕스럽고 찬양할 만한 모든 일들을 하라고 촉구한 것이었다. 그리스도께서 가르치신 것은 사실이지만, 공공 질서를 파괴하거나 정권을 불안하게 만들 수 있는 그러한 가르침을 베푼 적은 없으셨다.

Ⅱ. 그들은 그리스도를 헤롯 앞에서 고발하였다.

1. 빌라도는 그리스도를 헤롯의 법정으로 넘겼다. 고발자들이 가나안 북부 지역인 갈릴리를 언급하자, 빌라도는 "그가 그 지방 출신으로서 갈릴리 사람이냐"고 물었고(6절), 그들은 "예, 그 곳은 그의 본거지로서, 거기서 그는 대부분의 시간을 보냈습니다"라고 대답하였다. 그러자 빌라도는 "그렇다면 그를 헤롯에게로 보내자. 헤롯이 지금 도성에 와 있고, 이 죄인은 그의 관할에 속하니, 헤롯이 이 사건을 맡는 것이 합당하다"라고 말하였다. 빌라도는 이 사건에 넌더리가 나서 손을 떼고자 한 것이었는데, 이것이 그리스도를 헤롯에게 이송한 진짜 이유였던 것으로 보인다. 그러나 하나님은 성경을 더 분명하게 성취하시려고 이 일이 그렇게 되게 하신 것이었다. 사도행전 4:26-27은 세상의 군왕들이 나서며 관리들이 함께 모여 주와 그의 그리스도를 대적하도다라는 다윗의 예언(시 2:2)이 헤롯과 본디오 빌라도를 통해서 성취되었다고 분명하게 말한다.

2. 헤롯은 무척 그리스도를 시험해 보고 싶어하였다(8절): 헤롯이 예수를 보고 매우 기뻐하였는데, 아마도 그는 그리스도를 포박된 죄수의 모습으로 보게 되어서 더욱 기뻐하였던 것 같다. 그리스도께서 행하신 이적들이 꽤 오랫동안 갈릴리 지방에서 온통 화젯거리였었기 때문에, 헤롯은 그의 소문을 많이 들어 왔었다. 그래서 그는 보고자 한 지 오래였지만, 이것은 그가 그리스도나 그 가르침을 좋아했기 때문이 아니라 순전히 호기심 때문이었다. 그가 그리스도께서 무엇이나 이적 행하심을 볼까 바란 것은 오직 호기심 때문이었고, 또한 그것은

그가 살아 있는 동안에 심심치 않은 애깃거리가 될 수 있었기 때문이었다. 이런 목적으로 헤롯은 그리스도께서 결국 그의 권능을 보이는 어떤 일을 하게 만들기 위해서 여러 말로 물었다. 아마도 헤롯은 유도심문을 통해서 그리스도에게서 은밀한 일들, 장차 될 일들, 그의 병 고치는 능력과 관련된 것들을 알아내고자 하였을 것이다. 그러나 예수께서는 아무 말도 대답하지 아니하셨고, 이적을 통해서 헤롯의 호기심을 만족시켜 주려고 하지도 않으셨다. 아무리 불쌍한 거지가 자신의 곤경에서 구해 달라고 그에게 이적을 요구하였을 때에 그는 한 번도 거절해 본 적이 없으셨다. 그러나 그는 단지 자신의 호기심을 충족시킬 목적으로 이 교만한 왕이 이적을 요구하였을 때에는 단호히 거절하셨다. 헤롯은 갈릴리에서 그리스도와 그의 이적들을 볼 수 있는 기회가 많이 있었지만 보고자 하지 않았다. 그러므로 그가 이제 와서 이적들을 보고자 하되 보지 못하게 되었다. 이적들은 그의 눈에 감추어져 있다. 왜냐하면, 그는 주께서 권고하시는 날을 알지 못하였기 때문이다. 헤롯은 지금 그리스도가 묶인 채로 그의 수중에 있기 때문에 이적을 행하도록 **명령**할 수 있을 것이라고 생각하였지만, 이적은 값싼 것이 될 수 없었고, 세상에서 가장 큰 권력자라도 전능하신 분을 좌지우지할 수는 없었다.

3. 고발자들은 그리스도를 어떻게든 없애야 한다는 일념에 헤롯 앞에서도 그리스도를 고소하였다: 대제사장들과 서기관들이 서서 힘써 고발하더라(10절) — **뻔뻔스럽고 대담하게**(이것이 원어의 의미이다). 그들은 그리스도께서 선동적인 발언들을 통해서 갈릴리도 오염시켰다는 것을 헤롯에게 믿게 하고자 하였다. 세속 정부의 진정하고 유익한 친구들인 선한 사람들과 선한 사역자들이 파당을 만들어 정부에 반기를 들도록 선동한 적들로 거짓되게 고발당하는 일은 새삼스러운 일이 아님을 명심하라.

4. 헤롯은 그리스도를 몹시 학대하였다: 헤롯은 그 군인들, 그의 시종들과 관리들, 대인들과 함께 예수를 업신여겼다. 그들은 그리스도를 아무것도 아닌 자로 여겨서 무시하였다(이것이 원어의 의미이다). 이것은 얼마나 소름끼치게 악한 짓인가! 만물을 만드신(made all things) 분을 아무것도 아닌 자로 여기다니(make nothing). 그들은 그리스도를 바보 취급하며 비웃고 희롱하였다. 왜냐하면, 그들은 그리스도께서 많은 이적을 베풀어서 다른 사람들을 도왔다는 것을 알고 있었는데, 지금 한 가지 이적을 행하여 스스로에게 도움이 되두록 하지 않는

그리스도를 우둔한 자로 여겼기 때문일 것이다. 아니면, 그들은 그리스도께서 능력을 상실하고 평범한 사람들처럼 되어 버린 것을 비웃었던 것일 수도 있다. 세례 요한을 잘 알고 있었던 헤롯은 빌라도와는 비교할 수 없을 정도로 그리스도에 대하여 더 많이 알고 있었을 것인데도 빌라도보다 더 그리스도를 학대하였다. 왜냐하면, 은혜가 없는 지식은 사람을 더 교활하고 악하게 만들 뿐이기 때문이다. 헤롯은 그리스도를 희롱하기 위해서 그에게 빛난 옷, 곧 번지르르하게 칠한 옷을 입혔다. 이것은 나중에 그에게 동일한 수모를 주라고 빌라도의 군병들에게 가르친 셈이 되었다. 헤롯은 그리스도를 그런 식으로 학대한 선두주자였다.

5. 헤롯은 그리스도를 빌라도에게 도로 보냈는데, 이것은 한동안 사이가 좋지 않았던 이 두 사람이 화해를 하여 서로 벗이 되는 기회가 되었다. 헤롯은 이적을 구경할 수 없었지만, 그리스도를 범죄자로 취급하여 정죄하고 싶지도 않았기 때문에, 그를 빌라도에게 도로 보냈다(11절). 헤롯은 범죄자를 빌라도에게 보냄으로써 그에게 예와 존경을 표한 셈이 되었다. 이 사건을 통해서 이 두 사람이 서로 주고받은 예우와 메시지들로 인해서 그들은 이전보다 서로를 더 잘 이해할 수 있게 되었다(12절). 그들은 아마도 빌라도가 헤롯의 신민들인 갈릴리 사람들을 죽인 사건(눅 13:1)으로 인해서, 또는 왕들이나 고위 관리들 사이에서 통상적으로 일어나는 어떤 다툼으로 인해서 전에는 원수 관계에 있었다. 서로 싸우던 자들이 그리스도에게 대적하기 위해서 언제라도 연합할 수 있다는 것을 주목하라. 그발과 암몬과 아말렉은 서로 반목하였지만 하나님의 이스라엘에게 대적하기 위해서 서로 연합하였다(시 83:7). 그리스도는 위대한 화해자(peacemaker)이시다. 빌라도와 헤롯은 그리스도의 무죄를 인정하였고, 그들이 이 점에서 서로 일치함으로써, 다른 일들에서 그들의 해묵은 반목이 치유되었다.

¹³빌라도가 대제사장들과 관리들과 백성을 불러 모으고 ¹⁴이르되 너희가 이 사람이 백성을 미혹하는 자라 하여 내게 끌고 왔도다 보라 내가 너희 앞에서 심문하였으되 너희가 고발하는 일에 대하여 이 사람에게서 죄를 찾지 못하였고 ¹⁵헤롯이 또한 그렇게 하여 그를 우리에게 도로 보내었도다 보라 그가 행한 일에는 죽일 일이 없느니라 ¹⁶그러므로 때려서 놓겠노라 ¹⁷(없음) ¹⁸무리가 일제히 소리 질러 이르되 이

사람을 없이하고 바라바를 우리에게 놓아 주소서 하니 [19]이 바라바는 성중에서 일어난 민란과 살인으로 말미암아 옥에 갇힌 자러라 [20]빌라도는 예수를 놓고자 하여 다시 그들에게 말하되 [21]그들은 소리 질러 이르되 그를 십자가에 못 박게 하소서 십자가에 못 박게 하소서 하는지라 [22]빌라도가 세 번째 말하되 이 사람이 무슨 악한 일을 하였느냐 나는 그에게서 죽일 죄를 찾지 못하였나니 때려서 놓으리라 하니 [23]그들이 큰 소리로 재촉하여 십자가에 못 박기를 구하니 그들의 소리가 이긴지라 [24]이에 빌라도가 그들이 구하는 대로 하기를 언도하고 [25]그들이 요구하는 자 곧 민란과 살인으로 말미암아 옥에 갇힌 자를 놓아 주고 예수는 넘겨 주어 그들의 뜻대로 하게 하니라

이 단락에는 찬송받으실 예수께서 공중의 권세를 잡은 왕의 대리인들인 대제사장들의 간교한 음모에 의해서 선동을 받은 무리들의 아우성 때문에 십자가로 급히 끌려가게 되셨다는 내용이 나온다.

I. 빌라도는 그리스도께서 사형이나 구금을 당할 만한 죄를 짓지 않았다는 것을 믿는다고 단호하게 선언한다. 그가 그렇게 믿었다면, 그는 즉시 그리스도를 석방했어야 했고, 뿐만 아니라 제사장들과 어중이떠중이로 된 무리들로부터 그리스도를 보호했어야 했으며, 그리스도를 고발한 자들을 무고죄로 다스렸어야 했다. 그러나 빌라도는 악한 자였기 때문에 그리스도에게 추호도 자비를 베풀지 않았고, 다른 일로 자기가 이미 미움을 받고 있는 상태에서 그리스도의 일로 인해서 황제나 유대 백성에게 밉게 보이면 어쩌나 염려하였다. 그래서 그는 어이없게도 대제사장들과 관리들과 백성을 불러 모으고(그는 그들을 선동적인 폭도로 규정하여 그리스도께 접근하지 말도록 금하고 마땅히 해산시켰어야 하는데도), 그들의 요구사항을 청취하였다. 그러나 사실 그는 그들의 말에 귀를 기울여서는 안 되는 것이었다. 왜냐하면, 그는 그들이 그리스도에 대하여 그렇게 하는 이유를 너무도 잘 알고 있었기 때문이다. 그는 이렇게 말한다(14절): "너희가 이 사람을 내게 끌고 왔도다. 나는 너희를 존중하기 때문에, 내가 너희 앞에서 심문하였고, 그에 대한 너희의 고발을 모두 들었지만, 이 사람에게서 죄를 찾지 못하였다. 너희는 너희가 이 사람을 고소하는 일에 대하여 증거를 대지 못하고 있다."

II. 빌라도는 그리스도에 관한 헤롯의 판단을 근거로 제시한다(15절): "나보

다 그리스도에 대하여 더 잘 알고 있을 헤롯이 그리스도에게서 어떤 죄나 불미스러운 일을 찾아내지 못해서, 그를 우리에게 도로 보내었도다. 그의 판단은 그가 행한 일에는 죽일 일이 없다는 것이다. 헤롯은 그리스도를 연약한 자로 비웃긴 했지만, 위험 인물로 낙인 찍지는 않았다.” 헤롯은 그리스도를 타이번(Tyburn:런던에 있는 사형장)이 아니라 베들램(Bedlam:런던에 있는 정신병자 수용소)으로 보내는 것이 더 적절하다고 생각하였다.

III. 빌라도는 무리들이 동의만 한다면 그리스도를 놓아주겠다고 제안한다. 빌라도는 무리들의 허락을 구하지 말고 그리스도를 놓아 주었어야 했다. 하늘이 무너져도 정의를 세워라(Fiat justitia, ruat coelum). 그러나 하늘이 두 쪽 나는 일이 있더라도 정의를 세워야 할 때에 사람이 무서워서 양심을 거역하고 불의한 일을 행하고 만다. 빌라도는 그리스도께서 죄가 없다고 선언하였고, 따라서 그를 놓아줄 마음이 있었지만, 백성들을 기쁘게 해주기 위하여 다음과 같이 하였다.

1. 빌라도는 명절에 죄수 한 명을 반드시 놓아 주어야 하는(17절, KJV) 관례가 있었기 때문에 그리스도를 일단 범죄자로 취급한 후에 놓아주고자 하였다. 따라서 빌라도는 그리스도를 공정한 재판 행위를 통해서 아무에게도 신세를 지게 하지 않은 채 놓아 주어야 했음에도 불구하고, 그를 은혜의 행위로 놓아줌으로써 백성들에게 신세를 지지 않게 하고자 하였다.

2. 빌라도는 그리스도를 **때린** 후에 놓아 주고자 하였다. 이 사람에게 죄가 없도다고 말해놓고, 때려서 놓아 주겠다고 하는 것은 무슨 경우인가? 죄 없는 사람을 때리는 것은 십자가에 못 박는 것만큼이나 불의한 일이다. 또한 백성들의 아우성을 무마하기 위해서 그들의 시기의 대상이 될 수 없는 그리스도를 그들의 동정의 대상으로 만들기 위한 것이라는 이유로 그 일이 정당화될 수도 없다. 우리는 선한 결과를 위해서라는 명목으로 악을 행해서는 안 된다.

IV. 백성들은 그리스도 대신에 범죄의 대담성 외에는 그들이 좋아할 만한 것이 전혀 없었던 흉악범인 바라바를 놓아달라고 요구하였다. 바라바는 성중에서 일어난 민란과 살인(사람들의 모든 범죄 중에서 가장 용서받을 수 없는 범죄)으로 말미암아 옥에 갇힌 자였는데, 백성들은 그리스도가 아니라 바로 그 범죄자를 선택하였다: 이 사람을 없이하고 바라바를 우리에게 놓아 주소서(18-19절). 무리들이 실제로는 충성스럽지만 반란을 꾀하고 있다고 거짓으로 고발된 자보다 실제로 반란을 일으킨 자를 좋아하고 사랑하는 것은 이상한 일이 아니다.

V. 빌라도가 다시 한 번 그리스도를 놓아 주겠다고 말하자, 백성들은 그를 십자가에 못 박게 하소서 십자가에 못 박게 하소서라고 소리를 질렀다(20-21절). 무리들은 그리스도를 죽이고자 했을 뿐만 아니라 아주 잔인한 형벌로 죽이고자 하였다. 그리스도를 십자가에 못 박지 않는다면, 그들의 직성이 풀리지 않을 것이었다: 그를 십자가에 못 박게 하소서 십자가에 못 박게 하소서.

VI. 빌라도가 세 번째로 백성들의 주장이 터무니없고 부당하다는 것을 지적하며 이해시키려 하자, 백성들은 더욱 흥분하여 고래고래 소리를 질렀다(22절): "이 사람이 무슨 악한 일을 하였느냐. 그의 죄명을 말해 보아라. 나는 그에게서 죽일 죄를 찾지 못하였고, 너희도 그가 무슨 죽을 죄를 지었는지를 입증하지 못하고 있다. 그러므로 너희가 말로만 한다면, 나는 그를 때려서 놓으리라."그러나 대중들의 분노는 정중하게 대해주면 줄수록 더욱 거세질 뿐이다. 그들은 악을 쓰며 큰 소리로 재촉하여 그리스도를 십자가에 못 박기를 구하였다. 그들은 마치 명절에 죄수 한 명을 놓아줄 것을 요구할 뿐만 아니라 죄 없는 자 한 명을 십자가에 못 박을 것을 요구할 권리가 있는 것처럼 행동하였다.

VII. 빌라도는 결국 백성들의 끈질긴 요구에 굴복하였다. 백성들과 대제사장들의 소리가 이겼다. 그들의 소리는 빌라도에게 너무 벅찬 것이었기 때문에, 그를 압도하여 그의 신념과 성향을 거슬러서 정반대로 행하도록 만들었다. 그는 너무도 강력한 물결을 거스를 용기가 없어서 그들이 구하는 대로 하기를 언도하였다(24절). 그것은 대중의 분노가 두려워서 정의가 뒤로 물리침이 되고 공의가 멀리 선 선고였다. 진실(개역에서는 성실)이 거리에 엎드러지고 공평(개역에서는 정직)이 나타나지 못하였다(사 59:14). 그들에게 정의를 바라셨더니 도리어 포학이요 그들에게 공의를 바라셨더니 도리어 부르짖음이었도다(사 5:7). 이런 일은 바라바를 놓아주는 어처구니없는 일을 통해서 되풀이된다(25절): 빌라도는 그들이 요구하는 자 곧 민란과 살인으로 말미암아 옥에 갇힌 자를 놓아 주었는데, 이 일로 인해서 바라바는 더욱 악한 마음을 가지고 더 못된 짓을 하게 될 것이다. 왜냐하면, 백성들은 그들과 똑같은 자인 바라바를 원하였기 때문이다. 그러나 빌라도는 예수를 넘겨 주어 그들의 뜻대로 하게 하였다. 예수를 백성들에게 넘겨주어 그들 마음대로 하게 한 것보다 더 야만적인 짓은 없을 것이다. 왜냐하면, 백성들은 그리스도를 철저하게 증오하였고, 잔인함이 그들이 베풀 긍휼일 것이었기 때문이다.

[26]그들이 예수를 끌고 갈 때에 시몬이라는 구레네 사람이 시골에서 오는 것을 붙들어 그에게 십자가를 지워 예수를 따르게 하더라 [27]또 백성과 및 그를 위하여 가슴을 치며 슬피 우는 여자의 큰 무리가 따라오는지라 [28]예수께서 돌이켜 그들을 향하여 이르시되 예루살렘의 딸들아 나를 위하여 울지 말고 너희와 너희 자녀를 위하여 울라 [29]보라 날이 이르면 사람이 말하기를 잉태하지 못하는 이와 해산하지 못한 배와 먹이지 못한 젖이 복이 있다 하리라 [30]그 때에 사람이 산들을 대하여 우리 위에 무너지라 하며 작은 산들을 대하여 우리를 덮으라 하리라 [31]푸른 나무에도 이같이 하거든 마른 나무에는 어떻게 되리요 하시니라

이 단락에는 찬송받으실 예수, 하나님의 어린 양께서 희생제물이 되기 위해서 도수장으로 끌려 가는 어린 양처럼 끌려가시는 장면이 나온다. 그들이 그리스도에 대한 재판을 이토록 신속하게 끝낼 수 있었다는 것은 이상한 일이다. 물론 이런 사건을 능숙하게 잘 다루는 많은 사람들이 있었겠지만, 어떻게 그들이 이토록 짧은 시간 안에 이토록 많은 일을 할 수 있었는지는 의문이다. 그리스도께서는 날이 새자 대제사장들 앞에 끌려가셨고(22:66), 그런 후에 빌라도에게, 그 후에 헤롯에게, 다시 빌라도에게 끌려가셨다. 그리고 그리스도를 두고 빌라도와 백성들 사이에서 오랜 시간 동안 밀고 당기는 설전이 있었던 것으로 보인다. 그리스도께서는 채찍질을 당하셨고, 가시 면류관을 쓰신 채로 온갖 조롱을 당하셨는데, 이 모든 일이 너댓 시간, 길어야 여섯 시간 내에 일어났다. 왜냐하면, 그는 9시와 12시 사이에 십자가에 못 박히셨기 때문이다. 그리스도를 박해한 자들은 도성의 다른 쪽에 있던 그의 친구들이 이 소식을 전해 듣고 그를 구하러 달려올 것을 염려하였기 때문에 시간을 허비하지 않으려 했다. 그리스도처럼 이렇게 신속하게 세상에서 쫓겨난 자는 아무도 없었지만, 그리스도께서는 친히 조금 있으면 너희가 나를 보지 못하리라고 말씀하셨다. 이 일은 참으로 아주 잠시 동안에 끝이 났다. 그들이 그리스도를 처형장으로 끌고 갈 때에 다음과 같은 일들이 있었다.

I. 그리스도의 십자가를 대신 짊어진 시몬이라는 구레네 사람이 있었다.

그는 아마도 실제로 그리스도의 친구였거나 그렇게 알려져 있었던 것 같고, 그들은 이런 이유로 그를 욕되게 하기 위하여 십자가를 지게 한 것 같다. 그들은 그리스도의 십자가를 그에게 지워서 예수를 따르게 하였는데(26절), 이것은 예수께서 십자가를 지다가 혼절해서 숨을 거두어 그들의 남은 음모에 차질이 생길 것을 우려하였기 때문이었다. 그리스도를 이렇게 일시적으로 편안하게 해준 것은 동정(同情)이었지만 잔인한 동정이었다.

II. 그리스도를 따르면서 가슴을 치며 슬피 우는 큰 무리, 진심으로 슬퍼한 자들이 있었다. 그들 중에는 그리스도의 친구들이나 지지자들만이 아니라, 그리스도의 명성과 그가 얼마나 뛰어나고 유익한 인물인지를 들어 왔고 그가 부당하게 고난을 당하고 있다고 생각하였기 때문에 그에 대하여 동정하고 있던 일반 백성들도 있었다. 이런 이유로 그의 뒤를 따르는 무리들이 많았다. 평소에도 사형 집행이 있을 때에는 많은 무리가 따랐지만, 이와 같이 특별한 인물에 대한 사형 집행의 경우에는 더욱 그러하였다: 큰 무리가 따라오는지라(27절). 특히, 무리 가운데는 여자들이 많았다. 측은히 여겨서 따라오는 자들도 있었고, 호기심에서 따라오는 자들도 있었지만, 그들은 그를 위하여 가슴을 치며 슬피 울었다(그의 각별한 친구들이나 친지들과 마찬가지로). 그를 비난하고 욕하는 자들도 많았지만, 그를 소중히 여기고 측은히 여기며 안타깝게 생각해서 그의 고난에 함께 하는 자들도 있었다. 주 예수께서 기진맥진하여 죽어가시는 모습은 많은 사람들에게서 경건한 동정심과는 거리가 먼 자연적인 동정심을 불러일으켰을 것이다. 그리스도를 믿지 않는 자들도 그를 위하여 가슴을 쳤고, 그를 별로 사랑하지 않는 자들도 그를 위하여 슬피 울었다. 여기서 우리는 그리스도께서 이렇게 슬피 우는 자들에게 무슨 말씀을 하셨는지를 듣게 된다. 우리는 그리스도께서 온전히 자신의 문제에 골몰해 계셨을 것이라고 생각하기 쉬운데, 사실 그리스도께서는 그들의 눈물을 보실 시간과 여유를 가지고 계셨다. 그리스도께서는 슬픔으로 기진맥진하셨지만, 그를 위하여 슬피 우는 자들의 눈물을 받아들일 마음의 여유를 지니고 계셨다. 그들은 낯선 자들이었지만, 그리스도께서는 돌이켜 그들을 향하여 나를 위하여 울지 말고 너희와 너희 자녀를 위하여 울라고 말씀하셨다. 그는 그들의 애곡이 다른 방향으로 향하여야 한다고 말씀하신 것이다(28절).

1. 그리스도께서는 그들이 무엇을 위하여 슬피 울어야 할 것인지에 관하여

말씀하신다: 예루살렘의 딸들아 나를 위하여 울지 말라. 그는 그들이 그를 위하여 운 것을 책망하시는 것이 아니라 오히려 칭찬하셨다. 그들의 마음은 사실 평범한 사람이 그런 고통을 당하는 것을 보고서는 결코 눈물을 흘리지 않을 정도로 굳어져 있었다. 그러나 그들은 그리스도를 위하여 눈물을 흘릴 것이 아니라(그들이 그를 위하여 흘리는 눈물은 쓸데없는 눈물이다), 예루살렘에 장차 임할 멸망을 바라보고서 그들과 그들의 자녀를 위하여 울어야 한다. 그들 중에는 살아서 예루살렘의 멸망을 눈으로 보게 될 자들도 있을 것이고, 적어도 그들의 자녀들은 반드시 그 멸망을 보게 될 것이기 때문에, 그들은 자녀들을 위하여 울어야 한다. 우리가 그리스도께서 십자가에 못 박히신 것을 믿음의 눈으로 볼 때, 우리는 그를 위해서가 아니라 우리 자신을 위해서 울어야 한다는 것을 명심하라. 우리는 그리스도의 죽음을 평범한 사람이나 평범한 친구의 죽음을 동정하고 슬퍼하는 식으로 슬퍼해서는 안 된다. 그리스도의 죽음은 특별한 사건이었다. 그것은 그의 원수들에 대한 승리이자 개선(triumph)이었다. 그것은 우리를 구원하신 사건이자 우리를 위해 영원한 생명의 값을 치르신 사건이었다. 그러므로 우리는 그를 위해서가 아니라 그의 죽음을 초래하였던 우리의 죄, 우리 자녀들의 죄를 위하여 울어야 한다. 그리고 유대 백성들이 그의 사랑을 멸시하고 그의 은혜를 거부하여서 여기에서 예언된 멸망을 받게 된 것처럼, 우리도 그의 사랑을 멸시하고 그의 은혜를 거부할 때에 우리에게 임할 재앙을 두려워하여 울어야 한다. 우리의 사랑하는 혈육이나 친구들이 그리스도 안에서 죽을 때, 우리는 그들을 위하여 울 필요가 없다. 그들은 육체의 짐을 벗어 버리고 온전히 거룩하게 되어서 완전한 안식과 기쁨 속으로 들어간 것이기 때문이다. 그러나 우리는 온갖 죄와 슬픔과 시험들이 들끓는 세상 속에 남겨진 우리 자신과 우리 자녀들을 위하여 울어야 한다.

2. 그리스도께서는 왜 그들과 그들의 자녀를 위하여 울어야 하는지 그 구체적인 이유를 설명해 주신다: "보라, 재앙의 날이 너희의 성읍에 임하고 있다. 너희의 성읍은 멸망당하게 될 것이고, 너희도 그 가운데서 죽으리라." 그리스도의 제자들이 그와의 이별을 슬퍼하며 경건한 눈물을 흘렸을 때, 그리스도께서는 내가 다시 너희를 보리니 너희 마음이 기쁠 것이라는 약속으로 그들의 눈물을 씻어주셨다(요 16:22). 그러나 예루살렘의 딸들이 순전히 세상적인 슬픔으로 그를 위하여 슬피 울 때, 그리스도께서는 그들이 울게 될 다른 일이 있게 될 것

이라고 말씀하시며 그 눈물의 방향을 돌리라고 충고하셨다. 슬퍼하며 애통하며 울지어다(약 4:9). 그리스도께서는 얼마 전에 예루살렘을 보시고 우신 적이 있었는데, 지금은 그들에게 예루살렘 때문에 울라고 명하신다. 하지만 그리스도를 왕으로 고백하는 시온의 딸들은 그리스도 안에서 기뻐하여야 한다. 왜냐하면, 그는 그들을 구원하기 위하여 오실 것이기 때문이다. 그러나 그리스도를 위하여 울기는 하지만 그를 왕으로 받아들이지 않는 예루살렘의 딸들은 그가 그들을 심판하러 오실 것을 생각하여 울며 두려워하여야 한다. 여기서 그리스도께서는 예루살렘의 멸망을 매우 끔찍한 상황을 나타내는 데에 사용되는 두 가지의 격언을 통해서 예언하시는데, 그 때에는 사람들이 평소에 끔찍하게 여기던 두 가지 일, 즉 자식이 없는 자로 기록되는 것과 산 채로 매장되는 것을 원하게 되리라고 말씀하신다.

(1) 그들은 자식이 없는 자로 기록되는 것을 원하게 될 것이다. 라헬이 레아를 부러워하였듯이 자식이 없는 자들이 자식을 가진 자들을 부러워하는 것이 상례이지만, 그 때에는 자식을 가진 자들은 도망치는 데에 자식이 짐이 되고, 자식이 굶어서 죽거나 칼에 맞아 쓰러지는 것을 볼 때에 큰 슬픔을 당하게 될 것이기 때문에, 자식을 가지지 못한 자들을 부러워하여 잉태하지 못하는 이와 해산하지 못한 배와 살인자에게 내어주거나 빼앗길 자식이 없는 자가 복이 있다고 말하게 될 것이다. 그리스도께서 앞서 말씀하셨듯이(마 24:19), 그 때에는 아이 밴 자들과 젖 먹이는 자들에게만 화가 있는 것이 아니라, 이미 낳아서 다 키운 자식을 가진 자들에게도 화가 있게 될 것이다. 호세아 9:11-14을 보라. 피조물은 덧없다는 것과 피조물이 주는 복락(福樂)은 불확실하다는 것을 명심하라. 왜냐하면, 우리에 대한 섭리가 변함에 따라 우리에게 가장 큰 축복으로서 큰 기쁨을 주었던 것들이 어느새 우리에게 가장 큰 짐이요 걱정거리요 슬픔으로 변하기 때문이다.

(2) 그들은 산 채로 매장되는 것을 원하게 될 것이다: 그 때에 사람이 산들을 대하여 우리 위에 무너지라 하며 작은 산들을 대하여 우리를 덮으라 하리라(30절). 이것은 동일한 예언이 나오는 호세아 10:8에 의거한 것이다. 그들은 이와 같은 재앙으로 인한 소란을 피하기 위하여 깊은 동굴 속으로 숨고자 할 것이다. 그들은 산들이 무너져서 깔려 죽는 위험을 무릅쓰고라도 어떻게 해서든 피신처를 구하고자 할 것이다. 이것은 특히 높은 지위에 있는 권세 있는 자들에 대한

말씀인 것 같다(계 6:16). 그리스도에게 피신해서 그의 보호하심 아래에 있고 자 하지 않았던 자들은 산들과 작은 산들에게 하나님의 진노로부터 그들을 보호해줄 피난처가 되어 달라고 요청해도 아무 소용 없게 될 것이다.

3. 그리스도께서는 그의 고난으로부터 이와 같은 멸망을 예견하는 것이 얼마나 자연스러운 일인지를 보여주신다: 푸른 나무에도 이같이 하거든 마른 나무에는 어떻게 되리요(31절). 어떤 이들은 이 말씀을 에스겔 20:47로부터 빌려온 것이라고 생각한다: 내가 너의 가운데에 불을 일으켜 모든 푸른 나무와 모든 마른 나무를 없애리라. 이 말씀이 가리키는 것은 다음과 같은 것들이다.

(1) 이 말씀은 좀 더 구체적으로는 그리스도께서 여기서 예언하셨고 유대인들이 그리스도를 죽임으로써 자초한 예루살렘의 멸망을 가리킬 수 있다: "그들(유대인들과 예루살렘의 거민들)이 푸른 나무에도 이같이 하거든, 즉 그들이 죄 없고 뛰어난 인물을 선한 일을 행한다는 이유만으로 이렇게 학대하거든, 하나님께서 패역하고 악한 세대이자 아무짝에도 쓸모 없는 마른 나무 같은 자들이 그렇게 행하는 것에 대하여 그들을 어떻게 처리하시겠느냐? 이것이 그들의 죄라고 할 때, 너희는 그들이 받을 벌이 무엇이라고 생각하느냐?" 또는, 이 말씀을 다음과 같이 해석하는 것도 가능하다: "그들(로마인들, 그들의 재판관들, 그들의 군사들)이 그들에게 전혀 도발하거나 화나게 하지도 하지 않은 푸른 나무 같은 나를 이렇게 학대할진대, 그들에게 몹시 도발하여 그들의 적대감에 불을 붙일 마른 나무 같은 유대 백성과 예루살렘에 대해서 그들이 어떻게 하겠는가? 하나님께서 내게 이와 같은 고난을 겪게 하실진대, 찍혀 불에 던져지게(마 3:10; 7:19) 될 마른 나무들이라고 자주 언급되었던 그들에게는 어떻게 하시겠는가?"

(2) 이 말씀은 좀 더 일반적으로 죄와 죄인들에 대하여 나타날 하나님의 모든 진노를 가리킬 수 있다: "하나님께서 나를 죄를 위한 희생제물로 삼으셔서 이와 같은 고난에 넘기셨을진대, 하물며 죄인들에게는 어떻게 하시겠는가?" 그리스도는 푸른 나무, 즉 풍성한 열매를 맺은 나무이셨는데도 이와 같은 고난을 당하셨음을 볼 때, 우리는 만약 그리스도께서 중재하지 않으셨다면 온 인류가 어떻게 되었을지, 하나님께서 그들로 하여금 열매를 맺게 하려고 온갖 조치를 다하셨는데도 계속해서 마른 나무들로 남아 있는 자들을 장차 어떻게 하실지를 충분히 짐작할 수 있다. 하나님께서 자신의 사랑하는 아들에게 전가된

죄 때문에 이렇게 하시거든, 하물며 죄로 물든 진노의 세대에게는 어떻게 하시겠는가? 성부 하나님께서 푸른 나무에도 기꺼이 이런 일을 행하셨는데, 하물며 마른 나무에 그런 일을 행하기를 꺼려하실 이유가 어디 있겠는가? 우리 주 예수께서 받으신 쓰라린 고난을 생각할 때에 우리는 하나님의 공의 앞에서 두려움을 느끼며 하나님 앞에서 떨 수밖에 없게 된다. 아무리 선한 성인들이라도 그리스도와 비교하면 마른 나무에 불과하다. 그리스도께서 고난을 받으셨을진대, 그들이 고난받지 않기를 기대할 수 있겠는가? 하물며, 죄인들이 받을 저주는 어떠하겠는가?

³²또 다른 두 행악자도 사형을 받게 되어 예수와 함께 끌려 가니라 ³³해골이라 하는 곳에 이르러 거기서 예수를 십자가에 못 박고 두 행악자도 그렇게 하니 하나는 우편에, 하나는 좌편에 있더라 ³⁴이에 예수께서 이르시되 아버지 저들을 사하여 주옵소서 자기들이 하는 것을 알지 못함이니이다 하시더라 그들이 그의 옷을 나눠 제비 뽑을새 ³⁵백성은 서서 구경하는데 관리들은 비웃어 이르되 저가 남을 구원하였으니 만일 하나님이 택하신 자 그리스도이면 자신도 구원할지어다 하고 ³⁶군인들도 희롱하면서 나아와 신 포도주를 주며 ³⁷이르되 네가 만일 유대인의 왕이면 네가 너를 구원하라 하더라 ³⁸그의 위에 이는 유대인의 왕이라 쓴 패가 있더라 ³⁹달린 행악자 중 하나는 비방하여 이르되 네가 그리스도가 아니냐 너와 우리를 구원하라 하되 ⁴⁰하나는 그 사람을 꾸짖어 이르되 네가 동일한 정죄를 받고서도 하나님을 두려워하지 아니하느냐 ⁴¹우리는 우리가 행한 일에 상당한 보응을 받는 것이니 이에 당연하거니와 이 사람이 행한 것은 옳지 않은 것이 없느니라 하고 ⁴²이르되 예수여 당신의 나라에 임하실 때에 나를 기억하소서 하니 ⁴³예수께서 이르시되 내가 진실로 네게 이르노니 오늘 네가 나와 함께 낙원에 있으리라 하시니라

I. 여기에는 우리가 이미 마태복음과 마가복음에서 살펴본 바 있는 그리스도의 고난에 관한 여러 가지 내용들이 나온다.

1. 또 다른 두 행악자도 사형을 받게 되어 사형장으로 예수와 함께 끌려 갔다. 아마도 그들은 전에 사형선고를 받은 자들로서 이 날에 처형하기로 계획되어 있었던 것 같다. 로마 군사들은 아마도 수고를 덜기 위해서 그리스도와 두 행악자를 한꺼번에 처형하려고 그리스도에 대한 사형 집행을 서둘렀던 것으로 보

인다.

2. 그리스도께서는 해골이라 하는 곳을 뜻하는 골고다(헬라어로는 크라니온)에서 십자가에 못 박히셨다. 골고다는 그의 고난의 수치를 더하기 위하여 선택된 수치스러운 곳이었지만, 그는 그 곳을 근거지로 삼아서 죽음을 이기고 승리하셨기 때문에 의미심장한 곳이 되었다. 그리스도께서는 십자가에 못 박히셨다. 그들은 십자가를 땅에 뉘여 놓은 채 그의 손과 발에 못을 박은 후에 십자가를 들어올려서 땅 속에 박았거나 미리 파놓은 구덩이에 묻었다. 이것은 다른 어떤 것보다도 고통스럽고 수치스러운 죽음이었다.

3. 그리스도께서는 마치 셋 중에 가장 흉악한 자인 양 두 강도 사이에서 한가운데에 십자가에 못 박히셨다. 이렇게 그는 범죄자로 취급당하셨을 뿐만 아니라 그들 중에서 가장 흉악한 자로 헤아림을 받으셨다.

4. 사형 집행에 참여했던 군사들은 그리스도의 옷을 그들의 수고비로 챙겨서 가져가 제비를 뽑아서 서로 나눠 가졌다: 그들이 그의 옷을 나눠 제비 뽑았다. 옷을 찢어서 나눠 가지면 별 가치가 없게 되어 버릴 것이었기 때문에, 그들은 옷을 가질 사람을 정하기 위해 제비를 뽑았다.

5. 그리스도께서 십자가에 달려 계실 때, 사람들은 그를 욕하고 비난하며 온갖 야유와 조롱을 퍼부었다. 인간 본성 안에 이토록 지독한 야만성이 있다는 것은 이상한 일이었다: 백성들은 그리스도의 고통에는 아랑곳하지 않고 오직 그 광경을 즐기며 서서 구경하였다. 관직에 있는 것으로 볼 때에 지각이 있을 것 같이 생각되는 관리들은 무리들 틈에 서서 그리스도를 비웃으며, 곁에 있는 자들에게도 그렇게 하도록 부추겼다. 그들은 저가 남을 구원하였으니 자신도 구원할지어다라고 떠들어대었다. 이렇게 그리스도께서는 그가 이제까지 행한 선한 일들로 인하여 조롱을 받으셨다 — 마치 그들이 그를 십자가에 못 박은 것이 이러한 선한 일들 때문인 것처럼 말이다. 그 때에 그들은 마치 그들이 그리스도를 이기고 정복한 것처럼 의기양양해하였다 — 사실 진정한 승리자와 정복자는 그리스도였는데도 말이다. 그리스도께서 스스로 십자가를 지심으로써 남들을 구원하고 계셨을 때, 그들은 그에게 십자가에서 스스로를 구원하라고 도전하였다: 만일 하나님이 택하신 자 그리스도이면 자신도 구원할지어다. 그들은 그리스도가 하나님의 택하신 자, 하나님이 보내신 자, 하나님께서 사랑하시는 자이심을 알고 있었다. "만약 그가 그리스도로서 우리 민족을 로마인들로부터

구원하고자 한다면(그들은 메시야를 이렇게밖에는 이해할 수 없었다), 지금 그를 묶고 있는 로마인들로부터 스스로를 구원해 보라." 이렇게 유대 관리들은 그가 로마인들을 굴복시킨 것이 아니라 로마인들에 의해서 굴복당한 것으로 여겨서 그를 조롱하였다. 로마 군인들도 그리스도를 유대인의 왕이라고 부르며 희롱하였다: "그 왕에 그 백성이요, 그 백성에 그 왕이구나." 그들은 그를 희롱하였다(36-37절). 그들은 그를 가지고 놀았고, 그의 고난을 희롱거리로 여겼다. 그러면서 그들은 이런 때에 늘 그들에게 내려지는 신 포도주를 마시고 있다가, 의기양양해서 그에게 함께 축배를 들자고 신 포도주를 주며, 네가 만일 유대인의 왕이면 네가 너를 구원하라고 말하였다. 왜냐하면, 유대인들은 그리스도를 메시야를 참칭한다는 죄목으로 고발하였듯이, 로마인들은 그를 왕을 참칭한다는 죄목으로 처형하고 있었기 때문이다.

6. 그리스도의 머리 위에 박힌 죄패에 씌어진 것은 이는 유대인의 왕이라는 문구였다(38절). 그리스도께서는 유대인의 왕을 참칭한다는 죄목으로 처형되셨다. 이것은 사람들이 그리스도를 죽이기 위해서 댄 핑계였다. 그러나 하나님은 그리스도께서 현재 스스로를 낮추셔서 수치를 당하는 상태에 계셨음에도 불구하고 그가 진정으로 누구인지를 밝히시려고 그렇게 기록하게 하신 것이었다: 그리스도는 유대인의 왕, 교회의 왕이시고, 그의 십자가는 왕위를 받아오시기 위해서 가신 길이었다. 유대인의 왕이라는 문구는 새 개의 고등 언어로 불렸던 헬라어, 라틴어, 히브리어로 기록되었다. 왜냐하면, 그리스도를 배운 자들은 가장 뛰어난 학식을 지닌 자들이기 때문이다. 로마인들이 이 문구를 세 개의 언어로 기록한 것은 모든 사람이 그것을 읽고 알 수 있도록 하기 위한 것이었다. 그러나 하나님의 의도는 그리스도의 복음이 예루살렘에서 시작하여 만국에 전파되어 모든 언어로 읽혀지게 되리라는 것을 나타내기 위한 것이었다. 이방의 철학으로 인해서 헬라어가 유명해졌고, 로마의 법률과 통치로 인해서 라틴어가 유명해졌는데, 히브리어는 구약성경으로 인해서 이 두 언어보다 더 유명해졌다. 이 세 가지 언어로 예수 그리스도는 왕으로 선포되었다. 이 세 가지 언어를 습득하려고 학교에서 애쓰고 있는 젊은 학도들은 이 언어들을 알게 됨으로써 그리스도를 더 잘 알고자 하는 목표를 가지고 공부에 힘써야 한다.

Ⅱ. 여기에는 우리가 다른 복음서들에서는 보지 못하였던 매우 주목할 만한

두 가지 내용이 나온다.

1. 그리스도께서 그의 원수들을 위하여 하신 기도(34절): 아버지, 저들을 사하여 주옵소서. 이것은 그리스도께서 십자가에 달리신 후부터 죽으실 때까지 하신 일곱 가지 말씀(架上七言) 중 첫 번째 말씀이다. 그리스도께서 십자가의 죽음을 죽으신 이유 중의 하나는 마지막 순간까지 자유롭게 말씀을 하심으로써 성부 하나님께 영광을 돌리고 그의 주변 사람들의 덕을 세우기 위해서였다. 그리스도께서는 십자가에 달리시자마자, 또는 그들이 그를 못 박고 있는 동안에 이 기도를 드리셨다. 좀 더 살펴보자.

(1) 간구: 아버지, 저들을 사하여 주옵소서. 우리는 그리스도께서 "아버지, 저들을 멸하여 주소서. 주께서 저희가 하는 행위를 보셨으니 그대로 갚아 주소서"라고 기도했을 것이라고 생각할지도 모른다. 그들이 지금 저지른 죄는 당연히 용서받을 수 없는 죄였고, 사면의 대상에서도 제외되어야 마땅한 죄였다. 그런데도 그는 특히 그들을 위하여 기도하셨다. 성경에서 예언한 대로(사 53:12), 지금 그리스도께서는 범죄자들을 위하여 중보기도 하셨는데, 휘장 안에서의 그의 중보기도에 대한 모범이 완성되기 위해서는 그의 기도(요 17장)에 이 기도가 추가되어야 한다: 거기에서는 성도들을 위한 중보기도가 드려졌고, 여기에서는 죄인들을 위한 중보기도가 드려졌다. 그리스도의 고난과 마찬가지로 십자가상에서의 그리스도의 말씀들은 겉으로 보는 것보다 더 깊은 의미를 지니고 있었다. 여기에 나오는 이 말씀은 중보의 말씀으로서 그의 죽음의 의도와 의미를 설명해 준다: "아버지, 저들을 사하여 주옵소서. 저들만이 아니라 회개하고 복음을 믿게 될 모든 자들을 사하여 주옵소서." 그리스도께서는 저들이 그의 죽음 이외의 어떤 다른 조건 위에서 사함받게 해달라고 기도하신 것이 아니었다: "아버지, 내가 지금 고난을 받고 죽는 것은 오직 불쌍한 죄인들이 사함받도록 하기 위한 것입니다." [1] 그리스도께서 죽음을 통해서 우리를 위하여 이루신 큰 일은 죄 사함이었다. [2] 그리스도께서 회개하고 그의 구속의 은혜를 믿는 모든 자들을 위하여 중보기도 하신 것은 바로 죄 사함이었다. 그리스도의 피는 이렇게 말한다: 아버지 저들을 사하여 주옵소서. [3] 아무리 큰 죄인일지라도 그리스도로 말미암아 회개하면 긍휼하심을 얻을 수 있다. 그들은 그리스도를 박해하고 죽인 자들이었지만, 그리스도께서는 "아버지, 저들을 사하여 주옵소서"라고 기도하셨다.

(2) 변명: 자기들이 하는 것을 알지 못함이니이다. 만일 알았더라면, 그들은 그리스도를 십자가에 못 박지 아니하였을 것이다(고전 2:8). 그리스도의 영광은 휘장으로 가리어져 있었고, 그들의 이해력도 휘장으로 가리어져 있었다. 어떻게 그들이 이 두 개의 휘장을 뚫고 볼 수 있었겠는가? 그들은 그리스도의 피를 그들과 그들의 자녀에게 돌리라고 하였다. 그러나 만약 그들이 무슨 짓을 저질렀는지를 알았다면, 그들은 결코 그렇게 말하지 않았을 것이다. [1] 그리스도를 십자가에 못 박은 자들은 자기들이 하는 것을 알지 못하였다. 기독교를 헐뜯는 자들은 그들이 알지 못하는 것을 헐뜯고 있는 것이고, 그들이 알지 못하는 것은 알려고 하지 않기 때문이다. [2] 부분적으로나마 죄에 대한 변명이 될 수 있는 그런 유의 무지(無知)가 존재한다: 알 도리가 없었거나 가르침을 받을 능력이 없어서 생긴 무지 또는 부적절한 교육이나 부주의로 인한 무지. 그리스도를 못 박은 자들은 지도자들로 인해서 무지 속에 갇혀 있었고, 그리스도에 대한 편견들을 주입받았기 때문에, 그리스도와 그의 가르침을 반대하는 것이 하나님을 섬기는 것이라고 생각하였다(요 16:2). 따라서 이런 자들을 불쌍히 여기고 기도하는 것이 마땅하다. 그리스도께서 드리신 이 기도는 오래지 않아서 응답되어, 그의 죽음에 관여하였던 자들 중 다수가 베드로의 설교로 인해서 회심하였다. 또한 이 말씀은 우리로 하여금 본받게 하기 위해서 기록된 것이다. 첫째, 우리는 기도할 때에 하나님을 아버지라고 불러야 하고, 마치 자녀가 아버지에게 하듯이 존경하고 신뢰하는 마음으로 하나님께 나아가야 한다. 둘째, 우리가 우리 자신과 남들을 위하여 하나님께 구하여야 할 가장 중요한 것은 죄 사함이다. 셋째, 우리는 원수들과 우리를 미워하고 박해하는 자들을 위하여 기도하여야 하고, 그들이 우리에게 행한 범죄들을 부풀리지 말고 너그럽게 보아주어야 한다(자기들이 하는 것을 알지 못함이니이다. 아마도 실수로 저지른 일일 것이다). 또한 우리는 우리에게 저지른 그들의 죄를 사해 줄 것을 하나님께 간절히 기도하여야 한다. 그리스도께서는 그의 명령(마 5:44-45, 원수를 사랑하라)에 대한 모범을 친히 보여주셨다. 이러한 모범을 통해서 그의 명령은 매우 큰 힘을 얻게 되었다. 그리스도께서 자기를 죽인 원수들을 사랑하시고 기도하셨는데, 우리에게 우리가 사랑하고 기도하지 못할 원수들이 어디 있겠는가?

2. 십자가에 달린 강도의 회심. 이것은 통치자들과 권세들이 그리스도를 이

기고 정복한 것처럼 보이는 그 순간에도 사실은 그리스도께서 그들을 이기고 정복하였다는 것을 보여주는 생생한 사건이다. 그리스도께서는 두 강도 사이에서 십자가에 못 박히셨고, 두 강도가 보인 반응은 복음이 전파될 때에 그리스도의 십자가가 사람들에게 미치게 될 서로 다른 효과를 나타내는 것이었다. 이 강도들은 둘 다 행악자들로서 하나님 앞에서 죄를 범한 자들이었다. 그런데 그리스도의 십자가는 어떤 이들에게는 생명으로부터 생명에 이르는 냄새가 되고, 어떤 이들에게는 사망으로부터 사망에 이르는 냄새가 된다. 십자가는 멸망하는 자들에게는 미련한 것이지만, 구원을 받는 자들에게는 하나님의 지혜와 능력이 된다.

(1) 두 행악자 중 한 사람은 마지막까지 완악하였다. 그리스도의 십자가 옆에서 그는 다른 사람들처럼 그리스도를 비방하였다(39절): 네가 그리스도가 아니냐. 사람들이 말하는 대로 네가 그리스도라면, 너와 우리를 구원하라. 이 강도는 고통 속에서 몸부림치며 죽음의 그늘 골짜기에 있으면서도 자신의 교만한 마음을 낮추지 않았고, 자기와 같이 고통받는 자에게 좋은 말을 하지 않았다. 미련한 자를 곡물과 함께 절구에 넣고 공이로 찧을지라도 그의 미련은 벗겨지지 아니하느니라(잠 27:22). 고통을 겪는다고 해서 저절로 악한 마음이 변화되는 것이 아니다. 도리어 고통은 종종 사람들 속에 있는 부패한 심성을 억제하는 것이 아니라 자극한다. 그는 그리스도에게 "너와 우리를 구원하라"고 대든다. 그리스도를 무례하게 비방하면서도 그를 통해서 구원을 얻을 수 있지 않을까 하는 일말의 기대감을 지닌 자들도 있는데, 그들은 그리스도가 그들을 구원하지 못한다면 그는 구주라고 할 수 없다고 결론을 내린다.

(2) 두 행악자 중 한 사람은 마지막에 가서 부드러워졌다. 마태복음과 마가복음에서는 그리스도와 함께 십자가에 못 박힌 강도들도 그를 욕하였다고 말하는데, 어떤 이들은 이것이 한 강도에게만 적용되는 것이라고 해석하는 반면에 어떤 이들은 처음에는 두 강도가 모두 그리스도를 욕하다가 기이하게도 그 중 한 강도의 마음이 변하여서 갑자기 말도 달라졌다고 해석한다. 사탄의 수중에 곧 떨어지게 될 순간에 이 행악자는 마치 불 붙은 나무조각이 불길에서 건져내지듯이 낚아채져서, 하늘의 긍휼과 은혜를 입은 자가 되었고, 사탄은 먹이를 잃어서 실망한 사자처럼 울부짖으며 떠났다. 그렇다고 해서 우리는 이 일을 보고, 임종 순간까지 회개를 미루거나 임종 때에 가서 긍휼을 구해도 늦지

않을 것이라고 생각해서는 안 된다. 왜냐하면, 참된 회개는 아무리 늦게 하더라도 결코 늦은 것이 아님은 분명하지만, 늦게 하는 회개가 참된 회개인 경우는 극히 드물다는 것도 분명하기 때문이다. 죽을 때에 회개할 시간이 있으리라는 보장이 없고, 이 회개한 강도의 경우는 극히 이례적인 것이기 때문에 이 강도에게처럼 기회가 주어질 수 있을지도 확실하지 않다. 이 강도에게는 이전에 그리스도의 복음을 들을 기회나 은혜를 받을 기회가 주어진 적이 없었다. 이 강도는 그리스도께서 연약함 속에서 십자가에 못 박히신 때조차도 능력을 지니고 계심을 보이기 위하여 선택된 특별한 사례였다. 유다를 멸하고 베드로를 보존하심으로써 사탄을 정복하신 그리스도께서는 그가 마음만 먹는다면 무엇이라도 할 수 있다는 것을 보여주기 위한 한 사례로서 이 행악자의 회심을 통하여 사탄에 대한 그의 승리를 보여주는 또 하나의 전리품을 제시하신다. 다음과 같은 것들은 이 사례가 이례적인 것임을 보여준다.

[1] 이 강도에 대한 하나님의 은혜의 이례적인 역사들. 이것은 이 강도가 한 말 속에서 드러난다. 아주 짧은 시간 안에 일어날 수 있는 최대의 복된 변화가 이 강도에게 일어났다는 것을 보여주는 아주 많은 증거들이 짧은 시간 안에 주어졌다.

첫째, 이 강도가 다른 행악자에게 한 말을 보라(40-41절). 1. 이 강도는 그리스도를 비방하는 다른 강도를 하나님을 두려함이 없고 신앙이라고는 전혀 찾아볼 수 없다고 책망하였다: 네가 하나님을 두려워하지 아니 하느냐. 이것은 이 강도가 하나님을 두려워하는 마음 때문에 무리들을 따라서 그리스도를 욕하는 악을 행하지 않게 되었다는 것을 의미한다. "나는 하나님을 두려워하기 때문에, 감히 그런 짓을 하지 않는다. 그런데 너는 하나님을 두려워하지 않는 것이냐?" 눈이 열린 자들은 모두 하나님을 두려워하지 않는 마음이 악인들의 악함의 밑바닥에 있다는 것을 보게 된다. "네 속에 일말의 양심이라도 남아 있다면, 너는 너와 똑같이 고통받고 있는 자를 그렇게 비방하려 들지 않을 것이다. 너도 동일한 처지에 있다. 너도 죽어가는 사람이기 때문에, 이 악한 백성들이 무슨 짓을 하든, 네가 죽어가는 사람을 비방하는 것은 합당하지 않다." 2. 이 강도는 자기는 마땅히 받을 벌을 받고 있다고 인정한다: 우리는 우리가 행한 일에 상당한 보응을 받는 것이니 이에 당연하다. 두 강도는 동일한 범죄로 형벌을 받고 있었을 것이기 때문에, 이 강도는 자신 있게 그렇게 말할 수 있었다. 이것은 특이한 방식으로 하나님의 은혜를 찬미하는 것이다. 두 강도는 죄를 짓고 형벌을 받는 데에는 동료였지만, 한 사람은 구원을 받았고, 한 사람은 멸망을 받았다. 두 강도는 지금까지는 모든 것을 함께 해왔지만, 이제 하나는 데려감을 얻고 하나는 버려둠을 당하였다. 이 강도는 네가 아니라 우리가 벌을 받는 것은 마땅하다고 말하였다. 진심으로 회개한 자들은 그들이 저지른 죄를 벌하시는 하나님의 공의를 인정한다는 것을 명심하라. 우리가 당한 모든 일에 주는 공의로우시니 우리는 악을 행하였사오나 주께서는 진실하게 행하셨음이니이다. 3. 이 강도는 그리스도께서는 부당하게 고난을 당한다고 믿었다. 그리스도는 두 군데의 법정에서 정죄되었고 마치 가장 흉악한 범죄자 취급을 받았지만, 이 회개한 강도는 그리스도가 고난 중에 행하시는 행위들을 통해서 이 사람이 행한 것은 옳지 않은 것이 없다(그릇되거나 잘못된 것이 없다)는 것을 확신하게 되었다. 대제사장들은 그리스도를 행악자들 중 하나로 여겨서 그들 사이에서 십자가에 못 박았다. 그러나 이 강도는 대제사장들보다 더 지각이 있어서, 그는 그들과 같은 부류가 아니라고 고백한다. 이 강도가 전에 그리스도 및 그가 행한 놀라운 일들에 대하여 들은 적이 있었는지의 여부는 본문에 나와 있지 않지만, 은혜의 성령께서는 그에게 빛을 비추어 이 지식을 주심으로써 그로 하여금 이 사람이 행한 것은 옳지 않은 것이 없다고 말할 수 있게 해주셨다.

둘째, 이 강도가 우리 주 예수께 한 말을 보라: 예수여, 당신의 나라에 임하실 때에 나를 기억하소서(42절). 이것은 죽어가는 죄인이 죽어가는 구주에게 드린 기도였다. 십자가 위에서 비난받고 조롱당하면서도 이렇게 기도를 듣게 되신 것은 그리스도의 영광이었고, 이렇게 기도를 드리게 된 것은 이 강도의 복이었다. 아마도 이 강도는 전에는 결코 기도해 본 적이 없었지만, 지금 마지막 숨을 거두기 직전에 기도의 응답을 받아서 구원을 받게 되었다. 생명이 있는 곳에는 소망이 있고, 소망이 있는 곳에는 기도할 여지가 남아 있다. 1. 이 기도 속에 나타난 강도의 믿음을 주목하라. 죄를 고백함으로써(41절) 그는 하나님께 회개하였고, 이 기도를 통해서(42절) 우리 주 예수 그리스도에 대한 믿음을 얻었다. 그는 예수를 주(KJV)로 고백하였고, 예수께서 나라를 가지고 계시다는 것, 지금 그 나라로 가고 계시다는 것, 그 나라에 대한 통치권을 가지고 계시다는 것, 그의 은총을 받은 자들은 복되다는 것을 고백하였다. 그리고 바로 이 때에 이 모든 것을 믿고 고백한 것은 중요한 일이었다. 그리스도께서는 지금 제자들로부터 버림을 받고 백성들에게 왕을 참칭한 자로 벌을 받는 것이라고 조롱당하며 성부 하나님에 의해서 건지심을 받지 못하는 깊은 수치의 상태에 계셨다. 그런데 이 강도는 그의 고난에 영광을 덧입혀줄 기이한 일들, 백부장을 깜짝 놀라게 했던 불가사의한 일들이 일어나기 전에 이러한 고백을 하였다. 진실로 우리가 이스라엘 중 아무에게서도 이 만한 믿음을 보지 못하였다. 이 강도는 현세 이후에 내세에서의 또 다른 삶을 믿었고, 십자가에서 건짐을 받기를 원했던 다른 강도와는 달리 십자가의 형벌을 다 치른 후에 내세에서 복된 삶을 살 수 있게 되기를 원하였다. 2. 이 기도 속에 나타난 강도의 겸손을 주목하라. 그가 요청한 것은 주여 나를 기억하소서가 전부였다. 제자들이 그리스도를 버리고 도망하였을 때에 이 강도는 그리스도의 잔을 마시고 그의 오른편 또는 왼편에서 함께 고난을 당하며 그의 세례로 세례를 받는 영광 — 그의 제자들 중 어느 누구도 누리지 못했던 영광 — 을 누렸음으로 그리스도의 나라에서 그의 오른편이나 왼편에 앉게 해달라고 요청할 수도 있었으련만, 제자들과는 달리 "주여 나를 높은 자리에 앉혀 주소서"(마 20:21)라고 기도하지 않았다. 고난 중에 서로 알게 되어서 종종 출세하는 일이 생기기도 한다(렘 52:31-32). 그러나 이 강도는 그런 생각은 아예 하지조차 않았다. 그가 부탁한 것은 주여 나를 기억하소서라고 말한 것이 전부였고, 자기를 어떻게 기억하실 것인지는 그리스도께 온전히 맡겼다. 이것은 요셉이 술 맡은 관원장에게 나를 생각하소서라고 부탁한 것과 같은 것으로서(창 40:14) 그 효과는 더 빨랐다. 술 맡은 관원장은 요셉을 잊었으나, 그리스도께서는 이 강도를 기억하셨다. 3. 강도의 기도 속에는 끈질기고 열렬한 마음이 담겨져 있었다. 그는 자신의 마지막 혼을 다 쏟아서 기도하였다: "주여, 나를 기억하소서. 그러면 족하겠고, 더 바랄 것이 없나이다. 나를 당신의 손에 맡깁니다." 우리가 간절하게 원하고 기도해야 할 것은 지금 그의 나라에 계시는 그리스도께 우리가 기억되는 것임을 명심하라. 그것만으로 사나 죽으나 우리는 안전할 것이다. 그리스도께서는 그의 나라에서 중보기도를 하고 계신다. "주여, 나를 기억하시고, 나를 위하여 중보기도 하여 주소서." 그리스도께서는 그의 나라에서 다스리고 계신다. "주여, 나를 기억하시고, 주의 성령으로 나를 다스리소서." 그리스도께서는 그의 나라에서 그의 백성된 자들이 거할 처소를 준비하고 계신다. "주여, 나를 기억하시고, 나를 위한 거처를 예비하옵소서. 죽을 때에 나를 기억하시고, 부활의 때에 나를 기억하소서." 욥기 14:13을 보라.

[2] 그리스도께서 이 강도에게 이례적인 은총을 베푸심. 이 강도의 기도에 대해서 그리스도께서는 이렇게 말씀하셨다: "내가 진실로 네게 이르노니, 아멘이자 충성된 증인인 내가 너의 기도에 대하여 아멘이라 말하여 허락하여서 네가 요청한 것 이상으로 네게 허락하리니, 오늘 네가 나와 함께 낙원에 있으리라(43절)." 좀 더 살펴보자.

첫째, 그리스도께서는 누구에게 이 말씀을 하셨는가? 그는 회개한 강도에게만 이 말씀을 하셨고, 또 다른 강도에게는 이 말씀을 하지 않으셨다. 십자가에 달리신 그리스도는 보좌에 앉으신 그리스도와 같다. 왜냐하면, 이제 이 세상에 대한 심판이 이르렀기 때문이다: 한 사람은 저주를 받고 죽고, 또 한 사람은 축복을 받고 죽는다. 그리스도께서는 자신도 극심한 고통 중에 계셨지만 자신의 모든 것을 그에게 맡긴 회개한 강도에게 위로의 말씀을 해주셨다. 아무리 악한 죄인일지라도 진심으로 회개한다면 그리스도로 말미암아 죄 사함을 얻을 뿐만 아니라 하나님의 낙원에서 거처를 얻게 된다는 것을 명심하라(히 9:15). 이것은 거저 주시는 은혜가 얼마나 풍성한지를 보여주는 것으로서, 반역자들과 행악자들도 죄 사함을 받을 뿐만 아니라 이렇게 좋은 자리에 나아갈 수 있다는 것을 보여준다.

둘째, 누가 이 말씀을 하셨는가? 이 말씀은 그리스도께서 특정한 대상을 두고 하신 또 하나의 중보의 말씀이지만, 그의 고난의 참된 의미를 설명하고자 하는 일반적인 의도를 지니고 있는 말씀이다. 그리스도께서 죽으신 것은 우리의 죄를 사하시기 위한 것이지만(34절) 우리를 위하여 영원한 생명을 확보하시기 위한 것이기도 하다. 이 말씀을 통해서 우리는 예수 그리스도께서 모든 회개하고 순종하며 믿는 자들에게 천국 문을 열어주시기 위하여 죽으셨다는 것을 깨닫게 된다. 1. 그리스도께서는 여기서 우리에게 그가 낙원, 즉 하데스 — 눈에 보이지 않는 세계 — 로 가고 계신다는 것을 알게 하신다. 그리스도의 인간적 영혼은 영혼들이 머무는 곳, 즉 저주받은 영혼들이 머무는 곳이 아니라 복된 자들이 머무는 낙원으로 옮겨가고 있었다. 이것을 통해서 그리스도께서는 우리에게 그의 구속이 열납되었고 성부 하나님께서 그를 기뻐하셨다는 것 — 그렇지 않았다면, 그는 낙원으로 가지 못할 것이었다 — 을 확신시켜 주신다. 이것은 그리스도 앞에 놓인 즐거움의 시작이었고, 그는 이 즐거움을 바라보는 것으로 위로를 삼으셨다. 그리스도께서는 십자가를 거쳐서 면류관을 얻게 되셨으므로, 우리는 어떤 다른 길로 갈 생각을 하거나 고난 이외의 방법으로 온전해질 수 있다고 생각해서는 안 된다. 2. 그리스도께서는 모든 회개한 신자들에게 그들이 죽게 되면 그와 함께 낙원에 있게 될 것을 알게 하신다. 그는 지금 제사장으로서 그들을 위하여 이 복을 값주고 사시고 계시고, 왕으로서 그들이 이 복을 받을 준비가 다 될 때에 그들에게 복을 수여할 준비를 하고 계신다. 여기서 우리는 다음과 같은 하늘의 복이 우리에게 예비되어 있다는 것을 알게 된다. (1) 낙원으로서, 에덴 동산에 비유되는 기쁨의 동산, 하나님의 낙원(계 2:7)이 우리에게 예비되어 있다. 우리의 최초의 조상은 죄를 짓기 전에 거기에 있었다. 둘째 아담 안에서 우리는 우리가 첫째 아담 안에서 잃었던 모든 것을 회복하게 되었을 뿐만 아니라, 이제는 이 땅의 낙원이 아니라 하늘의 낙원이 우리에게 주어진다. (2) 거기에서 우리는 그리스도와 함께 있게 된다. 그리스도를 뵈옵고 그와 함께 앉으며 그의 영광에 참여하는 것이 하늘의 복이다(요 17:24). (3) 이 복은 죽자마자 우리의 것이 된다: 오늘, 즉 내일이 아니라 바로 오늘 밤에 네가 나와 함께 낙원에 있으리라. 너희 신실한 자들의 영혼은 육신의 짐을 벗은 후에 즉시 기쁘고 지극히 복된 상태로 거하게 된다. 의인들의 영혼은 즉시 완전해진다. 나사로는 죽어서 즉시 위로를 받았다. 바울은 죽어서 즉시 그리스도와 함께 거하게 되었다(빌 1:23).

44때가 제육시쯤 되어 해가 빛을 잃고 온 땅에 어둠이 임하여 제구시까지 계속하며 45성소의 휘장이 한가운데가 찢어지더라 46예수께서 큰 소리로 불러 이르시되 아버지 내 영혼을 아버지 손에 부탁하나이다 하고 이 말씀을 하신 후 숨지시니라 47백부장이 그 된 일을 보고 하나님께 영광을 돌려 이르되 이 사람은 정녕 의인이었도다 하고 48이를 구경하러 모인 무리도 그 된 일을 보고 다 가슴을 치며 돌아가고 49예수를 아는 자들과 갈릴리로부터 따라온 여자들도 다 멀리 서서 이 일을 보니라

이 단락에는 다음과 같은 세 가지 내용이 나온다.

I. 그리스도의 죽음은 수반된 기이한 사건들에 의해서 영광을 받으셨다. 여기에는 오직 두 가지만 언급되어 있는데, 우리는 그 기사를 이미 복음서들에서 살펴본 바 있다.

1. 정오에 해가 어두워짐. 때는 제육시, 그러니까 우리의 시간 계산에 의하면 정오 12시였다. 온 땅에 어둠이 임하여 제구시까지 계속되었다. 해가 빛을 잃고, 동시에 구름이 잔뜩 끼어서, 짙은 어둠이 임하게 되었고, 이것은 사흘 동안 계속되었던 출애굽 때와는 달리 세 시간 동안 계속되었다.

2. 성소의 휘장이 찢어짐. 앞의 기이한 사건은 하늘에서 일어났고, 이번 사건은 성전에서 일어났다. 왜냐하면, 이 두 곳은 다 하나님이 거하시는 곳이어서, 하나님의 아들이 이렇게 욕을 당하고 계실 때에 그 곳들도 모욕감을 느껴서 이런 식으로 분노를 표시할 수밖에 없었기 때문이다. 휘장이 찢어진 것은 유대인과 이방인을 갈라놓았던 장벽이었고 우리가 하나님께 나아가는 것을 어렵게 하고 방해한 장벽이었던 율법 예식의 폐지를 뜻하는 것이었다. 따라서 우리는 은혜의 보좌 앞에 담대히 나아갈 수 있게 되었다.

II. 그리스도의 죽음은 그가 숨을 거두시면서 마지막으로 하신 말씀을 통해서 설명되었다(46절).   마태복음과 마가복음에서는 예수께서 어찌하여 나를 버리셨나이까라고 크게 소리 지르셨다고 기록하고 있다. 여기서도 그리스도께서는 그의 간절함을 나타내고 모든 백성으로 알게 하기 위하여 큰 소리로 아버지 내 영혼을 아버지 손에 부탁하나이다라고 말씀하셨다.

1. 그리스도께서는 이 말씀을 그의 조상 다윗에게서 빌려오셨다(시 31:5). 그리스도께서 이렇게 다윗의 말을 사용하신 것은 다른 말이 생각이 나지 않아서가 아니라 구약의 선지자들 속에서 증언한 분이 바로 그리스도의 영이라는 것과 그가 성경을 성취하기 위하여 오셨다는 것을 보여주기 위한 것이었다. 그리스도께서는 마지막으로 성경의 말씀을 그의 입에 담으시고 죽으셨다. 이렇게 그는 우리에게 우리가 하나님께 기도할 때에 성경에 나오는 표현을 사용할 것을 지시하신다.

2. 그리스도께서는 하나님께 말씀을 드리면서 하나님을 아버지라고 부르셨다. 그는 자기가 버림받은 것을 탄식하였을 때에는 엘리 엘리, 나의 하나님, 나의 하나님이라고 부르짖으셨지만, 이제 그의 영혼의 무시무시한 고통이 지나간 것을 보이기 위하여 여기서는 하나님을 아버지라고 부르신다. 그가 우리를 위하여 그의 생명과 목숨을 버리셨을 때, 그는 우리가 그로 말미암아 양자됨을 얻도록 하기 위하여 하나님을 아버지라 부르셨다.

3. 그리스도께서 사용하신 이 말씀은 중보자이신 그에게 특별한 의미를 지

니고 있었다. 그는 지금 그의 영혼을 우리의 죄를 위한 속건제물로 드리고자(사 53:10) 하셨고, 자기 목숨을 많은 사람의 대속물로 주려(마 20:28) 하셨으며, 영원하신 성령으로 말미암아 흠 없는 자기를 하나님께 드리고자(히 9:14) 하셨다. 그리스도는 제사장인 동시에 희생제물이셨다. 우리의 영혼은 죄로 인하여 상실되었기 때문에, 그리스도의 영혼이 속전(贖錢)으로 드려져야 했다. 그리스도께서는 죄로 인하여 상처를 입으신 하나님의 손에 우리를 대신하여 속전을 지불하셔야 했다. 그리스도께서는 하나님께 온전한 보상을 하셔야 했다. 이제 이 말씀을 통해서 그는 자기를 희생제물로 드렸으니, 곧 희생제물인 자신의 머리에 안수하여 하나님께 넘겨드렸다. 티테미 — "내가 그것을 맡기고, 그것을 당신의 손에 지불하나이다. 아버지여, 죄인들의 생명과 목숨 대신에 내 생명과 목숨을 받으소서." 제물을 드리는 자의 선한 뜻(animus offerentis)은 하나님으로 하여금 제물을 열납하시게 하는 데에 필수적인 요소였다. 그리스도께서는 전에 그를 제물로 바치라고 처음으로 지시를 받았을 때와 마찬가지로 여기에서도 기꺼이 기쁜 마음으로 자기를 제물로 드리겠다는 뜻을 표현한다(히 10:9-10): 보시옵소서, 내가 하나님의 뜻을 행하러 왔나이다 하셨으니 이 뜻을 따라 예수 그리스도의 몸을 단번에 드리심으로 말미암아 우리가 거룩함을 얻었노라.

4. 그리스도께서는 이 말씀을 통해서 그의 영혼과 육체가 재결합될 그의 부활을 그가 성부 하나님께 의탁하고 있다는 것을 보여준다. 그는 그의 영혼이 낙원으로 받아들여졌다가 제삼일에 다시 돌아오게 해주시기를 부탁드리면서 성부 하나님께 그의 영혼을 맡긴다. 이것은 우리 주 예수께서 진짜 육체를 가지셨던 것과 마찬가지로 육체와 분리되어 존재하는 영혼을 가지셨다는 것을 보여준다. 이렇게 그리스도께서는 형제들과 같이 되셨던 것이다. 그는 하나님이 그의 영혼을 그의 육체가 부패할 때까지 육체와 분리된 상태로 하데스에 두시지는 않을 것이라는 소망을 지닌 채 그의 영혼을 성부 하나님의 손에 맡기셨다.

5. 그리스도께서 이 말씀을 통해서 우리에게 하나의 본을 보여주셨는데, 다윗의 이 말씀을 임종을 앞둔 성도들에게 적용할 수 있도록 거룩하게 하셨다. 죽을 때에 우리가 가장 걱정하는 것은 우리의 영혼에 관한 것이다. 죽을 때에 우리의 영혼을 아버지이신 하나님의 손에 맡겨서, 우리의 영혼이 성령과 하나님의 은혜로 말미암아 거룩하게 되고 다스림을 받아 거룩함과 복됨 속에서 온

전해지게 되는 것보다 우리의 영혼을 위해서 더 잘 준비할 수 있는 길은 없다. 우리는 아버지 내 영혼을 아버지 손에 부탁하나이다라고 말함으로써, 우리가 기꺼이 죽고자 한다는 것, 현세 이후에 내세에 또 다른 삶이 있음을 굳게 믿는다는 것, 내세에서의 삶을 갈망한다는 것을 보여주어야 한다.

Ⅲ. 그리스도의 죽음은 거기에 있던 사람들의 마음에 깊은 감동을 주었다.

1. 군사들을 지휘했던 백부장은 그가 본 것으로 인해서 깊이 느낀 바가 있었다(47절). 그는 로마인이자 이방인으로서 이스라엘의 위로와는 아무런 상관이 없는 자였지만, 하나님께 영광을 돌렸다. 그는 하늘의 권능이 이렇게 놀랍게 나타나는 경우를 본 적이 없었기 때문에, 이 때에 하나님을 전능자로 찬양하게 되었다. 또한 그는 고난을 견디신 그리스도에 대하여 이렇게 증언하였다: "이 사람은 정녕 의인이었고, 부당하게 죽임을 당하였도다." 하나님께서 권능을 나타내셔서 백부장으로 하여금 그리스도께 영광을 돌리게 하신 것은 그리스도께서 죄가 없으시다는 것을 보여주는 명백한 증거였다. 마태복음과 마가복음에서는 백부장의 증언이 계속된다: 이는 진실로 하나님의 아들이었도다. 그러나 백부장의 경우에 이 두 가지 말은 서로 동일한 것이었다. 왜냐하면, 그리스도께서 의인이라면 그가 하나님의 아들이라고 한 말씀도 진실일 것이므로 자신에 관한 그리스도의 증언은 받아들여져야 하고, 만약 그리스도께서 자기에 관하여 한 말씀이 거짓이라면 그는 의인이라고 할 수 없기 때문이다.

2. 무관심했던 구경꾼들도 관심을 갖지 않을 수 없게 되었다. 구경꾼들이 보인 관심에 대한 언급은 오직 여기에만 나오고 다른 복음서들에는 나오지 않는다(48절). 이런 경우에 보통 그러하듯이 이를 구경하러 모인 무리도 그 된 일을 보고, 한동안 몹시 울적한 심정으로 돌아갈 수밖에 없었다 ─ 집에 돌아가서는 어떠했든지간에: 무리들은 다 가슴을 치며 돌아갔다. (1) 무리들은 당분간 이 일을 마음에 깊이 담아 두었다. 그들은 그리스도를 죽인 것이 악한 짓이었다고 여겼고, 하나님의 심판이 이 일로 인해서 그들의 민족 위에 임하게 될 것이라고 생각하지 않을 수 없었다. 아마도 이 무리들은 십자가에 못 박으소서 십자가에 못 박으소서라고 외쳤던 자들이었고, 그리스도께서 십자가에 달려 계실 때에 그를 욕하고 비방하였던 자들이었을 것이다. 그러나 이제 그들은 그리스도께서 운명하실 때에 수반되었던 어둠과 지진, 기이한 현상들에 놀라고 두려워하여서, 입이 다물어지지 않았을 뿐만 아니라, 양심의 가책을 받아 떨며, 세리

가 스스로를 자책하며 가슴을 쳤듯이 그들이 한 일을 후회하며 가슴을 쳤다. 어떤 이들은 무리들이 양심의 찔림을 받은 것은 나중에 그들에게 임할 선한 일(행 2:37)을 향한 복된 첫 걸음이었다고 해석한다. (2) 그렇지만 그러한 감동은 곧 사라져 버렸다. 무리들은 다 가슴을 치며 돌아갔다. 그들은 그리스도에 대하여 더 이상의 공경을 보이거나 더 많은 것을 물은 것이 아니라, 그냥 집으로 돌아가 버렸다. 그러므로 그들은 얼마 안 가서 이 일을 거의 잊어버렸을 것이다. 이렇게 말씀과 성례전들을 통해서 그리스도께서 못 박히신 모습을 분명하게 보았으면서도 잠시 감동을 받을 뿐이고 그 감동을 더 이상 지속하지 못하는 사람들이 많다. 그들은 가슴을 치며 돌아간다. 그들은 성례전에 비친 그리스도의 얼굴을 보고 그를 찬양하지만, 돌아가서는 그가 누구신지, 왜 그들이 그를 사랑해야 하는지를 곧 잊어버린다.

3. 그리스도를 따르던 자들과 친구들은 적당한 거리를 유지하여야 했지만, 무슨 일이 일어났는지를 보기 위하여 가능한 한 최대한으로 가까이 다가왔다(49절): 예수를 아는 자들, 즉 그를 알던 자들과 그에 관하여 알게 된 자들은 그리스도 가까이에 있으면 그의 추종자로 몰려서 잡혀갈까봐 멀리 서 있었다. 이것은 욥의 경우와 마찬가지로(욥 19:13) 그리스도의 고난의 일부였다: 나의 형제들이 나를 멀리 떠나게 하시니 나를 아는 모든 사람이 내게 낯선 사람이 되었구나. 시편 88:18을 보라. 그리고 갈릴리로부터 따라온 여자들도 다 멀리 서서 이 일을 보았으나, 이 일들을 어떻게 해석해야 할지를 몰랐고, 이 일들을 그리스도의 부활의 확실한 전조(前兆)들로 받아들여야 했음에도 불구하고 그럴 준비가 되어 있지 않았다. 지금 그리스도는 시므온의 예언대로 여러 사람의 마음의 생각을 드러내려고 비방을 받는 표적이 되기 위하여 세움을 받았다(눅 2:34-35).

[50]공회 의원으로 선하고 의로운 요셉이라 하는 사람이 있으니 [51](그들의 결의와 행사에 찬성하지 아니한 자라) 그는 유대인의 동네 아리마대 사람이요 하나님의 나라를 기다리는 자라 [52]그가 빌라도에게 가서 예수의 시체를 달라 하여 [53]이를 내려 세마포로 싸고 아직 사람을 장사한 일이 없는 바위에 판 무덤에 넣어 두니 [54]이 날은 준비일이요 안식일이 거의 되었더라 [55]갈릴리에서 예수와 함께 온 여자들이 뒤를 따라 그 무덤과 그의 시체를 어떻게 두었는지를 보고 [56]돌아가 향품과 향유를 준비하더라 계명을 따라 안식일에 쉬더라

이 단락에는 그리스도를 장사지낸 것에 관한 기사가 나온다. 그리스도께서는 죽어야 하셨을 뿐만 아니라 너는 흙이니 흙으로 돌아갈 것이니라(창 3:19)는 하나님의 선고를 따라서 죽음의 진토(시 22:15)로 돌아가셔야 했기 때문이다. 좀 더 살펴보자.

I. 누가 그리스도를 장사지냈는가? 그를 아는 자들은 멀리 서 있었다. 그들에게는 그리스도를 예를 갖추어 장사지낼 비용도 없었고, 그렇게 함으로써 백성들로부터 받을 미움을 감당할 용기도 없었다. 그러나 하나님은 이 두 가지를 모두 지닌 자, 요셉이라 하는 사람(50절)을 일으키셨다. 요셉은 선하고 의로운 자, 덕행과 경건에 있어서 흠 잡을 데 없는 좋은 평판을 지닌 자로서 누구에게나 의로웠을 뿐만 아니라 그를 필요로 하는 모든 사람에게 선하였다(그가 죽은 자의 부활에 대한 소망을 지닌 자로서 죽은 자를 장사지내 준 것은 그의 선함과 너그러움을 보여주는 한 예였다). 그는 높은 지위에 있는 자, 공회 의원, 유대 교회의 장로들 중 한 사람이었다. 본문에서는 그에 대하여 이런 것들을 말한 후에 그는 그리스도에게 사형 선고를 했던 산헤드린의 의원이었지만 그들의 결의와 행사에 찬성하지 아니한 자였다는 말을 추가하였다(51절). 산헤드린은 다수결을 따라서 판결을 했지만, 요셉은 그러한 결의에 반대하였고, 다수를 따라서 악을 행하지 않았다. 우리가 찬성하지 않은 악한 계획이나 행사(行事)는 우리의 행위로 간주되지 않을 것임을 명심하라. 그는 그리스도의 원수들인 자들에 대하여 공개적으로 반대하였을 뿐만 아니라 그리스도의 친구들인 자들에게 은밀하게 동의하였다: 그는 하나님의 나라를 기다리는 자였다. 그는 메시야와 그의 나라에 관한 구약의 예언들을 믿었고, 그 예언들이 성취되기를 기대하며 기다리고 있다가, 이 때에 주 예수에 대한 진정한 경외심을 지닌 자임이 드러났다. 세상에는 겉으로 신앙 고백을 드러내지는 않으면서도 기회가 되면 평소에 요란을 떨던 자들보다 더 기꺼이 진심으로 그리스도께 헌신하는 자들이 많다는 것을 명심하라.

II. 요셉은 그리스도를 장사지내기 위하여 무슨 일을 하였는가?

1. 그는 그리스도를 정죄한 재판장이었던 빌라도에게 가서 예수의 시체를 달라 하였다. 예수의 시체를 처분하는 권한이 빌라도에게 있었기 때문이다. 요셉은 무력을 사용해서 예수의 시체를 가져오기에 충분한 정도의 무리들을 모을 수 있었겠지만 정상적인 절차를 거쳐서 평화롭게 이 일을 추진하고자 하였다.

2. 그는 손수 예수의 시체를 내려 세마포로 쌌다. 우리가 어린아이들을 배내옷에 싸듯이, 유대인들은 죽은 자의 시체를 세마포로 싸는 풍습이 있었는데, 여기서 사용된 단어는 바로 그러한 의미를 나타낸다. 따라서 그는 세마포 한 폭 전체를 사다가 이런 목적에 사용하기 위해서 여러 조각을 내었다. 요한복음 11:44에서도 나사로가 수족을 베로 동인 채로 나왔다고 묘사한다. 성도들에게 수의는 배내옷과 같아서, 성도들이 온전한 사람이 될 때에 수의를 벗어버리게 될 것이다.

Ⅲ. 그리스도께서는 어디에 장사되셨는가? 그는 바위에 판 무덤에 장사되셨는데, 이런 무덤은 누구도 침입할 수 없을 정도로 견고하였을 것이다. 이것은 교회가 지하로 들어가게 되었을 때에 바위에 판 무덤에 둘러싸이게 된 것과 같다(애 3:2, 9). 그러나 그 무덤은 아직 사람을 장사한 일이 없는 무덤이었다. 왜냐하면, 그리스도께서 제삼일에 오직 그의 권능으로 다시 부활하기 위해서는 아무도 장사지낸 일이 없는 무덤에 장사되셔야 했기 때문이다. 그리스도께서는 어느 누구도 하지 못했던 일, 곧 죽음을 정복하는 일을 하셔야 했다.

Ⅳ. 그리스도께서는 언제 장사되셨는가? 이 날은 준비일이요 안식일이 거의 되었더라(54절). 여기에 그들이 왜 그렇게 서둘러서 그리스도를 장사지냈는지 그 이유가 나와 있는데, 그것은 안식일이 거의 되어서 안식일을 준비하기 위하여 다른 일들을 해야 했기 때문이었다. 우느라고 씨를 뿌리지 않을 수는 없는 노릇이다. 그들은 그리스도의 죽음을 인하여 눈물을 흘리고 있었지만, 안식일을 거룩히 지키는 일에도 신경을 써야 하였다. 안식일이 다가오자, 준비가 필요하였다. 우리는 안식일을 지키는 것에 방해되지 않도록 세상 일들을 규모 있게 해야 하고, 우리의 거룩한 열정이 안식일까지 지속될 수 있도록 항상 타오르게 하여야 한다.

Ⅴ. 장례에 참여한 자들은 누구였는가? 제자들은 한 사람도 없었고, 오직 갈릴리에서 예수와 함께 온 여자들(55절)만이 있었다. 이 여자들은 그리스도께서 십자가에 달려 계시는 동안에 옆에 서 있다가, 요셉이 시체를 가져가자 눈물을 흘리면서 뒤를 따라가서, 무덤이 어디 있는지, 무덤으로 가는 길이 어느 길인지, 그 무덤과 그의 시체를 어떻게 두었는지를 보았다. 이 여자들이 무덤까지 따라온 것은 호기심 때문이 아니라 주 예수에 대한 사랑 때문이었다. 그들의 사랑은 죽음 같이 강하였고, 많은 물도 이 사랑을 끌 수 없었다. 이 장례는 조용하

게 치러져서 장엄한 장례는 아니었지만, 그가 거한 곳은 영화로웠다.

VI. 그리스도를 장사지낸 후에 그의 시체를 방부 처리하기 위하여 어떤 준비가 이루어졌는가?   여자들은 돌아가 향품과 향유를 준비하였다. 이것은 그들의 신앙을 보여주는 증거라기보다는 그들의 사랑을 보여주는 증거였다. 왜냐하면, 그들이 그리스도께서 제삼일에 살아나리라고 수 차례에 걸쳐 하신 말씀을 기억하고 믿었더라면, 그들은 얼마 안 있어서 가장 값비싼 향유보다 더 귀한 부활의 영광으로 인해서 그리스도의 몸이 더 큰 영광을 얻게 될 것임을 알고서, 향품과 향유를 준비하는 비용과 수고를 하지 않았을 것이기 때문이다. 그러나 그들은 그런 준비를 하느라 바빴지만 안식일에는 쉬고, 아무 일도 하지 않았는데, 이것은 유대 민족의 관습을 따른 것이었기도 하지만 시대가 변하여도 여전히 온전히 유효한 하나님의 계명을 따른 것이었다: 안식일을 기억하여 거룩하게 지키라.

제
— 24 —
장

개요

우리 주 예수께서는 그의 죽음을 욕되게 하려고 온갖 짓을 다하였던 그의 원수들의 흉계에도 불구하고 영광스럽게 돌아가셨다. 그러나 그의 부활은 더욱 영광스러운 것이 었는데, 우리는 이 장에서 그의 부활에 관한 이야기를 듣게 된다. 누가복음 기자는 마태복음이나 마가복음보다 그리스도의 부활에 관한 증거들을 더 자세하게 기록하고 있다. I. 두 천사가 무덤을 찾은 여자들에게 주 예수께서 전에 말씀하신 대로 죽은 자로부터 다시 살아나셨다고 알려주고(1-7절), 여자들은 이 사실을 사도들에게 전함(8-11절). II. 베드로가 무덤을 방문한 것과 거기에서 찾아낸 것들(12절). III. 그리스도께서 엠마오로 가던 두 제자와 대화하시고 그들에게 자신을 알리심(13-35절). IV. 그리스도께서 같은 날 저녁에 열한 제자들에게 나타나심(36-49절). V. 그리스도께서 제자들에게 작별인사를 하시고 하늘로 승천하셨고, 뒤에 남겨진 제자들은 기뻐하며 찬미함(50-53절).

[1]안식 후 첫날 새벽에 이 여자들이 그 준비한 향품을 가지고 무덤에 가서 [2]돌이 무덤에서 굴려 옮겨진 것을 보고 [3]들어가니 주 예수의 시체가 보이지 아니하더라 [4]이로 인하여 근심할 때에 문득 찬란한 옷을 입은 두 사람이 곁에 섰는지라 [5]여자들이 두려워 얼굴을 땅에 대니 두 사람이 이르되 어찌하여 살아 있는 자를 죽은 자 가운데서 찾느냐 [6]여기 계시지 않고 살아나셨느니라 갈릴리에 계실 때에 너희에게 어떻게 말씀하셨는지를 기억하라 [7]이르시기를 인자가 죄인의 손에 넘겨져 십자가에 못 박히고 제삼일에 다시 살아나야 하리라 하셨느니라 한대 [8]그들이 예수의 말씀을 기억하고 [9]무덤에서 돌아가 이 모든 것을 열한 사도와 다른 모든 이에게 알리니 [10](이 여자들은 막달라 마리아와 요안나와 야고보의 모친 마리아라 또 그들과 함께 한 다른 여자들도 이것을 사도들에게 알리니라) [11]사도들은 그들의 말이 허탄한 듯이 들려 믿지 아니하나 [12]베드로는 일어나 무덤에 달려가서 구부려 들여다 보니 세마포만 보이는지라 그 된 일을 놀랍게 여기며 집으로 돌아가니라

그리스도의 영혼과 육체가 그의 부활을 통하여 어떻게 재결합되었는가 하는 것은 하나의 신비로서 우리에게 속하지 않은 감추어진 일이다. 그러나 그리스도께서 부활하셨다는 확실한 증거들, 즉 그가 진실로 죽은 자 가운데서 다시 살아나셔서 하나님의 아들임을 증명하셨다는 것을 보여주는 증거들은 우리와 우리 자손에게 속한 나타난 일들이다. 이 단락에 나오는 일부 구절들은 마태복음과 마가복음에서 이미 보았던 것과 실질적으로 동일한 이야기를 담고 있다.

I. 그리스도를 따르던 선한 여자들은 그가 죽어 장사된 후에도 그에게 사랑과 존경심을 보여주었다(1절). 그들은 안식일이 지나자마자 그의 시체에 향유를 바르기 위하여 무덤에 갔는데, 이것은 요셉이 시체를 싼 세마포를 풀어서 시체를 꺼내려고 한 것이 아니라 머리와 얼굴, 그리고 아마도 상처난 손과 발에 향유를 바르고 시체 주변에 향료를 뿌리려는 것이었다. 이것은 마치 우리가 순수한 의도에서 친구의 시체와 무덤 주위에 꽃을 뿌려서 죽음의 흉한 모습을 될 수 있는 한 털어버리고 주변 사람들에게 주는 혐오감을 어느 정도 덜어주려고 하는 것과 같은 것이었다. 그리스도를 향한 이 선한 여자들의 열심은 지속되었다. 그들은 하룻밤을 자고나서 생각이 바뀌어서, 무엇 때문에 이 비싼 것을 이런 식으로 낭비한단 말인가라고 생각하며, 안식일 전날에 비싼 값을 주고 준비하였던 향품들을 다른 용도로 처분하지 않았다. 오히려 그들은 안식일이 지난 아침에 일찍, 그것도 매우 일찍 향품을 가지고 무덤으로 갔다. 각각 그 마음에 정한 대로 하라(고후 9:7)는 것이 자선의 법칙이다. 그리스도를 위해서 준비한 것이면, 그것은 그를 위하여 사용되어야 한다. 이 여자들의 이름이 본문에 나와 있다: 막달라 마리아와 요안나와 야고보의 모친 마리아. 그들은 나이 지긋한 품위 있는 여자들이었던 것으로 보인다. 그들과 더불어 몇몇 다른 여자들도 있었다고 본문은 말한다(1, 10절). 이 여자들은 향품을 준비하는 데는 동참하지 못했지만 그들이 무덤에 간다고 했을 때에 함께 따라나선 여자들이었다. 그리스도의 말씀대로 그가 죽자 그의 친구들의 수가 더 늘어났다(요 12:24, 32). 예루살렘의 딸들이 신부가 그녀의 사랑하는 자를 너무도 열렬히 찾는 것을 보고는 신부와 함께 그녀의 사랑하는 자를 찾아나선 것과 마찬가지로(아 6:1), 그들과 함께 한 다른 여자들도 그랬다. 몇몇 사람들의 열심은 다른 사람들에게도 열심을 불러일으키는 법이다.

Ⅱ. 여자들은 돌이 굴려져 있고 무덤이 비어 있는 것을 보고 깜짝 놀랐다(2-3 절).   그들은 돌이 무덤에서 굴려 옮겨진 것(이것은 그가 법적으로 석방되어 밖으로 나와도 된다는 허락을 받은 것으로 보였다)과 주 예수의 시체가 보이지 아니한 것(이것은 우리로 하여금 그가 석방되어 밖으로 나간 것으로 생각하도록 한 것으로 보였다)을 보고 몹시 당황하였다(4절, 개역에서는 근심하였다) ― 그런데 사실 그들은 이것을 기뻐해야 했다. 선한 그리스도인들은 서로를 위로하고 격려하여야 할 일을 놓고 오히려 당황하고 어쩔 줄 몰라 하는 일이 자주 있다는 것을 명심하라.

Ⅲ. 두 천사가 여자들에게 그리스도께서 부활하셨다는 것을 분명하게 설명해 주었다.   두 천사는 찬란한 옷을 입고서 그들에게 나타났는데, 그 옷은 단지 흰 것이 아니라 광채를 뿜는 빛나는 옷이었다. 여자들은 먼저 한 천사가 무덤 밖에 있다가 곧 안으로 들어가는 것을 보았고, 이어서 흰 옷 입은 두 천사가 예수의 시체 뉘었던 곳에 하나는 머리 편에, 하나는 발 편에 앉아 있는 것을 보았다. 복음서들의 기사는 이런 식으로 서로 조화시키는 것이 가능하다. 여자들은 천사들을 보자 천사들이 그들에게 나쁜 소식을 전하지 않을까 하여 두려워하였다. 그러나 여자들은 천사들에게 묻지 않고 무덤에서 그들의 사랑하는 주님을 찾기 위해서 얼굴을 땅에 대었다. 여자들은 찬란한 옷을 입은 천사들이 아니라 수의를 입은 주님을 보기를 더 원하였다. 신자들의 눈에는 죽어가시는 예수가 천사들보다 더 아름답게 보인다. 이 여자들은 아가서에 나오는 신부처럼 순찰자들(천사들을 부르는 다른 이름이기도 하다)을 만났을 때에 그들과 다른 대화를 나눈 것이 아니라 오직 내 마음으로 사랑하는 자를 너희가 보았느냐고 물었다. 좀 더 살펴보자.

1. 천사들은 부질없이 그리스도의 시체를 찾는다고 여자들을 나무랐다: 어찌하여 살아 있는 자를 죽은 자 가운데서 찾느냐(5절). 이 말을 통해서 천사들은 그리스도께서 살아 있다는 것을 증언한 것이고, 그리스도께서는 살아 있다고 증거를 얻은 자가 되셨다(히 7:8). 나의 대속자가 살아 계시다는 것을 내가 안다는 것은 모든 성도들에게 위로가 된다. 왜냐하면, 그리스도께서 살아 계시므로, 우리도 장차 살 것이기 때문이다. 그러나 그리스도를 죽은 자 가운데서 찾는 자들, 마치 그리스도께서 이방인들이 숭배하는 죽은 영웅들 중 한 사람이라도 되는 듯이 그를 그 영웅들 가운데서 찾는 자들, 성상(聖像)이나 십지가상, 사

람들의 손으로 만든 작품, 기록되지 않은 전승, 사람들이 만들어낸 것들 속에서 그를 찾는 자들은 책망을 듣게 된다. 사실 피조물 속에서 행복과 만족을 구하고 이 불완전한 현세의 삶 속에서 완전함을 구하는 자들은 모두 살아 있는 자를 죽은 자 가운데서 찾는 자들이라고 할 수 있다.

2. 천사들은 그리스도께서 죽은 자 가운데서 다시 살아나셨다는 것을 여자들에게 확인해 주었다(6절): "여기 계시지 않고 살아나셨느니라. 그는 자신의 권능으로 부활하셨다. 그는 무덤을 떠나셨고 다시는 돌아오지 않으실 것이다." 이 천사들은 자격을 갖춘 증인들이었다. 왜냐하면, 이 천사들은 그리스도의 부활을 위해서 하늘로부터 지시를 받고 급히 보내심을 받은 자들이었기 때문이다. 우리는 그들의 기록이 참되다고 확신한다. 그들은 감히 거짓말을 할 수 없다.

3. 천사들은 여자들에게 그리스도께서 전에 하신 말씀을 상기시켰다: 갈릴리에 계실 때에 너희에게 어떻게 말씀하셨는지를 기억하라. 만약 이 여자들이 그리스도께서 부활에 관하여 하신 예고의 말씀을 곧이곧대로 믿고 마음에 새기고 있었더라면, 그들은 그가 부활하셨을 때에 그 일을 쉽게 믿을 수 있었을 것이다. 그러므로 천사들이 그리스도께서 전에 자주 하셨던 말씀, 곧 인자가 죄인의 손에 넘겨지리라는 말씀을 여자들에게 상기시켜 주었을 때, 그 말씀은 여자들에게는 그리 새삼스럽게 놀랄 만한 말씀은 아니었을 것이다. 인자가 죄인의 손에 넘겨지는 일은 하나님의 미리 정하신 계획을 따라서 이루어진 일이었지만, 그 일을 한 자들은 그 일을 한 것에 대하여 죄가 없다고 할 수 없었다. 또한 그리스도께서는 자기가 십자가에 못 박혀야 하리라고 말씀하셨다. 분명히 여자들은 그 말씀이 이루어진 것을 너무도 생생하게 기억하고 있었다. 그리고 이것은 항상 그 뒤에 따라 왔던 말씀, 즉 제삼일에 다시 살아나야 하리라는 말씀을 여자들에게 상기시키지 않았을까? 하늘에서 온 이 천사들이 어떤 새로운 복음을 가져온 것이 아니라, 교회의 천사들이 그러하듯이 그리스도의 말씀들을 여자들에게 상기시키고 어떻게 그 말씀들을 사용하고 적용할지를 가르치고 있다는 것을 주목하라.

Ⅳ. 천사들의 설명을 듣고 여자들은 만족하였다(8절). 여자들은 천사들의 설명을 수긍하였던 것으로 보인다. 그들은 예수의 말씀을 다시 떠올려서 기억하고, 그가 살아나신 것을 그들이 당연히 기대했어야 했다고 결론을 내렸다. 그

러자 그들은 제삼일에 부활할 것이라던 그의 말씀을 잊고 바로 그 제삼일에 그의 시체에 바를 향유를 준비해 온 것을 부끄럽게 여겼다. 그리스도의 말씀들을 시의적절하게 기억해낸다면, 우리는 그의 섭리를 올바르게 이해하는 데에 도움을 받을 수 있다는 것을 명심하라.

V. 여자들은 이 일을 사도들에게 전하였다: 그들은 무덤에서 돌아가 이 모든 것을 열한 사도와 그리스도의 제자들인 다른 모든 이에게 알렸다(9절). 열한 사도들과 그 밖의 다른 제자들은 한 곳에 모여 있었던 것 같지는 않다. 그들은 모두 뿔뿔이 흩어져서 거의 두세 사람도 한 곳에 머물러 있지 않았을 것이지만, 서로서로 연락을 해서 짧은 시간 안에 그 날 아침에 모두 그 소식을 들었을 것이다. 그러나 본문에서는 그들이 이 소식을 어떻게 받아들였는지를 기록하고 있다(11절): 사도들은 그들의 말이 허탄한 듯이 들려 믿지 아니하였다. 사도들은 그 소식이 여자들이 상상력을 발휘하여 꾸며낸 일일 뿐이라고 생각하였다. 왜냐하면, 사도들도 그리스도의 말씀들을 잊고 있었고, 그리스도께서 얼마 전에 갈릴리에서 하신 말씀만이 아니라 아주 최근에 그가 잡히시던 밤에 하셨던 말씀, 즉 조금 있으면 너희가 나를 보지 못하겠고 또 조금 있으면 나를 보리라 하신 말씀조차도 마음에 두고 있지 않았기 때문이었다. 내가 다시 너희를 보리라. 우리는 제자들의 우둔함에 경악을 금치 못한다. 그들은 그리스도께서 하나님의 아들이며 참 메시야라는 것을 믿는다고 여러 차례 고백하였고, 그가 죽었다가 다시 살아나서 영광으로 들어가게 되리라고 말씀하신 것을 여러 차례 들었으며, 죽은 자가 다시 살아나는 것을 여러 번 목격해 놓고도, 그리스도께서 다시 살아나셨다는 것을 이토록 믿지 못했다는 것이 말이 되는가. 분명히 그들은 나중에 이와 똑같은 의심을 품는 자들을 만나게 되었을 때에 그들 자신이 그런 자들과 똑같은 의심을 품은 적이 있었다는 것을 기억하고는 그런 자들을 이상하게 여기지 않았을 것이다: 우리가 전한 것을 누가 믿었느냐.

VI. 베드로는 사실을 확인하기 위해서 무덤을 찾아갔다(12절). 베드로에게 소식을 전해 준 사람은 막달라 마리아였던 것으로 보이고, 요한복음 20:1-2에는 베드로가 무덤으로 달려간 이야기가 특히 자세하게 묘사되어 있다.

1. 베드로는 소식을 듣자마자, 막달라 마리아가 자기보다 먼저 무덤에 가보았다는 것에 부끄러움을 느껴서 서둘러 무덤으로 달려갔다. 그렇지만 베드로는 여자들에게서 무엇보다도 지키는 자들이 도망갔다는 말을 전해 듣지 않았나

면 무덤에 갈 엄두를 내지 못하였을 것이다. 위험이 없을 때에는 날 듯이 달려가지만 위험이 있을 때에는 겁을 집어먹는 사람들이 많다. 전 날에 주님을 버리고 달아났던 베드로가 지금은 무덤으로 달려갔다.

2. 베드로는 무덤 속을 들여다보고, 그리스도의 시체를 쌌던 세마포만이 가지런히 개어져 놓여 있고 시체는 온데간데 없이 사라져 버렸다는 것을 알게 되었다. 그는 천사들의 증언보다는 자신의 눈을 더 믿는다는 듯이 무덤 구석구석을 샅샅이 살폈다.

3. 베드로는 좀 더 지혜롭게 생각하지 못하고, 그 된 일을 놀랍게 여기며 집으로 돌아갔다. 만약 그가 그리스도의 말씀들을 기억해 내기만 했어도, 그가 본 사실만으로도 그리스도께서 죽은 자 가운데서 다시 살아나셨다는 것을 확신하기에 충분했을 것이다. 그러나 그리스도의 말씀들을 까맣게 잊어버린 베드로는 이 일을 어떻게 해석해야 할지를 몰라서 단지 기이히 여기기만 했을 뿐이다. 우리가 그리스도의 말씀들을 올바르게 이해하고 그 말씀들을 늘 우리 곁에 두기만 한다면 너무도 그 뜻이 분명하고 유익할 수 있는 일들이 우리에게 당혹스럽고 혼란스러운 일들로 여겨질 때가 많다.

[13]그 날에 그들 중 둘이 예루살렘에서 이십오 리 되는 엠마오라 하는 마을로 가면서 [14]이 모든 된 일을 서로 이야기하더라 [15]그들이 서로 이야기하며 문의할 때에 예수께서 가까이 이르러 그들과 동행하시나 [16]그들의 눈이 가리어져서 그인 줄 알아보지 못하거늘 [17]예수께서 이르시되 너희가 길 가면서 서로 주고받고 하는 이야기가 무엇이냐 하시니 두 사람이 슬픈 빛을 띠고 머물러 서더라 [18]그 한 사람인 글로바라 하는 자가 대답하여 이르되 당신이 예루살렘에 체류하면서도 요즘 거기서 된 일을 혼자만 알지 못하느냐 [19]이르시되 무슨 일이냐 이르되 나사렛 예수의 일이니 그는 하나님과 모든 백성 앞에서 말과 일에 능하신 선지자이거늘 [20]우리 대제사장들과 관리들이 사형 판결에 넘겨 주어 십자가에 못 박았느니라 [21]우리는 이 사람이 이스라엘을 속량할 자라고 바랐노라 이뿐 아니라 이 일이 일어난 지가 사흘째요 [22]또한 우리 중에 어떤 여자들이 우리로 놀라게 하였으니 이는 그들이 새벽에 무덤에 갔다가 [23]그의 시체는 보지 못하고 와서 그가 살아나셨다 하는 천사들의 나타남을 보았다 함이라 [24]또 우리와 함께 한 자 중에 두어 사람이 무덤에 가 과연 여자들이 말한 바와 같음을 보았으나 예수는 보지 못하였느니라 하거늘 [25]이르시되 미련하고

선지자들이 말한 모든 것을 마음에 더디 믿는 자들이여 ²⁶그리스도가 이런 고난을 받고 자기의 영광에 들어가야 할 것이 아니냐 하시고 ²⁷이에 모세와 모든 선지자의 글로 시작하여 모든 성경에 쓴 바 자기에 관한 것을 자세히 설명하시니라 ²⁸그들이 가는 마을에 가까이 가매 예수는 더 가려 하는 것 같이 하시니 ²⁹그들이 강권하여 이르되 우리와 함께 유하사이다 때가 저물어가고 날이 이미 기울었나이다 하니 이에 그들과 함께 유하러 들어가시니라 ³⁰그들과 함께 음식 잡수실 때에 떡을 가지사 축사하시고 떼어 그들에게 주시니 ³¹그들의 눈이 밝아져 그인 줄 알아 보더니 예수는 그들에게 보이지 아니하시는지라 ³²그들이 서로 말하되 길에서 우리에게 말씀하시고 우리에게 성경을 풀어 주실 때에 우리 속에서 마음이 뜨겁지 아니하더냐 하고 ³³곧 그 때로 일어나 예루살렘에 돌아가 보니 열한 제자 및 그들과 함께 한 자들이 모여 있어 ³⁴말하기를 주께서 과연 살아나시고 시몬에게 보이셨다 하는지라 ³⁵두 사람도 길에서 된 일과 예수께서 떡을 떼심으로 자기들에게 알려지신 것을 말하더라

그리스도께서 엠마오로 가던 두 제자에게 나타나신 이 사건은 마가복음에서 잠깐 언급되긴 했지만(막 16:12), 여기에는 훨씬 자세하게 기록되어 있다. 이 일이 일어난 때는 그리스도께서 부활하신 바로 그 날, 그리스도와 함께 시작된 새로운 세계의 첫 날이었다. 이 두 제자 중 한 사람은 글로바 또는 알패오였는데, 옛 사람들에 의하면, 그는 그리스도의 아버지로 여겨지는 요셉의 형제였다고 한다. 다른 한 제자가 누구였는지는 확실하지 않다. 어떤 이들은 그가 베드로였다고 말한다. 그 날에 그리스도께서 특별히 베드로에게 나타나신 것은 사실인 것 같다. 이것은 열한 제자가 증언하고 있고(34절), 바울도 언급하고 있다(고전 15:5). 그러나 여기에 나오는 두 제자 중의 한 사람이 베드로였을 가능성은 없다. 왜냐하면, 이 두 제자가 부활하신 그리스도를 만난 후에 예루살렘으로 되돌아가서 이 소식을 전했을 때에 거기에는 이미 베드로를 포함한 열한 제자가 모여 있었기 때문이다. 또한 베드로는 우리에게 너무도 잘 알려진 인물이었기 때문에, 만약 두 제자 중 한 사람이 베드로였다면, 글로바가 아니라 베드로가 두 제자의 대변인 역할을 했을 것이다. 따라서 여기서 다른 한 제자는 9절에 언급된 열한 제자와 연관이 있던 자들 중의 한 사람이었다고 보아야 한다. 우리는 이 단락에서 다음과 같은 것들을 살펴볼 수 있다.

Ⅰ. **두 제자가 걸으면서 한 얘기**: 그 날에 그들 중 둘이 엠마오라 하는 마을로 갔다. 엠마오는 예루살렘에서 걸어서 대략 두 시간 거리로 여겨지는데, 여기에서는 이십오 리쯤 된다고 말한다(13절). 그들이 일이 있어서 가는 것인지, 아니면 친구를 만나기 위해서 가는 것인지는 본문에 나와 있지 않다. 아마 그들은 이제 예수에 대한 미련을 버리고 고향인 갈릴리를 향하여 가고 있었던 것 같다. 그들은 고향으로 가서 쉴 생각으로 떠난다는 말도 없이 제자들의 무리에서 빠져나왔을 것이다. 왜냐하면, 주님께서 부활하신 그 아침에 그들에게 전해진 소식은 허탄한 듯이 들렸기 때문이었다. 그렇다면, 그들이 고향으로 돌아가는 것이 상책이라고 생각한 것은 결코 이상한 일이 아니었다. 그런데 그들은 여행하면서 이 모든 된 일을 서로 이야기하였다(14절). 그들은 예루살렘에서는 유대인들이 두려워서 거기에서 일어난 일들을 서로 상의할 용기를 내지 못하였지만, 유대인들의 감시망에서 벗어나자, 그 일에 대하여 허심탄회하게 서로 얘기할 수 있었다. 그들은 이 모든 일들에 대하여 얘기하면서, 그리스도께서 부활하셨을 가능성에 대해서도 따져 보았다. 왜냐하면, 이 가능성에 대한 판단 여하에 따라서 그들은 계속해서 고향으로 가든지 다시 예루살렘으로 돌아갈 작정이었기 때문이다. 그리스도의 제자들은 함께 있을 때에 그리스도의 죽음과 부활에 관하여 얘기하는 것이 합당한 일임을 명심하라. 그렇게 함으로써, 그들은 서로의 지식을 활용할 수 있고, 서로의 기억을 새롭게 해줄 수 있으며, 서로의 경건한 사랑을 분발시킬 수 있다.

Ⅱ. **두 제자는 엠마오로 가는 길에서 예수께서 친히 오셔서 그들과 함께 하실 때에 좋은 친구를 만나게 되었다**(15절): 그들은 서로 이야기하며 문의하였는데, 아마도 한 사람은 주님께서 부활하셨고 곧 그의 나라를 세우시게 될 것이라는 소망을 피력하고 다른 한 사람은 절망적인 견해를 제시하면서 열띤 논쟁을 벌이고 있었을 것이다. 그리스도께서는 낯선 사람인 척 그들에게 가까이 다가가서 목적지가 동일한 것 같으니 그들과 동행해도 좋겠냐고 양해를 구하셨다. 두 제자가 그리스도와 관련하여 서로의 덕을 세우는 대화를 하고 있을 때에 그리스도께서 그들에게 오셔서 세 번째의 참여자가 되시고자 하셨다는 것은 우리가 함께 있을 때에 우리 가운데서 그러한 대화를 항상 나눌 것을 격려하신 것임을 명심하자. 주님을 경외하는 자들이 서로 얘기할 때, 주님께서는 귀를 기울여 들으시고, 진리로 그들과 함께 하신다. 따라서 이렇게 믿음과 사랑

안에서 서로 얽힌 두 사람은 쉽게 끊어지지 않는 세 겹 줄이 된다(전 4:12). 두 제자는 그리스도에 대하여 더 잘 알기 위해서 서로 이야기하며 문의하는 가운데 그리스도를 찾고 있었다. 그러자 그리스도께서 그들에게 오셨다. 그리스도를 찾는 자들은 그를 만나게 될 것임을 명심하라. 그리스도께서는 자기를 찾는 자들에게 자기를 나타내실 것이고, 여러 가지 방법을 사용해서 그리스도를 알고자 하는 자들에게는 그를 아는 지식을 주실 것이다. 신부는 순찰하는 자들에게 그녀의 사랑하는 자를 보지 못하였느냐고 묻고나서, 그들을 지나치자마자 마음에 사랑하는 자를 만났다(아 3:4). 그러나 두 제자는 그리스도께서 그들과 함께 계셨지만 처음에는 그 사실을 알지 못하였다(16절): 그들의 눈이 가리어져서 그인 줄 알아보지 못하였다. 대상도 변화되었던 것 같고(마가복음에서 예수께서 다른 모양으로 나타나셨다고 말하고 있는 것으로 보아서), 감각 기관에도 문제가 있었던 것 같다(여기서 그들의 눈이 하나님의 권능에 의해서 가리어졌다고 말하고 있는 것으로 보아서). 또는, 어떤 이들이 생각하는 것처럼, 시야가 흐렸을 수도 있다. 즉, 두 제자가 그리스도를 알아볼 수 없을 정도로 대기가 희뿌였을 수도 있다. 두 제자가 그리스도를 어떻게 해서 알아보지 못하였느냐가 중요한 것이 아니라 그들이 그리스도를 알아보지 못하였다는 사실이 중요하였다. 그리스도께서 그렇게 하신 것은 두 제자와 그가 서로 허심탄회하게 대화를 나눌 수 있도록 하고, 그의 말씀과 그 능력이 그의 육체적인 현존에 의존하는 것이 아님을 보여주심으로써 그의 육체에 지나치게 집착해온 제자들에게 거기에서 벗어나야 한다는 것을 깨우치시고, 그는 사람들에게 눈에 보이지 않는 그의 영적인 임재와 거기에 수반되는 은혜를 주셔서 그들을 통해서 다른 사람들을 가르치실 수 있고 그 마음들을 뜨겁게 하실 수 있다는 것을 가르치시기 위함이었다.

Ⅲ. 그리스도께서는 두 제자를 알고 계시고 두 제자는 그리스도를 알지 못한 가운데, 그리스도와 두 제자 사이에 있었던 대화. 이제 그리스도와 두 제자는 서로 알지 못한 채 또는 변장을 하고 만난 친구들처럼 질문을 주고받았다.

1. 그리스도께서 두 제자에게 던진 첫 번째 질문은 그들이 지금 슬퍼하고 있는 이유가 무엇이냐는 것이었다. 두 제자의 얼굴에는 슬픈 빛이 역력하게 드러나 있었다: 너희가 길 가면서 서로 주고받고 하는 이야기가 무엇인데 슬퍼하느냐(17절). 이것은 매우 인자하고 다정한 질문이었다. 좀 더 살펴보자.

(1) 두 제자는 슬퍼하고 있었다. 그들이 슬퍼하고 있다는 것은 낯선 사람도 알아차릴 정도였다. [1] 그들은 사랑하는 주님을 잃어버렸고, 순전히 그들의 생각이긴 했지만 주님에게 걸었던 기대들은 수포로 돌아가고 말았기 때문에, 실망이 이만저만한 것이 아니었다. 그들은 주님을 기대하고 지금까지 해왔던 일을 다 포기하였고, 이제 그것을 만회하기 위해서 어떻게 해야 할지를 몰라서 막막해하였다. 그리스도의 제자들은 그리스도께서 그들로부터 물러가셨을 때에는 슬퍼해야 하고, 신랑을 빼앗겼을 때에는 금식해야 한다는 것을 명심하라. [2] 그리스도께서는 죽은 자 가운데서 다시 살아나셨지만, 그들은 그 사실을 알지 못하여서, 또는 믿지 않아서, 여전히 슬픔에 잠겨 있었다. 그리스도의 제자들은 흔히 기뻐해야 할 때에도 슬퍼하거나 걱정을 하는데, 이것은 믿음이 연약함으로 인해서 그들에게 주어지는 위로를 받지 못하는 것임을 명심하라. [3] 그들은 슬퍼하는 가운데 그리스도에 대하여 서로 이야기를 주고받았다. 첫째, 그리스도인들이 그리스도에 대하여 이야기하는 것은 마땅한 일이다. 우리의 마음이 그리스도와 그가 우리를 위하여 행하시고 고난받으신 일에 대한 것으로 가득 차 있다면 — 마땅히 그래야 한다 — 하나님과 그의 섭리만이 아니라 그리스도 및 그의 은혜와 사랑에 대하여 마음에 가득한 것을 입으로 말하게 되는 법이다. 둘째, 좋은 친구와 좋은 대화는 우울한 마음을 치료하는 탁월한 해독제이다. 그리스도의 제자들은 슬플 때에 각자 흩어져서 혼자 해결한 것이 아니라, 그리스도께서 그들을 둘씩 짝지어서 보내셨듯이 계속해서 둘씩 함께 하였다. 왜냐하면, 두 사람이 한 사람보다는 더 낫고, 슬플 때에는 특히 더욱 그러하기 때문이다. 슬픔을 표출하면 그 슬픔은 한결 가라앉을 수 있고, 슬픈 일을 놓고 얘기하다 보면 어느새 더 나은 기분이 들게 될 수 있다. 슬픔을 나누다 보면 서로에게 위로가 된다. 종종 그렇게 하는 데서 가장 좋은 위로가 나온다.

(2) 그리스도께서는 두 제자에게 가까이 다가가셔서, 그들이 무슨 얘기를 하고 있었으며 무엇 때문에 슬퍼하는지를 물으셨다: 너희가 길 가면서 서로 주고받고 하는 이야기가 무엇이냐. 그리스도께서는 지금 높아지신(exaltation) 상태로 들어가셨지만, 제자들을 계속해서 돌보고 계셨고 그들을 위로하는 데에 관심을 갖고 계셨다. 그는 두 제자가 우울해하는 것을 보는 것이 괴로우신 듯이 말씀하신다: 어찌하여 오늘 너희들의 얼굴에 근심의 빛이 있느냐(창 40:7). 우리 주

예수께서는 그의 제자들의 슬픔과 걱정을 아시고, 그들이 괴로워하는 것을 보면 함께 괴로워하신다는 것을 명심하라. 여기에서 그리스도께서는 다음과 같은 것들을 우리에게 가르쳐 주신다. [1] 붙임성이 있어야 한다는 것. 그리스도께서는 여기서 낯선 자였지만 깊은 슬픔에 빠져 있는 두 사람에게 말을 붙이셨고, 두 제자는 그를 알지 못했지만 기꺼이 그를 받아들였다. 뚱하고 수줍어하는 것은 그리스도인들에게 합당하지 않기 때문에, 우리는 사람들과 좋은 사귐을 갖는 것을 기뻐해야 한다. [2] 동정심이 있어야 한다는 것. 친구들이 슬픔과 걱정에 싸여 있을 때, 우리는 여기에서 그리스도께서 하신 것처럼 그들의 슬픔을 제대로 이해한 후에 최선을 다해서 그들에게 위로와 조언을 해주어야 한다: 우는 자들과 함께 울라.

2. 그리스도의 질문에 대하여 두 제자는 그가 전혀 모르고 있는 것을 오히려 이상히 여겼다: 당신이 예루살렘에 체류하면서도 요즘 거기서 된 일을 혼자만 알지 못하느냐. 좀 더 살펴보자. (1) 글로바는 그리스도께 정중하게 대답하였다. 그는 "우리가 무엇을 얘기하든 당신이 무슨 상관이요"라고 퉁명스럽게 대답하며, 자기 일이나 잘 하라고 말하지 않았다. 우리도 우리를 정중하게 대하는 사람들에 대하여 정중해야 하고, 모든 사람들에게 정중한 말과 행위를 하여야 한다. 당시는 그리스도의 제자들에게는 위험한 시기였다. 그렇지만 글로바는 이 낯선 사람이 의도적으로 그들에게 접근하여 그들을 해치려고 하는 것은 아닌지 의심하거나 경계하지 않았다. 자비로운 사람들은 낯선 사람들일지라도 섣불리 악하게 생각하지 않는다. (2) 글로바는 그리스도 및 그의 죽음과 고난에 관한 생각으로 가득 차 있었고, 다른 사람이 자기와 같지 않은 것을 이상하게 여겼다: "아니, 이럴 수가! 당신은 예루살렘에 있었으면서 거기에서 우리 주님에게 일어난 일을 모른단 말이요?" 그리스도의 죽음과 고난에 대하여 알지 못하는 자들이야말로 예루살렘에 우거하는 진짜 나그네들이라는 것을 명심하라. 너의 사랑하는 자가 남의 사랑하는 자보다 나은 것이 무엇인가라고 물을 정도로 그리스도에 대하여 거의 알지 못하는 자들이 어떻게 예루살렘의 딸들이겠는가? (3) 글로바는 이 낯선사람에게 그리스도에 대하여 아주 기꺼이 알려주고자 하여서, 이 문제를 놓고 그와 더 대화를 나누고자 하였다. 그는 이 낯선 사람이 그리스도를 모른다는 것이 너무 안타까웠다. 십자가에 달리신 그리스도를 아는 지식을 지닌 자들은 그 지식을 널리 알리고 다른 사람들이 그리스

도를 알도록 이끄는 일에 최선을 다해야 한다는 것을 명심하라. 이 두 제자는 낯선 사람에게 그리스도를 가르치는 데에 아주 적극적이었기 때문에 이 낯선 사람에게 가르침을 받을 수 있었다는 것은 주목할 만한 일이다. 왜냐하면, 가진 자가 그 가진 것을 사용하면 그에게 더 많은 것이 주어질 것이기 때문이다. (4) 글로바의 말로 미루어 보건대, 그리스도의 죽음은 예루살렘에 큰 소동을 일으켰기 때문에, 도성에 있던 사람이 그 일을 모른다는 것은 상상할 수 없는 일이었던 것으로 보인다. 이 일은 장안의 화제가 되어서, 사람들은 모이면 온통 그 이야기뿐이었다. 이렇게 이 사건이 있었다는 사실은 널리 알려지게 되었고, 성령 강림 후에는 이 사건의 의미가 설명될 것이었다.

3. 그리스도께서는 대답 대신에 그들이 무엇을 알고 있는지를 물으셨다(19절): 무슨 일이냐. 그리스도께서는 이렇게 반문하심으로써 더욱 아무것도 모르는 낯선 자로 행세하셨다. 좀 더 살펴보자. (1) 예수 그리스도는 장차 그에게 보상으로 주어질 기쁨을 위하여 자신의 고난을 가볍게 여기셨다. 이제 그는 그의 영광으로 들어가셨기 때문에 그의 고난을 무심하게 되돌아보신다: 무슨 일이냐. 그는 무슨 일인지를 알 필요가 있으셨다. 그 일은 그에게 쓰라린 일이고 견디기 힘든 일이었지만, 그럼에도 불구하고 그는 무슨 일이냐고 물으셨다. 우리 인간의 구원이 탄생한 것을 보셨기 때문에, 그리스도께서는 슬픔을 잊으셨다. 그가 우리를 위하여 자신의 연약함을 기뻐하신 것은 우리도 그를 위하여 그렇게 하도록 가르치시기 위한 것이었다. (2) 그리스도에게 가르침을 받고자 하는 자들은 먼저 자기가 얼마나 알고 있는지를 살펴보아야 한다. 그들은 자기가 무슨 일을 알고 있는지를 그에게 말씀드려야 한다. 그러면 그는 그 일들이 지닌 의미가 무엇이었는지를 그들에게 말해 주시고, 그들을 그 일들의 신비 속으로 이끄실 것이다.

4. 그러자 두 제자는 그리스도를 둘러싼 사건과 그 일의 현재의 상황을 말해 주었다. 그들이 말한 이야기를 살펴보자(19절 이하).

(1) 그들은 그리스도의 삶과 인물됨을 요약해서 말해 주었다. 그들이 골몰하고 있던 일은 선지자였고 하나님으로부터 온 선생이었던 나사렛 예수(그는 통상적으로 이렇게 불렸다)에 관한 것이었다. 그는 참되고 탁월한 가르침을 전파하셨는데, 그의 가르침은 분명히 하늘에서 비롯된 것으로서 하늘의 특성을 지니고 있었다. 그는 많은 영광스러운 이적들, 긍휼하심의 이적들을 통해서

그 가르침을 확증하셨기 때문에, 하나님과 모든 백성 앞에서 말과 일에 능하신 분이셨다. 즉, 그는 하늘의 지극한 사랑을 받은 자인 동시에 이 땅에 큰 축복이셨다. 그는 하나님의 큰 사랑을 입은 분이었고 이 백성이 흠모한 분이었다. 그는 하나님을 크게 기쁘시게 해드린 분이었고 이 나라에서 큰 명성을 얻으신 분이었다. 서기관들과 바리새인들처럼 모든 백성 앞에서 위대하고 백성들로부터 사랑을 받지만 하나님 앞에서 사랑받지 못하는 자들이 많다. 그러나 그리스도께서는 하나님과 모든 백성 앞에서 말과 일, 두 가지 모두에서 능하신 분이셨다. 예루살렘에 있으면서 이 일을 모르는 사람들은 나그네들이라 할 수 있다.

(2) 그들은 그리스도의 고난과 죽음에 관한 이야기를 절제 있게 들려주었다(20절). "그는 하나님과 사람에게 모두 사랑을 받은 분이셨지만, 우리 대제사장들과 관리들이 하나님과 사람을 모두 무시하고 그를 로마 권력에 넘겨주어 사형 판결을 받게 해서 십자가에 못 박았다." 두 제자가 이 사건을 더 부각시켜서 그리스도를 십자가에 못 박은 죄를 범한 자들을 더 신랄하게 공격하지 않은 것은 이상한 일이다. 그러나 아마도 두 제자는 낯선 사람에게 얘기하고 있다는 것을 감안해서 대제사장들과 관리들에 관한 비난 — 이 비난이 정당하다고 하더라도 — 을 자제하는 것이 현명한 일이라고 생각했던 것 같다.

(3) 그들은 그들이 슬퍼하는 이유가 그리스도에 대한 그들의 기대가 좌절되었기 때문임을 암시하였다: "우리는 이 사람이 이스라엘을 속량할 자라고 바랐노라(21절). 우리는 그가 모세와 같은 선지자일 뿐만 아니라 모세와 같은 구원자가 되어 주기를 바랐다." 속량을 바랐고 이스라엘의 위로를 바랐던 자들은 그를 의지하였고 그에게 큰 일을 기대하였다. 소망이 더디 이루어지면 그것이 마음을 상하게 하는데, 특히 이와 같은 소망이 무너지면 그 상심은 대단히 큰 법이다. 그러나 만약 그들이 주 예수의 죽으심을 올바르게 이해하기만 했다면 그들이 절망하는 그 이유 자체가 바로 그들의 소망의 가장 확실한 이유가 되었을 것임을 주목하라: 우리는 이 사람이 이스라엘을 속량할 자라고 바랐노라. 이스라엘을 속량하실 분은 바로 그가 아니던가? 이스라엘을 속량하기 위하여 그가 죽음으로 그 대가를 치르신 것이 아니던가? 이스라엘을 죄에서 구원하기 위하여 그가 고난을 당하셔야 하지 않았던가? 그리고 이제 그의 구원 사역 중에서 가장 어려운 일이 지나갔기 때문에, 그들은 이 사람이 이스라엘을 속량할 자라고 믿었어야 할 충분한 이유를 갖게 된 것이 아니던가? 그런데도 지금 그들은 그

리스도에 대한 믿음을 포기하려고 하고 있다.

(4) 그들은 그리스도께서 부활하셨다는 소식을 듣고 그들이 현재 놀라고 당혹해 있다고 설명하였다. [1] "그가 십자가에 못 박혀서 돌아가신 지가 **사흘째**인데, 오늘이 그가 영광 중에 다시 살아나셔서, 사흘 전 수치를 당하시기 전의 모습으로 사람들에게 나타나시게 되어 있던 날이오. 그러나 우리는 그런 징조를 전혀 보지 못했소. 그를 박해했던 자들의 잘못을 깨우쳐 주고 혼란스럽게 만들며 그의 제자들에게 위로를 가져다 줄 그 어떤 일도 우리의 기대와는 달리 일어나지 않았고, 모든 것이 조용하기만 하오." [2] 그들은 제자들 사이에 그리스도께서 부활하셨다는 소문이 퍼져 있다는 것을 인정하긴 하지만, 그 소문을 전혀 믿지 않는다는 듯이 대수롭지 않은 일로 말하고 있는 것으로 보인다(22-23절): "또한 우리 중에 어떤 여자들이 우리로 놀라게 하였으니(놀랐다는 것이 그들의 반응의 전부였다) 이는 그들이 새벽에 무덤에 갔다가 그의 시체는 보지 못하고 와서 그가 살아나셨다 하는 천사들의 나타남을 보았다 함이라. 그러나 우리는 여자들이 환상을 본 것이지 사실이 아니라고 결론을 내리게 되었소. 천사들이 나타났다면 사도들에게 나타나지 여자들에게 나타났겠소. 그리고 여자들은 잘 속아넘어가니까요." [3] 그들은 몇몇 사도들이 무덤에 가보았을 때에 무덤이 비어 있는 것을 발견했다는 사실도 인정하였다(24절). "그러나 우리와 함께 한 자 중에 두어 사람이 무덤에 가 과연 여자들이 말한 바와 같음을 보았으나 예수는 보지 못하였소. 그러므로 우리는 그가 **부활하지 않았을** 것이라고 생각하게 되었소. 만약 그가 부활하였다면, 분명히 그는 사도들에게 모습을 나타내셨을 것이기 때문이오. 따라서 모든 것을 종합해 볼 때, 그가 다시 살아났다고 생각할 만한 근거가 없기 때문에, 우리는 이제 그에게 아무런 기대도 걸고 있지 않소. 우리의 소망은 모두 그와 함께 십자가에 못 박히고 그의 무덤 속에 묻혀 버리고 말았소."

(5) 우리 주 예수께서는 얼굴을 보여 두 제자에게 그를 알게 하지는 않으셨지만 그의 말씀을 통해서 자신을 알리셨다.

[1] 그리스도께서는 분별력이 없고 구약의 예언을 믿지 못하는 두 제자를 책망하신다: 미련하고 선지자들이 말한 모든 것을 마음에 더디 믿는 자들이여(25절). 그리스도께서 우리에게 형제를 보고 미련한 놈이라고 말하지 말라고 하신 것은 올바르게 책망하는 것을 금하신 것이 아니라 정당하지 못한 비난을 하지

못하게 하기 위한 것이었다. 그리스도께서 두 제자에게 미련한 자들이라고 하신 것은 악한 자들이라는 의미 — 그는 이런 의미로 말하는 것을 우리에게 금하셨다 — 가 아니라 연약한 자들이라는 의미였다. 그는 그들을 미련한 자들이라고 부르실 수 있다. 왜냐하면, 그는 우리의 어리석음, 우리의 마음속에 얽혀 있는 어리석음을 아시기 때문이다. 자기에게 불리하게 행하는 자들은 미련한 자들이다. 따라서 주님이 부활하셨다는 증거를 보여주었는데도 그 증거를 받아들이려 하지 않고 그 일로 인한 복락까지 걷어차 버린 그들이야말로 미련한 자들이었다. 그리스도께서는 두 제자의 어떤 점을 어리석음으로 규정하신 것인가? 첫째, 더디 믿는 것. 무신론자들, 불신자들, 자유주의자들은 믿는 자들을 미련한 자들로 낙인을 찍고 가장 거룩한 믿음을 어리석은 맹신이라고 비난한다. 그러나 그리스도께서는 마음에 더디 믿으며 공정하지 않은 편견들을 가지고 신앙을 멀리하는 자들이 미련한 자들이라고 우리에게 말씀하신다. 둘째, 선지자들이 말한 것을 더디 믿는 것. 그리스도께서는 두 제자가 여자들이나 천사들의 증언을 더디 믿는 것이 아니라 그러한 태도의 근본적인 이유로서 선지자들을 더디 믿는 것을 책망하신다. 왜냐하면, 만약 그들이 구약의 선지자들을 존중하고 그 말씀들을 명심하였다면 그들은 분명히 그 날 아침에(죽으신 지 사흘째 되는 날이기 때문에) 태양이 떠오를 것을 확신하듯이 그리스도께서 죽은 자 가운데서 다시 살아나실 것임을 확신하였을 것이기 때문이다. 예언에 의해서 확정된 일련의 사건들은 섭리에 의해서 확정된 사건들만큼이나 확실하다. 우리가 성경에 좀 더 정통하고 성경에 나타난 하나님의 계획에 정통한다면, 우리는 우리가 자주 말려드는 복잡한 문제들에 사로잡히지 않을 수 있을 것이다.

[2] 그리스도께서는 두 제자에게 그토록 큰 걸림돌이었고 그의 영광을 믿지 못하게 만들었던 그리스도의 고난이 실제로는 그의 영광을 위하여 정해진 길이었으며 그리스도는 다른 길로는 그의 영광으로 갈 수 없으셨다는 것을 보여 주신다(26절): "그리스도(메시야)가 이런 고난을 받고 자기의 영광에 들어가야 할 것이 아니냐. 약속된 메시야가 먼저 고난을 받고 그 후에 다스리게 되어 있다는 것, 즉 그가 십자가를 거쳐서 면류관으로 나아가야 한다는 것이 작정되어 있었고 이미 밝히 선포되지 않았느냐? 너희들은 선지자들이 그리스도의 고난과 후에 받으실 영광에 대하여(벧전 1:11) 너무도 분명하게 말하고 있는 이사야서 53장과 다니엘서 9장을 읽어 보지도 못하였느냐?" 그리스도의 십자가는 그들

이 쉽게 이해할 수 있는 것이 아니었다. 이제 여기서 그리스도께서는 십자가가 지닌 걸림돌을 제거해 줄 두 가지 것을 그들에게 보여주신다: 첫째, 메시야는 이러한 일들로 고난을 받아야 하셨다는 것. 그러므로 그의 고난은 그가 메시야라는 것을 부정하는 것이 아니라 오히려 그 증거가 된다 — 마치 성도들의 고난이 그들이 하나님의 아들이라는 것을 증명해 주는 것이 되는 것과 마찬가지로. 그리고 고난은 그들의 기대를 무너뜨리는 것이기는커녕 그들의 소망의 토대가 된다. 만약 그리스도께서 고난을 받는 자가 되지 않으셨다면, 그는 구주도 될 수 없으셨을 것이다. 그리스도께서는 우리의 구원을 위하여 자원해서 일하셨지만, 우리의 구원을 이루기 위해서 그는 고난을 받고 죽으셔야 했다. 둘째, 그는 이런 고난을 받으신 후에 부활을 통해서 자기의 영광에 들어가게 되어 있었다는 것. 그의 부활은 그의 영광으로 들어가는 첫 걸음이었다. 이것이 자기의 영광으로 불리는 것을 주목하라. 왜냐하면, 그리스도께서는 그 영광으로 들어갈 자격을 온전히 갖추고 계셨고, 그 영광은 창세 전에 그가 가지고 계셨던 바로 그 영광이었기 때문이다. 그는 그 영광으로 들어가셔야 했다. 왜냐하면, 그의 고난과 아울러 그의 영광 속에서 성경은 온전히 성취될 것이기 때문이었다. 그는 먼저 고난을 받은 후에 그의 영광으로 들어가셔야 했다. 그래야만 십자가의 수치가 영원히 떠나가게 되기 때문이다. 따라서 우리도 먼저 가시 면류관을 쓴 후에 영광의 면류관을 기대하여야 한다.

[3] 그리스도께서는 메시야에 관하여 말하고 있는 구약의 예언들을 두 제자에게 설명해 주시고, 어떻게 그 예언들이 나사렛 예수 안에서 성취되었는지를 보여주셨는데, 방금 전에 두 제자가 그에게 말해준 것보다 더 자세하게 그들에게 말씀해 주셨다(27절): 그는 최초로 영감을 받아서 구약을 쓴 모세로부터 시작해서 모든 선지자의 글을 거쳐서 모든 성경에 쓴 바 자기에 관한 것을 자세히 설명하셔서, 그가 받은 고난이 성경의 예언들에 어긋나는 것이 아니라 도리어 예언들의 성취라는 것을 보여주셨다. 그는, 뱀이 메시야의 **발꿈치를 상하게** 할 것이지만 메시야가 뱀의 머리를 부숴놓을 것임을 분명하게 예언하고 있는 첫 번째 약속을 기록한 모세로부터 시작하셨다. 좀 더 살펴보자. 첫째, 모든 성경에는 그리스도에 관한 글들이 산재해 있고, 이 글들을 한데 모아서 연결하는 것은 대단히 유익한 일이다. 우리는 성경의 어느 구절에서 그리스도에 관한 어떤 내용, 예언이나 약속, 기도 같은 것을 만나지 않고서는 그 구절을 제대로

이해했다고 할 수 없다. 왜냐하면, 그리스도는 구약성경이라는 밭에 묻힌 참된 보화이기 때문이다. 복음의 은혜라는 황금실이 구약성경 전체를 관통하고 있다. 도처에 실마리가 존재한다. 둘째, 그리스도에 관한 글들은 자세히 설명될 필요가 있다. 에디오피아 내시도 비록 학자였지만 지도해 주는 사람이 없으니 어찌 깨달을 수 있느냐(행 8:31)고 말하지 않을 수 없었다. 왜냐하면, 그 글들은 하나님의 경륜을 따라서 희미하게 전해졌기 때문이다. 그러나 이제는 휘장이 벗겨졌기 때문에, 신약성경이 구약성경을 설명해 주게 되었다. 셋째, 예수 그리스도야말로 성경, 특히 자신에 관한 성경 말씀에 대한 최고의 해석자이시다. 부활 후에도 그리스도께서는 이런 식으로 사람들을 자신에 관한 신비(mystery)에 대한 지식으로 이끄셨다. 그는 성경과는 상관 없는 새로운 개념이나 사상들을 제시함을 통해서가 아니라 성경이 어떻게 성취되었는지를 보여주시고 사람들로 하여금 성경을 상고(詳考)하게 하시는 것을 통해서 사람들을 이끄셨다. 요한계시록조차도 구약 예언들의 속편에 불과한 것으로서 끊임없이 구약 예언들을 참조한다. 모세와 선지자들을 믿지 않는 자들은 고침을 받을 수 없다. 넷째, 성경을 상고할 때에는 순서를 따라서 체계적으로 살피고 연구하는 것이 좋다. 왜냐하면, 구약의 빛은 점차적으로 환하여져서 한낮의 광명에 이르게 된 것이므로, 지금 그의 아들을 통해서 우리에게 말씀하신 하나님이 어떻게 옛적에 여러 부분과 여러 모양으로(나중의 예언들은 이전의 예언들에 빛을 비춰주고 보완해 준다) 우리 조상들에게 그의 아들에 관하여 말씀하셨는지를 살펴보는 것이 좋기 때문이다. 어떤 이들은 요한계시록을 제일 먼저 연구함으로써 성경 연구를 잘못된 곳에서 시작한다. 그러나 그리스도께서는 여기서 우리에게 모세의 글로 시작할 것을 가르치신다. 지금까지 우리는 그리스도와 두 제자 사이에 이루어진 대화를 살펴보았다.

IV. 그리스도께서 마침내 두 제자에게 자신을 나타내셨다. 우리는 그리스도께서 길 가시면서 두 제자에게 하신 설교와 성경 해설을 본문이 더 많이 다루었다면 더 좋았을 것이라는 생각을 하게 된다. 그러나 그리스도께서 두 제자에게 하신 말씀들의 실질적인 내용은 다른 성경 말씀들 속에 나와 있기 때문에 구태여 그럴 필요는 없었다. 어쨌든 두 제자는 그리스도의 말씀에 매료되어 정신 없이 듣다보니, 목적지에 너무 빨리 도착했다는 생각이 들었다: 그들이 가는 마을에 가까이 갔다(28절). 그들은 거기에서 묵고 기기로 이미 계획하였던 것으로 보인다.

1. 그들은 그리스도께 함께 묵어 가자고 강권하였다: 예수는 더 가려 하는 것 같이 하셨다. 그리스도께서는 더 가겠다고 말씀한 것은 아니었지만, 그들에게 길을 더 가려는 듯이 보였다. 낯선 사람이 초대받지도 않았는데 남의 집에 들어가 묵는 것은 예의에 어긋나는 일이어서, 그는 그들의 친구의 집에 선뜻 들어가려고 하지 않으셨다. 만약 그들이 함께 묵어 가자고 붙들지 않았다면, 그는 길을 더 가셨을 것이다. 따라서 여기에는 속마음으로는 머물고 싶지만 한 번 짐짓 그렇지 않은 듯이 행하는 위선 같은 것은 없었다. 낯선 사람이 주저한다면, 그가 왜 그런지는 누구나 다 안다. 그는 당신의 집이나 가족에게 폐를 끼치고 싶지 않은 것이다. 그러나 당신이 그를 당신의 손님이나 친구로 기꺼이 맞아들이겠다는 태도를 보이면, 그는 당신의 초대를 받아들이지 않을 수 없다. 그리스도께서 길을 더 가려 하는 것 같이 하신 것도 이런 경우였다. 그리스도와 함께 거하고자 하는 자들은 그를 초대하고 그들과 함께 있어 달라고 끈질기게 졸라야 한다는 것을 명심하라. 그리스도께서는 그를 찾지 않는 자들을 만나주시는 경우도 자주 있지만, 그를 찾는 자들은 반드시 만나게 된다. 그리스도께서 우리로부터 멀어지고 있는 것 같다면, 그것은 우리에게 다시 한 번 끈질기게 그리스도를 초대하라는 신호이다. 그들은 강권하였다. 두 제자는 선한 강제력을 동원해서 그가 가지 못하도록 붙잡은 채 우리와 함께 유하사이다라고 말하였다. 그리스도와 교제를 나누는 기쁨과 유익을 맛본 자들은 그와 더 있기를 원해서 하루 종일 함께 걷고도 모자라서 밤에 그들과 함께 유하자고 간청하게 될 수밖에 없다는 것을 명심하라. 때가 저물어가고 날이 이미 기울면, 우리는 조용한 곳으로 물러나서 쉴 것을 생각하게 되는데, 이 때에 그리스도께 눈을 돌려서, 우리와 함께 유하며 우리에게 모습을 나타내셔서 우리의 마음을 그에 관한 선한 생각들과 그에 대한 선한 애정으로 가득 차게 해달라고 간구하는 것이 마땅하다. 그리스도께서는 그들의 끈질긴 간청을 받아들이셨다: 그는 그들과 함께 유하러 들어가셨다. 이와 같이 그리스도께서는 그들이 받은 은혜를 더욱 풍성하게 하고자 하는 자들에게 더 많은 가르침과 위로를 기꺼이 주시고자 하신다. 그는 "누구든지 문을 열면 내가 그에게로 들어가리라"(계 3:20)고 약속하셨다.

2. 그리스도께서는 두 제자에게 자신을 나타내셨다(30-31절). 그는 그들과

길에서 시작했던 대화를 계속하셨을 것이다. 네가 집에 앉았을 때에든지 길을 갈 때에든지 너는 하나님의 일들을 말하는 것이 마땅하기 때문이다. 저녁 식사가 마련되는 동안(조촐한 식사가 금방 마련되었을 것이다) 그리스도께서는 그들과 덕을 세우는 데 소용되는 대로 선한 대화를 나누셨을 것이다. 또한 그들과 함께 음식 잡수실 때에도 그는 그의 입술로 그들의 영의 양식을 공급하셨다. 그런데도 그들은 마침내 그리스도께서 정체를 드러내신 후에 이윽고 사라지실 때까지 그들과 내내 대화를 나누던 분이 바로 예수시라는 것을 거의 생각하지 못하였다.

(1) 그들은 앉아서 식사할 때에 그가 주님이 아닌가 의심하기 시작하였고, 그가 주님께서 제자들 가운데서 하시곤 하셨던 대로 똑같이 행하시는 것을 보고서야 마침내 주님이신 줄을 알아 보았다: 그가 떡을 가지사 축사하시고 떼어 그들에게 주셨다. 그는 주님께서 평소에 하셨던 것과 동일한 권세와 사랑을 지닌 모습과 동일한 몸짓으로 이것을 행하셨고, 떡을 가지사 축사하시고 떼어서 그들에게 주실 때에도 동일한 표현을 사용하셨을 것이다. 이번은 오병이어 사건에서와 같은 이적의 식사도 아니었고 성만찬에서와 같은 성례전적인 식사도 아니었고, 단지 평범한 식사에 불과하였다. 그런데도 그리스도께서 이전과 동일하게 행하신 것은 특별한 성례전들에서와 마찬가지로 평범한 섭리 안에 있는 일들 속에서도 계속해서 그리스도로 말미암아 하나님과의 교통을 유지하고, 식사할 때마다 축복을 구하고 감사하며, 모든 성도만이 아니라 우리 모든 가정의 주이기도 하신 예수 그리스도께서 우리에게 일용할 양식을 주시고 직접 그 손으로 떡을 떼어 우리에게 주신다는 사실을 깨닫도록 우리를 가르치시기 위한 것이다. 우리도 어디를 가서 식사를 하든지 비록 음식이 형편없고 초라할지라도 그리스도를 식탁의 상석에 앉으시게 하고, 이 음식을 그가 우리에게 은혜로 주신 것으로 여겨서, 그의 영광을 위하여 먹고 마시며, 그가 우리에게 떼어 주신 것을 기쁘고 감사한 마음으로 받아야 한다. 우리가 그 음식이 그리스도의 손을 거쳐서 그의 축복을 담은 채로 우리에게 주어졌다는 것을 믿음의 눈으로 볼 수 있다면, 우리는 그 음식을 기쁜 마음으로 받을 수 있을 것이다.

(2) 이 때에 즉시 그들의 눈이 밝아져 그가 누구인지 보게 되고 그인 줄 알아 보았다. 지금까지 그들로 하여금 그를 몰라보게 한 것이 무엇이었는지는 모르지만, 이제 그것이 제거되었다. 안개가 사라지고 휘장이 걷히자, 그들은 그가 주

님이시라는 것을 똑똑히 알아보았다. 그리스도께서는 지혜롭고 거룩한 목적을 위해서 다른 사람의 모습을 입으실 수 있으시지만, 그 누구도 그리스도의 모습을 입을 수는 없다. 그러므로 그는 주님임에 틀림없다. 그리스도께서 어떻게 그의 성령과 은혜를 통해서 그의 백성의 심령에 자신을 나타내셔서 알게 하셨는지를 살펴보자. [1] 그리스도께서는 그들에게 성경 말씀을 풀어주셨다. 왜냐하면, 성경 말씀은 그 안에서 그리스도를 부지런히 찾는 자들에게 그에 대하여 증언해 주는 말씀이기 때문이다. [2] 그리스도께서는 그의 상에서, 즉 성만찬의 예식 속에서 그들을 만나주셨다. 그는 떡을 떼실 때에 그들에게 자신을 더 나타내셔서 그들로 하여금 그를 알아보게 하셨다. 그러나 [3] 이 일은 바울의 회심 때와 같이 그리스도께서 그들의 마음의 눈을 열어 주시고 그 눈에서 비늘을 벗기실 때에 완성된다. 우리에게 계시를 주시는 그리스도께서 우리에게 깨달음을 주시지 않는다면, 우리는 여전히 어둠 속에 있게 된다.

3. 그리스도께서는 곧 사라지셨다: 예수는 그들에게 보이지 아니하시는지라. 아판토스 에게네토 ― 그는 그들에게서 물러나 돌연히 사라지셨고 더 이상 시야에 보이지 않으셨다. 또는, 그는 그들의 눈으로 볼 수 없는 모습으로 변하셔서 그들의 눈에 띄지 않게 되셨다는 해석도 가능하다. 그리스도의 몸은 부활 후에도 그가 고난받고 죽었을 당시와 동일한 몸이어서 상처 자국들도 그대로 있었지만, 실제로는 마음 먹기에 따라서 사람들의 눈에 보이거나 안 보이게 될 수 있을 정도로 상당한 변화를 겪은 몸이었던 것으로 보인다. 이 부활의 몸은 영광의 몸을 향한 첫 걸음이었다. 그리스도께서는 두 제자에게 잠깐 모습을 나타내신 후에 곧 사라지셨다. 우리는 이 세상에서 그리스도의 모습을 이와 같이 잠깐 동안 볼 수 있다. 우리는 그리스도를 보지만, 곧 그는 우리의 시야에서 사라지신다. 천국에 가게 되면, 우리는 그를 영원히 볼 수 있게 될 것이다.

V. 두 제자는 주님과 나눈 대화를 돌이켜 보고, 예루살렘에 있는 형제들에게 가서 이 소식을 전하였다.

1. 그들은 그리스도와 나눈 대화가 그들에게 어떤 영향을 주었는지를 돌이켜 보았다(32절): 그들이 서로 말하되 우리 속에서 마음이 뜨겁지 아니하더냐 하였다. 한 제자가 "분명히 내 마음이 그랬어"라고 말하자, 다른 제자도 "내 마음도 그랬어. 내 평생에 그토록 깊은 감동을 준 말씀은 처음이야"라고 맞장구를 쳤다. 이렇게 그들은 그리스도께서 그들에게 하신 설교 말씀을 돌이켜 보면서

서로의 해석이나 견해를 비교해 본 것이 아니라 서로의 마음을 비교해 보았다. 그들은 설교자가 누구인지도 모르고 들었지만 그 설교가 힘이 있었다는 것을 새삼 발견하게 되었다. 그 설교는 모든 것을 그들에게 아주 명백하고 분명하게 해주었고, 게다가 거룩한 빛과 더불어서 거룩한 열정을 그들의 영혼에 가져다 주어서, 그들의 마음은 경건하고 헌신적인 사랑의 거룩한 불이 점화되어서 활활 타오르게 되었다. 그들의 믿음이 다시 견고해지자, 이제야 그들은 그들과 내내 대화를 나누었던 분이 바로 예수셨다는 것을 마침내 진정으로 알게 되었다. "그분이 누구인지를 좀 더 빨리 알아차리지 못했다니, 정말 우리는 미련한 자들이었구나! 주님 외에는 그 누구도, 주님의 말씀 외에는 그 어떤 말도 우리 속에서 마음을 뜨겁게 할 수 없어. 마음의 열쇠를 가지신 분은 주님밖에 없기 때문이지. 주님 외에는 아무도 그렇게 할 수 없어."

(1) 어떤 설교가 그리스도께서 하신 설교처럼 선을 이루는 설교가 될 수 있을까? 우리의 수준에 맞는 친근하면서도 평이한 설교 ─ 그는 길에서 우리에게 말씀하셨다. 성경적인 설교 ─ 그는 우리에게 성경(그리스도에 관하여 쓴 성경 말씀들)을 풀어 주셨다. 사역자들은 사람들에게 성경에 나와 있는 신앙을 보여주어야 하고, 성경에 나와 있지 않은 것을 가르쳐서는 안 된다. 사역자들은 그들이 성경을 그들의 지식의 원천이자 그들의 신앙의 토대로 삼고 있음을 보여주어야 한다. 그리스도에 대하여 기록한 성경 말씀을 풀어 주었을 때에 두 제자의 마음이 뜨거워져서 그들의 믿음이 일깨워지고 위로를 받았다는 것을 명심하라.

(2) 어떠한 들음이 마음을 뜨겁게 만드는 선을 이루는 들음이 될 수 있을까? 우리가 하나님의 일들, 특히 우리를 위해 죽으신 그리스도의 사랑으로 인하여 큰 감동을 받고, 그 때문에 우리의 마음속에서 그리스도에 대한 사랑이 생겨나서 거룩한 소원과 헌신이 솟아날 때, 우리의 마음은 우리 속에서 뜨거워진다. 우리의 마음이 일으킴을 받아서 고양(高揚)되어서 불티처럼 하나님을 향하여 위로 날아오를 때, 우리의 마음이 거룩한 열심이 불타올라서 다른 사람들과 우리 자신 속에 있는 죄를 미워하여 심판하는 영과 소멸하는 영으로 말미암아 죄로부터 어느 정도 정화(淨化)되고 깨끗함을 입었을 때, 그 때에 우리는 "은혜로 말미암아 마음이 이렇게 뜨거워졌다"고 말할 수 있을 것이다.

2. 두 제자는 예루살렘에 있는 형제들에게 이 소식을 전하였다(33절): 그들

은 그리스도를 만난 기쁨에 너무도 날아갈 것 같아서, 저녁 식사가 끝날 때까지 기다리지 못하고, 날이 어두워졌음에도 불구하고 곧 그 때로 일어나 예루살렘을 향하여 전속력으로 되돌아갔다. 만약 그들에게 그리스도와의 모든 관계를 끊고자 하는 생각이 있었다고 할지라도, 이 일로 인해서 그러한 생각은 그들의 마음에서 순식간에 사라져 버렸고, 따라서 더 이상 고향으로 돌아갈 필요가 없었다. 그들은 적어도 그 밤을 엠마오에서 지낼 계획이었던 것으로 보이지만, 그리스도를 만나뵌 지금에 와서는, 두려워하고 있는 제자들에게 이 좋은 소식을 전해 주어서, 하나님께 받은 바로 그 위로로써 그들의 신앙을 굳게 세워주고 그들의 슬픈 마음을 위로해 줄 때까지는 잠시도 쉴 수가 없었다. 그리스도를 만난 자들은 다른 사람들에게 그들의 영혼을 위해서 그리스도께서 무엇을 하셨는지를 알려 주어야 할 의무가 있다는 것을 명심하라. 당신이 회심하고 가르침받고 위로받았다면, 당신은 형제들을 도와서 견고하게 세워주어야 한다. 두 제자는 주님께서 부활하셨다는 사실로 인해서 기쁨이 충만하였고, 이 기쁨을 형제들과 나누기 위하여 그들에게 가야 하였다. 좀 더 살펴보자.

(1) 두 제자는 형제들에게 갔을 때에 그들이 동일한 주제를 놓고 애기하면서 그리스도의 부활을 보여주는 또 하나의 증거를 거론하고 있는 것을 보았다. 열한 제자 및 그들과 함께 한 자들은 밤 늦게 서로 모여서, 이 중대한 시기에 일어난 일이 무엇을 의미하는지를 곰곰이 생각하며 함께 기도하고 서로 애기하고 있다가(레곤타스라는 원문이 보여주듯이, 서로 애기하고 있었던 것은 두 제자가 아니라 열한 제자였다), 두 제자가 들어가자, 기쁨과 환희에 넘쳐서 그들에게 주께서 과연 살아나시고 시몬에게 보이셨다(34절)고 말해 주었다. 고린도전서 15:5에서는 베드로가 다른 제자들보다 앞서 부활하신 그리스도를 만났다는 것을 말하고 있다: 그리스도께서는 게바에게 보이시고 후에 열두 제자에게 보이셨다. 천사가 여자들에게 그리스도께서 부활하셨다는 사실을 특히 베드로에게 전하라고 한 것 — 그를 위로하기 위해서 — 을 보면(막 16:7), 복음서에는 특별한 언급이 없기 하지만, 우리 주 예수께서는 그의 사자들의 말을 확증해 주기 위하여 여자들에게 나타나신 바로 그 날에 베드로에게 나타나셨을 가능성이 높다. 베드로는 이 일을 형제들에게 말해 주었겠지만, 여기서 본문을 보면, 베드로는 그 일을 떠벌리며 자랑하지 않았고(그런 것은 회개하는 자의

합당한 태도가 아니라고 생각했을 것이다), 다른 제자들이 크게 기뻐하며 주께서 과연(온토스 — 정말) 살아나셨다고 말한 것으로 되어 있다. 부활하신 그리스도께서 여자들에게만이 아니라 시몬에게도 나타나셨기 때문에, 이 일은 더이상 논란이나 의심의 여지가 없었다.

(2) 두 제자는 그들이 본 것을 말함으로써 부활의 증거를 더 제시하였다(35절): 두 사람도 길에서 된 일을 말하더라. 길 가면서 그리스도로부터 들은 말씀은 그들에게 기이한 작용을 하고 엄청난 영향을 끼쳤기 때문에 여기서 길에서 된 일로 불린다. 왜냐하면, 그리스도께서 하신 말씀들은 공허한 소리가 아니라 영이요 생명이어서, 그 말씀들로 말미암아 기이한 일들이 일어나고, 길에서, 즉 전혀 예기치 않은 곳에서 느닷없이 일어나기 때문이다. 또한 두 제자는 예수께서 떡을 떼심으로 마침내 자기들에게 알려지신 것도 말하였다. 그리스도께서 축사하시고 떡을 떼어 그들에게 나눠주실 때, 하나님은 그들의 눈을 열어서 그리스도를 알아보게 하셨다. 그리스도의 제자들이 각자 보고 경험한 것들을 서로 비교해 보고 각자가 아는 바와 느낀 바를 서로 나누는 것은 진리를 발견하고 견고하게 해나가는 데에 대단히 유익하다는 것을 명심하라.

[36]이 말을 할 때에 예수께서 친히 그들 가운데 서서 이르시되 너희에게 평강이 있을지어다 하시니 [37]그들이 놀라고 무서워하여 그 보는 것을 영으로 생각하는지라 [38]예수께서 이르시되 어찌하여 두려워하며 어찌하여 마음에 의심이 일어나느냐 [39]내 손과 발을 보고 나인 줄 알라 또 나를 만져 보라 영은 살과 뼈가 없으되 너희 보는 바와 같이 나는 있느니라 [40]이 말씀을 하시고 손과 발을 보이시나 [41]그들이 너무 기쁘므로 아직도 믿지 못하고 놀랍게 여길 때에 이르시되 여기 무슨 먹을 것이 있느냐 하시니 [42]이에 구운 생선 한 토막을 드리니 [43]받으사 그 앞에서 잡수시더라 [44]또 이르시되 내가 너희와 함께 있을 때에 너희에게 말한 바 곧 모세의 율법과 선지자의 글과 시편에 나를 가리켜 기록된 모든 것이 이루어져야 하리라 한 말이 이것이라 하시고 [45]이에 그들의 마음을 열어 성경을 깨닫게 하시고 [46]또 이르시되 이같이 그리스도가 고난을 받고 제삼일에 죽은 자 가운데서 살아날 것과 [47]또 그의 이름으로 죄 사함을 받게 하는 회개가 예루살렘에서 시작하여 모든 족속에게 전파될 것이 기록되었으니 [48]너희는 이 모든 일의 증인이라 [49]볼지어다 내가 내 아버지께서 약속하신 것을 너희에게 보내리니 너희는 위로부터 능력으로 입혀질 때까지 이 성에

머물라 하시니라

그리스도께서는 부활하신 바로 그 날에 다섯 번 자신을 나타내셨다: 동산에서 막달라 마리아에게 나타나셨고(요 20:14), 제자들에게 알리러 가던 여자들에게 나타나셨으며(마 28:9), 베드로가 혼자 있을 때에 나타나셨고, 엠마오로 가던 두 제자에게 나타나셨으며, 이제 밤중에 열한 제자에게 나타나셨다. 이 단락과 요한복음 20:19에서는 다섯 번째로 나타나신 것에 관한 기사를 다룬다. 좀 더 자세하게 살펴보자.

I. 그리스도께서 그들에게 나타나시자 그들은 무척 놀랐다. 그리스도께서는 아주 적절한 때에 그들에게 나타나셨다. 왜냐하면, 그들은 그의 부활을 보여주는 증거들을 놓고 서로의 견해를 나누고 있었기 때문이다: 이 말을 할 때에, 즉 그들이 지금까지 제시된 증거들이 과연 주님의 부활을 충분히 입증해 줄 수 있는지 아닌지, 앞으로 그들이 어떻게 해야 하는지를 놓고 설왕설래 하고 있던 때에, 예수께서 친히 그들 가운데 서심으로써 모든 문제를 명명백백하게 해결해 주셨다. 그들에게 위로가 될 증거들을 최선을 다해서 살펴보는 자들은 그들이 하나님의 자녀인 것과 그리스도와 함께 다시 살아났다는 것에 대한 더 많은 확신을 얻게 되고, 또한 그리스도의 영이 그들의 영과 더불어서 그것을 증언하실 것임(그리스도께서 제자들과 함께 증언하셨고 그들의 증언을 확증해 주셨듯이)을 명심하라. 좀 더 살펴보자.

1. 그리스도께서 그들을 위로하심: 너희에게 평강이 있을지어다. 이것은 지금 그리스도께서 그들을 찾아오신 것이 인자를 나타내는 것이요 사랑과 우정에서 나온 것임을 보여준다. 그리스도께서 고난받으실 때에 제자들은 그를 냉정하게 버렸지만, 그리스도께서는 그들이 처음으로 함께 모이자마자 그들을 보려고 찾아오셨다. 왜냐하면, 그리스도는 우리가 행한 대로 우리에게 갚으시는 분이 아니기 때문이다. 제자들은 부활하신 그리스도를 보았다는 자들의 말을 믿지 않았다. 그래서 그는 그들이 더 이상 어리석게 슬픔에 잠겨 있지 않게 하시려고 친히 찾아오셨다. 그는 전에 부활 후에 그가 갈릴리에서 그들을 보게 될 것이라고 약속하셨었다. 그러나 그는 제자들을 너무도 보고 싶고 그들을 안심시키기 위해서, 약속을 앞당겨서 예루살렘에서 그들을 보셨다. 그리스도께서는 그가 말씀하신 것보다 더 선한 것을 행하시는 경우는 많아도 더 나쁜 것을 행

하시는 경우는 결코 없다는 것을 명심하라. 이제 그가 제자들에게 하신 첫 번째 말씀은 너희에게 평강이 있을지어다라는 말씀이었는데, 이것은 의례적인 인사말이 아니라 위로의 말씀이었다. 이 말씀은 유대인들 사이에서 평범하게 주고받는 인사말이었다. 그리스도께서는 비록 이제 높아지신 상태(state of exaltation)로 들어가셨지만 이렇게 평소처럼 제자들에 대한 친밀감을 표현하시고자 하셨다. 많은 사람들이 조금만 높아지면 옛 친구조차 잊어버리고 그들을 깔본다. 그러나 우리는 여기서 그리스도께서 예나 지금이나 제자들을 소탈하게 대하시는 모습을 본다. 이렇게 그리스도께서는 이 첫 마디의 말씀을 통해서 그가 그를 부인한 것에 대하여 베드로와 다투고 그를 버리고 도망한 것에 대하여 다른 제자들에게 따지기 위해서 오신 것이 아님을 나타내시고자 하셨다. 그리스도께서는 그가 그들을 용서하였고 그들과 화해하였다는 것을 나타내기 위하여 오셔서 평안을 말씀하셨다.

2. 그리스도께서 나타나시자, 그들은 무서워하였다(37절): 그들은 그 보는 것을 영으로 생각하여 무서워하였다. 이것은 그리스도께서 아무런 인기척도 없이 그들에게로 오셨고, 그들이 알아차리기도 전에 그들 가운데 계셨기 때문이었다. 마태복음 14:26에서 제자들이 그리스도께서 바다 위로 걸어오심을 보고 놀라서 유령이라고 소리쳤을 때에 사용된 단어는 판타스마(유령 또는 허깨비)였지만, 여기에서 사용된 단어는 영을 뜻하는 프뉴마이다. 그들은 부활하신 그리스도를 실제의 몸을 입지 않은 영으로 여겼던 것이다. 비록 우리가 영들의 세계와 관련되어 있고 서로 교통하고 있으며 그 세계를 향하여 신속하게 가고 있기는 하지만, 우리가 여기 감각과 물질의 세계에 있는 동안에는, 영이 그 본성을 바꾸어서 우리의 눈에 보이게 되고 우리와 대화를 나누게 되면, 우리는 무서워할 수밖에 없다. 왜냐하면, 영이 나타나는 것은 매우 이상한 일이고 뭔가 이상한 일이 일어날 조짐이기 때문이다.

II. 그리스도께서 하신 말씀을 듣고, 그들은 크게 기뻐하고 만족하였다.

1. 그리스도께서 이유 없이 두려워하는 것에 대하여 그들을 책망하심: 어찌하여 두려워하며 어찌하여 마음에 의심이 일어나느냐(38절). 좀 더 살펴보자. (1) 우리가 두려워할 때에는 언제든지 우리에게 해로운 의심들이 마음에 일어나기 쉽다. 때로는 우리 마음에 일어나는 의심 때문에 두려워하게 되는 경우도 있다. 우리의 슬픔이나 두려움은 우리 자신의 환상이 만들어내는 것들로부디 생겨

난다. 때로는 두려워하기 때문에 마음에서 의심이 일어나는 경우도 있다. 밖으로는 싸움이 있을 때에 안으로는 두려움이 생겨난다. 마음속에 슬픔과 두려움이 있는 자들에게는 하나님을 욕되게 하고 스스로를 불안하게 만드는 의심들이 마음에서 일어나게 된다. 내가 주의 목전에서 끊어졌다. 여호와께서 나를 버리시며 주께서 나를 잊으셨다. (2) 우리의 마음을 불안하게 만드는 의심들은 대체로 그리스도에 대한 우리의 오해로부터 생겨난다. 제자들은 여기서 그리스도를 보고는 영을 보았다고 생각하였기 때문에 두려워하게 된 것이었다. 우리는 그리스도가 우리의 맏형임을 망각하고, 영들의 세계가 이 세상에서 먼 것처럼 그리스도도 우리로부터 무척 멀리 있는 분으로 여겼기 때문에 두려워하게 된 것이었다. 그리스도께서 그의 성령을 통해서 우리로 하여금 죄를 깨닫게 하고 우리를 낮추시고 계실 때, 그리스도께서 그의 섭리를 통해서 우리를 연단하시며 바꾸시고 계실 때, 우리는 그가 우리를 해치려는 것으로 그를 오해하여 두려워하게 된다. (3) 주 예수께서는 우리 마음속에서 일어나는 모든 의심들을 아시고 그 의심들이 일어나자마자 즉시 아시는데, 주님은 그 의심들을 기뻐하지 않으신다. 그리스도께서 제자들의 의심을 꾸짖으신 것은 우리로 하여금 우리에게 의심이 일어날 때마다 우리 자신을 꾸짖으라고 가르치시기 위한 것이었다. 내 영혼아 네가 어찌하여 낙심하며 어찌하여 내 속에서 불안해 하는가. 어찌하여 참된 것도 아니고 선한 것도 아닌 의심, 근거도 없고 열매도 없는 의심, 하나님 안에서의 우리의 기쁨을 방해하고 우리의 도리를 다하지 못하게 만들며 사탄에게 빌미를 주고 우리에게 예비된 위로들을 우리에게서 빼앗아 가는 의심이 일어나느냐?

2. 그리스도께서 그의 부활의 증거들을 보여주심. 그는 제자들에게 자기가 영이 아니라는 것을 확신시킴으로써 그들의 두려움을 잠재우시고, 그의 부활에 대한 만족할 만한 증거들을 제시하심으로써 그들이 세상에 나가 전파하여야 할 그 가르침에 대한 그들의 믿음을 견고하게 하셨다. 그는 제자들에게 두 가지 증거를 제시하신다.

(1) 그리스도께서는 그들에게 그의 몸, 특히 그의 손과 발을 보여주셨다. 그들이 보기에도, 그의 모습과 생김새는 영락없는 주님이었다. 그렇지만 그는 유령이 아닐까? "아니다"라고 그리스도께서는 말씀하신다: "내 손과 발을 보라. 너희가 보는 대로, 내게는 손과 발이 있으니, 나는 진짜 몸을 지니고 있는 것이

다. 너희가 보는 대로, 나는 이 손과 발을 움직일 수 있으니, 살아 있는 몸을 지니고 있는 것이다. 너희가 보는 대로, 나의 손과 발에는 못자국이 있으니, 이 몸은 내 몸이고, 십자가에 달렸을 때에 너희가 본 것과 동일한 몸이며, 빌린 몸이 아니다." 그리스도께서는 다음과 같은 원칙을 밝히신다: 영은 살과 뼈가 없다. 영은 우리의 몸과는 달리 물질들이 서로 결합하여 다양한 지체들을 이루고 있지도 않고 서로 다른 이질적인 부분들로 이루어져 있지도 않다. 그리스도께서는 무엇이 영인지에 대해서는 우리에게 말씀해 주고 있지 않지만(이것은 우리가 영들의 세계에 가서 알아도 늦지 않다) 무엇이 영이 아닌지는 분명하게 말씀해 주신다: 영은 살과 뼈가 없다. 이 원칙에 따라서 그는 이렇게 결론을 도출해 내신다: "나인 줄 알라. 여기 있는 나는 너희가 너무도 잘 알고 있고 너무도 친밀하게 얘기를 나누던 바로 나, 너희가 두려워할 대상이 아니라 기뻐해야 할 대상인 바로 나이다." 그리스도를 똑바로 알고 그를 그들의 주님으로 아는 자들은 그리스도께서 나타나실 때에 두려워할 이유가 전혀 없을 것이다. [1] 그리스도께서는 그들의 시각에 호소하셔서, 못자국 난 그의 손과 발을 그들에게 보여주셨다. 그리스도께서 영화롭게 되신 그의 몸에 못자국들을 그대로 남겨두신 것은 그 자국들이 그가 주님이시라는 것을 보여주는 증거가 되게 하기 위한 것이었다. 그리고 그는 그 못자국들을 기꺼이 제자들에게 보여주셨다. 그는 나중에 도마에게도 그 못자국들을 보여주셨다. 왜냐하면, 그는 우리를 위해 받으신 고난을 부끄러워하지 않으셨기 때문이다. 그러므로 우리도 주님의 고난이나 주님을 위하여 우리가 받는 고난을 부끄러워할 이유가 없다. 그리스도께서 여기서 제자들에게 그의 가르침에 대한 확신을 견고하게 해주시기 위하여 그들에게 그의 상처들을 보여주신 것은, 그의 중보기도를 받아주어야 한다는 것을 확인시키기 위하여 성부 하나님께 그의 상처들을 보여주신 것이기도 하다. 그리스도는 하늘에서 일찍이 죽임을 당한 어린 양(계 5:6)의 모습을 하고 계신다. 그의 피가 말한다(히 12:24). 그는 우리를 위하여 속죄를 하셨기 때문에 우리를 위하여 중보기도를 하실 수 있다. 그는 여기서 제자들에게 말씀하신 것처럼 아버지께도 내 손과 발을 보소서(슥 13:6-7)라고 말씀하신다. [2] 그리스도께서는 그들의 촉각에 호소하셨다: 나를 만져 보라. 그는 앞서 막달라 마리아에게는 그를 만지지 못하게 하셨지만(요 20:17), 여기서는 그의 부활을 전하며 그로 인하여 고난을 받게 될 제자들에게는 그 일을 온전한 확신을 가지고 할 수 있도록 해주시기 위하여 만지는 것을 허락하셨다. 그는 그들이 그가 영이 아니라는 것을 확신할 수 있도록 해주시기 위하여 그들에게 "나를 만지라"고 명하셨다. 실제로 영이나 유령 같은 것이 없다고 한다면(이런저런 증거들을 볼 때에 제자들은 영들이 있다고 믿었음이 분명하다), 이것은 그리스도께서 제자들에게 영 같은 것은 없다고 말해주심으로써 헛된 미망(迷妄)에서 벗어나게 해주실 수 있는 좋은 기회가 되었을 것이다. 그러나 그리스도께서는 영들과 유령들이 있다는 것을 기정사실로 인정하고 계신 것으로 보인다. 그렇지 않다면, 자기가 영이 아니라는 것을 애써 증명할 필요가 어디 있었겠는가? 기독교의 초창기에는 그리스도는 결코 진짜 몸을 지니고 있지 않았기 때문에 태어나지도 않고 고통을 받지도 않는 유령 같은 존재였다고 주장한 많은 이단들이 있었다 — 나는 그들을 무신론자들이라고 본다. 발렌티누스주의자들, 마니교도들, 시몬 마구스의 추종자들이 그런 황당한 주장을 하였다고 한다. 그들은 가현설주의자들(도케타이 또는 판튀시아스타이)로 불렀다. 이런 이단들이 오래 전에 매장되어서 지금은 사라지고 없는 것은 하나님의 은혜이다. 우리는 예수 그리스도께서 영이나 유령이 아니었고 부활 후에도 진짜 몸을 지니고 계셨다는 것을 알고 확신한다.

(2) 그리스도께서는 그들과 함께 잡수셨는데, 이것은 그가 진짜 몸을 지니고 있다는 것과 그가 제자들과 친구처럼 허물없고 친밀하게 기꺼이 얘기를 나누고자 하신다는 것을 보여주시기 위한 것이었다. 베드로는 나중에 이 사실을 특히 강조하였다(행 10:41): 그리스도께서 죽은 자 가운데서 부활하신 후 우리는 그를 모시고 음식을 먹었다.

[1] 그들은 그의 손과 발을 보고, 무슨 말을 해야 할지 몰랐지만, 너무 기쁘므로 아직도 믿지 못하고 놀랍게 여겼다(41절). 그들이 아직 믿지 못한 것, 아직 믿지 못하는 자들처럼 있었던 것은 그들의 연약성 때문이었다. 이렇게 제자들조차도 그리스도의 부활을 잘 믿지 못했다는 것은 그 부활의 진실성을 한층 더 강화시켜 준다. 그들은 대제사장들의 주장처럼 그리스도께서 부활하지 않았는데도 그의 시체를 몰래 훔쳐내어 다른 곳에 옮겨놓고는 주께서 부활하셨다고 말한 것이 아니라, 그리스도께서 부활하셨음에도 불구하고 주께서 부활하지 않으셨다고 우기고 있는 것이다. 그들이 처음에 부활을 믿지 못하고 가장 확실한 증거들을 끈질기게 요구한 것은 그들이 나중에 부활을 믿고 거기에 그들의 모

든 것을 걷게 되었을 때에 그것은 부활을 보여주는 가장 확실한 증거들 위에서 이루어진 일이었다는 것을 보여준다. 처음에 그들이 믿으려 하지 않았던 것은 그들의 연약함 때문에 생긴 일이었지만, 그것은 용서받을 수 있는 것이었다. 왜냐하면, 그들이 믿지 못한 것이 그들에게 제시된 증거들을 무시한 데서 비롯된 것이 아니었기 때문이다: 첫째, 그들은 요셉이 살아 있다는 소식을 들었을 때에 야곱이 보였던 반응처럼 너무 기쁘므로 아직도 믿지 못하였다. 그것은 너무나 기쁜 일이어서 그들에게 사실로 믿기지 않았던 것이다. 그러므로 사랑과 소원이 강해서 믿음과 소망이 연약해진 때에는 그 연약한 믿음을 배척하지 말고 도와주는 것이 좋다. 둘째, 그들은 놀랍게 여겼다. 그 일은 너무도 기쁠 뿐만 아니라 너무도 엄청난 것이었기 때문에, 그들은 성경의 예언과 하나님의 권능도 잊어버린 채 그 일이 사실이라는 것을 믿을 수가 없었다.

[2] 그리스도께서는 그들에게 더욱 큰 확신과 믿음을 주시기 위해서 먹을 것을 달라고 하셨다. 엠마오에서도 그는 두 제자와 함께 식탁에 앉기는 하셨지만, 두 제자와 함께 식사하셨다는 말은 없다. 이제 그러한 반론이 제기되지 않도록 하고, 그의 몸이 진정으로 다시 생명을 얻었다는 것을 보여주기 위하여, 그는 여기서 실제로 두 제자를 포함한 여러 제자들과 함께 식사를 하셨다 ― 사실 그는 이제 부활하신 상태였기 때문에 예전과는 달리(또한 다시 살아나긴 했지만 생명을 되찾았을 뿐만 아니라 이전 상태의 삶으로 되돌아와서 다시 죽게 된 나사로와 달리) 그들과 함께 똑같이 먹고 마시며 대화하는 것이 부적절한 것이었긴 하지만. 그들은 그에게 구운 생선 한 토막과 꿀을 드렸다(42절). 아마도 꿀은 구운 생선을 찍어 먹을 소스로 사용된 것 같다. 가나안은 꿀이 흐르는 땅이었다. 이것은 조촐한 식사였다. 하지만 그것이 제자들의 식사라면, 주님께서는 기꺼이 그들과 같은 식사를 하시고자 하실 것이다. 왜냐하면, 아버지의 나라에서는 그들이 아버지와 동일한 식사를 하며 그의 나라에서 그와 함께 먹고 마실 것이기 때문이다.

3. 그리스도께서는 제자들이 수없이 듣고 읽었던 하나님의 말씀을 깨닫게 해주심 이것을 통해서 그리스도의 부활에 대한 믿음이 그들 속에 생기자, 모든 난점들이 해결되었다.

(1) 그는 그들과 함께 있을 때에 그들에게 들려 주었던 말씀을 근거로 제시하시면서, 천사가 그들에게 해주었던 것처럼 그 말씀을 상기시기기신다(44절):

내가 너희와 함께 있을 때에 여러 차례에 걸쳐서 은밀하게 너희에게 말한 것이 이 것이다. 그리스도께서 하신 말씀들을 기억하고 그 말씀들을 서로 비교해 보기 만 해도, 우리는 그리스도께서 무엇을 하고 계시는지를 더 잘 이해할 수 있게 된다.

(2) 그는 그들이 구약성경에서 읽은 말씀을 근거로 제시하시는데, 그들이 그로부터 들은 말씀은 구약성경의 말씀을 지시하는 것이었다: 모세의 율법과 선지자의 글과 시편에 나를 가리켜 기록된 모든 것이 이루어져야 하리라. 그리스도께서는 그들의 기대와 관련해서 이와 같은 일반적인 지침을 그들에게 제시하셨다 ― 구약성경에 메시야에 관하여 기록된 것은 그것이 그의 나라에 관한 것이든 그의 고난에 관한 것이든 그리스도 안에서 이루어져야 한다는 것. 하나님께서는 이 모든 일들을 예언을 통해서 한데 묶어 놓았기 때문에, 이 일들을 따로따로 분리해서 보는 것은 생각할 수 없는 일이었다. 거기에 아무리 어렵고 힘들고 괴로운 일이 포함되어 있을지라도, 반드시 모든 일들(개역에서는 모든 것)이 이루어져야 한다. 그리스도께서는 모든 것이 이루어질 때까지는 죽으실 수 없었다. 왜냐하면, 다 이루었다고 말씀하실 때까지는 죽으실 수 없으셨기 때문이다. 여기에서는 그리스도를 말하고 있는 구약성경의 여러 부분들을 언급하고 있다: 모세의 율법, 즉 오경 또는 모세가 쓴 다섯 권의 책들, 순전히 예언적인 내용을 담고 있는 책들만이 아니라 선지자적인 인물들에 의해서 씌어진 역사서들을 포함한 선지자의 글,성문서라고도 불린 그 밖의 다른 저작들을 포함한 의미에서의 시편. 이렇게 하나님께서는 옛적부터 여러 가지 다양한 글들을 통해서 그의 뜻을 계시하셨다. 그러나 이 모든 글들은 동일한 한 분 성령으로부터 나온 것이었다. 성령께서는 이 글을 통해서 메시야가 오실 것과 그 나라를 알려 주셨다. 그에 대하여 모든 선지자도 증언하였다.

(3) 그리스도께서는 그들의 마음에 결코 잊을 수 없는 최근에 일어난 일에 비추어서 그리스도에 관한 구약의 예언들의 참된 의도와 의미를 깨닫게 해주셨고, 그 모든 일들이 그리스도 안에서 이루어졌음을 알게 해주셨다: 그는 이에 그들의 마음을 열어 성경을 깨닫게 하셨다(45절). 그는 엠마오로 가는 길에서 두 제자에게 성경을 풀어 주심으로써 성경 본문에서 휘장을 걷어 주셨듯이, 여기서는 마음을 열어 주심으로써 마음에서 휘장을 걷어 주셨다. 좀 더 살펴보자. [1] 예수 그리스도께서는 그의 성령을 통해서 사람들의 마음, 그의 소유인

모든 사람들의 마음에 역사(役事)하신다. 그는 우리의 영혼에 다가오셔서 즉시 영향을 미치실 수 있다. 그리스도께서 이제 부활하신 후에 사람들의 영혼에 대한 그의 성령의 두 가지 중요한 역사(役事)의 표본을 보여주셨다는 것은 주목할 만한 일이다. 성령은 사람의 지적 기관을 신령한 빛으로 조명하여서 제자들의 마음을 열어주셨고, 신령한 뜨거움으로 능동적인 능력들을 활성화시켜서 그들의 마음을 뜨겁게 해주셨다. [2] 아무리 선한 사람이라고 할지라도 마음이 열려야 한다. 왜냐하면, 그들은 본성이 어두운 자들은 아니지만 많은 일들에서 어둠에 있기 때문이다. 다윗은 내 눈을 열어 주소서, 나로 하여금 깨닫게 하여 주소서라고 기도하였다. 그리스도에 대하여 누구보다도 더 많이 알고 있던 바울도 자기가 더 배워야 한다고 생각하였다. [3] 그리스도께서 사람들의 영혼에 믿음을 일으키셔서 그 영혼 속에 좌정하시는 방식은 사람들의 마음을 열어서 그들이 마땅히 믿어야 할 것들이 명백하다는 것을 깨닫게 하는 것을 통해서이다. 이렇게 그리스도께서는 문을 통해서 사람들의 영혼 속으로 들어오시지만, 사탄은 도적이나 강도처럼 구멍을 뚫거나 담장을 기어올라서 다른 길을 통해서 들어온다. [4] 그리스도께서 우리의 마음을 열어 주시는 목적은 우리로 하여금 성경을 깨닫게 해주시기 위한 것이다. 우리는 성경에 기록된 것 이상으로 지혜로울 수는 없지만, 성경에 기록된 것 속에서 더 지혜로울 수 있고, 이를 통해서 구원에 이를 정도로 지혜로울 수 있다. 말씀 안에 있는 성령과 마음 속에 있는 성령은 동일한 것을 말씀하신다. 그리스도의 문도(門徒)들은 이 세상에서 결코 성경 이상으로 배울 수 없다. 그러나 그들은 성경으로부터 끊임없이 배워서 성경 안에서 더 능숙하고 힘 있는 자로 성장하여야 한다. 우리가 그리스도를 바르게 알고 그에 관한 잘못된 인식들을 바로잡기 위해서는 성경을 깨닫는 것 외에 다른 것이 필요하지 않다.

4. 그리스도께서는 장차 세상에 나가서 그의 나라를 세우는 데에 쓰임받게 될 사도들에게 지시하심. 그들은 주님께서 그들과 함께 계실 때에 곧 영광스러운 자리를 차지하게 될 것이라고 기대했다가 주님께서 돌아가시자 무척 실망하였다. 그리스도께서는 그들에게 이렇게 말씀하신다: "아니다, 너희는 이제 영광스러운 일을 맡게 될 것이다. 너희는 이 모든 일의 증인이라(48절). 너희는 이 모든 일을 온 세상에 알려야 하되, 단지 새로운 소식으로 알리는 것이 아니라 하나님과 사탄 사이에서 그토록 오랫동안 진행되어 왔던 싸움의 결과로

서 이 세상의 임금이 내쫓겼다는 것을 보여주는 증거로 선포해야 한다. 너희는 이 모든 일을 직접 확인한 자들이고, 너희는 이 일들을 눈으로 보고 귀로 들은 증인들이다. 가서, 세상에 이 일을 전하라. 너희를 깨닫게 해준 바로 그 성령이 너희와 함께 가서 다른 사람들도 깨우치리라." 그들이 그리스도로부터 지시받은 것은 다음과 같은 것들이었다.

(1) 그들은 무엇을 전해야 하는가. 그들은 복음을 전해야 하고, 옛 언약이라는 하나님의 계시를 이어받아서 완성한 새 언약을 전하여야 한다. 그들은 항상 성경을 지니고 다니면서(유대인들에게 전할 때에는 특히 그러하다. 베드로도 이방인들에게 한 그의 첫 번째 설교에서 그들에게 선지자들을 참조하라고 일러주었다, 행 10:43), 사람들에게 메시야 및 그 나라의 영광과 은혜가 옛적에 어떻게 기록되어 있는지를 보여주고, 그들이 확실하게 알고 있는 지식을 토대로 이 모든 일이 주 예수 안에서 어떻게 성취되었는지를 말해 주어야 한다.

[1] 그들은 예수 그리스도의 죽음과 부활에 관한 위대한 복음의 진리를 사람들에게 널리 알려야 한다(46절): 이런 내용은 영원 전부터의 하나님의 계획을 담고 있는 봉인된 책, 구속 계약을 담고 있는 책 속에 기록되어 있고, 그 가운데 계시된 일들은 구약성경이라는 공개된 책 속에 기록되어 있다. 그러므로 그리스도가 고난을 받으셔야 했다. 왜냐하면, 하나님의 계획은 시행되어야 하고, 하나님의 말씀은 하나라도 땅에 떨어져서는 안 되기 때문이다. 너희는 "가서" 다음과 같은 것들을 "세상에 전하라." 첫째, "그리스도께서 그에 대하여 기록된 대로 고난받으셨다는 것을 전하라. 너희는 가서, 십자가에 못 박히신 그리스도를 전하라. 그의 십자가를 부끄러워하지 말고 고난받으신 예수를 부끄러워하지 말라. 그가 어떤 고난을 받으셨는지, 그가 왜 고난을 받으셨는지, 그의 고난을 통해서 구약의 모든 예언들이 어떻게 성취되었는지를 사람들에게 전하라. 그가 고난을 받아야 했다는 것, 그가 세상 죄를 지고 가셔야 했다는 것, 그가 인류를 죽음과 파멸에서 구원하셨다는 것을 사람들에게 전하라: 하나님께서 그를 고난을 통하여 온전하게 하심이 합당하도다(히 2:10)." 둘째, "그리스도께서 제삼일에 죽은 자 가운데서 살아나셨다는 것을 전하라. 이를 통해서 십자가의 모든 거치는 것들이 제거되었을 뿐만 아니라, 그리스도는 능력으로써 하나님의 아들로 선포되었고, 성경의 예언이 성취되었다(고전 15:3-4을 보라). 너희는 가서, 너희가 죽은 자 가운데서 부활하신 그리스도를 얼마나 자주 보았

는지, 그와 더불어 얼마나 친밀하게 대화하였는지를 세상에 전하라. 요셉이 형제들에게 자신의 정체를 드러내며 마치 죽은 자 가운데서 살아온 것인 듯 말한 것처럼 ─ 당신들의 눈이 보는 바 당신들에게 이 말을 하는 것은 내 입이라(창 45:12) ─ 너희는 가서, 그리스도께서 전에 죽었었으나 이제 세세토록 살아 있어 사망과 음부의 열쇠를 가졌노라고 세상에 전하라."

[2] 그들은 회개라는 중요한 복음의 의무를 사람들에게 힘써 권하여야 한다. 그들은 죄 사함을 받게 하는 회개를 그의 이름과 그의 권위를 힘입어서 전해야 한다(47절). 그들은 어디든지 사람에게 다 명하여 회개하라 하여야 한다(행 17:30). "너희는 가서, 모든 사람들에게 그들을 만드신 하나님, 그들을 사신 주님께서 그들이 복음을 듣는 즉시 손으로 만든 우상들을 섬기는 것에서 돌이켜 그들을 창조하신 하나님을 섬기게 되고, 아울러 세상과 육체의 소욕(所慾)만을 섬기는 삶에서 돌이킬 것을 기대하시고 요구하신다는 것을 전하라. 그들은 그리스도 안에서 하나님을 섬기는 삶으로 돌이켜야 하고, 모든 죄악된 습관들과 행실들을 버려야 한다. 그들의 마음과 삶은 변화받아야 하고, 그들은 전체적으로 새로워지고 바뀌어야 한다."

[3] 그들은 회개하고 복음을 믿는 모든 사람에게 죄 사함이라는 중요한 복음의 특권을 선포해야 한다. "너희는 가서, 하나님의 법정에서 유죄선고를 받은 죄악된 세상에 가서 사면법이 왕의 재가를 받아서 모든 회개하고 믿는 자들은 그 법의 혜택을 받아 죄 사함을 받을 뿐만 아니라 더 영광스러운 자리로 나아가게 될 것임을 전하라. 그들에게 소망이 있다는 것을 전하라."

(2) 그들은 누구에게 전해야 하는가. 그들은 복음을 들고 어디로 가야 하고, 그들에게 맡겨진 활동 범위는 어디까지인가? 이에 대하여 그리스도께서는 이렇게 말씀하신다. [1] 그들은 복음을 모든 족속에게 전하여야 한다. 그들은 대홍수가 끝난 후에 노아의 아들들이 그랬듯이 어떤 이들은 이 길로, 어떤 이들은 저 길로 각자 흩어지되, 가는 곳마다 복음을 들고 가야 한다. 선지자들은 유대인들에게 회개와 죄 사함을 전하였지만, 사도들은 그러한 것들을 온 세상에 전하여야 한다. 복음이 사람들에게 요구하는 회개에서 면제될 수 있는 자는 없고, 회개하였는데도 불구하고 죄 사함이라는 이루 말할 수 없는 은택으로부터 배제될 자도 없다. 불신앙과 완악함으로 인하여 자신의 마음 문에 빗장을 건 자들만이 복음에서 배제될 뿐이다. [2] 그들은 예루살렘에서 시작하여야 한다.

예루살렘에서 먼저 복음 설교가 이루어져야 하고, 예루살렘에서 먼저 복음 교회가 세워져야 한다. 예루살렘에서 복음의 날이 동터올라서, 그 후에 그 빛이 온 세상에 퍼져 땅끝까지 이르러야 한다. 그런데 왜 그들은 예루살렘에서 시작해야 하는가? 첫째는 성경에 그렇게 기록되어 있기 때문이다. 그러므로 이 방법을 취하는 것이 그들에게 합당하다. 여호와의 말씀이 예루살렘에서부터 나올 것임이니라(사 2:3). 그리고 요엘 2:32; 3:16; 오바댜 21; 스가랴 14:8을 보라. 둘째는 복음의 기초가 된 사건들이 예루살렘에서 이루어졌기 때문이다. 그러므로 복음은 먼저 예루살렘에서 검증되어야 했다. 복음에 하자(瑕疵)가 있다면, 복음의 사건들이 일어난 예루살렘이야말로 그 옳고 그름을 따질 수 있는 최적의 장소였기 때문이다. 너무도 강렬하고 눈부신 부활하신 구주의 최초의 영광의 빛은 그에게 수치스러운 죽음을 안겨다 주었던 저 무모한 원수들을 향하고 그들에게 정면으로 도전하였다. "예루살렘에서 시작하여, 대제사장들이 복음을 무너뜨리기 위하여 온 힘을 쏟다가 스스로 낙심하여 미쳐 버리게 하라." 셋째는 그리스도께서 우리에게 원수를 용서하는 또 하나의 모범을 보여주시고자 하셨기 때문이다. 예루살렘은 그에게 사람이 생각할 수 있는 것 중에서 가장 큰 모욕들을 안겨 주었다(관리들이든 무리들이든). 따라서 예루살렘은 사면에서 제외되는 것이 합당하였을 것이다. 그러나 그러기는커녕 예루살렘은 복음의 은혜로 가장 먼저 초대받았고, 짧은 시간 동안에 수천 명의 사람들이 그 은혜에 참여하게 되었다.

(3) 그들이 복음을 전할 때에 어떤 도움을 받게 될 것인가. 여기에서 그들에게 맡겨진 일은 엄청난 일이고, 특히 그 일을 할 때에 그들이 겪게 될 배척과 고난을 생각할 때에 너무도 크고 어려운 일이다. 따라서 그들이 이 같은 일을 누가 감당할 수 있겠습니까라고 충분히 물을 수 있는데, 여기에 대한 대답은 이미 준비되어 있었다: 볼지어다 내가 내 아버지께서 약속하신 것을 너희에게 보내리니 너희는 위로부터 능력으로 입혀질 것이다(49절). 그리스도께서는 여기서 얼마 지나지 않아서 성령이 어느 때보다도 더 강하게 그들에게 임하게 될 것이고, 이에 따라 그들은 이 막중한 일을 수행하는 데에 꼭 필요한 온갖 은사들과 은혜들을 수여받게 될 것이라고 말씀하신다. 그러므로 그들은 예루살렘에 머물러야 하고, 이 일이 이루어질 때까지는 복음을 전하는 일에 착수해서는 안 된다. [1] 성령을 받은 자들은 위로부터의 능력, 초자연적인 능력, 그들의 능력을 능가하

는 능력으로 입혀질 것이다. 이 능력은 위로부터 올 것이기 때문에, 영혼을 하늘로 끌어올려서 하늘을 바라보게 할 것이다. [2] 만약 그리스도의 사도들이 그러한 능력으로 입혀지지 않았더라면, 그들은 결코 복음을 이 땅에 심을 수도 없었을 것이고 그의 나라를 이 세상에 세울 수도 없었을 것이다. 사도들이 놀라운 역사(役事)들을 이룬 것은 뛰어난 능력이 그들과 함께 했다는 것을 증명해 준다. [3] 그리스도께서 오시리라는 것이 구약의 약속이었듯이, 위로부터의 능력은 아버지께서 약속하신 것, 신약의 위대한 약속이었다. 이것은 아버지께서 약속하신 것이기 때문에, 우리는 그 약속이 절대로 깨뜨려지지 않는다는 것과 그 약속된 것은 헤아릴 수 없이 귀한 것임을 확신할 수 있다. [4] 그리스도께서는 이 약속이 성취될 때가 아주 임박해서야 제자들을 떠나 승천하셨다. 그리스도께서 승천하신지 불과 열흘 후에 성령께서 강림하셨다. [5] 그리스도의 대사(大使)들은 능력을 덧입을 때까지는 그대로 머물러 있어야 하고, 충분한 지시와 신임장을 받을 때까지는 섣불리 임무에 뛰어들어서는 안 된다. 당시에 복음을 전파하는 일이 너무도 시급했을 것이지만, 복음을 전하는 자들은 위로부터 능력을 덧입을 때까지 기다려야 했고, 예루살렘은 비록 위험한 곳이었지만 아버지께서 약속하신 것을 거기에서 받기로 되어 있었기 때문에(욜 2:28) 거기에 머물러야 했다.

[50]예수께서 그들을 데리고 베다니 앞까지 나가사 손을 들어 그들에게 **축복하시더니** [51]**축복하실** 때에 그들을 떠나 (하늘로 올려지시니) [52]그들이 (그에게 경배하고) 큰 기쁨으로 예루살렘에 돌아가 [53]늘 성전에서 하나님을 찬송하니라

누가복음 기자는 갈릴리에서 그리스도와 그의 제자들이 만난 엄숙한 장면을 생략하고, 그리스도께서 거기에서 및 다른 때에 말씀하신 내용을 부활하신 날 저녁에 제자들을 처음 찾아오셔서 말씀하신 내용에 덧붙여 놓았기 때문에, 그리스도께서 승천하신 것 외에는 더 기록할 필요가 없었다. 이 단락에는 그리스도의 승천에 관한 기사가 아주 짤막하게 나온다. 좀 더 살펴보자.

I. 그리스도께서는 엄숙하게 제자들과 작별을 고하셨다. 그리스도께서 오신 것은 하늘과 땅을 화해시키고 둘 사이에서 중재자의 역할을 계속하는 것이었기 때문에, 그는 하늘과 땅 둘 다를 안수하여야 했고, 따라서 하늘과 땅을

왔다 갔다 하여야 했다. 그리스도께서는 하늘과 땅의 두 세계에서 하실 일이 있으셔서, 여기에서의 일을 수행하기 위해서 하늘에서 땅으로 오셨고, 이 일을 마치신 후에 하늘에 머물면서 인간의 일을 놓고 아버지와 협의하기 위하여 하늘로 돌아가셨다. 좀 더 살펴보자.

1. 그리스도께서는 어디에서 승천하셨는가? 그는 예루살렘 근방에 있는 감람 산에 인접한 베다니에서 승천하셨다. 거기에서 그는 전에 큰 일을 하셔서 아버지께 영광을 돌리셨는데, 이제는 거기에서 그의 영광으로 들어가셨다. 거기에는 그의 고난이 시작된 동산이 있었고, 그 곳은 그가 십자가를 앞두고 고뇌하셨던 곳이기도 하였다. 베다니는 슬픔의 집을 의미한다. 천국에 가고자 하는 자들은 고난과 슬픔의 집을 거쳐서 천국으로 가야 하고 고뇌와 고통을 거쳐서 기쁨으로 나아가야 한다. 감람 산은 이미 오래 전부터 그리스도께서 승천하실 장소로 정해져 있었다: 그 날에 그의 발이 예루살렘 앞 곧 동쪽 감람 산에 서실 것이요(슥 14:4). 그리고 이 곳은 그리스도께서 얼마 전에 예루살렘으로 승리의 입성을 시작하셨던 바로 그 곳이었다(19:29).

2. 누가 그리스도의 승천을 목격한 증인들이었는가? 예수께서 그들을 데리고 나가사 그가 승천하는 모습을 보게 하셨다. 아마도 그가 승천하신 때는 사람들이 일어나기 전인 이른 새벽이었을 것이다. 왜냐하면, 그는 부활 후에 공개적으로 모든 사람들에게 자신을 나타내신 것이 아니라 오직 선택된 증인들에게만 나타내셨기 때문이다. 제자들은 그리스도께서 무덤에서 부활하시는 장면을 보지 못하였다. 그것은 그리스도께서 나중에 그들에게 다시 살아나신 것을 보이심으로써 그의 부활은 증명될 수 있었기 때문이다. 그러나 제자들은 그리스도께서 하늘로 승천하시는 것을 보았다. 이것은 승천을 직접 보지 않고서는 그의 승천을 증명할 수 있는 다른 길이 없었기 때문이다. 그리스도께서는 그가 승천하는 모습을 보일 목적으로 제자들을 데리고 나가셨고, 제자들은 그가 승천하시는 모습을 직접 똑똑히 지켜 보았다.

3. 그리스도께서는 제자들에게 어떤 작별인사를 하셨는가? 그는 손을 들어 그들에게 축복하셨다. 그는 안 좋은 심정으로 떠나신 것이 아니라 사랑을 품고 떠나셨다. 그는 남아 있는 제자들을 축복하셨다. 대제사장이 백성들을 축복할 때에 하는 것처럼, 그는 손을 드셨다(레 9:22을 보라). 그는 권위를 지닌 자로서 축복하셨고, 그가 값주고 사신 축복을 제자들에게 주셨다. 야곱이 그의 아

들들을 축복하였듯이, 그는 그들에게 축복하셨다. 사도들은 이제 열두 지파를 대표하는 자들이었기 때문에, 그리스도께서 그들을 축복하신 것은 그의 모든 영적인 이스라엘을 축복한 것이고 아버지의 이름을 그들에게 두신 것이었다. 임종시에 야곱이 그의 아들들을 축복하고 모세가 이스라엘의 지파들을 축복하였듯이, 그리스도께서는 승천하시면서 제자들을 축복하심으로써 세상에서 그의 백성을 사랑하셨던 것처럼 끝날까지 그들을 사랑하실 것을 보여주셨다.

4. 그리스도께서는 어떻게 떠나셨는가? 그는 축복하실 때에 그들을 떠나셨다. 그는 할 말을 다 하지 못하고 떠밀리듯이 떠나신 것이 아니라, 그가 비록 그들을 떠난다고 하여도 그들에 대한 그의 축복이 끝나지 않고 천국에 가서서 그의 모든 백성을 위하여 끊임없이 중보기도하며 축복하실 것을 암시하시는 모습으로 떠나셨다. 그는 땅에서 그들을 축복하기 시작하셨고, 이제 그들에 대한 축복을 계속하기 위하여 하늘로 가셨다. 그리스도께서는 지금 세상에 그의 복음을 전하라고 사도들을 파송하시면서 그들을 축복하셨는데, 이것은 단지 그들을 위한 축복인 것이 아니라 그들의 전도를 통해서 그를 믿게 될 모든 자들 위에 그의 이름으로 수여될 축복이었다. 왜냐하면, 그리스도 안에서 땅의 모든 족속이 복을 받게 되어 있었기 때문이다.

5. 그리스도의 승천은 어떻게 묘사되고 있는가?

(1) 그리스도께서는 엘리야가 엘리사의 머리 위로 들리워 올라갔듯이 그들을 떠나 그들의 머리 위로 들리우셨다. 아무리 절친한 친구들이라도 헤어질 수 밖에 없다는 것을 명심하라. 우리를 사랑하고 우리를 위해 기도해 주고 우리를 가르치던 자들은 우리를 떠나지 않을 수 없다. 그리스도께서 이 땅에 몸으로 계시는 모습은 더 이상 이 세상에서 볼 수 없게 되었다. 육체를 따라서 그를 알던 자들은 이후로는 더 이상 그를 그런 식으로 알아서는 안 된다.

(2) 그리스도께서는 하늘로 올려지셨다. 그는 강제로가 아니라 자신의 행위로 승천하셨다. 천사들의 시중을 받긴 하셨지만, 그리스도는 자신의 능력으로 부활하셨고 승천하셨다. 거기에 불병거나 불말은 필요하지 않았다. 그는 하늘에서 오신 주님이셨기 때문에 길을 알고 계셨고 스스로 돌아가실 수 있으셨다. 마노아가 희생제사를 드릴 때에 그 연기 속으로 천사가 올라간 것처럼, 그는 구름 속으로 올라가셨다(삿 13:20).

II. 제자들은 그리스도께서 그들을 떠나가셨음에도 계속해서 기쁜 마음으

로 그리스도와 하나님을 섬겼다.

1. 그들은 그가 떠나실 때에 그에게 경배를 드림으로써 비록 그가 먼 나라로 가실지라도 그들은 계속해서 그의 충성스러운 자들로 남을 것이며 그가 그들을 다스리시기를 원한다는 것을 보여주었다: 그들이 그에게 경배하였다(52절). 그리스도께서는 그의 축복을 받은 자들로부터 경배를 받기를 기대하신다는 것을 명심하라. 그는 그들에게 축복하셨고, 그들은 그의 축복에 대한 감사의 표시로 그에게 경배하였다. 이렇게 그리스도의 영광이 새롭게 나타나심으로써 그들은 그리스도의 영광을 새롭게 인식하고 경배하게 되었다. 그들은 비록 그가 그들을 떠나셨지만 그는 그들이 그를 경배한다는 것을 아실 수 있고 또한 아신다는 것을 잘 알고 있었다. 그리스도를 그들의 시야에서 감춘 구름도 그리스도께서 그들의 경배를 보실 수 없게 하지는 못하였다.

2. 그들은 큰 기쁨으로 예루살렘에 돌아갔다. 그들은 성령이 그들에게 임할 때까지 예루살렘에 머물라는 명령을 주님으로부터 받았기 때문에, 비록 그 곳은 위험한 곳이긴 하였지만, 거기로 갔다. 그들은 예루살렘으로 가서 큰 기쁨으로 거기에 머물렀다. 이것은 놀라운 변화였고, 그들의 마음이 열린 결과였다. 그리스도께서 그들을 떠나야 한다고 말씀하셨을 때, 그들의 마음은 슬픔으로 가득 찼었다. 그렇지만 그리스도께서 떠나신 것을 본 지금에 와서 그들은 마침내 그가 떠나셔서 보혜사 성령을 보내시는 것이 그들과 교회에 유익이라는 것을 깨달았기 때문에 큰 기쁨으로 충만하였다. 그리스도의 영광은 모든 참된 신자들의 기쁨, 넘치는 기쁨 ― 그들이 여기 이 세상에 있는 동안에도 ― 이라는 것을 명심하라. 하물며 그들이 새 예루살렘에 들어가서 그리스도께서 거기에 영광 중에 계시는 모습을 뵐 때에 그 기쁨은 말해 무엇하랴.

3. 그들은 아버지의 약속을 기다리면서 기도와 찬송에 전념하였다(53절).

(1) 그들은 기도 시간마다 성전 예배에 참석하였다. 하나님께서 아직 성전을 완전히 버리신 것이 아니었기 때문에, 그들도 성전을 버리지 않았다. 주님께서 예루살렘에 계실 때에 그러셨던 것처럼, 그들은 늘 성전에 있었다. 여호와께서 시온의 문들을 사랑하시니, 우리도 그래야 한다. 어떤 이들은 제자들이 그들에게 호의적이었던 어떤 레위인에게 속한 성전의 방을 빌려서 모임 장소로 사용하였다고 생각한다. 그러나 어떤 이들은 그런 일은 대제사장들이나 성전 관리들에게 숨겨질 수도 없고 묵인될 수도 없는 일이었을 것이기 때문에 그런

주장은 옳지 않다고 생각한다.

(2) 그들은 성전 제사는 그리스도의 희생제사로 인하여 폐하여졌다는 것을 알고 있어서 거기에 참여하지는 않았지만, 성전에서 찬송을 하는 일에는 함께 참여하였다. 우리도 하나님께서 약속하신 것을 기다리는 동안에는 찬송으로써 그 약속하신 것을 맞으러 나아가야 한다는 것을 명심하라. 하나님을 찬송하고 찬미하는 일은 결코 때가 있는 것이 아니다. 성령을 받을 마음의 준비를 하는 데에 거룩한 기쁨과 찬양보다 더 나은 준비는 없다. 찬송할 때에 두려움과 염려는 사라지고, 슬픔은 위로를 받으며, 소망은 견고해진다.

이 복음서를 끝맺는 아멘(KJV)은 교회와 신자들이 복음서를 읽을 때에 복음의 진리에 동의한다는 것과 그리스도의 모든 제자들과 진심으로 마음을 합하여 하나님을 찬양하고 찬미한다는 것을 나타내는 표시로서 덧붙인 것으로 보인다. 아멘. 하나님을 늘 찬양하고 찬미할지어다.